2022년판

하도급법
해설과 쟁점

정종채(변호사) 저

SAMIL | 삼일인포마인

제5판 서문

하도급법이 금번 2022. 1. 11. 법률 제18757호로 대폭 개정되었다. 2021년 당시 21대 국회에서 발의, 심의된 하도급법개정안만 해도 42건이었고 그 중 8건의 개정안을 통합하여 금번 개정이 이루어졌다. ① 사업자단체를 중심으로 한 bottom-up 방식의 표준하도급계약서 제도 도입, ② 하도급계약 체결 전의 기술자료 유용행위에 대한 금지, ③ 약정 CR(Cost Reduction)에서 수급사업자 귀책없는 원가절감 실패에 대해서도 하도급대금 조정대상으로 추가하고 중소기업중앙회에 대하여도 하도급대금조정협의권 부여, ④ 종합심사낙찰제가 적용되는 공공건설공사의 경우 하도급계약의 입찰금액 및 낙찰결과를 입찰참가자들에게 공개, ⑤ 상호출자제한기업집단 소속에 대한 하도급대금 조건 공시의무, ⑥ 하도급대금분쟁조정시 소송중지제도 도입, ⑦ 동의의결제도 도입, ⑧ 과징금분할납부제도 도입 등이 이루어졌다. 특히 동의의결제도는, 하도급법 조사 과정에서 해결되지 않을 수 있는 피해 수급사업자들에 대한 실질적 구제가 활성화될 수 있는 제도로 발전할 것으로 크게 기대된다. 아직 심의 중인 34건의 개정안은 추가로 하도급법에 반영될 수도 있고 수정되거나 또는 도입되지 않을 수도 있지만, 향후 하도급법 개정방향을 알 수 있는 자료가 될 것이다.

2017년 초판을 집필하면서 2020년까지 매년 개정판을 출간했고 이번 2022년에 그 동안의 개정 법률과 판례, 심결례, 그리고 추가적인 연구결과 등을 보충하고 상생협력법 부분을 추가한 다음 2022. 1. 11. 개정 하도급법 내용까지 반영하여 제5판을 내게 되었다. 전문서 분야에서 5판을 출간하게 된 것은 영광이다. 부족한 지식을 엮어 만든 책일지언정 지지해 주신 독자들과 출판사의 덕이라 어찌 갚아야 할지 난망할 뿐이다. 세월은 덧없이 흘러가는데 사람 빚만 쌓여가는 것 같다. 불기자심(不欺自心), 스스로에게 한 약속을 엄히 지키리라 마음먹으며, 지속적으로 변경 사항과 추가적인 연구결과를 반영하여 개정본을 내리라 다짐한다.

봉우리가 있으면 골짜기가 있듯, '을질'에 대한 우려의 목소리가 최근 많이 나온다. 실제 '을질'로 피해를 입은 원사업자가 있을 수 있다. 하지만 '을질'에 대한 우려 때문에 하도급질서 확립을 위한 움직임을 재검하는 것은 시기상조(時機尙早)이자 일엽장목(一葉障目)이다. 나뭇잎 하나로 눈을 가릴 수는 없다. 현장에서는 여전히 갑질이 더 문제이고 특히 근래 2년간의 코로나 사태로 수급사업자들의 상황은 악화일로이기 때문이다. 원사업자들로서는 조금 억울할 수 있지만 공정한 하도급질서에 근간한 건전한 경제생태계는 원청·하청, 대기업·중소기업 모두에게 이익이 되는 파레토 균형이다. 최근 들어 대기업을 중심으로 원사업자들이 하도급질서 확립을 위한 준법경영에 매진하고 있다. 대한민국의 저력이다. 우리 경제가 더욱 더 성장하고 발전할 것이라 저자는 의심하지 않는다. 아무쪼록 이 책이 원사업자와 수급사업자의 쌍생과 화합의 씨앗이 되길 바라며 오늘도 미약하나마 힘을 보탠다.

2022. 2.

역삼동 집무실에서
정 종 채

제4판 서문

밤을 새며 첫번째 원고를 쓰던 때가 어제 같은데 벌써 제4판을 내게 되었다. 제3판에서 대폭 증보하여 쉬고 싶기도 했고 작년 여름에 법무법인 세종을 나와 법무법인 에스엔으로 독립하면서 여유도 없어 올해는 개정판을 내지 않으려 했다. 하지만 삼일인포마인의 조원호 상무님께서 적극적으로 응원을 하시기도 하고 채찍질도 해 주셨다. 우여곡절 끝에 부족하나마 개정 법률과 판례, 심결례 등을 보충하여 4판을 내게 되었다.

전문서 분야에서 4판을 출간하게 된 것은 영광이다. 부족한 지식을 엮어 만든 책일지 언정 지지해 주신 독자들과 출판사의 덕이라 어찌 갚아야 할지 난망할 뿐이다. 세월은 덧없이 흘러가는데 사람 빚만 쌓여가는 것 같다. 불기자심(不欺自心), 스스로에게 한 약속을 엄히 지키리라 마음먹으며, 내년에는 이 책을 짜임새 있게 전면 개정하여 빚을 갚으리라 다짐한다.

작년 한 해, 하도급법 분야에서는 큰 진전이 있었다. 집행은 늘어났고 수급사업자 보호를 위한 고무적인 심결과 판결들도 내려졌다. 무엇보다 부당특약고시가 제정되었다. 갑의 횡포를 막고 수급사업자들의 권익이 한층 보호될 수 있는 기반이 마련된 것이다.

봉우리가 있으면 골짜기가 있듯, '을질'에 대한 우려의 목소리가 최근 많이 나온다. 실제 '을질'로 피해를 입은 원사업자가 있을 수 있다. 하지만 '을질'에 대한 우려 때문에 하도급질서 확립을 위한 움직임을 재검하는 것은 시기상조(時機尚早)이자 일엽장목(一葉障目)이다. 나뭇잎 하나로 눈을 가릴 수는 없다. 현장에서는 여전히 갑질이 더 문제이고 특히 최근의 코로나 사태로 수급사업자들의 상황은 악화일로이기 때문이다. 원사업자들로서는 조금 억울할 수 있지만 공정한 하도급질서에 근간한 건전한 경제생태계는 원청·하청, 대기업·중소기업 모두에게 이익이 되는 파레토 균형이다. 최근 들어 대기업을 중심으로 원사업자들이 하도급질서 확립을 위한 준법경영에 매진하고 있다. 대한민국의 저력이다. 우리 경제가 더욱 더 성장하고 발전할 것이라 저자는 의심하지 않는다.

아무쪼록 이 책이 원사업자와 수급사업자의 쌍생과 화합의 씨앗이 되길 바라며 오늘도 미약하나마 힘을 보탠다.

2020. 4. 23.

삼성동 집무실에서
정 종 채

제3판(전면개정판) 서문

저자가 2년 전 「하도급법, 이론과 쟁점」이라는 책을 발간하고 작년에 수정·보완해 개정판을 내었다. 후로 불과 1년이 지났을 뿐이지만 많은 법령이 개정되고 심결례·판례들이 새로 나왔다. 하도급 관련 분야에 대해 공정거래위원회뿐 아니라 다른 유관 기관, 특히 중소벤처기업부의 관여와 역할도 강화되었다. 기술탈취 분야에 대해서는 규정과 제도가 정비·강화되었으며, 무엇보다 중소벤처기업부, 공정거래위원회, 대검찰청, 경찰청, 산업자원부, 특허청 등 행정기관과 수사·사법기관까지 총 망라된 '중소기업 기술보호 및 기술탈취 TF'가 구성되어 국가적인 역량을 쏟고 있다. 그런 시대적 상황과 요구때문인지 출판사와 독자들이 여러 차례 전면 개정판에 대한 요구와 문의가 있었다. 저자의 기존 책에 대한 아쉬움까지 더하여져 제3판을 내게 된 것이다.

제3판은 전면개정판이다. 기존의 2편, 쟁점들은 80문 80답으로 구성되어 있었지만 제3판에서는 대폭 늘어나 100문 100답으로 늘어났다. 1편 이론 부분 역시도 상당히 보완·강화되었다. 무엇보다 기술탈취에 대한 이론적 쟁점 및 사례들에 대한 충실한 소개, 상생협력법상의 위탁·수탁거래와 하도급법의 비교, 중소벤처기업부의 규제강화와 역할에 대한 설명 등이 추가되고 보완되었다. 부끄러운 고백이지만, 저자가 본서 개정 작업을 하면서 기존에 취했던 견해의 오류를 발견하거나 또는 수정해야 할 부분이 있음을 알게 되었다. 법학에서의 해석이야 여러 가지가 가능하고 저자 역시 기존 견해의 오류를 인정하고 바꾸는 것이 어찌 껄끄럽지 않겠는가? 하지만 법률에 대한 해설서는 저자만의 개인적 창작물이 아니라 사회적 공기(公器)가 되어야 한다. 시중에 참고할 책이 많지 않은 탓이겠지만, 법조계·학계·정부·기업·유관기관 관계자들이 졸저를 믿고 업무를 처리하는 예가 적지 않다. 그러한 연유로 개인적인 자존심보다는 열린 자세로 심사숙고해 주요쟁점에서의 견해를 과감하게 수정하였다. 독자들의 혼란을 피하기 위하여 각주에 견해 수정의 사실과 그 이유를 기재해 두었다.

중소기업을 9988이라고 한다. 전체기업 중 99%가 중소기업이고, 전체 근로자 중 88%가 중소기업 종사자라는 뜻이다. 중소기업의 70%가 하도급거래를 하고 있고 그 매출 중 85%가 하도급거래에서 나온 것이라 한다. 중소기업을 빼고는 우리나라의 경제를 이야기할 수가 없고 공정한 하도급거래 질서를 확립하지 않고는 우리네 삶이 나아질 수 없는 이유이다. 1984년 12월에 하도급법이 제정되고 햇수로만 45년이 지났지만 여전히 하도급거래는 공정화는 요원하고 대기업·중소기업 간의 관계는 질곡이다. 단순히 법규정을 보강하고 집행을 강화하는 것만으로는 근본적인 해결이 될 수 없다. 원사업자와 수급사업자 간의 관계와 그들 간의 거래는 대등 당사자 간의 교섭과 협상의 결과가 아니기 때문이다. 어찌 원사업자에게 목줄이 잡혀 있는 수급사업자가 원사업자의 요구에 대해 NO라고 할 것이며, 어찌 자신이 원하는 조건을 내세우며 제대로 된 협상을 할 수 있겠는가? 그래서 하도급거래의 계약내용이나 서로 간의 합의가 수급사업자의 자발적 의사에 의한 것인지 여부는 드러난 사정만으로 판단해서는 안 된다. 오히려 수급사업자의 입장에서 사실관계를 꼼꼼히 따지고 수급사업자의 진정한 의사를 추단해 내도록 노력해야 한다. '갑을인지감수성'이 필요하다. 하도급법을 집행하는 공정거래위원회나 하도급법 위반을 수사하는 검찰, 하도급 관련 분쟁에 대한 판결을 내리는 법원, 이해관계를 조율하는 조정기관 등은 '갑을관계인지감수성'을 기초로 사실관계를 판단하고 법해석을 해야 한다. 뿐만 아니라 수급사업자의 거래상대방인 원사업자도 '갑을인지감수성'을 기초로 거래해야 할 것이다.

갑을관계인지감수성이 법해석과 집행뿐 아니라 실제 거래에도 뿌리내려 원사업자와 수급사업자, 대기업과 중소기업이 서로 상생하는 경제풍토가 하루라도 빨리 뿌리 내리기를 기원하며, 저자의 노력이 그 밑알이 되기를 소망한다.

광화문 집무실에서
변호사 정종채

2판 서문

현직 대통령 탄핵과 구속, 그리고 이어진 신정부 등장. 2018년은 격동이자 급변의 한 해였다. 새로운 정부는 태생부터 우리 사회에 만연한 사회적 불평등과 부조리를 해결하라는 사회적 열망을 모아 출범했다. 신정부는 그 열망에 부합하기 위하여 공정거래 정책을 적극적으로 추진하고 있고, 그 중심에 「하도급거래 공정화에 관한 법률」(이하 '하도급법'이라 함)이 있다.

근래 수년 동안 유래 없는 불황이라고들 한다. 하지만 경제성장률은 견고하고 국민소득은 늘고 있으며 주가와 부동산 가격은 상승세이다. 시장에서 체감하는 경기가 엄살인가 아니면 통계와 수치가 오류인가? 둘 다 틀린 것이 아니다. 단지 양극화때문에 발생하는 온도차이다. 우리 대기업들의 규모는 성장하고 실적은 지속적으로 개선되고 있지만, 반대로 중소기업들은 갈수록 영세화되고 생산성도 약화되고 있다. 이를 한 가지 요인으로 전부 돌릴 수는 없겠지만, 대·중소기업 간 힘의 불균형으로 인한 불공정거래 조건에서 파생하는 성과의 편향적 분배의 결과인 측면이 크다. 기업 간의 양극화는 그 피고용인인 노동자들 간의 양극화를 동반하고, 그렇게 악화되는 서민경기는 자영업자들을 위기로 내몬다. 불균형과 양극화의 악순환이 우리 경제의 성장동력을 상실시켜 더 이상 발전을 기대할 수 없게 하는 상황으로 몰고 있다. 파이를 성급히 나누다가 망치기보다는 파이를 키워야 산다며 성장을 위해 불평등은 어쩔 수 없는 측면이 있고 낙수효과도 무시할 수 없다는 사람도 있다. 하지만 공자는 논어 계씨편에서 "백성이 적음을 근심하지 말고 불평등함을 근심하고, 백성이 가난함을 근심하지 말고 불안해 함을 근심하라"(不患寡而患不均 不患貧而患不安)라고 경계했다. 성장보다는 분배를, 사회적 부의 총합보다는 지속가능한 성장을 강조함이 아니겠는가.

신정부의 공정거래팀은 하도급거래 전반에서 중소기업의 힘과 협상력을 보강해 주고 대기업들의 불공정행위를 규제하는 방향으로 제도를 보완하고 강력하게 집행하고 있다. 제도만으로 문제의 완전한 해결이 어렵기 때문에 대·중소기업 간 상생협력 모델을 확산시키는 정책도 펴고 있다. 이에 따라, 하도급법에 대한 기업들의 관심도 높아지고 있다.

저자가 하도급법, 이론과 쟁점이라는 책을 발간한 지 1년밖에 되지 않았지만, 신정부의 등장과 법령개정, 그리고 정책 변화로 인한 개정사항을 반영하여 개정판을 발간해 달라는 독자들과 출판사의 요청도 있었다. 저자로서도 출간 후 발견한 미흡한 사항이나 추가하고 싶은 쟁점들도 생겼다. 그래서 금번에 초판을 수정·보완하여 개정판을 내게 되었다.

물론 개정판도 부족한 점이 많고 수정해야 할 사항이 있을 수 있겠지만, 현재까지의 법령과 고시 개정사항, 심결례와 판례, 그리고 학계의 논의를 빠짐없이 담으려고 노력했다. 저자의 노력이 조금이나마 하도급의 개선과 정착에 기여하여 사회적 불평등에 대한 갈등을 풀고 한 걸음 더 나아가는, 그리고 지속가능한 성장을 담보하기 위한 밑거름이 되기를 소원한다.

남산집무실에서
변호사 정종채

1판 서문

경제 민주화와 상생경제는 이 시대의 화두이다. 1960년대부터 시작된 고도 성장으로 우리는 한강의 기적이라 불리는 놀라운 성과를 세계에 보여 주었다. 반세기만에 전쟁의 폐허더미에서 세계 10위의 선진국으로 상전벽해한 것이다. 하지만 성장의 열매를 대기업들이 독식했다는 비판이 있다. 우리 사회의 그 누구도 선뜻 그 비판을 반박하지 못한다. 대기업과 중소기업 사이의 불평등은 비단 기업주와 주주들만의 문제가 아니다. 그곳에서 일하는 노동자들과 가족들의 소득과 직업안정성, 생활 전반에서도 큰 격차를 만들어 내고 있다. 대기업과 중소기업, 원청과 하청의 문제는 금수저, 흙수저로 풍자되는 우리 사회에 만연한 불평등의 시작이자 종착점인 셈이다.

얽힐 대로 섞인 실타래, 그 거미줄처럼 복잡한 공급체인(Supply Chain)에 있는 원청 대기업과 하청 중소기업의 관계를 풀어낼 역할을 「하도급거래 공정화에 관한 법률」(이하 '하도급법'이라 함)이 해야 한다. 경제민주화의 선봉이자 상생의 기수가 되어야 할 법이지만 아직 우리 사회는 그 법의 사용법을 잘 모르는 듯하다. 아니 제대로 사용하고 싶어 하지 않을 수도 있다. 하지만 우리 사회가 사회적 불평등에 대한 갈등을 풀고 한 걸음 더 나아가기 위해서는 그리고 지속가능한 성장을 담보하기 위하여 반드시 대기업과 중소기업 간에 얽힌 실타래를 풀어야 한다. 이를 위해서는 하도급법의 성실한 준수와 엄정한 집행이 전제되어야 한다.

저자가 경쟁법 분야에서 일한 지도 벌써 햇수로 13년째이지만, 하도급법이 그나마 업계에서 회자되기 시작한 것은 불과 4~5년에 불과하다. 소위 경제민주화 바람을 타고서였다. 연구도 덜 되어 있고 선례도 많지 않아서인지 해설서가 많지도 않고 그나마도 발간된 지 한참된 것들이 대부분이다. 저자 역시 하도급법 문제를 다루면서 마땅한 참고서적을 구하지 못해 많이 힘들었다. 경쟁법 전문가로 자처했지만 실수도 많았으리라. 이것이 필자가 이 책을 집필하게 된 동기이다. 애초에는 후배들과 함께 저술해서 발간한 「부당내부거래 50문 50답 : 공정거래법 쟁점과 실무를 중심으로」처럼 소책자 방식으로 계획하였다. 하지만 작업을 하다 보니 그 내용이 방대해졌고 욕심이 생겨 이 책에까지 이르게 된 것이다.

하도급법은 공정거래위원회가 담당하는 법률 중에서도 독특한 위치를 차지한다. 「독점규제 및 공정거래에 관한 법률」 중 불공정거래행위에 대한 특칙이기는 하지만, 조항이 공정거래법 못지않게 많고 각종 고시와 지침까지 포함하면 그 분량이 꽤나 방대하다. 제대로 된 해석과 집행을 위해서는 하도급거래 관계에서 얽혀 있는 복잡한 민사 문제를 풀 수 있어야 하고, 나아가 관련 산업의 각종 법률문제까지 정통해야 한다. 더하여 경쟁법 일반에 대한 높은 이해와 공정거래위원회의 조사 및 심의과정, 그리고 행정소송에 대한 풍부한 경험이 더해져야 한다. 그래서 선뜻 책 쓰기가 어려웠으리라.

저자는 이 책을 쓰면서 경쟁법 지식과 경험뿐 아니라 관련 민사문제, 그리고 건설관계법 해석까지 함께 담아 아우르려 많은 노력을 하였다. 만족스럽지는 못하지만 그래도 그 이질적 요소들이 유기적으로 스며들어 한 권의 책으로 이루어졌다고 자평한다.

이 책은 크게 두 편으로 구성되어 있다. 1편은 하도급법에 대한 전반적인 해설이고, 2편은 실무상 문제되는 80개의 쟁점들을 추려내어 심층적인 검토와 분석을 한 것이다. 2편의 쟁점에서는 독자들이 찾아보기 편하게 키워드를 헤시태그를 붙여 표시하였다. 현재까지의 심결례와 판례, 공정거래위원회의 유권해석, 그리고 저자가 실무하면서 문제되었던 쟁점들을 빠짐없이 검토하려고 노력했다. 물론 저자가 불초한 탓에 아직 많이 미흡하다. 그래서 개정 법률과 심결례 및 판결들을 반영하고 다른 연구자들의 성과를 추가하며, 이전의 오류를 수정하는 방식으로 정기적인 개정판을 낼 욕심이다.

나의 노력과 그 성과물인 이 책이 부디 하도급법의 올바른 해석과 집행, 그리고 우리 사회의 미세혈관이 되어 대·중소기업 관계에 스며들기를 기원한다. 원사업자에게는 법률적 리스크를 피하고 준법경영을 하기 위한 이정표가, 수급사업자에게는 원청의 횡포를 피하고 권리를 지키기 위한 생명줄이 되길 바란다. 그래서 예원이와 지홍이, 그리고 우리들의 아이들이 살아갈 세상이 지금보다 좀 더 따뜻하고 인간적인 곳이 되기를 소원한다.

마지막으로, 저자가 저술함에 있어 심결례와 판례 등 리서치를 도와준 우리 사무실의 김도영 변호사와 김태희 변호사의 노고에 감사드린다.

명동 스테이트타워 남산집무실에서
변호사 정종채

차 례

차례

차례

차례

차 례

차 례

차례

차례

차례

차 례

차례

차례

차례

법령 등 약어

법령이나 고시, 지침 등은 아래와 같이 약칭하였다. 본문에서 필요한 때에는 원본을 그대로 인용하였으며, 판례나 심결례에서는 원본과 달리 약칭으로 인용하기도 하였다.

하도급거래 공정화에 관한 법률	➡ 법
하도급거래 공정화에 관한 법률 시행령	➡ 시행령
독점규제 및 공정거래에 관한 법률	➡ 공정거래법
독점규제 및 공정거래에 관한 법률 시행령	➡ 공정거래법 시행령
표시·광고의 공정화에 관한 법률	➡ 표시광고법
약관의 규제에 관한 법률	➡ 약관규제법
국가를 당사자로 하는 계약에 관한 법률	➡ 국가계약법
지방자치단체를 당사자로 하는 계약에 관한 법률	➡ 지방계약법
공공기관의 운영에 관한 법률	➡ 공공기관운영법
전자문서 및 전자거래 기본법	➡ 전자문서법
중견기업 성장촉진 및 경쟁력 강화에 관한 특별법	➡ 중견기업법
전자어음 발행 및 유통에 관한 법률	➡ 전자어음법
채무자 회생 및 파산에 관한 법률	➡ 채무자회생법
전자어음의 발행 및 유통에 관한 법률	➡ 전자어음법
건설하도급대금 지급보증 면제대상 고시 (개정 2013. 11. 6. 공정거래위원회 고시 제2013-05호)	➡ 지급보증면제고시
선급금 등 지연지급시의 지연이율 고시 (개정 2015. 6. 30. 공정거래위원회 고시 제2015-4호)	➡ 지연이율고시
어음대체결제수단에 의한 하도급대금 지급시의 수수료율 고시 (개정 2012. 8. 20. 공정거래위원회 고시 제2012-41호)	➡ 어음대체수단수수료율고시
어음에 의한 하도급대금 지급시의 할인율 고시 (개정 2012. 8. 20. 공정거래위원회 고시 제2012-40호)	➡ 어음할인율고시
제조위탁의 대상이 되는 물품의 범위 고시 (개정 2012. 8. 20. 공정거래위원회 고시 제2012-38호)	➡ 제조위탁범위고시
용역위탁 중 지식·정보성과물의 범위 고시 (제정 2014. 12. 23. 공정거래위원회 고시 제2014-15호)	➡ 지식·정보성과물범위고시

용역위탁 중 역무의 범위 고시
(개정 2014. 12. 23. 공정거래위원회 고시 제2014-16호)　　　➡ 역무범위고시

하도급거래공정화지침
(개정 2013. 12. 18. 공정거래위원회 예규 제184호)　　　➡ 하도급공정화지침

하도급법 위반사업자에 대한 과징금 부과기준에 관한 고시
(개정 2016. 7. 25. 공정거래위원회 고시 제2016-10호)　　　➡ 하도급과징금고시

대·중소기업 간 공정거래협약 이행평가 등에 대한 기준(하도급분야)
(개정 2016. 2. 1. 공정거래위원회 예규 제245호)　　　➡ 공정거래협약기준

부당특약 심사지침
(개정 2016. 9. 30. 공정거래위원회 예규 제258호)　　　➡ 부당특약지침

부당한 위탁취소, 수령거부 및 반품행위에 대한 심사지침
(개정 2013. 11. 27. 공정거래위원회 예규 제182호)　　　➡ 위탁취소수령거부반품지침

부당한 하도급대금 결정 및 감액 행위에 대한 심사지침
(개정 2013. 11. 27. 공정거래위원회 예규 제182호)　　　➡ 대금지침

기술자료 제공 요구, 유용행위 심사지침
(개정 2014. 7. 28. 공정거래위원회 예규 제195호)　　　➡ 기술자료심사지침

공정거래위원회의 회의운영 및 사건절차 등에 관한 규칙　　　➡ 사건처리절차규칙

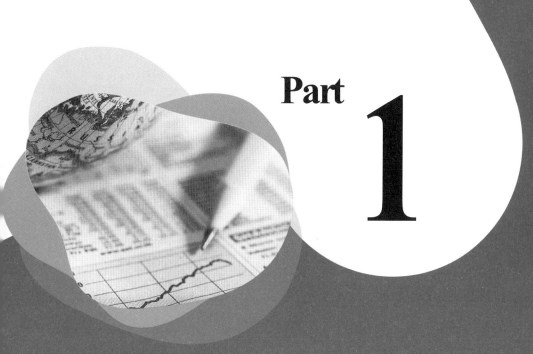

Part 1

하도급법의 이론과 해설

Ⅰ 「하도급거래 공정화에 관한 법률」의 기초적 이해

01 하도급법의 목적 및 필요성

하도급거래에서 수급사업자는 영세한 중소기업인 반면 원사업자는 대부분 규모가 큰 대기업이다. 경제력의 격차와 사회·경제적 영향력 때문이라도 수평적이기 쉽지 않다. 거래현실상 수급사업자는 원사업자에게 매어 있는 경우가 대부분이고, 심지어는 한 원사업자와만 거래하는 수요독점적 상황에 처해 있기도 하다. 원사업자들이 수급사업자에 대한 거래상 우월한 지위를 이용하여 하도급대금 후려치기나 장기어음의 교부, 부당한 위탁취소와 같은 불공정거래행위가 만연하였다. 이러한 문제들은 비단 원사업자와 수급사업자 간의 문제를 넘어, 수급사업자인 중소기업의 경쟁력을 떨어뜨리고 그 노동자들의 경제·사회적인 지위를 불안하게 하여 국민경제의 내수기반을 약화시키는 등, 국가경제 전체의 균형발전에 장애가 된다. 이런 문제점을 해결하고 경제적 약자인 수급사업자를 보호하기 위한 법이 하도급법이다. 실제 하도급법은 제1조에서, 공정한 하도급거래질서를 확립하여 원사업자와 수급사업자가 대등한 지위에서 상호보완하며 균형있게 발전할 수 있도록 함으로써, 국민경제의 건전한 발전에 이바지함을 그 목적으로 밝히고 있다.

02 하도급법의 적용범위

> **하도급법**
>
> **제2조(정의)** ① 이 법에서 "하도급거래"란 원사업자가 수급사업자에게 제조위탁(가공위탁을 포함한다. 이하 같다)·수리위탁·건설위탁 또는 용역위탁을 하거나 원사업자가 다른 사업자로부터 제조위탁·수리위탁·건설위탁 또는 용역위탁을 받은 것을 수급사업자에게 다시 위탁한 경우, 그 위탁(이하 "제조 등의 위탁"이라 한다)을 받은 수급사업자가 위탁받은 것(이하 "목적물 등"이라 한다)을 제조·수리·시공하거나 용역수행하여 원사업자에게 납품·인도 또는 제공(이하 "납품 등"이라 한다)하고 그 대가(이하 "하도급대금"이라 한다)를 받는 행위를 말한다.
> ② 이 법에서 "원사업자"란 다음 각 호의 어느 하나에 해당하는 자를 말한다.
> 1. 중소기업자(「중소기업기본법」 제2조 제1항 또는 제3항에 따른 자를 말하며, 「중소기업협

동조합법」에 따른 중소기업협동조합을 포함한다. 이하 같다)가 아닌 사업자로서 중소기업자에게 제조 등의 위탁을 한 자

2. 중소기업자 중 직전 사업연도의 연간매출액[관계 법률에 따라 시공능력평가액을 적용받는 거래의 경우에는 하도급계약 체결 당시 공시된 시공능력평가액의 합계액(가장 최근에 공시된 것을 말한다)을 말하고, 연간매출액이나 시공능력평가액이 없는 경우에는 자산총액을 말한다. 이하 이 호에서 같다]이 제조 등의 위탁을 받은 다른 중소기업자의 연간매출액보다 많은 중소기업자로서 다른 중소기업자에게 제조 등의 위탁을 한 자. 다만, 대통령령으로 정하는 연간매출액에 해당하는 중소기업자는 제외한다.

③ 이 법에서 "수급사업자"란 제2항 각 호에 따른 원사업자로부터 제조 등의 위탁을 받은 중소기업자를 말한다.

④ 사업자가 「독점규제 및 공정거래에 관한 법률」 제2조 제3호에 따른 계열회사에 제조 등의 위탁을 하고 그 계열회사가 위탁받은 제조ㆍ수리ㆍ시공 또는 용역수행행위의 전부 또는 상당 부분을 제3자에게 다시 위탁한 경우, 그 계열회사가 제2항 각 호의 어느 하나에 해당하지 아니하더라도 제3자가 그 계열회사에 위탁을 한 사업자로부터 직접 제조 등의 위탁을 받는 것으로 하면 제3항에 해당하는 경우에는 그 계열회사와 제3자를 각각 이 법에 따른 원사업자와 수급사업자로 본다.

⑤ 「독점규제 및 공정거래에 관한 법률」 제9조 제1항에 따른 상호출자제한기업집단에 속하는 회사가 제조 등의 위탁을 하거나 받는 경우에는 다음 각 호에 따른다.

1. 제조 등의 위탁을 한 회사가 제2항 각 호의 어느 하나에 해당하지 아니하더라도 이 법에 따른 원사업자로 본다.

2. 제조 등의 위탁을 받은 회사가 제3항에 해당하더라도 이 법에 따른 수급사업자로 보지 아니한다.

⑥ 이 법에서 "제조위탁"이란 다음 각 호의 어느 하나에 해당하는 행위를 업(業)으로 하는 사업자가 그 업에 따른 물품의 제조를 다른 사업자에게 위탁하는 것을 말한다. 이 경우 그 업에 따른 물품의 범위는 공정거래위원회가 정하여 고시한다.

1. 물품의 제조
2. 물품의 판매
3. 물품의 수리
4. 건설

⑦ 제6항에도 불구하고 대통령령으로 정하는 물품에 대하여는 대통령령으로 정하는 특별시, 광역시 등의 지역에 한하여 제6항을 적용한다.

⑧ 이 법에서 "수리위탁"이란 사업자가 주문을 받아 물품을 수리하는 것을 업으로 하거나 자기가 사용하는 물품을 수리하는 것을 업으로 하는 경우에 그 수리행위의 전부 또는 일부를 다른 사업자에게 위탁하는 것을 말한다.

⑨ 이 법에서 "건설위탁"이란 다음 각 호의 어느 하나에 해당하는 사업자(이하 "건설업자"라 한다)가 그 업에 따른 건설공사의 전부 또는 일부를 다른 건설업자에게 위탁하거나 건설업자가 대통령령으로 정하는 건설공사를 다른 사업자에게 위탁하는 것을 말한다.

1. 「건설산업기본법」 제2조 제7호에 따른 건설업자

2. 「전기공사업법」제2조 제3호에 따른 공사업자

3. 「정보통신공사업법」제2조 제4호에 따른 정보통신공사업자

4. 「소방시설공사업법」제4조 제1항에 따라 소방시설공사업의 등록을 한 자

5. 그 밖에 대통령령으로 정하는 사업자

⑩ 이 법에서 "발주자"란 제조·수리·시공 또는 용역수행을 원사업자에게 도급하는 자를 말한다. 다만, 재하도급(再下都給)의 경우에는 원사업자를 말한다.

⑪ 이 법에서 "용역위탁"이란 지식·정보성과물의 작성 또는 역무(役務)의 공급(이하 "용역"이라 한다)을 업으로 하는 사업자(이하 "용역업자"라 한다)가 그 업에 따른 용역수행행위의 전부 또는 일부를 다른 용역업자에게 위탁하는 것을 말한다.

⑫ 이 법에서 "지식·정보성과물"이란 다음 각 호의 어느 하나에 해당하는 것을 말한다.

1. 정보프로그램(「소프트웨어산업 진흥법」제2조 제1호에 따른 소프트웨어, 특정한 결과를 얻기 위하여 컴퓨터·전자계산기 등 정보처리능력을 가진 장치에 내재된 일련의 지시·명령으로 조합된 것을 말한다)

2. 영화, 방송프로그램, 그 밖에 영상·음성 또는 음향으로 구성되는 성과물

3. 문자·도형·기호의 결합 또는 문자·도형·기호와 색채의 결합으로 구성되는 성과물(「건축사법」제2조 제3호에 따른 설계 및 「엔지니어링산업 진흥법」제2조 제1호에 따른 엔지니어링활동 중 설계를 포함한다)

4. 그 밖에 제1호부터 제3호까지의 규정에 준하는 것으로서 공정거래위원회가 정하여 고시하는 것

⑬ 이 법에서 "역무"란 다음 각 호의 어느 하나에 해당하는 활동을 말한다.

1. 「엔지니어링산업 진흥법」제2조 제1호에 따른 엔지니어링활동(설계는 제외한다)

2. 「화물자동차 운수사업법」에 따라 화물자동차를 이용하여 화물을 운송 또는 주선하는 활동

3. 「건축법」에 따라 건축물을 유지·관리하는 활동

4. 「경비업법」에 따라 시설·장소·물건 등에 대한 위험발생 등을 방지하거나 사람의 생명 또는 신체에 대한 위해(危害)의 발생을 방지하고 그 신변을 보호하기 위하여 하는 활동

5. 그 밖에 원사업자로부터 위탁받은 사무를 완성하기 위하여 노무를 제공하는 활동으로서 공정거래위원회가 정하여 고시하는 활동

가. 하도급의 정의

도급이란 당사자 일방(수급인)이 상대방의 위탁에 의하여 어떤 일을 완성하고 그 일의 완성에 대한 보수를 지급받기로 약정하는 거래형태다(민법 제664조). 하도급이란 도급계약에 따른 재도급을 의미하는 것으로, 도급받은 수급인이 다시 그 도급내용의 전부 또는 일부를 다른 수급인(하수급인)에게 도급하는 거래형태를 의미한다.

그러나 모든 하도급 거래행위가 하도급법상의 하도급에 해당하는 것은 아니다. 하도급법상의 하도급이란 ① 원사업자가 수급사업자에게 제조위탁, 수리위탁, 건설위탁, 용역위탁을

하거나 ② 원사업자가 다른 사업자로부터 그러한 위탁을 받은 것을 수급사업자에게 다시 위탁하고, 위탁받은 수급사업자가 제조 또는 수리·시공·용역수행하여 이를 원사업자에게 납품·인도 또는 제공하고 그 대가를 수령하는 행위를 의미한다(법 제2조). ②처럼 흔히 말하는 하도급관계뿐만 아니라 원도급관계도 규제대상이다(대법원 2003. 5. 16. 선고 2001다27470 판결[1]).

나. 하도급법 적용요건

하도급법이 적용되기 위한 요건으로 ① 원사업자 요건(대기업 또는 수급사업자보다 규모가 큰 중소기업), ② 수급사업자 요건(원칙적으로 중소기업, 예외적으로 대금지급조항 등과 관련하여는 중견기업도 수급사업자와 동일하게 보호), ③ 하도급거래 요건(제조·수리·건설·용역위탁의 성립)이 충족되어야 한다.

(1) 원사업자 및 수급사업자 요건

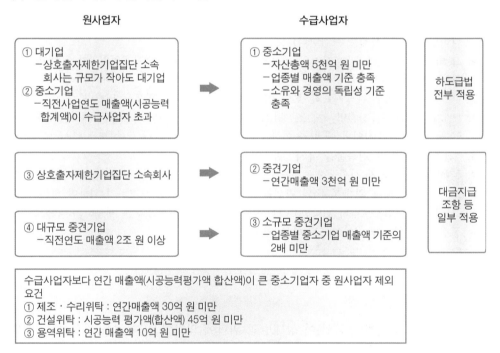

1) 대법원 2003. 5. 16. 선고 2001다27470 판결
「하도급거래 공정화에 관한 법률」 제2조 제1항은 일반적으로 흔히 하도급이라고 부르는 경우, 즉 원사업자가 다른 사업자로부터 제조위탁·수리위탁 또는 건설위탁을 받은 것을 수급사업자에게 다시 위탁을 하는 경우뿐만 아니라 원사업자가 수급사업자에게 제조위탁·수리위탁 또는 건설위탁을 하는 경우도 하도급거래로 규정하여 그 법률을 적용하도록 정하고 있고, 같은 조 제2항에 의하여 그 법률의 적용 범위는 하도급관계냐 아니냐에 따르는 것이 아니라 원사업자의 규모에 의하여 결정됨을 알 수 있으므로 「하도급거래 공정화에 관한 법률」은 그 명칭과는 달리 일반적으로 흔히 말하는 하도급관계뿐만 아니라 원도급관계도 규제한다.

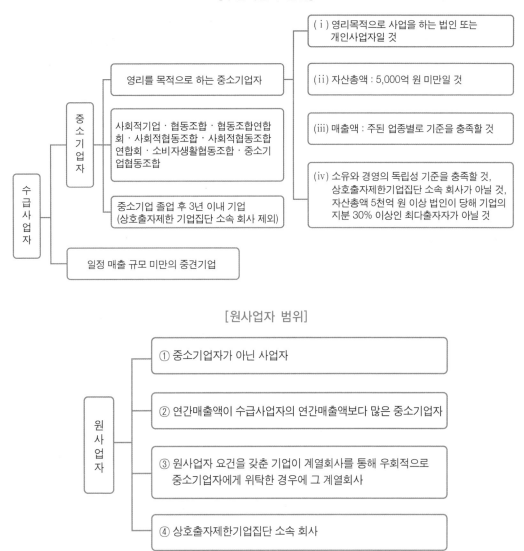

[수급사업자 범위]

영리를 목적으로 하는 중소기업자

(i) 영리목적으로 사업을 하는 법인 또는 개인사업자일 것

(ii) 자산총액 : 5,000억 원 미만일 것

(iii) 매출액 : 주된 업종별로 기준을 충족할 것

사회적기업 · 협동조합 · 협동조합연합회 · 사회적협동조합 · 사회적협동조합연합회 · 소비자생활협동조합 · 중소기업협동조합

(iv) 소유와 경영의 독립성 기준을 충족할 것, 상호출자제한기업집단 소속 회사가 아닐 것, 자산총액 5천억 원 이상 법인이 당해 기업의 지분 30% 이상인 최다출자자가 아닐 것

중소기업 졸업 후 3년 이내 기업
(상호출자제한 기업집단 소속 회사 제외)

일정 매출 규모 미만의 중견기업

[원사업자 범위]

① 중소기업자가 아닌 사업자

② 연간매출액이 수급사업자의 연간매출액보다 많은 중소기업자

③ 원사업자 요건을 갖춘 기업이 계열회사를 통해 우회적으로 중소기업자에게 위탁한 경우에 그 계열회사

④ 상호출자제한기업집단 소속 회사

하도급법에서는 하도급거래에 있어 물품의 제조 · 수리 · 건설 · 용역수행을 원사업자에게 도급주는 자를 발주자, 발주자로부터 도급받아 중소기업에게 하도급을 주는 자를 원사업자, 원사업자로부터 하도급받은 중소기업을 수급사업자라 한다. 재하도급거래[2]에서는 하도급의 원사업자가 발주자가 된다(법 제2조 제10항).

원사업자는 중소기업자가 아닌 사업자가 대부분이겠지만 중소기업자라 하더라도 직전

---

2) 하도급법에서는 건산법 제29조 제4항과 달리 재하도급을 금지하는 규정을 두고 있지 않다.

사업연도의 연간매출액[3)]이 수급사업자보다 많은 경우라면 원사업자에 해당될 수 있다. 다만, 연간매출액을 기준으로 제조·수리위탁에 있어서는 30억 원 미만, 건설위탁에 있어서는 시공능력평가액 45억 원 미만, 용역위탁에 있어서는 연간매출액이 10억 원 미만인 때에는 원사업자 대상에서 제외된다[4)](시행령 제2조 제4항).

한편 사업자가 공정거래법상의 계열회사에게 제조 등을 위탁하고 그 계열회사가 제3자인 수급사업자에게 그 위탁업무의 전부 또는 상당부분을 재위탁하게 되면, 거래 당사자인 계열회사가 원사업자 요건을 충족하지 못하였다 하더라도 발주자가 원사업자 요건을 충족하면 거래 당사자도 원사업자에 해당하는 것으로 보아 하도급법이 적용될 수 있다(법 제2조 제4항).[5)] 상호출자제한기업집단에 속하는 회사의 경우 그 독자적인 규모상으로는 하도급법상 원사업자 요건을 충족하지 못한다 하더라도 원사업자에 해당하는 것으로 보게 되지만, 반대로 수급사업자 요건을 갖추더라도 수급사업자로는 인정되지 않는다(법 제2조 제5항).

한편, 수급사업자는 반드시 중소기업기본법상의 중소기업자(중소기업협동조합 포함)이어야 한다.

다만, 하도급대금의 지급과 관련된 제13조,[6)] 제19조(보복조치의 금지), 제21조(수급사업자의 준수사항)과 절차적 규정들인 제23조 제2항(조사대상 거래제한), 제24조의4 제1항(분쟁의 조정), 제25조의2(공탁), 제33조(과실상계)에 대하여는, ① 「중견기업 성장촉진 및 경쟁력 강화에 관한 특별법」(중견기업법)상의 중견기업 중 매출액이 3,000억 원 미만의 기업이 상호출자제한기업집단 소속계열사로부터 위탁을 받는 경우와 ② 소규모 중견기업이 대규모 중견기업으로부터 위탁받는 경우에는 예외적으로 적용된다(법 제13조 제11항, 시행령 제7조의4 별표 1, 제7조의5). 소규모 중견기업이란 하도급법 시행령 별표 1에 기재된 주된 업종별 연간매출액 미만 중견기업을 의미하는데 대부분의 제조업은 3,000억 원, 건설업은 2,000억 원으로[7)] 중소기업기본법상 업종별 중소기업 규모기준 상한액의 2배 미

---

3) 관계법령에 따라 시공능력평가액의 적용을 받는 거래의 경우 하도급계약 체결 당시 공시된 시공능력평가액의 합계액을 말하며, 연간매출액이나 시공능력평가액이 없는 경우라면 자산총액을 말한다.

4) 2020년 개정판에는 매출액 등 기준이 제조·수리위탁 40억 원, 건설위탁 60억 원, 용역위탁 20억 원으로 잘못 기재되어 있어 본문에서 바로 잡는다.

5) 이는 발주자와 원사업자가 특수관계에 있는 경우 사실상 경제적 동일체와 같이 취급하는 법리로 생각되며 공정거래위원회의 실무례이기도 한다(공정거래위원회 2006. 3. 10. 의결 제2005-057호, 사건번호 2005부사1163호, 2006부사9176호).

6) ① 목적물 수령일로부터 60일 이내 하도급대금 지급의무, ② 발주자로부터 준공금이나 기성금을 지급받은 경우 15일 이내 수급사업자에 대한 지급의무, ③ 하도급대금의 현금지급비율 준수(발주자로부터 지급받은 현금비율 이상으로 하도급대금을 지급해야 함), ④ 하도급대금을 어음으로 지급시 어음의 지급기간 준수, ⑤ 어음으로 하도급대금을 지급할 때 만기일 초과시 어음할인료 지급의무, ⑥ 어음대체결제수단으로 하도급대금을 지급할 때 상환일까지의 수수료 지급의무, ⑦ 하도급대금을 지연지급시에는 지연이자 지급의무 등이다.

7) 본서의 이전판에서 업종에 따라 1,600억 원, 1,200억 원, 800억 원으로 정해져 있다고 기재하고 있었으나 이

만의 금액과 동일하다. 대규모 중견기업이란 자산규모 또는 매출액이 2조 원을 초과하는 중견기업이다(법 제13조 제11항, 시행령 제7조의4 별표 1).

(2) 하도급거래 요건 – 제조·수리·건설·용역위탁의 의의

(가) 제조·수리위탁

제조위탁이라 함은 물품의 제조·판매·수리·건설에 해당하는 행위를 업으로 하는 사업자가 그 업에 따른 물품의 제조를 다른 사업자에게 위탁하는 것이다(법 제2조 제6항). 제품의 규격, 품질, 성능, 형상, 디자인, 브랜드 등을 지정하여 다른 사업자에게 제조·납품하도록 의뢰하는 것을 의미하는 것이다.

단순 구매와 같은 매매거래는 제조위탁에 해당하지 않음이 명확하지만 종종 단순구매인지 아니면 제조위탁인지 혼동스러운 경우가 있다. 대체로 주문자가 특정 사양을 지정하였는지 및 전용가능성(제조된 목적물이 범용제품에 가까워 별다른 손해 없이 다른 용도로 전용되거나 판매할 수 있는지)를 기준으로 판단한다. 의류제조업자가 원단의 규격 또는 품질 등을 지정하여 제조를 위탁하는 경우(서울고등법원 2004. 7. 15. 선고 2003누5602 판결)와 컴퓨터 키보드와 모니터를 주문자상표부착방식(OEM)으로 납품받는 것은 제조위탁에 해당한다는 판결이 있다(서울고등법원 2001. 4. 6. 선고 2000누6376 판결). 규격·표준화된 철근의 품명과 규격을 적시하면서도 이보다 상세하고 특화된 사양서, 도면, 시방서 등으로 주문하지 않은 철근주문계약은 제조위탁이 아니라는 판결이 있다(서울고등법원 2019. 12. 19. 선고 2018누52756 판결).

공정거래위원회는 하도급법에 따라 「제조위탁의 대상이 되는 물품의 범위 고시」를 통하여 제조위탁의 대상을 정하고 있는데 동 규정은 예시적인 것이 아니라 한정적·열거적인 것으로 이해된다.

한편, 수리위탁이란, 물품 수리를 주문에 의하여 행하는 것을 업으로 하거나 자기가 사용하던 물품에 대한 수리를 업으로 하는 사업자가 그 수리행위 전부 또는 일부를 다른 사업자에게 위탁하는 것을 의미한다(법 제2조 제8항).

(나) 건설위탁

건설위탁이란 건산법에 의한 건설업자 등이 그 업에 따른 전부 또는 일부를 다른 건설업자에게 위탁하는 것을 의미한다(법 제2조 제9항). 여기서 건설업자 등에는 전기공사사업법에 의한 공사업자, 정보통신공사사업법에 의한 정보통신공사업자, 소방법에 의한 소방

는 오기였으므로 본문과 같이 바로잡았다.

시설공사업의 등록을 한 자, 기타 대통령령이 정하는 사업자(주택법, 환경기술 및 환경산업지원법, 하수도법 및 가축분뇨의 관리 및 이용에 관한 법률, 에너지이용 합리화법에 따른 각 등록업자, 도시가스사업법이나 액화석유가스의 안전관리 및 사업법에 따른 각 시공자)가 포함된다.

[건설위탁의 원사업자, 수급사업자가 될 수 있는 건설사업자[8]]

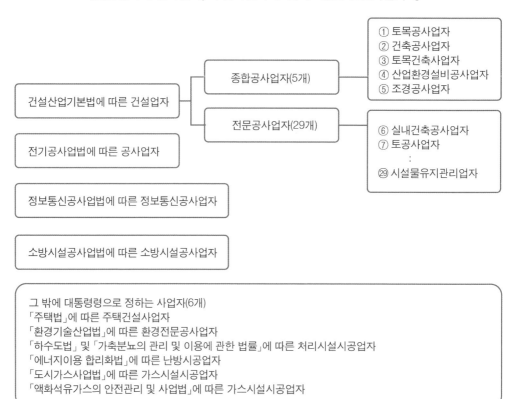

건설위탁이 되기 위하여는 건설업자 중 동일한 업종 간에 위탁관계, 다시 말해 시공자격이 있는 건설사업자가 시공자격이 있는 건설사업자에게 위탁이 이루어져야 한다.[9] 건

---

8) 2022. 1. 1.부터 시행되는 건설산업기본법 시행령[대통령령 제31328호(2020. 12. 29. 공포, 2022. 1. 1. 시행)의 개정으로 시설물유지관리업을 제외한 현행 28개 전문건설업종을 14개 업종으로 통합하였다.

9) 예를 들어, 토공사업에만 등록한 전문건설업자가 미장공사업에 등록한 전문건설업자에게 미장공사를 시공의뢰하는 경우에는 건설위탁으로 볼 수 없다. 하지만 일반건설업자로서 토목공사업과 건축공사업에 속하는 공사를 모두 시공할 수 있는 '토목건축공사업'의 면허를 가지고 있는 원사업자가 '구조물의 설치 및 해체공사'를 전문건설업자에게 위탁한 것은 법 제2조에 의한 '건설위탁'에 해당한다(서울고등법원 2006. 11. 9. 선고 2006누2420 판결).

설산업기본법상 일반건설업자로 토목건축공사업의 면허를 가진 자는 토목공사업과 건축공사업의 업무내용에 속하는 공사를 모두 시공할 수 있으므로 별도로 비계·구조물 해체업에 대한 전문건설면허를 취득하지 않더라도 그 업을 영위할 수 있고 그래서 건설위탁에 해당한다(서울고등법원 2006. 11. 9. 선고 2006누2420 판결). 또한 수급사업자는 반드시 그 업에 관하여 적법한 면허나 등록을 갖추어야 하고 그렇지 않으면 수급사업자가 될 수 없다(대법원 2003. 5. 16. 선고 2001다27470 판결). 물론 경미한 공사(건산법 시행령 제8조[10] 및 전기공사업법 시행령 제5조[11])의 경우 위탁받은 자가 건설업자가 아니어도 수급사업자가 될 수 있다(법 제2조 제9항 및 시행령 제2조 제6항).

(다) 용역위탁

용역위탁이란, 지식·정보성과물의 작성 또는 역무의 공급을 업으로 하는 사업자가 그 업에 따른 용역수행의 전부 또는 일부를 다른 용역업자에게 위탁하는 것을 의미한다(법 제2조 제11항).

공정거래위원회는 「용역위탁 중 지식·정보성과물의 범위 고시」(지식·정보성과물 고시)를 제정·운영 중이다. 동 고시 역시 한정적·열거적인 것으로 이해된다. 지식·정보성과물 고시에 의하면, 정보 프로그램, 영상·음향 성과물, 문자·도형·기호의 결합 성

---

10) 건산법 제8조(경미한 건설공사 등)
　① 법 제9조 제1항 단서에서 '대통령령으로 정하는 경미한 건설공사'란 다음 각 호의 어느 하나에 해당하는 공사를 말한다.
　1. 별표 1에 따른 종합공사를 시공하는 업종과 그 업종별 업무내용에 해당하는 건설공사로서 1건 공사의 공사예정금액[동일한 공사를 2 이상의 계약으로 분할하여 발주하는 경우에는 각각의 공사예정금액을 합산한 금액으로 하고, 발주자(하도급의 경우에는 수급인을 포함한다)가 재료를 제공하는 경우에는 그 재료의 시장가격 및 운임을 포함한 금액으로 하며, 이하 '공사예정금액'이라 한다]이 5천만 원 미만인 건설공사
　2. 별표 1에 따른 전문공사를 시공하는 업종과 그 업종별 업무내용에 해당하는 건설공사로서 공사예정금액이 1천5백만 원 미만인 건설공사. 다만, 다음 각 목의 어느 하나에 해당하는 공사를 제외한다.
　　가. 가스시설공사
　　나.~바. 생략
　3. 조립·해체하여 이동이 용이한 기계설비 등의 설치공사(당해 기계설비 등을 제작하거나 공급하는 자가 직접 설치하는 경우에 한한다)
11) 제5조(경미한 전기공사 등)
　① 법 제3조 제1항 단서에서 '대통령령으로 정하는 경미한 전기공사'란 다음 각 호의 공사를 말한다.
　1. 꽂음접속기, 소켓, 로제트, 실링블록, 접속기, 전구류, 나이프스위치, 그 밖에 개폐기의 보수 및 교환에 관한 공사
　2. 벨, 인터폰, 장식전구, 그 밖에 이와 비슷한 시설에 사용되는 소형변압기(2차측 전압 36볼트 이하의 것으로 한정한다)의 설치 및 그 2차측 공사
　3.~5. 생략

과물, 건축기술, 엔지니어링 및 관련 기술 서비스 및 연구 및 개발을 업으로 하는 사업자가 다른 사업자에게 기술시험(결과)서, 검사·분석·평가 보고서 등 작성, 번역물 등 작성, 시장 및 여론조사 보고서 등 작성을 위탁하는 것을 규정하고 있다.

한편, 역무의 공급위탁의 대상에 대하여는 「용역위탁 중 역무의 범위 고시」(역무고시)에 열거되어 있다. 엔지니어링 기술진흥법상 엔지니어링 활동을 업으로 하는 자가 공장 및 토목공사의 타당성 조사나 구조계산을 위탁하는 것과 같이, 창작적 활동이 아니라 단순기술을 이용한 노무의 제공활동 등이다. 한편, 열거이기 때문에 역무고시에 규정되어 있지 않은 것은 역무위탁의 대상이 될 수 없다(대법원 2016. 9. 30. 선고 2015두53961 판결).

03 지급수단 : 어음 및 어음대체수단

하도급법

제2조(정의) ⑭ 이 법에서 "어음대체결제수단"이란 원사업자가 하도급대금을 지급할 때 어음을 대체하여 사용하는 결제수단으로서 다음 각 호의 어느 하나에 해당하는 것을 말한다.
  1. 기업구매전용카드 : 원사업자가 하도급대금을 지급하기 위하여 「여신전문금융업법」에 따른 신용카드업자로부터 발급받는 신용카드 또는 직불카드로서 일반적인 신용카드가맹점에서는 사용할 수 없고, 원사업자·수급사업자 및 신용카드업자 간의 계약에 따라 해당 수급사업자에 대한 하도급대금의 지급만을 목적으로 발급하는 것
  2. 외상매출채권 담보대출 : 수급사업자가 하도급대금을 받기 위하여 원사업자에 대한 외상매출채권을 담보로 금융기관에서 대출을 받고, 원사업자가 하도급대금으로 수급사업자에 대한 금융기관의 대출금을 상환하는 것으로서 한국은행총재가 정한 조건에 따라 대출이 이루어지는 것
  3. 구매론 : 원사업자가 금융기관과 대출한도를 약정하여 대출받은 금액으로 정보처리시스템을 이용하여 수급사업자에게 하도급대금을 결제하고 만기일에 대출금을 금융기관에 상환하는 것
  4. 그 밖에 하도급대금을 지급할 때 어음을 대체하여 사용되는 결제수단으로서 공정거래위원회가 정하여 고시하는 것

원사업자는 선급금, 준공금, 기성금 등 하도급대금을 법률에 근거하여 설립된 금융기관에서 할인가능한 어음 또는 어음대체수단을 이용하여 지급할 수 있다(법 제13조 제6항). 그 금융기관이란 은행, 종합금융회사, 생명보험회사, 상호저축은행, 여신전문금융회사, 새마을금고, 팩터링 업무 취급기관을 말한다(하도급공정화지침).

원사업자가 수급사업자에게 하도급대금을 어음으로 지급하는 경우 만기의 제한은 없다. 하지만 직전 사업연도 자산총액이 10억 원 이상인 법인사업자는 약속어음 발행시 전자어음만 발행할 수 있고(전자어음법 제6조의2, 시행령 제8조의2), 전자어음의 만기는 1년을 초과할 수 없다(전자어음법 제6조 제5항). 다만, 2018. 5. 29.부터는 전자어음의 만기가 단계적으로 축소되어 2022. 5. 29.부터는 3개월이 된다.[12]

원사업자가 하도급대금을 어음으로 지급하는 경우에는 어음을 교부한 날로부터 어음의 만기일까지의 기간에 대한 할인료를 어음교부일에 지급해야 한다. 구체적으로 법정지급기일 전에 어음이 지급되었다면 법정지급기일 다음 날로부터 어음만기일까지의 기간 동안 연 7.5%의 어음할인료를 법정지급기일 이내에 지급해야 한다(어음에 의한 하도급대금 지급시의 할인율 고시). 여기서 법정기일은 선급금 등의 경우 발주자로부터 선급금을 지급받은 날로부터 15일, 하도급대금의 경우 목적물 수령일로부터 60일 또는 발주자로부터 잔금 등을 지급받은 날로부터 15일 이내 중 빠른 날을 의미한다.

어음도 하도급법이 인정한 지급수단이므로 어음 교부시에 대금지급이 이루어진 것이 된다. 그래서 원사업자가 수급사업자에게 법정지급기일을 경과하여 어음을 교부하는 경우에는 어음교부 전까지는 미지급이었으므로 법정지급기일 다음 날부터 어음교부일까지는 지연지급에 따른 연 15.5%[13]의 지연이자를 지급해야 하고, 대금지급일이자 어음교부일의 다음 날부터 어음만기일까지는 연 7.5%의 할인료만 지급하면 된다.

어음은 만기일에 결제되는 것을 전제로 채무가 소멸하는 것이다. 하도급대금을 어음으로 지급하였지만 부도처리되었다면 하도급대금 등이 지급되지 않은 것으로 보게 된다.

한편, 어음할인료는 어음으로 지급가능하지만 현금지급과의 경제적 가치 차이를 보전해 줄 필요가 있고 아울러 하도급대금채무의 종된 채무이므로 하도급대금을 어음으로 지급할 때의 규정이 어음할인료를 어음으로 지급하는 경우에도 적용된다는 견해가 있다.[14] 하지만, 침익적 법규의 엄격해석 원칙에 비추어 볼 때 어음할인료를 어음으로 지급하는 때에는 별도로 할인료를 지급할 의무는 없다. 지연이자에 대한 지연이자를 지급하지 않는 것과 동일한 원리다. 다만, 수급사업자 입장에서는 불합리한 상황이고 원사업자가 악용할 우려가 있으므로 어음할인료를 어음으로 지급하는 경우에도 할인료를 지급하도록

---

12) 2016. 5. 29. 법률 제14174호로 개정되기 이전의 전자어음법에 의하면 만기는 1년이었다(제6조 제5항). 하지만 개정법에서 만기를 3개월로 단축시키면서, 부칙에서 그 시행을 공포 후 2년을 경과한 날부터로 하고 시행일로부터 1년을 경과한 날까지는 만기를 6개월, 그 다음 1년간은 5개월, 그 다음 1년간은 4개월, 그 이후부터 3개월로 단계적으로 단축시키고 있다.

13) 2015. 6. 30.자 공정거래위원회 고시 제2015-4호「선급금 등 지연지급시의 지연이율 고시」로 그 시행일인 2015. 7. 1.부터 15.5%로 정해졌으며 그 전에는 20%였다.

14) 송정원, 하도급거래 공정화에 관한 법률(해설), 도서출판 나무와샘, 2000, 106면

입법론적인 개선이 필요하다.

하도급대금이 법정지급기일 전에 어음대체결제수단으로 지급되었다면 법정지급기일 다음 날로부터 하도급대금 상환기일까지의 기간에 대해 사업자가 금융기관(「여신전문금융업법」 제2조 제2호의2에 따른 신용카드업자를 포함한다)과 체결한 어음대체결제수단의 약정상 수수료율에 따른 금액을 지급해야 한다.[15] 어음대체결제수단의 법정기일은 기업구매전용카드의 경우 카드결제 승인일, 외상매출채권 담보대출의 경우에는 납품 등의 명세 전송일, 대출론의 경우에는 구매자금 결제일이 대금지급일이 된다.

관련하여, 하도급대금 어음할인료와 어음대체 결제수단 수수료 산정의 기준시점은 현금으로 하도급대금을 지급하는 경우와 같이 목적물 등의 수령일이라는 판결이 있다(서울고등법원 2015. 10. 15. 선고 2014누8447 판결).

04 > 조사시효 및 처분시효

> **하도급법**
>
> **제22조(위반행위의 신고 등)**
> ④ 공정거래위원회는 다음 각 호의 구분에 따른 기간이 경과한 경우에는 이 법 위반행위에 대하여 제25조 제1항에 따른 시정조치를 명하거나 제25조의3에 따른 과징금을 부과하지 아니한다. 다만, 법원의 판결에 따라 시정조치 또는 과징금 부과처분이 취소된 경우로서 그 판결이유에 따라 새로운 처분을 하는 경우에는 그러하지 아니하다.
> 1. 공정거래위원회가 이 법 위반행위에 대하여 제1항 전단에 따른 신고를 받고 제2항에 따라 조사를 개시한 경우 : 신고일부터 3년
> 2. 제1호 외의 경우로서 공정거래위원회가 이 법 위반행위에 대하여 제2항에 따라 조사를 개시한 경우 : 조사개시일부터 3년
>
> **제23조(조사대상 거래의 제한)** ① 제22조 제2항에 따라 공정거래위원회의 조사개시 대상이 되는 하도급거래(제13조 제11항이 적용되는 거래를 포함한다. 이하 이 조에서 같다)는 그 거래가 끝난 날부터 3년(제12조의3을 위반하는 경우에는 그 거래가 끝난 날부터 7년으로 한다. 이하 이 조에서 같다)이 지나지 아니한 것으로 한정한다. 다만, 거래가 끝난 날부터 3년 이내에 제22조 제1항 전단에 따라 신고되거나 제24조의4 제1항 제1호 또는 제2호의 분쟁당사자가 분쟁조정을 신청한 하도급거래의 경우에는 거래가 끝난 날부터 3년이 지난 경우에도 조사를 개시할 수 있다.
> ② 제1항에서 '거래가 끝난 날'이란 제조위탁·수리위탁 및 용역위탁 중 지식·정보성과물

---

15) 이는 2015. 7.에 개정된 하도급법(2015. 7. 24. 법률 제13451호)에 의해 변경된 것으로, 그 이전 법률에 의하면 연 7%의 수수료(어음대체결제수단에 의한 하도급대금 지급시의 수수료율 고시)를 법정지급기일 이내에 수급사업자에게 지급해야 했다.

> 작성위탁의 경우에는 수급사업자가 원사업자에게 위탁받은 목적물을 납품 또는 인도한 날
> 을 용역위탁 중 역무의 공급위탁의 경우에는 원사업자가 수급사업자에게 위탁한 역무공급
> 을 완료한 날을 말하며, 건설위탁의 경우에는 원사업자가 수급사업자에게 건설위탁한 공사
> 가 완공된 날을 말한다. 다만, 하도급계약이 중도에 해지되거나 하도급거래가 중지된 경우
> 에는 해지 또는 중지된 날을 말한다.

하도급법은 통상의 위반행위에 대하여는 거래가 끝난 날로부터 3년의 조사시효를 두고 있다. 기술자료 제공요구 및 유용행위에 대하여는 2018. 4. 17. 법률 제15612호로 개정된 바에 따라 거래가 끝난 날로부터 7년의 조사시효가 적용된다. 개정법률의 시행시기는 6개월이 경과한 2018. 10. 18.부터이므로(법 부칙 제1조), 그 이전 거래에 대한 기술자료 제공요구 및 유용행위에 대하여는 3년의 조사시효가 적용된다. 공정거래위원회는 그 거래가 종료된 날로부터 3년 또는 7년이 지나지 않은 경우에만 조사를 개시할 수 있다. 다만, 거래 종료일로부터 3년 또는 7년 이내에 신고되면 거래 종료일로부터 3년 또는 7년이 경과하더라도 조사를 개시할 수 있다.[16]

한편, 거래가 종료된 날은 목적물을 납품 또는 인도한 날(제조위탁, 수리위탁 및 용역위탁 중 지식·정보성과물 작성위탁의 경우), 역무공급을 완료한 날(용역위탁 중 역무위탁의 경우) 또는 공사완공일(건설위탁의 경우)이며, 하도급계약이 중도해지 또는 중지된 경우 그 해지일 또는 중지일이다(법 제23조 제2항, 시행령 제6조). 계속적인 하도급거래관계에서는 개별 위탁이 종료된 시점부터 조사시효를 기산함이 합당하다.

2015. 7. 24. 법률 제13451호로 하도급법이 개정되면서 제22조 제4항이 신설되어 새로이 처분시효 제도가 도입되었다. 신고사건의 경우 신고일로부터 3년(신고사건에서 조사개시일을 신고일로 본다), 신고외 즉, 직권인지 사건의 경우 조사개시일로부터 3년이 지나면 시정조치나 과징금부과처분을 할 수 없다. 다만, 법원의 판결에 따라 시정조치 또는 과징금부과처분이 취소되어 그 판결이유에 따라 새로운 처분을 하는 경우에는 그러하지 아니하다(법 제22조 제4항). 한편, 조사개시일은 신고사건의 경우 신고접수일, 직권조사 사건의 경우 직권조사계획 발표일 또는 조사공문 발송일 중 뒤의 날이다(공정화지침 III. 22. 마).

사건으로 처분시효도 짧아 문제지만 조사시효가 지나치게 단기여서 현실적으로 수급사업자 이익을 보호하기에 큰 장애가 되고 있다. 입법적 개선이 시급하다.

---

16) 사건처리절차규칙 제10조의2에 따라 조사개시 시점은 신고 사건의 경우 신고접수일이지만, 직권인지 사건에 있어서는 자료제출 요청일, 당사자 또는 이해관계인에 대한 출석 요청일, 현장조사일 중 가장 빠른 날을 조사개시일로 보게 되므로, 굳이 단서가 없더라도 거래 종료일로부터 3년 이내 신고된 경우 그 때 조사개시된 것으로 보아 조사를 할 수 있다고 본다.

05 하도급법 규정에 반하는 사인 간 합의의 효력과 제재

하도급법은 각 위반행위별로 행정적 제재 또는 형사적 제재를 규정하고 있을 뿐 이를 위반한 사인들 간의 합의나 약정의 민사상 효력에 관해서는 아무런 규정도 두고 있지 않다. 법률은 그 효력에 따라 효력규정, 단속규정, 임의규정으로 구분된다.

효력규정이란 주로 공서양속이나 사회질서에 관련된 것으로 이에 위반되는 행위에 대해 행정상·형사상 제재는 물론 사법상의 효력도 부정되는 법규를 의미한다.

단속규정이란 일정한 목적을 달성하기 위하여 국가가 일정한 행위를 금지하는 법규를 말하며, 이에 위반하더라도 사법상 효과는 유효하다. 다만, 행정상·형사상 제재를 받을 뿐이다. 통상 효력규정과 단속규정을 합하여 강행규정이라고 한다. 반면, 당사자 간 의사로 법규의 적용을 배제할 수 있는 것을 임의규정이라고 하는데, 이에 반하는 합의가 민사상 유효함은 당연하고 법률위반 자체도 구성되지 않는다.

하도급법 역시 본질적으로 행정법규이기 때문에 효력규정이라고 볼만한 규정은 거의 없다. 또 위반시 형사처벌까지 가능한 경우가 대부분이어서 임의규정이라고 보기도 어렵다. 특별한 사정이 없는 이상 단속규정으로 보아야 한다.[17] 판례도 동일한 입장으로 파악된다.[18] 따라서 하도급법에 반하는 합의를 하거나 하도급법상 의무를 면제해 주기로 약정하더라도, 그 약정의 민사상 효력은 유효하다. 다만, 하도급법 위반은 성립하므로 과징금부과처분이나 형사처벌은 가능하며, 수급사업자에 대한 불법행위를 구성하여 손해배상책임을 져야 할 수도 있다.

다만, 그것이 건산법 제22조 제5항[19]에서 규정한 불공정 계약이면 무효가 될 수 있다.

---

17) 공정거래법에 대해서도 단속규정이라는 전제에서 그 위반행위가 공서양속에 반하여 민법 제103조 위반을 구성하지 않는 한 민사상 무효로 볼 수는 없다는 상대적 효력설을 취하고 있다.

18) 부당감액규정 등에 대하여 하도급법 규정에 위반한 원사업자와 수급사업자 사이 계약은 사법상 효력이 부인되지 않는 하도급법 규정이 단속규정이고(대법원 2003. 5. 16. 선고 2001다27470 판결; 대법원 2000. 7. 28. 선고 2000다20434 판결; 대법원 2011. 1. 27. 선고 2010다53457 판결 등), 위탁 후 발주자로부터의 설계변경 또는 경제상황의 변동 등을 이유로 추가금액을 지급받는 경우 추가금액의 내용과 비율에 따라 하도급대금을 증액시켜 주도록 한 법 제16조 역시도 단속 규정이며(대법원 2000. 7. 28. 선고 2000다20434 판결), 수급사업자의 의사에 반하는 대물변제를 금지한 법 제17조 역시도 단속조항이므로 이에 반하는 합의 역시 유효하다고 판시하였다(대법원 2003. 5. 16. 선고 2001다27470 판결).

19) 건산법 제22조(건설공사에 관한 도급계약의 원칙)
⑤ 건설공사 도급계약의 내용이 당사자 일방에게 현저하게 불공정한 경우로서 다음 각 호의 어느 하나에 해당하는 경우에는 그 부분에 한정하여 무효로 한다.
1. 계약체결 이후 설계변경, 경제상황의 변동에 따라 발생하는 계약금액의 변경을 상당한 이유 없이 인정하지 아니하거나 그 부담을 상대방에게 전가하는 경우
2. 계약체결 이후 공사내용의 변경에 따른 계약기간의 변경을 상당한 이유 없이 인정하지 아니하거나 그 부담을 상대방에게 전가하는 경우

3. 도급계약의 형태, 건설공사의 내용 등 관련된 모든 사정에 비추어 계약체결 당시 예상하기 어려운 내용에 대하여 상대방에게 책임을 전가하는 경우
4. 계약내용에 대하여 구체적인 정함이 없거나 당사자 간 이견이 있을 경우 계약내용을 일방의 의사에 따라 정함으로써 상대방의 정당한 이익을 침해한 경우
5. 계약불이행에 따른 당사자의 손해배상책임을 과도하게 경감하거나 가중하여 정함으로써 상대방의 정당한 이익을 침해한 경우
6. 「민법」 등 관계 법령에서 인정하고 있는 상대방의 권리를 상당한 이유 없이 배제하거나 제한하는 경우

II 하도급법 개관

01 하도급법 체계(1) : 원사업자의 의무사항과 금지사항을 기준으로

법목적 및 적용대상	목적	공정한 하도급거래 질서확립과 대기업과 중소기업 간의 상호보완적인 균형 발전을 도모 * 시간과 비용이 많이 드는 현행 소송제도의 한계를 보완하여 중소기업자를 보호
	적용업종	제조, 수리, 건설, 용역(지식·정보성과물 제작 및 용역위탁)
	적용대상	대기업과 중소기업 간 거래, 중소기업과 이보다 작은 중소기업 간 거래[다만, 대기업과 일정 규모 이하의 중견기업 간의 거래에 제13조(하도급대금지급의무) 조항 등은 적용]
	적용기간	조사시효 : 거래종료일로부터 3년 또는 7년(기술 제공요구 및 유출), 단 3년 이내 신고시 3년 이후 조사개시 가능 처분시효 : 신고일 또는 조사개시일로부터 3년
하도급 거래의 규율 내용	원사업자의 의무사항 (8개)	• 서면교부, 서류보존의무 (제3조) • 선급금지급의무(제6조) • 내국신용장개설의무 (제7조) • 검사 및 검사결과통지의무(제9조) • 하도급대금지급의무(제13조) • 건설하도급대금지급보증의무(제13조의2) • 관세 등 환급액지급의무(제15조) • 설계변경에 따른 하도급대금 조정의무(제16조) • 납품단가조정협의 의무(제16조의2)
	원사업자의 금지사항 (11개)	• 부당특약 금지(제3조의4) • 부당한 하도급대금결정 금지(제4조) • 물품 등 구매강제금지(제5조) • 부당한 위탁취소 및 수령거부금지(제8조) • 부당반품금지(제10조) • 하도급대금 부당감액금지(제11조) • 물품구매대금 등의 부당결제청구금지(제12조) • 경제적 이익의 부당요구금지(제12조의2) • 기술자료제공요구 및 유용금지(제12조의3) • 대물변제행위금지(제17조) • 부당한 경영간섭금지(제18조) • 보복조치금지(제19조) • 탈법행위금지(제20조)
	발주자의 의무사항	하도급대금의 직접지급의무(제14조)

	수급사업자의 의무 및 준수사항	• 서류보존의무(제4조 제9항) • 건설하도급대금 계약이행보증의무(제13조의2) • 신의칙 준수, 원사업자의 위법행위 협조거부(제21조)
법위반에 대한 제재	행정적 제재	• 시정조치(시정명령(지급명령 포함), 시정권고) • 공표명령 • 과징금부과 : 하도급대금의 2배 이하 • 상습법위반자 조치(입찰참가제한, 영업정지요청) • 과태료부과 : 3천만 원 이하
	사법적 제재	• 전속고발권 : 공정거래위원장, 감사원장, 중소기업청장 • 양벌규정 : 행위자 및 법인 처벌 • 하도급대금 2배 상당 금액 이하의 벌금(원사업자의 의무사항 및 금지사항 위반행위) • 3억 원 이하 벌금(보복조치) • 1.5억 원 이하의 벌금(경영간섭, 시정명령불이행죄 및 탈법행위 금지 위반죄)

02 > 하도급법 체계(2) : 계약 단계별 금지 및 의무사항과 관련 법령 및 고시 · 지침을 중심으로

단계	원사업자의 고려 · 준수사항	관련 법령 및 고시
전체		• 하도급법 및 시행령 • 공정화 지침
계약 협상 / 당사자 선정	수급사업자가 대기업 · 중소기업 · 중견기업 여부 확인 - 하도급 적용 여부	하도급법 제2조 제2항 제2호, 시행령 제2조 중소기업기본법 제2조 제1항 중견기업 성장촉진 및 경쟁력 강화에 관한 특별법 제2조
	거래내용의 하도급법 적용대상 여부 확인(단순 구매인지 제조위탁인지 등 확인)	하도급법 제2조 제1항, 제6항(제조위탁), 제8항(수리위탁), 제9항(건설위탁), 제11항(용역위탁) • 제조위탁 대상이 되는 물품의 범위 고시 • 용역위탁 중 역무의 범위 고시 • 용역위탁 중 지식 · 정보성과물 범위의 고시
	협력업체 등록 · 관리 및 하도급거래내부심의위원회	하도급법 제4조 제2항 제7호 • 대 · 중소기업 간 공정거래협약 이행평가 등에 관한 기준 별표 5. 협력업체의 공정한 선정(등록)을 위한 실천사항 • 동 기준 별표 6. 하도급거래 내부심의위원회 설치 · 운용을 위한 실천사항

단계	원사업자의 고려 · 준수사항	관련 법령 및 고시
계약 체결	하도급계약체결 전반	대 · 중소기업 간 공정거래협약 이행평가 등에 관한 기준 별표 4. 대 · 중소기업 간 상생협력을 위한 바람직한 계약체결 실천사항
	하도급계약서 작성 · 교부 · 보존 의무	하도급법 제3조, 시행령 제3조 내지 제6조 • 대 · 중소기업 간 공정거래협약 이행평가 등에 관한 기준 별표 7. 하도급거래에서의 바람직한 서면발급 및 보존에 관한 실천사항
	표준하도급 계약서 사용 여부 결정	업종별 표준하도급계약서(공정거래위원회)
	부당한 특약의 금지	하도급법 제3조의4, 시행령 제6조의2 • 부당특약 심사지침
하도급 대금의 결정, 감액, 조정 등	부당한 하도급대금 결정	하도급법 제4조, 시행령 제7조 • 부당 하도급대금 결정 및 감액행위 심사지침
	부당감액 금지	하도급법 제11조, 시행령 제7조의2 • 부당한 하도급대금 결정 및 감액 행위에 대한 심사지침
	물품 등 구매강제, 물품대금 등의 부당결제금지 및 조기결제청구금지	하도급법 제12조
	경제적 이익의 부당요구금지	하도급법 제12조의2
	설계변경에 따른 하도급대금의 조정 의무(증액 및 감액)	하도급법 제16조, 시행령 제7조의2
	원재료 가격변동 등에 따른 하도급대금 조정 협의의무	하도급법 제16조의2, 시행령 제9조의2 및 3
목적물 검사 및 수령	검사 및 검사결과 통지의무	하도급법 제9조
	물품 등의 구매강제 금지	하도급법 제5조
	부당한 위탁취소 및 수령거부의 금지	하도급법 제8조 • 부당위탁취소, 수령거부 · 반품행위에 대한 심사지침
	부당반품 금지	하도급법 제10조 • 부당한 위탁취소, 수령거부 및 반품행위에 대한 심사지침

단계	원사업자의 고려 · 준수사항	관련 법령 및 고시
대금 지급	선급금 지급의무	하도급법 제6조 • 선급금 등 지연지급시의 지연이자율 고시(15.5%) • 어음에 의한 하도급대금 지급시의 할인율 고시(7.5%) • 어음대체결제수단에 의한 하도급대금 지급시 수수료율 고시(원사업자가 금융기관과 약정한 수수료율)
	하도급대금 지급의무	하도급법 제13조 • 상동(지연이자, 어음할인료, 어음대체결제수단 수수료율 고시 적용)
	대물변제행위 금지	하도급법 제17조, 시행령 제9조의4
	건설하도급대금보증의무	하도급법 제13조의2, 시행령 제8조 • 건설하도급대금 지급보증 면제대상 고시
	내국신용장 개설의무	하도급법 제7조
	관세 등 환급액 지급의무	하도급법 제15조
	경제적 이익의 부당요구 금지	하도급법 제12조의2
	부당한 경영간섭 금지	하도급법 제18조
	보복조치 금지	하도급법 제19조
	탈법행위 금지	하도급법 제20조
기술 탈취 및 기타 의무	기술자료 제공강요 · 유용 금지	하도급법 제2조 제15항, 제12조의3, 시행령 제7조의3 • 기술자료 제공요구 · 유용행위 심사지침
	부당한 경영간섭 금지	하도급법 제18조
	보복조치 금지	하도급법 제19조
	탈법행위 금지	하도급법 제20조
	공정거래협약체결 권장	하도급법 제3조의3 • 대 · 중소기업 간 공정거래협약 이행평가 등에 관한 기준
발주자의 의무	하도급대금의 직접지급	하도급법 제14조, 시행령 제9조
수급 사업자의 의무	하도급거래 서류 보존의무	하도급법 제3조 제9항, 시행령 제6조
	위법행위 협조거부 의무 및 증거서류 제출의무	하도급법 제21조
	건설하도급 계약이행보증의무	하도급법 제13조의2 제1항

Ⅲ. 원사업자의 의무 및 금지사항(1): 계약서에 관한 사항

01》 하도급계약서면의 발급 및 서류의 보존의무

> **하도급법**
>
> **제3조(서면의 발급 및 서류의 보존)** ① 원사업자가 수급사업자에게 제조 등의 위탁을 하는 경우 및 제조 등의 위탁을 한 이후에 해당 계약내역에 없는 제조 등의 위탁 또는 계약내역을 변경하는 위탁(이하 이 항에서 "추가·변경위탁"이라 한다)을 하는 경우에는 제2항의 사항을 적은 서면(「전자문서 및 전자거래 기본법」 제2조 제1호에 따른 전자문서를 포함한다. 이하 이 조에서 같다)을 다음 각 호의 구분에 따른 기한까지 수급사업자에게 발급하여야 한다.
> 1. 제조위탁의 경우 : 수급사업자가 제조 등의 위탁 및 추가·변경위탁에 따른 물품 납품을 위한 작업을 시작하기 전
> 2. 수리위탁의 경우 : 수급사업자가 제조 등의 위탁 및 추가·변경위탁에 따른 수리행위를 시작하기 전
> 3. 건설위탁의 경우 : 수급사업자가 제조 등의 위탁 및 추가·변경위탁에 따른 계약공사를 착공하기 전
> 4. 용역위탁의 경우 : 수급사업자가 제조 등의 위탁 및 추가·변경위탁에 따른 용역수행행위를 시작하기 전
>
> ② 제1항의 서면에는 하도급대금과 그 지급방법 등 하도급계약의 내용 및 제16조의2 제1항에 따른 목적물 등의 공급원가 변동 시 하도급대금의 조정요건, 방법 및 절차 등 대통령령으로 정하는 사항을 적고 원사업자와 수급사업자가 서명(「전자서명법」 제2조 제3호에 따른 공인전자서명을 포함한다. 이하 이 조에서 같다) 또는 기명날인하여야 한다.
>
> ③ 원사업자는 제2항에도 불구하고 위탁시점에 확정하기 곤란한 사항에 대하여는 재해·사고로 인한 긴급복구공사를 하는 경우 등 정당한 사유가 있는 경우에는 해당 사항을 적지 아니한 서면을 발급할 수 있다. 이 경우 해당 사항이 정하여지지 아니한 이유와 그 사항을 정하게 되는 예정기일을 서면에 적어야 한다.
>
> ④ 원사업자는 제3항에 따라 일부 사항을 적지 아니한 서면을 발급한 경우에는 해당 사항이 확정되는 때에 지체 없이 그 사항을 적은 새로운 서면을 발급하여야 한다.
>
> ⑤ 원사업자가 제조 등의 위탁을 하면서 제2항의 사항을 적은 서면(제3항에 따라 일부 사항을 적지 아니한 서면을 포함한다)을 발급하지 아니한 경우에는 수급사업자는 위탁받은 작업의 내용, 하도급대금 등 대통령령으로 정하는 사항을 원사업자에게 서면으로 통지하여 위탁내용의 확인을 요청할 수 있다.
>
> ⑥ 원사업자는 제5항의 통지를 받은 날부터 15일 이내에 그 내용에 대한 인정 또는 부인(否

認)의 의사를 수급사업자에게 서면으로 회신을 발송하여야 하며, 이 기간 내에 회신을 발송하지 아니한 경우에는 원래 수급사업자가 통지한 내용대로 위탁이 있었던 것으로 추정한다. 다만, 천재나 그 밖의 사변으로 회신이 불가능한 경우에는 그러하지 아니하다.

⑦ 제5항의 통지에는 수급사업자가, 제6항의 회신에는 원사업자가 서명 또는 기명날인하여야 한다.

⑧ 제5항의 통지 및 제6항의 회신과 관련하여 필요한 사항은 대통령령으로 정한다.

⑨ 원사업자와 수급사업자는 대통령령으로 정하는 바에 따라 하도급거래에 관한 서류를 보존하여야 한다.

제3조의2(표준하도급계약서의 작성 및 사용) 공정거래위원회는 이 법의 적용 대상이 되는 사업자 또는 사업자단체에 표준하도급계약서의 작성 및 사용을 권장할 수 있다.

개정 하도급법(2022. 1. 11. 법률 제18757호, 2023. 1. 12. 시행)

제3조의2(표준하도급계약서의 제정·개정 및 사용) ① 공정거래위원회는 표준하도급계약서를 제정 또는 개정하여 이 법의 적용대상이 되는 사업자 또는 사업자단체(이하 이 조에서 "사업자등"이라 한다)에 그 사용을 권장할 수 있다.

② 사업자등은 건전한 하도급거래질서를 확립하고 불공정한 내용의 계약이 통용되는 것을 방지하기 위하여 일정한 하도급 거래분야에서 통용될 수 있는 표준하도급계약서의 제정·개정안을 마련하여 그 내용이 이 법에 위반되는지 여부에 관하여 공정거래위원회에 심사를 청구할 수 있다.

③ 공정거래위원회는 다음 각 호의 어느 하나에 해당하는 경우 사업자등에 대하여 표준하도급계약서의 제정·개정안을 마련하여 심사를 청구할 것을 권고할 수 있다.

1. 일정한 하도급 거래분야에서 여러 수급사업자에게 피해가 발생하거나 발생할 우려가 있는 경우
2. 이 법의 개정 등으로 인하여 표준하도급계약서를 정비할 필요가 발생한 경우

④ 공정거래위원회는 사업자등이 제3항의 권고를 받은 날부터 상당한 기간 이내에 필요한 조치를 하지 아니하는 경우 표준하도급계약서를 제정 또는 개정하여 사업자등에게 그 사용을 권장할 수 있다.

⑤ 공정거래위원회는 표준하도급계약서를 제정 또는 개정하는 경우에는 관련 분야의 거래당사자인 사업자등의 의견을 들어야 한다.

⑥ 공정거래위원회는 표준하도급계약서 제정·개정과 관련된 업무를 수행하기 위하여 필요하다고 인정하면 자문위원을 위촉할 수 있다.

⑦ 제6항에 따른 자문위원의 위촉과 그 밖에 필요한 사항은 대통령령으로 정한다.

부칙

제6조(표준하도급계약서에 관한 경과조치) 이 법 시행 당시 종전의 제3조의2에 따른 표준하도급계약서는 제3조의2의 개정규정에 따라 공정거래위원회가 제정 또는 개정한 표준하도급계약서로 본다.

하도급법 시행령

제3조(서면 기재사항) 법 제3조 제2항에서 "하도급대금의 조정요건, 방법 및 절차 등 대통령

령으로 정하는 사항"이란 다음 각 호의 사항을 말한다.

1. 위탁일과 수급사업자가 위탁받은 것(이하 "목적물 등"이라 한다)의 내용
2. 목적물 등을 원사업자(原事業者)에게 납품·인도 또는 제공하는 시기 및 장소
3. 목적물 등의 검사의 방법 및 시기
4. 하도급대금(선급금, 기성금 및 법 제16조에 따라 하도급대금을 조정한 경우에는 그 조정된 금액을 포함한다. 이하 같다)과 그 지급방법 및 지급기일
5. 원사업자가 수급사업자에게 목적물 등의 제조·수리·시공 또는 용역수행행위에 필요한 원재료 등을 제공하려는 경우에는 그 원재료 등의 품명·수량·제공일·대가 및 대가의 지급방법과 지급기일
6. 목적물 등의 제조·수리·시공 또는 용역수행행위를 위탁한 후 목적물 등의 공급원가 변동에 따른 하도급대금 조정의 요건, 방법 및 절차

제4조(위탁내용의 확인) 법 제3조 제5항에서 "위탁받은 작업의 내용, 하도급대금 등 대통령령으로 정하는 사항"이란 다음 각 호의 사항을 말한다.

1. 원사업자로부터 위탁받은 작업의 내용
2. 하도급대금
3. 원사업자로부터 위탁받은 일시
4. 원사업자와 수급사업자의 사업자명과 주소(법인 등기사항증명서상 주소, 사업장 주소를 포함한다. 이하 같다). 그 밖에 원사업자가 위탁한 내용

제6조(서류의 보존) ① 법 제3조 제9항에 따라 보존하여야 하는 하도급거래에 관한 서류는 법 제3조 제1항의 서면과 다음 각 호의 서류 또는 다음 각 호의 사항이 기재된 서류(컴퓨터 등 정보처리능력을 가진 장치에 의하여 전자적인 형태로 작성, 송수신 또는 저장된 것을 포함한다. 이하 이 조에서 같다)를 말한다.

1. 법 제8조 제2항에 따른 수령증명서
2. 법 제9조에 따른 목적물 등의 검사 결과, 검사 종료일
3. 하도급대금의 지급일·지급금액 및 지급수단(어음으로 하도급대금을 지급하는 경우에는 어음의 교부일·금액 및 만기일을 포함한다)
4. 법 제6조에 따른 선급금 및 지연이자, 법 제13조 제6항부터 제8항까지의 규정에 따른 어음할인료, 수수료 및 지연이자, 법 제15조에 따른 관세 등 환급액 및 지연이자를 지급한 경우에는 그 지급일과 지급금액
5. 원사업자가 수급사업자에게 목적물 등의 제조·수리·시공 또는 용역수행행위에 필요한 원재료 등을 제공하고 그 대가를 하도급대금에서 공제한 경우에는 그 원재료 등의 내용과 공제일·공제금액 및 공제사유
5의2. 법 제11조 제1항 단서에 따라 하도급대금을 감액한 경우에는 제7조의2 각 호의 사항을 적은 서면의 사본
5의3. 법 제12조의3 제1항 단서에 따라 기술자료의 제공을 요구한 경우에는 제7조의3 각 호의 사항을 적은 서면의 사본
6. 법 제16조에 따라 하도급대금을 조정한 경우에는 그 조정한 금액 및 사유

7. 법 제16조의2에 따라 다음 각 목의 어느 하나에 해당하는 자가 목적물 등의 공급원가 변동에 따라 하도급대금 조정을 신청한 경우에는 신청 내용 및 협의 내용, 그 조정금액 및 조정사유

　　가. 수급사업자

　　나. 「중소기업협동조합법」 제3조 제1항 제1호 또는 제2호에 따른 중소기업협동조합(이하 "조합"이라 한다)

8. 입찰명세서, 낙찰자결정품의서, 견적서, 현장설명서, 설계설명서 등 하도급대금 결정과 관련된 서류. 다만, 현장설명서 및 설계설명서는 건설위탁의 경우에만 해당한다.

② 제1항에 따른 서류는 법 제23조 제2항에 따른 거래가 끝난 날부터 3년(제1항 제5호의3에 따른 서류는 7년)간 보존하여야 한다.

(1) 서면의 요건 및 교부의무

하도급법이 원사업자에게 서면교부의무를 부여한 것은, 양자 간의 계약내용을 명백히 하고 향후 분쟁발생시 사실확인을 위한 기초자료로 활용하기 위함이다. 아울러 위탁내용의 불분명으로 인해 발생하는 수급사업자의 불이익을 방지함과 동시에 발주서로 당사자 간의 사후분쟁을 미리 막기 위함이다.

원사업자는 수급사업자에게 제조 등의 위탁을 하거나 추가·변경 위탁을 하는 경우(위탁 이후에 해당 계약내역에 없는 제조 등의 위탁이거나 계약내역을 변경하는 위탁)[20]에는 서면을 수급사업자에게 발급해야 한다(대법원 1995. 6. 16. 선고 94두10320 판결).

하도급법상 서면이란 통상 계약서를 의미하며 사전교부가 원칙이다. 제조위탁에 있어서는 수급사업자가 물품 공급을 위한 작업을 시작하기 전, 수리위탁에 있어서는 수리행위를 시작하기 전, 건설위탁의 경우 계약공사를 착공하기 전, 용역위탁에 있어서는 용역수행행위를 하기 전까지 서면계약서가 교부되어야 한다.

컴퓨터 등 정보처리능력을 가진 장치에 의하여 전자적 형태로 작성·송수신 또는 저장된 문서도 서면에 해당한다.[21]

한편, 원사업자가 수급사업자에게 발급해야 하는 서면에는 아래에서 기술하는 6개 사항을 기재하고 원사업자와 수급사업자가 서명 또는 기명날인하여야 한다. 서명은 공인전

---

20) 공사기간 종료에 따른 공기연장계약을 체결한 경우에도 변경하도급계약서면은 공사에 착공하기 전에 발급해야 한다(공정거래위원회 2009. 12. 30. 의결 제2009-284호, 사건번호 2009광사0223).

21) 서면의 발급에 갈음할 수 있는 전자적인 기록의 제공방법으로 전기통신회선을 통해 송신하고 수급사업자가 사용하는 전자기록장치에 구비된 파일에 기록하는 방법(예를 들어 전자메일), 전기통신회선을 통해 수급사업자의 열람에 제공하고 당해 수급사업자가 사용하는 전자기록장치에 구비된 파일에 기록하는 방법(예를 들어 웹), 플로피 디스크, CD-ROM 등 전자적 기록을 수급사업자에게 교부하는 방법 등이 있다(공정거래협약기준 별표 7. 하도급거래에서의 바람직한 서면발급 및 보존에 관한 실천사항).

자서명으로도 가능하다(법 제3조 제2항). 서명 또는 기명날인이 없는 서면을 발급한 경우에는 서면미발급에 해당한다(공정거래협약기준 별표 7. 하도급거래에서의 바람직한 서면발급 및 보존에 관한 실천사항).

6개 사항 중 일부가 누락된 서면이 교부되면 불완전서면교부가 되며, 미교부나 지연교부와 동일한 하도급법상의 취급과 제재를 받는다. 양 당사자 간에 합의된 내용과 다른 내용의 서면을 작성·교부하는 경우에는 허위서면교부 행위에 해당하게 되므로 주의해야 한다.

┤ 6개 필수 서면 기재사항 ├

① 위탁일과 수급사업자가 위탁받은 것(이하 '목적물 등')의 내용
② 목적물 등을 원사업자에게 납품·인도 또는 제공하는 시기 및 장소
③ 목적물 등의 검사의 방법 및 시기
④ 하도급대금(선급금, 기성금 및 법 제16조에 따라 하도급대금을 조정한 경우에는 그 조정된 금액을 포함)과 그 지급방법 및 지급기일
⑤ 원사업자가 수급사업자에게 목적물 등의 제조·수리·시공 또는 용역수행행위에 필요한 원재료 등을 제공하려는 경우에는 그 원재료 등의 품명·수량·제공일·대가 및 대가의 지급방법과 지급기일
⑥ 목적물 등의 제조·수리·시공 또는 용역수행행위를 위탁한 후 원재료 등의 가격변동 등에 따른 하도급대금 조정의 요건, 방법 및 절차

한편, 법정사항을 모두 기재할 수 없는 정당한 사유가 있는 때에는 사전교부원칙의 예외가 허용된다. 정당한 사유의 입증책임은 원사업자에게 있다(서울고등법원 2009. 11. 12. 선고 2008누11237 판결).

먼저, 위탁시점에 확정하기 곤란한 사항에 대하여 재해, 사고로 인한 긴급복구공사를 하는 경우와 같이 지연교부에 대한 정당한 사유가 있으면 해당사항을 적지 아니한 서면을 발급할 수 있다. 이 경우 해당사항이 정해지지 않은 이유와 그 사항을 정하게 되는 예정기일을 서면에 적어야 하며(법 제3조 제3항), 해당사항이 확정되는 때에 지체없이 그 사항을 적은 새로운 서면을 발급해야 한다(법 제3조 제4항). 하지만 발주자의 결정가액에 따라 하도급대금을 정하는 관행이 있어 원사업자가 발주자와 수주금액을 추후 협상하여 결정하기로 한 상태에서 수급사업자에게 서면교부 없이 작업기간 등이 적시된 발주서를 교부한 것은 서면미교부에 대한 정당한 사유가 될 수 없다(대법원 2005. 3. 11. 선고 2004누12780 판결; 서울고등법원 2004. 10. 7. 선고 2003누17773 판결).

(2) 서면교부의무 위반의 종류와 자진시정

서면지연교부와 미교부는 계약 종료시점 또는 위탁업무 완료시점까지 서면을 교부했

는지 여부로 판단하는 것이 공정거래위원회의 실무이다(공정거래위원회 2014. 2. 7. 의결 2013 건하1013). 불완전서면교부는 서면기재사항 중 일부가 누락되거나 흠결이 있는 것이며, 허위서면교부는 실제와 다른 서면을 작성·교부하는 것이다.

한편, 공정거래위원회는 계약 종료 후라도 대금 지급 전까지 계약서를 교부하면 과징금 감경 사유인 계약서 미교부의 자진시정으로 보고 있다.

(3) 추가공사에서의 서면교부 및 설계변경 등에 따른 서면교부

추가위탁은 구두 또는 유선에 의해 작업지시가 이루어지는 경우가 많고 추가대금의 청구 등과 관련하여 분쟁이 많은 영역이다. 사전교부가 원칙이므로 추가위탁의 범위가 구분되고 금액이 상당함에도 불구하고 구체적인 추가계약서나 작업지시서를 교부하지 않으면 서면미교부에 해당한다. 급박한 사정이 있어 작업지시를 먼저 하고 즉시 서면을 교부하였다면 서면교부의무 위반이 아니다.

한편, 제조 등의 위탁을 한 후에 설계변경이나 물가변동과 같은 경제상황의 변화 등을 이유로 원도급계약 금액이 증액 또는 감액되는 경우에 원사업자는 발주자로부터 증액 또는 감액받은 사유와 내용을 해당 수급사업자에게 통지해야 한다. 다만, 발주자가 그 사유와 내용을 수급사업자에게 직접 통지한 때에는 그러하지 아니한다. 원사업자는 이 같은 통지 서면을 발주자로부터 계약금액을 증액 또는 감액받은 날부터 15일 이내에 수급사업자에게 해야 한다. 그렇지 않으면 미교부 또는 지연교부가 된다(법 제15조). 한편, 공동수급체가 대표자를 정해 업무를 수행한 경우라도 대표자뿐만 아니라 나머지 원사업자도 원사업자가 되므로 하도급대금 증액의무 및 통지의무를 부담한다(서울고등법원 2019. 5. 30. 선고 2019누36966 판결).

한편, 당초 계약내용이 설계변경 또는 추가공사의 위탁 등으로 변경되면 특단의 사정이 없는 한 추가·변경서면을 작성·교부해야 한다. 추가변경위탁뿐 아니라 계약종료 후 동일한 내용의 계약기간 연장의 경우에도 이를 명시한 서면을 교부해야 한다(서울고등법원 2008. 9. 3. 선고 2008누2554 판결). 당초 도급받은 공사대금이 나중에 발주받은 공사대금에 포함되는 방식으로 계약체결이 되었더라도 당초 공사착공 전까지 계약서를 발급해야 한다(서울고등법원 2013. 6. 28. 선고 2012누38017 판결). 추가공사부분이 단순히 기존 공사의 물량증가만으로 볼 수 없고 종전의 설계도면에 없는 새로운 공사의 추가로 보아야 한다면 원사업자는 늦어도 추가공사 착수 전까지 추가공사에 대한 하도급대금 등이 기재된 서면을 교부해야 한다. 반면 추가공사의 작업내용이 사실상 기존설계와 다른 점이 없고 단순히 작업물량만 증가한 경우이고 계약상으로 늘어난 작업물량에 대한 추가대금을 알 수 있다면 별도의 추가서면교부가 필요하지 않다(대법원 1995. 6. 16. 선고 94누10320 판결; 원심 서울고등법원 1994. 7. 6. 선고 93구3037 판결).

(4) 하도급계약 추정제도

원사업자가 구두로 발주한 내용에 대하여 수급사업자는 원사업자에게 위탁내용의 확인을 요청할 수 있다. 원사업자는 통지받은 날로부터 15일 이내에 인정 또는 부인의 의사를 수급사업자에게 회신해야 하며, 회신하지 않으면 수급사업자가 통지한 내용대로 위탁이 있었던 것으로 추정된다. 위탁내용확인 통지와 회신은 내용증명우편, 전자문서, 그밖에 내용 및 수신 여부를 객관적으로 확인할 수 있는 방법으로 해야 한다(시행령 제5조 제1항). 공정거래위원회는 하도급공정화지침 서식 1. '위탁내용 확인요청서' 표준서식 및 서식 2. '위탁내용 확인요청에 대한 회신' 표준서식을 마련하여 제공하고 있다.

(5) 서류보존의무

원사업자 및 수급사업자는 거래가 종료된 날(건설공사의 경우 공사완공일)부터 3년간 서류를 보존해야 한다. 보존해야 하는 서류는 다음과 같다.

┤ 보존의무 대상 서류 ├

① 3조 서면

② 납품·인도 또는 제공받은 목적물등의 수령증명서

③ 목적물등의 검사 결과, 검사 종료일

④ 하도급대금의 지급일·지급금액 및 지급수단(어음으로 지급하는 경우에는 어음의 교부일·금액 및 만기일을 포함)

⑤ 선급금 및 지연이자, 어음할인료, 수수료 및 지연이자, 관세 등 환급액 및 지연이자의 지급일과 지급금액

⑥ 유상제공 원재료 등의 대가를 하도급대금에서 공제한 경우 그 원재료 등의 내용과 공제일·공제금액 및 공제사유

⑦ 하도급대금을 감액한 경우에는 감액사유와 기준, 감액대상 목적물 등의 물량, 감액금액, 감액방법, 감액의 정당성을 입증할 수 있는 사항을 적은 서면의 사본

⑧ 정당한 사유를 입증하여 기술자료의 제공을 요구한 경우에는 요구목적, 비밀유지에 관한 사항, 권리귀속관계, 대가 및 지급방법, 요구대상 기술자료의 명칭 및 범위, 요구일, 제공일, 제공방법, 요구의 정당성을 입증할 수 있는 사항을 적은 서면의 사본

⑨ 법 제16조(설계변경 등에 따른 하도급대금의 조정)에 따라 하도급대금을 조정한 경우 그 조정한 금액 및 사유

⑩ 수급사업자 또는 중소기업협동조합이 목적물 등의 공급원가 변동에 따라 하도급대금 조정을 신청한 경우에는 신청 내용 및 협의 내용, 그 조정금액 및 조정사유

---

⑪ 입찰명세서, 낙찰자결정품의서, 견적서, 현장설명서, 설계설명서 등 하도급대금 결정과 관련된 서류. 다만, 현장설명서 및 설계설명서는 건설위탁에 경우에만 해당한다.

다만, 2018. 10. 16. 대통령령 제29238호로 개정된 하도급법 시행령에서 기술자료 제공 요구 및 유용행위 조사시효 연장에 따라 원사업자가 수급사업자에게 기술자료를 요구하였을 때 보존하여야 하는 서류의 보존기한은 3년에서 7년으로 연장되었다(시행령 제6조 제2항).

보존서류에는 컴퓨터 등 정보처리능력을 가진 장치에 의하여 전자적인 형태로 작성·송수신 또는 저장된 서류가 포함되어 있으므로(시행령 제6조 제1항), 전자적인 형태의 서류 보존도 인정된다. 그 보존에 있어서 기록사항에 대하여 정정 또는 삭제의 사실 및 내용을 확인할 수 있어야 하고, 필요에 응하여 디스플레이 화면 또는 서면으로 출력할 수 있어야 하며, 수급사업자의 명칭 등 기록사항의 검색이 가능해야 한다.

(6) 서면교부의무 및 보존의무 위반에 대한 제재

공정거래위원회는 동 의무를 위반한 원사업자에 대하여 시정조치를 권고하거나 명할 수 있고(법 제25조 제1항), 하도급대금의 2배를 초과하지 않는 범위 내에서 과징금을 부과할 수 있다(법 제25조의3 제1항 제1호, 제2호). 한편, 이를 위반한 자는 하도급대금의 2배에 상당하는 금액 이하의 벌금에 처해질 수 있다(법 제30조 제1항 제1호).

(7) 표준하도급계약서의 작성과 사용

표준하도급계약서는 원사업자와 수급사업자가 체결하는 하도급계약의 내용의 공정성을 보장하고 하도급거래를 정형화하기 위하여 공정거래위원회의 사전심의를 거쳐 마련한 것이다.

원사업자가 직전 1년 동안 계속하여 표준하도급계약서를 사용하게 되면 하도급법위반 사건 조치시 과거 3년간 법위반점수 누계에서 2점을 감점해 주는 등의 인센티브가 있지만 표준하도급계약서 사용이 의무사항은 아니다. 2020. 6. 현재 총 46개 업종에 걸쳐 제정·배포되어 활용하고 있다.[22]

사업자는 공정거래위원회와 사전심의를 거친 표준하도급계약서에 따라 계약을 체결한다고 상대방과 합의한 다음, 상대방에 표준하도급계약서의 내용을 알 수 있도록 명시하고 중요내용을 설명해야 한다.

표준하도급계약서를 사용하는 경우에도 하도급법을 침해하지 않는 한 당사자 간 자유로운 합의에 의하여 그에 추가하여 특약사항을 둘 수 있다. 그 특약사항이 수급사업자의

---

22) 공정거래위원회 홈페이지 www.fta.go.kr에서 확인할 수 있다.

이익을 부당하게 침해하거나 제한하는 경우 법 제3조의4 부당특약금지규정 위반이 된다.

한편, 2022. 1. 11.자 법률 제18757호로 개정되어 2022. 7. 12.부터 시행되는 하도급법 제13조의2는 사업자 또는 사업자단체가 표준 하도급계약서의 제정·개정안을 마련하여 그 내용이 이 법에 위반되는지 여부에 관하여 공정거래위원회에 심사를 청구할 수 있도록 하고(제2항), 아울러 일정한 하도급 거래분야에서 여러 수급사업자에게 피해가 발생하거나 발생할 우려가 있는 경우나 하도급법의 개정 등으로 인하여 표준하도급계약서를 정비할 필요가 발생한 경우에 사업자 또는 사업자단체에 대하여 표준하도급계약서의 제정·개정안을 마련하여 심사를 청구할 것을 권고할 수 있도록 하였으며(제3항), 표준하도급계약서를 제정 또는 개정하는 경우에는 관련 분야의 거래당사자인 사업자등의 의견을 듣도록 하였고(제4항), 표준하도급계약서 제정·개정과 관련된 업무를 수행하기 위하여 필요하다고 인정하면 자문위원을 위촉할 수 있도록 하였다(제5항). 현재 공정위가 주도하는 하향식 표준하도급계약서 제·개정 방식은 긴급한 수요나 현장에서의 필요성을 반영하는 데 한계가 있기 때문에. 관련 사업자단체 등이 표준하도급계약서 제·개정안을 제출하면 공정위가 승인하는 상향식(bottom-up) 제·개정 방식을 추가한 것은 의미있는 변화로 평가된다.

02 부당특약금지

하도급법

제3조의4(부당한 특약의 금지) ① 원사업자는 수급사업자의 이익을 부당하게 침해하거나 제한하는 계약조건(이하 "부당한 특약"이라 한다)을 설정하여서는 아니 된다.

② 다음 각 호의 어느 하나에 해당하는 약정은 부당한 특약으로 본다.

1. 원사업자가 제3조 제1항의 서면에 기재되지 아니한 사항을 요구함에 따라 발생된 비용을 수급사업자에게 부담시키는 약정
2. 원사업자가 부담하여야 할 민원처리, 산업재해 등과 관련된 비용을 수급사업자에게 부담시키는 약정
3. 원사업자가 입찰내역에 없는 사항을 요구함에 따라 발생된 비용을 수급사업자에게 부담시키는 약정
4. 그 밖에 이 법에서 보호하는 수급사업자의 이익을 제한하거나 원사업자에게 부과된 의무를 수급사업자에게 전가하는 등 대통령령으로 정하는 약정

하도급법 시행령

제6조의2(부당한 특약으로 보는 약정) 법 제3조의4 제2항 제4호에서 "이 법에서 보호하는 수급사업자의 이익을 제한하거나 원사업자에게 부과된 의무를 수급사업자에게 전가하는 등 대통령령으로 정하는 약정"이란 다음 각 호의 어느 하나에 해당하는 약정을 말한다.

---

1. 다음 각 목의 어느 하나에 해당하는 비용이나 책임을 수급사업자에게 부담시키는 약정
   가. 관련 법령에 따라 원사업자의 의무사항으로 되어 있는 인·허가, 환경관리 또는 품질관리 등과 관련하여 발생하는 비용
   나. 원사업자(발주자를 포함한다)가 설계나 작업내용을 변경함에 따라 발생하는 비용
   다. 원사업자의 지시(요구, 요청 등 명칭과 관계없이 재작업, 추가작업 또는 보수작업에 대한 원사업자의 의사표시를 말한다)에 따른 재작업, 추가작업 또는 보수작업으로 인하여 발생한 비용 중 수급사업자의 책임 없는 사유로 발생한 비용
   라. 관련 법령, 발주자와 원사업자 사이의 계약 등에 따라 원사업자가 부담하여야 할 하자담보책임 또는 손해배상책임
2. 천재지변, 매장문화재의 발견, 해킹·컴퓨터바이러스 발생 등으로 인한 작업기간 연장 등 위탁시점에 원사업자와 수급사업자가 예측할 수 없는 사항과 관련하여 수급사업자에게 불합리하게 책임을 부담시키는 약정
3. 해당 하도급거래의 특성을 고려하지 아니한 채 간접비(하도급대금 중 재료비, 직접노무비 및 경비를 제외한 금액을 말한다)의 인정범위를 일률적으로 제한하는 약정. 다만, 발주자와 원사업자 사이의 계약에서 정한 간접비의 인정범위와 동일하게 정한 약정은 제외한다.
4. 계약기간 중 수급사업자가 법 제16조의2에 따라 하도급대금 조정을 신청할 수 있는 권리를 제한하는 약정
5. 그 밖에 제1호부터 제4호까지의 규정에 준하는 약정으로서 법에 따라 인정되거나 법에서 보호하는 수급사업자의 권리·이익을 부당하게 제한하거나 박탈한다고 공정거래위원회가 정하여 고시하는 약정

(1) 부당특약금지의 일반조항 및 간주조항

대등한 지위의 거래당사자 사이나 정상적 거래관행이 작동하는 경우에는 받아들여지기 어려운 요구라 하더라도 거래상 열위적 지위에 있는 수급사업자 입장에서는 하도급거래를 위해 투자한 자본회수의 곤란이나 향후 거래관계의 단절 등을 우려하여 이를 응할 수 밖에 없는 경우가 있다. 외견상 약정에 따른 의무이행이므로 적법한 권리·의무관계로 볼 여지가 있지만 하도급거래의 특수성상 이를 허용하는 것은 공정한 하도급거래의 입장에서 적절하지 않다. 그래서 하도급법은 원사업자에게는 수급사업자의 이익을 부당하게 침해하거나 제한하는 계약조건(부당특약)을 설정해서는 안되도록 의무를 지우고 있다(법 제3조의4 제1항).

이는 2013. 8. 13. 법률 제11842호로 신설된 조항에 의한 것으로, 제1항에서 "수급사업자의 이익을 부당하게 침해하거나 제한하는" 조항을 부당특약으로 금지하고 있고 제2항에서 특정한 경우를 부당특약으로 간주하는 간주규정을 두고 있다(법 제3조의4 제2항, 시행령 제6조의2, 부당특약고시). 2019. 6. 19. 부당특약고시가 제정되면서 부당특약으로 간주되

는 16개 유형이 추가되었다. 기존의 법에서 규정된 3개 유형과 시행령에서 규정된 7개 유형과 합쳐져 총 26개 유형이 되었다. 건산법에서도 유사한 부당특약금지규정이 있다.[23)]

표준하도급계약서를 사용할 경우 그 본문을 크게 수정·변경할 수는 없으므로 표준하도급계약서 그대로 사용하고 특약사항을 별지로 부가하게 되는 상황에서 주로 문제된다. 표준하도급계약서의 조항과 다른 계약조건이라 하여 반드시 부당특약이라 볼 수는 없지만, 표준하도급계약서라는 표제를 사용하면서도 특정 조항에 대하여는 표준하도급계약 조항보다 수급사업자에게 불리하게 변경된 조항의 경우 부당특약이 될 가능성이 높다.

판례나 심결례들은 주로 간주조항인 하도급법 제3조의4 제2항 위반인 사례가 많지만, 제1항과 관련하여 수급사업자의 귀책사유로 원사업자가 발주자로부터 받게 되는 공사대금이 감액되었다 하더라도 그 감액된 금액의 2배를 수급사업자의 하도급대금에서 무조건 상계하도록 하는 조항은 부당특약에 해당한다는 판결이 있다(서울고등법원 2016. 12. 21. 선고 2015누2040 판결).

┌─ **부당특약으로 간주되는 사항** ─┐

① **원사업자가 서면에 기재되지 아니한 사항을 현장설명서, 시방서, 입찰조건 등에 기재되어 있음을 이유로 요구함에 따라 발생된 비용을 수급사업자에게 부담시키는 약정.** 하도급계약서 등 서면에는 명시되어 있지 않지만 현장설명서, 입찰 및 견적일반조건·특수조건, 설계도면, 시방서, 물량내역서, 유의서, 입찰제안요청서 등의 서류에 기재되어 있음을 이유로 원사업자가 수급사업자에게 제조 등 위탁수행을 요구하고 이로 인하여 발생하는 비용을 부담

---

23) 수급인은 하수급인의 계약상 이익을 부당하게 제한하는 특약을 요구하여서는 안 된다(건산법 제38조 제2항). 금지되는 부당특약의 유형은 다음과 같다(건산법 시행령 제34조의7).
　1. 법 제22조에 따라 하도급금액산출내역서에 명시된 보험료를 하수급인에게 지급하지 아니하기로 하는 특약
　2. 법 제22조 제1항을 위반하여 수급인이 부당하게 하수급인에게 각종 민원처리, 임시 시설물 설치, 추가 공사 또는 현장관리 등에 드는 비용을 전가하거나 부담시키는 특약
　3. 법 제28조에 따라 수급인이 부담하여야 할 하자담보책임을 하수급인에게 전가·부담시키거나 도급계약으로 정한 기간을 초과하여 하자담보책임을 부담시키는 특약
　4. 법 제34조 제1항에 따라 하수급인에게 지급하여야 하는 하도급대금을 현금으로 지급하거나 지급기한 전에 지급하는 것을 이유로 지나치게 감액하기로 하는 특약
　5. 법 제34조 제4항에 따라 하수급인에게 지급하여야 하는 선급금을 지급하지 아니하기로 하는 특약 또는 선급금 지급을 이유로 기성금을 지급하지 아니하거나 하도급대금을 감액하기로 하는 특약
　6. 법 제36조 제1항에 따라 수급인이 발주자로부터 설계변경 또는 경제상황 변동에 따라 공사금액을 조정받은 경우에 하도급대금을 조정하지 아니하기로 한 특약
　7. 법 제44조 제1항에 따라 수급인이 부담하여야 할 손해배상책임을 하수급인에게 전가하거나 부담시키는 특약. 발주자가 국가, 지방자치단체 또는 대통령령으로 정하는 공공기관인 경우로서 제29조 제4항에 따라 통보받은 하도급계약 등에 제2항에 따른 부당한 특약이 있는 경우, 그 사유를 분명히 밝혀 수급인에게 하도급계약 등의 내용변경을 요구하고 해당 건설업자의 등록관청에 그 사실을 통보하여야 한다(건산법 제38조 제3항).

시키는 약정이 이에 해당된다. 발주자 및 수급사업자가 제공한 자재의 하차비, 추가 장비사용료, 야적장 임대료(보관·관리비) 등 모든 비용을 수급사업자가 부담한다는 약정이 서면에는 없고 현장설명서에만 있는 경우, 서면에 기재되지 아니한 추가공사 또는 계약사항 이외의 시공부분에 대한 비용을 수급사업자가 부담한다는 약정을 하는 경우가 이에 해당한다(부당특약지침).

② **원사업자가 부담해야 할 민원처리, 산업재해 등과 관련된 비용을 수급사업자에게 부담시키는 약정.** 동 호의 위법상은 관계법령(고용보험 및 산업재해보상보험의 보험료 징수 등에 관한 법률, 산업안전보건법, 산업재해보상보험법 등), 당해 업종의 통상적인 거래관행, 목적물 등의 특성 등을 고려할 때 원사업자가 부담해야 할 민원처리 및 산업재해비용을 수급사업자에게 부담시키는 약정에 해당하는지 여부로 판단한다.

③ **원사업자가 입찰내역에 없는 사항을 요구함에 따라 발생된 비용을 수급사업자에게 부담시키는 약정**(①과 ③에 모두 해당하는 경우 하도급대금의 단가 및 구성항목과 직접 관련이 되는 사항은 ③, 그렇지 않으면 ①을 적용함을 원칙으로 함 ; 부당특약지침). 동 호의 위법성은 원사업자가 산출내역서 외의 다른 서류에 반영한 사항이나 산출내역서에 포괄적으로만 반영한 사항에 대하여 수급사업자에게 제조 등 위탁수행을 요구하고 이로 인하여 발생하는 비용을 수급사업자에게 부담시키는 약정에 해당하는지 여부를 기준으로 판단한다. 다만, 원사업자가 수급사업자에게 입찰금액을 산출하기 위한 자료나 정보를 충분히 제공하였음에도 불구하고 수급사업자가 견적 누락 또는 착오 등으로 발생한 비용을 수급사업자에게 부담시킨 경우는 제외한다(부당특약지침).

④ **다음의 어느 하나에 해당하는 비용이나 책임을 수급사업자에게 부담시키는 약정**
　가. 관련 법령에 따라 원사업자의 의무사항으로 되어 있는 인·허가, 환경관리 또는 품질관리 등과 관련하여 발생하는 비용
　나. 원사업자(발주자 포함)가 설계나 작업내용을 변경함에 따라 발생하는 비용
　다. 원사업자의 지시(요구, 요청 등 명칭과 관계없이 재작업, 추가작업 또는 보수작업에 대한 원사업자의 의사표시를 말한다)에 따른 재작업, 추가작업 또는 보수작업으로 인하여 발생한 비용 중 수급사업자의 책임 없는 사유로 발생한 비용
　라. 관련 법령, 발주자와 원사업자 사이의 계약 등에 따라 원사업자가 부담해야 할 하자담보책임 또는 손해배상책임

⑤ **천재지변, 매장문화재의 발견, 해킹·컴퓨터바이러스 발생 등으로 인한 작업기간 연장 등 위탁시점에 원사업자와 수급사업자가 예측할 수 없는 사항과 관련하여 수급사업자에게 불합리하게 책임을 부담시키는 약정.** '불합리하게 책임을 부담시키는 때'란 정상적인 거래관행상 공정성과 타당성을 결여하고 수급사업자에게 책임이 무겁게 지워진 경우를 의미한다(부당특약지침).

⑥ **해당 하도급거래의 특성을 고려하지 아니한 채 간접비(하도급대금 중 재료비, 직접노무비 및 경비를 제외한 금액을 말한다)의 인정 범위를 일률적으로 제한하는 약정.** 다만, 발주자와 원사업자 사이의 계약에서 정한 간접비의 인정 범위와 동일하게 정한 약정은 제외한다.

⑦ <u>계약기간 중 수급사업자가 법 제16조의2에 따라 원재료 가격변동에 따른 하도급대금의 조정을 신청할 수 있는 권리를 제한하는 약정</u>

⑧ 법에 규정된 수급사업자의 권리를 제한하는 경우

　가. 수급사업자가 법 제3조 제5항에 따라 위탁내용의 확인을 요청할 수 있는 권리를 제한하는 약정

　나. 수급사업자가 법 제13조의2 제9항에 따라 계약이행 보증을 아니 할 수 있는 권리를 제한하는 약정

　다. 수급사업자가 법 제19조 각 호의 어느 하나에 해당하는 행위를 하는 것을 제한하는 약정

⑨ 수급사업자의 기술자료 등에 대한 권리를 제한하는 경우

　가. 수급사업자가 하도급거래를 준비하거나, 수행하는 과정에서 취득한 정보, 자료, 물건 등의 소유, 사용 등의 권리를 원사업자에게 귀속시키는 약정. 다만, 원사업자가 수급사업자의 취득 과정에 소요되는 제반비용의 상당한 부분을 부담하거나, 동종 또는 유사한 것에 대해 동일 또는 근접한 시기에 정상적인 거래관계에서 일반적으로 지급되는 대가를 지급하기로 하는 등 정당한 사유가 있는 경우는 제외한다.

　나. 하도급거래를 준비하거나, 수행하는 과정에서 취득하는 상대방의 정보, 자료 등에 대한 비밀준수의무를 수급사업자에게만 부담시키는 약정. 다만, 수급사업자만 정보, 자료 등을 취득하는 경우는 제외한다.

⑩ 수급사업자의 의무를 법이 정한 기준보다 높게 설정하는 경우

　가. 정당한 사유 없이 법 제13조의2에 규정된 계약이행 보증 금액의 비율을 높이거나, 수급사업자의 계약이행 보증기관 선택을 제한하는 약정

　나. 수급사업자의 법 제13조의2 규정에 준하여 계약이행을 보증하였음에도 수급사업자가 아닌 자로 하여금 계약책임, 불법행위책임에 대해 연대보증을 하도록 하는 약정

⑪ 원사업자의 의무를 수급사업자에게 전가하는 경우

　가. 법 제9조 제2항의 목적물등의 검사 비용을 수급사업자에게 부담시키는 약정

　나. 법 제9조 제2항의 목적물등의 검사 결과 통지에 대한 수급사업자의 이의제기를 제한하는 약정

　다. 원사업자가 부담하여야 할 안전조치, 보건조치 등 산업재해예방 비용을 수급사업자에게 부담시키는 약정

⑫ 수급사업자의 계약상 책임을 가중하는 경우

　가. 계약내용에 대하여 구체적인 정함이 없거나 당사자 간 이견이 있을 경우 계약내용을 원사업자의 의사에 따라 정하도록 하는 약정

　나. 수급사업자에게 발주자와 원사업자 간 계약 조건이 제공되지 않은 상황에서 이를 원사업자와 수급사업자 간 계약에 적용하기로 하는 약정

　다. 원사업자의 손해배상책임을 관계법령, 표준하도급계약서 등의 기준에 비해 과도하게 경감하거나, 수급사업자의 손해배상책임, 하자담보책임을 과도하게 가중하여 정한 약정

　라. 원사업자가 수급사업자에게 제공한 자재, 장비, 시설 등(이하 "자재등"이라 한다)이 수

급사업자의 책임없는 사유로 멸실, 훼손된 경우에도 수급사업자에게 자재등에 대한 책임을 부담시키는 약정

　마. 계약 해제·해지의 사유를 원사업자의 경우 관계법령, 표준하도급계약서 등의 기준에 비해 과도하게 넓게 정하거나, 수급사업자의 경우 과도하게 좁게 정하는 약정

　바. 원사업자가 수급사업자에게 제공한 자재등의 인도지연, 수량부족, 성능미달 등 수급사업자의 책임없는 사유에 의해 추가로 발생한 비용, 지체책임을 수급사업자에게 부담시키는 약정

⑬ 그 밖에 제1호부터 제4호까지의 규정에 준하는 약정으로서 법에 따라 인정되거나 법에서 보호하는 수급사업자의 권리·의무를 부당하게 제한하거나 박탈한다고 공정거래위원회가 정하여 고시하는 경우(시행령 제6조의2 제5호). 다만, 현재까지 이러한 고시는 제정되지 않았음.

(2) 위반시 제재

동 규정을 위반한 원사업자에 대하여는 시정조치(법 제25조 제1항)와 하도급대금의 2배를 초과하지 않는 범위 내의 과징금을 부과하게 되며(법 제25조의3 제1항 제3호), 이를 위반한 자에 대하여는 하도급대금의 2배에 상당하는 금액 이하의 벌금에 처하게 된다(법 제30조 제1항 제1호). 실손해배상 대상이다.

(3) 부당특약의 효력

하도급법상 부당특약에 해당한다고 하여 행정적 제재 및 형사처벌의 대상이 되는 것은 별론으로 하더라도, 반드시 그 약정이 민사적으로 무효라고 단정할 수는 없다. 하도급법의 대부분의 조항들은 효력규정이나 강행법규가 아닌, 경찰행정법규이거나 단속규정이기 때문이다. 한편, 하도급법에서는 부당특약의 효력에 대하여 아무런 규정이 없지만 건산법 제22조 제5항은 불공정한 계약내용에 대하여 그 부분에 한정하여 무효로 규정하고 있다. 부당특약이 건산법상 불공정 계약내용에 해당한다면 건산법에 따라 사법상 무효가 된다. 건설위탁에서 건산법 제22조 제5항의 부당특약에도 해당하는 경우에는 그 약정은 민사적으로 무효가 될 것이다. 입법론적으로 하도급법에서도 부당특약을 무효로 규정할 필요가 있다.

건산법

제22조(건설공사에 관한 도급계약의 원칙) ⑤ 건설공사 도급계약의 내용이 당사자 일방에게 현저하게 불공정한 경우로서 다음 각 호의 어느 하나에 해당하는 경우에는 그 부분에 한정하여 무효로 한다.
　1. 계약체결 이후 설계변경, 경제상황의 변동에 따라 발생하는 계약금액의 변경을 상당한

이유 없이 인정하지 아니하거나 그 부담을 상대방에게 전가하는 경우

2. 계약체결 이후 공사내용의 변경에 따른 계약기간의 변경을 상당한 이유 없이 인정하지 아니하거나 그 부담을 상대방에게 전가하는 경우

3. 도급계약의 형태, 건설공사의 내용 등 관련된 모든 사정에 비추어 계약체결 당시 예상하기 어려운 내용에 대하여 상대방에게 책임을 전가하는 경우

4. 계약내용에 대하여 구체적인 정함이 없거나 당사자 간 이견이 있을 경우 계약내용을 일방의 의사에 따라 정함으로써 상대방의 정당한 이익을 침해한 경우

5. 계약불이행에 따른 당사자의 손해배상책임을 과도하게 경감하거나 가중하여 정함으로써 상대방의 정당한 이익을 침해한 경우

6. 「민법」 등 관계 법령에서 인정하고 있는 상대방의 권리를 상당한 이유 없이 배제하거나 제한하는 경우

03 》 종합심사낙찰제에서 하도급계약 입찰금액 등 공개의무

개정 하도급법(2022. 1. 11. 법률 제18757호, 2023. 1. 12. 시행)

제3조의5(건설하도급 입찰결과의 공개) 국가 또는 「공공기관의 운영에 관한 법률」 제5조에 따른 공기업 및 준정부기관이 발주하는 공사입찰로서 「국가를 당사자로 하는 계약에 관한 법률」 제10조 제2항에 따라 각 입찰자의 입찰가격, 공사수행능력 및 사회적 책임 등을 종합심사할 필요가 있는 대통령령으로 정하는 건설공사를 위탁받은 사업자는 경쟁입찰에 의하여 하도급계약을 체결하려는 경우 건설하도급 입찰에 관한 다음 각 호의 사항을 대통령령으로 정하는 바에 따라 입찰참가자에게 알려야 한다.

1. 입찰금액
2. 낙찰금액 및 낙찰자(상호, 대표자 및 영업소 소재지를 포함한다)
3. 유찰된 경우 유찰 사유

부칙

제2조(건설하도급 입찰결과의 공개에 관한 적용례) 제3조의5의 개정규정은 이 법 시행 이후 국가 또는 「공공기관의 운영에 관한 법률」 제5조에 따른 공기업 및 준정부기관이 건설공사를 발주하는 경우부터 적용한다.

공공분야가 발주한 건설공사의 경우, 발주단계에서는 「국가를 당사자로 하는 계약에 관한 법률」에 따라 입찰결과 및 계약내역을 공개하도록 하고 있고, 하도급단계에서는 「건설산업기본법」등에 따라 하도급 계약내역을 공개하도록 하고 있지만 입찰결과는 비공개였다. 하도급단계에서의 입찰결과가 공개되지 않아 저가 계약을 목적으로 의도적으로 유찰시키는 등의 불공정행위를 방지하기 힘들다는 비판이 제기되어 왔다. 이에 개정 하도

급법은 종합심사낙찰제가 적용되는 국가 또는 국가 소속 공공기관이 발주하는 건설공사의 경우 하도급계약의 입찰금액, 낙찰 결과 및 유찰시 유찰사유를 입찰 참가자들에게 공개하도록 하였다. 종합심사낙찰제란, 입찰가격, 공사수행능력 및 사회적 책임 등을 종합 심사하는 것으로, 추정금액 100억 원 이상인 공사 등에 적용된다(국가계약법 시행령 제42조 제4항). 동 조항은 2023. 1. 12.부터 시행된다. 공공분야의 하도급결과 공개제도를 통하여 수급사업자들의 지위와 권리가 보장되고 아울러 입찰을 통한 하도급거래의 공정화가 촉진될 것으로 기대된다. 개정법은 시행일인 2023. 1. 12. 이후 공기업 또는 준정부기관이 건설공사를 발주하는 경우부터 적용된다.

04 공시대상기업집단 소속 회사 하도급대금 결제조건 등 공시의무 종합심사낙찰제에서 하도급계약 입찰금액 등 공개의무

개정 하도급법(2022. 1. 11. 법률 제18757호, 2023. 1. 12. 시행)

제13조의3(하도급대금의 결제조건 등에 관한 공시) ① 「독점규제 및 공정거래에 관한 법률」 제31조 제1항 전단에 따라 지정된 공시대상기업집단에 속하는 원사업자는 하도급대금 지급수단, 지급금액, 지급기간(원사업자가 목적물 등을 수령한 날부터 수급사업자에게 하도급대금을 지급한 날까지의 기간을 말한다) 및 하도급대금과 관련하여 수급사업자로부터 제기되는 분쟁 등을 처리하기 위하여 원사업자가 자신의 회사에 설치하는 하도급대금 분쟁조정기구 등에 관한 사항으로서 대통령령으로 정하는 사항을 공시하여야 한다.

② 제1항에 따른 공시는 「자본시장과 금융투자업에 관한 법률」 제161조에 따라 보고서를 제출받는 기관을 통하여 할 수 있다. 이 경우 공시의 방법·절차, 그 밖에 필요한 사항은 해당 기관과의 협의를 거쳐 공정거래위원회가 정한다.

③ 제1항에 따른 공시의 시기·방법 및 절차에 관하여 필요한 사항은 대통령령으로 정한다.

부칙

제3조(하도급대금의 결제조건 등의 공시에 관한 적용례) 제13조의3의 개정규정은 이 법 시행 이후 하도급계약을 체결하는 경우부터 적용한다.

원사업자와 1차 협력사 간의 하도급대금 결제조건 등 거래조건에 관한 정보가 하위 단계에 있는 협력사까지 공유되지 않아, 2차 이하 협력사로 갈수록 결제조건이 대체로 더 열악한 것이 현실이다. 2022년 개정 하도급법은 공시대상기업집단(자산총액 5조 원 이상) 소속 원사업자에게 수급사업자에게 지급하는 하도급대금의 결제조건, 즉 ① 지급수단, ② 지급금액, ③ 지급기간, ④ 원사업자 자신의 회사 내에 설치하는 '하도급대금 분쟁조정

기구'에 관한 사항 등에 관한 사항으로 대통령령으로 정하는 사항을 공시하도록 하는 조항을 신설하였다. 구체적인 공시사항 및 공시의 시기·방법 및 절차에 관하여 필요한 사항에 대하여는 시행일인 2023. 1. 12. 이전에 하도급법시행령을 개정하여 정해질 것으로 예상된다. 한편, 개정법은 시행일인 2023. 1. 12. 이후 하도급계약을 체결하는 경우부터 적용한다.

[중소제조업 하도급대금 결제수단 비중]

(단위: %)

구분		현금	현금성결제	어음	기타
협력거래 단계	1차	70.8	1.2	27.8	0.2
	2차	67.4	0.9	31.7	0.0
	3차	63.3	0.0	36.7	0.0

출처 : 중소기업중앙회, 「2018 중소제조업 하도급거래 실태조사」

Ⅳ 원사업자의 의무 및 금지사항(2): 대금의 결정, 감액 및 조정

01 ▷ 부당한 하도급대금의 결정 금지

하도급법

제4조(부당한 하도급대금의 결정 금지) ① 원사업자는 수급사업자에게 제조 등의 위탁을 하는 경우 부당하게 목적물 등과 같거나 유사한 것에 대하여 일반적으로 지급되는 대가보다 낮은 수준으로 하도급대금을 결정(이하 "부당한 하도급대금의 결정"이라 한다)하거나 하도급받도록 강요하여서는 아니 된다.

② 다음 각 호의 어느 하나에 해당하는 원사업자의 행위는 부당한 하도급대금의 결정으로 본다.

1. 정당한 사유 없이 일률적인 비율로 단가를 인하하여 하도급대금을 결정하는 행위
2. 협조요청 등 어떠한 명목으로든 일방적으로 일정 금액을 할당한 후 그 금액을 빼고 하도급대금을 결정하는 행위
3. 정당한 사유 없이 특정 수급사업자를 차별 취급하여 하도급대금을 결정하는 행위
4. 수급사업자에게 발주량 등 거래조건에 대하여 착오를 일으키게 하거나 다른 사업자의 견적 또는 거짓 견적을 내보이는 등의 방법으로 수급사업자를 속이고 이를 이용하여 하도급대금을 결정하는 행위
5. 원사업자가 일방적으로 낮은 단가에 의하여 하도급대금을 결정하는 행위
6. 수의계약(隨意契約)으로 하도급계약을 체결할 때 정당한 사유 없이 대통령령으로 정하는 바에 따른 직접공사비 항목의 값을 합한 금액보다 낮은 금액으로 하도급대금을 결정하는 행위
7. 경쟁입찰에 의하여 하도급계약을 체결할 때 정당한 사유 없이 최저가로 입찰한 금액보다 낮은 금액으로 하도급대금을 결정하는 행위
8. 계속적 거래계약에서 원사업자의 경영적자, 판매가격 인하 등 수급사업자의 책임으로 돌릴 수 없는 사유로 수급사업자에게 불리하게 하도급대금을 결정하는 행위

하도급법 시행령

제7조(부당한 하도급대금 결정 금지) ① 법 제4조 제2항 제6호에서 "대통령령으로 정하는 바에 따른 직접공사비 항목의 값을 합한 금액"이란 원사업자의 도급내역상의 재료비, 직접노무비 및 경비의 합계를 말한다. 다만, 경비 중 원사업자와 수급사업자가 합의하여 원사업자가 부담하기로 한 비목(費目) 및 원사업자가 부담하여야 하는 법정경비는 제외한다.

② 법 제4조 제2항 제6호에 따른 정당한 사유는 공사현장여건, 수급사업자의 시공능력 등을 고려하여 판단하되, 다음 각 호의 어느 하나에 해당되는 경우에는 하도급대금의 결정에 정

당한 사유가 있는 것으로 추정한다.
1. 수급사업자가 특허공법 등 지식재산권을 보유하여 기술력이 우수한 경우
2. 「건설산업기본법」 제31조에 따라 발주자가 하도급 계약의 적정성을 심사하여 그 계약의 내용 등이 적정한 것으로 인정한 경우

(1) 제4조 제1항의 일반조항

원사업자는 수급사업자에게 위탁 등을 하면서 부당한 방법을 이용하여 목적물 등과 같거나 유사한 것에 대하여 일반적으로 지급되는 대가보다 낮은 수준으로 하도급대금을 결정하거나 하도급 받도록 강요해서는 안 된다(하도급법 제4조 제1항).

부당한 방법 여부는, 가격결정에 필요한 자료 등을 성실히 제공하고 충분히 협의하였는지 여부, 거래관행에 어긋나거나 사회통념상 올바르지 못한 수단을 사용했는지 여부, 거래상 지위로 인해 수급사업자의 자유로운 의사결정을 제약했는지 여부 등을 고려하여 판단된다(부당한 하도급대금 결정 및 감액행위에 대한 심사지침). 공정거래위원회의 조사과정에서는 현저하게 낮은 수준의 대금임이 인정되면, 원사업자가 그것이 합의에 의한 가격결정임을 강변하더라도, 협의 과정에서 자유로운 의사결정이 이루어졌음을 보여 주는 입증자료를 제출하지 못하는 한 잘 받아들여지지 않는다. 이 때문에 원사업자로서는 가격협상과정과 근거에 대한 내부보고서, 이메일 교신 자료 등을 잘 구비하여 둘 필요가 있다.

공정거래위원회가 동 조항에 따라 의율하기 위하여는 '동일 유사한 제품 등에 대해 일반적으로 지급되는 대가보다 현저하게 낮은 수준'임을 입증해야 한다. '통상 지급되는 대가'란 목적물과 '동종 또는 유사한 것에 대하여 동일 거래지역에서 일반적으로 지급되는 가격으로 비교가능한 시장가격 또는 시가'를 의미한다.[24]

---

24) 상생협력법 해석 및 집행과 관련한 중소벤처기업부 예규인 「위탁·수탁거래 공정화에 관한 지침」 III. 6. 나.에서 '통상 지급되는 대가'의 산정과 관련하여 다음과 같은 규정을 두고 있다.
나. "통상적으로 지급되는 대가"
"통상적으로 지급되는 대가"는 같은 종류이거나 유사한 물품에 대해 동일 또는 유사한 시기에 다른 수탁기업에게 지급한 대가 혹은 해당 수탁기업에게 이전에 지급한 대가를 기준으로 하되, 시장상황, 물가상승률, 원자재 가격, 인건비 변화 등을 고려하여 판단한다. 해당 물품 등에 대해 같은 종류이거나 유사한 물품이 없는 경우, 물품 등에 대한 제조 원가에 해당 수탁기업의 전년도 영업이익률에 따른 액수를 더한 금액을 기준으로 한다.
'통상 지급되는 대가'는 세법상의 시가 또는 공정거래법상의 정상가격과 사실상 같은 개념인데, 단순히 개별기업의 원가에 이익을 가산한 것으로 정하는 것은 '시가'나 '정상가격'의 개념에 부합하지 않을 수 있다. 더욱이 이러한 지침의 법규성이 인정되기 어려우므로 이후 법원에 의하여 그 효력이 부인될 가능성을 배제할 수는 없다. 하지만 '시가' 산정 및 입증상의 난점으로 사실상 집행이 어려운 측면이 있음을 감안할 때 좋은 시도라고 생각된다. 차제에 법규성 논란이 없는 대통령령이나 법률에 해당 조항을 두는 것이 바람직하고, 아울러 하도급법에서도 대통령령이나 법률에 이러한 보충적인 '시가' 산정규정을 두는 것이 요망된다.

'현저히 낮은 수준'인지 여부는 '통상 지급되는 대가'와의 괴리 정도가 가장 중요한 판단 기준이 되는 것이지만 원재료의 가격동향, 당해 하도급거래에서 당사자들이 얻는 이익의 정도, 단가결정방법의 정당·부당성 등을 종합적으로 고려해야 한다. 그리고 그 입증책임은 처분의 적법성을 주장하는 공정위에 있다(대법원 2017. 12. 7. 선고 2016두35540 판결).[25]

하도급받도록 강요하였는지 여부는 일반적으로 지급되는 대가보다 낮은 대가를 요구하면서 이에 불응하는 경우 계속적으로 이루어지던 하도급 관계를 중단하거나 다른 거래에서의 불이익을 줄 것임을 시사하였는지 또는 실제 불이익을 주었는지 등을 고려하여 판단해야 한다. 일반적으로 낮은 대가로 하도급받도록 강요한 경우에는 실제 계약이 체결되지 않더라도 법위반으로 보아야 한다.[26]

한편, 하도급대금을 감액하는 때에는 감액사유와 기준, 감액의 대상이 되는 목적물 등의 물량, 감액금액, 공제 등 감액방법, 그 밖에 감액이 정당함을 입증할 수 있는 사항을 적은 서면을 수급사업자에게 미리 주어야 한다(법 제11조 제3항 및 시행령 제7조의2).

(2) 제4조 제2항의 간주조항

(가) 간주조항의 목적과 취지 및 각 사유의 열거

동일한 위탁이 거의 없기 때문에 계약을 연장하면서 하도급대금을 대폭 인하하거나 또는 비교가능한 시장가격이 있는 경우 등 특별한 경우가 아니라면, 공정거래위원회가 '동종 또는 유사한 것에 대하여 통상 지급되는 대가'를 찾아 입증하기가 쉽지 않다. 소위 '시가'나 '정상가액'의 개념으로 도급목적물이 비대체물인 하도급거래의 특성상 그 입증이 사실상 불가능하다. 이 때문에 공정거래위원회는 서로 실무적으로 동 조 제1항으로 의율하는 일은 거의 없다. 그래서 동 조 제2항 각호는 아래의 7가지 유형에 대한 간주규정을 두고 있다. 제2항의 각호에 해당된다면 그 과정에서 부당한 방법이 이용되었는지와 하도급대금이 통상 지급되는 대가보다 낮은 수준으로 결정되었는지를 따질 필요 없이 부당한 하도급대금 결정으로 간주된다(서울고등법원 2013. 12. 26. 선고 2012누19368 판결).

---

25) 종전 「국가를 당사자로 하는 계약에 관한 법률」에 근거한 「공사계약일반조건」(기획재정부 회계예규 : 1998. 8. 폐지)에서 저가하도급심사기준을 원도급금액의 88% 미만으로 규정한 바 있는데, 이처럼 원도급 대금의 일정비율 이하가 '현저히 낮은지 여부'에 대한 판단기준이 될 수 있는지 문제된다. 동 회계예규가 폐지되었을 뿐만 아니라 하도급거래의 특성에 따라 판단되어야 할 문제이므로 원도급금액의 일정비율을 판단기준으로 삼을 수는 없다. 송정원, 앞의 책, 50면

26) 오승돈, 하도급법, 지식과 감성, 2017년, 47, 166면

┌─ **부당대금결정으로 간주되는 사항** ─┐

제1호 정당한 사유 없이 일률적인 비율로 '단가'를 인하하는 행위
제2호 일방적으로 일정 금액을 할당한 후 이를 빼고 하도급대금을 결정하는 행위
제3호 정당한 사유 없이 특정 수급사업자를 차별취급하여 하도급대금을 결정하는 행위
제4호 발주량 등 거래조건에 대하여 착오를 일으키게 하거나 다른 사업자의 견적 또는 거짓 견적을 내보이는 등의 방법으로 수급사업자를 속여 하도급대금을 결정하는 행위
제5호 원사업자가 일방적으로 낮은 '단가'에 의하여 하도급대금을 결정하는 행위
제6호 수의계약으로 하도급계약을 체결할 때 정당한 사유 없이 대통령령으로 정하는 바에 따른 직접공사비 항목의 값을 합한 금액보다 낮은 금액으로 하도급대금을 결정하는 행위
제7호 경쟁입찰에 의하여 하도급계약을 체결할 때 정당한 사유 없이 최저가로 입찰한 금액보다 낮은 금액으로 하도급대금을 결정하는 행위
제8호 계속적 거래계약에서 원사업자의 경영적자, 판매가격 인하 등 수급사업자의 책임으로 돌릴 수 없는 사유로 수급사업자에게 불리하게 하도급대금을 결정하는 행위

(나) 정당한 사유 없이 일률적 단가인하행위(제1호)

원사업자가 수급사업자를 상대로 일률적으로 단가를 인하하려면 거래물량의 현격한 증가 등으로 인한 원자재 가격이나 노임이 하락하거나 동일한 비용이 감소하는 등 객관적이고 타당한 사유가 있어야 한다(대법원 2010. 4. 8. 선고 2009두23303 판결). 수급사업자별 경영상황, 시장상황, 거래규모, 규격, 품질 등의 특성을 고려하지 아니하고 일률적으로 단가를 인하한 것은 물론(서울고등법원 2009. 11. 12. 선고 2008누11237 판결), 결정된 인하율이 수급사업자별로 어느 정도 편차가 있다고 하더라도 전체적으로 동일하거나 일정한 구분에 따른 비율로 단가를 인하한 것도 동 호 위반이다(대법원 2011. 3. 10. 선고 2009두1990 판결).

(다) 일방적 금액할당행위(제2호)

원사업자가 일방적으로 수급사업자별로 일정금액을 할당한 후 협의과정에서 일부 수급사업자에 대하여 할당금액을 반영하지 않았다 하더라도 동 호 위반이다(대금지침).

(라) 차별적 대금결정(제3호)

'정당한 사유 없이 특정 수급사업자를 차별취급하여 하도급대금을 결정하는 행위'의 정당한 사유 유무는 수급사업자별 경영상황, 생산능력, 작업의 난이도, 거래규모, 거래의 존도, 운송거리·납기·대금지급조건 등의 거래조건, 거래기간, 수급사업자의 귀책사유 존부 등 객관적이고 합리적인 차별사유에 해당되는지 여부로 판단한다(대금지침).

(마) 기망적 하도급대금 결정(제4호)

판례는 비인기 차종의 납품단가를 인하하는 대신 추후 인가 차종의 부품에 대한 납품 단가를 인상해 줌으로써 손실을 보전해 주겠다고 구두로 약속한 후 일부만 보전해 준 행위(대법원 2010. 4. 29. 선고 2008두14296 판결)나 대량발주를 하겠다며 수급사업자로 하여금 착오로 단가를 낮게 산정하게 해 단가를 인하받고도 소량만 발주한 행위는 기만에 의한 동 호를 위반한 것으로 보고 있다(서울고등법원 2013. 11. 14. 선고 2013누7171 판결).

(바) 일방적 하도급대금 결정(제5호)

대법원은 합의 없이 일방적으로 낮은 단가에 의하여 하도급대금을 결정하는 행위란 원 사업자가 거래상 우월한 지위에 있음을 기화로 수급사업자의 실질적 동의나 승낙이 없는 데도 단가 등을 낮게 정하는 방식으로 일방적으로 하도급대금을 결정하는 행위를 말한다 고 보고 있다(대법원 2018. 3. 13. 선고 2016두59430 판결). 이런 취지에서 원·수급사업자 사이 에 대금에 대한 형식적인 합의가 있었다 하더라도 그 합의가 수급사업자의 진의에 의한 것이 아니라면 일방적인 하도급대금 인하에 해당한다고 판단한 바 있다(대법원 2014. 4. 10. 선고 2013두35198 판결; 서울고등법원 2013. 11. 14. 선고 2013누7171 판결).

한편, 서울고등법원이 '단가'에 대하여 물건 한 단위의 가격을 의미하는 것으로 함부로 하도급대금으로 유추·확장해석되어서는 안 된다는 판결을 하였지만, 대법원은 '포괄적 단가' 개념을 채택하여 널리 하도급대금액에 영향을 줄 수 있는 요소 중 납품 물량과 무 관한 것으로서 목적물 등의 가격 산정과 관련된 구성요소를 변경하여 하도급대금을 낮추 는 행위 역시 '낮은 단가에 의하여 하도급대금을 결정하는 행위'에 해당할 수 있다고 판 시하였다(대법원 2017. 12. 7. 선고 2016두35540 판결).

한편, 대법원은 "원사업자가 일방적으로 낮은 단가에 의하여 하도급대금을 결정하는 행위"로 규정된 하도급법 제4조 제2항 제5호의 해석과 관련하여 단가에 대하여는 포괄 적·상대적 단가 개념을 채택하면서도 단가가 낮은지 여부에 대하여는 위탁 목적물 등과 같거나 유사한 것에 대하여 일반적으로 지급되는 대가를 기준으로 판단해야 한다고 보았 다(대법원 2017. 12. 7. 선고 2016두35540 판결[27]). 사실상 공정거래위원회로 하여금 시장가격

---

27) 대법원 2017. 12. 7. 선고 2016두35540 판결

　　[1] 구 하도급거래 공정화에 관한 법률(2013. 5. 28. 법률 제11842호로 개정되기 전의 것, 이하 '하도급법' 이라 한다) 제4조 제2항 제5호에서 '부당한 하도급대금의 결정'으로 간주되는 경우 중 하나로 들고 있 는 '합의 없이 일방적으로 낮은 단가에 의하여 하도급대금을 결정하는 행위'란 원사업자가 거래상 우 월적 지위에 있음을 기화로 하여 수급사업자의 실질적인 동의나 승낙이 없음에도 단가 등을 낮게 정 하는 방식으로 일방적으로 하도급대금을 결정하는 행위를 말한다. 또한 '합의 없이 일방적으로' 대금 을 결정하였는지는 원사업자의 수급사업자에 대한 거래상 우월적 지위의 정도, 수급사업자의 원사업

(시가) 또는 정상가격을 입증하라는 취지인바, 하도급법 제4조 제1항과는 사실상 같은 위반행위가 되어 제4조 제2항의 간주조항의 취지가 몰각된다. 동 호의 위법성 핵심은 원사업자가 수급사업자와 정당한 협의나 협상 없이 일방적으로 결정하는 것에 있는 것이므로 '단가'의 '낮음'에 대한 비교기준은 마땅히 '시장가격(시가)'가 아니라 수급사업자가 요구하였거나 요구하였을 수급사업자의 협상가격으로 해석해야 한다. 대법원 판결에 동의하지 않으며 그 변경을 기다리기보다 해당 하도급법을 명확하게 개정할 필요가 있다.

(사) 수의 하도급계약에서 정당한 사유없이 직접공사비 합계보다 낮은 하도급대금 결정(제6호)

'직접공사비 항목의 값을 합한 금액'이란 원사업자의 도급내역상의 재료비, 직접노무비 및 경비의 합계를 의미하되 원사업자가 부담해야 하는 법정경비와 부담하기로 합의한 비목(費目)은 제외한다(시행령 제7조 제1항).

'정당한 사유'와 관련하여, 공사현장 여건, 수급사업자의 시공능력 등을 고려하여 판단하되, ① 수급사업자가 특허공법 등 지식재산권을 보유하여 기술력이 우수한 경우, ② 건

자에 대한 거래의존도, 계속적 거래관계의 유무 및 정도, 거래관계를 지속한 기간, 문제된 행위를 전후로 한 시장 상황 등과 함께, 하도급대금이 결정되는 과정에서 수급사업자가 의사표시의 자율성을 제약받지 아니하고 협의할 수 있었는지 및 그 제약의 정도, 결정된 하도급대금으로 수급사업자가 입은 불이익의 내용과 정도 등을 종합적으로 고려하여 판단하여야 한다. 나아가 '단가가 낮은지 여부'는 위탁 목적물 등과 같거나 유사한 것에 대하여 일반적으로 지급되는 대가보다 낮은 수준인지를 기준으로 판단하고, '일반적으로 지급되는 대가'의 수준은 문제가 된 행위 당사자들 사이에 있었던 종전 거래의 내용, 비교의 대상이 되는 다른 거래들(이하 '비교 대상 거래'라 한다)에서 형성된 대가 수준의 정도와 편차, 비교 대상 거래의 시점, 방식, 규모, 기간과 비교 대상 거래 사업자들의 시장에서의 지위나 사업 규모, 거래 당시의 물가 등 시장 상황 등을 두루 고려하여 인정할 수 있다. 그리고 이에 대한 증명책임은 시정명령 등 처분의 적법성을 주장하는 공정거래위원회에 있다. 다만, 원사업자와 수급사업자가 대등한 지위에서 상호보완하며 균형 있게 발전할 수 있도록 하려는 하도급법의 입법 취지와 집행의 실효성 확보가 요구되는 점 등을 고려하여 증명의 정도를 너무 엄격하게 요구할 것은 아니다. 이러한 맥락에서, 계속적 하도급거래 관계에 있는 원사업자와 수급사업자의 '종전 거래 단가 또는 대금'이 종전 거래 당시의 일반적인 단가 또는 대금의 지급 수준보다 상당히 높았다는 등의 특별한 사정이 없는 한, '종전 거래 내용과 단가'를 '일반적으로 지급되는 대가'의 수준을 인정하는 데 중요한 요소로 고려할 수 있다.

[2] 구 하도급거래 공정화에 관한 법률(2013. 5. 28. 법률 제11842호로 개정되기 전의 것. 이하 '하도급법'이라 한다) 제4조 제2항 제5호가 규정하는 '단가'의 사전(辭典)적 의미는 '물건 한 단위(단위)의 가격'을 말하는데, 하도급법령은 '단가'를 산정하기 위한 '단위'의 의미나 기준에 대하여는 별도의 규정을 두고 있지 않다. 그리고 별도의 가격 결정 단위를 정하지 않고 위탁받은 목적물 또는 용역의 가격 총액을 하도급대금으로 정한 경우에는 결국 그 목적물 또는 용역 전체를 기준으로 가격을 산정한 것이 되므로 그 하도급대금 자체가 '단가'에 해당한다. 이와 같은 '단가' 개념의 포괄적·상대적 성격을 고려하면, 널리 하도급대금액에 영향을 줄 수 있는 요소 중 납품 물량과 무관한 것으로서 목적물 등의 가격 산정과 관련된 구성요소를 변경하여 하도급대금을 낮추는 행위 역시 '낮은 단가에 의하여 하도급대금을 결정하는 행위'에 해당할 수 있다.

산법 제31조에 따라 발주자가 하도급 계약의 적정성을 심사하여 그 계약의 내용 등이 적정한 것으로 인정한 경우에는 정당한 사유가 있는 것으로 본다(시행령 제7조 제2항).

한편, 동 호의 위반행위는 수의계약임을 전제로 하므로 지명경쟁입찰인 경우에는 동 호의 적용이 없다(서울고등법원 2017. 12. 20. 선고 2017누33417 판결).

(아) 경쟁입찰에서 정당한 사유 없이 최저가입찰금액보다 낮은 하도급대금결정

경쟁입찰에 의한 하도급계약에서 원사업자가 최저가로 입찰한 금액보다 낮게 하도급대금을 결정한 이상 부정한 방법이 사용되었는지 여부와 무관하게 동 호 위반이다(대법원 2012. 2. 23. 선고 2011두2337 판결). 그래서 원칙적으로 경쟁입찰을 통해 최저가로 입찰한 업체 또는 차순위업체를 우선협상대상자로 선정한 다음, 추가협상을 통해 최저입찰가보다 낮게 하도급대금으로 결정하는 것은 동 호 위반이다(대법원 2016. 3. 10. 선고 2013두19622 판결; 원심 서울고등법원 2013. 8. 23. 선고 2012누26380 판결; 공정거래위원회 2013. 11. 27. 의결 제2013－190호, 사건번호 2012부사2460, 2848, 3441, 3442, 3888, 2013부사1019). 또한, 지명경쟁입찰로 발주하면서 목표가격 이내로 입찰한 최저가 1개 업체를 낙찰자로 선정한 후 정당한 사유 없이 가격협상을 실시하여 최저 입찰가보다 더 낮은 하도급대금을 결정하는 것은 동 호 위반이다. 이 사건에서 피심인은 우선협상대상자 선정절차를 거친 후 견적금액을 기준으로 가격을 조정한 것이므로 사실상 수의계약에 해당하지, 경쟁입찰이 아니라고 항변하였지만 공정거래위원회는 이를 배척하였다(공정거래위원회 2014. 2. 7. 의결 제2014－057호, 사건번호 2013건하0882). 또한, 최저가 입찰자나 차순위자 등을 대상으로 재입찰을 실시하여 애초 최저가보다 낮은 입찰가격으로 하도급대금을 정하는 것 역시 동호 위반이다(대법원 2012. 2. 23. 선고 2011두23337 판결).

한편, 민간건설계약에서, 특히 소수의 사업자들에게만 RFI(입찰제안요청서)를 보내면서 구체적으로 낙찰방식 등에 대하여 기재하지 않은 경우가 종종 있다. '지명경쟁입찰'인지 아니면 '경쟁견적수의'인지 여부가 모호한 경우가 있을 수 있다. 지명경쟁입찰이라 보더라도 낙찰방식에 대하여 기재가 없다면 최저가낙찰제인지도 문제된다. 하지만 원사업자가 만약 '입찰'이라는 용어를 사용하고 대상자들에게 밀봉된 입찰제안서를 요구한다면 특별한 사정이 없는 한 지명경쟁입찰로 보아야 하고, 낙찰방식에 대하여 특별한 기재가 없다면 상거래 관행에 따라 최저가 낙찰제로 보아야 한다.

여기서 '정당한 사유'란 공사현장 여건이나 원사업자의 책임으로 돌릴 수 없는 사유와 같이 최저가로 입찰한 금액보다 낮은 금액으로 하도급대금을 결정하는 것을 정당화할 객관적·합리적 사유를 말하는 것으로 사안에 따라 개별적·구체적으로 판단되어야 한다.

그 입증책임은 원사업자에게 있다.

최저가 입찰금액이 원사업자의 예정가격을 초과하는 경우에 재입찰한다는 점을 사전 고지하였다면 '정당한 사유'가 인정될 수 있지만 실행예산이나 예정가격이 사전에 존재하였음과 그 실행예산이나 예정가격이 적절한 수준으로 정당한 것임에 대해서는 입증되어야 한다. 구체적으로 예정가격을 밀봉하여 미리 개찰장소에 두거나 실행예산이나 예정가격에 대한 공증을 받아 두는 등과 같은 방식으로 사전에 실행예산이나 예정가격이 객관적으로 존재하였음을 입증할 수 있어야 한다(대법원 2012. 2. 23. 선고 2011두23338 판결). 또, 실행예산이나 예정가격은 단지 원사업자의 외주비를 절감하기 위한 목적이 아니라 원사업자가 실제 집행가능한 예산의 최대한도 등을 고려하여 합리적인 수준에서 정해져야 하고 실행예산이나 예정가격의 정당성에 대해서는 원사업자가 주장·입증해야 한다(서울고등법원 2013. 12. 26. 선고 2012누19368 판결). 최저가로 입찰한 금액보다 낮은 금액으로 하도급계약을 체결하더라도 사전에 입찰참가자들에게 하도급대금 결정에 관해 설명하고 그에 따라 결정한 이상 정당한 사유가 인정된다는 판결이 있다(서울고등법원 2012. 5. 16. 선고 2011누10340 판결).

최저가로 입찰한 금액보다 더 낮은 금액으로 하도급대금이 결정되었지만 사전에 입찰참가자들을 대상으로 최저가 입찰가에서 종전 수급사업자의 기시공분에 대한 정산금액을 공제한다고 설명하였고 이에 따라 결정된 것이라면 '정당한 사유'가 인정된다(서울고등법원 2012. 5. 16. 선고 2011누10340 판결). 또 입찰 조건으로 예정가격 범위 내에서 최저금액 입찰자를 낙찰자로 선정하기로 공고한 후, 최저가 입찰가가 예정가격을 넘자 재입찰하여 낙찰자를 정한 것이라면 정당한 사유가 인정된다(서울고등법원 2009. 12. 17. 선고 2009누9675 판결).

반면, 자체 관리규정을 근거로 사전 고지 없이 최저가 입찰금액 대비 3% 범위 내에서 입찰업체들을 대상으로 재입찰을 실시한 것은 정당한 사유에 해당되지 않는다(서울고등법원 2013. 5. 17. 선고 2011누36687 판결). 또 최저가입찰자에게 최저가입찰가격보다 낮은 가격을 요구하여 계약을 체결하였다면 설사 그 구성내역상 직접공사비가 애초 입찰시보다 늘고 간접공사비가 줄어들었다 하더라도 동호 위반이며 정당한 사유가 인정되지 않는다(서울고등법원 2014. 9. 5. 선고 2013누33002 판결). 또, 외주비 절감을 위해 최저입찰가가 내부적으로 정한 예정가격을 초과하면 재입찰을 실시하기로 하였지만 입찰자에게 사전고지하지 않았고 실제 재입찰을 통해 최초 입찰금액보다 낮은 금액으로 하도급대금이 결정되었다면 동 호 위반이다(대법원 2012. 2. 23. 선고 2011두23337 판결). 이에 반해, 현장설명회에서 공사 공구를 분할하여 가격 저가의 1순위 업체와 차순위업체에게 각 공구를 낙찰하되 1순위 업체의 가격으로 두 공구의 낙찰금액으로 한다는 조건을 공고하지 않고 단지 구두로만 현장설명하였다 하더라도, 결과적으로 계약금액이 최저가 입찰금액보다는 높았다면 동 호 위반에 해당되지 않는다는 판결이 있다(대법원 2009. 4. 9. 선고 2008두21829 판결). 구두로 현장설명하였기 때문에 정당한 사유가 인정된 것이 아니라 '최저가입찰금액'이라는 문구를 엄격히 해석해 결정된 대금이 최저가 입찰가(1순위자의 입찰가) 이상이었기 때문이라 해석된다.

원사업자가 경쟁입찰 최저가보다 낮은 금액으로 하도급계약을 체결하는 경우 정당한 사유를 인정받기 위하여는 원사업자의 귀책사유 등이 없음을 원사업자가 직접 입증해야 한다(대법원 2016. 3. 10. 선고 2013두19622 판결).

입찰참여자 중 낙찰자로 선정된 업체의 입찰금액보다 낮은 금액으로 하도급계약을 체결했다 하더라도 최저가 입찰금액보다 높다면 동 호 위반이 아니다(대법원 2009. 4. 9. 선고 2008두21829 판결).

한편, 동 호의 취지는 입찰조건에 따라 최저가입찰가격으로 하도급대금을 정하라는 것이므로 특별한 사정이 없는 한 최저가입찰가격을 '통상 지급되어야 하는 대가'로 볼 수 있다. 판례도 동 호 위반에 있어 최저가입찰가격과 실제 하도급대금의 차이를 지급하라는 취지의 지급명령이 적법하다고 보고 있다(대법원 2012. 11. 15. 선고 2012두13924 판결; 원심 서울고등법원 2012. 5. 17. 선고 2011누36687 판결).

(자) 계속적 거래관계에서 원사업자의 경영적자, 판매가격 인하 등 수급사업자의 책임으로 돌릴 수 없는 사유로 한 불리한 하도급대금 결정(제8호)

동 호 위반행위의 위법성은, 새로이 하도급대금을 인하 결정하게 된 사정이나 과정, 그 결과와 관련하여 필요한 자료나 정보 등을 수급사업자에게 성실하게 제공하였는지 여부, 원사업자가 객관적·합리적 절차에 따라 수급사업자와 실질적인 협의를 거쳤는지 여부, 인하된 하도급대금의 환원 등에 대해 실효성 있는 방안을 마련·제공하고 추후 이를 실행하였는지 여부, 새로이 인하된 하도급대금을 결정한 사정과 수급사업자가 납품하는 목적물 등이 연관성이 있는지 여부, 원사업자와 수급사업자 간 부담의 분담 정도가 합리적인지 여부 등으로 판단한다(대금지침).

(3) 부당한 하도급대금 결정의 경우 지급명령할 금액

공정거래위원회가 동 조 위반에 있어 법위반이 없었다면 결정되었을 대금(정당한 하도급대금)과 실제의 하도급대금의 차이를 지급하라는 취지의 시정조치명령을 내릴 수 있음은 당연하다(서울고등법원 2012. 5. 17. 선고 2011누36687 판결). 그 중 하나인 지급명령에 있어

지급해야 하는 금액에 대한 주장·입증책임은 행정청인 공정거래위원회에 있다. 그래서 동 조 제1항의 경우 '통상 지급되는 대가'에 대하여 공정거래위원회가 입증하지 못하면 지급명령을 내릴 수 없다. 또한 동 조 제2항 위반에 해당하더라도 그 위법성만 인정되는 것이지 지급명령이나 손해배상의 기준이 되는 '통상 지급되는 대가'에 대해서는 별도로 입증되어야 한다.

동 조 제2항의 일부 유형, 예를 들어 제2호의 '일정 금액을 할당한 후 그 금액을 빼고 하도급대금을 결정하는 행위'에서는 할당되어 차감된 금액을 더한 하도급대금을 '통상 지급되는 대가'로 볼 수 있고, 제7호의 '경쟁입찰에 의하면서도 최저가입찰가보다 낮은 금액으로 하도급대금을 결정하는 행위'에서는 '최저가입찰금액'을 이로 볼 수 있다.[28] 하지만, 나머지 유형의 경우 '통상 지급되는 대가'를 별도로 주장·입증해야 할 것이다. 대법원은 일률적 단가 인하로 하도급법 제4조 제2항 위반으로 인정되는 사례에서 일률적인 단가 인하의 기준이 된 가격을 '통상 지급되어야 하는 대가'로 단정할 수 없고 그래서 그와 실제 하도급대금의 차이를 지급하라는 지급명령은 허용될 수 없다고 판단하였다(대법원 2016. 2. 18. 선고 2012두15555 판결). 이처럼 지급명령금액에 대한 입증책임을 엄격히 판단하는 판결들이 계속되자 공정거래위원회는 지급명령에 대하여 소극적 태도를 보이고 있다.

지급명령은 수급사업자의 권익을 보호하기 위하여 반드시 활성화되어야 하는 제도다. 그래서 공정거래위원회가 지급명령금액을 찾고 입증할 수 있도록 감정 등과 같은 증거조사가 허용되어야 한다. 아예 하도급법에서 공정거래위원회는 감정 등을 통하여 지급명령할 금액을 산정할 수 있다는 규정을 두고 관련 예산도 배정해야 한다. 더하여 법원에 의한 논란을 피하기 위하여 아예 지급명령할 금액에 대한 산정방식을 의제하는 조항을 두는 것도 필요하다.

(4) 위반시 제재

동 규정을 위반한 원사업자에 대하여는 시정조치(법 제25조 제1항)와 하도급대금의 2배를 초과하지 않는 범위 내의 과징금을 부과하게 되며(법 제25조의3 제1항 제3호), 이를 위반한 자에 대하여는 하도급대금의 2배에 상당하는 금액 이하의 벌금에 처하게 된다(법 제30조 제1항 제1호). 발생한 손해의 3배를 넘지 아니하는 범위 내에서 손해배상책임이 있는 징벌적 손해배상의 대상이다(법 제35조 제2항 본문).

---

28) 재입찰에 의해 하도급대금이 부당하게 결정되었다면 원사업자에게 최초 입찰금액과 재입찰금액 간의 차액의 지급을 명하는 것은 비례원칙에 위반되지 않는다(서울고등법원 2012. 5. 17. 선고 2011누36687 판결).

02 ▷ 부당감액의 금지

하도급법

제11조(감액금지) ① 원사업자는 제조 등의 위탁을 할 때 정한 하도급대금을 감액하여서는 아니 된다. 다만, 원사업자가 정당한 사유를 입증한 경우에는 하도급대금을 감액할 수 있다.
② 다음 각 호의 어느 하나에 해당하는 원사업자의 행위는 정당한 사유에 의한 행위로 보지 아니한다.
1. 위탁할 때 하도급대금을 감액할 조건 등을 명시하지 아니하고 위탁 후 협조요청 또는 거래 상대방으로부터의 발주취소, 경제상황의 변동 등 불합리한 이유를 들어 하도급대금을 감액하는 행위
2. 수급사업자와 단가 인하에 관한 합의가 성립된 경우 그 합의 성립 전에 위탁한 부분에 대하여도 합의 내용을 소급하여 적용하는 방법으로 하도급대금을 감액하는 행위
3. 하도급대금을 현금으로 지급하거나 지급기일 전에 지급하는 것을 이유로 하도급대금을 지나치게 감액하는 행위
4. 원사업자에 대한 손해발생에 실질적 영향을 미치지 아니하는 수급사업자의 과오를 이유로 하도급대금을 감액하는 행위
5. 목적물 등의 제조·수리·시공 또는 용역수행에 필요한 물품 등을 자기로부터 사게 하거나 자기의 장비 등을 사용하게 한 경우에 적정한 구매대금 또는 적정한 사용대가 이상의 금액을 하도급대금에서 공제하는 행위
6. 하도급대금 지급 시점의 물가나 자재가격 등이 납품 등의 시점에 비하여 떨어진 것을 이유로 하도급대금을 감액하는 행위
7. 경영적자 또는 판매가격 인하 등 불합리한 이유로 부당하게 하도급대금을 감액하는 행위
8. 「고용보험 및 산업재해보상보험의 보험료징수 등에 관한 법률」, 「산업안전보건법」 등에 따라 원사업자가 부담하여야 하는 고용보험료, 산업안전보건관리비, 그 밖의 경비 등을 수급사업자에게 부담시키는 행위
9. 그 밖에 제1호부터 제8호까지의 규정에 준하는 것으로서 대통령령으로 정하는 행위
③ 원사업자가 제1항 단서에 따라 하도급대금을 감액할 경우에는 감액사유와 기준 등 대통령령으로 정하는 사항을 적은 서면을 해당 수급사업자에게 미리 주어야 한다.
④ 원사업자가 정당한 사유 없이 감액한 금액을 목적물 등의 수령일부터 60일이 지난 후에 지급하는 경우에는 그 초과기간에 대하여 연 100분의 40 이내에서 「은행법」에 따른 은행이 적용하는 연체금리 등 경제사정을 고려하여 공정거래위원회가 정하여 고시하는 이율에 따른 이자를 지급하여야 한다.

하도급법 시행령

제7조의2(하도급대금 감액 시 서면 기재사항) 법 제11조 제3항에서 "감액사유와 기준 등 대통령령으로 정하는 사항"이란 다음 각 호의 사항을 말한다.
1. 감액 시 그 사유와 기준

2. 감액의 대상이 되는 목적물 등의 물량
3. 감액금액
4. 공제 등 감액방법
5. 그 밖에 원사업자의 감액이 정당함을 입증할 수 있는 사항

(1) 감액금지 일반조항

(가) 조항의 취지와 내용 및 개정: 개정 후 부당성에 대한 입증책임

하도급계약 체결 이후 원사업자가 우월적 지위를 이용하여 하도급대금을 부당하게 감액하려는 상황에서, 수급사업자는 열악한 정보나 거래단절의 위험 때문에 부당한 요구를 거부하기가 쉽지 않다. 동 조는 이를 막기 위한 제도이다.

2011. 3. 29. 법률 제10475호로 개정되기 전에는 '부당감액금지'라는 표제 아래 '수급사업자에게 책임을 돌릴 사유가 없는 경우'에 감액하지 못하도록 규정하고 있었다. 문언만 가지고 보면 감액사유에 대한 입증책임은 원사업자에게 있다고 볼 수 있지만, 이에 대하여 법원은 수급사업자의 귀책사유 유무에 대한 개별적 입증책임에 대하여는 별도로 판단하지 않은 채 전체적으로 '수급사업자에게 부당하게 불리한 감액'인지 여부에 따라 감액의 부당성을 판단해야 하며 그에 관한 입증책임은 공정거래위원회에 있다고 보았다 (서울고등법원 2004. 10. 7. 선고 2003누17773 판결). '부당하게 불리한 감액인지' 여부에 대한 입증부담이 공정거래위원회에 있지만 실질적으로는 수급사업자에게 돌려져 수급사업자 보호에 미흡하다는 비판이 있었다. 이에 2011년 개정으로 표제를 '감액금지'로 변경하고 "원사업자는 제조 등의 위탁을 할 때 정한 하도급대금을 감액하여서는 아니 된다. 다만, 원사업자가 정당한 사유를 입증한 경우에는 감액할 수 있다"고 규정하여 원칙적으로 감액을 금지하되 예외적으로 허용함을 명백히 하고 그 정당한 사유에 대한 입증책임이 원사업자에게 있다고 명시하였다. 개정 이후 감액 사유에 대한 입증책임에 대해 판단한 판결은 없지만 '원사업자가 정당한 사유를 입증'이라고 규정한 이상 공정거래위원회는 감액사실만 입증하면 그 입증책임을 다한 것이고 나아가 감액에 있어서 수급사업자의 귀책사유가 없음이나 부당하게 불리한 감액이라는 점에 대해서는 입증책임이 없다고 본다. 그 반대사실을 원사업자가 입증해야 하는 것이다.

그런데 개정법에서 제11조 제2항의 부당감액 간주조항에서도 제1항의 정당한 사유를 원용할 수 있는지에 대하여 논란이 있을 수 있지만, 개정법 제11조 제2항에서 "다음 각 호의 어느 하나에 해당하는 원사업자의 행위는 정당한 사유에 의한 행위로 보지 아니한다"고 규정한 이상 정당한 사유가 있는지 여부가 위법성 조각사유가 되지 못한다.

한편, 원사업자는 감액시 감액사유와 기준, 감액 대상인 목적물 등의 물량, 감액금액, 공제 등 감액방법, 그 밖의 원사업자의 감액의 정당성을 입증할 수 있는 사항을 적은 서면을 해당 수급사업자에게 미리 교부해야 한다(법 제11조 제3항, 시행령 제7조의2).

2011. 3. 29.자 개정 전후의 법문을 비교하면 다음과 같다.

개정전 제11조 (부당감액의 금지)	개정후 제11조 (감액금지)
① 원사업자는 **수급사업자에게 책임을 돌릴 사유가 없는 경우**에는 제조 등의 위탁을 할 때 정한 하도급대금을 부당하게 감액(이하 "부당감액"이라 한다)하여서는 아니 된다.	① 원사업자는 제조 등의 위탁을 할 때 정한 하도급대금을 감액하여서는 아니 된다. **다만, 원사업자가 정당한 사유를 입증한 경우에는 하도급대금을 감액할 수 있다.**
② 다음 각 호의 어느 하나에 해당하는 원사업자의 행위는 **부당감액**으로 본다.	② 다음 각 호의 어느 하나에 해당하는 원사업자의 행위는 **정당한 사유에 의한 행위로 보지 아니한다.**
1.~8. (생략)	1.~8. (생략) *개정 전과 동일 **9. 그 밖에 제1호부터 제8호까지의 규정에 준하는 것으로서 대통령령으로 정하는 행위**
③ 원사업자가 **부당감액한 금액**을 목적물 등의 수령일부터 60일이 지난 후에 지급하는 경우에는 그 초과기간에 대하여 연 100분의 40 이내에서 「은행법」에 따른 은행이 적용하는 연체금리 등 경제사정을 고려하여 공정거래위원회가 정하여 고시하는 이율에 따른 이자를 지급하여야 한다.	③ 원사업자가 제1항 단서에 따라 하도급대금을 감액할 경우에는 감액사유와 기준 등 대통령령으로 정하는 사항을 적은 서면을 해당 수급사업자에게 미리 주어야 한다.
	④ 원사업자가 **정당한 사유 없이 감액한 금액**을 목적물 등의 수령일부터 60일이 지난 후에 지급하는 경우에는 그 초과기간에 대하여 연 100분의 40 이내에서 「은행법」에 따른 은행이 적용하는 연체금리 등 경제사정을 고려하여 공정거래위원회가 정하여 고시하는 이율에 따른 이자를 지급하여야 한다.

(나) 부당성 판단과 수급사업자의 자발적 동의(당사자 간 실질적 협의),
      그리고 갑을관계인지감수성

부당감액의 부당성 여부는 하도급계약의 내용, 계약이행의 특성, 감액의 경위, 감액된 하도급대금의 정도, 감액의 방법과 수단 등 여러 가지 사정을 종합적으로 고려하여 수급사업자에게 부당하게 불리한 감액인지 여부에 따라 판단해야 한다(서울고등법원 2010. 10.

13. 선고 2009누31429 판결).[29] 관련하여 하급심 판결은 원사업자가 수급사업자와 원자재 가격 변동, 생산성 향상 등의 사유로 단가 인하를 합의한 후 인하된 단가를 소급적용하여 발주시 정한 하도급대금을 감액하기로 하더라도, 하도급 발주일과 목적물 제작시기 사이에 상당한 시간적 간격이 있을 뿐만 아니라 발주만 있었을 뿐 아직 제작이 이루어지지 않았다면 부당하지 않다고 보았다(서울고등법원 2009. 12. 30. 선고 2009누9675 판결). 제조에 들어가기 전까지는 아직 원재료가 투입되지 않아 감액요구에 합리성이 있고, 수급사업자로서도 원사업자의 감액요구가 무리하다고 판단하였다면 충분히 거절할 수 있었다고 보았기 때문으로 해석된다.

한편, 법원은 수급사업자의 자발적 동의에 의한 감액 또는 실질적 협의에 의한 감액이라면 정당한 것으로 보고 있고, 공정거래위원회도 원사업자가 수급사업자와의 합의에 의해 감액한 것이라 항변하면 그 합의의 진정성 여부를 판단하고 있다(공정거래위원회 2013. 4. 26. 의결 제2013-117호, 사건번호 2012전사0737). 수급사업자의 자발적인 동의에 의한 것인지 여부는 수급사업자에 대한 원사업자의 거래상 우월적 지위의 정도, 수급사업자의 원사업자에 대한 거래의존도, 거래관계의 지속성, 거래의 특성과 시장상황, 거래 상대방의 변경가능성, 당초의 대금과 감액된 대금의 차이, 수급사업자가 완성된 목적물을 인도한 시기와 원사업자가 대금 감액을 요구한 시기와의 시간적 간격, 대금감액의 경위, 대금감액에 의하여 수급사업자가 입은 불이익의 내용과 정도 등을 정상적인 거래관행이나 상관습 및 경험칙에 비추어 합리적으로 판단하여야 한다(대법원 2011. 1. 27. 선고 2010다53457 판결).

한편, 거래상 열위에 있는 수급사업자가 원사업자에게 '거절'의 의사를 명확히 밝히고 이를 견지하기가 쉽지 않기 때문이다. 전속적인 수직계열화 등으로 수급사업자가 원사업자에게 매우 의존적인 상황이라면 이러한 가능성은 더욱 높아진다. 수급사업자의 자발적 동의 여부는 드러난 사정만으로 판단해서는 안 된다. 오히려 수급사업자의 입장에서 진정한 동의가 있었는지를 보고 판단해야 한다. 저자는 이를 '갑을인지감수성'이라 부르고자 한다. 하도급법을 집행하는 공정거래위원회나 하도급법 위반을 수사하는 검찰, 하도급 관련 분쟁에 대한 판결을 내리는 법원, 이해관계를 조율하는 조정기관 등은 '갑을관계인지감수성'을 기초로 사실관계를 판단하고 법해석을 해야 한다. 뿐만 아니라 수급사업자의 거래상대방인 원사업자도 '갑을인지감수성'을 기초로 거래해야 할 것이다.

감액에 대한 정당한 사유 유무를 합의의 진정성으로 판단한 사례를 좀 더 살펴보자. 수급사업자의 귀책사유로 인한 산재사고로 원사업자가 입을 손해액을 미리 예정하고 기

---

29) 동 판례는 부당성에 대한 입증책임이 공정거래위원회에 있을 때 내려진 것이기는 하지만, 그 입증책임이 원사업자에게 넘어간 현 하도급법 해석에 있어서도 정당한 사유에 대한 판단기준이 된다.

성금 지급시 이를 공제할 수 있도록 한 하도급계약상의 안전약정은 수급사업자에게 일방적으로 불리한 부당감액이라 볼 수 없다(서울고등법원 2010. 9. 15. 선고 2009누39300 판결).[30]

이와 관련한 대부분의 사례가 2011년 법 개정전의 것이기는 하나 개정으로 변경된 것은 입증책임의 주체일 뿐 기본법리는 변화가 없다. 그래서 부당성이나 수급사업자의 자발적 동의에 대한 판례상의 법리는 지금도 유효하다고 본다. 서울고등법원은 2011년 개정법이 적용되는 사례에서도 동일한 법리를 설시한 바 있다. 즉, 하도급계약상으로는 명확하지 않지만 그 하도급대금이 목적물 수령일로부터 60일이 되는 날 지급되는 경우의 금액이고 그 이전에 지급되는 경우 원사업자가 발주자로부터 받은 어음의 할인율(연 4.99%)에 해당하는 금액을 공제하여 지급하기로 원사업자와 수급사업자 간에 합의한 것으로 인정되는 경우라면 감액의 정당한 사유가 인정된다고 보았다(서울고등법원 2016. 11. 11. 신고 2016누38831 판결).

(2) 부당감액 간주조항

법 제11조 제2항은 아래 표의 8가지의 경우를 부당감액으로 간주하고 있다. 각호의 요건만 충족하면 별도의 부당성 요건에 대한 충족 없이 부당감액에 해당된다. 하지만, 제1항에서도 일단 체결된 계약에 따른 하도급대금을 감액한 것을 입증하는 것은 어렵지 않고 또 정당한 사유 유무에 대한 입증책임은 공정거래위원회가 아니라 원사업자에게 있어 공정거래위원회가 제1항으로 의율하는 것이 크게 어렵지 않았다. 이런 점을 고려하면, 제2항의 간주조항은 제4조 제2항의 부당한 하도급대금 결정 간주조항과는 달리 공정거래위원회의 입증책임을 완화해 주는 기능이 크지 않다.

┤ 부당감액으로 간주되는 사항 ├

제1호 위탁할 때 하도급대금을 감액할 조건 등을 명시하지 아니하고 위탁 후 협조요청 또는 거래 상대방으로부터의 발주취소, 경제상황의 변동 등 불합리한 이유를 들어 하도급대금을 감액하는 행위

---

30) 동 사안에서 건설업자인 원사업자는 전문건설회사인 수급사업자에게 철근공사를 위탁하면서 공사 중 발생하는 산재사고에 대하여 산업재해보상보험으로 처리할 경우 이로 인한 원사업자의 불이익을 수급사업자가 보상하기로 약정하였다. 공정거래위원회는 동 사례에서 "건설공사에서 발주자가 산업재해보상보험료를 도급금액으로 지급하고 원사업자가 통상 수급사업자의 근로자를 포함한 모든 공사현장의 근로자가 산업재해보상보험에 가입하고 있는 점을 고려할 때, 수급사업자를 포함한 모든 공사현장의 전반적인 안전관리책임은 원사업자에게 있으므로, 산재사고 발생시 그 처리에 소요되는 비용도 원사업자에게 있고 이를 약정이라는 양식으로 수급사업자에게 보상하게 한 행위는 부당감액에 해당한다"고 판단했다(공정거래위원회 2009. 11. 12. 의결 제2009-253호, 사건번호 2009서건1131). 이와 같은 공정거래위원회의 처분이 해당 판결로 취소된 것이다.

제2호 수급사업자와 단가 인하에 관한 합의가 성립된 경우 합의 성립 전에 위탁한 부분에 대하여도 소급하여 적용하는 방법으로 하도급대금을 감액하는 행위

제3호 하도급대금을 현금으로 지급하거나 지급기일 전에 지급하는 것을 이유로 하도급대금을 지나치게 감액하는 행위

제4호 원사업자에 대한 손해발생에 실질적 영향을 미치지 아니하는 수급사업자의 과오를 이유로 하도급대금을 감액하는 행위. 2013. 5. 28. 하도급법 개정 전에는 '원사업자의 손해발생에 실질적 영향을 미치지 아니하는 수급사업자의 경미한 과실'이라고 규정되어 있었지만, 개정으로 '실질적'과 '경미한'이라는 문구가 삭제되었다. 동 조의 요건을 완화시킨 것이다.

제5호 목적물 등의 제조·수리·시공 또는 용역수행에 필요한 물품 등을 자기로부터 사게 하거나 자기의 장비 등을 사용하게 한 경우에 적정한 구매대금이나 적정한 사용대가를 넘어서는 금액을 하도급대금에서 공제하는 행위

제6호 하도급대금 지급 시점의 물가나 자재가격 등이 납품 등의 시점에 비하여 떨어졌음을 이유로 하도급대금을 감액하는 행위

제7호 경영적자 또는 판매가격 인하 등과 같은 불합리한 이유로 부당하게 하도급대금을 감액하는 행위

제8호 「고용보험 및 산업재해보상보험의 보험료징수 등에 관한 법률」, 「산업안전보건법」 등에 따라 원사업자가 부담해야 하는 고용보험료, 산업안전보건관리비, 그 밖의 경비 등을 수급사업자에게 부담시키는 행위

제9호 그 밖에 제1호부터 제8호까지의 규정에 준하는 것으로서 대통령령으로 정하는 행위(다만 대통령령에서는 별도로 규정하지 않고 있다)

│ 부당감액 예시(「부당한 하도급대금 결정 및 감액행위에 대한 심사지침」 V.1.) │

- 원사업자가 수급사업자로부터 위탁목적물을 수령하여 자신의 물류센터에 보관하는 과정에서 폭우로 인해 유실된 수량에 해당하는 금액을 하도급대금 지급 시 공제하는 행위
- 건설업자인 원사업자가 수급사업자로부터 교량신축공사의 목적물을 인수하여 관할 지방자치단체에 준공검사를 신청하였으나 원사업자가 제공한 설계도면의 하자에 의한 부실공사로 인해 준공검사를 득하지 못하였음에도 그것을 이유로 하도급대금을 감액하는 행위
- 공정거래위원회의 과징금 납부명령이나 시정명령 또는 원사업자의 자진시정으로 인해 이미 납부하거나 지급한 과징금, 어음할인료, 지연이자, 하도급대금 등의 전부 또는 일부 금액을 감액하여 지급하는 행위
- 법정 검사기간 경과 후 불량 등을 이유로 반품하고 그만큼 감액하여 하도급대금을 지급하는 행위
- 구두로 납기 등을 연기한 후 당초 서면계약서상의 납기를 준수하지 아니한 것으로 처리하여 감액하는 행위
- 당초 계약내용과 달리 간접노무비, 일반관리비, 이윤, 부가가치세 등을 감액하는 행위
- 목적물을 저가로 수주하였다는 등의 이유로 당초 계약과 다르게 하도급대금을 감액하는 행위

- 단가 및 물량에는 변동이 없으나 운송조건, 납품기한 등의 거래조건을 당초 계약내용과 달리 추가비용이 발생하는 내용으로 변경하고, 그에 따른 추가비용을 보전해주지 아니하는 행위
- 당초 계약과 달리 환차손 등을 수급사업자에게 전가시키는 행위
- 원사업자가 일방적으로 결제화폐를 수급사업자에게 불리한 화폐로 변경하여 환율변동에 따른 손실을 부담지우는 행위
- 수급사업자에게 무상으로 장비를 사용할 수 있도록 한 후 사전협의 없이 하도급대금에서 장비사용료를 공제하는 행위
- 하도급거래 기간 중에 당초 계약 시 정하지 아니한 판매장려금이나 기타 부대비용 등을 수급사업자에게 부담시키는 행위
- 원사업자가 수급사업자와 당초 합의한 표준품셈을 수급사업자에게 책임을 돌릴 사유가 없음에도 일방적으로 변경하여 적용함으로써 하도급대금을 감액하는 행위
- 해당 공사의 설계변경 또는 물가변동 등에 따른 추가금액을 지급하여야 함에도 불구하고, 수급사업자가 낙찰받은 차기 공사의 계약체결을 조건으로 수급사업자로 하여금 추가금액의 수령을 포기하도록 하는 행위
- 수급사업자의 요청 또는 원사업자와 수급사업자 간 합의에 의해 잔여 공사분을 원사업자가 직영으로 시공한 후 지출한 비용에 대한 합당한 증빙자료도 제시하지 아니하고 하도급대금에서 잔여 공사비용을 공제하는 행위
- 원사업자가 철근 등 지급자재의 가공·보관을 제3자에게 위탁하고, 수급사업자는 그 제3자로부터 자재를 납품받아 시공하도곡 하면서, 자재의 훼손, 분실 등에 대한 책임소재를 명확히하지 아니하고 일방적으로 자재비 손실액을 하도급대금에서 감액하는 행위

한편, 동 조 제2항의 간주조항의 경우에도 수급사업자의 자발적 동의나 당사자 간 진정한 합의에 의한 감액이라면 위법하지 않다고 보아야 하는지 문제된다. 사견으로 문언상 그렇게 볼 근거는 없다. 다만 '일방적'을 요건으로 하는 동항 제2호 및 제4호에서는 자발적 동의가 있다면 '일방적'이라 볼 수 없고, '부당하게'를 요건으로 하는 제7호 역시도 마찬가지일 것이다. 또, 지나친 감액을 요건으로 하는 제3호나 적정한 구매대금 등 이상을 요건으로 하는 제6호 역시도 수급사업자의 자발적 동의나 진정한 합의가 있었다면 적정한 감액이나 적정한 구매대금으로 인정될 가능성이 높다. 불합리한 이유를 요건으로 한 제1호도 그럴 여지가 있다. 결론적으로 제2항의 경우라도 자발적 동의나 진정한 합의가 있었다고 인정된다면 위법하지 않다고 해석된다. 다만 그 인정에 있어서 엄격함이 요구된다고 본다.

관련하여 2011년 법 개정전의 사례이기는 하지만 서울고등법원은 제11조 제2항 제2호의 경우와 관련하여 원사업자가 수급사업자와 원자재 가격 변동, 생산성 향상 등의 사유로 단가 인하를 합의한 후 인하된 단가를 소급적용하여 발주시 정한 하도급대금을 감액하기로 하더라도, 하도급 발주일과 목적물 제작시기 사이에 상당한 시간적 간격이 있을

뿐만 아니라 발주만 있었을 뿐 아직 제작이 이루어지지 않았다면 부당하지 않다고 보았다(서울고등법원 2009. 12. 30. 선고 2009누9675 판결). 수급사업자의 자발적 동의에 의한 것이므로 '일방적'으로 소급적용하여 감액한 것은 아니라고 본 것으로 생각된다. 개정 후의 사례로 하도급법 제11조 제2항 제3호 위반이 문제된(서울고등법원 2016. 11. 11. 선고 2016누38831 판결)이 있다. 묵시적으로 인정되는 합의가 수급사업자의 자발적인 동의에 의한 것으로 본 것이기도 하지만 원사업자가 발주자로부터 해당 공사와 관련하여 받은 어음의 할인율 상당을 공제한 것으로 원사업자가 전혀 이익을 본 것이 없어 '지나치게 하도급대금을 감액'한 것으로 보지 않았다고 이해한다.

(3) 감액금지조항을 위반한 약정의 사법상 효력(유효)과 불법행위 책임

동조를 위반한 하도급계약이나 정산약정 등 합의는 하도급법 위반으로 행정 및 형사책임을 져야 함은 별론으로 하더라도 그것이 단속규정 위반에 불과하여 사법상으로는 유효하다는 것이 판례다(대법원 2011. 1. 27. 선고 2010다53457 판결 등 다수).

그래서 감액약정을 한 이상 이에 반하는 하도급대금청구는 불가하다. 하지만 원사업자가 우월한 지위를 이용하여 수급사업자의 자발적 동의에 의하지 않고 하도급대금을 감액한 경우 그 감액 약정이 민사상 유효한지 여부 및 각 정산합의 과정에서 사기·강박 등의 정도에 이르는 행위가 있었는지 여부와 관계 없이 그 자체가 하도급법 제11조 위반에 해당하고 따라서 그 규정에 의해 보호되는 수급사업자의 권리나 이익을 침해하는 불법행위를 구성하므로 이에 따른 손해배상책임은 져야 한다(대법원 2011. 1. 27. 선고 2010다53457 판결).

(4) 법위반의 효과

하도급법 제11조가 감액금지 규정을 위반한 사법상 약정의 효력을 부인하는 조항은 아니지만 하도급법 위반에 따른 불법행위책임은 인정된다는 것이 대법원 판례이다(대법원 2011. 1. 27. 선고 2010다53457 판결). 동 조는 단속법규에는 해당하므로 이를 위반한 약정이 행정적 또는 형사적 처벌대상이 될 수 있다는 취지이다.

원사업자는 정당한 사유 없이 감액한 금액에 대하여는 법정지급기일로부터 지급시까지 공정거래위원회가 고시한 연 15.5%의 지연이자를 지급해야 한다(법 제11조 제4항, 지연이자고시).

(5) 위반시 제재

동 규정을 위반한 원사업자에 대하여는 시정조치(법 제25조 제1항)와 하도급대금의 2배를 초과하지 않는 범위 내의 과징금을 부과하게 되며(법 제25조의3 제1항 제3호), 이를 위반한 자에 대하여는 하도급대금의 2배에 상당하는 금액 이하의 벌금에 처하게 된다(법 제30조 제1항 제1호). 발생한 손해의 3배를 넘지 아니하는 범위 내에서 손해배상책임이 있는 징벌적 손해배상의 대상이다(법 제35조 제2항 본문).

(6) 지급명령

지급명령금액에 대한 입증책임 때문에 부당한 대금결정에서 지급명령을 내리기가 쉽지 않지만 부당감액에서는 그렇지 않다. 법문에서 정당한 사유 없이 감액해서는 안된다고 하였기 때문에 특별한 사정이 없는 한 감액된 금액에 대하여 지급명령을 하면 되기 때문이다.

03 물품 등의 구매강제금지, 물품구매대금 등의 조기결제청구 및 부당결제청구의 금지

하도급법

제5조(물품 등의 구매강제 금지) 원사업자는 수급사업자에게 제조 등의 위탁을 하는 경우에 그 목적물 등에 대한 품질의 유지·개선 등 정당한 사유가 있는 경우 외에는 그가 지정하는 물품·장비 또는 역무의 공급 등을 수급사업자에게 매입 또는 사용(이용을 포함한다. 이하 같다)하도록 강요하여서는 아니 된다.

제12조(물품구매대금 등의 부당결제 청구의 금지) 원사업자는 수급사업자에게 목적물 등의 제조·수리·시공 또는 용역수행에 필요한 물품 등을 자기로부터 사게 하거나 자기의 장비 등을 사용하게 한 경우 정당한 사유 없이 다음 각 호의 어느 하나에 해당하는 행위를 하여서는 아니 된다.
1. 해당 목적물 등에 대한 하도급대금의 지급기일 전에 구매대금이나 사용대가의 전부 또는 일부를 지급하게 하는 행위
2. 자기가 구입·사용하거나 제3자에게 공급하는 조건보다 현저하게 불리한 조건으로 구매대금이나 사용대가를 지급하게 하는 행위

---

(1) 물품 등의 구매강제금지

원사업자는 수급사업자에게 제조 등의 위탁을 하면서 그 목적물 등에 대한 품질의 유지·개선 등 정당한 사유가 있는 경우 외에는 그가 지정하는 물품·장비 또는 역무의 공급 등을 수급사업자에게 매입 또는 사용하도록 강요하여서는 안 된다(법 제5조). 여기에서 구매강제의 목적물이 물품, 장비 및 하도급계약에 연관성 높은 것으로만 한정되는지 아

니면 부동산, 상품권, 회원권 등 현실적으로 상당한 구매강제의 목적물이 되고 있다면 규제대상에 포함되는 것으로 보아야 한다.[31] 직접적 방법으로 인한 강요 뿐 아니라 자발적 구매로 보이는 상황이라도 수급사업자가 하도급거래에 미칠 영향이나 장래 거래관계를 위해 받아들일 수밖에 없었다면 강요로 볼 것이다.

품질의 유지·개선이나 수요자의 특수한 요구에 의한 물품·장비·역무 등이 사용되어야 하는 경우 등이 정당한 사유에 해당할 수 있다(하도급공정화지침). 한편, '정당한 사유가 있는 경우 외에는'이라는 문언에 비추어 볼 때 그에 대한 입증책임은 공정거래위원회가 아니라 원사업자에게 있다.

(2) 물품대금 등의 부당결제금지 및 조기결제청구금지

원사업자는 제조 등의 위탁에 필요한 물품 등을 자기로부터 사게 하거나 자기의 장비를 사용하게 한 경우에 적정한 구매대금 또는 사용대가 이상을 하도급대금에서 공제할 수 없다(법 제11조 제2항 제5호).

아울러 원사업자가 수급사업자에게 제조 등의 위탁에 필요한 물품 등을 자기로부터 사게 하거나 자기의 장비를 사용하게 한 후 정당한 사유 없이 ① 하도급대금의 지급기일 이전에 구매대금이나 사용대가를 지급하게 하거나, ② 자기가 구입·사용하거나 제3자에게 공급한 조건보다 현저하게 불리한 조건으로 구매대금이나 사용대가를 지급하게 할 수 없다(법 제12조 제1항).

'사게 하거나' 또는 '사용하게 한'의 요건이 필요하므로 수급사업자가 자발적으로 구매하거나 사용하는 것은 동조 위반이 아니다.

참고로 원사업자가 수급사업자에게 위탁업무와 무관한 물품이나 장비 등을 구매하게 하거나 위탁업무에 필요한 물품이나 장비라도 자기 이외의 제3자로부터 구매하게 하는 것은 하도급법 제5조의 물품 등 구매강제 금지의무 위반이다.[32]

한편, 기성고 방식에서, 수급사업자에게 사게 한 위탁에 필요한 물품 등이 사용되는 기간에 해당하는 기간의 기성고 비율에 따라 물품대금을 지급하게 하면 부당하다고 볼 수 없지만 그렇지 않고 그 사용기간은 1회 기성고 기간 이후인데 1회 기성고에서 전액 공제하는 것은 위법한 조기결제에 해당한다.

---

31) 오승돈, 앞의 책, 214면
32) 오승돈, 앞의 책, 235면

(3) 법위반의 효과

원사업자가 적정한 구매대금 등을 넘어서서 하도급대금을 공제한 경우에는 초과금액에 대하여 공제일부터 지급시까지 공정거래위원회가 고시한 연 15.5%의 지연이자를 지급해야 한다(법 제11조 제4항, 지연이자고시).

(4) 위반시 제재

동 규정을 위반한 원사업자에 대하여는 시정조치(법 제25조 제1항)와 하도급대금의 2배를 초과하지 않는 범위 내의 과징금을 부과하게 되며(법 제25조의3 제1항 제3호), 이를 위반한 자에 대하여는 하도급대금의 2배에 상당하는 금액 이하의 벌금에 처하게 된다(법 제30조 제1항 제1호). 징벌적 손해배상이 아닌 실손해배상 대상이다(법 제35조 제1항).

04 ▷ 경제적 이익의 부당요구 금지

> **하도급법**
> **제12조의2(경제적 이익의 부당요구 금지)** 원사업자는 정당한 사유 없이 수급사업자에게 자기 또는 제3자를 위하여 금전, 물품, 용역, 그 밖의 경제적 이익을 제공하도록 하는 행위를 하여서는 아니 된다.

(1) 조항의 해석 및 정당한 사유를 거의 인정하지 않는 선례의 입장

원사업자는 정당한 사유 없이 수급사업자에게 자기 또는 제3자를 위하여 금전, 물품, 용역 그 밖의 경제적 이익을 제공하도록 하는 행위를 하여서는 안 된다(법 제12조의2). 동 규정은 불공정 하도급거래행위에 대한 일반조항적 성격으로 개별적인 불공정 하도급거래행위에 대하여 보충적으로 적용된다고 보아야 한다.

동 규정의 입법취지는 원사업자가 우월적 지위를 이용하여 수급사업자에게 법률상 의무 없는 부담을 강요하는 것을 금지하는 것이므로, 수급사업자가 원사업자의 경제적 이익제공 요구를 수용할 수밖에 없는 조건을 내세워 하도급계약을 체결하는 행위도 이에 해당한다(대법원 2010. 12. 9. 선고 2009두2368 판결).

'경제적 이익의 제공'에는 반대급부가 없는 일방적인 경제적 이익만 의미하는 것이 아니라 저가로 제공받는 것도 포함하여, 아울러 원사업자가 부담해야 할 비용을 수급사업자에게 전가하거나 유동성을 확보하는 것과 같이 간접적이고 우회적인 형태로 수급사업자에게 경제적 부담을 지우는 행위도 포함된다(대법원 2010. 12. 9. 선고 2009두2368 판결).[33]

공정거래위원회는 지명입찰에 참여하는 조건으로 아파트를 분양받게 하는 행위(공정거래위원회 2013. 1. 18. 의결 제2013-014호, 사건번호 2012건하0236) 및 원사업자가 수급사업자에게 사급자재를 무상으로 제공하면서 수급사업자로부터 그 자재에 대한 '지급보증증권'을 교부받음과 아울러 수급사업자의 임직원으로부터도 '연대보증약정서'를 추가로 징구한 행위는 부당한 경제적 이익의 제공에 해당한다고 보았다(공정거래위원회 2009. 3. 20. 의결 제2009-079호, 사건번호 2008하개2329).

원사업자가 강압적인 방법을 사용하지 않고 수급사업자에게 정중하게 요청하거나 동의를 받는 형식을 취하더라도 수급사업자 입장에서 하도급계약의 체결이나 유지 등을 위해 이를 부득이하게 받아 들일 수밖에 없는 것으로 인정되면 동조 위반을 구성할 수 있다. 또, 하도급계약에 기재되어 있는 것이라 하더라도 당해 하도급계약에 일반적·통상적으로 포함될 것으로 예상되는 범위를 초과한 것이라면 동조 위반에 해당될 수 있다(서울고등법원 2008. 12. 18. 선고 2008누15253 판결).

한편, '정당한 사유'의 유무에 대하여는 원사업자에게 입증책임이 있다(서울고등법원 2016. 5. 27. 선고 2014누67705 판결). 관련하여, 법원 판결이나 공정거래위원회의 판단 중 원사업자의 정당한 사유가 인정된 사례는 거의 없다. 더하여 수급사업자의 자발적인 의사나 당사자 간 진정한 합의에 의한 것인지 여부를 정당한 사유 판단에 참고하기는 하지만 인정된 사례가 거의 없다. 하도급거래에서 위탁업무 이외의 의무나 경제적 부담을 수급사업자에게 부담시키는 것 자체가 부당하고 그래서 수급사업자의 자발적 동의에 의하여 부담하였을 가능성이 낮기 때문일 것이다.

구체적인 사례를 본다. 원사업자의 미분양된 아파트를 분양받는 조건으로 하도급계약을 체결한 것은 위탁을 받기 위해 어쩔 수 없는 선택이었으므로 정당한 사유가 없다(대법원 2010. 12. 9. 선고 2008두22822 판결). 선급금 지급을 조건으로 원사업자의 특수관계자가 소유한 오피스텔을 구매하도록 하는 것은 정당한 사유가 없고(서울고등법원 2012. 5. 16. 선고 2011누10340 판결), 원사업자가 수급사업자와 휴대폰 충전기 납품계약을 체결하면서 실납품수량 대비 5%를 손실분으로 무상입고하도록 한 것과 관련하여 납품된 제품이 불량으로 판명되면 하자책임 등을 물을 수 있음에도 불구하고, 손실분 명목으로 추가납품하도록 한 것은 정당한 사유가 되지 않는다(공정거래위원회 2009. 1. 20. 의결(약) 제2009-033호, 사건번호 2008하개2671). 건설업과 수입자동차 수입업을 영위하는 원사업자가 수급사업자들에게 자신의 미분양 아파트 분양 및 수입자동차 구매를 조건으로 하도급계약을 체결하는 것에 대하여 수급사업자의 진정한 의사에 반하여 이루어진 것이라고 본 사례도 있다(서울

---

33) 길기관, 하도급분쟁의 쟁점(제2판), 진원사, 2016. 3, 155면

고등법원 2010. 12. 9. 선고 2009두2368 판결).[34] 나아가 입찰조건에 무분양 아파트 분양 내지 골프장회원권을 분양받아야 함을 고지했다 하더라도 정당한 사유가 인정되지 않는다고 보고 있다(대법원 2016. 10. 27. 선고 2016두45462 판결).

한편, 이는 법원이 2017. 4. 18. 자 법률 제14814호로 개정되기 이전의 부당대물변제(하도급법 제17조)와 관련하여 수급사업자의 자발적 동의나 진정한 합의에 의한 것인지에 대하여 매우 너그럽게 판단하여 대부분의 사례에서 부당성을 부정하였던 것과 매우 비교된다.

(2) 임직원의 개인적인 요구가 이에 해당되는지 여부

원사업자의 현장소장 등 임직원이 사적으로 수급사업자 또는 그 임직원에게 뇌물이나 향응 등을 제공토록 요구하는 경우에도 동 조항이 적용되는지 문제된다. 공정거래위원회는 하도급공정화지침에서 직무관련 임직원의 행위를 원사업자의 행위로 본다고 규정하고 있음을 근거로 가능하다고 보는 듯하다. 하지만, 동 지침은 법규가 아닌 행정청 내부의 해석지침에 불과하여 아무런 법률적 구속력이 없으므로 일반 법리에 따라야 한다. 그런데 위와 같은 행위는 임직원들이 회사를 위하여 행한 것으로 볼 수 없는 비리이며 회사의 내규 등에 의해 금지되는 것이므로 특별한 사정이 없는 한 회사의 행위로 볼 수 없다. 원사업자는 임직원들의 행위에 대해 민법 제756조(사용자의 배상책임)에 의해 수급사업자에게 손해배상책임을 질 수는 있지만, 하도급법상 원사업자의 경제적 이익의 부당요구로 보기는 어렵다.

(3) 위반시 제재

동 규정을 위반한 원사업자에 대하여는 시정조치(법 제25조 제1항)나 하도급대금의 2배를 초과하지 않는 범위 내의 과징금을 부과하게 되며(법 제25조의3 제1항 제3호), 이를 위반한 자에 대하여는 하도급대금의 2배에 상당하는 금액 이하의 벌금에 처하게 된다(법 제30조 제1항 제1호). 징벌적 손해배상이 아닌 실손해배상 대상이다(법 제35조 제1항).

---

34) 공정거래위원회는, 원사업자가 수급사업자에게 건설공사를 위탁하면서 원사업자 보유의 미분양아파트를 분양받는 조건임을 설명하고 수급사업자가 이를 수락한 경우에도, 그 아파트의 입지조건이 열악하여 수급사업자가 추가적인 이익을 기대할 수 없는 점 등에 비추어 수급사업자가 독자적인 경제적 판단이 아니라 하도급계약을 체결하기 위하여 미분양아파트 분양조건을 받아들인 것이므로 위법하다 판단한 바 있다(공정거래위원회 2009. 1. 19. 의결 제2009-030호, 사건번호 2008구사2395).

05 설계변경 등에 따른 하도급대금의 조정 및 통지의무

> **하도급법**
>
> **제16조(설계변경 등에 따른 하도급대금의 조정)** ① 원사업자는 제조 등의 위탁을 한 후에 다음 각 호의 경우에 모두 해당하는 때에는 그가 발주자로부터 증액받은 계약금액의 내용과 비율에 따라 하도급대금을 증액하여야 한다. 다만, 원사업자가 발주자로부터 계약금액을 감액받은 경우에는 그 내용과 비율에 따라 하도급대금을 감액할 수 있다.
>
> 1. 설계변경 또는 경제상황의 변동 등을 이유로 계약금액이 증액되는 경우
> 2. 제1호와 같은 이유로 목적물 등의 완성 또는 완료에 추가비용이 들 경우
>
> ② 제1항에 따라 하도급대금을 증액 또는 감액할 경우, 원사업자는 발주자로부터 계약금액을 증액 또는 감액받은 날부터 15일 이내에 발주자로부터 증액 또는 감액받은 사유와 내용을 해당 수급사업자에게 통지하여야 한다. 다만, 발주자가 그 사유와 내용을 해당 수급사업자에게 직접 통지한 경우에는 그러하지 아니하다.
>
> ③ 제1항에 따른 하도급대금의 증액 또는 감액은 원사업자가 발주자로부터 계약금액을 증액 또는 감액받은 날부터 30일 이내에 하여야 한다.
>
> ④ 원사업자가 제1항의 계약금액 증액에 따라 발주자로부터 추가금액을 지급받은 날부터 15일이 지난 후에 추가 하도급대금을 지급하는 경우의 이자에 관하여는 제13조 제8항을 준용하고, 추가 하도급대금을 어음 또는 어음대체결제수단을 이용하여 지급하는 경우의 어음할인료·수수료의 지급 및 어음할인율·수수료율에 관하여는 제13조 제6항·제7항·제9항 및 제10항을 준용한다. 이 경우 "목적물 등의 수령일부터 60일"은 "추가금액을 받은 날부터 15일"로 본다.

(1) 하도급대금의 조정에 대한 법규정과 취지

원사업자는 제조 등의 위탁을 한 후에 ① 설계변경 또는 경제상황의 변동 등을 이유로 계약금액이 증액되면서(제1호) 동시에, ② 제1호와 같은 이유로 목적물 등의 완성 또는 완료에 추가비용이 소요될 경우에 그가 발주자로부터 증액받은 계약금액의 내용과 비율에 따라 하도급대금을 증액해야 한다(법 제16조 제1항 본문). 원사업자가 발주자로부터 계약금액을 감액받은 경우에는 그 내용과 비율에 따라 하도급대금을 감액할 수 있다(법 제16조 제1항 단서).

이처럼 하도급대금을 증액 또는 감액할 때에 발주자가 해당 수급사업자에게 직접 통지한 경우가 아닌 한,[35] 원사업자는 발주자로부터 계약금액을 증액 또는 감액받은 날로부터 15일 이내에 발주자로부터 증액·감액받은 사유와 내용을 해당 수급사업자에게 통지해야 한다(법 제16조 제2항). 한편, 증액 또는 감액은 원사업자가 발주자로부터 증액·감액

---

35) 다만, 건산법은 발주자에게 원사업자에게 증액된 금액을 지급한 날로부터 15일 이내에 수급사업자에게 통보하여야 할 의무를 부과하고 있다(건산법 제36조 제2항).

받은 날로부터 30일 이내에 해야 한다(법 제16조 제3항). 한편, 하도급법 제16조 제1항의 "제1항에 따라 하도급대금을 증액할 경우"를 하도급대금을 실제로 증액하는 경우로 볼 것인지 아니면 하도급대금에 대한 증액의무가 발생하는 경우로 볼 것인지 명확하지 않다. 전자로 해석할 경우 실제 증액해 주지 않으면 통지할 의무가 없다는 의미로 형식적인 통지의무를 강요하는 것에 불과하므로 후자로 해석함이 합당하다. 차제에 "증액하려는 경우"라고 명확히 규정하는 것이 바람직하다는 비판이 있다.[36] 한편, 원사업자가 발주자로부터 감액받더라도 수급사업자에 대한 하도급대금을 감액해야 할 의무가 생기는 것은 아니므로, 실제 감액하는 경우에만 감액통지 의무가 발생한다고 볼 것이다.[37]

관련하여 1차 도급변경계약으로 인한 총 도급 계약금액이 변동되지 않았다 하더라도 수급사업자와 직접 관련 있는 토목공사비 항목이 증액되었다면 원사업자는 통지의무를 부담한다(서울고등법원 2019. 1. 31. 선고 2018누46386 판결).

또한 원사업자는 발주자로부터 추가금액을 받은 날로부터 15일 이내에 수급사업자에게 추가금액을 지급해야 한다. 추가 하도급대금 지급을 지체하면 연 15.5%의 지연이자를 부담해야 하며, 현금이 아닌 어음 또는 어음대체결제수단을 이용하여 추가 하도급대금을 지급하게 되면 어음할인료 및 수수료를 부담해야 한다(법 제16조 제4항).

한편, 동 규정은 공평의 원칙 및 수급사업자 보호의 취지에서 원사업자가 발주자로부터 하도급대금을 조정(특히 증액)받으면 하도급거래관계에서도 그에 따라 조정해 주자는 것일 뿐, 원사업자가 자신의 도급금액을 초과하여 하도급금액을 정하는 것을 금지하는 취지는 아니다(대법원 2007. 5. 31. 선고 2005다74344 판결).

(2) 구체적인 조정 방법

설계변경 등에 따라 원사업자가 발주자로부터 받은 추가금액의 내용과 비율이 명확하면 이에 따르면 되지만, 불명확하다면 발주자로부터 받은 평균비율에 따라 지급해야 한다.

원사업자가 발주자로부터 물가변동 등 경제상황의 변동에 따른 하도급대금의 조정을 받은 경우, 하도급계약이 (발주자와의) 조정 기준시점 이전에 체결되었다면 원사업자는 수급사업자의 조정 기준시점 이후의 잔여공사에 대해서만 하도급대금을 조정해 주면 된다. 즉, 조정 기준시점까지의 물가변동 등의 효과는 하도급대금에 반영되어 있다고 추정되므로, 조정 기준시점 이전에 수행된 공사에 대해서는 하도급계약에서 조정해주지 않아도 된다. 한편, (발주자와의) 조정 기준시점 이후에 체결된 하도급계약에 대하여는 (이미

---

36) 오승돈, 앞의 책, 143면
37) 오승돈, 앞의 책, 144면

발주자와의 조정내역이 반영되었다고 추정되므로) 수급사업자에게 대금을 조정해 주지 않아도 된다. 다만, 조정기준시점 이전에 이미 선시공이 이루어지는 등 사실상 하도급거래가 있었다는 객관적인 사실이 입증되는 경우에는 조정해 주어야 한다. (발주자와의) 조정 기준시점 이전에 지급한 선급금은 조정대상에서 제외할 수 있다. 일부 공종에 있어 하도급금액이 (발주자와의) 원도급금액을 상회하더라도 하도급금액을 기준으로 증액해 주어야 한다.

한편, 원사업자가 발주자로부터 물가변동과 관련 추가금액을 지급받고도 원사업자와 수급사업자 간 약정이나 국가계약법 시행령 제64조(물가변동으로 인한 계약금액의 조정)를 이유로 조정해 주지 않으면 위법하다.

조정률 및 방식과 관련하여, 기존 공종에 대한 추가시공 부분은 당초 하도급단가를 유사단가로 보고 도급단가의 등락률(설계변경 등에 따른 조정비율)을 적용해 조정하면 된다. 신규 공종부분은 발주처로부터 적용받은 단가를 기초로 당사자 간 협의에 의해 하도급대금을 결정해야 한다.[38]

설계변경으로 추가공사가 이루어진 경우, 발주자가 원사업자에게 공사비를 증액해 주지 않더라도, 기존 하도급계약에 따른 위탁업무가 아니라 추가업무이므로 원사업자는 수급사업자에게 증액 또는 추가공사비를 지급해야 한다.[39]

(3) 동 조에 의한 감액이 정당한 감액인지 여부

하도급법 제16조 단서에서 "원사업자가 발주자로부터 계약금액을 감액받는 경우에는 그 내용과 비율에 따라 하도급대금을 감액할 수 있다"고 규정하고 있음에 비추어, 설계변경이나 경제상황 변동 등으로 인한 사유가 아니더라도 원사업자가 발주자로부터 감액받으면 수급사업자에게 감액할 수 있다고 해석할 수 있다. 동 규정이 수급사업자 보호의 취지에 반하므로 본문의 증액사유와 유사하게 "설계변경 또는 경제상황의 변동 등으로"라고 감액사유를 한정하는 것이 바람직하다는 비판이 있다.[40]

한편, 동조에 의해 원사업자가 수급사업자에 대한 하도급대금을 감액하더라도 법 제11조의 부당감액에 해당하지 않는다. 발주자로부터 감액받은 내용과 비율에 따라 하도급대금을 감액하면 정당한 사유가 있는 것으로 추정된다고 할 것이고, 그럼에도 불구하고 그것이 부당하다는 점에 대하여는 그 위법성을 주장하는 자(행정소송에서는 공정거래위원회, 민사소송에서는 원고인 수급사업자)가 부담한다.

---

38) 한국공정경쟁연합회 발간, 용역하도급실무편람, 2010. 10, 79면
39) 한국공정경쟁연합회 발간, 앞의 책, 80면
40) 오승돈, 앞의 책, 142면

(4) 동 조를 위반한 사법상 합의의 효력 및 위반시 제재

동 조항은 그에 위배한 원사업자와 수급사업자 간 계약의 사법상 효력을 부인하는 조항이라 볼 수는 없다(대법원 2000. 7. 28. 선고 2000다20434 판결).

공종별 개개 공사내역의 수량변동이 아닌 순 공사비 총액을 기준으로 정산하기로 하는 특약은, 하도급법 제16조 제1항(원재료의 가격 변동에 따른 하도급대금의 조정 협의의무)에 위배되거나 이를 우회하여 하도급법 제11조 제1항(감액금지)을 실질적으로 면탈하기 위한 조항이라 볼 수 없고, 오히려 공사대금 정산 약정으로 유효하여 하도급법 제16조 제1항에 우선하여 적용되어야 한다는 판결이 있다(서울고등법원 2010. 10. 13. 선고 2009누31429 판결; 대법원 2012. 1. 27. 선고 2010두24050 판결). 단속법규에 해당한다는 취지에 불과하므로, 이 경우라도 과징금부과처분과 벌금형을 받을 수 있고 불법행위로 인한 손해배상책임을 져야 할 수도 있다. 나아가 건설공사 도급계약의 내용이 일방에게 현저하게 불리한 경우로서 계약체결 이후 설계변경, 경제상황의 변동에 따라 발생하는 계약금액의 변경을 상당한 이유 없이 인정하지 아니하거나 그 부담을 상대방에게 전가하는 때에는, 그 부분에 한정하여 무효라고 규정한 건산법 제22조 제5항 제1호에 의해 무효가 될 여지도 있다.

(5) 위반시 제재

동 의무를 위반한 원사업자에 대하여 시정조치를 권고하거나 명할 수 있고(법 제25조 제1항), 하도급대금의 2배를 초과하지 않는 범위 내에서 과징금을 부과할 수 있으며(법 제25조의3 제1항 제6호), 이를 위반한 자에 대하여는 하도급대금의 2배에 상당하는 금액 이하의 벌금에 처한다(법 제30조 제1항 제3호). 실손해배상대상이다(법 제35조 제1항).

06 원재료의 가격 변동에 따른 하도급대금의 조정 협의의무

하도급법	
제16조의2(공급원가 등의 변동에 따른 하도급대금의 조정)	
현행(2021. 8. 17. 법률 제18434호)	개정(2022. 1. 11. 법률 제18757호, 2023. 1. 12. 시행) ※ 아래 조항들은 시행일인 2023. 1. 12. 이후부터 체결·변경·갱신되는 하도급계약부터 적용된다.
제16조의2(공급원가 등의 변동에 따른 하도급대금의 조정) ① 수급사업자는 제조등의	**제16조의2(공급원가 등의 변동에 따른 하도급대금의 조정)** ① 수급사업자는 제조등의

위탁을 받은 후 다음 각 호의 어느 하나에 해당하여 하도급대금의 조정(調整)이 불가피한 경우에는 원사업자에게 하도급대금의 조정을 신청할 수 있다.

1. 목적물등의 공급원가가 변동되는 경우
2. 수급사업자의 책임으로 돌릴 수 없는 사유로 목적물등의 납품등 시기가 지연되어 관리비 등 공급원가 외의 비용이 변동되는 경우

② 「중소기업협동조합법」 제3조 제1항 제1호 또는 제2호에 따른 중소기업협동조합(이하 "조합"이라 한다)은 목적물등의 공급원가가 대통령령으로 정하는 기준 이상으로 <u>변동되어</u> 조합원인 수급사업자의 <u>하도급대금의 조정이 불가피한 사유가 발생한 경우</u>에는 해당 수급사업자의 신청을 받아 대통령령으로 정하는 원사업자와 하도급대금의 조정을 위한 협의를 할 수 있다. 다만, 원사업자와 수급사업자가 같은 조합의 조합원인 경우에는 그러하지 아니하다.

③ 제2항 본문에 따른 신청을 받은 조합은 신청받은 날부터 20일 이내에 원사업자에게 하도급대금의 조정을 신청하여야 한다.

위탁을 받은 후 다음 각 호의 어느 하나에 해당하여 하도급대금의 조정(調整)이 불가피한 경우에는 원사업자에게 하도급대금의 조정을 신청할 수 있다.

1. 목적물등의 공급원가가 변동되는 경우
2. 수급사업자의 책임으로 돌릴 수 없는 사유로 목적물등의 납품등 시기가 지연되어 관리비 등 공급원가 외의 비용이 변동되는 경우
3. **목적물등의 공급원가 또는 그 밖의 비용이 하락할 것으로 예상하여 계약기간 경과에 따라 단계적으로 하도급대금을 인하하는 내용의 계약을 체결하였으나 원사업자가 목적물등의 물량이나 규모를 축소하는 등 수급사업자의 책임이 없는 사유로 공급원가 또는 그 밖의 비용이 하락하지 아니하거나 그 하락률이 하도급대금 인하 비율보다 낮은 경우**

② 「중소기업협동조합법」 제3조 제1항 제1호 또는 제2호에 따른 중소기업협동조합(이하 "조합"이라 한다)은 목적물등의 공급원가가 대통령령으로 정하는 기준 이상으로 <u>변동된</u> 경우에는 <u>조합원인 수급사업자의 신청</u>을 받아 대통령령으로 정하는 원사업자와 하도급대금의 조정을 위한 협의를 할 수 있다. 다만, 원사업자와 수급사업자가 같은 조합의 조합원인 경우에는 그러하지 아니하다.

③ 제2항 본문에 따른 신청을 받은 조합은 신청받은 날부터 20일 이내에 원사업자에게 하도급대금의 조정을 신청하여야 한다. **다만, 조합이 해당 기간 내에 제4항에 따라 「중소기업협동조합법」 제3조 제1항 제4호에 따른 중소기업중앙회(이하 "중앙회"라 한다)에 조정을 위한 협의를 신청한 경우에는 그러하지 아니하다.**

④ 제1항에 따라 하도급대금 조정을 신청한 수급사업자가 제2항에 따른 협의를 신청한 경우 제1항에 따른 신청은 <u>중단된</u> 것으로 보며, <u>제1항 또는 제3항에 따른 조정협의가 완료된 경우 수급사업자 또는 조합은</u> 사정변경이 없는 한 동일한 사유를 들어 <u>제1항부터 제3항까지의</u> 조정협의를 신청할 수 없다.

⑤ <u>제2항에 따른 신청을 받은 조합은</u> 납품 중단을 결의하는 등 부당하게 경쟁을 제한하거나 부당하게 사업자의 사업내용 또는 활동을 제한하는 행위를 하여서는 아니 된다.

⑥ <u>제2항 본문에 따른</u> 불가피한 사유, 수급사업자의 신청 및 조합의 협의권한 행사의 요건·절차·방법 등에 관하여 필요한 사항은 대통령령으로 정한다.

⑦ 원사업자는 제1항 또는 제3항의 신청이 있은 날부터 10일 안에 조정을 신청한 수급사업자 또는 조합과 하도급대금 조정을 위한 협의를 개시하여야 하며, 정당한 사유 없이 협의를 거부하거나 게을리하여서는 아니 된다.

④ <u>조합은 제3항 본문에 따라 원사업자에게 하도급대금의 조정을 신청하기 전이나 신청한 후에 필요하다고 인정되면 수급사업자의 동의를 받아 중앙회에 원사업자와 하도급대금 조정을 위한 협의를 하여 줄 것을 신청할 수 있다.</u>

⑤ <u>제4항에 따른 신청을 받은 중앙회는 그 신청을 받은 날부터 15일 이내에 원사업자에게 하도급대금의 조정을 신청하여야 한다.</u>

⑥ 제1항에 따라 하도급대금 조정을 신청한 수급사업자가 제2항에 따른 조정협의를 신청한 경우 제1항에 따른 신청은 **철회된** 것으로 보며, <u>제3항 본문에 따라 하도급대금 조정을 신청한 조합이 제4항에 따른 조정협의를 신청한 경우 제3항 본문에 따른 신청은 철회된 것으로 본다.</u>

⑦ <u>제1항, 제3항 본문 또는 제5항에 따른</u> 조정협의가 완료된 경우 <u>수급사업자, 조합 또는 중앙회는</u> 사정변경이 없는 한 동일한 사유를 들어 <u>제1항부터 제5항까지의 규정</u>에 따른 조정 신청을 다시 할 수 없다.

⑧ <u>제2항 또는 제4항에 따른</u> 신청을 받은 <u>조합 또는 중앙회는</u> 납품 중단을 결의하는 등 부당하게 경쟁을 제한하거나 부당하게 사업자의 사업내용 또는 활동을 제한하는 행위를 하여서는 아니 된다.

⑨ <u>제2항 본문 및 제3항 본문에 따른</u> 수급사업자의 신청 및 조합의 협의 절차·방법, <u>제4항 및 제5항에 따른 조합의 신청 및 중앙회의 협의 절차·방법</u> 등에 관하여 필요한 사항은 대통령령으로 정한다.

⑩ 원사업자는 제1항, 제3항 본문 <u>또는 제5항에 따른</u> 신청이 있은 날부터 10일 안에 조정을 신청한 수급사업자, 조합 또는 중앙회와 하도급대금 조정을 위한 협의를 개시하여야 하며, 정당한 사유 없이 협의를 거부하거나 게을리하여서는 아니 된다.

⑧ 원사업자 또는 수급사업자(제3항에 따른 조정협의의 경우 조합을 포함한다. 이하 이 조에서 같다)는 다음 각 호의 어느 하나에 해당하는 경우 제24조에 따른 하도급분쟁조정협의회에 조정을 신청할 수 있다. 다만, 제3항에 따른 조합은 「중소기업협동조합법」에 따른 중소기업중앙회에 설치된 하도급분쟁조정협의회에 조정을 신청할 수 없다.

1. 제1항 또는 제3항에 따른 신청이 있은 날부터 10일이 지난 후에도 원사업자가 하도급대금의 조정을 위한 협의를 개시하지 아니한 경우

2. 제1항 또는 제3항에 따른 신청이 있은 날부터 30일 안에 하도급대금의 조정에 관한 합의에 도달하지 아니한 경우

3. 제1항 또는 제3항에 따른 신청으로 인한 협의개시 후 원사업자 또는 수급사업자가 협의 중단의 의사를 밝힌 경우 등 대통령령으로 정하는 사유로 합의에 도달하지 못할 것이 명백히 예상되는 경우

⑪ 원사업자 또는 수급사업자(제3항 본문 또는 제5항에 따른 조정협의의 경우 조합 또는 중앙회를 포함한다. 이하 이 항에서 같다)는 다음 각 호의 어느 하나에 해당하는 경우 제24조에 따른 하도급분쟁조정협의회에 조정을 신청할 수 있다. 다만, 조합 또는 중앙회는 중앙회에 설치된 하도급분쟁조정협의회에 조정을 신청할 수 없다.

1. 제1항, 제3항 본문 또는 제5항에 따른 신청이 있은 날부터 10일이 지난 후에도 원사업자가 하도급대금의 조정을 위한 협의를 개시하지 아니한 경우

2. 제1항, 제3항 본문 또는 제5항에 따른 신청이 있은 날부터 30일 안에 하도급대금의 조정에 관한 합의에 도달하지 아니한 경우

3. 제1항, 제3항 본문 또는 제5항에 따른 신청으로 인한 협의개시 후 원사업자 또는 수급사업자가 협의 중단의 의사를 밝힌 경우 등 대통령령으로 정하는 사유로 합의에 도달하지 못할 것이 명백히 예상되는 경우

부칙
제4조(하도급대금 조정에 관한 적용례) ① 제16조의2 제1항 제3호의 개정규정은 이 법 시행 이후 체결·변경·갱신되는 하도급계약부터 적용한다.
② 제16조의2 제3항부터 제5항까지의 개정규정은 이 법 시행 전에 수급사업자가 조합에 하도급대금 조정협의를 신청하여 이 법 시행 당시 그 절차가 진행 중인 경우에도 적용한다.

하도급법 시행령
제9조의2(조합의 하도급대금 조정협의 등) ① 법 제16조의2 제1항 및 제2항을 적용할 때 공급원가는 재료비, 노무비, 경비 등 수급사업자가 목적물 등을 제조·수리·시공하거나 용역

을 수행하는데 소요되는 비용으로 한다.

② 법 제16조의2 제2항 본문에서 "대통령령으로 정하는 기준"이란 다음 각 호의 어느 하나에 해당하는 기준을 말한다. 이 경우 변동비율의 기준이 되는 재료비, 노무비, 경비 등의 기준일은 하도급계약을 체결한 날(하도급계약 체결 후에 계약금액을 조정한 경우에는 직전 조정한 날을 말하고, 경쟁입찰에 따라 하도급계약을 체결한 경우에는 입찰한 날을 말한다. 이하 이 조에서 같다)로 한다.

1. 특정 원재료에 소요되는 재료비가 하도급 계약금액의 10% 이상을 차지하고 그 원재료 가격이 변동된 경우 : 10%
2. 원재료의 가격 상승에 따라 재료비가 변동된 경우 : 나머지 목적물 등에 해당하는 하도급대금의 3%
3. 노무비가 하도급 계약금액의 10% 이상을 차지하는 경우로서 「최저임금법」 제10조에 따라 고용노동부장관이 고시하는 최저임금이 변동된 경우 : 최근 3년간의 평균 최저임금 상승률. 다만, 최근 3년간의 평균 최저임금 상승률이 7%를 넘는 경우에는 7%로 한다.
4. 임금상승에 따라 노무비가 변동된 경우 : 나머지 목적물 등에 해당하는 하도급대금의 3%
5. 공공요금, 운임, 임차료, 보험료, 수수료 및 이에 준하는 비용 상승에 따라 경비가 변동된 경우 : 나머지 목적물 등에 해당하는 하도급대금의 3%

③ 법 제16조의2 제2항 본문에서 "대통령령으로 정하는 원사업자"란 원사업자 중 다음 각 호의 어느 하나에 해당하는 자를 말한다.

1. 「독점규제 및 공정거래에 관한 법률」 제9조 제1항에 따른 상호출자제한기업집단에 속하는 회사
2. 「중견기업 성장촉진 및 경쟁력 강화에 관한 특별법」 제2조 제1호에 따른 중견기업

④ 삭제

⑤ 삭제

⑥ 법 제16조의2 제2항 본문에 따른 신청을 하는 수급사업자는 신청서에 다음 각 호의 서류를 첨부하여 자신이 조합원으로 소속되어 있는 조합에 제출하여야 한다.

1. 제4항 또는 제5항의 요건을 충족하였음을 확인할 수 있는 서류
2. 하도급계약서 사본(계약금액이 조정된 경우에는 이를 확인할 수 있는 서류를 포함한다)
3. 경쟁입찰에 따라 하도급계약을 체결한 경우에는 이를 확인할 수 있는 서류
4. 그 밖에 원사업자와의 하도급대금 조정에 필요한 서류

⑦ 제4항 또는 제5항에 따라 조합이 원사업자와 하도급대금의 조정을 위한 협의를 하려는 경우에는 총회 또는 이사회의 의결을 거쳐야 하며, 다음 각 호의 서류를 첨부하여 원사업자에게 제출하여야 한다.

1. 제6항 제1호부터 제4호까지의 서류
2. 총회 또는 이사회의 의사록 사본
3. 조합원 중 제2항 요건을 충족하는 수급사업자 목록

(1) 조정협의신청

수급사업자는 제조 등의 위탁을 받은 후 목적물 등의 공급원가가 변동되거나 수급사업

자의 책임으로 돌릴 수 없는 사유로 목적물 등의 납품 등 시기가 지연되어 관리비 등 공급원 외의 비용이 변동되어 하도급대금의 조정이 불가피한 경우에는 원사업자에게 하도급대금의 조정을 신청할 수 있다(법 제16조의2 제1항). 2018. 1. 16. 법률 제15362호로 개정되기 이전의 법에서 "목적물의 원재료의 가격이 변동된 경우"였는데 인건비 상승 등 원재료 가격 변동 이외의 사유에도 조정협의를 할 수 있도록 확대·개정하고 다시 2019. 11. 26. 법률 제16649호로 개정하면서 수급사업자의 귀책사유 없는 납품기한 연장 등으로 인한 비용 증가까지도 조정협의 대상에 포함시킨 것이다. 2009. 4. 하도급법 개정에 의하여 추가된 제도이지만, 본디 중소기업업계에서는 원재료 가격 상승시 하도급대금이 자동적으로 증액되도록 하는 '납품단가연동제'의 도입을 주장하였는데 이를 전면수용할 경우 사적자치 원칙에 위배될 우려가 있고 원사업자가 아예 중간재 도입선을 해외로 돌릴 부작용도 존재하며 하도급업체의 도덕적 해이가 발생할 수 있다는 비판에 따라 '조정협의제도'로 수용된 것이다.

한편, 현행법의 하도급대금 조정신청 제도는 공급원가나 관리비 등이 '인상'된 경우를 예정하고 있어, 약정 CR과 같이 원가절감을 전제로 단계적으로 단가를 인하하는 약정에는 활용하기 곤란한 문제가 있다는 지적이 있었다. 약정 CR(Cost Reduction)이란 하도급업체가 연도별 단가인하율을 제출하면 이에 따라 단가를 인하하는 내용으로 약정하는 것으로 자동차 업계 등에서 광범위하게 사용되는 제도인데, 이 경우 재료비 등이 인상되지 않았더라도 당초 예상보다 납품물량이 현저히 줄어 원가절감이 이루어지지 않은 경우, 약정 CR 계약 내용대로 단가를 인하하면 하도급업체가 손해를 볼 수도 있다. 그래서 2022년 개정법에서는 '목적물등의 공급원가 또는 그 밖의 비용이 하락할 것으로 예상하여 계약기간 경과에 따라 단계적으로 하도급대금을 인하하는 내용의 계약을 체결하였으나 원사업자가 목적물등의 물량이나 규모를 축소하는 등 수급사업자의 책임이 없는 사유로 공급원가 또는 그 밖의 비용이 하락하지 아니하거나 그 하락률이 하도급대금 인하 비율보다 낮은 경우'도 하도급대금 조정신청 사유로 추가하였다(법 제16조의2 제1항 제3호; 동조는 시행일이 2023. 1. 12. 이후부터 체결·변경·갱신되는 하도급계약부터 적용된다).

중소기업 협동조합[41]은 목적물 등의 공급원가가 대통령령이 정하는 기준 이상으로 변동되어 조합원이 수급사업자의 하도급대금의 조정이 불가피해 수급사업자의 하도급대금 조정신청이 있을 경우, 원사업자(상호출자제한기업집단에 속하는 회사 또는 중견기업[42])

---

41) 중소기업협동조합법 제3조 제1항 제1호의 협동조합과 제2호의 사업협동조합을 말한다. 현행법에서는 협동조합연합회와 중소기업중앙회는 협의대행권자의 범위에서 제외되어 있다. 하도급법 개정안에서는 중소기업중앙회도 협의대행권자가 될 수 있도록 하고 있다.

42) 종전에는 연간 매출액, 시공능력평가액 또는 자산총액 3천억 원 이상인 중견기업에 한하여 중소기업협동조

이상의 기업)와 하도급대금의 조정을 위한 협의를 할 수 있다. 다만, 원사업자와 수급사업자가 같은 조합의 조합원인 경우는 제외된다(법 제16조의2 제2항). 조합은 신청받은 날부터 20일 이내에 원사업자에게 하도급대금의 조정을 신청해야 한다(법 제16조의2 제3항). 동법 제1항에 따라 하도급대금 조정을 신청한 수급사업자(중소기업 협동조합 포함)가 제2항에 따른 협의를 신청한 경우 제1항에 따른 신청은 중단된 것으로 보며, 제1항 또는 제3항에 따른 조정협의가 완료된 경우 수급사업자 또는 조합은 사정 변경이 없는 한 동일한 사유를 들어 제1항부터 제3항까지의 조정협의를 신청할 수 없다(법 제16조의2 제4항). 그러나 조합은 납품 중단을 결의하는 등 부당하게 경쟁을 제한하거나 부당하게 사업자의 사업내용 또는 활동을 제한하는 행위를 해서는 안 된다(법 제16조의2 제5항).

한편, 2022년 개정법은 중소기업협동조합이 원사업자에게 하도급대금의 조정을 신청하기 전이나 신청한 후에 필요하다고 인정되면 수급사업자의 동의를 받아 중앙회에 원사업자와 하도급대금 조정을 위한 협의를 하여 줄 것을 신청할 수 있도록 하는 조항을 신설하였다(법 제16조의2 제4항). 이 경우 중앙회는 그 신청을 받은 날부터 15일 이내에 원사업자에게 하도급대금의 조정을 신청하도록 하는 조항을 신설하였다(동조 제5항). 종전의 경우 중소기업협동조합에게만 조정협의권한을 부여하였는데 중소기업협동조합은 평균 직원 수가 3.2명에 불과[43]하여 하도급대금 조정에 대한 인력이나 전문성이 부족할 뿐 아니라 전문건설업종 등 하도급거래가 빈번한 업종에서는 아예 중소기업협동조합이 없는 경우도 있어 실효성이 떨어진다는 비판이 있었다. 이에 중소기업 관련 연구 및 조사기능을 수행하고 있으며 표준원가센터를 운영하는 등 대금조정 협의에 대한 전문성이 있는 중소기업중앙회에게 대금조정협의권한을 부여함으로써 수급사업자들의 협상력을 제고하고 대금조정제도의 활성화를 꾀한 것으로 평가된다.

[개정법에 따른 하도급대금 조정협의 절차의 변화]

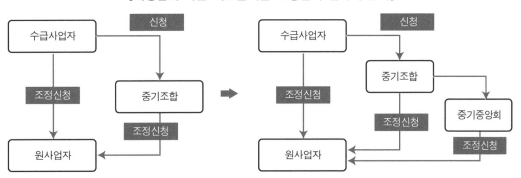

합의 조정 협의 대상으로 규정되어 있었지만 2020. 9. 시행령 개정에 의하면 전체 중견기업으로 확대되었다.
43) 2019년 중소기업협동조합 종합실태조사 결과

(2) 조정신청사유와 원사업자와의 협의

조합이 수급사업자의 협의를 대행할 수 있는 요건, 즉 조합이 협의를 개시할 수 있는 요건은 시행령에 규정되어 있다.

우선 통상적인 협의대행요건이다. 조합은 ① 하도급 계약금액의 10% 이상을 차지하는 원재료의 가격이 하도급계약 체결일[44]을 기준으로 10% 이상 상승한 경우(원재료 가격인상률 기준),[45] ② 하도급계약 체결일을 기준으로 원재료의 가격상승에 따른 변동금액이 나머지 목적물 등에 해당하는 하도급대금의 3% 이상인 경우(잔여 하도급대금 대비 재료비 상승률 기준),[46] ③ 노무비가 하도급계약대금의 10% 이상을 차지하는 경우로서 최저임금이 최근 3년간 평균 최저임금상승률을 초과하여 인상되는 경우(다만, 3년간 평균 최

---

44) 하도급계약 체결 후에 계약금액을 조정한 경우에는 직전 조정한 날을 말하고 경쟁입찰에 따라 하도급계약을 체결한 경우에는 입찰한 날을 말한다.

> 대금조정협의 가이드라인 Ⅳ. 2. 가.
> "하도급계약을 체결한 날"의 판단기준
> • 하도급계약을 체결한 날은 원칙적으로 하도급계약서(법 제3조 제1항에 따라 발급하는 서면을 말한다) 상 위탁일(영 제3조 제1호에 따라 하도급계약서에 기재하는 일자를 말한다)을 말한다.
> • 하도급계약서 상 위탁일이 실제 위탁일과 다를 경우 실제 위탁일을 하도급계약을 체결한 날로 본다. 이 경우 실제 위탁일이란 원사업자가 위탁의 의사를 표시(서면에 의하지 아니한 것을 포함한다)한 것에 대해 수급사업자가 이를 승낙한 날을 의미한다.
> • 하도급계약서에 위탁일이 없을 경우 발주서, 주문서 등 위탁내용이 기재된 서류를 기준으로 하도급계약을 체결한 날을 판단할 수 있다. 이 경우 위탁일은 발주서, 주문서 등이 수급사업자에게 도달한 날로 한다.
> • 기본계약과 별도로 하도급대금 또는 납품하는 목적물의 개별단가를 정하는 경우에는 하도급대금 또는 개별단가가 정해진 날을 하도급계약을 체결한 날로 본다.

45) 원재료란, 위탁업무의 수행에 소요되는 천연재료 또는 화합물, 이를 산업용으로 가공한 물건, 중간재(부품, 모듈, 반제품 등), 지식정보성과물 작성 위탁의 경우 그 기록·저장매체, 화물운송 위탁의 경우 화물자동차의 연료 등을 말한다.
원재료 가격 상승비율[=(비교가격－기준가격)÷기준가격]을 산정함에 있어서 기준가격은 하도급계약의 체결 시(하도급계약 체결 후에 계약금액을 조정한 경우에는 직전 조정한 날을 말하고, 경쟁입찰에 따라 하도급계약을 체결한 경우에는 입찰일을 말함) 당사자 간 합의한 원재료 가격을 말하나, 합의한 가격이 없으면 계약 체결 당시의 시장가격으로 하고, 원재료 가격변동을 이유로 하도급대금을 조정한 적이 있으면 직전 하도급대금 조정 시 합의한 원재료 가격을 기준가격으로 한다. 비교가격은 하도급계약을 체결한 날에서 60일이 경과한 날부터 수급사업자가 조합에게 협의대행을 신청한 날까지의 기간 중에 형성된 원재료의 시장가격 중에서 가장 높은 가격을 말한다.

46) 나머지 목적물 등에 해당하는 하도급대금 × 3% ≤ 하도급계약을 체결한 날을 기준으로 원재료의 가격 상승에 따른 변동금액
원재료 가격상승에 따른 변동금액은 나머지 목적물 등에 해당하는 하도급대금이 확정된 날을 기준으로 향후 소요될 원재료 물량 × (비교가격－기준가격)으로 산정한다. 이때 기준가격은 위 각주 45)의 '원재료가격 기준'에서와 동일하고, 비교가격은 잔여 하도급대금이 확정된 날의 다음 날(하도급계약을 체결한 날에서 60일이 경과하지 아니한 경우에는 60일이 되는 날의 다음 날을 말한다)부터 수급사업자가 조합에게 협의대행을 신청한 날까지의 기간 중에 형성된 원재료의 시장가격 중에서 가장 높은 가격을 말한다.

저임금상승률이 7% 이상인 경우 7%로 한다)(노무비 인상률 기준), ④ 임금상승에 따라 노무비 변동이 나머지 목적물 등에 해당하는 하도급대금의 3% 이상인 경우(잔여 하도급대금 대비 노무비 상승률 기준), ⑤ 공공요금, 운임, 임차료, 보험료, 수수료 및 이에 준하는 비용 상승에 따른 변동금액이 나머지 목적물 등에 해당하는 하도급대금의 3% 이상인 경우(잔여 하도급대금 대비 경비 상승률 기준)에는 하도급계약 체결일부터 60일 이상 경과하면 조정을 위한 협의를 할 수 있다(시행령 제9조의2 제2항).[47] 조합이 원사업자와 하도급대금 조정을 위한 협의를 하려는 때에는 총회 또는 이사회 의결을 거쳐야 한다(시행령 제9조의2 제5항).[48]

다음으로 신속처리(Fast-Track) 협의대행요건이다(시행령 제9조의2 제5항). ① 하도급계약 기간이 60일 이내이면서 앞서 본 통상적인 협의대행요건의 기준 이상으로 공급원가가 변동된 경우, ② 하도급계약 체결일을 기준으로 원재료 가격상승에 따른 재료비 변동금액이 하도급계약금액의 5% 이상인 경우,[49] ③ 하도급계약체결일 기준으로 임금상승에 따른 노무비 변동금액이 하도급계약대금의 5% 이상인 경우, ④ 하도급계약체결일 기준으로 공공요금, 운임, 임차료, 보험료, 수수료 및 이에 준하는 비용 상승에 따른 변동금액이 하도급계약대금의 5% 이상인 경우, 체결일로부터 60일이 경과하지 않아도 수급사업자 신청을 받아 원사업자와 하도급대금 조정협의를 할 수 있다.

---

47) 또한 조합은 하도급계약 체결일로부터 60일이 경과하지 않더라도, ① 하도급 계약기간이 60일 이내이고 하도급 계약금액의 10% 이상을 차지하는 원재료의 가격이 하도급계약 체결일을 기준으로 10% 이상 상승한 경우 또는 하도급계약 체결일을 기준으로 원재료의 가격상승에 따른 변동금액이 나머지 목적물 등에 해당하는 하도급대금의 3% 이상인 경우이거나, ② 하도급계약 체결일을 기준으로 원재료 가격상승에 따른 변동금액이 하도급 계약금액의 5% 이상인 경우에는, ③ 노무비가 하도급계약대금의 10% 이상을 차지하는 경우로서 최저임금이 최근 3년간 평균 최저임금상승율을 초과하여 인상되는 경우(3년간 평균 최저임금 상승율이 7% 이상인 경우 7%로 한다), ④ 공공요금, 운임, 임차료, 보험료, 수수료 및 이에 준하는 비용 상승에 따른 변동금액이 나머지 목적물 등에 해당하는 하도급대금의 3% 이상인 경우와 같이 목적물 등의 공급원가가 일정 기준 이상 변동되는 경우이다(하도급법 시행령 제9조의2 제2항).

48) 수급사업자의 신청을 받은 조합은 신청일로부터 20일 이내에 원사업자에게 대금 조정 신청을 해야 한다. 이 경우 수급사업자는 자신이 속한 조합에 위 요건을 충족하였음을 확인할 수 있는 서류, 하도급계약서 사본(계약금액이 조정된 경우에는 이를 확인할 수 있는 서류 포함), 경쟁입찰에 따라 하도급계약을 체결한 경우에는 이를 확인할 수 있는 서류, 그 밖에 원사업자와의 하도급대금 조정에 필요한 서류를 첨부하여 제출해야 한다(하도급법 시행령 제9조의2 제6항). 조합이 원사업자와 조정협의를 하려는 경우에는 총회 또는 이사회 의결을 거쳐야 하며, 제6항에 따라 수급사업자가 조합에 제출한 서류, 총회 또는 이사회 의사록 사본, 조합원 중 제2항의 조합이 하도급대금조정협의를 할 수 있는 요건에 해당하는 수급사업자 목록을 첨부하여 원사업자에게 제출하여야 한다(하도급법 시행령 제9조의2 제7항).

49) 전체 하도급 대금 × 5% ≤ 원재료의 가격상승에 따른 재료비의 변동금액
원재료의 가격상승에 따른 재료비의 변동금액은 하도급계약을 체결한 날의 원재료 물량 × (비교가격 − 기준가격)으로 산정한다. 이때 기준가격은 위에서 설명한 내용과 동일하고 비교가격은 하도급계약을 체결한 날부터 수급사업자가 조합에게 협의대행을 신청한 날까지의 기간 중에 형성된 원재료의 시장가격 중에서 가장 높은 가격을 말한다.

수급사업자 또는 중소기업협동조합으로부터 조정신청을 받은 원사업자는 신청이 있은 날부터 10일 안에 협의를 개시해야 하며, 정당한 사유 없이 협의를 거부하거나 게을리하여서는 안 된다(법 제16조의2 제7항). 신청이 있은 날부터 10일 이내에 원사업자가 조정을 위한 협의를 개시하지 아니한 경우, 신청일로부터 30일 이내에 하도급대금의 조정에 관한 합의에 도달하지 아니한 경우, 원사업자 또는 수급사업자가 협의 중단의 의사를 밝힌 경우, 원사업자 또는 수급사업자가 제시한 조정금액이 상호간 2배 이상 차이가 나는 경우, 합의가 지연되면 영업활동이 심각하게 곤란하게 되는 등 원사업자 또는 수급사업자에게 중대한 손해가 예상되는 경우, 그 밖에 이에 준하는 사유가 있는 경우에는 원사업자, 수급사업자(또는 중소기업 협동조합)는 하도급분쟁조정협의회에 조정을 신청할 수 있다(법 제16조의2 제8항, 시행령 제9조의3).

(3) 조정협의의무의 발생요건 및 정당한 사유 없이 조정협의 개시를 거부하거나 게을리하지 않을 의무의 의미

납품단가 조정 협의 의무는 '원재료의 가격' 변동 뿐 아니라 인건비 상승 등 원가 요소의 가격상승 전반에 대하여 인정되지만, 공사를 저가수주하여 발생한 적자를 보전하기 위한 이유로는 발생하지 않는다. 발주자로부터 원사업자가 원재료 가격변동에 따른 추가금액을 받았는지 여부에 상관없이 조정 협의의 대상이 된다.

원사업자는 조정신청이 있는 경우 그 조정신청에 성실히 응할 의무만 부여되며, 협의 결과를 도출할 의무까지를 부담하는 것은 아니다. 하지만, 원사업자에는 수급사업자·조합의 조정신청에 대하여 협의를 개시할 의무가 있으며 정당한 사유 없이 협의를 거부하거나 게을리하여서는 안된다(법 제16조의2 제7항). 여기서 '정당한 사유 없이 협의를 거부하거나 게을리하지 않을 의무'의 의미가 결과에 대한 의무를 의미하지 않음은 명백하다. 하지만 조정신청에 대하여 원사업자가 사실상 협의를 거부하여 합의되지 않은 것까지 허용하는 것은 아니고, 결과를 만들어 내기 위하여 노력할 과정 의무를 부과한 것이다. 결과적으로 합의가 되지 않았더라도 원사업자가 노력하였음에도 불구하고 수급사업자나 조합과의 의견 차이가 너무 크고 원사업자 입장에서 충분히 이유가 있어 그리 된 것이라면 법 위반이라 볼 수 없지만, 반면 원사업자가 협의 자체를 거부하거나 수급사업자 등의 정당한 대금조정 요구에도 불구하고 최소한의 인상마저도 거부하여 합의가 되지 않는 경우라면 법 위반으로 보아야 한다. 이러한 해석은 본디 중소기업계가 요구한 '납품단가연동제'를 부작용 등을 고려하여 하향 수용하여 조정협의제도가 나온 연혁에 비추어 보더라도 합당하다. 한편, 공정한 하도급거래질서 확립과 수급사업자 보호라는 하도급법의 취지 및 입증책임의 전제가 되는 사실관계가 원사업자 측에 있는 점, '정당한 사유'라는 법문의 취지 등을 고려할 때, 합의가 되지 않은 경우에 원사업자가 최선을 다해 노력했다는 점에 대한 입증책임은 원사업자에게 있다고 본다.

> **원사업자 조정협의를 거부하거나 게을리하는 경우의 예시[50]**
>
> - 수급사업자 또는 조합의 조정협의 신청에 대해 응답하지 아니하거나, 협의를 개시하겠다고 통보한 후 회의 개최, 의견 교환, 단가조정안 제시 등 실질적인 협의 절차를 진행하지 아니하는 경우
> - 수급사업자 또는 조합이 조정협의를 신청한 후 30일이 경과하였음에도 불구하고, 실질적인 하도급대금 조정 권한을 가지고 있는 책임자가 협의(담당자를 통한 단가조정 관련 지시·보고 등 간접적 형태의 협의를 포함)에 임하지 아니하는 경우
> - 하도급대금 조정을 위한 시장조사, 원가 산정 등 객관적 근거 없이 상대방이 수용할 수 없는 가격을 되풀이하여 제시하는 경우
> - 수급사업자의 원재료 재고물량, 잔여 납품물량 등 객관적인 사정을 고려할 때 과도하게 하도급대금의 조정시점을 지연하여 제시하는 경우

(4) 중소기업협동조합의 기타 지원사항

수급사업자는 직접 원사업자와 조정협의를 하는 경우, 중소기업협동조합 중 협동조합, 사업협동조합, 협동조합연합회는 수급업자의 납품단가 조정협의를 지원하기 위하여, ① 원재료가격, 하도급대금 구성내역 등에 대한 조사와 정보제공, ② 하도급대금 조정신청 및 협의절차 안내, ③ 원사업자의 조정협의 거부행위 신고, ④ 조정협의가 합의에 이르지 못한 경우 하도급분쟁조정협의회에 대한 분쟁조정신청 안내 등의 활동을 할 수 있다(중소기업협동조합법 제35조 제1항 제8호 및 제13호, 제82조 제1항 제11호, 제93조 제1항 제10호 및 제14호).

(5) 위반시 제재

동 의무를 위반한 원사업자에 대하여 시정조치를 권고하거나 명할 수 있고(법 제25조 제1항), 하도급대금의 2배를 초과하지 않는 범위 내에서 과징금을 부과할 수 있으며(법 제25조의3 제1항 제6호), 이를 위반한 자에 대하여는 하도급대금의 2배에 상당하는 금액 이하의 벌금에 처할 수 있다(법 제30조 제1항 제4호). 실손해배상대상이다(법 제35조 제1항).

수급사업자 또는 조합의 조정신청에 대하여 원사업자가 협의를 게을리하여 조정되지 않은 경우에 공정거래위원회는 시정명령으로 원가상승분을 반영한 금액으로 하도급대금을 인상하라는 취지의 구체적인 시정조치가 가능하다고 본다.

---

50) 오승돈, 앞의 책, 174면

V 원사업자의 의무 및 금지사항(3): 검사 및 수령

01 목적물에 대한 검사·결과통지 의무

> **하도급법**
>
> **제9조(검사의 기준방법 및 시기)** ① 수급사업자가 납품 등을 한 목적물 등에 대한 검사의 기준 및 방법은 원사업자와 수급사업자가 협의하여 객관적이고 공정·타당하게 정하여야 한다.
> ② 원사업자는 정당한 사유가 있는 경우 외에는 수급사업자로부터 목적물 등을 수령한 날[제조위탁의 경우에는 기성부분(既成部分)을 통지받은 날을 포함하고, 건설위탁의 경우에는 수급사업자로부터 공사의 준공 또는 기성부분을 통지받은 날을 말한다]부터 10일 이내에 검사 결과를 수급사업자에게 서면으로 통지하여야 하며, 이 기간 내에 통지하지 아니한 경우에는 검사에 합격한 것으로 본다. 다만, 용역위탁 가운데 역무의 공급을 위탁하는 경우에는 이를 적용하지 아니한다.

(1) 목적물 검사의무 및 절차

위탁 목적물 등에 대한 검사의 기준과 방법은 원사업자와 수급사업자가 협의하여 객관적이고 공정·타당하게 정해야 한다(법 제9조 제1항). 합의가 이루어지지 않거나 객관적인 검사가 곤란한 경우에는 당사자 간 협의로 제3의 공인기관 등에서 검사하도록 할 수도 있다. 검사의 방법으로는 전수검사, 발췌검사, 제3자에 대한 검사의뢰, 수급사업자에게 검사위임, 무검사 합격 등이 있다(하도급공정화지침).

원사업자는 정당한 사유가 있는 경우 외에는 수급사업자로부터 목적물 등을 수령한 날(제조위탁의 경우 기성부분을 통지받은 날을 포함하고, 건설위탁의 경우 공사의 준공 또는 기성부분을 통지받은 날을 의미)로부터 10일 이내에 검사 결과를 서면으로 통지해야 하며 이 기간 내 통지하지 아니하면 합격한 것으로 본다.[51]

역무공급위탁의 경우 검사의무가 없으므로 적용이 없다(법 제9조 제2항).

---

51) 건산법에 의하면, 수급인은 하수급인으로부터 하도급공사의 준공 또는 기성부분의 통지를 받으면 그 사실을 확인하기 위한 검사를 하여야 하며, 수급인은 하수급인의 통지를 받은 날로부터 10일 이내에 검사 결과를 하수급인에게 서면으로 통지해야 한다. 검사 결과 하도급공사가 설계 내용대로 준공되었을 때에는 수급인은 지체없이 공사목적물을 인수하여야 한다(건산법 제37조). 이를 위반한 건설업자에 대하여 국토해양부장관은 기간을 정하여 시정을 명하거나 기타 필요한 지시를 할 수 있다(건산법 제81조 제4호). 길기관, 앞의 책, 67면

검사간주의 예외사유인 정당한 사유와 관련하여 간주 제도의 본질 및 수급사업자 보호라는 법 취지상 주관적인 사유는 해당되지 않고 객관적인 사유만이 인정될 것이다. 예를 들어, 일일 평균 검사물량이 과다하다거나 발주처에 대한 납기를 준수해야 한다는 것과 같은 통상적인 사유는 정당한 사유로 인정되지 않는다. 반면 댐·교량, 대단위 플랜트 공사 등 거대한 건설공사, 시스템통합 용역과 같은 복잡다양한 기술적 검사가 필요하여 장기간 검사가 불가피하게 요구되는 경우에는 정당한 사유가 인정될 수 있다(하도급공정화지침). 공정위 질의회신에 의하면, 위탁상품(완제품)을 포장이 완료된 상태로 인수하는 관계로 인수시 하자를 완벽하게 검수하기란 현실적으로 불가능한 경우도 정당한 사유에 해당될 수 있고 그래서 원사업자와 수급사업자가 납품 후 발견되는 불량품을 취합·서면 통보하기로 약정하는 것이 허용될 수 있다. 정당한 사유가 있는 경우라도 원사업자와 수급사업자 간에 검사기간 연장에 대해 구체적이고 명백한 합의를 하는 것이 바람직하다.

한편, 법문의 규정상 정당한 사유에 대한 입증책임은 원사업자에게 있다(대법원 2002. 11. 26. 선고 2001두3099 판결[52]).

검수대상은 과업지시서 내 과업으로 한정되며, 원사업자는 과업지시서에 명시되지 않은 사항을 이유로 검수를 지연·거부하여서는 안 된다. 만약 검수과정에서 과업지시서에 포함되지 않은 추가 과업이 발생하거나, 하자가 아니라 기능변경이나 사용방법 개선과 같이 개선·변경사항이 발생하였더라도 그것을 이유로 검수를 지연·거부해서는 안 되고, 오히려 수급사업자를 위하여 검사를 진행하는 것과는 별도로 추가계약을 체결해 주어야 한다.

목적물 검수비용(계약 목적물의 검수에 소요되는 비용을 의미하며, 검수에 필요한 소프트웨어, 검수장비 등의 구입 또는 이용에 소요되는 비용을 포함)은 원칙적으로 원사업자가 부담해야 한다. 수급사업자가 검수비용을 부담하는 것이 효율적이라고 판단되는 경우, 양 당사자는 협의하여 수급사업자가 검수비용을 부담하게 할 수 있다. 검수비용은 하

---

52) 대법원 2002. 11. 26. 선고 2001두3099 판결
　　[2] 수급사업자가 추가공사를 포함한 하도급공사를 종료하여 원사업자가 수급사업자로부터 시공완료의 통지를 받고서도 그날로부터 10일 이내에 검사결과를 수급사업자에게 서면으로 통지하지 아니하였다면, 원사업자가 그 통지의무를 해태한 데에 정당한 사유가 있는지 여부에 관하여 아무런 주장·입증이 없는 이상, 수급사업자의 하도급공사는 검사에 합격한 것으로 간주되고 그 결과 원사업자는 수급사업자에 대하여 공사잔대금을 지급할 의무가 발생한다.
　　[3] 원사업자가 지급기일을 경과하여 수급사업자에게 하도급대금을 지급하지 아니하는 경우 그 자체가 하도급거래 공정화에 관한 법률 위반행위가 되어 제재대상이 되고, 따라서 공정거래위원회로서는 특단의 사정이 없는 한 원사업자가 대금지급기일에 하도급대금의 지급을 거절하거나 그 지급을 미루고 있는 사실 자체에 의하여 법 위반행위가 있는지 여부를 판단하면 되지, 원사업자가 하도급대금의 지급을 거절하거나 그 지급을 미룰 만한 상당한 이유가 있는지 여부에 대하여까지 나아가 판단할 필요는 없다.

도급대금 산정시 고려되어야 한다.

한편, 민법 제111조의 도달주의에 따라 10일 이내에 수급사업자에게 도달해야 한다. 불가항력적인 사유로 인하여 검사를 완료하지 못한 경우에는 최소한 당해 사유가 존속되는 기간에 상당하는 기간 동안 검사기간이 연장된다.

한편, 검사기간의 기산점이 되는 '목적물 수령일'은 원사업자가 수급사업자로부터 납품받아 사실상 지배하에 두는 때, 즉 '입고일'을 의미하고, 입고 이후 원사업자가 검수를 시작한 때를 의미하지 않는다.

(2) 검사의무 위반의 효과

목적물 수령 후 10일 이내에 수급사업자에게 서면으로 검사결과를 통보하지 않은 경우에는 검사에 합격한 것으로 봄으로써 그로 인한 대금채무가 발생하며(서울고등법원 2008. 6. 18. 선고 2008누3816 판결), 그 이후에 수급사업자의 귀책이 있더라도 이를 이유로 제품을 반품하거나 감액할 수 없다(서울고등법원 2009. 10. 15. 선고 2008누36847 판결).

한편, 간주(看做) 규정이므로 반대사실의 주장과 입증으로 효과를 번복할 수 있는 추정(推定)과 달리 번복될 수 없다. 원사업자가 목적물 수령일 등으로부터 10일 이내에 통지하지 않으면 민사적으로 검사에 합격한 것으로 간주되고 반대사실 입증으로 번복되지 않으므로, 이후 원사업자는 수령한 목적물 등의 문제를 들어 하도급대금 지급의무가 없음을 주장할 수 없다. 단지 하자에 대한 손해배상 등 하자담보책임으로 해결할 수 있을 뿐이다. 공정거래위원회 질의회신에 의하면, 목적물의 수량상 전수조사가 현실적으로 어려워 발췌검사를 하기로 합의하고 발췌검사 합격 후 물품을 수령하였는데 이후 불량품이 발견되었다면, 검사 합격으로 간주되는 것이므로 원칙적으로 반품이 어렵고, 다만 그 하자가 수령 당시 즉시 발견하기 어려운 것이었다면 상당한 기간 내의 반품은 허용될 수 있으며 아울러 발췌검사를 하면서도 추후 하자 발견시 납품가능성을 유보하여 두었다면 명확한 반품사유를 들어 신속한 기간 내의 반품은 허용된다고 한다.

(3) 위반시 제재

한편, 동 의무를 위반한 원사업자에 대하여 시정조치를 권고하거나 명할 수 있고(법 제25조 제1항), 하도급대금의 2배를 초과하지 않는 범위 내에서 과징금을 부과할 수 있으며(법 제25조의3 제1항 제3호), 이를 위반한 자에 대하여는 하도급대금의 2배에 상당하는 금액 이하의 벌금에 처한다(법 제30조 제1항 제1호).

02 ▶ 부당한 위탁취소와 수령거부·지연행위의 금지 및 수령증명서 발급 의무

> **하도급법**
>
> **제8조(부당한 위탁취소의 금지 등)** ① 원사업자는 제조 등의 위탁을 한 후 수급사업자의 책임으로 돌릴 사유가 없는 경우에는 다음 각 호의 어느 하나에 해당하는 행위를 하여서는 아니 된다. 다만, 용역위탁 가운데 역무의 공급을 위탁한 경우에는 제2호를 적용하지 아니한다.
> 1. 제조 등의 위탁을 임의로 취소하거나 변경하는 행위
> 2. 목적물 등의 납품 등에 대한 수령 또는 인수를 거부하거나 지연하는 행위
> ② 원사업자는 목적물 등의 납품 등이 있는 때에는 역무의 공급을 위탁한 경우 외에는 그 목적물 등에 대한 검사 전이라도 즉시(제7조에 따라 내국신용장을 개설한 경우에는 검사 완료 즉시) 수령증명서를 수급사업자에게 발급하여야 한다. 다만, 건설위탁의 경우에는 검사가 끝나는 즉시 그 목적물을 인수하여야 한다.
> ③ 제1항 제2호에서 "수령"이란 수급사업자가 납품 등을 한 목적물 등을 받아 원사업자의 사실상 지배하에 두게 되는 것을 말한다. 다만, 이전(移轉)하기 곤란한 목적물 등의 경우에는 검사를 시작한 때를 수령한 때로 본다.

(1) 부당한 위탁취소·수령거부 및 지연행위 금지

(가) 요건

원사업자는 제조 등의 위탁을 한 후 수급사업자의 책임으로 돌릴 사유가 없음에도 불구하고 ① 제조 등의 위탁을 임의로 취소하거나 변경하는 행위, ② 목적물 등의 납품 등에 대한 수령 또는 인수를 거부·지연하는 행위를 하여서는 안 된다(다만, 용역위탁 중 역무의 공급을 위탁한 경우에는 ②의 적용이 없다; 법 제8조 제1항).

본조 위반이 성립되기 위하여는 ① 위탁이 성립할 것, ② 수급사업자의 귀책사유 없이 원사업자가 임의로 위탁을 취소하거나 수령을 거부하거나 지연할 것의 요건이 충족되어야 한다.

(나) 위탁의 성립

위탁이 이루어진 이후에나 비로소 위탁취소나 수령거부·지연교부(이하 '위탁취소 등')이 문제될 수 있다. 하도급대금, 대금지급시기, 기간, 위탁의 내용 등은 하도급계약에 있어 객관적으로 본질적인 사항이어서 당사자 사이에 이에 대한 의사 합치가 있어야만 계약이 성립했다고 볼 수 있는 것인데 이에 대해 실무자 사이에 협의가 있었을 뿐 원사업자의 대표이사가 결제하지 못하여 계약서가 작성되지 못했고 이러한 사정이 수급사업자에

게 통보되었다면, 특별한 사정이 없는 한 아직 위탁이 이루어지지 않은 것이다(서울고등법원 2015. 1. 23. 선고 2014누4124 판결). 또 원사업자가 협상대상자를 선정하여 계약조건을 협의하였으나 의견 차이로 계약이 체결되지 않았다면, 아직 위탁이 이루어지지 않은 것이다. 이 경우 설사 원사업자의 공기준수 요구로 인해 수급사업자가 자재 등을 구입하는 등 준비행위를 했다 하더라도 부당한 위탁취소가 되지 않는다(서울고등법원 2014. 11. 3. 선고 2003누14699 판결).

(다) 임의의 위탁 취소와 수급사업자의 귀책사유(위탁취소 등의 정당한 사유)

수급사업자의 귀책사유에 대하여는 원사업자에게 입증책임이 있다.

원사업자가 임의로 위탁취소 등을 한 것인지는 ① 위탁취소 등의 사유가 계약서에 규정되어 있고 그 위탁취소 등이 계약서의 내용과 절차에 따른 것인지, ② 원사업자와 수급사업자 간의 자유로운 의사결정에 따른 실질적인 협의가 있었는지, ③ 위탁취소로 수급사업자가 입게 될 손실을 충분한 협의를 통해 정당한 보상을 받았는지를 종합적으로 고려하여 판단하여야 한다(「부당한 위탁취소, 수령거부 및 반품행위에 대한 심사지침」). 그래서 원사업자의 귀책사유 없이 객관적으로 유지될 수 없음이 명백한 하도급계약을 해제했다 하여 부당한 위탁취소로 볼 수 없다는 판결이 있다(서울고등법원 2016. 11. 24. 선고 2015누57200 판결).

하도급계약 역시 도급계약이므로 위탁취소나 수령거부의 정당한 사유 해석과 관련하여는 도급계약 해제의 법리가 고려되어야 한다. 도급계약에서는 '일의 완성' 이후에는 그 전에 수급인의 계약위반이 있었다 하더라도 계약해제가 불가능하다(민법 제673조, 제668조, 대법원 1995. 8. 22. 선고 95다1521 판결 등). 대법원은 도급계약의 주요 부분이 시공되어 사회통념상 일반적으로 요구되는 성능을 갖추었고 당초 예정된 최후 공정까지 맞췄다면 '일이 완성' 되었다고 인정하여(대법원 2019. 9. 10. 선고 2017다272486, 272493 판결), 상당히 너그러운 기준을 적용하고 있다. 도급계약의 경우 계약해제의 소급효가 제한되어 이미 완성된 부분에 대해서는 계약해제의 효력이 미치지 않고 미완성 부분에 대하여만 효력이 미친다. 계약해제의 소급효를 인정하게 되면 수급인이 해제 시점까지 시공하거나 제조한 부분을 철거하거나 폐기하는데 이는 사회·경제적으로 커다란 낭비일 뿐 아니라 수급인에게 지나치게 가혹한 결과를 초래하기 때문에 인정된 법리이다. 도급인은 계약해제 시점까지 완성된 부분에 대한 인수의무를 부담하며 기성률에 따른 도급대금 지급의무를 부담한다(대법원 1986. 9. 9. 선고 85다카1751 판결; 대법원 1996. 7. 30. 선고 95다7932 판결).

위탁이 완료되었음에도 불구하고 수령을 거부하는 것과 관련한 수급사업자의 귀책사유는 먼저 계약해제의 사유가 인정되고 정당해야 한다. 그래서 목적물의 내용이 위탁내용과 상이하여 '일의 완성'이 인정되지 않거나 단순한 이행지체를 넘어서 납기를 현저히 지연하여 계약목적을 도저히 이행할 수 없는 때와 같이 일정한 경우에만 인정된다.[53], [54] 목적물 등에 하자가 있더라도 그것이 계약의 목적을 달성할 수 없을 정도로 심각한 하자가 아니라면 이를 이유로 한 위탁취소는 허용되지 않는다(서울고등법원 2016. 5. 12. 선고 2014누57180 판결). 또, 수급사업자의 납품지연이 있었다 하더라도 (이를 이유로 손해배상을 청구하는 것은 별론으로 하더라도) 납품지연이 계약의 해제사유에 해당하지 않거나 또는 계약상 정해진 최고절차를 거치지 않아 계약해제의 절차적 요건을 결여하였다면 부당한 위탁취소가 된다(서울고등법원 2016. 10. 20. 선고 2015누56160 판결).

한편, '정당한 사유'와 관련하여, 수급사업자가 원사업자로부터 전부 위탁업무에 이용하기로 하고 공급받은 자재를 임의로 매각한 탓에 하도급계약이 해지되었다면 이는 위탁취소에 정당한 사유가 된다(서울고등법원 2008. 9. 3. 선고 2008누2555 판결). 또, 원사업자가 위탁을 취소함으로써 수급사업자가 입게 된 손실에 대하여 충분히 협의를 거쳐 정당한 보상을 하고 위탁취소하였다면 정당한 사유가 인정된다(서울고등법원 2016. 11. 24. 선고 2015누57200 판결). 하지만 그러한 협의가 없었다면 수급사업자에게 귀책사유가 없는 한 수급사업자에게 양해를 구했거나 사후에 금전보상이나 물량보전을 하였다 하더라도 이를 원사업자의 목적물 수령 지연에 대한 정당한 사유가 될 수 없다(서울고등법원 2009. 11. 12. 선고 2008누11237 판결). 또, 정당한 보상과 관련한 원사업자와 수급사업자 간의 합의는 수급사업자의 자발적 의사에 의한 것이어야 하고 그렇지 않은 경우에는 정당한 사유가 될 수 없다. 만약 원사업자가 수급사업자에게 위탁취소 합의서에 서명하지 않으면 대금지급을 하지 않겠다며 위탁취소와 관련한 불리한 합의서에 대한 서명을 받았다면 이는 자발적인 합의로 볼 수 없다(서울고등법원 2015. 12. 18. 선고 2014누69534 판결).

「부당한 위탁취소, 수령거부 및 반품행위에 대한 심사지침」에서 예시한 부당위탁취소에 해당하지 않는 행위는 다음과 같다(동 지침 II. 1. 라.).

---

53) 길기관, 앞의 책, 130면
54) 피심인과 수급사업자는 발주자로부터 '부진 공정만회 계획서'의 세부적 내용을 보완하여 2012. 7. 16.까지 제출하도록 요청받았고, 이와 관련하여 수급사업자는 2012. 7. 15. 피심인에게 '콘크리트 타설 세부계획서'를 이메일로 송부하였으나 원사업자가 2012. 7. 17. 수급사업자에게 계약해지를 통지하고 위탁을 취소한 사례에서, 공정거래위원회는 부당한 위탁취소로 판단한 바 있다(공정거래위원회 2013. 12. 4. 의결 제2013-198호, 사건번호 2012광사2395).

┤ 부당위탁취소에 해당하지 않는 행위의 예시 ├

[예시 1] 하도급 위탁을 받은 후 수급사업자가 불과 며칠 만에 회생절차를 신청하였고 자재협력업체에게 물품대금을 지속적으로 미지급한 사실이 있으며 미지급한 금액이 원사업자와의 위탁계약금액에 비해 상당히 많은 등 수급사업자의 경영관리상 문제가 있는 것으로 인정되어 원사업자가 수급사업자의 회생절차 신청 이후 서면으로 상당한 기간을 정하여 계약이행을 최고한 후 위탁을 취소하는 행위

[예시 2] 수급사업자가 상당기간 공사를 중단하여 원사업자가 수차례에 걸쳐 공사 재개 및 공정만회 계획 제출을 요구하고 불이행시 계약을 해지할 수 있다는 사전 고지를 하였음에도 수급사업자가 이를 거절하는 등 수급사업자의 자발적인 공사재개를 기대하기 어려운 사정이 있고 납기 내 공사를 완공할 가능성이 없어 위탁을 취소하는 행위

[예시 3] 원사업자의 귀책사유 없이 수급사업자 일방의 사정으로 수급사업자가 공사현장 근로자 또는 자재·장비업자 등 협력업체에 대한 임금·자재·장비대금을 미지급하고 그로 인하여 정상적으로 계약내용을 이행할 수 없다고 인정되어 원사업자가 수급사업자에게 서면으로 상당한 기간을 정하여 계약이행을 최고한 후 위탁을 취소하는 행위

[예시 4] 원사업자가 제조 등의 위탁을 한 후 다른 사업자의 신형모델 출시로 해당 목적물이 부속되는 제품의 판매부진이 현실화됨에 따라 수급사업자와 충분한 협의를 거쳐 위탁취소로 수급사업자가 입게 될 손실에 대해 적정한 보상을 하고 위탁을 취소하는 행위

(2) 목적물 수령증 발급의무

원사업자는 목적물의 납품이 있을 때에 목적물 등에 대한 검사 전이라도 즉시 수령증명서를 발급해야 한다(역무공급의 위탁의 경우 제외). 건설위탁의 경우에는 검사가 끝나는 즉시 목적물을 인수해야 한다(법 제8조 제2항). 원사업자가 수급사업자에게 수령증을 발급하지 않고 그 대신 자신이 발주자로부터 받은 수령증 사본을 발급하는 것 역시 허용되지 않는다(공정거래위원회 2015. 6. 9. 의결 약식 2015-089, 사건번호 2013구사3129).

(3) 위반시 효과 및 제재

법 제8조 제1항 및 제2항의 규정을 위반한 원사업자에 대하여는 시정조치(법 제25조 제1항) 및 하도급대금의 2배를 초과하지 않는 범위 내의 과징금을 부과할 수 있다(법 제25조의3 제1항 제3호). 위반행위를 한 자에 대하여는 하도급대금의 2배에 상당하는 금액 이하의 벌금에 처하게 된다(법 제30조 제1항 제1호). 한편, 법 제8조 제1항(부당한 위탁취소·수령거절 및 지연)을 위반한 경우, 발생한 손해의 3배를 넘지 아니하는 범위 내에서 손해배상책임이 있는 징벌적 손해배상의 대상이다(법 제35조 제2항 본문).

> **하도급법**
>
> **제10조(부당반품의 금지)** ① 원사업자는 수급사업자로부터 목적물 등의 납품 등을 받은 경우 수급사업자에게 책임을 돌릴 사유가 없으면 그 목적물 등을 수급사업자에게 반품(이하 "부당반품"이라 한다)하여서는 아니 된다. 다만, 용역위탁 가운데 역무의 공급을 위탁하는 경우에는 이를 적용하지 아니한다.
>
> ② 다음 각 호의 어느 하나에 해당하는 원사업자의 행위는 부당반품으로 본다.
>
> 1. 거래 상대방으로부터의 발주취소 또는 경제상황의 변동 등을 이유로 목적물 등을 반품하는 행위
> 2. 검사의 기준 및 방법을 불명확하게 정함으로써 목적물 등을 부당하게 불합격으로 판정하여 이를 반품하는 행위
> 3. 원사업자가 공급한 원재료의 품질불량으로 인하여 목적물 등이 불합격품으로 판정되었음에도 불구하고 이를 반품하는 행위
> 4. 원사업자의 원재료 공급 지연으로 인하여 납기가 지연되었음에도 불구하고 이를 이유로 목적물 등을 반품하는 행위

(1) 부당반품의 일반조항 및 간주조항

원사업자는 수급사업자로부터 목적물 등의 납품 등을 받은 이후 수급사업자에게 책임을 돌릴 사유가 없으면 목적물 등을 수급사업자에게 반품하여서는 아니 된다. 동 규정은 반품이 성립될 수 없는 역무공급의 위탁에서는 적용되지 않는다(법 제10조 제1항).

한편 아래 4가지 경우에는 부당반품으로 간주하게 된다(법 제10조 제2항).

│ 부당반품으로 간주되는 경우 ├

① 거래 상대방으로부터의 발주취소 또는 경제상황의 변동 등을 이유로 목적물 등을 반품하는 행위
② 검사의 기준 및 방법을 불명확하게 정함으로써 목적물 등을 부당하게 불합격으로 판정하여 반품하는 행위
③ 원사업자가 공급한 원재료의 품질불량으로 인하여 목적물 등이 불합격품으로 판정되었음에도 불구하고 반품하는 행위
④ 원사업자의 원재료 공급 지연으로 인하여 납기가 지연되었음에도 불구하고 이를 이유로 목적물 등을 반품하는 행위

---

(2) 위반시 제재

동 규정을 위반한 원사업자에 대하여는 시정조치나(법 제25조 제1항) 하도급대금의 2배를 초과하지 않는 범위 내의 과징금을 부과하게 되며(법 제25조의3 제1항 제3호), 이를 위반한 자에 대하여는 하도급대금의 2배에 상당하는 금액 이하의 벌금에 처하게 된다(법 제30조 제1항 제1호). 발생한 손해의 3배를 넘지 아니하는 범위 내에서 손해배상책임이 있는 징벌적 손해배상의 대상이다(법 제35조 제2항 본문).

원사업자의 의무 및 금지사항(4): 하도급대금의 지급

01 >> 선급금 지급의무

> **하도급법**
>
> **제6조(선급금의 지급)** ① 수급사업자에게 제조 등의 위탁을 한 원사업자가 발주자로부터 선급금을 받은 경우에는 수급사업자가 제조·수리·시공 또는 용역수행을 시작할 수 있도록 그가 받은 선급금의 내용과 비율에 따라 선급금을 받은 날(제조 등의 위탁을 하기 전에 선급금을 받은 경우에는 제조 등의 위탁을 한 날)부터 15일 이내에 선급금을 수급사업자에게 지급하여야 한다.
>
> ② 원사업자가 발주자로부터 받은 선급금을 제1항에 따른 기한이 지난 후에 지급하는 경우에는 그 초과기간에 대하여 연 100분의 40 이내에서 「은행법」에 따른 은행이 적용하는 연체금리 등 경제사정을 고려하여 공정거래위원회가 정하여 고시하는 이율에 따른 이자를 지급하여야 한다.
>
> ③ 원사업자가 제1항에 따른 선급금을 어음 또는 어음대체결제수단을 이용하여 지급하는 경우의 어음할인료·수수료의 지급 및 어음할인·수수료율에 관하여는 제13조 제6항·제7항·제9항 및 제10항을 준용한다. 이 경우 "목적물 등의 수령일부터 60일"은 "원사업자가 발주자로부터 선급금을 받은 날부터 15일"로 본다.

(1) 선급금 지급의무와 방식, 절차

원사업자가 발주자로부터 선급금을 지급받으면[55] 그가 받은 선급금의 내용과 비율에 따라 선급금을 받은 날로부터 15일 이내에 선급금을 수급사업자에게 지급해야 한다(법 제

---

55) 발주자가 수급인(원사업자)에게 선급금을 지급할 법적 의무가 있는 것은 아니지만 국가는 공사·제조·용역계약에 있어 계약금액의 100분의 70을 초과하지 아니하는 금액은 선금으로 지급할 수 있다(국고금관리법 제26조, 동 법 시행령 제40조 제1항 제15호). 선금을 지급하면서 불가피한 사유로 지급이 불가능하여 그 사유를 계약상대방에게 문서로 통지한 경우가 아니면 계약체결 후 계약상대방에게 청구를 받은 날로부터 14일 이내에 지급해야 한다(국고금관리법 시행령 제40조 제3항). 선급금지급에 대한 구체적인 내용은 정부입찰·계약집행기준(기획재정부 계약예규 제228조, 2015. 3. 1. 일부개정) 제10장에 규정되어 있다. 선금은 계약목적달성을 위한 용도와 수급인의 하수급인에 대한 선금배분 이외의 다른 목적에 사용할 수 없으며, 노임지급(공사계약은 제외) 및 자재확보에 우선 사용해야 한다(제36조). 선금지급조건을 위배한 경우 미정산 선금을 전액 반환해야 한다(제38조). 지방자치단체가 발주한 공사에서 선금을 지급하는 문제에 관하여서는 지방재정법 제73조, 동 법 시행령 제96조, 지방자치단체 입찰 및 계약집행기준(행정안전부예규 제404조) 제6장 선금 및 대가 지급요령에 같은 취지의 규정이 있다. 민간공사에 대하여는 민간건설공사 표준도급계약서(국토해양부 고시 제2009-730호) 일반조건 제10조에 같은 내용이 기재되어 있다.

6조 제1항). 만약 원사업자가 위탁을 하기 전에 선급금을 지급받았다면 위탁한 날로부터 15일 이내에 지급되어야 한다(하도급공정화지침).

원사업자가 받은 '선급금의 내용과 비율에 따라'의 의미와 관련하여, 발주자가 특정한 공사나 품목을 지정하여 선급금을 지급하였다면 원사업자는 그 지정받은 공사와 품목을 담당하는 수급사업자에게 그 위탁업무에 대해서 선급금을 지급하면 된다. 아무런 지정이 없다면 전체공사대금 중 하도급계약금액의 비율에 따라 안분하여 선급금을 지급하면 된다.

선급금은 하도급대금의 일부이므로(대법원 2003. 5. 16. 선고 2001다27470 판결), 선급금 지급과 관련하여 하도급대금 지급에 대한 법 제13조의 규정들이 모두 적용된다. 예를 들어, 선급금 지급기한이 지난 이후에는 원사업자는 수급사업자에게 연 15.5%의 지연이자를 지급해야 하며(지연이율고시), 선급금을 어음으로 지급한 경우 어음만기일이 법정지급기일을 초과하면 그 기간 동안의 어음할인료(연 7.5%)를 지급해야 하고, 어음대체결제수단으로 지급하는 때에는 수수료를 지급해야 한다. 또 발주자로부터 받은 현금비율 이상으로 지급해야 한다. 발주자로부터 어음으로 지급받았을 경우 그 지급기간(발행일로부터 만기일까지)을 초과하는 어음으로 지급하여서는 안 된다.

한편, 지연이자 계산과 관련하여 원사업자의 선급금 지급의무와 수급사업자의 선급금 지급보증서 교부의무는 동시이행관계에 있으므로[56] 원사업자가 수급사업자에게 선급금 지급보증서 제출을 요청한 날로부터 수급사업자가 그 보증서를 제출한 날까지의 기간일수는 지연이자 계산시 공제하게 된다.

(2) 선급금과 기성금의 정산, 선급금에 대한 압류 등의 효력

선급금 미지급 상태에서 기성금을 지급하면 선급금의 일부가 당해 기성금에 포함된 것으로 간주되고 미지급선급금은 그만큼 줄어들게 된다.

선급금은 구체적인 기성고와 관련하여 지급하는 것이 아니라 전체 공사와 관련하여 지급하는 것이므로(대법원 1999. 12. 7. 선고 99다55519 판결), 선급금을 지급한 다음 차기 기성금에서 선급금 전체를 일괄 공제하는 것은 부당하고, 매회 기성마다 각 기성률에 맞추어 비율적으로 공제해야 한다.

---

56) 건산법 제34조 제4항 단서에 수급인의 선급금지급보증서 교부의무를 규정하고 있다.
　　건산법 제34조(하도급대금의 지급 등)
　　④ 수급인이 발주자로부터 선급금을 받은 때에는 하수급인이 자재를 구입하거나 현장노동자를 고용하는 등 하도급공사를 시작할 수 있도록 수급인이 받은 선급금의 내용과 비율에 따라 선급금을 받은 날(하도급계약을 체결하기 전에 선급금을 지급받은 경우에는 하도급계약을 체결한 날)로부터 15일 이내에 하수급인에게 선급금을 지급하여야 한다. 이 경우 수급인은 하수급인이 선급금을 반환하여야 할 경우에 대비하여 하수급인에게 보증을 요구할 수 있다.

하도급계약이 중도 해제·해지되는 등의 사유로 미정산 선급금 반환사유가 발생하면, 상계의 의사표시 없이도 그때까지의 기성고에 해당하는 공사대금 중 미지급금은 선급금으로 당연 충당되고 도급인은 나머지 공사대금이 있는 때에 한해 지급할 의무를 부담하게 된다. 하도급대금 직접지급 사유가 발생하면 해당 금원을 선급금 충당의 대상이 되는 기성공사대금의 내역에서 제외하기로 하는 예외적 정산약정을 하였다 하더라도, 직접지급 사유 발생 전에 선급금이 이미 기성공사대금에 충당되어 소멸하였다면, 발주자는 수급사업자에 대하여 하도급대금 지급의무를 부담하지 않는다(대법원 2014. 1. 23. 선고 2013다214437 판결).

한편, 선급금 반환사유 발생 후의 선급금지급채권에 대한 가압류 및 압류명령은 미지급 하도급대금에 충당되고 남은 선급금에 대해서만 효력이 있다.

(3) 선급금을 지급하지 않기로 하는 합의의 효력

원사업자와 수급사업자가 선급금을 지급하지 않기로 하는 계약을 체결했다 하더라도 하도급법상의 원사업자의 선급금지급의무가 면제되는 것은 아니고(대법원 2010. 3. 25. 선고 2009두23181 판결; 원심 서울고등법원 2009. 11. 4. 선고 2009누7099 판결), 선급금을 지급받지 못한 수급사업자가 받지 못한 선급금을 기성금으로 받기로 원사업자가 합의하더라도 원사업자에게 선급금 미지급에 대한 책임을 면제하여 준 것으로 볼 수 없다(대법원 2007. 12. 27. 선고 2007두18895 판결). 이 경우에도 원사업자는 하도급법상의 책임을 면할 수 없다는 것이 공정거래위원회의 입장이다(공정거래위원회 2006. 8. 29. 의결 제2006-183호, 사건번호 2005서건4330). 다만 하도급법상 선급금지급의무와 다른 계약을 체결하거나 약정을 한 경우 사법상으로 유효한지 여부가 문제되는데, 사견으로는 선급금지급조항은 효력규정이므로, 이에 위반된 사법상 약정·합의는 무효이다.

(4) 위반시 제재

동 의무를 위반한 원사업자에 대하여 시정조치를 권고하거나 명할 수 있고(법 제25조 제1항), 하도급대금의 2배를 초과하지 않는 범위 내에서 과징금을 부과할 수 있으며(법 제25조의3 제1항 제3호), 이를 위반한 자에 대하여는 하도급대금의 2배에 상당하는 금액 이하의 벌금에 처한다(법 제30조 제1항 제1호). 실손해배상대상이다(법 제35조 제1항).

02 하도급대금의 지급 등

하도급법

제13조(하도급대금의 지급 등) ① 원사업자가 수급사업자에게 제조 등의 위탁을 하는 경우에는 목적물 등의 수령일(건설위탁의 경우에는 인수일을, 용역위탁의 경우에는 수급사업자가 위탁받은 용역의 수행을 마친 날을, 납품 등이 잦아 원사업자와 수급사업자가 월 1회 이상 세금계산서의 발행일을 정한 경우에는 그 정한 날을 말한다. 이하 같다)부터 60일 이내의 가능한 짧은 기한으로 정한 지급기일까지 하도급대금을 지급하여야 한다. 다만, 다음 각 호의 어느 하나에 해당하는 경우에는 그러하지 아니하다.

1. 원사업자와 수급사업자가 대등한 지위에서 지급기일을 정한 것으로 인정되는 경우

2. 해당 업종의 특수성과 경제여건에 비추어 그 지급기일이 정당한 것으로 인정되는 경우

② 하도급대금의 지급기일이 정하여져 있지 아니한 경우에는 목적물 등의 수령일을 하도급대금의 지급기일로 보고, 목적물 등의 수령일부터 60일이 지난 후에 하도급대금의 지급기일을 정한 경우(제1항 단서에 해당되는 경우는 제외한다)에는 목적물 등의 수령일부터 60일이 되는 날을 하도급대금의 지급기일로 본다.

③ 원사업자는 수급사업자에게 제조 등의 위탁을 한 경우 원사업자가 발주자로부터 제조·수리·시공 또는 용역수행행위의 완료에 따라 준공금 등을 받았을 때에는 하도급대금을, 제조·수리·시공 또는 용역수행행위의 진척에 따라 기성금 등을 받았을 때에는 수급사업자가 제조·수리·시공 또는 용역수행한 부분에 상당하는 금액을 그 준공금이나 기성금 등을 지급받은 날부터 15일(하도급대금의 지급기일이 그 전에 도래하는 경우에는 그 지급기일) 이내에 수급사업자에게 지급하여야 한다.

④ 원사업자가 수급사업자에게 하도급대금을 지급할 때에는 원사업자가 발주자로부터 해당 제조 등의 위탁과 관련하여 받은 현금비율 미만으로 지급하여서는 아니 된다.

⑤ 원사업자가 하도급대금을 어음으로 지급하는 경우에는 해당 제조 등의 위탁과 관련하여 발주자로부터 원사업자가 받은 어음의 지급기간(발행일부터 만기일까지)을 초과하는 어음을 지급하여서는 아니 된다.

⑥ 원사업자가 하도급대금을 어음으로 지급하는 경우에 그 어음은 법률에 근거하여 설립된 금융기관에서 할인이 가능한 것이어야 하며, 어음을 교부한 날부터 어음의 만기일까지의 기간에 대한 할인료를 어음을 교부하는 날에 수급사업자에게 지급하여야 한다. 다만, 목적물 등의 수령일부터 60일(제1항 단서에 따라 지급기일이 정하여진 경우에는 그 지급기일을, 발주자로부터 준공금이나 기성금 등을 받은 경우에는 제3항에서 정한 기일을 말한다. 이하 이 조에서 같다) 이내에 어음을 교부하는 경우에는 목적물 등의 수령일부터 60일이 지난 날 이후부터 어음의 만기일까지의 기간에 대한 할인료를 목적물 등의 수령일부터 60일 이내에 수급사업자에게 지급하여야 한다.

⑦ 원사업자는 하도급대금을 어음대체결제수단을 이용하여 지급하는 경우에는 지급일(기업구매전용카드의 경우는 카드결제 승인일을, 외상매출채권 담보대출의 경우는 납품 등의 명세 전송일을, 구매론의 경우는 구매자금 결제일을 말한다. 이하 같다)부터 하도급대금 상환기일까지의 기간에 대한 수수료(대출이자를 포함한다. 이하 같다)를 지급일에 수급사업자에

게 지급하여야 한다. 다만, 목적물 등의 수령일부터 60일 이내에 어음대체결제수단을 이용하여 지급하는 경우에는 목적물 등의 수령일부터 60일이 지난 날 이후부터 하도급대금 상환기일까지의 기간에 대한 수수료를 목적물 등의 수령일부터 60일 이내에 수급사업자에게 지급하여야 한다.

⑧ 원사업자가 하도급대금을 목적물 등의 수령일부터 60일이 지난 후에 지급하는 경우에는 그 초과기간에 대하여 연 100분의 40 이내에서 「은행법」에 따른 은행이 적용하는 연체금리 등 경제사정을 고려하여 공정거래위원회가 정하여 고시하는 이율에 따른 이자를 지급하여야 한다.

⑨ 제6항에서 적용하는 할인율은 연 100분의 40 이내에서 법률에 근거하여 설립된 금융기관에서 적용되는 상업어음할인율을 고려하여 공정거래위원회가 정하여 고시한다.

⑩ 제7항에서 적용하는 수수료율은 원사업자가 금융기관(「여신전문금융업법」 제2조 제2호의2에 따른 신용카드업자를 포함한다)과 체결한 어음대체결제수단의 약정상 수수료율로 한다.

⑪ 제1항부터 제10항까지의 규정은 「중견기업 성장촉진 및 경쟁력 강화에 관한 특별법」 제2조 제1호에 따른 중견기업으로 연간매출액이 대통령령으로 정하는 금액(제1호의 회사와 거래하는 경우에는 3천억 원으로 한다) 미만인 중견기업이 다음 각 호의 어느 하나에 해당하는 자로부터 제조 등의 위탁을 받은 경우에도 적용한다. 이 경우 제조 등의 위탁을 한 자는 제1항부터 제10항까지, 제19조, 제20조, 제23조 제2항, 제24조의4 제1항, 제24조의5 제6항, 제25조 제1항 및 제3항, 제25조의2, 제25조의3 제1항, 제25조의5 제1항, 제26조 제2항, 제30조 제1항, 제33조, 제35조 제1항을 적용할 때에는 원사업자로 보고, 제조 등의 위탁을 받은 중견기업은 제1항부터 제10항까지, 제19조, 제21조, 제23조 제2항, 제24조의4 제1항, 제25조의2, 제33조를 적용할 때에는 수급사업자로 본다.

1. 「독점규제 및 공정거래에 관한 법률」 제9조 제1항에 따른 상호출자제한기업집단에 속하는 회사
2. 제1호에 따른 회사가 아닌 사업자로서 연간매출액이 대통령령으로 정하는 금액을 초과하는 사업자

(1) 지급시기 및 준공금 또는 기성금 등의 특칙 그리고 지연이자

원사업자는 수급사업자에게 제조 등의 위탁을 하는 경우 목적물 등의 수령일(건설위탁의 경우에는 인수일을, 용역위탁의 경우에는 수급사업자가 위탁받은 용역의 수행을 마친 날을, 납품 등이 잦아 원사업자와 수급사업자가 월 1회 이상 세금계산서의 발행일을 정한 경우에는 그 정한 날)로부터 60일 이내에 가능한 짧은 기간으로 정한 지급기일까지 하도급대금을 지급해야 한다. 다만, 원사업자와 수급사업자가 대등한 지위에서 지급기일을 정한 경우나 해당 업종의 특수성과 경제여건에 비추어 그 지급기일이 정해진 경우에는 목적물 등의 수령일로부터 60일이 경과한 지급기일을 정할 수 있다(법 제13조 제1항). 지급기일을 정하지 않은 경우 목적물 수령일로부터 60일이 지급기일이 된다(법 제13조 제2항).

원사업자가 발주자로부터 준공금 등을 지급받았을 때에는 하도급대금을, 기성금을 받았을 때에는 수급사업자가 수행한 부분에 상당하는 금액을, 그 준공금이나 기성금 등을 받은 날로부터 15일 이내(하도급대금의 지급기일이 그 전에 도래하는 경우에는 그 지급기일 이내)에 수급사업자에게 지급해야 한다(법 제13조 제3항).

결론적으로 원사업자는 수급사업자에게 (i) 지급기일, (ii) 목적물 수령일로부터 60일, (iii) 준공금 등 대금을 발주자로부터 받은 날로부터 15일 중 먼저 도래하는 때까지 하도급대금을 지급할 의무가 있다. 그 이후에 지급하는 경우에는 하도급법상의 연 15.5%의 지연이자를 지급해야 한다.

지연이자의 법적 성격은 금전 대여에 대한 이식으로서의 이자가 아니라 법률상 손해배상이다.

사견으로 하도급법상의 지연이자, 어음할인료 및 어음대체결제수단 수수료에 대한 하도급법 조항은 효력규정이므로 원사업자가 수급사업자와 면제하기로 하는 합의를 한 경우 민사적으로 무효가 된다.[57]

한편, 발주자가 수급사업자에 대해 직접 지급해야 하는 하도급대금에 대하여는 하도급법상의 지연이자율 규정이 적용되지 않는다(대법원 2005. 7. 28. 선고 2004다64050 판결). 또한 하도급대금에 대한 부가가치세는 하도급대금에 해당하므로 이에 대하여도 지연이자를 부담해야 한다는 서울고등법원의 판결이 있다(서울고등법원 2011. 2. 16. 선고 2009나99459 판결[58]). 하지만 사견으로 부가가치세는 하도급대금이 아니므로 이에 대해 하도급법상 지연이자 조항이 적용되어야 하는 하급심 판결에 찬동하지 않는다.

---

57) 대법원은 수급사업자가 하도급법상 고시이율과 법정이율의 차이에 상응하는 지연손해금을 포기하여 그 권리를 상실하였다는 등의 특별한 사정이 없는 한, 관련 민사소송에서 이율이 낮은 민사상 지연이자를 청구해서 확정되었다 하더라도 공정거래위원회는 하도급법상 지연이자와의 차액을 지급하라고 명령할 수 있고, 반대로 공정거래위원회가 하도급법상 지연이자 지급명령 이후에 민사상 지연이자를 지급하라는 민사소송판결이 확정되더라도 그 전의 지급명령이 위법해지는 것은 아니라고 판시한 바 있다(대법원 2010. 10. 28. 선고 2010두16561 판결).

58) 서울고등법원 2011. 2. 16. 선고 2009나99459 판결
피고들은 phc 파일 추가공사비와 테스트항타 비용은 불법행위 또는 채무불이행으로 인한 손해배상금으로서 공사대금에 해당하지 않고 위 각 공사대금에 포함되어 있는 부가가치세 상당액은 국가에 납부할 조세로서 원고가 수급사업자로서 지급받는 공사대금이라고 보기 어려우므로, 위 각 해당 금액에 대한 지연손해금은 하도급거래법 및 공정거래위원회의 고시에서 정한 이율을 적용할 수 없다고 주장한다. 하도급거래법상의 하도급대금이란 수급사업자가 원사업자로부터 제조위탁·수리위탁·건설위탁 또는 용역위탁을 받아 그 위탁받은 제조·수리·시공 또는 용역을 수행하여 원사업자에게 납품·인도 또는 제공을 하고 받은 대가를 말하는 것인 바(하도급법 제2조 제1항 참조), phc 파일 추가공사비와 테스트항타 비용은 원래 계약에서 정한 작업 외에 원고가 공사 도중 추가로 위탁받은 작업을 수행하고 받게 되는 대가이므로 공사대금에 해당한다고 할 것이고, 공사대금에 포함되어 있는 부가가치세 상당액 역시 시공에 대한 대가로 지급받게 되는 것이고 원고가 공사대금을 지급받은 후 그 중 일부로 부가가치세를 납부하는 것은 공사대금 처분방법의 하나에 지나지 않는다고 할 것이므로, 피고들의 위 주장은 전부 이유 없다.

다만, 설계변경 등으로 인한 추가위탁에 따른 대금 또한 하도급대금이라 할 것이므로 추가위탁에 대한 대금을 지체하는 경우에도 하도급법상 지연이자 규정이 적용된다고 볼 것이다.

(2) 현금결제비율 및 어음 만기일 유지 의무

원사업자는 수급사업자에게 하도급대금을 지급할 때 발주자로부터 위탁과 관련하여 받은 현금비율 미만으로 지급하여서는 안 된다(법 제13조 제4항). 또 발주자로부터 지급받은 준공금이나 기성금 등의 현금비율보다 같거나 더 높은 비율로 지급해야 한다(법 제13조 제5항).

원사업자가 다수의 발주자에게 납품하는 물품을 다수의 수급사업자에게 제작 등을 위탁한 경우에는, 특정 수급사업자가 납품한 물품이 공급되는 발주자가 명확하다면 당해 발주자로부터 받은 현금비율을 적용하지만, 그렇지 않다면 다수 발주자로부터 받은 현금비율을 산술평균하여 적용하면 된다. 원사업자가 발주자로부터 지급받은 현금비율이 일정하면 이를 따르면 되고, 그렇지 않다면 하도급대금 지급 직전의 현금비율 이상으로 지급해야 한다. 원사업자가 발주자로부터 1회 도급대금을 지급받기 전에 수급사업자에게 지급하는 경우에는 현금비율 적용을 받지 않는다. 원사업자가 수급사업자에게 금회 하도급대금을 지급한 후, 차회 하도급대금을 지급하기 전까지 발주자로부터 2회 이상 도급대금을 지급받았다면, 그 각각의 현금비율을 산술평균한 비율 이상으로 지급해야 한다(하도급공정화지침). 한편, 원사업자가 수급사업자에게 발주자로부터 수령한 현금보다 더 많은 금액을 어음발행 등의 방법으로 지급하고 이에 상응하는 도급대금을 받기 전에 현금으로 결제해 주었다면, 원사업자가 수급사업자에게 지급하는 현금비율을 산정함에 있어서의 '현금지급액'은 해당 하도급대금 지급액에 상응하는 원도급대금을 발주자로부터 받기 전에 결제가 이루어진 금액을 합산한 금액으로 보아야 한다(서울고등법원 2017. 3. 30. 선고 2016누37753 판결).

또 어음으로 지급하는 경우에는 그 위탁과 관련하여 발주자로부터 받은 어음의 지급기간(발행일로부터 만기일까지)을 초과하는 어음으로 지급하여서는 안 된다(법 제13조 제5항). 원사업자가 발주자로부터 지급받은 어음의 결제기간이 일정하지 않은 경우에는 하도급대금을 지급하기 직전의 어음의 결제기간보다 짧은 어음을 지급해서는 안 된다. 단, 원사업자가 발주자로부터 1회 도급대금을 지급받기 전에 수급사업자에게 지급하는 경우에는 예외로 할 수 있다. 원사업자가 수급사업자에게 금회 하도급대금을 지급한 후 차회 하도급대금을 지급하기 전까지 발주자로부터 2회 이상 도급대금을 지급받았다면 각각의 어음지급기간을 산술평균하여 적용한다. 타인발행 어음을 지급한 경우에는 어음의 지급기간을 발행일부터 만기일이 아니라 교부일부터 만기일까지로 보아, 그 기간이 발주자로부터 받은 어음의 지급기간을 초과해서는 안 된다. 원사업자가 발주자로부터 받은 선급금에 어음이 포함되어 있었다면, 교부받은 어음의 지급기간을 초과하는 어음으로 수급사업자에게 선급금으로 지급하면 안 된다(하도급공정화지침).

어음을 통한 하도급대금 지급은 해제조건부 대금지급이므로 어음 지급시 일단 대금이 지급된 것으로 보고 이후 부도 등의 사유가 발생하여 현금으로 지급되지 아니한 경우에는 소급하여 미지급된 것으로 본다.

(3) 중견기업에 대한 적용

원칙적으로 하도급법의 보호를 받는 수급사업자는 반드시 중소기업기본법상의 중소기업자(중소기업협동조합 포함)이어야 하지만, 하도급대금의 지급과 관련된 제13조의 규정들[59]에 대하여는 「중견기업 성장촉진 및 경쟁력 강화에 관한 특별법」(중견기업법)상의 중견기업 중 매출액이 3,000억 원 미만의 기업이 상호출자제한기업집단 소속계열사로부터 위탁을 받는 경우와 대통령령에 따른 소규모 중견기업이 자산규모 또는 매출액이 2조 원을 초과하는 소위 대규모 중견기업으로부터 위탁을 받는 경우에도 적용된다(법 제13조 제11항, 시행령 제7조의4 별표 1).

(4) 하도급대금 지급의무 위반의 제재

동 의무를 위반한 원사업자에 대하여 시정조치를 권고하거나 명할 수 있고(법 제25조 제1항), 하도급대금의 2배를 초과하지 않는 범위 내에서 과징금을 부과할 수 있으며(법 제25조의3 제1항 제3호), 이를 위반한 자에 대하여는 하도급대금의 2배에 상당하는 금액 이하의 벌금에 처할 수 있다(법 제30조 제1항 제1호). 실손해배상대상이다(법 제35조 제1항).

(5) 대금이 확정되지 않고 위탁에 착수한 경우, 대금미지급의 성립 여부 및 지급명령의 가부

원·수급사업자 간 이견으로 하도급대금이 확정되지 않은 채 위탁이 이루어져 원사업자가 목적물 등을 수령하게 되면(예를 들어, 하도급대금 이외의 주요사항은 정해진 경우),

---

59) ① 목적물 수령일로부터 60일 이내 하도급대금 지급의무, ② 발주자로부터 준공금이나 기성금을 지급받은 경우 15일 이내 수급사업자에 대한 지급의무, ③ 하도급대금의 현금지급비율 준수(발주자로부터 지급받은 현금비율 이상으로 하도급대금을 지급해야 함), ④ 하도급대금을 어음으로 지급시 어음의 지급기간 준수, ⑤ 어음으로 하도급대금을 지급할 때 만기일 초과시 어음할인료 지급의무, ⑥ 어음대체결제수단으로 하도급대금을 지급할 때 상환일까지의 수수료 지급의무, ⑦ 하도급대금을 지연지급시에는 지연이자 지급의무 등이다.

대금이 확정되지 않았다 하더라도 하도급대금 미지급으로 법 제13조 위반이 된다. 하도급대금 및 지연이자를 미지급한 행위를 금지하도록 하는 일반적인 금지명령 형태의 시정조치는 가능하다. 「하도급법 위반사업자에 대한 과징금 부과기준에 관한 고시」 Ⅱ. 5.에 의하면 "계약서를 작성하지 아니한 경우에는 하도급거래에 있어 실제로 발생한 금액으로 한다"고 규정하고 있기 때문에 과징금부과처분도 가능하다.

그런데 이 경우 공정거래위원회가 지급명령을 할 수 있는가? 공정거래위원회는 법위반이 없었다면 결정되었을 대금(정당한 하도급대금)과 실제의 하도급대금의 차이를 지급하라는 취지의 시정조치명령을 내릴 수 있음은 당연하다(서울고등법원 2012. 5. 17. 선고 2011누36687 판결). 하지만 앞서 본 바와 같이 현실적으로 법 제4조 제2항의 몇몇 호의 유형에 해당하지 않는 한, 법위반이 없었다면 결정되었을 대금, 즉 '통상 지급되었을 대가'를 입증하기가 매우 어렵다. 이를 입증하지 않으면 공정거래위원회는 지급명령을 할 수 없다.

이 경우, 수급사업자 입장에서는 민사소송을 통해 손해를 배상받을 수밖에 없다. 민사소송에서 감정 등의 여러 가지 입증방안을 사용하겠지만, 법위반이 없었다면 결정되었을 대금을 입증하기란 공정거래위원회 단계보다 오히려 더 어려울 수 있다. 법원에서도 공정거래법 제57조에 의한 변론의 전취지 등에 의한 손해액 산정이라는 특례를 보다 적극적으로 활용하는 것이 바람직하고, 공정거래위원회도 지급금액에 대하여 좀더 많은 조사와 검토를 통해 산정하여 지급명령을 내리는 노력이 필요하다. 관련하여 공정거래위원회 실무에서는 하도급대금 등 지급명령을 할 금액이 일의적으로 확정되지 않으면 지급명령을 내릴 수 없다는 입장을 취하기도 한다. 그래서 원사업자와 수급사업자가 하도급대금을 명확하게 합의하지 않은 경우에는 지급명령을 할 수 없다고 보는 것으로 알려져 있다. 하지만, 지급명령을 내리기 위하여 필요한 것은 금액이 사전적으로 확정되어야 하는 것이 아니라 금액이 입증되는 것이다. 입증은 여러 증거조사방법을 통하여 할 수 있고, 특히 원사업자와 수급사업자가 하도급대금을 명확하게 합의·결정하지 않은 경우 법원에서와 같이 감정을 통하여 입증할 수 있다. 지출된 실공사비를 정산하기로 하는 하도급계약에서는 실공사비를 지출영수증 등으로 입증할 수도 있다. 뿐만 아니라 하도급대금이 결정되지 않고 위탁업무가 수행된 경우 실제 지출비용에 적정 마진을 지급하기로 하는 명시적·묵시적 합의가 있다는 대법원 판결도 있다(대법원 2013. 5. 24. 선고 2012다112138, 2012다112145 판결[60]). 공정거래위원회 단계에서 감정 등 여러 증거조사를 통해 실제 투입비용

---

60) "수급인이 일의 완성을 약속하고 도급인이 그 보수를 지급하기로 하는 명시적, 묵시적 의사표시를 한 경우 보수액이 구체적으로 합의되지 않더라도 도급계약이 성립된 것으로 본다. 공사도급계약에 있어서는 반드시 구체적인 공사대금을 사전에 정해야 하는 것이 아니고 실제 지출한 비용에 거래관행에 따른 상당한 이윤을 포함한 금액을 사후에 공사대금으로 정할 수 있다는 점에 비추어 볼 때, 당사자 사이에는 공사를 완

등 사실관계를 확정할 수 있도록 법을 개정하고 아울러 공정거래위원회로서도 적극적 입장에서 지급명령을 위한 증거조사를 할 필요가 있다.

공정거래위원회가 지급명령을 하는 경우에는 두말할 나위가 없고 법원을 통해 손해배상을 받는 때에도 지급기일부터 실제 지급일까지의 법위반이 없었다면 결정되었을 대금과 실제 지급대금의 차이에 대한 하도급법상의 지연이자(연 15.5%)가 지급되어야 한다. 하도급대금이 당사자 간 합의로 추후 확정되거나 또는 법원에 의하여 인정되면, 지연이자는 확정 또는 인정된 금액에 목적물 등 수령일로부터 지급일까지의 기간을 곱해서 산정될 것이다.

┤ 건설산업기본법상 하도급대금 지급의무 ├

건설공사 하도급대금의 경우 건설산업기본법 제34조는 하도급법의 규정 내용과 유사하게 하도급대금 지급의무 및 선급금 지급의무 등을 규정하고 있다. 위 규정에 의하면, 수급인은 건설공사에 대한 준공금 또는 기성금을 받으면 그 받은 날부터 15일 이내에 하수급인에게 하도급대금 또는 하수급인이 시공한 부분에 해당하는 금액을 현금으로 지급하여야 한다(건설산업기본법 제34조 제1항). 수급인이 발주자로부터 선급금을 받은 때에는 그 선급금의 내용과 비율에 따라 선급금을 받은 날(하도급계약을 체결하기 전에 선급금을 지급받은 경우에는 하도급계약을 체결한 날)부터 15일 이내에 하수급인에게 선급금을 지급하여야 한다. 이러한 경우 수급인은 하수급인이 선급금을 반환하여야 할 경우에 대비하여 하수급인에게 보증을 요구할 수 있다(건설산업기본법 제34조 제4항). 그밖에 수급인은 하도급계약을 할 때 국토교통부령으로 정하는 바에 따라 하수급인에게 하도급대금의 지급보증서를 교부하여야 한다(건설산업기본법 제34조 제2항).

성하고 공사대금은 사후에 실제 지출한 비용을 기초로 산정하여 지급하기로 하는 명시적 또는 묵시적 의사표시가 있었다고 보는 것이 경험칙에 부합한다"고 판시한 것이다(대법원 2013. 5. 24. 선고 2012다112138, 2012다112145 판결).

03 ▶ 부당한 대물변제의 금지

개정전 하도급법(2017. 4. 18. 법률 제14814호로 개정되기 이전의 것)	개정후 하도급법
제17조(부당한 대물변제의 금지) ① 원사업자는 수급사업자의 의사에 반하여 하도급대금을 물품으로 지급하여서는 아니 된다.	**제17조(부당한 대물변제의 금지)** ① 원사업자는 하도급대금을 물품으로 지급하여서는 아니 된다. 다만, 다음 각 호의 어느 하나에 해당하는 사유가 있는 경우에는 그러하지 아니하다. 1. 원사업자가 발행한 어음 또는 수표가 부도로 되거나 은행과의 당좌거래가 정지 또는 금지된 경우 2. 원사업자에 대한 『채무자 회생 및 파산에 관한 법률』에 따른 파산신청, 회생절차개시 또는 간이회생절차개시의 신청이 있은 경우 3. 그 밖에 원사업자가 하도급대금을 물품으로 지급할 수밖에 없다고 인정되는 대통령령으로 정하는 사유가 발생하고, 수급사업자의 요청이 있는 경우
② 원사업자는 제1항의 대물변제를 하기 전에 소유권, 담보제공 등 물품의 권리·의무 관계를 확인할 수 있는 자료를 수급사업자에게 제시하여야 한다.	② (이전과 동일)
③ 물품의 종류에 따라 제시하여야 할 자료, 자료제시의 방법 및 절차 등 그 밖에 필요한 사항은 대통령령으로 정한다.	③ (이전과 동일)

(1) 법 개정 및 수급사업자의 자발적 동의에 의한 대물변제의 가부

개정전 법률은 원사업자는 수급사업자의 의사에 반하여 하도급대금을 물품으로 지급하여서는 아니된다고 규정하고 있었다(법 제17조).

'수급사업자의 의사에 반하여'의 의미는, 원사업자와 수급사업자 간의 거래상 지위에 비추어 볼 때, 단순히 '원사업자가 수급사업자와의 민사상 유효한 합의나 동의 없이'의 의미로 한정된다고 보기는 어렵고 수급사업자의 '진정한 의사'에 반하지 않아야 한다는 취지라 보아야 한다. 수급사업자가 원하지 않았지만 원사업자의 강요에 의하여 할 수 없이 합의하거나 동의한 경우도 '의사에 반하여'에 포함한다고 보아야 한다. 대법원은 수급사업자의 열위적 지위에 비추어 수급사업자가 원하지 않음에도 불구하고 원사업자의 의사에 따라 대물변제에 동의 또는 승낙하는 경우에는 의사에 반하는 것으로 볼 수 있고 그것이 무효 또는 취소할 수 있는 정도의 강박에 의한 것임을 요하지는 않지만, 그럼에도 불구하고 사적자치의 원칙 등에 비추어 원사업자와 수급사업자가 당초부터 하도급대금을 물품으로 지급하는 것을 전제로 자유로운 협의를 통해 계약을 체결한 것이라면 수급사업자의 의사에 반하는 대물변제로 보기 어렵다고 보고 있다(대법원 2003. 5. 16. 선고 2001다27470 판결). 원사업자와 수급사업자 간의 민사상 합의나 수급사업자의 동의를 존중하는 입장이라 해석된다. 경제적 이익의 부당요구 금지에 대한 하도급법 제12조의2 해석에 있어 당사자 간 합의의 진정성을 거의 인정하지 않고 정당한 사유를 대부분 부정한 법원의 입장과 비교된다.

이에 대하여 민법 제466조의 대물변제는 수급사업자의 의사를 전제로 하는 것이기 때문에 아울러 원사업자의 사실상의 강요나 협박 없이 이루어진 대물변제에 있어 '수급사업자의 의사에 반하여'로 볼 수 있는 경우가 거의 없다며, '의사에 반하여'라는 요건을 삭제하고 '정당한 이유 없이'라는 요건으로 법개정을 해야 한다는 비판이 있었고[61] 저자도 같은 입장이었다. 이러한 비판을 반영하여 2017년 개정법은 하도급대금의 대물변제를 원칙적으로 금지하고 어음·수표의 부도나 당좌거래 정지·금지, 파산신청, 회생절차개시 또는 간이회생절차개시의 신청이 있는 경우, 그 밖에 물품으로 지급할 수밖에 없다고 인정되는 대통령령이 정하는 사유가 발생하고 수급사업자의 요청이 있는 경우에만 대물변제가 예외적으로 가능하도록 개정하였다(한편 이에 대한 대통령령은 아직 없다). 개정법 해석상 수급사업자의 자발적 동의나 당사자 간 진정한 합의가 있다 하더라도 예외 사유에 해당하지 않으면 동조 위반으로 볼 수밖에 없다.

(2) 대물변제시 서면교부 등 절차

원사업자는 대물변제를 하기 전에 소유권, 담보제공 등 물품의 권리·의무 관계를 확인할 수 있는 자료를 수급사업자에게 제공해야 하고(법 제17조 제2항), 지체없이 원사업자가 자료를 제시한 날, 자료의 주요 목차, 수급사업자가 자료를 제시받았다는 사실, 원사업자와 수급사업자의 상호명, 사업장 소재지 및 전화번호, 원사업자와 수급사업자의 서명 및 기명날인을 적은 서면을 작성하여 수급사업자에게 내주고 원사업자와 수급사업자는 이를 보관해야 한다(시행령 제9조의4).

---

61) 오승돈, 앞의 책, 262면

(3) 대금에 미치지 못하는 물품으로 대물변제한 경우 하도급대금 채무 변제의 범위와 지연이자

하도급대금에 미치지 못하는 물품으로 대물변제를 할 경우 동조 위반을 구성하지만 대물변제된 물품의 시가의 범위 내에서는 민사적으로 유효한 변제가 된다. 하급심판결 중에 선급금 지급에 있어 지급해야 하는 선급금에 미치지 못하는 부동산으로 대물변제하기로 하였다면 양도한 부동산의 시가 상당액에 대하여는 선급금이 지급된 것으로 보는 것이 당사자 간 의사에 부합하므로 그 범위 안에서는 대물변제 약정이 유효하고 이를 초과하는 부분에 있어서만 무효다(부산고등법원 2001. 4. 12. 선고 99나13515 판결).

한편, 정당한 대물변제에 따라 하도급대금을 물품으로 지급하는 경우라 하더라도 그 지급기일은 일반적인 하도급대금 지급기일에 따라야 하므로 그 지급을 지체한 때에는 하도급법상의 지연이자(현 15.5%)를 지급해야 한다.

(4) 위반시 제재

동 규정을 위반한 원사업자에 대하여는 시정조치(법 제25조 제1항)나 하도급대금의 2배를 초과하지 않는 범위 내의 과징금을 부과하게 되며(법 제25조의3 제1항 제3호), 이를 위반한 자에 대하여는 하도급대금의 2배에 상당하는 금액 이하의 벌금에 처하게 된다(법 제30조 제1항 제1호). 실손해배상책임을 진다(법 제35조 제1항).

04 건설하도급 계약이행 및 대금지급 보증

> **하도급법**
> **제13조의2(건설하도급 계약이행 및 대금지급 보증)** ① 건설위탁의 경우 원사업자는 계약체결일부터 30일 이내에 수급사업자에게 다음 각 호의 구분에 따라 해당 금액의 공사대금 지급을 보증(지급수단이 어음인 경우에는 만기일까지를, 어음대체결제수단인 경우에는 하도급대금 상환기일까지를 보증기간으로 한다)하고, 수급사업자는 원사업자에게 계약금액의 100분의 10에 해당하는 금액의 계약이행을 보증하여야 한다. 다만, 원사업자의 재무구조와 공사의 규모 등을 고려하여 보증이 필요하지 아니하거나 보증이 적합하지 아니하다고 인정되는 경우로서 대통령령으로 정하는 경우에는 그러하지 아니하다.
> 1. 공사기간이 4개월 이하인 경우 : 계약금액에서 선급금을 뺀 금액
> 2. 공사기간이 4개월을 초과하는 경우로서 기성부분에 대한 대가의 지급 주기가 2개월 이내인 경우 : 다음의 계산식에 따라 산출한 금액

$$보증금액 = \frac{(하도급대금계약금액 - 선급금)}{공사기간(개월 수)} \times 4$$

3. 공사기간이 4개월을 초과하는 경우로서 기성부분에 대한 대가의 지급 주기가 2개월을 초과하는 경우 : 다음의 계산식에 따라 산출한 금액

$$보증금액 = \frac{(하도급대금계약금액 - 선급금)}{공사기간(개월 수)} \times 기성부분 대가의 지급주기(개월 수) \times 2$$

② 원사업자는 제1항 각 호 외의 부분 단서에 따른 공사대금 지급의 보증이 필요하지 아니하거나 적합하지 아니하다고 인정된 사유가 소멸한 경우에는 그 사유가 소멸한 날부터 30일 이내에 제1항에 따른 공사대금 지급보증을 하여야 한다. 다만, 계약의 잔여기간, 위탁사무의 기성률, 잔여대금의 금액 등을 고려하여 보증이 필요하지 아니하다고 인정되는 경우로서 대통령령으로 정하는 경우에는 그러하지 아니하다.

③ 다음 각 호의 어느 하나에 해당하는 자와 건설공사에 관하여 장기계속계약(총액으로 입찰하여 각 회계연도 예산의 범위에서 낙찰된 금액의 일부에 대하여 연차별로 계약을 체결하는 계약으로서 「국가를 당사자로 하는 계약에 관한 법률」 제21조 또는 「지방자치단체를 당사자로 하는 계약에 관한 법률」 제24조에 따른 장기계속계약을 말한다. 이하 이 조에서 "장기계속건설계약"이라 한다)을 체결한 원사업자가 해당 건설공사를 장기계속건설하도급계약을 통하여 건설위탁하는 경우 원사업자는 최초의 장기계속건설하도급계약 체결일부터 30일 이내에 수급사업자에게 제1항 각 호 외의 부분 본문에 따라 공사대금 지급을 보증하고, 수급사업자는 원사업자에게 최초 장기계속건설하도급계약 시 약정한 총 공사금액의 100분의 10에 해당하는 금액으로 계약이행을 보증하여야 한다.

1. 국가 또는 지방자치단체

2. 「공공기관의 운영에 관한 법률」에 따른 공기업, 준정부기관 또는 「지방공기업법」에 따른 지방공사, 지방공단

④ 제3항에 따라 수급사업자로부터 계약이행 보증을 받은 원사업자는 장기계속건설계약의 연차별 계약의 이행이 완료되어 이에 해당하는 계약보증금을 같은 항 각 호의 어느 하나에 해당하는 자로부터 반환받을 수 있는 날부터 30일 이내에 수급사업자에게 해당 수급사업자가 이행을 완료한 연차별 장기계속건설하도급계약에 해당하는 하도급 계약이행보증금을 반환하여야 한다. 이 경우 이행이 완료된 부분에 해당하는 계약이행 보증의 효력은 상실되는 것으로 본다.

⑤ 제1항부터 제3항까지의 규정에 따른 원사업자와 수급사업자 간의 보증은 현금(체신관서 또는 「은행법」에 따른 은행이 발행한 자기앞수표를 포함한다)의 지급 또는 다음 각 호의 어느 하나의 기관이 발행하는 보증서의 교부에 의하여 한다.

1. 「건설산업기본법」에 따른 각 공제조합

2. 「보험업법」에 따른 보험회사

3. 「신용보증기금법」에 따른 신용보증기금

4. 「은행법」에 따른 금융기관

5. 그 밖에 대통령령으로 정하는 보증기관

⑥ 제5항에 따른 기관은 다음 각 호의 어느 하나에 해당하는 사유로 수급사업자가 보증약관

상 필요한 청구서류를 갖추어 보증금 지급을 요청한 경우 30일 이내에 제1항의 보증금액을 수급사업자에게 지급하여야 한다. 다만, 보증금 지급요건 충족 여부, 지급액에 대한 이견 등 대통령령으로 정하는 불가피한 사유가 있는 경우 보증기관은 수급사업자에게 통지하고 대통령령으로 정하는 기간 동안 보증금 지급을 보류할 수 있다.

1. 원사업자가 당좌거래정지 또는 금융거래정지로 하도급대금을 지급할 수 없는 경우
2. 원사업자의 부도·파산·폐업 또는 회사회생절차 개시 신청 등으로 하도급대금을 지급할 수 없는 경우
3. 원사업자의 해당 사업에 관한 면허·등록 등이 취소·말소되거나 영업정지 등으로 하도급대금을 지급할 수 없는 경우
4. 원사업자가 제13조에 따라 지급하여야 할 하도급대금을 2회 이상 수급사업자에게 지급하지 아니한 경우
5. 그 밖에 원사업자가 제1호부터 제4호까지에 준하는 지급불능 등 대통령령으로 정하는 사유로 인하여 하도급대금을 지급할 수 없는 경우

⑦ 원사업자는 제5항에 따라 지급보증서를 교부할 때 그 공사기간 중에 건설위탁하는 모든 공사에 대한 공사대금의 지급보증이나 1회계연도에 건설위탁하는 모든 공사에 대한 공사대금의 지급보증을 하나의 지급보증서의 교부에 의하여 할 수 있다.

⑧ 제1항부터 제7항까지에서 규정한 것 외에 하도급계약 이행보증 및 하도급대금 지급보증에 관하여 필요한 사항은 대통령령으로 정한다.

⑨ 원사업자가 제1항 각 호 외의 부분 본문, 제2항 본문 또는 제3항 각 호 외의 부분에 따른 공사대금 지급보증을 하지 아니하는 경우에는 수급사업자는 계약이행을 보증하지 아니할 수 있다.

⑩ 제1항 또는 제3항에 따른 수급사업자의 계약이행 보증에 대한 원사업자의 청구권은 해당 원사업자가 제1항부터 제3항까지의 규정에 따른 공사대금 지급을 보증한 후가 아니면 이를 행사할 수 없다. 다만, 제1항 각 호 외의 부분 단서 또는 제2항 단서에 따라 공사대금 지급을 보증하지 아니하는 경우에는 그러하지 아니하다.

하도급법 시행령

제8조(건설하도급 계약이행 및 대금지급 보증) ① 법 제13조의2 제1항 각 호 외의 부분 단서에서 "대통령령으로 정하는 경우"란 다음 각 호의 어느 하나에 해당하는 경우를 말한다.

1. 원사업자가 수급사업자에게 건설위탁을 하는 경우로서 1건 공사의 공사금액이 1천만 원 이하인 경우
2. 삭제
3. 법 제14조 제1항 제2호에 따라 발주자가 하도급대금을 직접 지급하여야 하는 경우
4. 하도급대금의 지급을 전자적으로 관리하기 위하여 운영되고 있는 시스템(이하 "하도급대금지급관리시스템"이라 한다)을 활용하여 발주자가 원사업자 명의의 계좌를 거치지 아니하고 수급사업자에게 하도급대금을 지급하는 경우

② 법 제13조의2 제5항 제5호에서 "대통령령으로 정하는 보증기관"이란 「전기공사공제조합법」에 따른 전기공사공제조합, 「정보통신공사업법」에 따른 정보통신공제조합, 「주택도시기

금법」에 따른 주택도시보증공사 및 「소방산업의 진흥에 관한 법률」에 따른 소방산업공제조합을 말한다.

③ 법 제13조의2 제6항 각 호 외의 부분 단서에서 "보증금 지급요건 충족 여부, 지급액에 대한 이견 등 대통령령으로 정하는 불가피한 사유가 있는 경우"란 다음 각 호의 어느 하나에 해당하는 경우를 말한다.

1. 보증기간 동안의 원사업자 및 수급사업자의 계약이행 여부가 불명확하여 자료보완이 필요하다고 인정하는 경우

2. 지급하여야 할 기성금(명칭을 불문하고 계약이행에 따른 대가로 지급되는 것을 말한다)에 대하여 원사업자와 수급사업자 사이에 이견이 있는 경우

④ 법 제13조의2 제6항 각 호 외의 부분 단서에서 "대통령령으로 정하는 기간"이란 30일을 말한다. 다만, 수급사업자와 합의한 경우 15일의 범위에서 한 차례만 그 기간을 연장할 수 있다.

⑤ 법 제13조의2 제6항 제5호에서 "제1호부터 제4호까지에 준하는 지급불능 등 대통령령으로 정하는 사유로 인하여 하도급대금을 지급할 수 없는 경우"란 다음 각 호의 어느 하나에 해당하여 하도급대금을 지급할 수 없는 경우를 말한다.

1. 원사업자가 「기업구조조정 촉진법」 제5조 제2항에 따라 관리절차의 개시를 신청한 경우

2. 발주자에 대한 원사업자의 공사대금채권에 대하여 제3채권자가 압류·가압류를 하였거나 원사업자가 해당 공사대금채권을 제3자에게 양도한 경우

3. 법 제2조 제14항에 따른 신용카드업자 또는 금융기관이 수급사업자에게 상환청구를 할 수 있는 어음대체결제수단으로 하도급대금을 지급한 후 원사업자가 해당 신용카드업자 또는 금융기관에 하도급대금을 결제하지 아니한 경우

4. 원사업자가 수급사업자에게 하도급대금으로 지급한 어음이 부도로 처리된 경우

5. 원사업자가 수급사업자로부터 지급기일 이후 2회 이상 하도급대금 지급에 관한 최고를 받고도 이를 이행하지 아니한 경우

⑥ 제1항 제4호에 따라 대금지급 보증의무 면제대상이 되는 하도급대금지급관리시스템의 종류는 공정거래위원회가 정하여 고시한다.

(1) 공사대금지급보증의무 요건

건설위탁을 함에 있어 원사업자는 계약체결일로부터 30일 이내에 수급사업자에게 아래의 보증금액에 해당하는 공사대금을 보증해야 하고, 수급사업자는 원사업자에게 계약금액의 10%에 해당하는 금액 상당의 계약이행보증을 해야 한다. 지급수단이 어음인 경우에는 어음만기일, 어음대체결제수단인 경우에는 하도급대금 상환기일을 보증기간으로 한다(법 제13조의2 제1항 본문).

선급금은 하도급대금 지급보증의 대상이 아니다(대법원 2001. 5. 29. 선고 2001다15644 판결).

◉ 보증금액

① 공사기간이 4개월 이하인 경우 : 계약금액에서 선급금을 뺀 금액

② 공사기간이 4개월을 초과하는 경우로서 기성부분에 대한 대가의 지급 주기가 2개월 이내인 경우 :

$$보증금액 = \frac{(하도급대금계약금액 - 선급금)}{공사기간(개월\ 수)} \times 4$$

③ 공사기간이 4개월을 초과하는 경우로서 기성부분에 대한 대가의 지급 주기가 2개월을 초과하는 경우 :

$$보증금액 = \frac{(하도급대금계약금액 - 선급금)}{공사기간(개월\ 수)} \times 기성부분\ 대가의\ 지급주기(개월\ 수) \times 2$$

원사업자가 국가 또는 지방자치단체, 공기업(구체적으로 「공공기관의 운영에 관한 법률」에 따른 공기업, 준정부기관, 지방공기업법에 따른 지방공사, 지방공단)과 장기계속건설계약[62]을 체결하고 해당 건설공사를 장기계속건설하도급계약을 통하여 건설위탁하는 경우 원사업자는 최초 장기계속건설하도급계약 체결일부터 30일 이내에 수급사업자에게 공사대금 지급을 보증하고, 수급사업자는 원사업자에게 최초 장기계속건설하도급계약 시 약정한 총 공사금액의 100분의 10에 해당하는 금액으로 계약이행을 보증하여야 한다(법 제13조의2 제3항). 계약이행보증을 받은 원사업자는 장기계속건설계약의 연차별 계약의 이행이 완료되어 이에 해당하는 계약보증금을 반환받을 수 있는 날부터 30일 이내에 수급사업자에게 해당 수급사업자가 이행을 완료한 하도급계약에 해당하는 계약이행보증금을 반환해야 한다. 이행이 완료된 부분에 해당하는 계약이행 보증의 효력은 상실된다(법 제13조의2 제4항).[63]

원사업자의 보증은 현금의 지급 또는 보증서의 교부에 의한다. 보증서는 건설산업기본법에 따른 각 공제조합이나 보험회사, 신용보증기금, 은행법에 의한 금융기관, 전기공사공제조합, 정보통신공제조합, 소방산업공제조합과 같은 기관이 발행한 것이어야 한다(법 제13조의2 제5항, 시행령 제8조 제2항). 원사업자는 지급보증서를 교부함에 있어 그 공사기간 중에 건설위탁하는 모든 공사에 대한 공사대금의 지급보증이나 1회계연도에 건설위탁하는 모든 공사에 대한 공사대금의 지급보증을 하나의 지급보증서의 교부로 할 수 있다(법

---

62) 총액으로 입찰하여 각 회계연도 예산의 범위에서 낙찰된 금액의 일부에 대하여 연차별로 계약을 체결하는 계약으로서 「국가를 당사자로 하는 계약에 관한 법률」 제21조 또는 「지방자치단체를 당사자로 하는 계약에 관한 법률」 제24조에 따른 장기계속계약을 말한다.

63) 장기계속건설계약에 있어서의 하도급대금 지급보증의무에 대한 법 제13조의2 제3항 및 제4항은 2016. 12. 20. 법률 제14456호로 개정된 법에서 신설된 것으로 2017. 3. 21.부터 시행되었다.

137

제13조의2 제7항). 원사업자는 하도급대금 지급보증서 발급에 소요된 비용을 원도급금액에 포함시켜 지급받는다.[64]

원사업자는 하도급대금이나 공사기간이 조정되어 그에 따른 지급보증을 변경해야 할 필요가 있으면 그 조정 시점에서 변경된 내용에 따라 수급사업자에게 추가로 대금지급을 보증해야 한다. 다만, 추가공사의 공사금액이 1,000만 원 이하의 경미한 공사인 경우에는 예외로 한다.

하도급대금의 지급을 이미 보증한 사업자와 합병을 하거나 상속, 영업양수 등을 통하여 그 지위를 승계한 원사업자는 수급사업자에게 동 하도급대금에 대하여 별도의 지급보증을 하지 않아도 된다. 다만, 대금지급보증의무 대상사업자가 대금지급보증면제대상 사업자의 원사업자 지위를 승계하더라도 승계 당시 잔여공사에 대하여는 하도급대금의 지급을 보증해야 한다(하도급공정화지침).

(2) 공사대금지급보증의무 면제

원사업자는 재무구조와 공사의 규모 등을 고려하여 보증이 필요하지 않거나 적합하지 않은 때로서 대통령령이 정하는 경우에는 원사업자의 지급보증의무를 면제하고 있다(법 제13조의2 제1항 단서). ① 원사업자가 수급사업자에게 건설위탁을 하는 1건의 공사금액이 1천만 원 이하인 경우, ② 하도급계약 체결일로부터 30일 이내에 하도급법상 직접지급합의를 한 경우 ③ 하도급대금지급관리시스템(하도급대금의 지급을 전자적으로 관리하기 위하여 운영되고 있는 시스템)을 활용하여 발주자가 원사업자 명의의 계좌를 거치지 아니하고 수급사업자에게 하도급대금을 지급하는 경우이다(법 제13조의2 제1항 단서, 시행령 제8조 제1항).[65]

한편, 2020. 4. 7. 대통령령 제30606호로 개정되기 이전의 시행령에 의하면, '원사업자

---

[64] 건산법은 건설공사 도급계약 당사자에 대하여 하도급대금 지급보증서 발급에 소요된 금액을 도급금액 산출내역서에 분명하게 기재하도록 하면서(건산법 제34조 제3항), 발주자가 도급금액 산출내역서에 명시된 지급보증서 발급에 소요된 금액이 실제 지출된 금액을 초과하는 경우에는 초과금액을 정산할 수 있도록 규정하고 있다(건산법 시행령 제34조의4 제4항). 동 규정의 반대해석상, 도급금액 산출내역서에 명시된 금액이 실제 지출된 금액에 미달하는 경우에 수급인이 발주자에게 정산을 요구할 수는 없다고 본다.

[65] 건산법에서는 원사업자가 중소기업이고 수급사업자가 대기업인 경우에도 지급보증의무가 있으며 아울러 하도급대금액이 1천만 원인 경우와 발주자·수급인·하수급인이 발주자가 하도급대금을 하수급인에게 직접 지급하기로 합의한 경우에만 지급보증의무가 면제될 뿐이다(건산법 제34조 제2항, 동 법 시행규칙 제28조 제2항). ① 수급인이 하도급대금을 도급계약이나 관계 법령에서 정한 기일 내에 지급하지 아니하여 공사기간이 지연되거나 ② 추가·변경공사 등의 정산에 관한 합의의 지연으로 인하여 하도급계약 불이행이 발생하여, 수급인이 이를 이유로 하도급계약을 일방적으로 해제 또는 해지한 경우에는 수급인은 하도급계약 이행보증서를 발행한 기관에 대하여 하도급계약 이행보증금의 지급을 요청할 수 없다. 다만, 하수급인의 귀책사유가 있는 경우는 제외한다(건산법 제34조의2 제2항).

가 신용평가회사가 실시한 신용평가에서 공정거래위원회가 정한 고시 이상의 등급을 받은 경우(지급보증면제고시에서 '2개 이상 신용평가전문기관이 실시하는 회사채 평가에서 A 이상의 등급을 받거나 회사채 신용평가 인가를 받은 신용평가사에 의한 기업어음 평가등급 A+2 이상을 받은 경우'로 규정)에도 하도급공사대금 지급보증의무 면제대상으로 규정되어 있었지만, 원사업자라 하더라도 단기간에 재무상태가 부실해 질 경우 하도급대금 지급을 할 수 없는 경우가 있음을 반영하여 2020. 4. 7. 시행령 개정에서 면제대상에서 제외하였다.[66]

한편, 원사업자는 위와 같은 공사대금 지급의 보증이 필요하지 아니하거나 적합하지 아니하다고 인정된 사유가 소멸한 경우에는 사유소멸일로부터 30일 이내에 제1항에 따른 공사대금 지급보증을 하여야 한다(법 제13조의2 제2항). 관련하여 2020. 4. 8. 시행령 개정으로 원사업자 신용등급에 따른 면제가 삭제됨으로써 대금지급보증의무 면제대상이었다가 그 면제사유가 사라지는 경우는 개정 시행령 아래에서는 존재하기 어려워졌다. 한편, 법원은 하도급계약 당시 대금지급보증의무 면제대상이었다가 하도급계약 종료 전에 면제대상이 아니게 된 경우, 예를 들어 개정 시행령 아래에서 원사업자의 신용등급이 대금지급보증의무 면제대상일 때 하도급계약을 체결하였다가 그 이후 신용등급 하락으로 대금지급보증의무 대상이 된 경우에도 이미 체결된 하도급계약에 대하여 다시 대금지급보증의무를 이행해야 한다고 보았다. 그래서 하도급계약 당시 하도급대금지급보증 면제사유에 해당하여 원사업자가 대금지급보증을 하지 않고 수급사업자로부터는 계약이행보증증권을 징구하였지만 이후 대금지급보증면제 대상에서 제외되었음에도 불구하고 새로이 대금지급보증을 하지 않았다면 수급사업자로부터 징구받은 계약이행보증금 청구를 할 수 없다고 보았다. 심지어 대금지급보증의무 면제사유가 사라지기 전에 지급한 하도급대금에 상응하는 부분(즉 전체 하도급대금에서 그 때까지 지급한 하도급대금의 비율)에 대한 계약이행보증금 청구 역시 가능하지 않았다고 보았다(서울고등법원 2019. 12. 6. 선고 2019나2009345 판결; 동 판결은 대법원 2020. 4. 9. 선고 2020다204452 판결로 심리불속행 결정).

한편, 동 조항의 의무는 정당한 사유 없음이 부당성을 요건으로 하지 않기 때문에 위와 같은 예외 외에는 원사업자가 하도급대금지급보증의무를 면할 수 없다. 예를 들어, 건설

---

66) 개정전 시행령의 제도를 좀 더 설명한다. 평가대상인 회사채는 원칙적으로 무보증회사채를 기준으로 하며, 회사채 및 기업어음에 대한 신용평가 등급은 당해 평가의 유효기간 내에서 효력이 있다(하도급공정화지침, 지급보증면제고시). 이러한 사유가 소멸하면 보증기간 동안 수급사업자의 계약이행이 불명확하거나 기성금에 대해 이견이 없는 경우 등을 제외하고는 그 때부터 30일 이내에 공사대금의 지급보증을 해야 한다(법 제13조의2 제2항, 시행령 제8조 제3항). 한편, 보증의무가 면제된 원사업자가 면제등급에서 제외된 후 대금에 관한 변경계약을 체결하는 경우, 변경계약으로 추가된 대금이 1,000만 원 이하인 경우가 아닌 한 추가된 대금에 대하여는 지급보증을 하여야 한다(하도급공정화지침).

하도급에서 최초 수급사업자가 타절되고 후속 수급사업자에게 건설하도급계약을 체결하면서 최초 수급사업자에 대해 이미 하도급대금지급보증을 했기 때문에 후속 사업자에게도 지급보증을 할 경우 이중보증의 위험이 있다며 하도급대금지급보증을 하지 않는 것은 허용되지 않는다(서울고등법원 2013. 12. 26. 선고 2012누19368 판결).

(3) 하도급대금지급보증금의 청구

수급사업자가 원사업자의 부도·파산·폐업·회사회생절차 개시신청·당좌거래정지·금융거리정지 등으로 하도급대금을 지급할 수 없는 등의 사유[67]로 인하여 보증기관에 하도급대금지급보증금을 청구한 경우 보증기관은 30일 이내에 보증금을 지급해야 한다(법 제13조의2 제6항, 시행령 제8조 제5항).

┌─── **하도급대금지급보증금 지급사유** ───┐

- 원사업자가 당좌거래정지 또는 금융거래정지로 하도급대금을 지급할 수 없는 경우
- 원사업자의 부도·파산·폐업 또는 회사회생절차 개시 신청 등으로 하도급대금을 지급할 수 없는 경우
- 원사업자의 해당 사업에 관한 면허·등록 등이 취소·말소되거나 영업정지 등으로 하도급대금을 지급할 수 없는 경우
- 원사업자가 하도급법 제13조에 따라 지급하여야 할 하도급대금을 2회 이상 수급사업자에게 지급하지 아니한 경우
- 원사업자가 「기업구조조정 촉진법」 제5조 제2항에 따라 관리절차의 개시를 신청한 경우
- 발주자에 대한 원사업자의 공사대금채권에 대하여 제3채권자가 압류·가압류를 하였거나 원사업자가 해당 공사대금채권을 제3자에게 양도한 경우
- 하도급법 제2조 제14항에 따른 신용카드업자 또는 금융기관이 수급사업자에게 상환청구를 할 수 있는 어음대체결제수단으로 하도급대금을 지급한 후 원사업자가 해당 신용카드업자

---

67) 법 제13조 제4항 및 시행령 제8조 제5항의 보증금지급청구 사유
  ㉮ 원사업자가 당좌거래정지 또는 금융거래정지로 하도급대금을 지급할 수 없는 경우
  ㉯ 원사업자의 부도·파산·폐업 또는 회사회생절차 개시신청 등으로 하도급대금을 지급할 수 없는 경우
  ㉰ 원사업자의 해당사업에 대한 면허·등록이 취소·말소되거나 영업정지 등으로 하도급대금을 지급할 수 없는 경우
  ㉱ 원사업자가 하도급대금을 2회 이상 지급하지 못한 경우
  ㉲ 원사업자가 기업구조조정촉진법 제4조 제3항에 따라 관리절차의 개시를 신청한 경우
  ㉳ 발주자에 대한 원사업자의 공사대금채권에 대하여 제3채권자가 압류·가압류하였거나 원사업자가 이를 제3자에게 양도한 경우
  ㉴ 신용카드업자 또는 금융기관이 수급사업자에게 상환청구를 할 수 있는 어음대체결제수단으로 하도급대금을 지급한 후 원사업자가 해당 신용카드업자 또는 금융기관에 하도급대금을 결제하지 아니한 경우
  ㉵ 원사업자가 수급사업자에게 하도급대금으로 지급한 어음이 부도로 처리된 경우
  ㉶ 원사업자가 수급사업자로부터 지급기일 이후 2회 이상 하도급대금 지급에 관한 최고를 받고도 이행하지 않은 경우

> 또는 금융기관에 하도급대금을 결제하지 아니한 경우
> • 원사업자가 수급사업자에게 하도급대금으로 지급한 어음이 부도로 처리된 경우
> • 원사업자가 수급사업자로부터 지급기일 이후 2회 이상 하도급대금 지급에 관한 최고를 받고도 이를 이행하지 아니한 경우

다만, 보증기관은 불가피한 사유, 즉 보증기간 동안의 원·수급사업자의 계약이행 여부가 불명확하여 자료보완이 필요하다고 인정하거나, 지급하여야 할 기성금(명칭을 불문하고 계약이행에 따른 대가로 지급되는 것을 말한다)에 대하여 원·수급사업자 사이에 이견이 있는 경우에는 수급사업자에게 통지하고 30일 동안 보증금 지급을 보류할 수 있다(시행령 제8조 제3항). 이 경우 원사업자가 수급사업자와 합의한 경우 15일의 범위 내에서 한 차례만 보증금지급기간을 연장할 수 있다(법 제13조의2 제3항, 시행령 제8조 제3항, 제4항).

(4) 수급사업자의 계약이행보증의무와의 관계 및 이를 배제하는 합의의 효력

수급사업자는 원사업자에게 계약금액의 100분의 10에 해당하는 금액의 계약이행을 보증해야 할 의무가 있는데(법 제13조의2 제1항), 이러한 수급사업자의 계약이행보증의무는 원사업자의 공사대금보증의무와 동시이행관계에 있다. 원사업자가 대금지급보증을 하지 않으면 수급사업자는 계약이행보증을 거절할 수 있고(법 제13조의2 제9항) 반대의 경우도 마찬가지이다. 원사업자가 수급사업자에게 공사대금지급보증을 하지 않았다면, 수급사업자가 계약이행보증을 제공했다 하더라도 원사업자는 계약이행보증을 청구할 수 없다. 다만 원사업자가 예외사유에 해당하여 지급보증하지 않는 경우에는 계약이행보증을 청구할 수 있다(법 제13조의2 제10항).[68]

건설산업기본법에서도 하도급시 수급인의 대금지급보증과 하수급인의 계약이행의무가 규정되어 있고(건설산업기본법 제34조의2), 하도급법상 의무와 마찬가지로 양자는 동시이행관계이다.

하도급공정화지침에서 원사업자의 공사대금보증의무가 수급사업자와의 합의로 면제되지 않는다고 규정하고 있지만(하도급공정화지침 III. 14), 이는 단속규정이므로 면제하기로 하는 합의가 민사적으로 무효라고 보기는 어렵고, 단지 하도급법위반으로 인한 행정상·형사상 책임을 져야 한다는 취지이다.

한편, 도급계약상 '당사자는 보증인을 세워야 하며 보증인은 당사자의 채무불이행에

---

68) 건산법에 의하면, 수급인은 하수급인에게 하도급대금 지급보증서를 교부하는 경우 하수급인에게 하도급대금의 100분의 10에 해당하는 금액의 하도급계약 이행보증서의 교부를 요구할 수 있다(건산법 제34조의2 제1항).

대하여 연대하여 책임진다'라는 규정에서 말하는 당사자의 보증인 중 수급인의 보증인이란 하도급법 제13조의2에 의한 계약이행보증을 위한 보증인이 아니라 도급계약상의 '수급인의 보증인'이라 할 것이므로, 설사 도급인이 보증인을 세우지 않았다 하더라도 이를 이유로 수급인의 계약이행보증금의 지급을 보증한 자가 그 책임을 면할 수 없다(대법원 2001. 10. 26. 선고 2000다61435 판결).

수급사업자와의 계약이행보증의무와 동시이행관계임에 비추어, 수급사업자에게 계약이행보증을 하지 않는 대가로 공사대금보증의무를 지지 않기로 하는 소위 상호보증면제 합의는 하도급법위반이 아니라고 보아야 한다.[69]

(5) 위반시 제재

동 의무를 위반한 원사업자에 대하여 시정조치를 권고하거나 명할 수 있고(법 제25조 제1항), 하도급대금의 2배를 초과하지 않는 범위 내에서 과징금을 부과할 수 있으며(법 제25조의3 제1항 제2호), 이를 위반한 자에 대하여는 하도급대금의 2배에 상당하는 금액 이하의 벌금에 처한다(법 제30조 제1항 제1호). 실손해배상책임을 진다(법 제35조 제1항).

05 내국신용장 개설의무

하도급법

제7조(내국신용장의 개설) ① 원사업자는 수출할 물품을 수급사업자에게 제조위탁 또는 용역위탁한 경우에 정당한 사유가 있는 경우 외에는 위탁한 날부터 15일 이내에 내국신용장(內國信用狀)을 수급사업자에게 개설하여 주어야 한다. 다만, 신용장에 의한 수출의 경우 원사업자가 원신용장(原信用狀)을 받기 전에 제조위탁 또는 용역위탁을 하는 경우에는 원신용장을 받은 날부터 15일 이내에 내국신용장을 개설하여 주어야 한다.

② 원사업자는 수출할 물품·용역을 수급사업자에게 제조위탁 또는 용역위탁한 경우 다음 각 호의 요건을 모두 갖춘 때에는 사전 또는 사후 구매확인서를 수급사업자에게 발급하여 주어야 한다.

1. 원사업자가 개설한도 부족 등 정당한 사유로 인하여 내국신용장 발급이 어려운 경우

---

69) 원사업자의 공사대금지급보증의무와 수급사업자의 계약이행보증의무에 대하여 상호보증관계가 아니므로 양자를 서로 면제하기로 하는 합의가 무효라는 견해가 있다.(송정원, 앞의 책, 138면) 일단 동 조를 효력규정이라고 보기는 어려우므로 민사적으로 무효는 아니다. 단지 그러한 합의가 수급사업자의 하도급법상 의무를 면제해 주지 않는다는 취지의 주장으로 해석할 수 있다. 하지만 이 견해는 수급사업자가 계약이행보증서를 제출하지 않자, 원사업자가 수급사업자에게 계약이행보증서를 제출하지 않으면 공사대금지급보증을 하지 않겠다고 하다가 양자가 서로 보증서를 제출하지 않기로 합의하는 것도 하도급법 위반이라는 결론에 도달하므로 타당하지 않다.

(1) 내국신용장 개설의무

원사업자는 수출할 물품을 수급사업자에게 위탁하는 경우 정당한 사유가 없는 한 위탁한 날로부터 15일 이내에 내국신용장을 개설해 주어야 한다(법 제7조). 다만, 신용장에 의한 수출에서 원사업자가 원신용장을 받기 전에 위탁한 경우라면 원신용장을 받은 날로부터 15일 이내에 내국신용장을 개설해 주면 된다.

한편, 원사업자가 내국신용장을 개설한 경우 목적물 등의 납품 등이 있으면 검사완료 즉시 물품수령증명서(인수증)를 수급사업자에게 발급해야 한다.[70]

내국신용장 미개설의 정당한 이유에 대하여는 원사업자가 입증해야 한다. 하도급공정화지침에 의하면, 수급사업자가 내국신용장 개설을 원하지 아니한 사실이 명백한 경우나 원사업자가 내국신용장 개설은행에 연체 등으로 내국신용장 개설이 불가능한 경우에는 정당한 사유가 있는 것으로 본다.

아울러 수급사업자가 제조위탁을 받은 날로부터 15일을 초과하여 물품매도확약서를 제출하면 원사업자는 지체없이 내국신용장을 개설해 주어야 한다. 한편, 월 1회 이상 일괄하여 내국신용장을 개설하기로 명백히 합의하였다면 합의에 의해 정한 날에 개설해 주더라도 위법하지 않다.

---

70) 수출용 물품의 거래과정을 살펴본다. 외국 구매자와 국내수출업자(주로 원사업자) 사이에 물품공급계약이 체결되면 외국구매자는 국내수출업자에게 물품대금을 반드시 지급하겠다는 보증서인 신용장(Letter of Credit)을 개설해 주게 된다. 국내수출업자는 원신용장을 통해 물품생산에 필요한 자금을 융통할 수 있고 나아가 원신용장을 근거로 국내제조업체를 수혜자로 하는 내국신용장을 개설할 수 있게 된다. 내국신용장이란 수출용 완제품 또는 수출용 원자재의 국내공급업자에게 대금결제의 확실성을 보장하기 위하여, 물품구매자를 개설의뢰인으로 하고 공급자를 수혜자로 하여 외국환은행이 발급하는 국내업자 간의 지급보증제도이다. 국내제조업체가 물품을 납품한 후 물품수령증명서(또는 인수증)를 교부받은 다음, 환어음 양식을 작성하고 내국신용장과 물품수령증명서를 첨부하여 거래은행에서 납품대금을 수령할 수 있게 된다.

[내국신용장 개설 및 관세환급과 관련된 하도급법 규정 도해]

		하도급법 규정	적용범위
내국 신용장 개설	발주서 매도확약서 제출 내국신용장 개설	15일 이내 내국 신용장 개설	하도급법 제7조
	물품수령 인수증 교부	즉시(통상 10일 이내 인 수증 교부)	하도급법 제87조
관세 환급	기초원자재 완제품 수출 수출자의 관세환급	목적물수령일로부터 60 일 이내 관세액 지급	하도급법 제15조
	하도급업체에 관세지급	환급받은 날로부터 15 일 이내 관세액 지급	하도급법 제15조

한편, 원사업자가 수출할 물품이나 용역을 수급사업자에게 제조위탁 또는 용역위탁한 경우로서 ① 원사업자가 개설한도 부족 등 정당한 사유로 인하여 내국신용장 발급이 어렵고 아울러 ② 수급사업자의 구매확인서 발급 요청이 있는 경우에는 사전 또는 사후 구매확인서를 수급사업자에게 발급해 주어야 한다(법 제7조 제2항).[71]

(2) 위반시 제재

동 의무를 위반한 원사업자에 대하여 시정조치를 권고하거나 명할 수 있고(법 제25조 제1항), 하도급대금의 2배를 초과하지 않는 범위 내에서 과징금을 부과할 수 있으며(법 제25조의3 제1항 제3호), 이를 위반한 자에 대하여는 하도급대금의 2배에 상당하는 금액 이하의 벌금에 처한다(법 제30조 제1항 제1호). 실손해배상책임을 진다(법 제35조 제1항).

---

71) 동 규정은 개정 공정거래법(2017. 10. 31.자 법률 제15016호, 2018. 5. 1. 시행)에서 추가되었다.

> **제15조(관세 등 환급액의 지급)** ① 원사업자가 수출할 물품을 수급사업자에게 제조위탁하거나 용역위탁한 경우「수출용원재료에 대한 관세 등 환급에 관한 특례법」에 따라 관세 등을 환급받은 경우에는 환급받은 날부터 15일 이내에 그 받은 내용에 따라 이를 수급사업자에게 지급하여야 한다.
> ② 제1항에도 불구하고 수급사업자에게 책임을 돌릴 사유가 없으면 목적물 등의 수령일부터 60일 이내에 수급사업자에게 관세 등 환급상당액을 지급하여야 한다.
> ③ 원사업자가 관세 등 환급상당액을 제1항과 제2항에서 정한 기한이 지난 후에 지급하는 경우에는 그 초과기간에 대하여 연 100분의 40 이내에서「은행법」에 따른 은행이 적용하는 연체금리 등 경제사정을 고려하여 공정거래위원회가 정하여 고시하는 이율에 따른 이자를 지급하여야 한다.

(1) 관세 등 환급액 지급

수출품 제조 목적으로 원재료를 수입하면서 납부한 관세 등은 그 원재료 또는 이를 이용한 제품을 수출에 제공한 때에 수출업자에게 돌려주게 되는데,[72] 이처럼 궁극적으로 수급사업자가 관세 등을 환급받아야 할 경우, 원사업자가 관세 등 환급절차를 게을리하여 수급사업자에게 손해를 끼치는 것을 방지하기 위한 규정이다. 원사업자가 수출한 물품을 수급사업자에게 제조위탁하거나 용역위탁하고「수출용 원재료에 대한 관세 등 환급에 관한 특례법」에 따라 관세 등을 환급받는 경우에는 환급받은 날로부터 15일 이내에 그 받은 내용에 따라 이를 수급사업자에게 지급해야 한다(법 제15조 제1항).

수급사업자에게 책임을 돌릴 사유가 없으면(원사업자가 설사 그때까지 관세 등을 환급받지 못하였더라도) 목적물 등 수령일로부터 60일 이내에 수급사업자에게 지급해야 한다(법 제15조 제2항). 수급사업자에게 책임을 돌릴 사유란 예를 들어 수급사업자가 기초원재료납세증명서 등 관세환급에 필요한 서류를 인도하지 않거나 지연인도한 경우, 관세환급에 필요한 서류상 기재내용이 실거래와 달라 관세환급을 받을 수 없는 경우, 수급사업자가 직접 관세 등을 환급받는 경우, 수급사업자의 요청으로 원사업자가 관세 환급에 필요

---

72) 관세 일괄 납부 및 사후정산제도
　－관세 등 납부 기한 : 당사자의 신청에 의하여 1개월, 2개월 또는 3개월 단위로 관세 등의 일괄 납부 가능(특례법 제6조 제1항, 시행령 제2조 제1항)
　－환급금 결정·지급 : 관세 등의 일괄 납부업체가 신청하여 결정된 환급금은 환급금 결정일이 속하는 일괄 납부 기간이 종료되는 달 익월 1일의 정산시까지 그 지급을 보류(특례법 제16조 제3항, 시행령 제6조 제3항)
　－사후정산제도 : 세관장은 일괄 납부해야 할 관세 등과 지급 유보 중인 환급금을 상계하는 정산을 실시하고 그 결과를 일괄 납부 기간이 종료되는 달 익월 1일까지 일괄 납부업체에게 통지(특례법 제7조 제1항)

한 환급위임장을 지체 발급해 준 경우에는 상기기간을 초과하여 지급할 수 있는 경우 등
이다(하도급공정화지침).

관세환급금 지급 법정기일, 즉 원사업자가 관세를 환급받은 날로부터 15일 또는 목적물
수령일로부터 60일 중 빠른 날을 도과하여 수급사업자에게 관세환급액을 지급할 경우 원사
업자는 지연이자(연 15.5%)를 부담하여야 한다(법 제15조 제3항).

참고로 관세를 납부한 원재료 수입업자가 수출자로부터 받은 내국신용장을 관할세관에
제시하면 세관은 수입시 관세를 납부했다는 기초원재료납세증명서(기납증)를 발급하는데,
이를 발급받은 수입자는 내국신용장개설의뢰인에게 양도하고 최종 수출자는 수출완료 후
수출면장과 내국신용장 수혜자로부터 받은 기납증명서를 제시하여 관세를 환급받는다.

[관세 등 환급절차 흐름도]

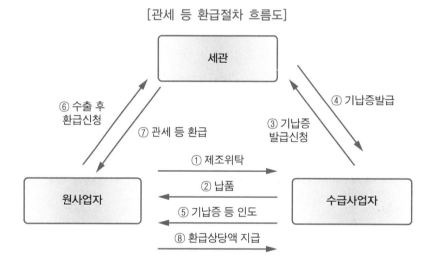

(2) 위반시 제재

동 의무를 위반한 원사업자에 대하여 시정조치를 권고하거나 명할 수 있고(법 제25조
제1항), 하도급대금의 2배를 초과하지 않는 범위 내에서 과징금을 부과할 수 있으며(법 제
25조의3 제1항 제6호), 이를 위반한 자에 대하여는 하도급대금의 2배에 상당하는 금액 이하
의 벌금에 처한다(법 제30조 제1항 제3호). 실손해배상책임을 진다(법 제35조 제1항).

VII 원사업자의 의무 및 금지사항(5): 기술탈취 및 기타사항

01 기술자료의 제공 강요 및 유용 금지

구 하도급법 (2018. 1. 16. 법률 제15362호로 개정되기 이전의 것)	2018 개정 하도급법 (2021. 8. 17. 법률 제18434호로 개정되기 이전의 것)	현행 하도급법 (2021. 8. 17. 법률 제18434호; 2021. 8. 17. 시행)	개정 하도급법 (2022. 1. 11. 법률 제18757호; 2022. 7. 12. 시행)
제2조(정의) ⑮ 이 법에서 "기술자료"란 **상당한 노력에 의하여 비밀로 유지된** 제조·수리·시공 또는 용역수행 방법에 관한 자료, 그 밖에 영업활동에 유용하고 독립된 경제적 가치를 가지는 것으로서 대통령령으로 정하는 자료를 말한다.	**제2조(정의)** ⑮ 이 법에서 "기술자료"란 **합리적인 노력에 의하여 비밀로 유지된** 제조·수리·시공 또는 용역수행 방법에 관한 자료, 그 밖에 영업활동에 유용하고 독립된 경제적 가치를 가지는 것으로서 대통령령으로 정하는 자료를 말한다.	**제2조(정의)** ⑮ 이 법에서 "기술자료"란 **비밀로 관리되는** 제조·수리·시공 또는 용역수행 방법에 관한 자료, 그 밖에 영업활동에 유용하고 독립된 경제적 가치를 가지는 것으로서 대통령령으로 정하는 자료를 말한다.	**제2조(정의)** ⑮ (이전과 동일)
제12조의3(기술자료 제공 요구 금지 등) ① 원사업자는 수급사업자의 기술자료를 본인 또는 제3자에게 제공하도록 요구하여서는 아니 된다. 다만, 원사업자가 정당한 사유를 입증한 경우에는 요구할 수 있다.	**제12조의3(기술자료 제공 요구 금지 등)** ① (이전과 동일)	**제12조의3(기술자료 제공 요구 금지 등)** ① (이전과 동일)	**제12조의3(기술자료 제공 요구 금지 등)** ① (이전과 동일)
② 원사업자는 제1항 단서에 따라 수급사업자에게 기술자료를 요구할 경우에는 요구목적, 비	② (이전과 동일)	② 원사업자는 제1항 단서에 따라 수급사업자에게 기술자료를 요구할 경우에는 요구목	② (이전과 동일)

147

구 하도급법 (2018. 1. 16. 법률 제15362호로 개정되기 이전의 것)	2018 개정 하도급법 (2021. 8. 17. 법률 제18434호로 개정되기 이전의 것)	현행 하도급법 (2021. 8. 17. 법률 제18434호; 2021. 8. 17. 시행)	개정 하도급법 (2022. 1. 11. 법률 제18757호; 2022. 7. 12. 시행)
밀유지에 관한 사항, 권리귀속 관계, 대가 등 대통령령으로 정하는 사항을 해당 수급사업자와 미리 협의하여 정한 후 그 내용을 적은 서면을 해당 수급사업자에게 주어야 한다.		적, 권리귀속 관계, 대가 등 대통령령으로 정하는 사항을 해당 수급사업자와 미리 협의하여 정한 후 그 내용을 적은 서면을 해당 수급사업자에게 주어야 한다. ③ 수급사업자가 원사업자에게 기술자료를 제공하는 경우 원사업자는 해당 기술자료를 제공받는 날까지 해당 기술자료의 범위, 기술자료를 제공받아 보유할 임직원의 명단, 비밀유지의무 및 목적 외 사용금지, 위반 시 배상 등 대통령령으로 정하는 사항이 포함된 비밀유지계약을 수급사업자와 체결하여야 한다.	③ (이전과 동일)
③ 원사업자는 취득한 기술자료를 **자기 또는 제3자를 위하여** 유용하여서는 아니 된다.	③ 원사업자는 취득한 수급사업자의 기술자료에 관하여 **부당하게** 다음 각 호의 어느 하나에 해당하는 행위를 하여서는 아니 된다. 1. 자기 또는 제3자를 위하여 사용하는 행위 **2. 제3자에게 제공하는 행위**	④ (좌 ③과 동일)	④ 원사업자는 취득한 수급사업자의 기술자료에 관하여 부당하게 다음 각 호의 어느 하나에 해당하는 행위(**하도급계약 체결 전 행한 행위를 포함한다**)를 하여서는 아니 된다. 1. 자기 또는 제3자를 위하여 사용하는 행위 2. 제3자에게 제공하는 행위

구 하도급법 (2018. 1. 16. 법률 제15362호로 개정되기 이전의 것)	2018 개정 하도급법 (2021. 8. 17. 법률 제18434호로 개정되기 이전의 것)	현행 하도급법 (2021. 8. 17. 법률 제18434호; 2021. 8. 17. 시행)	개정 하도급법 (2022. 1. 11. 법률 제18757호; 2022. 7. 12. 시행)
		⑤ 공정거래위원회는 제3항에 따른 비밀유지 계약 체결에 표준이 되는 계약서의 작성 및 사용을 권장할 수 있다.	⑤ (이전과 동일)

하도급법 시행령

제2조(중소기업자의 범위 등) ⑧ 법 제2조 제15항에서 "대통령령으로 정하는 자료"란 다음 각 호의 어느 하나에 해당하는 것을 말한다.

1. 특허권, 실용신안권, 디자인권, 저작권 등의 지식재산권과 관련된 정보
2. 시공 또는 제품개발 등을 위한 연구자료, 연구개발보고서 등 수급사업자의 생산・영업활동에 기술적으로 유용하고 독립된 경제적 가치가 있는 정보

제7조의3(기술자료 요구 시 서면 기재사항) 법 제12조의 3 제2항에서 "요구목적, 비밀유지에 관한 사항, 권리귀속 관계, 대가 등 대통령령으로 정하는 사항"이란 다음 각 호의 사항을 말한다.

1. 기술자료 제공 요구목적
2. 비밀유지방법 등 요구대상 기술자료의 비밀유지에 관한 사항
3. 요구대상 기술자료와 관련된 권리귀속 관계
4. 요구대상 기술자료의 대가 및 대가의 지급방법
5. 요구대상 기술자료의 명칭 및 범위
6. 요구일, 제공일 및 제공방법
6의2. 요구대상 기술자료의 사용기간
6의3. 반환 또는 폐기방법
6의4. 반환일 또는 폐기일
7. 그 밖에 원사업자의 기술자료 제공 요구가 정당함을 입증할 수 있는 사항

(1) 기술자료의 개념

기술자료는 비밀로 관리되는 제조・수리・시공 또는 용역수행 방법에 관한 자료, 특허권, 실용실안권, 디자인권, 저작권 등의 지식재산권과 관련된 정보나 그 밖의 영업활동에 유용하고 독립된 경제적 가치가 있는 기술상・경영상의 정보를 의미한다(법 제2조 제15항, 시행령 제2조 제8항).

2018. 1. 16. 법률 제15362호로 개정되기 이전에는 '**상당한 노력**에 의해 비밀로 유지된'으로 규정되어 있었다가 2018. 1. 16. 법개정으로 "**합리적인 노력**에 의해 비밀로 유지된"으로 변경되었다. 「부정경쟁방지 및 영업비밀보호에 관한 법률」(이하 '부정경쟁방지법')에서는 "영업비밀이란 공공연히 알려져 있지 아니하고 독립된 경제적 가치를 가지는 것으로서, **합리적인 노력에 의하여 비밀로 유지된** 생산방법, 판매방법, 그 밖에 영업활동에 유용한 기술상 또는 경영상의 정보를 말한다"(제2조 제2항)고 규정되어 있기 때문에, 하도급법의 기술자료가 부정경쟁방지법상의 영업비밀보다 그 범위가 좁아 수급사업자 보호에 미흡하고 수범자에게 혼동이 있다는 비판이 있어 개정된 것이다. 그런데 다시 2021. 8. 17. 법률 제18434호로 개정된 법에 의하여 "**비밀로 관리되는**"으로 변경되었다. 동 조항은 2021. 8. 17.부터 적용된다. 공정거래위원회 조사과정 및 처분에 대한 불복과정에서 수급사업자가 비밀로 유지하기 위하여 얼마나 노력을 하였는지가 논란이 되자 노력의 정도에 대한 표현을 삭제하고 아울러 객관적인 상태를 가르키는 "유지된" 대신 수급사업자의 주관적인 행위를 가르키는 "관리되는"으로 바꾼 것으로 생각된다.

기술자료의 범위는 '기술자료심사지침'에 상세하게 예시되어 있는데, ① 제조·수리·시공 또는 용역수행 방법에 관한 정보·자료,[73] ② 특허권, 실용신안권, 디자인권, 저작권 등 지식재산권과 관련한 기술정보·자료로서 수급사업자의 기술개발·생산·영업활동에 기술적으로 유용하고 독립된 경제적 가치가 있는 것,[74], [75] ③ 시공프로세스 매뉴얼, 장비

---

73) 기술자료심사지침은 다음과 같이 규정하고 있다.
    4. 제1호 가목에서 "제조·수리·시공 또는 용역수행 방법에 관한 정보·자료"라 함은 제품의 제조·수리·시공 또는 용역의 완성을 위해 사용되거나 참고되는 정보 또는 그러한 정보가 기재된 유·무형물(종이, CD, 컴퓨터 파일 등 형태에 제한이 없음)을 말한다. 이를 판단함에 있어 "제조·수리·시공 또는 용역수행 방법"은 원사업자가 수급사업자에게 위탁한 당해 업무에 관련된 것에 한정하지 아니한다.
    〈예시〉작업공정도, 작업표준서(지시서), 기계 운용 매뉴얼, 기계 조작 방법, 시방서, 원재료 성분표, 배합 요령 및 비율, 소프트웨어의 테스트방법, 소스코드 또는 소스코드 관련 정보, 임상시험 계획서, 임상시험 방법 등
74) 기술자료심사지침은 다음과 같이 규정하고 있다.
    5. 제1호 나목 내지 다목에서 "기술개발(R&D)·생산·영업활동에 기술적으로 유용하고 독립된 경제적 가치가 있는 것"이라 함은, 정보·자료의 보유자 혹은 다른 사업자가 그 정보·자료를 사용함으로써 기술개발(R&D)·생산·영업활동에 있어 기술상의 우위를 얻을 수 있거나 그 정보·자료의 취득이나 개발을 위해 상당한 비용, 시간이나 노력이 필요한 경우를 말한다. 다만, 거래의 대상이 될 수 있을 정도로 독자적인 가치를 가지는 것에 한정되지 않고, 보유함으로써 얻게 되는 이익이 상당히 있거나 보유하기 위하여 비용이 상당히 소요되는 경우라면 이에 해당된다. 해당 정보·자료가 기술개발(R&D)·생산·영업활동에 기술적으로 유용하고 독립된 경제적 가치를 가지는 것이라고 볼 수 있는 경우를 예시하면 아래와 같다.
    〈예시 1〉현재 기술개발(R&D)·생산·영업활동에 사용되고 있거나 가까운 장래에 사용될 가능성이 큰 경우
    〈예시 2〉현실적으로 사용되고 있지 않다 하더라도 가까운 장래에 있어서 경제적 가치를 발휘할 가능성이 큰 경우(잠재적으로 유용한 정보)

제원, 설계도면, 연구자료, 연구개발보고서 등 수급사업자의 기술개발·생산·영업활동에 기술적으로 유용하고 독립된 경제적 가치가 있는 것 등이다. 그런데 2016. 12. 27. 공정거래위원회 예규 제263호로 개정되기 이전의 심사지침은 다른 조항들은 그대로 유지하면서도 ③에서 예시로 들고 있던 생산원가내역서, 매출정보를 제외하고 대신 연구자료와 연구개발보고서를 추가하였다. 특별한 사정이 없는 한 생산원가와 매출관련 자료는 통상 영업비밀보호법상 영업비밀로 보호되지 않음에도 불구하고 이를 기술자료로 보호해야 한다는 지침 내용에 대해 비판이 있었는데, 개정 고시가 이를 반영한 것으로 보인다.

한편, 개정전 법률상의 "합리적 노력에 의하여 비밀로 유지"된다는 의미는 객관적으로 비밀로 유지·관리되고 있다는 사실이 인식 가능한 상태로서 ① 비밀이라고 인식될 수 있는 표시를 하거나 고지를 하였는지 여부,[76] ② 자료에 접근할 수 있는 대상자나 접근방법을 제한하였는지 여부,[77] ③ 자료에 접근한 자에게 비밀유지준수 의무를 부과하였는지 여부[78] 등을 고려하여 판단한다. 다만, 수급사업자는 기본적으로 거래상 지위가 낮아 원사업자의 기술자료 요구에 대해 비밀유지 노력에 관한 사항을 명시적 또는 직접적으로

〈예시 3〉 실패한 연구 데이터 등과 같이 그 자체로는 외부로 유출될 경우 그로 인해 큰 피해가 발생하지 않더라도 다른 사업자가 제품이나 기술을 개발함에 있어 이를 입수하여 사용하면 시행착오를 줄여 시간을 단축하는데 기여하는 등 참고할 만한 가치가 있거나 기타 생산 또는 영업활동에 도움이 될 만한 가치가 있는 정보나 자료인 경우(소극적 정보 : negative information)

〈예시 4〉 전체적으로는 동종 업계 종사자들 사이에 널리 사용되고 있는 정보나 자료라 하더라도 세부사항에 있어서 비공개 상태가 유지되고 있고, 그 세부사항이 외부로 유출될 경우 다른 사업자가 제품 개발에 참고할 만한 가치가 있거나 기타 생산 또는 영업활동에 도움이 될 만한 가치가 있는 정도의 정보나 자료인 경우

75) 기술자료심사지침은 다음과 같이 규정하고 있다.
　　6. 제1호 나목에서 "특허권, 실용신안권, 디자인권, 저작권 등의 지식재산권과 관련된다"함은, 어떤 지식재산권의 내용 그 자체뿐만 아니라 그 지식재산권의 내용을 발명, 고안, 창작하는 전 과정 및 그 이후에 발생하였거나 참고된 것으로서 그 지식재산권의 내용과 상당한 관련이 있는 것이라면 이에 해당된다. 지식재산권의 내용과 상당한 관련이 있는지 여부는 지식재산권을 보유한 수급사업자를 제외한 제3자가 당해 지식재산권의 내용을 이해하는데 또는 당해 지식재산권을 실시·사용하는데 필요한지 여부 등을 기준으로 판단한다. 그에 해당하는 기술자료를 예시하면 다음과 같다.
　　〈예시〉 공정도, 공정 설명서, 작업지시서, 설계도, 회로도, 공정 또는 설비 배치도, 운용 매뉴얼, 혼합 또는 배합 요령, 소프트웨어의 테스트방법, 소스코드 또는 소스코드 관련 정보, 임상시험 계획서, 임상시험 방법 등
76) 기술자료심사지침에서 들고 있는 예시는 다음과 같다.
　　〈예시 1〉 자료에 "대외비", "컨피덴셜(Confidential)", "극비" 등의 문구를 기재한 경우
　　〈예시 2〉 수급사업자가 임직원에게 자료를 회사 외부로 반출하여서는 아니된다고 지시 또는 명령한 경우
77) 기술자료심사지침에서 들고 있는 예시는 다음과 같다.
　　〈예시 1〉 임원, 해당 업무 담당자 등 특정인에게만 접근 권한을 부여한 경우
　　〈예시 2〉 암호 설정, 시정장치, 지문인식장치 등으로 접근을 제한한 경우
78) 기술자료심사지침에서 들고 있는 예시는 다음과 같다.
　　〈예시 1〉 임직원, 거래상대방 등과 비밀유지계약을 체결하거나 그들로부터 비밀유지 각서를 징구한 경우
　　〈예시 2〉 취업 규칙 등 사내규정으로 임직원에게 비밀유지준수 의무를 부과한 경우

요구할 수 없고, 원사업자에게 기술자료가 제공되면 제3자에게 노출될 가능성이 있음을 인지하더라도 이에 응할 수밖에 없다는 현실을 고려하여 판단해야 한다(기술자료심사지침). 개정된 법률의 "비밀로 관리되는"의 의미와 판단기준 역시 크게 다르지 않을 것이지만 공정거래위원회나 수급사업자로서는 수급사업자가 비밀로 인식하여 비밀로 관리하였음을 입증하면 "비밀성" 입증이 되었다고 볼 것이고, 그럼에도 불구하고 "비밀로 유지되지 않았음"에 대하여는 원사업자가 반증해야 한다고 본다.

하도급법상 기술자료는 '공공연히 알려져 있지 아니함'과 같은 비공지성을 요건으로 하지 않으므로 이를 요구하는 「부정경쟁방지 및 영업비밀보호에 관한 법률」상의 '영업비밀'보다 범위가 넓다는 견해가 있다.[79] 공정거래위원회도 동일한 입장이다.[80] 하지만 '기술자료'에 해당하기 위하여는 비밀성이 인정되어야 하는데, 그 자료 자체가 공지의 것이라면 특별한 사정이 없는 한 비밀로 유지될 수 없다. 이런 점에서 '기술자료'가 '영업비밀'과 그 범위가 크게 다르다고 보기는 어렵다. 다만, 공지의 정보나 자료라 하더라도 그 자체가 아니라 그것들이 수집된 전체 또는 자료의 정리나 배열, 결합방식 등에 따라 자료자체의 의미와 가치가 본질적으로 달라질 수 있다. 이 경우 그 수집, 정리, 배열, 결합 등에 의해 만들어진 자료는 새로운 정보나 자료로 공지의 것이라 볼 수 없다.

(2) 기술자료의 요구금지

원사업자는 자신이 정당한 사유를 입증한 경우 외에는 수급사업자의 기술자료를 본인 또는 제3자에게 제공하도록 요구하여서는 안 된다(법 제12조의3 제1항). 당연한 말이지만 정당한 사유가 없다면 수급사업자의 기술자료를 요구할 수 없다.

수급사업자의 기술자료에 요구금지의 대상이기 때문에, 원사업자가 단독으로 또는 수급사업자가 공동으로 권리를 가지고 있는 기술자료는 본 조의 적용대상이 아니다. 예를 들어, 원사업자가 수급사업자에게 기술개발위탁을 하여 개발된 기술은 원사업자의 단독 또는 계약에 따라서는 수급사업자와의 공동으로 소유한 기술자료이며, 원사업자가 수급사업자에게 기술개발에 필요한 원천기술이나 자료를 제공하는 등과 같이 기술이전으로 수급사업자가 개발한 기술자료 역시 원사업자와 수급사업자가 공동으로 권리를 가지는 기술자료로 볼 여지가 있다. 기술자료심사지침은 (i) 원사업자와 수급사업자가 공동으로 특허를 개발하는 과정에서 그 특허출원을 위하여 필요한 기술자료를 요구하는 경우나 (ii) 공동으로 기술개발 약정을 체결하고 동 약정의 범위 내에서 기술개발에 필요한 기술자료

---

79) 오승돈, 앞의 책, 248, 249면
80) 2015. 8. 3. 의결 제2015-289호

를 요구하는 경우를 원사업자가 수급사업자에게 기술자료를 요구할 수 있는 정당한 사유의 예시로 기재하고 있지만, 그렇다 하더라도 그 과정에서 원사업자와 수급사업자가 공동으로 기술자료를 소유하게 된 경우라면 '수급사업자의 기술자료'가 아니므로 정당한 사유 유무와 관계없이 제공 요구가 동조 위반이라 볼 수 없다.

'제공 요구'란 수급사업자에게 자신 또는 제3자가 사용할 수 있도록 기술자료의 제출·제시·개시·물리적 접근 허용(전자파일 등의 형태인 경우 접속·열람 허용 등을 포함), 기술지도, 품질관리 등 방법을 불문하고 자신 또는 제3자가 기술자료의 내용에 접근할 수 있도록 요구하는 행위를 말한다.

기술자료심사지침은 반드시 하도급계약을 체결한 이후에 요구해야 하는 것은 아니며 하도급계약 체결과정에서 요구하고 그 이후 계약이 성립되지 않더라도 동조 위반이 될 수 있다고 규정하고 있다.[81] 하지만, 법이 규율하는 것은 '수급사업자의 기술자료'에 대한 '원사업자'의 의무이므로 원사업자, 수급사업자 개념은 개별 하도급거래에서 발생하는 것이다. 그래서 개별적으로 하도급관계가 성립되지 않으면 원사업자의 의무가 발생할 수 없으므로 기술자료와 관련한 의무 역시 발생하지 않는다. 계약 체결 교섭단계에서 기술자료의 요구 및 수수가 있었고 이후 관련 하도급계약이 체결된 경우에는 계약교섭단계의 행위가 결과적으로 계약에 편입된 것으로 볼 수 있다. 또, 기술자료의 제공이 해당 사업자 간의 전반적인 하도급거래관계에서 이루어진 것이라면 기술자료와 하도급거래의 견련성을 넓게 보아 인정할 여지가 있다. 하지만, 하도급계약 관계가 성립하지 않은 경우에

---

81) 기술자료심사지침의 관련 규정은 다음과 같다.
   2. 이 심사지침은 다음 각 목의 경우에는 하도급계약 체결 이전의 기술자료 제공 요구 등의 행위에 대해서도 적용된다.
      가. 하도급계약이 체결되는 과정에서 기술자료 제공 요구 등의 행위가 있었고, 그 이후 실제 하도급 계약이 체결된 경우. 대표적인 경우를 예시하면 다음과 같다.
         〈예시 1〉 수의계약을 통하여 하도급계약이 체결되는 경우, 정당한 사유 없이 기술자료의 제공을 조건으로 하도급계약을 체결하고 그 기술자료를 제공받거나 유용하는 경우
         〈예시 2〉 경쟁입찰을 통하여 하도급계약이 체결되는 경우, 입찰과정에서 참가자로부터 제안서 등의 기술자료를 제공받거나 유용하는 경우
      나. 원사업자가 기존 거래와 관련되거나 또는 무관한 별도의 거래를 위해 수급사업자와 협의하는 과정에서 기술자료 제공 요구 등의 행위를 한 경우(이 경우 계약 체결 여부와 무관하다). 대표적인 경우를 예시하면 다음과 같다.
         〈예시 1〉 원사업자가 기존 거래와 관련되거나 또는 무관한 별도의 거래에 대해 수급사업자와 수의계약을 진행하는 과정에서 수급사업자의 기술자료를 제공받거나 유용하였지만 거래가 성립하지 않은 경우
         〈예시 2〉 원사업자가 기존거래와 관련되거나 또는 무관한 별도의 거래에 대해 경쟁입찰 과정에서 제안서 등 수급사업자의 기술자료를 제공받거나 유용하였지만 거래가 성립되지 않은 경우
         〈예시 3〉 원사업자와 수급사업자가 발주자에게 공동으로 제안서를 제출하는 과정에서 기술자료를 제공받아 유용하였지만 거래가 성립되지 않은 경우

는 아예 수급사업자나 원사업자의 개념이 성립하지 않으므로 동조를 적용할 여지가 없다. 이런 점에서 기술자료심사지침의 내용은 타당하지 않다. 입법론적으로 정리가 필요하다.

한편, 원사업자가 수급사업자에게 하는 '기술자료 제공 요구'는 '정당한 사유'가 없는 한 원칙적으로 위법이다. '기술자료 제공의 정당한 사유'는 원사업자가 입증해야 하며, 제조 등의 위탁목적을 달성하기 위하여 수급사업자의 기술자료가 절차적·기술적으로 불가피하게 필요한 경우를 의미한다.[82] 그때라도 요구목적 달성을 위해 필요한 최소한의 범위를 넘어서는 안 된다.[83]

원사업자는 수급사업자에게 기술자료를 요구할 때에는 수급사업자와 협의하여 서면을 제공해야 한다. 개정전 법에서는 원사업자는 수급사업자에게 ① 요구목적, ② 비밀유지방법 등 요구대상 기술자료의 비밀유지에 관한 사항, ③ 기술자료와 관련된 권리귀속 관계, ④ 기술자료의 대가 및 지급방법, ⑤ 기술자료의 명칭 및 범위, ⑥ 요구일, 제공일 및 제공방법, 기술자료의 사용기간, 반환 또는 폐기방법, 반환일 또는 폐기일, ⑦ 그 밖에 원사업자의 기술자료 제공 요구가 정당함을 입증할 수 있는 사항을 해당 수급사업자와 미리 협의하여 정한 후 그 내용을 적은 서면을 교부해야 한다고 규정하였다(2021. 8. 17. 법률 제18434호로 개정되기 이전의 법 제12조의3 제2항, 시행령 제7조의3).[84] 기술자료심사지침의 별지 서식1.의 기술자료요구서 양식은 다음과 같다.

---

82) 기술자료심사지침에서 들고 있는 예시는 다음과 같다. 하지만 아래 예시 1과 2에 해당한다 하더라도, 만약 원사업자가 수급사업자에게 제공요구한 기술자료에 대한 공동소유권을 가진 경우에서 '수급사업자의 기술자료'가 아니라 '자신의 기술자료'를 요구한 것이므로 동조 위반이라 볼 수 없다.
　〈예시 1〉 원사업자와 수급사업자가 공동으로 특허를 개발하는 과정에서 그 특허출원을 위하여 필요한 기술자료를 요구하는 경우
　〈예시 2〉 원사업자와 수급사업자가 공동으로 기술개발 약정을 체결하고 동 약정의 범위 내에서 기술개발에 필요한 기술자료를 요구하는 경우
　〈예시 3〉 제품에 하자가 발생하여 원인규명을 위해 하자와 직접 관련된 기술자료를 요구하는 경우
83) 기술자료심사지침은 "수급사업자가 원사업자에게 기술자료 제공시 관련 없는 내용을 삭제한 상태로 제공하는데 대하여 원사업자가 완전한 상태의 기술자료의 제공을 요구하는 경우"를 필요·최소한도를 넘은 것의 예시로 들고 있다.
84) 기술자료심사지침 IV. 1. 나. (5) 정당하게 서면을 교부한 경우를 예시하면 아래와 같다.
　〈예시 1〉 원사업자는 정당한 사유가 존재하여 수급사업자에게 기술자료를 요구하면서 서면기재사항이 모두 기재된 기술자료 요구서를 수급사업자로부터 기술자료를 제공받기 이전에 양사의 기명날인 또는 대표자가 서명하여 발급한 경우
　〈예시 2〉 원사업자가 수급사업자에게 기술자료를 요구하면서 정당한 사유가 있어 서면기재사항 중 일부 내용을 미리 확정하기 곤란함에 따라 그 사유와 대략적인 예정일을 기재하여 기술자료 요구서를 발급한 후 해당사항이 확정되면 그 사항이 기재된 서면을 지체 없이 발급한 경우
　〈예시 3〉 기본계약서, 특약서 등에 서면기재사항 중 일부사항이 기재되어 있고 개별적으로 기술자료를 요구할 때 나머지 사항을 기재하여 기술자료 요구서를 발급한 경우
　〈예시 4〉 동일한 수급사업자에게 같은 목적으로 여러 건의 기술자료 요구서를 발급해야 함에 따라 이를 통합하여 하나의 기술자료 요구서를 발급한 경우

[기술자료 심사지침 서식 1. 기술자료요구서]

기술자료 요구서

1. 원사업자와 수급사업자					
원사업자	사업자명		법인등록번호 또는 사업자등록번호		
	대표자성명		전화번호		
	주 소				
	담당자	성명		소속	전화번호
수급사업자	사업자명		법인등록번호 또는 사업자등록번호		
	대표자성명		전화번호		
	주 소				
	담당자	성명		소속	전화번호

2. 기술자료 요구 관련 사항 (증빙자료가 있는 경우 첨부)	
1) 기술자료 내역	요구하는 기술정보·자료의 명칭과 범위 등 구체적 내역을 명시하여 기재(특허등본부 등 기술자료에 대한 증빙자료 첨부)
2) 요구 목적	원사업자가 기술자료를 요구하는 정당한 사유 기재
3) 비밀유지에 관한 사항	(ⅰ) 상호간 체결된 비밀유지각서 등 첨부, (ⅱ) 기술자료 중 어느 부분을 비밀로 유지할 것인지에 대하여 구체적으로 적시
4) 권리 귀속 관계	(ⅰ) 원사업자가 요구하는 기술자료의 현재 권리 귀속자, (ⅱ) 상호 간 기

	술이전계약 체결 여부, (ⅲ) 요구하는 기술이 공동개발한 기술인지 여부, (ⅳ) 기술자료가 제공된 후 권리귀속관계에 대한 상호 합의 사항 등
5) 대 가	기술자료 제공에 따른 대가에 대한 구체적 사항
6) 인도일 및 인도방법	당해 기술자료의 인도일, 구체적인 인도방법 등을 기재
7) 사용기간	당해 기술자료의 사용기간을 기재
8) 반환 또는 폐기방법 및 반환일 또는 폐기일	당해 기술자료의 반환 또는 폐기일, 구체적인 반환 또는 폐기방법 등을 기재
9) 그 밖의 사항	기술자료 임치계약 체결 여부, 기술자료 요구 시 원사업자와 수급사업자간 기타 합의한 사항 등

원사업자 ○○○와 수급사업자 ○○○는 원사업자의 기술자료 요구 시 위 사항을 상호 협의하여 정함을 확인하고, 위 사항이 기재된 본 서면을 교부하여 원사업자가 수급사업자에게 △△△ 기술자료를 요구하는 바입니다.

년　　월　　일

원사업자명 ＿＿＿＿＿＿　대표자＿＿＿＿＿＿(인)
수급사업자명 ＿＿＿＿＿＿　대표자＿＿＿＿＿＿(인)

그런데 개정법에서는 원사업자가 수급사업자에게 기술자료를 요구할 때에는 요구목적, 권리귀속관계, 대가 등 대통령령이 정하는 사항을 수급사업자와 미리 협의하여 그 내용을 적은 서면을 제공해야 하고(개정법 제12조의3 제2항), 수급사업자가 원사업자에게 기술자료를 제공하는 경우에는 원사업자는 해당 기술자료를 제공받는 날까지 해당 기술자료의 범위, 기술자료를 제공받아 보유할 임직원의 명단, 비밀유지의무 및 목적 외 사용금지, 위반시 배상 등 대통령령이 정하는 사항이 포함된 비밀유지계약을 수급사업자와 체결해야 한다(개정법 제12조의3 제3항)고 규정하였다. 동 조항들은 2022. 2. 18.부터 시행된다.[85] 이러한 비밀유지계약서의 방식은 M&A 실사과정 등에서 일반적으로 사용되는 것으로, 수급사업자 기술자료의 실효적 보호를 위한 것으로 사료된다.

동 협의가 공정하게 이루어졌는지 여부는 원사업자가 기술자료 제공을 요구함에 있어 수급사업자의 자율적인 의사를 제약하는 등 강제성이 있거나 수급사업자를 기망하여 착

---

85) 2021. 8. 17. 자 법률 제18431호로 개정된 「대·중소기업 상생협력 촉진에 관한 법률」 제21조의2(비밀유지계약의 체결)로 동일한 조항이 신설되어 2022. 2. 18.부터 시행된다.

오를 일으키게 하는지 여부, 기술자료의 권리귀속 관계, 제공 및 활용범위 등을 반영한 정당한 대가에 대해 충분히 협의하였는지 여부, 기타 정상적인 거래관행에 어긋나거나 사회통념상 올바르지 못한 것으로 인정되는 행위나 수단 등을 사용하여 기술자료를 요구하였는지 여부를 종합적으로 고려하여 판단한다(기술자료심사지침[86]).

로봇제작도면에 대한 자료제공요구가 문제된 사안에서 공정거래위원회는 로봇의 매뉴얼과 그 주변장치의 제작도면 제출이 발주자의 원사업자에 대한 구매조건이어서 수급사업자에 대해 로봇제작도면을 요구한 것이고 발주자 입장에서도 구매목적을 달성하기 위하여 필요한 자료라면 요구에 정당한 사유가 있다고 보았다. 다만, 법률이 정한 기술자료 제공요구시 필요한 사항을 수급사업자와 협의하고 서면으로 제공하지 않았기 때문에 기술자료 제공요구금지의무 위반으로 판단하였다(공정거래위원회 2017. 4. 25. 의결 약식 2017-064, 사건번호 2016제하2208).

또, 국내 대기업이 위탁제조를 하였던 배터리를 직접 생산하는 '내재화 사업'을 시작하면서 해외자회사로 하여금 국내중소기업에게 내재화 사업에 참여하여 기술개발을 공동으로 하면 배터리 라벨에 대한 제조위탁을 맡기겠다며 그 중소기업에게 제조원가, QC 공정도 등 라벨제조방법, 프라이머코팅액 재질·성분·사양정보 등 원재료 규격 및 세부사양에 대한 정보, 본딩판 및 타발목형 설계도 등 라벨 제조설비에 관한 자료 등 배터리 제조와 관련한 기술자료를 제공하도록 하고 해외자회사로 하여금 유용하게 한 사안에서, 공정거래위원회는 실질적인 행위자가 국내 대기업이므로 이를 피심인으로 보고 그 행위가 기술자료 제공요구 및 유용행위에 해당한다고 보았다(공정거래위원회 2015. 8. 3. 의결 2015-031, 사건번호 2013서제3358).[87]

---

86) 기술자료심사지침 IV. 1. 나.
  (4) 위 (1)의 단서에 따른 정당한 기술자료 제공 요구의 경우에도 요구 목적에 따른 제공 범위, 기술 제공 대가, 비밀준수 관련 사항, 기술의 권리 귀속 관계 등 법 시행령 제7조의3에서 규정한 사항(이하 "서면 기재사항"이라 함)에 대해 수급사업자와 미리 협의한 후 이를 서면(표준서면 양식은 〈서식 1〉과 같다)으로 작성하여 교부하여야 한다. 동 협의가 공정하게 이루어졌는지 여부는 다음 사항을 종합적으로 고려하여 판단한다.
  ① 원사업자가 기술자료의 제공을 요구함에 있어 수급사업자의 자율적인 의사를 제약하는 등 강제성이 있거나 수급사업자를 기망하여 착오를 일으키게 하는지 여부
  ② 기술자료의 권리귀속 관계, 제공 및 활용범위 등을 반영한 정당한 대가에 대해 충분히 협의하였는지 여부(이 때 "정당한 대가"는 동종 또는 유사한 것에 대해 동일 또는 근접한 시기에 정상적인 거래관계에서 일반적으로 지급되는 대가인지 여부를 고려하여 판단하고, 신규 기술과 같이 동종 또는 유사한 것이 존재하지 아니하거나 그것을 알 수 없는 경우에는 기술평가전문기관의 기술가치평가에 따라 산출한 대가를 기준으로 판단한다)
  ③ 기타 정상적인 거래관행에 어긋나거나 사회통념상 올바르지 못한 것으로 인정되는 행위나 수단 등을 사용하여 기술자료를 요구하였는지 여부
87) 통상 라벨 제조업체들은 발주자에게 제품 승인목적의 라벨설계도(artwork)를 제출하지만 이 경우 라벨의

마지막으로 굴삭기 제조 대기업의 에어 컴프레샤 제작도면 등 기술자료의 부당요구 및 유용사건이다. 원사업자는 에어 컴프레샤를 제조위탁하였던 중소기업인 수급사업자들에게 단가 인하를 요구하였지만 그 요구가 제대로 받아들여지지 않자, 수급사업자들에게 요구목적, 비밀유지에 관한 사항, 권리귀속 관계, 대가 등을 미리 협의하여 정한 내용이 기재된 서면을 제공하지도 않고 기술자료인 에어 컴프레샤 제작도면 및 승인도를 제공하도록 요구하고 이를 받아 수급사업자의 동의 없이 제3자에게 제공하여 에어 컴프레샤를 개발하여 공급하도록 하였다. 그리고 기술자료를 제공한 기존의 수급사업자들과의 하도급거래를 중단하였다. 이에 공정거래위원회가 기술자료 부당요구 및 유용행위의 성립을 인정하고 원사업자에 대해 시정명령 및 과징금부과처분을 하였다(공정거래위원회 2018. 11. 13. 의결 제2018－339호, 사건번호 2017제하3037).

한편, 공정거래협약기준에서는 거래업체의 원천기술을 보호하기 위하여 제3의 기관에 기술자료를 예치하게 하는 '기술자료 예치제도'의 이용을 권장하고 있다(기준 별표 4. 대·중소기업 간 상생협력을 위한 바람직한 계약체결 실천사항).

(3) 기술자료의 유용 금지

원사업자는 취득한 기술자료를 ① 자기 또는 제3자를 위하여 사용하거나 ② 제3자에게 제공하는 행위를 하여서는 아니 된다(법 제12조의3 제3항). 이러한 기술자료 유용의 행위유형과 관련하여 2018년 법 개정 이전에는 "원사업자는 취득한 기술자료를 자기 또는 제3자를 위하여 유용하여서는 아니 된다"고 규정되어 있었지만 개정법에서 '부당하게 제3자에게 제공하는 행위'까지 신설·추가하였다. 개정 전 법률에서 원사업자가 제3자에게 유용하지 말고 참고만 하도록 제공한 경우에는 제재할 수 없다는 비판이 있었는데, 개정법에서는 단순히 제공한 것만으로 기술유용이 성립하도록 개정하여 수급사업자 보호의 범위를 넓힌 것이다.

한편, 하도급계약 체결 전 교섭단계에서도 원사업자는 수급사업자보다 우월한 지위를 이용하여, 기술자료를 제공받아 이를 유용할 수 있다. 그런데 하도급법 규율대상인 '원사업자'는 하도급계약의 체결이 전제되어 있어 현행 규정이 계약 체결 전 행위도 규율하는지 불명확하였다. 그래서 현행법은 제12조의3 제4항을 "원사업자는 취득한 수급사업자의

외형적인 색상, 모양, 수치만이 표시된 편집이 불가능한 pdf 파일 형태로 제공한다. 그런데 이 사건에서 피심인은 해외법인을 통해 라벨을 직접 생산하기 위하여 라벨의 적층구조 및 사양과 수치, 원·부자재의 세부사양이 표시되고 조색정보가 포함되어 있는 라벨 설계도를 ai파일 형태로 제공할 것을 요구하였다. 그 요구 자료의 범위가 위탁목적을 달성하기 위하여 수급사업자의 기술자료가 절차적·기술적으로 불가피하게 필요한 수준을 넘어서기 때문에 기술자료에 해당한다고 본 것이다.

기술자료에 관하여 부당하게 다음 각 호의 어느 하나에 해당하는 행위(하도급계약 체결 전 행한 행위를 포함한다)를 하여서는 아니 된다"로 개정함으로써 하도급계약 체결 전의 기술유용행위에 대하여도 이후 하도급계약이 체결되어 원사업자가 되었다면 제재할 수 있도록 하였다. 동 조항은 2022. 7. 12.부터 시행된다. 유의할 점은 여전히 하도급계약 체결 전의 요구행위에 대하여는 하도급법 규정이 적용되지 않으며 아울러 하도급계약 체결 이전에 기술유용행위를 하였더라도 이후 하도급계약 체결로 원사업자와 수급사업자 관계가 되지 않으면 법 적용이 없다는 점이다.

2022년 개정법에서는 하도급법상 '기술유용'이란 수급사업자로부터 제공받은 기술자료를 취득 목적이나 합의된 사용범위를 벗어나 자신 또는 제3자가 이익을 얻거나 수급사업자에게 손해를 입힐 목적으로 사용하는 것을 의미한다. 법 제12조의3 제1항 및 제2항에 따라 취득한 기술자료뿐 아니라 그 외의 방법으로 열람 등을 통해 취득한 기술자료를 임의로 사용하는 행위도 포함된다(기술자료심사지침).

기술자료 유용의 위법성은 원사업자가 거래상 지위를 이용하여 수급사업자에게 정당한 대가를 지급하지 아니하고 기술자료를 사용함으로써 하도급거래의 공정성을 침해하였는지 여부를 위주로 판단한다. 기술자료 요구서가 사전에 제공된 경우에는 기술자료 요구서에 적시된 기술자료의 사용 목적과 범위를 벗어나 기술자료를 사용·제공하였는지 여부를 위주로 판단하게 되며, 정당한 대가를 지급한 경우에도 합의된 사용목적과 범위를 벗어나 사용하는 행위는 하도급거래의 공정성을 침해한 것으로 본다. ① 원사업자 및 제3자가 이익을 얻거나 수급사업자에게 손해를 입힐 목적과 의도로 기술자료를 사용하거나 원사업자가 제3자에게 기술자료를 제공하는 것인지 여부, ② 특허법 등 관련 법령에 위반하여 기술자료를 사용하거나 사용하도록 하였는지 여부, ③ 기술자료 사용의 범위가 당해 기술의 특수성 등을 고려한 통상적인 업계관행에 벗어나는지 여부, ④ 기술자료 사용·제공과 관련하여 태양 및 범위, 사용 대가의 유무 및 금액 등에 대하여 서면을 통하여 충분한 협의를 거쳤는지 여부, 협의를 거쳤음에도 그 합의를 벗어나 사용하였는지 여부, ⑤ 원사업자의 기술자료 사용·제공으로 수급사업자의 사업활동이 곤란하게 되는지 여부, ⑥ 정상적인 거래관행에 어긋나거나 사회통념상 올바르지 못한 것으로 인정되는 행위나 수단 등을 사용하였는지 여부 등을 종합적으로 고려하여 '위법성'을 판단한다(기술자료심사지침).[88]

---

88) 기술자료심사지침 IV. 2. 다.
　　부당한 기술자료 사용·제공 행위를 예시하면 다음과 같다.
　　〈거래이전 단계〉
　　〈예시 1〉 원사업자가 최저가로 낙찰받은 수급사업자의 입찰제안서에 포함된 기술자료를 자신이 유용하거

(4) 기술심사자문위원회

공정거래위원회는 「기술심사자문위원회의 설치 및 운영에 관한 규정」(공정위 훈령 제303호, 2021. 5. 31.)에 근거하여 기술자료 제공 요구·유용행위의 심사와 관련하여 제도개선이나 발전방향 및 사건의 심사에 대하여 관련 전문가의 의견을 수렴하기 50인 이내의 위원으로 구성된 기술심사자문위원회를 설치·운영하고 있다.

(5) 7년의 조사시효

하도급법은 통상 3년의 조사시효를 규정하고 있었고 기술자료 제공요구 및 유용행위에 대해서도 마찬가지였다. 그런데 기술자료 제공요구 및 유용행위는 은밀하게 이루어지는 탓에 수급사업자가 미처 파악하고 있지 못하고 있다가 유출된 기술이 적용된 제품이 출시되고 난 이후에나 알 수 있는 경우가 많다. 이 경우 3년의 조사시효가 너무 짧다는 비판이 있었다. 이에 2018. 4. 17. 법률 제15612호로 거래가 끝난 날로부터 7년으로 조사시효를 연장·개정한 것이다. 이에 따라 기술유용행위 조사시효 연장에 따라 원사업자가

나 자신의 계열회사나 수급사업자의 경쟁회사 등 제3자에게 유출하는 경우

〈예시 2〉 원사업자가 거래 개시 등을 위해 수급사업자가 제시한 제품의 독창적인 디자인을 단순 열람한 후 이를 도용하여 자신이 직접 제품을 생산하거나 제3자에게 해당 디자인을 제공하여 제품을 생산토록 하는 경우

〈거래 단계〉

〈예시 3〉 원사업자가 거래를 위한 부품 승인과정에서 수급사업자로부터 공정도, 회로도 등 기술자료를 넘겨받아 납품가격을 경쟁시키기 위해 수급사업자의 경쟁회사에 그 기술을 제공하는 경우

〈예시 4〉 원사업자가 기술지도, 품질관리 명목으로 물품의 제조공법을 수급사업자로부터 습득한 후 자신이 직접 생산하거나 제3자에게 수급사업자의 제조공법을 전수하여 납품하도록 하는 경우

〈예시 5〉 원사업자가 수급사업자와 기술이전계약(기술사용계약 등 포함)을 체결하고 기술관련 자료를 제공받아 필요한 기술을 취득한 후 일방적으로 계약을 파기하거나 계약 종료 후 위 계약상의 비밀유지의무에 위반하여 그 기술을 이용하여 독자적으로 또는 제3자를 통하여 제품을 상용화하거나 무단으로 다른 기업에 기술을 공여하는 경우

〈예시 6〉 원사업자가 수급사업자와 공동으로 협력하여 기술개발을 하면서 수급사업자의 핵심기술을 탈취한 후 공동개발을 중단하고 자체적으로 제품을 생산하는 경우

〈예시 7〉 원사업자가 수급사업자로부터 취득한 기술에 대해 수급사업자가 출원을 하기 전에 원사업자가 선(先)출원하여 해당 기술에 대한 특허권, 실용신안권을 선점하거나, 수급사업자가 제공한 기술을 일부 수정하여 원사업자가 선(先)출원하는 경우

〈예시 8〉 원사업자가 수급사업자가 자체적으로 개발한 기술에 대해 특허권, 실용신안권 등을 자신과 공동으로 출원하도록 하는 경우

〈예시 9〉 원사업자가 수급사업자의 기술자료를 사전에 정한 반환·폐기 기한이 도래하였거나 수급사업자가 반환·폐기를 요구하였음에도 불구하고 반환·폐기하지 않고 사용하는 경우

〈예시 10〉 납품단가 인하 또는 수급사업자 변경을 위해 기존 수급사업자의 기술자료를 제3자에게 제공하고 동일 또는 유사제품을 제조·납품하도록 하는 행위

〈거래이후 단계〉

〈예시 11〉 원사업자가 수급사업자로부터 기술자료를 제공받고 거래 종료 후 자신이 직접 생산하거나 제3자에게 전수하여 납품하도록 하는 경우

수급사업자에게 기술자료를 요구하였을 때 보존하여야 하는 서류의 보존기한도 3년에서 7년으로 연장되었다(시행령 제6조 제2항).

한편, 처분시효는 통상의 행위와 같이 3년이다.

(6) 법위반의 효과와 손해의 3배 범위 내의 손해배상

동 규정을 위반한 원사업자에 대하여는 시정조치(법 제25조 제1항)나 하도급대금의 2배를 초과하지 않는 범위 내의 과징금을 부과하게 되며(법 제25조의3 제1항 제3호), 이를 위반한 자에 대하여는 하도급대금의 2배에 상당하는 금액 이하의 벌금에 처하게 된다(법 제30조 제1항 제1호).

한편, 기술자료 제공 요구는 실손해배상 책임만을 지게 되지만(법 제35조 제1항), 유용금지 위반은 발생한 손해의 3배를 넘지 않는 범위에서 배상해야 하는 소위 '징벌적 손해배상책임'을 부담하게 된다(법 제35조 제2항 본문).

02 원사업자와 수급사업자 간의 협약체결 권장 제도

공정거래위원회는 원사업자와 수급사업자가 하도급 관련 법령의 준수 및 상호지원·협력을 약속하는 협약(이하 '공정거래협약')을 체결하도록 권장할 수 있고, 원사업자와 수급사업자가 협약을 체결하는 경우 그 이행을 독려하기 위하여 포상 등 지원시책을 마련하여 시행한다(법 제3조의3). 2011. 3. 29. 하도급법 개정시에 대기업과 중소기업의 상생협력에 의한 동반성장의 여건을 조성하려는 대책의 하나로 도입되었다.

공정거래위원회는 「대·중소기업 간 공정거래협약 이행평가 등에 관한 기준」을 마련하여 협약체결·협약내용·협약이행평가 및 인센티브 등에 대한 절차와 방법, 기준을 정하고 있다. 협약에는 ① 협약 당사자 간의 공정한 계약 체결·이행을 위한 사항, ② 법위반 예방 및 법준수 노력을 위한 사항, ③ 상생협력 지원 사항, ④ 협약평가기준의 준수, 협약 내용 및 평가 자료의 공정거래위원회 제출 등 기타 협약 관련 사항 등이 담겨야 한다(공정거래협약기준).

03 ▶ **부당한 경영간섭 금지**

> **하도급법**
>
> **제18조(부당한 경영간섭의 금지)** ① 원사업자는 하도급거래량을 조절하는 방법 등을 이용하여 수급사업자의 경영에 간섭하여서는 아니 된다.
> ② 다음 각 호의 어느 하나에 해당하는 원사업자의 행위는 부당한 경영간섭으로 본다.
> 1. 정당한 사유 없이 수급사업자가 기술자료를 해외에 수출하는 행위를 제한하거나 기술자료의 수출을 이유로 거래를 제한하는 행위
> 2. 정당한 사유 없이 수급사업자로 하여금 자기 또는 자기가 지정하는 사업자와 거래하도록 구속하는 행위
> 3. 정당한 사유 없이 수급사업자에게 원가자료 등 공정거래위원회가 고시하는 경영상의 정보를 요구하는 행위

(1) 부당경영간섭의 개념과 사례

수급사업자의 원사업자에 대한 경제적 예속관계를 막아 수급사업자의 독자적 기술개발과 경영을 도모하기 위한 조항이다. 하도급법은 원사업자는 하도급 거래량을 조절하는 방법 등을 이용하여 수급사업자의 경영에 간섭하여서는 아니 된다고 규정하고 있다(법 제18조).

하도급법이 2018. 1. 16. 법률 제15362호로 개정되기 전에는 제1항의 일반적인 금지조항만을 두고 있었으나 개정법률에서 제2항의 간주조항을 두게 되었다. ① 정당한 사유 없이 수급사업자가 기술자료를 해외 수출하는 행위를 제한하거나 이를 이유로 거래를 제한하는 행위, ② 정당한 사유 없이 수급사업자로 하여금 자기 또는 자기가 지정하는 사업자와 거래하도록 구속하는 행위, ③ 정당한 사유 없이 그 외 수급사업자에게 원가자료 등 공정거래위원회가 고시하는 경영정보를 요구하는 행위는 부당경영간섭으로 간주된다.

한편, 공정위는 「하도급법상 요구가 금지되는 경영상 정보의 종류 고시」(2018. 7. 16. 제정 공정위 고시 제2018-12호)를 통해 다음과 같이 요구 금지되는 경영정보를 고시하고 있다.

① 수급사업자가 목적물등의 납품을 위해 투입한 재료비, 노무비 등 원가에 관한 정보(원가계산서, 원가내역서, 원가명세서, 원가산출내역서, 재료비, 노무지 등의 세부지급 내역 등)

② 수급사업자가 다른 사업자에게 납품하는 목적물등의 매출 관련 정보(매출계산서, 거래처별 매출명세서 등)

③ 수급사업자의 경영전략 관련 정보(제품 개발·생산 계획, 판매 계획, 신규투자 계획

등에 관한 정보 등)

④ 수급사업자의 영업 관련 정보(거래처 명부, 다른 사업자에게 납품하는 목적물 등의 납품조건(납품가격을 포함)에 관한 정보 등)

⑤ 수급사업자가 다른 사업자와의 거래에서 사용하는 전자적 정보 교환 전산망의 고유 식별명칭, 비밀번호 등 해당 전산망에 접속하기 위한 정보

산업계에서는 원가정보도 요구할 수 없는 경영정보에 포함되어 원사업자의 경영 및 원가관리에 큰 장애가 있으므로 향후 허용되는 '원가정보 범위와 요건 등'에 대하여 좀 더 유연한 입장의 구체적인 가이드라인을 제공하여 예측가능성을 높여야 한다는 비판이 있다.

특히, 제2항에서도 불확정조항인 '정당한 사유 없음'을 소극적 요건으로 규정하여 경영정보를 요구해야만 하는 정당한 사유를 사실상 원사업자에게 입증하도록 한 것이어서 원사업자에게 더더욱 부담이 된다.

수급사업자의 임직원을 선임·해임함에 있어 자신의 지시나 승인을 받도록 하거나 거래상대방의 생산품목·시설규모·생산비·거래내용을 제한하는 것이 부당한 경영간섭의 예이다(하도급공정화지침). 또 원사업자가 수급사업자와 재하도급업자 간의 단가를 직접 협의·결정한 다음 수급사업자에게 그 조건으로 거래하게 하는 것(공정거래위원회 2009. 1. 20. 의결 (약) 제2009-32호, 사건번호 2008하개2356), 원사업자가 수급사업자에게 승인원(Spectification Sheet) 제출시 핵심 기술자료를 제공하도록 하고 재하도급업자 관리를 위한 인력을 별도로 운영토록 하였으며 재하도급업자 선정 및 작업자 변경시에도 승인을 받도록 하면서 실적이 부진할 경우 물량감축 등의 불이익을 주는 행위는 부당한 경영간섭이다(서울고등법원 2009. 11. 12. 선고 2008누11237 판결).

한편, 건전한 의도에서 합리적인 범위 내의 경영간섭은 부당하다 볼 수 없다. 예를 들어, 외형상 수급사업자의 경영에 어느 정도 개입하게 되더라도 주로 수급사업자의 이익을 위한 건전한 의도하에 이루어지거나 또는 위탁의 목적을 달성하기 위하여 합리적인 범위 내의 것이라면 부당하다고 볼 수 없다. 원사업자가 수급사업자의 능력부족으로 인한 인부동원이나 자재구입 등이 늦어지고 그 결과 납기지연이 우려되어 그 해결을 위해 직원이나 인부를 알선해 주는 경우, 수급사업자가 노임을 지급하지 않아 위탁업무가 중단되자 원사업자가 하도급대금을 선지급하는 조건으로 합리적인 범위 안에서 노임지급을 요구하는 경우, 원사업자의 '상생협력확산을 위한 협력사 독려행위',[89] 예를 들어 원

---

89) 하도급공정화지침상 허용되는 협력사 독려행위
　　(1) 원사업자가 하도급법 제3조의3에 근거한 협약(원사업자와 수급사업자가 하도급 관련 법령의 준수 및

사업자가 수급사업자와 사전에 체결한 협약에 따라 협약체결 수급사업자에게 지원한 조건의 범위 안에서 협약체결 수급사업자의 수급사업자에게 지원을 요구하거나 그 지원실적을 점검하는 경우도 부당하다 볼 수 없다(하도급공정화지침).

참고로 하도급거래관계가 아니더라도 거래상대방에 대한 지나친 경영간섭은 공정거래법상 불공정거래행위로 제재받을 수 있다. 공정거래법 제23조 제1항 제4호, 시행령 제36조 제1항 별표1의2 제6호 마목에서 거래상 지위를 남용하여 거래상대방의 임직원을 선임·해임함에 있어 자기의 지시승인을 얻게 하거나 거래상대방의 생산품목·시설규모·생산량·거래내용을 제한함으로써 경영활동을 간섭하는 행위를 금지하고 있다.

(2) 위반시 제재

동 규정을 위반한 원사업자에 대하여는 시정조치(법 제25조 제1항)나 하도급대금의 2배를 초과하지 않는 범위 내의 과징금을 부과하게 되며(법 제25조의3 제1항 제6호), 이를 위반한 자에 대하여는 1억 5천만 원 이하의 벌금에 처하게 된다(법 제30조 제2항 제2호). 실손해배상책임을 진다(법 제35조 제1항).

상호지원·협력을 약속하는 협약. 이하 '협약'이라 함) 체결의 대상이 되는 수급사업자에게 행하는 다음과 같은 행위
① 2차 또는 그 이하 수급사업자와 협약을 체결하도록 권유하는 행위
② 원사업자가 수급사업자에게 지원한 범위 안에서 2차 또는 그 이하 수급사업자에게 지원하도록 요청 내지 권유하는 행위
③ 2차 또는 그 이하 수급사업자에 대한 지원실적의 증빙자료를 제출하도록 요청하는 행위
(2) 원사업자가 협약을 체결하지 않은 경우일지라도 수급사업자에게 다음과 같은 행위를 통해 지원하면서 수급사업자로 하여금 2차 또는 그 이하 수급사업자에게도 동일한 행위르 하도록 요청 또는 권유하는 행위
① 표준하도급계약서를 사용하여 계약을 체결하는 행위
② 하도급대금 지급관리시스템을 통해 하도급대금을 지급하는 행위
③ 하도급대금을 일정한 기한 내에 일정한 현금결제비율로 지급하는 행위
④ 인건비·복리후생비 지원 등 근로조건을 개선하는 행위
⑤ 직업교육·채용박람회 실시 및 채용연계 등 일자리 창출을 지원하는 행위
⑥ ①~⑤ 이외의 행위로서 효율성 증진·경영여건 개선·소속 근로자 근로조건 개선 등의 효과를 발생시키는 행위

04 보복조치 금지

> **하도급법**
>
> **제19조(보복조치의 금지)** 원사업자는 수급사업자 또는 조합이 다음 각 호의 어느 하나에 해당하는 행위를 한 것을 이유로 그 수급사업자에 대하여 수주기회(受注機會)를 제한하거나 거래의 정지, 그 밖에 불이익을 주는 행위를 하여서는 아니 된다.
> 1. 원사업자가 이 법을 위반하였음을 관계 기관 등에 신고한 행위
> 2. 제16조의2 제1항 또는 제2항의 원사업자에 대한 하도급대금의 조정신청 또는 같은 조 제8항의 하도급분쟁조정협의회에 대한 조정신청
> 2의2. 관계 기관의 조사에 협조한 행위
> 3. 제22조의2 제2항에 따라 하도급거래 서면실태조사를 위하여 공정거래위원회가 요구한 자료를 제출한 행위

(1) 보복조치의 개념

원사업자는 수급사업자 또는 조합이 원사업자의 하도급법위반사실을 신고했거나 하도급대금 조정신청을 했다는 이유, 또는 하도급거래 서면실태조사를 위하여 공정거래위원회가 요구한 자료를 제출한 것을 이유로 그 수급사업자에 대하여 수주기회를 제한하거나 거래정지, 그 밖에 불이익을 주는 행위를 하여서는 안 된다(법 제19조).

(2) 보복조치의 사례

공정거래위원회에 법위반을 신고한 수급사업자에 대한 하도급계약을 해지한 것과 관련하여 원사업자는 수급사업자가 발주자 및 거래은행에 진정서를 제출한 것이 명예훼손에 해당하여 해지한 것이라고 변론하였지만 그 진정이 미지급된 하도급대금을 받기 위한 것이므로 계약해지의 정당화사유가 되기는 어렵다는 판결이 있다(서울고등법원 2014. 10. 17. 선고 2013누32252 판결). 설사 수급인이 법위반을 신고하는 것이 계약해지사유로 하도급계약서에 규정되고 형식적으로는 그에 근거해 계약해지를 했더라도 보복행위가 성립한다(공정거래위원회 2013. 11. 20. 의결 2013-188호, 사건번호 2011하개18887).

또 하도급법위반을 신고했다는 이유로 수급사업자의 협력업체 등록을 거절한 행위도 보복행위에 해당한다(공정거래위원회 1994. 5. 4. 의결 제94-118호, 사건번호 9404조일248). 대부분 신고되는 시점에 원·수급사업자 간에 마찰로 인해 사실상 거래가 단절되어 있었고 신고 이후에 신고와 무관하게 조치가 이루어졌을 가능성이 있지만, 수급사업자에게 귀책이 없는 경우라면 일단 보복조치일 가능성이 있다고 볼 것이다. 하도급공정화지침은 다

음과 같이 보복행위를 예시하고 있다(하도급공정화지침 II. 17-1. 가).

┤ 그 밖에 불이익을 주는 행위의 예시 ├

- 원사업자가 기존의 생산계획 등에 따라 생산을 하여야 하는 상황이거나 발주자로부터 향후 확보할 수 있는 예상물량이 충분함에도 불구하고 법 제19조 각 호의 신고, 조정신청, 공정거래위원회의 하도급 서면실태조사에 응하여 자료를 제출한 수급사업자에 대해 정당한 사유 없이 기존 하도급거래상의 물량과 비교하여 발주물량을 축소하여 불이익을 주는 행위
- 법 제19조 각 호의 신고, 조정신청 등을 한 수급사업자에 대해 원사업자가 정당한 사유 없이 그간 지급·제공하던 원재료, 자재 등의 공급을 중단하거나 회수하는 등의 방법으로 수급사업사의 사업활동을 곤란하게 하는 행위
- 원사업자가 동종업계 다른 원사업자들로 하여금 법 제19조 각 호의 신고, 조정신청 등을 한 수급사업자를 대상으로 거래정지, 수주기회 제한, 발주물량 축소, 원재료·자재 공급 중단 등 불이익을 주는 행위를 하도록 하는 행위
- 기타 합리성·객관성이 결여되거나 일반적인 거래관행상 통용되지 않는 수단·방법을 활용해 법 제19조 각 호의 신고, 조정신청 등을 한 수급사업자에 대해 불이익을 주는 행위

(3) 상당인과관계

수급사업자의 신고행위 등과 원사업자가 수급사업자에 대한 수주기회 제한 등 불이익 간에는 상당인과관계가 있어야 한다. 이는 수급사업자가 신고, 조정신청 등을 한 시점과 원사업자의 수주기회 제한 등의 행위가 발생한 시점 간의 간격, 해당 수급사업자를 제외한 동종업계의 다른 수급사업자들과 그 원사업자 간의 거래내용 및 상황, 해당 수급사업자와 그 원사업자간의 거래이력, 발주자의 발주물량 축소 등의 거래여건의 변화 등 행위당시의 구체적인 사정을 고려하여 개별적으로 판단한다(하도급공정화지침 III. 17-1. 나).

(4) 위반시 제재

동 규정을 위반한 원사업자에 대하여는 시정조치(법 제25조 제1항)나 하도급대금의 2배를 초과하지 않는 범위 내의 과징금을 부과할 수 있으며(법 제25조의3 제1항 제3호), 이를 위반한 자에 대하여는 3억 원 이하의 벌금에 처하게 된다(법 제30조 제2항 제1호). 발생한 손해의 3배를 넘지 아니하는 범위 내에서 손해배상책임이 있는 징벌적 손해배상의 대상이다(법 제35조 제2항 본문).[90]

---

90) 원래는 실손해배상 대상이었지만 2018. 1. 16. 법률 제15362호로 징벌적 손해배상 대상으로 개정되었다.

05 탈법행위 금지

> **하도급법**
>
> **제20조(탈법행위의 금지)** 원사업자는 하도급거래(제13조 제11항이 적용되는 거래를 포함한다)와 관련하여 우회적인 방법에 의하여 실질적으로 이 법의 적용을 피하려는 행위를 하여서는 아니 된다.

(1) 탈법행위의 개념과 사례

원사업자는 하도급거래와 관련하여 우회적인 방법에 의하여 실질적으로 이 법의 적용을 피하려는 행위를 하여서는 안 된다(법 제20조).

하도급법의 적용을 피하려는 탈법행위와 그 직접적인 위반행위는 별개이므로 그에 대한 규율 역시 개별적으로 취급해야 한다는 전제에서, 현금비율 유지의 외관을 위하여 하도급대금을 현금으로 송금했다 돌려받은 다음 어음으로 지급한 행위는 현금비율 유지의무 위반과 동시에 탈법행위이며(서울고등법원 2012. 4. 26. 선고 2011누38973 판결), 공정거래위원회 시정조치 및 하도급거래 서면실태조사에 따라 적발된 하도급대금의 어음할인료 및 지연이자를 지급한 다음 이후의 물품대금에서 공제하는 행위는 어음할인료·지연이자 미지급임과 동시에 탈법행위에 해당한다(공정거래위원회 2011. 3. 28. 의결 제2011-034호, 사건번호 2010부사2480).

하도급공정화지침이 예시한 탈법행위는 다음과 같다(하도급공정화지침 III. 18).

> - 공정거래위원회의 시정조치에 따라 하도급대금 등을 수급사업자에게 지급한 후 이를 회수하거나 납품대금에서 공제하는 등의 방법으로 환수하는 행위
> - 어음할인료, 지연이자 등을 수급사업자에게 지급한 후 이에 상응하는 금액만큼 일률적으로 단가를 인하하는 행위
> - 수급사업자에게 선급금 포기각서 제출을 강요한 후 선급금을 지급하지 않는 행위

(2) 위반시 제재

동 규정을 위반한 원사업자에 대하여는 시정조치(법 제25조 제1항), 하도급대금의 2배를 초과하지 않는 범위 내의 과징금을 부과할 수 있으며(법 제25조의3 제1항 제3호), 이를 위반한 자에 대하여는 1억 5천만 원 이하의 벌금에 처하게 된다(법 제30조 제2항 제2호).

Ⅷ 발주자의 의무사항

01 하도급대금의 직접 지급

> **하도급법**
>
> **제14조(하도급대금의 직접 지급)** ① 발주자는 다음 각 호의 어느 하나에 해당하는 사유가 발생한 때에는 수급사업자가 제조·수리·시공 또는 용역수행을 한 부분에 상당하는 하도급대금을 그 수급사업자에게 직접 지급하여야 한다.
>   1. 원사업자의 지급정지·파산, 그 밖에 이와 유사한 사유가 있거나 사업에 관한 허가·인가·면허·등록 등이 취소되어 원사업자가 하도급대금을 지급할 수 없게 된 경우로서 수급사업자가 하도급대금의 직접 지급을 요청한 때
>   2. 발주자가 하도급대금을 직접 수급사업자에게 지급하기로 발주자·원사업자 및 수급사업자 간에 합의한 때
>   3. 원사업자가 제13조 제1항 또는 제3항에 따라 지급하여야 하는 하도급대금의 2회분 이상을 해당 수급사업자에게 지급하지 아니한 경우로서 수급사업자가 하도급대금의 직접 지급을 요청한 때
>   4. 원사업자가 제13조의2 제1항 또는 제2항에 따른 하도급대금 지급보증 의무를 이행하지 아니한 경우로서 수급사업자가 하도급대금의 직접 지급을 요청한 때
> ② 제1항에 따른 사유가 발생한 경우 원사업자에 대한 발주자의 대금지급채무와 수급사업자에 대한 원사업자의 하도급대금 지급채무는 그 범위에서 소멸한 것으로 본다.
> ③ 원사업자가 발주자에게 해당 하도급 계약과 관련된 수급사업자의 임금, 자재대금 등의 지급 지체 사실을 입증할 수 있는 서류를 첨부하여 해당 하도급대금의 직접 지급 중지를 요청한 경우, 발주자는 제1항에도 불구하고 그 하도급대금을 직접 지급하지 아니할 수 있다.
> ④ 제1항에 따라 발주자가 해당 수급사업자에게 하도급대금을 직접 지급할 때에 발주자가 원사업자에게 이미 지급한 하도급금액은 빼고 지급한다.
> ⑤ 제1항에 따라 수급사업자가 발주자로부터 하도급대금을 직접 받기 위하여 기성부분의 확인 등이 필요한 경우 원사업자는 지체 없이 이에 필요한 조치를 이행하여야 한다.
> ⑥ 제1항에 따라 하도급대금을 직접 지급하는 경우의 지급 방법 및 절차 등에 관하여 필요한 사항은 대통령령으로 정한다.
>
> **하도급법 시행령**
>
> **제9조(하도급대금의 직접 지급)** ① 법 제14조 제1항에 따른 수급사업자의 직접지급 요청은 그 의사표시가 발주자에게 도달한 때부터 효력이 발생하며, 그 의사표시가 도달되었다는 사

실은 수급사업자가 증명하여야 한다.

② 발주자는 하도급대금을 직접 지급할 때에 「민사집행법」 제248조 제1항 등의 공탁사유가 있는 경우에는 해당 법령에 따라 공탁(供託)할 수 있다.

③ 발주자는 원사업자에 대한 대금지급의무의 범위에서 하도급대금 직접 지급 의무를 부담한다.

④ 하도급대금의 직접 지급 요건을 갖추고, 그 수급사업자가 제조·수리·시공한 분(分)에 대한 하도급대금이 확정된 경우, 발주자는 도급계약의 내용에 따라 수급사업자에게 하도급대금을 지급하여야 한다.

(1) 직접지급제도의 의의 및 취지

발주자와 수급사업자는 아무런 계약관계에도 있지 않으므로 수급사업자가 발주자에게 하도급대금을 청구할 수는 없다. 하지만 원사업자가 파산·부도 등의 사유로 하도급대금을 지급할 수 없게 된 경우를 대비하여, 영세한 수급사업자가 발주자로부터 직접 지급받을 수 있도록 하여 수급사업자를 보호할 필요가 있다. 원사업자의 채권 중 수급사업자의 하도급대금채권이 일반 채권에 비해 발주자의 대금지급채무와의 견련성이 훨씬 높기 때문에, 일반채권자에 비해 수급사업자를 보다 더 보호해 줄 필요성과 정당성도 인정된다(헌법재판소 2003. 5. 15. 선고 2001헌바98 전원재판부). 건설산업기본법 제35조 제1항에서도 유사한 규정이 있는데 이러한 건설산업기본법이나 하도급법상의 직접지급제도로 인하여 원사업자(도급인)와 수급사업자(하수급인) 간의 직접적인 도급계약관계가 설정되는 것은 아니다(대법원 2013. 3. 28. 선고 2012다48619 판결).

한편, 하도급법 제13조의2는 당연히 원도급 관계에서도 적용된다. 발주자라는 개념 속에는 재하도급에서의 원하도급인도 포함되는 것이기 때문이다(대법원 2001. 10. 26. 선고 2000다61435 판결). 수급사업자로부터 위탁을 받은 재수급사업자는 하도급법상 원사업자에게 직접 청구할 수 있을 뿐, 발주자에게 직접 청구할 수 없다.[91]

(2) 직접지급청구권의 발생요건과 효과

(가) 직접지급청구권의 발생요건

발주자는 아래의 4가지 사유가 발생한 때에는 수급사업자에게 제조위탁 등을 수행한 부분에 상당하는 하도급대금을 직접 지급해야 한다(법 제14조 제1항).

① 원사업자의 지급정지·파산, 그 밖에 이와 유사한 사유가 있거나 사업에 관한 허가·인가·면허·등록 등이 취소되어 원사업자가 하도급대금을 지급할 수 없게 된

---

91) 윤재윤, 건설관계분쟁법, 박영사, 2011, 414면

경우로서 수급사업자가 하도급대금의 직접 지급을 요청한 때(1호)

1호의 '하도급대금을 지급할 수 없게 된 경우'란 채무자가변제능력이 부족하여 즉시 변제하여야할 채무를 일반적·계속적으로 변제할 수 없는 객관적인 상태를 의미한다. 그 판단의 기준시기는 수급사업자의 직접지급에 대한 의사표시가 발주자에게 도달한 시점이다(대법원 2009. 3. 12. 선고 2008다65839 판결[92]). 법문에서 회사정리절차에 대하여는 명시적으로 언급하고 있지 않지만 「채무자 회생 및 파산에 관한 법률」(이하 '채무자회생법')에 의한 회생절차도 포함된다.[93] 하지만 하수급인의 인부가 임금을 받지 못했다는 이유로 농성을 벌이는 상황과 같이, 사실상의 지급불능 또는 사실상의 부도로 인한 휴면상태가 발생하는 경우는 이에 해당하지 않는다.[94] 이와 관련하여 수급사업자 보호를 위하여 하도급대금을 추후 1회분이라도 제때 지급할 수 없는 때로 넓게 해석해야 한다는 견해가 있다.[95] 하지만 법문이 지급정지·파산, 그 밖의 이에 유사한 사유라고 규정하고 있는 이상 이러한 해석은 무리이며, 이런 해석을 하지 않더라도 '2회 이상 하도급대금을 지급하지 아니하는 경우'를 규정한 동항 제3호에 의해 수급사업자 보호의 목적은 충분히 달성될 수 있다고 보여진다.

한편, 원사업자의 파산으로 발생한 발주자의 하도급대금 직접지급의무는 향후 원사업자의 파산폐지결정이 있었다 하더라도 소멸하는 것이 아니다(대법원 2005. 7. 28. 선고 2004다64050 판결).

수급사업자가 직접청구권을 취득하는 시점은 수급사업자가 발주자에게 하도급대금의 직접지급을 요청한 때이다. 지급요청은 수급사업자가 해야 하고, 민법상 도달주의에 따라 발주자에게 도달한 때에 효력이 발생한다(대법원 2009. 3. 12. 선고 2008다65839 판결). 하도급법 시행령 제9조 제1항에서 "수급사업자의 직접지급 요청은 그 의사표시가 발주자에게 도달한 때에 효력이 발생하며 그 의사표시가 도달되었다는 사실은 수급사업자가 증명해

---

92) 대법원 2009. 3. 12 선고 2008다65839 판결
　수급사업자가 발주자에 대하여 하도급공사대금의 직접지급을 구할 수 있는 권리가 발생하는지 여부, 즉 원사업자가 지급정지·파산 그 밖에 이와 유사한 사유 등으로 하도급공사대금을 지급할 수 없게 되었는지 여부 등에 관하여는 수급사업자의 직접지급요청의 의사표시가 발주자에게 도달한 시점을 기준으로 판단하여야 하며, 여기서 '지급할 수 없게 된 경우', 즉 지급불능은 채무자가 변제능력이 부족하여 즉시 변제하여야 할 채무를 일반적·계속적으로 변제할 수 없는 객관적 상태를 말한다.
93) 판례는 직접지급제도에 대한 하도급법 제14조의 적용이 "정리채권에 관하여는 정리절차에 의하지 아니하고 변제하거나 변제받거나 기타 이를 소멸하게 할 행위(면제를 제외한다)를 하지 못한다"고 정한 구 회사정리법 제112조(현행 채무자회생법 제131조)의 규정에 의하여 하도급법 제14조의 적용이 배제되어야 한다고 볼 수 없고, 아울러 구 회사정리법 제67조 제1항이 금지하는 '회사재산에 대한 강제집행'(현행 채무자회생법 제58조)에 해당한다고 할 수 없다고 판시한 바 있다(대법원 2007. 6. 28. 선고 2007다17758 판결).
94) 윤재윤, 앞의 책, 415면
95) 오승돈, 앞의 책, 281면

야 한다"고 규정하고 있다.

② 발주자가 하도급대금을 직접 수급사업자에게 지급하기로 발주자·원사업자 및 수급사업자 간에 합의한 때(2호)

동호의 직접지급합의는 수급사업자가 하도급계약에 기하여 하도급 위탁업무를 실제로 수행한 부분에 해당하는 하도급대금을 직접지급청구권의 대상으로 하는 내용이어야 한다. 합의의 형식에 대해 법령에 특별히 정해진 것이 없으므로 발주자·원사업자·수급사업자 간의 직접지급합의는 동시에 하여도 되고, 순차적으로 하더라도 가능하다.

동호의 직접지급합의와 관련하여 하도급법상 별도의 것이 아니라 원사업자가 가지는 발주자에 대한 하도급대금 채권을 수급사업자에게 양도하는 민법상 '채권양도' 합의로 해석해야 한다는 주장이 있다.[96], [97] 생각건대, 문언상 하도급법 동조 제1항 제2호의 합의를 민법상 채권양도 합의와 같다고 볼 근거는 없고,[98] 오히려 민법상 채권양도와는 목적과 취지가 다르므로 동일한 것으로 보는 것은 타당하지 않다.[99] 양자는 개념적으로도 분리되고 그 법률적 효과도 다르다고 본다. 따라서 발주자·원사업자·수급사업자가 발주자가 수급사업자에게 하도급대금을 직접 지급하기로 합의한 경우, 합의 내용 및 당사자 간 의사표시의 해석을 통해 그것이 하도급법상의 직접지급합의의 효과를 기대한 것인지 아니면 채권양도의 효과를 기대한 것인지 여부를 판단하여야 한다(대법원 2008. 2. 29. 선고 2007다54108 판결[100]).

---

96) 이수완·허순만, 건설하도급법률분쟁실무, GMFC, 2014, 17면
97) 길기관, 앞의 책, 2003면, 윤성철·정혁진·김명식, 앞의 책, 508면
98) 대법원 2005. 7. 28 선고 2004다64050 판결
    구 하도급 거래공정화에 관한 법률(1999. 2. 5. 법률 제5816호로 개정되기 전의 것. 이하 이를 '구법'이라 한다) 시행 당시에 체결된 하도급계약에 관하여는 구법이 적용되는 것인데, 구법 제14조의 적용하에서 하수급인이 직접 도급인에 대하여 하도급계약에 따른 하도급공사대금의 지급을 청구할 수 있는 권리가 당사자 간의 합의에 의하여 발생되었다 하더라도 그 직접지급에 관한 합의의 취지는 하수급인의 도급인에 대한 직접지급청구권의 행사에 따라 도급인이 하수급인에게 하도급공사대금을 직접지급함으로써 원수급인의 도급인에 대한 공사대금채권과 하수급인의 원수급인에 대한 하도급공사대금채권이 동시에 정산·소멸되는 효과를 가져오게 한다는 것일 뿐이지, 원수급인의 도급인에 대한 공사대금채권 자체가 하수급인에게 양도되거나 이로 인하여 소멸되는 것은 아니라고 봄이 상당하므로, 하수급인에게 하도급대금에 대한 직접지급청구권이 있다는 이유만으로 그 하도급대금에 상당하는 원수급인의 도급인에 대한 공사대금채권에 관한 채권양도가 있다고 보거나 그 공사대금채권에 대한 제3자의 압류 등 강제집행이 제한된다고 할 수는 없다.
99) 저자는 본저 제2판까지 채권양도로 보는 견해를 취하였지만 본문에서와 같이 견해를 변경한다.
100) 대법원 2008. 2. 29. 선고 2007다54108 판결
    공사도급계약 및 하도급계약을 함께 체결하면서 도급인, 원수급인과 하수급인이 '공사대금은 도급인이 원수급인의 입회하에 하수급인에게 직접 지급하고, 원수급인에게는 지급하지 않는 것'으로 약정한 경우, 당사자들의 의사가 위 도급계약 및 하도급계약에 따른 공사가 실제로 시행 내지 완료되었는지 여부와 상관없이 원수급인의 도급인에 대한 공사대금채권 자체를 하수급인에게 이전하여 하수급인이 도급인에게 직접

수급사업자의 직접지급청구권이 발생하는 시점은 3자 사이에 직접지급에 관하여 합의한 때이다(대법원 2017. 4. 26. 선고 2014다38678 판결[101]). 종전에는 3자간에 합의가 있어도

그 공사대금을 청구하고 원수급인은 공사대금 청구를 하지 않기로 하는 취지라면 이는 실질적으로 원수급인이 도급인에 대한 공사대금채권을 하수급인에게 양도하고 그 채무자인 도급인이 이를 승낙한 것이라고 봄이 상당하다. 이러한 경우 위와 같은 채권양도에 대한 도급인의 승낙이 확정일자 있는 증서에 의하여 이루어지지 않는 이상, 도급인은 위와 같은 채권양도와 그에 기한 채무의 변제를 들어서 원수급인의 위 공사대금채권에 대한 압류채권자에게 대항할 수 없다.

반면, 당사자들의 의사가 하수급인이 위 각 하도급계약에 기하여 실제로 공사를 시행 내지 완료한 범위 내에서는 도급인은 하수급인에게 그 공사대금을 직접 지급하기로 하고 원수급인에게 그 공사대금을 지급하지 않기로 하는 취지라면, 압류명령의 통지가 도급인에게 도달하기 전에 하수급인이 위 공사를 실제로 시행 내지 완료하였는지 여부나 그 기성고 정도 등에 따라 도급인이 원수급인의 위 공사대금채권에 대한 압류채권자에게 하수급인의 시공 부분에 상당하는 하도급대금의 범위 내에서 대항할 수 있는지 여부 및 그 범위가 달라진다.

101) 대법원 2017. 4. 26. 선고 2014다38678 판결
[1] 구 하도급거래 공정화에 관한 법률(2014. 5. 28. 법률 제12709호로 개정되기 전의 것, 이하 '하도급법'이라고 한다)에 따른 직접지급제도는 직접지급 합의 또는 직접지급의 요청에 따라 도급인(즉 발주자)에게 하도급대금의 직접지급의무를 부담시킴으로써 하수급인(즉 수급사업자)을 수급인(즉 원사업자)과 일반채권자에 우선하여 보호하는 것이다. 이 경우 도급인은 도급대금채무의 범위에서 하수급인에 대한 직접지급의무를 부담하고[하도급거래 공정화에 관한 법률 시행령(이하 '하도급법 시행령'이라고 한다) 제9조 제3항], 이와 동시에 하수급인의 수급인에 대한 하도급대금채권과 도급인의 수급인에 대한 도급대금채무가 소멸한다(하도급법 제14조 제2항). 하도급법 제14조 제1항에 따르면, 같은 항 제2호('발주자가 하도급대금을 직접 수급사업자에게 지급하기로 발주자·원사업자 및 수급사업자 간에 합의한 때')에 해당하는 경우에는 하수급인이 직접 지급을 요청하지 않아도 같은 조 제1항, 제4항, 하도급법 시행령 제9조 제3항이 정한 범위에서 직접지급청구권이 발생하나, 나머지 제1, 3, 4호에 해당하는 경우에는 수급사업자가 직접지급을 요청한 때에 비로소 위와 같은 직접지급청구권이 발생한다. 하수급인이 하도급법 제14조 제1항에서 말하는 하도급대금의 직접지급을 요청하였는지는 하수급인의 도급인에 대한 요청 내용과 방식, 하수급인이 달성하려고 하는 목적, 문제되는 직접지급 사유와 하도급대금의 내역, 하도급대금의 증액 여부와 시기, 직접지급제도의 취지, 도급인·수급인·하수급인의 이해관계, 직접지급의 요청에 따르는 법적 효과와 이에 대한 예견가능성 등을 종합적으로 고려하여 판단하여야 한다.
[2] 도급인인 갑 주식회사, 수급인인 을 주식회사, 하수급업체 대표인 병 주식회사 등이 을 회사의 워크아웃 신청으로 중단되었던 공사를 재개하기 위한 사업약정을 체결하면서 갑 회사가 하수급업자 등에게 하도급대금 등을 직접 지급하기로 하였고, 이에 따라 하수급인인 정 주식회사와 갑 회사, 을 회사가 직접지급 합의서를 작성하였는데, 정 회사가 갑 회사 등을 상대로 하도급대금의 지급을 청구하는 전소를 제기하면서 직접지급 합의서에는 기재되어 있지 않은 을 회사와 변경계약한 증액대금도 함께 지급할 것을 청구하였으나, 법원이 갑 회사가 직접지급 합의서에 따른 최초의 하도급대금만을 지급할 의무가 있음을 전제로 증액대금의 지급약정 등에 관한 정 회사의 주장을 배척하자, 정 회사가 을 회사를 흡수합병한 무 주식회사를 상대로 증액대금의 지급을 구하는 소를 제기한 사안에서, 전소 소장에 기재된 문언의 내용, 사업약정과 직접지급 합의의 경위와 내용, 증액대금에 관한 변경계약의 경위, 전소에서 증액대금과 관련하여 당사자들이 했던 주장과 이에 관하여 법원이 심리·판단한 내용과 범위, 소제기의 경위, 전소판결에 관한 당사자들의 불복 여부, 정 회사의 진정한 의사와 갑 회사가 인식한 내용 등을 종합적으로 고찰해 보면, 정 회사는 전소에서 사업약정과 지급합의에 기하여 갑 회사가 정 회사에 지급하기로 한 하도급대금을 청구한 것이고, 그것이 동시에 증액대금에 관한 구 하도급거래 공정화에 관한 법률(2014. 5. 28. 법률 제12709호로 개정되기 전의 것)상 직접지급청구권의 발생요건인 같은 법 제14조 제1항 제3호에 따른 직접지급의 요청에 해당한다고 보기는 어렵다고 한 사례

수급사업자가 발주자에게 직접지급을 요청한 시점에 직접지급청구권이 발생하는 것으로 규정하고 있었지만 변경되었다.

직접지급합의가 있을 때 하도급계약에 정한 하도급대금 전액에 대하여 직접지급청구권이 발생하는지, 합의 시점까지 제조·수리·시공 또는 용역수행을 한 부분에 상응하는 하도급대금에 대해서만 직접지급청구권이 발생하는지, 아니면 합의 이후 원사업자의 채권자에 의한 가압류 등 제3자의 권리와 경합될 때까지 제조 등을 한 부분에 대하여만 직접지급청구권이 발생하는지 문제된다. 하도급법 제14조 제1항 본문은 "수급사업자가 제조·수리·시공 또는 용역수행을 한 부분에 상응하는 하도급대금을 그 수급사업자에게 지급해야 한다"고 규정하고 있는데, 대법원 판례는 이에 대하여 3자간 합의 당시 이미 시공한 부분에 상응하는 금액에 대해서 뿐만 아니라 합의 이후 제3자의 권리와 경합될 때까지 제조 등을 한 부분에 상당하는 하도급대금에 대해서까지 직접지급청구권이 발생한다는 의미로 해석하고 있다(대법원 2008. 2. 29. 선고 2007다54108 판결[102]).

③ 원사업자가 법 제13조 제1항 또는 제3항에 따라 지급하여야 하는 하도급대금의 2회분 이상을 해당 수급사업자에게 지급하지 아니한 경우로서 수급사업자가 하도급대금의 직접 지급을 요청한 때(3호)

3호는 원사업자가 하도급대금의 지급을 지체하는 경우에 수급사업자가 신속·간편한

---

102) 대법원 2008. 2. 29. 선고 2007다54108 판결

　　[1] 공사도급계약 및 하도급계약을 함께 체결하면서 도급인, 원수급인과 하수급인이 '공사대금은 도급인이 원수급인의 입회하에 하수급인에게 직접 지급하고, 원수급인에게는 지급하지 않는 것'으로 약정한 경우, 당사자들의 의사가 위 도급계약 및 하도급계약에 따른 공사가 실제로 시행 내지 완료되었는지 여부와 상관없이 원수급인의 도급인에 대한 공사대금채권 자체를 하수급인에게 이전하여 하수급인이 도급인에게 직접 그 공사대금을 청구하고 원수급인은 공사대금 청구를 하지 않기로 하는 취지라면 이는 실질적으로 원수급인이 도급인에 대한 공사대금채권을 하수급인에게 양도하고 그 채무자인 도급인이 이를 승낙한 것이라고 봄이 상당하다. 이러한 경우 위와 같은 채권양도에 대한 도급인의 승낙이 확정일자 있는 증서에 의하여 이루어지지 않는 이상, 도급인은 위와 같은 채권양도와 그에 기한 채무의 변제를 들어서 원수급인의 위 공사대금채권에 대한 압류채권자에게 대항할 수 없다. 반면, 당사자들의 의사가 하수급인이 위 각 하도급계약에 기하여 실제로 공사를 시행 내지 완료한 범위 내에서는 도급인은 하수급인에게 그 공사대금을 직접 지급하기로 하고 원수급인에게 그 공사대금을 지급하지 않기로 하는 취지라면, 압류명령의 통지가 도급인에게 도달하기 전에 하수급인이 위 공사를 실제로 시행 내지 완료하였는지 여부나 그 기성고 정도 등에 따라 도급인이 원수급인의 위 공사대금채권에 대한 압류채권자에게 하수급인의 시공 부분에 상당하는 하도급대금의 범위 내에서 대항할 수 있는지 여부 및 그 범위가 달라진다.

　　[2] 하도급거래 공정화에 관한 법률 제14조 제2항의 규정 취지는 같은 조 제1항의 규정 내용에 비추어 보면, '발주자가 하도급대금을 직접 수급사업자에게 지급하기로 발주자·원사업자 및 수급사업자간에 합의한 경우'에, 발주자는 바로 그 하도급대금 전액을 해당 수급사업자에게 직접 지급할 의무가 발생하는 것이 아니라, '수급사업자가 제조·수리·시공 또는 용역수행한 분에 상당하는' 하도급대금을 해당 수급사업자에게 직접 지급할 의무가 발생하는 것이고 그 범위 내에서 발주자의 원사업자에 대한 대금지급채무가 소멸한다고 해석함이 상당하다.

절차로 하도급대금을 보전받을 수 있도록 하는 조항이다.

목적물 등을 수령한 후 지급기일 내에 하도급대금을 지급하지 않거나 또는 위탁 업무 수행의 진척에 따라 기성고를 받기로 한 경우에 미지급된 기성금의 총액이 2회분에 달하는 경우를 의미한다. 즉, 연속하여 2회 이상일 것을 요하는 것은 아니고 단지 미지급 대금이 총 2회분 이상이면 된다. 원사업자가 2번의 기성금을 미지급했다 하더라도 미지급했다가 지급하는 방식으로 누적 미지급 하도급금액이 2회분 이상이어야 직접지급사유가 되고 그렇지 않으면 직접지급사유가 되지 못한다.

직접지급청구권의 발생시점은 수급사업자가 하도급대금의 직접지급을 요청한 때이다. 발주자가 직접지급해야 하는 하도급대금은 직접지급청구권이 발생하는 시점까지 수급사업자가 제조·수리·시공 또는 용역수행을 한 부분에 상응하는 하도급대금이다.

④ 원사업자가 법 제13조의2 제1항 또는 제2항의 하도급대금 지급보증의무를 이행하지 아니한 경우로서 수급사업자가 하도급대금의 직접 지급을 요청한 때(4호)

4호는 원사업자가 하도급공사대금의 지급보증의무를 이행하지 아니하는 경우에 수급사업자가 자기가 시공한 부분에 상응하는 하도급대금을 받을 수 있도록 마련된 조항이다.

수급사업자의 직접지급요청 시점에 직접지급청구권이 발생한다. 발주자가 직접지급해야 하는 하도급대금은 직접지급청구권이 발생하는 시점까지 수급사업자가 제조·수리·시공 또는 용역수행을 한 부분에 상응하는 하도급대금이다.

(나) 직접지급청구의 효과 : 원사업자의 발주자에 대한 원도급대금채무와 수급사업자의 원사업자에 대한 하도급대금채무의 소멸(합의 이후 가압류 등 제3자와 경합할 때까지 제조 등이 이루어진 부분에 상응하는 하도급대금채무 범위 내)

직접지급사유가 발생하는 경우 수급사업자는 발주자에 대하여 직접지급청구권을 취득하고,[103] 원사업자에 대한 발주자의 원대금지급의무와 수급사업자에 대한 원사업자의 하도급대금 지급채무는 그 범위에서 소멸하게 된다(법 제14조 제2항). 3자 간의 직접지급 합의로 인하여 직접지급청구권이 발생함과 아울러 발주자의 원사업자에 대한 대금지급채무가 하도급대금의 범위 안에서 소멸하는 경우, 발주자가 직접지급의무를 부담하게 되는 부분에 해당하는 원사업자의 발주자에 대한 공사대금채권은 동일성을 유지한 채 수급사업자에게 이전된다(대법원 2014. 12. 24. 선고 2012다85267 판결[104]).

---

103) 김홍우·김선일, '하도급법상 수급사업자의 직접지급청구권과 공동수급체의 법률관계', 건설재판실무논단, 385면 이하 ; 이동진, 하도급법상 직접지급청구권에 관한 연구, 법조 2009. 3(630호), 95면 ; 윤재윤, 앞의 책, 412면
104) 대법원 2014. 12. 24. 선고 2012다85267 판결

1999. 2. 5. 법률 제5816호로 개정되기 이전의 하도급법[105]에서는 원사업자에 대한 발주자의 대금지급채무가 소멸하는 시점도 직접지급사유가 발생한 시점이 아니라 발주자가 수급사업자에게 하도급대금을 직접지급하는 때였지만(직접지급시설), 현재 법 아래에서는 직접지급사유가 발생하는 시점에 원사업자의 발주자에 대한 원도급대금채권과 수급사업자의 원사업자에 대한 하도급대금채권이 소멸하게 된다(직접지급청구시설).

하도급대금에 대한 직접지급사유가 발생한 이후에 발주자가 이를 지급하지 않거나 지급할 수 없는 경우에 수급사업자는 원사업자에 대한 하도급대금채권을 행사할 수 있는가? 하도급법 제14조 제2항이 "제1항에 따른 사유가 발생한 경우 원사업자에 대한 발주자의 대금지급채무와 수급사업자에 대한 원사업자의 하도급대금 지급채무는 그 범위에서 소멸한 것으로 본다"고 규정하여 이미 소멸한 하도급대금 채권이 발주자의 직접지급의무 불이행을 조건으로 다시 살아나는, 즉 발주자의 지급을 해제조건부로 하도급대금채권이 소멸했다고 해석하기는 무리가 있다. 뿐만 아니라 하도급대금이 실제 지급시설('발주자가 수급사업자에게 직접지급하는 시점'에 소멸하는 것)이 아니라 직접지급사유발생시설로 보는 이상 어쩔 수 없는 해석이다.

한편, 발주자의 원사업자에 대한 대금지급채무는 직접지급의무를 부담하는 하도급대금 상당액만큼 소멸하게 되어 원사업자의 다른 채권자들에 의한 강제집행은 허용되지 않는

---

2. 하도급대금 직접 지급사유 발생 후의 압류 등의 효력 및 원사업자의 채권 소멸 관련 상고이유에 관하여 발주자·원사업자 및 수급사업자 사이에서 발주자가 하도급대금을 직접 수급사업자에게 지급하기로 합의하여 구 하도급법 제14조 제1항, 제2항에 따라 수급사업자의 발주자에 대한 직접 지급청구권이 발생함과 아울러 발주자의 원사업자에 대한 대금지급채무가 하도급대금의 범위 안에서 소멸하는 경우에, 발주자가 직접지급의무를 부담하게 되는 부분에 해당하는 원사업자의 발주자에 대한 공사대금채권은 동일성을 유지한 채 수급사업자에게 이전된다(대법원 2010. 6. 10. 선고 2009다19574 판결 등 참조). 그러나 구 하도급법에 직접 지급사유 발생 전에 이루어진 강제집행 또는 보전집행의 효력을 배제하는 규정은 없으므로, 구 하도급법에서 정한 하도급대금 직접 지급사유가 발생하기 전에 원사업자의 제3채권자가 원사업자의 발주자에 대한 채권에 대하여 압류 또는 가압류 등으로 채권의 집행보전을 한 경우에는 그 이후에 발생한 하도급대금의 직접 지급사유에도 불구하고 그 집행보전된 채권은 소멸하지 아니한다(대법원 2003. 9. 5. 선고 2001다64769 판결 등 참조). 그리고 위에서 본 것과 같이 직접청구권의 발생과 원사업자의 공사대금채권의 당연 이전 및 발주자의 원사업자에 대한 대금지급채무의 소멸이 서로를 각각 제약하는 관계에 있어서 그중 어느 하나가 일어나지 않으면 다른 법률효과도 발생하지 아니한다고 봄이 타당한 사정 등을 고려하여 보면, 위와 같이 압류 등으로 집행보전된 채권에 해당하는 금액에 대하여는 수급사업자에게 직접청구권이 발생하지 아니하고, 원사업자의 발주자에 대한 공사대금채권은 다른 특별한 사정이 없는 한 그 집행보전된 채권액의 한도에서는 수급사업자에게 이전되지 아니한다고 할 것이다(대법원 2014. 11. 13. 선고 2009다67351 판결 참조).

105) 개정전 하도급법 제14조는 다음과 같이 규정하고 있었다.
제14조(하도급대금의 직접지급)
발주자는 수급사업자가 제조·수리 또는 시공한 분에 해당되는 하도급대금을 대통령령이 정하는 바에 의하여 직접 수급사업자에게 지급할 수 있다. 이 경우 발주자의 원사업자에 대한 대금지급채무와 원사업자의 수급사업자에 대한 하도급대금지급채무는 그 지급한 한도에서 소멸한 것으로 본다.

다. 따라서 압류 및 추심·전부명령이 내려지더라도 무효이다. 반대로, 직접지급요건이 발생하기 전의 압류·가압류의 효력은 유효하다(대법원 2003. 9. 5. 선고 2001다64769 판결).

(다) 직접지급의무의 범위와 금액

발주자는 특별한 사정이 없는 한 원사업자에 대한 대금지급의무를 한도로 하도급대금 지급의무를 부담하되(시행령 제4조 제3항), 수급사업자가 제조·수리·시공 또는 용역을 수행한 부분에 상당하는 하도급대금(법 제14조 제1항)에서 '발주자가 원사업자에게 이미 지급한 도급대금 중 당해 수급사업자의 하도급대금에 해당하는 부분'을 뺀 금액(법 제14조 제3항)을 수급사업자에게 지급해야 한다.[106]

수급사업자가 발주자로부터 직접 하도급대금을 받을 권리를 취득하는 시점은 직접지급사유 발생시점이다. 하도급법 제14조 제1항 제1호(원사업자의 지급불능)·제3호(2회분 이상 하도급대금 미지급)·제4호(대금지급보증 불이행)의 직접지급청구권은 수급사업자의 요청에 의해 발생하고(그 의사표시가 발주자에게 도달한 날로 본다), 동항 제2호(3자간 직접지급합의)의 것은 발주자·원사업자·수급사업자의 합의에 의하여 발생한다. 그런데 직접지급대상이 되는 하도급대금은 언제까지 제조·수리·시공 또는 용역수행된 부분의 하도급대금인가?

하도급법 제14조 제1항 본문은 "수급사업자가 제조·수리·시공 또는 용역수행을 한 부분에 상응하는 하도급대금을 그 수급사업자에게 지급해야 한다"고 규정하고 있고 제2항은 "제1항에 따른 사유가 발생한 경우 원사업자에 대한 발주자의 대금지급채무와 수급사업자에 대한 원사업자의 하도급대금 지급채무는 그 범위에서 소멸한 것으로 본다"고 규정하고 있다. 이에 대하여 직접지급사유 발생시점까지 당시 이미 시공한 부분에 상응하는 하도급대금에 대하여는 직접지급청구권이 발생하고 원사업자의 하도급대금 지급채무는 그 범위 내에서 소멸한다는 점에 대하여는 이견이 없지만, 그 시점 이후에 제조 등이 된 부분에 대한 하도급대금은 어떻게 인식하고 처리해야 하는지 문제된다. 첫 번째 견해는 직접지급사유가 발생한 시점 이후에 제조 등이 된 부분의 하도급대금은 직접지급대상이 아니므로 이를 직접지급대상으로 삼기 위하여는 다시 요건을 갖추어야 한다는 것이다. 두 번째 견해는 직접지급사유가 발생하면 제조 등이 이루어진 시기와 무관하게 전체 하도급대금이 직접지급대상이 된다는 것이다. 세 번째 견해는 시점 이후의 제조 등이 된 부분에 대해서도 다시 직접지급사유 요건을 갖출 필요 없이 직접지급대상으로 보되 다만 이해관계 있는 제3자가 압류 등을 하면 그 압류의 효력이 발생하는 시점까지만 직

---

106) 대법원 2011. 7. 14. 선고 2011다12194 판결: 대법원 2011. 4. 28. 선고 2011다2029 판결 등

접지급대상으로 보고(뒤에서 설명하는 바와 같이 제3자와의 경합발생을 정지조건으로 보는 셈이다) 그 이후에는 압류의 효력에 대항하지 못하도록 보는 것이다.

대법원은 "···발주자는 바로 그 하도급대금 전액을 해당 수급사업자에게 직접 지급할 의무가 발생하는 것이 아니라, '수급사업자가 제조·수리·시공 또는 용역수행한 분에 상당하는' 하도급대금을 해당 수급사업자에게 직접 지급할 의무가 발생하는 것이고 그 범위 내에서 발주자의 원사업자에 대한 대금지급채무가 소멸한다고 해석함이 상당하다. 이 경우 압류명령의 통지가 도급인에게 도달하기 전에 하수급인이 위 공사를 실제로 시행 내지 완료하였는지 여부나 그 기성고 정도 등에 따라 도급인이 원수급인의 위 공사대금채권에 대한 압류채권자에게 하수급인의 시공 부분에 상당하는 하도급대금의 범위 내에서 대항할 수 있는지 여부 및 그 범위가 달라진다"고 판시하여(대법원 2008. 2. 29. 선고 2007다54108 판결), 직접지급합의 등 직접지급사유 발생시점까지 제조 등을 한 부분의 하도급대금으로만 엄격하게 한정하지 않고 압류나 가압류 등이 이루어져 제3자와의 우열관계가 문제되는 때까지 그 동안 제조 등이 이루어진 부분에 대한 하도급대금까지도 직접지급 대상으로 보는 것으로 생각된다.

직접지급청구권은 직접지급사유가 발생하는 시점에 성립하는데, 그 직접지급 하도급대금의 범위는 위탁이 종료되어 하도급대금이 확정되거나 또는 압류, 가압류 등으로 제3자의 권리와 경합되는 시점까지 제조 등이 이루어진 부분에 상응하는 하도급대금이 된다는 것을 법률적으로 어떻게 해석하여 설명할 수 있는가?

생각건대, 하도급법 제14조에 기하여 직접지급청구권이나 의무의 발생 시점 역시 요청 시 또는 합의시, 즉 직접지급사유 발생시점이 되는 것이지만, 현재 및 장래에 발생한 하도급대금에 대한 직접지급 요청이나 합의가 이루어졌을 경우 하도급대금 채권이 최종적으로 확정되거나 또는 제3자에 의하여 경합될 '정지조건부'로 한 직접지급청구권이나 의무가 발생한 것이라 볼 수밖에 없다. 설사 직접지급 요청이나 합의는 원사업자의 채권자에 의한 도급대금채권에 대한 압류·가압류 등 통지보다 전에 있었지만 압류·가압류 등 통지로 제3자에 의하여 경합되었으므로 정지조건이 성립된 것이므로, 그 이후에 제조 등이 이루어진 부분에 대한 하도급대금채권은 압류·가압류에 대하여 대항하지 못하게 되는 것이다. 이러한 해석이 "하도급대금의 직접 지급 요건을 갖추고, 그 수급사업자가 제조·수리·시공한 분(分)에 대한 하도급대금이 확정된 경우, 발주자는 도급계약의 내용에 따라 수급사업자에게 하도급대금을 지급하여야 한다"는 시행령 제9조 제4항의 문언에 반하지 않으면서도 당사자들의 진정한 의사에도 부합하는 해석이 될 것이라 본다.

한편, 직접지급청구권 발생 당시까지 발주자가 원사업자에게 이미 지급한 도급대금은 확정적으로 소멸하였기 때문에 발주자의 직접지급의무는 원사업자에 대해 지급할 의무가 있는 원도급대금을 한도로 한다(시행령 제4조 제3항). 심지어 수급사업자가 직접지급청구권 발생 전에 그 기초가 되는 원사업자의 발주자에 대한 도급대금채권이 경개로 소멸되었다면 발주자는 직접지급의무를 지지 않는다(대법원 2009. 7. 9. 선고 2008다21303 판결). 그래서 직접지급청구권 발생 당시 수급사업자가 이미 제조·수리·시공 또는 용역수행한 위탁부분에 상응하는 하도급대금에서 발주자가 원사업자에게 이미 지급한 원도급대금 중 당해 수급사업자의 하도급대금에 해당하는 부분을 공제한 금액이 직접지급해야 하는 하도급대금이 될 것이다(대법원 2011. 7. 14. 선고 2011다12194 판결; 대법원 2011. 4. 28. 선고 2011다2029 판결).

나아가 발주자로부터 받은 도급공사를 원사업자로 여러 공종으로 나누어 수급사업자들에게 하도급을 준 경우에 있어, 발주자의 직접지급의무의 범위는 수급사업자가 하도급 받은 당해 공종에 대하여 발주자가 원사업자에게 부담하는 공사대금으로 제한된다(서울북부지방법원 2010. 3. 31. 선고 2009가합10359 판결; 대법원 2011. 4. 28. 선고 2011다2029 판결[107]).

한편, 선급금은 구체적인 기성고와 관련하여 지급된 금액이 아니라 전체 도급업무와 관련된 금액이다. 선급금 지급 후 이를 반환해야 하는 사유가 발생했다면 별도의 상계 의사표시 없이도 그 때까지의 기성고에 해당하는 금액 중 미지급금은 선급금으로 충당되고 그 이후에도 미지급대금이 있다면 원사업자가 지급의무를 부담한다. 반대로 선급금 잔액이 남는다면 원사업자가 반환채권을 가지게 된다(대법원 2010. 5. 13. 선고 2007다31211 판결; 대법원 2014. 1. 23. 선고 2013다214437 판결[108]). 따라서 발주자가 수급사업자에게 하도급

---

[107] 해당 판결의 원심인 서울고등법원 2010. 12. 16. 선고 2010다40569 판결에서는 '하도급법 제14조 제1항에 의한 발주자의 직접지급의무의 범위는, 원사업자가 수급사업자에게 위탁한 공종에 대해 발주자가 원사업자에게 미지급한 공사대금채무에 한정되지 않고, 원사업자에 대한 전체 공사대금지급채무의 범위로 해석함이 옳다'고 판시하였다. 하지만 대법원은 발주자의 직접지급의무는, 수급사업자가 원사업자로부터 위탁받은 그 공종에 대한 발주자의 원사업자에 대한 공사대금채무로 한정된다며 원심을 파기환송하였다.

[108] 대법원 2014. 1. 23. 선고 2013다214437 판결
공사도급계약에서 수수되는 이른바 선급금은 자금 사정이 좋지 않은 수급인에게 자재 확보·노임 지급 등에 어려움이 없이 공사를 원활하게 진행할 수 있도록 하기 위하여 도급인이 장차 지급할 공사대금을 수급인에게 미리 지급하여 주는 것으로서, 구체적인 기성고와 관련하여 지급된 공사대금이 아니라 전체 공사와 관련하여 지급된 공사대금이고, 이러한 점에 비추어 선급금을 지급한 후 계약이 해제 또는 해지되는 등의 사유로 수급인이 도중에 선급금을 반환하여야 할 사유가 발생하였다면, 특별한 사정이 없는 한 별도의 상계 의사표시 없이도 그때까지의 기성고에 해당하는 공사대금 중 미지급액은 선급금으로 충당되고 도급인은 나머지 공사대금이 있는 경우 그 금액에 한하여 지급할 의무를 부담하게 된다. 이때 선급금의 충당 대상이 되는 기성공사대금의 내역을 어떻게 정할 것인지는 도급계약 당사자의 약정에 따라야 하고, 도급인이 하수급인에게 하도급대금을 직접 지급하는 사유가 발생한 경우에 이에 해당하는 금원을 선급금 충당의 대상이 되는 기성공사대금의 내역에서 제외하기로 하는 예외적 정산약정을 한 때에는 도급

대금을 직접 지급함에 있어서도 발주자가 원사업자에게 지급한 선급금 중 미공제금액이 있다면 이를 먼저 상계한 후 지급하면 된다(법 제14조 제4항; 대법원 1997. 12. 12. 선고 97다5060 판결; 대법원 2007. 9. 20. 선고 2007다40109 판결).

(라) 압류·가압류·전부명령 및 다른 직접지급권자와의 선후·우열관계

하도급법 제14조 제1항 제1호, 제3호, 제4호와 같이 수급사업자의 직접지급 요청을 필요로 하는 경우에는 수급사업자의 직접지급요청에 대한 그 의사표시가 발주자에게 도달한 때부터 효력을 발생하며 그 의사표시가 도달되었다는 사실은 수급사업자가 증명해야 한다(시행령 제9조 제1항). 하지만 직접지급을 요청하는 의사표시가 발주자에게 도착하였음을 반드시 확정일자 있는 증서에 의하는 등 특별한 방식에 의하여야 하는 것은 아니다(대법원 2012. 5. 10. 선고 2010다24176 판결[109]).

하도급법 제14조 제1항 제2호의 발주자·원사업자·수급사업자 간의 직접지급합의의 경우 직접지급합의를 한 시점을 기준으로 판단하게 될 것이다. 이 경우에도 반드시 그 합의를 확정일자 있는 증서로 할 필요는 없다.[110]

하도급대금의 직접지급을 요청한 하수급인이 여럿인 경우, 직접지급사유 발생사유의 선후관계를 따져 우선순위를 정해 직접지급해야 하고 채권자평등원칙에 따라 안분배당해서는 안 된다.

그리고 원사업자의 일반채권자에 의한 가압류, 압류, 추심명령, 전부명령 등과 하도급

인은 미정산 선급금이 기성공사대금에 충당되었음을 이유로 하수급인에게 부담하는 하도급대금 지급의무를 면할 수 없다. 그러나 이러한 정산약정 역시 특별한 사정이 없는 한 도급인에게 도급대금채무를 넘는 새로운 부담을 지우지 않는 범위 내에서 하수급인을 수급인에 우선하여 보호하려는 약정이라고 보아야 하므로, 도급인이 하도급대금을 직접 지급하는 사유가 발생하기 전에 선급금이 기성공사대금에 충당되어 도급대금채무가 모두 소멸한 경우에는 도급인은 더 이상 하수급인에 대한 하도급대금 지급의무를 부담하지 않게 된다.

109) 대법원 2012. 5. 10. 선고 2010다24176 판결 중 발췌
    어느 수급사업자가 발주자에게 하도급대금의 직접지급을 요청하더라도, 그보다 먼저 구 하도급법 제14조 제1항 각 호의 요건을 갖춘 다른 수급사업자가 있는 경우 원사업자는 그 다른 수급사업자에게 지급한 하도급대금 상당액의 채무가 소멸하였음을 주장할 수 있다(대법원 2010. 6. 10. 선고 2009다19574 판결 참조). 한편, 구 하도급거래 공정화에 관한 법률 시행령(2010. 7. 21. 대통령령 제22297호로 전부개정되기 전의 것. 이하 '구 하도급법 시행령'이라 한다) 제4조 제1항은 수급사업자의 직접지급 요청은 그 의사표시가 발주자에게 도달한 때부터 효력이 발생하고 그 의사표시가 도달되었다는 사실은 수급사업자가 증명하여야 한다고 규정하고 있을 뿐이므로, 그 의사표시를 확정일자 있는 증서에 의하는 등 특별한 방식에 의하여야 하는 것은 아니다.

110) 하도급법상 직접지급합의로 발주자에게 직접지급의무가 생기는 범위는 그 시점까지 제조·수리·시공 또는 용역수행한 부분에 상응하는 하도급대금에 국한되므로, 장래 하도급대금채권을 수급사업자가 직접 발주자에게 청구할 수 있도록 하기 위하여는 확정일자 있는 증서로 민법상 채권양도 합의를 하여야 하는 바, 장래 하도급대금채권 양도와 관련하여는 그 확정일자를 기준으로 우열·선후관계를 판단하게 된다.

법 제14조의 직접지급청구권이 경합하는 경우, 가압류·압류·추심명령, 전부명령의 통지와 직접지급 요청의 의사표시가 발주자에 각 송달된 시점(또는 하도급법 제14조 제1항 제2호의 경우 합의시점, 장래 하도급대금과 관련한 민법상 채권양도합의의 경우 증서상의 확정일자)을 기준으로 먼저 도달한 쪽의 효력이 우선한다. 그래서 직접지급사유가 발생하기 전에 원사업자의 채권자가 원사업자의 발주자에 대한 원도급채권을 압류 또는 가압류 등 집행보전하는 경우 집행보전된 채권은 직접지급사유가 발생하더라도 소멸하지 않으므로 직접지급청구권이 발생하지 않는다(대법원 2014. 12. 24. 선고 2012다85267 판결; 대법원 2014. 11. 13. 선고 2009다67351 판결 등). 그래서 가압류·압류·추심명령, 전부명령이 직접지급사유보다 앞서는 것이다. 반면, 하도급대금 직접지급사유가 발생한 후에 원사업자의 제3채권자가 원사업자의 발주자에 대한 채권에 대하여 압류 또는 가압류를 하였다고 하더라도 (직접지급사유의 발생으로 원사업자의 발주자에 대한 채권이 소멸한 이후이기 때문에) 발주자나 제3채권자들은 그 압류 또는 가압류로써 하도급법상 직불청구권자에 대항할 수 없다(서울중앙지방법원 2010. 7. 7. 선고 2009가합37669 판결). 그래서 직접지급사유가 발생한 다음 가압류·압류·추심명령, 전부명령이 있으면, 가압류나 압류 등이 있을 때까지 제조 등이 이루어진 부분에 상당하는 하도급대금의 범위 내에서 직접지급청구권이 우선한다(대법원 2008. 2. 29. 선고 2007다54108 판결).

한편, 원사업자에 대하여 회사정리절차가 개시되더라도 수급사업자의 발주자에 대한 하도급대금 직접지급청구권은 발생한다(대법원 2007. 6. 28. 선고 2007다17758 판결[111]).

---

111) 대법원 2007. 6. 28. 선고 2007다17758 판결
　[1] 하도급거래 공정화에 관한 법률 제14조 제1항 제1호 및 제2항의 규정은 원사업자의 지급정지나 파산 등으로 인해 영세한 수급사업자가 하도급대금을 지급받지 못함으로써 연쇄부도에 이르는 것을 방지하기 위한 취지에서 두게 된 것으로, 수급사업자의 자재와 비용으로 완성된 완성품에 대한 궁극적인 이익을 발주자가 보유하게 된다는 점에서 원사업자의 발주자에 대한 도급대금채권은 수급사업자의 원사업자에 대한 하도급대금채권과 밀접한 상호관련성이 있는 반면 원사업자의 일반채권자들이 원사업자에 대하여 가지는 채권은 그러한 관련성이 없다는 것에 근거하여, 원사업자의 발주자에 대한 도급대금채권 중 수급사업자의 원사업자에 대한 하도급대금채권액에 상당하는 부분에 관해서는 일반채권자들보다 수급사업자를 우대한다는 의미를 가지는 것인바, 영세한 수급사업자의 보호를 위해 원사업자가 파산한 경우에 인정되는 이러한 직접청구제도가 원사업자에 대하여 회사정리절차가 개시된 경우라 하여 배제될 이유는 없는 것이므로(특히 회사정리절차에 있어서는 채권자가 회사재산에 대하여 가지는 청산가치 이상의 변제가 보장되어야 한다는 점에서 보더라도, 수급사업자가 원사업자의 파산의 경우보다 불리하게 취급되어서는 안 된다), 원사업자에 대하여 회사정리절차가 개시된 경우 '정리채권에 관하여는 정리절차에 의하지 아니하고 변제하거나 변제받거나 기타 이를 소멸하게 할 행위(면제를 제외한다)를 하지 못한다'고 정한 구 회사정리법(2005. 3. 31. 법률 제7428호 채무자 회생 및 파산에 관한 법률 부칙 제2조로 폐지) 제112조의 규정에 의하여 하도급법 제14조의 적용이 배제되어야 한다고 볼 수 없다.
　[2] 하도급거래 공정화에 관한 법률 제14조에 의한 수급사업자의 발주자에 대한 하도급대금 직접지급청구가 구 회사정리법(2005. 3. 31. 법률 제7428호 채무자 회생 및 파산에 관한 법률 부칙 제2조로 폐

[직접지급제도와 압류의 관계]

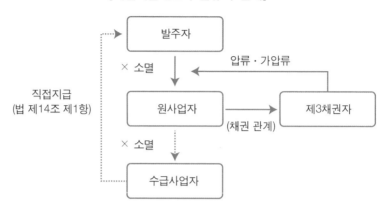

(마) 원사업자의 발주자에 대한 장래 도급대금채권에 대한 수급사업자로의 채권양도

장래 발생할 발주자의 원사업자에 대한 원도급대금채권을 수급사업자에게 양도하면 채권양도 이후에 원사업자의 채권자가 원사업자의 발주자에 대한 채권을 압류·가압류하더라도 수급사업자는 발주자에 대하여 그 이후에 제조 등이 이루어지는 부분에 대한 하도급대금채권에 상응하는 채권까지 청구하여 지급받을 수 있다. 반면, 채권양도가 아니라 하도급법상 직접지급합의가 있는 경우에는 원사업자의 채권자가 원사업자의 발주자에 대한 채권을 압류·가압류할 때까지 수급사업자가 제조 등을 한 부분에 대한 하도급대금까지만 직접지급청구하여 지급받을 수 있을 뿐이다. 그래서 수급사업자가 장래 발생할 하도급대금 전체를 직접 지급받게 하면서 이후 이루어지는 원사업자의 채권자에 의한 강제집행보다 앞서게 하고자 할 때는, 그 하도급대금에 대응하는 장래 도급대금채권에 대한 민법상 채권양도를 확정일자 있는 증서로 하면 된다(대법원 1990. 4. 27. 선고 89다카 2049 판결). 민법상 채권양도는 아직 발생하지 않은 장래 채권에 대하여도 권리 특정이 가능하고 가까운 장래에 발생할 것임이 상당한 정도로 기대되는 채권에 대해서는 양도가 허용되기 때문이다. 이 경우 제3자에 대항하기 위하여 발주자의 승낙이 확정일자 있는 증서로 이루어져야 한다(민법 제450조 제2항). 그 합의서가 확정일자 있는 증서로 작성되지

___

지) 제67조 제1항이 금지하는 '회사재산에 대한 강제집행'에 해당한다고 할 수 없다.

않으면, 발주자는 위 합의에 따른 채무의 변제로 자기에 대한 원사업자의 도급채권 일부를 압류한 채무자에게 대항할 수 없다(대법원 2014. 12. 24. 선고 2012다85267 판결).

실제로는 관련 계약 문언만으로 하도급법상 직접지급합의인지 아니면 채권양도합의인지 모호한 경우가 많을 것이다. 원칙적으로 합의의 해석에 대한 문제이기는 하지만, 원사업자의 일반채권자를 보호하고 거래안전을 꾀하기 위하여 장래 하도급대금채권까지 양도된다는 뜻이 명확한 경우에만 후자로 해석해야 한다. 더하여 그 합의를 확정일자 있는 증서로 하였는지 여부도 구분의 징표가 될 수 있다. 장래채권에 대한 양도를 하고자 했다면 확정일자 있는 증서를 했을 가능성이 높기 때문이다. 특히 확정일자 증서로 이루어지기 전에 제3자의 직접지급청구나 수급사업자 채권자들의 가압류 등이 있다면 수급사업자의 채권자를 보호하기 위하여 가압류 등 제3자와 경합할 때까지 제조 등이 이루어진 부분에 대한 하도급대금채권에만 효력이 미치는 제9조 제1항 제3호의 직접지급합의로 해석하여야 할 것이다.

이와 관련하여 대법원은 동일한 법리에서 "발주자・원사업자・수급사업자가 '공사대금은 도급인이 원수급인의 입회 하에 하수급인에게 직접 지급하여 원수급인에게는 지급하지 않는 것'으로 약정하였다 하더라도 그 약정은 (의사해석의 일반원칙에 따라) 장래 도급대금까지 포함한 전체 도급대금을 직접지급하도록 채권양도를 한 것이라고 해석될 여지도 있고, 하도급법 제9조 제1항 제3호에 따라 가압류 등 제3자와 경합할 때까지 제조 등이 이루어진 부분에 대한 하도급대금만을 직접청구하는 합의로 해석될 수 있다. 하지만 전자로 해석된다면 제3자에 대항하기 위하여 확정일자 있는 증서로 이루어졌어야 하는데 그렇지 않다면(직접지급범위가 줄어드는 대신 확정일자 있는 증서가 없더라도 제3자에 대항할 수 있도록 수급사업자에게 유리하게) 후자로 해석함이 타당하다"라고 하여 양자는 구분되는 것이며 당사자 의사표시 해석에 따라 구별하여야 한다는 법리를 설시하였다(대법원 2008. 2. 29. 선고 2007다54108 판결).

(바) 원사업자의 항변

발주자가 직접 지급의무를 부담하게 되는 부분에 해당하는 원사업자의 발주자에 대한 공사대금채권은 동일성을 유지한 채 수급사업자에게 이전되므로(대법원 2014. 12. 24. 선고 2012다85267 판결), 발주자는 수급사업자에게 직접지급청구권이 발생하기 전 원사업자에게 대항할 수 있는 사유로 수급사업자에게 대항할 수 있으나 청구권이 발생한 이후에 발생한 원사업자에 대한 사유로는 수급사업자에게 대항할 수 없다(대법원 2015. 8. 27. 선고 2013다81224, 81231 판결). 예를 들어, 대금 중 일부를 원사업자의 근로자에게 임금조로 직접 지급하기로 발주자와 원사업자가 합의하였다면, 발주자는 원사업자의 근로자들에게 지급하기로 임금을 공제하고 나머지만을 수급사업자에게 직접 지급할 수 있다.

(사) 원사업자의 협조의무, 직접지급절차와 공탁

원사업자는 수급사업자가 발주자로부터 하도급대금을 직접 받기 위하여 기성부분 내지 물량투입 등의 확인에 필요한 조치를 지체없이 이행하여야 한다(법 제14조 제5항). 여기에서 필요한 조치란 수급사업자의 기성청구에 따른 원사업자의 기성검사·확인 또는 발주자와 원사업자가 감리자 등으로부터 기성확인(검수)을 받는 것 등을 의미한다. 이 때 원사업자는 그 조치를 요구받은 날로부터 하도급법 제14조 제2항 제1호의 사유(즉, 직접지급사유 ① 원사업자의 지급불능)의 경우에는 15일, 동항 제2호 내지 제4호(즉, 직접지급사유 ② 직접지급합의, ③ 2회분 이상의 하도급대금 미지급, ④ 지급보증의무 미이행)의 경우에는 5일 이내에 이행하여야 한다. 다만, 사업자가 위 기한 내에 필요한 조치를 이행할 수 없는 특별한 사정이 있는 경우, 그 사유와 이행 예정시기 등을 적시한 소명자료를 위 기한 내에 공정거래위원회에 제출해야 한다(하도급공정화지침 14-1). 수급사업자의 직접지급 요청은 그 의사표시가 발주자에게 도달한 때부터 효력이 발생하며 그 의사표시가 도달되었다는 사실은 수급사업자가 증명해야 한다(시행령 제9조 제1항). 발주자는 하도급대금을 직접 지급할 때에 민사집행법 제248조 제1항 등의 공탁사유가 있는 경우 해당 법령에 따라 공탁할 수 있다(시행령 제9조 제2항). 하도급대금의 직접지급 요건을 갖추고 수급사업자가 제조·수리·시공한 분(分)에 대한 하도급대금이 확정된 경우 발주자는 도급계약의 내용에 따라 수급사업자에게 하도급대금을 지급해야 한다(시행령 제9조 제4항).

발주자는 하도급대금을 직접 지급할 때에 민사집행법 제248조[112] 제1항 등의 공탁사유가 있는 경우에는 해당 법령에 따라 공탁할 수 있다(시행령 제9조 제2항). 원사업자의 채권자가 발주자의 원사업자에 대한 도급대금채권을 압류 또는 가압류한 이후에 직접지급의무가 발생하거나 또는 직접지급사유는 발생했지만 그 하도급대금이 확정되기 전에 압

---

112) 민사집행법 제248조(제3채무자의 채무액의 공탁)
　① 제3채무자는 압류에 관련된 금전채권의 전액을 공탁할 수 있다.
　② 금전채권에 관하여 배당요구서를 송달받은 제3채무자는 배당에 참가한 채권자의 청구가 있으면 압류된 부분에 해당하는 금액을 공탁하여야 한다.
　③ 금전채권중 압류되지 아니한 부분을 초과하여 거듭 압류명령 또는 가압류명령이 내려진 경우에 그 명령을 송달받은 제3채무자는 압류 또는 가압류채권자의 청구가 있으면 그 채권의 전액에 해당하는 금액을 공탁하여야 한다.
　④ 제3채무자가 채무액을 공탁한 때에는 그 사유를 법원에 신고하여야 한다. 다만, 상당한 기간 이내에 신고가 없는 때에는 압류채권자, 가압류채권자, 배당에 참가한 채권자, 채무자, 그 밖의 이해관계인이 그 사유를 법원에 신고할 수 있다.

류·가압류가 된 경우에는 발주자는 위 규정에 따라 공탁할 수 있지만, 그 이후에 압류·가압류가 이루어진 경우에는 공탁할 수 없다. 관련하여 하도급대금 직접지급사유가 발생하고 수급사업자의 하도급업무 수행분에 대한 하도급대금이 확정된 경우에는 원사업자의 발주자에 대한 도급대금채권은 같은 범위 내에서 소멸한 것으로 보아야 하므로 그 이후에 원사업자의 발주자에 대한 도급대금채권에 대하여 원사업자의 일반채권자가 압류 또는 가압류를 하였다 하여(그 압류 또는 가압류 대상채권이 존재하지 않기 때문에) 발주자가 수급사업자에게 직접지급의무를 부담하는 하도급대금 채무 금액을 공탁할 수 없다는 주장이 있다.[113] 일리 있는 주장이므로 입법론으로 정리하는 것이 바람직하다고 본다.

(3) 지연이자, 어음할인료 등 부담 여부

하도급법 제14조에 기한 발주자의 직접지급의무는 하도급대금에 한정되는 것이므로 원사업자가 부담하게 되는 지연손해금이나 어음할인료 등까지 직접지급하게 된 발주자가 지급해야 하는 것은 아니다.

그런데 하도급대금 직접지급의무가 있는 발주자가 직접지급요건이 발생한 이후에 그 지급을 지연하거나 또는 어음으로 지급한 경우에 하도급법에 정한 지연이자나 어음할인료를 부담해야 하는지 문제된다. 법령에 명시적인 규정이 없음에도 불구하고 직접지급의무를 부담한다는 이유로 발주자에 대하여 수급사업자에 대한 원사업자로서의 하도급법상 책임을 지울 수는 없다. 따라서 발주자는 원사업자가 아니므로 하도급법이 정한 지연이자나 어음할인료를 부담하지는 않는다(대법원 2005. 7. 28. 선고 2004다64050 판결). 하지만 직접지급청구의 성질상 수급사업자는 원사업자의 발주자에 대한 채권을 대위청구하는 것이므로, 발주자가 원사업자에게 지급해야 하는 대금의 한도까지는 원사업자가 수급사업자에게 지급해야 하는 직접지급대상이 된다. 따라서 수급사업자가 원사업자에 대하여 가지는 권리(예를 들어 계약 및 법률상 지체에 따른 지연손해금 및 하도급법에 따라 발생하는 지연이자, 어음할인료 등)를, 원사업자의 발주자에 대한 채권의 범위 내에서는 수급사업자가 발주자에게 직접지급청구할 수 있다고 해석하는 것이 합당하다.

(4) 원사업자의 직접지급 중지요청권

발주자에 의한 직접지급사유가 발생한 경우라도, 수급사업자가 자신의 근로자들에 대해 임금을 지급하지 못하든지 아니면 자재대금을 지체하여 원사업자에 대한 계약이행이 어려울 수도 있고, 아울러 수급사업자의 근로자 등이 원사업자에게 임금을 요구하면서

---

113) 오승돈, 하도급법(2020년 개정판), 지식과감성, 400면

근로제공을 거부할 수도 있다. 이 경우 발주자가 하도급대금을 수급사업자에게 직접 지급한다면 원사업자는 매우 곤란한 상황에 처해질 수 있다. 하도급법은 원사업자가 발주자에게 해당 하도급 계약과 관련된 수급사업자의 임금·자재대금 등의 지급지체사실을 입증할 수 있는 서류를 첨부하여 해당 하도급대금의 직접지급중지를 요청하면 발주자는 직접 지급하지 않을 수 있도록 하는 규정을 두고 있다(법 제14조 제3항). 원사업자의 귀책사유로 지급 지체가 발생한 경우를 제외하고는 원사업자가 지급 지체 사실을 입증할 수 있는 서류를 첨부해 발주자에게 수급사업자에 대한 직접지급을 중지해 줄 것을 요청한 경우 발주자는 그 하도급대금을 직접 지급해서는 안되며, 이를 위반한 발주자에게는 과징금이 부과될 수 있다(법 제14조 제3항). 2019. 4. 30. 법률 제156413호로 개정되기 이전 법에는 발주자가 하도급대금을 직접 지급하지 아니할 수 있다고 규정하고 있었지만, 개정법에서 '원사업자의 귀책사유로 그 지급지체가 발생한 경우를 제외'하고는 원사업자가 지급지체 사실을 입증할 수 있는 서류를 첨부하여 직접 지급 중지를 요청한 경우 발주자가 그 하도급대금을 직접 지급하지 못하도록 하였다(동 규정은 2019. 11. 1. 이후 최초 하도급계약이 체결된 경우부터 적용된다).

원사업자의 직접지급중지요청이 받아들여지는 경우 그것이 발주자의 직접지급의무를 일시적으로 정지시키는 것인지 아니면 아예 직접지급의무를 소멸시키는 것인지 문제된다. 직접지급의무가 소멸되는 것으로 해석하면 발주자는 다시 원사업자에게 하도급대금을 지급해야 하는데, 이는 수급사업자 보호라는 직접지급제도의 취지에 반하므로 타당하지 않다. 직접지급중지 사유가 해소될 때까지 일시적으로 직접지급을 정지하는 것으로 해석하는 것이 타당하다.

(5) 위반시 제재

동 규정을 위반한 발주자에 대하여는 시정조치(법 제25조 제1항)나 하도급대금의 2배를 초과하지 않는 범위 내의 과징금을 부과할 수 있다(법 제25조의3 제1항 제4호). 하지만 직접지급의무를 위반한 발주자에 대한 형사처벌은 규정되어 있지 않다. 발주자는 수급사업자에 대하여 실손해배상책임을 진다(법 제35조 제1항).

IX 수급사업자의 의무 및 준수사항

> **하도급법**
> **제21조(수급사업자의 준수 사항)** ① 수급사업자는 원사업자로부터 제조 등의 위탁을 받은 경우에는 그 위탁의 내용을 신의(信義)에 따라 성실하게 이행하여야 한다.
> ② 수급사업자는 원사업자가 이 법을 위반하는 행위를 하는 데에 협조하여서는 아니 된다.
> ③ 수급사업자는 이 법에 따른 신고를 한 경우에는 증거서류 등을 공정거래위원회에 지체 없이 제출하여야 한다.

1. 서류 보존의무, 신의칙 준수, 원사업자의 위법행위 협조거부 의무, 증거서류 제출 의무

수급사업자 역시 원사업자와 마찬가지로 대통령령이 정하는 바에 의하여 하도급거래에 관한 서류를 3년간 보존해야 한다(법 제3조 제9항). 수급사업자는 원사업자로부터 제조 등의 위탁을 받은 경우 신의에 따라 성실하게 이행해야 하며, 원사업자가 이 법을 위반하는 행위를 하는 데 협조하여서는 아니 되고, 이 법에 따른 신고를 한 경우에는 증거서류 등을 공정거래위원회에 지체없이 제출해야 한다(법 제21조).

2. 건설하도급대금 계약이행보증의무(법 제13조의2 제1항)

건설위탁에 있어 원사업자는 계약체결일로부터 30일 이내에 수급사업자에게 공사대금 지급을 보증해야 하고 수급사업자는 원사업자에게 계약금액의 100분의 10에 해당하는 금액의 계약이행을 보증해야 한다. 두 의무는 동시이행관계이다.

3. 수급사업자의 제반권리

수급사업자는 신고나 분쟁조정신청 외에도 하도급법에 따라 ① 원사업자가 계약서면을 발급하지 않고 구두발주하는 경우 위탁내용에 대해 서면으로 확인을 요청할 권리(법 제3조 제5항, 하도급계약 추정제도), ② 일정한 요건을 충족하는 경우에 발주자에게 하도급대금을 직접 지급해줄 것을 요청할 권리(법 제14조), ③ 원사업자에게 원재료 가격변동에 따라 하도급대금의 조정을 요청할 권리(법 제16조의2)가 있다.

X 하도급거래의 공정성 확보수단(집행)

01 사건처리절차

(1) 개관

하도급법위반사건 처리절차는 사건인지(신고 또는 직권인지), 조사 및 위원회 상정, 심의, 의결 및 그 이후 불복절차의 순으로 진행된다. 공정거래위원회의 사건처리기간은 평균 7개월 정도이나, 피심인 방어권 보장과 정확한 사실관계 확인 및 분석을 위해서 많은 시간이 필요하고, 특히 외국계 기업조사의 경우 본사와의 연락 및 자료번역 등으로 인해 추가적인 시간이 소요되는 등의 사유로 조사기간이 수년씩 소요될 수도 있다.

절 차	내 용
사건인지	직권인지 또는 신고(이해관계와 상관없이 누구든지 신고 가능)
조사	장부, 서류, 전산자료 등 조사, 진술요구 등 조사방해시에는 과태료 또는 형사처벌(물리력 행사시)
조사 후 조치	혐의가 없는 경우 : 심사관 전결로 종결 혐의가 있는 경우 : 심사보고서를 작성하여 위원회에 상정
위원회 상정	안건의 중요도에 따라 전원회의와 소회의로 구분하여 상정 피심인에게 심사보고서를 송부하고 통상 2주 내지 3주의 의견제출 기회 부여
위원회 심의·의결	위원회의 심리는 일반인에게 공개된 가운데 피심인과 심사관이 상호공방을 통해 사실관계 등을 심의·의결한 날로부터 20일 이내에 의결서 작성
불복절차	처분일(의결서 송달일)로부터 30일 이내에 공정거래위원회에 이의신청을 하거나 서울고등법원에 행정소송 제기

(2) 사건의 조사

하도급법 위반 혐의에 관한 조사에 대해서는 공정거래법 제50조 및 제50조의2 규정이 준용된다(법 제27조 제2항). 공정거래위원회는 법 위반 사실의 조사를 위하여 ① 당사자, 이해관계인 또는 참고인의 출석 요구 및 의견의 청취 ② 감정인의 지정 및 감정의 위촉 ③ 사업자(단체) 또는 이들의 임직원에 대하여 원가 및 경영 상황에 관한 보고, 기타 필요한 자료나 물건의 제출을 명하거나 제출된 자료나 물건을 일시 보관할 수 있다(공정거래법 제

50조 제1항).

이러한 조사는 대통령령에서 정한 절차적 제한을 받는데 ① 당사자, 이해관계인 또는 참고인의 출석 요구 및 의견 청취를 하는 경우는 사건명, 상대방의 성명, 출석 일시 및 장소 등의 사항을 기재한 출석 요구서를 발부해야 한다(공정거래법 시행령 제55조 제1항). ② 감정인의 지정은 감정인의 성명, 감정 기간, 감정의 목적 및 내용 등의 사항을 기재한 서면으로 해야 한다(공정거래법 시행령 제55조 제2항). ③ 원가 및 경영 상황에 관한 보고, 기타 필요한 자료나 물건의 제출 명령은 사건명, 제출 일시, 보고 또는 제출 자료 등을 기재한 서면으로 해야 한다(공정거래법 시행령 제55조 제3항).

또한, 사무실 등 현장 출입 조사권도 규정되어 있는데, 공정위는 법 시행을 위하여 필요하다고 인정할 때에는 그 소속 공무원으로 하여금 사업자 또는 사업자단체의 사무소 또는 사업장에 출입하여 업무 및 경영 상황, 장부·서류, 전산 자료·음향 녹음 자료·화상 자료 등을 조사하게 할 수 있으며, 당사자, 이해관계인 또는 참고인의 진술을 들을 수 있다(공정거래법 제50조 제2항). 현장 조사 중인 공무원은 증거 인멸의 우려가 있는 경우 사업자(단체), 임직원에 대하여 조사에 필요한 자료나 물건의 제출을 명하거나 제출된 자료·물건을 일시 보관할 수 있다(공정거래법 제50조 제3항, 동 시행령 제56조 제2항). 이 경우에 조사 공무원은 보관조서를 작성하여 사업자(단체), 임직원에게 교부하고, 해당 자료나 물건의 검토 결과 조사와 관련이 없다고 인정되거나 조사 목적의 달성 등으로 보관할 필요가 없어진 경우는 즉시 반환해야 한다(앞의 법령과 같은 조문).[114]

법 위반 혐의에 대한 조사를 하는 공무원은 그 권한을 표시하는 증표를 관계인에게 제시하고 조사 목적, 조사 기간, 조사 방법 등 대통령령으로 정하는 사항이 기재된 조사공문을 교부해야 한다(공정거래법 제50조 제4항). 조사 공무원은 또한, 필요한 최소한의 범위에서 조사를 행해야 하며, 다른 목적 등을 위하여 조사권을 남용하여서는 안된다는 의무가 있다(공정거래법 제50조의2).

심사관이 조사를 마친 후, 심사보고서를 작성하여 공정거래위원회의 회의에 상정하여 심의·의결 절차가 진행되는 경우는 추가로 피심인에 대하여 조사를 하거가 당사자의 진술을 들어서는 안된다. 다만, 조사 공무원이나 당사자의 신청에 의하여 전원회의 또는 소회의가 필요하다고 인정하는 경우는 추가 진행이 가능하다(공정거래법 제50조 제10항).

공정거래법 위반 사건의 경우는 공정위로부터 처분, 또는 조사를 받게 된 사업자 또는 사업단체가 천재지변 그 밖에 대통령령이 정하는 사유로 인하여 처분을 이행하거나 조사

---

114) 공정위 조사 공무원이 일시 보관한 자료·물건의 반환에 관한 규정은 2020. 5. 20. 공정거래법 개정시 (2021. 5. 20. 시행 예정) 추가된 사항으로, 사건절차규칙에는 2020. 6. 현재 아직 반영되지 않은 상태이다.

를 받기가 곤란한 경우, 공정거래위원회에 처분 또는 조사를 연기하여 줄 것을 신청하고, 공정위는 그 사유를 검토하여 타당하다고 인정되는 경우는 처분 또는 조사를 연기하는 '조사 등의 연기신청제도'(공정거래법 제50조의3)를 두고 있으나, 하도급법 위반 사건의 경우는 이와 같은 제도가 마련되어 있지 않다.

공정거래위원회의 조사권은 수사기관이 법원의 영장을 발부받아 집행하는 압수수색권과는 달리, 강제조사권은 아니다. 그러나 사업자(단체 및 임직원 포함)가 조사에 불응할 경우는 형벌 또는 과태료의 벌칙이 부과되므로 이에 의하여 조사에의 순응이 강제되기 때문에, 사실상 강제조사권에 가깝다고 할 수 있다.

다만, 공정거래법상 조사에 관한 순응 의무 위반에 대해서는 징역, 벌금, 과태료 등이 부과되는 반면, 하도급법상 조사 관련 의무 위반에 대해서는 과태료만이 규정되어 있다. 조사 관련 각종 의무 위반에 대한 과태료는 다음과 같다(법 제30조의2).

① 공정거래위원회의 출석 처분을 위반하여 정당한 사유 없이 출석하지 아니한 자 : 사업자(단체)는 1억 원 이하, 임직원은 1천만 원 이하

② 보고 또는 필요한 자료나 물건의 제출을 거부하거나 허위로 제출한 경우 : 사업자(단체) 1억 원 이하, 임직원 1천만 원 이하

③ 사업장 및 사무소 등의 현장 조사시 조사를 거부·방해 또는 기피한 경우 : 사업자(단체) 2억 원 이하, 임직원 및 이해관계인 5천만 원 이하

④ 공정위의 하도급거래 서면 실태 조사시 수급사업자로 하여금 자료를 제출하지 않도록 요구하거나 거짓자료를 제출하도록 요구한 원사업자 : 원사업자 5천만 원 이하, 임직원 및 이해관계인 500만 원 이하

⑤ 공정위의 하도급거래 서면 실태 조사시 자료를 제출하지 않거나 거짓자료를 제출한 원사업자 : 5천만 원 이하

(3) 소회의와 전원회의, 그리고 조치의견 수락조회

소회의 안건은 시정조치, 과징금 부과, 과태료 부과, 입찰참가자격제한 및 영업정지요청, 벌칙 규정에 따라 사업자 고발 등이다. 전원회의 안건은 이의신청 사건 및 소회의 등에서 전원회의 상정이 필요하다고 인정하는 사건이다.

한편, 소회의 상정대상사건(고발사건 제외)의 경우, 사전에 피심인에게 심사보고서상의 행위사실과 심사관의 조치의견을 수락할 것인지 여부를 문서로 조회하게 된다. 피조사인이 법위반사실을 인정하고 조치의견을 수락하면 약식절차에 의하고(다만, 심사관 조치의견이 고발인 경우와 의장의 승인이 있는 경우는 제외), 불수락하는 경우에는 정식절차에

의한다. 조치의견 불수락의 경우 심사관이 더 중한 조치의견을 제시할 수 있는지 여부 및 법위반사실을 추가할 수 있는지 여부가 문제되지만, 이를 금지하는 규정도 없고 공정 거래위원회의 실무상으로도 허용되는 것으로 보고 있다. 심사관의 조치의견은 위원회 판 단을 기속하지 않고 단지 의견에 불과하므로 이보다 중한 조치의견을 제시하는 것을 문 제삼을 수는 없지만, 피심인이 심사관의 조치의견 수락요청을 불수락했다 하여 심사관이 법위반사실을 추가할 수 있다면 사실상 피심인의 수락을 강제하여 피심인의 방어권 행사 에 제약이 될 수 있어 논란의 소지가 있다.

(4) 위원회 회부, 심의, 의결 및 의결서 송달

심사관은 심사보고서를 각 회의(전원회의 또는 소회의)에 제출하기 전에 피심인에게 심사보고서(사건의 단서, 심사경위, 심사관의 조치의견 및 첨부자료로 구성)를 송부하여 그 의견을 문서로 심판관리관에게 제출해야 한다. 심사관은 제출기한을 심사보고서 제출 시에 심판관리관에게 통지한다. 심사관은 심사보고서를 작성하여 서무처장 결재를 받아 각 회의에 제출함으로써 위원회에 안건을 상정한다.

심판관리관실에서는 피심인 및 이해관계자에게 회의 개최 5일 전까지 회의일시, 장소 및 사건명을 서면으로 통지하고 심사관이 작성한 심사보고서와 첨부 자료를 송부하면서 이에 대한 의견을 2주의 기간 내에 심판관리관에게 문서로 제출할 것을 통지하되, 긴급을 요하는 등 부득이한 경우에는 예외로 한다. 피심인에게 심사보고서 및 첨부자료를 송부 할 때 영업비밀 보호, 사생활의 비밀보호, 기타 법령의 규정에 의한 비공개자료는 공부대 상 첨부자료에서 제외할 수 있다(사건절차규칙 제29조 제12항). 피심인은 이에 대해 공정거래 위원회에 열람·복사를 신청할 수 있고 이에 대해서는 주심위원이 판단한다(사건절차규칙 제29조의2). 피심인 또는 이해관계자는 위원회에 출석하여 의견을 진술하거나 필요한 자료 를 제출할 수 있다. 참석통지를 받은 피심인은 통지된 일시에 부득이한 사유로 참석할 수 없는 경우 그 사유를 명시하여 위원회 개최일시 변경을 요청할 수 있다. 한편, 피심인 은 변호사, 당해 법인의 위원, 기타 위원회의 허가를 얻은 자를 대리인으로 참석시킬 수 있는데, 위임장을 심의개시 전까지 위원회에 제출해야 한다.

위원회는 신청 또는 직권으로 심의결과에 대한 이해관계인, 참고인, 자문위원, 관계기 관 직원 등을 심의에 참가시켜 의견을 들을 수 있다. 위원회가 개최되면 심사관은 심사보 고서를 낭독하고 이어서 피심인은 의견을 진술할 수 있다. 위원들은 위원장의 허락을 얻 어 사실의 인정이나 법적용에 관계되는 사항에 대하여 심사관 또는 피심인 등에게 질문 할 수 있으며, 필요 없는 사항에 대한 진술을 제한할 수 있다. 위원회는 심의종결 전 심사관에게 시정조치의 종류 및 내용에 관한 의견을 진술하게 하고 피심인에게도 마지막으로 진술할 기회를 주게 된다.

위원회가 의결을 마치면 그에 따른 조치는 당해 사건담당 심사관이 행하고 의결 등이 있은 날로부터 20일 이내에 피심인에게 의결서 정본을 송부하고 신고인에게 그 요지를 통지한다. 공정거래위원회의 시정조치명령이나 과징금납부명령과 같은 처분은 의결서가 송달됨으로써 효력이 발생하므로, 송달시점이 처분시점이 된다.

(5) 위원회의 의결 및 심사관의 전결처리

위원회는 법위반사항이 있다고 판단하면 경고나 시정권고 및 시정조치명령, 과징금납부명령과 공표명령을 의결할 수 있다. 추가하여 상습법위반사업자 명단 공표, 관계행정기관에 입찰참가자격제한 요청 및 영업정지요청 등을 의결할 수 있다. 피심인과 그 임직원에 대한 고발의결도 할 수 있다.

한편, 법위반사항이 인정되지 않는 경우에는 무혐의 의결을 하여야 한다. 그 외에도 위원회는 사실상 사건을 종결처리하는 취지로 심사불개시, 심의절차종료, 심의중지, 종결처리 의결을 할 수 있고, 심사관으로 하여금 사건을 재조사하거나 재검토하도록 할 필요가 있으면 재심사명령을 할 수 있다.

한편, 심의절차종료, 무혐의, 종결처리, 심의중지, 경고, 시정권고에 해당한다고 인정되는 사건에 대하여는 심사관 전결로 처리할 수 있다(사건처리절차지침 제53조의2 제1항).

(6) 피심인의 방어권 보장 절차

공정거래법 및 사건절차규칙은 공정거래위원회의 심의 과정에서 피심인의 방어권을 보장하기 위한 다양한 규정들을 두고 있는데, 방어권 보장을 위한 조치는 다음과 같다. 아래 항목들 중에서 ⑤의 심사보고서 첨부자료 열람·복사 요구와 ⑦의 증거 조사 신청에 있어서는 2020. 5. 20. 공정거래법의 관련 조항이 개정되었다(2021. 5. 20. 시행).

① 심사관 또는 조사 공무원은 신고 내용 또는 직권인지 사건에 대하여 사건 심사 착수 보고를 한 경우 착수 보고 후 15일 이내에 피조사인에게 서면으로 통지해야 한다(단, 통지로 인하여 자료나 물건의 조작·인멸 등이 우려되는 등 조사 목적 달성을 저해할 우려가 있는 경우는 제외, 사건절차규칙 제11조 제4항).

② 심사관 또는 조사공무원은 사건 심사 착수 보고 후 3개월 내에 조사 진행 상황을 신고인 및 피조사인에게 서면 등으로 통지해야 한다(단, 통지로 인하여 자료나 물건의 조작·인멸 등이 우려되는 등 조사 목적 달성을 위하여 불가피한 사유가 있는 경우는 제외, 사건절차규칙 제11조 제5항).

③ 심사관은 심사보고서를 작성하여 위원회에 제출함과 동시에 피심인에게 심사보고서와 첨부자료의 목록 및 첨부자료를 송부해야 한다(사건절차규칙 제29조 제10항).

④ 의장은 원칙적으로 피심인의 의견서가 제출된 후 사건을 심의에 부의하고(사건절차규칙 제31조). 회의 개최 5일 전까지 피심인에게 서면으로 회의 개최를 통지해야 한다(사건절차규칙 제33조 제1항).

⑤ 피심인은 피심인에게 공개되지 않은 심사보고서 첨부자료의 열람·복사를 신청할 수 있다. 이 경우에 주심위원은 그 자료가 영업 비밀이나 사생활의 비밀 보호에 해당하는지, 자진신고와 관련된 자료인지, 기타 법령의 규정에 의한 비공개 자료인지 여부를 판단하여 허용 여부를 결정한다(사건절차규칙 제29조 제12항, 제29조의2 제1항, 제2항).[115]

⑥ 피심인은 회의에 출석하여 심사보고서에 대한 자신의 의견을 진술할 수 있고(사건절차규칙 제38조 제2항), 상대방의 진술의 취지가 명백하지 않을 때에는 의장의 허락을 얻어 직접 상대방에게 질문할 수 있다(사건절차규칙 제39조 제2항).

⑦ 피심인은 각 회의에 증거 조사를 신청할 수 있다(사건절차규칙 제41조 제1항).[116]

⑧ 의장은 심의를 종결하기 전에 심의관에게 시정조치의 종류 및 내용, 과징금 부과, 고발 등에 관한 의견을 진술하게 하고, 피심인에게 최후 진술 기회를 주어야 한다(사건절차규칙 제43조).

이와 같이 피심인의 방어권을 보장하는 취지에 대하여 대법원은 심사보고서의 사전 송부 및 의견제출권, 심의 기일 통지, 심의 절차에서 질문권, 증거 신청권, 최후 진술권 등을 규정한 취지는 공정거래위원회의 시정조치 또는 과징금 납부 명령으로 말미암아 불측의 피해를 받을 수 있는 당사자로 하여금 공정거래위원회의 심의에 출석하여 심사관의 심사 결과에 대하여 방어권을 행사하는 것을 보장함으로써 심사 절차의 적정을 기함과 아울러, 공정거래위원회로 하여금 적법한 심사 절차를 거쳐 사실관계를 보다 구체적으로 파악하게 하여 신중하게 처분을 하는데 있다 할 것이므로, 공정거래법 제49조 제3항, 제52조 제1항이 정하고 있는 절차적 요건을 갖추지 못한 공정거래위원회의 시정조치 또는 과징

---

115) 2020. 5. 20. 공정거래법 개정으로 심사관이 피심인에게 공개하지 아니한 심사보고서 첨부자료의 열람·복사에 관한 규정(공정거래법 제52조의2)이 강화되었다. 개정법에 따르면 당사자 또는 신고인 등이 열람·복사를 요구하면 공정거래위원회는 영업 비밀자료, 자진신고 관련 자료, 다른 법률에 따른 비공개 자료를 제외하고는 이에 따라야 한다고 규정하고 있다.

116) 2020. 5. 20. 공정거래법 개정으로 심의 절차에서의 증거 조사에 관한 규정(공정거래법 제52조의3)이 신설되었다. 개정법에 따르면, 공정거래위원회는 사건 심의에 있어서 필요시 직권으로 또는 당사자의 신청에 의하여 증거 조사를 할 수 있고, 전원회의나 소회의 의장은 당사자의 증거 조사 신청을 채택하지 않을 경우에 그 이유를 고지하도록 하고 있다.

금 납부 명령은 설령 실체법적 사유를 갖추고 있다고 하더라도 위법하여 취소를 면할 수 있다고 판시한 바 있다.[117]

---

117) 대법원 2001. 5. 8. 선고 2000두10212 판결
심사관이 당초 피심인에게 송부한 심사보고서에서 A사가 운임비 및 시장점유율에 관해서만 담합을 하였다는 사실을 적시하였고, A사도 이에 대해서만 의견서를 제출하였으나, 위원회는 전원회의 의결 과정에서 위 두 가지 사항 이외에 판매 가격에 대해서도 담합한 사실을 인정하여 A사에 대하여 판매 가격 담합의 시정을 포함한 시정조치를 부과한 사안에서, 대법원은 위와 같은 이유로 공정거래위원회의 조치가 위법하다고 선고하였다.

[신고사건 처리절차 도해(1)]

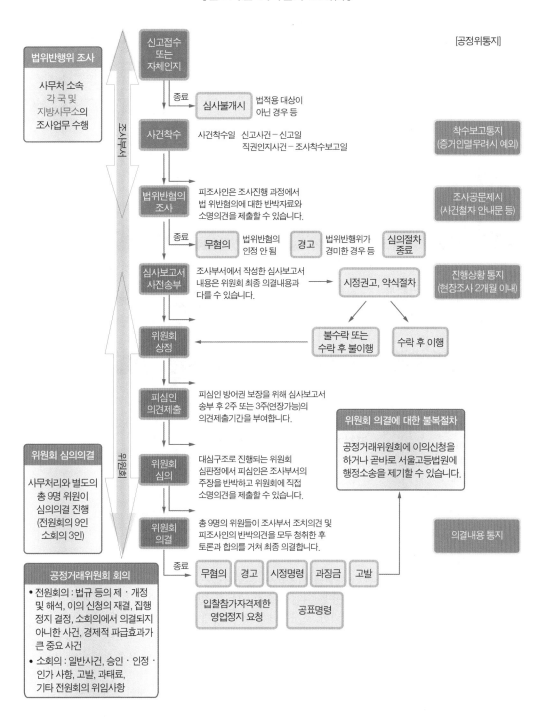

193

[하도급법사건 처리절차 도해(2)]

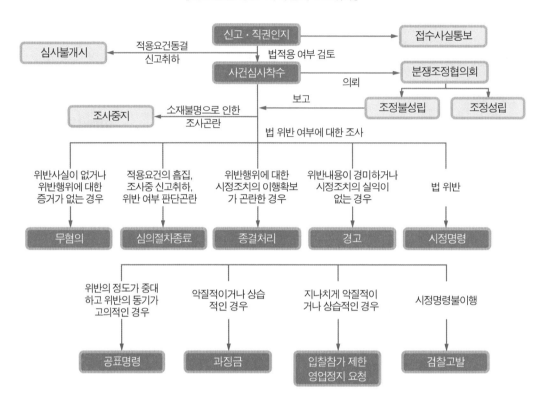

공정거래위원회 사건처리절차 개요

가. 인지단계

　□ 위반혐의의 인지는 직권 또는 신고에 의함

　　○ 신고는 이해당사자에 국한하지 않고 누구든지 가능(약관법 예외)

　　○ 신고 접수시 예비조사 실시 후 사건화 여부를 결정

나. 조사단계

　□ 사건심사 착수보고 후 조사권을 발동하여 본조사를 실시

　　○ 공정위의 조사는 행정작용을 위해 필요한 자료를 얻을 목적으로 행하는 행정조사이며, 압수·수색권 등 강력한 조사수단은 없음(과태료로 강제되는 행정조사)

　　　- 장부·서류 등에 대한 조사·제출요구·영치, 진술요구가 기본적인 조사수단

　　　　* 부당지원행위나 상호출자 탈법행위조사의 경우에 한해서 엄격한 요건 하에 금융거래정보요구 가능

　　　- 조사거부·방해 등에 대해서는 과태료 부과(법인 2억 원, 개인 5천만 원 이하)

　　□ 조사결과 혐의가 없거나, 조사 도중 사업자가 도산·폐업한 경우 등에는 무혐의, 심의절

차종료 등으로 사건처리 종결(심사관 전결)

□ 조사내용이 법에 위반되는 경우 심사보고서를 작성하여 위원회에 상정

  ○ 법 위반이지만 위원회의 심결을 거쳐 위반행위를 시정하기에는 시간적 여유가 없거나, 사업자가 자진시정의사를 표시한 경우 등에는 시정권고 가능(사무처장 전결)

다. 위원회 상정

□ 사건국에서 심사보고서를 작성하여 결재(사무처장)를 득한 후 회의안건으로 심판관리관실에 제출

  ○ 안건의 중요도에 따라 전원회의 또는 소회의로 구분하여 상정

    - 전원회의 : 법규 등의 제·개정 및 해석·적용, 이의신청의 재결, 소회의에서 의결되지 아니한 사항, 기타 경제적 파급 효과가 중대한 사항

    - 소회의 : 전원회의 소관이 아닌 일반 안건

  ○ 소회의 사건은 과징금, 전속고발 사건을 제외하고는 심사관이 안건 상정 전에 피심인에게 심사보고서에 기재된 심사관의 조치의견을 수락하는지 여부를 물어야 하며, 이를 수락한 경우 서면심의로 종결(약식절차)

라. 위원회 심의

□ 위원회는 피심인과 심사관을 심판정에 출석하도록 하여 대심구조하에 사실관계 등을 확인

  ① 의장은 개회선언후 피심인 등에 대하여 본인임을 확인(人定訊問)

  ② 심사관의 심사보고 후 피심인 또는 대리인이 그에 대한 의견 진술(冒頭節次)

    - 심사관이 행위사실, 위법성판단 및 법령의 적용 등을 요약 보고

    - 피심인 또는 대리인은 심사관이 한 심사보고 내용에 대하여 의견 진술

  ③ 심사관의 의견진술 : 피심인의 진술에 대한 반박기회를 부여

  ④ 위원들 질문 및 사실관계 확인

    - 주심위원부터 차례대로 사실관계 및 위법성 판단에 필요한 내용을 심사관과 피심인에게 질문

  ⑤ 심사관의 조치의견 발표

    - 위원들의 질문이 종료된 후 심사관은 시정명령, 과징금납부명령 등 심사관 조치의견을 발표

  ⑥ 피심인의 최후진술 : 심사관 조치의견에 대한 피심인의 입장을 진술

마. 의결

□ 심의가 종료된 후 위원들이 위법여부, 조치내용 등에 대해 논의·합의

  ○ 전원회의는 출석위원 과반수 찬성으로, 소회의는 전원 찬성으로 의결

□ 위원들의 의결서 서명·날인(전자결재시스템 활용) 완료 후 심판관리관실에서 의결서 정본을 피심인에게 송달

바. 불복절차

□ 의결서 송달일로부터 30일 이내에 공정위에 이의신청을 하거나(선택적), 서울고등법원에 행정소송 제기 가능 → 이의신청 기각시 30일 이내 서울고등법원에 행정소송 제기 가능

02 〉〉 **하도급분쟁조정절차 및 협의회**

하도급법

제24조(하도급분쟁조정협의회의 설치 및 구성 등) ① 「독점규제 및 공정거래에 관한 법률」 제72조에 따른 한국공정거래조정원(이하 "조정원"이라 한다)은 하도급분쟁조정협의회(이하 "협의회"라 한다)를 설치하여야 한다.

② 사업자단체는 공정거래위원회의 승인을 받아 협의회를 설치할 수 있다.

③ 조정원에 설치하는 협의회는 위원장 1명을 포함하여 9명 이내의 위원으로 구성하되 공익을 대표하는 위원, 원사업자를 대표하는 위원과 수급사업자를 대표하는 위원이 각각 같은 수가 되도록 하고, 사업자단체에 설치하는 협의회의 위원의 수는 공정거래위원회의 승인을 받아 해당 협의회가 정한다.

④ 조정원에 설치하는 협의회의 위원장은 공익을 대표하는 위원 중에서 협의회가 선출하고, 사업자단체에 설치하는 협의회의 위원장은 위원 중에서 협의회가 선출한다. 협의회에서 선출된 위원장은 해당 협의회를 대표한다.

⑤ 조정원에 설치하는 협의회의 위원의 임기는 2년으로 하고, 사업자단체에 설치하는 협의회의 위원의 임기는 공정거래위원회의 승인을 받아 해당 협의회가 정한다.

⑥ 조정원에 설치하는 협의회의 위원은 조정원의 장이 추천하는 사람과 다음 각 호의 어느 하나에 해당하는 사람 중 공정거래위원회 위원장이 위촉하는 사람이 된다.

1. 대학에서 법률학·경제학 또는 경영학을 전공한 사람으로서 「고등교육법」 제2조 제1호·제2호 또는 제5호에 따른 학교나 공인된 연구기관에서 부교수 이상의 직 또는 이에 상당하는 직에 있거나 있었던 사람

2. 판사·검사 직에 있거나 있었던 사람 또는 변호사의 자격이 있는 사람

3. 독점금지 및 공정거래 업무에 관한 경험이 있는 4급 이상 공무원(고위공무원단에 속하는 일반직공무원을 포함한다)의 직에 있거나 있었던 사람

⑦ 사업자단체에 설치하는 협의회의 위원은 협의회를 설치한 각 사업자단체의 장이 위촉하되 미리 공정거래위원회에 보고하여야 한다. 다만, 사업자단체가 공동으로 협의회를 설치하려는 경우에는 해당 사업자단체의 장들이 공동으로 위촉한다.

⑧ 공익을 대표하는 위원은 하도급거래에 관한 학식과 경험이 풍부한 사람 중에서 위촉하되 분쟁조정의 대상이 되는 업종에 속하는 사업을 영위하는 사람이나 해당 업종에 속하는 사업체의 임직원은 공익을 대표하는 위원이 될 수 없다.

⑨ 공정거래위원회 위원장은 공익을 대표하는 위원으로 위촉받은 자가 분쟁조정의 대상이 되는 업종에 속하는 사업을 영위하는 사람이나 해당 업종에 속하는 사업체의 임직원으로 된 때에는 즉시 해촉하여야 한다.

⑩ 국가는 협의회의 운영에 필요한 경비의 전부 또는 일부를 예산의 범위에서 보조할 수 있다.

제24조의2(위원의 제척·기피·회피) ① 위원은 다음 각 호의 어느 하나에 해당하는 경우에는 해당 조정사항의 조정에서 제척된다.

---

1. 위원 또는 그 배우자나 배우자이었던 자가 해당 조정사항의 분쟁당사자가 되거나 공동권리자 또는 의무자의 관계에 있는 경우
2. 위원이 해당 조정사항의 분쟁당사자와 친족관계에 있거나 있었던 경우
3. 위원 또는 위원이 속한 법인이 분쟁당사자의 법률·경영 등에 대하여 자문이나 고문의 역할을 하고 있는 경우
4. 위원 또는 위원이 속한 법인이 해당 조정사항에 대하여 분쟁당사자의 대리인으로 관여하거나 관여하였던 경우 및 증언 또는 감정을 한 경우

② 분쟁당사자는 위원에게 협의회의 조정에 공정을 기하기 어려운 사정이 있는 때에 협의회에 해당 위원에 대한 기피신청을 할 수 있다.

③ 위원이 제1항 또는 제2항의 사유에 해당하는 경우에는 스스로 해당 조정사항의 조정에서 회피할 수 있다.

제24조의3(협의회의 회의) ① 협의회의 회의는 위원 전원으로 구성되는 회의(이하 "전체회의"라 한다)와 공익을 대표하는 위원, 원사업자를 대표하는 위원, 수급사업자를 대표하는 위원 각 1인으로 구성되는 회의(이하 "소회의"라 한다)로 구분한다. 다만, 사업자단체에 설치하는 협의회는 소회의를 구성하지 아니할 수 있다.

② 소회의는 전체회의로부터 위임받은 사항에 관하여 심의·의결한다.

③ 협의회의 전체회의는 위원장이 주재하며, 재적위원 과반수의 출석으로 개의하고, 출석위원 과반수의 찬성으로 의결한다.

④ 협의회의 소회의는 공익을 대표하는 위원이 주재하며, 구성위원 전원의 출석과 출석위원 전원의 찬성으로 의결한다. 이 경우 소회의의 의결은 협의회의 의결로 보되, 회의의 결과를 전체회의에 보고하여야 한다.

⑤ 위원장이 사고로 직무를 수행할 수 없을 때에는 공익을 대표하는 위원 중에서 공정거래위원회 위원장이 지명하는 위원이 그 직무를 대행한다.

제24조의4(분쟁조정의 신청 등)

현행(2021. 8. 17. 법률 제18434호)	개정(2022. 1. 11. 법률 제18757호, 2022. 7. 12. 시행)
제24조의4(분쟁조정의 신청 등) ① 다음 각 호의 어느 하나에 해당하는 분쟁당사자는 원사업자와 수급사업자 간의 하도급거래의 분쟁에 대하여 협의회에 조정을 신청할 수 있다. 이 경우 분쟁당사자가 각각 다른 협의회에 분쟁조정을 신청한 때에는 수급사업자 또는 제3호에 따른 조합이 분쟁조정을 신청한 협의회가 이를 담당한다. 1. 원사업자 2. 수급사업자 3. 제16조의2 제8항에 따른 조합	**제24조의4(분쟁조정의 신청 등)** ① 다음 각 호의 어느 하나에 해당하는 분쟁당사자는 원사업자와 수급사업자 간의 하도급거래의 분쟁에 대하여 협의회에 조정을 신청할 수 있다. 이 경우 분쟁당사자가 각각 다른 협의회에 분쟁조정을 신청한 때에는 수급사업자 또는 제3호에 따른 조합이 분쟁조정을 신청한 협의회가 이를 담당한다. 1. 원사업자 2. 수급사업자 3. 제16조의2 제11항에 따라 협의회에 조

	정을 신청한 조합 또는 **중앙회**
② 공정거래위원회는 원사업자와 수급사업자 간의 하도급거래의 분쟁에 대하여 협의회에 그 조정을 의뢰할 수 있다.	② 내지 ⑥ (이전과 같음)
③ 협의회는 제1항에 따라 분쟁당사자로부터 분쟁조정을 신청받은 때에는 지체 없이 그 내용을 공정거래위원회에 보고하여야 한다.	
④ 제1항에 따른 분쟁조정의 신청은 시효 중단의 효력이 있다. 다만, 신청이 취하되거나 제24조의5 제3항에 따라 각하된 경우에는 그러하지 아니하다.	
⑤ 제4항 본문에 따라 중단된 시효는 다음 각 호의 어느 하나에 해당하는 때부터 새로 진행한다.	
1. 분쟁조정이 성립되어 조정조서를 작성한 때	
2. 분쟁조정이 성립되지 아니하고 조정절차가 종료된 때	
⑥ 제4항 단서의 경우에 6개월 내에 재판상의 청구, 파산절차참가, 압류 또는 가압류, 가처분을 한 때에는 시효는 최초의 분쟁조정의 신청으로 인하여 중단된 것으로 본다.	

제24조의5(조정 등) ① 협의회는 분쟁당사자에게 분쟁조정사항에 대하여 스스로 합의하도록 권고하거나 조정안을 작성하여 제시할 수 있다.

② 협의회는 해당 분쟁조정사항에 관한 사실을 확인하기 위하여 필요한 경우 조사를 하거나 분쟁당사자에게 관련 자료의 제출이나 출석을 요구할 수 있다.

③ 협의회는 다음 각 호의 어느 하나에 해당되는 경우에는 조정신청을 각하하여야 한다.

1. 조정신청의 내용과 직접적인 이해관계가 없는 자가 조정신청을 한 경우

2. 이 법의 적용대상이 아닌 사안에 관하여 조정신청을 한 경우

3. 조정신청이 있기 전에 공정거래위원회가 제22조 제2항에 따라 조사를 개시한 사건에 대하여 조정신청을 한 경우

④ 협의회는 다음 각 호의 어느 하나에 해당되는 경우에는 조정절차를 종료하여야 한다.

1. 분쟁당사자가 협의회의 권고 또는 조정안을 수락하거나 스스로 조정하는 등 조정이 성립된 경우

2. 제24조의4 제1항에 따른 조정의 신청을 받은 날 또는 같은 조 제2항에 따른 의뢰를 받은 날부터 60일(분쟁당사자 쌍방이 기간연장에 동의한 경우에는 90일)이 경과하여도 조정이 성립되지 아니한 경우

3. 분쟁당사자의 일방이 조정을 거부하거나 해당 분쟁조정사항에 대하여 법원에 소(訴)를 제기하는 등 조정절차를 진행할 실익이 없는 경우

⑤ 협의회는 조정신청을 각하하거나 조정절차를 종료한 경우에는 대통령령으로 정하는 바에 따라 공정거래위원회에 조정의 경위, 조정신청 각하 또는 조정절차 종료의 사유 등을 관계서류와 함께 지체 없이 서면으로 보고하여야 하고, 분쟁당사자에게 그 사실을 통보하여야 한다.

⑥ 공정거래위원회는 분쟁조정사항에 관하여 조정절차가 종료될 때까지는 해당 분쟁의 당사자인 원사업자에게 제25조 제1항에 따른 시정조치를 명하거나 제25조의5 제1항에 따른 시정권고를 해서는 아니 된다. 다만, 공정거래위원회가 제22조 제2항에 따라 조사중인 사건에 대해서는 그러하지 아니하다.

제24조의6(조정조서의 작성과 그 효력) ① 협의회는 조정사항에 대하여 조정이 성립된 경우 조정에 참가한 위원과 분쟁당사자가 서명 또는 기명날인한 조정조서를 작성한다.

② 협의회는 분쟁당사자가 조정절차를 개시하기 전에 조정사항을 스스로 조정하고 조정조서의 작성을 요구하는 경우에는 그 조정조서를 작성하여야 한다.

③ 분쟁당사자는 제1항 또는 제2항에 따라 작성된 조정조서의 내용을 이행하여야 하고, 이행결과를 공정거래위원회에 제출하여야 한다.

④ 공정거래위원회는 제1항 또는 제2항에 따라 조정조서가 작성되고, 분쟁당사자가 조정조서에 기재된 사항을 이행한 경우에는 제25조 제1항에 따른 시정조치 및 제25조의5 제1항에 따른 시정권고를 하지 아니한다.

⑤ 제1항 또는 제2항에 따라 조정조서가 작성된 경우 조정조서는 재판상 화해와 동일한 효력을 갖는다.

제24조의7(협의회의 운영세칙) 이 법에서 규정한 사항 외에 협의회의 운영과 조직에 관하여 필요한 사항은 공정거래위원회의 승인을 받아 협의회가 정한다.

개정 하도급법(2022. 1. 11. 법률 제18757호, 2022. 7. 12. 시행)

제24조의8(소송과의 관계) ① 조정이 신청된 사건에 대하여 신청 전 또는 신청 후 소가 제기되어 소송이 진행 중일 때에는 수소법원(受訴法院)은 조정이 있을 때까지 소송절차를 중지할 수 있다.

② 협의회는 제1항에 따라 소송절차가 중지되지 아니하는 경우에는 해당 사건의 조정절차를 중지하여야 한다.

③ 협의회는 조정이 신청된 사건과 동일한 원인으로 다수인이 관련되는 동종·유사 사건에 대한 소송이 진행 중인 경우에는 협의회의 결정으로 조정절차를 중지할 수 있다.

부칙

제6조(표준하도급계약서에 관한 경과조치) 이 법 시행 당시 종전의 제3조의2에 따른 표준하도급계약서는 제3조의2의 개정규정에 따라 공정거래위원회가 제정 또는 개정한 표준하도급계약서로 본다.

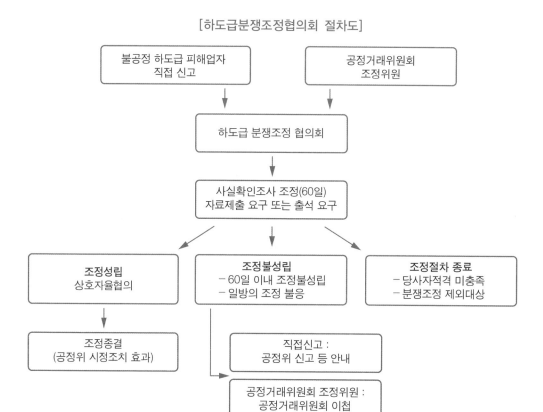

[하도급분쟁조정협의회 절차도]

(1) 하도급분쟁조정협의회의 구성 및 조정절차 개시

하도급법 거래 분쟁은 사적 분쟁의 성격이 강하므로 법위반 여부에 대한 확인과 처벌 보다는 신속하고 자율적인 해결이 바람직하다. 그래서 하도급법은 부분적인 분쟁조정전 치주의를 채택하고 있다. 하도급법에 따라 한국공정거래조정원과 개별 법률에 따른 사업 자 단체가 설치한 하도급분쟁조정협의회(예를 들어, 중소기업중앙회가 설치한 제조하도 급분쟁조정협의회 등을 의미하며, 이하에서 '협의회'라 함)가 설치·운영된다(법 제24조).

하도급분쟁조정협의회는 위원장 1인을 포함하여 9명 이내의 위원으로 구성하되 공익 을 대표하는 위원 3인, 원사업자를 대표하는 위원 3인과 수급사업자를 대표하는 위원 3 인을 각각 같은 수로 구성하도록 되어 있다. 분쟁당사자 또는 중소기업협동조합의 신청 이 있으면 하도급거래의 분쟁에 있어 사실을 확인하거나 조정하게 된다. 분쟁당사자가 각각 다른 협의회에 분쟁조정을 신청한 때에는 수급사업자 또는 중소기업협동조합이 분 쟁조정을 신청한 협의회가 담당한다(법 제24조의4 제1항).

공정거래위원회도 협의회에 조정을 의뢰할 수 있다(법 제24조의4 제2항). 공정거래위원회가 조정의뢰할 수 있는 분쟁사건의 범위는 아래와 같다(하도급공정화지침 III. 19. 가).

[공정거래위원회가 조정의뢰할 수 있는 분쟁사건의 범위]

제조·수리 위탁	원사업자의 하도급계약 체결 시점의 직전사업연도 매출이 1조 5천억 원 미만인 경우	
건설위탁	건설산업기본법에 의한 공사에 대한 분쟁	① 원사업자가 일반건설업자로서, (ⅰ) 하도급계약체결 시점의 직전사업연도 매출액이 1조 5천억 원 미만 사업자인 경우, 또는 (ⅱ) 토목·건축등록증만을 소지한 사업자인 경우 ② 원사업자가 전문건설업자인 경우
	「전기공사업법」, 「정보통신공사업법」, 「소방시설공사업법」에 의한 공사에 대한 분쟁	
	「주택법」 제4조의 등록사업자, 「환경기술 및 환경산업 지원법」 제15조의 등록업자, 「하수도법」 제51조 및 「가축분뇨의 관리 및 이용에 관한 법률」 제34조의 등록업자, 「에너지이용 합리화법」 제37조의 등록업자, 「도시가스사업법」 제12조의 시공자, 「액화석유가스의 안전관리 및 사업법」 제35조의 시공자가 다른 건설업자에게 위탁한 공사에 대한 분쟁	
	건설업자가 「건설산업기본법 시행령」 제8조 또는 「전기공사업법 시행령」 제5조에 따른 '경미한 공사'를 다른 사업자에게 위탁한 공사에 대한 분쟁	
용역위탁	원사업자의 하도급계약 체결 시점의 직전 사업연도 매출액이 1,500억 원 미만인 경우의 분쟁	

하지만 피조사인이 과거(신고접수일 기준) 1년간 법위반 실적이 있고 과거 3년간 부여받은 벌점의 누계가 4점 이상인 경우, 과거 1년간 법위반행위를 한 것으로 인정되어 분쟁조정협의회로부터 조정안을 제시받은 횟수가 3회 이상인 경우에는 공정거래위원회가 직접 처리한다(하도급공정화지침 III. 19. 나). 다만, 선급금지급의무(법 제6조), 하도급대금지급의무(법 제13조), 하도급대금 직접지급의무(법 제14조), 관세등 환급액 지급의무(법 제15조), 설계변경 등에 따른 하도급대금 조정의무(법 제16조), 물품등의 구매강제금지의무(법 제5조), 경제적 이익의 부당요구 금지의무(법 제12조의2), 부당한 대물변제금지의무(법 제17조)에 대한 법위반으로 인한 분쟁사건은 위 표에 해당하지 않더라도 하도급분쟁조정협의회에 의뢰할 수 있다(하도급공정화지침 III. 19. 가).

(2) 분쟁조정신청의 효과와 시효중단

분쟁조정의 신청은 시효중단의 효력이 있다. 다만 신청이 취하되거나 각하된 경우 시효중단의 효력이 없는데(법 제24조의4 제4항), 6개월 내에 재판상의 청구, 파산절차 참가,

압류 또는 가압류, 가처분을 한 때에는 최초의 분쟁조정 신청으로 인하여 중단된 것으로 본다(법 제24조의4 제6항). 한편, 중단된 시효는 분쟁조정이 성립되어 조정조서를 작성한 때, 분쟁조정이 성립되지 아니하고 조정절차가 종료된 때에 새로 시작한다(법 제24조의4 제5항).

(3) 공정거래위원회 보고 및 사실관계 조사 등

협의회는 분쟁당사자로부터 분쟁조정을 요청받으면 지체없이 공정거래위원회에 보고해야 한다(법 제24조의4 제3항). 공정거래위원회는 해당 분쟁에 대한 조정절차가 종료될 때까지 원사업자에 대하여 시정조치 또는 시정권고를 하지 아니한다. 다만, 공정거래위원회가 이미 조사 중인 사건에 대하여는 시정조치 등을 할 수 있다(법 제24조의5 제6항). 협의회는 분쟁조정사항에 대하여 사실을 확인하기 위하여 조사를 하거나 분쟁당사자에게 관련 자료의 제출이나 출석을 요구할 수 있다(법 제24조의2 제2항). 구 하도급법에서는 분쟁당사자가 협의회의 회의에 출석하여 의견을 진술하거나 자료를 제출할 수 있는 권리가 명시되어 있었지만,[118] 현행 하도급법에서는 하도급법분쟁조정절차에서 당사의 조정절차 참여권을 제한하고 있다. 이는 하도급분쟁조정의 신뢰성과 실효성을 떨어뜨릴 수 있고, 유사한 분쟁조정절차인 공정거래분쟁조정 및 가맹사업거래분쟁조정의 경우에 조정절차 참여권이 인정되고 있는 점 등에 비추어 볼 때, 법개정이 필요하다.[119]

(4) 조정절차의 처리

협의회는 ① 직접적인 이해관계가 없는 자가 조정신청을 한 경우, ② 하도급법 적용대상이 아닌 사안에 관해 조정신청을 한 경우, ③ 조정신청 전에 공정거래위원회가 조사를 개시한 사건에 대해 조정신청을 한 경우에는 조정신청을 각하해야 한다(법 제24조의5 제3항).

협의회는 분쟁당사자에게 분쟁조정사항을 스스로 합의하도록 권고하거나 조정안을 작성·제시할 수 있다(법 제24조의5 제1항). 협의회는 분쟁조정사항에 관한 사실확인을 위해 필요한 조사를 하거나 분쟁당사자에게 관련 자료의 제출이나 출석을 요구할 수 있다(법 제24조의5 제2항).

협의회는 ① 분쟁당사자가 협의회의 권고 또는 조정안을 수락하거나 상호 자율조정하여 조정이 성립된 경우, ② 조정 신청을 받은 날 또는 공정거래위원회의 조정의뢰를 받은 날로부터 60일(분쟁당사자 쌍방이 기간 연장에 동의한 경우 90일)이 경과하여도 조정이 성립되지 않은 경우, ③ 분쟁당사자 일방이 조정을 거부하거나 분쟁조정사항에 대하여

---

118) 하도급법(2018. 1. 16. 법률 제15362호로 개정되기 이전의 것) 제24조의4 제5항
119) 오승돈, 하도급법(2020년 개정판), 지성과감성, 445면

법원에 소(訴)를 제기하는 등 조정절차를 진행할 실익이 없는 경우에는 조정절차를 종료해야 한다(법 제24조의5 제4항). 협의회는 조정신청 각하나 조정절차 종료의 경우 공정거래위원회에 조정의 경위, 조정신청 각하 또는 조정절차 종료의 사유 등을 관계서류와 함께 지체 없이 서면 보고하고, 분쟁당사자에게 그 사실을 통보해야 한다(법 제24조의5 제5항).

한편, 현행 하도급법 제24조의5 제3항 제3호는 일방의 소제기 시 분쟁조정절차를 중지하도록 규정하고 있어 불리한 조정결과가 예상되는 분쟁당사자가 결과통지 전에 소를 제기하는 등 남용사례가 발생하고 있다는 지적이 있었다. 그래서 2022년 개정법은 분쟁조정절차와 소송이 경합할 경우 법원의 결정에 따라 조정이 있을 때까지 소송이 중지될 수 있도록 개정하였다(개정 하도급법 제24조의5 제1항). 이 경우, 분쟁조정협의회는 소송절차가 중지되지 않으면 해당 사건의 조정절차를 중지하여야 하며(개정 하도급법 제24조의8 제2항), 아울러 다수인이 관련된 동종·유사 사건의 소송이 진행 중인 경우에는 협의회의 결정으로 조정절차를 중지할 수 있도록 규정하였다(개정 하도급법 제24조의5 제3항).

(5) 조정조사의 작성

협의회는 조정사항에 대하여 조정이 성립된 경우, 분쟁당사자가 조정절차를 개시하기 전에 조정사항을 스스로 조정하고 조정조서의 작성을 요구하는 경우에 조정에 참가한 위원과 분쟁당사자가 서명 또는 기명날인한 조정조서를 작성한다(법 제24조의6 제1항, 제2항). 분쟁당사자는 제1항 또는 제2항에 따라 작성된 조정조서의 내용을 이행하여야 하고(법 제24조의6 제3항), 이행결과를 공정거래위원회에 제출하여야 한다. 공정거래위원회는 조정조서가 작성되고, 분쟁당사자가 조정조서에 기재된 사항을 이행한 경우에는 시정조치나 시정권고를 하지 아니한다(법 제24조의6 제4항).

(6) 조정조서의 효력

협의회에 의해 조정이 성립된 경우 조정에 참가한 위원과 분쟁당사자가 기명날인한 조정조서를 작성하고(법 제24조의6 제1항), 분쟁당사자가 조정절차를 개시하기 전에 스스로 조정하고 조정조서 작성을 요구하는 경우에도 조정조서를 작성한다(법 제24조의6 제2항). 분쟁당사자는 조정조서의 내용을 이행하고 이행결과를 공정거래위원회에 제출해야 한다(법 제24조의6 제3항). 공정거래위원회는 조정조서가 작성되고 아울러 분쟁당사자가 그 합의된 사항을 이행하면 시정조치 또는 시정권고를 하지 아니한다(법 제24조의6 제4항).

조정조서는 재판상 화해와 동일한 효력을 가진다(법 제24조의6 제4항). 재판상 화해는 제소전 화해와 소송중 화해가 있는데, 성질상 제소전 화해가 될 것이다. 확정판결과 같이 기판력이 있으며, 조정조서를 집행권원으로 강제집행을 할 수 있다(민사집행법 제56조). 조정조서가 작성된 경우 재심사유에 해당하는 흠이 있는 경우에 한하여 준재심(민사소송법 제461조)의 소로 다투는 방법 외에는 무효를 주장할 수 없다. 2018. 1. 16. 법률 제15362호로 개정되기 전 공정거래법에서는 조정조서와 동일한 합의가 성립된 것으로 보게 되는데(개정전 법 제24조의5 제1항), 이때 합의는 민법상 화해계약의 성질을 가진 것일 뿐 판결의 효력과 동일한 민사소송법상 재판상 화해와 달리 기판력이나 집행력이 없다는 비판이 있어, 재판상 화해와 동일한 효력을 부여하기로 법개정이 이루어졌다.

조정조서가 재판상 화해의 효력을 가지게 되었기 때문에 협의회는 조정조서의 내용과 형식에 대하여도 재판상 화해의 그것과 마찬가지로 적법성과 적정성 검토를 철저히 하여 법률상으로나 내용상으로 문제가 없도록 할 필요가 있다. 특히 분쟁조정협의회가 당사자 간의 합의한 바를 인정하여 그대로 조정조서로 만드는 경우가 있는데, 그 때 형식이나 내용이 적법하지 않거나 부당한 것이 그대로 조정조서로 만들어지는 경우도 종종 발견되고 있다. 예를 들어 당사자들이 조정 중에 추가공사의 존부와 범위 그리고 추가공사대금에 대하여 외부감정인과 같은 제3자의 판단에 따르기로 하고 이에 대한 어떠한 이의도 제기하지 않기로 한다고 합의하고 이를 협의회에 제출하여 조정조서로 작성되는 경우이다. 외부감정인에 의한 감정이 조정절차에서 증거방법의 하나로 사용되는 것은 가능하지만 조정절차 밖에서 그것도 아무런 이의를 제기하지 못하도록 조정조서를 작성하는 것은 분쟁해결절차로서 조정의 본질을 망각한 조치일 뿐 아니라 헌법상 재판청구권을 제한하는 것으로 허용되서는 안된다. 아무리 당사자 간 합의를 조정조서화 한 것이지만 이 역시 조정조서로서 재판상 화해의 효력을 가지기 때문에 분쟁조정협의회의 각별한 주의와 관심이 필요하다.

03 〉 동의의결제도(2022. 개정 하도급법 신설)

> 개정 하도급법(2022. 1. 11. 법률 제18757호, 2022. 7. 12. 시행)
>
> **제24조의9(동의의결)** ① 공정거래위원회의 조사나 심의를 받고 있는 원사업자 등(이하 이 조에서 "신청인"이라 한다)은 해당 조사나 심의의 대상이 되는 행위(이하 이 조에서 "해당 행위"라 한다)로 인한 불공정한 거래내용 등의 자발적 해결, 수급사업자의 피해구제 및 거래질서의 개선 등을 위하여 제3항에 따른 동의의결을 하여 줄 것을 공정거래위원회에 신청할 수 있다. 다만, 해당 행위가 다음 각 호의 어느 하나에 해당하는 경우 공정거래위원회는 동의의결을 하지 아니하고 이 법에 따른 심의 절차를 진행하여야 한다.

1. 제32조 제2항에 따른 고발요건에 해당하는 경우
2. 동의의결이 있기 전 신청인이 신청을 취소하는 경우
② 신청인이 제1항에 따른 신청을 하는 경우 다음 각 호의 사항을 기재한 서면으로 하여야 한다.
1. 해당 행위를 특정할 수 있는 사실관계
2. 해당 행위의 중지, 원상회복 등 경쟁질서의 회복이나 하도급거래질서의 적극적 개선을 위하여 필요한 시정방안
3. 그 밖에 수급사업자, 다른 사업자 등의 피해를 구제하거나 예방하기 위하여 필요한 시정방안
③ 공정거래위원회는 해당 행위의 사실관계에 대한 조사를 마친 후 제2항 제2호 및 제3호에 따른 시정방안(이하 "시정방안"이라 한다)이 다음 각 호의 요건을 모두 충족한다고 판단되는 경우에는 해당 행위 관련 심의 절차를 중단하고 시정방안과 같은 취지의 의결(이하 "동의의결"이라 한다)을 할 수 있다. 이 경우 신청인과의 협의를 거쳐 시정방안을 수정할 수 있다.
1. 해당 행위가 이 법을 위반한 것으로 판단될 경우에 예상되는 시정조치 및 그 밖의 제재와 균형을 이룰 것
2. 공정하고 자유로운 경쟁질서나 하도급거래질서를 회복시키거나 수급사업자 등을 보호하기에 적절하다고 인정될 것
④ 공정거래위원회의 동의의결은 해당 행위가 이 법에 위반된다고 인정한 것을 의미하지 아니하며, 누구든지 신청인이 동의의결을 받은 사실을 들어 해당 행위가 이 법에 위반된다고 주장할 수 없다.

제24조의10(동의의결의 절차 및 취소) 동의의결의 절차 및 취소에 관하여는 「독점규제 및 공정거래에 관한 법률」 제90조 및 제91조를 준용한다. 이 경우 같은 법 제90조 제1항 중 "소비자"는 "수급사업자"로, 같은 조 제3항 단서 중 "제124조부터 제127조까지의 규정"은 "이 법 제29조 및 제30조"로 본다.

제24조의11(이행강제금) ① 공정거래위원회는 정당한 이유 없이 동의의결 시 정한 이행기한까지 동의의결을 이행하지 아니한 자에게 동의의결이 이행되거나 취소되기 전까지 이행기한이 지난 날부터 1일당 200만 원 이하의 이행강제금을 부과할 수 있다.
② 이행강제금의 부과·납부·징수 및 환급 등에 관하여는 「독점규제 및 공정거래에 관한 법률」 제16조 제2항 및 제3항을 준용한다.

동의의결제도란 공정거배법 등 위반사건으로 경쟁당국의 조사나 심사를 받고 있는 사업자 또는 사업자단체(신청인)가 당해 조사나 심의 대상이 되는 행위로 인한 경쟁제한상태나 위법상태 등의 자발적 해소, 소비자 피해구제, 거래질서 개선 등을 위하여 필요한 시정방안을 경쟁당국에 제출하고 경쟁당국이 이해관계자 등의 의견수렴을 거쳐 그 타당성을 인정하는 경우, 그 행위의 위법성 여부를 판단하지 않고 시정방안과 같은 취지의

의결을 함으로써 사건을 신속히 종결시키는 제도이다. 미국의 동의명령(consent order), EU의 동의의결(commitment decision) 또는 독일의 의무부담확약(Verpflichtungszusagen) 과 유사한 제도로 한미FTA 이행법안 중 하나로 2011년경 공정거래법 및 표시광고법 개 정을 통하여 도입된 제도이다. 동의의결제도는 경쟁당국으로서는 위법성 여부를 가리기 쉽지 않은 사건의 처리에 소요되는 행정비용과 시간을 절약할 수 있고 사업자 입장에서 는 시정조치에 따르는 기업이미지 손상과 조사 및 심의 등 법적 분쟁을 처리하는 과정에 서 발생하는 위험과 비용을 줄일 수 있는 장점이 있고, 소비자나 피해자 입장에서는 경쟁 당국의 시정조치나 제재가 이루어지더라도 피해보상을 받기 위하여는 별도 소송을 제기 해야 하지만 동의의결로 신속하고 효율적인 피해구제를 받을 수 있는 장점이 있다.

사실 하도급법은 원사업자와 수급사업자 간의 금전적 이해관계 조정의 요소가 크고 원 사업자의 불공정하도급거래행위가 있었다 하더라도 그 제재를 통한 사회적 정의실현의 이익보다 오히려 수급사업자의 피해 구제로 인한 이익이 피해자 입장에서는 더 중요할 수 있으며, 공정위의 위법성 확인이나 시정조치가 있더라도 원사업자가 자발적으로 손해 를 배상하지 않는다면 수급사업자가 수년의 시간과 상당한 비용이 소요되는 민사소송을 진행해서 배상을 받아야 하는데 그 과정에서 수급사업자가 권리구제절차를 포기하는 상 황이 초래되는 경우가 많고 소송 과정에서 손해액 입증이 되지 않아 제대로 배상판결을 받지 못하는 경우도 허다하다. 이런 점에서 하도급법은 어떤 경쟁법 영역보다 동의의결 제도가 필요한 영역이라 볼 수 있다. 이에 2022년 개정 하도급법이 동의의결제도를 하도 급법에 도입한 것이다.

개정법에서 신설된 동의의결제도는 하도급법 위반혐의로 공정위 조사나 심의를 받는 원사업자 등이 해당행위로 인한 불공정한 거래내용 등의 자발적 해결, 수급사업자의 피 해구제 및 거래질서의 개선 등을 위하여 동의의결을 해 줄 것을 공정위에 신청할 수 있 다. 다만 공정위는 ① 해당 행위가 하도급법 제30조를 위반하여 하도급법 위반죄를 구성 하면서 그 위반정도가 객관적으로 명백하고 중대하여 하도급거래 질서를 현저히 저해하 여 필수적 고발사항에 해당하는 경우, ② 동의의결이 있기 전에 신청인이 신청을 취소하 는 경우에는 동의의결을 하지 않고 심의절차를 진행해야 한다(개정 하도급법 제24조의9 제1 항). 신청인은 동의의결 신청시에 ① 해당행위를 특정할 수 있는 사실관계, ② 해당행위의 중지, 원상회복 등 경쟁질서 회복이나 하도급거래질서의 적극적 개선을 위하여 필요한 시정방안, ③ 그 밖의 수급사업자, 다른 사업자 등의 피해를 구제하거나 예방하기 위하여 필요한 시정방안을 기재한 서면으로 해야 한다(동조 제2항). 공정위는 해당행위에 대한 사 실관계 조사를 마친 후 신청인이 제출한 시정방안이 ① 해당 행위가 이 법을 위반한 것으로 판단될 경우에 예상되는 시정조치 및 그 밖의 제재와 균형을 이룰 것, ② 공정하고 자유로운 경쟁질서나 하도급거래질서를 회복시키거나 수급사업자 등을 보호하기에 적절하다고 인정될 것의 요건이 충족된다고 판단되는 경우 관련 심의절차를 중단하고 시정방안과 같은 취지의 동의의결을 할 수 있다. 이 경우 신청인과의 협의를 통하여 시정방안을 수정할 수 있다(동조 제3항). 공정위의 동의의결은 해당행위가 하도급법 위반을 인정하는 것을 의미하지 아니하며 누구든지 동의의결을 받은 사실을 들어 해당행위가 이 법에 위반된다고 주장할 수 없다(동조 제4항).

공정위는 정당한 이유 없이 동의의결시 정한 이행기간까지 동의의결을 이행하지 아니한 자에게 동의의결이 이행되거나 취소되기 전까지 이행기간이 지난 날부터 1일당 200만원 이하의 이행강제금을 부과할 수 있으며(개정 하도급법 제24조의11 제1항), 이행강제금의 부과·납부·징수 및 환급에 관하여는 공정거래법 제16조 제2항 및 제3항이 준용된다(동조 제2항).

한편, 하도급법은 원사업자와 수급사업자 등 당사자 간의 이해관계 분쟁과 조정의 측면이 강한 만큼 하도급법에서 신설된 동의의결제도 요건과 관련하여 원사업자 등 신청인이 제출한 시정방안에 대한 수급사업자의 동의를 규정하는 것이 좀 더 소망스러운데 그렇지 않은 점은 아쉽다. 공정위로서는 수급사업자가 신청인의 시정방안을 동의하는 경우에 한하여 가급적 동의의결을 허용하는 것이 옳을 것이다. 물론 동의의결 과정에서 원사업자와 수급사업자가 서로 간에 이해관계를 조율하고 이견을 좁히고 협의하여 시정방안을 도출·구성하는 절차를 고시나 지침 등을 통하여 둘 필요가 있다.

04 ▶ 법위반에 대한 제재

(1) 개관

원사업자가 하도급법을 위반한 경우, 행정적 제재 또는 형사적 제재를 받게 되며, 조치수준은 위반행위의 경중에 따라 달라지게 된다.

[하도급법 위반 행위에 대한 제재 조치]

구분	제재 내용
행정적 제재	• 시정조치 : 경고, 시정권고, 시정명령, 시정명령을 받은 사실 공표명령 등 • 과징금 부과 : 하도급대금의 2배 이하 • 과태료 부과 : 2억 원 이하 　- 자료 제출 거부 · 허위자료 제출 : 사업자 1억 원 이하, 개인 1천만 원 이하 　- 조사 거부, 방해 : 사업자 2억 원 이하, 개인 5천만 원 이하 〈상습법위반사업자 제재〉 • 명단 공표 : 직전 3년간 법 위반 3회 이상이고 벌점 4점 초과 • 입찰 참가 제한 요청 : 3년간 벌점 5점 초과 • 영업 정지 요청 : 3년간 벌점 10점 초과
형사적 제재	• 원사업자의 의무 및 금지 사항 위반 : 하도급대금 2배 이하 벌금 • 보복 조치 금지 위반 : 3억 원 이하 벌금 • 시정명령 불이행, 부당 경영 간섭, 탈법 행위 : 1억 5천만 원 이하 벌금 • 원칙적 고발 : 법 위반 3회 이상이고 벌점 4점 초과 • 양별 규정 : 행위자 및 법인 처벌
민사적 구제	• 징벌적 손해배상 : 부당한 하도급대금 결정, 부당 감액, 부당 위탁 취소, 부당 반품, 기술유용, 보복 조치

(2) 과징금납부명령 이외의 행정적 제재

> **하도급법**
>
> **제25조(시정조치)** ① 공정거래위원회는 제3조 제1항부터 제4항까지 및 제9항, 제3조의4, 제4조부터 제12조까지, 제12조의2, 제12조의3, 제13조, 제13조의2, 제14조부터 제16조까지, 제16조의2 제7항 및 제17조부터 제20조까지의 규정을 위반한 발주자와 원사업자에 대하여 하도급대금 등의 지급, 법 위반행위의 중지, 특약의 삭제나 수정, 향후 재발방지, 그 밖에 시정에 필요한 조치를 명할 수 있다.
>
> ② 삭제
>
> ③ 공정거래위원회는 제1항에 따라 시정조치를 한 경우에는 시정조치를 받은 원사업자에 대하여 시정조치를 받았다는 사실을 공표할 것을 명할 수 있다.
>
> > **개정 하도급법(2022. 1. 11. 법률 제18757호, 2023. 1. 12. 시행)**
> >
> > **제25조(시정조치)** ① 공정거래위원회는 제3조 제1항부터 제4항까지 및 제9항, 제3조의4, **제3조의5**, 제4조부터 제12조까지, 제12조의2, 제12조의3, 제13조, 제13조의2, **제13조의3**, 제14조부터 제16조까지, **제16조의2 제10항** 및 제17조부터 제20조까지의 규정을 위반한 발주자와 원사업자에 대하여 하도급대금 등의 지급, **공시의무의 이행 또는 공시내용의**

정정, 법 위반행위의 중지, 특약의 삭제나 수정, 향후 재발방지, 그 밖에 시정에 필요한 조치를 명할 수 있다.

② 삭제

③ 공정거래위원회는 제1항에 따라 시정조치를 한 경우에는 시정조치를 받은 원사업자에 대하여 시정조치를 받았다는 사실을 공표할 것을 명할 수 있다.

제25조의2(공탁) 제25조 제1항에 따른 시정명령을 받거나 제25조의5 제1항에 따른 시정권고를 수락한 발주자와 원사업자는 수급사업자가 변제를 받지 아니하거나 변제를 받을 수 없는 경우에는 수급사업자를 위하여 변제의 목적물을 공탁(供託)하여 그 시정조치 또는 시정권고의 이행 의무를 면할 수 있다. 발주자와 원사업자가 과실이 없이 수급사업자를 알 수 없는 경우에도 또한 같다.

제25조의4(상습법위반사업자 명단공표) ① 공정거래위원회 위원장은 제27조 제3항에 따라 준용되는 「독점규제 및 공정거래에 관한 법률」 제62조에도 불구하고 직전연도부터 과거 3년간 이 법 위반을 이유로 공정거래위원회로부터 경고, 제25조 제1항에 따른 시정조치 또는 제25조의5 제1항에 따른 시정권고를 3회 이상 받은 사업자 중 제26조 제2항에 따른 벌점이 대통령령으로 정하는 기준을 초과하는 사업자(이하 이 조에서 "상습법위반사업자"라 한다)의 명단을 공표하여야 한다. 다만, 이의신청 등 불복절차가 진행중인 조치는 제외한다.

② 공정거래위원회 위원장은 제1항 단서의 불복절차가 종료된 경우, 다음 각 호에 모두 해당하는 자의 명단을 추가로 공개하여야 한다.

1. 경고 또는 시정조치가 취소되지 아니한 자

2. 경고 또는 시정조치에 불복하지 아니하였으면 상습법위반사업자에 해당하는 자

③ 제1항 및 제2항에 따른 상습법위반사업자 명단의 공표 여부를 심의하기 위하여 공정거래위원회에 공무원인 위원과 공무원이 아닌 위원으로 구성되는 상습법위반사업자명단공표심의위원회(이하 이 조에서 "심의위원회"라 한다)를 둔다.

④ 공정거래위원회는 심의위원회의 심의를 거친 공표대상 사업자에게 명단공표대상자임을 통지하여 소명기회를 부여하여야 하며, 통지일부터 1개월이 지난 후 심의위원회로 하여금 명단공표 여부를 재심의하게 하여 공표대상자를 선정한다.

⑤ 제1항 및 제2항에 따른 공표는 관보 또는 공정거래위원회 인터넷 홈페이지에 게시하는 방법에 의한다.

⑥ 심의위원회의 구성, 그 밖에 상습법위반사업자 명단공표와 관련하여 필요한 사항은 대통령령으로 정한다.

제25조의5(시정권고) ① 공정거래위원회는 이 법을 위반한 발주자와 원사업자에 대하여 시정방안을 정하여 이에 따를 것을 권고할 수 있다. 이 경우 발주자와 원사업자가 해당 권고를 수락한 때에는 공정거래위원회가 시정조치를 한 것으로 본다는 뜻을 함께 알려야 한다.

② 제1항에 따른 권고를 받은 발주자와 원사업자는 그 권고를 통지받은 날부터 10일 이내에 그 수락 여부를 공정거래위원회에 알려야 한다.

③ 제1항에 따른 권고를 받은 발주자와 원사업자가 그 권고를 수락하였을 때에는 제25조

제1항에 따른 시정조치를 받은 것으로 본다.

제26조(관계 행정기관장의 협조) ① 공정거래위원회는 이 법을 시행하기 위하여 필요하다고 인정할 때에는 관계 행정기관장의 의견을 듣거나 관계 행정기관의 장에게 조사를 위한 인원의 지원이나 그 밖에 필요한 협조를 요청할 수 있다.

② 공정거래위원회는 제3조 제1항부터 제4항까지 및 제9항, 제3조의4, 제4조부터 제12조까지, 제12조의2, 제12조의3, 제13조, 제13조의2, 제14조부터 제16조까지, 제16조의2 제7항 및 제17조부터 제20조까지의 규정을 위반한 원사업자 또는 수급사업자에 대하여 그 위반 및 피해의 정도를 고려하여 대통령령으로 정하는 벌점을 부과하고, 그 벌점이 대통령령으로 정하는 기준을 초과하는 경우에는 관계 행정기관의 장에게 입찰참가자격의 제한,「건설산업기본법」제82조 제1항 제7호에 따른 영업정지, 그 밖에 하도급거래의 공정화를 위하여 필요한 조치를 취할 것을 요청하여야 한다.

(가) 경고, 시정권고, 시정조치명령(지급명령) 및 집행(효력)정지

공정거래위원회는 위반행위에 대하여 경고나 시정권고 및 시정조치명령, 즉 하도급대금 등의 지급, 하도급법 위반행위의 중지, 기타 당해 위반행위의 시정에 필요한 조치를 권고하거나 시정하도록 명할 수 있다. 아울러 공정거래위원회는 원사업자에 대하여 시정명령을 받았다는 사실을 공표할 것을 명할 수 있다. 공정거래위원회는 법률 미숙지로 인한 재발을 방지하기 위하여 교육이수명령을 시정조치명령에 부기할 수 있다.[120] 공정거래위원회는 시정명령을 받은 원사업자에게 하도급법위반사실을 공표하도록 할 수 있다 (법 제25조 제3항). 공표명령은 시정명령과는 별도의 처분으로 독자적인 항고소송의 대상이 될 수 있다(대법원 1998. 3. 27. 선고 96누18489 판결[121]).

---

120) 교육이수명령의 요건은 아래 세 가지이다.
　　① 동일 사건에서 위반행위 유형이 3개 이상인 경우
　　② 과거 3년간 경고 이상의 조치를 3회 이상 받은 사업자로서 누계벌점이 과거 3년간 2점 이상인 경우
　　③ 기타 법위반 재발방지를 위하여 교육이 필요하다고 인정하는 경우
121) 본 판결은 법 위반사실 공표명령에 대한 헌재의 위헌결정 이전의 것으로 '법 위반 사실 공표명령'에 대한 것이지만, '시정명령을 받았다는 사실의 공표명령'에도 동일하게 적용될 것이다.
　　서울고등법원 1996. 11. 14. 선고 95구28993 판결
　　원고가 별지1.의 제1, 2항의 시정명령이 위법함을 전제로 제4항의 법위반사실공표명령처분 전부에 대하여 취소를 구함에 대하여, 피고는, 원고가 위 지국과의 불공정한 거래약정행위에 관하여는 피고의 처분을 인정하여 스스로 계약조항을 변경한 이상 공표명령의 취소청구 부분은 모두 각하되어야 한다고 주장한다. 그러나, 원고가 피고로부터 부당경품제공, 사원판매에 의한 거래강제 및 우월적 지위의 남용에 의한 불이익제공 행위에 대하여 각각 시정명령을 받은 사실은 앞서 본 바와 같으므로, 이에 대한 법위반사실공표명령은 비록 하나의 조항에 표시되었다고 하더라도 각각의 법위반사실에 대한 독립적인 공표명령처분을 의미한다고 하여야 할 것이므로 그 중 하나의 법위반사실에 대하여 피고의 처분이 취소 또는 유지된다고 하여 위 공표명령 전부가 취소 또는 유지되어야 하는 것은 아니고, 그에 해당하는 공표명령 부분만이 취소 또는 유지된다고 할 것이다. 또한, 법위반사실에 대한 시정명령처분과 이에 대한 법위반사실공표명령은 비록 그 사유를 같이 한다고 하더라도 각각 독립한 처분이라고 하여야 할 것이므로, 비록 원고가 피고

경고는 장래 과징금 부과 여부나 정도에 영향을 줄 수 있으므로 항고소송의 대상이 되는 처분에 해당한다(대법원 2013. 12. 26. 선고 2011두4930 판결[122]).

한편, 지급명령은 미지급하도급, 지연이자, 어음할인료, 어음대체결제수단 수수료 등을 지급하라는 취지가 대부분이다. 하지만 하도급법 제25조 제1항이 "하도급대금 등의 지급, 법 위반행위의 중지, 특약의 삭제나 수정, 향후 재발방지, 그 밖에 시정에 필요한 조치를 명할 수 있다"고 규정하고 있는바, 하도급법 위반으로 인한 불법행위 책임으로서의 손해배상이나 부당이득반환금의 지급을 명하는 취지의 지급명령도 가능하다고 본다. 다만, 법원은 공정거래위원회에 대하여 지급명령금액에 대한 입증책임을 강하게 부담시키고 있어, 성격상 지급해야 할 금액을 확정하기 어려운 행위 유형에 대한 지급명령은 현실적으로 어렵다. 소송절차에서는 감정 등의 증거조사방법을 통하여 금액을 확정하고 있는바, 공정거래위원회 절차에서도 이러한 증거조사방법[123]을 도입하여 지급해야 할 금액에 대한 입증책임을 다할 수 있도록 하여 지급명령제도를 활성화하는 것이 시급하다.

한편, 지급명령과 같은 시정명령은 위반행위로 인한 결과를 시정하기 위함이므로 변제·상계·정산 등으로 위반행위의 결과가 더 이상 존재하지 아니하면 시정명령을 할 수 없다(대법원 2010. 1. 14. 선고 2009두11843 판결). 이 때문에, 자진시정이 되었다면 지급명령 등 시정조치명령이 불가하다. 다만, 처분의 적법성은 처분시를 기준으로 판단하므로, 적법하게 내려진 지급명령은 그 이후 상계의사표시나 소멸시효 완성으로 채권이 소멸하더라도 위법해지는 것이 아니다.

판례는 한발 더 나아가 위반행위의 결과가 존재하지 않는다면 재발방지를 위한 시정명령, 예를 들어 장래에 어떠한 행위를 하여서는 안 된다는 취지의 시정명령도 불가하다는 입장이다(대법원 2010. 9. 30. 선고 2008두16377 판결).

하도급공정화지침은 다음과 같이 수급사업자에게 책임있는 경우에는 시정조치에 있어

의 이 사건 처분 중 우월적 지위의 남용에 의한 불이익제공 행위에 대한 별지1.의 제3항 기재 시정명령에 대하여는 불복하지 아니하였다고 하더라도, 그것만으로 위 부분에 대한 피고의 법위반사실공표명령이 당연히 정당한 것으로 되어 그 취소를 구할 이익이 없게 된 것이라고 할 수도 없고, 결국 이 사건 법위반사실공표명령은 각각의 처분 사유의 당부에 따라 판단하여야 할 것이므로 피고의 본안전 항변은 이유없다.

122) 대법원 2013. 12. 26. 선고 2011두4930 판결
　　구 표시·광고의 공정화에 관한 법률(2011. 9. 15. 법률 제11050호로 개정되기 전의 것) 위반을 이유로 한 공정거래위원회의 경고의결은 당해 표시·광고의 위법을 확인하되 구체적인 조치까지는 명하지 않는 것으로 사업자가 장래 다시 표시·광고의 공정화에 관한 법률 위반행위를 할 경우 과징금 부과 여부나 그 정도에 영향을 주는 고려사항이 되어 사업자의 자유와 권리를 제한하는 행정처분에 해당한다.

123) 사건처리절차규칙 제41조에서 각 회의에서의 증거조사 신청 등에 대하여 규정하고 있고 제37조에서는 각 회의에서 감정인 등을 참고인으로 참가시킬 수 있도록 규정하고 있지만, 통상 1회 내지 2회로 종료되는 회의의 특성상 소송절차에서처럼 감정인을 선임하여 감정절차를 진행하는 것은 현실적으로 어렵다. 또, 심사관이 감정을 신청하고자 하더라도 비용이 상당히 많이 소요되기 때문에 비용에 대한 예산 배정 역시 필요하다.

참작할 수 있다고 설명하고 있다(하도급공정화지침 II. 6). 즉, ① 하도급대금에 관한 분쟁이 있어 의견이 일치된 부분의 대금에 대하여 원사업자가 수급사업자에게 지급하거나 공탁한 경우, ② 원사업자가 수급사업자에게 선급금에 대한 정당한 보증을 요구하였으나, 이에 응하지 않거나 지연되어 선급금을 지급하지 않거나 지연 지급하는 경우, ③ 목적물을 납품 · 인도한 후 원사업자가 정당하게 수급사업자에게 요구한 하자보증의무 등을 수급사업자가 이행하지 않아 그 범위 내에서 대금지급이 지연된 경우, ④ 목적물의 시공 · 제조과정에서 부실시공 등 수급사업자에게 책임을 돌릴 수 있는 사유가 있음이 명백하고 객관적인 증거에 의하여 입증되어 수급사업자의 귀책부분에 대하여 하도급대금을 공제 또는 지연 지급하는 경우(예 : 재판의 결과 또는 수급사업자 스스로의 인정 등으로 확인된 경우) 등이다.

행정처분은 집행(효력)불정지가 원칙이다. 행정소송에서 과징금부과처분에 대한 집행정지는 금전적 제재에 대한 것이므로 본안에서 과징금 부과 처분이 취소될 가능성이 높고, 과징금 납부시 회사 운영이 사실상 마비된다는 등의 특별한 사유가 없는 한 불허되지만(대법원 1999. 12. 20. 선고 99무42 결정), 지급명령에 대한 집행정지는 적극적으로 허용될 필요가 있다. 지급명령을 이행한 후 행정소송에서 위법하여 취소판결을 받더라도 수급사업자의 파산 등으로 이미 지급한 금액을 돌려받을 수 없는 경우가 많기 때문이다.

한편, 공정거래위원회의 시정명령을 이행하지 않으면 시정명령불이행죄로 1억 5천만 원 이하의 벌금형에 처해질 수 있다(법 제30조 제2항 제3호). 시정명령과 같은 처분은 당연무효의 하자가 아닌 한 취소되기 전까지는 유효한 것으로 보는 공정력을 가지고 있으므로, 집행(효력)정지결정을 받지 않는 한 취소나 무효판결이 확정되기 전까지는 그 효력 및 집행이 부인되지 않는다. 그래서 설사 불복하여 행정소송을 제기했다 하더라도 피심인은 부과받은 시정명령을 이행하여야 한다. 그런데 검찰은 시정명령에 대한 불복절차가 진행 중인 상태에서 시정명령 불이행죄로 고발된 사건에서 시정명령이 확정된 상태가 아니므로 시정명령 불이행죄가 성립되지 않는다며 무혐의결정을 한 것으로 알려져 있다.[124] 검찰이 신중을 위해 시정명령에 대한 행정소송 결과를 보고 기소 여부를 결정하는 것은 가능하겠지만, 행정소송에서 취소되지 않았음에도 불구하고(심지어 고등법원에서 취소판결이 내려지더라도 판결이 확정되지 않으면 공정력 때문에 그 효력이 부인될 수도 없다) 시정명령이 확정되지 않았다며 무혐의 결정을 하였다면 '공정력'에 반하는 것으로 타당하지 않다.

지급명령과 같은 시정명령을 받은 원사업자는 수급사업자가 변제받지 아니하거나 변제받을 수 없는 경우 수급사업자를 위하여 변제의 목적물을 공탁하여 그 시정조치 이행의무를 면할 수 있는데, 원사업자가 과실 없이 수급사업자를 알 수 없는 경우에도 또한

---

124) 화우 공정거래그룹, 하도급법 기업거래 실무가이드, 471면

같다(법 제25조의2).

(나) 공표명령

하도급법 제25조 제3항은 공정위가 시정조치를 한 경우, 시정조치를 받은 원사업자에 대하여 시정조치를 받았다는 사실을 공표하도록 명할 수 있다고 규정하고 있다. 「공정거래위원회로부터 시정명령을 받은 사실의 공표에 관한 운영지침」[125](이하 '공표지침'이라 한다)에서는 공표 명령의 사용 범위를 공정거래위원회의 시정조치에도 불구하고 위법 사실의 효과가 지속되고 피해가 계속될 것이 명백한 경우로서, 다음과 같은 경우에 한정하고 있다(공표지침 3. 나.).

① 직접 피해를 입은 자가 불특정다수인 경우

② 공표를 함으로써 피해자가 자신의 권익 구제를 위한 법적 조치를 취할 수 있도록 할 필요가 있다고 인정되는 경우

③ 허위·과장 등 부당한 표시·광고 행위로 인하여 소비자에게 남아있는 오인·기만적 효과를 제거할 필요가 있다고 인정되는 경우에 한하여 공표를 명할 수 있다.

한편, 법 위반 행위에 대한 시정명령 처분과 함께 공표 명령이 내려진 건에서, 시정명령에 대해서는 불복하지 않으면서 공표 명령에 대해서만 취소를 구할 수 있다는 것이 법원의 판단이다(서울고등법원 1996. 11. 14. 선고 95구28993 판결[126]). 또한, 공표 명령의 전제가 되는 시정명령의 일부가 위법하여 취소되었다면, 공표 명령의 크기 역시 조정되어야 한다고 판시한 사례[127]도 있다.

---

125) 공정거래위원회 예규 제335호(2019. 12. 27. 개정). 원래 공표명령제도는 '법 위반 사실'을 공표하도록 하는 제도로 운영되었으나, 당해 사업자가 불복하여 취소소송이 진행 중인 경우에 법 위반 여부가 확정되지 않은 상태에서 법 위반 사실을 공표하도록 하는 것은 위헌이라는 헌법재판소 결정에 따라 '시정명령을 받았다는 사실의 공표명령'으로 바뀌었다.

126) 이 건은 법 위반 사실 공표 명령에 대한 헌재의 위헌 결정 이전의 건으로서, 공표 명령의 내용이 '법 위반 사실 공표 명령'이었다.
서울고등법원 1996. 11. 14. 선고 95구28993 판결
법 위반 사실에 대한 시정명령 처분과 이에 대한 공표 명령은 비록 그 사유를 같이 한다고 하더라도 각각 독립한 처분이라고 해야 할 것이므로, 비록 원고가 피고의 이 사건 처분 중 우월적 지위의 남용에 의한 불이익 제공 행위에 대한 시정명령에 대해서는 불복하지 아니하였다고 하더라도, 그것만으로 위 부분에 대한 피고의 공표 명령이 당연히 정당한 것으로 되어 그 취소를 구할 이익이 없게 된 것이라고 할 수도 없고, 결국 이 사건 공표 명령은 각각의 처분 사유의 당부에 따라 판단해야 한다[파기 환송(대법원 1998. 3. 27. 선고 96누18489 판결) 후 고법확정(서울고등법원 1998. 7. 28. 선고 98누8775 판결)].

127) 대법원 2007. 2. 23. 선고 2004두14052 판결

(다) 벌점 제도

1) 벌점 부과 및 가중·감경을 통한 누산벌점관리

하도급법 시행령 별표 3.에 벌점 부과기준이 상세히 규정되어 있다. 그 대강의 내용은 다음과 같다. 벌점은 법 위반행위가 속하는 위반유형에 대하여 각각 시정조치 유형별 점수를 산출하고(같은 유형에 속하는 법 위반행위에 대하여 서로 다른 유형의 시정조치를 한 경우에는 가장 중한 시정조치 유형의 점수만 반영한다), 각 시정조치 유형별 점수를 더하여 정한다. 법 위반행위가 속하는 위반유형은 서면 관련 위반, 부당납품단가 인하 관련 위반, 대금지급 관련 위반, 보복 조치 및 탈법행위 관련 위반, 그 밖의 위반으로 나누고 있다.

법위반 유형	적용법조
서면 관련 위반	법 제3조(서면발급 및 서류보존) 제1항부터 제4항까지 및 제9항
부당납품단가 인하 관련 위반	법 제4조(부당한 하도급대금 결정금지), 법 제11조(감액금지), 법 제16조의2(원재료 가격변동에 따른 하도급대금의 조정) 제7항
대금지급 관련 위반	법 제6조(선급금의 지급), 법 제13조(하도급대금의 지급), 법 제13조의2(건설하도급계약이행 및 대금지급보증), 법 제14조(하도급대금의 직접지급), 법 제15조(관세 등 환급액의 지급), 법 제16조(설계변경 등에 따른 하도급대금의 조정), 법 제17조(부당한 대물변제의 금지)
보복조치 및 탈법행위 관련 위반	법 제19조(보복조치의 금지), 법 제20조(탈법행위의 금지)
그 밖의 위반	법 제3조의4(부당한 특약의 금지), 법 제5조(물품 등의 구매강제금지), 법 제7조(내국신용장의 개설), 법 제8조(부당한 위탁취소의 금지 등), 법 제9조(검사의 기준·방법 및 시기), 법 제10조(부당반품의 금지), 법 제12조(물품구매대금 등의 부당결제청구의 금지), 법 제12조의2(경제적 이익의 부당요구 금지), 법 제12조의3(기술자료 제공 요구 금지 등), 법 제18조(부당한 경영간섭의 금지)

하나의 사건번호나 심결에서 여러 가지 위반유형이 있는 경우에 벌점을 어떻게 산정해야 하는지 문제될 수 있지만, 공정거래위원회 실무 태도는 각 위반유형별로 가장 중한 시정조치의 벌점점수를 합산해야 한다고 보고 있다. 예를 들어, 하나의 사건에서 서면발급의무위반(지연교부, 감액서면미발급), 선급금미지급, 보증의무불이행의 위반유형이 있고, 모두 과징금부과처분이 내려졌다면 벌점은 2.5×3=7.5가 된다.

시정조치 유형별 점수는 다음 표와 같다.

조치유형	경고		시정권고	시정명령	과징금	고발
	서면실태조사 에서 자진시정	신고· 직권인지				
벌점	0.25	0.5	1.0	2.0	2.5 (기술유용 등 일부행 위의 경우 2.6점*)	3.0 (기술유용 등 일부행 위의 경우 5.1점*)

* 법 제4조(부당한 하도급대금의 결정 금지), 법 제11조(감액금지), 법 제12조의3 제3항 제1호(기술자료유용), 법 제19조(보복조치의 금지)를 위반한 행위로 과징금을 부과받은 경우는 벌점 2.6점. 고발된 경우는 벌점 5.1점으로 산정(법 시행령 제17조 제1항 [별표 3] 제2호 가목 6), 7))

다만, 2018. 10. 16. 대통령령 제29238호로 개정된 하도급법 시행령은 하도급법 제4조 하도급대금 부당결정, 제11조 부당감액, 제12조의3 제3항 제1호 기술유용(자기 또는 제3 자를 위하여 사용하는 행위), 제19조 보복행위에 대하여는 고발조치의 경우 한차례 위반 행위만으로도 입찰참가자격 제한처분을 가능하도록 벌점을 기존 3.0점에서 5.1점으로 상 향조정하고(고발조치의 경우 One strike out 제도; 동 시행령 별표 3. 제2호 가목 7)), 과징 금 부과처분의 경우 3년간 두 차례 과징금을 부과받을 경우 입찰참가자격제한 처분을 할 수 있도록 벌점을 2.6점으로 상향 조정하였다(과징금 부과처분의 경우 Two Strike out; 시행령 별표 3. 제2호 가목 6)). 참고로 동 시행령은 2018. 10. 18.부터 시행되는데, 동 시행령 개정 이전에는 행위 구분 없이 과징금 부과처분의 경우 2.5점이었고, 고발의 경우 에는 제19조의 보복행위의 경우에만 5.1점이었고 그 외에는 3.0점이었다. 또 개정 시행령 에 의하더라도 하도급법 제12조의3 위반의 경우 제1항의 기술자료 부당요구나 또는 제3 항 제2호의 기술의 제3자 단순제공의 경우에는 다른 행위와 동일하게 과징금 부과처분시 벌점 2.5점, 고발시 벌점 3.0점이다.

다만, 원사업자 또는 발주자가 미지급금을 조사개시일 또는 공정거래위원회의 미지급 금 지급요청일로부터 30일 이내 지급하여 경고를 받은 경우 또는 분쟁당사자 사이에 합 의가 이루어지고 합의가 이행됨이 확인되어 시정조치 또는 시정권고를 하지 않은 경우(법 제24조의6 제4항)에는 벌점을 부과하지 않는다.

'누산점수'란 직전[128] 3년 동안 해당 사업자가 받은 모든 벌점을 더한 점수에서, 해당 사업자가 받은 모든 경감점수를 더한 점수를 빼고 모든 가중점수를 더한 점수를 더한 점 수를 말한다.[129]

---

128) 상습법위반사업자 명단공표의 경우에는 명단공표일이 속하는 연도 1월 1일부터, 입찰참가자격제한 요청 및 영업정지 요청의 경우에는 공정거래위원회의 시정조치일부터 역산(초일을 산입한다)한다. 이하 이 표 에서 같다.

아래와 같은 경우 벌점을 경감한다. 다만, 누산점수를 계산할 때에는 아래 각 항목마다 1회만 벌점을 경감할 수 있다. 눈여겨 볼 부분은 원사업자가 수급사업자의 피해의 전부를 자발적으로 구제한 경우 해당 사건의 벌점을 25% 초과 50% 이내에서 경감해 주고 피해의 50% 이상을 구제해 주는 경우에는 해당 사건의 벌점을 25% 이내에서 경감해 준다는 것이다.

[벌점의 경감 또는 가중 사유 및 해당 점수]

구분	내용	점수	
경감 사유 (각 항목마다 1회만 경감 가능)	원사업자가 직전 1년 동안 체결한 계약 중 표준하도급계약서 사용한 비중이 70% 이상(단, 수급사업자에게 뚜렷하게 불리하도록 내용을 수정하거나 특약을 추가하는 경우, 최신 개정본 배포 3개월 이후 최신 개정본을 사용하지 않는 경우는 제외)	90% 이상	2점
		70~90% 미만	1점
	현금 결제 우수업체	현금결제비율 100%	1점
		현금결제비율 80% 이상 100% 미만	0.5점
	건설업자인 원사업자의 입찰 정보 공개 비율이 50% 이상	80% 이상	1점
		50~80% 미만	0.5점
	원사업자 또는 대기업이 수급사업자 또는 협력사와 하도급 관련 법령의 준수, 상호 지원·협력을 위한 협약을 체결하고 공정위가 직전 1년 이내에 실시한 협약 이행 실적 평가에서 '양호' 등급 이상을 받은 경우	최우수	3점
		우수	2점
		양호	1점
	공정위 실시 하도급거래 평가에서 모범업체로 선정된 원사업자		3점
	공정위 실시 자율준수 프로그램(CP) 평가에서 '우수' 등급 이상을 받은 원사업자	최우수(AAA)	2점
		우수(AA)	1점

---

129) 공정거래위원회는 2019년초 하도급법 시행령 개정에 착수하여 대표이사나 임원의 하도급법에 관한 교육 이수, 관계행정기관의 표창 수상, 현금결제비율 80% 이상 100% 미만, 전자입찰비율 80% 이상 등은 벌점 경감사유에서 배제하고, 표준계약서 사용(2점 → 1점), 하도급대금 현금결제비율 100%(1점 → 0.5점), 공정거래협약 이행평가 결과 최우수업체(3점 → 2점), 우수업체(2점 → 1.5점)으로 축소조정할 예정이다 (공정거래위원회, 2018. 12. 18. 발표 '공공입찰 참가제한 및 영업정지 제도 실효성 제고 방안').

구분	내용		점수
경감 사유 (각 항목마다 1회만 경감 가능)	하도급대금 지급 관리 시스템을 활용하거나 발주자 및 수급사업자와 합의하여 발주자가 직접 수급사업자에게 하도급대금을 지급한 경우	직접 지급 비중 50% 이상	1점
		직접 지급 비중 50% 미만	0.5점
	원사업자의 위반 행위로 인한 수급사업자의 피해를 자발적으로 구제한 경우(단, 피해 구제의 규모, 신속성 감안 차등 적용, 경고·재발 방지 명령에 따른 벌점은 경감에서 제외)	피해 전부 구제	해당사건 벌점의 25% 초과 50% 이내
		패해 50% 이상 구제	해당사건 벌점의 25% 이내
가중 사유	원사업자 또는 발주자가 직전 3년 동안 제6조(선급금의 지급), 제13조(하도급대금의 지급) 제1항·제3항·제6항·제7항·제8항, 제14조(하도급대금의 직접 지급) 제1항, 제15조(관세 등 환급액의 지급) 또는 제17조(부당한 대물변제) 제1항을 3회 이상 위반하고, 미지급 하도급대금의 지급에 따른 벌점 면제 규정에 따라 벌점을 2회 이상 면제받은 경우 '(벌점의 면제 횟수-1) × 0.5'의 점수를 벌점에 가중		

가중과 관련하여는 아래와 같은 경우 벌점을 가중한다. 원사업자와 발주자가 직전 3년간 선급금지급(법 제6조), 하도급대금 미지급(제13조 제1항, 제3항) 및 지연이자·할인가능어음 지급 및 어음수수료·어음대체결제수단 수수료 지급(제13조 제6항부터 제8항), 하도급대금 직접지급(제14조 제1항), 관세 등 환급금 지급(제15조) 또는 부당대물변제(제17조 제1항) 규정을 3회 이상 위반하고, 공정거래위원회의 조사개시일 또는 미지급금 지급요청일로부터 30일 이내 지급하여 경고를 받는 방식으로 벌점을 2회 이상 면제받은 경우에는 "(벌점의 면제횟수-1)×0.5"의 점수를 벌점에 가중한다.

2) 벌점부과에 대한 불복 가부

공정거래위원회의 벌점 부과는 입찰참가자격제한처분이나 영업정지처분과 같은 직접적인 제재로 이어지기 때문에 잘못된 벌점 부과에 대하여 불복이 가능한지 문제된다. 법원은 공정거래위원회가 하도급법에 따라 벌점을 부과하는 것은 행정청 내부의 행위에 불과하여 항고소송의 대상이 되는 처분이 될 수 없다고 보고 있다(서울고등법원 2019. 12. 11. 선고 2018누113 판결; 대법원 2020. 5. 14. 선고 2020두31217 판결). 따라서 벌점 부과가 위법하다 하더라도 이에 대한 행정소송 등 불복은 허용되지 않고, 단지 그 벌점에 기초하여 내려지는 입찰참가자격제한처분 등에서 벌점부과의 하자를 주장할 수밖에 없다.

(라) 벌점에 따른 제재

1) 상습 하도급법위반 사업자 명단 공표(법 제25조의4)

'상습 법위반 사업자'란 직전연도부터 과거 3년간 이 법위반을 이유로 공정거래위원회로부터 경고 또는 시정조치를 3회 이상 받은 사업자 중 벌점이 4점을 초과하는 사업자를 의미한다(법 제25조의4, 시행령 제15조). 공정거래위원회 위원장은 '상습 법위반 사업자'의 명단을 공표해야 한다. 다만, 이의신청 등 불복절차가 진행 중인 조치는 제외하나, 불복절차가 종료된 경우에 경고 또는 시정조치가 취소되지 않은 자로서 불복하지 아니하였으면 상습법위반사업자에 해당하는 경우에는 추가로 그 명단을 공개한다(법 제25조의4 제2항).

상습법위반자 선정은 향후 추가로 하도급법위반행위를 할 경우 과징금 부과 여부나 그 정도에 영향을 주는 고려사항이 되어 사업자의 자유와 권리를 제한하므로 그 선정 통지는 항고소송의 대상이 되는 행정처분에 해당한다.[130] 서울고등법원은 동일한 취지에서 상습법위반사업자 명단 공표행위가 조달청 입찰참가자격사전심사기준에 의하여 조달청에서 집행하는 시설공사 입찰참가자격에 직접적인 불이익을 주는 등 국민의 국체적인 권리, 의무에 영향을 주는 것이므로 항고소송의 대상이 된다고 판단하였다(헌법재판소 2012. 6. 27. 2010헌마508 결정; 서울고등법원 2017. 5. 17. 선고 2016누56594 판결; 동 판결은 대법원 2017. 10. 12. 선고 2017두50065 판결로 심리불속행 기각됨).

'상습법위반사업자 명단 공표 심의위원회'(이하 '심의위원회'라 한다)[131]에서 요건 충족 여부를 심의하여 공표 대상 사업자를 선정하고, 해당 사업자에게 명단 공표 대상자임을 통지하여 소명 기회를 부여한다. 그 후 심의위원회는 그 통지일부터 1개월이 지난 후, 명단 공표 여부를 재심의하여 공표 대상자를 선정하다(법 제25조의4 제3항, 제4항).

명단 공표 대상 사업자 선정 및 공표의 자세한 절차는 '상습법위반사업자 명단 공표 절차 등에 관한 가이드라인'[132]에 규정되어 있는데, 그 내용을 정리하면 다음과 같다.

① 상습 법 위반 예비사업자 선정 : 공정위 사무처에서 상습 법 위반 예비사업자 명단을 결정하고, 명단이 정해지면 15일 이내에 심의위원회의 심의를 거쳐 매년 4월 말까지 상습 법 위반 예비사업자 선정

② 사전 통지 : 상습 법 위반 예비사업자로 선정된 사업자에게 서면으로 통지하여 소명 기회를 부여(30일 이내의 기한)하고, 소명자료를 제출받은 경우 누산벌점 확정을 위하여 필요한 경우 현장 확인을 실시

---

130) 오승돈, 앞의 책, 363면
131) 심의위원회는 공정거래위원회에 공무원인 위원과 공무원이 아닌 위원으로 구성하여 설치한다.
132) 공정거래위원회 예규 제349호, 2020. 7. 1. 제정

③ 명단 공표 대상 사업자 확정 및 통지 : 상습 법 위반 예비사업자에 대하여 현장 확인을 실시한 후 30일 이내에 심의위원회에 안건을 상정하여 상습법위반사업자 명단 공표 대상 사업자를 확정, 명단 공표 대상 사업자로 확정된 사업자에게 명단 공표 게재 사실 등을 지체 없이 서면 통지

④ 명단 공표 게시 : 상습법위반사업자 명단 공표 대상 사업자로 확정된 사업자에 대해서는 6월 30일 이전에 공표하도록 하고, 공정위 홈페이지에 명단을 게시

⑤ 관계행정기관 장에게 통보 등 : 명단 공표 대상 사업자에 대해서는 조달청 등 관계행정기관의 장에게 지체 없이 통보하고, 명단 공표일로부터 30일 이내에 명단을 조달청 나라장터 시스템에 등록. 동 시스템에 등록되면 조달청 입찰 참가 자격 사전 심사 및 물품 구매 적격 심사시 신인도 평가 항목에서 각각 7점과 2점을 감점

⑥ 불복절차가 진행 중인 사업자에 대한 상습법위반사업자 해당 여부 검토 : 이의신청 등에 따라 명단 공표 대상자에서 제외된 사업자에 대해서는 매년 2회(4월, 10월)에 걸쳐 이의신청 등에 대한 결과를 확인한 후 정기 공개 이외에 연말에 추가로 명단을 공개

공정위는 일정 시점을 기준으로 상습법위반사업자의 요건을 충족하는 사업자에 대하여, 그 해당 사실과 향후 추가로 법을 위반할 경우 과징금 부과·가중 및 형사고발될 수 있다는 사실을 통보할 수 있다.

2) 입찰참가자격제한, 영업정지처분 등 관계 행정기관장에 대한 협조 요청

공정거래위원회는 하도급법에 위반한 원사업자 또는 수급사업자에 대하여 위반 및 피해의 정도를 고려하여 벌점을 부과하고, 시행령에 규정된 벌점을 초과하는 원사업자 또는 수급사업자에 대하여 입찰참가자격의 제한, 건산법상 6개월 이하의 영업정지, 그 밖에 하도급거래의 공정화를 위하여 필요한 조치를 취할 것을 요청해야 한다. 입찰참가자격 제한 요청을 위한 누산벌점은 5점이고 영업정지 요청을 위한 누산벌점은 10점이다(시행령 제17조 제2항).

조치유형	관계기관	기속 여부	적용 법조
입찰 참가 자격 제한	중앙관서장	기속	국가계약법 제27조 제11항 제5호[133]
	지방자치단체장	기속	지방계약법 제31조 제1항[134]
	공공기관장	재량	공공기관운영법 제39조 제2항[135]
영업 정지	국토교통부장관	재량	건설산업기본법 제82조 제1항 제7호[136]

---

133) 「국가를 당사자로 하는 계약에 관한 법률」(국가계약법)
　　제27조(부정당업자의 입찰 참가 자격 제한 등) ① 각 중앙관서의 장은 다음 각 호의 어느 하나에 해당하

위 표에서 보는 바와 같이, 공정위의 입찰 참가 자격 제한 요청에 대하여 중앙관서의 장과 지방자치단체장은 의무적으로 해당 사업자의 입찰 참가 자격을 제한해야 하고, 다만 제한 기간에 대해서는 재량을 보유한다. 즉, 공정위의 요청을 받은 중앙관서의 장은 즉시 1개월 이상 2년 이하의 범위에서 입찰 참가 자격을 제한해야 하며, 그 제한 사실을 즉시 다른 중앙관서의 장에게 통보해야 한다. 이 경우에 통보를 받은 다른 중앙관서의 장 역시 즉시 1개월 이상 2년 이하의 범위에서 입찰 참가 자격을 제한해야 한다(국가계약법 제27조 제1항 제5호, 시행령 제76조 제2항).

지방자치단체의 장 역시 공정위의 요청을 받으면, 지체없이 계약심의위원회를 거쳐 1개월 이상 2년 이하의 범위에서 입찰 참가 자격을 제한해야 한다(지방계약법 제31조 제1항).

종래에는 관계법령에서 공정거래위원회의 입찰참가자격제한 요청이 있더라도 협조 의뢰에 불과하여 행정청은 구속되지 않았기 때문에 최소소송의 대상이 되는 처분이 아니라는 판결이 있었다(서울고등법원 1998. 2. 18. 선고 97구7457 판결; 대법원 2000. 2. 11. 선고 98두5941 판결). 하지만 2013. 9. 국가계약법 개정과 2019. 6. 지방계약법 개정으로 공정거래위원회의 입찰참가자격제한 요청에 관계기관장이 기속되자, 법원은 그 처분성을 인정하고 있다. 서울고등법원은 공정거래위원회의 제재처분에 대한 집행정지 신청과 아울러 벌점 부과 및 입찰참가자격제한처분 요청에 대한 집행정지 신청을 모두 인용하였다(서울고등법원 2019. 5. 1.자 2019아1183 결정).

는 자(이하 '부정당업자'라 한다)에게는 2년 이내의 범위에서 대통령령으로 정하는 바에 따라 입찰 참가 자격을 제한하여야 하며, 그 제한 사실을 즉시 다른 중앙관서의 장에게 통보해야 한다. 이 경우 통보를 받은 다른 중앙관서의 장은 대통령령으로 정하는 바에 따라 해당 부정당업자의 입찰 참가 자격을 제한하여야 한다.

    5. 「독점규제 및 공정거래에 관한 법률」 또는 「하도급거래 공정화에 관한 법률」을 위반하여 공정거래위원회로부터 입찰 참가 자격 제한의 요청이 있는 자

134) 「지방자치단체를 당사자로 하는 계약에 관한 법률」(지방계약법)
    제31조(부정당업자의 입찰 참가 자격 제한) ① 지방자치단체의 장은 다음 각 호의 어느 하나에 해당하는 자(이하 '부정당업자'라 한다)에 대해서는 대통령령으로 정하는 바에 따라 2년 이내의 범위에서 입찰 참가 자격을 제한하여야 한다.
    5. 「독점규제 및 공정거래에 관한 법률」 또는 「하도급거래 공정화에 관한 법률」을 위반하여 공정거래위원회로부터 입찰 참가 자격 제한의 요청이 있는 자

135) 「공공기관의 운영에 관한 법률」(공공기관운영법)
    제39조(회계원칙 등) ② 공기업·준정부기관은 공정한 경쟁이나 계약의 적정한 이행을 해칠 것이 명백하다고 판단되는 사람·법인 또는 단체 등에 대하여 2년의 범위 내에서 일정 기간 입찰 참가 자격을 제한할 수 있다.

136) 「건설산업기본법」 제82조(영업 정지 등) ① 국토교통부 장관은 건설사업자가 다음 각 호의 어느 하나에 해당하면 6개월 이내의 기간을 정하여 그 건설사업자의 영업 정지를 명하거나 영업 정지를 갈음하여 1억원 이하의 과징금을 부과할 수 있다.
    7. 「산업안전보건법」에 따른 중대 재해를 발생시킨 건설사업자에 대하여 고용노동부 장관이 영업 정지를 요청한 경우와 그 밖에 다른 법령에 따라 국가 또는 지방자치단체의 기관이 영업 정지를 요구한 경우

(마) 위반행위 사전예방을 위한 인센티브 제도(공정거래협약)

공정거래위원회는 대·중소기업 간 공정거래협약평가와 관련하여 아래와 같은 현장직권조사 면제 등 인센티브제도를 운영하고 있다(공정거래협약이행평가 등에 대한 기준 제15조). 인센티브제도는 하도급법 운용방식을 사후규제 위주에서 사전예방 위주로 전환하는 추세에 따른 것이다.

다만, 공정거래위원회는 직권조사 면제 인센티브에 불구하고 ① 서면실태조사에 따른 후속조치로서의 현장확인 조사(조사표 미제출 업체, 법 위반 혐의에 대한 자진시정 촉구에 따르지 않은 업체 등을 대상으로 하는 현장확인조사를 의미), ② 신빙성 있는 첩보, 제보, 익명신고 등을 근거로 직권 인지하여 실시하는 조사(단, 서면실태조사 결과를 근거로 직권 인지한 경우는 제외), ③ 하도급법 제12조의3 기술자료 요구금지·유용행위 위반 여부에 대한 조사의 경우에는 직권조사를 할 수 있다(공정거래협약이행평가 등에 대한 기준 제15조 제5항).

요건	인센티브
협약이행 등급평가	
① 최우수(95점 이상)	직권조사 2년간 면제 하도급거래 모범업체 지정 및 정부부처 간 하도급정책 협력네트워크를 통해 제공하는 인센티브 법인·개인 표창(위원장)
② 우수(90점 이상)	직권조사 1년간 면제 하도급거래 모범업체 지정 및 정부부처 간 하도급정책 협력네트워크를 통해 제공하는 인센티브 법인·개인 표창(위원장 이상)
③ 양호(85점 이상)	법인·개인 표창(위원장)
동반성장지수 평가대상 기업 평가등급 ※협력이행평가 인센티브를 받는 경우 유리한 것을 적용	
① 최우수	직권조사 2년간 면제
② 우수	직권조사 1년간 면제

(3) 과태료

하도급법

제30조의2(과태료) ① 다음 각 호의 어느 하나에 해당하는 자에게는 사업자 또는 사업자단체의 경우 1억 원 이하, 사업자 또는 사업자단체의 임원, 종업원과 그 밖의 이해관계인의 경우 1천만 원 이하의 과태료를 부과한다.
1. 제27조 제2항에 따라 준용되는 「독점규제 및 공정거래에 관한 법률」 제50조 제1항 제1호에 따른 출석처분을 위반하여 정당한 사유 없이 출석하지 아니한 자
2. 제27조 제2항에 따라 준용되는 「독점규제 및 공정거래에 관한 법률」 제50조 제1항 제3호 또는 같은 조 제3항에 따른 보고 또는 필요한 자료나 물건의 제출을 하지 아니하거나 거짓으로 보고 또는 자료나 물건을 제출한 자
② 제27조 제2항에 따라 준용되는 「독점규제 및 공정거래에 관한 법률」 제50조 제2항에 따른 조사를 거부·방해·기피한 자에게는 사업자 또는 사업자단체의 경우 2억 원 이하, 사업자 또는 사업자단체의 임원, 종업원과 그 밖의 이해관계인의 경우 5천만 원 이하의 과태료를 부과한다.
③ 제22조의2 제4항을 위반하여 수급사업자로 하여금 자료를 제출하지 아니하게 하거나 거짓 자료를 제출하도록 요구한 원사업자에게는 5천만 원 이하, 그 원사업자의 임원, 종업원과 그 밖의 이해관계인에게는 500만 원 이하의 과태료를 부과한다.
④ 제22조의2 제2항에 따른 자료를 제출하지 아니하거나 거짓으로 자료를 제출한 원사업자에게는 500만 원 이하의 과태료를 부과한다.
⑤ 제27조 제1항에 따라 준용되는 「독점규제 및 공정거래에 관한 법률」 제43조의2에 따른 질서유지의 명령을 따르지 아니한 자에게는 100만 원 이하의 과태료를 부과한다.
⑥ 제1항부터 제4항까지의 규정에 따른 과태료는 대통령령으로 정하는 기준에 따라 공정거래위원회가 부과·징수한다.

하도급법은 조사의 실효성을 확보하기 위한 수단으로 과태료 제도를 두고 있다.

공정거래위원회는 조사 및 의견청취 요구에도 정당한 사유 없이 불출석한 자와 공정거래위원회가 원가 및 경영상황 보고, 기타 필요한 자료나 물건의 제출을 명하였음에도 불구하고 이행하지 않은 자에 대하여는 1억 원(사업자 또는 사업자단체) 또는 1천만 원 이하(임직원 및 그 밖의 이해관계인), 공정거래위원회 조사를 거부·방해 또는 기피한 자에 대하여는 2억 원(사업자 또는 사업자단체) 또는 5천만 원(임직원 및 그 밖의 이해관계인), 서면실태조사에 따른 자료를 제출하지 않거나 거짓으로 자료를 제출한 원사업자에 대하여는 500만 원 이하, 심판정에서의 질서유지명령을 따르지 않은 자에 대하여는 100만 원 이하의 과태료를 부과·징수한다(법 제30조의2).

하도급법에서도 단순한 허위진술에 대하여는 과태료 대상으로 명시적으로 규정하고 있지 않을 뿐 아니라 형사상 자기에게 불리한 진술을 강요당하지 아니한다는 헌법상의

진술거부권은 행정절차에서도 인정되므로(헌법재판소 1990. 8. 27. 결정 89가118호), 단순히 허위진술을 하였다거나 혐의를 부인했다고 하여 과태료 처분을 할 수는 없다.

또한 허위자료 제출로 과태료를 부과하기 위하여는 공정거래위원회가 원가 및 경영상황에 대한 보고, 기타 필요한 자료나 물건의 제출을 명해야 하므로(공정거래법 제50조 제1항 제3호), 피심인 스스로가 제출한 것이라면 그것이 허위자료라 하더라도 과태료를 부과할 수 없다.[137] 한편, 조사현장에서 우발적으로 이루어지는 물리적 조사방해행위는 개인의 행위라는 성격이 강하므로 사업자에 대하여 과태료를 부과할 수 없는지 문제되지만, 공정거래위원회는 원사업자 측에서 미리 작성되어 직원들에게 배포된 지침에 따라 조사방해행위가 발생하였다면 대표자가 아닌 일반 직원에 의하여 이루어진 조사행위에 대하여도 원사업자의 행위로 귀속시킬 수 있는 것이므로 조사방해에 대한 과태료 부과대상이 된다고 판단했다(공정거래위원회 2005. 12. 2. 의결 2005하기0095 과태료).

공정거래위원회는 과태료 부과대상인 행위가 종료된 날로부터 5년이 경과하면 과태료를 부과할 수 없다(질서위반행위규제법 제19조 제1항).

[과태료 부과대상, 부과 대상자, 부과금액]

과태료 부과 대상행위(법 제30조의2)	부과 대상자	부과금액
• 공정거래위원회의 출석요구에 불응하는 행위(제1항 제1호)	사업자	1억 원 이하
• 공정거래위원회의 보고, 자료·물건 제출요구에 불응하거나 거짓으로 보고, 자료·물건을 제출하는 행위(제1항 제2호)	임원, 종업원 그 밖의 이해관계인	1천만 원 이하
• 공정거래위원회 조사를 거부·방해·기피하는 행위(제2항)	사업자	2억 원 이하
	임원, 종업원 그 밖의 이해관계인	5천만 원 이하
• 수급사업자로 하여금 하도급거래서면실태조사 자료를 제출하지 아니하게 하거나 거짓 자료를 제출하도록 요구하는 행위(제3항)	원사업자	5천만 원 이하
	임원, 종업원 그 밖의 이해관계인	5백만 원 이하
• 하도급거래서면실태조사시 자료제출하지 않거나 거짓으로 자료를 제출하는 행위(제4항)	원사업자	5백만 원 이하
• 공정거래위원회 심판정에서 질서유지명령을 따르지 아니하는 행위(제5항)	질서유지명령 위반자	100만 원 이하

하도급법상의 과태료 부과와 관련하여는 하도급법에 규정이 있으면 이를 먼저 따르고 그렇지 않으면 일반법인 질서위반행위규제법에 의해 규율된다. 과태료 부과의 경우 공정

---

137) 한국공정경쟁연합회, 제조하도급실무편람, 2010. 10, 385면

거래위원회 심의사항이 아닌 심사관 전결사항이다.

행정청인 공정거래위원회가 미리 당사자에게 과태료 부과의 원인이 되는 사실, 과태료 금액 및 당사자가 의견을 제출할 수 있다는 사실과 그 제출기한 등을 사전에 통지하고 10일 이상 기간을 정하여 의견제출 기회를 주어야 한다(질서위반행위규제법 제16조). 공정거래위원회는 그 의견을 검토한 후 과태료 부과 여부를 최종 결정하여, 부과하기로 한 경우 과태료 부과의 원인이 되는 사실, 과태료 금액 및 적용법령, 이의제기기간과 방법 등을 기재한 서면으로 하여야 한다(질서위반행위규제법 제17조).

한편, 공정거래위원회는 위반행위의 동기와 결과, 총거래비율 중 위반금액 비율, 피심인 규모, 고의성 여부와 과거 법위반실적 등을 참작하여 과태료 금액을 정하여 부과한다. 과태료 부과기준은 하도급법 시행령 제18조 별표 4.에 규정하고 있다. 위반행위의 유형 및 최근 3년간 같은 위반행위로 과태료 부과처분을 받은 횟수가 증가할수록 가중된 금액(개별기준에 따른 과태료)를 부과하되, 위반행위자가 중소기업자인 경우, 위반행위가 사소한 부주의나 오류에 인한 것인 경우, 위반행위자가 법위반상태를 시정·해소한 경우, 기타 법위반행위의 정도, 동기와 그 결과 등을 고려하여 감경할 필요가 있는 경우 개별기준에 따른 과태료의 1/2 범위 내에서 감경할 수 있다. 과태료를 부과할 때 위반사실, 이의방법, 이의기간 및 과태료 금액을 서면으로 명시하여 이를 납부할 것을 과태료 처분 대상자에게 통지하여야 한다. 과태료 부과에 대하여 질서위반행위규제법은 60일 이내에 해당 행정청에 서면으로 이의를 제기할 수 있다고 규정하고 있지만(질서위반행위규제법 제20조 제1항), 하도급법에 따른 과태료 부과에 대하여는 처분의 고지를 받은 날로부터 30일 이내에 공정거래위원회에 이의를 제기할 수 있고 이때 과태료부과처분은 효력을 상실한다(질서위반행위규제법 제20조). 만약 과태료 부과 대상자가 그 기간 내에 이의를 제기하지 않고 과태료를 납부하지 아니한 때에는 국세체납처분의 예에 의하여 징수한다(질서위반행위규제법 제27조). 과태료 처분에 대한 이의가 제기된 때에 공정거래위원회는 이에 대한 의견과 증빙자료를 첨부하여 14일 이내에 관할법원에 그 사실을 통보하고(질서위반행위규제법 제21조) 관할법원은 비송사건절차법에 의한 과태료의 재판을 하게 된다(질서위반행위규제법 제27조).

(4) 과징금

하도급법
제25조의3(과징금) ① 공정거래위원회는 다음 각 호의 어느 하나에 해당하는 발주자·원사업

자 또는 수급사업자에 대하여 수급사업자에게 제조 등의 위탁을 한 하도급대금이나 발주자·원사업자로부터 제조 등의 위탁을 받은 하도급대금의 2배를 초과하지 아니하는 범위에서 과징금을 부과할 수 있다.

1. 제3조 제1항부터 제4항까지의 규정을 위반한 원사업자
2. 제3조 제9항을 위반하여 서류를 보존하지 아니한 자 또는 하도급거래에 관한 서류를 거짓으로 작성·발급한 원사업자나 수급사업자
3. 제3조의4, 제4조부터 제12조까지, 제12조의2, 제12조의3, 제13조 및 제13조의2를 위반한 원사업자
4. 제14조 제1항을 위반한 발주자
5. 제14조 제5항을 위반한 원사업자
6. 제15조, 제16조, 제16조의2 제7항 및 제17조부터 제20조까지의 규정을 위반한 원사업자

② 제1항의 과징금에 관하여는「독점규제 및 공정거래에 관한 법률」제102조부터 제106조까지의 규정을 준용한다.

개정 하도급법(2022. 1. 11. 법률 제18757호, 2023. 1. 12. 시행)

제25조의3(과징금) ① 공정거래위원회는 다음 각 호의 어느 하나에 해당하는 발주자·원사업자 또는 수급사업자에 대하여 수급사업자에게 제조등의 위탁을 한 하도급대금이나 발주자·원사업자로부터 제조등의 위탁을 받은 하도급대금의 2배를 초과하지 아니하는 범위에서 과징금을 부과할 수 있다.

1. 제3조 제1항부터 제4항까지의 규정을 위반한 원사업자
2. 제3조 제9항을 위반하여 서류를 보존하지 아니한 자 또는 하도급거래에 관한 서류를 거짓으로 작성·발급한 원사업자나 수급사업자
3. 제3조의4, 제4조부터 제12조까지, 제12조의2, 제12조의3, 제13조 및 제13조의2를 위반한 원사업자
4. 제14조 제1항 및 제3항을 위반한 발주자
5. 제14조 제5항을 위반한 원사업자
6. 제15조, 제16조, **제16조의2 제10항** 및 제17조부터 제20조까지의 규정을 위반한 원사업자

② 공정거래위원회는 대통령령으로 정하는 금액을 초과하는 과징금을 부과받은 자가 다음 각 호의 어느 하나에 해당하는 사유로 과징금의 전액을 일시에 납부하기 어렵다고 인정되면 그 납부기한을 연기하거나 분할하여 납부하게 할 수 있다. 이 경우 필요하다고 인정되면 담보를 제공하게 할 수 있다.

1. 재해 또는 도난 등으로 재산에 현저한 손실을 입은 경우
2. 사업여건의 악화로 사업이 중대한 위기에 처한 경우
3. 과징금의 일시납부에 따라 자금사정에 현저한 어려움이 예상되는 경우
4. 그 밖에 제1호부터 제3호까지의 규정에 준하는 사유가 있는 경우

③ 공정거래위원회는 제2항에 따라 과징금 납부기한을 연기하거나 분할납부하게 하려는 경우에는 다음 각 호의 사항에 관하여 대통령령으로 정하는 사항을 고려하여야 한다.

> **1. 당기순손실**
> **2. 부채비율**
> **3. 그 밖에 재무상태를 확인하기 위하여 필요한 사항**
> ④ 제1항의 과징금에 관하여는 「독점규제 및 공정거래에 관한 법률」 **제102조, 제103조 (제1항은 제외한다) 및 제104조부터 제107조까지의 규정**을 준용한다.

공정거래법

제55조의3(과징금 부과) ① 공정거래위원회는 제6조, 제17조, 제22조, 제24조의2, 제28조 또는 제31조의2에 따라 과징금을 부과하는 경우 다음 각 호의 사항을 고려하여야 한다.

1. 위반행위의 내용 및 정도

2. 위반행위의 기간 및 회수

3. 위반행위로 인해 취득한 이익의 규모 등

② 공정거래위원회는 이 법의 규정을 위반한 회사인 사업자의 합병이 있는 경우에는 당해회사가 행한 위반행위는 합병 후 존속하거나 합병에 의해 설립된 회사가 행한 행위로 보아 과징금을 부과·징수할 수 있다.

③ 공정거래위원회는 이 법을 위반한 회사인 사업자가 분할되거나 분할합병되는 경우 분할되는 사업자의 분할일 또는 분할합병일 이전의 위반행위를 다음 각 호의 어느 하나에 해당하는 회사의 행위로 보고 과징금을 부과·징수할 수 있다.

1. 분할되는 회사

2. 분할 또는 분할합병으로 설립되는 새로운 회사

3. 분할되는 회사의 일부가 다른 회사에 합병된 후 그 다른 회사가 존속하는 경우 그 다른 회사

④ 공정거래위원회는 이 법을 위반한 회사인 사업자가 「채무자 회생 및 파산에 관한 법률」 제215조에 따라 신회사를 설립하는 경우에는 기존 회사 또는 신회사 중 어느 하나의 행위로 보고 과징금을 부과·징수할 수 있다.

⑤ 제1항의 규정에 의한 과징금의 부과기준은 대통령령으로 정한다.

제55조의4(과징금 납부기한의 연장 및 분할납부) ① 공정거래위원회는 과징금의 금액이 대통령령이 정하는 기준을 초과하는 경우로서 다음 각 호의 1에 해당하는 사유로 인하여 과징금을 부과받은 자(이하 "과징금납부의무자"라 한다)가 과징금의 전액을 일시에 납부하기가 어렵다고 인정되는 때에는 그 납부기한을 연장하거나 분할납부하게 할 수 있다. 이 경우 필요하다고 인정하는 때에는 담보를 제공하게 할 수 있다.

1. 재해 또는 도난 등으로 재산에 현저한 손실을 받는 경우

2. 사업여건의 악화로 사업이 중대한 위기에 처한 경우

3. 과징금의 일시납부에 따라 자금사정에 현저한 어려움이 예상되는 경우

4. 기타 제1호 내지 제3호에 준하는 사유가 있는 경우

② 과징금납부의무자가 제1항의 규정에 의한 과징금 납부기한의 연장 또는 분할납부를 신청하고자 하는 경우에는 과징금 납부를 통지받은 날부터 30일 이내에 공정거래위원회에 신

청하여야 한다.

③ 공정거래위원회는 제1항의 규정에 의하여 납부기한이 연장되거나 분할납부가 허용된 과징금납부의무자가 다음 각 호의 1에 해당하게 된 때에는 그 납부기한의 연장 또는 분할납부 결정을 취소하고 일시에 징수할 수 있다.

1. 분할납부 결정된 과징금을 그 납부기한 내에 납부하지 아니한 때
2. 담보의 변경 기타 담보보전에 필요한 공정거래위원회의 명령을 이행하지 아니한 때
3. 강제집행, 경매의 개시, 파산선고, 법인의 해산, 국세 또는 지방세의 체납처분을 받은 때 등 과징금의 전부 또는 잔여분을 징수할 수 없다고 인정되는 때
4. 제1항에 따른 사유가 해소되어 과징금을 일시에 납부할 수 있다고 인정되는 때

④ 제1항 내지 제3항의 규정에 의한 과징금 납부기한의 연장 또는 분할납부 등에 관하여 필요한 사항은 대통령령으로 정한다.

제55조의5(과징금의 연대납부의무) ① 과징금을 부과받은 회사인 사업자가 분할 또는 분할합병되는 경우(부과일에 분할 또는 분할합병되는 경우를 포함한다) 그 과징금은 다음 각 호의 회사가 연대하여 납부할 책임을 진다.

1. 분할되는 회사
2. 분할 또는 분할합병으로 인하여 설립되는 회사
3. 분할되는 회사의 일부가 다른 회사와 합병하여 그 다른 회사가 존속하는 경우의 그 다른 회사

② 과징금을 부과받은 회사인 사업자가 분할 또는 분할합병으로 인하여 해산되는 경우(부과일에 해산되는 경우를 포함한다) 그 과징금은 다음 각 호의 회사가 연대하여 납부할 책임을 진다.

1. 분할 또는 분할합병으로 인하여 설립되는 회사
2. 분할되는 회사의 일부가 다른 회사와 합병하여 그 다른 회사가 존속하는 경우의 그 다른 회사

(가) 과징금부과처분의 성격과 산정시 참작사항

공정거래위원회의 과징금 부과처분은 재량행위이다. 공정거래위원회는 과징금을 위반행위의 내용과 정도, 횟수 등과 이에 영향을 미치는 사항을 고려하여 산정한다. 구체적으로 기본산정기준에, 위반행위의 횟수 및 피해 수급사업자의 수에 따른 1차 조정을 하고 다음으로 법위반사업자의 고의·과실에 따른 2차 조정을 거쳐 현실적 부담능력 및 시장에 미치는 영향, 기타 시장 또는 경제여건 등을 감안하여 최종 부과과징금을 산정한다(하도급과징금고시).

과징금 부과 대상
원사업자, 발주자, 수급사업자

과징금 산정 및 부과 방식

1. 제1단계 : 과징금 부과 여부 결정(다음 사항 종합 고려)
  - 거래 질서에 미치는 파급효과, 피해사업자의 수, 피해금액, 위반 행위의 수, 법 위반 전력
2. 제2단계 : 기본 산정 기준의 결정
  - 하도급대금의 2배 × 위반금액 비율 × 과징금 부과기준율
3. 제3단계 : 1차 조정
  - 위반 횟수 및 피해 사업자 수가 많은 경우 가중
4. 제4단계 : 2차 조정
  - 보복 조치의 경우 가중, 자진시정·조사 협력시 감경
5. 제5단계 : 부과 과징금 결정(다음 사항 종합 고려 감경)
  - 위반 사업자의 현실적 부담 능력, 시장·경제 여건, 위반 행위가 시장에 미치는 효과, 위반행위로 얻은 이익 규모

판례에 의하면, 피심인이 자진시정함에 따라 위반행위로 취득한 이익이 남아 있지 않음에도 이를 고려하지 않은 과징금 부과처분은 재량권 일탈·남용이다(대법원 2010. 1. 14. 선고 2009두11843 판결). 경제적 이득의 박탈요소는 없고 의무위반에 대한 제재 및 장래 법위반에 대한 예방적 요소만 있다면 이를 과징금산정시 참작해야 한다.

아울러 원사업자와 수급사업자의 규모 차이(예를 들어 원사업자도 중소기업인 경우 또는 수급사업자와의 경제력 차이가 크지 않은 경우), 수급사업자의 원사업자에 대한 거래의존도의 정도 및 법위반의 동기와 원인(원사업자의 재무상황 악화로 하도급법위반이 이루어진 것으로 볼 수 있는지 여부) 등도 과징금 산정시 참작해야 한다(서울고등법원 2014. 5. 15. 선고 2013누3872 판결).

(나) 하도급과징금고시 및 개정법령의 적용시기

과징금은 하도급법 시행령 별표 2 및 하도급과징금고시에 따라 산정된다. 하도급과징금고시는 시행령 별표 2의 위임에 따라 제정된 것이기는 하지만 과징금산정과 관련한 행정청 내부의 재량행사 지침에 불과하여 법규라 볼 수 없다(대법원 2008. 10. 23. 선고 2008두10621 판결). 하지만 공정거래위원회가 정당한 이유 없이 이를 위반하여 과징금을 부과하게 되면 행정의 평등원칙, 신뢰보호원칙, 자기구속의 원리 등에 위반하여 위법하게 된다.

한편, 과징금 산정에 관한 법령인 시행령 부칙(대통령령 제26933호, 2016. 1. 22.) 제4조[138] 및 하도급과징금고시의 부칙(제213-1호, 2013. 5. 22.)은 개정 전 위반행위에 대하여는 종전의 규정에 의한다고 규정하고 있다. 하도급대금 미지급 등의 위반행위들은 행위 시점에

---

138) 제4조(과징금의 부과기준에 관한 경과조치)
  부칙 제1조 단서에 따른 시행일 전의 위반행위에 대하여 과징금의 부과기준을 적용하는 경우에는 제13조 제2항 및 별표 2의 개정규정에도 불구하고 종전의 규정에 따른다.

즉시 성립하지만 대금이 지급되기 전까지 성립한 법위반상태가 계속되는바, 그 행위시가 언제인지와 어떤 시점의 법령 및 하도급과징금고시가 적용되어야 하는지 문제된다. 대법원은 하도급과징금부칙 해석과 관련하여 이미 성립한 법위반행위가 단지 지속되고 있는 것에 불과하므로, 미지급시점이 행위시점이 되고 따라서 그 당시의 고시가 적용되어야 한다고 판시하였다(대법원 2013. 2. 15. 선고 2010두5288 판결).

한편, 하도급법 시행령 중 과징금과 관련된 조항인 별표 2는 2016. 1. 25. 대통령령 제26933호로 대폭 개정되어 2016. 7. 25.부터 시행되었다. 하도급과징금고시도 2016. 7. 25. 공정거래위원회 고시 제2016－10호로 대폭 개정되었다. 다만, 개정 시행령은 2016. 7. 25. 이전의 위반행위에 대하여는 종전의 법령이 적용되도록 되어 있다(부칙 제4조). 조사시효가 3년(기술탈취의 경우 7년)인 점에 비추어 보면 당분간 개정 전 법령이 적용되는 사례가 많을 것인바, 이에 대하여는 2부 쟁점에서 정리하고 있다.

(다) 과징금부과대상 행위

하도급법 제25조의3은 원사업자, 발주자, 수급사업자에 대하여 각각 다음과 같은 법조 위반의 경우 과징금을 부과할 수 있다고 규정하고 있다.

① 원사업자 : 제3조(서면 발급 및 서류 보존) 제1항～제4항, 제9항, 제3조의4(부당 특약), 제4조(부당 하도급대금 결정), 제5조(물품 구매 강제), 제6조(선급금), 제7조(내국신용장), 제8조(부당 위탁 취소), 제9조(납품 검사), 제10조(부당 반품), 제11조(부당 감액), 제12조(부당 결제 청구), 제12조의2(경제적 이익의 부당 요구), 제12조의3(기술자료 요구), 제13조(하도급대금 지급), 제13조의2(건설하도급 계약 이행 및 대금 지급 보증), 제14조 제5항(하도급대금 직접 지급), 제15조(관세 등 환급액 지급), 제16조(설계 변경 등에 따른 대금 조정), 제16조의2 제7항(공급원가 등 변동에 따른 대금 조정), 제17조(대물변제), 제18조(경영 간섭), 제19조(보복 조치), 제20조(탈법 행위)

② 발주자 : 제14조(하도급대금 직접 지급) 제1항, 제3항

③ 수급사업자 : 제3조 제9항(서류 보존)

과징금은 위반행위의 내용 및 정도를 우선 고려하고, 시장 상황 등을 종합적으로 고려하여 부과 여부를 결정하되, ① 공정한 하도급거래질서 확립에 미치는 파급효과가 상당하다고 인정되는 경우, ② 피해 수급사업자의 수나 그 피해금액이 많은 경우, ③ 위반행위의 수가 많거나 과거 법 위반전력이 많아 향후 법 위반행위의 재발방지를 위해 필요하다고 인정되는 경우에는 원칙적으로 과징금을 부과한다(시행령 제13조 제1항 관련 별표 2. 1. 가.,

하도급과징금고시 III. 1.) 다만, 법 위반행위를 한 원사업자가 발주자가 미지급 선급금, 하도급대금, 지연이자, 어음할인료 및 수수료 등을 공정거래위원회의 조사개시일 또는 공정거래위원회로부터 미지급금의 지급에 관한 요청을 받은 날로부터 30일 이내에 수급사업자에게 지급한 경우에는 과징금을 부과하지 않을 수 있다(시행령 제13조 제1항 관련 별표 2. 1. 나.). 또, 법 위반행위의 중대성 정도가 심각하지 않은 경우로서 공정거래협약평가 우수등급 이상에 해당되는 자가 자율준수노력, 외부 법률자문 등 법 위반행위를 하지 아니하기 위하여 상당한 주의를 기울였으나 예상하기 어려운 사정으로 인해 위반행위가 발생된 것으로 인정되는 경우, 공정거래위원회의 조사 개시 이전에 사업자가 자율적으로 점검하여 확인한 법 위반행위를 스스로 시정한 경우에도 과징금을 부과하지 아니할 수 있다(하도급과징금고시 III. 2.).

(라) 구체적인 과징금 산정방식

기본산정기준의 경우 하도급대금의 2배에 위반금액비율(=위반금액/하도급대금)을 곱한 금액에 행위의 중대성에 따라 20~80%의 부과율을 곱해 산정된다. 50% 미만의 부과기준율이 산정된 경우 그로 인한 기본산정기준이 불법적 이익(위반금액)보다 적다면 위반금액을 기본산정기준으로 한다. '하도급대금'은 '위반행위와 관련한 하도급거래의 계약금액 전액'을 의미하는 것으로, 하도급계약 체결 이후 일부 거래만 부당하게 위탁취소되었다 하더라도 '하도급대금'이 부당 위탁취소 금액 부분에 한정된다고 볼 수 없다(대법원 2018. 10. 4. 선고 2016두59126 판결).

기본 산정기준 금액(D) = 하도급대금의 2배(A) × 위반금액 비율(B) × 과징금 부과율(C)

법 위반 행위	법 위반 금액
제4조(부당한 하도급대금의 결정 금지)	부당하게 낮은 수준으로 결정된 하도급대금과 일반적으로 지급되는 대가와의 차액
제5조(물품 등의 구매 강제 금지)	원사업자가 수급사업자에게 물품·장비 또는 역무를 매입 또는 사용하도록 강요함에 따라 수급사업자가 실제로 물품·장비 및 역무를 매입하거나 사용한 금액

법 위반 행위	법 위반 금액
제8조(부당한 위탁 취소의 금지 등) 제1항	위탁이 부당하게 취소하거나 변경되어 수급사업자에게 발생한 손해액
	목적물 등의 수령 또는 인수가 부당하게 거부·지연되어 수급사업자에게 발생한 손해액
제10조(부당 반품의 금지) 제1항	목적물 등이 부당하게 반품되어 수급사업자에게 발생한 손해액
제11조(감액 금지) 제1항	부당하게 감액한 하도급대금
제11조(감액 금지) 제4항	지급하지 아니한 지연이자의 금액
제12조(물품 구매대금 등의 부당 결제 청구의 금지)	부당하게 결제 청구한 물품 구매대금 또는 사용 대가
제12조의2(경제적 이익의 부당 요구 금지)	부당하게 요구한 경제적 이익의 가액
제16조(설계 변경 등에 따른 하도급대금의 조정)	설계 변경 등에 따라 증액되었으나 미지급한 하도급대금 및 이와 관련된 지연이자, 어음할인료 또는 어음대체결제수수료의 금액
제20조(탈법 행위의 금지)	환수한 하도급대금, 어음할인료, 지연이자의 금액 및 기타 이에 준하는 금액

중대성의 정도	기준표에 따른 산정점수	부과기준율	부과기준금액(정액과징금)
매우 중대한 위반행위	2.2 이상	60% 이상 80% 미만	6억 원 이상 10억 원 미만
중대한 위반행위	1.4 이상 2.2 미만	40% 이상 60% 미만	2억 원 이상 6억 원 미만
중대성이 약한 위반행위	1.4 미만	20% 이상 40% 미만	4천만 원 이상 2억 원 미만

1차 조정으로 위반행위 횟수와 벌점 누산점수에 따라 10% 내지 20% 이내에서, 피해수급사업자 수에 따라 10% 내지 20%가 가중된다.

과거 3년간 4회 이상 법 위반으로 조치받고 벌점 누계가 2점 이상인 경우	20/100 이내
과거 3년간 3회 법 위반으로 조치받고 벌점 누계가 2점 이상인 경우	10/100 이내

[피해수급사업자 수에 따른 가중 조정]

피해수급자 수가 50개 이상~70개 미만인 경우	10/100 이내
피해수급자 수가 70개 이상인 경우	20/100 이내

2차 조정으로 보복금지(20% 이내), 자진시정(수급사업자의 피해를 모두 구제한 경우 20% 이내, 피해액의 50% 이상을 구제한 경우 10% 이내), 조사협조(조사단계부터 위원회 심리단계까지 일관되게 적극 협력시 20% 이내, 조사 단계 이후라도 위원회 심리종결 전까지 조사협조한 경우 10% 이내) 등의 사유가 있으면 감경한다.

하도급법 제19조(보복 조치의 금지) 위반의 경우		20/100 이내 가중
위반 행위 자진 시정	수급사업자의 피해를 모두 구제한 경우	20/100 이내 감경
	수급사업자의 피해액의 50% 이상 구제	10/100 이내 감경
조사 협력	심사관 조사 단계부터 위원회 심리 종결시까지 일관되게 행위 사실 인정, 자료 제출, 진술 등 적극 협력한 경우	20/100 이내 감경
	심사관의 조사 단계 이후라도 위원회의 심리 종결 전에 행위 사실 인정, 추가적 자료 제출, 진술 등 협조한 경우	10/100 이내 감경

마지막 부과과징금 단계에서 현실적 부담능력 및 시장에 미치는 영향, 취득한 이익과의 균형 등을 고려하여 50% 이내에서 감경할 수 있다. ① 자본잠식의 경우 또는 ② 부채비율이 300%를 초과하면서 같은 업종 평균 1.5배를 초과하고 전년도 당기순이익 적자인 경우에 각 30% 이내에서 감경할 수 있되, 다만 두 가지 요건을 모두 충족하는 경우에만 50% 이내에서 감경하도록 하였다.

1) 현실적 부담 능력에 따른 조정

의결일 직전 사업연도 사업보고서상 자본잠식 상태에 있는 경우	2차 조정된 산정 기준의 30/100 이내
의결일 직전 사업연도 사업보고서상 ① 부채 비율이 300%를 초과하거나 부채 비율이 200%를 초과하면서 같은 업종 평균의 1.5배를 초과 ② 당기순이익이 적자 ③ 2차 조정된 산정 기준이 잉여금 대비 상당한 규모인 경우	2차 조정된 산정 기준의 30/100 이내
위 두 요건을 모두 충족하는 경우	2차 조정된 산정 기준의 50/100 이내

시장·경제여건악화 등 기타 여건 감경의 경우 10% 이내로 감경할 수 있다. 이러한 부과과징금 단계 감경은 합하여 50%를 초과하지 못한다.

2) 기타 불가피한 경우의 조정 : 2차 조정금액의 총 10/100 이내 감경

시장 또는 경제 여건에 따른 조정	경기 변동(경기종합지수 등), 수요·공급의 변동(해당 업종 산업동향지표 등), 환율 변동 등 금융 위기, 석유·철강 등 원자재 가격 동향, 천재지변 등 심각한 기후적 요인, 전쟁 등 심각한 정치적 요인 등을 종합적으로 고려할 때 시장 또는 경제 여건이 상당히 악화되었는지 여부를 고려하여 불가피한 경우에 한하여 적용
위반 행위가 사장에 미치는 효과, 위반 행위로 취득한 이익의 규모 등에 따른 조정	개별 위반 사업자의 시장점유율, 가격 인상 요인 및 인상 정도, 위반 행위의 전후 사정, 해당 산업의 구조적 특징, 실제로 취득한 부당 이득의 정도 등을 고려하여 적용하되, 처분의 개별적·구체적 타당성을 기하기 위한 경우에 한정(위 항목과 합하여도 10/100 초과 불가)

다만, 자본잠식률 50% 이상인 경우 등 부담능력이 현저히 부족한 때에는 50%를 초과하여 감경할 수도 있고 「채무자 회생 및 파산에 관한 법률」에 따른 회생절차 등으로 납부능력이 객관적으로 없다고 인정되는 경우에는 면제할 수 있다.[139] 자본잠식률 50% 이상인 경우 등 부담능력이 현저히 부족한 때에는 50%를 초과하여 감경할 수도 있고 회생절차 등으로 납부능력이 객관적으로 없다고 인정되는 경우에는 면제할 수 있다.

한편, 2차 조정산정 사유인 '현실적 부담능력'이나 '시장 또는 경제여건'과 관련한 사항에 대하여는 위반사업자가 객관적인 자료를 제출하는 방식으로 입증해야 하며, '현실적 부담능력' 입증과 관련하여는 개별 또는 별도 재무제표가 포함된 사업보고서를 제출해야 하며, 예상 과징금액이 충당부채, 영업외비용 등에 미리 반영되어 있을 경우 이를 제외하여 작성된 재무제표를 추가로 제출해야 한다. 공정거래위원회는 위반사업자의 경영 및 자산상태에 대한 객관적인 평가를 위하여 외부전문가로부터 의견을 청취할 수 있다.

(마) 과징금 징수 및 2022년 개정법의 과징금 분할납부요건 완화

한편 공정거래위원회는 과징금 납부의무자가 납부기한 내에 납부하지 않으면 기간을

---

139) 최근 2018. 10. 16. 대통령령 제29238호로 개정된 하도급법 시행령은 정액 과징금의 상한 기준금액을 5억 원에서 10억 원으로 인상하였다. 동 개정 시행령은 2018. 10. 18.부터 시행되었다. 아울러 2018. 10. 18. 공정거래위원회 고시 제2018-18호로 개정된 과징금부과기준에서 정액과징금 부과시 중대성별 기본산정기준 과징금 금액을 인상하였는데, 매우 중대한 위반행위의 경우 기존 3억 원~5억 원에서 6억 원~10억 원, 중대한 위반행위의 경우 기존 1억 원~3억 원에서 2억 원~6억 원, 중대성이 약한 위반행위의 경우 기존 2,000만 원~1억 원에서 4,000만 원~2억 원으로 인상하였다. 또 과징금감경기준을 구체화하였다. 기존에는 자본잠식 예견의 경우 50% 이내에서 감경할 수 있도록 한 것을 구체적으로 나누어서 ① 자본잠식의 경우 또는 ② 부채비율이 300%를 초과하면서 같은 업종 평균 1.5배를 초과하고 전년도 당기순이익 적자인 경우에 각 30% 이내에서 감경할 수있되, 다만 두 가지 요건을 모두 충족하는 경우에만 50% 이내에서 감경하도록 하였고, 시장·경제여건악화 등 기타 여건 감경의 경우 기존 50% 이내에서 10% 이내로 개정하였다. 동 고시는 2010. 10. 18.부터 시행되었다.

정하여 독촉하고 그 지정된 기간 안에 과징금 및 가산금을 납부하지 않으면 국세체납처분의 예에 따라 징수할 수 있다. 공정거래위원회는 과징금 및 가산금의 징수 및 체납처분에 관한 업무를 국세청장에게 위탁할 수 있다(공정거래법 제55조의3부터 제55조의7). 현행 하도급법은 과징금분할납부에 관하여 공정거래법 규정을 준용하고 있다. 그래서 공정위는 과징금 금액이 매출액의 1% 또는 10억 원을 초과하는 경우로서 ① 재해 또는 도난 등으로 재산에 현저한 손실을 입은 경우, ② 사업여건 악화로 사업이 중대한 위기에 처한 경우, ③ 과징금 일시납부에 따라 자금사정에 현저한 어려움이 예상되는 경우, ④ 기타 그에 준하는 사유로 과징금 전액을 일시에 납부하기 어렵다고 인정되는 경우에는 납부기한을 연장하거나 분할납부하게 할 수 있고, 필요한 경우 담보를 제공하도록 할 수 있다(공정거래법 제103조 제1항). 과징금납부의무자는 과징금 납부통지일로부터 30일 이내 공정위에 신청해야 하며(공정거래법 제103조 제2항), 이 경우 연장은 2년을 초과할 수 없으며(공정거래법시행령 제62조 제2항), 각 분할된 납부기한 간 간격은 6월을 초과할 수 없고 분할횟수는 6회를 초과할 수 없다(공정거래법시행령 제62조 제3항). 한편, 공정위는 ① 분할납부 결정된 과징금을 납부기한까지 납부하지 아니한 경우, ② 담보의 변경 또는 그 밖에 담보보전에 필요한 공정거래위원회의 명령을 이행하지 아니한 경우, ③ 강제집행, 경매의 개시, 파산선고, 법인의 해산, 국세 또는 지방세의 체납처분 등으로 과징금의 전부 또는 잔여분을 징수할 수 없다고 인정되는 경우, ④ 제1항에 따른 사유가 해소되어 과징금을 일시에 납부할 수 있다고 인정되는 경우에는 납부기간 연장 또는 분할납부결정을 취소하고 과징금을 일시에 징수할 수 있다(공정거래법 제103조 제3항).

그런데 하도급법 위반으로 인한 과징금은 공정거래법 위반에 따른 과징금 규모에 비하여 훨씬 작은 경우가 많고 하도급법 위반으로 과징금을 부과받는 원사업자 중에는 중소기업이나 재무적 여건이 좋지 않은 사업자도 적지 않으므로 과징금 금액이 10억 원을 초과하는 경우에 분할납부 대상이 되도록 한 공정거래법 규정을 그대로 적용하는 것이 비현실적이라는 비판이 있었다. 이에 2022년 개정법은 과징금분할납부에 관련하여 공정거래법 준용규정을 삭제하면서 대통령령이 정하는 금액을 초과하는 과징금을 부과하는 경우에 분할납부할 수 있도록 하면서 당기순손실, 부채비율, 그 밖의 재무상태를 확인하기 위하여 필요한 사항에 관하여 대통령령으로 요건을 별도로 정하도록 개정하였다(2022년 개정하도급법 제25조의3 제2항, 제3항). 분할납부 요건에 대한 구체적인 사항은 대통령령에 위임되었으므로 하도급법시행령 개정을 통하여 구체화될 것이지만, 중소기업에 한하여 과징금분할납부기준을 10억 원 초과가 아니라 5억 원 초과로 규정할 계획인 것으로 알려져 있다.

(5) 형벌과 전속고발제도

(가) 하도급법 제30조 위반의 죄

하도급법

제30조(벌칙) ① 다음 각 호의 어느 하나에 해당하는 원사업자는 수급사업자에게 제조 등의 위탁을 한 하도급대금의 2배에 상당하는 금액 이하의 벌금에 처한다.

1. 제3조 제1항부터 제4항까지 및 제9항, 제3조의4, 제4조부터 제12조까지, 제12조의2, 제12조의3 및 제13조를 위반한 자

2. 제13조의2 제1항부터 제3항까지의 규정을 위반하여 공사대금 지급을 보증하지 아니한 자

3. 제15조, 제16조 제1항·제3항·제4항 및 제17조를 위반한 자

4. 제16조의2 제7항을 위반하여 정당한 사유 없이 협의를 거부한 자

② 다음 각 호 중 제1호에 해당하는 자는 3억 원 이하, 제2호 및 제3호에 해당하는 자는 1억 5천만 원 이하의 벌금에 처한다.

1. 제19조를 위반하여 불이익을 주는 행위를 한 자

2. 제18조 및 제20조를 위반한 자

3. 제25조에 따른 명령에 따르지 아니한 자

③ 제27조 제2항에 따라 준용되는 「독점규제 및 공정거래에 관한 법률」 제50조 제1항 제2호에 따른 감정을 거짓으로 한 자는 3천만 원 이하의 벌금에 처한다.

제31조(양벌규정) 법인의 대표자나 법인 또는 개인의 대리인, 사용인, 그 밖의 종업원이 그 법인 또는 개인의 업무에 관하여 제30조의 위반행위를 하면 그 행위자를 벌하는 외에 그 법인 또는 개인에게도 해당 조문의 벌금형을 과(科)한다. 다만, 법인 또는 개인이 그 위반행위를 방지하기 위하여 해당 업무에 관하여 상당한 주의와 감독을 게을리하지 아니한 경우에는 그러하지 아니하다.

제32조(고발) ① 제30조의 죄는 공정거래위원회의 고발이 있어야 공소를 제기할 수 있다.

② 공정거래위원회는 제30조의 죄 중 위반정도가 객관적으로 명백하고 중대하여 하도급거래 질서를 현저히 저해한다고 인정하는 경우에는 검찰총장에게 고발하여야 한다.

③ 검찰총장은 제2항에 따른 고발요건에 해당하는 사실이 있음을 공정거래위원회에 통보하여 고발을 요청할 수 있다.

④ 공정거래위원회가 제2항에 따른 고발요건에 해당하지 아니한다고 결정하더라도 감사원장, 중소벤처기업부장관은 사회적 파급효과, 수급사업자에게 미친 피해 정도 등 다른 사정을 이유로 공정거래위원회에 고발을 요청할 수 있다.

⑤ 제3항 또는 제4항에 따른 고발요청이 있는 때에는 공정거래위원회 위원장은 검찰총장에게 고발하여야 한다.

⑥ 공정거래위원회는 공소가 제기된 후에는 고발을 취소할 수 없다.

---

① 형벌조항

원사업자가 하도급법상 의무사항을 이행하지 않거나 금지의무를 위반한 경우 하도급

대금의 2배 이하의 벌금에 처할 수 있다(법 제30조 제1항).[140] 징역형이나 금고형 없이 벌금형만 규정되어 있는 것이 특징이다. 또, 소위 총액벌금형과 배수벌금형 중 배수벌금형 제도를 취하고 있는 것이다. 재산범죄의 처벌이유인 위법행위에 대한 제재의 성격과 부당이득 환수의 성격 중 후자가 강조된 것으로 보인다. 그런데 이런 배수벌금형 아래에서 사소한 위반이 있었던 하도급계약의 금액이 큰 경우에는 과도한 벌금형이 부과될 위험성이 있다. 특히 대규모 기업에 대한 다수의 수급사업자, 다수의 하도급거래에 대해 직권조사에서 적발된 위반사항을 고발하여 기소되는 경우라면 하도급대금의 2배는 수십 억 원이나 수백 억 원, 심지어는 수천억 원에 이를 수도 있다. 이 때문에 지나치게 벌금형의 범위나 상한이 넓어 법위반사업자 입장에서는 예측가능성이 현저히 떨어지고 재판부에 따라서 선고되는 형량의 편차가 커져 형평에 반하는 상황이 생길 수 있으므로, 차제에 적절한 양형규정이나 지침이 필요하다.

한편, 직접지급의무를 위반한 발주자에 대하여는 형사처벌조항이 없다. 실무상 직접지급의무가 있는지, 이 경우 지급해야 할 금액이 얼마인지에 대한 다툼이 많고 발주자는 원사업자의 책임을 떠안은 것에 불과하여 시정조치명령이나 과징금처분은 몰라도 형사처벌은 가혹하다는 판단이라 짐작된다.

한편, 보복조치 금지의무 위반에 위반한 경우 3억 원 이하의 벌금(법 제30조 제2항 제1호), 부당한 경영간섭이나 탈법행위 또는 시정명령이나 공표명령을 따르지 아니한 자는 1억 5천만 원 이하의 벌금에 처해질 수 있다(법 제30조 제2항 제2호, 제3호). 시정명령이나 공표명령에 따르지 아니한 자에는 회사의 명의상 대표이사가 아니더라도 실제 운영자라면 포함될 수 있다(광주지방법원 2011. 4. 21. 선고 2011고단197 판결).[141] 하도급법위반 조사에서 허위감정을 한 자는 3천만 원 이하의 벌금에 처할 수 있다(법 제30조 제3항, 공정거래법 제50조 제1항 제2호).

한편, 시정명령 불이행죄와 관련하여 그 내용이 향후 재발 방지 명령인 경우에 동일한

---

140) 원사업자의 의무조항이나 금지조항 위반이 대부분 시정명령 및 과징금부과뿐만 아니라 형사처벌의 대상이지만 발주자의 직접지급의무 위반은 형벌의 대상이 아니다(제14조 제1항, 다만 시정명령 및 과징금부과 대상으로 규정되어 있다). 구체적으로 서면 발급 의무 및 서류보전 의무 위반(제3조), 부당특약금지 위반(제3조의4), 부당한 하도급대금 결정금지의무 위반(법 제4조), 물품 등 구매강제금지 위반(제5조), 선급금 지급의무 위반(제6조), 내국신용장 개설의무(법 제7조), 부당한 발주취소 및 수령거부 금지의무 위반(제8조), 기성 및 준공검사 규정 위반(제9조), 부당반품금지의무 위반(제10조), 부당감액금지의무 위반(제11조), 물품구매대금 등 조기결제청구 금지의무 위반(제12조), 경제적 이익의 부당요구 금지(제12조의2), 기술자료 제공요구 및 유용금지(제12조의3), 하도급대금지급 등 의무 위반(제13조), 건설하도급 대금지급보증의무 위반(제13조의2), 관세 등 환급금지급의무 위반(제15조), 설계변경 등에 따른 하도급대금 조정의무 위반(제16조), 원재료 가격변동 등에 따른 하도급대금 조정협의의무(제16조), 부당한 대물변제금지의무 위반(제17조)이다.

141) 길기관, 앞의 책, 315면

유형의 위반행위가 발생하였을 경우 시정명령 불이행죄가 성립하는지에 대하여 문제가 된다. 금지명령의 대상이 된 행위와 그 이후 행위 간의 기간이 길거나 구체적인 내용에 차이가 있다든지, 행위 상대방이 다른 경우에는 당연히 금지명령에 위반된 것으로 볼 수 없다.[142] 공정거래위원회는 서울시태권도협회의 시장지배력남용행위 시정조치에 대한 이의신청건에서 서울시태권도협회가 제재받은 위반행위와 사실상 동일한 행위를 다시 한 것에 대하여 "부작위명령에 대한 시정조치불이행이 성립하기 위해서는 (…) 시정조치의 원인이 된 위반행위와 시정조치 이후의 위반행위 간 동일성이 인정되지 않는다면 이를 시정조치불이행으로 보기는 어렵다"고 하여 시정명령을 위반한 것이 아니라고 결정하였다(2010. 7. 15. 공정위 의결 제2010－082호, 2010경심2355). 이는 '다시는 … 위반행위를 하여서는 안된다'는 시정조치는 앞으로 새로운 동일 위반행위를 하여서는 안된다는 의미가 아니라 제재대상인 행위를 '계속'하여서는 안된다는 의미로 시장지배력남용행위를 계속해서는 안된다는 취지로 해석되는바, 하도급법상의 시정명령 불이행죄에 동일하게 해석하면 될 것이다.

제재대상	형벌
서면 발급 의무 및 서류보전 의무 위반(제3조) 부당특약금지 위반(제3조의4) 부당한 하도급대금 결정금지의무 위반(법 제4조) 물품 등 구매강제금지 위반(제5조) 선급금 지급의무 위반(제6조) 내국신용장 개설의무(법 제7조) 부당 발주취소 및 수령거부 금지의무 위반(제8조) 검사 규정 위반(제9조) 부당반품금지의무 위반(제10조) 부당감액금지의무 위반(제11조) 조기결제청구 금지의무 위반(제12조) 경제적 이익의 부당요구 금지(제12조의2) 기술자료 제공요구 및 유용금지(제12조의3) 하도급대금지급 등 의무 위반(제13조) 건설하도급 대금지급보증의무 위반(제13조의2) 관세 등 환급금지급의무 위반(제15조) 설계변경 등에 따른 하도급대금 조정의무 위반(제16조) 원재료 가격변동 등에 따른 하도급대금 조정협의의무(제16조) 부당한 대물변제금지의무 위반(제17조)	위탁한 하도급대금의 2배에 상당하는 금액 이하의 벌금

142) 법무법인 화우 공정거래그룹, 하도급법 기업거래 실무가이드, 470면

제재대상	형벌
보복조치 금지의무 위반으로 불이익을 주는 행위(제19조)	3억 원 이하의 벌금
부당한 경영간섭 금지의무 위반(제18조) 탈법행위 금지의무 위반(제20조) 시정조치 불이행(제25조)	1억 5천만 원 이하의 벌금
공정거래위원회의 감정인 지정 및 감정위촉을 받은 자가 감정으로 거짓으로 하는 행위(공정거래법 제50조 제1항 제2호)	3천만 원 이하의 벌금

② 양벌조항

법인의 대표자 및 임직원이 위반행위를 한 경우, 법인 또는 개인이 그 위반행위를 방지하기 위하여 해당 업무에 관하여 상당한 주의와 감독을 게을리하지 아니한 경우가 아닌 한, 당해 대표자나 종업원 외에 법인도 벌금형에 처할 수 있다(법 제31조).

법인은 법률에 의해 법인격이 부여된 것으로, 임직원을 기관 또는 수족으로 행위하는 것이므로 형사적으로 임직원이 우선적이고 주된 형사책임을 지고 법인은 부수적이고 종된 형사책임을 진다.[143] 하지만 하도급법을 비롯한 공정거래 관련 법률 위반죄에 있어 전속고발제의 영향인지, 법인만 고발되어 형사처벌되고 개인에 대하여는 형사처벌이 이루어지지 않는 경우가 많다. 이는 양벌규정의 취지에 부합하지 않고 처벌대상자의 주객이 전도되어 형사사법적 측면에서도 문제가 있다.

③ 전속고발제도와 검찰총장·감사원장·중소벤처기업부장관 등의 고발요청권

이상의 하도급법 제30조 위반의 죄는, 공정거래위원회의 고발이 있어야만 공소를 제기할 수 있는 소위 '전속고발제'를 취하고 있다(법 제32조 제1항). 공정거래위원회 고발 없이 공소가 제기되더라도 이는 무효이므로 공고기각결정을 선고해야 한다(대법원 2010. 9. 30. 선고 2008도4762 판결). 한편, 고발은 친고죄에서의 고소와 달리 주관적 불가분의 원칙이 적용되지 않는다(대법원 2011. 7. 28. 선고 2008도5757 판결). 이 때문에 공정거래위원회가 원사업자인 법인만 고발하고 실제 행위자인 법인의 임·직원을 고발하지 않더라도 그 임·직원에 대해 형사고발을 할 수 없는 문제가 있다.

공정거래위원회는 고발권 행사와 관련한 재량권이 있지만 무제한의 자유재량이 아니라 스스로 내적 한계를 가지는 합목적적 재량이다. 법위반의 정도가 객관적으로 명백하고 중대하여 하도급거래 질서를 현저히 저해한다고 인정되는 경우에는 공정거래위원회는 고발할 의무가 있다(법 제32조 제2항 ; 이를 '필수적 고발요건'이라 한다).[144]

---

143) 제조하도급실무편람, 382면
144) 공정거래위원회 2019. 2. 28. 결정 2016부사3649 등(고발)

공정거래위원회는 기술유용행위, 보복조치 또는 탈법행위를 한 업체로서 법위반 정도가 중대하거나 법위반 동기가 고의적이라고 판단되는 경우에 고발함을 원칙으로 하며, 부당한 하도급대금의 결정 또는 감액행위를 한 업체로서 법위반 정도가 중대하다고 판단되는 경우에 사업자뿐만 아니라 책임 있는 사업자의 대표를 고발함을 원칙으로 한다. 과거 3년간 하도급법위반으로 경고 이상의 조치를 3회 이상 받고 누산점수가 4점을 초과하는 경우에도 고발함을 원칙으로 한다.

시정명령불이행죄와 관련하여는, 시정명령을 받은 사업자가 이의신청을 하지 않은 경우 이의신청기간이 경과한 날로부터 30일 이내의 기간을 정하여 1차 독촉하고 1차 독촉기한이 경과한 후에도 이행하지 않으면 30일 이내의 기간을 정하여 2차 독촉을 하고 불이행시 고발조치한다(하도급공정화지침). 이의신청을 한 경우에는 그 재결서 정본을 송달받은 날로부터 30일 이내에 이행하도록 통보한 후 불이행하면 고발조치한다.

필수적 고발요건에 해당함에도 불구하고 공정거래위원회가 고발하지 않을 경우 검찰총장이 공정거래위원회에게 고발을 요청할 수 있다(법 제32조 제3항).

가사 공정거래위원회가 필수적 고발요건에 해당하지 않는다는 이유로 고발하지 않더라도, 감사원장과 중소기업청장[145]은 사회적 파급효과, 수급사업자에게 미친 피해 정도 등 다른 사정을 이유로 공정거래위원회에 고발을 요청할 수 있다(법 제32조 제4항). 감사원장과 중소기업청장은 필수적 고발사항이 아니더라도 자신들의 판단과 필요성에 따라 고발요청할 수 있다고 봄이 옳다.

검찰총장이나 감사원장, 중소기업청장의 고발요청이 있는 경우 공정거래위원회는 반드시 고발해야 한다(법 제32조 제5항). 한편, 중소벤처기업부는 '의무고발요청심의위원회'의 심의를 거쳐 사건동지일로부터 60일 이내 고발요청을 하게 된다. 중소기업보호라는 부서 임무상 매우 적극적으로 고발요청을 하고 있다. 애당초 공정거래위원장이 고발을 하지

원사업자가 수급사업자들에게 해양플랜트 또는 선박 구성부분품의 제조를 위탁함에 있어 수급사업자들과 실질적인 협의과정 없이 일방적으로 수정추가공사의 하도급대금을 결정한 사실이 인정되는 점. 원사업자의 내부자료 및 예산사정, 공정관리자 대상 원사업자의 내부 설문, 인터뷰 조사 내용, 본공사와 수정추가공사의 능률 사례분석 결과, 수급사업자들의 답변서 등을 종합해 볼 때 수정추가공사에 적용된 능률이 본 공사능률 보다 현저히 낮아 수정추가공사의 하도급대금을 본공사보다 낮게 결정하였다는 사실이 인정되는 점. 수정추가 작업에 대한 원단위 자체가 없고 시수가 물량을 반영하지 못한다는 사실을 익히 알고 있었음에도 이를 수급사업자들에게 철저하게 비밀로 한 점 등을 고려할 때, 법 위반의 정도가 중대하여 하도급거래질서를 현저히 저해하는 경우에 해당되므로, 원사업자를 고발한다.

145) 공정거래법위반죄에 대하여는 감사원장, 조달청장, 중소기업청장에게 고발요청권을 부여했는데(공정거래법 제71조 제4항), 하도급법위반죄에 대하여는 감사원장, 중소기업청장에게만 부여하고 있다. 감사원장은 공정거래위원회의 고발권 행사의 적정성을 감독하는 차원에서, 중소기업청장은 수급사업자인 중소기업의 권익을 위한 차원에서 고발요청권을 부여한 것이지만, 하도급법위반과 조달청이 크게 관련이 없기 때문에 조달청장에게는 고발요청권을 부여하지 않은 것으로 풀이된다.

않았음에도 불구하고 중소기업청장이 사후적으로 고발요청을 하는 사례가 많아지자 공정거래위원회 단계에서부터 적극적으로 고발하는 사례가 늘고 있다.

공정거래위원회는 공소가 제기된 이후에는 고발을 취소할 수 없다(법 제32조 제6항).

한편, 고발은 수사의 단서에 불과할 뿐 국민의 권리·의무에 영향을 주는 것이 아니므로 항고소송의 대상이 되는 처분이 아니다(대법원 1995. 5. 12. 선고 94누13794 판결).

(나) 그 외의 형사처벌 조항 : 비밀유지의무 위반 등

하도급법에 의한 직무에 종사하거나 종사하였던 위원이나 공무원 또는 협의회에서 분쟁조정업무를 담당하거나 담당하였던 자는, 그 직무상 알게 된 사업자 또는 사업자단체의 비밀을 누설하거나 이 법의 시행을 위한 목적 외에 이를 이용하여서는 안 된다.

이를 위반한 경우 2년 이하의 징역 또는 200만 원 이하의 벌금에 처한다(법 제29조, 제27조 제3항, 공정거래법 제62조). 동 조의 죄는 전속고발제의 적용이 없다.

(6) 과실상계

> **하도급법**
>
> **제33조(과실상계)** 원사업자의 이 법 위반행위에 관하여 수급사업자에게 책임이 있는 경우에는 이 법에 따른 시정조치·고발 또는 벌칙 적용을 할 때 이를 고려할 수 있다.

원사업자의 법위반에 대하여 수급사업자의 책임이 있는 경우 시정조치, 고발 또는 벌칙 적용에 있어 고려할 수 있다. 공정거래위원회는 경제적 약자인 수급사업자를 보호하고 하도급거래의 공정한 질서 확보라는 법 취지상 귀책사유로 인한 것이 명백하거나 객관적인 증거에 의해 입증되는 과실에 대하여만 고려한다는 입장이다.[146]

공정거래위원회 실무에서는 과실상계 사유가 인정되면 시정조치 및 고발하지 않는다.

한편, 서울고등법원은 과징금부과처분의 위법성 판단에서 수급사업자의 과실 여부를 고려하여 재량의 일탈·남용 여부를 판단하고 있다(서울고등법원 2013. 12. 26. 선고 2012누

---

146) 하도급공정화지침은 다음과 같이 수급사업자에게 책임있는 경우에는 시정조치에 있어 참작할 수 있다고 설명하고 있다(하도급공정화지침 II. 6). 즉, ① 하도급대금에 관한 분쟁이 있어 의견이 일치된 부분의 대금에 대하여 원사업자가 수급사업자에게 지급하거나 공탁한 경우, ② 원사업자가 수급사업자에게 선급금에 대한 정당한 보증을 요구하였으나, 이에 응하지 않거나 지연되어 선급금을 지급하지 않거나 지연 지급하는 경우, ③ 목적물을 납품·인도한 후 원사업자가 정당하게 수급사업자에게 요구한 하자보증의무 등을 수급사업자가 이행하지 않아 그 범위 내에서 대금지급이 지연된 경우, ④ 목적물의 시공·제조과정에서 부실시공 등 수급사업자에게 책임을 돌릴 수 있는 사유가 있음이 명백하고, 객관적인 증거에 의하여 입증되어 수급사업자의 귀책부분에 대하여 하도급대금을 공제 또는 지연 지급하는 경우(예 : 재판의 결과 또는 수급사업자 스스로의 인정 등으로 확인된 경우) 등이다.

19368 판결).[147] 하지만 하도급법 제33조 과실상계 조항에서 '시정조치와 고발 또는 벌칙'에 대해서만 규정하고 있고 '과징금부과처분'에 대하여는 아무런 언급이 없다. 과징금 부과뿐 아니라 면제가 감경에 대해서도 엄격해석원칙이 적용되어야 하기 때문에, 과실상계 규정을 과징금부과처분에도 유추적용하는 것은 허용되지 않는다고 본다.[148]

(7) 공탁

> **하도급법**
>
> **제25조의2(공탁)** 제25조 제1항에 따른 시정명령을 받거나 제25조의5 제1항에 따른 시정권고를 수락한 발주자와 원사업자는 수급사업자가 변제를 받지 아니하거나 변제를 받을 수 없는 경우에는 수급사업자를 위하여 변제의 목적물을 공탁(供託)하여 그 시정조치 또는 시정권고의 이행 의무를 면할 수 있다. 발주자와 원사업자가 과실이 없이 수급사업자를 알 수 없는 경우에도 또한 같다.

공정거래위원회가 지급명령 등과 같이 원사업자에 대하여 수급사업자에게 미지급 하도급대금 등을 지급하라는 취지의 시정명령을 하거나 시정권고를 내려 이를 수락한 경우에 수급사업자가 변제를 받지 않거나 소재불명이나 폐업 등의 사유로 변제받지 못하는 경우에 공탁함으로써 시정조치나 시정권고 이행의무를 면할 수 있다. 동조의 공탁은 민법 제487조의 변제공탁의 일종이다. 그런데 공정거래위원회의 실무 중에는 원사업자와 수급사업자 간에 하도급대금에 대하여 이견이 있는 경우에도 원사업자가 임의로 한 공탁에 대하여 변제된 것으로 보고 과징금부과처분 및 시정명령 등을 하지 않는 사례가 자주 발견된다. 민법상 변제공탁에서 채권자가 동의하지 않는 금액을 공탁한 경우에 그 공탁금액 범위 내에서만 변제되고 나머지 금액에 대하여는 변제되지 않은 것으로 보는 것인

---

147) 동 판결 중 해당 부분은 다음과 같다.
　(다) 재량권 일탈·남용 여부
　　　하도급법 제33조는 원사업자의 하도급법 위반행위에 관하여 수급사업자에게 책임이 있는 경우에는 하도급법에 따른 시정조치·고발 또는 벌칙 적용을 할 때 이를 고려할 수 있도록 규정하고 있다. 그런데 ○○건설이 추가협상을 통하여 최저가 입찰가의 감액에 동의했다고 하여 부당한 하도급대금 결정행위에 대하여 수급사업자인 ○○건설에 책임이 있다고 평가할 수는 없다. 이러한 사정에다가 피고는 원고가 주장하는 사정 등을 감안하여 하도급법 제25조의3에 의한 과징금 납부를 명하지 않고 하도급법 제25조 제1항에 따라 최저가 입찰금액과 하도급계약금액과의 차액의 지급을 명하는 내용의 시정명령을 한 것으로 보이는 점, 재입찰을 거치면서까지 얻은 최저 입찰금액을 다시 단수조정 명목으로 감액하는 등 전체적으로 볼 때 그 위반행위의 정도가 시정명령을 발하지 않을 정도로 가벼운 것이라 할 수 없는 점 등을 종합하여 보면, 이 부분 시정명령이 비례의 원칙을 위반하여 재량권을 일탈·남용하였다고 볼 수 없다. 이 부분 원고의 주장도 받아들이지 않는다.
148) 저자는 본서 2020년판까지 과징금부과처분에도 하도급법 제33조의 과실상계 조항이 적용될 여지가 있는 것처럼 모호하게 기술하였지만 본판부터 과징금부과처분에는 과실상계가 적용될 여지가 없음을 분명히 한다.

데, 이처럼 불완전 변제의 효과밖에 없는 원사업자의 공탁을 두고 원사업자의 하도급법상 책임을 아예 면제하는 공정거래위원회의 실무태도는 잘못이다.

05 > 손해배상

하도급법

제35조(손해배상 책임) ① 원사업자가 이 법의 규정을 위반함으로써 손해를 입은 자가 있는 경우에는 그 자에게 발생한 손해에 대하여 배상책임을 진다. 다만, 원사업자가 고의 또는 과실이 없음을 입증한 경우에는 그러하지 아니하다.

② 원사업자가 제4조, 제8조 제1항, 제10조, 제11조 제1항·제2항, 제12조의3 제3항 및 제19조를 위반함으로써 손해를 입은 자가 있는 경우에는 그 자에게 발생한 손해의 3배를 넘지 아니하는 범위에서 배상책임을 진다. 다만, 원사업자가 고의 또는 과실이 없음을 입증한 경우에는 그러하지 아니하다.

③ 법원은 제2항의 배상액을 정할 때에는 다음 각 호의 사항을 고려하여야 한다.

1. 고의 또는 손해 발생의 우려를 인식한 정도
2. 위반행위로 인하여 수급사업자와 다른 사람이 입은 피해규모
3. 위법행위로 인하여 원사업자가 취득한 경제적 이익
4. 위반행위에 따른 벌금 및 과징금
5. 위반행위의 기간·횟수 등
6. 원사업자의 재산상태
7. 원사업자의 피해구제 노력의 정도

④ 제1항 또는 제2항에 따라 손해배상청구의 소가 제기된 경우 「독점규제 및 공정거래에 관한 법률」 제56조의2 및 제57조를 준용한다.

공정거래법

제56조의2(기록의 송부 등) 제56조(손해배상책임)의 규정에 의한 손해배상청구의 소가 제기된 때에는 법원은 필요한 경우 공정거래위원회에 대하여 당해사건의 기록(사건관계인, 참고인 또는 감정인에 대한 심문조서 및 속기록 기타 재판상 증거가 되는 일체의 것을 포함한다)의 송부를 요구할 수 있다.

제57조(손해액의 인정) 이 법의 규정을 위반한 행위로 인하여 손해가 발생된 것은 인정되나, 그 손해액을 입증하기 위하여 필요한 사실을 입증하는 것이 해당 사실의 성질상 극히 곤란한 경우에는 법원은 변론 전체의 취지와 증거조사의 결과에 기초하여 상당한 손해액을 인정할 수 있다.

원사업자는 하도급법위반으로 인하여 수급사업자 등에게 발생한 손해에 대하여 배상해야 한다. 다만, 원사업자가 고의 또는 과실이 없음을 입증하는 경우에는 그러하지 아니

한다. 민법상 불법행위책임이 인정되기 위해서는 위법행위, 고의·과실, 손해의 발생 및 위법행위와 손해발생 사이의 인과관계 등의 존재가 입증되어야 하는데, 하도급법은 공정거래법과 마찬가지로 그 법률을 위반하는 행위의 특수성을 고려해서 고의·과실의 입증책임을 사업자 또는 사업자단체에게 전환시킴으로써 피해자의 입증부담을 완화시킨 것이다. 한편, 하도급법에 따른 손해배상책임에 관해서는 공정거래법이 준용된다(법 제35조 제4항). 즉, 손해배상청구의 소가 제기된 때에 법원은 필요한 경우 공정거래위원회에 대해 당해사건의 기록(사건관계인, 참고인 또는 감정인에 대한 심문조서 및 속기록 기타 재판상 증거가 되는 일체의 것)의 송부를 요구할 수 있고(공정거래법 제56조의2), 하도급법 위반행위로 인해 손해가 발생된 것은 인정되지만 그 손해액을 입증하기 위해 필요한 사실을 입증하는 것이 해당 사실의 성질상 극히 곤란한 경우에 법원은 변론 전체의 취지와 증거조사의 결과에 기초해서 상당한 손해액을 인정할 수 있다(공정거래법 제57조).

한편, 부당한 하도급대금 결정 금지(법 제4조), 부당한 위탁취소(법 제8조 제1항), 부당반품(법 제10조), 하도급대금 부당감액(법 제11조 제1항, 제2항), 수급사업자로부터 제공받은 기술자료의 부당유용(법 제12조의3 제3항 ; 기술자료의 부당 제출요구는 징벌적 손해배상 대상이 아니다), 보복행위(법 제19조)의 경우 발생한 손해의 3배를 넘지 않는 범위 내에서 배상책임을 지게된다. 소위 '징벌적 손해배상'이다.[149]

징벌적 손해배상에 있어서도 실손해액은 확정되어야 하고 법원이 징벌적 손해배상을 위한 배액을 정할 수 있는 것이므로, 실손해액에 대한 입증책임은 원칙적으로 원고(통상수급사업자)에게 있다. 손해액 입증은 매우 어려운 일인데 특히 기술자료 유용의 경우 더더욱 어렵다. 하도급법 위반에 따른 손해액 확정에 대한 하도급법 제35조 제4항 및 공정거래법 제57조는 징벌적 손해배상에 있어서의 '손해' 확정에도 적용된다고 본다.

다만, 징벌적 손해배상이 악의적이고 의도적인 불법행위를 억제하기 위한 것으로 실손

---

149) 징벌적 손해배상(punitive damage)이란 불법행위가 악의적이거나 의도적으로 행해진 경우 피해자에게 발생한 현실적 손해의 배상 외에 추가적으로 인정하는 손해배상을 말한다. 징벌적 손해배상은 가해자의 악성에 초점을 맞추고 있기 때문에 제재 및 억지를 위해 영미법상에서 유용하게 사용되고 있는 제도이다. 하지만 우리나라를 포함한 독일과 일본과 같은 대륙법계 민사법제에서는 전보적 손해배상을 원칙으로 하고 있다. 일본은 징벌적 손해배상제도가 공서에 반한다고 하였고, 우리나라에서는 2006년 사법제도개혁추진위원회에서 징벌적 손해배상제도의 도입을 추진하였으나 입법 추진과정에서 시기상조 등의 이유로 무산되었다가 2011. 3. 대기업의 중소기업 기술탈취행위에 대한 높은 비난가능성을 고려하여 하도급법 제35조 제2항에 전격 도입되었다. 징벌적 손해배상제도는 손해배상제도가 가지고 있는 고유한 기능인 손해의 전보와 장래의 불법행위에 대한 억제를 함께 추구할 수 있다는 데에 장점이 있다. 그런데 그와 같은 징벌적 손해배상에 대해서는 일반적인 민사책임법제의 혼란이 초래될 수 있는 점, 실손해액보다 많은 배상을 받을 수 있는 까닭에 남소가 우려되는 점, 이른바 사법(私法)의 공법화(公法化)를 초래하는 동시에 국가가 시장에 개입할 여지가 많아지게 되는 점 등의 비판이 가해진다. 윤해성·최응렬·김성규, 전게논문 250, 251면

해배상주의를 채택하고 있는 우리 법제에서는 이례적인 제도이므로, 매우 엄격한 요건에서만 신중하게 인정할 필요가 있다. 이에 대해 하도급법은 부당하도급대금결정, 부당감액, 부당위탁취소, 부당반품, 기술유용, 보복행위와 같은 수급사업자에게 피해가 큰 일부 행위유형에 대해서 일반적으로 징벌적 손해배상을 인정하는 행위유형별 접근법을 채택하고 있다. 이러한 유형에 해당한다 하더라도 단순한 고의가 아닌 의도적 악성에 의한 불법행위를 억제하기 위한 제도인 징벌적 손해배상소송에서 고의·과실에 대한 입증책임이 원사업자에게 전환한 것에 대해서는 가혹하다는 비판이 있을 수 있다. 일부에서는 경과실에 대해서만 징벌적 손해배상을 인정해야 한다거나,[150] 과실에 의한 징벌적 배상책임을 인정해서는 안 된다는 입장[151]도 있다. 하지만 고의·과실 입증에 필요한 사실관계와 증거들이 피고(원사업자)에 있고 원고(수급사업자)가 이를 확보하기 어려운 상황에서 일부 악성이 강한 행위에 대하여만 징벌적 손해배상을 인정하면서 입증책임을 전환한 것은 입법적 결단이라고 볼 수 있다. 한편, 손해액의 입증에 있어서도 원고(일반적으로 수급사업자)가 입증하지 못하는 경우 법원이 변론의 전취지 등을 통해 손해액을 인정하도록 한 공정거래법 제57조가 그대로 적용되는 것 역시 논란의 소지가 있다. 징벌적 손해배상제도가 가장 활발하게 이용되고 있는 미국의 경우 대부분의 주에서 일반 민사소송의 증거법칙보다 훨씬 높은 정도의 증명력을 요구하는 것[152]이 참조되어 입법론적으로 개선될 필요가 있다고 본다.

법원은 징벌적 손해배상이 가능한 유형의 행위가 있더라도 징벌적 배상을 명할 정도로 '악성'이 없으면 징벌적 배상을 명하지 않을 수 있다는 전제에서 그 '악성' 인정에 대한 입증에 대해 상당히 엄격한 태도를 취하는 것으로 보인다. '악성'을 인정하더라도 징벌적 손해의 배수에 대하여도 매우 인색한 태도를 취하는 것으로 보인다. 최근 하급심에서 하도급법 위반으로 징벌적 손해배상을 인정한 판결이 있다. 원사업자가 수급사업자에게 돌관비용을 지급하지 않기로 계약한 것에 대하여 하도급법 제4조 제1항의 부당대금결정으로 보고 실손해액의 150%(50%를 징벌적인 손해)를 손해로 배상하라고 판결하였다(서울중앙지방법원 2019. 6. 14. 선고 2016가합533325(본소), 2017가합568106(반소) 판결). 손해의 50%만을 징벌적 배상액으로 산정한 것이다. 원사업자가 돌관공사비를 지급하지 않은 행위에 대하여 150% 실손해주의를 근간으로 하는 우리 법제에 익숙한 법원의 보수적 특성에 비추어 보면 당연한 현상일 수 있지만, 아쉬운 측면이 있다.

---

150) 정환, 하도급법상 징벌적 손해배상제도, 경쟁법연구 제27권, 한국경쟁법학회, 2013, 57면
151) 김두진, 하도급법상 집, 제4호, 한국경영법률학회, 2015, 417면
152) 윤해성·최응렬·김성규, 전게 논문 318면

한편, 수급사업자가 원사업자에 대하여 하도급법 위반을 이유로 민법 제750조에 의거한 손해배상청구를 하였다가 패소한 경우 다시 하도급법 제35조에 의거한 손해배상청구를 제기할 수는 없다. 반대의 경우도 마찬가지다. 소송물이 동일하기 때문이다.[153]

06 > 공정거래위원회 처분에 대한 불복 : 이의신청과 행정처분

(1) 이의신청

공정거래위원회 처분에 대하여 불복이 있는 사업자는 그 처분의 통지를 받은 날로부터 30일 이내에 사유를 갖추어 공정거래위원회에 이의신청을 할 수 있다(법 제27조 제1항, 공정거래법 제53조 제1항). 항고쟁송의 대상이 되는 처분만이 이의신청 대상이다. 처분이란 행정청이 행하는 구체적 사실에 관한 법집행으로서의 공권력의 행사 또는 그 거부와 그 밖에 이에 준하는 행정작용을 의미하는 것이므로(행정소송법 제1항 제1호), 시정명령, 과징금부과처분(납부명령), 시정명령을 받은 사실의 공표명령, 경고(대법원 2013. 12. 26. 선고 2011두4930 판결[154]) 등이 이에 해당한다. 공정거래위원회의 고발조치는 항고소송의 대상이 되는 처분이 아니므로(대법원 1995. 5. 12. 선고 94누13794 판결[155]) 이의신청도 할 수 없다(공정거래위원회 2010. 11. 1. 재결 제2010-017호, 사건번호 2010 경심 2355). 한편, 입찰참가자격제한 요청도 논란은 있지만 지금까지 법원은 처분이 아니라는 입장이다(대법원 2000. 2. 11. 선고 98두5941 판결).

이의신청은 행정심판의 일종이기는 하지만, 행정심판법이 아니라 공정거래법에 의해 규율되고 재결청이 처분청 자신이 되는 특수성이 있다. 처분청이 자신의 판단을 재심사하는 특성 때문인지 명확한 오류나 계산상의 실수, 또는 전원회의 당시까지 몰랐던 결정적인 증거가 없는 한 이의신청이 받아들여지는 경우는 많지 않다. 이의신청이 있는 경우 공정거

---

153) 법무법인 화우 공정거래그룹, 하도급법 기업거래 실무가이드, 523면
154) 대법원 2013. 12. 26. 선고 4930 판결
　　구 표시·광고의 공정화에 관한 법률(2011. 9. 15. 법률 제11050호로 개정되기 전의 것) 위반을 이유로 한 공정거래위원회의 경고의결은 당해 표시·광고의 위법을 확인하되 구체적인 조치까지는 명하지 않는 것으로 사업자가 장래 다시 표시·광고의 공정화에 관한 법률 위반행위를 할 경우 과징금 부과 여부나 그 정도에 영향을 주는 고려사항이 되어 사업자의 자유와 권리를 제한하는 행정처분에 해당한다.
155) 대법원 1995. 5. 12. 선고 94누13794 판결
　　고발은 수사의 단서에 불과할 뿐 그 자체 국민의 권리의무에 어떤 영향을 미치는 것이 아니고, 특히 공정거래법 제71조는 공정거래위원회의 고발을 위 법률 위반죄의 소추 요건으로 규정하고 있어 공정거래위원회의 고발 조치는 사직(司直)당국에 대하여 형벌권 행사를 요구하는 행정기관 상호 간의 행위에 불과하여 항고소송의 대상이 되는 행정처분이라 할 수 없으며, 더욱이 공정거래위원회의 고발 의견은 행정청 내부의 의사결정에 불과할 뿐 최종적인 처분은 아닌 것이므로 이 역시 항고소송의 대상이 되는 행정처분이 되지 못한다.

래위원회는 부득이한 사유가 없는 한 60일 내에 재결해야 한다(법 제27조 제1항, 공정거래법 제53조 제2항).

한편, 공정거래위원회는 시정조치명령을 받을 자가 이의신청을 한 경우로서, 그 명령의 이행 또는 절차의 속행으로 손해가 발생하는 것을 예방하기 어려운 경우, 필요하다면 당사자의 신청 또는 직권으로 명령의 이행 또는 절차의 속행을 정지(집행정지)할 수 있다(법 제27조 제1항, 공정거래법 제53조의2 제1항). 다만, 하도급법 제27조 제1항에 따라 준용되는 공정거래법 제53조의2가 집행정지대상으로 '시정조치명령'으로 한정하였기 때문에 과징금납부명령은 이의신청 단계에서 집행정지대상이 될 수 없다.

(2) 행정소송

공정거래위원회의 이의신청에 대한 재결 통지를 받은 날로부터 30일 이내 또는 이의신청을 하지 않은 경우 처분을 통지받은 날로부터 30일 이내에 전속관할인 서울고등법원에 행정소송을 제기할 수 있다(법 제27조 제1항, 공정거래법 제54조 및 제55조). 2심제를 채택하고 있는데, 공정거래위원회의 심결절차가 대심구조에 입각한 준사법적 절차이어서 사실상 1심 역할을 하고 있으며 심리의 전문성 향상 및 사건의 신속한 종결을 도모하기 위한 제도이다(서울고등법원 2004. 2. 4. 선고 2003루156 결정).

이의신청이 기각된 경우 행정소송의 소송물은 당연히 원처분이 되지만, 이의신청이 일부 받아들여져 과징금납부명령이 일부 감경된 때의 소송물은 재결이 아니라 재결로 감경된 원처분이 된다. 소위 역흡수설의 입장이다. 예를 들어 설명하면, 2016. 1. 3.에 2억 원의 과징금납부명령이 있었는데, 이의신청 결과 2016. 3. 3.에 2억 원의 과징금납부명령 중 1억 원에 대하여는 취소한다는 재결이 이루어졌다면, 취소소송의 대상은 2016. 1. 3.자 (재결로 감경되고 난 이후의) 1억 원 과징금납부명령이 된다.

한편, 이의신청을 하면서 위법성에 대해서는 인정하지만 과징금 규모가 과다하다는 취지로 시정조치명령에 대해서는 다투지 않고 과징금납부명령만 다투는 경우가 있다. 이 경우 이의신청절차에서 다투지 않은 시정조치명령에 대하여는 30일간의 행정소송 제기를 위한 불변기간이 도과해 버려, 이의신청 기각 이후에는 시정조치명령에 대하여는 다툴 수 없고 과징금납부명령만 다툴 수 있게 되므로 주의를 요한다.

행정소송을 제기하면서 집행정지신청을 할 수 있다. 법원은 '시정명령을 받은 사실에 대한 공표명령'에 대하여 일단 공표가 이루어지면 기업의 명예에 상당한 손상이 초래되고 처분이 취소되더라도 실질적인 원상회복이 어려운 특성을 감안하여 집행정지를 허용하고 있다. 반대로, 법원은 과징금납부명령에 대하여는 본안에서 과징금부과처분이 취소될 가능성이 높고 과징금 납부시 회사의 운영이 마비될 정도의 특별한 사정이 없는 한, 회복불가능한 손해가 없기 어렵다고 보아 원칙적으로 집행(효력)정지 신청을 불허하고 있다(대법원 1999. 12. 20. 선고 99무42 결정[156]). 타당한 결론이라고 본다.

한편, 하도급법상 시정명령 중 하나인 지급명령의 경우에는 법원이 적극적으로 집행정지결정을 적극적으로 할 필요가 있다. 수급사업자가 파산이나 기업회생절차에 있는 등 재무적으로 매우 어려운 상황에서 원사업자가 지급명령을 이행한 후 행정소송을 제기해 승소하더라도 수급사업자로부터 돌려받을 수 없어 실질적으로 회복불가능한 손해가 발생하기 때문이다.

과징금 부과 처분에 대한 집행정지 결정이 이루어진 경우는 집행정지 기간 중에 '가산금'이 발생하는지 여부에 대하여, 과거에는 가산금이 발생한다는 것이 법원의 입장이었으나, 2003년에 집행정지 기간에도 가산금을 부과하게 되면 실질적으로 과징금 부과 처분의 이행을 강제하는 효과를 가지게 되어 집행정지 결정의 효력이 형해화(形骸化)된다는 이유로, 집행정지 기간 중 가산금 부과는 불가하다고 판결하였다. 반면, 과징금 부과 명령에 대한 집행정지 결정을 내리면서 "위 집행정지는 가산금 발생을 방해하지 않는다"라는 조건을 붙인 예외적인 경우도 발견된다.

---

156) 대법원 1999. 12. 20. 선고 99무42 결정
　[4] 행정소송법 제23조 제2항에서 행정청의 처분에 대한 집행정지의 요건으로 들고 있는 '회복하기 어려운 손해'라고 하는 것은 원상회복 또는 금전배상이 불가능한 손해는 물론 종국적으로 금전배상이 가능하다고 하더라도 그 손해의 성질이나 태양 등에 비추어 사회통념상 그러한 금전배상만으로는 전보되지 아니할 것으로 인정되는 현저한 손해를 가리키는 것으로서 이러한 집행정지의 적극적 요건에 관한 주장·소명책임은 원칙적으로 신청인측에 있다.
　[5] 행정소송법 제23조 제3항에서 집행정지의 요건으로 규정하고 있는 '공공복리에 중대한 영향을 미칠 우려'가 없을 것이라고 할 때의 '공공복리'는 그 처분의 집행과 관련된 구체적이고도 개별적인 공익을 말하는 것으로서 이러한 집행정지의 소극적 요건에 대한 주장·소명책임은 행정청에게 있다.
　[6] 공정거래법상 과징금 부과의 사유와 그 산정시 참작하여야 할 사항 및 그 납부와 관련된 유예제도의 내용을 종합하여 보면, 같은 법의 과징금 납부명령은 그 발령과 집행에 있어 이미 위반행위의 태양과 같은 객관적 사유뿐만 아니라 해당 사업자의 사업여건이나 자금사정 등과 같은 주관적 사항을 아울러 고려하게 되어 있는 것이어서, 그 집행에 따른 손해도 통상의 경우에는 사후의 금전배상에 의하여 그 전보가 가능한 경제적 손실에 그치는 것으로 볼 수가 있으나, 그렇다고 하여 구체적인 경우에 그 집행에 따른 경제적 손실이 기업 경영 전반에 미치는 파급효과로 말미암아 해당 사업자의 전체 자금사정이나 사업에 중대한 영향을 미칠 가능성을 일률적으로 배제할 수는 없고 그러한 사유가 있는 경우에는 과징금 납부명령의 집행으로 인한 손해의 추상적 성질 또는 태양이 재산상의 손해에 속한다고 하여 언제나 '회복할 수 없는 손해'에 해당하지 아니한다고 단정할 수 없지만, 구체적 사건에서 그러한 사유로 인하여 '회복할 수 없는 손해'가 발생할 것으로 인정하기 위하여는 어디까지나 당해 과징금 납부명령의 집행정지를 구하는 신청인측에서 그에 관한 주장·소명책임을 다하여야만 한다.

(3) 헌법소원

공정거래위원회의 무혐의 결정이나 심사불개시, 심의절차종료결정은 항고소송의 대상인 처분이 아니므로 행정소송의 대상이 안된다. 하지만 헌법재판소 제68조 제1항에서 규정한 '공권력의 행사 또는 불행사'에 해당하므로 헌법소원의 대상이 될 수 있다(헌법재판소 2002. 6. 27. 2001헌마381 결정). 다만, 헌법재판소에서 위헌이라 결정하더라도 공정거래위원회는 재조사를 하여 다시 판단할 의무만 있을 뿐이지 반드시 제재처분을 해야 하는 것은 아니며 재량판단에 따라 무혐의 결정 등을 할 수도 있다.

Part

2

대·중소기업 상생협력
촉진에 관한 법률

I 상생협력법의 기초 개념

01 상생협력법의 목적

「대·중소기업 상생협력 촉진에 관한 법률」(이하 '상생협력법')은 대기업과 중소기업 간 상생협력 관계를 공고히 하여 대기업과 중소기업의 경쟁력을 높이고 대기업과 중소기업의 양극화를 해소하여 동반성장을 달성함으로써 국민경제의 지속성장 기반을 마련함을 목적으로 한다(법 제1조). 이 법의 "상생협력"이란 대기업과 중소기업 간, 중소기업 상호간 또는 위탁기업과 수탁기업(受託企業) 간에 기술, 인력, 자금, 구매, 판로 등의 부문에서 서로 이익을 증진하기 위하여 하는 공동의 활동을 말한다(법 제2조 제3호). 상생협력법은 하도급법과 일정 부분 그 취지와 목적을 같이 한다. 다만, 주관 법집행기관이 중소벤처기업부 장관으로 공정거래위원회가 주관 법집행을 하는 하도급법과는 차이가 있고 하도급 거래관계보다 더 넓게 인정되는 위수탁거래관계에 적용된다.

02 상생협력법 등 근거법령 및 「수탁·위탁거래 공정화지침」

이를 위한 법령으로 상생협력법, 상생협력법 시행령, 상생협력법시행규칙이 있다.

그 법령들의 의미를 구체화하고 해석상의 명확한 지침을 제시함으로써 위법성 심사의 기준을 삼고 법위반행위를 예방하여 중소벤처기업부가 제정한 예규인 「수탁·위탁거래 공정화지침」(이하 '위수탁거래공정화지침'이라 하되, 이 편에서는 하도급공정화지침과 혼동할 가능성이 없는 경우 '공정화지침'이라 함)이 있다. 위수탁거래공정화지침은 법규가 아니라 행정청 내부의 재량준칙 또는 해석지침에 해당하여 구속력이 없다. 공정화지침의 I. 목표에서도 "이 지침은 법에서 규율하는 행위들 중 대표적인 사항 또는 혼동하기 쉬운 사항을 중심으로 규정하였으므로, 이 지침에 열거되지 아니한 사항이라고 하여 법에 위반되지 않는 것은 아니다"고 기술하고 있다.

다만, 중소벤처부가 정당한 사유나 근거 없이 지침을 위반하여 집행하는 것은 행정법상 조리인 '행정의 자기구속 법리'를 위반한 것이 되어 위법할 수 있다. 이런 점에서 법규는 아니지만 사실상 구속력이 있다.

03 **상생협력법의 적용범위**

상생협력법

제2조(정의) 이 법에서 사용하는 용어의 뜻은 다음과 같다.

1. 내지 3. 생략

4. "수탁 · 위탁거래"란 제조, 공사, 가공, 수리, 판매, 용역을 업(業)으로 하는 자가 물품, 부품, 반제품(半製品) 및 원료 등(이하 "물품등"이라 한다)의 제조, 공사, 가공, 수리, 용역 또는 기술개발(이하 "제조"라 한다)을 다른 중소기업에 위탁하고, 제조를 위탁받은 중소기업이 전문적으로 물품등을 제조하는 거래를 말한다.

5. "위탁기업"이란 제4호에 따른 위탁을 하는 자를 말한다.

6. "수탁기업"이란 제4호에 따른 위탁을 받은 자를 말한다.

7. 내지 11. 생략

이 법의 적용대상은 "수탁 · 위탁거래"(이하 '위수탁거래'란 제조, 공사, 가공, 수리, 판매, 용역을 업(業)으로 하는 자가 물품, 부품, 반제품(半製品) 및 원료 등(이하 "물품 등")의 제조, 공사, 가공, 수리, 용역 또는 기술개발(이하 "제조 등")을 다른 중소기업에 위탁하고, 제조를 위탁받은 중소기업이 전문적으로 물품 등을 제조 등을 하는 거래를 말한다(상생협력법 제2조 제4호).

[위수탁거래]

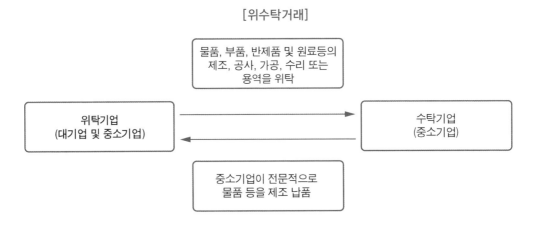

(1) '제조 등을 업으로 하는 자'의 의미

"제조, 공사, 가공, 수리, 판매, 용역을 업(業)으로 하는 자"라고 함은 제조업, 공사업, 가공업, 수리업, 판매업, 용역업 등의 사업을 행하는 자를 말하며 자연인, 법인, 공법인, 사법인 여부를 불문한다.

"업(業)으로 한다"는 것의 의미는, 영리 또는 비영리 여부를 불문하고 경제 행위를 계속하여 반복적으로 행하는 것을 의미하며 이는 어떤 경제적 이익의 공급에 대하여 그것에 대응하는 경제적 이익의 반대급부를 받는 행위를 말한다. "업"인지 여부는 사업자등록 여부, 해당 업에 대한 매출 발생 여부, 사업상 독립적으로 재화 또는 용역을 공급하고 있는지 등을 종합적으로 고려하여 판단한다(위수탁거래공정화지침 제1조).

제조업, 공사업, 가공업, 수리업, 판매업, 용역업의 범위는 통계청에서 고시한 한국표준산업분류 10차 개정 연계표 상 다음의 산업을 포함한다. 아래 분류는 예시적 분류로서, 위에 열거되지 않은 산업도 포함될 수 있다(공정화지침 II. 1.).

---

(1) 제조업 : 제조업 중 가공업을 제외한 모든 산업
(2) 공사업 : 종합건설업 및 전문직별 공사업
(3) 가공업 : 육류 포장육 및 냉동육 가공업, 커피 가공업, 차류가공업, 섬유제품 염색, 정리 및 마무리 가공업, 솜 및 실 염색 가공업, 직물, 편조 원단 및 의복류 염색 가공업, 날염 가공업, 석유제품 기타 정리 및 마무리 가공업, 제재 및 목재 가공업, 금속 열처리, 도금 및 기타 금속 가공업
(4) 수리업 : 컴퓨터 및 통신장비 수리업, 자동차 및 모터사이클 수리업, 가전제품 수리업, 기타 개인 및 가정용품 수리업
(5) 판매업 : 도매업 및 소매업
(6) 용역업 : 농업, 임업 및 어업, 광업, 전기, 가스, 증기 및 공기 조절 공급업, 수도, 하수 및 폐기물 처리, 원료 재생업, 운수 및 창고업, 숙박 및 음식점업, 정보통신업, 금융 및 보험업, 부동산업, 부동산관련 서비스업, 전문, 과학 및 기술 서비스업, 사업시설 관리 및 조경서비스업, 사업 지원 서비스업, 예술, 스포츠 및 여가관련 서비스업, 교육 서비스업, 보건업 및 사회복지 서비스업

하도급법 적용대상이 되는 하도급거래는 하도급법령에서 열거된 것에만 한정되지만, 상생협력법의 적용대상인 위수탁거래는 '위탁'이기만 하면 제한이 없다. 위 업종은 예시적인 것에 불과하다. 하도급 적용대상인 건설 위탁의 경우 원사업자와 수급사업자 모두 건설업 등록을 하고 등록의 범위 내에서 위탁이 이루어져야 하지만, 위수탁거래에는 그러한 제한이 없다.

(2) '물품 등의 제조 등을 위탁하는 것'의 의미

'물품 등의 제조를 위탁한다고 함'은 물품 등의 규격, 성능 등 상세 사양을 정하여 제조를 위탁하는 것으로, 직접적인 계약행위가 없다 하더라도 위탁의 내용을 실질적으로 지배 혹은 관리하여 위탁 거래관계가 있을 경우 위탁으로 본다. 단순 구매 및 판매위탁은 위탁에서 제외한다(공정화지침 II. 1. 나.).

(1) 제조, 공사, 가공, 수리, 용역 또는 기술개발의 의미

① "제조"란 원재료에 물리적, 화학적 작용을 가하여 투입된 원재료를 성질이 다른 새로운 제품으로 전환시키는 것을 말한다.

② "공사"란 토목공사, 건축공사, 산업설비공사, 조경공사, 환경시설공사, 전기공사, 정보통신공사, 소방시설공사, 문화재수리공사, 그 밖에 명칭에 관계없이 시설물을 설치·유지·보수하는 공사(시설물을 설치하기 위한 부지조성공사를 포함한다) 및 기계설비나 그 밖의 구조물의 설치 및 해체하는 공사 등을 말한다.

③ "가공"이란 재료를 쓰거나 또는 물건에 변경을 가하여 새로운 물건을 만드는 것을 말한다.

④ "수리"란 컴퓨터 및 주변장치, 통신장비, 가전제품, 가정용품, 가구 및 가정용 비품, 의류 및 의류 액세서리, 경기용품, 악기 및 취미용품, 기타 개인용품을 전문적으로 유지·보수하는 것을 말한다.

⑤ "용역"이란 재화 외에 재산 가치가 있는 모든 역무(役務)와 그 밖의 행위를 말한다.

⑥ "기술개발"이란 용역 중 기술자료의 산출과 관련된 개발행위를 말한다.

(2) 수탁·위탁 거래에 해당하는 것의 예시

① 유통업체가 자사상표를 부착한 상품의 제조를 다른 중소기업에 위탁하는 경우(PB상품의 제조위탁)

② 의류업체가 자사상표를 부착한 의류의 제조를 다른 중소기업에 위탁하는 경우

③ 자동차 정비사업자가 고객의 차량을 수리 후 고객과 약정한 보험사로부터 직접 수리비를 지급받는 경우, 보험사가 차량 수리의 범위를 정하거나 이에 영향을 주는 등 사실상 정비사업자에게 수리를 위탁하였다고 볼 수 있다면 수탁·위탁거래에 해당

④ 제조업자가 사무실에서 사용할 냉방장비를 중소기업으로부터 구매하면서 이에 따른 설치도 같이 위탁하는 경우

⑤ 제조업자가 소프트웨어 개발 위탁을 위해 중소기업을 우선협상대상자로 선정하여 교섭 단계에서 계약이 확실하게 체결되리라는 정당한 기대 내지 신뢰를 부여하고, 정식 계약 체결 전에 상당한 금액이 투입되는 기초작업의 이행을 요구하여 중소기업이 이행에 착수하였을 경우

⑥ 레저사업자가 부동산 임대업자로부터 부동산을 임차하면서, 해당 부동산을 골프장 등 특수목적으로 개발 및 조성하여 줄 것을 위탁하는 경우

⑦ 대형마트가 삼겹살을 판매하기 위해 중소기업에게 고기를 특정 부위별로 절단, 분할 혹은 포장해줄 것을 위탁하는 경우

⑧ 외식업자가 음식광고, 소비자와의 계약 체결 알선, 음식배송 등을 위탁하는 경우

(3) 수탁·위탁 거래에 해당하지 않는 것의 예시

① 건설회사가 중소기업에게 인력의 파견을 요청하여 직접 급여를 지급하고 건설회사의 지휘·명령 하에 파견인력을 근로하도록 하는 경우

② 식품회사가 대리점 계약을 통해 상품의 재판매 또는 위탁판매를 하는 경우

'위탁'이므로 단순 구매 및 판매나 인력파견은 해당되지 않는다. 또, 건설 위탁에서도 하도급법과는 달리 위탁자나 수탁자의 건설업 등록은 요구되지 않고 당연히 등록된 범위

의 건설용역을 위탁한 것일 필요도 없다.

(3) 위탁기업, 수탁기업의 의미

위탁기업은 대기업 뿐 아니라 중견기업이나 중소기업이어도 된다. 위탁기업은 외국법인도 무방하고, 수탁기업에 비해 연간매출액이 많을 것을 요구하지 않기 때문에(공정화지침 II. 1. 다. (1)), 심지어 수탁기업보다 규모가 작은 경우에도 수탁기업에 해당될 수 있다.

다만, 중소벤처부 실무는 위탁기업이 중소기업기본법상 중기업 이상인 경우에만 신고에 의한 조사 및 조치의 대상이 된다는 입장이다. 후술하겠지만 상생협력법 제27조상 정기조사 대상이 중기업 이상으로 한정된 것과 아울러 중소기업 보호를 목적으로 설립된 중소벤처부 입장에서 '소기업'들 간의 분쟁에 행정조사권을 행사하기 곤란한 점을 감안한 입장으로 생각된다. 하지만, 강제조사가 아닌 임의 조사권 발동은 작용법상의 근거가 아니라 조직법상의 근거만 있어도 가능하며,「수탁·위탁거래 사건처리지침」(이하 '위수탁거래 사건처리지침')에서도 상생협력법 위반이 있으면 신고가 가능하다고 규정하고 있고(동지침 제5조 제1항), 상생협력법상 소기업도 위탁기업이 될 수 있으므로, 잘못된 해석이다.

한편, 공동이행방식으로 도급을 받은 위탁사업자들이 공동수급체를 구성하여 대표자를 정한 경우 대표자가 아닌 위탁사업자 역시 위탁기업에 포함된다.

또, 위수탁거래는 '실질적 위수탁거래'를 의미하는 것으로 법률이나 계약의 형식이 아니라 경제적 실질로 판단되어야 한다. 그래서 국내 법인들이 외국 현지에 외국 법인을 설립하여 수탁·위탁 거래를 하는 경우 그 수탁·위탁 계약의 체결경위, 수탁·위탁 계약의 중요한 내용(단가결정, 물량배정 등)이 국내 법인의 주도하에 결정되는지, 국내 법인 역시 수탁·위탁 거래에 필수적으로 요구되는 자격 등을 갖추었는지 여부, 소유 및 경영의 실질적인 독립성을 갖추었는지 여부 등을 고려하여 형식적으로는 외국 법인간의 수탁·위탁 거래라 할지라도 실질적으로 국내 법인간의 행위로 볼 수 있는 경우에는 법의 적용이 가능하다(공정화지침 II. 1. 다.).

[하도급거래와 위수탁거래의 대상 비교]

하도급법(4 + 3 = 7개의 거래 형태)	상생협력법(6 × 5 = 30개의 거래 형태)
• (제조 ①, 판매 ②, 수리 ③, 건설 ④) → 제조, 수리 → 수리 ⑤, 건설 → 건설 ⑥, 용역 → 용역 ⑦	• (위탁기업) 제조, 공사, 가공, 수리, 판매, 용역(6) → (수탁기업) 제조, 공사, 가공, 수리, 용역(5)

※ 하도급법상 하도급거래 : 7가지 유형, 원사업자의 업에 따른 위탁에만 적용

상생협력법상 수·위탁거래 : 30가지 유형, 원사업자의 업과 무관한 위탁에도 적용

Ⅱ 상생협력법 개관 및 하도급법과의 비교

구분	상생협력법 제4장	하도급법
대상 거래의 정의	'수탁·위탁거래'란 제조, 공사, 가공, 수리, 판매, 용역을 업을 하는 자가 물품, 부품, 반제품 및 원료 등의 제조, 공사, 가공, 수리, 용역 또는 기술개발을 다른 중소기업에게 위탁하고, 제조를 위탁받은 중소기업이 전문적으로 물품 등을 제조하는 거래를 말함	'하도급거래'란 원사업자가 수급사업자에게 제조위탁(가공위탁 포함), 수리위탁, 건설위탁 또는 용역위탁을 하거나, 원사업자가 다른 사업자로부터 제조위탁, 수리위탁, 건설위탁 또는 용역위탁을 받은 것을 제조, 수리, 시공하거나 용역수행하여 원사업자에게 납품, 인도 또는 제공하고 그 대가를 받는 행위를 말함
대상 거래의 당사자	'위탁기업'이란 수탁·위탁거래에 따른 위탁을 받은 자를 말함	'원사업자'란 중소기업자가 아닌 자로서 중소기업자에게 제조 등의 위탁을 한 자, 혹은 중소사업자 중 직전 사업연도의 연간 매출액이 제조 등의 위탁을 받은 다른 중소기업자의 연간매출액 보다 많은 중소기업자로서 그 다른 중소기업자에게 제조 등의 위탁을 한 자를 말함
	'수탁기업'이란 수탁·위탁거래에 따른 위탁을 받은 자를 말함	'수급사업자'란 동법상 원사업자로부터 제조 등의 위탁을 받은 중소기업자를 말함
주요 금지행위	• 물품 수령 거부 혹은 납품대금 감액 • 납품대금의 지급 지연 • 현저히 낮은 납품대금 결정 • 발주자로부터 추가금액을 받은 위탁기업이 수탁기업에게 납품대금을 증액하여 지급하지 아니하는 행위 • 지정물품의 구매강제 • 할인을 받기 어려운 어음 지급 • 정당한 사유 없는 발주수량의 현저한 감소 혹은 발주 중단 • 납품대금 대신 대물변제	• 서면 계약서 지급 및 서류 보존 의무 • 수급사업자의 이익을 부당하게 침해하거나 제한하는 부당한 특약 실정 • 부당하게 낮은 하도급대금 결정 • 정당한 사유 없이 물품 구매강제 • 정당한 사유가 없는 내국신용장 개설 거부 • 부당한 위탁 취소 • 객관적이고 공정·타당하지 않은 검사기준, 방법 및 시기 • 부당 반품

구분	상생협력법 제4장	하도급법
	• 정당한 사유 없이 내국신용장 개설 기피 • 정당한 사유 없이 물품 발주 기피 • 객관적 타당성이 결여된 검사기준 • 정당한 사유 없이 기술자료 제공 요구 • 기술자료 임치 요구 수탁기업에 대한 불이익 제공 • 위탁기업의 법위반 행위 고지로 인한 불이익 제공	• 부당 감액 • 물품구매대금의 부당결제 청구 • 경제적 이익 부당요구 • 기술자료 제공 요구 • 부당한 대물변제 • 부당한 경영간섭 • 보복조치 • 탈법행위

III 위탁기업의 의무와 금지사항[157]

01 약정서 및 수령증 발급의무

> **상생협력법**
>
> **제21조(약정서의 발급)** ① 위탁기업이 수탁기업에 물품등의 제조를 위탁할 때에는 지체 없이 그 위탁의 내용, 납품대금의 금액, 대금의 지급 방법, 지급기일, 검사 방법, 그 밖에 필요한 사항을 적은 약정서를 그 수탁기업에 발급하여야 한다.
> ② 위탁기업은 수탁기업으로부터 물품등을 받으면 물품등의 검사 여부에 관계없이 즉시 물품 수령증을 발급하여야 한다.
>
> **상생협력법시행규칙**
>
> **제5조(표준약정서의 고시)** 중소벤처기업부장관은 법 제21조 제1항에 따른 위탁기업의 수탁기업에 대한 약정서의 교부가 원활하게 이루어질 수 있도록 위탁에 관한 표준약정서를 정하여 이를 고시하여야 한다.

위탁기업은 수탁기업에 물품 등의 제조를 위탁할 때에는 지체 없이 그 위탁의 내용, 납품대금의 금액, 대금의 지급 방법, 지급기일, 검사 방법, 그 밖에 필요한 사항을 적은 약정서를 그 수탁기업에 발급하여야 한다(법 제21조 제1항).

"약정서"란 위탁기업과 수탁기업이 물품등의 제조를 시작하기 전에 물품등의 제조에 관한 거래조건에 대하여 합의한 내용을 기재한 서면을 의미한다. 대표적인 예가 계약서

---

157) 2019년 중소벤처기업부의 〈위·수탁거래 중소기업의 애로사항〉 조사

구분	서면 미발급	부당 대금 결정	부당 발주 중단	수시 발주	상승 원가 미반영	부당 대금 감액	구매 강요	수령 거부 지연	지나친 품질 수준 요구	납기 단축 촉박	대금 결제 기한 미준수	부당한 대물 변제	결제 수수료 미지급	지연 이자 미지급
비율 (%)	2.7	14.4	6.5	9.5	33.4	9.7	0.5	1.3	11.0	32.5	26.1	0.3	4.1	0.7

* 출처 : '19년 중소기업 실태조사(중복선택)

중소기업은 거래단절 등의 우려로 부당 납품단가 인하에 별다른 대책 없이 대부분 수용하는 것으로 조사됨.

※ 납품단가 인하 대응(%) : 대책없이 수용(60.0%), 소송절차 수행(20.0%), 지급요청(13.3%)

이지만 비단 이에 국한되지 않고 아래의 약정서의 필수적 기재사항이 포함된 서면이면
된다.

약정서 기재사항(공정화지침 III. 1. (3))

① 위탁의 내용 : 종류, 수량, 물량 등을 포함한다.
② 납품대금의 금액 : 수량, 물량 등에 따라 대금을 정하는 경우 아래 사항이 기재되어야 한다.
   1) 단가
   2) 계산식
   3) 대금산정을 위하여 필요한 각종 지수(원단위, 작업장 요인, 프로젝트 요인, 생산성향상률
      등)
③ 납품대금의 지급방법
④ 납품대금의 지급기일
⑤ 검사 방법
⑥ 위탁일
⑦ 납품하는 방법·시기·장소
⑧ 위탁기업이 수탁기업에게 물품의 제조에 필요한 원재료 등을 제공하려는 경우에는 그 원재
   료들의 품명·수량·제공일·대가 및 대가의 지급방법과 지급기일
⑨ 검사 시기
⑩ 수탁기업이 위탁받은 후 물품등의 공급원가 변동에 따른 납품대금 조정신청의 요건, 방법
   및 절차

한편, "지체 없이" 약정서를 발급한다는 것의 의미는 수탁기업이 위탁 및 추가·변경위
탁에 따른 물품 등의 제조를 시작하기 전에 약정서를 발급하여야 함을 말한다. 다만, 재
해·사고로 인한 긴급복구공사를 하는 경우 등 정당한 사유로 위탁시점에 확정하기 곤란
한 사항에 대하여는 해당사항을 적지 아니한 약정서를 발급할 수 있다. 이 경우 해당사항
이 정하여지지 아니한 이유와 그 사항을 정하게 되는 예정기일을 약정서에 적어야 하며,
해당 사항이 확정되는 때에 지체 없이 그 사항을 적은 새로운 약정서를 발급하여야 한다
(공정화지침 III. 가. (2)).

적법한 약정서 발급 및 위법한 약정서 발급의 예시는 다음과 같다(공정화지침 III. 가. (5)).

---

(5) 적법한 약정서발급 여부에 관한 판단기준

① 위에서 규정한 약정서 필수기재사항을 담은 경우에는 적법한 약정서발급으로 본다.
② 거래가 빈번한 계속적거래 계약에 있어 계약서에 수량 일부가 누락되어 있으나, 수량에 대
   한 내용을 발주서 등으로 위임하고 건별 발주시 제공한 물량표 등으로 수탁기업이 쉽게 누
   락사항을 파악할 수 있는 경우는 적법한 약정서발급으로 본다.

---

③ 기본계약서를 발급하고 FAX, 전자메일 기타 전기·전자적인 형태 등에 의해 발주한 것으로 발주내용이 객관적으로 명백하다고 판단되며, 발주내용에 관한 합의가 있었다는 점이 기명날인, 서명으로 확인되는 경우 적법한 약정서 발급으로 본다.

④ 「전자문서 및 전자거래 기본법」 제2조 제1호에 따른 전자문서에 의한 약정서도 「전자서명법」 제2조 제3호에 따른 공인전자서명이 있을 경우 적법한 약정서로 본다.

(6) 약정서 발급의무 위반 예시

① 당초 설계 도면상의 공사보다 더 고난도의 공사인 추가공사는 단순히 기존공사의 물량증가만으로 볼 수는 없고 새로운 공사의 추가로 보아, 추가공사를 위탁할 때 또는 늦어도 추가공사에 착수하기 전까지는 추가공사에 관한 서면을 교부하지 않은 경우 약정서 미발급으로 본다.

② 추가공사시 승인·교부하였다는 '제작도면'은 당초의 설계에서 새로운 내용이 추가되거나 변경된 설계내용이 담긴 도면일 뿐 법 제21조에서 요구하는 사항이 기재된 서면이 아니라면 약정서 미발급으로 본다.

③ 위탁내용 중 운송업무 운용 장비 대수와 운용 인원수를 변경하고 이에 따른 대금이 변경되었음에도 불구하고 용역수행행위를 시작한 이후에도 변경계약서를 발급하지 아니한 경우에는 약정서 미발급으로 본다.

④ 위탁기업이 수정추가공사 계약에서 위탁에 따른 작업을 시작하기 전까지 수탁기업에게 대금, 위탁내용, 위탁일 및 납품시기 등을 기재한 서면을 사전에 교부하지 않고 사후정산(선작업 후정산)으로 처리한 경우 약정서 미발급으로 본다.

⑤ 위탁기업의 현장관리자가 추가공사에 대한 금액산정이 가능한 약식서류 등을 제공하였으나 구체적인 계약서 형태를 갖추지 않은 경우는 불완전한 약정서발급으로 본다.

⑥ 실제의 수위탁거래와 다른 허위사실을 기재한 약정서를 발급한 경우 약정서미발급으로 본다.

한편, 위탁내용의 변경, 추가위탁, 설계변경 등은 원 위수탁계약과는 별개의 추가위탁이므로 이에 대해서는 별도의 약정서 발급의무가 인정된다.

현재 중소벤처부는 업종별 표준약정서를 고시하고 있다.

위탁기업은 수탁기업으로부터 물품등을 받으면 물품등의 검사 여부에 관계없이 즉시 물품 수령증을 발급하여야 한다(법 제21조 제2항).

거래명세서·입고증 기타 그 명칭을 불문하고, 해당 업종의 거래관습상 위탁기업이 수탁기업으로부터 물품등을 납품받은 후 납품 사실을 확인하는 내용을 기재하여 발급하는 서면은 물품수령증으로 본다(공정화지침 III. 1. 나. (1)).

"즉시"란 제조·수리·가공·용역 위탁의 경우 '물품등을 받은 날'을 의미하고, 공사위탁 또는 물품등의 이전이 어렵거나 위탁기업이 물품이 제조된 장소에서 검사하도록 한 제조위탁의 경우 준공 또는 기성부분의 통지가 있는 때를 의미한다. 용역위탁 중 물품등의 수령이나 인수가 불가능한 경우 수령증 발급의무에서 제외한다(공정화지침 III. 1. 나. (2)).

　수탁기업이 물품을 납품하면서 거래명세서를 제출하면 위탁기업이 수령하였음을 확인하는 서명날인을 한 후 거래명세서의 공급자용을 수탁기업에게 교부하는 방법으로 수령증명서를 발급해 왔는데, 제출한 일부 거래명세서에 대하여 서명을 하지 않은 경우는 잘못된 수령증 발부가 된다(공정화지침 III. 1. 나. (3)).

02 ▶ 납품대금의 지급의무

상생협력법

제22조(납품대금의 지급 등) ① 수탁기업에 위탁기업의 납품대금을 지급하는 기일은 그 납품에 대한 검사 여부에 관계없이 물품등을 받은 날부터 60일 이내의 최단기간으로 정하여야 한다.

② 납품대금의 지급기일을 약정하지 아니한 경우에는 물품등의 수령일을 그 대금의 지급기일로 정한 것으로 보며, 제1항을 위반하여 지급기일을 정한 경우에는 물품등의 수령일부터 60일이 되는 날을 그 대금의 지급기일로 정한 것으로 본다.

③ 위탁기업이 납품대금을 물품등의 수령일부터 60일이 지난 후 지급하는 경우에는 그 초과기간에 대하여 연 100분의 40 이내의 범위에서 대통령령으로 정하는 이율에 따른 이자를 지급하여야 한다.

④ 위탁기업이 납품대금을 어음으로 지급하거나 어음대체결제 방식으로 지급하는 경우에는 연 100분의 40 이내의 범위에서 대통령령으로 정하는 할인료를 수탁기업에 지급하여야 한다.

⑤ 수탁기업(여러 단계의 하위 수탁기업을 포함한다)이 상생결제를 통하여 납품대금을 지급받은 경우에는 건설공사 하도급 대금의 직접지급, 수탁기업이 파산한 경우 등 대통령령으로 정하는 정당한 사유가 없으면 총 지급받은 납품대금 중 상생결제가 차지하는 비율 이상으로 하위 수탁기업에게 현금결제 또는 상생결제 방식으로 납품대금을 지급하여야 한다.

제25조(준수사항) ① 위탁기업은 수탁기업에 물품등의 제조를 위탁할 때 다음 각 호의 행위를 하여서는 아니 된다.

2. 납품대금을 지급기일까지 지급하지 아니하는 행위

6. 납품대금을 지급할 때 그 납품대금의 지급기일까지 금융기관으로부터 할인을 받기 어려운 어음을 지급하는 행위

상생협력법 시행령

제14조의2(상생결제를 통한 납품대금 지급의 예외) ① 법 제22조 제5항에서 "건설공사 하도급 대금의 직접지급, 수탁기업이 파산한 경우 등 대통령령으로 정하는 정당한 사유"란 다음 각 호의 어느 하나에 해당하는 사유를 말한다.

> 1. 건설공사의 발주자가 하도급 대금을 수급인을 거치지 아니하고 하수급인에게 직접 지급한 경우
> 2. 수탁기업이 파산하여 금융거래가 불가능하게 된 경우
> ② 법 제22조 제5항에 따른 상생결제를 통한 납품대금 지급비율의 산정방법 등 상생결제의 운영에 필요한 세부사항은 중소벤처기업부장관이 정하여 고시한다.

"납품"이란 수탁기업이 위탁받은 내용에 따라 제조, 공사, 가공, 수리하거나 용역 혹은 기술개발을 수행하여 납품, 인도, 제공하는 행위를 모두 포함한다. "납품대금"이란 위탁기업이 수탁기업의 납품에 대해 지급하는 대가를 말하며, 선급금이나 기성금도 포함한다 (공정화지침 II. 2.).

위탁기업은 수탁기업에게 납품에 대한 검사 여부와 관계 없이 물품을 받은 날로부터 60일 이내 최단기간으로 정해야 한다(법 제22조 제1항). 납품대금 지급시 기산일이 되는 납품일, 즉 '물품 등을 받은 날'이란 제조 등 위탁의 경우에는 물품 등을 수령한 날, 용역위탁의 경우에는 용역수행을 마친 날, 건설위탁의 경우에는 준공 또는 기성부분의 통지를 받은 날을 의미한다. 다만, 납품이 빈번하여 상호 합의하에 월 1회 이상 세금계산서를 발행하도록 정하고 있는 경우에는 세금계산서 발행일을 말한다(공정화지침 III. 2. 나.).

위탁기업이 납품대금 일자를 납품일로부터 60일을 초과하여 지급하기로 약정한 것과 60일 이내 지급하기로 약정하였음에도 불구하고 60일을 초과하여 지급하는 것은 동조 위반임에 이견이 없다. 다만, '최단기간'의 의미와 관련하여 위탁기업이 납품일로부터 60일 이내에 대금지급기일로 정하였음에도 불구하고 수탁기업이 '최단기간'이 아니라고 주장할 경우 어떻게 해석해야 하는지 문제될 수 있다. 사견으로 이러한 주장이 받아들여져 위법성이 인정되는 경우는 현실적으로 존재하지 않을 것이다. '최단기간'은 위탁기업이 가급적 납품대금을 빨리 지급하도록 하라는 훈시적 의미에 불과할 뿐 실질적인 규범조항이라 볼 수 없다.

위탁기업이 납품대금을 납품일로부터 60일을 초과하여 지급하는 경우 그 초과기간에 대하여 연 100분의 40 이내의 범위 내에서 대통령령이 정한 이율에 따른 이자를 지급해야 한다(법 제22조 제2항). 또, 위탁기업이 납품대금을 어음으로 지급하거나 어음대체수단으로 지급하는 경우 연 100분의 40 이내의 범위 내에서 대통령령이 정한 할인료를 수탁기업에 지급해야 한다(법 제22조 제3항, 제4항). 상생협력법 시행령 제14조 제1항 및 제2항은 상생협력법상 지연이자의 이율 및 어음, 어음대체수단에 대한 할인율에 대하여 하도급법상 공정거래위원회가 고시하는 것이라 규정하고 있다. 현재 하도급법상 지연이자율

은 연 15.5%, 어음할인료는 연 7.5%이며, 어음대체수단의 경우 금융기관과 약정한 수수료를 지급하도록 되어 있으므로. 상생협력법에서도 그대로 적용될 것이다.

어음 및 어음대체수단도 상생협력법상 지급수단이므로 이를 교부할 때 지급이 있었던 것으로 본다. 위 어음 및 어음대체수단의 할인료는 납품 후 60일 이내에 어음 및 어음대체수단을 교부하는 경우에 원칙적으로 적용되는 것이다. 만약 납품 후 60일이 지난 후에 어음 및 어음대체수단을 교부하는 경우라면 60일이 지난 날부터 그 교부일까지는 미지급이었으므로 지연이자율인 15.5%에 따른 지연이자를 지급하고, 교부일로부터 만기일까지는 법정할인료(어음의 7.5%의 할인료, 어음대체수단의 경우 금융기관과 약정한 수수료)를 지급해야 한다. 하도급법의 해석과 동일하다.

수탁기업(여러 단계의 하위 수탁기업을 포함한다)이 상생결제를 통하여 납품대금을 지급받은 경우에는 건설공사 하도급 대금의 직접지급, 수탁기업이 파산한 경우 등 대통령령으로 정하는 정당한 사유가 없으면 총 지급받은 납품대금 중 상생결제가 차지하는 비율 이상으로 하위 수탁기업에게 현금결제 또는 상생결제 방식으로 납품대금을 지급하여야 한다(법 제22조 제5항).

"상생결제"란 위탁기업 또는 수탁기업이 다음 각 목의 요건을 모두 충족하는 외상매출채권으로 납품대금을 지급하는 것을 말한다(법 제2조 제8호의2).

가. 수탁기업이 위탁기업으로부터 납품대금으로 받은 외상매출채권을 담보로 다른 수탁기업에게 새로운 외상매출채권을 발행하여 납품대금을 지급할 수 있을 것
나. 여러 단계의 하위 수탁기업들이 위탁기업이 발행한 외상매출채권과 동일한 금리조건의 외상매출채권으로 납품대금을 지급할 수 있을 것
다. 금융기관이 수탁기업에 대하여 상환청구권을 행사할 수 없는 것으로 약정될 것
라. 외상매출채권은 그 만기일이 도래하는 때에 대통령령으로 정하는 바에 따라 별도로 지정된 전용예치계좌에서 현금으로 인출되어 상환될 것

한편, 공정화지침이 기술한 납품대금 지급의무 위반의 예시는 다음과 같다(동지침 III. 다.).

---

(1) 물품등을 받은 후 위탁기업이 임의로 지정한 검사기관의 검사결과 물품등의 하자가 있고, 물품등의 하자로 인하여 위탁기업에게 손해가 발생하였다 하더라도 이는 민사적인 절차에 따라 다투어야 하고, 이를 이유로 납품대금 지급의무가 면제되지 아니한다.
(2) 건축공사 완료 후 관할 행정기관이 사용승인한 경우 최소한 사용승인일 이전에 전체 공사의 구성부분에 대한 검사도 완료되었다고 볼 수 있고, 사용승인일을 물품등의 수령일로 보아야 하므로, 수급사업자와 사용승인일 이후까지 계약기간을 연장하는 변경계약을 체결하

였다는 이유로 대금을 지급하지 아니한 경우 법 제22조 제2항을 위반한 행위에 해당한다.

(3) 물품등을 받은 날로부터 60일을 초과하여 납품대금을 지급하면서 그 초과기간에 대한 지연이자를 지급하지 아니한 경우 법 제22조 제3항을 위반한 행위에 해당한다.

(4) 어음할인료의 지급의무는 강행규정으로서 이에 반하는 당사자 간의 합의는 그 효력이 없으므로 어음할인료를 지급하지 않은 경우 법 제22조 제4항을 위반한 행위에 해당한다.

(5) 건설위탁시 수령한 물품등에 대한 대금을 외상매출채권담보대출을 이용하여 지급하면서 대금 법정 지급기일 이후부터 대금 상환기일까지의 기간에 대한 수수료를 지급하지 아니한 경우 법 제22조 제4항 위반행위에 해당한다.

한편, 위탁기업은 수탁기업에게 납품대금을 지급하면서 할인가능한 어음을 지급해야 하며, 금융기관으로부터 할인을 받기 어려운 어음을 지급하는 행위는 금지된다(법 제25조 제1항 제6호). "할인가능어음"이라 함은 ① 「은행법」 및 관련 특별법에 의하여 설립된 은행, ② 「자본시장과 금융투자업에 관한 법률」에 의하여 설립된 종합금융회사, ③ 「상호저축은행법」에 의해 설립된 상호저축은행, ④ 「보험업법」에 의해 설립된 보험회사, ⑤ 「여신전문금융업법」에 의해 설립된 여신전문금융회사, ⑥ 「새마을금고법」에 의해 설립된 새마을금고 중앙회에 의하여 어음할인 대상업체로 선정된 사업자가 발행·배서한 어음 또는 신용보증기금 및 기술보증기금이 보증한 어음을 말한다.

03 강제구매행위 금지

> **상생협력법**
>
> **제25조(준수사항)** ① 위탁기업은 수탁기업에 물품등의 제조를 위탁할 때 다음 각 호의 행위를 하여서는 아니 된다.
>   5. 품질의 유지 또는 개선을 위하여 필요한 경우나 그 밖에 정당한 사유가 있는 경우를 제외하고 위탁기업이 지정하는 물품등을 강제로 구매하게 하는 행위

위탁기업은 수탁기업에게 품질 유지·개선을 위하여 필요한 경우나 그 밖에 정당한 사유가 있는 경우를 제외하고는 위탁기업이 지정하는 물품 등을 강제로 구매하게 해서는 안된다(법 제25조 제1항 제5호).

"물품등의 구매강제"란 위탁기업이 수탁기업에게 제조 위탁을 하면서 자신이 지정하는 물품이나 장비 등을 구매하도록 강제하는 행위를 말한다. 다만, 제조 위탁을 하면서 품질의 유지 또는 개선을 위해 필요한 경우나 그 밖에 정당한 사유가 있는 경우는 제외한다.

공정화지침이 다음의 경우를 정당한 사유 및 금지되는 구매강제행위의 예시로 들고 있다 (공정화지침 III. 9.).

> 나. "정당한 사유"의 예시
> (1) 계약 내용을 실현하기 위해 지정된 물품의 구매가 반드시 필요한 경우
> (2) 발주자나 고객이 제조 의뢰시 특정 물품 및 장비 등을 사용하도록 요구한 경우
>
> 다. 법이 금지하는 물품등의 구매강제의 예시
> (1) 위탁기업의 구매나 외주담당자 등 거래에 영향을 미칠 수 있는 지위에 있는 자가 구입목표 액 등을 정하여 구입을 요청하는 경우
> (2) 수탁기업에게 목표량을 할당하여 구입을 요청하거나 특정 물품을 구비하지 아니하면 불이 익한 취급을 받게 된다는 것을 시사한 경우
> (3) 수탁기업이 거부의사를 표명하였음에도 다시 구매를 요청한 경우
> (4) 위탁기업이 자사 제품의 판촉 대상자에 수탁기업을 포함시켜 구매 또는 발주 담당자를 통 하여 수탁기업에게 자사 제품의 구입을 반복적으로 요청한 행위
> (5) 수탁기업이 원치 않음에도 불구하고 수탁기업에게 상품권을 배부하고 납품대금에서 공제 하는 행위
> (6) 수탁기업이 원치 않음에도 불구하고 수탁기업에게 계열사 제품을 판매하고 납품대금과 상 계처리하는 행위

04 합리적 검사를 할 의무

> **상생협력법**
> **제23조(검사의 합리화)** ① 위탁기업은 검사시설의 개선 및 검사에 종사하는 사람의 자질 향상 을 도모하고 객관적이며 타당성 있는 검사기준을 정하여 수탁기업이 납품한 물품등을 공정 하고 신속하게 검사하도록 하여야 한다.
> ② 위탁기업은 제1항에 따른 검사 결과 불합격한 물품등에 대하여는 그 불합격 사유를 즉시 문서로 수탁기업에 통보하여야 한다.
>
> **제25조(준수사항)** ① 위탁기업은 수탁기업에 물품등의 제조를 위탁할 때 다음 각 호의 행위를 하여서는 아니 된다.
> 11. 수탁기업이 납품한 물품에 대한 검사를 할 때 객관적 타당성이 결여된 검사기준을 정하 는 행위
>
> **상생협력법 시행령**
> **제15조(물품등의 불합격사유 통보)** 법 제23조 제2항에 따라 위탁기업이 수탁기업에 대하여

> 불합격 사유를 통보하는 문서에는 다음 각 호의 사항이 기재되어야 한다.
> 1. 물품등의 납품품명 · 납품수량 · 납품일자 및 검사일자
> 2. 불합격한 물품등의 검사기준 및 검사 · 분석 결과

위탁기업은 객관적이며 타당성 있는 검사기준을 정하여 공정하고 신속하게 검사하여야 하며, 위탁기업은 검사 결과 불합격한 물품 등에 대하여는 불합격 사유를 즉시 문서로 수탁기업에 통보해야 한다(법 제23조 제1항, 제2항).

위탁기업은 검사결과 불합격한 물품 등에 대해 그 불합격 사유를 즉시 문서로 통보하여야 하되, 납품받은 날로부터 10일 이내에 통보하여야 한다. "물품 등을 납품받은 날"이라 함은 수탁기업으로부터 기성부분의 통지를 받은 날을 포함하며, 공사 위탁의 경우 공사의 준공 또는 기성부분의 통지받은 날을 의미한다. 대규모 건설공사나 시스템 통합 용역 등 복잡하고 다양한 기술적 검사가 필요한 경우 검사의무를 해태하지 않은 이상 납품받은 날로부터 10일이 지난 경우라도 검사완료 후 즉시 통보를 하였다면 신속한 검사의무 위반으로 보지 않는다. 단, 검사기간이 길어져 납품 후 60일이 지났을 경우에는 검사 여부와 관계없이 60일 이내에 대금을 지급하여야 한다(공정화지침 III. 4.). 공정화지침상 객관적 타당성이 결여된 검사기준의 예시는 다음과 같다.

> (1) 물품 수령일로부터 10일 이내에 물품 검사 결과를 서면으로 통지하지 않은 채, 위탁기업이 임의로 지정한 검사 기관에서 검사한 결과에 의하여 중대한 하자가 있음을 이유로 불합격으로 판정하는 경우
> (2) 완구 제품의 제조를 위탁하면서 안전규격에 대해 특별한 요청이 없어 국내 안전규격에 맞추어 제조한 후 납품하였는데, 위탁기업이 EU 안전규격에 미치지 못한다는 이유로 불합격시킨 경우
> (3) 위탁기업이 검사기준과 검사 방법에 대하여 수탁기업과 협의하지 아니한 채, 통상의 기준보다 높은 검사기준을 일방적으로 정하여 물품등을 불합격으로 판정하는 경우
> (4) 위탁기업이 공급한 원자재 · 부자재, 건축자재 등 원재료의 품질불량으로 인하여 목적물 등이 불합격되는 경우에도 수탁기업의 불합격 사유로 간주하는 경우
> (5) 수탁기업이 위탁기업과 수탁 · 위탁계약을 체결할 때 정한 검사기관에서 검사를 필하여 납품하였으나, 위탁기업이 일방적으로 정한 다른 검사기관에서 다시 검사를 받고 납품할 것을 요구하는 경우 또는 일방적으로 정한 다른 검사결과에 따라 불합격 통보를 한 경우
> (6) 검사기준의 강화에 따라 납품 대금 증액 사유가 발생하였음에도 불구하고, 대금 증액 없이 강화된 검사기준에 따라 불합격 통보를 한 경우

> **상생협력법**
> **제25조(준수사항)** ① 위탁기업은 수탁기업에 물품등의 제조를 위탁할 때 다음 각 호의 행위를 하여서는 아니 된다.
>   1. 수탁기업이 책임질 사유가 없는데도 물품등의 수령을 거부하거나 납품대금을 깎는 행위

"물품 등의 수령거부"라 함은 위탁기업이 수탁기업에게 제조 위탁을 한 후 수탁기업이 책임질 사유가 없음에도 불구하고 위탁시점에 정해진 납기 및 장소에서 물품등의 납품에 대한 수령 또는 인수를 거부하거나 지연하는 행위를 말한다. 다만, 용역위탁 가운데 성질상 수령 또는 인수가 불가능한 용역을 위탁한 경우는 제외한다.

이때 "수령"이란 위탁기업이 수탁기업으로부터 납품받은 물품 등을 받아 위탁기업의 사실상 지배하에 두게 되는 것을 말한다. 다만, 이전하기 곤란한 목적물 등의 경우에는 수탁기업의 납품 등에 따라 위탁기업에게 납품의 통지를 하여 도달한 때를 수령한 때로 본다. "인수"란 공사위탁에 있어 수탁기업의 납품 등에 따라 위탁기업이 검사를 끝내는 즉시 목적물 등을 위탁기업의 사실상 지배하에 두는 것을 말한다.

물품등 수령거부 행위의 위법성은 위탁계약 체결 및 수령거부의 경위, 위탁계약의 내용, 수령거부한 물품등의 범위, 계약이행 내용 등 여러 사정을 종합적으로 고려한다. "수탁기업이 책임질 사유"란 수탁기업의 귀책사유로 인해 계약을 이행할 수 없는 경우 또는 수탁기업이 계약내용을 위반하여 계약목적을 달성할 수 없는 경우 등을 말한다.

공정화지침상 부당수령거부 행위에 위법성 판단기준과 부당수령거부의 예시는 다음과 같다(공정화지침 III. 5. 나.).

> ① 수탁기업이 일정한 기간이나 계절에 집중적으로 판매되는 물품의 제조를 충분한 기간을 두고 위탁받았음에도 수탁기업이 조달하기로 한 원재료를 제때 조달하지 못하는 등 수탁기업의 사정으로 해당 기간이나 계절을 넘겨 납품하는 경우
> ② 수탁기업이 직접 조달한 원재료의 품질불량 등으로 납품 등을 한 물품등의 품질·성능 등에 하자가 중대하여 계약의 목적을 달성할 수 없다고 인정되는 경우
> ③ 물품등의 생산과정 또는 납품 등을 위한 운송과정에서 수탁기업이 제대로 관리를 하지 아니하여 물품 등이 오손·훼손되고, 오손·훼손의 정도가 중대하여 계약의 목적을 달성할 수 없다고 인정되는 경우

공정화지침상 부당한 수령거부행위의 예시는 다음과 같다(지침 III. 5. 다.).

(1) 위탁기업이 수령을 거부한 후 위탁취소의 합의서가 작성되었는데 합의서 작성 당시 위탁기업이 수탁기업에게 납품 대금을 지급하지 아니하여 수탁기업의 자금 운용이 매우 절박한 상황이었고, 위탁취소의 내용이 포함된 합의서를 작성하지 않으면 위탁기업이 수탁기업에게 납품 대금을 지급하지 않겠다고 하여 부득이 합의서를 작성하게 된 경우

(2) 약정서에 위탁내용이 명확하게 기재되어 있지 않는 등 위탁내용이 불명확하여 수탁기업이 납품 등을 한 물품등의 내용이 위탁내용과 상이한지 판단하기 곤란함에도 불구하고 수령을 거부하는 행위

(3) 검사기준을 정하지 아니하고도 통상의 기준보다 높은 기준을 적용하거나, 검사기준을 정하였다고 하더라도 내용이 불분명하거나 당초계약에서 정한 검사기준보다 높은 기준을 적용하여 목적물 등이 위탁내용과 다르거나 품질·성능의 하자 등을 이유로 수령을 거부하는 행위

(4) 위탁시 서면으로 납기를 정하지 아니하거나 납기를 변경하면서 이를 서면으로 명확히 하지 아니하여 수탁기업이 납기를 어겼는지 여부가 분명하지 않음에도 납기지연을 이유로 수령을 거부하는 행위

(5) 위탁기업이 일방적으로 납기단축을 통보한 후 납기에 목적물 등을 납품하지 않았다는 이유로 수령을 거부하는 행위

(6) 위탁기업이 공급하기로 되어 있는 원자재 등을 늦게 공급함으로써 납기내 납품 등이 곤란하였음에도 납기지연을 이유로 수령을 거부하는 행위

(7) 위탁기업이 공급한 원재료의 품질불량 또는 위탁기업의 설계오류 등으로 인해 물품등에 하자가 발생하였음에도 불구하고 수탁기업에게 책임을 물어 수령을 거부하는 행위

(8) 물품등의 하자에 대한 책임소재가 분명하지 않음에도 위탁기업이 물품등의 하자에 대한 책임을 수탁기업이 전적으로 부담할 것을 요구하면서 수령을 거부하는 행위

(9) 위탁기업이 발주자로부터의 발주취소·발주중단, 발주자·외국수입업자·고객의 클레임, 위탁기업의 판매부진·생산계획 변경·사양변경 등을 이유로 위탁내용대로 제조·수리·시공 또는 용역한 물품등의 수령을 거부하는 행위

(10) 위탁기업이 수탁기업으로부터 물품등을 수령할 것을 요구받았음에도 보관장소 부족 등 정당하지 아니한 사유로 수령을 거부하는 행위

(11) 위탁기업이 수탁기업의 부도 등에 따라 물품등의 안정적인 공급이 어렵다고 판단해서 이미 발주한 물품등의 수령을 임의로 거부하는 행위

(12) 위탁기업이 여러 품목을 제조 위탁한 경우에 일부 품목의 불량을 이유로 다른 품목에 대해서도 수령을 거부하는 행위

(13) 구두로 추가 위탁을 한 후 물품의 일부는 수령하였으나, 나머지 물품에 대해서는 당초 약정서에 따른 위탁이 아니라며 위탁 사실을 부인하고 수령을 거부하는 행위

(14) 위탁기업의 모델단종, 물량감소, 해외이전, 생산취소 등의 생산계획이나 사양변경등의 설계변동을 이유로 수탁기업이 이미 생산완료한 물품을 납기일보다 지연하여 수령하는 행위

> **상생협력법**
>
> **제25조(준수사항)** ① 위탁기업은 수탁기업에 물품등의 제조를 위탁할 때 다음 각 호의 행위를 하여서는 아니 된다.
>
> 　3. 수탁기업이 납품하는 물품 등과 같은 종류이거나 유사한 물품 등에 대하여 통상적으로 지급되는 대가보다 현저히 낮은 가격으로 납품대금을 정하는 행위

　위탁기업은 수탁기업이 납품하는 물품 등과 같은 종류이거나 유사한 물품 등에 대하여 통상적으로 지급되는 대가보다 현저히 낮은 가격으로 지급해서는 안된다(법 제25조 제1항 제3호).

　여기서 "같은 종류이거나 유사한 물품"은 물품 등의 종류, 용도, 특성, 품질, 원재료, 제조방법, 물품 등 간의 대체가능성 등을 종합적으로 고려하여 판단한다. "통상적으로 지급되는 대가"는 아래와 같은 기준으로 하되, 시장 상황, 물가상승률, 원자재 가격, 인건비 변화 등을 고려하여 판단한다(공정화지침 III. 7. 나.). "통상 지급되는 대가"는 '정상가격' 또는 '시가'의 개념과 유사한 것으로 이해된다. 특수관계 없는 제3자 간 거래가격은 공정하고 객관적인 것으로 추정하므로 공정화지침도 이를 반영하여 "통상 지급되는 대가"의 산정방법을 규정하고 있다. 다만, 현실적으로 동일 또는 유사한 물품 등을 찾기 어려운 경우가 많고 특히 용역은 더더욱 그렇다. 그래서 '정상가격' 또는 '시가'를 산정하기 어려운 경우가 많은데, 위수탁거래 공정화지침은 이런 상황을 감안하여 해당 물품 등(용역 포함)의 원가에 일정한 이윤을 가산하여 "통상 지급되는 대가"를 산정하도록 하고 있다.

(1) 동일 또는 유사한 시기에 같은 종류이거나 유사한 물품등에 대해, 해당 위탁기업이 제3자에게 지급한 대가

(2) 동일 또는 유사한 시기에 같은 종류이거나 유사한 물품등에 대해, 해당 수탁기업이 제3자로부터 위탁받아 지급받은 대가

(3) 동일 또는 유사한 시기에 같은 종류이거나 유사한 물품등에 대해, 해당 위탁기업 및 수탁기업 아닌 제3자간에 일반적으로 거래된 대가

(4) 동일 또는 유사한 시기에 같은 종류이거나 유사한 물품등에 대해, 해당 위탁기업이 해당 수탁기업에게 지급한 대가

(5) 동일 또는 유사한 시기에 해당 물품 등에 대해 같은 종류 혹은 유사한 것이 없거나 알 수 없는 경우, 해당 물품 등에 대한 제조 원가에 해당 위탁기업이 거래 중에 있는 같거나 유사한 거래유형에 속하는 수탁기업의 전년도 평균 영업이익률을 해당물품 매출액에 곱한 금액

을 더한 대가

> 해당 물품원가 + (유사 수탁기업 평균 영업이익률[주1] × 해당물품 매출액[주2])
>
> 주1) 영업이익/매출액 × 100
>
> 주2) 해당물품 1개의 매출액(예 : 부당결정된 물품 1개의 매출액)

(6) 기간 경과 등으로 당시의 제조 원가가 파악되지 않는 경우 대금 협상 과정 등 제반사정을 고려하여 수탁기업이 최종적으로 제시한 견적 금액

한편, "현저히 낮은 가격"의 해당 여부는 같은 종류이거나 유사한 물품 등에 대해 통상 지급되는 대가와의 차이의 정도, 발주수량, 차액으로 인해 수탁기업이 입게 되는 손실의 규모, 원자재 비용이나 인건비 등 시장상황 등을 고려하여 판단한다. 아울러 납품대금의 결정과정에서 위탁기업이 수탁기업에게 물품등의 내용, 규격, 품질, 수량, 재질, 용도, 공법, 운송, 도면, 대금결제조건, 단가, 대금 계산식, 대금계산에 필요한 각종 지수 등 가격 결정에 필요한 자료·정보·시간 등을 성실하게 제공하였는지 여부, 수탁기업과 실질적이고 충분한 협의를 하였는지 여부와 거래상의 지위를 이용하여 수탁기업의 자율적인 의사를 제약하였는지 여부 또는 정상적인 거래관행에 어긋나거나 사회통념상 올바르지 못한 것으로 인정되는 행위나 수단 등을 사용하였는지 여부 등을 종합적으로 고려할 수 있다. 이 경우 통상 지급되는 대가와 해당 사안에서 결정된 대가간의 차액의 정도가 클 것을 요하지 아니한다(공정화지침 III. 7. 다.). 공정화지침이 "현저히 낮은 가격"의 예시로 다음을 들고 있다.

(1) 최저가 경쟁입찰에서 최저가로 입찰한 금액보다 낮은 금액으로 대금을 결정한 경우

(2) 작업의 노임 내지 부품 단가 등에 변동이 없었음에도 이에 관한 검토 없이 일정한 비율로 감액하여 단가를 결정하는 행위

(3) 계속적 거래관계에서 위탁기업이 수탁기업에게 품목별 제작단가표만 제공하였을 뿐 단가 결정에 영향을 미치는 주요 내용이나 자료, 정보 등을 제공하지 아니한 채 기본계약을 체결하였음에도 불구하고, 이후 협조요청 공문을 보내 경기침체 등을 이유로 합의 없이 일방적으로 단가인하를 결정한 행위

(4) 위탁기업이 재료비 또는 인건비의 하락, 작업시간의 현저한 단축, 명백한 계산착오 등 객관적인 기준에 의하여 단가를 인하한 것이 아니라 발주자로부터 예상보다 큰 폭의 도급단가 인하가 이루어졌다는 이유로 수탁기업에게 위탁한 물품의 단가를 인하하여 결정한 행위

(5) 위탁기업이 수탁기업에게 A품목의 단가를 인하하는 대신 B품목의 납품단가를 인상하여 손실을 정산하여 주기로 약속한 후, 이를 믿고 A품목의 단가를 인하하여 준 수탁기업에게 그 손실을 전혀 보전하여 주지 않거나 일부만 보전하여 준 행위

(6) 위탁기업이 수탁기업과 공유하는 객관적인 근거에 의하지 아니하고 위탁기업이 자체적으로 정한 목표예산에 근거하여 단가를 결정하고 위탁기업이 일방적으로 설정한 생산성 향상 목표에 따라 단가를 인하하여 결정한 경우

(7) 발주수량을 고려하여 납품단가를 결정하는 거래에서, 예상 발주량을 근거로 납품단가를 산정하였으나 실제로는 예상 발주량보다 적은 수량을 발주하였음에도 이에 맞추어 단가를 인상하여 주지 않은 경우

(8) 물품등을 제조하는데 들어가는 원자재 비용, 직접인건비, 경비 등 투입된 비용과 같거나 그보다 낮은 수준으로 대금을 결정하는 경우

(9) 수탁기업에 위탁 당시에 약정하지 않았던 업무에 대해 상당한 비용이 들어가는 추가 위탁을 하면서 납품대금을 증액하여 주지 않은 경우

(10) 계속적 계약에서 위탁기업의 경영상황 악화 등 수탁기업의 책임없는 사유를 이유로 대금을 낮게 정하는 행위

(11) 정산과정에서 수탁기업에게 다른 공사를 수의계약 등으로 줄 것처럼 기만하는 방법으로 납품대금 정산금액을 낮게 결정하는 행위

(12) 위탁기업이 수탁기업에 일률적으로 단가인하를 해줄 것을 요청하면서 단가인하에 협조하지 않을 경우 강제적 구조조정대상이 될 수 있다고 압박하는 경우

(13) 위탁기업이 본 공사 이외의 수정추가공사를 위탁하면서, 수정추가공사 작업을 수행한 이후에 납품대금을 정산하면서 수탁기업과 협의과정을 거치지 않고 정당하게 인정되어야 할 대금보다 낮은 대금을 지급하는 방법으로 납품 대금을 결정하는 행위

(14) 2개 이상의 품목에 관하여 종류·거래 규모·규격·품질 등에 개별적인 사정의 차이가 있음에도 불구하고 이와 같은 개별적 차이를 반영하지 않은 채, 위탁기업이 일정한 구분에 따른 비율로 단가를 인하한 경우

한편, "같은 종류이거나 유사한 물품", "통상적으로 지급되는 대가", "현저히 낮은 수준" 등 부당한 대금결정의 구성요건에 대하여는 문언에 비추어 위법성을 주장하는 중소벤처기업부 또는 수탁기업에게 입증책임이 있다.

07 ▷ 부당감액

상생협력법

제25조(준수사항) ① 위탁기업은 수탁기업에 물품등의 제조를 위탁할 때 다음 각 호의 행위를 하여서는 아니 된다.

  1. 수탁기업이 책임질 사유가 없는데도 물품등의 수령을 거부하거나 납품대금을 깎는 행위

위탁기업은 납품대금을 정한 이후 수탁기업이 책임질 사유가 없는데도 불구하고 납품

대금을 감액해서는 안된다(법 제25조 제1항 제1호).

"납품대금을 깎는 행위"란 위탁기업이 수탁기업에게 제조 위탁을 할 때 약정한 납품대금을 그대로 지급하지 아니하고, 그 금액에서 감하여 지급하는 행위를 말한다(공정화지침 III. 6. 가.). 그래서 상생협력법 제25조 제1항 제3호의 부당한 대금결정은 위수탁계약을 체결하는 시점에 대금을 현저히 낮게 정하는 것이고 동항 제1호 후단의 부담감액은 위수탁거래에 착수한 이후 이미 정해진 대금을 깎는 것이라는 차이가 있다. 또, 부당대금결정에서는 현저히 낮은 대금이어야 하지만 부당감액에서는 현저한 정도의 감액을 요하지 않는다.

납품 대금을 깎는 행위의 위법성은 수탁기업이 책임질 사유가 있는지 여부를 기준으로 판단한다. 납품 대금을 깎는 행위는 명목이나 방법, 시점, 금액의 다소를 불문한다.

감액의 정당한 사유, 즉 "수탁기업이 책임질 사유가 있는지 여부"는 수탁·위탁계약 체결 및 감액경위, 경제상황 등을 종합적으로 고려하여 판단한다. "수탁기업이 책임질 사유"는 납품 대금을 인하해야 하는 객관적이고 합리적인 근거가 있는지, 원자재 가격 인상, 작업 설비 노후·부족 등 작업환경 악화에 따른 생산성 하락으로 비용상승 등이 발생한 경우에 수탁기업이 단가를 인상할 수 있는지, 납품대금을 깎을 경우 수탁사업자가 거래 개시 시점에 기대했던 경영상 이익이 감소하는지 여부, 수탁기업 측에 원자재 가격인하, 생산성 향상으로 인한 비용하락 등 단가를 인하할 수 있는 재무적 여력이 있고, 수탁기업이 단가인하를 통해 매출 증대를 희망하며 위탁기업과 대등한 지위에서 상호합의가 있었는지 여부등을 종합적으로 고려하여 판단하고, 이때 "상호합의"는 객관적이고 합리적인 절차에 따라 충분하고 실질적인 협의를 통해 이루어져야 한다. 즉, 수탁기업이 진정하게 동의한 "상호합의"를 의미하는 것으로, 이에 대하여는 갑을인지감수성에 따라 "을"의 입장에서 진정하게 동의하였는지를 판단해야 한다.

또한 위탁할 때 납품대금을 감액할 조건을 명시한 경우에도 감액 조건이 수탁기업에 책임질 사유가 있는지 여부를 기준으로 판단하되, 그 감액 조건이 수탁기업에게 일방적으로 불리하거나 객관적이고 합리적 정당성을 가지지 못하는 경우, 그 감액 조건에 따른 감액은 위법한 것으로 본다.

"수급사업자가 책임질 사유가 있는 경우"라는 법조문의 문언에 비추어 감액의 정당한 사유가 있음에 대하여 위탁기업에게 입증책임이 있는 것으로 해석해야 한다.

공정화지침은 아래와 같이 감액에 대하여 정당한 사유가 인정되지 않는 경우와 정당한 사유가 인정되는 경우의 예시를 들고 있다.

다. 수탁기업이 책임질 사유가 없는 경우의 예시

(1) 납품단가를 인하하기로 합의하면서 회의록 등에 기재된 인하 단가의 적용일자를 합의일보다 이전으로 소급하여 명시한 경우

(2) 합의단가 적용일 이전에 납품받은 물량에 대해서도 그 단가 차액만큼 일시불로 환입받는 방식으로 납품 대금을 감액한 행위

(3) 건설위탁하고 목적물을 인수한 후 정당한 사유 없이 기성금을 감액하는 행위

(4) 위탁기업이 수탁기업에게 목적물 수령일보다 일찍 대금을 지급하면서 임의로 대금을 할인하여 지급하는 행위

(5) 위탁기업이 수탁기업에 책임 없는 클레임 또는 페널티 명목으로 수탁기업으로부터 일부 금액을 환수하거나 납품 대금에서 공제한 뒤 지급하는 행위

(6) 위탁기업이 수탁기업에게 제조 위탁한 부품에 대한 납품단가를 결정하면서 단가인하에 관한 합의가 성립하기 전에 위탁한 부분에 대하여 합의 내용을 일방적으로 소급적용하는 행위

(7) 위탁기업이 수탁기업에 샘플 등 제작대금을 지급한 후, 샘플 등의 단가가 과다하게 산정되었다는 이유 등으로 사후에 지급할 납품 대금에서 공제하는 행위

(8) 법정·약정 검사기간 경과 후 불량 등을 이유로 반품하고 그 만큼 감액하여 납품대금을 지급하는 행위

(9) 단가 및 물량에는 변동이 없으나 운송조건, 납품기한 등의 거래조건을 당초 계약내용과 달리 추가비용이 발생하는 내용으로 변경하고 그에 따른 추가비용을 보전해주지 아니하는 행위

(10) 이전 발주 건에서 뒤늦게 발견된 불량에 대해 수탁기업의 귀책여부나 불량으로 인한 손실액이 확정되지 않은 상태에서 다음 발주 건의 대금에서 임의로 공제하여 지급하는 행위

(11) 위탁기업에 실질적으로 손해를 발생시키지 않는 수탁기업의 경미한 과오를 이유로 대금을 깎는 행위

(12) 위탁기업이 발주자로부터의 발주 취소나 경제상황의 변동 등을 이유로 물품등을 반품하면서 이에 대한 대금을 깎는 행위

(13) 위탁기업 근로자들의 파업 등으로 인한 경영손실을 고통분담이라는 명목으로 수탁기업의 물품대금을 깎는 행위

(14) 위탁기업의 판매 부진, 환율 변동에 따른 적자폭의 증가를 이유로 물품대금을 일방적으로 깎는 행위

(15) 위탁기업이 자동차 부품의 제조를 위탁하면서 위탁시 합리적인 이유 또는 수탁기업과의 협의에 의하여 정식 납품단가를 결정하지 않고, 임시단가에 의하여 위탁한 후 정식납품단가를 결정하였음을 이유로 그 금액을 감액하는 행위

(16) 위탁기업의 설계변경 등으로 인하여, 최초 계약내용보다 공사량 내지 원재료비가 증가하였음에도 불구하고 대금을 증액하여 지급하지 아니한 경우

라. 수탁기업이 책임질 사유가 있는 경우의 예시

(1) 수탁기업이 계약한 물품과 상이한 물품을 납품하거나, 수탁기업의 책임있는 사유로 물품에 하자가 존재하는 경우

(2) 수탁기업의 경영상의 어려움 혹은 감독관청으로부터 영업취소·영업정지 등의 처분을 받

아 약정내용을 정상적으로 이행하지 못하였을 경우

(3) 단가결정의 중요한 기준이 되는 공급원가 관련하여 수탁기업이 제공한 자료에 중대하고 명백한 착오가 있어 단가가 부당하게 높게 책정되었고, 이를 수정하기 위해 대금을 깎는 경우

(4) 수탁기업이 약정된 납기일을 위반하여 위탁기업이 지체상금약정에 의하여 대금을 깎거나, 예정된 일정대로 물품을 생산하지 못하여 발생한 손해만큼 대금을 깎는 경우

08 발주자로부터 증액받은 납품대금을 증액 지급하지 않는 행위

> **상생협력법**
>
> **제25조(준수사항)** ① 위탁기업은 수탁기업에 물품등의 제조를 위탁할 때 다음 각 호의 행위를 하여서는 아니 된다.
> 4. 물품등의 제조를 위탁한 후 경제상황 변동 등의 이유로 발주자로부터 추가금액을 받은 위탁기업이 같은 이유로 수탁기업에 추가비용이 드는데도 받은 추가금액의 내용과 비율에 따라 납품대금을 증액하여 지급하지 아니하는 행위

위탁기업은 위탁 이후 자신이 발주자로부터 경제상황 변동 등의 이유로 증액받은 경우 수탁기업에게 그 추가금액의 내용과 비율에 따라 납품대금을 증액해서 지급해야 한다(법 제25조 제1항 제4호). 바꿔 말해 위탁기업이 발주자로부터 증액받지 않은 경우라면 동호에 의한 납품대금 증액의무는 없다. 다만, 물가변동, 노무비, 원재료비, 경비 등의 공급원가 변동이 아닌 위탁내용 변경, 추가위탁, 설계변경 등은 원 위수탁거래가 아닌 별도의 추가 위수탁거래로 보는 것이므로 "추가 납품대금" 지급의무가 별도로 발생하는 것이므로 이를 지급하지 않은 것은 상생협력법 제22조의 납품대금지급의무 위반이 된다.

여기서 "경제상황 변동 등의 이유"에는 물가변동, 노무비, 원재료비, 경비 등의 공급원가 변동 외에 위탁내용 변경, 추가 위탁, 설계변경 등을 포함하고, 위 "경제상황 변동 등의 이유"로 인하여 목적물의 완성 또는 완료를 위해 추가비용이 드는 경우도 포함된다.

위탁기업이 발주자로부터 "경제 상황 변동 등의 이유"에 따른 납품대금의 조정을 받은 경우 추가금액의 내용과 비율이 명료할 경우에는 그 내용과 비율에 따라 수탁기업에게 납품대금을 증액하여 지급하여야 하며, 그 내용이 불명료할 경우에는 발주자가 지급한 금액의 평균비율을 적용하여 수탁기업에게 적용 지급하여야 한다. 위탁기업이 발주자로부터 "경제상황 변동 등의 이유"로 납품대금을 증액하여 지급받은 때, 일부 공종에 있어 해당 납품금액이 발주자의 지급금액을 상회하는 경우에도 위탁기업이 수탁기업에 지급

한 납품대금을 기준으로 증액해 주어야 한다.

한편, "경제상황 변동 등의 이유"로 발주자로부터 증액받은 추가금액을 수탁기업에게 증액해 주는데 있어서 대금증액 기준시점 이전에 지급한 선급금은 대금증액 대상 금액에서 제외할 수 있다(공정화지침 III. 8.).

공정화지침에서 들고 있는 납품대금을 증액하여 지급하지 않은 행위의 예시는 다음과 같다.

---

(1) 위탁기업이 발주자로부터 물가변동을 반영한 계약금액을 증액받았음에도 불구하고 발주자가 위탁기업에게 증액하여 준 내용과 비율대로 수탁기업에게 증액하여 주지 아니한 행위
(2) 위탁기업이 발주자로부터 설계변경에 따른 계약금액을 증액받고도 수탁기업에게 납품 대금을 증액해주지 아니한 행위
(3) 발주자로부터 공동이행방식으로 건설도급을 받아 공동수급체의 대표사가 수탁기업에게 건설위탁을 한 경우 공동수급체가 발주자로부터 설계변경으로 인한 계약금액의 증액을 받았음에도 수탁기업에게 대금 조정 및 통지를 하지 아니한 행위

---

09 ▷▷ 대물변제 금지

상생협력법

제25조(준수사항) ① 위탁기업은 수탁기업에 물품등의 제조를 위탁할 때 다음 각 호의 행위를 하여서는 아니 된다.
8. 납품대금을 지급하는 대신 위탁기업이 제조하는 제품을 받을 것을 요구하는 행위

위탁기업은 수탁기업에게 납품대금으로서 현금 대신 위탁기업이 제조한 제품을 받을 것을 요구해서는 안된다(법 제15조 제1항 제8호).

위수탁계약 체결시에 물품으로 대금지급하기로 약정하는 것 뿐 아니라 납품 이후 물품으로 대금지급을 하는 행위 모두 동호 위반이다. 공정화지침에서는 "위탁기업이 지급채무를 이행함에 있어서 당초 계약내용에 의한 납품대금을 지급하지 않고 물품등 다른 급부를 지급하여 그 채무를 변제할 것을 요구하는 행위"라고 규정하고 있는바(공정화지침 III. 12. 가.), 마치 위수탁계약에서 대물변제를 하기로 약정하지 않았음에도 불구하고 납품대금을 대물변제한 것만 위법하다고 오인될 소지가 있지만 그렇게 해석되어서는 안된다.

한편, 위탁기업이 수탁기업에게 자신이 제조한 물품 이외의 물품으로 대물변제하는 것에 대해서는, 이 역시 수탁기업에게 불리한 결제방식이기는 하지만, 동호에서 "위탁기업

이 제조한 물품"이라고 명시한 이상, 동호 위반으로 볼 수는 없다. 다만, 위탁기업이 제조한 제품은 아니지만, 위탁기업의 자회사 등 계열회사가 제조한 제품은 경제적 실질의 측면에서 판단하는 위수탁거래의 특징상 동호에 해당하는 제품이라 볼 수밖에 없다.

추가로, "제품"이라고 하였기 때문에 제조된 물품이 아닌 용역이나 그 결과물(예를 들면 건설된 아파트 등)은 해당되지 않는다는 입장이 있을 수 있다. 사견으로 이렇게까지 엄격하게 해석할 것이 아니어서 동조하지 않지만, 차후 입법론적으로 동호의 "제품"을 용역 등 위수탁거래의 대상물 전체를 가르키는 "물품 등"으로 변경하여 논란의 소지를 없애야 할 것이다.

한편, 법문에서 "부당한" 또는 "정당한 사유 없이"라는 주관적 요건이 없다. 이는 하도급법상 대물변제에서 "정당한 이유 없이"를 삭제하고 모든 대물변제를 위법한 것으로 규정한 2017년 하도급법 개정과 궤를 맞춘 것으로 생각된다. 다만, 2017년 개정 하도급법 제17조 제1항에서는 "정당한 이유 없이"를 삭제하는 대신 부도(제1호), 파산신청, 회생절차개시결정(제2호), 그 밖에 물품으로 지급할 수밖에 없는 사유가 발생하고 수급사업자의 요청이 있는 경우(제3호)와 같은 예외를 규정하였는데, 상생협력법에서는 대물변제의 예외가 없어 논란이 된다. 사견으로 법률로 수범자에게 기대가능성이 없는 의무를 부과하는 것은 허용되기 어려우므로 하도급법 제17조 제1항 각호와 같은 경우에는 대물변제의 예외로 인정되어야 할 것이다.

한편, 공정화지침이 위법한 대물변제의 예시로 다음을 들고 있다.

---

(1) 위탁기업이 아파트 공사를 위탁한 사안에서, 해당 아파트가 미분양되었다는 이유로 수탁기업에게 대금 중 일부를 아파트로 제공하겠다고 요구하는 행위
(2) 중소 의류 제조업체가 대기업 의류업체에게 아동복을 납품하였으나, 대기업 의류업체에서 물품 대금 중 일부를 소유하고 있던 재고의류로 변제하겠다고 요구하는 행위

---

10 ▶ 부당 발주취소 · 발주감소

상생협력법

제25조(준수사항) ① 위탁기업은 수탁기업에 물품등의 제조를 위탁할 때 다음 각 호의 행위를 하여서는 아니 된다.

7. 물품등에 흠이 없는데도 정당한 사유 없이 발주물량을 통상적으로 발주하는 수량보다 현저히 감소시키거나 발주를 중단하는 행위

위탁기업은 수탁기업의 납품한 물품 등에 흠이 없는데도 정당한 사유 없이 발주를 중단하거나 발주물량을 통상적으로 발주하는 수량보다 현저히 감소시켜서는 안된다(법 제25조 제1항 제7호).

여기서 "정당한 사유없이 발주를 감소·중단하는 행위"라 함은 위탁기업이 계속적 거래관계에 있는 수탁기업에게 제조와 관련한 발주를 계속하던 중 위탁기업이 임의대로 아래와 같은 행위를 하는 것을 말한다(공정화지침 Ⅲ. 11. 가.). "흠"이란 계약의 목적을 달성할 수 없을 정도의 명백한 불량이나, 객관적인 검사결과를 통해 확인된 하자를 말한다.

(1) 제조 발주를 취소(일부 취소를 포함한다. 이하 같다)하는 행위
(2) 위탁을 할 때 정한 발주량을 현저히 변경(일부 변경을 포함한다. 이하 같다)하는 행위
(3) 발주를 중단하거나 발주 수량을 현저히 감소시키는 행위

"통상적으로 발주하는 수량"의 판단은 계속적 거래관계가 있는 위탁기업과 수탁기업 사이에 과거의 발주수량, 위탁기업의 생산계획, 수탁기업의 생산능력, 다른 수탁기업의 발주수량 변경 추이, 수탁·위탁기업 쌍방이 계속적 거래관계를 형성할 의도가 있었는지, 위탁기업이 계속적 거래관계에 대한 기대를 부여하는 언동이 있었는지 여부, 금형 또는 시제품 생산을 발주하면서 계속적 거래를 전제하여 대금을 결정하였는지 등을 근거로 하여 합리적으로 예상할 수 있는 수량을 기준으로 한다. 계속적 거래계약에서 생산계획 수립, 위탁 및 입고 등 일련의 과정이 전산시스템인 전사적 자원관리시스템(Enterprise Resource Planning, ERP)을 통해 관리되는 경우로서 주별 또는 월별 단위의 예상물량 통보(Forecast, FO), 납품 등의 수량·단가·시기·장소 등이 기재된 발주(Purchase Order, PO), 납품 지시(Delivery Order, DO) 등이 순차적으로 이루어지는 위탁 거래에서 해당 목적물 등의 종류 및 특성, 거래규모, 해당 수탁기업의 생산능력, 제조 등의 공정 및 공법, 계속적 거래계약의 내용, 거래조건의 동일성, 해당 수탁기업의 거래유지기간, 관련 산업의 특성 및 시장상황, 정상적인 거래관행 등을 종합적으로 고려할 때 사실상 납품 등의 수량이 주별 또는 월별 단위의 예상물량 통보(Forecast, FO)로 결정되는 경우, 주별 또는 월별 단위로 예상물량 통보(Forecast, FO)된 수량을 통상적으로 발주하는 수량으로 추정한다(공정화지침 Ⅲ. 11. 나.).

한편, 정당한 사유없는 발주 감소·중단 행위의 위법성은 정당한 사유가 없음에도 불구하고 제조 발주를 임의로 취소·변경(이하 "취소"라 한다)한 것인지 여부를 중심으로 판단하되, 계약 체결 및 발주취소의 경위, 계약의 내용 및 취소한 발주의 범위, 계약이행 상황, 발주취소의 방법·절차 등 여러 사정을 종합적으로 고려한다. "정당한 사유"란 수

탁기업의 귀책사유로 인해 물품등에 흠이 있거나 계약을 이행할 수 없는 경우 또는 수탁기업이 계약내용을 위반하여 계약목적을 달성할 수 없는 경우 등을 말한다. 이에 대한 입증책임은 문언의 특성상 위탁기업에게 있다.

공정화지침이 예시로 들고 있는 정당한 사유가 있는 경우 및 없는 경우는 다음과 같다.

마. 정당한 사유에 대한 예시

(1) 수탁기업에게 파산·회생절차의 신청 등 경영상의 중대한 사유가 발생하고 그로 인하여 계약내용을 정상적으로 이행할 수 없다고 인정되는 경우

(2) 수탁기업이 감독관청으로부터 영업취소·영업정지 등의 처분을 받은 경우로서 계약내용을 정상적으로 수행할 자격·능력이 없다고 인정되는 경우

(3) 수탁기업이 특별한 이유 없이 목적물 등의 제조·수리·시공 또는 용역의 착수·착공을 거부하여 약정한 납기에 완성·완공할 가능성이 없다고 인정되는 경우

(4) 수탁기업이 목적물 등의 품질에 영향을 미치는 주요공정·공법 등을 임의로 변경하는 등 계약의 중요한 내용을 위반하고 그 위반으로 인하여 계약의 목적을 달성할 수 없다고 인정되는 경우

(5) 위탁기업이 계약 체결시 수탁기업에게 발주량에 대한 기대를 유발한 사정이 없고, 거래의 특성이나 시장상황에 의해 발주량 변동이 심하며 발주를 유지하거나 계속할 때 손해가 예상되어 위탁기업에게 일정한 발주량을 유지하거나 발주 계속을 기대하기 어려운 경우

바. 정당한 사유없는 발주 감소·중단 행위의 예시

(1) 계속적 거래관계에 있던 위탁기업의 경영상황 악화 또는 시장여건의 변동 등을 이유로 임의로 발주를 취소하는 행위

　○ 위탁기업이 수탁기업에게 일정한 사양을 제시하며 소프트웨어 개발을 발주한 후, 발주자와의 최종 합의결과 사양이 변경되었다는 이유로 일방적으로 발주내용을 변경한 경우

　○ 위탁기업이 수탁기업에게 금형개발을 의뢰하면서 해당 금형으로부터 일정수량의 부품을 납품하도록 보장한다고 약정하였으나, 임의로 해당 부품에 대한 약정물량 중 일부만을 수령한 후 나머지에 대해서는 일방적으로 발주를 취소하는 행위

(2) 위탁기업이 제조 업무를 위탁기업 자신이 직접 수행하거나 다른 수탁기업에게 대신 수행하게 하기 위해 일방적으로 발주를 취소하는 행위

　○ 위탁기업이 제조위탁을 하고 상당기간이 지난 후 자신의 계열사인 다른 수탁기업에게 발주하기 위해 이미 발주한 제조위탁을 일방적으로 취소한 경우

(3) 수탁기업이 위탁기업의 부당한 요구에 응하지 아니함을 이유로 발주를 취소하는 행위

　○ 위탁기업이 자신이 운영하던 생산라인에서 적자가 발생하자 이를 수탁기업에게 운영할 것을 요청하였으나, 수탁기업이 이를 거부하자 발주를 취소하는 행위

　○ 수탁기업이 책임질 사유가 없음에도 위탁기업이 수탁기업에게 대금 감액 등의 요구를 하고 수탁기업이 이에 응하지 아니함을 이유로 발주를 취소하는 행위

　○ 수탁기업이 해당 공사와 관련이 없는 다른 현장의 손해배상책임을 이행하지 아니한다는 이유로 발주를 취소하는 행위

○ 수탁기업의 책임으로 돌릴 수 없는 사유로 인해 공기가 상당기간 지연되었음에도 위탁기업이 간접비 등 추가 소요비용에 대해 수탁기업이 부담을 떠안을 것을 요구하고 수탁기업이 이에 응하지 아니함을 이유로 발주를 취소하는 행위

(4) 위탁기업이 공급하기로 되어 있는 원자재 또는 장비 등을 지연하여 공급하는 등 위탁기업의 책임으로 인해 수탁기업이 계약내용을 이행할 수 없게 되었음에도 수탁기업에게 그 책임을 물어 발주를 취소하는 행위

○ 위탁기업이 선박블럭 등의 제조를 발주한 후, 수탁기업의 작업공정 지연, 작업자의 기량 미달 등의 사유로 수탁기업에게 사업포기각서를 제출받았으나, 양 당사자가 체결한 약정서에 따르면, 자재와 관련된 공정지연은 위탁기업의 귀책으로 정하고 있고 해당 공정은 위탁기업의 자재공급 지연으로 지연되었음에도 불구하고 발주를 취소한 경우

○ 위탁기업이 발주자로부터 '태풍피해공사'를 발주받아 '시설물 유지관리공사'를 수탁기업에게 발주한 사안에서, 수탁기업이 위탁기업이 지정한 기일 내에 공사보완 대책을 마련하였고 공사 재개일이 아직 도래하지 않고 기상 악화로 사실상 공사가 불가능한 상황에서도 공사 준비를 진행하고 있었으며, 공사 지연은 발주자의 착공 연기 요청 및 위탁기업의 선행공사 지연, 기상악화 등에 기인한 것이었음에도 불구하고, 위탁기업이 수탁기업에게 공사 보완 대책 미제출, 공사 준비 미흡, 공사 관련 업체에 외상대금 미지급으로 자재·설비 공급거부, 공사부진으로 준공기한 내 준공 불가능 등의 사유를 들어 일방적으로 발주를 취소한 경우

(5) 물품등에 계약의 목적을 달성할 수 없을 정도의 명백한 불량이나, 객관적인 검사결과를 통해 확인된 하자가 없음에도 불구하고 발주를 취소하는 행위

○ 약정서에 따르면 수탁기업의 납품 지연이 있는 경우, 납품대금에서 공제한다든지 손해배상을 하는 방법으로 해결하도록 되어 있을 뿐, 납품 지연만으로 발주취소를 할 수 없음에도 불구하고, 수탁기업이 납품 지연을 하였다는 이유로 발주를 취소한 경우

○ 수탁기업이 제조한 제품에 계약의 목적을 달성할 수 없을 정도의 심각한 하자가 없었음에도 불구하고, 새로운 위탁계약을 체결하면서 수탁기업이 계약의무를 위반하였다는 이유로, 종전에 체결한 위탁계약에서 규정한 구매의무 조항의 효력을 상실하게 하는 규정을 추가한 경우

○ 위탁기업이 수탁기업으로부터 위탁내용의 확인을 요청하는 서면을 받았음에도 불구하고 위탁내용을 서면으로 확인해 주지 않고 수탁기업에게 계속 작업을 하도록 한 후 목적물 등이 위탁내용과 다르다고 하여 위탁을 취소하는 행위

○ 수탁기업의 공사진행 부진을 입증할 객관적인 자료가 없고 공사현장 근로자 또는 자재·장비업자 등 협력업체의 현장 점거농성도 정상적인 공사수행에 영향을 미치지 않을 정도의 단기간에 불과하여 납기 내에 공사를 수행할 시간적인 여유가 충분함에도 위탁기업이 납기 내에 완공할 가능성이 없다는 이유로 임의로 위탁을 취소하는 행위

(6) 수탁기업이 부도당일까지 정상적으로 공사를 수행 중이었고, 부도이후 정상적인 공사가 어려울 경우에는 수탁기업의 연대보증사가 납기내에 잔여공사를 추진할 수 있음에도 불구하고 위탁기업이 수탁기업의 부도사실 자체만으로 부도 당일 발주를 취소하는 행위

(7) 위탁기업이 발주를 취소하면서 수탁기업에게 동의·합의를 강요하는 방법 등으로 수탁기

업의 형식적인 동의·합의를 받아 발주를 취소하는 행위
○ 위탁기업이 수탁기업에게 지급해야 하는 대금이 있었음에도 이를 지급하지 아니하여 수탁기업은 자신의 직원들 및 협력업체에게 급여 및 대금을 지급하지 못하는 절박한 상황이었는데, 위탁기업이 수탁기업에게 발주 취소의 내용이 포함된 일방적으로 불리한 합의서를 제시하며 이에 서명하지 않을 경우 위 대금을 지급하지 않겠다고 하며 합의서를 작성하게 한 행위
(8) 정상적인 거래관행에 비추어 볼 때 수탁기업의 귀책사유로 보기 곤란한 사유를 위탁을 취소할 수 있는 계약조건으로 명시하고 이들 계약조건에 따라 발주를 취소하는 행위

11 부당발주기피 금지

상생협력법

제25조(준수사항) ① 위탁기업은 수탁기업에 물품등의 제조를 위탁할 때 다음 각 호의 행위를 하여서는 아니 된다.
　10. 물품등의 제조를 의뢰한 후 그 제조된 물품등에 대한 발주를 정당한 사유 없이 기피하는 행위

　위탁기업은 수탁기업에게 물품 등의 제조 위탁을 의뢰한 후 제조 물품 등에 대한 발주를 정당한 사유 없이 기피하여서는 안된다(법 제25조 제1항 제10호).

　"물품등의 제조를 의뢰"한다는 것은 사전작업의 이행 등 납품을 위한 준비행위를 요청하는 것을 의미한다. "제조된 물품등"이란 제조가 완료된 물품뿐만이 아니라 제조가 일부 진행되어 부분 완료된 물품, 납품을 위한 준비행위 결과 등도 포함한다. "기피하는 행위"란 제조된 물품등에 대해 발주의 의사표시를 하지 않는 것, 발주를 지연하는 행위, 발주를 거부하는 행위를 모두 포함한다(공정화지침 III. 14.).

　공정화지침은 "정당한 사유"가 있는 경우로 ① "물품 등의 제조를 의뢰한 후 수탁기업의 경영악화나 경영관리상의 문제 등이 발견되어 발주를 하더라도 정상적인 납품이 어렵다고 판단될만한 객관적인 사정이 존재할 경우", ② "제조된 물품 등이 시운전이나 견본 검사에서 불합격 판정을 받았고, 보완요청을 하여도 지속적으로 불합격하거나 수탁기업의 역량부족으로 보완가능성이 없어 납품이 불가능하다고 판단될 경우"를 들고 있다.

　공정화지침이 "부당발주기피"의 예시로 "위탁기업이 수탁기업에게 수차례에 걸쳐 기계 제조를 위한 승인도, 설계도 등의 각종 자료를 요청하였고, 이에 수탁기업은 위탁기업이 의뢰한 승인도, 설계도 등의 작업을 위하여 인력을 충원하는 등 위탁기업이 요청한 모

든 자료를 교부하였으나, 위탁기업이 발주의사표시를 하지 아니하는 경우"로 들고 있다.

12 ▶ 정당한 사유 없는 내국신용장 개설기피 금지

> **상생협력법**
>
> **제25조(준수사항)** ① 위탁기업은 수탁기업에 물품등의 제조를 위탁할 때 다음 각 호의 행위를 하여서는 아니 된다.
> 9. 위탁기업이 수출용으로 수탁기업에 발주한 물품등에 대하여 정당한 사유 없이 내국신용장 개설을 기피하는 행위

위탁기업은 정당한 사유 없이 수출용으로 수탁기업에게 발주한 물품 등에 대하여 내국신용장 개설을 기피해서는 안된다(법 제25조 제1항 제9호).

13 ▶ 부당 경영정보요구 금지

> **상생협력법**
>
> **제25조(준수사항)** ① 위탁기업은 수탁기업에 물품등의 제조를 위탁할 때 다음 각 호의 행위를 하여서는 아니 된다.
> 13의2. 정당한 사유 없이 원가자료 등 중소벤처기업부령으로 정하는 경영상의 정보를 요구하는 행위
>
> **상생협력법시행규칙**
>
> **제5조의2(정당한 사유 없이 요구할 수 없는 경영상의 정보)** 법 제25조 제1항 제13호의2에서 "원가자료 등 중소벤처기업부령으로 정하는 경영상의 정보"란 다음 각 호의 정보를 말한다.
> 1. 원가계산서, 원가내역서, 재료비·노무비·경비의 세부 지급내역 등 수탁기업이 물품, 부품, 반제품 및 원료 등(이하 "물품등"이라 한다)의 제조, 공사, 가공, 수리, 용역 또는 기술개발을 하여 납품하는 데 투입한 재료비, 노무비, 경비 등 원가에 관한 정보
> 2. 매출계산서, 거래처별 매출명세서 등 수탁기업이 다른 기업에게 납품하는 물품등의 매출 관련 정보
> 3. 제품 개발·생산 계획, 판매 계획 등 수탁기업의 경영전략 관련 정보
> 4. 거래처 명부, 다른 기업에 납품하는 물품등의 납품조건 등 수탁기업의 영업 관련 정보
> 5. 수탁기업이 다른 기업과의 거래에서 사용하는 전자적 정보 교환 전산망의 고유식별명칭, 비밀번호 등 해당 전산망에 접속하기 위한 정보

위탁기업은 수탁기업에게 정당한 사유 없이 원가자료 등 중소벤처기업부령에서 정하는 경영상 정보를 요구해서는 안된다(법 제25조 제1항 제13호의2).

"경영정보"란 수탁기업이 경영에 직·간접적으로 필요한 정보로서 원가에 관한 정보, 매출 관련 정보, 경영전략 관련 정보, 영업 관련 정보, 전자적 정보 교환 전산망에 접속하기 위한 정보 등을 말한다. 반드시 위탁기업과의 거래를 위해 필요한 정보에 한정되지 않는다.

"정당한 사유"란 당해 행위의 합목적성 및 대체수단의 유무 등을 고려할 때 제조 등 위탁 목적을 달성하기 위하여 수탁기업의 경영정보가 절차적·기술적으로 불가피하게 필요하게 되는 경우를 의미한다. 다만, 이 경우에도 요구되는 정보는 목적달성을 위해 필요한 최소범위를 넘어서는 아니 된다.

"정당한 사유 없이 요구할 수 없는 원가에 관한 정보"란 원가계산서, 원가내역서 물품 등의 제조, 공사, 가공, 수리, 용역 또는 기술개발을 하여 납품하는 데 투입한 재료비, 노무비, 경비 등을 말한다. 상생협력법시행규칙 제5조의2에서 열거하고 있다. 시행규칙상 "정당한 사유 없이 요구할 수 없는 매출 관련 정보"란 매출계산서, 거래처별 매출명세서 등 수탁기업이 다른 기업에게 납품하는 물품등의 매출 관련 정보를 말한다. "정당한 사유 없이 요구할 수 없는 경영전략 관련 정보"란 제품 개발·생산 계획, 판매 계획, 신규투자 계획 등을 말한다. "정당한 사유 없이 요구할 수 없는 영업 관련 정보"란 거래처 명부, 다른 기업에 납품하는 물품등의 납품조건 등을 말한다. "정당한 사유 없이 요구할 수 없는 전자적 정보 교환 전산망에 접속하기 위한 정보"란 전자적 정보 교환 전산망의 고유식별명칭, 비밀번호 등을 말한다(공정화지침 III. 16.).

한편, 공정화지침에서 금지되지 않는 경영상 정보 요구행위와 금지되는 경영상 정보 요구행위의 예시는 다음과 같다.

정당한 경영상의 정보 요구행위의 예시

(1) 위탁기업이 납품대금 조정을 요구받고 납품대금 조정을 위해 필요한 최소한의 범위 내에서 원가에 관한 정보를 요구하는 경우

(2) 양산(量産)되지 않거나 시장가격이 형성되지 않은 품목에 관한 수탁·위탁계약과 관련하여 정산 등 계약이행을 위해 필요한 최소한 정보를 요구하는 경우

부당한 경영상의 정보 요구행위의 예시

(1) 위탁기업은 수탁기업이 정보제공의 목적과 무관한 일부 내용을 삭제한 상태로 정보를 제공하였음에도 불구하고 완전한 상태의 경영상 정보의 제공을 요구하는 경우

(2) 위탁기업이 1차 수탁기업의 2차 수탁기업에 대한 납품가격 결정요소인 단가, 물량 등에 관

한 정보를 요구하는 경우

(3) 위탁기업이 2차 수탁기업과 직접 단가결정을 한 후 1차 수탁기업에게 2차 수탁기업에 대한 재위탁거래대금 및 결정과정에 대한 정보를 요구하는 경우

14 정당한 사유 없는 기술자료 요구 및 유용금지 및 기술임치 제도

상생협력법

제2조(정의) 이 법에서 사용하는 용어의 뜻은 다음과 같다.

"기술자료"란 물품등의 제조 방법, 생산 방법, 그 밖에 영업활동에 유용하고 독립된 경제적 가치가 있는 것으로서 대통령령으로 정하는 자료를 말한다.

상생협력법 시행령

제1조의3(기술자료) 법 제2조 제9호에서 "대통령령으로 정하는 자료"란 다음 각 호의 어느 하나에 해당하는 것을 말한다.

1. 특허권, 실용신안권, 디자인권, 저작권 등의 지식재산권과 관련된 정보
2. 제조·생산방법과 판매방법 등 그 밖의 영업활동에 유용한 기술상 또는 경영상의 정보

상생협력법

제21조의2(비밀유지계약의 체결) ① 수탁기업이 위탁기업에 기술자료(비밀로 관리되는 기술자료로 한정한다. 이하 이 항에서 같다)를 제공하는 경우 수탁기업과 위탁기업은 다음 각 호의 사항을 포함하는 기술자료의 비밀유지에 관한 계약(이하 "비밀유지계약"이라 한다)을 서면으로 체결하여야 한다.

1. 해당 기술자료의 제공 목적 및 범위
2. 비밀유지 의무의 내용
3. 계약 위반에 따른 손해배상에 관한 사항
4. 그 밖에 해당 기술자료의 비밀유지를 위하여 필요한 사항으로서 대통령령으로 정하는 사항

② 중소벤처기업부장관은 공정한 수탁·위탁거래의 질서를 확립하기 위하여 비밀유지계약에 관한 표준계약서를 마련하고, 수탁기업과 위탁기업에 이를 사용하도록 권고할 수 있다.

제25조(준수사항) ① 위탁기업은 수탁기업에 물품등의 제조를 위탁할 때 다음 각 호의 행위를 하여서는 아니 된다.

12. 정당한 사유 없이 기술자료 제공을 요구하는 행위
13. 및 13의2. 생략
14. 수탁기업이 다음 각 목의 어느 하나에 해당하는 행위를 한 것을 이유로 수탁·위탁거래의 물량을 줄이거나 수탁·위탁거래의 정지 또는 그 밖의 불이익을 주는 행위

　가. 위탁기업이 다음의 어느 하나에 해당하는 행위를 한 사실을 관계 기관에 고지한 행위
　　1) 제1호부터 제13호까지 및 제13호의2에 해당하는 행위
　　2) 제2항을 위반하는 행위
　나. 제22조의2 제1항 또는 제2항의 위탁기업에 대한 납품대금의 조정신청 또는 같은 조 제8항의 중소벤처기업부장관에 대한 분쟁 조정신청
② 위탁기업은 취득한 수탁기업의 기술자료(비밀로 관리되는 기술자료로 한정한다)에 관하여 부당하게 다음 각 호의 어느 하나에 해당하는 유용행위를 하여서는 아니 된다.
1. 자기 또는 제3자를 위하여 사용하는 행위
2. 제3자에게 제공하는 행위

제40조의2(손해배상책임) ① 위탁기업이 이 법의 규정을 위반함으로써 손해를 입은 자가 있는 경우 위탁기업은 그 자에게 손해배상책임을 진다. 다만, 위탁기업이 고의 또는 과실이 없음을 입증한 경우에는 그러하지 아니하다.
② 위탁기업이 제25조 제1항 제14호 또는 같은 조 제2항을 위반함으로써 손해를 입은 자가 있는 경우에는 그 자에게 발생한 손해의 3배를 넘지 아니하는 범위에서 배상책임을 진다. 다만, 위탁기업이 고의 또는 과실이 없음을 입증한 경우에는 그러하지 아니하다.
③ 법원은 제2항의 배상액을 정할 때에는 다음 각 호의 사항을 고려하여야 한다.
1. 고의 또는 손해 발생의 우려를 인식한 정도
2. 위반행위로 인하여 수탁기업과 다른 사람이 입은 피해규모
3. 위법행위로 인하여 위탁기업이 취득한 경제적 이익
4. 위반행위에 따른 개선요구, 시정권고 또는 시정명령의 내용 및 공표 여부
4의2. 위반행위에 따른 형사처벌의 정도
5. 위반행위의 기간·횟수
6. 위탁기업의 재산상태
7. 위탁기업의 피해구제 노력의 정도

제40조의3(손해액의 인정 등) ① 법원은 위탁기업이 제25조 제2항을 위반하여 수탁기업이 손해배상을 청구하는 경우 다음 각 호의 어느 하나에 해당하는 금액을 수탁기업이 입은 손해액으로 인정할 수 있다.
1. 위탁기업이 그 위반행위를 하게 한 물품 등을 양도하였을 때에는 다음 각 목에 해당하는 금액의 합계액
　가. 그 물품등의 양도수량(수탁기업이 그 위반행위 외의 사유로 판매할 수 없었던 사정이 있는 경우에는 그 위반행위 외의 사유로 판매할 수 없었던 수량을 뺀 수량) 중 수탁기업이 생산할 수 있었던 물건의 수량에서 실제 판매한 물건등의 수량을 뺀 수량을 넘지 아니하는 수량에 수탁기업이 그 위반행위가 없었다면 판매할 수 있었던 물품등의 단위수량당 이익액을 곱한 금액
　나. 그 물품등의 양도수량 중 가목에서 산정되지 못한 수량에 대해서는 기술자료의 사용에 대하여 합리적으로 받을 수 있는 금액

2. 기술자료의 사용에 대하여 합리적으로 받을 수 있는 금액

3. 위탁기업이 그 위반행위로 인하여 이익을 얻은 경우에는 그 이익액

② 법원은 제40조의2 제1항 또는 제2항에 따른 손해배상청구에 관한 소송에서 손해가 발생된 것은 인정되나 그 손해액을 입증하기 위하여 필요한 사실을 증명하는 것이 해당 사실의 성질상 극히 곤란한 경우에는 변론 전체의 취지와 증거조사의 결과에 기초하여 상당한 손해액을 인정할 수 있다.

제40조의4(구체적 행위태양 제시 의무) ① 제25조 제2항을 위반한 행위에 대한 손해배상청구 소송에서 수탁기업이 주장하는 기술자료 유용행위의 구체적 행위태양을 부인하는 위탁기업은 자기의 구체적 행위태양을 제시하여야 한다. 다만, 위탁기업이 이를 밝힐 수 없는 상당한 이유가 있을 때에는 그러하지 아니하다.

② 법원은 위탁기업이 제1항 단서에 따라 자기의 구체적 행위태양을 제시할 수 없는 상당한 이유가 있다고 주장하는 경우에는 그 주장의 옳고 그름을 판단하기 위하여 그 당사자에게 자료의 제출을 명할 수 있다. 다만, 그 자료의 소지자가 그 자료의 제출을 거절할 정당한 이유가 있으면 그러하지 아니하다.

③ 제2항에 따른 자료제출명령에 관하여는 제40조의5 제2항, 제3항 및 제8항을 준용한다. 이 경우 제40조의5 제3항 전단 중 "위반행위의 존재 여부 증명 또는 손해액의 산정에 반드시 필요한 때"는 "기술자료 유용행위의 구체적 행위태양을 제시할 수 없는 정당한 이유의 유무 판단에 반드시 필요한 때"로 본다.

④ 제2항 단서에 따른 정당한 이유가 없다고 인정되는 경우 법원은 구체적 행위태양의 제시 명령을 할 수 있다. 이에 대하여는 즉시항고를 할 수 있다.

⑤ 법원은 위탁기업이 정당한 이유 없이 자기의 구체적 행위태양을 제시하지 아니하는 경우에는 수탁기업이 주장하는 기술자료 유용행위의 구체적 행위태양을 진실한 것으로 인정할 수 있다.

위탁기업은 수탁기업에게 위탁하면서 정당한 사유 없이 기술자료를 요구해서는 안된다(법 제22조 제1항 제12호). 개정전 법률(2021. 8. 17. 법률 제18431호로 개정되기 이전의 법)에 의하면, '위탁기업은 정당한 사유가 있어서 수탁기업에게 기술자료를 요구할 경우에라도 요구목적, 비밀유지에 관한 사항, 권리귀속 관계 및 대가 등에 관한 사항을 해당 수탁기업과 미리 협의하여 정한 후 그 내용을 적은 서면을 수탁기업에게 주어야 한다. 이 경우 위탁기업은 취득한 기술자료를 정당한 권원(權原) 없이 자기 또는 제3자를 위하여 유용하여서는 아니 된다'고 규정하고 있었다(법 제22조 제2항). 개정법률(2021. 8. 17. 개정 법률 제18431호)는 2022. 2. 18.부터 시행되는데, 제21조의2(비밀유지계약의 체결)을 신설하여, 제1항에서 '수탁기업이 위탁기업에 기술자료(비밀로 유지되는 기술자료로 한정)을 제공하는 경우 수탁기업과 위탁기업은 ① 해당 기술자료의 제공 목적 및 범위, ② 비밀유지 의무의 내용, ③ 계약 위반에 따른 손해배상에 관한 사항, ④ 그 밖에 해당 기술

자료의 비밀유지를 위하여 필요한 사항으로서 대통령령으로 정하는 사항을 포함하는 기술자료 비밀유지계약을 체결하여야 한다',[158] 제2항에서는 '중소벤처기업부장관은 공정한 수탁·위탁거래의 질서를 확립하기 위하여 비밀유지계약에 관한 표준계약서를 마련하고, 수탁기업과 위탁기업에 이를 사용하도록 권고할 수 있다'고 규정하였다. 개정법은 제25조 제2항을 신설하여 '위탁기업은 취득한 수탁기업의 기술자료(비밀로 관리되는 기술자료로 한정한다)에 관하여 부당한 유용행위, 즉 ① 자기 또는 제3자를 위하여 사용하는 행위, ② 제3자에게 제공하는 행위를 해서는 안된다'고 규정하였다. 개정법은 제40조의2 제2항 및 제3항을 신설하여, 위탁기업이 수탁기업의 기술자료를 유용하거나 또는 유용행위를 관계기관에 고지한 경우에는 수탁기업에게 입은 손해의 3배 이하의 징벌적 손해배상을 할 수 있도록 규정하고, 제40조의3을 신설하여 기술유용으로 인하여 수탁기업이 입은 손해액 산정방식과 관련하여 인정기준을 마련하였다. 개정법은 제40조의4를 신설하여, 손해배상청구소송에서 수탁기업이 주장하는 기술자료 유용행위의 구체적 행위태양을 위탁기업이 부인하는 경우 위탁기업이 자기의 구체적 행위태양을 제시하도록 하고, 정당한 이유 없이 이를 제시하지 아니하는 경우에는 법원이 수탁기업의 주장을 진실한 것으로 인정할 수 있도록 하였다.

상생협력법상 "기술자료"란 물품 등의 제조 방법, 생산 방법, 그 밖에 영업활동에 유용하고 독립된 경제적 가치가 있는 것으로서 ① 특허권, 실용신안권, 디자인권, 저작권 등의 지식재산권과 관련된 정보, ② 제조·생산방법과 판매방법 등 그 밖의 영업활동에 유용한 기술상 또는 경영상의 정보를 말한다(법 제2조 제9호, 시행령 제1조의3).

하도급법상 "기술자료"란 합리적인 노력에 의하여 비밀로 유지된 제조·수리·시공 또는 용역수행 방법에 관한 자료, 그 밖에 영업활동에 유용하고 독립된 경제적 가치를 가지는 것으로서 ① 특허권, 실용신안권, 디자인권, 저작권 등의 지식재산권과 관련된 정보, ② 시공 또는 제품개발 등을 위한 연구자료, 연구개발보고서 등 수급사업자의 생산·영업활동에 기술적으로 유용하고 독립된 경제적 가치가 있는 정보를 말한다(하도급법 제2조 제15항, 하도급법 시행령 제2조 제8항). 한편, 부정경쟁방지법상 영업비밀은 공공연히 알려져 있지 아니하고, 독립된 경제적 가치를 가지는 것으로, 합리적인 노력에 의하여 비밀로 유지

---

158) 2021. 8. 17.자 법률 제18434호로 개정된 하도급법에서도 제12조의3 제3항을 신설하여 동일한 내용을 추가하였다. 개정 하도급법에서는 기술자료 인정요건을 완화하여 중소기업의 기술자료를 보다 폭넓게 보호하고, 기술유용행위로 인한 수급사업자의 피해를 방지하기 위하여 기술자료제공 시 비밀유지협약을 체결하도록 하는 한편, 하도급거래에 관한 손해배상청구소송에서 손해를 입증하여야 하는 피해 기업의 부담을 완화하기 위하여 법원이 손해를 입힌 당사자에게 손해의 증명이나 손해액 산정에 필요한 자료의 제출을 명할 수 있도록 하고, 그로 인한 영업비밀의 유출을 최소화할 수 있도록 비밀유지명령제도를 도입하려는 것이라고 설명하고 있다.

된 생산방법, 판매방법, 그 밖의 영업활동에 유용한 기술상 또는 경영상 정보로 정의된다 (부정경쟁방지법 제2조 제2호). 상생협력법상 기술자료의 정의는 하도급법의 기술자료 또는 부정경쟁방지법의 영업비밀의 정의와 달리 "합리적 노력에 의하여 비밀로 유지된", 즉 "비밀성"에 대한 언급이 없다. 하지만 공공연히 알려져 있거나 "비밀"이 아닌 기술자료를 보호할 필요가 없기 때문에, 상생협력법상 기술자료 역시 공공연히 알려져 있지 않고 "합리적 노력에 의하여 비밀로 유지된" 것이라는 요건이 필요하다고 본다. 상생협력법상 기술자료의 의미는 하도급법상 "기술자료" 및 부정경쟁방지법상 영업비밀과 동일한 것으로 이해된다.

한편, 상생협력법은 수탁기업이 개발한 기술을 효율적으로 보호하고 기술 경쟁력을 유지하고 아울러 상생협력법상 기술자료 요구 및 유용금지의 실효성을 담보하기 위하여 기술임치제도를 두고 있는데 이는 후술한다.

15 기술임치에 대한 불이익 제공 및 보복행위 금지

> **상생협력법**
>
> **제25조(준수사항)** ① 위탁기업은 수탁기업에 물품등의 제조를 위탁할 때 다음 각 호의 행위를 하여서는 아니 된다.
> 13. 기술자료의 임치를 요구한 수탁기업에 불이익을 주는 행위
> 14. 수탁기업이 다음 각 목의 어느 하나에 해당하는 행위를 한 것을 이유로 수탁·위탁거래의 물량을 줄이거나 수탁·위탁거래의 정지 또는 그 밖의 불이익을 주는 행위
>   가. 위탁기업이 제1호부터 제13호까지 및 제13호의2의 규정에 해당하는 행위를 한 경우 그 사실을 관계 기관에 고지한 행위
>   나. 제22조의2 제1항 또는 제2항의 위탁기업에 대한 납품대금의 조정신청 또는 같은 조 제8항의 중소벤처기업부장관에 대한 분쟁 조정신청

위탁기업은 수탁기업이 기술자료의 임치를 요구한 이유로 수탁기업에 불이익을 주어서는 안된다(법 제25조 제1항 제13호). 또, 위탁기업은 수탁기업의 상생협력법상 준수의무 위반을 관계기관에 고지하거나 위탁기업에 대한 납품대금의 조정신청 또는 중소벤처기업부 장관에 대한 분쟁조정신청을 한 것을 이유로 위수탁거래의 물량을 줄이거나 수탁거래의 정지 또는 그 밖의 불이익을 주어서는 안된다(제25조 제1항 제14호).

우선, 상생협력법 제25조 제1항 제13호가 기술임치 요구를 이유로 한 경우에는 불이익을 주어서는 안된다고 규정하면서 동항 제14호는 위탁기업의 위반사실을 관계기관 고지

또는 납품대금 조정신청 및 분쟁조정신청에 대하여는 위수탁거래 물량을 줄이거나 거래의 중지, 그 밖의 불이익을 주는 행위라고 규정하고 있어, 전자와 후자의 불이익 제공이 같은 의미인지, 다른 의미인지 해석상 논란이 될 수 있다. 후자의 경우 불이익 제공의 구체적인 유형을 예시한 것으로 큰 의미가 없을 뿐 아니라 위탁거래공정화지침에서도 두 유형의 판단에 대하여 동일한 판단기준을 규정하고 있기 때문에, 같은 것으로 해석된다.

한편, "관계기관에 고지한 행위"는 관계기관 등에 신고하거나 법원에 소송을 제기하는 행동뿐만 아니라 법 제28조에 의한 분쟁조정신청, 관계 기관의 조사에 협조하는 행위, 관계기관에 법위반 여부를 문의하거나 상담하는 행위등을 포함한다. "관계기관"이란 중소벤처기업부 등 정부, 국가기관, 공공기관 등을 포함한다(공정화지침 III. 15. 가.).

"불이익을 주는 행위"란 발주량 감소, 발주중단, 수주기회 제한, 협력업체 등록 거절, 타 수탁기업과의 거래조건 차별, 그 밖에 거래조건을 수탁기업에게 불리하게 변경하는 모든 행위를 말한다(공정화지침 III. 15. 나.).

수탁기업이 위탁기업의 법 위반사실을 고지하거나 기술자료 임치를 요구한 행위와 위탁기업이 수탁기업에 불이익을 주는 행위 간에 인과관계가 있는지 여부는 구체적인 사정을 고려하여 개별적으로 판단하되, ① 수탁기업의 고지 등의 시점과 위탁기업이 수탁기업에 불이익을 주는 행위의 시점간의 시간 간격, ② 해당 수탁기업과 위탁기업간의 과거 거래 이력 및 거래조건, ③ 해당 수탁기업 외에 다른 동종의 수탁기업들과 해당 위탁기업간의 거래조건들을 고려하여 판단한다(공정화지침 III. 15.다.).

공정화지침이 예시로 들고 있는 불이익제공행위는 다음과 같다.

(1) 그간 지급 · 제공하던 원재료, 자재 등의 공급을 중단하거나 회수하는 등의 방법으로 수탁기업의 사업활동을 곤란하게 하는 행위
(2) 그간 위탁기업이 부담하던 비용을 객관적 사정의 변경이 없음에도 합리적인 이유없이 수탁기업이 부담하게 하는 행위
(3) 위탁기업이 수탁기업의 신고로 시정조치를 받게 되자 1개월 후에 신고를 한 수탁기업의 내부 신용등급을 합리적 이유 없이 A등급에서 B등급으로 하향 조정한 행위
(4) 위탁기업이 기존의 생산계획 등에 따라 생산을 하여야 하는 상황이거나 발주자로부터 향후 확보할 수 있는 예상물량이 충분함에도 불구하고 기술자료의 임치를 요구한 수탁기업에 대해 정당한 사유 없이 기존 수탁 · 위탁거래상의 물량과 비교하여 발주물량을 축소하여 불이익을 주는 행위
(5) 기술자료의 임치를 요구한 수탁기업에 대해 위탁기업이 정당한 사유 없이 그간 지급 · 제공하던 원재료, 자재 등의 공급을 중단하거나 회수하는 등의 방법으로 수탁기업의 사업활동을 곤란하게 하는 행위

(6) 위탁기업이 동종업계 다른 위탁기업들로 하여금 기술자료의 임치를 요구한 수탁기업을 대상으로 거래정지, 수주기회 제한, 기타 위 (1) 내지 (5)에 준하는 불이익을 주는 행위를 하도록 하는 행위

16 입증책임

상생협력법
제25조의2(위탁기업의 입증책임) 제25조 제1항 제1호 및 제3호부터 제5호까지의 행위와 관련한 분쟁해결에서 입증책임은 위탁기업이 부담한다.

상생협력법 제25조의2는 제25조 제1항 제1호인 부당 수령거부, 부당감액, 제3호인 부당대금결정, 제4호의 발주자로부터 증액받은 추가대금 미증액, 제5호 부당강제구매에 대하여는 위탁기업에게 그 정당한 이유에 대하여 입증책임이 있다고 규정하고 있다. 그렇다면 나머지 행위에 대한 부당성에 대하여는 중소벤처기업부에 입증책임이 있는 것인가?

위수탁거래 공정화에 대한 상생협력법 조항들은 기본적으로 침익적 경찰법규이자 행정법이기 때문에 행정청인 중소벤처기업부에게 요건에 대한 입증책임이 있다. 만약 수탁기업이 위탁기업에 대하여 상생협력법 위반의 불법행위 책임을 민사적으로 묻는 경우라면 그 위법성에 대하여는 수탁기업에게 원칙적으로 입증책임이 있다. 하지만 법문상 '부당하게'라고 규정하고 있지 않고 '정당한 사유(이유) 없이' 또는 '수탁기업이 책임질 사유 없이'와 같이 규정하고 있는 경우라면, 정당한 사유에 대한 사실관계와 증거가 위탁기업의 영역에 있기 때문에, 위탁기업에게 입증책임이 있다고 볼 수밖에 없다. 그런 측면에서 제25조 제1항 제7호의 정당한 사유 없이 발주 중단(취소) 또는 발주량 감소, 제9호의 정당한 사유 없이 내국신용장 개설거부, 제10호의 정당한 사유 없이 위탁후 발주 기피, 제12호의 정당한 사유 없이 기술자료 제공요구, 제13호의2의 정당한 사유 없이 경영상 정보 제공요구의 경우 정당한 사유가 없음에 대한 입증책임은 위탁기업에 있다고 해석된다.

나머지 제25조 제1항 제2호의 납품대금 미지급, 제6호의 할인불가어음 제공, 제8호의 대물변제의 경우 '부당성'에 대한 요건이 없는 행위이므로 이에 대한 입증책임이 문제되지 않는다. 제25조 제1항 제11호의 객관적 타당성이 결여된 검사기준 적용은 검사기준이 객관적 타당성이 없다는 점에 대하여 중소벤처기업부 또는 수탁기업이 입증해야 하고, 제13호의 기술임치 요구에 대한 보복행위, 제14호의 관계기관 고지나 대금조정신청, 분

쟁조정신청에 대한 불이익 제공 역시 불이익 제공에 대한 입증책임은 중소벤처기업부 또는 수탁기업에 있다.

결론적으로 하도급법과는 달리 상생협력법상 위탁기업 준수사항 중 '부당성'에 대한 입증책임이 중소벤처기업부나 수탁기업에 있는 경우는 없다.

Ⅳ 수탁기업의 의무 및 준수사항

> **상생협력법**
>
> **제24조(품질보장 등)** ① 수탁기업은 시설을 개선하고 기술을 향상시켜 위탁기업으로부터 제조를 위탁받은 제품의 품질을 개선하고 규격에 맞는 제품을 납품기일 이내에 납품하도록 하여야 한다.
> ② 수탁기업은 제품을 표준화하고 합리적인 원가계산제도에 따라 적정한 가격 결정과 품질 관리를 하도록 하여야 한다.
>
> **제25조(준수사항)** ③ 수탁기업은 위탁기업으로부터 물품등의 제조를 위탁받았을 때에는 다음 각 호의 행위를 하여서는 아니 된다.
> 1. 위탁기업으로부터 위탁받은 물품등의 품질·성능 또는 납품기일에 관한 약정을 위반하는 행위
> 2. 물품등의 가격을 부당하게 인상하여 줄 것을 요구하는 행위
> 3. 그 밖에 수탁·위탁거래의 질서를 문란하게 하는 행위

수탁기업은 시설을 개선하고 기술을 향상시켜 납품의 품질을 개선하고 납품기일 이내에 납품하여야 하며 제품 표준화와 합리적 원가계산제도에 따라 적정한 가격결정과 품질 관리를 하여야 할 의무가 있다(법 제24조). 수탁기업은 위탁기업으로부터 제조 등의 위탁을 받았을 때, ① 위탁기업으로부터 위탁받은 물품등의 품질·성능 또는 납품기일에 관한 약정을 위반하는 행위, ② 물품등의 가격을 부당하게 인상하여 줄 것을 요구하는 행위, ③ 그 밖에 수탁·위탁거래의 질서를 문란하게 하는 행위를 하여서는 아니된다(법 제25조 제3항). 다만, 수탁기업의 의무에 대하여는 위반시 별도의 제재나 조치 조항은 없다.

V 기술임치제도

상생협력법

제24조의2(기술자료 임치제도) ① 수탁 · 위탁기업[수탁 · 위탁기업 외에 단독 또는 공동으로 기술자료를 임치(任置)하고자 하는 기업을 포함한다]은 전문인력과 설비 등을 갖춘 기관으로서 대통령령으로 정하는 기관[이하 "수치인"(受置人)이라 한다]과 서로 합의하여 기술자료를 임치하고자 하는 기업(이하 "임치기업"이라 한다)의 기술자료를 임치할 수 있다.

② 위탁기업은 다음 각 호의 어느 하나에 해당하는 경우에는 수치인에게 수탁기업이 임치한 기술자료를 내줄 것을 요청할 수 있다.

1. 수탁기업이 동의한 경우
2. 수탁기업이 파산선고 또는 해산결의로 그 권리가 소멸되거나 사업장을 폐쇄하여 사업을 할 수 없는 경우 등 위탁기업과 수탁기업이 협의하여 정한 기술자료 교부조건에 부합하는 경우

③ 수치인은 중소벤처기업부장관이 정하는 기술자료 교부조건에 부합하는 경우에 임치기업의 기술자료를 요청한 자에게 이를 교부한다.

④ 정부는 수치인에게 예산의 범위에서 필요한 지원을 할 수 있다.

⑤ 그 밖에 기술자료의 임치 등에 필요한 사항은 대통령령으로 정한다.

제24조의3(기술자료 임치의 등록) ① 임치기업은 다음 각 호의 사항을 등록할 수 있다.

1. 기술자료의 제호 · 종류 · 제작연월일
2. 기술자료의 개요
3. 임치기업의 명칭 및 주소
4. 그 밖에 대통령령으로 정하는 사항

② 제1항에 따라 실명으로 등록된 임치기업의 기술에 대하여 당사자 또는 이해 관계자 사이에 다툼이 있으면 임치기업이 임치물의 내용대로 개발한 것으로 추정한다.

제24조의4(비밀유지의무) 제24조의2에 따른 기술자료를 관리하는 업무에 종사하는 사람 및 그 직에 있었던 사람은 직무상 알게 된 비밀을 다른 사람에게 누설하여서는 아니 된다.

제24조의5(수수료) ① 제24조의2에 따라 수치인으로 지정받은 자는 그 업무에 관하여 임치기업 등으로부터 수수료를 징수할 수 있다.

② 제1항에 따른 수수료의 종류 · 금액 · 납부방법 등에 관하여 필요한 사항은 중소벤처기업부장관이 정한다.

기술임치제도란 위수탁 거래관계에 있는 위탁기업(주로 대기업)과 수탁기업(주로 중소
기업)이 일정한 조건 하에 서로 합의하여 핵심 기술자료를 신뢰성 있고 임치설비를 갖춘
기술임치기관(대·중소기업·농어업협력재단)에 안전하게 보관해 둠으로써 수탁기업은
기술유출 위험을 줄일수 있고 위탁기업은 해당 수탁기업이 파산·폐업시 해당 임치물을
이용하여 관련 기술을 안전하게 활용할 수 있도록 하는 제도이다(법 제24조의2 제1항).

[기술임치제도 대상물]

임치대상물

임치대상물
Deposit Material

기술상 정보   경영상 정보

🔵 기술상 정보
•시설 및 제품의 설계도 / 물품의 생산·제조방법
•물질의 배합방법 / 연구개발 보고서 및 데이터
•SW 소스코드 및 디지털 콘텐츠 등

특히 소프트웨어 발주시 기술자료 임치제도를 이용하면 사용기
술에 대한 안정성을 보장

🔵 경영상 정보
•기업의 운영 및 관리와 관련된 기밀서류
•(재무, 회계, 인사, 마케팅, 노무, 생산) 기업의 매출과 관련된
 기밀서류
•(원가, 거래처, 각종 보고서 및 매뉴얼)

위탁기업은 수탁기업이 동의한 경우 또는 수탁기업이 파산선고 또는 해산결의로 그 권
리가 소멸되거나 사업장을 폐쇄하여 사업을 할 수 없는 경우 등 위탁기업과 수탁기업이
협의하여 정한 기술자료 교부조건에 부합하는 경우에 수치인(기술임치기관)에게 수탁기
업이 임치한 기술자료를 내줄 것을 요청할 수 있다(법 제24조의2 제2항). 이 경우 수치인은
중소벤처기업부장관이 정하는 기술자료 교부조건에 부합하는 경우에 임치기업의 기술자

료를 요청한 자에게 이를 교부한다(법 제24조의2 제3항).

이러한 기술임치제도를 활용하면, 개발기업 입장에서 위탁기업이 이를 부당하게 유용하는 경우나 내부직원 및 산업스파이 등에 의하여 기술자료가 유출되었을 경우 기술자료 임치물을 통하여 개발기업의 기술 개발사실을 입증함으로써 개발기술을 효율적으로 보호하는 효과가 있고, 기술을 개발한 중소기업은 개발기술의 유출을 방지하고 유출시 법적 보호를 받을 수 있어 기술경쟁력을 유지하게 되며, 사용기업도 개발기업의 파산이나 폐업 또는 유지보수가 어려워진 경우에도 임치물을 이용하여 안전하게 유지보수를 함으로써 기술경쟁력을 유지할 수 있는 효과가 있다.

[기술임치제도의 효과]

구분	세부내용	비고
기술탈취 방지	수 · 위탁거래 시 중소기업의 개발기술이 대기업으로 무단유출되는 것을 방지 함으로서 개발기술에 대해 기술경쟁력 유지	개발자 보호
개발사실 입증	개발기업의 기술자료가 유출되었을 경우, 기술자료 임치물을 통해 개발기업의 기술 보유여부 입증	개발자 보호
기술유출 예방	핵심 기술을 정부가 안전하게 보호함에 따라 관계자는 기술탈취에 대한 경각심 발생 ※ 기술유출은 대부분 전 · 현직 관계자에 의해 발생(81%, 삼성경제연구원 발표(2009. 6. 11.)	개발자 보호
사용권 보장	개발기업의 파산 · 폐업 등 교부사유 발생 시 임치물을 이용하여 지속적인 사업영위 가능	사용자 보호
R&D 안정성 확보	• 정부 및 대기업 등이 투자한 기술개발에 대한 신뢰성 확보 • 해당 기술을 사용하는 기업에 대해 신뢰성 보장	정부 및 사용자 보호

한편, 기술임치계약의 유형은 개발기업, 사용기업, 기술임치기관의 3자간 계약과 개발기업과 기술임치기관의 양자간 계약(이후 사용기업은 그 양자간 계약에 편입하는 방식)으로 나누어 볼 수 있다.

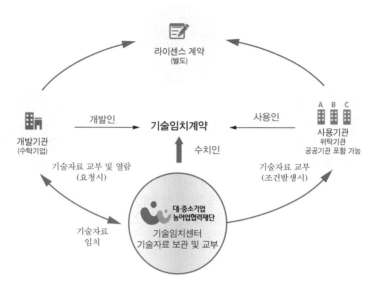

[기술임치계약의 유형]

● 양자간 계약(사용기관이 다수인 경우)

• 개발기업이 핵심 영업비밀을 재단에 임치하고 향후 다수 사용기업의 계약에 편입할 수 있는 계약 서비스로 교부 조건 발생 시 등록된 사용기관에게 임치물을 양도

• 개발기업의 영업비밀을 보호하기 위해서는 양자간 임치계약을 이용(사용기업이 존재하지 않는 경우에도 제도 이용 가능)

한편, 중소벤처기업부는 다음과 같이 예규로 「기술자료 임치제도 운용요령」을 제정, 시행하고 있다.

기술자료 임치제도 운용요령

제정 2009. 5. 22. 중소기업청 고시 제2009 – 19호
개정 2010. 12. 22. 중소기업청 고시 제2010 – 44호
개정 2017. 1. 9. 중소기업청 고시 제2017 – 6호
개정 2017. 8. 29. 중소벤처기업부 고시 제2017 – 5호
개정 2018. 5. 8. 중소벤처기업부 고시 제2018 – 30호
개정 2020. 1. 3. 중소벤처기업부 고시 제2020 – 1호

제1조(목적) 이 요령은 「대·중소기업 상생협력 촉진에 관한 법률」(이하 ""상생협력법」"이라 한다) 제24조의2 내지 제24조의5 및 법 시행령(이하 ""상생협력법 시행령」"이라 한다) 제15조의2와 「중소기업기술 보호 지원에 관한 법률」(이하 ""중소기업기술보호법」"이라 한다) 제9조 및 시행령(이하 ""중소기업기술보호법 시행령」"이라 한다) 제5조에 따른 기술자료

임치제도를 원활하게 운용하고 임치제도의 활용지원에 필요한 세부사항을 정함을 목적으로 한다.

제2조(정의) 이 요령에서 사용하는 용어의 정의는 다음과 같다.

1. "개발인"이란 「상생협력법 시행령」 제1조의3에 따른 기술자료에 대한 소유권을 보유하여 기술자료를 임치하는 법인 · 기관 · 단체 또는 사업자를 말한다(「상생협력법」 제24조의2에 따른 임치기업을 포함한다).

2. "사용인"이란 제12조에 따라 임치물의 교부조건이 발생하는 경우, 개발인이 임치한 기술자료를 교부받아 사용하는 법인 · 기관 또는 단체를 말한다(「상생협력법」 제24조의2에 따른 위탁기업을 포함한다).

3. "수치인"이란 대 · 중소기업 · 농어업협력재단과 기술자료의 임치에 필요한 전문인력 및 설비 등을 보유하고 제3조의 규정에 따라 지정받은 법인 · 기관 또는 단체를 말한다.

4. "기술검증"이란 임치물의 동일성 및 정상적인 작동여부 등을 확인하는 행위를 말한다.

5. "양자간계약"이란 개발인과 수치인이 임치계약을 체결하는 것을 말하며, 개발인이 다수인 경우를 포함한다.

6. "삼자간계약"이란 개발인과 사용인, 수치인이 임치계약을 체결하는 것을 말하며, 개발인이 다수인 경우를 포함한다.

7. "임치기간"이란 제6조에 따른 계약 시작일부터 계약 종료일까지의 기간을 말한다.

제3조(수치인의 지정) ① 중소벤처기업부장관은 수치인을 지정할 필요가 있다고 판단할 때에는 「상생협력법 시행령」 제15조의2에 의한 수치인 신청에 관한 내용을 공고한다.

② 제1항의 규정에 따라 수치인으로 지정받고자 하는 신청인은 별지 제1호 서식을 중소벤처기업부장관에게 제출하여야 한다.

③ 중소벤처기업부장관은 제2항의 서류를 검토 후 신청인이 임치받을 능력이 있다고 인정할 때에는 제2호 서식의 인가증을 발급하여 수치인으로 지정한다.

제4조(임치의 신청) ① 기술자료를 임치하고자 하는 개발인(양자간계약) 또는 개발인 및 사용인(삼자간계약)은 별지 제3호 기술자료 임치신청서와 임치물 2점을 수치인에게 제출하여야 한다.

② 제1항에 의한 임치신청을 하는 개발인(양자간계약) 또는 개발인 및 사용인(삼자간계약)은 임치신청서에 기술검증 여부를 표시하여야 한다.

③ 임치기간은 1년 단위로 하고, 임치기간을 다년간으로 하는 경우, 최초 1년을 초과하는 기간에 대해서는 이를 갱신한 것으로 본다.

제5조(기술자료의 기본확인 및 기술검증) ① 수치인은 임치하고자 하는 기술자료의 가독성 및 훼손여부 등에 대한 기본확인을 수행하여야 한다. 다만, 개발인 또는 사용인이 기본확인을 하였을 때에는 수치인은 기본확인을 생략할 수 있다.

② 개발인 · 사용인은 기술자료에 대한 기술검증이 필요한 경우에는 수치인에게 의뢰하여 기술검증을 수행할 수 있다.

③ 이 경우 수치인은 자체 검증인 또는 외부 전문 검증인에 의뢰하여 기술검증을 수행할 수 있다.

제6조(임치계약) 수치인은 개발인(양자간계약) 또는 개발인 및 사용인(삼자간계약)과 상호합의에 의한 임치계약을 체결하여야 하며, 계약에는 관련 법령 및 이 요령을 준수하는 내용이 포함되어야 한다.

제7조(임치물의 봉인 및 보관) ① 수치인은 개발인 및 사용인과 함께 임치물을 봉인한다. 봉인 시 양자간계약의 경우 개발인이 참석하고, 삼자간계약의 경우 개발인과 사용인이 참석하여야 한다. 다만 삼자간계약시 사용인의 참석이 어려운 경우 개발인에게 봉인에 관한 권한을 위임할 수 있다.

② 기술 검증을 실시하는 경우에는, 검증을 실시한 전문 검증기관 또는 전문 검증인이 개발인 및 사용인과 함께 봉인하여야 한다.

③ 제1항에도 불구하고 개발인 및 사용인이 임치물을 봉인하여 제출하는 경우, 수치인은 봉인절차를 생략하고 즉시 계약을 체결할 수 있다.

④ 수치인은 봉인이 완료된 임치물 2점을 각각 독립된 장소를 이용하여 임치기간동안 안전하게 보관하고 관리하여야 한다.

제8조(임치증서의 교부) 수치인은 봉인한 임치물을 임치금고에 보관한 후 별지 제4호 서식의 기술자료 임치증을 개발인(양자간계약) 또는 개발인 및 사용인(삼자간계약)에게 각각 교부하여야 한다.

제9조(기술자료의 변경) ① 임치기간 중 임치한 기술자료의 추가사유가 있는 경우에는 개발인은 수치인에게 변경된 기술자료를 임치계약에 따라 임치할 수 있다.

② 수치인은 변경된 기술자료에 대해 제5조 및 제7조의 절차에 따라 임치하고 기존 임치물과 함께 보관한다. 이때, 변경된 기술자료의 임치기간은 임치한 날부터 기존 임치물의 계약 종료일까지로 한다.

제10조(임치 당사자 표시의 변경) 개발인·사용인 또는 수치인의 연락처, 명칭, 주소 등이 변경된 경우에는 변경된 당사자는 그 외의 자에게 변경사항을 통보하여야 한다.

제11조(임치증서의 재교부) ① 개발인 또는 사용인이 임치증서를 분실, 훼손하였을 경우에는 수치인에게 임치증서의 재교부를 신청할 수 있다.

② 수치인은 제1항에 따라 신청을 받은 때에는 이를 검토하여 임치증서를 재교부 할 수 있다.

제12조(임치물의 교부) 수치인은 다음 각 호의 어느 하나에 해당하는 사유가 발생한 때에는 개발인의 임치물을 사용인에게 교부할 수 있다.

1. 개발인이 교부를 동의한 경우
2. 개발인이 파산선고를 받거나 해산결의를 한 경우
3. 개발인이 사실상 사업장을 폐쇄하거나 폐업신고를 한 경우
4. 개발인, 사용인, 수치인 상호간의 합의한 교부조건이 발생한 경우

제13조(임치계약의 종료·갱신 및 임치물의 회수·폐기) ① 다음 각 호의 어느 하나에 해당하는 사유가 발생하는 경우에 임치는 종료된다.

1. 임치기간이 만료된 경우

2. 임치계약이 해지된 경우

② 개발인(양자간계약) 또는 개발인 및 사용인(삼자간계약)은 임치기간 중 또는 임치기간 만료일 후 30일 이내에 제6호의 서식을 수치인에게 제출하여 임치계약의 갱신을 신청할 수 있다. 임치기간 만료 후 임치계약이 갱신된 경우 임치기간 만료일 다음 날로 소급하여 임치계약이 갱신된 것으로 본다.

③ 수치인은 임치계약의 종료일 이전 60일 이내에 개발인 및 사용인에게 임치계약의 종료·갱신, 임치물의 회수·폐기에 관한 사실을 우편 또는 전자통신망 등을 이용하여 고지하여야 한다.

④ 개발인이 임치계약을 종료하고 임치물을 회수하고자 하는 경우, 임치계약 종료일 이전 30일 이내에 별지 제7호 서식에 따라 임치물 회수신청을 하여야 하고, 개발인은 개발인의 비용으로 임치계약 종료일로부터 30일 이내에 임치물을 회수하여야 한다. 동 기간 내에 임치물이 회수되지 아니하는 경우 수치인은 임치물을 폐기할 수 있다.

⑤ 개발인이 임치계약의 종료일로부터 30일 이내에 임치물을 회수하지 않는 경우 수치인은 개발인에게 우편, 팩스 또는 전자통신망 등을 이용하여 임치물을 폐기한다는 사실을 고지하여야 한다.

제14조(전산정보처리시스템에 의한 임치) ① 제4조부터 제13조까지의 규정에 따른 임치 및 이와 관련된 업무는 전산정보처리시스템으로 처리할 수 있다

② 전산정보처리시스템에 의하여 복제물이 처리되는 경우에는 비밀을 유지할 수 있는 기술적 조치로 봉함을 대신할 수 있다.

③ 개발인은 개발사실 및 시점을 입증하기 위해 기술자료에 대한 암호화 파일을 전산정보처리장치를 통해 수치인에게 임치할 수 있다.

제15조(수수료 관리) ① 수치인은 개발인 또는 사용인으로부터 별표1에 따른 수수료를 징수할 수 있으며, 개발인이 다음 각 호의 어느 하나에 해당하는 경우 수수료를 감면할 수 있다. 다만, 임치계약 신청일 기준으로 자격이 유효한 경우에 한한다.

1. 국가핵심기술 보유기업

2. 창업 후 7년 미만의 중소기업

3. 벤처기업확인서 보유기업

4. 기술혁신형 또는 경영혁신형 중소기업 확인서 보유기업

5. 5년 이상 임치계약을 체결하는 경우

6. 기타 중소벤처기업부장관이 필요하다고 인정하는 경우

② 개발인 또는 사용인은 임치제도를 다년간 이용하기 위해 수수료를 선납할 수 있고, 해당 기간 내에 계약의 중도해지가 발생하면 수치인은 잔여 계약기간에 해당되는 수수료를 일할로 환산하여 반환하여야 한다.

③ 수치인은 징수한 수수료를 임치제도의 운영과 활성화를 위해 중소벤처기업부장관의 승인을 받아 사용하여야 한다.

④ 수치인은 징수한 수수료를 별도 계좌를 개설하여 타 계좌와 명백히 구분하여야 하며, 투명하게 관리하고 집행하여야 한다.

⑤ 수치인은 제3항에 따라 중소벤처기업부장관의 승인을 요청할 경우, 사용계획에 대한 구체적인 자료를 중소벤처기업부의 기술자료 임치제도 소관부서(이하 "소관부서"라 한다)에 제출하여야 한다.

⑥ 소관부서는 수치인이 제출한 임치수수료 사용계획의 적정성을 검토하여 승인 여부를 판단하여야 한다.

제16조(임치사항의 등록) 수치인은 임치된 기술정보를 관리하기 위해 기술자료 임치등록부를 비치하고 다음 각 호의 사항을 별지 제5호 서식에 따른 등록부에 기재하여야 한다.

1. 임치물의 명칭
2. 개발인·사용인의 성명 및 주소
3. 임치물의 분류, 종류, 임치연월일
4. 임치물의 개요

제17조(사업계획 등 보고와 검사) ① 수치인은 매년 12월말까지 다음년도 사업계획서를 중소벤처기업부장관에게 제출하여야 한다.

② 수치인은 임치현황을 매월 중소벤처기업부장관에게 보고하여야 하며, 연간 사업 운영결과를 매년 사업완료 후 2개월 이내에 중소벤처기업부장관에게 보고하여야 한다.

③ 중소벤처기업부장관은 필요시 관련 자료의 제출을 요청하거나 소속 공무원으로 하여금 수치인의 사무소를 출입하여 관련 서류와 시설을 검사하게 할 수 있다.

④ 중소벤처기업부장관은 수치인이 임치수수료를 제15조 제3항에서 정한 목적외로 사용하거나 부적정하게 사용한 경우, 환원 조치를 할 수 있다.

제18조(임치제도의 활성화) ① 기술자료 임치제도의 개선 및 활성화 등을 위해 기술자료 임치제도 연구회를 설치 및 운영할 수 있다.

② 수치인은 기술자료 임치제도의 이용확대, 「중소기업기술보호법」 제9조에 따른 임치제도 활용 지원 등을 위해 개발자의 동의를 받아 개발인의 성명, 임치물의 명칭, 개요 등 기술자료 임치에 대한 기본적인 사항을 공개할 수 있다.

제19조(세부규정) 수치인은 이 요령의 시행을 위하여 필요한 사항에 대하여는 중소벤처기업부장관의 승인을 받아 세부규정을 따로 정하여 운용할 수 있다.

제20조(재검토기한) 훈령·예규 등의 발령 및 관리에 관한 규정(대통령훈령 제394호)에 따라 이 고시 발령 후의 법령이나 현실여건의 변화 등을 검토하여 이 고시의 폐지, 개정 등의 조치를 하여야 하는 재검토 기한은 2023년 1월 2일까지로 한다.

부 칙

① (시행일) 이 요령은 고시한 날로부터 시행한다.

② (기술자료 임치신청서에 대한 경과조치) 이 고시 시행 전에 제출한 기술자료 임치신청서는 이 고시의 시행과 동시에 제4조에 따라 수치인에게 제출한 것으로 본다.

③ (기술자료 임치증서 교부에 대한 경과조치) 이 고시 시행 전에 교부받은 기술자료 임치증서는 이 고시의 시행과 동시에 제8조에 따라 수치인이 교부한 임치증서로 본다.

VI 공급원가 변동에 따른 납품대금의 조정

상생협력법

제22조의2(공급원가 변동에 따른 납품대금의 조정) ① 수탁기업은 물품등의 제조를 위탁받은 후 물품등의 공급원가가 변동되어 납품대금의 조정이 불가피한 경우에는 위탁기업에 납품대금의 조정을 신청할 수 있다.

② 「중소기업협동조합법」 제3조 제1항 제1호, 제2호 또는 제4호에 따른 중소기업협동조합은 물품등의 공급원가가 대통령령으로 정하는 기준 이상으로 변동되어 조합원(「중소기업협동조합법」 제3조 제1항 제4호에 따른 중소기업중앙회의 경우에는 같은 항 제1호 또는 제2호에 따른 중소기업협동조합의 조합원)인 수탁기업의 납품대금의 조정이 불가피한 사유가 발생한 경우에는 해당 수탁기업(「중소기업협동조합법」 제3조 제1항 제4호에 따른 중소기업중앙회의 경우에는 같은 항 제1호 또는 제2호에 따른 중소기업협동조합)의 신청을 받아 위탁기업과 납품대금의 조정을 위한 협의를 할 수 있다. 다만, 위탁기업과 수탁기업이 같은 조합의 조합원인 경우에는 그러하지 아니하다.

③ 제2항 본문에 따른 신청을 받은 중소기업협동조합은 신청받은 날부터 20일 이내에 위탁기업에게 납품대금의 조정을 신청하여야 한다. 다만, 「중소기업협동조합법」 제3조 제1항 제4호에 따른 중소기업중앙회가 위탁기업과 협의하는 경우에는 같은 항 제1호 또는 제2호에 따른 중소기업협동조합이 조합원인 수탁기업의 신청을 받은 날부터 20일 이내에 중소기업중앙회에 신청을 하여야 하고, 중소기업중앙회는 그 신청을 받은 날부터 15일 이내에 해당 위탁기업에 납품대금의 조정을 신청하여야 한다.

④ 제1항에 따라 납품대금 조정을 신청한 수탁기업이 제2항에 따른 협의를 신청한 경우 제1항에 따른 신청은 중단된 것으로 보고, 제1항 또는 제3항의 신청에 따른 조정협의가 완료된 경우 수탁기업 또는 중소기업협동조합은 사정변경이 없으면 동일한 사유를 들어 제1항부터 제3항까지의 신청을 할 수 없으며, 수탁기업이 「하도급거래 공정화에 관한 법률」 제16조의2에 따라 하도급대금의 조정을 신청한 경우에는 동일한 사유로 제1항 및 제2항에 따른 신청을 할 수 없다.

⑤ 제2항에 따른 신청을 받은 중소기업협동조합은 납품 중단을 결의하는 등 부당하게 경쟁을 제한하거나 부당하게 기업의 사업내용 또는 활동을 제한하는 행위를 하여서는 아니 된다.

⑥ 제2항 본문에 따른 수탁기업의 신청 및 중소기업협동조합의 협의권한 행사의 요건·방법 및 절차에 관하여 필요한 사항은 대통령령으로 정한다.

⑦ 위탁기업은 제1항 또는 제3항의 신청이 있은 날부터 10일 이내에 조정을 신청한 수탁기업 또는 중소기업협동조합과 납품대금 조정을 위한 협의를 개시하여야 하며, 정당한 사유 없이 협의를 거부하거나 게을리해서는 아니 된다.

⑧ 위탁기업 또는 수탁기업(제3항의 신청에 따른 조정협의의 경우 중소기업협동조합을 포함한다. 이하 이 조에서 같다)은 다음 각 호의 어느 하나에 해당하는 경우 제28조에 따라 중소벤처기업부장관에게 분쟁 조정을 신청할 수 있다.

1. 제1항 또는 제3항에 따른 신청이 있은 날부터 10일이 지난 후에도 위탁기업이 납품대금의 조정을 위한 협의를 개시하지 아니한 경우
2. 제1항 또는 제3항에 따른 신청이 있은 날부터 30일 안에 납품대금의 조정에 관한 합의에 도달하지 아니한 경우
3. 제1항 또는 제3항에 따른 신청으로 인한 협의 개시 후 위탁기업 또는 수탁기업이 협의 중단의 의사를 밝힌 경우 등 대통령령으로 정하는 사유로 합의에 도달하지 못할 것이 명백히 예상되는 경우

상생협력법 시행령

제14조의3(공급원가 변동에 따른 납품대금의 조정 등) ① 법 제22조의2 제1항 및 제2항을 적용할 때 공급원가는 재료비, 노무비, 경비 등으로서 수탁기업이 물품등을 제조·공사·가공·수리·용역·기술개발하는 데 소요되는 비용으로 한다.

② 법 제22조의2 제2항 본문에서 "대통령령으로 정하는 기준"이란 다음 각 호의 구분에 따른 기준을 말한다. 이 경우 변동비율의 기준이 되는 재료비, 노무비, 경비 등의 기준일은 수탁·위탁계약을 체결한 날(수탁·위탁계약 체결 후에 계약금액을 조정한 경우에는 직전 조정한 날을 말하고, 경쟁입찰에 따라 수탁·위탁계약을 체결한 경우에는 입찰한 날을 말한다)로 한다.

1. 특정 원재료에 소요되는 재료비가 위탁 계약금액의 10퍼센트 이상을 차지하는 경우로서 그 원재료 가격이 변동된 경우 : 10퍼센트
2. 원재료의 가격 상승에 따라 재료비가 변동된 경우 : 앞으로 납품할 물품등에 해당하는 납품대금의 3퍼센트
3. 노무비가 위탁 계약금액의 10퍼센트 이상을 차지하는 경우로서 「최저임금법」 제10조에 따라 고용노동부장관이 고시하는 최저임금이 변동된 경우 : 최근 3년간의 평균 최저임금 상승률. 다만, 최근 3년간의 평균 최저임금 상승률이 7퍼센트를 넘는 경우에는 7퍼센트로 한다.
4. 임금 상승에 따라 노무비가 변동된 경우 : 앞으로 납품할 물품등에 해당하는 납품대금의 3퍼센트
5. 공공요금, 운임, 임차료, 보험료, 수수료 및 이에 준하는 비용 상승에 따라 경비가 변동된 경우 : 앞으로 납품할 물품등에 해당하는 납품대금의 3퍼센트

③ 법 제22조의2 제2항 본문에 따라 중소기업협동조합(「중소기업협동조합법」 제3조 제1항 제1호 또는 제2호에 따른 중소기업협동조합을 말한다. 이하 이 조에서 같다)이 납품대금의 조정을 위한 협의를 할 수 있는 대상이 되는 위탁기업은 다음 각 호의 어느 하나에 해당하는 기업으로 한다.

1. 법 제2조 제2호에 따른 대기업
2. 「중소기업기본법」 제2조 제2항에 따른 중기업(中企業)

④ 법 제22조의2 제2항 본문에 따른 신청을 하는 수탁기업은 신청서에 다음 각 호의 서류를 첨부하여 자신이 조합원으로 소속되어 있는 중소기업협동조합에 제출해야 한다.

1. 제2항 각 호의 어느 하나에 해당하는 기준 이상으로 공급원가가 변동되었음을 확인할 수 있는 서류

2. 수탁·위탁계약서 사본(계약금액이 조정된 경우에는 이를 확인할 수 있는 서류를 포함한다)

3. 경쟁입찰에 따라 수탁·위탁계약을 체결한 경우에는 이를 확인할 수 있는 서류

4. 그 밖에 위탁기업과의 납품대금 조정에 필요한 서류

⑤ 법 제22조의2 제3항에 따라 중소기업협동조합이 위탁기업에게 납품대금의 조정을 신청하려면 미리 총회 또는 이사회의 의결을 거쳐야 하며, 다음 각 호의 서류를 첨부하여 위탁기업에 제출해야 한다.

1. 제4항 각 호의 서류

2. 총회 또는 이사회의 의사록 사본

⑥ 법 제22조의2 제8항 제3호에서 "위탁기업 또는 수탁기업이 협의 중단의 의사를 밝힌 경우 등 대통령령으로 정하는 사유"란 다음 각 호의 어느 하나에 해당하는 경우를 말한다.

1. 위탁기업 또는 수탁기업(법 제22조의2 제3항의 신청에 따른 조정협의의 경우 중소기업협동조합을 포함한다. 이하 제2호에서 같다)이 협의 중단의 의사를 밝힌 경우

2. 위탁기업 및 수탁기업이 제시한 조정금액이 상호 간에 2배 이상 차이가 나는 경우

3. 합의가 지연되면 영업활동이 심각하게 곤란하게 되는 등 위탁기업 또는 수탁기업에게 중대한 손해가 예상되는 경우

4. 그 밖에 이에 준하는 사유가 있는 경우

[납품대금 조정 절차]

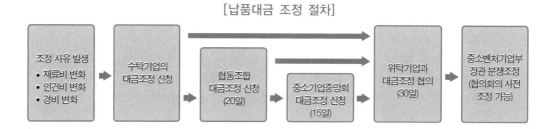

수탁기업은 물품 등의 제조를 위탁받은 후 물품 등의 공급원가가 변동되어 납품대금의 조정이 불가피한 경우에는 위탁기업에 납품대금의 조정을 신청할 수 있다(법 제22조의2 제1항). 수탁기업에 의한 직접 조정신청이다. 공급원가는 재료비, 노무비, 경비 등으로서 수탁기업이 물품등을 제조·공사·가공·수리·용역·기술개발하는 데 소요되는 비용으로 산정한다(상생협력법 시행령 제14조의3 제1항).

한편, 중소기업협동조합은 위탁기업과 수탁기업이 같은 조합의 조합원인 경우를 제외하고, 물품 등의 공급원가가 대통령령으로 정하는 기준(조정기준) 이상으로 변동되어 조합원

인 수탁기업의 납품대금의 조정이 불가피한 사유가 발생한 경우에는 해당 수탁기업의 신청을 받아 위탁기업과 납품대금의 조정을 위한 협의를 할 수 있다(법 제22조의2 제2항). 상생협력법 시행령 제14조의3 제2항에 의하면, 변동비율의 기준이 되는 재료비, 노무비, 경비 등의 기준일은 수탁·위탁계약을 체결한 날(수탁·위탁계약 체결 후에 계약금액을 조정한 경우에는 직전 조정한 날, 경쟁입찰에 따라 수탁·위탁계약을 체결한 경우에는 입찰한 날)로 한다. 동조는 조정신청 협의의 대상이 되는 변동기준에 대하여 다음과 같이 규정하고 있다.

한편, 중소기업협동조합이 동항에 따라 납품대금 조정 협의를 할 수 있는 위탁기업은 중소기업기본법상 중기업 이상의 규모여야 한다고 상생협력법 제14조의3 제3항에서 규정하고 있다. 하지만 동조는 위임입법에 반하여 무효일 가능성이 있다. 왜냐하면 상생협력법 제22조의2 제6항이 "제2항 본문에 따른 수탁기업의 신청 및 중소기업협동조합의 협의권한 행사의 요건·방법 및 절차에 관하여 필요한 사항은 대통령령으로 정한다"고만 하고 있을 뿐 조정협의의 상대가 될 수 있는 위탁기업에 대하여 아무런 제한이나 하위법령에 위임하고 있지 않기 때문이다.

┤ 중소기업협동조합이 협의를 신청할 수 있는 공급원가 변동기준 ├

① 특정 원재료비가 계약금액의 10% 이상 차지하고, 그 가격이 10% 이상 변동된 경우
② 원재료비가 잔여 납품대금의 3% 이상 변동된 경우
③ 노무비가 계약금액의 10% 이상 차지하고, 최근 3년 간의 평균 최저임금 상승률 이상으로 최저임금이 변동된 경우(다만, 최근 3년간의 평균 최저임금 상승률이 7%를 넘는 경우에는 최저임금이 7% 이상 변동된 경우)
④ 노무비가 잔여 납품대금의 3% 이상 변동된 경우
⑤ 경비가 잔여 납품대금의 3% 이상 변동된 경우

조정협의 신청을 받은 중소기업협동조합은 신청받은 날부터 20일 이내에 위탁기업에게 납품대금의 조정을 신청하여야 한다. 다만, 중소기업중앙회가 위탁기업과 협의하는 경우에는 중소기업협동조합이 조합원인 수탁기업의 신청을 받은 날부터 20일 이내에 중소기업중앙회에 신청을 하여야 하고, 중소기업중앙회는 그 신청을 받은 날부터 15일 이내에 해당 위탁기업에 납품대금의 조정을 신청하여야 한다(법 제22조의2 제3항). 중소기업협동조합에 의한 조정신청이다. 이 경우 위탁기업이 중소기업협동조합에게 제출해야 하는 서류는 납품대금조정협의신청서, 공급원가 변동 확인서류, 위수탁계약서 사본, (필요시) 경쟁입찰 관련 서류이며, 중소기업협동조합이 위탁기업에게 대금조정 협의를 하면서 제출해야 하는 서류는 총회 또는 이사회 의결 사본, 공급원가 변동 확인서류, 위수탁계약서 사본, (필요시)경쟁입찰 관련 서류이다.

[납품대금조정협의 신청시 제출서류]

수탁기업 → 협동조합		협동조합 → 위탁기업
• 납품대금조정협의 신청서		• 총회/이사회 의사록 사본
• 공급원가 변동 확인 서류	(총회 또는	• 공급원가 변동 확인 서류
• 수위탁 계약서 사본	이사회 의결)	• 수위탁 계약서 사본
• (필요시) 경쟁입찰 관련 서류 등		• (필요시) 경쟁입찰 관련 서류 등

한편, 납품대금 조정을 신청한 수탁기업이 동조 제2항에 따라 중소기업협동조합에게 위탁기업과의 협의를 하도록 신청한 경우 수탁기업의 직접적인 신청은 중단된 것으로 보고, 조정협의가 완료된 경우 수탁기업 또는 중소기업협동조합은 사정변경이 없으면 동일한 사유를 들어 다시 조정신청을 할 수 없으며, 수탁기업이 하도급법 제16조의2에 따라 하도급대금의 조정을 신청한 경우에도 동일한 사유로 상생협력법상 대금조정신청을 할 수 없다(법 제22조의2 제4항).

한편, 납품대금 조정 신청을 받은 중소기업협동조합은 납품 중단을 결의하는 등 부당하게 경쟁을 제한하거나 부당하게 기업의 사업내용 또는 활동을 제한하는 행위를 하여서는 아니 된다(법 제22조의2 제5항).

위탁기업은 수탁기업의 납품대금 조정신청 또는 중소기업협동조합의 조정신청이 있은 날부터 10일 이내에 조정을 신청한 수탁기업 또는 중소기업협동조합과 납품대금 조정을 위한 협의를 개시하여야 하며, 정당한 사유 없이 협의를 거부하거나 게을리해서는 아니 된다(법 제22조의2 제7항).

여기서 '정당한 사유 없이 협의를 거부하거나 게을리하지 않을 의무'의 의미가 문제된다. 우선 결과에 대한 의무를 의미하지 않음은 명백하다. 즉, 조정신청에 대한 합의가 되지 않았다 하여 반드시 법위반이라 볼 수는 없다. 하지만 조정신청에 대하여 원사업자가 사실상 협의를 거부하여 합의되지 않은 것까지 허용하는 것은 아니다. 결과 의무가 아니라 과정 의무, 달리 표현하자만 결과를 만들어 내기 위하여 최선을 다할 의무(Obligation to make best effort)를 의미하는 것이라 본다. 결과적으로 합의가 되지 않았더라도 원사업자가 노력하였음에도 불구하고 수급사업자나 조합과의 의견 차이가 너무 크고 원사업자 입장에서 충분히 이유가 있어 그리 된 것이라면 법 위반이라 볼 수 없지만, 반면 원사업자가 협의 자체를 거부하거나 수급사업자 등의 정당한 대금조정 요구에도 불구하고 최소한의 인상마저도 거부하여 합의가 되지 않는 경우라면 법 위반으로 보아야 한다. 다만, 과정 의무 및 그 위반에 대한 책임 추궁에 익숙하지 않은 우리 법제에서 사실 법원이 과정 의무 위반을 인정하기란 쉽지 않을 수 있지만, 공정한 하도급거래질서 확립과 수급사업자 보호라는 하도급법의 취지 및 입증책임의 전제가 되는 사실관계가 원사업자 측에 있는 점, 그리고 '정당한 사유'라는 법문의 취지 등을 고려할 때, 합의가 되지 않았지만 그럼에도 불구하고 원사업자가 최선을 다해 노력했다는 점에 대한 입증책임은 원사업자에게 있다고 보아야 할 것이다.

공정화지침은 이런 취지에서 아래와 같은 위탁기업의 정당한 사유 없는 협의거부 또는 해태행위의 예시를 들고 있다(공정화지침 III. 3. 가.).

(1) 법 제22조의2에 따른 수탁기업 또는 중소기업협동조합과의 납품대금조정협의를 개시한 후 회의개최, 의견교환, 조정안 제시 등 실질적인 협의를 진행하지 아니한 경우
  ○ 의견교환일을 협의하여 지정하였으나 지정한 의견교환일 및 다시 지정한 의견교환일에도 의견을 제시하지 아니한 경우
(2) 법 제22조의2에 따른 수탁기업 또는 중소기업협동조합과의 납품대금 조정협의를 개시한 후 실질적인 납품대금 조정 권한 또는 그에 준하는 권한을 가지고 있는 책임자가 협의(담당자를 통한 단가조정 관련 지시 · 보고 등 간접적 형태의 협의를 포함한다)에 참여하지 아니하는 경우
  ○ 업무담당자가 협의에 참여하였으나, 대금 조정에 관한 책임의 수권을 받지 않아 대금 조정에 관한 결정권이 없는 경우
(3) 납품대금 조정을 위한 시장조사, 공급원가 산정 등 객관적인 근거 없이 수탁기업 또는 중소기업협동조합이 수용할 수 없는 조정안을 반복하여 제시하는 경우
  ○ 수탁기업 또는 중소기업협동조합이 공급원가의 상승 비율 등에 관한 자료를 제시하여 조정안을 제시하였음에도 불구하고, 시장조사 결과 또는 공급원가 상승에 따른 적정 납품대금 분석 등의 근거를 제시하지 아니한 채 기존 납품대금과 유사한 금액만을 반복하여 제시하는 경우
(4) 잔여 계약물량, 수탁기업 경영상황 등 객관적인 사정을 고려할 때 과도하게 납품대금의 조정시점을 지연하여 제시하는 경우
  ○ 수탁기업이 공급원가의 변동이 있었던 초기 납품시점에 대금 조정신청을 하였음에도 불구하고 전체계약 물량 중 대부분을 납품받는 시점을 납품대금의 조정시점으로 제시하는 경우

한편, 위탁기업, 수탁기업 또는 수탁기업의 신청을 받아 수탁기업에게 조정신청을 한 중소기업협동조합 및 중소기업중앙회(2020. 10. 20. 법률 제17522호로 개정된 법에 의하여 중소기업협동조합의 신청이 있는 경우)는 ① 조정신청이 있은 날부터 10일이 지난 후에도 위탁기업이 납품대금의 조정을 위한 협의를 개시하지 아니한 경우, ② 신청이 있은 날부터 30일 안에 납품대금의 조정에 관한 합의에 도달하지 아니한 경우, ③ 신청으로 인한 협의 개시 후 위탁기업 또는 수탁기업이 협의 중단의 의사를 밝힌 경우 등 대통령령

으로 정하는 사유로 합의에 도달하지 못할 것이 명백히 예상되는 경우에는 상생협력법 제28조에 따라 중소벤처기업부장관에게 분쟁 조정을 신청할 수 있다(법 제22조의2 제8항).

상생협력법시행령

제14조의3(공급원가 변동에 따른 납품대금의 조정 등) ⑦ 법 제22조의2 제8항 제3호에서 "위탁기업 또는 수탁기업이 협의 중단의 의사를 밝힌 경우 등 대통령령으로 정하는 사유"란 다음 각 호의 어느 하나에 해당하는 경우를 말한다.

1. 위탁기업 또는 수탁기업(법 제22조의2 제3항에 따른 조정협의의 경우 중소기업협동조합 또는 중소기업중앙회를 포함한다)이 협의 중단의 의사를 밝힌 경우
2. 위탁기업 및 수탁기업(법 제22조의2 제3항에 따른 조정협의의 경우 중소기업협동조합 또는 중소기업중앙회를 포함한다)이 제시한 조정금액이 상호 간에 2배 이상 차이가 나는 경우
3. 합의가 지연되면 영업활동이 심각하게 곤란하게 되는 등 위탁기업 또는 수탁기업에게 중대한 손해가 예상되는 경우
4. 그밖에 이에 준하는 사유가 있는 경우

┤ 상생협력법상 납품대금 조정제도와 하도급법상 하도급대금 조정제도 비교 ├

[협동조합의 납품대금 조정협의제도 현황]

구 분	수위탁 거래	하도급 거래
근거법	상생협력법(2019. 7. 16.)	하도급법(2018. 7. 17.)
협의대상	대기업, 중기업	대기업, 중견기업(매출 3,000억 원 이상)
요건	(특정 원재료비가 계약금액 10% ↑) 원재료 가격 10% 이상 상승 (노무비가 계약금액의 10% ↑) 3년 평균 최저임금 7% 이상 상승 *3년 평균 7% 미만시 평균인상률 (원재료/노무비/기타경비 변동금액) 잔여 납품대금의 3% 이상 상승 *기간에 따른 구분 없음	**계약체결 후 60일 경과** (전체 계약기간이 60일 이내) (특정 원재료비가 계약금액 10% ↑) 원재료 가격 10% 이상 상승 (노무비가 계약금액의 10% ↑) 3년 평균 최저임금 7% 이상 상승 *3년 평균 7% 미만시 평균인상률 (원재료/노무비/기타경비 변동금액) 잔여 하도급대금의 3% 이상 상승 **계약체결 후 60일 미경과** (원재료/노무비/기타경비 변동 금액) 하도급계약금액의 5% 이상 상승
협의거부시	조사, 개선요구, 벌점 부과	과징금·벌금 *하도급대금의 2배 이내
협의결렬시	수위탁분쟁조정	하도급분쟁조정

위반 위탁기업에 대한 제재 및 조치

상생협력법

제26조(공정거래위원회에 대한 조치요구 등) ① 중소벤처기업부장관은 위탁기업이 제21조, 제22조, 제22조의2, 제23조, 제25조 제1항부터 제3항까지의 규정을 위반한 사실이 있고 그 위반사실이 「하도급거래 공정화에 관한 법률」 제3조, 제4조부터 제12조까지의 규정, 제12조의2, 제12조의3, 제13조, 제13조의2, 제15조, 제16조, 제16조의2, 제17조부터 제20조까지의 규정 또는 「독점규제 및 공정거래에 관한 법률」 제23조 제1항에 따른 금지행위에 해당한다고 인정할 때에는 「하도급거래 공정화에 관한 법률」 제25조 또는 「독점규제 및 공정거래에 관한 법률」 제24조에 따라 공정거래위원회에 필요한 조치를 하여 줄 것을 요구하여야 한다.

② 공정거래위원장은 제1항의 요구를 받으면 우선적으로 그 내용을 검토하여 6개월 이내에 필요한 조치를 하고 그 결과를 중소벤처기업부장관에게 통보하여야 한다. 다만, 부득이한 사정이 있는 경우에는 중소벤처기업부장관과 협의하여 1년의 범위에서 연장할 수 있다.

제27조(수탁ㆍ위탁기업 간 불공정거래행위 개선) ① 중소벤처기업부장관은 대기업과 중소기업 간의 수탁ㆍ위탁거래 과정에서 위탁기업이 제21조, 제22조, 제22조의2, 제23조, 제25조 제1항부터 제3항까지의 규정을 이행하고 있는지를 대통령령으로 정하는 바에 따라 주기적으로 조사하여 개선이 필요한 사항에 대하여는 해당 기업에 개선을 요구할 수 있다.

② 중소벤처기업부장관은 제1항에 따른 위탁기업이 제21조, 제22조, 제22조의2, 제23조 또는 제25조 제1항부터 제3항까지의 규정을 위반한 경우 납품대금의 지급, 법 위반행위의 중지, 향후 재발 방지, 그 밖에 시정에 필요한 조치를 명할 수 있다. 다만, 그 위반사실이 「하도급거래 공정화에 관한 법률」 제3조, 제4조부터 제12조까지, 제12조의2, 제12조의3, 제13조, 제13조의2, 제15조, 제16조, 제16조의2 및 제17조부터 제20조까지의 규정 또는 「독점규제 및 공정거래에 관한 법률」 제23조 제1항에 따른 금지행위에 해당하는 경우는 그러하지 아니하다.

③ 중소벤처기업부장관은 제1항에 따른 개선요구 또는 제2항에 따른 명령을 받은 위탁기업이 개선요구 또는 명령에 따르지 아니할 때에는 그 명칭 및 요지를 공표하여야 한다.

④ 중소벤처기업부장관은 필요하다고 인정하면 대통령령으로 정하는 규모 이상의 중소기업이 다른 중소기업에 제조를 위탁한 경우에도 제1항부터 제3항까지의 규정을 준용한다.

⑤ 중소벤처기업부장관은 제1항과 제4항에 따른 조사 결과 현금결제 및 상생결제 확대 등 결제조건이 양호하고 공정한 수탁ㆍ위탁거래 관계를 확립하기 위하여 노력한 것으로 평가된 기업에 대하여는 포상이나 그 밖에 필요한 지원을 할 수 있다.

⑥ 정부는 중소기업에 대한 대기업의 납품대금 결제조건을 개선하고 현금성 결제(현금결제

및 상생결제를 포함한다)를 확대하기 위하여 세제지원 등 필요한 지원을 할 수 있다.

⑦ 중소벤처기업부장관은 제21조, 제22조, 제22조의2, 제23조 또는 제25조 제1항부터 제3항까지의 규정을 위반한 위탁기업에 대하여 중소벤처기업부령으로 정하는 바에 따라 그 위반 및 피해의 정도에 따라 벌점을 부과할 수 있으며, 그 벌점이 중소벤처기업부령으로 정하는 기준을 초과하는 경우에는 「국가를 당사자로 하는 계약에 관한 법률」 제27조, 「지방자치단체를 당사자로 하는 계약에 관한 법률」 제31조 또는 「공공기관의 운영에 관한 법률」 제39조에 따른 입찰참가자격의 제한을 해당 중앙관서의 장, 지방자치단체의 장 또는 공공기관의 장에게 요청할 수 있다.

제28조의2(교육명령 등) ① 중소벤처기업부장관은 제27조 제7항에 따라 벌점을 받은 위탁기업에 대하여 중소벤처기업부령으로 정하는 벌점기준에 따라 제27조 제1항 · 제2항 및 제4항에 따른 개선요구 또는 시정명령 및 제28조 제3항에 따른 시정권고 또는 시정명령과 함께 소속 임직원에 대한 교육명령 등의 조치를 할 수 있다. 이 경우 교육비용은 그 위탁기업이 부담하게 할 수 있다.

② 교육명령 등의 조치에 관한 세부 절차와 방법 등에 관하여 필요한 사항은 중소벤처기업부장관이 고시한다.

상생협력법시행령

제16조(수 · 위탁거래에 관한 조사 등) ① 중소벤처기업부장관은 법 제27조 제1항에 따라 연 1회 이상 조사하여야 한다.

② 법 제27조 제2항에서 "대통령령으로 정하는 규모 이상의 중소기업"이란 「중소기업기본법」 제2조 제2항에 따른 중기업을 말한다.

상생협력법시행규칙

제5조의4(벌점의 부과기준 등) ① 법 제27조 제5항에 따라 중소벤처기업부장관이 법 제21조, 제22조, 제22조의2, 제23조 또는 제25조 제1항을 위반한 위탁기업에 대하여 벌점을 부과하는 때에는 별표의 부과기준에 따른다.

② 법 제27조 제5항에서 "중소벤처기업부령으로 정하는 기준을 초과하는 경우"란 별표에 따른 누산점수가 5점을 초과하는 경우를 말한다.

③ 중소벤처기업부장관이 법 제27조 제5항에 따라 입찰참가자격 제한을 요청하는 경우에는 그 요청 여부에 대하여 공정거래위원회위원장과 미리 협의하여야 한다.

제7조(교육명령에 관한 벌점기준) 법 제28조의2 제1항 전단에서 "중소벤처기업부령으로 정하는 벌점기준"이란 다음 각 호의 어느 하나에 해당하는 경우를 말한다.

1. 별표에 따른 벌점이 2점 이상인 경우
2. 별표에 따른 누산점수가 4점 이상인 경우

상생협력법

제28조(분쟁의 조정) ① 다음 각 호의 사항에 관하여 위탁기업과 수탁기업 또는 중소기업협동조합 간에 분쟁이 생겼을 때에는 위탁기업·수탁기업 또는 중소기업협동조합은 대통령령으로 정하는 바에 따라 중소벤처기업부장관에게 분쟁 조정을 요청할 수 있다.

1. 제21조에 따른 약정서 및 물품 수령증에 관한 사항
2. 제22조에 따른 납품대금의 지급 등에 관한 사항
2의2. 제22조의2에 따른 납품대금의 조정에 관한 사항
3. 제23조에 따른 물품등의 검사에 관한 사항
4. 제24조의2에 따른 기술자료의 임치에 관한 사항
5. 제25조에 따른 준수사항의 이행 여부에 관한 사항

② 제1항에 따른 분쟁당사자인 수탁기업은 중소기업자단체에 분쟁조정과 관련된 권한을 위임할 수 있다.

③ 중소벤처기업부장관은 제1항에 따른 조정을 요청받으면 지체 없이 그 내용을 검토하여 제1항 각 호의 사항에 관하여 시정을 할 필요가 있다고 인정될 때에는 해당 위탁기업·수탁기업 또는 중소기업협동조합에 그 시정을 권고하거나 시정명령을 할 수 있다.

④ 중소벤처기업부장관은 제3항에 따른 시정명령을 받은 위탁기업·수탁기업 또는 중소기업협동조합이 명령에 따르지 아니할 때에는 그 명칭 및 요지를 공표하여야 한다. 다만, 위탁기업의 행위가 제26조에 해당하는 경우에는 공정거래위원회에 필요한 조치를 하여 줄 것을 요구하여야 한다.

⑤ 제3항에 따른 검토 및 시정권고나 시정명령에 필요한 사항은 대통령령으로 정한다.

상생협력법시행령

제17조(분쟁조정의 요청) 위탁기업, 수탁기업 또는 중소기업협동조합이 법 제28조 제1항에 따라 분쟁의 조정을 요청하려는 때에는 수·위탁 분쟁조정신청서에 중소벤처기업부령이 정하는 서류를 첨부하여 중소벤처기업부장관에게 제출하여야 한다. 이 경우 협의회의 사전조정을 거칠 수 있다.

제18조(분쟁조정의 처리) ① 중소벤처기업부장관은 법 제28조 제3항에 따라 분쟁의 내용을 검토하는 때에는 관계당사자의 의견을 들어야 하며, 필요한 경우 협의회의 의견을 들을 수 있다.

② 법 제28조 제3항에 따른 시정권고 또는 시정에 필요한 명령은 문서로 하여야 하며, 그 문서에는 시정할 사항 및 사유와 시정기한을 명시하여야 한다.

상생협력법시행규칙

제5조의4(벌점의 부과기준 등) ① 법 제27조 제5항에 따라 중소벤처기업부장관이 법 제21조, 제22조, 제22조의2, 제23조 또는 제25조 제1항을 위반한 위탁기업에 대하여 벌점을 부과하는 때에는 별표의 부과기준에 따른다.

② 법 제27조 제5항에서 "중소벤처기업부령으로 정하는 기준을 초과하는 경우"란 별표에 따른 누산점수가 5점을 초과하는 경우를 말한다.

③ 중소벤처기업부장관이 법 제27조 제5항에 따라 입찰참가자격 제한을 요청하는 경우에는 그 요청 여부에 대하여 공정거래위원회위원장과 미리 협의하여야 한다

제6조(수 · 위탁 분쟁조정신청서 등) ① 영 제17조 전단에 따른 수 · 위탁 분쟁조정신청서는 별지 제1호의2 서식과 같다.

② 영 제17조 전단에서 "중소벤처기업부령이 정하는 서류"라 함은 다음 각 호의 서류를 말한다.

1. 수 · 위탁 분쟁조정신청 사유서
2. 수 · 위탁 분쟁조정을 신청하기로 의사 결정한 사실이 기재된 중소기업협동조합의 이사회 회의록(신청인이 중소기업협동조합인 경우에 한한다)

③ 영 제17조 후단에 따른 사전조정을 신청하려는 자는 별지 제1호의2 서식의 수 · 위탁 분쟁사전조정신청서에 제2항 각 호의 서류를 첨부하여 영 제11조에 따른 수 · 위탁 분쟁조정협의회에 제출하여야 한다.

제7조(교육명령에 관한 벌점기준) 법 제28조의2 제1항 전단에서 "중소벤처기업부령으로 정하는 벌점기준"이란 다음 각 호의 어느 하나에 해당하는 경우를 말한다.

1. 별표에 따른 벌점이 2점 이상인 경우
2. 별표에 따른 누산점수가 4점 이상인 경우

중소벤처부 실무는 상생협력법 위반에 대한 조사 및 조치는 수탁기업이 중기업 이상인 경우로 한정된다고 보는 것으로 알려져 있다. 이러한 실무입장은 상생협력법 제27조가 '대기업과 중소기업 간의 수탁 · 위탁거래 및 중소기업기본법상 중기업과 다른 중소기업 간의 수탁 · 위탁거래 과정에서 위탁기업이 상생협력법상 의무를 이행하고 있는지 여부를 주기적으로 조사하여 개선이 필요한 사항에 대하여 해당 기업에 개선을 요구하고 요구에 응하지 아니하는 경우에는 공표하며, 위반 위탁기업에 대하여 위반 및 피해의 정도에 따라 벌점을 부과할 수 있으며, 그 벌점이 중소벤처기업부령이 정하는 기준을 초과하는 경우에 입찰참가자격 제한을 해당 기관의 장에게 요청할 수 있다'고 규정하고 있는 것에 근거한 것이다(상생협력법 제27조 제1항, 제2항, 제5항). 하지만 제27조는 중소벤처부의 위수탁 거래에 대한 정기조사 및 이를 통한 조치에 대하여 규정한 것에 불과할 뿐 중소벤처부의 일반적인 조사권의 범위를 규정한 것이라 볼 수 없다. 법을 관할하여 집행하는 기관은 별도의 구체적, 개별적 조사권을 규정한 조항 없이도 일반적인 행정조사권을 가지기 때문이다. 다만, 제27조 제1항에 따라 위반 기업에 개선을 요구하고 제4항에 따라 벌점부과, 입찰참가자격제한 요청 등을 하지 못할 뿐이다. 소기업이 위탁기업이라 하더라도 제

26조에 따라 위탁기업이 상생협력법을 위반한 사실이 있고 그것이 하도급법 또는 공정거래법 위반에 해당할 경우 공정거래위원장에게 필요한 조치를 요구하여야 한다.

수탁기업은 반드시 중소기업이어야 한다. 수탁기업은 위탁기업에 비해 연간매출액이 적을 것을 요구하지 않는다. 중견기업법 제13조에 따른 중견기업도 수탁기업에 포함된다.

Ⅷ 손해배상

상생협력법

제38조(권한 또는 업무의 위임·위탁) ① 삭제

② 중소벤처기업부장관은 이 법에 따른 권한의 일부를 대통령령으로 정하는 바에 따라 특별시장·광역시장·특별자치시장·도지사 또는 특별자치도지사에게 위임하거나 업종별 주무부장관에게 위탁할 수 있다.

③ 중소벤처기업부장관은 이 법에 따른 업무의 일부를 대통령령으로 정하는 바에 따라 중소기업협동조합중앙회, 중소벤처기업진흥공단 또는 재단에 위탁할 수 있다.

제39조(서류의 비치) ① 위탁기업, 수탁기업 또는 중소기업협동조합은 수탁·위탁거래에 관한 서류를 갖추어 두어야 한다.

② 제1항에 따른 서류의 범위 및 비치기간에 관하여 필요한 사항은 중소벤처기업부령으로 정한다.

상생협력법시행규칙

제11조(서류의 비치) ① 법 제39조에 따라 위탁기업·수탁기업 및 중소기업협동조합이 비치하여야 할 서류는 다음 각 호와 같다.

1. 법 제21조 제1항에 따른 약정서
2. 법 제22조에 따른 납품대금의 지급 및 수령에 관한 서류
3. 법 제23조 제1항에 따른 검사기준에 관한 서류
4. 법 제23조 제2항에 따른 불합격 사유의 통보에 관한 서류
5. 법 제24조 제2항에 따른 가격결정과 품질관리에 관한 서류
6. 법 제28조에 따른 분쟁의 조정에 관한 서류

② 제1항에 따른 서류는 그 거래의 종료일부터 3년간 비치하여야 한다.

상생협력법

제40조(자료의 제출 등) ① 중소벤처기업부장관은 다음 각 호의 경우 필요하다고 인정할 때에는 관련 중소기업 또는 대기업등에 자료제출을 요구하거나 소속 공무원으로 하여금 그 사무소·사업장 및 공장 등에 출입하여 장부·서류, 시설 및 그 밖의 물건을 조사하게 할 수 있다.

1. 제21조, 제21조의2 제1항, 제22조, 제22조의2, 제23조, 제24조, 제24조의2 및 제25조에 따른 수탁·위탁거래에 관한 실태를 파악하기 위한 경우

2. 삭제

3. 제20조의4 제3항 및 제32조 제1항에 따른 사업조정 신청을 받은 경우

4. 그 밖에 수탁·위탁거래의 공정화 및 중소기업의 사업영역 보호를 위하여 중소벤처기업부장관이 필요하다고 인정하는 경우

② 제1항에 따른 조사를 할 때에는 조사 7일 전까지 조사 일시, 조사 목적 및 내용 등을 포함한 조사계획을 조사대상자에게 알려야 한다. 다만, 긴급히 조사하여야 하거나 사전에 알리면 증거인멸 등으로 조사 목적을 달성할 수 없다고 인정되는 경우에는 그러하지 아니하다.

③ 제1항에 따른 조사를 하는 공무원은 그 권한을 표시하는 증표를 지니고 이를 관계인에게 내보여야 하며 그 공무원의 성명, 출입시간, 출입 목적 등을 적은 문서를 관계인에게 내주어야 한다.

④ 법원은 제1항의 내용에 관하여 제40조의2 제1항 또는 제2항에 따라 손해배상청구의 소가 제기된 경우 중소벤처기업부장관에게 해당 사건의 기록의 송부를 요구할 수 있다.

제40조의2(손해배상책임) ① 위탁기업이 이 법의 규정을 위반함으로써 손해를 입은 자가 있는 경우 위탁기업은 그 자에게 손해배상책임을 진다. 다만, 위탁기업이 고의 또는 과실이 없음을 입증한 경우에는 그러하지 아니하다.

② 위탁기업이 제25조 제1항 제14호 또는 같은 조 제2항을 위반함으로써 손해를 입은 자가 있는 경우에는 그 자에게 발생한 손해의 3배를 넘지 아니하는 범위에서 배상책임을 진다. 다만, 위탁기업이 고의 또는 과실이 없음을 입증한 경우에는 그러하지 아니하다.

③ 법원은 제2항의 배상액을 정할 때에는 다음 각 호의 사항을 고려하여야 한다.

1. 고의 또는 손해 발생의 우려를 인식한 정도

2. 위반행위로 인하여 수탁기업과 다른 사람이 입은 피해규모

3. 위법행위로 인하여 위탁기업이 취득한 경제적 이익

4. 위반행위에 따른 개선요구, 시정권고 또는 시정명령의 내용 및 공표 여부

4의2. 위반행위에 따른 형사처벌의 정도

5. 위반행위의 기간·횟수

6. 위탁기업의 재산상태

7. 위탁기업의 피해구제 노력의 정도

④ 삭제

제40조의3(손해액의 인정 등) ① 법원은 위탁기업이 제25조 제2항을 위반하여 수탁기업이 손해배상을 청구하는 경우 다음 각 호의 어느 하나에 해당하는 금액을 수탁기업이 입은 손해액으로 인정할 수 있다.

1. 위탁기업이 그 위반행위를 하게 한 물품등을 양도하였을 때에는 다음 각 목에 해당하는 금액의 합계액

　가. 그 물품등의 양도수량(수탁기업이 그 위반행위 외의 사유로 판매할 수 없었던 사정이 있는 경우에는 그 위반행위 외의 사유로 판매할 수 없었던 수량을 뺀 수량) 중 수탁기업이 생산할 수 있었던 물건의 수량에서 실제 판매한 물건등의 수량을 뺀 수

량을 넘지 아니하는 수량에 수탁기업이 그 위반행위가 없었다면 판매할 수 있었던 물품등의 단위수량당 이익액을 곱한 금액

나. 그 물품등의 양도수량 중 가목에서 산정되지 못한 수량에 대해서는 기술자료의 사용에 대하여 합리적으로 받을 수 있는 금액

2. 기술자료의 사용에 대하여 합리적으로 받을 수 있는 금액

3. 위탁기업이 그 위반행위로 인하여 이익을 얻은 경우에는 그 이익액

② 법원은 제40조의2 제1항 또는 제2항에 따른 손해배상청구에 관한 소송에서 손해가 발생된 것은 인정되나 그 손해액을 입증하기 위하여 필요한 사실을 증명하는 것이 해당 사실의 성질상 극히 곤란한 경우에는 변론 전체의 취지와 증거조사의 결과에 기초하여 상당한 손해액을 인정할 수 있다.

제40조의4(구체적 행위태양 제시 의무) ① 제25조 제2항을 위반한 행위에 대한 손해배상청구 소송에서 수탁기업이 주장하는 기술자료 유용행위의 구체적 행위태양을 부인하는 위탁기업은 자기의 구체적 행위태양을 제시하여야 한다. 다만, 위탁기업이 이를 밝힐 수 없는 상당한 이유가 있을 때에는 그러하지 아니하다.

② 법원은 위탁기업이 제1항 단서에 따라 자기의 구체적 행위태양을 제시할 수 없는 상당한 이유가 있다고 주장하는 경우에는 그 주장의 옳고 그름을 판단하기 위하여 그 당사자에게 자료의 제출을 명할 수 있다. 다만, 그 자료의 소지자가 그 자료의 제출을 거절할 정당한 이유가 있으면 그러하지 아니하다.

③ 제2항에 따른 자료제출명령에 관하여는 제40조의5 제2항, 제3항 및 제8항을 준용한다. 이 경우 제40조의5 제3항 전단 중 "위반행위의 존재 여부 증명 또는 손해액의 산정에 반드시 필요한 때"는 "기술자료 유용행위의 구체적 행위태양을 제시할 수 없는 정당한 이유의 유무 판단에 반드시 필요한 때"로 본다.

④ 제2항 단서에 따른 정당한 이유가 없다고 인정되는 경우 법원은 구체적 행위태양의 제시 명령을 할 수 있다. 이에 대하여는 즉시항고를 할 수 있다.

⑤ 법원은 위탁기업이 정당한 이유 없이 자기의 구체적 행위태양을 제시하지 아니하는 경우에는 수탁기업이 주장하는 기술자료 유용행위의 구체적 행위태양을 진실한 것으로 인정할 수 있다.

제40조의5(자료제출명령) ① 법원은 제40조의2 제1항 또는 제2항에 따른 손해배상청구에 관한 소송에서 당사자의 신청에 따라 상대방 당사자에게 그 위반행위의 존재 여부 증명 또는 손해액의 산정에 필요한 다음 각 호의 자료의 제출을 명할 수 있다. 다만, 그 자료의 소지자가 그 자료의 제출을 거절할 정당한 이유가 있는 경우에는 그러하지 아니하다.

1. 상대방이 소지, 보관 또는 상대방의 통제하에 있는 문서, 글, 그림, 그래프, 표, 사진, 음성녹음 또는 이미지 및 그 밖의 데이터 또는 데이터베이스를 포함하여 전자매체에 저장된 정보로서 해당 매체에서 직접 취득할 수 있거나 필요에 따라 합리적으로 이용가능한 형태로 전환한 정보

2. 그 밖에 지정된 유형물

② 법원은 자료의 소지자가 제1항에 따른 자료제출을 거부할 정당한 이유가 있다고 주장하

는 경우에는 그 주장의 옳고 그름을 판단하기 위하여 자료의 제출을 명할 수 있다. 이 경우 법원은 그 자료를 다른 사람이 보게 하여서는 아니 된다.

③ 제1항에 따라 제출되어야 할 자료가 영업비밀(「부정경쟁방지 및 영업비밀보호에 관한 법률」 제2조 제2호에 따른 영업비밀을 말한다)에 해당하더라도 위반행위의 존재 여부 증명 또는 손해액의 산정에 반드시 필요한 때에는 제1항 각 호 외의 부분 단서에 따른 정당한 이유가 있는 것으로 보지 아니한다. 이 경우 법원은 자료제출명령의 목적 내에서 열람할 수 있는 범위 또는 열람할 수 있는 사람을 지정하여야 한다.

④ 법원은 당사자가 정당한 이유 없이 자료제출명령에 따르지 아니한 때에는 자료제출을 신청한 당사자의 자료의 기재에 관한 주장을 진실한 것으로 인정할 수 있다.

⑤ 법원은 당사자가 상대방의 사용을 방해할 목적으로 제출의무가 있는 자료를 훼손하여 버리거나 이를 사용할 수 없게 한 때에는 그 문서의 기재에 대한 상대방의 주장을 진실한 것으로 인정할 수 있다.

⑥ 법원은 제4항에 해당하는 경우 자료의 제출을 신청한 당사자가 자료의 기재에 관하여 구체적으로 주장하기에 현저히 곤란한 사정이 있고, 자료로 증명할 사실을 다른 증거로 증명하는 것을 기대하기도 어려운 때에는 그 당사자가 자료의 기재로 증명하려는 사실에 관한 주장을 진실한 것으로 인정할 수 있다.

⑦ 제3항에 따라 자료를 제공받거나 열람한 자는 그 자료를 자료제출명령의 목적과 다르게 사용하거나 다른 자에게 제공하는 등 부당한 목적으로 사용하여서는 아니 된다.

⑧ 자료제출의 신청에 관한 결정에 대하여는 즉시항고를 할 수 있다.

제40조의6(벌칙 적용에서 공무원 의제) 조정심의회 및 지방자치단체 조정심의회의 위원 중 공무원이 아닌 사람은 「형법」 제127조 및 제129조부터 제132조까지의 규정을 적용할 때에는 공무원으로 본다.

개정전 법률(2021. 8. 17. 법률 제18431호로 개정되기 이전의 법)에서는 상생협력법 위반에 따른 수탁기업의 위탁기업에 대한 손해배상청구에서 공정거래법의 손해배상청구에 대한 특칙 조항을 준용토록 하고 아울러 보복행위에 대하여만 실손해의 3배 이하의 손해를 배상할 수 있도록 하는 징벌적 손해배상제도를 규정하고 있었다. 하지만 2022. 2. 18. 부터 시행되는 개정법(2021. 8. 17. 법률 제18431호로 개정된 법)에서는 위탁기업의 수탁기업에 대한 기술유용행위 및 기술유용행위를 관계기관에 고지하는 행위(보복행위)에 대하여도 수탁기업이 입은 손해액의 3배 이하의 징벌적 손해배상 대상으로 규정하고(제40조의2 제2항), 아울러 기술유용행위로 인한 손해액에 대한 인정기준을 구체적으로 규정하였다(제40조의3 신설). 개정법은 손해배상청구소송에서 수탁기업이 주장하는 기술자료 유용행위의 구체적 행위태양을 위탁기업이 부인하는 경우 위탁기업이 자기의 구체적 행위태양을 제시하도록 하고, 정당한 이유 없이 이를 제시하지 아니하는 경우에는 법원이 수탁기업의 주장을 진실한 것으로 인정할 수 있도록 하였고(제40조의4 신설), 법원은 손해배상

청구소송에서 당사자의 신청에 따라 필요한 자료의 제출을 명할 수 있도록 하고, 당사자가 증거제출명령에 불응한 경우 해당 자료제출을 신청한 당사자의 자료의 기재에 관한 주장을 진실한 것으로 인정할 수 있도록 하였다(제40조의5 신설).

■ 대·중소기업 상생협력 촉진에 관한 법률 시행규칙 [별표] 〈개정 2021. 4. 21.〉

벌점의 부과기준(제5조의4 제1항 관련)

1. 용어의 정의

가. "벌점"이란 법 제27조 제7항에 따른 입찰참가자격 제한 요청 등의 기초자료로 활용하기 위하여 이 법을 위반한 위탁기업에 대하여 중소벤처기업부장관이 제2호의 벌점의 부과기준에 따라 부과한 점수를 말한다.

나. "경감점수"란 위탁기업이 받은 벌점에서 제3호에 따른 벌점의 경감기준에 따라 경감하도록 한 점수를 말한다.

다. "누산점수"란 벌점을 부과하려는 법위반행위에 대한 개선요구, 시정권고, 시정명령 또는 공표(이하 "시정조치"라 한다)가 있은 날을 기준으로 과거 3년 간 모든 벌점을 합산한 점수에서 과거 3년 간 모든 경감점수를 합산한 점수를 뺀 점수를 말한다.

2. 벌점의 부과기준

가. 벌점은 1)의 법위반행위가 속하는 위반유형에 대하여 2)의 시정조치 유형별 벌점기준에 따라 점수를 산출하고, 각 시정조치 유형별 점수를 모두 합산하여 결정한다. 다만, 동일한 유형에 속하는 법 위반행위에 대하여 서로 다른 유형의 시정조치를 받은 경우에는 가장 높은 벌점만 반영하되, 2)의 라)에 해당하는 시정조치가 포함된 경우에는 그러하지 아니하다.

1) 법위반행위가 속하는 위반유형

위반유형	법 위반행위
가) 서면 관련 위반	법 제21조 위반행위
나) 납품대금 조정 협의 및 납품대금 감액 관련 위반	법 제22조의2 제7항 위반행위 법 제25조 제1항 제1호 위반행위 법 제25조 제3항 위반행위
다) 대금지급 관련 위반	법 제22조 위반행위 법 제25조 제1항 제2호 위반행위 법 제25조 제1항 제4호 위반행위 법 제25조 제1항 제6호 위반행위 법 제25조 제1항 제8호 위반행위
라) 보복조치 금지위반	법 제25조 제1항 제13호 위반행위 법 제25조 제1항 제14호 위반행위
마) 기술자료 관련 위반	법 제25조 제1항 제12호 위반행위 법 제25조 제2항 위반행위

위반유형	법 위반행위
바) 그 밖의 위반	법 제23조 위반행위 법 제25조 제1항 제3호 위반행위 법 제25조 제1항 제5호 위반행위 법 제25조 제1항 제7호 위반행위 법 제25조 제1항 제9호 위반행위 법 제25조 제1항 제10호 위반행위 법 제25조 제1항 제11호 위반행위 법 제25조 제1항 제13호의2 위반행위

2) 시정조치 유형별 벌점기준

시정조치 유형	벌점
가) 법 제27조 제1항 또는 제4항에 따른 개선요구를 받은 경우	2.0
나) 법 제28조 제3항에 따른 시정권고를 받은 경우	1.5
다) 법 제27조 제2항 본문·제4항 또는 제28조 제3항에 따른 시정명령을 받은 경우	2.0
라) 법 제27조 제3항·제4항 또는 제28조 제4항 본문에 따라 공표한 경우	3.1

나. 위탁기업이 과거 3년 간 법위반행위로 2회 이상 시정조치를 받았을 경우 이후 시정조치의 대상이 되는 법위반행위에 대하여 가목에서 결정되는 벌점에 100분의 50을 가중하여 벌점을 부과한다.

다. 가목 1) 라)에 따른 위반유형에 해당하여 가목 2)에 따른 시정조치를 받은 경우에는 벌점 5.1점을 부과한다.

라. 제3호 가목 4)에 따라 법 제22조의2에 따른 납품대금의 조정을 위한 제도(이하 "납품대금조정제도"라 한다)의 운영 계획을 제출하여 벌점을 경감받은 후 이행기간 내에 그 계획을 이행하지 않은 경우에는 벌점의 경감을 취소하고 이행기간이 끝난 날의 다음 날에 벌점 5.1점을 부과한다.

3. 벌점의 경감기준

가. 유형별 벌점의 경감 점수는 다음과 같다.

1) 법 제27조 제3항에 따라 포상을 받은 기업이나 관계 행정기관의 장으로부터 공정한 수탁·위탁거래 관계의 확립과 관련한 포상을 받은 기업으로 중소벤처기업부장관이 인정하는 경우 : 2점

2) 제5조의3에 따라 수탁·위탁거래 우수기업으로 선정된 경우 : 2점

3) 법 제28조의2에 따른 교육명령을 이행한 경우 : 다음의 구분에 따른 점수. 다만, 가)와 나) 모두에 해당하는 경우에는 가)만 인정한다.

가) 위탁기업의 대표자가 교육명령을 이행한 경우 : 0.5점

나) 수탁·위탁거래 관련 업무 담당 임원이 교육명령을 이행한 경우 : 0.25점

4) 납품대금조정제도를 도입·운영하고 있는 경우(1년 이내의 이행기간을 정하여 납품대

금조정제도의 도입·운영 계획을 중소벤처기업부장관에게 문서로 제출한 경우를 포함한다) : 기본점수(둘 이상에 해당하는 경감 사유가 있는 경우에는 가장 높은 점수만 반영한다)와 추가점수를 합산한 점수

가) 기본점수

    (1) 수탁·위탁계약서(표준계약서를 포함한다), 수탁기업 대상 설명회, 홈페이지 게재 등을 통하여 납품대금조정제도를 도입·운영하고 있음을 중소벤처기업부장관이 인정할 수 있는 경우 : 0.25점

    (2) 과거 3년 간 수탁기업의 신청에 따라 납품대금의 조정을 위한 협의를 개시한 사실이 있는 경우 : 0.5점

    (3) 과거 3년 간 납품대금의 조정에 관한 합의에 따라 납품대금을 인상한 실적이 있는 경우 : 과거 3년을 1년 단위의 세 구간으로 나누었을 때 실적이 있는 구간이 1개인 경우 1.0점, 2개인 경우 1.25점, 3개인 경우 1.5점

나) 추가점수

    (1) 과거 3년 간 납품대금을 인상한 수탁기업의 수가 10개 이상 20개 미만인 경우 : 0.25점

    (2) 과거 3년 간 납품대금을 인상한 수탁기업의 수가 20개 이상인 경우 : 0.5점

다) 가) 및 나)에 따른 납품대금 인상 실적은 다음의 계산식에 따른 인상반영률(하나의 수탁기업이 둘 이상의 품목에 대하여 납품대금의 조정을 신청한 경우에는 물량가중평균 인상반영률을 말한다)이 30퍼센트 이상인 것에 한하여 산정한다.

    (1) 인상반영률의 계산식

$$인상반영률 = \frac{위탁기업이\ 인상한\ 금액}{수탁기업이\ 인상을\ 요구한\ 금액} \times 100$$

    (2) 물량가중평균 인상반영률의 계산식

$$물량가중평균\ 인상반영률 = \left(품목별\ 인상반영률 \times \frac{품목별\ 납품물량}{조정을\ 신청한\ 전체\ 품목의\ 납품\ 물량} \right)의\ 합계$$

나. 가목에 따른 벌점의 경감은 해당 사유별로 한 번씩만 적용한다.

상생협력법

제41조(벌칙) ① 타인의 기술자료를 절취 등의 부정한 방법으로 입수하여 제24조의3에 따른 등록을 행한 자는 5년 이하의 징역 또는 그 재산상 이득액의 2배 이상 10배 이하에 상당하는 벌금에 처한다.

② 생략

③ 다음 각 호의 어느 하나에 해당하는 자는 1년 이하의 징역 또는 5천만원 이하의 벌금에 처한다.

1. 제24조의4에 따른 비밀유지의무를 위반한 자

1의2. 제27조 제3항(같은 조 제4항에서 준용하는 경우를 포함한다)에 따른 공표 후 1개월이 지날 때까지 같은 조 제2항(같은 조 제4항에서 준용하는 경우를 포함한다)에 따른 명령을 이행하지 아니한 자

2. 제28조 제4항 본문에 따른 공표 후 1개월이 지날 때까지 같은 조 제3항에 따른 시정명령을 이행하지 아니한 자

3. 삭제

4. 제40조의5 제7항을 위반하여 다른 자에게 정보 또는 자료를 누설 또는 제공하거나 부당한 목적으로 이용한 자

제42조(양벌규정) 법인의 대표자나 법인 또는 개인의 대리인, 사용인, 그 밖의 종업원이 그 법인 또는 개인의 업무에 관하여 제41조의 위반행위를 하면 그 행위자를 벌하는 외에 그 법인 또는 개인에게도 해당 조문의 벌금형을 과(科)한다. 다만, 법인 또는 개인이 그 위반행위를 방지하기 위하여 해당 업무에 관하여 상당한 주의와 감독을 게을리하지 아니한 경우에는 그러하지 아니하다.

제43조(과태료) ① 생략

② 제40조에 따른 자료를 제출하지 아니하거나 거짓 자료를 제출한 자 또는 조사를 거부·방해 또는 기피한 자에게는 5천만원 이하의 과태료를 부과한다.

③ 다음 각 호의 어느 하나에 해당하는 자에게는 1천만원 이하의 과태료를 부과한다.

1. 제21조 제1항에 따른 약정서를 발급하지 아니한 자

2. 제21조의2 제1항에 따른 비밀유지계약을 체결하지 아니한 자

④ 다음 각 호의 어느 하나에 해당하는 자에게는 500만원 이하의 과태료를 부과한다.

1. 제20조의2 제5항에 따른 회의록을 작성·비치하지 아니한 자

2. 제28조의2에 따른 교육명령 등의 조치를 이행하지 아니한 자

3. 제39조 제1항에 따른 서류를 갖추어 두지 아니하거나 그 서류에 거짓 사항을 적은 자

⑤ 제1항부터 제4항까지에 따른 과태료는 대통령령으로 정하는 바에 따라 중소벤처기업부 장관이 부과·징수한다.

■ 대·중소기업 상생협력 촉진에 관한 법률 시행령 [별표 2] 〈개정 2021. 4. 20.〉

과태료의 부과기준(제28조 관련)

1. 일반기준

　가. 부과권자는 다음의 어느 하나에 해당하는 경우에는 제2호에 따른 과태료 금액의 2분의 1 범위에서 그 금액을 줄일 수 있다. 다만, 과태료를 체납하고 있는 위반행위자의 경우에는 그렇지 않다.

　　1) 위반행위자가 「질서위반행위규제법 시행령」 제2조의2 제1항 각 호의 어느 하나에 해당하는 경우

　　2) 위반행위자가 사소한 부주의나 오류로 인한 것으로 인정되는 경우

　　3) 위반행위자가 법 위반상태를 시정하거나 해소하기 위하여 노력한 사실이 인정되는 경우

　　4) 그밖에 위반행위의 정도, 위반행위의 동기와 그 결과 등을 고려하여 줄일 필요가 있다고 인정되는 경우

　나. 위반행위가 둘 이상인 경우에는 각각의 위반행위에 따른 제2호의 과태료 금액을 합산하여 부과한다. 다만, 합산하는 경우에도 법 제43조에 따른 과태료 금액의 상한을 넘을 수 없다.

2. 개별기준

위반행위	근거 법조문	과태료 금액
가. 법 제20조의2 제4항에 따른 회의록을 작성·비치하지 않은 경우	법 제43조 제3항 제1호	100만 원
나. 법 제21조 제1항에 따른 약정서를 발급하지 않은 경우	법 제43조 제2항 제1호	500만 원
다. 법 제28조의2에 따른 교육명령 등의 조치를 이행하지 않은 경우	법 제43조 제3항 제2호	100만 원
라. 법 제34조 제3항에 따른 명령을 이행하지 않은 경우	법 제43조 제1항	1억 원
마. 법 제39조 제1항에 따른 서류를 갖추어 두지 않거나 그 서류에 거짓 사항을 적은 경우	법 제43조 제3항 제3호	500만 원
바. 법 제40조에 따른 자료를 제출하지 않거나 거짓 자료를 제출한 경우 또는 조사를 거부·방해 또는 기피한 경우	법 제43조 제2항 제2호	1천만 원

Part

3

하도급법 실무쟁점,
160문 160답

하도급법과 건설산업기본법 등 공정거래법 등 다른 법률과의 관계

(#건산법보다 우선 적용#공정거래법&민법의 특별법)

A 하도급법은 공정거래법의 불공정거래행위 중 거래상 지위남용행위와 관련한 특칙의 성격을 가지고 있지만 형법상 경합범처럼 하나의 위반행위에 대하여 공정거래법과 하도급법 위반이 모두 성립된다. 다만, 실무적으로 하도급법 위반으로 의율될 수 있다면 공정거래법상 불공정거래행위로 의율할 필요성이 없고 실제 의율하지 않는다. 한편, 상생협력법, 건설산업기본법, 전기공사업법 등의 규정이 하도급법 규정에 어긋나는 경우 하도급법이 우선적용된다. 한편, 하도급법은 수급사업자 보호를 위하여 사적자치를 일부 제한하는 특별법으로 민상법에 우선적용되지만, 기본적으로 단속법규라서 하도급법을 위반한 약정이나 계약이 민사적으로 무효가 되는 것은 아니다.

해 설

하도급법은 「대·중소기업 상생협력 촉진에 관한 법률」, 「전기공사업법」, 「건설산업기본법」, 「정보통신공사업법」 규정이 하도급법 규정에 어긋나는 경우에는 하도급법이 우선 적용된다고 명시하고 있다(법 제34조). 이 때문에 하도급법 적용대상이 되는 하도급거래의 경우 건설산업기본법 제35조 제2항의 직접지급청구권보다는 하도급법 제14조 제1항의 직접지급청구권 조항이 우선 적용된다(대법원 2013. 12. 12. 선고 2013다74745 판결). 특히 건설하도급과 관련하여서는 건설관련 법규인 건설산업기본법이나 「국가를 당사자로 하는 계약에 관한 법률」(이하 '국가계약법') 등과의 관계가 문제된다. 건설 관련 법규 가운데에 건설산업기본법은 건설산업에 관한 일반법으로서의 성질을 가지며, 국가계약법은 원칙적으로 국가 또는 지방자치단체 기타 공공기관을 일방 당사자로 하는 원도급계약에 관한 사항을 규율하는 것인 한편, 하도급법은 하도급 거래에 관한 특별법이라고 할 수 있다. 이에 대하여 하도급 자체를 불법으로 보아 규제를 하고 있는 법률이 있다. 가령, 건설산업기본법, 정보통신공사업법, 시설물안전관리특별법, 소방시설공사업, 「문화재 수리 등에 관한 법률」(이하 '문화재수리법') 등이 그 예이다. 이 법률들은 하도급 자체를 원칙적으로 금지하고 있다. 건설산업기본법에서는 건설분야의 특성을 반영하여 수급인의 자격제한, 수급인의 직접시공의무, 건설공사 하도급 제한, 수급인의 불공정행위금지 등 하도급 계약에 관한 규율을 하고 있는데, 주된 부분의 하도급을 금지하고 있다. 한편, 정보통신공사업법은 도급받은 공사의 50%를 초과하는 하도급을 금지하고 있다. 이는 해당 도급이 가지고 있는 특수성과 중요성을 고려할 때 도급의 품질확보가 중요하고 무분별한 하도급은 품질 확보에 부정적이라는 해당 분야의 경험에서 비롯된다. 이처럼 1차 하도급의 경우에도 제한하는데 예외사유로는 주로 공사품질이나 시공능률 제고를 위해 인정할 경우로 한정하고 있다.[159] 또한 건설산업기본법, 정보통신공사업법, 문화재수리법 등은 재하도급을 금지하고 있으나 예외적으로 공사품질이나 시공능률 제고 및 수급인의 서면승낙이 있는 경우와 하도급 금액의 50% 미만에 해당하는 부분을 기술상 분리하여 시공할 수 있는 독립된 공사 범위 내에서 재하도급을 인정하고 있는 경우도 있다. 이러한 금지를 위반할 경우에는 시정명령, 영업정지나 등록취소, 과태료 그리고 징역이나 벌금 등 형사처벌도 함께 규정하고 있다. 이러한 일련의 법제들은 기본적으로 정부조달계약과 민간계약을 구분하지 아니하고 있는데, 현재 건설사업의 경우 건설산업기본법에 의하면 하도급 등 관련 규제를 실시함에 있어 공공사업은 물론 민간사업도 함께 적용 및 규제하고 있으며 건설사업 등록제에 따라 민간부문의 하도급 규제 위반시에 등록취소 등 행정적 제재 조치가 수반된다.[160]

한편, 하도급법은 명시적으로 하도급거래에 관하여 하도급법의 적용을 받는 사항에 대하여는, 공정거래법상 불공정거래행위 중 지위남용행위(제23조 제1항 제4호)를 적용하지 아니한다고 정하고 있다(법 제28조). 비단 위 규정이 없더라도 하도급거래에서의 불공정거래행위를 규제하기 위하여 1984년에 입법화된 하도급법의 연혁상 하도급거래에서의 특별법이므로 하도급법과 공정거래법적용이 동시에 문제된다면 하도급법이 우선 적용된다.

하도급거래는 본래 민법상 도급에 해당하는 사법적 계약으로 일반법인 민법·상법 등의 규율도 받는다. 하지만 하도급법은 수급인의 지위를 보호하기 위하여 사적 자치를 일정 부분 제한하는 특별법이므로 민·상법에 우선하여 적용된다. 대법원도 이런 입장에서 하도급대금 지급 지체시 수급사업자가 원사업자를 상대로 청구할 수 있는 지연손해금에 대하여는, 하도급법에 따라 공정거래위원회가 정하여 고시한 이율에 의할 것이고, 특별히 수급사업자가 하도급법상의 이자 청구를 포기했다고 볼 근거가 없는 경우에는, 그 한도에서 민법·상법상의 법정이율이나 그에 관한 보다 일반적인 특례인 「소송촉진 등에 관한 특례법」 제3조 제1항에서 정한 이율은 적용되지 않는다고 판시하였다(대법원 2010. 10.

159) 최경진, "소프트웨어 산업의 하도급 거래 개선 방안 연구", 불공정한 하도급 거래행위에 대한 개선방안 제3회 워크숍, 한국형사정책연구원, 2016, 28면

160) 윤해성·최응렬·김성규, 불공정 하도급거래행위에 대한 형사제재의 한계와 개선방안 연구, 한국형사정책연구원 연구총서 16-AA-05, 57면

29. 선고 2010두16561 판결). 다만, 대부분의 하도급법 규정들은 강행규정이나 효력규정이 아니라 단속규정에 불과하다. 그래서 하도급법 규정에 반하는 민사적 합의나 약정이라고 해서 민사적 효력이 부정되지는 않는다. 공법상으로는 금지되는데 그렇다고 민사상 효력은 인정된다는 법리가 일반 수범자 입장에서는 혼동스러울 수 있고, 법 체계적으로도 공법과 사법의 규범체계 및 취지에 대한 괴리를 가져올 수 있다. 그에 따른 복잡한 법률문제는 "하도급법에 위반한 사법상 약정의 효력"이라는 부분에서 자세하게 논하고 있다. 하도급 거래와 관련한 여러 법률들의 주요 내용을 비교하면 다음과 같다.[161]

[하도급 제한 관련 유사 입법례 비교표]

구분			건설산업 기본법	정보통신 공사업법	시설물의 안전관리에 관한 특별법	소방시설 공사업법	문화재 수리등에 관한 법률
하도급 제한	하도급 1차	제한 기준	• 전부 또는 주된공사 하도급 금지(§29①) • 동일업종건설업자 하도급 금지(§29②)	• 도급받은 공사의 50% 초과 금지 (§31①)	• 하도급 금지 (§8의3①)	• 하도급 금지 (§22①)	• 하도급 금지 (§25①)
		예외	• 계획·관리·조정하는 경우 대통령령에서 정하는 바에 따라 2인 이상에게 분할하여 하도급하는 경우(§29①단서) • 발주자가 공사품질이나 시공능률 제고를 위해 필요하다고 인정하여 서면승인한 경우(§29②단서)	• 발주자가 공사품질이나 시공능률 제고를 위해 필요하다고 인정한 경우 • 자재납품 공사업자가 그 납품자재를 설치 공사하는 경우 (§31①단서)	• 총도급금액의 50% 이하 범위내에서 대통령령으로 정하는 전문기술 등이 필요한 경우 1회에 한하여 허용(§8의3단서)	• 소방시설공사외에 도급받은 주택건설사업·건설업·전기공사업·정보통신공사업에 대해 1회에 한하여 허용 (§22①단서)	• 도급 금액의 50% 이내에서 전문문화재수리업자에게 하도급 허용(§25①단서 및 ②)
	제한 도급 2차 이상	제한 기준	• 재하도급 금지(§29③)	• 재하도급 금지(§31②)	_	_	• 재하도급 금지 (§25③)
		예외	• 종합공사 등록 건설업자가 과업상 전문공사 등록 건설업자에게 재하도급하는 경우(§29③) • 공사품질이나 시공능률 제고 및 수급인의 서면승낙(§29③)	• 하도급금액의 50% 미만에 해당하는 부분을 기술상 분리하여 시공할 수 있는 독립된 공사 범위에서 재하도급하는 경우	_	_	_

---

161) 김도승, "공공소프트웨어 사업 하도급 규율규제", 불공정한 하도급 거래행위에 대한 개선방안 제3회 워크숍, 한국형사정책연구원, 2016, 22면

구분		건설산업 기본법	정보통신 공사업법	시설물의 안전관리에 관한 특별법	소방시설 공사업법	문화재 수리등에 관한 법률
하도급 제한	하도급 승인방법	• 발주자 사전 승인(§29④단서) • 발주자 통보(§29④ 본문)	• 발주자 사전 승인(§31③)	• 발주자 사후통보(§8의3②)	• 발주자 사전 통지(§22②)	• 발주자 사후 통지(§25②후단)
	위반시 제재	• 1년 이내 영업정지 또는 도급액의 30% 상당금액의 과징금 부과(§82②) • 3년 이하 징역 또는 3천만 원 이하 벌금(§98②) • 양벌규정(§98②) • 수급인의 하수급인 관리의무위반시 500만 원과태료(§99)	• 시정명령(§65) • 1년 이내 영업정지 또는 등록취소(§66) • 1년 이하 징역 또는 1천만 원 이하 벌금(§75) • 양벌규정(§77)	• 등록취소 또는 1년 이내 영업정지(§9의4①) • 영업정지 또는 등록말소(§9의4②)	• 1년 이하 징역 또는 1천만 원 이하 벌금(§36) • 양벌규정(§39) • 200만 원 이하 과태료(§40)	• 등록취소 또는 1년 이내 영업정지(§49①) • 1년 이하 징역 또는 1천만 원 이하 벌금(§59) • 250만 원 이하 과태료(§62)

2 최근의 하도급법 개정 내용
(2013. 1.~2022. 1.)

A 수급사업자 보호 강화를 위하여 하도급법은 계속 개정되고 있다. 최근 개정사항 중 2013년에 징벌적 손해배상을 추가하고 원재료 가격변동에 따른 하도급대금 조정조항을 신설한 것, 2015년의 일정 규모의 중견기업에 대하여 하도급법 보호범위로 추가한 것, 2017년에 부당대물변제금지 요건에서 '수급사업자 의사에 반하여'를 삭제한 것, 2018년에 기술자료 제3자 유출행위를 기술유용의 한 유형으로 추가하고, 기술자료 부당요구 및 유용행위에 대한 조사시효를 7년으로 연장하고 이에 따라 서류 보존기한도 7년으로 연장하고, 아울러 정액과징금을 5억 원에서 10억 원으로 상향조정하고 한차례 위반으로 입찰참가자격제한처분이 가능하도록 벌점제도를 강화한 것, 2020년에 납기연장에 따라 발주자로부터 증액받은 후 수급사업자에게도 증액해 주도록 하고 발주자로부터 증액받지 못한 경우에도 하도급대금 조정신청사유로 추가한 것 등이 특기할만 하다.

해 설

순번	개정일	개정 또는 신설내용	시행일
1	2013. 5. 28. (법률 제11842호)	가. 제4조 제2항 제8호(계속적 거래관계에서의 부당단가인하 금지) 나. 제16조의2(원재료의 가격변동에 따른 하도급대금 조정) 다. 제24조의4 제1항(분쟁의 조정 등) 라. 제35조(손해배상책임) : 징벌적(3배) 손해배상 적용대상 확대	2013. 11. 29.
2	2013. 7. 16. (법률 제11938호)	제32조(고발) : 의무고발요청권 확대	2014. 1. 17.
3	2013. 8. 13. (법률 제12097호)	가. 제3조의4(부당한 특약의 금지) 나. 제13조의2, 제3항(하도급대금보증기관에 의한 보증금 지급) 다. 제17조 제1항 및 제3항(부당한 대물변제의 금지)	2014. 2. 14.

순번	개정일	개정 또는 신설내용	시행일
4	2014. 5. 28. (법률 제12709호)	가. 제2조 제2항 제2호 : 중소기업자 중 원사업자와 수급사업자의 구분기준 중에서 현행의 '해당연도 시공능력평가액의 합계액'을 '하도급계약 체결 당시 공시된 시공능력평가액의 합계액'으로 변경 나. 제13조의2 제1항 : 계약체결일로부터 30일 이내에 원사업자는 수급사업자에게 공사대금지급을 보증하도록 하고, 공사대금 지급수단이 어음인 경우에는 만기일까지, 어음대체결제수단인 경우에는 하도급대금 상환기일까지 대금지급보증을 하도록 함 다. 제13조의2 제2항 신설 : 공사이행 중 원사업자가 공사대금 지급보증을 하지 않아도 되는 사유가 소멸한 경우 소멸일로부터 30일 이내에 원사업자는 수급사업자에게 공사대금 지급보증을 하도록 하고, 다만 일정한 경우에는 보증하지 않아도 되도록 함 라. 제13조의2 제8항 신설 : 원사업자가 수급사업자에게 공사대금 지급보증을 하지 않은 경우 수급사업자가 한 계약이행 보증을 청구할 수 없도록 함 마. 제24조 제9항 신설 : 하도급분쟁조정협의회의 운영에 소요되는 경비의 국가보조에 대한 근거를 마련	2014. 11. 29.
5	2015. 7. 24. (법률 제13451호)	가. 제19조 제3호 : 서면실태조사 협조를 이유로 원사업자가 수급사업자에게 거래중단 등 보복하는 행위를 금지 - 원사업자가 수급사업자에게 서면실태조사와 관련하여 공정거래위원회에 자료를 제출한 것을 이유로 거래중단 등 불이익을 줄 경우, 3억 원 이하의 벌금 또는 하도급대금 2배 이내의 과징금을 부과할 수 있는 규정 신설	2015. 7. 24. (공포 후 즉시 시행)
6	2015. 7. 24. (법률 제13451호)	가. 제13조 제11항 : 일정규모 미만의 중견기업을 하도급대금 지급과 관련하여 '수급사업자'로 보호 - 일정규모 미만의 중견기업은 법 제13조(하도급대금의 지급), 제19조(보복조치의 금지), 제21조(수급사업자의 준수사항), 제23조 제2항(조사대상 거래제한), 제24조의4 제1항(분쟁의 조정), 제25조의2(공탁), 제33조(과실상계) 적용시 수급사업자로 봄	2016. 1. 25.

순번	개정일	개정 또는 신설내용	시행일
6	2015. 7. 24. (법률 제13451호)	나. 제2조 제2항 제2호 : 원사업자 판단기준에서 상시 고용 종업원 수를 제외하고, 매출액으로 판단기준을 일원화 　－기존 하도급법은 중소기업자 중 원사업자인지 여부 판단기준으로 '매출액'과 '상시고용 종업원 수'를 규정하고 있었으나, (ⅰ) 상시고용 종업원 수가 많다고 반드시 거래상 우월한 지위에 있다고 보기 어렵고, (ⅱ) 「중소기업기본법」도 중소기업인지 여부를 근로자 수 등이 아닌 '매출액'만을 기준으로 판단하도록 개편(2015. 1. 1.부터 시행)한 점 등을 종합적으로 고려하여 개정 다. 제22조 제4항 : 공정거래위원회 조사개시 후 처분시효 신설 　－공정거래위원회가 하도급법위반행위에 대해 조사를 개시한 경우 조사개시일로부터 3년이 경과하면 시정조치나 과징금을 부과할 수 없도록 '처분시효'를 규정 신설 라. 제22조 제5항~제8항 : 신고포상금 제도 　－4대 하도급불공정행위(부당한 하도급대금결정·감액, 부당한 위탁취소, 부당반품, 기술자료 유용)를 신고하거나 제보하고 입증에 필요한 증거자료를 제출한 자에게는 포상금 지급 마. 제13조 제10항 : 어음대체결제수단 수수료율 고시제도 폐지 　－원사업자가 금융기관과 약정한 수수료율에 따르도록 개정 바. 제24조 제1항, 제2항 : 사업자단체의 경우 분쟁조정협의회 설치 자율화	2016. 1. 25.
7	2016. 3. 29. (법률 제14143호)	가. 제3조 제1항 : 하도급계약 내용 추가·변경되는 경우에도 서면발급 의무화 　－기존 하도급법은 하도급계약이 체결된 경우 원사업자는 수급사업자에게 그 계약내용을 기재한 서면을 작업 개시 전에 발급하도록 하고 있는데, 이에 더하여 하도급계약의 내용이 추가·변경되는 경우에도 반드시 서면을 발급하도록 명시적으로 규정 나. 제24조의3, 제24조의4, 제24조의5 : 분쟁조정제도의 실효성 제고	2016. 3. 29.

329

순번	개정일	개정 또는 신설내용	시행일
		–분쟁조정 기한을 현행 '조정신청일로부터 60일 이내'를 '90일 이내'로 30일 연장하고, 소회의를 통해서도 분쟁조정이 이루어지도록 함 다. 제16조의2 : 조합의 하도급대금 조정 협의 신청기한 연장 –하도급업체로부터 대금조정 협의 신청을 받은 중소기업협동조합이 원사업자에게 하도급대금 조정협의를 신청해야 하는 기한을 '현행 하도급업체의 신청일로부터 7일'에서 '20일'로 연장	
8	2016. 12. 20. (법률 제14456호)	가. 장기계속건설 하도급계약에서의 이행보증부담 경감 –장기계속건설 하도급계약에 따른 수급사업자는 연차별 계약에 해당하는 공사가 끝나 이행이 완료된 경우 원사업자에게 제공한 이행보증금 중 공사가 끝난 부분에 해당하는 부분을 반환받을 수 있도록 하고, 해당 부분의 계약이행 부분의 계약이행보증효력은 상실되도록 하고, 장기계속건설공사의 수급사업자가 과도한 이행보증부담을 지는 것을 방지하려는 것임	2017. 3. 20.
9	2017. 4. 18. (법률 제14814호)	가. 제17조 제1항 개정 –대물변제 요건에서 '수급사업자의 의사에 반하여'라는 문구를 삭제 –개정 전 법률에 의하면, 수급사업자의 의사에 반하지 않는 대물변제는 위법이 아님. 원사업자가 하도급거래의 우월적 지위를 이용하여 수급사업자의 내심과 달리 대물변제를 원하는 것으로 의사표시를 하게 함으로써 합법적인 대물변제 수단으로 활용하는 등의 폐단을 막기 위해 개정	2017. 10. 19.
10	2017. 10. 31. (법률 제15016호)	가. 제7조 제2항 신설 : 수출할 물품·용역에 대하여 수급사업자의 요청이 있는 경우 원사업자가 구매확인서를 의무적으로 발급하여 주도록 함 나. 제29조 신설 : 관계공무원 등이 비밀엄수의무를 위반할 경우의 벌금액을 징역1년당 1천만 원 비율로 조정함 다. 제30조 제5항 신설 : 과태료의 부과기준에 대한 시행령 위임근거를 마련함	2018. 5. 1.

순번	개정일	개정 또는 신설내용	시행일
11	2018. 1. 16. (법률 제15362호)	가. 기술자료의 인정범위를 「부정경쟁방지 및 영업비밀보호에 관한 법률」에 맞추어 '상당한 노력'에서 '합리적인 노력'에 의해 비밀로 유지된 자료로 확장함(제2조 제15항) 나. 하도급대금 조정신청·협의 대상사유를 '원재료의 가격 변동'에서 '목적물 등의 공급원가의 변동'으로 확대함(제3조 제1항 및 제16조의2 제1항·제2항). 다. 원사업자가 정당한 사유 없이 수급사업자가 기술자료를 해외에 수출하는 것을 제한하는 행위, 수급사업자로 하여금 자기 또는 지정하는 사업자와 거래하도록 구속하는 행위, 수급사업자에게 원가자료 등 공정위가 고시하는 경영상의 정보를 요구하는 행위 등을 부당한 경영간섭으로 간주함(제18조 제2항 신설). 라. 공정거래위원회, 법원 및 수사기관의 조사에 협조한 행위를 금지되는 보복조치의 원인행위로 추가함(제19조 제2호의2 신설). 마. 하도급분쟁조정협의회에 대한 원·수급사업자 등 분쟁당사자의 분쟁조정 신청시 하도급대금 등 관련 채권의 소멸시효 진행이 중단되도록 하고, 조정 절차를 통하여 조서가 작성된 경우 재판상 화해의 효력을 부여하며, 분쟁조정 관련 절차 규정 등을 정비함(제24조의4부터 제24조의7까지). 바. 3배 배상제도의 대상에 '보복조치'를 추가함(제35조). 사. 공무원의 직무에 관한 범죄에 대하여 상습법위반사업자 명단공표심의위원회의 민간위원을 공무원으로 의제함(제36조 신설).	2018. 1. 16.
12	2018. 4. 17. (법률 제15612호)	가. 원사업자가 수급사업자로부터 취득한 기술자료를 제3자에게 유출하는 행위 또한 기술자료 탈취행위의 별도의 유형으로 추가하여, 원사업자 및 제3자에 의한 기술유용 행위를 원천적으로 차단하고 수급사업자의 기술자료에 대한 보호를 강화 나. 기술자료 요구·유용행위에 한해서는 조사 시효를 현행 '거래종료 후 3년'에서 '거래종료 후 7년'으로 확대 다. 서면실태조사의 정확성과 실효성을 제고하기 위하여 원사업자가 수급사업자로 하여금 조사와 관련된 자료를 제출하지 못하게 하거나 거짓으로 자료	2018. 4. 17.

순번	개정일	개정 또는 신설내용	시행일
		를 제출하도록 요구하는 행위를 명시적으로 금지하고, 위반시 원사업자에게는 5천 만 원 이하, 그 원사업자의 임원, 종업원과 그 밖의 이해관계인에게는 500만 원 이하의 과태료를 부과	

12 – 1	2018. 10. 16. (대통령령 제29238호)	가. 기술유용행위 조사시효 연장에 따라 원사업자가 수급사업자에게 기술자료를 요구하였을 때 보존하여야 하는 서류의 보존기한을 3년에서 7년으로 연장
		나. 수급사업자로 하여금 공정거래위원회에 서면실태조사 자료를 제출하지 못하도록 하거나 거짓 제출하도록 요구한 원사업자에 대한 과태료 부과기준을 신설하는 등 법률에서 위임된 사항과 그 시행에 필요한 사항을 규정
		다. 위반금액 비율 산정이 곤란할 경우 부과되는 과징금 기본 산정금액의 상한을 5억 원에서 10억 원으로 조정
		※ 과징금부과기준 개정
		  – 기본과징금 개정
		    매우 중대한 위반행위 3억~5억 → 6억~10억, 중대한 위반 1억~3억 → 2억~6억, 중대성 약한 위반 2,000천만~1억 → 4,000천만~2억
		  – 과징금 감경기준 구체화
		    *자본잠식 예견 50% 이내 감경 → 부채비율 300% 초과 + 전년도 당기순이익 적자 30% 이내 감경
		    *시장/경제여건악화 등 기타 여건 감경 50% 이내 → 10% 이내
		라. 억지력 제고를 위한 벌점제도 보완
		  – 한차례 위반행위만으로도 입찰참가자격 제한처분을 가능하게 함으로써 제4조 하도급대금 부당결정, 제11조 부당감액, 제12조의3 제3항 제1호 기술유용, 제19조 보복행위에 대한 벌점을 기존 3.0점에서 5.1점으로 상향조정(고발조치의 경우 One strike out).[162]
			2018. 10. 18.

---

162) 개정 전 시행령에서는 행위 구분 없이 과징금 부과처분의 경우 2.5점이었고, 고발의 경우에는 제19조의 보복행위의 경우에만 5.1점이었고 그 외에는 3.0점이었다. 참고로 개정 시행령에서 하도급법 제12조의3 위반의 경우 제1항의 기술자료 부당요구나 또는 제3항 제2호의 기술의 제3자 단순제공의 경우에는 다른 행위와 동일하게 과징금 부과처분시 벌점 2.5점, 고발시 벌점 3.0점이다.

순번	개정일	개정 또는 신설내용	시행일
		−3년간 두 차례 과징금을 부과받을 경우 입찰참가자격제한처분을 할 수 있도록 제4조 하도급대금 부당결정, 제11조 부당감액, 제12조의3 제3항 제1호 기술유용, 제19조 보복행위에 대한 과징금 조치에 부과되는 벌점을 2.6점으로 상향 조정(과징금 부과처분의 경우 Two Strike out).	
13	2019. 4. 30. (법률 제16423호)	−원사업자의 귀책사유로 그 지급 지체가 발생한 경우를 제외하고는 원사업자가 지급 지체 사실을 입증할 수 있는 서류를 첨부하여 직접 지급 중지를 요청한 경우 발주자가 그 하도급대금을 직접 지급하지 못하도록 하고, 이를 위반한 경우 과징금을 부과할 수 있도록 개정	2019. 11. 1.
14	2020. 11. 26. (법률 제16649호)	−원사업자는 제조 등의 위탁을 한 후에 목적물 등의 납품 등 시기의 변동으로 인해 계약금액이 증액되는 경우 발주자로부터 증액받은 계약금액의 내용과 비율에 따라 하도급대금을 증액하도록 하고, 수급사업자는 그의 책임으로 돌릴 수 없는 사유로 납품 등의 시기가 지연되어 관리비 등 공급원가 외의 비용이 변동되는 경우 원사업자에게 하도급대금의 조정을 신청할 수 있도록 개정	2020. 5. 27.
15	2020. 4. 7. (대통령령 제30606호)	−신용등급이 높은 원사업자도 단기간에 부실해 질 수 있으므로 하도급업체에게 공사대금지급보증을 의무화(신용등급 관련 지급보증 의무 면제제도 폐지) −계약체결일로부터 30일 이내에 직불 합의가 이루어진 경우에만 지급보증이 면제되도록 개정	2020. 7. 8.
16	2021. 1. 12. (대통령령 제31339호)	가. 원사업자에서 제외되는 중소기업자의 범위확대(제2조 제4항) 　−제조·수리위탁 : 연간매출액 20억 원 → 30억 원 미만 　건설위탁 : 시공능력평가액 30억 원 → 45억 원 미만(용역위탁은 연간매출액 10억 원 미만 유지) 나. 중소기업협동조합을 통한 하도급대금 조정 요건 완화(제9조의2) 　−조합을 통한 조정협의대행 대상의 원사업자의 범위를 모든 중견기업으로 확대(종전 연간매출액 3천억 원 이상인 중견기업), 하도급계약 체결일로부터 60일이 경과하지 않아도 조합이 하도	2020. 1. 12.

순번	개정일	개정 또는 신설내용	시행일
		급대금조정협의를 개시할 수 있도록 개정 다. 벌점 부과기준의 합리적 개선(별표 3 제1호 및 제3호) 　－수급사업자의 권익보호 효과가 적은 하도급 관 　련 교육이수 실적, 전자입찰실적 등의 경감항목 　을 삭제하고, 수급사업자 권익보호 효과가 큰 표 　준하도급계약서 사용실적, 수급사업자에 대한 발 　주자의 직접 대금지급 실적 등에 관한 경감 폭을 　확대하며, 하도급거래 모범업체 선정사실이나 수 　급사업자에게 입힌 피해의 자발적인 구제실적 　등의 경감항목을 신설	
17	2021. 8. 17. (법률 제18434호)	가. 기술자료의 정의규정에서 합리적인 노력에 의하여 　야 한다는 내용을 삭제하고 '비밀로 유지된'을 '비 　밀로 관리되는'으로 변경하여 기술자료 인정요건 　을 완화함. 나. 수급사업자가 원사업자에게 기술자료를 제공하는 　경우 원사업자는 수급사업자와 비밀유지계약을 체 　결하도록 함. 다. 손해배상소송이 제기된 경우 법원이 당사자에게 　자료제출을 명할 수 있는 자료제출명령제도를 도 　입함. 　1) 피해기업의 권리 구제를 강화하기 위하여 법원 　　은 이 법의 위반으로 인한 손해배상청구소송에 　　서 당사자의 신청에 따라 상대방 당사자에게 손 　　해의 증명이나 손해액 산정에 필요한 자료의 제 　　출을 명할 수 있도록 하고, 그 명령을 받은 자는 　　영업비밀이라는 이유로 자료제출을 거부할 수 　　없도록 함. 　2) 법원은 자료제출명령을 받은 자가 정당한 이유 　　없이 그 명령에 따르지 아니하는 경우에 신청인 　　이 자료의 기재를 구체적으로 주장하기에 현저 　　히 곤란한 사정이 있고 그 자료로 증명하려는 사 　　실을 다른 증거로 증명하는 것을 기대하기도 어 　　려운 때에는 그 신청인이 자료의 기재로 증명하 　　려는 사실에 관한 주장을 진실한 것으로 인정할 　　수 있도록 하여 자료제출명령의 실효성을 높임. 라. 법원의 비밀유지명령 관련 제도를 신설함. 　1) 법원은 자료제출로 인한 영업비밀의 유출 위험	

순번	개정일	개정 또는 신설내용	시행일
		을 방지하기 위하여 당사자의 신청에 따라 그 당사자가 보유한 영업비밀을 다른 당사자나 소송대리인 등이 소송 수행 외의 목적으로 사용하거나 다른 사람에게 공개하지 아니할 것을 명할 수 있도록 함. 2) 비밀유지명령을 신청한 자 또는 그 명령을 받은 자는 해당 영업비밀이 공개되더라도 당사자의 영업에 지장을 줄 우려가 없는 등의 사정이 있는 경우 법원에 비밀유지명령의 취소를 신청할 수 있도록 함. 3) 비밀유지명령이 내려진 소송기록에 대한 열람 등의 신청인을 당사자로 제한하는 결정이 있었던 경우 당사자가 비밀유지명령을 받지 아니한 자를 통하여 그 열람 등의 신청절차를 밟은 때에는 법원사무관 등은 즉시 소송기록의 열람 등의 제한을 신청했던 자에게 그 열람 등의 신청이 있었다는 사실을 알리도록 함.	
18	2022. 1. 11. (법률 제18757호)	가. 표준하도급계약서 제·개정 방식 다양화(제3조의2) 1) 관련 사업자단체 등이 표준계약서 제·개정안을 마련하여 하도급법에 위반되는지 여부를 공정위에 심사 청구할 수 있도록 함. 2) 공정위가 표준하도급계약서를 제·개정하려는 경우 사업자단체 등 이해관계자에 대한 의견청취를 의무화하고, 표준하도급계약서 제·개정 심사 업무 투명성을 높이기 위해 필요시 자문위원을 둘 수 있도록 함. 나. 종합심사낙찰제가 적용되는 국가 또는 국가 소속 공공기관이 발주하는 건설공사의 경우 하도급계약의 입찰금액 및 낙찰 결과를 입찰 참가자들에게 공개하도록 함(제3조의5 신설). 다. 원사업자가 하도급계약 체결 전에도 수급사업자의 기술자료를 자기 또는 제3자를 위하여 사용하거나 제3자 제공 행위를 하여서는 아니하도록 규정함(제12조의3).	가. 2022. 7. 12. 시행 나. 2022. 7. 12. 시행 다. 2023. 1. 12. 시행

순번	개정일	개정 또는 신설내용	시행일
		라. 원사업자가 공시대상기업집단(자산 5조 원 이상) 소속 회사인 경우 수급사업자에게 지급하는 하도급대금의 지급수단, 지급금액 및 지급기간 등의 결제조건을 공시하도록 함(제13조의3 신설).	라. 2023. 1. 12. 시행
		마. 하도급대금 조정 신청 제도 개선(제16조의2)	마. 2023. 1. 12. 시행
		1) 목적물의 공급원가 등이 하락할 것으로 예상하고 계약기간 경과에 따라 단계적으로 하도급대금을 인하하는 내용의 계약을 체결한 후 수급사업자의 책임 없는 사유로 해당 비용이 하락하지 아니하거나 그 하락률이 하도급대금 인하 비율보다 낮은 경우에도 하도급대금의 조정을 신청할 수 있도록 함.	
		2) 중소기업중앙회도 중소기업협동조합이 수급사업자의 동의를 받아 신청하는 경우 원사업자와 하도급대금 조정협의를 할 수 있도록 함.	
		바. 수소법원의 소송중지 제도 등을 도입함(제24조의5, 제24조의8 신설).	바. 2022. 7. 12. 시행
		사. 동의의결제도를 도입함(제24조의9부터 제24조의11까지 신설, 제36조).	사. 2022. 7. 12. 시행
		아. 과징금 분할납부 관련 규정을 이 법에 직접 규정함(제25조의3).	아. 2023. 1. 12. 시행

3   2022. 1. 11.자 법률 제18757호로 개정된 하도급법 주요 내용

A   제391회 국회(정기회) 제3차 법안심사제2소위원회(2021. 11. 24.)는 다음 8건의 법률안을 심사하여 이를 본회의에 부의하는 대신 각 법률안의 내용을 통합·조정한 위원회 대안을 본회의에 부의하기로 하였다.

[하도급법 공정화에 관한 법률 – 일부개정법률 발의안]

No.	주제	제안자	주요 내용
1	표준하도급계약서	이용우 의원 등 17인	• 사업자단체의 표준하도급계약서 심사청구 제도 • 공정위가 사업자단체에 표준하도급계약 제·개정하여 심사청구하도록 권고하는 제도 도입
2	하도급대금 보호	김병욱 의원 등 10인	• 공공건설공사 하도급 입찰내역 공개제도
2	하도급대금 보호	김병욱 의원 등 11인	• 공시대상기업집단 소속회사의 하도급 결제조건 공시의무
3	기술탈취	신정훈 의원 등 18인	• 원사업자가 되려는 자에게 기술탈취금지의무 부과 • 원사업자가 되려는 자가 기술탈취시 3배 손해배상
4	하도급분쟁조정	이용우 의원 등 16인	• 하도급분쟁조정절차와 소송 경합시 소송중지 제도
4	하도급분쟁조정	김경만 의원 등 11인	• 중소기업중앙회에 하도급대금조정협의권 부여
4	하도급분쟁조정	정부	• 수급사업자가 원사업자에게 하도급대금 조정 신청할 수 있는 사유 확대 • 중소기업중앙회에게 수급사업자를 대신하여 원사업자와 하도급대금 조정을 위한 협의권 부여
5	신고·조사·제재·과징금	윤창현 의원 등 11인	• 하도급법에 동의의결제도 도입

해 설

   정무위원회의 통합·조정 대안은 2021. 12. 9. 원안대로 가결되었고 2022. 1. 11. 공포되었다. 주요내용은 다음과 같다.

〈2022. 1. 11.자 법률 제18757호로 개정된 하도급법〉

가. 표준하도급계약서 제·개정 방식을 다양화함(안 제3조의2)(2022. 7. 12. 시행)
- 관련 사업자단체 등이 표준계약서 제·개정안을 마련하여 하도급법에 위반되는지를 공정위에 심사 청구할 수 있도록 하며, 공정위의 이해관계자 의견청취 의무화 규정 등 신설
- 현재 공정위가 주도하는 하향식 표준하도급계약서 제·개정 방식은 긴급한 수요나 현장에서의 필요성을 반영하는 데 한계가 있어, 관련 사업자단체 등이 표준하도급계약서 제·개정안을 제출하면 공정위가 승인하는 상향식(bottom-up) 제·개정 방식을 추가한 것임.

나. 원사업자가 하도급계약 체결 전에도 수급사업자의 기술자료를 자기 또는 제3자를 위하여 사용하거나 제3자 제공 행위를 하여서는 아니하도록 규정함(안 제12조의3)(2022. 7. 12. 시행)
- 하도급계약 체결 전 교섭단계에서도 원사업자는 수급사업자보다 우월한 지위를 이용하여, 기술자료를 제공받아 이를 유용할 수 있는데, 하도급법 규율대상인 '원사업자'는 하도급계약의 체결이 전제되어 있어 현행 규정이 계약 체결 전 행위도 규율하는지 불명확하였음. 이에 하도급계약 체결 전의 기술유용행위도 이후 하도급계약이 체결되었다면 하도급법으로 규율하도록 명시한 것임. 개정법도 하도급계약 체결 이전의 기술 부당요구행위도 제재대상이 아니고, 하도급계약 체결 이전의 기술유용행위가 있었더라도 하도급계약이 체결되지 않으면 제재대상이 아닌 아쉬움이 있음.

다. 하도급대금 조정 신청 제도를 개선함(안 제16조의2)(2023. 1. 12. 시행)
- 목적물의 공급원가 등이 하락할 것으로 예상하고 계약기간 경과에 따라 하도급대금을 인하하는 내용의 계약을 체결한 후 수급사업자의 책임 없는 사유로 해당 비용이 하락하지 아니하거나 그 하락률이 인하 비율보다 낮은 경우에도 하도급대금의 조정을 신청할 수 있도록 함. 특히 하도급업체가 연도별 단가인하율을 제출하면 이에 따라 단가를 인하하는 내용으로 약정하는 것으로 자동차 업계 등에서 광범위하게 사용되는 약정 CR(Cost Reduction)에서 재료비 등이 인상되지 않았더라도 당초 예상보다 납품물량이 현저히 줄어 원가절감이 이루어지지 않은 경우, 약정 CR 계약 내용대로 단가를 인하하면 하도급업체가 손해를 볼 수도 있는데, 이러한 경우에 실효성 있는 하도급대금 조정신청이 이루어질 것으로 기대
- 현행법은 수급사업자 또는 중소기업협동조합에게만 하도급대금 조정협의권한을 부여했지만 평균직원수가 3.2명에 불과한 중소기업협동조합을 통한 대금조정협의는 실효성이 없다는 지적이 있어, 중소기업 관련연구 및 조사기능이 있고 표준원가센터 등을 운영하여 대금조정협의에 전문성이 있는 중소기업중앙회에 대하여도 중소기업협동조합의 신청을 요건으로 조정협의권 부여하도록 함. 다만 중소기업협동조합이 없는 업종에서는 중소기업중앙회 관여가 불가능하므로 수급사업자의 신청으로도 중소기업중앙회가 관여할 수 있도록 하거나 전문건설협회 등 중소기업을 대변하는 산업협회에게도 대금조정협의권을 부여하도록 함이 바람직

라. 종합심사낙찰제가 적용되는 국가 또는 국가 소속 공공기관이 발주하는 건설공사의 경우

하도급계약의 입찰금액 및 낙찰 결과를 입찰 참가자들에게 공개(안 제3조의5 신설)(2023. 1. 12. 시행)

- 공공분야가 발주한 건설공사의 경우 발주단계에서는 「국가를 당사자로 하는 계약에 관한 법률」에 따라 입찰결과 및 계약내역을 공개하도록 하고 있고, 하도급단계에서는 「건설산업기본법」 등에 따라 하도급 계약내역을 공개하도록 하고 있지만 입찰결과는 비공개였다. 그래서 하도급단계에서의 입찰결과가 공개되지 않아 저가 계약을 목적으로 의도적으로 유찰시키는 등의 불공정행위를 방지하기 힘들다는 비판이 제기되어 왔음. 이에 종합심사낙찰제가 적용되는 국가 또는 국가 소속 공공기관이 발주하는 건설공사의 경우 하도급계약의 입찰금액, 낙찰 결과 및 유찰시 유찰사유를 입찰 참가자들에게 공개하도록 신설함. 종합심사낙찰제란 입찰가격, 공사수행능력 및 사회적 책임 등을 종합 심사하는 것으로, 추정금액 100억 원 이상인 공사 등에 적용되는 입찰제도(국가계약법 시행령 제42조 제4항)

마. 원사업자가 공시대상기업집단[163] 소속 회사인 경우 수급사업자에게 지급하는 하도급대금의 지급수단, 지급금액 및 지급기간 등의 결제조건을 공시하도록 함(안 제13조의3 신설)(2023. 1. 12. 시행)

- 원사업자와 1차 협력사 간의 하도급대금 결제조건 등 거래조건에 관한 정보가 하위 단계에 있는 협력사까지 공유되지 않아, 2차 이하 협력사로 갈수록 결제조건이 대체로 더 열악하다는 지적에 따라 공시대상기업집단(자산총액 5조 원 이상) 소속 원사업자에게 수급사업자에게 지급하는 하도급대금의 결제조건(① 지급수단, ② 지급금액, ③ 지급기간, ④ 원사업자 자신의 회사 내에 설치하는 '하도급대금 분쟁조정 기구'에 관한 사항)에 대한 공시의무를 부과하여, 2차 이하 협력사가 협상 과정에서 이 정보를 활용할 수 있도록 하였음.

바. 수소법원의 소송중지 제도 등을 도입함(안 제24조의5 및 제24조의8 신설)(2022. 7. 12. 시행)

- 현행법은 일방의 소제기 시 분쟁조정절차를 중지하도록 규정하고 있어 불리한 조정결과가 예상되는 분쟁당사자가 결과통지 전에 소를 제기하는 등 남용사례가 발생한다는 지적이 있었음. 이에 개정법은 분쟁조정절차와 소송이 경합하는 경우 법원의 결정에 따라 조정이 있을 때까지 소송이 중지될 수 있도록 하여 분쟁당사자의 비용, 시간 부담 등을 경감하고자 함. 물론 분쟁조정협의회는 소송절차가 중지되지 않으면 해당 사건의 조정절차를 중지하여야 하며, 다수인이 관련된 동종·유사 사건의 소송이 진행 중인 경우에는 협의회의 결정으로 조정절차를 중지할 수 있도록 규정함.

사. 동의의결제도를 도입함(안 제24조의9부터 제24조의11까지 신설, 제36조)(2022. 7. 12. 시행)

- 공정위에 의한 지급명령이 법원 판례에 따라 사실상 형해화된 상황에서 원사업자와 수급사업자 간의 이해관계 분쟁적 측면이 강한 하도급법에서 공정위의 시정명령이나 과징금부과처분이 있더라도 원사업자가 자발적 배상을 거부하면 민사소송을 통해 권리구제를 받아야 하는데, 이에 소요되는 시간과 비용이 수급사업자에게 지나치게 과도하다는

---

163) 자산 5조 원 이상

비판이 있었음. 이에 하도급법에 동의의결제도를 도입하여 분쟁조정제도의 실효성을 제고하며 수급사업자의 신속한 피해구제 및 거래질서의 개선을 도모하고, 원사업자 입장에서는 신속한 사건 종결을 통해 소송비용과 시간을 절감할 수 있도록 함.

- 동의의결제도는 공정위의 조사·심의를 받고 있는 사업자가 불공정한 거래내용의 자발적 해결, 수급사업자의 피해구제 등 시정방안을 공정위에 제출하고, 공정위가 그 시정방안이 적절하다고 인정하면, 위법성을 판단하지 않고 시정 방안과 같은 의결로 사건을 종결시키는 제도이며, 동의의결을 이행하지 않으면 1일당 200만 원 이하의 이행강제금이 부과될 수 있음.

아. 과징금 분할납부 관련 규정을 이 법에 직접 규정(안 제25조의3)(2023. 1. 12. 시행)

- 관련매출액 1% 또는 10억 원을 초과하는 과징금을 대상으로 분할납부를 허용한 공정거래법 규정을 준용하는 대신 하도급법 자체에 분할납부 규정을 마련. 하도급법 위반행위에 대하여 10억 원 초과 과징금에 대한 분할납부는 비현실적이라는 지적이 많아, 중소기업 등에 한하여 5억 원 초과로 시행령에서 기준을 정할 것으로 기대됨.

현재 계류 중인 하도급법 개정안

A 제21대 국회에서 제안되어 계류 중인 하도급법 개정안의 주요 내용은 다음과 같다. 계류 중인 개정안들은 추후 하도급법 일부 개정에 반영될 수도 있고 국회 회기종료로 폐기될 수도 있으나, 작금의 하도급법의 문제점을 살펴볼 수 있는 중요한 자료임은 틀림없다.

해 설

[제21대 국회 하도급법 관련 제안 계류안 주요내용]

No.	주제	제안자	주요 내용
1	일반론	서영교 의원 등 14인	• 소상공인에 대한 지원시책 수립·시행 – 소상공인은 다른 수급사업자들보다 영세하므로 특별한 지원이 필요함
		김경만 의원 등 11인	• 과징금 10% 이내 재원으로 '하도급거래공정화기금' 조성 – '하도급거래공정화기금'을 마련하여 피해 기업을 실질적으로 지원
2	하도급거래 범위확대 및 금지사항 추가	임오경 의원 등 10인	• 원사업자가 상호출자제한기업집단 소속이면 규모요건 미충족해도 원사업자로 봄 – 업종제한 없이 발주자가 대기업이면, 원사업자로 간주
		고영인 의원 등 14인	• 원사업자의 수급사업자에 대한 신용평가 등 서비스 이용 강제행위를 원사업자 금지사항으로 추가 – 수급사업자에게 특정업체 신용평가 서비스 이용 강요금지
3	표준하도급계약서	김주영 의원 등 13인	• 공공분야 건설위탁에 표준하도급계약서 사용의무화
4	부당특약	민형배 의원 등 14인	• 부당특약조항의 민사적 무효(일부무효의 법리)
		남인순 의원 등 15인	• 원사업자의 수급사업자에 대한 거래상대방 제한을 부당특약간주의 한 유형으로 추가

No.	주제	제안자	주요 내용
5	하도급대금 보호	이광재 의원 등 12인	• 하도급대금 지급기한을 목적물 수령 후 15일 내로 단축, 상생결제 장려 －수급사업자가 판매대금을 현금화할 수 있는 시기 보장
		전재수 의원 등 10인	• 부당대금결정 관련, 자재비·인건비 고려 결정의무 • 설계변경 등 하도급대금조정 사유로, 추가공사 명시 • 추후계약을 조건으로 감액하는 경우, 서면발급의무
		송재호 의원 등 10인	• 하도급 위탁시 하도급대금 비용구성 구분 기재 • 부당특약 민사적 효력 무효, 징벌적 손해배상 • 공공입찰시 입찰정보 공개, 하도급대금 압류 금지 • 원사업자에게 추가공사 및 돌발공사 하도급대금 지급의무
6	하도급대금조정	김경만 의원 등 19인	• 하도급대금 원자재 기준가격 서면기재 －하도급대금 원자재 비중이 일정 수준 이상인 경우 원자재 가격기준을 서면에 기재하도록 함 • 원자재 기준가격 10% 이내 상승시, 대금에 반영 －추가비용 지급하지 아니한 경우 시정조치
		임오경 의원 등 10인	• 수급사업자가 공동으로 하도급대금 협의 시 카르텔로 보지 않음 －다수의 수급사업자가 원사업자와 하도급대금 협의하는 경우 공정거래법 제19조 적용하지 않도록 함
7	기술탈취	송갑석 의원 등 13인	• 기술탈취에 대한 손해배상 강화(10배 징벌)
		이학영 의원 등 11인	• 기술탈취에 대한 손해배상 강화(10배 징벌, 전속고발제 폐지)
		이성만 의원 등 14인	• 기술탈취시 손해액 추정제도 도입
		윤영석 의원 등 14인	• 기술탈취 손해액 추정제도 도입 및 기술평가기관에 손해액 산정 위탁제도 －기술의 이전 및 사업화 촉진에 관한 법률에 따른 기술평가기관에 손해액 산정을 위탁할 수 있도록 함
		김희곤 의원 등 11인	• 탈취된 기술을 취득한 자의 취득행위 무효
8	하도급분쟁조정	박정 의원 등 17인	• 광역자치단체에 하도급분쟁조정위원회 설치

No.	주제	제안자	주요 내용
		고용진 의원 등 10인	• 복수의 하도급분쟁조정협의회 설치
		전재수 의원 등 10인	• 분쟁조정협의회에 발주자 자료제출 및 출석요구 근거, 감정평가 근거 마련 • 분쟁조정대상 확대 - 공정위로부터 시정조치 등의 처분을 받은 후 피해업체가 분쟁조정을 신청한 경우 각하하지 않도록 함
9	광역자치단체 위임	송재호 의원 등 10인	• 시도지사에게 원사업자와의 하도급대금협의조정요청권 부여
		이정문 의원 등 16인	• 광역자치단체에 하도급감독관 신설, 조사권 부여 • 광역자치단체에 하도급분쟁조정협의회 설치 • 공정위 권한의 시도지사 위임 - 위와 같은 권한의 추가에 따른 공정위 권한의 일부를 시도지사 등에 위임
10	신고·조사·제재·과징금	황운하 의원 등 10인	• 공정위 신고시 신고자체로는 소멸시효 중단되지 않음을 고지할 의무
		민형배 의원 등 10인	• 상습법위반사업자 명단공표대상 확대 • 건설산업기본법 이외의 다른 법률로도 영업정지 등 요청, 조사방해 등에 형벌부과
11	근로자 보호	강은미 의원 등 10인	• 원사업자에게 하도급대금지급시 하도급자 근로자 임금 구분지급의무, 임금지급보증수단 마련의무 • 원사업자(발주자) 귀책으로 인한 휴업수당 연대책임
		윤준병 의원 등 11인	• 원사업자에게 하도급자 근로자 임금 구분지급 • 발주자가 임금, 자재대금 등 지급현황 확인 위한 대금지급확인시스템 구축
		윤미향 의원 등 10인	• 원사업자 또는 원사업자의 근로자가 수급사업자 또는 수급사업자 근로자에 대한 괴롭힘 행위 금지
		송재호 의원 등 10인	• 원사업자의 선급금 지급조건과 관련하여, '수급사업자가 산업재해 예방을 위한 안전조치 후'를 추가 - 산재 예방을 위한 안전 조치 후 제조·수리·시공 등 용역 수행을 시작할 수 있도록 원사업자 선급금 지급 의무화

5 하도급법의 과제와 개정에 대한 제언

A 　그 동안의 하도급법의 개정과 집행으로 불공정 하도급거래 관행이 많이 개선되었고 특히 2022년 개정으로 하도급 분쟁조정절차와 소송이 경합할 경우 법원의 결정에 따라 조정이 있을 때까지 소송이 중지될 수 있도록 한 것, 공시대상기업집단 소속 원사업자에게 수급사업자에게 지급하는 하도급대금의 결제조건에 대한 공시의무 부과, 동의의결제도가 도입된 것은 눈여겨 볼만한 개선점이며, 수급사업자의 권리 보호에 도움이 될 수 있을 것으로 예상한다. 그러나 하도급법에서 아직 개선해야 할 부분도 많다. 특히 부당특약의 무효화, 서면미교부 및 추가위탁대금과 관련한 분쟁 해결을 위한 보호규정, 신속한 하도급분쟁 처리를 위한 프로세스 개선 및 그 과정에서 수급사업자를 보호하기 위한 보호규정의 신설 등이 강력하게 요구된다. 이에 하도급법의 개정 방향에 대해 제언하고자 한다.

해 설

가. 부당특약의 민사상 효력 무효화

부당특약과 관련하여 우리 하도급법 제3조의4에서는 '부당한 특약을 설정하여서는 아니 된다'고 규정하고 있다. 그러나 우리 법원은 "하도급법은 제3조의4에 위반된 부당한 특약의 효력에 관하여는 아무런 규정을 두지 않는 반면, 위 조항을 위반한 원사업자를 벌금형에 처하도록 하면서 그 조항 위반행위에 대하여 공정위에서 조사하게 하여 그 위원회로 하여금 그 결과에 따라 원사업자에게 시정조치를 명하거나 과징금을 부과하도록 규정하고 있을 뿐이어서 위 조항은 그에 위배한 원사업자와 수급사업자간의 계약의 사법상의 효력을 부인하는 조항이라고 볼 수 없다(대법원 2011. 1. 27. 선고 2010다53457 판결)"고 하며 부당특약의 사법상 효력을 부인하지 않고 있다. 강행규정이 아닌 단속규정으로 보아 유효하다고 보는 것이다.

부당특약의 민사적 효력이 유효하기 때문에 수급사업자는 원사업자에 대하여 부당특약의 무효를 전제로 한 계약상 민사청구를 할 수 없지만 이와는 별개로 하도급법 위반을 이유로 원사업자에 대하여 불법행위에 기한 손해배상청구는 할 수 있다. 일각에서는 불법행위에 기한 손해배상청구가 가능하다는 점을 들어 굳이 부당특약조항의 효력을 부인할 필요가 없다는 주장을 하기도 한다. 하지만 불법행위로 인한 손해배상소송에서 법원은 원고(수급사업자)에게 입은 손해액 입증을 보다 엄격히 요구하고 과실상계를 폭넓게 인정하기 때문에, 수급사업자로서는 계약상 청구에 비하여 훨씬 불리한 입장에 처하게 되며, 실제 소송을 통해 인정되는 금액 또한 훨씬 적을 수밖에 없다. 이런 점에서 수급사업자의 권리 구제를 위하여 부당특약의 민사상 무효화 조항이 필요한 것이다.

나. 징벌적 손해배상 제도의 실효화와 대상 확대

하도급법은 제35조에서 "원사업자의 부당하도급대금 결정, 부당한 위탁취소, 부당반품, 감액, 기술자료 제공 요구, 보복조치 금지 조항을 위반함으로써 손해를 입은 자가 있는 경우 그 자에게 발생한 손해의 3배를 넘지 아니하는 범위에서 배상책임"을 지는 '징벌적 손해배상책임'을 규정하고 있다. 징벌적 손해배상제도에 대한 수급사업자의 기대는 높지만 소송 현실은 그렇지 않다.

먼저 우리 법원은 징벌적 손해배상이 가능한 행위유형이라 하더라도 그 행위의 악성이 매우 큰 경우에만 징벌적 손해배상이 가능하다고 보아 원고(수급사업자)에게 행위 악성에 대하여 엄격한 입증책임을 요구하고 있다. 그래서인지 2016년부터 2020년 8월까지 하도급 업체의 징벌적 손해배상 소송에서 단 1건에서만 징벌적 손해배상 청구가 인정된 사례를 찾아볼 수 있었고, 그마저도 징벌적 손해배상액은 실손해의 2배가 아닌 0.5배에 불과했다(서울고등법원 2018. 4. 5. 선고 2017나2059193 판결). 2020년 8월 이후에도 울산지방법원에서 징벌적 손해배상을 인정한 사례를 확인할 수 있었긴 하나 마찬가지로 0.6배에 불과하였다(울산지방법원 2020. 10. 28. 선고 2018가합26457 판결).

법원이 징벌적 손해배상에 대하여 소극적인 이유를 구체적으로 알지는 못하지만 사견으로 대륙법계의 실손해배상주의를 근간으로 우리 민사법제가 구성되어 있기 때문에 징벌적 손해배상에 대하여 그리 익숙하지도, 우호적이지도 않을 수 있고 더하여 튀기 싫어하고 보수적인 법원 문화상 법관이 정해진 지침이나 선례 없이 자기의 독자적 판단으로 징벌적 손해배상 배수를 정하는 것이 부담스럽기 때문이라 짐작한다.

하여, 하도급법에서 특정한 행위 유형의 경우 손해배상조항(제35조 제1항)이 아니라 징벌적 손해배상 조항(제35조 제2항)만이 적용되도록 변경하고, 아울러 징벌적 손해배상 배액에 대하여 그 구체적인 산정기준을 대통령령으로 정하도록 위임한 다음 대통령령에서 산정기준을 정하도록 하는 것이 필요하다.

마지막으로 징벌적 손해배상의 적용 대상 또한 더욱 확대할 필요가 있다. 예를 들어, 하도급거래 실무에서 가장 많이 문제가 되는 부당특약의 설정이나 하도급대금을 정하지 않은 채 하도급위탁을 하는 행위 등이 그 대상이 될 것이다.[164]

다. 서면 교부 시 기재 항목의 세분화

실무적으로 하도급대금이 원가에도 미치지 못할 정도로 낮게 결정된 경우에도 입증책임 문제 때문에 하도급법 제4조 제1항의 하도급대금 부당결정으로 의율하는 것이 쉽지 않다. 하지만 계약서면에 하도급대금에 대한 직접공사비, 간접공사비, 일반관리비, 이윤 등과 같이 위탁원가(공사비) 구성요소별로 세부적으로 계상하도록 의무화한다면 결정된 하도급대금이 부당히 낮게 결정된 것인지 여부를 입증하고 판단하는데 큰 기준이 될 수 있다. 아울러, 하도급대금 결정시에 법정간접비를 제외한 하도급 간접비가 지급 간접비에서 제외되는 경우가 발생하고 있다. 실제 원도급사의 간접비는 전체 공사비의 약 30~40%를 차지하는 반면, 하도급사의 경우 전체공사비의 약 5% 정도에 그쳐 하수급인의 간접비 부족이 심각하다.

현재 하도급법 및 그 시행령에서는 수급사업자에게 발급하는 서면에 적어야 하는 사항 중 대금의 경우 '하도급대금과 그 지급방법 및 지급기일'만을 정하고 있을 뿐 교부 시 위탁원가(공사비) 구성요소별 세부사항에 대한 계상 의무를 두고 있지 않다. 만약 하도급대금의 원가항목별 구성요소별로 기재하도록 하면, 수급사업자가 적절한 수준의 간접공사비를 보장받을 수 있도록 하는 것에 도움이 될 것이다.

라. 하도급대금의 결정의무 신설 및 대금미결정시 추정제도

사실 현행 하도급대금 실무에서 가장 많이 문제가 되는 사항은 원사업자가 하도급대금을 결정하지 않은 채 하도급을 위탁한 후 중도타절 또는 완료 후 하도급대금에 대하여 원·수급사업자 간에 합의가 되지 않는 상황이다. 수급사업자는 이미 비용을 들여 위탁업무를 하고 원사업자에게 소요 원가에 적정 마진을 더한 하도급대금을 지급해 달라고 요청하지만 원사업자는 소요 원가에 대하여 믿을 수 없다거나 또는 지나치게 많이 들었다

---

164) 21대 국회 제안의안 중 송재호 의원이 대표발의한 의안의 경우 징벌적 손해배상의 대상에 부당특약의 설정행위를 추가하긴 하였으나 하도급대금 미결정이 누락된 것과, 중대한 하도급법 위반 사항일 시 징벌적 손해배상만을 청구할 수 있도록 정하지 않은 것이 다소 아쉬운 부분이다.

며 낮은 하도급대금 지급을 주장하여 갈등과 분쟁이 발생하게 된다. 이 때 원사업자는 하도급대금이 결정되지 않았다는 이유로 하도급대금을 지급하지 않아 수급사업자는 이미 소요된 비용으로 재무적인 어려움을 겪게 된다. 심지어 재하도급업체나 협력업체들로부터 비용미지급에 따른 소송을 당하고 소속 근로자에 의한 임금체불혐의나 심지어 재하도급업체 근로자들에 의하여 직상 수급인의 임금체불혐의로 노동부에 신고를 당해 어려움을 겪게 될 수도 있다. 하지만 공정위는 하도급대금이 협의되지 않아 미지급된 상황에 대하여 부당대금결정 등으로 의율하기 보다 단순 서면미교부로 보아 낮게 제재하고 있으며 심지어 대금미지급행위에 대하여도 심의절차종료나 무혐의결정을 하는 사례도 보이고 있다. 물론 이러한 공정위 태도는 매우 잘못된 것이기는 하지만 현실이다. 이에 하도급대금 미결정행위에 대하여는 별도의 위반행위로 규정하고 이에 대하여 강하게 제재하도록 해야 하며 아울러 징벌적 손해배상의 대상으로 규정할 필요가 있다.

한발 더 나아가 하도급대금이 결정되지 않을 경우 가장 문제가 되는 것이, 원사업자가 수급사업자에게 지급할 하도급대금에 대한 산정이다. 공정위는 이에 대하여 산정할 방법이 없다는 입장이며 법원 절차에서는 감정을 통해 결정되곤 한다. 하지만 법원 소송절차에서 감정을 거칠 경우 1심만도 1년 반에서 2년이 소요되고 비용 또한 만만치 않다. 이것은 모두 수급사업자의 위험으로 귀결될 수 있다. 그러므로 아예 하도급법에서 원사업자가 하도급대금을 결정하지 않은 채 위탁에 착수하도록 하여 위탁이 완료된 경우 '소요원가에 적정 마진을 더한 금액'을 하도급대금으로 추정하도록 하는 조항을 둘 필요가 있다. 혹자는 하도급대금 결정에 관하여 법에서 추정 조항을 두는 것을 시장경제와 사적 자치에 반하는 것이 아닌가 지적할 수도 있을 것이다. 그러나 추정은 간주와는 달리 추정된 사실에 반하는 사실이 밝혀지면 깨질 수 있는 것으로, 시장경제에 반하는 조항이라고 보기에는 어렵다. 대법원 또한 '원사업자와 수급사업자 간의 대등한 계약관계를 전제할 수 없는 하도급거래에서는 특별한 사정이 없는 이상 원사업자의 지시로 수급사업자가 위탁업무에 착수하였다면 하도급대금의 명확한 결정이 없더라도 이 하도급계약이 이루어진 것으로 보아야 하고 이 경우 하도급대금에 대하여는 당사자간 의사해석에 따르되 통상은 실제 투입비용에 적정마진을 더한 금액을 하도급대금으로 지급하기로 하는 당사자간 합의가 있다고 보아야 한다'고 판시한 바 있는데(대법원 2013. 5. 24. 선고 2012다112138, 2012다112145 판결[165]), 동 판결에 비추어 그리 무리한 입법이 아니라 본다.[166]

---

165) 대법원 2013. 5. 24. 선고 2012다112138, 2012다112145 판결
　　"수급인이 일의 완성을 약속하고 도급인이 그 보수를 지급하기로 하는 명시적, 묵시적 의사표시를 한 경우 보수액이 구체적으로 합의되지 않더라도 도급계약이 성립된 것으로 본다. 공사도급계약에 있어서는 반드시 구체적인 공사대금을 사전에 정해야 하는 것이 아니고 실제 지출한 비용에 거래관행에 따른 상당

마. 추가위탁 정의 및 추가위탁계약의 추정

하도급거래의 특성 상 설계변경, 공기연장, 돌관공사 등 수급사업자의 귀책이 없는 경우에도 원사업자의 지시나 사정 변경 등으로 인해 위탁비용이 증가하는 경우가 빈번하다. 그런데 실제 현장에서는 원사업자가 계속해서 설계변경을 지시하고, 수급사업자에게 추후 정산해 주겠다고 말한 후 추가 위탁한 사실이 없다고 부인해 소송에까지 이르는 경우가 매우 많다. 그 과정에서 영세한 수급사업자는 미지급 하도급대금으로 인해 폐업에까지 이르는 등 회복할 수 없는 손해를 입게 된다. 이와 관련하여 앞서 살펴본 21대 국회 제안의안 중 송재호 의원이 대표발의한 의안에서는 하도급법 제16조 제1항 제1호에 설계변경과 더불어 추가작업 또한 대금조정사유로 추가하였는데, 하도급대금의 조정사유로 추가공사를 명시한 것은 바람직하나 구체적으로 어떠한 공사가 추가공사에 해당하는지 명확하지 않아 추가위탁에 해당하는지 여부가 여전히 분쟁의 대상이 될 수 있다.

그러므로 먼저, 원사업자의 위탁이 추가 위탁에 해당하는지 여부에 대한 분쟁 발생을 미연에 방지하기 위해 하도급거래에서의 추가 위탁에 어떠한 사항들이 해당하는지 명확히 정할 필요가 있다. '설계변경, 공기연장, 돌관공사 등을 포함하여 수급사업자의 귀책이 없는 경우에도 원사업자의 지시나 사정 변경 등으로 인해 위탁비용이 증가하는 경우'를 추가위탁으로 정의하는 것이 필요하다.

더하여 수급사업자가 추가위탁의 범위와 추가위탁대금 등 추가위탁조건을 서면으로 통지하였으나 원사업자가 15일 이내 답변하지 않으면 수급사업자의 통지대로 추가위탁 계약이 있는 것으로 추정해 수급사업자를 보호하는 내용의 규정 또한 마련되어야 할 것이다.

더불어, 추가 위탁대금이 결정되지 않은 채 위탁 완료될 경우, 수급사업자의 실투입비용에 적정마진을 더한 금액을 추가위탁대금으로 지급하도록 정하는 규정 또한 신설될 필요가 있다.

바. 지급명령 금액 확정을 위한 공정위의 감정실시 권한 및 예산 부여

하도급법 제25조 제1항에서는 공정위의 시정조치로 공시의무의 이행 또는 공시내용의 정정, 법 위반행위의 중지, 특약의 삭제나 수정, 향후 재발방지, 그밖에 시정에 필요한 조

한 이윤을 포함한 금액을 사후에 공사대금으로 정할 수 있다는 점에 비추어 볼 때, 당사자 사이에는 공사를 완성하고 공사대금은 사후에 실제 지출한 비용을 기초로 산정하여 지급하기로 하는 명시적 또는 묵시적 의사표시가 있었다고 보는 것이 경험칙에 부합한다"고 판시한 것이다.

166) 적정 마진율에 관하여는 한국은행경제통계시스템 사이트에서 찾을 수 있으니 참고하면 될 것이다.

치와 함께 '하도급대금 등의 지급'을 규정하고 있어, 공정위가 위반 사업자에 대해 지급명령을 할 수 있다. 그런데, 하도급거래에서의 추가위탁 시 원사업자와 수급사업자 간에는 추가위탁의 존부뿐만 아니라 그 위탁대금의 액수에 대해서도 분쟁이 발생할 수밖에 없는데, 지급명령의 대상이 되는 위탁대금의 액수를 입증하는 것이 어려워 공정위가 지급명령 결정을 내리지 못하는 경우가 많다. 이로 인해 실제로 수급사업자들에게 실효적인 권리구제가 이루어지지 않고 있다.

사실 공정위의 지급명령이 소송에서 위법, 취소되는 이유는 지급명령금액에 대한 입증책임을 다하지 못했다는 이유이다. 우리 대법원이 "하도급법 제4조 위반으로 인한 지급명령은 공정위가 간편하게 손해배상 등의 지급을 명하는 것이라고 할 수 있다. 구 하도급법 제4조 제2항 제1호나 제5호 위반으로 인한 지급명령이 허용된다면 그 지급명령은 당사자 사이의 사적 자치에 따라 정하여졌을 대금액을 전제로 하여야 한다. 그런데 제1호 위반행위나 제5호 위반행위가 있다고 하더라도 각 품목이나 거래별로 개별적 사정이 있을 수 있어 위반행위 전의 단가가 당연히 지급명령액 산정의 기준액이 된다고 단정할 수 없고, 제1호 위반행위나 제5호 위반행위의 성질상 이러한 위반행위가 없었더라면 원사업자와 수급사업자가 실제 정하였을 대금액을 상정하기도 어렵다. 따라서 제1호 위반행위 또는 제5호 위반행위에 대한 시정조치로서 지급명령은 원칙적으로 허용되지 않는다(대법원 2018. 3. 13. 선고 2016두59430 판결)"라고 판시하며 공정위의 입증책임이 매우 엄격하게 판단되어야 한다는 전제에서 위반행위가 없었다면 결정되었을 '정당한 하도급대금'을 찾기 어려운 유형의 하도급법 위반행위에 대하여는 지급명령이 허용되지 않는 것으로 판단하기 때문이다.

그러나 동일한 유형의 소송에서 법원은 감정을 통해 하도급대금을 확정하고 있으므로, 공정위가 동일, 유사한 절차로 공정위 절차에서 직권으로 감정인을 선정하여 하도급대금에 대한 감정을 실시하여 이를 근거로 지급명령금액을 산정한다면 이러한 문제에 대한 해결책이 될 수 있다. 다만 법원 소송절차에서는 원고, 피고 중 감정을 신청하는 자가 그 비용을 예납하고 이후 소송결과에 따라 패소한 측이 부담하게 되지만, 공정위 절차에서는 그럴 수 없어 공정위가 감정비용을 부담해야 하는 문제가 있다. 이런 점들을 고려하여, 공정위가 수급사업자, 원사업자의 요청이 있는 경우 또는 직권으로 지급명령금액 입증을 위해 감정 등 필요한 증거조사를 할 수 있도록 하고, 감정비용은 공정위의 예산으로 부담하되 위반행위 인정 시 원사업자에 지급하도록 명할 수 있도록 개선될 필요성이 있다.

나아가 하도급대금이 미결정된 경우에 투입비용에 적정마진을 합산한 금액을 하도급대금으로 추정하는 조항이 신설된다면, 공정위가 지급명령에 있어 그 금액을 지급하도록 할 수 있을 것이다.

사. 하도급대금 분쟁조정협의회 추가 설치 및 권한 확대

하도급법은 제24조에서 하도급분쟁조정협의회를 설치해 분쟁조정사항에 대해 조정을 할 수 있도록 정하고 있다. 그런데 하도급분쟁조정제도는 민사소송이나 공정위 신고에 비해 신속하게 분쟁을 종결할 수 있는 제도로 더욱 활성화 되어야 할 것이나 지방에 위치한 사업자의 경우 접근성이 좋지 않아 어려움이 많다. 그러므로 시·도 등 광역자치단체에도 분쟁조정협의회를 설치하여 접근성을 높일 필요가 있다. 또한 분쟁조정제도의 실효성을 강화하기 위해 하도급분쟁조정협의회에게 발주자에 대한 자료 제출 및 출석 요구권을 부여해, 사실관계 파악을 위해 필요한 자료를 수집할 수 있도록 하여야 할 것이다. 더불어 분쟁조정 과정에서 원사업자와 수급사업자 간 입장 차이가 클 경우 객관적인 감정절차를 통해 양 당사자 주장의 합리성을 검토할 수 있도록 한다면 분쟁조정절차의 실효성이 증대될 것이다.

한편, 개정 하도급법에서 수급사업자들이 구성한 중소기업협동조합이 요청하는 경우 중소기업중앙회가 하도급대금 조정신청을 대행할 수 있도록 되었지만, 문제는 중소기업협동조합이 구성되지 않은 업종이 많다는 점에 있다. 예를 들어, 하도급거래가 가장 많은 건설업계의 경우 중소기업협동조합이 거의 없다. 그래서 중소기업협동조합의 요청이 없더라도 중소기업중앙회가 하도급대금조정신청을 대행할 수 있도록 할 필요가 있다. 아울러 전문건설협회 등 수급사업자들이 주도적으로 구성하는 자격있는 사업자단체에게 하도급대금조정신청을 대행할 수 있도록 하는 것도 바람직하다.

아. 하도급법 중대위반행위에 대한 형벌에 징역형 추가

현행 하도급법은 하도급법을 위반한 원사업자에게 최대 벌금형만을 부과하고 있으며, 벌금의 액수 또한 높지 않다. 그런데 규모가 큰 기업의 경우 벌금형의 형사처벌로 인한 손실이 그리 크다고 볼 수 없기에, 현행 벌금형은 원사업자의 하도급법 위반 행위를 방지하는 데 그다지 도움이 되지 못하고 있는 것이다. 그러므로 중대한 하도급법 위반행위(부당특약, 부당대금결정, 부당감액, 부당 위탁취소, 기술 탈취, 보복조치 등)에 대해 대표이사나 관계자에 대한 징역형의 형벌을 추가하여야 할 필요성이 있으며, 관련 법령을 고려하였을 때 3년 이하, 또는 5년 이하의 법정형을 설정하는 것이 적절한 것으로 생각한다. 이와 관련하여 민사법인 하도급법 위반이 형사처벌의 대상이 되는 것이 정당한 것이냐는 비판 또한 있으나, 형사처벌에는 분명 행위자에게 위기감이나 경각심을 통해 위법행위를 방지하는 효력이 있으므로, 뿌리깊게 자리 잡은 중대한 하도급법 위반행위를 근절하기 위해서는 분명 도입되어야 할 필요성이 있다.

자. 기술탈취 손해액 추정제도

현행 하도급법은 기술탈취 사건 발생 시 손해액 산정 및 추정에 관하여는 규정을 두고 있지 않다. 그로 인해 사건 발생으로 인한 수급사업자의 손해를 정확히 산정하기 어려워, 수급사업자에게 적절한 손해배상이 이루어지지 못하고 있다.

이와 관련하여 특허법에서는 '특허권을 침해한 자가 그 침해행위로 인하여 얻은 이익 액을 특허권자가 입은 손해액으로 추정'(제128조 제5항), 특허소송에서 '특허권자가 주장하는 침해행위의 구체적 행위태양을 부인하는 당사자는 자기의 구체적 행위태양을 제시하여야 한다.'고 규정하며 침해자에게 구체적 행위태양 제시 의무 부과(제126조의2), 그리고 '법원은 특허권 침해소송에서 당사자의 신청에 의하여 상대방 당사자에게 해당 침해의 증명 또는 침해로 인한 손해액의 산정에 필요한 자료의 제출을 명할 수 있다'는 규정(제132조)를 두어 입증책임 분담과 손해액 입증을 용이하게 하고 있다.

이에 하도급법에도 위 특허법 규정을 유추 적용해 '목적물등의 판매·제공 규모 중 기술유용피해사업자가 제조·수리·시공하거나 용역수행할 수 있었던 목적물등의 규모에서 실제 판매·제공한 목적물등의 규모를 뺀 나머지 규모를 넘지 아니하는 목적물등의 규모를 기술유용피해사업자가 그 침해행위가 없었다면 판매·제공하여 얻을 수 있었던 이익액으로 할 수 있다'고 규정하고, 손해액 산정 업무를 '기술의 이전 및 사업화 촉진에 관한 법률'에 따른 기술평가기관에 산정을 위탁[167]할 수 있도록 정해 기술탈취 피해 수급사업자에 대한 보상의 실효성을 높여야 할 것이다.

차. 조사시효 연장

하도급법 상 하도급법 위반행위에 대한 조사시효는 위탁이 종료된 때로부터 3년이다 (기술자료 부당요구 또는 유용의 경우 거래가 끝난 날로부터 7년). 그런데 지속적인 하도급거래관계에서는, 그동안 원사업자의 추가공사대금 미지급, 부당특약 등의 불법행위로 인해 피해를 입었음에도 거래관계가 단절될 것을 두려워해 10년 이상 이어진 원사업자의 위법행위를 신고하지 못하는 경우가 많다. 그러던 중 결국 수급사업자는 손해만을 입은

---

167) 윤영석 의원 외 14인의 2020. 9. 10. 하도급법 일부개정법률안 참조

채 원사업자로부터 거래관계를 단절당하고, 그제야 비로소 원사업자의 위법행위를 공정위에 신고하려고 하나 그것은 불가능하다. 3년의 조사시효가 지난 후에는 신고를 하거나 공정위가 직권 인지하더라도 당연 조사를 개시하지 못하는 것이고, 처분이나 제재 또한 할 수 없기 때문이다. 이 경우 수급사업자는 민사상 손해배상청구를 할 수 밖에 없는데, 우리 민사소송법제에서의 증거확보절차가 미비한 탓에 수급사업자가 민사소송에서 원사업자의 위법행위와 이로 인한 손해를 구체적으로 입증하기 쉽지 않다. 따라서 수급사업자 입장에서 공정위 조사를 통하여 민사소송을 위한 증거확보를 해야 하는 점까지 고려하였을 때, 조사시효를 현 3년에서 5년 또는 7년으로 연장할 필요가 있다.

카. 상생채권신탁 도입에 대한 지원

재무적 능력이 부족한 수급사업자들로서는 원사업자와의 분쟁으로 대금을 받지 못할 경우 근로자들에게 임금지급을 하지 못하여 형사처벌을 받을 수도 있고 재수급사업자나 자재공급업체 등 협력업체들로부터 소송을 당하게 되고 이 때문에 원사업자의 부당한 요구를 수용할 수밖에 없는 경우가 많다. 수급사업자가 원사업자와 분쟁을 하게 되더라도 수급사업자의 근로자들에 대한 임금이 지급되고 그 협력업체들에게도 대금결제가 보장된다면, 수급사업자로서는 상당히 자유로운 입장에서 원사업자와 법적 분쟁을 통해 권리를 구제받을 수 있는바, 이를 위한 방안으로 최근 거론되는 것이 상생채권신탁이다. 현재 금융회사들이 운용하는 상생채권신탁에서는 재하도급대금이 결정되지 않은채 위탁이 이루어진 경우에는 원가감정 등을 통한 금액을 기준으로 일정부분 먼저 재하도급업체에게 지급하고 나머지 금액에 대해서만 소송으로 다투도록 하는 조항이 있어 추가공사대금 분쟁에서도 실질적인 해결책이 될 수 있다. 이처럼 수급사업자 권리 보호에 큰 도움이 되는 제도이므로 하도급법에서 원사업자와 수급사업자들로 하여금 상생채권신탁을 채택할 경우 벌점 감점 등 인센티브를 주고 표준하도급계약서에 도입하도록 하는 장치를 만들 필요가 있다.

참고로 상생채권신탁은 수급사업자가 원사업자에 대해 가지는 하도급대금채권을 자신을 위탁자겸 1종 수익권자로 하여 신탁업자에게 신탁하고, 하수급인에게 압류·가압류·파산 등의 사유가 발생하는 경우 신탁계약에서 정한 바에 따라 신탁업자가 원사업자로부터 수급사업자가 지급받을 하도급대금을 수급사업자의 근로자나 협력업체(재수급사업자 또는 자재공급업체 등)에게 직접 지급되도록 하는 신탁이다. 구조를 도식화하면 아래와 같다.

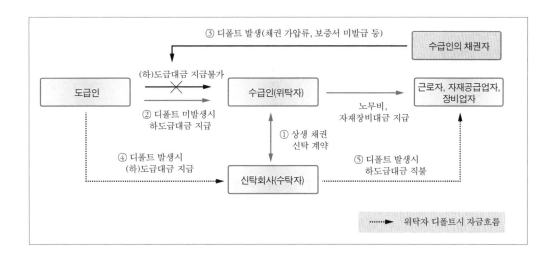

6 하도급법 적용 사업자인 원사업자 및 수급사업자 요건

A 수급사업자는 반드시 중소기업이어야 한다. 원사업자는 수급사업자보다 연간 매출액(건설업의 경우 시공능력평가액 합계)이 조금이라도 크면 되며 반드시 대기업일 필요는 없다. 연간매출액 3천억 원 미만인 중견기업이 상호출자제한기업집단 소속 회사로부터 하도급을 받는 경우 및 소규모 중견기업이 대규모중견기업(연간 매출액 2조 원 이상)으로부터 하도급을 받는 경우에도 대금지급 등 하도급법의 일부 조항이 적용된다.

해 설

가. 하도급법 적용대상 사업자 유형 및 적용법규(도식)

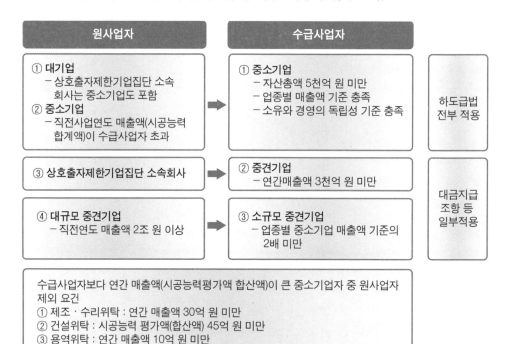

나. 원사업자

일반적인 의미에서 원사업자는 제조 등을 위탁한 자, 수급사업자는 그 일을 위탁받은 자를 말하지만, 하도급법상 원사업자와 수급사업자가 되기 위하여는 법이 정한 요건을 충족해야 한다. 사업자는 중소기업이든 아니든 관계 없지만 하도급계약 체결한 시점을 기준으로 원사업자의 직전연도의 연간매출액은 수급사업자의 직전연도 연간 매출액보다 높아야 한다(건설위탁의 경우 시공능력평가액이 높아야 한다. 수 개 공종이 등록된 경우 그 합산액으로 판단한다). 직전 사업연도 매출액 또는 시공능력평가액이 있어야 하므로 사업을 개시한 첫해에는 원사업자가 될 수 없다. 그래서 중소기업이라도 수급사업자보다 하도급계약 당시 직전 사업연도 매출액이 큰 중소기업, 수급사업자보다 매출액이 적더라도 상호출자제한기업집단 소속회사는 원사업자가 된다.

한편, 사업자가 합병, 영업양수, 상속 등을 통하여 권리의무를 포괄적으로 승계한 경우에는 이전 사업자의 하도급거래에 따른 모든 권리의무를 승계하는 것이므로, 그 사업자가 권리의무를 승계하는 시점에 당사자 요건을 충족하지 않더라도 이미 성립한 하도급거래에 따른 당사자 지위가 유지된다(하도급공정화지침 II. 2. 가. 및 나.). 반면, 현재 시점에서는 위탁을 준 사업자가 하도급법상 원사업자 요건을 충족하지만 문제의 하도급거래 시점에는 위탁받은 사업자가 오히려 매출액이 더 높은 경우라면, 하도급거래 시점을 기준으로 판단해야 하므로, 원사업자에 해당하지 않는다.

│ 하도급법상 원사업자 │

1. 중소기업자가 아닌 사업자로서 중소기업자에게 제조 등을 위탁한 경우(하도급법 제2조 제2항 제1호)
2. (하도급 계약 체결 시점 기준) 중소기업자이긴 하지만 위탁을 받은 중소기업자보다 직전 사업연도 연간매출액(건설위탁의 경우 하도급체결시점의 시공능력평가액이며, 수개 공종의 등록을 한 경우 그 합산액)보다 많은 경우(하도급법 제2조 제2항 제2호)
3. 원사업자의 요건에 해당하는 사업자가 중간에 계열회사를 통해서 중소기업자에게 위탁하는 경우 그 계열회사(하도급법 제2조 제4항)
4. 공정거래법 제9조 제1항에 의해 상호출자제한기업집단에 속하는 회사(매출액등 규모에 관계없이)

   한편, 원사업자의 연간매출액 또는 시공능력이 너무 영세한 경우에는 하도급법이 적용되지 않음(하도급법 제2조 제2항 제2호 단서 및 하도급법 시행령 제2조 제4항).

   ① 제조위탁·수리위탁 : 연간매출액 20억 원(개정안 30억 원) 미만인 중소기업자
   ② 건설위탁 : 시공능력평가액 30억 원(개정안 45억 원) 미만인 중소기업자
   ③ 용역위탁 : 연간매출액이 10억 원 미만인 중소기업자

다. 수급사업자 요건

하청업체 입장에서 하도급법이 적용되는 경우와 아닌 경우는 권리 보호 측면에서 하늘과 땅 차이가 있다. 하도급법의 보호 범위와 제재가 강하기도 하고 아울러 하도급법이 적용되지 않을 경우라도 대·중소기업 상생협력 촉진에 관한 법률의 위수탁거래에 해당하여 보호받을 여지가 있지만 하도급법에 비하여 그 집행이나 제재가 약하기 때문이다. 참고로 상생협력법은 대기업과 중소기업 간의 위탁거래라면 대부분 적용되므로 보호범위가 넓다. 그래서 하도급법 적용대상인지 여부를 검토하는 것은 매우 중요하다. 하도급대금 지급과 관련하여는 중견기업이라도 보호를 받을 수 있지만, 원칙적으로는 중소기업기본법상 중소기업에 해당해야 하도급법의 수급사업자가 되어 보호를 받을 수 있다.

┤ 수급사업자의 4개 유형 ├

① 영리를 목적으로 하는 중소기업자
  - 영리를 목적으로 사업을 하는 법인 또는 개인사업자
  - 자산총액 5천억 원 미만
  - 주된 업종별로 매출액 기준 충족 그리고
  - 소유와 경영의 독립성 기준 충족, 상호출자제한기업집단 소속회사가 아닐 것, 자신총액 5천억 원 이상인 법인이 당해 기업의 최다 출자자이면서 보유 지분이 30% 이상이 아닐 것
② 영리를 주된 목적으로 하지 않는 기업·조합 등
  - 사회적 기업, 협동조합, 협동조합연합회, 사회적협동조합, 사회적협동조합연합회, 소비자생활협동조합, 소비자생활협동조합연합회, 소비자생활협동조합전국연합회, 중소기업협동조합
③ 중소기업 졸업 후 3년 이내 기업(상호출자제한기업집단 소속회사는 제외)
④ 일정 규모 미만의 중견기업
  - 연간매출액이 3천억 원 미만 또는
  - 업종별 중소기업 매출액 기준의 2배 미만

┤ 하도급법상 수급사업자 ├

원사업자로부터 제조 등의 위탁을 받는 중소기업자(하도급법 제2조 제3항)

[중소기업기본법상 중소기업]

① 업종별로 매출액(업종별로 400~1,500억 원) 및 자산총액(5,000억 원) 이하 등 규모 기준에 충족될 것
② (대기업으로부터) 소유와 경영의 실질적 독립성이 충족될 것
  ※ 상호출자제한기업집단 소속회사는 실질적 독립성 조건 불충족으로 중소기업자가 아님
③ 영리를 목적으로 사업할 것

다만, 규모 확대로 중소기업에 해당되지 아니하게 된 때에도 그 사유가 발생한 연도의 다음 연도부터 3년간은 중소기업으로 간주(중소기업기본법 제2조 제3항)

하도급법 제2조 제2항 및 제3항은 수급사업자를 하도급법상 원사업자로부터 제조등의 위탁을 받은 중소기업자라고 정의하고 있다. 원사업자는 중소기업자가 아닌 사업자로서 중소기업자에게 제조등의 위탁을 한 자를 의미한다. 중소기업자란 중소기업기본법 제2조 제1항 또는 제3항에 따른 자를 의미한다. 그런데, 구 중소기업기본법 제2조 제1항 제1호 소정의 중소기업이란 ① 업종별 매출액 또는 자산총액 등이 대통령령으로 정하는 기준 (자산총액이 5,000억 원 이하이면서 업종별로 정해진 평균매출액 기준 이하)에 부합하고, 동시에 ② 상호출자제한기업집단과는 지분 소유나 출자 관계 등에서 소유와 경영의 실질적인 독립성이 인정되는, 즉 상호출자제한기업집단과 관계없는 기업을 말한다. '건설업' 의 경우 평균매출액 기준은 '1,000억 원 이하'이다(정리하면 건설업을 주된 업종으로 영위하는 기업은, 최근 직전 3개 사업연도의 평균매출액 또는 직전 사업연도의 매출액이 1,000억 원 이하이고, 동시에 자산총액은 5천억 원 미만인 경우에 '중소기업'에 해당한다). 다만, 중소기업법 제2조 제3항은 중소기업이 중소기업에 해당하지 아니하게 된 경우, 그 사유가 발생한 연도의 다음 연도부터 3년간은 중소기업으로 본다고 규정하고 있다.

중소기업이 아니면 하도급법상 보호를 못받기 때문에, 이제 막 중소기업을 벗어난 소위 중견기업 입장에서는 억울할 수 있다. 자신은 중소기업인 하청업체에 대해서 하도급법상의 의무를 부담하는데 원청에 대해서는 전혀 보호를 못 받는 샌드위치 신세이기 때문이다. 기업들이 성장하면 많은 규제를 받으므로 스스로 크지 않으려는 피터팬 증후군이 생긴다는 비판도 있었다. 이에 하도급법은 하도급대금의 지급과 관련된 보호, 즉 하도급법 제13조상 보호에 대해서는 「중견기업 성장촉진 및 경쟁력 강화에 관한 특별법」의 중견기업에 대해서도 수급사업자로 보아 중소기업과 동일하게 보호하는 규정을 두고 있다.

구체적으로 보호대상인 거래는 ① 매출액이 3,000억 원 미만의 기업이 상호출자제한기업집단 소속계열사로부터 위탁을 받는 경우와 ② 소규모 중견기업(중소기업기본법상의 업종별 매출액 기준의 2배 미만을 의미한다, 예컨대 건설업의 경우 2,000억 원)이 매출액이 2조 원을 초과하는 소위 대규모 중견기업 이상의 원사업자로부터 위탁을 받는 경우이다.

보호범위는 하도급법 제13조의 ① 목적물 수령일로부터 60일 이내 하도급대금 지급의무, ② 발주자로부터 준공금이나 기성금을 지급받은 경우 15일 이내 수급사업자에 대한 지급의무, ③ 하도급대금의 현금지급비율 준수(발주자로부터 지급받은 현금비율 이상으로 하도급대금을 지급해야 함), ④ 하도급대금을 어음으로 지급시 어음의 지급기간 준수,

⑤ 어음으로 하도급대금을 지급할 때 만기일 초과시 어음할인료 지급의무, ⑥ 어음대체결제수단으로 하도급대금을 지급할 때 상환일까지의 수수료 지급의무, ⑦ 하도급대금을 지연지급시에는 지연이자 지급의무 등이다. 그 외에도 제19조(보복조치의 금지), 제21조(수급사업자의 준수사항)과 절차적 규정들인 제23조 제2항(조사대상 거래제한), 제24조의4 제1항(분쟁의 조정), 제25조의2(공탁), 제33조(과실상계)의 적용도 받는다(법 제13조 제11항, 시행령 제7조의4 별표 1, 제7조의5).

한편, 대부분 대기업이 원사업자로 하도급법상 의무를 부담하지만, 중소기업이라 하더라도 직전 사업연도의 연간매출액(건설업의 경우 시공능력평가액)이 하도급계약 체결 당시 수급사업자보다 조금이라도 크다면 원사업자로서 하도급법의 의무를 부담한다. 다만, 연간매출액을 기준으로 제조·수리위탁에 있어서는 40억 원 미만, 건설위탁에 있어서는 시공능력평가액 60억 원 미만, 용역위탁에 있어서는 연간매출액이 20억 원 미만인 때에는 원사업자 대상에서 제외된다.

질의 회신 사례

[질의] 대기업인 당사와 거래하는 수급사업자가 2019년 3월까지 상호출자제한기업집단에 속해 있다가 지분 매각을 통하여 2019년 4월 상호출자제한기업집단에서 제외된 중소기업자인 경우 곧바로 하도급법에 따라 대금 등을 지급해야 하는지 유예기간을 두는지 여부는 어떠한가?

[회신] 위 경우 수급사업자는 상호출자제한기업집단에서 제외되는 시점에 중소기업자가 되므로 하도급법을 적용하여 하도급대금 등을 지급해야 할 것이다.
「중소기업기본법」 제2조 제3항이 규정하고 있는 '유예 기간(3년)'은 중소기업이 그 규모의 확대 등으로 중소기업에 해당되지 아니하게 된 경우 유예 기간 동안 계속 중소기업으로 본다는 의미이다.

중소기업 및 중견기업 판단기준

(#중소기업기본법#중견기업법)

A 중소기업기본법상의 중기업과 소기업을 의미하는 것으로, (i) 규모기준, 즉 자산총액 5천억 원 미만이면서 업종별 평균매출액(제조업의 경우 800~1,500억 원, 건설업 1,000억 원 등) 이하이어야 하고(규모기준), (ii) 대기업으로부터 소유·경영의 독립성 기준, 즉 ① 상호출자제한 기업집단·공시대상 기업집단의 소속회사나 ② 자산총액 5천억 원 이상 기업이 직간접적으로 30% 이상 지분을 소유한 기업이거나 또는 ③ 관계기업의 출자비율에 해당하는 평균매출액 합산액이 업종별 규모기준 미만인 기업이어야 한다. 중소기업이었다가 성장으로 그 규모 이상이 된 경우에도 3년간 중소기업으로 간주된다. 한편, 중견기업법에 따라 규모요건과 소유·경영의 독립성 기준을 충족하면 중견기업으로 인정되는데, 개념적으로 중소기업보다 크고 대기업(상호출자제한기업집단 소속회사)보다 작은 기업이다. 공정거래법상 대규모중견기업은 자산총액 2조 원 이상인 경우이며, 소규모중견기업은 업종별 매출기준이 중소기업의 2배 미만인 경우이다.

해설

가. 중소기업

중소기업은 중소기업 육성시책의 대상이 되는 상대적으로 작은 기업으로 규모기준과 소유·경영의 독립성 기준을 충족해야 한다.

규모기준은 자산총액 5천억 원 미만이면서 다음 「업종별 평균매출액 기준」 표와 같은 업종별로 정해진 평균매출액 이하를 가리킨다. 업종 중 금융관련업, 구체적으로 금융업, 보험 및 연금업, 금융 및 보험관련 서비스업은 중소기업 업종에 해당하지 않는다. 다음 항목에서 설명하겠지만 이러한 업종은 중견기업 업종에도 해당하지 않는다. 비영리법인과 공공기관도 마찬가지이다.

[업종별 평균매출액 기준]

해당 기업의 주된 업종	중소기업 규모기준	소규모 중견기업 규모기준
1. 의복, 의복액세서리 및 모피제품 제조업	평균매출액 등 1,500억 원 이하	평균매출액 등 3,000억 원 이하
2. 가죽, 가방 및 신발 제조업		
3. 펄프, 종이 및 종이제품 제조업		
4. 1차 금속 제조업		
5. 전기장비 제조업		
6. 가구 제조업		
7. 농업, 임업 및 어업	평균매출액 등 1,000억 원 이하	평균매출액 등 2,000억 원 이하
8. 광업		
9. 식료품 제조업		
10. 담배 제조업		
11. 섬유제품 제조업(의복 제조업은 제외한다)		
12. 목재 및 나무제품 제조업(가구 제조업은 제외)		
13. 코크스, 연탄 및 석유 정제품 제조업		
14. 화학물질 및 화학제품 제조업(의약품 제조업은 제외)		
15. 고무제품 및 플라스틱제품 제조업		
16. 금속가공제품 제조업(기계 및 가구 제조업은 제외)		
17. 전자부품, 컴퓨터, 영상, 음향 및 통신장비 제조업		
18. 그 밖의 기계 및 장비 제조업		
19. 자동차 및 트레일러 제조업		
20. 그 밖의 운송장비 제조업		
21. 전기, 가스, 증기 및 수도사업		
22. 건설업		
23. 도매 및 소매업		
24. 음료 제조업	평균매출액 등 800억 원 이하	평균매출액 등 1,600억 원 이하
25. 인쇄 및 기록매체 복제업		
26. 의료용 물질 및 의약품 제조업		
27. 비금속 광물제품 제조업		
28. 의료, 정밀, 광학기기 및 시계 제조업		
29. 그 밖의 제품 제조업		

해당 기업의 주된 업종	중소기업 규모기준	소규모 중견기업 규모기준
30. 하수·폐기물 처리, 원료재생 및 환경복원업	평균매출액 등 800억 원 이하	평균매출액 등 1,600억 원 이하
31. 운수업		
32. 출판, 영상, 방송통신 및 정보서비스업		
33. 전문, 과학 및 기술 서비스업	평균매출액 등 600억 원 이하	평균매출액 등 1,200억 원 이하
34. 사업시설관리 및 사업지원 서비스업		
35. 보건업 및 사회복지 서비스업		
36. 예술, 스포츠 및 여가 관련 서비스업		
37. 수리(修理) 및 기타 개인 서비스업		
38. 숙박 및 음식점업	평균매출액 등 400억 원 이하	평균매출액 등 800억 원 이하
39. 금융 및 보험업		
40. 부동산업 및 임대업		
41. 교육 서비스업		

다음으로 소유·경영의 독립성 기준(계열관계에 따른 판단기준이다)은 대기업의 지배를 받지 않고 독립한 기업이어야 한다는 취지이다. 독립성 기준을 충족하기 위해서는 ① 자산총액 또는 매출액 10조 원 이상인 상호출자제한기업집단 또는 자산총액 또는 매출액 5조 원 이상인 공시대상기업집단에 속하는 회사, ② 자산총액이 5천억 원 이상인 법인(외국법인 포함)이 주식 등의 30% 이상을 직접적·간접적으로 소유하면서 최다출자자인 기업, ③ 관계기업[168]에 속하는 기업의 경우에는 출자 비율에 해당하는 평균매출액 등[169]을 합

---

168) 기업 간의 주식 등 출자로 지배, 종속관계에 있는 기업의 집단을 의미하며 비영리 사회적 기업 및 협동조합(연합회)은 관계기업 제도를 적용하지 않고 있다(중소기업기본법 시행령 제2조 제3호).
169) 중소기업기본법 시행령 제7조의4(관계기업의 평균매출액 등의 산정)
   ① 관계기업에 속하는 지배기업과 종속기업의 평균매출액 등의 산정은 별표 2.에 따른다. 이 경우 평균매출액등은 제7조에 따라 산정한 지배기업과 종속기업 각각의 평균매출액 등을 말한다.
   ② 제1항에 따른 지배기업과 종속기업이 상호간 의결권 있는 주식 등을 소유하고 있는 경우에는 그 소유비율 중 많은 비율을 해당 지배기업의 소유 비율로 본다.
   별표 2.
   관계기업의 평균매출액 등의 산정기준(제7조의4 제1항 관련)
   1. 이 표에서 사용하는 용어의 뜻은 다음과 같다.
      가. '형식적 지배'란 지배기업이 종속기업의 주식 등을 100분의 50 미만으로 소유하고 있는 것을 말한다.
      나. '실질적 지배'란 지배기업이 종속기업의 주식 등을 100분의 50 이상으로 소유하고 있는 것을 말한다.
      다. '직접 지배'란 지배기업이 자회사(지배기업의 종속기업을 말한다. 이하 이 표에서 같다) 또는 손자기업(자회사의 종속기업을 말하며, 지배기업의 종속기업으로 되는 경우를 포함한다. 이하 이 표에서 같다)의 주식 등을 직접 소유하고 있는 것을 말한다.
      라. '간접 지배'란 지배기업이 손자기업의 주주인 자회사의 주식 등을 직접 소유하고 있는 것을 말한다.

산하여 업종별 규모기준을 미충족하는 기업 중 어느 하나에도 해당되지 않아야 한다(중소 기업기본법 제2조 제1항 제1호, 동 법 시행령 제3조 제1항, 동 법 시행령 제7조의4 제1항 별표 2).[170]

사회적 기업(사회적기업육성법 제2조 제1호), 협동조합(협동조합기본법 제2조 제1호), 협동조합연 합회(협동조합기본법 제2조 제2호)도 영리 목적의 규모기준 및 소유·경영의 독립성 기준을 충 족하는 경우, 중소기업에 해당한다(중소기업기본법 제2조 제1항, 시행령 제3조 제2항 내지 제4항).

한편, 중소기업이 규모의 확대 등으로 중소기업에 해당하지 않게 된 때에도 그 사유가 발생한 연도의 다음 연도부터 3년간은 중소기업으로 본다(중소기업 유예기간). 종전에는 3년간의 유예기간 동안 하도급법상의 수급사업자에는 포함되지 않았지만(대법원 2010. 4. 29. 선고 2008두14296 판결), 2011. 3. 29. 하도급법 제2조 제2항의 개정으로 그러한 중소기

---

2. 지배기업이 종속기업에 대하여 직접 지배하되 형식적 지배를 하는 경우에는 지배기업 또는 종속기업 의 평균매출액 등으로 보아야 할 평균매출액 등(이하 '전체 평균매출액 등'이라 한다)은 다음 각 목에 따라 계산한다.
   가. 지배기업의 전체 평균매출액 등은 그 지배기업의 평균매출액 등에 지배기업의 종속기업에 대한 주 식 등의 소유비율과 종속기업의 평균매출액 등을 곱하여 산출한 평균매출액 등을 합산한다.
   나. 종속기업의 전체 평균매출액 등은 그 종속기업의 평균매출액 등에 지배기업의 종속기업에 대한 주 식 등의 소유비율과 지배기업의 평균매출액 등을 곱하여 산출한 평균매출액 등을 합산한다.
3. 지배기업이 종속기업에 대하여 직접 지배하되 실질적 지배를 하는 경우에는 지배기업 또는 종속기업 의 전체 평균매출액 등은 다음 각 목에 따라 계산한다.
   가. 지배기업의 전체 평균매출액 등은 그 지배기업의 평균매출액 등에 종속기업의 평균매출액 등을 합산한다.
   나. 종속기업의 전체 평균매출액 등은 그 종속기업의 평균매출액 등에 지배기업의 평균매출액 등을 합산한다.
4. 지배기업이 손자기업에 대하여 간접 지배를 하는 경우에는 지배기업 또는 손자기업의 전체 평균매출 액 등은 다음 각 목에 따라 계산한다.
   가. 지배기업의 전체 평균매출액 등은 그 지배기업의 평균매출액 등에 지배기업의 손자기업에 대한 주 식 등의 간접 소유비율과 손자기업의 평균매출액 등을 곱하여 산출한 평균매출액 등을 합산한다.
   나. 손자기업의 전체 평균매출액 등은 그 손자기업의 평균매출액 등에 지배기업의 손자기업에 대한 주 식 등의 간접 소유비율과 지배기업의 평균매출액 등을 곱하여 산출한 평균매출액 등을 합산한다.
5. 제4호에서 지배기업의 손자기업에 대한 주식 등의 간접 소유비율은 다음과 같다. 다만, 자회사가 둘 이상인 경우에는 각 자회사별로 계산한 소유비율을 합한 비율로 한다.
   가. 지배기업이 자회사에 대하여 실질적 지배를 하는 경우에는 그 자회사가 소유하고 있는 손자기업의 주식 등의 소유비율
   나. 지배기업이 자회사에 대하여 형식적 지배를 하는 경우에는 그 소유비율과 그 자회사의 손자기업에 대한 주식 등의 소유비율을 곱한 비율
170) 2015년 중소기업법 시행령 개정으로 중소기업 판단기준이 대폭 달라졌는데 개정 사항은 다음과 같다.
   ① 업종별 규모기준 : (종전) 상시 근로자 수, 자본금·매출액 중 하나만 충족 → (개정) 매출액 단일 기준
   ② 업종구분 : (종전) 제조업 단일기준 → (개정) 24개 제조업종으로 세분화
   ③ 상한기준 : 상시 근로자 수 1천 명, 자기자본 1천억 원, 3년 평균 매출액 1,500억 원 기준 폐지(자산총 액 5천억 원은 존치)
   ④ 유예제도 : 창업 후 1년 이내 또는 관계기업으로 규모초과시에도 유예허용, 유예부여 횟수를 1회로 제한
   ⑤ 관계기업 판단기준 : (종전) 모든 기업, 직전사업연도 말 기준 → (개정) 해당 사업연도에 창업·합 병·분할·폐업한 경우 해당 사유 발생일 기준
   종전의 업종별 기준은 다음과 같다.

업도 하도급법상의 수급사업자에 해당하는 것으로 개정되었다.

다만, 중소기업 외의 기업과 합병하는 경우, 유예기간 중에 있는 기업과 합병하는 경우,

기준	업종(분류기호)	중소기업	중견기업	대기업
규모	제조업(C)	상시 근로자 수 300명 미만 또는 자본금 80억 원 이하		공정거래위원회에서 정한 상호출자제한 기업집단 • 금융·보험업의 경우 중소기업 기준 초과하면 대기업에 해당
	광업(B), 건설업(F), 운수업(H)	상시 근로자 수 300명 미만 또는 자본금 30억 원 이하		
	출판·영상·방송통신 및 정보서비스(J), 사업시설관리 및 사업지원서비스업(N), 전문·과학 및 기술서비스업(M), 보건업 및 사회복지사업(Q)	상시 근로자 수 300명 미만 또는 매출액 300억 원 이하		
	농업·임업 및 어업(A), 전기·가스·증기 및 수도사업(D), 도매 및 소매업(G), 숙박 및 음식점업(I), 금융 및 보험업(K), 예술·스포츠 및 여가 관련 서비스업(R)	상시 근로자 수 200명 미만 또는 매출액 200억 원 이하		
	하수처리·폐기물처리·원료재생 및 환경복원업(E), 교육서비스업(P), 수리 및 기타 개인 서비스업(S)	상시 근로자 수 100명 미만 또는 매출액 100억 원 이하		
상한	업종 무관	우측 기준에서 하나라도 만족시 유예기간 없이 즉시 중소기업에서 제외	상시 근로자 수 1,000명 이상, 자산총액 5,000억 원 이상, 자기자본 1,000억 원 이상, 직전 3개 사업연도 평균 매출액 1,500억 원 이상	
독립성		우측 기준에서 하나라도 만족시 유예기간 없이 즉시 중소기업에서 제외	자산 5,000억 원 이상 법인(외국 법인 포함)이 주식 등의 30% 이상을 직·간접적으로 소유하면서 최다출자자인 기업	
			관계기업에 속하는 기업의 경우, 상시 근로자 수 등 해당 업종별 규모 기준에 충족하는 기업	

창업일이 속하는 달부터 12월이 되는 달 말일 이전에 중소기업 기준을 초과하게 되는 경우, 중소기업 상한기준을 초과하는 경우 및 독립성 기준에 적합하지 않은 경우에는 유예기간을 부여하지 않는다.

한편, 중소기업기본법령은 국내 중소기업의 성장과 발전을 도모하는 데 목적이 있으므로, 외국에 소재한 외국법인은 중소기업기본법에 따른 중소기업이 아니다(하도급법의 적용대상에서도 제외된다). 또한, 외국법인이 국내에 영업소를 둔 경우, 해당 영업소는 외국법인과 별개의 법인이나 사업자가 아니므로 중소기업이 아니다.

나. 중견기업

중견기업이란 대기업(통상 상호출자제한기업집단 등 대기업집단 소속회사를 의미)에는 못미치나 중소기업보다는 규모가 큰 기업이다. 과거 대한민국의 기업 분류는 다른 나라들처럼 중소기업과 대기업 2개 뿐이었다. 하청업체 수준에서 머물러 있지 않고 자체 브랜드와 제품을 개발하여 성공한 그래서 상당한 규모를 일군 중소기업을 뜻하는 관례적인 표현으로 중견기업이라는 단어가 사용되었을 뿐이었다. 하지만 중소기업을 분류하는 기준은 자산 규모 5,000억 원 이하인데 비해 삼성, 현대자동차, SK 등 통념적으로 대기업으로 규모나 범위의 경제를 누리며 경제적 우위에 있는 소위 '재벌'이라고 불리는 기업집단은 그 자산 규모가 10조 원인 상호출자제한기업집단이다. 그 중간 규모의 기업집단이나 기업들은 어느 측면에서는 보호받을 필요성이 있었지만 제도적으로 대기업으로 분류되는 불합리가 있었다. 더하여 중소기업이 대기업으로 진입하는 순간 중소기업특별공제를 포함해서 정부 공공 조달, 지자체 지원, 기금 지원 등 수십 가지의 혜택이 사라지고 수십 가지의 규제가 새로 생기다 보니 기업 규모가 커져도 쪼개기 등의 꼼수로 중소기업에서 벗어나지 않으려고 하는 피터팬 증후군이 나타난다는 비판도 있었다. 그래서 중견기업특별법이 제정되어 중견기업이라는 개념을 정리하고 각종 지원사업을 추진하게 된 것이다. 2015년 현재 대한민국의 중견기업의 수는 3,864개로 전체 기업의 0.12%에 불과하지만 수출의 15.7%, 고용의 9.7%를 담당하여 산업의 허리 역할을 하고 있다. 하도급법의 보호대상은 원칙적으로 중소기업이기 때문에 중견기업은 수급사업자가 될 수 없다. 중견기업 중 상당수가 대규모기업집단의 1차 벤더로서, 하청업체에 대해 원사업자로 하도급법상 의무를 다해야 하면서도 정작 자신들은 원청업체인 대규모기업집단 소속회사로부터 수급사업자로 보호받지 못하는 불합리와 이에 따른 불만이 있었다. 이에 하도급법은 일정규모 이하의 중견기업에 대하여도 하도급대금과 관련한 하도급법 제13조 등 일부 조항과 관련하여는 보호를 받을 수 있도록 하고 있다.

중견기업으로 분류되기 위하여는 '중견기업법'에 따라 규모기준과 소유·경영의 독립성 기준을 확보해야 한다. 다만, 「공공기관의 운영에 관한 법률」 제4조에 따른 공공기관이거나 금융, 보험 및 연금업, 금융 및 보험관련 서비스업을 영위하는 기업, 자산총액 5천억 원 이상인 외국법인이 주식 또는 출자지분율 30% 이상을 직·간접적으로 소유하면서 최다출자자인 기업은 제외된다. 당연히 비영리기업이나 중소기업기본법상의 중소기업도 제외된다(중견기업법 제2조, 동 법 시행령 제2조).

규모기준은 자산면에서의 상한기준과 매출액면에서의 업종별 규모기준이 있다. 먼저 상한기준으로 자산총계 5,000억 원 이상이면 유예기간 없이 바로 중견기업으로 지정된다.[171] 다만 자산총액 10조 원 이상인 상호출자제한기업집단 소속이면 중견기업이 될 수 없다. 또한 매출액면에서의 업종별 규모기준으로 앞서 본 중소기업 규모기준인 업종별 평균매출액 기준을 초과해야 한다. 이 경우 3년의 유예기간을 거쳐 중견기업으로 지정된다(참고로 중견기업법 제2조 제2호에서 중견기업 후보기업을 정의하고 있다). 다만, 공공기관이나 금융·보험업은 제외된다.

한편, 소유와 경영의 실질적 독립성 기준은 대기업의 지배를 받지 않고 독립한 기업이어야 한다는 취지이다. ① 상호출자제한기업집단에 속하는 기업, ② 상호출자제한기업집단 지정기준인 자산총액, 즉 10조 원 이상인 기업 또는 법인(외국법인 포함)이 해당 기업의 주식 또는 출자지분의 30% 이상을 직접적·간접적으로 소유하면서 최다출자자인 기업(기업집단의 자산총액이 아니라 개별 기업의 자산총액이므로, 기업집단 전체 자산총액이 5조 원 이상인 공시대상기업집단 소속 회사도 중견기업이 될 수 있다), ③ 관계기업에 속하는 기업의 경우에는 출자 비율에 해당하는 평균매출액 등을 합산하여 업종별 규모기준을 미충족하는 기업 중 어느 하나에도 해당되지 않는 것을 의미한다.

한편, 공정거래법 제13조 제11호의 대규모 중견기업은 매출액이 2조 원을 초과하는 중견기업을 의미하며(하도급법 시행령 제7조의5), 소규모 중견기업은 중소기업기본법상 업종별 중소기업 규모기준 상한액(위 표 참조)의 2배 미만인 중견기업을 의미한다(건설업종의 경우 매출액 2,000억 원 미만, 시행령 제7조의4 별표 1). 소규모 중견기업이 상호출자제한기업집단 소속 회사뿐 아니라 대규모 중견기업과 하도급거래를 하는 경우에도 중견기업으로서 법 제13조 등의 보호를 받게 된다(하도급법 제13조 제11항).

---

171) 2015년 중소기업법 시행령 개정으로 중소기업 상한기준이 변경되면서 자동적으로 중견기업 상한기준도 변경되었다. 그 전에는 상시 근로자 수 1,000명 이상, 자산총액 5,000억 원 이상, 자기자본 1,000억 원 이상, 3년 평균매출 1,500억 원 이상이라는 4가지 기준 중 하나라도 충족하면 유예기간 없이 중견기업으로 지정되도록 되어 있었다.

8 원사업자와 수급사업자의 지위가 사실상 대등한 경우 하도급법상 취급

(#원사업자가 중소기업#중소기업과 중소기업 간 거래#거래상지위가 없는 원사업자)

A   원사업자가 중소기업이라도 수급사업자보다 매출액(건설위탁은 시공능력평가액)이 조금이라도 크면 하도급법이 적용되며 심지어 규모 차이가 거의 없거나 거래상 지위가 인정되지 않더라도 하도급법이 적용된다. 다만, 불공정하도급행위에 대한 제재 수준을 정함에 있어서는 원사업자와 수급사업자 간의 규모와 거래상 지위의 차이를 반영하여야 한다.

해설

대기업인 원청과 중소기업인 하청회사 간의 격차와 거래관계의 종속성에 따른 불공정한 거래관행을 막아 중소기업인 하청회사를 보호하기 위한 것이 하도급법의 목적과 취지이기는 하지만, 법문에 정해진 바에 따라 '원사업자'와 '수급사업자'에 해당하면 하도급법이 적용되는 것이지, 원사업자가 반드시 수급사업자에 비하여 우월한 지위에 있어야하거나 또는 양자 간의 경제적 격차가 커야 하는 것은 아니다. 그 경제적 격차나 전속적인 거래관계 등으로 원사업자가 거래상 우월한 지위에 있는 경우에는 제재수준을 정함에 고려되어야 한다.

서울고등법원은 이런 취지에서 "수급사업자에 해당함이 법문상 명백한 이상, 원고와이 사건 수급사업자들의 거래를 하도급법의 적용대상으로 보아야 함은 문리해석상 당연하다. 이와 달리 수급사업자별로 원사업자와 실질적으로 대등한 지위에 있는지 하나하나따진 후에 원사업자보다 열위에 있는 사업자에 대하여만 하도급법을 적용하는 것은 오히려 하도급법의 입법취지를 몰각시키거나 입법취지에만 매달려 이미 성립한 당해 법률의해석을 지나치게 제한하는 것으로 받아들일 수 없다"고 판시하면서, 다만 "하도급법의 구체적인 적용과정에서 위반행위의 내용과 정도 등 구체적인 태양 등에 비추어 원사업자가실질적으로 더 우월한 지위에 있는 수급사업자와 거래하는 경우에는 하도급법의 적용에따른 시정명령이나 과징금 부과 여부 및 과징금 액수를 결정함에 있어 그와 같은 사정을참작할 수는 있다"고 판시하였다(서울고등법원 2016. 12. 21. 선고 2015누2040 판결).

반대로, 원사업자와 수급사업자 간의 규모격차가 크지 않거나 원사업자가 수급사업자에 비하여 그리 우월한 지위에 있지 않을 경우, 심지어 원사업자나 수급사업자가 중소기업으로 양자 간의 거래상 지위에 차이가 거의 없는 경우에는 어떠한가? 하도급법이 전속적 거래관계와 경제적 격차 등으로 인한 거래상 지위의 차이로 생겨나는 불합리를 해소하고 수급사업자를 보호하기 위한 취지임을 감안해 볼 때, 우선 양자 간의 지위에 큰 차이가 없는 경우에는 문제되는 행위가 하도급법에 형식적으로 위반된다 하더라도 부당한지 여부 또는 정당한 이유가 있는지에 대하여는 좀 더 엄격한 기준에 따른 신중한 판단이 요구된다. 설사 위법하다고 결론이 나더라도 시정명령이나 과징금부과처분, 심지어 형사처벌의 여부나 정도에 있어서도 충분히 고려되어야 한다고 본다.

　서울고등법원은 이와 같은 취지에서 "하도급법은 원사업자의 계약상 우월한 지위의 남용으로부터 경제적 약자인 수급사업자를 보호하기 위하여 사적자치 원칙을 국가가 개입하여 수정하는 결과 … 기본적으로 약자 보호의 이념에 근거한 것이다. 그래서 일정한 규모 이상의 중소기업이 연간 매출액 또는 상시고용 종업원수가 하도급을 받은 다른 수급사업자보다 많은 경우여서 하도급법 적용을 받는 원사업자에 해당된다 하더라도 … 법의 제정 취지를 고려하여 원사업자가 거래상 우월한 지위를 남용한 것으로 보이지는 않는 경우 과징금 산정시 위반행위의 내용과 정도를 고려할 때 이러한 점을 참작해야 한다"고 판시하였다. 이런 법리를 기초로 중소기업으로 수급사업자와 큰 경제적 차이가 없고 거래 비중 등에 비추어 거래상 지위에 있다고 보이지 않는 원사업자가 미지급한 대금과 지연이자 등을 과징금부과처분 이전에 모두 상환하였기 때문에 과징금부과처분이 경제적 이득 박탈의 요소는 없고 단지 장래 법위반을 일방적으로 예방하려는 요소만 존재하게 된다며 과징금부과처분을 비례원칙에 위반한다고 보아 취소판결을 한 바 있다(서울고등법원 2014. 5. 15. 선고 2013누3872 판결).

9 하도급법상 하도급거래의 의미

(#대체물&비대체물#제작물공급계약#업에따른위탁)

A 민법상 도급계약(일의 위탁)을 의미하는 것으로 하도급거래·재하도급거래 뿐 아니라 원도급거래를 포함하되, 위탁자가 그 업과 관련하여 법이 정한 제조위탁(가공위탁 포함)·수리위탁·건설위탁 또는 용역위탁을 하여야 한다. 위탁자가 특정 사양을 지정하는 등 관여도가 높고 위탁목적물의 전용가능성이 낮아야 위탁이 성립한다. 원사업자가 영위하는 업과 관련하여 수급사업자에게 위탁하여야 하는 소위 업 견련성이 요구된다.

해 설

가. 하도급법 적용대상인 하도급거래

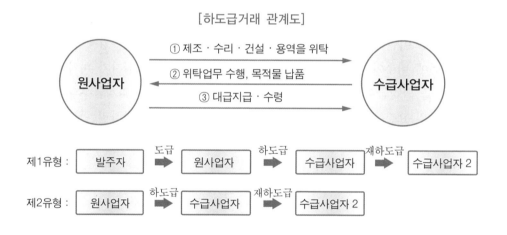

[하도급거래 관계도]

* 제2유형은 원사업자가 타인으로부터 도급받지 않고 자신의 '업'의 일부를 다른 사업자에게 위탁하는 경우임

하도급법 제2조 제1항은 "'하도급거래'란 원사업자가 수급사업자에게 제조위탁(가공위탁 포함)·수리위탁·건설위탁 또는 용역위탁을 하거나 원사업자가 다른 사업자로부터 제조위탁·수리위탁·건설위탁 또는 용역위탁을 받은 것을 수급사업자에게 다시 위탁한 경우, 그 위탁(이하 '제조등의 위탁')을 받은 수급사업자가 위탁받은 것(이하 '목적물등')을 제조·수리·시공하거나 용역수행하여 원사업자에게 납품·인도 또는 제공(이하 '납

품등')하고 그 대가(이하 '하도급대금')를 받는 행위를 말한다"고 규정하고 있다.

도급이란 민법상 14개의 전형계약 중 하나로서, "당사자 일방이 어느 일을 완성할 것을 약정하고 상대방이 그 일의 결과에 대하여 보수를 지급할 것을 약정"하는 거래이다(민법 제66조). 당사자 일방이 상대방에게 노무 제공을 약정하고 상대방에 이에 대하여 보수를 지급할 것을 약정하는 노무계약(민법 제655조)의 경우 특정 프로젝트의 성공적 완수 여부와 무관하게 노무를 제공한 기간에 비례하여 보수가 지급되는 반면, 도급은 위탁된 프로젝트가 완성되어 납품이 완료되었는지를 기준으로 보수가 지급되는 특징이 있다.

그런데 하도급은 사전적으로는 도급계약을 받은 당사자, 즉 수급인이 그 도급 내용의 전부 또는 일부를 다시 다른 수급자, 즉 하수급인에게 재도급을 주는 거래를 의미한다. 하지만 하도급법은 제2조 제1항의 문언에서 알 수 있듯이, 본래 의미의 하도급거래 뿐 아니라 원사업자가 자체적으로 발주한 원도급 거래까지도 규제대상으로 삼고 있다(대법원 2003. 5. 16. 선고 2001다27470 판결). 다만, 하도급법은 '업 견련성', 즉 특정 행위를 '업'으로 하는 자가 그 업과 관련하여 위탁하여야 적용되므로, 발주자가 관련 사업을 영위하는 원사업자가 아닌 원도급관계는 하도급법 적용대상이 아니다.

나. 위탁의 의미

'위탁'이란 일반적으로 어떤 일이나 사물의 처리를 남에게 의뢰하는 행위를 말한다. 하도급법상 '위탁'에 대한 정의는 없지만, 원사업자가 규격·품질·디자인 등 사양을 지정하여 수급사업자로 하여금 그 지정된 조건에 맞추어 작업하도록 의뢰하는 행위를 의미한다. 표준품이나 규격품을 구매하는 경우에는 위탁이 아니지만, 원사업자의 요구에 따라 그 일부에 대하여 가공을 하여 납품하는 경우에는 위탁에 해당할 수 있다.

(1) 위탁목적물의 전용가능성

하도급법상 '위탁'에 해당하는지 여부는 수급사업자가 원사업자에 의하여 지정된 사양에 따라 작업한 위탁목적물의 전용(轉用)이 곤란한 경우인지에 따라 판단해야 한다. 원사업자의 주문에 따라 특정사양에 맞추어 생산된 위탁목적물은 원사업자가 본래 의도한 용도 이외에는 사용하기 어렵다. '억류효과'라 한다. 만약 원사업자가 위탁을 취소하거나 인수를 거부하는 경우 생산된 위탁 목적물을 다른 사업자에게 판매하거나 다른 용도로 전환하는 등의 방법으로 대응할 수 없기 때문에 손해를 볼 위험이 크다.

원사업자가 사양을 지정하지 아니하고 작업을 의뢰한 경우 또는 사양을 지정하였더라도 별로 손해를 입지 않고 손쉽게 그 위탁목적물의 전용이 가능한 경우라면 하도급법상 위탁에 해당하지 않는다. 일반적으로 판매되는 상품에 로고를 인쇄하는 등 일정한 가공을 하여 납품하는 경우 그 로고를 쉽게 제거할 수 없거나 쉽게 제거할 수 있더라도 상품가치가 손상될 가능성이 큰 경우에는 하도급법상 '위탁'에 해당하지만,[172] 손쉽게 제거하여 다른 고객에 판매할 수 있는 경우라면 '위탁'에 해당하지 않는다.

수급사업자는 제조위탁 물품의 원료가 되는 폐플라스틱을 원사업자로부터 제공받거나 자체 구입하는 방법으로 원료를 조달하여 이 사건 물품을 제조·공급하면서 원사업자가 폐플라스틱을 제공하는 경우에는 원사업자가 미리 제시한 샘플과 동일한 색상 및 강도의 제품을 생산하여 공급하였고 폐플라스틱을 자체 구입하여 조달하는 경우에는 수급사업자가 샘플을 만들어 사전 승낙을 받은 후 공급하였던 사안에서, 서울고등법원은 '공정위가 제정한 '제조위탁의 대상이 되는 물품의 범위 고시'(공정위 고시 1995-2호) 제1의 나항은 제조·수리 과정에서 투입되는 중간재로서 규격 또는 품질 등을 지정하여 주문한 원자재는 대량 생산 품목으로 샘플 등에 의하여 단순 주문한 것을 제외하고는 제조위탁의 대상 물품에 해당한다고 규정하고 있는바, 이 사건 물품은 원사업자가 거래하는 특정 사업자에게 납품되는 김치냉장고용 플라스틱 부품의 원재료로 사용될 목적만으로 제조된 것으로서 원사업자가 색상과 강도 등을 미리 지정한 점, 원사업자가 이 사건 물품을 공급받지 않으면 우연히 다른 업체가 이 사건 물품의 색상과 강도 등에 만족하여 이를 구입하지 않는 한 수급사업자로서는 다른 업체의 요구에 맞추어 색상이나 강도 등을 일부 변형하여 판매할 수밖에 없는 점 등을 고려하면 하도급법상 제조위탁에 해당한다'고 판시하였다(서울고등법원 2008. 7. 16. 선고 2007누31661 판결, 고법 확정).

한편, 컴퓨터 관련 물품의 판매업을 하는 원사업자가 컴퓨터 주변기기 도매업을 하는 수급사업자에게 주문자상표부착(OEM) 방식에 의한 컴퓨터 모니터와 키보드의 납품을 의뢰하면서 모니터의 모델을 지정하고 모니터와 그 박스 및 키보드와 그 박스에 원사업자의 로고와 상호 등을 인쇄하여 납품하기로 한 사안에서, 대법원은 '원사업자가 자신의 로고가 인쇄된 모니터, 모니터 박스, 사용설명서를 납품하게 하였고 키보드에 관해서는 수급사업자가 수입 제품을 직접 구입하여 거기에 원사업자의 로고를 인쇄하고 원사업자의 로고가 인쇄된 키보드 포장용 박스를 별도로 제작하여 모니터와 함께 납품한 점, 납품한 모니터에 인쇄된 원사업자의 로고는 실크인쇄한 것으로 쉽게 제거할 수 없고 약물 등으로 제거할 수는 있지만 그로 인하여 상품가치가 손상될 가능성이 큰 점 등을 고려할 때 하도급법상 제조위탁에 해당한다'고 판시하였다(대법원 2002. 4. 12. 선고 2001두3655 판결).

---

172) 대법원 2002. 4. 12. 선고 2001두3655 판결

(2) 특정 사양의 지정(원사업자의 관여)

한편, 위탁목적물의 사양 결정에 있어서 원사업자가 어느 정도로 관여하였는지도 하도급법상 위탁에 해당하는지를 판단하는 고려요소가 될 수 있다.[173] 원사업자가 도면을 제공한 경우나 수급사업자가 도면을 작성하게 하고 이를 원사업자의 승인을 받게 하는 경우, 또는 원사업자가 수급사업자가 제시한 샘플 중 하나를 선택하고 이를 기준으로 색상, 크기, 수량, 원·부자재의 종류, 치수, 제작방법 등을 지정하는 경우, 또는 수탁사업자가 자체개발한 신제품을 위탁사업자의 승인 하에 제조하는 경우도 하도급법상 '위탁'에 해당한다.[174] 반면, 원사업자가 수급사업자로부터 상품 기획에 관하여 의견요청을 받아 상품의 사양 등에 대하여 의견을 제시하고 수급사업자가 그러한 의견을 고려하여 자율적으로 결정한 다음 원사업자에게 매입을 권유하여 원사업자가 해당 상품을 구입하기로 한 경우에는 하도급법상 '위탁'에 해당하지 않는다.[175] 결론적으로 특정사양을 지정한 사업자가 주문을 발주한 원사업자인지 수급사업자인지가 위탁 여부를 판단함에 있어 중요한 판단기준이 된다.

다. 업에 따른 위탁의 의미

하도급법 제2조 제6항은 "'제조위탁'이란 다음 각 호의 어느 하나에 해당하는 행위를 업(業)으로 하는 사업자가 그 업에 따른 물품의 제조를 다른 사업자에게 위탁하는 것을 말한다"고 규정하고 있고, 동조 제8항의 수리위탁, 제9항의 건설위탁, 제11항의 용역위탁의 정의에서도 '그 업에 따른' 업무의 전부 또는 일부를 다른 사업자에게 위탁하는 것으로 규정하고 있다. 그래서 하도급법 적용대상이 되기 위하여는, 위탁되는 행위를 '업'으로 하는 사업자가 그 업에 관하여 위탁을 해야 한다. 이를 '업 견련성'이라 하는데, '업으로 하는 사업자가 그 업에 관한 위탁'의 의미는 무엇인가?

일반적으로 '업'이란 영리 목적 여부를 불문하고 특정 업무를 계속적·반복적으로 행하는 것으로 이해된다. 대법원도 '업'이란 반복·계속적으로 행하는 통상 사업의 수행이라고 이해하고 있다(대법원 2012. 7. 12. 선고 2012도4390 판결; 헌법재판소 2013. 12. 26. 결정 2012헌바35 결정 등). '업'이 되기 위하여는 실제 그 업무를 행하고 있어야 하고 단순히 그러한 사업을 수행할 수 있는 능력을 잠재적으로 가진 것에 지나지 않는 경우에는 업으로 볼 수 없다(공정위 2017. 12. 12. 재결 2017협심2589). 일본의 '하청법운용기준'에서는 '업으로'의

---

173) 오승돈, 앞의 책, 47면
174) 서울고등법원 2008. 6. 18. 선고 2008누3816 판결
175) 하도급거래공정화지침 III. 1. 가. (1) (가) ③

의미에 대하여 어떤 행위를 반복·계속적으로 실시하고 있으며 사회통념상 사업의 수행이라고 볼 수 있는 경우를 말한다고 규정하고 있다(운용기준 2. 1. (2)). 일본 공정취인위원회는 이에 대하여 수탁하는 사업자와의 거래가 반복·계속될 개연성이 높고 이에 따라 위탁사업자에 대한 수탁사업자의 거래의존도가 높아져 위탁사업자가 거래상 우월한 지위를 갖는 경우가 많기 때문이라고 설명하고 있다. 한편, 어떤 행위가 사회통념상 사업의 수행으로 볼 수 있을 정도로 계속·반복적으로 수행하기 위하여는 그에 필요한 인적 조직과 물적 설비를 갖추고 있어야 한다. 그 인적 조직과 물적 설비에 대하여 기준이 있는 것은 아니고 1인 사업자라도 '업'은 성립되는 것이며 물적 설비도 당해 상품이나 서비스의 생산에 필요한 정도만 갖추면 된다고 본다.[176]

이와 관련하여 단지 회사의 정관이나 상업등기에 기재되어 있으면 그 사업을 '업으로 하는 사업자'라고 볼 수 있는지 아니면 실제로 그 업을 전문적으로 영위해야 하는지가 문제된다.

공정거래위원회의 실무 태도는 전자에 가까운 것으로 보인다. 하지만 하도급법은 특히 원사업자에게는 상당한 의무를 부과하는 침익적 법령이기 때문에 엄격하게 해석해야 한다. 그리고 상업등기나 정관의 목적 사업은 그야말로 장래 영위할 수 있는 사업을 나열하는 경우가 많아 이를 모두 업으로 보기는 어렵다. 반대로 목적사업에 기재되어 있지 않은 것은, 실제 회사가 영위할 의사가 없다고 볼 수 있기 때문에 업으로 보기 어렵다. 그렇다면 회사가 실제 전문적으로 영위하는 사업에 대해서만 '업으로 행한다'고 해석해야 한다.

라. 원사업자의 업과 수급사업자의 업 간의 견련성

다음으로 위탁하는 사무가 위탁사업자의 '업에 따른 것'이어야 한다. 그래서 대형유통업체가 매장의 청소를 청소업자에게 위탁하더라도 대형유통업체가 청소를 업으로 하는 것은 아니므로 역무위탁이라 볼 수 없고, 제조회사가 자사의 홈페이지 제작을 위탁하더라도 제조회사가 홈페이지 제작으로 업으로 하지 않기 때문에 지식·정보성과물 작성위탁이라 볼 수 없다. 이러한 사례는 위탁자가 위탁한 바를 업으로 하지 않음이 명백한 사례여서 판단이 쉽지만, 만약 위탁자가 위탁한 바에 대하여도 영업을 하는지 여부가 명확하지 않은 경우에는 원사업자가 영위하는 업과 위탁하는 업의 견련성이 문제된다.

'업에 따른 위탁'의 의미가 '원사업자가 영위하는 특정한 업에 제공하기 위하여'로 좁게 해석되어야 하는지, 아니면 '원사업자가 특정한 업을 영위하기만 하면 위탁하여 제공

---

176) 하도급법 기업거래 실무가이드, 법무법인 화우 공정거래그룹(한철수·류송·홍석범 외), 2020, 공정경쟁연합회, 16 내지 17면

받은 제조나 용역 등을 그 특정한 업이 아닌 다른 업에 제공하더라도 무관하다'고 넓게 해석되어야 하는지 여부이다.

예를 들어 설명하면, 건설업과 운송업 양자를 별도로 영위하는 법인이 물류업 영위를 위하여 운송을 위탁한 경우에만 해당되는지 아니면 위탁한 운송을 물류업 영위를 위해서가 아니라 건설업 영위를 위해 사용하더라도 무방한지 여부이다.

공정거래위원회 실무는 넓게 해석하는 쪽이다. 하지만 법문이 그 업에 따른 위탁이라고 명확하게 규정되어 있어 그 업에 제공할 목적으로 위탁하는 것으로 해석하는 것이 자연스럽다. 아울러 하도급법과 같은 침익적 법령은 엄격하게 해석해야 한다는 원칙에 비추어 볼 때, 좁게 해석하는 견해가 타당하다고 생각된다.

다음으로 '업에 따른 업무'에 대한 해석론이 문제된다. 협의로는 위탁 목적물이 물리적으로 그 업의 일부인 경우를 의미한다고 볼 수 있고, 광의로는 기능적으로 그 업의 수행에 필요한 경우, 나아가 경제적으로 그 업의 수행에 부수되는 모든 일로 볼 수도 있다. 예를 들어, 자동차 부품 제조업체가 부품을 제작하는데 필요한 금형을 제조위탁하는 경우에 협의설에 따를 경우 금형이 부품이나 그 일부로 볼 수는 없으므로 업 견련성이 인정되지 않지만, 광의설에 의할 경우 금형이 기능적으로 부품제조에 필요한 것이므로 업 견련성이 인정될 수 있다. 이와 같이 '그 업에 따른' 일의 종류가 여러 가지이고 해석도 다양하여 위탁 성립 여부에 혼선이 발생할 수 있기 때문에, 우리 하도급법은 위탁 목적물의 종류와 범위를 인위적으로 한정하는 접근 방법을 채택하고 있다. 예를 들어, 제조위탁에서는 그 업에 따른 물품의 범위를 공정거래위원회가 정하여 고시하도록 하고 있고(하도급법 제2조 제6항), 용역위탁에 대하여도 그 대상이 되는 지식·정보성과물의 종류를 한정적으로 열거하고 있고(제2조 제12항), 역무의 종류를 열거하고 있으며(제2조 제13항), 다만 수리위탁과 건설위탁에 관해서는 법 적용 대상 목적물을 별도로 규정하고 있지 않다. 그 성격상 '그 업에 따른' 일의 위탁이 비교적 분명하게 구분되기 때문이다(특히 건설위탁의 경우, 건설산업기본법 등 관련 법률에 따른 업종 등록으로 '그 업에 따른' 일의 위탁인지 여부가 구별된다).[177] 참고로 「제조위탁의 대상이 되는 물품의 범위 고시」는 주물·주형을 제조위탁의 대상으로 규정하고 있다.

---

177) 하도급법 기업거래 실무가이드, 법무법인 화우 공정거래그룹(한철수·류송·홍석범 외), 2020, 공정경쟁연합회, 18 내지 19면

10 제조물공급계약 중 제조위탁과 매매의 구별 및 사례

A 대체물에 대한 제작물공급계약은 매매이므로 하도급법 적용대상이 아니지만, 비대체물에 대한 제작물공급계약은 제조위탁으로 하도급법 적용대상이다.

해설

가. 제조위탁과 매매의 구별

수급사업자가 위탁받은 것을 제조·납품 등을 해야 하므로, 원사업자의 '위탁행위'와 수급사업자의 '제조행위 등' 사이에는 연관성 또는 의존성이 있어야 하는데 어느 정도의 연관성이 요구되는지 견해가 갈리고 있다. 주로 제작물공급계약이 제조위탁이 되는지가 문제로 논의된다. 당사자의 일방이 상대방의 주문에 따라 자기 소유의 재료를 사용하여 만든 물건을 공급하기로 하고 상대방이 대가를 지급하기로 약정하는, 이른바 '제작물공급계약'은 그 제작의 측면에서는 도급의 성질이 있고 공급의 측면에서는 매매의 성질이 있기 때문이다.

첫 번째 견해로, 민법상 원리에 충실하여 민법상 도급계약의 경우에만 제조위탁이 성립하고 매매의 경우에는 제조위탁이 성립하지 않으므로, 위탁행위를 전제하지 않고는 제조행위가 이루어질 수 없는 관계를 규정한 것이라는 입장이다. 즉, 위탁과 제조의 의존성의 측면에서 '위탁의 내용에 따라 당해 원사업자만을 위한 물품을 제조납품하는 관계', 따라서 '원사업자의 위탁행위를 전제하지 않고는 수급사업자의 제조행위가 이루어질 수 없는 관계'라는 입장이다. 이 견해에서는 원사업자가 고유한 규격과 품질을 지정하여 비대체물[178]의 제조를 위탁하는 것은 제조위탁이지만, 대체물은 불특정다수의 수요자(원사

---

178) 대체물과 비대체물의 구별 등

구분 기준	대체물	비대체물
물건의 개성	문제삼지 않음	중요시
물건의 지정	'종류, 품질, 수량' 式	'바로 이 물건' 式
거래상대방	제조시 미확정	제조시 확정됨이 일반적
규격 또는 품질의 지정	수급사업자 또는 제3자	원사업자

업자를 포함하여)를 대상으로 제조할 수 있으므로 제조위탁의 대상이 아니라고 보게 된다. 판례도 이 입장에 서서 계약에 의하여 제작·공급해야 할 물건이 대체물인 경우에는 매매에 관한 규정이 적용되지만, 물건이 특정의 주문자의 수요를 만족시키기 위한 비대체물인 경우에는 당해 물건의 공급과 함께 그 제작이 계약의 주목적이 되어 도급의 성질을 띠게 된다고 보고 있다(대법원 2010. 11. 25. 선고 2010다56668 판결).[179]

두 번째 견해로, 하도급법의 독자성을 강조하여 위탁과 제조 사이의 연관성을 완화시켜 해석하는 입장으로, '위탁과 제조 간의 상당하고도 긴밀한 연관성'이 있으면 족하다는 주장이다. 즉, 당해 위탁물이 불특정 다수의 수요자를 대상으로 한 대체물이어서 원사업자의 위탁에 의존함이 없이 독자적으로 제조가능한 것이라 하더라도, 특수한 거래환경에서는 그 제조 여부가 원사업자의 위탁에 기해 결정되었다면 하도급법상 제조위탁으로 보아야 한다는 입장이다.

생각건대, 하도급법이 '하도급거래'를 민법상 '도급거래'와는 별도로 독자적으로 정의하고 있는 이상 '하도급'을 '도급'과 동일하게 해석할 필요가 없다. 아울러 원사업자의 수급사업자에 대한 거래상 우월적 지위 남용행위를 시정하기 위한 하도급법의 취지와 목적을 감안해 볼 때 제2견해가 타당하다고 본다.[180] 다만, 법률 간의 통일적 해석을 위하여 민법상 도급이 아닌 경우에 하도급법을 적용하는 것은 매우 예외적인 경우로 국한되어야 한다.

공정거래위원회 역시 동일한 입장이다. 대체물은 원칙적으로 제조위탁의 대상이 아니지만 산업구조의 다양화 및 고도화로 인해 제조물의 규격화·표준화가 진행됨에 따라 규격과 품질이 통일된 대체물에 대해서도 하도급법을 적용할 필요가 있음에 주목하여, '위탁과 제조 간에 상당하고도 긴밀한 연관성'이 인정되는 경우에는 하도급법이 적용될 수 있다는 입장이다.[181]

구분 기준	대체물	비대체물
대체가능성	재고물량, 제3자 위탁물로 대체 가능	재고물량, 제3자 위탁물로 대체 불가능
'제조'의 '위탁'에 대한 의존성	제조행위가 위탁 전 또는 위탁과 관계 없이 이루어질 수 있음	제조행위가 반드시 위탁을 받은 후 위탁에 기해 이루어짐

179) 민법상 도급은 당사자 일방(수급인)이 어떤 일을 완성할 것을 약정하고, 상대방(도급인)이 그 일의 결과에 대하여 보수를 지급할 것을 약정함으로써 성립하는 계약이다(민법 제664조). 즉, 고용·위임 등과 함께 노무제공계약의 일종이며 특히 '일의 완성'을 목적으로 하는 점에 그 특색이 있다. 이에 반해 매매는 당사자 일방이 재산권을 상대방에게 이전할 것을 약정하고 상대방이 그 대금을 지급할 것을 약정하는 계약이다(민법 제563조).

180) 송정원, 앞의 책, 33면 ; 제조하도급실무편람, 64, 65면

181) 공정거래위원회 질의회신에 의하면 컴퓨터 판매업을 하는 사업자(갑)가 컴퓨터 주변기기 도매업을 영위하는 자(을)에게 주문자상표부착방식으로 키보드의 납품을 의뢰하자, 을이 키보드를 수입하여 갑의 로고를 찍은 다음 갑에게 납품한 경우에 제조위탁에 해당한다. 키보드의 로고는 쉽게 제거할 수 없거나 제거

공정거래위원회는 '긴밀한 연관성'의 판단기준을 다음과 같이 제시하고 있다(공정거래위원회 2007. 5. 25. 의결 제2007－293호, 사건번호 2005전사4317 ;「제조위탁의 대상이 되는 물품의 범위 고시」).

① 시장구조, 거래형태, 생산물의 특성 등의 이유로 원사업자 의존형 거래관계가 형성되어 원사업자가 수급사업자에 대해 강력한 구매력을 행사하는 경우
② 총생산량 대비 납품비율, 생산능력 대비 위탁물량의 규모 등이 일정수준에 달해 원사업자의 위탁행위가 수급사업자의 생산계획 수립에 영향을 미치는 경우
③ 시장의 불확실성에서 오는 위험을 줄이기 위해 인위적으로 안정되고 고정적인 거래관계를 형성함으로써 양당사자 간 위탁과 제조가 밀접히 연관된 경우
   - 거래관계가 장기계속적이며, 전속적이고 배타적인 성격을 띨수록
   - 거래관계에서 가격조건 보다 거래관계 안정, 위험회피 등을 위한 계약조건의 중요성이 커질수록(의무공급기간, 의무공급물량의 약정 등)

나. 제조위탁의 사례

서울고등법원은 샘플을 수급사업자가 먼저 제시하였다 하더라도 제조위탁에 해당한다고 보았다. 즉, '원사업자와 수급사업자 사이에 점퍼와 자켓을 주문생산하기로 하고 수급사업자가 제시한 샘플 중에 원사업자가 선택한 샘플을 기준으로 색상·크기·수량·사용원부자재의 종류·치수·제작 방법 등을 지정하여 제조를 위탁하였으므로 원사업자가 그 업에 따른 의류 제조 등을 위탁한 경우에 해당한다'고 판시하였다(서울고등법원 2008. 6. 16. 선고 2008누3816 판결). 또한 서울고등법원은 원사업자가 수급사업자와 원단의 단가, 소재, 규격 등에 관하여 구두합의(口頭合意)를 하고 수급사업자에게 원단을 발주한 후 수급사업자가 제조하여 온 원단을 보고 최종적으로 색상별 납품 수량을 결정하였으며 이에 따라 수급사업자가 제3자에게 원단의 자재를 제공하여 그 제3자의 제직기에서 동 원단을 제조한 사안에서, '그 원단이 대량 생산 품목으로 샘플 등에 의하여 단순 주문한 것이거나 제조위탁을 받은 자가 위탁을 받은 목적물을 제3자에게 제조위탁하지 않고 단순 구매하여 납품한 것이라는 등의 특별한 사정이 없는 한 제조위탁에 해당한다. 이 건의 경우 의류 제조를 업으로 하는 원사업자가 그 물품의 제조에 투입되는 중간재인 이 사건 원단을 그 규격, 색상 또는 품질 등을 지정하여 수급사업자에게 제조를 위탁한 것으로 하도급법 적용 대상에 해당한다'고 판시하였다(서울고등법원 2004. 7. 15. 선고 2003누5602 판결).

하더라도 상품가치가 크게 손상되기 때문이다.

질의 회신 사례[182]

[질의] 하도급거래와는 별도로 견본품을 납품 및 설치하는 경우에 하도급법이 적용되는지 여부는 어떠한가?

[회신] 하도급법 제2조(정의) 제6항은 제조위탁을 물품의 제조·판매 또는 수리를 업으로 하는 사업자가 그 업에 따른 물품의 제조를 다른 사업자에게 위탁하는 것으로 규정하고 있으며, 그 업에 따른 물품의 범위는 공정거래위원회가 정하여 고시하도록 규정하고 있고 또한, 제조위탁이 대상이 되는 물품의 고시는 사업자가 물품의 제조·판매·수리를 업으로 하는 경우에 물품의 구성에 부수되는 포장용기, 라벨, 견본품, 사용안내서 등을 제조위탁의 대상이 되는 물품의 범위로 예시하고 있다.

따라서 견본품의 제조를 다른 사업자에게 위탁한 경우는 하도급법상 제조위탁에 해당되므로 원·수급사업자 요건이 충족된다면 하도급법 적용 대상이 되는 거래로 볼 수 있다.

[질의] 상호출자제한기업집단 소속이 아닌 중소제조업체가 화학업종의 대기업에 납품할 경우에 원재료를 납품하는 경우는 모두 제조위탁이 되는가? 아니면 원재료를 제외한 부재료(용기, 라벨, 포장 박스 등) 및 OEM 납품의 경우에만 해당되는가?

[회신] 제조위탁이라 함은 규격 또는 품질 등이 지정된 물품을 주문제작하는 것으로, 원재료를 단순히 구매하여 납품하는 경우에는 제조위탁이라 할 수 없다.

'제조위탁의 대상이 되는 물품의 범위' 고시는 사업자가 물품의 제조, 판매, 수리를 업으로 하는 경우에 물품의 구성에 부수되는 포장용기, 라벨, 견본품, 사용안내서 등을 제조위탁의 대상이 되는 물품의 범위로 예시하고 있다.

따라서 물품의 구성에 부수되는 포장용기, 라벨, 견본품, 사용안내서 등은 제조위탁의 대상이 되는 '그 업에 따른 물품'에 해당하고 하도급에 해당한다.

[질의] 은행업 및 신용카드업을 영위하는 A는 카드칩 및 전자카드 제조업체 B와 신용카드 개발 및 제조를 내용으로 하는 계약을 체결 → 이후 B는 전자카드 제조업체 C와의 신용카드 개발 및 제조를 위탁하는 내용의 계약을 체결 → B는 이 건 신용카드 개발 및 제조와 관련하여 카드칩 생산 업무만 맡았고 C가 사실상 카드 개발 및 제조와 관련한 모든 업무를 수행
① A와 B간의 거래가 하도급법상 제조위탁에 해당하는지 여부
② A와 C간에 하도급거래가 존재한다고 볼 수 있는지 여부
③ B와 C간의 거래가 하도급법상 제조위탁에 해당하는지 여부

[회신] ①「여신전문금융업법」제2조 제1호는 신용카드업의 정의를 "신용카드의 발행 및 관리, 신용카드 이용과 관련된 대금의 결제, 신용카드 가맹점 모집 및 관리"라고 규정하고 있는데 A가 신용카드업을 영위한다고 하더라도, 신용카드라는 물품 자체는 자기가 직접 제조할 필요없이 전자카드 제조업체와 구매 계약을 체결하여 이를 납품받아 신용카드 발행 및 관리 등의 업무를 수행할 수 있다는 점에서 A는 물품의 제조를 업으로 영위한다고

---

182) 법무법인 화우, 앞의 책, 34~35면

보기 어렵다. 그러므로 A와 B간의 거래는 하도급상 제조위탁에 해당하지 않는 것으로 판단된다.

② A와 C간에는 그 어떤 계약을 체결한 사실이 없다는 점에서 제조위탁을 내용으로 하는 하도급거래 자체가 존재한다고 보기 어렵다.

③ B는 자신이 업으로 영위하는 전자카드의 제조를 전자카드 제조업체 C에게 위탁하였기에 B와 C간의 거래는 하도급법상 제조위탁을 내용으로 하는 거래에 해당한다.

[질의] 건설도급공사에 있어 도급업자가 직영공사에 소요되는 자재를 자재 공급업자로부터 납품받은 경우 동 거래가 하도급법 적용 대상에 포함되는지 여부는 어떠한가?

[회신] 위 하도급거래 공정화지침에 규정된 바와 같이 건설업자가 위와 같은 내용의 물품을 제조위탁하는 경우는 하도급법에 의한 당사자 요건을 충족하는 경우에는 건설위탁이 아니라 제조위탁의 법 적용 대상이 된다.

[질의] 건설업자인 원사업자에게 수급사업자가 모래(재생골재), 파이프, 비닐 등을 납품하는 거래가 하도급법 적용 대상이 되는지 여부는 어떠한가?

[회신] 하도급거래 공정화지침 III. 1. 가. (2). (다)의 제2항 및 제3항에서는 '규격 표준화된 자재라 하더라도 특별히 사양서, 도면, 시방서 등을 첨부하여 제조위탁하는 경우' 제조위탁에 해당하며, 단순한 건설자재인 시멘트, 자갈, 모래는 제외되나 규격 및 품질 등을 지정하여 골재 등을 제조위탁하거나 석산 등을 제공하여 임가공위탁하는 경우에는 건설업에 있어서의 제조위탁에 해당된다고 하였다. 따라서 건설업자의 제조위탁 해당여부는 거래자재에 대한 통상적인 거래관행 및 규격, 품질 등을 지정하여 주문하였는지 여부 등의 사실관계를 종합적으로 고려하여 판단해야 하고, 모래(재생골재), 파이프, 비닐 등의 거래가 규격 및 품질 등을 지정하여 주문(제조, 임가공 포함)한 경우라면 하도급법상 건설업자의 제조위탁에 해당될 수 있다.

11 자가공급에 대한 하도급법 적용

(#생산설비제조위탁#백화점건설위탁#아파트건설위탁#건설회사)

A 자가공급은 하도급법 적용대상이 아닌 경우가 많지만, 원사업자가 영위하는 업과 관련하여 위탁하여 공급받아 자기가 소비하는 경우에는 하도급법 적용대상이 될 수 있다.

예를 들어, 제조회사가 해당 생산설비 제조를 업으로 하지 않는 이상 이를 제조위탁하는 것은 하도급법 적용대상이 아니지만, 건설회사가 시행사이자 시공사로 건축하는 아파트에 대한 건설위탁을 하는 것은 하도급법 적용대상이 된다.

해설

고객에게 제공하기 위한 경우에는 계속·반복하여 행하는 것이 통상적이므로 대부분 '업'에 해당하겠지만, 자가사용을 위한 물품의 제조나 수리 등을 다른 사업자에게 위탁하는 것이 '업'에 해당하여 하도급법 적용대상인지에 대해서는 많은 논란이 있다.

원칙론으로 보자면, 자가사용 물품에 대한 제조·수리·건설에 대한 위탁이 '그 업에 따른 일'의 위탁이 되기 위하여는 원사업자가 해당 물품에 대한 제조·수리·건설 업무를 실제 수행하고 있고 그 행위의 계속성과 반복성이 인정되어야 한다. 일본의 경우 자가사용 물품의 제조 등이 '업으로' 수행되고 있다고 인정되기 위하여는 원사업자가 사내에서 자체 제작 부문(인력과 설비)이 설치되어 있고 현실적으로 자체 제작을 행하는 경우에 한정되며, 단순히 자체 제작 능력이 잠재된 것만으로는 충분하지 않다고 한다.[183], [184] 그래서 자가공급을 통한 자가소비는 계속·반복적인 수행업무(대부분 이윤을 얻기 위한 영업행위)와는 직접적 관련이 없기 때문에, 자신의 생산설비를 제조·위탁한 경우 등에는 업에 따른 위탁이 아닌 것으로 봄이 통상적이다(「제조위탁의 대상이 되는 물품의 범위 고시」 참조). 물론 제조회사가 위탁한 기계설비의 제조를 업으로 하는 경우라면 제조위탁으로 보아야 할 것이다.

---

183) 하도급법 기업거래 실무가이드, 법무법인 화우 공정거래그룹(한철수·류송·홍석범 외), 2020, 공정경쟁연합회, 20 내지 22면

184) 나가사와 데쓰야, 최재원 역, '거래상 지위남용 규제와 하도급법', 2018, 박영사, 28, 29, 42, 59면

　다만, 「제조위탁의 대상이 되는 물품의 범위 고시」에 의하면 주물·주형의 경우 제조위탁의 대상이 된다. 주물이나 주형도 생산설비와 유사한 점은 있지만, 이에 대해서는 원가회계상 주물·주형의 경우 감가상각비가 직접원가로 들어가서 사실상 원재료적 성격이 있기 때문이라는 해설이 있다.

　한편, 자가사용·소비하는 물품을 사내에서 제조하고 있는 사업자가 그 물품의 제조의 전부 또는 일부를 다른 사업자에게 위탁한 경우, 그 사업자는 그 제품의 제조를 업으로 한다고 볼 수 있고 따라서 자신의 업에 관하여 제조위탁한 것이므로 하도급법상 제조위탁이 된다. 일본 하청법도 동일하게 보고 있다.[185) 자가사용하는 물품을 자가수리하고 있는 사업자가 그 수리행위의 전부 또는 일부를 다른 사업자에게 위탁하는 경우에도 역시 이는 자신의 업에 관하여 수리위탁한 것으로 볼 수 있다. 일본 하청법도 동일하게 보고 있다.[186) 물론 사업자가 자사 내에서 수리를 어느 정도 행하는 경우에 '업'의 요건을 충족하는 것인지 여부에 대해서는 사회통념에 따라 판단해야 하겠지만 자사 내에 자가사용 물품에 대해 수리부문을 설치하고 있거나 수리담당자를 두고 있는 경우라면 '업'의 요건을 충족한다고 볼 것이다. 반면, 대다수 사업자가 통상 사내에서 행하고 외부에 별로 맡기지 않는 단순한 수리나 사내에 수리에 필요한 장비나 기술이 없거나 수리능력이 없어 다른 사업자에게 수리를 맡기는 경우라면 그 수리가 '업'이라 보기는 어렵다.[187)

┤ 하도급공정화지침 III. 1. 가.├

　(1) 사업자가 물품의 제조·판매·수리를 업으로 하는 경우

　　(가) 제조·판매·수리의 대상이 되는 완제품(주문자상표부착 방식 제조 포함)을 제조위탁하는 경우

　　　① 자기소비용의 단순한 일반 사무용품의 구매나 물품의 생산을 위한 기계·설비 등을 단순히 제조위탁하는 경우는 해당되지 않음

　　　② 위탁받은 목적물을 제3자에게 제조위탁하지 않고 단순 구매하여 납품한 경우는 해당되지 않음

　　　③ 위탁받은 사업자가 자체 개발한 신제품을 위탁한 사업자의 승인 하에 제조하는 경우는 해당됨

　하도급공정화지침은 자가공급·자가사용에 대한 것은 아니지만 자체 발주, 예를 들어 건설업을 영위하는 사업자가 아파트신축공사 등을 자기가 발주하여 다른 건설업자에게 위탁하는 것을 건설위탁으로 보고 있다. 아파트는 제3자에게 분양하거나 임대하기 위한

---

185) 김홍석·구상모, 앞의 책, 27면
186) 앞의 책, 29면
187) 오승돈, 앞의 책, 59면

것이므로 큰 문제가 없다. 그런데 자기가 사용할 건물의 건축을 위탁하는 경우에는 어떠한가? 예를 들어, 건설업과 유통업을 같이 영위하는 회사가 백화점 업을 영위하기 위한 빌딩을 건축하면서 그 전부 또는 일부를 위탁한 경우라면, 건설업을 영위하는 회사가 그 업인 건물을 건설하여 백화점업에 활용하는 과정에서 이루어진 것이므로 건설위탁이라고 보는 것이 타당하다. 다음으로, 건설업을 영위하는 회사가 사옥용 빌딩에 대한 건설을 위탁하는 것은 좀 더 복잡하다. 건설위탁의 개념을 완화하여 자가소비용 사옥도 건설위탁의 대상이라는 견해가 있다. 동 건물은 자신의 사옥으로 사용할 뿐만 아니라 일부를 임대할 수도 있고 심지어 향후 매각까지 가능하므로 '영리를 목적으로 하는 건설활동'이라 볼 수 있고, 아울러 수급사업자를 보호할 필요는 일반 분양 목적의 건설과 동일하기 때문에 하도급법을 적용할 필요가 있다는 이유다. 공정거래위원회 실무도 동일한 입장이다.[188]

하지만 자기소비 사무용품이나 제작기계의 주문은 제조위탁으로 보지 않으면서 자기소비용 사옥에 대해서는 건설위탁의 대상으로 보는 것은 논리적으로 맞지 않다. 또 자기소비용 사옥의 임대는 자신이 사용하고 남은 공간에 대한 활용으로 부수적인 목적에 불과하고 매각은 향후에 발생할 수 있는 상황이어서, 이를 근거로 '영리를 목적으로 한 건설활동'이라 주장하는 것은 설득력이 떨어진다. 명시적인 규정이 없는 한, 건설위탁의 개념을 완화하여 적용범위를 넓히는 것은 하도급법과 같은 침익적 법규의 엄격해석원칙에 반한다. 따라서 자가소비용 사옥은 건설위탁의 대상이 아니라고 본다.

아래는 최재원 역, 나가사와 데쓰야의 '거래상 지위남용 규제와 하도급법'에 기술된 사례를 발췌한 것이다.[189]

┤ 자가 사용 물품의 제조가 원사업자의 업무가 되는 예 ├

- 수송용 기기 제조업자가 자사의 공장에서 사용하는 수송용 기기를 자사에서 제조하고 있는 경우에 당해 수송용 기기의 부품 제조를 부품 제조업자에게 위탁하는 경우
- 공작기계 제조업자가 자사의 공장에서 사용하는 공구를 자사에서 제조하고 있는 경우에 일부 공구의 제조를 다른 공작기계 제조업자에게 위탁하는 경우
- 정밀기기 제조업자가 자사에서 제품 운송용 포장재를 제조하고 있는 경우에 제품 운송용 포장재의 제조를 제조업자에게 위탁하는 경우

---

188) 송정원, 앞의 책, 38면
189) 나가사와 데쓰야, 최재원 역, '거래상 지위남용 규제와 하도급법', 2018, 박영사, 28, 29, 42, 59면

┤ **자가 사용 물품의 수리가 원사업자의 업무가 되는 예** ├

- 공작기계 제조업자가 자사에서 수리하고 있는 자사 공장 내의 공작기계의 수리에 사용되는 부품의 제조를 부품 제조업자에게 위탁하는 경우
- 제조업자가 자사 공장에서 사용하고 있는 공구의 수리를 스스로 하고 있는 경우에 그 수리의 일부를 수리업자에게 위탁하는 경우
- 버스를 운행하는 회사가 버스 수리 공장을 사내에 보유하고 있어서 일정 규모로 수리가 행해지고 있는 경우에 수리에 필요한 부품의 제조를 부품 제조업자에게 위탁하는 경우

┤ **자가 사용 물품 등의 제조 등을 '업으로' 행하고 있다고 인정된 예** ├

- 자가사용 물품의 수리를 시내 수리 부문에서 행하고 있는 경우
- 자신의 사업을 위하여 이용하고 광고·선전물이나 사내에서 사용하는 회계용 프로그램, 자사의 홈페이지 등의 정보성과물의 작성을 사내의 시스템 부문에서 행하는 경우
- 사내 수리 부문은 없지만 보통 자사 부문 내에서 처리하고 있는 간단한 수리 작업을 담당자가 부재하여 외부의 수리업자에게 위탁하는 경우

┤ **자가 사용 물품 등의 제조 등을 '업으로' 행하고 있다고 인정되지 않은 예** ├

- 자사 선전용 홈페이지의 일부를 자사에서 작성하고 자사에서 작성하는 것이 곤란한 부분의 작성을 외주하는 경우
- 수리하는 설비는 있지만 자가사용 물품의 수리 업무 전부를 다른 곳에 위탁하는 경우
- 사내 시스템 부문이 있지만 외부에 작성을 위탁하고 있는 프로그램과 동종의 프로그램을 자사 시스템 부문에서는 작성하고 있지 않은 경우
- 자사에서 사용하는 프로그램을 사내 시스템 부문에서 작성하고 있지만 특수한 지식이 필요한 부문에 대해서는 외주하는 경우
- 수리에 필요한 기술을 가진 작업자가 필요에 따라 자가사용 물품을 수리하는 경우
- 시스템 개발에 정통한 종업원이 필요에 따라 사내에서 사용하는 프로그램을 작성하고 있는 경우

12 제조위탁의 범위

(#제조위탁고시#열거#생산설비&연구장비#제조설비 없이 제조위탁#SPC)

$\mathcal{A}$ 물품의 제조(가공 포함)·판매·수리·건설업자가 그 업에 따른 물품의 제조를 다른 사업자에게 위탁하는 것을 의미하며, 공정거래위원회가 제조위탁 대상이 되는 물품 범위를 고시하고 있지만 이는 열거적인 것이 아니라 예시적인 것으로 이해된다. 제조시설이 없는 사업자도 제조위탁의 원사업자가 될 수 있다.

해설

가. '물품의 임대'도 '판매'를 업으로 하는 경우에 해당하는지

하도급법상 '판매'에 '임대'가 포함되어 임대용 물품의 제조위탁 등에 하도급법이 적용되는지가 문제된다. 예를 들어, 렌터카 사업자가 임대용 차량의 제조를 위탁하는 경우에 제조위탁이 성립하는지 등이다. 물품의 임대는 문언의 통상적인 의미에서 '판매'에 해당한다고 보기 어렵다. 더하여 침익적인 법령의 엄격해석 원칙에 비추어서도 부정적으로 해석함이 타당하다.[190]

> 1. 사업자가 물품의 제조·판매·수리를 업으로 하는 경우
>   가. 제조·수리·판매의 대상이 되는 완제품(당해 물품의 생산을 위한 기계·설비 제외)
>   나. 물품의 제조·수리 과정에서 투입되는 중간재로서 규격 또는 품질 등을 지정하여 주문한 원자재·부품·반제품 등(대량 생산 품목으로 샘플 등에 의하여 단순 주문한 것은 제외)
>   다. 물품의 제조를 위한 금형·사형·목형 등
>   라. 물품의 구성에 부수되는 포장용기, 라벨, 견본품, 사용안내서 등
>   마. 상기 물품의 제조·수리를 위한 도장·도금·주조·단조·조립·염색·봉제 등 (임)가공

---

190) 오승돈, 앞의 책, 53면

나. 제조위탁의 대상이 되는 물품의 범위 고시

2. 사업자가 건설을 업으로 하는 경우
   가. 건설공사에 소요되는 자재, 부품 또는 시설물로서 규격 또는 성능 등을 지정한 도면, 설계도, 시방서 등에 따라 주문 제작한 것(가드레일, 표지판, 밸브, 갑문, 엘리베이터 등)
   나. 건설공사에 투입되는 자재로서 거래 관행상 별도의 시방서 등의 첨부없이 규격 또는 품질 등을 지정하여 주문한 것(레미콘, 아스콘 등)
   다. 건축공사에 설치되는 부속 시설물로서 규격 등을 지정한 도면, 시방서 및 사양서 등에 의하여 주문한 것(신발장, 거실장, 창틀 등)

하도급법은 제조위탁의 대상이 되는 물품를 공정거래위원회가 고시하도록 하고 있으며, 공정거래위원회는 「제조위탁의 대상이 되는 물품의 범위 고시」(개정 2012. 8. 20. 공정거래위원회 고시 제2012－38호)를 제정하여 시행하고 있다. 위 고시는 예시적인 것이 아니라 열거적 성격이다. 따라서 고시에 규정되지 않은 물품은 제조위탁의 대상으로 보기 어렵다. 고시에서 열거하고 있지 않은 사항, 예를 들어 납품할 제품의 제작을 위한 샘플(시제품)은 제조위탁의 대상에 해당하지 않는다.

생산설비, 연구장치 등은 위탁자가 제조를 위하여 설비로 사용하는 것이다. 생산설비, 연구장치 등의 제조는 위탁자 자신의 '업'으로 보기 어렵기 때문에 하도급 대상이 아니다. 그런데 고시는 제조에 사용되는 설비의 성격을 가지는 금형, 사형, 목형에 대해 제조위탁의 대상이 된다고 규정하고 있어 혼란을 주고 있다.

재미있는 것은 건설을 업으로 하는 사업자에 의한 제조위탁과 관련하여 '레미콘'이 규정되어 있지만, 모든 레미콘 제조위탁이 하도급법적용대상이 아니라 수급사업자의 소재지가 광주광역시, 강원도, 충청북도, 전라남북도, 경상남북도, 제주도 지역인 경우에 한하여 하도급법이 적용된다(시행령 제2조 제5항).

제조위탁의 대상이 되는 물품의 범위 고시

I. 제조위탁의 대상이 되는 물품의 범위
   사업자가 물품의 제조·판매·수리를 업으로 하는 경우
   제조·수리·판매의 대상이 되는 완제품. 단, 당해 물품의 생산을 위한 기계·설비는 제외한다.
   물품의 제조·수리 과정에서 투입되는 중간재로서 규격 또는 품질 등을 지정하여 주문한 원자재, 부품, 반제품 등. 단 대량생산 품목으로 샘플 등에 의한 단순 주문한 것은 제외한다.
   물품의 제조를 위한 금형, 사형, 목형 등
   물품의 구성에 부수되는 포장용기, 라벨, 견본품, 사용안내서 등

상기 물품의 제조·수리를 위한 도장, 도금, 주조, 단조, 조립, 염색, 봉제 등 (임)가공

사업자가 건설을 업으로 하는 경우

건설공사에 소요되는 자재, 부품 또는 시설물로서 규격 성능 등을 지정한 도면, 설계도, 시방서 등에 따라 주문 제작한 것(가드레일, 표지판, 밸브, 갑문, 엘리베이터 등)

건설공사에 투입되는 자재로서 거래관행상 별도의 시방서 등의 첨부 없이 규격 또는 품질 등을 지정하여 주문한 것(레미콘, 아스콘 등)

건축공사에 설치되는 부속시설물로서 규격 등을 지정한 도면, 시방서 및 사양서 등에 의하여 주문한 것(신발장, 거실장, 창틀 등)

Ⅱ. 재검토기한[191]

「훈령·예규 등의 발령 및 관리에 관한 규정」(대통령훈령 제248호)에 따라 이 고시 발령 후의 법령이나 현실 여건의 변화 등을 검토하여 이 고시의 폐지, 개정 등의 조치를 하여야 하는 기한은 2015년 8월 20일까지로 한다.

부   칙(2012. 8. 20.)

이 고시는 2012년 8월 21일부터 시행한다.

다. 심결례, 판례 및 지침 등에서 인정되는 제조위탁의 범위

제조·판매·수리의 대상이 되는 완제품(주문자상표부착방식 제조 포함)을 제조위탁하는 경우, ① 단순한 자기소비용 일반사무용품의 구매나 물품의 생산을 위한 기계·설비 등을 단순히 제조위탁하거나 ② 위탁받은 목적물을 제3자에게 제조위탁하지 않고 단순구매하여 납품하면 제조위탁에 해당되지 않지만, ③ 위탁받은 사업자가 자체개발한 신제품을 위탁한 사업자의 승인 하에 제조하게 되면 제조위탁에 해당된다.

물품의 제조·수리과정에서 투입되는 중간재를 규격 또는 품질 등을 지정하여 제조위탁하는 경우, ① 자동차·기계·전자제조업자 등이 부품제조를 의뢰하거나 부품의 조립 등 임가공을 위탁하거나, ② 섬유·의류 제조업자가 원단의 제조를 위탁하거나 염색 또는 봉제 등 임가공을 위탁하면 제조위탁에 해당된다(지침 Ⅲ. 1. 가). 판례에 의하면, 의류제조업자가 원단의 규격 또는 품질 등을 지정하여 그 제조를 위탁한 경우(서울고등법원 2004. 7. 15. 선고 2003누5602 판결[192]), 원사업자가 수급사업자에게 미리 샘플을 제시하거나 수급

---

191) 훈령·예규 등의 발령 및 관리에 관한 규정(대통령훈령 제248호)에 따라 2015. 8. 20.까지 법령이나 현실 여건 등을 변화 등을 검토하여 이 고시의 폐지, 개정 등의 조치를 하여야 한다고 규정되어 있지만, 이는 훈시적 규정으로 해석된다. 즉, 재검토기한까지 폐지, 개정 등의 조치를 취하지 않았다 하더라도 동 고시는 여전히 유효하다.

192) 서울고등법원 2004. 7. 15. 선고 2003누5602 판결
하도급법 제2조 제6항에 의하면 물품의 제조를 업으로 하는 사업자가 그 업에 따른 물품의 제조를 다른 사

사업자가 샘플을 만들어 사전승낙받는 방법으로 원사업자가 제품의 색상과 강도 등을 미리 지정한 경우(서울고등법원 2008. 7. 16. 선고 2007누31661 판결), 컴퓨터의 키보드와 모니터를 주문자상표부착방식(OEM)으로 납품받은 경우(서울고등법원 2001. 4. 6. 선고 2000누6376 판결)는 제조위탁이다. 최근에는 범용성 있는 소프트웨어, 즉 소위 펌웨어를 기반으로 개발된 음성펜에 원사업자가 의뢰한 소프트웨어를 탑재한 것에 불과한 경우라도 제조위탁이라는 판결이 있다(서울고등법원 2018. 1. 11. 선고 2017누64523 판결[193]).

수리업자가 물품의 수리에 필요한 부품 등의 제조를 위탁하는 경우, ① 차량수리업자가 차량의 수리에 필요한 핸들, 브레이크 커버 등 자동차부품을 제조위탁하거나, 선박수리업자가 선박의 수리에 필요한 부품·선각제조 및 도장, 용접 등을 위탁하거나, ③ 발전기 수리업자가 발전기의 수리에 필요한 부품 등을 제조위탁하는 것은 제조위탁에 해당된다.

한편, 건설을 업으로 하는 사업자가 건설자재·부품에 대하여 규격 등을 지정한 도면, 시방서 및 사양서 등에 의해 주문한 것과 관련하여, ① 거래관행상 시방서 등 성능, 품질, 규격 등을 지정한 주문서가 없더라도 지정된 시간과 장소에 납품하도록 제조를 위탁하는 것(예를 들어 레미콘, 아스콘 등), ② 규격·표준화된 자재라 하더라도 특별히 사양서, 도면, 시방서 등을 첨부하여 제조위탁하는 경우, ③ (단순한 건설자재인 시멘트, 자갈, 모래는 제외되지만) 규격·품질 등을 지정하여 골재 등을 제조위탁하거나 석산 등을 제공하여 임가공위탁하는 경우는 제조위탁에 해당된다(하도급공정화지침 III. 1. 가).

업자에게 위탁하는 것을 제조위탁이라 하고, 위 규정의 위임에 의하여 피고가 제정한 「제조위탁의 대상이 되는 물품의 범위고시」 1. 나항은 물품의 제조, 수리과정에서 투입되는 중간재로서 규격 또는 품질 등을 지정하여 주문한 원자재는 대량생산품목으로 샘플 등에 의해 단순 주문한 것을 제외하고는 위 제조위탁의 대상이 되는 물품에 해당한다고 규정하고 있으며, 하도급거래공정화지침 iii-1. 가(1)(나)②는 법적용대상이 되는 제조위탁의 예시로서 섬유·의류 제조업자가 원단의 규격 또는 품질 등을 지정하여 제조를 위탁하거나 염색 또는 봉재 등 임가공을 위탁하는 경우를 들고 있으므로, 의류 제조업자가 원단의 규격 또는 품질 등을 지정하여 그 제조를 위탁하는 경우에는 그 원단이 대량생산품목으로 샘플 등에 의해 단순 주문한 것이라거나, 제조위탁을 받은 자가 위탁받은 목적물을 제3자에게 제조위탁하지 않고 단순구매하여 납품한 것이라는 등의 특별한 사정이 없는 한 제조위탁에 해당하는 것으로 볼 것이고, 이렇게 해석하는 것이 하도급법의 입법취지에 반한다거나 위탁자의 지위를 과도하게 불안정하게 한다고는 볼 수 없다.

193) 서울고등법원 2018. 1. 11. 선고 2017누64523 판결
하도급법 제2조 제1항의 제조위탁에는 가공위탁을 포함하는 개념인데, 이 사건 제품의 범용이 가능한 펌웨어를 기반으로 한 것이더라도 원고가 의뢰한 소프트웨어를 탑재하고 원고의 상표인 'Let me fly'를 제품 겉면에 인쇄하도록 위탁하여 제작되고 공급된 것이라면 이는 반제품에 일부 공정을 추가하여 완제품을 만들어 낸 가공위탁으로서 제조위탁에 해당한다(이 사건 제품에 인쇄된 상표를 지울 수 있다고 하더라도 가공위탁으로서의 성격이 달라지지 않음). 이 사건 상품공급계약에도 원고가 시노텍코리아에 상품을 제작하도록 하여 제조자로서의 책임을 부담하도록 규정하였고 그 대금에는 제작·개발·공급에 대한 대가를 포함하고 있다. 따라서 하도급법이 정한 제조위탁에 해당하지 않음을 전제로 한 원고의 이 부분 주장은 받아들일 수 없다.

라. 제조설비를 갖추지 못한 사업자가 물품을 위탁받아 제조하는 경우

수급사업자가 제조업을 영위해야 제조위탁이 된다. 일본 하청법운용기준에 의하면, '제조'란 원재료인 물품에 일정한 공작을 더하여 새로운 물품을 만들어내는 것, '가공'이란 원재료인 물품에 일정한 공작을 더하여 일정한 가치를 부가하는 것을 말한다.[194] 제조업인지 여부는 기본적으로 한국표준산업분류에 따라 판단한다(통계법 시행령 제2조 제1항). 표준산업분류에 따르면 제조업이란 물리적·화학적 작용을 가하여 투입된 원재료를 성질이 다른 새로운 제품으로 전환시키는 산업활동을 말한다. 단순히 상품을 선별·정리·분할·포장·재포장하는 경우 등과 같이 그 상품의 본질적 성질을 변화시키지 않는 처리활동은 제조활동으로 볼 수 없다. 한편 동 분류에 따르면 제조공장설비를 갖추고 수수료 또는 계약에 의하여 타인 또는 타사업체에서 주문받은 특정제품을 제조하여 납품하는 것은, 특별한 경우를 제외하고는 그 제조되는 제품의 종류에 따라 제조업의 적합한 산업항목에 각각 분류하도록 하고 있다. 다만, 자기가 특정 제품을 직접 제조하지 않고 다른 제조업체에 제조를 의뢰하여 이를 인수·판매하더라도 다음의 4가지 조건이 모두 충족되는 경우에는 제조업으로 분류하도록 하고 있다.

① 생산할 제품을 직접 기획(고안 및 디자인, 견본제작 등)
② 자기계정으로 구입한 원재료를 계약업체에 제공
③ 해당 제품을 자기 명의로 제조하게 함
④ 이를 인수하여 자기책임하에 직접 시장에 판매

세법에서도 이와 동일한 규정을 두고 있다(소득세법 시행령 제31조). 동 규정들에 비추어 볼 때, 수급사업자가 위 네 가지 요건을 충족하면 직접 제조설비를 갖추지 않고 다른 제조업자(하수급사업자)에게 제조 의뢰하는 경우라도 제조업을 영위하는 것으로 판단될 수 있다.

하도급공정화지침에 의하더라도 위탁받은 사업자가 제조설비를 가지고 있지 않더라도 위탁받은 물품의 제조에 대하여 전 책임을 지고 있는 경우에는 제조위탁을 받은 것으로 보게 된다(동 지침 I. 1. 마). 그런데 동 지침은 위 ② 요건을 언급하고 있지 않다. 그렇다면 '자기계정으로 구입한 원재료를 계약업체에 제공하지 않는 경우'에도 제조하는 것으로 볼 수 있는지 문제된다. 하지만 하도급공정화지침의 법규성에 대한 의문이 있을 뿐 아니라 '제조' 해당 여부와 관련하여는 한국표준산업분류의 규정을 따르는 것이 보다 합리적인 해석이라는 점에서, 자기계정으로 구입한 원재료를 계약업체에 제공하지 않는 경우라

---

194) 오승돈, 앞의 책, 56면

면 제조위탁으로 보기 힘들 것이다.

반면, 무역업자가 제조업자의 요청으로 단순히 수출을 대행하는 것은 위 요건상 제조위탁이 아니다(동 지침 III. 1. 가). 나아가 해외에서 위탁 제조된 제품을 단순 수입하여 국내에서 판매하는 것은, 제조업이라기보다 도소매업에 해당할 것이므로(한국표준산업분류) 제조위탁으로 볼 수 없다.

한편, 제조공정 중에 이루어지는 운반·검사 등의 작업은 하도급법상 '제조'에 해당하는가? 단위 작업 자체로는 물품에 일정한 공작을 더하는 것이라 보기 어렵더라도 전체적으로 결합하여 제조공정을 이루고 있다면 운반이나 검사와 같은 단위작업도 '제조'에 해당한다고 보아야 한다. 일본 공정취인위원회는 동일 공장 내에서 제조 공정의 일환으로 생산라인 간 제작품의 이동을 다른 사업자에게 위탁한 경우라면 제조위탁에 해당하며, 판매되는 상품의 포장작업은 제조에 해당하지만 운반의 편의를 위하여 포장하는 작업은 제조에 해당하지 않는다고 판단한 바 있다.[195]

---

195) 오승돈, 앞의 책, 57면

13 건설위탁의 요건

(#건설업면허#동종위탁#건설업면허없는
하수급인#원사업자&수급사업자모두면허#부대공종#경미한공사#하도급계약 후 면허취득)

A 건설위탁은 경미한 공사를 제외하고는 건설산업기본법 등 관련 법령에 따라 등록
된 건설회사가 자신의 등록공종에 대하여 등록된 건설회사에게 위탁을 하는 경우
에 성립한다. 무등록 업체가 등록 건설업자에게 위탁하거나, 등록 건설업자가 무등록 업
체에게 위탁하거나, 허가받은 공종 이외의 공정에 대해 위탁하는 것 모두 건설위탁에 해
당하지 않는다. 한편, 건설업자가 자재 등을 공급받는 경우에 건설위탁은 아니지만 제조
위탁에 해당하여 하도급법이 적용될 수 있으므로 주의해야 한다.

해설

가. 건설위탁의 요건

건설위탁이란, 건산법 등 관련 법령에 의하여 일반건설업 또는 전문건설업 등록을 한
건설업자[196]가 그 업에 따른 시공자격이 있는 공종의 공사[197]의 전부 또는 일부를 당해
공종의 시공자격을 가진 다른 건설업자에게 당해 공종에 대하여 시공을 위탁하는 것을
의미한다(법 제2조 제9항, 시행령 제2조 제6항, 제7항, 하도급공정화지침 III. 1. 가). 대법원은 "하도

---

196) 하도급법상 건설업자의 범위(하도급법 제9조, 동 법 시행령 제2조 제7항)
  ① 「건산법」 제2조 제7호에 따른 건설업자
  ② 「전기공사업법」 제2조 제3호에 따른 공사업자
  ③ 「정보통신공사업법」 제2조 제4호에 따른 정보통신공사업자
  ④ 「소방시설공사업법」 제4조 제1항에 따라 소방시설공사업의 등록을 한 자
  ⑤ 하도급법 시행령 제2조 제7항이 정하는 사업자
    -「주택법」 제9조에 따른 등록사업자
    -「환경기술 및 환경산업 지원법」 제15조에 따른 등록업자
    -「하수도법」 제51조 및 「가축분뇨의 관리 및 이용에 관한 법률」 제34조에 따른 등록업자
    -「에너지이용 합리화법」 제37조에 따른 등록업자
    -「도시가스사업법」 제12조에 따른 시공자
    -「액화석유가스의 안전관리 및 사업법」 제17조에 따른 시공자
197) 건설공사 : 건산법 제2조 제4호의 건설공사, 전기공사업법 제2조 제1호에 의한 전기공사, 정보통신사업
  법 제2조 제2호에 의한 정보통신공사, 소방시설공사업법 제2조 제1호에 따른 소방시설 공사

급법 제2조 제9항은 그 법에서 '건설위탁'이라 함은 동항 소정의 '건설업자'가 그 업에 따른 건설공사의 전부 또는 일부를 다른 건설업자에게 위탁하는 것과 건설업자가 대통령령이 정하는 건설공사를 다른 사업자에게 위탁하는 것을 말한다고 규정하고 있는바, 이는 같은 법 제2조 제9항 각 호의 건설업자 사이에 동일한 업종 내에서 전부 또는 일부를 다른 건설업자에게 위탁하는 경우(다만, 대통령령이 정하는 경미한 공사는 제외)를 가리키는 것이라고 해석함이 상당하다"고 판시하였다(대법원 2003. 5. 16. 선고 2001다27470 판결). 다만, 건설산업기본법 등 관련 법령에 따른 경미한 공사의 경우 위탁인 경우에는 시공자격 있는 수급사업자에게 위탁하지 않더라도 건설위탁으로 본다. 물론 경미한 공사(건산법 시행령 제8조 및 전기공사업법 시행령 제5조)의 경우 위탁받은 자가 건설업자가 아니어도 수급사업자가 될 수 있다(법 제2조 제9항 및 시행령 제2조 제6항).

하도급거래 공정화지침(공정거래위원회예규 제370호, 2021. 6. 30. 일부개정)

다. 건설위탁의 범위

법 적용대상이 되는 건설위탁을 예시하면 다음과 같다.

(1) 「건설산업기본법」상 건설사업자의 건설위탁

(가) 「건설산업기본법」 제9조(건설업의 등록 등)에 따라 종합공사를 시공하는 업종 또는 전문공사를 시공하는 업종을 등록한 건설사업자가 시공자격이 있는 공종에 대하여 당해 공종의 시공자격을 가진 다른 등록업자에게 시공위탁한 경우

(나) 건설사업자가 시공자격이 없는 공종을 부대공사로 도급받아 동 공종에 대한 시공자격이 있는 다른 사업자에게 시공위탁한 경우

① 전기공사업 등록증을 소지하지 아니한 일반건설사업자가 전기공사가 주인 공사를 전기공사업 등록증을 소지한 사업자에게 전기공사를 시공하도록 의뢰한 경우는 시공을 위탁한 종합건설사업자가 전기공사업 등록증을 소지하지 아니하였으므로 이는 "건설위탁"으로 보지 않는다. 다만, 전기공사가 부대적인 공사인 경우에는 "건설위탁"으로 본다.

② 토공사업에만 등록한 전문건설사업자가 미장공사업에 등록한 전문건설사업자에게 미장공사를 시공의뢰한 경우에는 건설위탁으로 보지 않는다.

(2) 전기공사업자의 건설위탁

「전기공사업법」 제2조 제3호에 따른 공사업자가 도급받은 전기공사의 전부 또는 일부를 전기공사업 등록을 한 다른 사업자에게 시공위탁한 경우

(3) 정보통신공사업자의 건설위탁

「정보통신공사업법」 제2조 제4호에 따른 정보통신공사업자가 도급받은 정보통신공사의 전부 또는 일부를 정보통신공사업 등록을 한 다른 사업자에게 시공위탁한 경우

(4) 소방시설공사업자의 건설위탁

「소방시설공사업법」 제2조 제1항 제2호에 따른 소방시설공사업 등록을 한 사업자가

도급받은 소방시설공사의 전부 또는 일부를 소방시설공사업 등록을 한 다른 사업자에게 시공위탁한 경우

(5) 주택건설 등록업자의 건설위탁
　　「주택법」 제9조에 따른 주택건설사업 등록사업자가 그 업에 따른 주택건설공사의 전부 또는 일부를 시공자격이 있는 다른 사업자에게 시공위탁한 경우

(6) 환경관련 시설업자의 건설위탁
　　「환경기술 및 환경산업 지원법」 제15조에 따른 등록업자가 그 업에 따른 해당 환경전문 공사의 전부 또는 일부를 시공자격이 있는 다른 사업자에게 시공위탁한 경우

(7) 에너지관련 건설업자의 건설위탁
　　「에너지이용 합리화법」 제37조에 따른 등록업자, 「도시가스사업법」 제12조에 따른 시공자가 그 업에 따른 해당 에너지 관련 시설공사를 시공자격이 있는 다른 사업자에게 시공위탁한 경우

(8) 경미한 공사의 건설위탁
　　「건설산업기본법」상의 건설사업자 및 「전기공사업법」상의 공사업자가 건설산업기본법 시행령 제8조 및 전기공사업법 시행령 제5조의 규정에 의한 경미한 공사를 상기 법령에 의한 등록을 하지 아니한 사업자에게 위탁한 경우

(9) 자체 발주공사의 건설위탁
　　건설업을 영위하는 사업자가 아파트신축공사 등 건설공사를 자기가 발주하여 다른 건설사업자에게 공사의 전부 또는 일부를 위탁하는 경우

　한편, 하도급법 제2조 제8항은 건설위탁에 해당되는 건설사업자를 다음과 같이 열거하고 있다.

① **건설산업기본법 제2조 제7호에 따른 건설사업자 :** 건설산업기본법 또는 다른 법률에 따라 등록 등을 하고 있는 건설업을 하는 자를 의미하는데, 총 34개 종류의 건설사업자가 해당된다. 건설업은 종합공사업(토목공사업, 건축공사업, 토목건축공사업, 산업환경설비공사업, 조경공사업 등 5개 업종)과 전문공사업(지반실내건축공사업, 토공사업, 습식·방수공사업, 석공사업 등 29개 업종)으로 나뉜다. 참고로 건설산업기본법에 따른 건설업 업종 및 업무내용은 다음과 같다.

■ 건설산업기본법 시행령 [별표 1]

건설업의 업종, 업종별 업무분야 및 업무내용(제7조 관련)

1. 종합공사를 시공하는 업종 및 업무내용

건설업종	업무내용
가. 토목공사업	종합적인 계획·관리 및 조정에 따라 토목공작물을 설치하거나 토지를 조성·개량하는 공사
나. 건축공사업	종합적인 계획·관리 및 조정에 따라 토지에 정착하는 공작물 중 지붕과 기둥(또는 벽)이 있는 것과 이에 부수되는 시설물을 건설하는 공사
다. 토목건축공사업	토목공사업과 건축공사업의 업무내용에 해당하는 공사
라. 산업·환경설비공사업	종합적인 계획·관리 및 조정에 따라 산업의 생산시설, 환경오염을 예방·제거·감축하거나 환경오염물질을 처리·재활용하기 위한 시설, 에너지 등의 생산·저장·공급시설 등을 건설하는 공사
마. 조경공사업	종합적인 계획·관리·조정에 따라 수목원·공원·녹지·숲의 조성 등 경관 및 환경을 조성·개량하는 공사

2. 전문공사를 시공하는 업종, 업무분야 및 업무내용

건설업종	업무분야	업무내용
가. 지반조성·포장공사업	1) 토공사	땅을 굴착하거나 토사 등으로 지반을 조성하는 공사
	2) 포장공사	역청재 또는 시멘트콘크리트·투수콘크리트 등으로 도로·활주로·광장·단지·화물야적장 등을 포장하는 공사(포장공사에 수반되는 보조기층 및 선택층 공사를 포함한다)와 그 유지·수선공사
	3) 보링·그라우팅·파일공사	가) 보링·그라우팅공사 : 지반 또는 구조물 등에 천공을 하거나 압력을 가하여 보강재를 설치하거나 회반죽 등을 주입 또는 혼합처리하는 공사 나) 파일공사 : 항타(杭打)에 의하여 파일을 박거나 샌드파일 등을 설치하는 공사
나. 실내건축공사업	실내건축공사	가) 실내건축공사 : 건축물의 내부를 용도와 기능에 맞게 건설하는 실내건축공사 및 실내공간의 마감을 위하여 구조체·집기 등을 제작 또는 설치하는 공사

건설업종	업무분야	업무내용
나. 실내건축 공사업	실내건축공사	나) 목재창호·목재구조물공사 : 목재로 된 창을 건축물 등에 설치하는 공사 및 목재구조물·공작물 등을 축조 또는 장치하는 공사
다. 금속창호· 지붕건축물 조립공사업	1) 금속구조물· 창호·온실 공사	가) 창호공사 : 각종 금속재·합성수지·유리 등으로 된 창 또는 문을 건축물 등에 설치하는 공사 나) 금속구조물공사 　(1) 금속류 구조체를 사용하여 건축물의 천장·벽체·칸막이 등을 설치하는 공사 　(2) 금속류 구조체를 사용하여 도로, 교량, 터널 및 그 밖의 장소에 안전·경계·방호·방음시설물 등을 설치하는 공사 　(3) 각종 금속류로 구조물 및 공작물을 축조하거나 설치하는 공사 다) 온실설치공사 : 농업·임업·원예용 등 온실의 설치공사
	2) 지붕판금· 건축물조립 공사	가) 지붕·판금공사 : 기와·슬레이트·금속판·아스팔트 싱글(asphalt shingle) 등으로 지붕을 설치하는 공사, 건축물 등에 판금을 설치하는 공사 나) 건축물조립공사 : 공장에서 제조된 판넬과 부품 등으로 건축물의 내벽·외벽·바닥 등을 조립하는 공사
라. 도장·습식· 방수·석공 사업	1) 도장공사	시설물에 칠바탕을 다듬고 도료 등을 솔·롤러·기계 등을 사용하여 칠하는 공사
	2) 습식·방수공사	가) 미장공사 : 구조물 등에 모르타르·플러스터·회반죽·흙 등을 바르거나 내·외벽 및 바닥 등에 성형단열재·경량단열재 등을 접착하거나 뿜칠하여 마감하는 공사 나) 타일공사 : 구조물 등에 점토·고령토·합성수지 등을 주된 원료로 제조된 타일을 붙이는 공사 다) 방수공사 : 아스팔트·실링재·에폭시·시멘트모르타르·합성수지 등을 사용하여 토목·건축구조물, 산업설비 및 폐기물매립시설 등에 방수·방습·누수방지 등을 하는 공사

건설업종	업무분야	업무내용
라. 도장·습식·방수·석공사업	2) 습식·방수공사	라) 조적공사 : 구조물의 벽체나 기초 등을 시멘트블록·벽돌 등의 재료를 각각 모르타르 등의 교착제로 부착시키거나 장치하여 쌓거나 축조하는 공사
	3) 석공사	석재를 사용하여 시설물 등을 시공하는 공사
마. 조경식재·시설물공사업	1) 조경식재공사	조경수목·잔디 및 초화류 등을 식재하거나 유지·관리하는 공사
	2) 조경시설물설치공사	조경을 위하여 조경석·인조목·인조암 등을 설치하거나 야외의자·퍼걸러(pergola) 등의 조경시설물을 설치하는 공사
바. 철근·콘크리트공사업	철근·콘크리트공사	철근·콘크리트로 토목·건축구조물 및 공작물 등을 축조하는 공사
사. 구조물해체·비계공사업	구조물해체·비계공사	가) 구조물해체공사 : 구조물 등을 해체하는 공사 나) 비계공사 : 건축물 등을 건축하기 위하여 비계를 설치하거나 높은 장소에서 중량물을 거치하는 공사
아. 상·하수도설비공사업	상하수도설비공사	가) 상수도설비공사 : 상수도, 농·공업용수도 등을 위한 기기를 설치하거나 상수도관, 농·공업용수도관 등을 부설하는 공사 나) 하수도설비공사 : 하수 등을 처리하기 위한 기기를 설치하거나 하수관을 부설하는 공사
자. 철도·궤도공사업	철도·궤도공사	철도·궤도를 설치하는 공사
차. 철강구조물공사업	철강구조물공사	가) 교량 및 이와 유사한 시설물을 건설하기 위하여 철구조물을 제작·조립·설치하는 공사 나) 건축물을 건축하기 위하여 철구조물을 조립·설치하는 공사 다) 대형 댐의 수문 및 이와 유사한 시설을 건설하기 위하여 철구조물을 조립·설치하는 공사 라) 그 밖의 각종 철구조물공사
카. 수중·준설공사업	1) 수중공사	수중에서 인원·장비 등으로 수중·해저의 시설물을 설치하거나 지장물을 해체하는 공사
	2) 준설공사	하천·항만 등의 물밑을 준설선 등의 장비를 활용하여 준설하는 공사

건설업종	업무분야	업무내용
타. 승강기 · 삭도공사업	1) 승강기설치공사	건축물 및 공작물에 부착되어 사람이나 화물을 운반하는데 사용되는 승강설비를 설치 · 해체 · 교체 및 성능개선공사
	2) 삭도설치공사	삭도를 신설 · 개설 · 유지보수 또는 제거하는 공사
파. 기계가스 설비공사업	1) 기계설비공사	건축물 · 플랜트 그 밖의 공작물에 급배수 · 위생 · 냉난방 · 공기조화 · 기계기구 · 배관설비 등을 조립 · 설치하는 공사
	2) 가스시설공사 (제1종)	가) 가스시설시설공사(제2종)의 업무내용에 해당하는 공사 나) 도시가스공급시설의 설치 · 변경공사 다) 액화석유가스의 충전시설 · 집단공급시설 · 저장소시설의 설치 · 변경공사 라) 도시가스시설 중 특정가스사용시설의 설치 · 변경공사 마) 저장능력 500kg 이상의 액화석유가스사용시설의 설치 · 변경공사 바) 고압가스배관의 설치 · 변경공사
하. 가스난방 공사업	1) 가스시설공사 (제2종)	가) 가스시설공사(제3종)의 업무내용에 해당하는 공사 나) 도시가스시설 중 특정가스사용시설 외의 가스사용시설의 설치 · 변경공사 다) 도시가스의 공급관과 내관이 분리되는 부분 이후의 보수공사 라) 배관에 고정설치되는 가스용품의 설치공사 및 그 부대공사 마) 저장능력 500kg 미만의 액화석유가스사용시설의 설치 · 변경공사 바) 액화석유가스판매시설의 설치 · 변경공사
	2) 가스시설공사 (제3종)	공사예정금액이 1천만 원 미만인 다음의 공사 가) 도시가스사용시설 중 온수보일러 · 온수기 및 그 부대시설의 설치 · 변경공사 나) 액화석유가스사용시설 중 온수보일러 · 온수기 및 그 부대시설의 설치 · 변경공사

건설업종	업무분야	업무내용
하. 가스난방 공사업	3) 난방공사 (제1종)	가) 「에너지이용 합리화법」 제37조에 따른 특정열사용기자재 중 강철재보일러·주철재보일러 나) 온수보일러·구멍탄용 온수보일러·축열식 전기보일러·태양열집열기·1종압력용기·2종압력용기의 설치와 이에 부대되는 배관·세관공사 다) 공사예정금액 2천만 원 이하의 온돌설치공사
	4) 난방공사 (제2종)	가) 「에너지이용 합리화법」 제37조에 따른 특정열사용기자재 중 태양열집열기·용량 5만kcal/h 이하의 온수보일러·구멍탄용 온수보일러의 설치 및 이에 부대되는 배관·세관공사 나) 공사예정금액 2천만 원 이하의 온돌설치공사
	5) 난방공사 (제3종)	특정열사용기자재 중 요업요로·금속요로의 설치공사
거. 시설물유지 관리업		시설물의 완공 이후 그 기능을 보전하고 이용자의 편의와 안전을 높이기 위하여 시설물에 대하여 일상적으로 점검·정비하고 개량·보수·보강하는 공사로서 다음의 공사를 제외한 공사 가) 건축물의 경우 증축·개축·재축 및 대수선 공사 나) 건축물을 제외한 그 밖의 시설물의 경우 증설·확장공사 및 주요구조부를 해체한 후 보수·보강 및 변경하는 공사 다) 전문건설업종 중 1개 업종의 업무내용만으로 행하여지는 건축물의 개량·보수·보강공사

비고
1. 위 표의 업무내용에는 건설공사용 재료의 채취 또는 그 공급업무, 기계 또는 기구의 공급업무와 단순한 노무공급업무 등은 포함되지 않는다. 다만, 건설공사의 시공 계약과 건설공사용 재료의 납품 계약을 같은 건설사업자가 체결하는 경우 해당 건설공사용 재료의 납품 업무는 해당 업종의 업무내용에 포함되는 것으로 본다.
2. 위 표에 명시되지 않은 건설공사에 관한 건설업종 및 업종별 업무분야의 구분은 해당 공사의 시공에 필요한 기술·재료·시설·장비 등의 유사성에 따라 구분한다.
3. 전문공사를 시공할 수 있는 자격을 보유한 자는 완성된 시설물 중 해당 업종의 업무내용에 해당하는 건설공사에 대하여 복구·개량·보수·보강하는 공사를 수행할 수 있다.
4. 전문공사를 시공하는 업종을 등록한 자는 해당 업종의 모든 업무분야의 공사를 수행할 수 있다. 다만, 수중·준설공사업, 승강기·삭도공사업, 가스난방공사업을 등록한 자 및 기계가스설비공사업 중 기계설비공사를 주력분야로 등록한 자는 주력분야의 공사만 수행할 수 있으며, 주력분야가 아닌 다른 업무분야의 공사는 수행할 수 없다.
5. 제4호 단서에도 불구하고 기계가스설비공사업 중 기계설비공사를 주력분야로 등록한 자는 기계설비

공사와 가스시설공사(제1종)가 복합된 공사로서 기계설비공사가 주된 공사인 경우에는 해당 공사의 가스시설공사(제1종)를 함께 수행할 수 있다.

6. 제4호에도 불구하고 기계가스설비공사업 중 기계설비공사를 주력분야로 등록한 자는 기계설비공사와 다음 각 목의 공사가 복합된 공사의 경우에는 해당 공사를 수행할 수 있다.

　　가. 난방공사(제1종)

　　나. 난방공사(제2종)

　　다. 플랜트 또는 냉동냉장설비 안에서의 고압가스배관의 설치·변경공사

7. 제4호에도 불구하고 가스난방공사업 중 난방공사(제1종)를 주력분야로 등록한 자는 연면적 350제곱미터 미만인 단독주택의 난방공사(제1종)를 하는 경우에는 해당 주택의 기계설비공사를 함께 수행할 수 있다.

8. 제4호에도 불구하고 가스난방공사업 중 난방공사(제2종)를 주력분야로 등록한 자는 연면적 250제곱미터 미만인 단독주택의 난방공사(제2종)를 하는 경우에는 해당 주택의 기계설비공사를 함께 수행할 수 있다.

② **전기공사업법 제2조 제3호에 따른 (전기)공사업자** : 시·도지사에게 전기공사업 등록을 마친 사업자를 말한다. (전기)공사업이란 도급이나 그 밖의 어떠한 명칭이든 상관없이 전기공사를 업으로 하는 것을 의미하고, 전기공사란 전기설비, 전기계장설비, 전기에 의한 신고 표시, 신·재생에너지 설비 중 전기를 생산하는 설비, 지능형 전력망 중 전기설비를 말한다(전기공사업법 제2조 제1호 내지 제3호).

③ **정보통신공사업 제2조 제4호에 따른 정보통신공사업자** : 정보통신설비의 설치 및 유지·보수에 관한 공사와 이에 따른 부대공사를 업으로 하는 정보통신공사업을 등록하고 공사업을 경영하는 자이다.

④ **소방시설공사업법 제4조 제1항에 따라 소방시설공사업의 등록을 한 자** : 설계도서에 따라 소방시설을 신설, 증설, 개설, 이전 및 정비하는 영업을 하는 사업자를 말하며, 소방시설업 중 소방시설설계업, 소방공사감리업, 방염처리업은 제외된다.

⑤ **그 외 '대통령령으로 정하는 사업자'** : 주택법 제4조에 따른 등록사업자, 「환경기술 및 환경산업 지원법」 제15조에 따른 등록업자, 하수도법 제51조 및 「가축뇨의 관리 및 이용에 관한 법률」 제34조에 따른 등록업자, 「에너지 이용 합리화법」 제37조에 따른 등록업자, 「도시가스사업법」 제12조에 따른 시공자, 「액화석유가스의 안전관리 및 사업법」 제35조에 따른 시공자 중 어느 하나에 해당하는 사업자를 말한다(하도급법 시행령 제2조 제7항).

관련하여 건설업법상 건설업자가 전기공사를 함께 발주받아 전기공사업자에게 위탁하는 것은 불가능하므로 건설업자가 그 건설공사와 관련된 전기공사를 전기공사업자에게 도급주는 것은 하도급법상 '건설위탁'에 해당하지 않는다(서울고등법원 2000. 12. 5. 선고 2003

두3797 판결[198]). 한편, 금속제 창의 제조 및 설치계약이 전체적으로 볼 때 '납품계약'(구매계약)의 성질을 가지는 경우에는 건설위탁이라 볼 수 없다(서울고등법원 2017. 12. 15. 선고 2016누80382 판결). 다만, 이 경우 제조위탁에 해당할 여지는 있다.

건설업 등록이 필요하지 않은 경미한 공사가 아닌 한 하도급 계약을 체결할 당시에 도급인이 건산법 등 관련법상 건설업등록 등을 하지 않았다면 원사업자가 아니므로 하도급법의 적용대상이 되지 않는다. 수급인이 당초 하도급계약을 체결할 당시에는 관련법상 건설업등록을 하지 않은 상태였다면 수급사업자가 아니다. 하도급계약 체결 후 건설업등록을 하게 되었다 하더라도, 별도의 하도급계약을 체결하거나 기존의 계약을 변경하지 않는 한, 원칙적으로 하도급법적용대상이 되지 않는다. 왜냐하면 하도급법상의 '건설위탁'은 계약내용을 확정하는 하도급계약의 체결을 의미하므로 이때 원사업자, 수급사업자 요건을 갖추어야 하는 것이고, 그 이후 대금지급 등의 문제는 계약내용의 이행에 불과한 것이기 때문이다. 또한 계약 당시 무면허로서 적용대상이 되지 않는 거래관계에서 면허취득 시점부터 하도급법이 적용된다고 보는 것은 법률관계의 예측가능성을 떨어뜨리고 법적 안정성을 저해하는 해석이기 때문이다. 이 경우에도 새로운 하도급계약(변경계약 포함)부터는 건설위탁이 성립된다(하도급공정화지침).

한편, 시공참여자는 전문건설업자의 관리 책임 아래에서 성과급, 도급, 위탁 기타 명칭 여하에 불구하고 전문건설업자와 약정하고 공사의 시공에 참여하는 자(건설산업기본법 제2조 제13호)로서 건설업 등록을 하지 아니 하였기 때문에 하도급법상 수급사업자가 될 수 없다.

「하도급거래 공정화지침」에 의하면 동일한 업종의 건설사업자 사이에 위탁이 이루어지는 경우에 한하여 건설위탁으로 보고 있다. 전반적인 취지는 원사업자가 시공자격이 있는 공종에 대하여 시공자격이 있는 수급사업자에게 위탁한 경우에 건설위탁이 되지만 다만 원사업자가 시공자격이 없는 공종이라 하더라도 시공자격있는 공종의 부수적 공사로 도급받은 경우 이를 시공자격 있는 수급사업자에게 위탁하더라도 건설위탁으로 본다는 것이다.

---

198) 서울고등법원은 "전기공사면허가 없는 건설업자가 스스로 건설공사의 시공주인 경우라면 그 발주자(시공주)의 지위에서 전기공사업자에게 전기공사 부분을 도급주는 것은 물론 가능하다 할 것이지만, 이는 어디까지나 시공주(발주자)의 지위에서 도급을 주는 것이지 건설업자의 지위에서 도급을 주는 것이 아님이 분명하여 하도급법 제2조 제9항이 규정한 건설업자로서 '그 업에 따른' 공사의 위탁을 하는 것에 해당되지 아니하므로 그와 같은 공사위탁은 하도급법의 규제대상이 아니다"라고 판시하였다(서울고등법원 2000. 12. 5. 선고 2000누3797 판결).

나. 질의회신 사례

질의 회신 사례[199]

[질의] 2019년 9월에 체결한 건설하도급계약의 경우 하도급법 적용 여부를 판단하기 위하여 2018년 시공능력평가액이 기준이 되는지 아니면 2019년 시공능력평가액이 기준이 되는지 여부는 어떠한가?

[회신] 하도급법에서는 원사업자를 중소기업자 중 직전사업연도의 연간 매출액 또는 해당 연도의 시공능력평가액의 합계액(가장 최근에 공시된 것)을 기준으로 하여 정한다. 그러므로 건설위탁의 경우는 건설위탁 시점에 해당되는 연도의 시공능력평가액을 이용하여 하도급법 적용 여부를 판단한다. 따라서 2019년 9월에 체결한 건설하도급계약의 경우는 2019년 시공능력평가액을 이용하여 하도급법 적용 여부를 판단한다. 시공능력평가기준은 매년 7월 말 기준으로 발표되므로 만약 계약을 2019년 7월에 체결하였다면 2019년도 시공능력평가액이 발표되기 전의 계약 체결이므로 하도급법 적용 여부의 기준은 2018년도 시공능력평가액이 된다.

[질의] A건설(원사업자)과 B석재(수급사업자)가 체결한 석공사와 관련하여 당 공사 현장에서 B석재로부터 현장 관리 업무를 맡은 C가 이를 이행하였는데 해당 현장 관리 업무가 하도급법 적용을 받는지 여부는 어떠한가?

[회신] 경미한 공사를 제외하고는 건설업자간의 거래만 하도급법 적용 대상이다. C와 B석재와의 거래 관계가 하도급법상 건설위탁이 되기 위해서는 B석재와 C가 「건설산업기본법」에 의한 등록·면허를 받은 건설업자이어야 하며 B석재의 시공능력평가액이 C보다 높아야 한다. C가 「건설산업기본법」에 의한 건설업자가 아닌 경우(노무자, 일반 사업자 등)에는 C업체와 B석재와 거래는 법령에서 정한 경미한 공사가 아닌 한 하도급법 적용 대상이 아니다.

[질의] 백화점을 경영하는 대기업이 자신의 백화점을 증축하기 위하여 중소건설업자와 백화점 증축공사 계약을 체결한 경우 하도급법상 건설위탁에 해당하는지 여부는 어떠한가?

[회신] 하도급법상 건설위탁에 해당하기 위해서는 건설업자가 건설공사를 당해 시공에 관한 자격있는 건설업자에게 위탁해야 하는데 의문 사항처럼 건설위탁을 한 자가 도소매를 업으로 하는 사업자라면 당해 위탁은 도급 계약에 해당할 수는 있으나 하도급법상 하도급에 해당하지 않는다. 백화점으로부터 도급받은 건설업자가 신발장과 발코니 등 제조에 필요한 하도급을 위탁하는 경우 건설업자와 신발장, 발코니 제조업체간에는 제조 하도급이 성립한다.

[질의] 국내법인인 A사가 해외법인인 B사(국내법인인 C사가 설립, B사 및 C사 모두 관련 건설업 면허 미소지)에게 해외 현장의 수문 설치 공사를 위탁한 경우 B사를 하도급법

---

199) 법무법인 화우, 앞의 책, 70면

상 수급사업자로 인정하여 하도급법을 적용할 수 있는지 여부는 어떠한가?

[회신] 하도급법 적용 대상 수급사업자는 「중소기업기본법」상 중소기업자이고 「중소기업기본법」의 목적 및 취지에 비추어 볼 때 「중소기업기본법」상 중소기업자는 국내법인을 의미한다고 볼 수 있는데 국내법인이 설립하였는지 여부와 상관없이 B사는 해외법인이므로 B사를 하도급법상 수급사업자로 보기는 어렵다. 아울러 건설위탁의 경우 관련 면허를 소지한 건설업자간 위탁을 하도급거래로 규정하고 있어 수급사업자 해당 여부와 상관없이 B사는 면허 미소지 사업자이므로 해당 거래를 하도급법 적용 대상 건설위탁으로 보기도 어렵다.

[질의] 건설기계(장비) 임대차 계약을 할 경우 하도급법 적용을 받는지 여부는 어떠한가? 이와 관련하여 대금을 전자어음으로 지급하는 행위 및 어음을 지급할 경우 만기일을 당사자간 합의로 결정하는 행위가 하도급법 위반이 되는지 여부는 어떠한가?

[회신] 건설기계(장비) 등의 임대차 계약은 장비 사용 시간에 따른 이용대금 지급 관계로 하도급법에서 규정하고 있는 건설사업자간 건설위탁에 해당되지 않으므로 하도급법 적용을 받지 않고 이에 따라 어음 만기일을 당사자간 합의하여 정하는 것은 하도급법 위반이 아니다.

[질의] 문화재 복원공사 및 수리공사도 하도급법 적용을 받는지 여부는 어떠한가?

[회신] 하도급법 제2조 제9항 및 「건설산업기본법」 제2조 제4호 라(「문화재 수리 등에 관한 법률」에 따른 문화재 수리공사)에서 문화재 수리는 하도급법 적용 대상에서 제외되어 있으므로 문화재 복원공사와 수리공사는 하도급법 적용을 받지 않는다.

[질의] 당사가 해외 현장에서 자체 발주한 공사 중 일부 공사를 다른 국내사업자(수급사업자)에게 위탁한 경우 하도급법의 적용 대상이 되는지 여부는 어떠한가?

[회신] 하도급법에서는 원·수급사업자의 하도급거래 현장을 국내로 한정하는 규정이 없으므로 「건설산업기본법」 제2조 제5호에 따른 건설사업자로서 하도급법상의 원·수급사업자의 요건을 충족한다면 하도급법 적용 대상이 되는 하도급거래(건설위탁)로 판단된다.

14 종합건설업종과 전문건설업종 간 경계 폐지 및 전문건설업종 통폐합

A   2018. 8. 14. 건설산업기본법 개정으로 관급공사는 2021. 1. 1., 민간공사는 2022. 1. 1.부터 기존의 종합건설업과 전문건설업간 업종구별 및 경계가 대폭 완화된다. 종합건설회사도 전문건설공사를 도급받을 수 있고 전문건설회사도 종합건설공사를 도급받을 수 있게 되지만 당연히 종합건설회사보다는 전문건설회사들에게 더 불리하게 작용할 것으로 예상되므로 그 부작용을 줄일 정책이 필요하다. 한편, 이에 대응하여 2020. 12. 29. 건설산업기본법 개정으로 기존의 28개 전문건설업종이 14개로 통합된다.

해설

가. 종합건설업종과 전문건설업종 간 경계 폐지

(1) 법률변경 및 시행시기

건설산업기본법[법률 제16136호(2018. 12. 31. 개정, **2021. 1. 1. 시행**)의 개정으로 전문건설업종과 종합건설업종간의 경계가 폐지되었다. 이와 같은 건설공사의 시공자격과 관련한 개정법의 시행일은 제16조에 다음과 같이 규정되어 있다.

개정전 건설산업기본법	개정 건설산업기본법[2018. 12. 31. 개정 법률 제16136호(2021. 1. 1. 시행)]
제16조(건설공사의 시공자격) ① 종합공사를 도급받으려는 자는 해당 종합공사를 시공하는 업종을 등록하여야 한다. 다만, 다음 각 호의 어느 하나에 해당하는 경우에는 해당 종합공사를 시공하는 업종을 등록하지 아니하고도 도급받을 수 있다. 1. 전문공사를 시공하는 업종을 등록한 건설업자가 전문공사에 해당하는 부분을 시공하는 조건으로 종합공사를 시공하는 업종을 등록한 건설업자가 종합적인 계획, 관리 및 조정을 하는 공사를 공동으로 도급받는	**제16조(건설공사의 시공자격)** ① 건설공사를 도급받으려는 자는 해당 건설공사를 시공하는 업종을 등록하여야 한다. **다만, 다음 각 호의 어느 하나에 해당하는 경우에는 해당 건설업종을 등록하지 아니하고도 도급받을 수 있다.** 1. 2개 업종 이상의 전문공사를 시공하는 업종을 등록한 건설사업자가 그 업종에 해당하는 전문공사로 구성된 종합공사를 도급받는 경우 2. 전문공사를 시공할 수 있는 자격을 보유한 건설사업자가 전문공사에 해당하는 부분을

개정전 건설산업기본법	개정 건설산업기본법[2018. 12. 31. 개정 법률 제16136호(2021. 1. 1. 시행)]
경우 2. 전문공사를 시공하는 업종을 등록한 건설업자가 2개 이상의 전문공사로 구성되나 종합적인 계획, 관리 및 조정 역할이 필요하지 아니한 소규모 공사로서 국토교통부령으로 정하는 공사를 도급받는 경우 3. 전문공사를 시공하는 업종을 등록한 건설업자가 전문공사와 그 부대공사를 함께 도급받는 경우 4. 2개 업종 이상의 전문공사를 시공하는 업종을 등록한 건설업자가 그 업종에 해당하는 전문공사로 구성된 복합공사를 하도급받는 경우 5. 발주자가 공사품질이나 시공상 능률을 높이기 위하여 필요하다고 인정한 경우로서 기술적 난이도, 공사를 구성하는 전문공사 사이의 연계 정도 등을 고려하여 대통령령으로 정하는 경우 ② 전문공사를 도급받으려는 자는 해당 전문공사를 시공하는 업종을 등록하여야 한다. 다만, 다음 각 호의 어느 하나에 해당하는 경우에는 해당 전문공사를 시공하는 업종을 등록하지 아니하고도 도급받을 수 있다. 1. 종합공사를 시공하는 업종을 등록한 건설업자가 이미 도급받아 시공하였거나 시공 중인 건설공사의 부대공사로서 전문공사에 해당하는 공사를 도급받는 경우 2. 발주자가 공사의 품질이나 시공의 능률을 높이기 위하여 필요하다고 인정한 경우로서 기술적 난이도, 해당 공사의 내용 등을 고려하여 대통령령으로 정하는 경우 ③ 제1항 제3호 및 제2항 제1호에 따른 부대공사는 주된 공사에 따르는 종된 공사로 그 범위와 기준은 대통령령으로 정한다. ④ 제1항 및 제2항에 따른 도급계약의 방식에 관한 구체적인 사항은 국토교통부령으로 정한다. <개정 2013. 3. 23.>	시공하는 조건으로 하여, 종합공사를 시공할 수 있는 자격을 보유한 건설사업자가 종합적인 계획, 관리 및 조정을 하는 공사를 공동으로 도급받는 경우 3. 전문공사를 시공하는 업종을 등록한 2개 이상의 건설사업자가 그 업종에 해당하는 전문공사로 구성된 종합공사를 공정관리, 하자책임 구분 등을 고려하여 국토교통부령으로 정하는 바에 따라 공동으로 도급받는 경우 4. 종합공사를 시공하는 업종을 등록한 건설사업자가 제8조 제2항에 따라 시공 가능한 시설물을 대상으로 하는 전문공사를 국토교통부령으로 정하는 바에 따라 도급받는 경우 5. 제9조 제1항에 따라 등록한 업종에 해당하는 건설공사(제1호, 제3호 및 제4호에 해당하는 건설공사를 포함한다)와 그 부대공사를 함께 도급받는 경우 6. 제9조 제1항에 따라 등록한 업종에 해당하는 건설공사를 이미 도급받아 시공하였거나 시공 중인 건설공사의 부대공사로서 다른 건설공사를 도급받는 경우 7. 발주자가 공사품질이나 시공상 능률을 높이기 위하여 필요하다고 인정한 경우로서 기술적 난이도, 공사를 구성하는 전문공사 사이의 연계 정도 등을 고려하여 대통령령으로 정하는 경우 ② 제1항 제5호 및 제6호에 따른 부대공사는 주된 공사에 따르는 종된 공사로 그 범위와 기준은 대통령령으로 정한다. ③ 제1항 제1호, 제3호 및 제4호에 따라 종합공사 또는 전문공사를 도급받아 시공하기 위해서는 도급계약을 체결하기 전(입찰계약의 경우에는 입찰참가 등록마감일까지를 말한다)에 해당 공사를 시공하는 업종의 등록기준을 갖추어야 하고, 이를 시공 중에는 유지하여야

개정전 건설산업기본법	개정 건설산업기본법[2018. 12. 31. 개정 법률 제16136호(2021. 1. 1. 시행)]
	한다. 다만, 2개 업종 이상의 전문공사를 시공하는 업종을 등록한 건설사업자가 그 업종에 해당하는 전문공사로 구성된 종합공사를 하도급받는 경우에는 그러하지 아니하며, 제3호의 경우에는 공동수급체 구성원들이 공동으로 필요한 등록기준을 갖춘 경우 충족한 것으로 본다. ④ 제3항의 등록기준 구비에 관한 세부절차 및 방법 등은 국토교통부령으로 정한다. 부 칙 **제1조(시행일)** ① 이 법은 2021년 1월 1일부터 시행한다. 다만, 제22조, 제28조의2, 제31조의3, 제49조의2, 제99조 제3호의2 및 제7호의2의 개정규정은 공포 후 6개월이 경과한 날부터 시행한다. ② 제16조·제25조 및 제29조의 개정규정은 다음 각 호의 구분에 따른 날부터 시행한다. 1. 국가, 지방자치단체 또는 대통령령으로 정하는 공공기관이 발주하는 공사 : 2021년 1월 1일 2. 국가, 지방자치단체 또는 대통령령으로 정하는 공공기관 외의 자가 발주하는 공사 : 2022년 1월 1일 ③ 제2항에도 불구하고 제16조 제1항 제3호의 개정규정은 2024년 1월 1일부터 시행한다. ④ 제2항에도 불구하고 제16조 제1항 제4호의 개정규정은 2024년 1월 1일부터 시행한다 (공사예정금액이 2억 원 미만인 전문공사를 원도급 받는 경우에 한정한다).

(2) 개정이유

그동안 국내 건설산업은 종합건설업체와 전문건설업체의 업무영역을 법령으로 엄격히 제한하는 생산구조로 인하여 종합건설업체의 경우 시공기술의 축적보다는 하도급관리·입찰 영업에 치중하고, 실제 시공은 하도급업체에 의존하여 페이퍼컴퍼니가 양산되는 등의 문제가 노출되었으며, 전문건설업체의 경우에도 사업물량 대부분을 하도급에 의존함으로써 수직적 원하도급 관계가 고착화되어 저가하도급이나 다단계하도급 등으로 인한 불공정 관행이 확산되는 부작용이 발생하고 있었다는 지적이 있었다. 또한 이와 같은 업역구조는 건설산업의 소비자인 발주자의 건설업체 선택권을 제약하고 우량 전문업체가 원도급시장으로 진출하거나 종합업체로 성장하는데 걸림돌로 작용하는 등 분업·전문화를 위해 도입된 종합·전문간 업역제한이 상호경쟁을 차단하고 생산성 향상을 떨어뜨리는 '칸막이'로 변질되는 결과를 초래한 것으로 평가되고 있다. 이에 따라 해당 공사를 시공하는 업종의 등록기준을 충족하는 등 일정한 자격요건의 구비를 전제로, 종합·전문업체가 상호 공사(종합 ↔ 전문)의 원·하도급이 모두 가능하도록 업역을 전면 폐지하고, 이에 부합하도록 건설공사의 직접시공을 원칙으로 하면서 하도급 제한 범위를 개편함으로써 건설공사의 시공효율을 높이고 종합-전문간 상호 기술경쟁의 촉진을 통한 글로벌 경쟁력을 강화하려는 목적에서 개정이 이루어졌다.

나. 전문건설업종의 대업종화

(1) 법률변경 및 시행시기

건설산업기본법 시행령[대통령령 제31328호(2020. 12. 29. 공포, **2022. 1. 1. 시행)]**의 개정으로 시설물유지관리업을 제외한 현행 28개 전문건설업종을 14개 업종으로 통합하였다.

업종(개정 안의 주력분야)	기술능력	자본금	업종	기술능력	자본금
1. 토공사업	2인	1.5억 원	1. 지반조성·포장공사업	2인	1.5억 원
2. 포장공사업	3인	2억 원			
3. 보링·그라우팅공사업	2인	1.5억 원			
4. 실내건축공사업	2인	1.5억 원	2. 실내건축공사업	2인	1.5억 원
5. 금속구조물·창호·온실공사업	2인	1.5억 원	3. 금속창호·지붕건축물 조립공사업	2인	1.5억 원
6. 지붕판금·건축물 조립공사업	2인	1.5억 원			
7. 도장공사업	2인	1.5억 원	4. 도장·습식·방수·석공사업	2인	1.5억 원
8. 습식·방수공사업	2인	1.5억 원			
9. 석공사업	2인	1.5억 원			
10. 조경식재공사업	2인	1.5억 원	5. 조경식재·시설물공사업	2인	1.5억 원
11. 조경시설물설치공사업	2인	1.5억 원			

업종(개정 안의 주력분야)	기술능력	자본금	업종	기술능력	자본금
12. 철근·콘크리트공사업	2인	1.5억 원	6. 철근·콘크리트공사업	2인	1.5억 원
13. 비계·구조물해체공사업	2인	1.5억 원	7. 구조물해체·비계공사업	2인	1.5억 원
14. 상하수도설비공사업	2인	1.5억 원	8. 상·하수도설비공사업	2인	1.5억 원
15. 철도·궤도공사업	5인	2억 원	9. 철도·궤도공사업	5인	1.5억 원
16. 강구조물공사업	4인	2억 원	10. 철강구조물공사업	4인	1.5억 원
17. 철강재설치공사업	5인	7억 원			
18. 수중공사업	2인	1.5억 원	11. 수중·준설공사업	2인	1.5억 원
19. 준설공사업	5인	7억 원			
20. 승강기설치공사업	2인	1.5억 원	12. 승강기·삭도공사업	2인	1.5억 원
21. 삭도설치공사업	5인	2억 원			
22. 기계설치공사업	2인	1.5억 원	13. 기계가스설비공사업	2인	1.5억 원
23. 가스시설시공업(제1종)	2인	1.5억 원			
24. 가스시설시공업(제2종)	1인	–	14. 가스난방공사업	1인	–
25. 가스시설시공업(제3종)	1인	–			
26. 난방시공업(제1종)	2인	–			
27. 난방시공업(제2종)	1인	–			
28. 난방시공업(제2종)	1인	–			
29. 시설물유지관리공사업	4인	2억 원	전문 또는 종합으로 전환		

(2) 개정이유

건설산업 생산구조 개편을 위해 종합·전문 건설사업자간 업역규제를 폐지하는 내용으로 건설산업기본법이 개정[법률 제16136호(2018. 12. 31. 개정, 2021. 1. 1. 시행)]됨에 따라 종합·전문 건설사업자간 경쟁을 촉진하여 업역폐지 효과가 극대화 될 수 있도록 전문공사를 시공하는 일부 업종을 통합하고, 발주자가 건설사업자별 전문 시공분야를 판단할 수 있도록 필요한 사항을 정하는 한편, 현행 제도의 운영상 나타난 일부 미비점을 개선·보완하려는 것이다.

(3) 주요내용

(가) 전문공사를 시공하는 건설업종 통합 및 주력분야 제도 마련

- 시공기술의 유사성, 공종간 연계성 등으로 업종간 분쟁이 발생함에 따라 전문업종간

분쟁을 최소화하고, 기술력을 기반으로 경쟁을 유도할 필요가 있음.

– 세부 업무내용으로 전문공사를 시공하는 업종으로 구분하던 것을 유사업무, 공종간 연계성을 감안하여 통합·운영하도록 하고, 통합된 전문업종에 대한 주력분야를 별도로 지정받도록 제도를 도입함.

– 종합·전문 간 업역제한 폐지에 따라 전문건설사업자의 종합건설시장 진출을 용이하게 함으로써 종합–전문간 공정한 경쟁을 촉진하고 발주자의 선택권이 강화될 것으로 기대됨.

(나) 토목건축공사업의 토목공사업 및 건축공사업과의 차별성 강화

– 현행 토목건축공사업은 토목공사업과 건축공사업과의 업무내용이 동일하고 업무범위가 지나치게 넓어 전문성이 떨어질 우려가 있음.

– 토목건축공사업에 대한 사회적 책임과 독자성을 확보할 수 있도록 기존 등록기준을 보다 강화하여 다른 건설업종과의 차별성을 대폭 강화하고자 함.

(다) 시설물유지관리공사의 전문성 강화를 위한 시설물유지관리업 전문기업으로 전환 특례 부여

– 현행 시설물유지관리업은 완성된 시설물에 대한 모든 공종에 대한 개량·보수·보강하는 공사를 시공할 수 있어 특정 공종에 대한 전문성을 높이는데 한계가 있고, 종합공사를 시공하는 업종 및 다른 전문공사를 시공하는 업종의 업무영역과 중복되어 업종간 잦은 분쟁이 발생하는 문제점이 있음.

– 시설물유지관리업에 대한 전문성을 높이고, 업종간 분쟁을 해소할 수 있도록 기존 시설물유지관리업자는 시공실적을 감안하여 전문성을 가진 건설업종으로 전환할 수 있도록 특례를 부여함.

– 기존 시설물유지관리업자에 대한 건설업종 전환 특례를 통해 특정공사에 대한 전문성을 확보하고, 신축공사와 유지관리공사간 연계성을 높여 신축–유지관리공사의 기술간 융·복합이 이루어질 것으로 기대됨.

(라) 경과조치

개정안 시행당시 종전에 등록한 업종은 **통합된 업종으로 전환**된 것으로 보고, 또한 **기계약이 체결된 건설공사**는 종전 규정을 따르도록 함(부칙 제9조 제1항 및 제10조).

15 건설위탁이 아니어서 하도급법 보호를 못받는 경우 상생협력법의 보호를 받을 수 있는지?

A 위탁 공종에 대한 등록 등을 하지 않은 사업자가 위탁하거나 등록을 하지 않은 사업자가 위탁받은 경우 등에는 건설위탁이 아니므로 하도급법상 보호를 받을 수는 없지만, 위탁하는 자와 수탁받는 자의 면허 유무와 종류와 무관하게 공사를 위탁하면 위수탁거래에 해당하므로 상생협력법의 보호를 받을 수 있다.

해설

건설산업기본법 등 관련 법령에서 해당 공종에 대한 시공면허를 가지지 않은 사업자로부터 건설 하도급법을 받은 경우 건설위탁이 아니어서 하도급법상의 보호를 받을 수는 없다. 건설위탁의 요건이 까다롭기 때문이다. 하지만 상생협력법은 규제 및 보호의 대상이 되는 위수탁거래에 대하여 매우 넓게 규정하고 있다. 상생협력법 제2조 제4호는 '수탁·위탁거래'에 대하여 "제조, 공사, 가공, 수리, 판매, 용역을 업(業)으로 하는 자가 물품, 부품, 반제품(반제품) 및 원료 등(이하 '물품등')의 제조, 공사, 가공, 수리, 용역 또는 기술개발(이하 '제조')을 다른 중소기업에 위탁하고, 제조를 위탁받은 중소기업이 전문적으로 물품등을 제조하는 거래"라고 정의하기 때문이다. 즉 위탁하는 자와 수탁받는 자의 면허 유무와 종류와 무관하게 공사를 위탁하면 위수탁거래에 해당하기 때문이다.

상생협력법에서도 하도급법과 거의 동일한 규제와 보호를 규정하고 있다. 그래서 약정서(계약서) 교부 의무, 납품대금의 지급, 부당한 계약취소 금지, 추가공사에 대한 보호 등을 규정하고 있다. 참고로 상생협력법 제25조의 위탁기업의 준수사항 규정은 다음과 같다.

상생협력법

제25조(준수사항) ① 위탁기업은 수탁기업에 물품 등의 제조를 위탁할 때 다음 각 호의 행위를 하여서는 아니 된다.

1. 수탁기업이 책임질 사유가 없는데도 물품등의 수령을 거부하거나 납품대금을 깎는 행위
2. 납품대금을 지급기일까지 지급하지 아니하는 행위
3. 수탁기업이 납품하는 물품등과 같은 종류이거나 유사한 물품등에 대하여 통상적으로 지급되는 대가보다 현저히 낮은 가격으로 납품대금을 정하는 행위
4. 물품등의 제조를 위탁한 후 경제상황 변동 등의 이유로 발주자로부터 추가금액을 받은 위탁기업이 같은 이유로 수탁기업에 추가비용이 드는데도 받은 추가금액의 내용과 비율에 따라 납품대금을 증액하여 지급하지 아니하는 행위
5. 품질의 유지 또는 개선을 위하여 필요한 경우나 그 밖에 정당한 사유가 있는 경우를 제외하고 위탁기업이 지정하는 물품등을 강제로 구매하게 하는 행위
6. 납품대금을 지급할 때 그 납품대금의 지급기일까지 금융기관으로부터 할인을 받기 어려운 어음을 지급하는 행위
7. 물품등에 흠이 없는데도 정당한 사유 없이 발주물량을 통상적으로 발주하는 수량보다 현저히 감소시키거나 발주를 중단하는 행위
8. 납품대금을 지급하는 대신 위탁기업이 제조하는 제품을 받을 것을 요구하는 행위
9. 위탁기업이 수출용으로 수탁기업에 발주한 물품등에 대하여 정당한 사유 없이 내국신용장 개설을 기피하는 행위
10. 물품등의 제조를 의뢰한 후 그 제조된 물품등에 대한 발주를 정당한 사유 없이 기피하는 행위
11. 수탁기업이 납품한 물품에 대한 검사를 할 때 객관적 타당성이 결여된 검사기준을 정하는 행위
12. 정당한 사유 없이 기술자료 제공을 요구하는 행위
13. 기술자료의 임치를 요구한 수탁기업에 불이익을 주는 행위
13의 2. 정당한 사유 없이 원가자료 등 중소벤처기업부령으로 정하는 경영상의 정보를 요구하는 행위
14. 수탁기업이 다음 각 목의 어느 하나에 해당하는 행위를 한 것을 이유로 수탁·위탁거래의 물량을 줄이거나 수탁·위탁거래의 정지 또는 그 밖의 불이익을 주는 행위
    가. 위탁기업이 제1호부터 제13호까지 및 제13호의2의 규정에 해당하는 행위를 한 경우 그 사실을 관계 기관에 고지한 행위
    나. 제22조의2 제1항 또는 제2항의 위탁기업에 대한 납품대금의 조정신청 또는 같은 조 제8항의 중소벤처기업부장관에 대한 분쟁 조정신청

② 위탁기업은 정당한 사유가 있어서 수탁기업에게 기술자료를 요구할 경우에는 요구목적, 비밀유지에 관한 사항, 권리귀속 관계 및 대가 등에 관한 사항을 해당 수탁기업과 미리 협의하여 정한 후 그 내용을 적은 서면을 수탁기업에게 주어야 한다. 이 경우 위탁기업은 취득한 기술자료를 정당한 권원(권원) 없이 자기 또는 제3자를 위하여 유용하여서는 아니 된다.

이를 위반한 경우 과태료가 부과되고(상생협력법 제43조), 중소벤처기업부가 조사하여 위반행위가 있다고 판단되면 시정명령을 할 수 있으며(상생협력법 제28조 제3항) 위반행위가 심각한 경우 공정거래위원회에 필요한 조치를 하여 줄 것을 요구할 수 있다(상생협력법 제28조 제4항). 그리고 최근 중소벤처기업부의 상생협력법에 대한 집행의지가 상당하고 실제 제재 사례도 이어지고 있다.

해당 공종에 대한 건설업 면허를 가지지 않은 사업자로부터 하도급법을 받았다 하더라도, 그 사업자는 하도급법상 수급사업자로서 하도급법 위반으로 공정위에 신고할 수는 없지만, 상생협력법상 위수탁거래의 수탁기업으로 중소벤처기업부에 상생협력법 위반으로 신고하여 권리구제를 받을 수 있을 것이다.

16 용역위탁의 범위

(#지식·정보성과물고시&역무고시#열거#제작과정의 결과물&아이디어#정보프로그램유지보수)

A 지식·정보성과물의 작성 또는 역무의 공급을 업으로 하는 자가 그 업에 따른 용역수행 행위의 전부 또는 일부를 다른 용역업자에게 위탁하면 용역위탁이 성립한다. 「지식·정보성과물의 범위 고시」에 열거된 사항에 대하여만 지식·정보성과물의 작성위탁이 성립하고, 「역무의 범위 고시」에 열거된 사항에 대하여만 역무 위탁이 성립한다.

해 설

개념상 지식·정보성과물은 통상 저작권의 대상이 되는 저작물을 의미하는 것이고, 역무는 단순노무적인 업무를 뜻한다. 하도급법은 지식·정보성과물이나 역무의 범위를 열거하는 방식을 취하고 있다.

가. 지식·정보성과물과 작성위탁의 개념

하도급법 제2조 제12항은 ① 정보프로그램[「소프트웨어산업 진흥법」 제2조 제1호에 따른 소프트웨어, 특정한 결과를 얻기 위하여 컴퓨터·전자계산기 등 정보처리능력을 가진 장치에 내재된 일련의 지시·명령(음성이나 영상정보 등을 포함)으로 조합된 것을 말한다], ② 영화, 방송프로그램, 그 밖에 영상·음성 또는 음향으로 구성되는 성과물(예: 광고, 디자인 등), ③ 문자·도형·기호의 결합 또는 문자·도형·기호와 색채의 결합으로 구성되는 성과물[「건축사법」 제2조 제3호에 따른 설계 및 「엔지니어링산업 진흥법」 제2조 제1호에 따른 엔지니어링활동 중 설계를 포함한다(예: 건축설계도, 애니메이션 등)], ④ 그 밖에 공정거래위원회가 정하여 고시하는 것을 지식·정보성과물이라 규정하고 있다.

공정거래위원회는 이에 따라 용역위탁 중 「지식·정보성과물의 범위 고시」(제정 2018. 12. 6. 공정거래위원회 고시 제2018-21호)를 제정하여 운용하고 있다. 동 고시는 하도급법이 열거하고 있지 않은 사항뿐 아니라 열거하고 있던 사항(즉, 하도급법 제2조 제12항 제1호 내지 제3호에 열거된 위 ① 내지 ③)에서 포섭할 수 있는 것까지 구체적으로 열거하고 있다.

용역위탁 중 지식·정보성과물의 범위 고시

[시행 2018. 12. 6.] [공정거래위원회고시 제2018-21호, 2018. 12. 6., 타법개정]

I. 용역위탁 중 지식·정보성과물의 범위

1. 정보프로그램 작성을 업으로 하는 사업자가 다른 사업자에게 아래와 같은 성과물의 작성을 위탁하는 경우

   가. 「소프트웨어산업 진흥법」 제2조 제1호 규정에 의한 소프트웨어[200](패키지 소프트웨어(게임소프트웨어 포함), 임베디드 소프트웨어의 개발·공급 및 특정고객의 주문에 의하여 주문형 소프트웨어를 개발·공급(데이터베이스 및 웹사이트의 개발·공급을 포함한다) 및 상용소프트웨어 구매를 수반한 소프트웨어 설계·개발을 포함한다), 소프트웨어 개발을 위한 제안서·마스터플랜, 시스템구축 관련 설계(하드웨어, 소프트웨어, 네트워크 등), 시스템개발(하드웨어, 소프트웨어, 네트워크 설치 등 및 상용소프트웨어 구매를 수반한 시스템개발을 포함한다)

   나. 「저작권법」 제2조 제16호 규정에 의한 컴퓨터프로그램저작물

2. 영화, 방송프로그램, 그 밖에 영상·음성 또는 음향에 의하여 구성되어 지는 성과물의 작성 등을 업으로 하는 사업자가 다른 사업자에게 아래와 같은 성과물의 기획·편성·제작 등을 위탁하는 경우

   가. 「영화 및 비디오물의 진흥에 관한 법률」 제2조 제1호 규정에 의한 영화 및 동법 제2조 제12호 규정에 의한 비디오물(컴퓨터프로그램에 의한 것을 포함한다)

   나. 「게임산업진흥에 관한 법률」 제2조 제1호 규정에 의한 게임물

   다. 「방송법」 제2조 제17호 규정에 의한 방송프로그램(텔레비전방송, 라디오방송, 데이터방송, 이동멀티미디어방송, 「인터넷 멀티미디어 방송사업법」 제2조 제1호에 따른 인터넷멀티미디어방송을 포함한다)

   라. 「음악산업진흥에 관한 법률」 제2조 제3호 규정에 의한 음원, 동법 제2조 제4호 규정에 의한 음반, 동법 제2조 제5호 규정에 의한 음악파일, 동법 제2조 제6호 규정에 의한 음악영상물, 동법 제2조 제7호 규정에 의한 음악영상파일

   마. TV, 홍보영상, 라디오, 신문, 잡지, 온라인광고 등의 광고제작·편집물(콘티, 썸네일 등의 작업 및 편집, 음향 등 후반작업(Post Production)을 포함한다)

   바. 전자상거래 콘텐츠

3. 문자·도형·기호의 결합 또는 문자·도형·기호와 색채의 결합으로 구성되어 지는 성과물(이들의 복합체를 포함한다)의 작성 등을 업으로 하는 사업자가 다른 사업자에게 아래와 같은 성과물의 기획·편성·제작 등을 위탁하는 경우

   가. 「디자인보호법」 제2조 제1호 규정에 의한 디자인

   나. 「상표법」 제2조 제1호 규정에 의한 상표

   다. 「공간정보의 구축 및 관리 등에 관한 법률」 제2조 제10호 규정에 의한 지도

   라. 「저작권법」 제2항 제17호 규정에 의한 편집물

   마. 설계도면

> 4. 건축기술, 엔지니어링 및 관련기술 서비스 및 연구 및 개발을 업으로 하는 사업자가
>   다른 사업자에게 아래와 같은 활동을 위탁하는 경우
>   가. 기술시험(결과)서, 검사보고서, 분석보고서, 평가보고서 등의 작성
>   나. 번역물 등의 작성
>   다. 시장 및 여론조사보고서 등의 작성
> 5. 이상에서 열거한 지식·정보성과물의 공급을 작성을 위탁받은 사업자가 위탁받은 역무
>   의 전부 또는 일부를 다른 사업자에게 위탁하는 경우
>
> **II. 재검토기한**
>
> 공정거래위원회는 「훈령·예규 등의 발령 및 관리에 관한 규정」에 따라 이 고시에 대하여
> 2019년 1월 1일 기준으로 매 3년이 되는 시점(매 3년째의 12월 31일까지를 말한다)마다
> 그 타당성을 검토하여 개선 등의 조치를 하여야 한다.
>
> 　부　칙〈제2018-21호, 2018. 12. 6.〉(일몰 정비를 위한 「구매안전서비스에 대한
> 　통신판매업자의 표시·광고 또는 고지의 방법에 관한 고시」 등 일괄개정고시)
> 이 고시는 2018년 12월 6일부터 시행한다.

동 고시는 2014. 12. 23. 공정거래위원회 고시 제2014-15호로 최초로 제정되어 2015. 1. 1.부터 시행되지만 동 고시에서 열거한 지식·정보성과물 중 이미 법에 열거되어 있던 사항들은 동 고시에 의해 비로소 지식·정보성과물에 포함된다고 보기는 어렵다. 이때문에 하도급법의 규정에 포섭되지 않는 사항들에 대해서만 2015. 1. 1.부터 새롭게 하도급법의 적용을 받는다고 해석할 수밖에 없다. 하지만, 하도급법에서 지식·정보성과물을 광범위하게 규정하고 있었기 때문에, 동 고시로 새롭게 하도급법의 보호 범위로 들어온 것으로 볼 수 있는 사항을 구체적으로 확정하기는 쉽지 않다.

하여튼, 동 고시는 법률에서 열거한 사항과 함께 추가된 사항을 모두 열거하고 있으므로 동 고시 시행일 이후에는 동 고시에서 열거되지 않은 것은 지식·정보성과물의 작성위탁 대상이 아니라고 봄이 합당하다. 동 고시는 구체적으로 다음과 같은 것을 그 대상이라고 열거하면서 아울러 열거된 지식·정보성과물의 공급을 작성을 위탁받은 사업자가 위탁받은 역무의 전부 또는 일부를 다른 사업자에게 위탁하는 경우도 이에 해당한다고 규정하고 있다.

'작성위탁'이란 해당 지식정보성과물이 갖추어야 할 규격이나 특성, 내용 등을 지정하

---

200) 컴퓨터, 통신, 자동화 등의 장비와 그 주변장치에 대하여 명령·제어·입력·처리·저장·출력·상호작
　　용이 가능하게 하는 지시·명령(음성이나 영상정보 등을 포함한다)의 집합과 이를 작성하기 위하여 사용
　　된 기술서(記述書)나 그 밖의 관련 자료

여 작성해 주도록 의뢰하는 것이다. 작성위탁이 되기 위하여는 수급사업자가 위탁받은 지식정보성과물의 작성업무에 대하여 재량을 발휘하여 주체적으로 수행할 수 있는 경우여야 한다. 만약 수급사업자의 직원이 위탁업체의 사업장에 파견되어 관리감독을 받으면서 그 지시대로 작업하는 경우라면 「파견근로자보호 등에 관한 법률」의 적용을 받는 것을 별론으로 하고 수급사업자의 창작성이 없기 때문에 지식정보성과물의 작성위탁에는 해당될 여지가 없다. 지식정보성과물 작성에 필요한 작업이라도 형태가 남지 않는 역무를 제공하는 행위, 예를 들어 게임소프트웨어의 감수나 방송 프로그램의 감독, 배우의 연기, 조명이나 촬영작업, 메이크업 등은 지식정보성과물의 작성위탁이라 볼 수 없다. 또한 수급사업자가 위탁받은 물품의 제조나 역무의 공급에 수반하여 이루어지는 보고서도 문자나 도형이 기재되어 지식정보성과물로 볼 여지가 있기는 하지만, 위탁의 주된 대상이 물품의 제조나 역무의 공급이므로 보고서 작성을 하도록 한 것이 지식정보성과물의 작성위탁이라 보기는 어렵다.[201]

나. 「저작권법」 제2조 제16호 규정에 의한 컴퓨터프로그램저작물[202]

동 고시가 제정되기 전 하도급법은 최종결과물을 지식·정보성과물로 규정하고 있었기 때문에 그 중간 또는 제작과정에서 발생하는 결과물이나 아이디어를 형상화한 중간결과물에 대해서는 어떻게 취급해야 하는지 논란이 있었다. 그러나 앞서 본 바와 같이 동 고시가 소프트웨어 개발을 위한 제안서, 도안, 마스터플랜, 시스템구축관련 설계, 기본설계 및 콘티나 썸네일과 같은 광고제작·편집물 등 제작과정에서의 중간 결과물에 대하여도 지식·정보성과물의 범위에 포함시켜 이러한 논란을 종식시켰다.

그 외에도 상용소프트웨어 구매를 수반한 소프트웨어 설계·개발, 전자상거래 콘텐츠, 그리고 건축기술과 엔지니어링 관련 기술시험(결과)서, 검사보고서, 분석보고서, 평가보고서, 번역물, 시장 및 여론조사보고서 등의 작성도 지식·정보성과물로 규정하였다.

다. 역무의 범위

한편, 하도급법 제2조 제13항은 역무의 범위와 관련하여 ① 「엔지니어링산업 진흥법」 제2조 제1호에 따른 엔지니어링활동(설계는 제외), ② 「화물자동차 운수사업법」에 따라 화물자동차를 이용하여 화물을 운송 또는 주선하는 활동, ③ 「건축법」에 따라 건축물을 유지·

---

201) 오승돈, 앞의 책, 67, 88면
202) 특정한 결과를 얻기 위하여 컴퓨터 등 정보처리능력을 가진 장치 내에서 직접 또는 간접으로 사용되는 일련의 지시·명령으로 표현된 창작물

관리하는 활동, ④ 「경비업법」에 따라 시설·장소·물건 등에 대한 위험발생 등을 방지하거나 사람의 생명 또는 신체에 대한 위해(危害)의 발생을 방지하고 그 신변을 보호하기 위한 활동을 열거하고 있다. 동 조항에 따라 제정된 「용역위탁 중 역무의 범위 고시」(개정 2018. 12. 6. 공정거래위원회 고시 제2018-21호)는 다음과 같은 활동을 역무로 규정하고 있다.

용역위탁 중 역무의 범위 고시

[시행 2018. 12. 6.] [공정거래위원회고시 제2018-21호, 2018. 12. 6., 타법개정]

Ⅰ. 용역위탁 중 역무의 범위

1. 「물류정책 기본법」 제2조 제2호 규정에 의한 물류사업을 업으로 하는 사업자가 다른 물류업자에게 아래와 같은 활동을 위탁하는 경우
   가. 「물류정책 기본법」 제2조 제2호 규정에 의한 화물운송업, 물류시설 운영업, 물류서비스업의 활동
   나. 「항만운송 사업법」 제2조 제1항 규정에 의한 항만운송 및 제2조 제4항의 규정에 의한 항만용역업·물품공급업·선박급유업(船舶給油業) 및 컨테이너수리업의 활동

2. 「건축물분양에 관한 법률」 제2조 제3호에 따른 분양사업자가 다른 사업자에게 분양업무 활동을 위탁하는 경우

3. 「건축법」 제2조 제1항, 제16호의2 규정에 의한 건축물(주거용, 비주거용, 사업시설을 포함한다)의 유지·관리를 업으로 하는 사업자가 다른 사업자에게 아래와 같은 활동을 위탁하는 경우
   가. 청소, 폐기물의 수집 및 처리, 운반 등의 활동을 위탁하는 경우
   나. 조경 관리 및 유지 서비스 활동(조경수 및 관목의 보호를 위한 활동을 포함한다)

4. 「소프트웨어산업 진흥법」 제2조 제4호에 따른 소프트웨어사업자가 다른 사업자에게 아래와 같은 활동을 위탁하는 경우
   가. 수요자의 요구에 의하여 컨설팅, 요구분석, 시스템통합 시험 및 설치, 일정기간 시스템의 운영 및 유지보수(소프트웨어산업진흥법 제2조 제1항 제1호에 의한 정보프로그램(상용소프트웨어를 포함한다)의 운영 및 유지·보수 활동을 포함한다) 등의 활동
   나. 전산자료처리, 호스팅 및 관련서비스, 포털 및 기타 인터넷 정보매개 서비스 또는 컴퓨터의 기억장치에 데이터를 저장하거나 이를 검색 또는 제공하는 등의 활동

5. 광고를 업으로 하는 사업자가 다른 사업자에게 아래와 같은 활동을 위탁하는 경우
   가. 광고와 관련된 판촉, 행사, 조사, 컨설팅, (사진)촬영 등의 활동
   나. 광고와 관련된 편집, 현상, 녹음, 촬영 등의 활동
   다. 전시 및 행사와 관련된 조사, 기획, 설계, 구성 등의 활동

6. 「공연법」 제2조 제1호 규정에 의한 공연 또는 공연의 기획을 업으로 하는 사업자가 다

른 사업자에게 편집, 현상, 녹음, 촬영, 음향, 조명, 미술 등의 위탁을 하는 활동

7. 다음 각 호에 해당하는 활동을 업으로 하는 사업자가 다른 사업자에게 측량, 지질조사 및 탐사 등의 활동을 위탁하는 경우
   가. 「건축사법」 제2조 제3호에 따른 설계
   나. 「엔지니어산업진흥법」 제2조 제1호에 따른 엔지니어링활동 중 설계
   다. 측량, 지질조사 및 탐사, 지도제작

8. 이상에서 열거한 역무의 공급을 위탁받은 사업자가 위탁받은 역무의 전부 또는 일부를 다른 사업자에게 위탁하는 행위

Ⅱ. 재검토기한

공정거래위원회는 「훈령·예규 등의 발령 및 관리에 관한 규정」에 따라 이 고시에 대하여 2019년 1월 1일 기준으로 매 3년이 되는 시점(매 3년째의 12월 31일까지를 말한다)마다 그 타당성을 검토하여 개선 등의 조치를 하여야 한다.

   부   칙〈제2018-21호, 2018. 12. 6.〉(일몰 정비를 위한 「구매안전서비스에 대한 통신판매업자의 표시·광고 또는 고지의 방법에 관한 고시」 등 일괄개정고시)

이 고시는 2018년 12월 6일부터 시행한다.

하도급공정화지침은 엔지니어링업, 화물자동차 운송업, 건축물 유지·관리업, 경비업, 물류업, 소프트웨어사업, 광고업 등에서 다음과 같이 좀 더 구체적인 지침을 제공하고 있다.

하도급법은 역무로 열거한 것에 대해서만 하도급법 적용대상으로 보고 있다. 이런 열거주의 방식으로는 갈수록 다양해지고 새로워 지는 서비스 분야에서의 불공정 하도급거래를 유효 적절하게 대처하기 어려우므로 일본 하청법과 같이 포괄주의 또는 예시주의 방식으로 법을 개정해야 한다는 비판이 있다.[203]

소프트웨어사업자가 다른 사업자에게 보안 소프트웨어와 시스템 등을 공급하면서 아울러 그 소프트웨어 및 시스템의 유지·보수용역계약을 체결한 것과 관련하여, 대법원은 역무고시에서 소프트웨어사업자가 수요자의 요구에 의하여 컨설팅, 요구분석, 시스템통합 시험 및 설치, 일정기간 시스템의 운영 및 유지·보수를 역무로 보면서도 단서에서 정보프로그램은 제외한다고 규정하므로, 침익적 행정법규 해석의 원칙상 정보프로그램을 유지·보수하는 것은 역무위탁의 대상으로 볼 수 없다고 판시한 바 있다(대법원 2016. 9. 30. 선고 2015두53961 판결[204]).

---

203) 오승돈, 앞의 책, 71면

204) 대법원 2016. 9. 30. 선고 2015두53961 판결

【이 유】

상고이유를 판단한다.

1. 소프트웨어 유지·보수 계약이 역무의 공급에 해당하는지 등에 관하여

　가. 침익적 행정처분의 근거가 되는 행정법규는 엄격하게 해석·적용하여야 하고 행정처분이 상대방에게 불리한 방향으로 지나치게 확장해석하거나 유추해석하여서는 아니 된다. 또한 그 입법 취지와 목적 등을 고려한 목적론적 해석이 전적으로 배제되는 것은 아니라 하더라도 그 해석이 문언의 통상적인 의미를 벗어나서는 아니 된다(대법원 2008. 2. 28. 선고 2007두13791, 13807 판결 등 참조).

　나. 구 「하도급거래 공정화에 관한 법률」(2013. 5. 28. 법률 제11842호로 개정되기 전의 것, 이하 '하도급법'이라고 한다)은 사업자가 다른 사업자에게 용역위탁을 하는 것을 하도급거래의 일종으로 규정하면서, 용역위탁을 하는 사업자는 수급사업자에게 용역수행행위를 시작하기 전에 하도급계약 중 일정 사항이 기재된 서면을 발급하여야 하고, 하도급 대금을 부당하게 결정해서는 아니 된다고 하고(제2조 제1항, 제3조 제1항, 제4조 제1항), 이러한 규정을 위반한 원사업자 등에게 시정조치를 하거나 과징금을 부과할 수 있도록 규정하고 있다(제25조 제1항, 제25조의3).

　　하도급법에서 '용역위탁'의 대상은 '지식·정보성과물의 작성 또는 역무의 공급'으로 되어 있고(제2조 제11항), 그 경우 '역무'에는 "공정거래위원회가 정하여 고시하는 활동"도 포함된다(제2조 제13항 제5호). 그에 따라 공정거래위원회가 정한 구 「용역위탁 중 역무의 범위 고시」(2014. 12. 23. 공정거래위원회고시 제2014-16호로 개정되기 전의 것, 이하 '이 사건 고시'라고 한다)에서는, "「소프트웨어산업 진흥법」 제2조 제4호의 규정에 의한 소프트웨어사업자가 다른 사업자에게 위탁하는 활동"으로서 "컴퓨터 관련 서비스를 업으로 하는 사업자가 수요자의 요구에 의하여 컨설팅, 요구분석, 시스템통합 시험 및 설치, 일정기간 시스템의 운영 및 유지·보수를 위탁하는 활동" 등을 용역위탁에 해당하는 '역무'에 속하는 것으로 규정하면서 "단, 하도급법 제2조 제12항 제1호에 의한 '정보프로그램'은 제외한다"고 규정하였다(위 고시 Ⅰ의 4. '가'항, 이하 '이 사건 고시 조항'이라고 한다). 그리고 거기에 인용된 위 하도급법 조항에서는 '정보프로그램'을 "「소프트웨어산업 진흥법」 제2조 제1호에 따른 소프트웨어, 특정한 결과를 얻기 위하여 컴퓨터·전자계산기 등 정보처리능력을 가진 장치에 내재된 일련의 지시·명령으로 조합된 것을 말한다"고 규정하고, 「소프트웨어산업 진흥법」 제2조 제1호는 '소프트웨어'란 "컴퓨터, 통신, 자동화 등의 장비와 그 주변장치에 대하여 명령·제어·입력·처리·저장·출력·상호작용이 가능하게 하는 지시·명령(음성이나 영상정보 등을 포함한다)의 집합과 이를 작성하기 위하여 사용된 기술서나 그 밖의 관련 자료를 말한다"고 규정하고 있다.

　다. 위와 같은 관련 규정의 문언과 취지를 앞서 본 법리에 비추어 살펴보면, 이 사건 고시 조항이 '컴퓨터 관련 서비스를 업으로 하는 사업자가 수요자의 요구에 의하여 컨설팅, 요구분석, 시스템통합 시험 및 설치, 일정기간 시스템 운영 및 유지·보수를 위탁하는 활동'을 용역위탁 중 역무에 포함되는 것으로 정하였다 하더라도, 컴퓨터·통신·자동화 장비 등 컴퓨터 시스템에 관련된 것만이 거기에서 정한 역무에 해당된다고 볼 수는 없다. 그런데 이 사건 고시 조항의 단서에서 명시적으로 "하도급법 제2조 제12항 제1호에 의한 '정보프로그램'은 제외한다"고 규정하고 있으므로, 앞서 본 침익적 행정처분의 근거 법령 해석에 관한 법리에 따르면 원사업자가 수급사업자에게 "컴퓨터·통신·자동화 등 장비에 대한 정보프로그램, 즉 소프트웨어산업 진흥법 제2조 제1호에 따른 소프트웨어의 유지·보수" 업무를 위탁하였다 하더라도 이는 이 사건 고시 조항에서 정한 '역무'의 공급으로 볼 수 없으므로 하도급법이 정한 '용역위탁'에 해당하지 아니한다고 보아야 한다. 그러므로 설령 원사업자가 수급사업자에게 소프트웨어 등의 유지·보수를 위탁하면서 수급사업자가 그 사무를 개시하기 전에 법령이 정한 서면을 교부하지 아니하였다 하더라도 이를 들어 하도급법에 따라 시정조치를 하거나 과징금을 부과할 수는 없다고 할 것이다.

　라. 그리고 항고소송에서는 처분의 적법성을 주장하는 피고에게 그 적법사유에 대한 증명책임이 있다(대법원 2011. 9. 8. 선고 2009두15005 판결 등 참조). 또한 증명촉구에 관한 법원의 석명권은 소송의 정도로 보아 당사자가 부주의 또는 오해로 인하여 증명하지 아니하는 것이 명백한 경우에 한하

하도급거래공정화지침

① 「엔지니어링산업 진흥법」상 엔지니어링 활동을 업으로 하는 사업자가 (i) 공장 및 토목공사의 타당성 조사, 구조계산을 다른 사업자에게 위탁하는 것, (ii) 시험, 감리를 다른 사업자에게 위탁하는 것, (iii) 시설물의 유지관리를 다른 사업자에게 위탁하는 것

② 「화물자동차 운수사업법」상 운수사업자가 화물자동차를 이용한 화물의 운송 또는 화물운송의 주선을 다른 사업자에게 위탁하는 것

③ 「건축법」상 건축물의 유지·관리를 업으로 하는 사업자가 건축물의 유지·보수, 청소, 경비를 다른 사업자에게 위탁하는 것

④ 「경비업법」상 경비를 업으로 하는 사업자가 (i) 시설·장소·물건 등에 대한 위험발생 등을 방지하는 활동을 다른 사업자에게 위탁하는 것, (ii) 사람의 생명 또는 신체에 대한 위해의 발생을 방지하고 그 신변을 보호하기 위하여 행하는 활동을 다른 사업자에게 위탁하는 것

⑤ 물류업의 경우, (i) 「물류정책기본법」상 물류사업을 업으로 하는 사업자 또는 국제물류주선업을 업으로 하는 사업자가 화물의 운송, 보관, 하역 또는 포장과 이와 관련된 제반활동을 위탁하거나 화물운송의 주선을 다른 사업자에게 위탁하는 것, (ii) 「항만운송사업법」상 항만운송업자가 같은 법 제2조 제1항에 의한 항만운송 및 제2조 제4항 항만운송관련사업 중 항만용역업을 다른 사업자에게 위탁하는 것, (iii) 한국철도공사 등 철도운송업자가 「한국철도공사법」 제9조 제1항 제1호의 규정에 의한 운송사업을 다른 사업자에게 위탁하는 것

⑥ 사업자가 「소프트웨어산업 진흥법」 제2조 제3호에 따른 소프트웨어사업을 업으로 하는 경우, (i) 수요자의 요구에 의하여 컨설팅, 요구분석, 시스템통합 시험 및 설치, 일정기간 시스템의 운영 및 유지·보수 등을 다른 사업자에게 위탁하는 것, (ii) 소프트웨어 관련 서비스사업을 업으로 하는 사업자가 데이터베이스 개발·공급 및 컨설팅, 자료입력 등 단위 서비스제공 사업을 다른 사업자에게 위탁하는 것, (iii) 위탁을 하는 사업자가 연구 및 개발을 업으로 하는 경우, 다른 사업자에게 기술시험, 검사, 분석, 사진촬영 및 처리, 번역 및 통역, 포장, 전시 및 행사 대행 등을 다른 사업자에게 위탁하는 것(단, 법 제2조 제13항 제1호의 규정에 의한 엔지니어링 활동은 제외)

⑦ 사업자가 광고를 업으로 하는 경우, (i) 광고와 관련된 판촉, 행사, 조사, 컨설팅 등을 다른 사업자에게 위탁하는 것, (ii) 영상광고와 관련된 편집, 현상, 녹음, 촬영 등을 다른 사업자에게 위탁하는 것, (iii) 전시 및 행사와 관련된 조사, 기획, 설계, 구성 등을 다른 사업자에게 위탁하는 것

⑧ 사업자가 방송·방송영상제작, 영화제작, 공연기획을 업으로 하는 경우 녹음, 촬영, 음향, 조명, 보조출연, 미술, 편집 등을 다른 사업자에게 위탁하는 것

⑨ 사업자가 「건축법」 제2조 제1항 제12호의 규정에 의한 건축주 등 부동산공급을 업으로 하는 경우 「건축물의 분양에 관한 법률」 제2조 제2호의 규정에 의한 분양의 업무를 다른 사업자에게 위탁하는 것

⑩ 사업자가 도·소매를 업으로 하는 경우 물품의 판매를 다른 사업자에게 위탁하는 것

여 인정되고(대법원 2005. 9. 29. 선고 2005다25755 판결 등 참조), 당사자가 주장하지도 않은 법률효과에 관한 요건사실이나 공격방어방법을 시사하여 그 제출을 권유하는 행위는 변론주의의 원칙에 위배되고 석명권 행사의 한계를 일탈한 것이다(대법원 2005. 1. 14. 선고 2002두7234 판결 등 참조).

라. 지식·정보성과물 작성위탁과 용역위탁의 구분

지식·정보성과물이나 역무 모두 하도급법령으로 열거하는 것에 한정되기는 하지만 실무적으로 특정한 위탁이 지식·정보성과물 작성위탁인지 아니면 역무위탁인지 여부가 문제되는 경우가 종종 발생한다. 생각건대, 인간의 사상 또는 감정을 표현한 창작물을 의미하는 저작물의 핵심은 바로 창조성에 있다. 창조성과 관련한 사항은 지식 및 정보성과물 작성위탁으로 보고, 그 외 단순 노무적 사항은 용역위탁으로 보는 것이 합리적 해석이다. 예를 들어, 영화나 방송프로그램 등을 작성하는 과정에서 수행하는 작업은 단순 노무에 해당하여로 일반적으로 역무이지만, 영상이나 음향을 창작적으로 제작하는 것으로 평가될 수 있다면 창조성이 있으므로 지식정보성과물이 되어야 한다.

마. 사례

 질의 회신 사례205)

[질의] 업무용 빌딩 시설물 관리 일체를 건물 소유주(A사)로부터 위탁받아 관리하고 있는 사업자(B사)가 다른 사업자(C사)에게 청소 용역을 위탁할 경우 하도급거래에 해당하는지 여부는 어떠한가?

[회신] 이는 역무의 공급을 업으로 하는 사업자가 그 업에 따른 용역 수행 행위의 일부를 다른 용역업자에게 위탁하는 것에 해당하므로 용역위탁에 해당하며 이러한 용역위탁이 하도급법상의 원사업자와 수급사업자 사이에 이루어진 경우에는 하도급법상 하도급거래에 해당된다.

마. 그런데 원심판결 이유에 의하면 ① 피고는 원고가 중소기업자인 더△■■솔루션즈 주식회사 등 수급사업자들과 사이에 체결한 소프트웨어의 유지·보수·개발·구축 등을 제호로 하는 계약(이하 '이 사건 각 계약'이라고 한다)이 모두 용역위탁에 해당함을 전제로 이 사건 처분을 한 사실, ② 피고는 이 사건 처분에 관한 의결서 및 원심의 변론 과정에서도 이 사건 각 계약 중 상당수가 소프트웨어의 유지·보수에 관한 것이라고 특정하여 주장한 사실 등을 알 수 있다.

이러한 사실관계를 앞서 본 법리에 비추어 보면, 이 사건 각 계약 중 소프트웨어의 유지·보수에 관한 부분은 이 사건 고시 조항에서 정한 '역무'에 해당하지 아니한다. 그리고 피고가 원심에서 제출한 증거만으로는 이 사건 각 계약에 소프트웨어의 유지·보수 이외의 사항으로서 '역무'의 공급에 관한 부분이 포함되어 있다고 인정하기 어려우므로 결국 이 사건 각 계약이 하도급법이 정한 '용역위탁'에 해당함을 전제로 한 이 사건 처분은 위법하다고 볼 수 밖에 없다. 나아가 기록상 피고의 부주의 또는 오해로 인하여 원심에서 이 사건 각 계약 중 일부가 '역무'의 공급 또는 그 밖의 사유로 '용역위탁'에 해당할 수 있음을 주장·증명하지 않았음이 명백하다고 볼 만한 사정도 찾기 어려우므로, 원심이 이 부분에 관하여 주장·증명을 촉구하는 등으로 석명권을 행사하였어야 한다거나 그에 관하여 심리했어야 한다고 볼 수도 없다.

205) 법무법인 화우, 앞의 책, 60면

인력파견과 하도급거래의 구분

(#시스템통합업무#인력제공하도급#투입인력감소로 인한 감액#부당감액&정당한 사유)

A 현실적으로 하도급거래 중 사실상 인력만 제공하는 인력도급거래가 많고 파견근로와 구분이 모호한 경우가 많지만, 수급사업자가 인력들을 지휘, 감독하는 경우에는 하도급거래이고 원사업자가 그 인력들을 지휘, 감독하는 경우에는 파견근로로 보아야 한다.

해설

근로자파견법에 의하여 근로자를 파견받는 경우는 용역하도급이라 볼 수 없으므로 하도급법이 적용되지 않는다.[206] 그런데 실질적으로는 근로자를 제공받아 용역에 투입하는 것이지만 하도급계약이 체결되어 용역이 제공되는 형식을 취하는 경우에도 하도급법이 적용되는가? 예를 들어, SI 업계에서는 하나의 프로젝트가 수많은 단위업무(보다 큰 단위업무와 하부의 상세 단위업무로 나뉘고, 최하위 단위 업무를 '모듈'이라 한다)로 나뉘어 수행되고, 모듈 단위의 업무를 수급사업자들에게 위탁(하나의 모듈을 하나의 수급사업자에게 위탁하는 경우도 있지만 많은 경우 여러개의 수급사업자에게 위탁함)하는데, 수급사업자는 개별 모듈을 독자적으로 개발하기 보다는 현장에 필요한 기술인력만을 제공하고, 원사업자가 모듈 개발을 위한 기획과 설계를 한 다음 수급사업자로부터 공급받은 기술자들을 지휘·감독하여 개별 모듈을 개발하고 그 모듈들을 결합하여 업무를 완성하는 형태로 이루어지는 경우가 많다. 즉, 원사업자가 발주자로부터 시스템통합작업을 의뢰받아 수행하면서 그 과정에서 특정 프로그램 작성용역을 수급사업자에게 위탁하는 하도급계약을 체결하였지만, 수급사업자가 하는 업무가 단순히 인력을 현장에 투입하는 것이고 원사업자가 전체적인 기획과 조정 등을 하는 경우이다.

실질적으로는 근로자를 공급하는 것과 큰 차이가 없지만 그렇다고 해서 하도급계약이 아니라고 단정하기도 힘들다. 위탁된 업무 자체가 단순 노무적이기는 하지만 한편으로는 (아무리 정형화되고 기계적인 작업이라 하더라도) 프로그램 개발 용역이기 때문에 그렇

---

206) 용역하도급실무편람, 31면

다. 논란은 있지만, 공정거래위원회는 실무상 인력제공적 성격의 거래 역시 용역위탁으로 보고 있다. 특히 앞서 언급한 종류의 시스템 통합 관련 하도급거래에 있어, 공정거래위원회 실무는 위탁된 업무의 완성보다는 해당 용역을 수행할 인력을 공급하는 것이 하도급거래의 주 내용인 경우가 많다 하더라도, 용역위탁임을 부정할 근거는 될 수 없다며 하도급법을 적용하고 있다.

공정거래위원회는 수급사업자는 개별 모듈을 독자적으로 개발하기 보다는 현장에 필요한 기술인력만을 제공하고, 원사업자가 모듈 개발을 위한 기획과 설계를 한 다음 수급사업자로부터 공급받은 기술자들을 지휘·감독하여 개별 모듈을 개발하고 그 모듈들을 결합하여 업무를 완성하는 형태로 이루어지는 경우라 하더라도 역무위탁이 아니라 지식·정보성 과물의 작성 위탁에 해당한다고 판단하였다(공정위 2014. 5. 9. 의결 제2014-106호).

그런데 수급사업자가 위탁 업무를 수행하던 중 투입하기로 약정한 인력을, 퇴사 등 기타 사유로 투입하지 못하여 원사업자가 다른 수급사업자 또는 직접 인원을 투입하여 업무를 진행하는 상황이 발생할 수 있다. 원사업자는 투입하지 못한 인력에 상당하는 금액을 하도급대금에서 감액하게 되며 수급사업자 역시 특별한 이의를 제기하지 않는다. 그런데 공정거래위원회는 하도급거래의 본질이 업무수행의 완성이므로 투입인력 감소에 따라 하도급대금을 감액하는 것에 대해서 대체적으로 부정적으로 보는 경향이 있다.[207] 하지만 인력제공적 성격의 하도급거래에서 수급사업자가 원사업자와 계약한 바에 따른 인력을 투입하지 못하게 되었다면, 그 사유가 수급사업자의 인력확보 실패이든 또는 수급사업자 직원들의 퇴사 때문이든 간에 수급사업자의 계약불이행을 구성하며, 원사업자는 이를 이유로 계약을 해지하고 손해배상을 청구할 수도 있다. 원사업자가 그 대신 투입인력을 축소하고 그에 상당하여 하도급대금을 감액조정하는 것은 오히려 수급사업자의 이익에 부합하는 계약의 일부해지 또는 재조정에 해당한다. 따라서 하도급법 제11조 제1항 단서에서 말하는 감액의 '정당한 사유'가 있다고 보아야 할 것이다.

다음으로 인력제공적 성격의 용역거래에 있어, 위탁 이후 업무환경이 크게 변화하거나 위탁 당시에 투입해야 할 인력을 과다하게 예상한 탓에 실제로는 훨씬 적은 인력이 투입되는 상황이 발생하여 계약된 하도급대금이 과다하다고 보고 감액하는 경우가 있다. 하지만, 용역위탁의 본질상 일의 완성이라는 측면을 전혀 무시할 수는 없으므로, 단지 예상보다 적은 인력이 투입되었다는 이유로 감액하는 것은 허용될 수 없다. 다만, 하도급계약에서 하도급대금을 투입인력에 단가를 곱하는 방식으로 정하였고 단지 예상되는 투입인

---

207) 공정거래위원회 2014. 5. 9.자 의결 제2014-106호, 사건번호 2013건하2004, 에스케이씨앤씨㈜의 불공정하도급거래행위에 대한 건 참조

력과 이 경우 예상되는 하도급대금을 참고사항으로 예시한 것에 불과하다면, 이는 계약상 정해진 대금을 지급하는 것이지 결코 감액했다 볼 수 없다. 이처럼 부당감액에 해당되지 않을 뿐 아니라, 이러한 단가계약방식의 하도급계약이 금지되지는 않으므로 부당한 하도급대금 결정에도 해당되지 않는다.

18 제안서 작성이 용역위탁에 해당하는지 및 이에 대한 대금을 지급해야 하는지

(#지식정보성과물#서면교부의무#대금결정&지급#입찰실패제안서#시안)

A 본 입찰에서 낙찰받을 경우 하도급을 주기로 하면서 수급사업자에게 입찰제안서 작성을 위탁하는 것 역시 용역위탁의 일종이며 당연히 제안서 작성위탁에 대한 서면을 제공해야 하고 정당한 대금을 지급해야 한다. 다만, 낙찰받은 이후 하도급대금에 포함시켜 제안서 작성대금을 지급할 수 있지만, 낙찰받지 못한 경우나 낙찰받은 후 하도급을 주지 않는 경우에는 하도급대금을 지급해야 한다.

해 설

용역업자가 그 업에 따라 용역수행행위를 위탁하기 위하여 제안서 작성을 위탁하는 경우에는 용역위탁에 해당한다. 「용역위탁 중 지식·정보성과물의 범위 고시」(공정거래위원회 고시 제2918-21호, 2018. 12. 6. 제정)에서는 소프트웨어 개발을 위한 제안서를 하도급법이 적용되는 지식·정보성과물의 범위에 포함된다고 명시하고 있어 동 고시 시행 이후에 제안서 작성위탁이 용역위탁임에 이의가 없다. 동 고시가 제정·시행되기 전이라도 제안서는 하도급법 제2조 제12항 제3호의 '문자·도형·기호의 결합 또는 문자·도형·기호와 색채의 결합으로 구성되는 성과물'에 해당하므로 용역위탁(지식·정보성과물 작성위탁)으로 보아야 한다.

그렇다면 용역업자가 제안서 작성을 위탁하는 경우에는 하도급법상 의무를 부담하게 된다. 제안서 작성위탁과 관련하여 실무적으로 문제되는 것은 서면교부의무와 하도급대금지급의무이다. 제안서가 통과하여 원사업자가 발주자와 본계약을 체결하게 되면, 관련하여 제안서 작성을 도와준 사업자에게 하도급을 주는 것을 전제로 제안서 작성을 위탁하는 경우가 많다. 업계 관행에 비추어 볼 때 특별한 사정이 없으면 당사자 사이에 본 하도급계약 체결시에는 하도급대금에 제안서 작성 대가를 포함시키는 것으로 이해되는 경우가 많다. 그래서 원사업자가 발주자와 계약을 체결하지 못하거나 또는 계약을 체결했지만 제안서 작성을 한 사업자와 하도급계약을 체결하지 않는 경우라면, 제안서 작성위탁대가를 정산해 주어야 하고 그렇게 하지 않으면 하도급대금 미지급이 된다. 공정거래협약지침은 공정한 계약체결사항 중 하나로, 광고업종 및 인터넷플랫폼업종의 경우, 입찰에 탈락한 회사의 시안 등(광고전략 및 광고컨셉을 구체화하여 스토리보드 또는 인쇄 그래픽 등으로 표현한 제작물 후보안, 전자문서, 영상, 그 밖에 이에 준하는 것)에 대한 대가지급을 규정하고 있다(지침 제5조 제2항 제7호).

제안서 작성위탁시에 하도급계약이 이루어지면 그 계약에 정해진 바에 따라 하도급대금을 지급하면 되지만 그러한 계약이 없다면 하도급대금을 어떻게 정해야 하는가? 하도급대금은 과징금산정의 기초가 되기 때문에 확정이 필요하다. 통상 원사업자가 제안서 작성업체와 이후 본 하도급계약을 체결하면 하도급계약대금 안에 제안서 작성대가가 포함되어 있는 경우가 많다. 상관행이므로 특별한 사정이 없는 한, 본 하도급대금에 제안서 작성비용이 포함되어 있다고 볼 것이다. 다만, 원사업자로서는 논란을 피하기 위하여 가급적 본 하도급계약대금 안에 제안서 작성대가가 포함되어 있으며 수급사업자와 충분히 협의하여 합의되었다는 근거를 남겨 두는 것이 바람직하다.

반면, 제안서 작성을 위탁받은 업체와 본 하도급계약을 체결하지 않는 경우에는 그 이유가 원사업자가 발주자와 계약을 체결하지 못한 것이든 아니면 다른 업체와 하도급계약을 체결한 것이든 간에, 제안서 작성에 대한 정당한 대가를 별도로 지급해야 한다. 정당한 대가를 어떻게 산정해야 하는가? 실제 발생한 비용을 기초로 대금을 산정하면 공평하지만, 대부분 인건비여서 소요 시간이나 임금에 대해 원사업자와 수급사업자 간의 확정이나 합의도 사실상 매우 어려워 실발생비용을 기초로 한 대금결정도 쉽지 않다. 정당한 대금의 입증은 통상 수급사업자의 영역으로 보므로, 수급사업자로서는 가급적 제안서 작성업무를 수행한 임직원들의 업무시간과 업무내역을 기록해 두고 증빙을 남겨 두는 것이 필요하다. 이후 원사업자에게는 그 임직원들의 업무수행시간에 시간당 임률을 곱한 금액을 기초로 제안서 작성 비용을 협상할 수 있기 때문이다.

다만, 소프트웨어산업진흥법 제21조는 공공기관에서 발주한 정보시스템구축사업에 제안서를 제출한 업체는 비록 낙찰자로 선정되지 않더라도, 기술능력 평가점수가 우수한 경우 제안서에 대해 일정한 보상금을 지급하는 소프트웨어사업 제안서 보상 제도를 시행하고 있는바, 하도급법에서도 일응의 기준으로 삼을 만하다.

한편, 제안서 작성비용의 지급과 무관하게 제안서 작성위탁시에 하도급계약을 체결하여 교부하지 않으면 서면교부의무 위반을 구성하게 된다.

19 실질적 하도급관계와 형식적 하도급관계가 다른 경우 하도급법 적용은 무엇을 기준으로 하는가?

(#실질적 하도급관계#형식적 하도급관계)

A 하도급법은 경제적 실질에 따라 적용하는 것이므로 실질적 하도급관계를 기준으로 하도급법 적용 여부 및 원사업자와 수급사업자를 결정한다. 특히 해외공사에서 형식적으로는 외국자회사 또는 스폰서회사의 명의로 하도급계약을 체결했다 하더라도 실질적인 당사자가 한국 사업자라면 이를 기준으로 한국 하도급법이 적용된다. 2개 이상의 하도급계약이 존재하는 경우 실질적 거래관계에 부합하는 것을 기준으로 판단한다.

해설

가. 경제적 실질에 따른 하도급거래관계 판단

계약서상의 하도급거래 당사자와 실질적인 하도급거래 당사자가 다른 경우 누구를 기준으로 하도급법을 적용할지 여부를 판단하여야 하는가? 이에 대하여 실질적인 거래 당사자를 기준으로 법 적용을 해야 한다는 점에 대하여는 큰 이견은 없는 것으로 보인다. 하도급법상 건설위탁은 수급사업자 역시 위탁받은 건설업에 대한 면허가 있어야 하는데, 수급사업자가 건설업 무등록자에게 건설업 등록증 명의를 대여하여 실제 위탁을 수행한 사업자가 건설업 등록을 하지 않은 경우라면 어떻게 되는가? 공정거래위원회는 실질적인 하도급 관계는 면허를 대여받은 업체와 성립된 것이므로 건설위탁에 해당되지 않는다고 보고 심의절차종료 결정을 하였다(공정위 2018. 6. 18. 의결 2017부사 1118).

그런데 실질적인 거래 당사자를 어떤 기준으로 정할 것인지 여부에 대하여는 논란이 있을 수 있다. 특히 하도급거래 당사자는 원사업자 요건에 못미치는 자회사인데 하도급법상 원사업자에 해당할 수 있는 규모의 모회사의 임직원이 수급사업자와 하도급거래에 대한 사항을 상당 부분 협의한 경우 자회사를 거래당사자로 보고 하도급법 적용여부를 결정해야 하느냐 아니면 모회사를 거래당사자로 보고 하도급법 적용여부를 결정해야 하는지 문제된다.

이 문제의 본질은 결국 위 사례에서 모회사가 어느 정도 관여해야 실질적인 거래당사자로 볼 것인지이다. 모회사 임직원이 관여하였다 하여 모회사를 실질적인 거래당사자로 인정할 경우 엄격한 법인격 분리원칙을 취하고 있는 우리 법제에 맞지 않을 뿐 아니라 경영적 필요에 따라 임직원과 조직이 적은 자회사를 설립하여 운영하면서 상당한 업무를 모회사 임직원들로 하여금 수행하게 하는 경우가 많은 우리 경제계 현실에도 맞지 않기 때문이다.

생각건대, 모회사 임직원이 거래에 관계하였다는 것만 가지고 모회사를 실질적인 당사자로 보기는 부족하고, 전체적인 거래의 관점에서 사실상 모회사가 하도급거래를 했고 자회사는 명의를 빌려 준 것으로 볼 수 있는 경우에 모회사를 실질적인 당사자로 보아야 한다고 본다. 특히 하도급법 적용이 되지 않는 자회사를 통해 하도급법상의 규제를 회피하려고 하였다거나 또는 인력과 조직, 그리고 실질적인 운영상황에 비추어 자회사가 서류상의 회사로 볼 수 있는 경우 등에는 모회사가 실질적인 당사자로 인정될 가능성이 높다고 본다.

관련하여 하도급거래공정화지침은 건설위탁의 범위에 대한 부분이기는 하지만 다음과 같은 규정을 두고 있다(지침 III. 1. 다. (10)).

---

(10) 형식적 하도급관계와 사실적 하도급관계

형식적 하도급관계와 사실상의 하도급관계가 다를 경우에는 사실상의 하도급거래를 적용대상으로 하고, 이를 예시하면 다음과 같다.

(가) 원사업자(A)가 사실상의 수급사업자(B)와 하도급관계를 맺고 있으면서 형식상으로는 A가 직영하는 것으로 되어 있을 경우 다음에 예시하는 바와 같은 사실에 의해서 사실상의 관계가 입증되면 A와 B 사이에 하도급관계가 있다고 본다.

· B가 A에 대하여 당해 공사에 관하여 계약이행을 보증한 사실 또는 담보책임을 부담한 사실이 있는 경우

· B가 당해 공사와 관련된 인부의 산재보험료를 부담한 사실이 있는 경우

· B가 당해 공사에 전혀 관련이 없는 자로 되어 있으나 당해 공사를 시공함에 있어 공사일지, 장비가동일보, 출력일보, 유류 사용대장 등에 B의 책임 하에 장비, 인부 등을 조달하여 당해 공사를 시공한 것이 확인되는 경우

· 형식상으로는 B가 A의 소장으로 되어 있으나 B가 동 공사기간 중 A로부터 봉급을 받은 사실이 없는 경우

· 「총포·도검·화약류 등 단속법」 등 관계법령에 따라 B가 직접 허가를 받아 시공한 경우

① 원사업자(A)와 수급사업자(B)가 하도급계약을 맺었으나 실제공사는 B로부터 등록증을 대여받은 무등록 건설업자(C)가 시공했을 경우 C는 무등록 사업자이므로 하도급법 적용대상으로 보지 않는다.

최근 서울고등법원은 등산복 등 아웃도어 제품에 대한 생산·유통·판매를 업으로 하는 중소기업자가 등산화 등 제품에 대한 제조위탁에 대한 기본적인 사항을 수급사업자와 정하면서 향후 세부적인 제조위탁에 대해 자신의 계열회사를 통해 개별계약으로 하기로 한 후, 개발계약으로 주문한 계열회사가 원사업자가 납기지연을 이유로 위탁을 취소하자, 공정위가 그 모회사에게 하도급법 위반으로 처분한 사안에서, 서울고등법원은 당사자 사이의 실질적인 해석에 비추어 볼 때 그 모회사가 실질적 당사자로서 하도급법상 원사업자이므로 처분대상 적격이 있다고 판단한 바 있다(서울고등법원 2016. 10. 20. 선고 2015누56160 판결).

국내 건설회사가 해외 공사를 낙찰받은 다음 이를 수행하기 위하여 국내 건설회사들을 해외로 오게 하여 하도급을 주는 경우에 하도급법이 적용되지만, 설사 이들이 현지법률이나 기타 다른 이유들로 해외 자회사나 스폰서 기업 또는 사업목적법인(SPC)를 만들어 하도급계약의 주체가 되게 하더라도 실질적으로는 국내 건설회사들 간의 하도급거래로 볼 수 있는 경우에는 하도급법이 적용된다. 하도급법령이나 관련 공정거래위원회의 고시 등에는 규정이 없지만, 중소벤처기업부의 「위수탁거래 공정화지침」에서는 위수탁거래에 대하여 '실질적 위수탁거래'를 의미하는 것으로 법률이나 계약의 형식이 아니라 경제적 실질로 판단되어야 함을 전제로, "국내 법인들이 외국 현지에 외국 법인을 설립하여 수탁·위탁 거래를 하는 경우 그 수탁·위탁 계약의 체결 경위, 수탁·위탁 계약의 중요한 내용(단가결정, 물량배정 등)이 국내 법인의 주도하에 결정되는지, 국내 법인 역시 수탁·위탁 거래에 필수적으로 요구되는 자격 등을 갖추었는지 여부, 소유 및 경영의 실질적인 독립성을 갖추었는지 여부 등을 고려하여 형식적으로는 외국 법인간의 수탁·위탁 거래라 할지라도 실질적으로 국내 법인간의 행위로 볼 수 있는 경우에는 법의 적용이 가능하다"고 규정하고 있다(공정화지침 II. 1. 다.).

나. 허위의 서면 교부 및 2종 이상의 계약서가 존재하는 경우

실제의 하도급거래관계와 상이한 서면을 교부하는 것은 허위서면교부이다. 서면을 교부하지 않는 것이므로 그 자체로 하도급법위반임과 동시에, 다른 하도급법위반이나 불공정한 거래조건을 감추기 위한 것일 수가 있으므로 추가적인 조사의 단서가 될 수 있다. 1건의 하도급공사에 대하여 2종 이상의 계약서가 존재할 때에는 실제 하도급거래관계에 입각한 서면을 적법한 것으로 보게 된다. 다만, 실제 거래관계를 구체적으로 입증하지 못하는 경우에는 계약의 요건을 보다 충실하게 갖춘 서면(예를 들어, 발주처에 통보한 서면 등)을 적법한 서면으로 보게 된다(하도급공정화지침).

한편, 동일한 수급사업자와 동일한 유형의 하도급거래를 계속, 반복하는 경우에 공통사항은 기본계약서에, 개별 주문별로 특정되는 사항은 개별계약서 또는 발주서에 기재하는 등으로 법정기재사항을 3개 이상의 서면에 분리, 기재하여 발급하더라도 적법한 서면발급으로 인정될 수 있다. 다만, 이 경우 분리된 서면 사이에 상호관련성을 나타내는 문언을 명기해야 한다.

 질의 회신 사례208)

[질의] 아래 2종의 계약서금액 중 하도급법 적용시 기준이 되는 계약금액은 어느 것인가?
• 원사업자인 '갑'은 ○○공사가 발주한 아파트 신축공사 중 일부를 수급사업자인 '을'에게 제조위탁하고(싱크대, 신발장, 발코니) 계약금액이 서로 다른 2종이 계약서를 작성
  − 제조하도급 약정서 : 계약금액 236,300천 원(작성일 2007년 8월 20일)
  − 하도급계약서 : 계약금액 395,000천 원(작성일 2007년 8월 24일)
• 상기 2종의 계약서와 관련하여 '을'은 하도급계약서상의 계약금액이 하도급계약금액이라고 주장하고, '갑'은 하도급계약서는 발주자에게 통지하기 위한 허위의 계약서로서 실제로는 제조하도급약정서상의 계약금액이 유효한 계약금액이라고 주장
  − 수급사업자는 원사업자로부터 제조하도급약정서에 기재된 계약금액과 이중계약금액의 차액에 대한 부금 등 총 244,200천 원을 지급받고 세금계산서와 입금표는 392,600천 원으로 발행하여 줌

[회신] 원칙적으로 계약은 합의에 의하여 성립하며 합의된 내용에 따라 권리와 의무가 발생하게 되는 것으로서 그 합의 내용을 증명하기 위하여 계약서면을 작성하여 교부하는 것이다. 동일한 하도급거래에 있어서 상이한 계약서면이 존재하는 경우 실제의 합의 내용에 입각한 서면만 진정한 하도급계약서로서 인정받게 된다.
 − 2종의 계약서 중에서 실제의 합의 내용에 입각한 서면이 어느 것이냐는 실제 제조한 부분과 부합되는 계약서를 근거로 하도급법을 적용해야 할 것이다.
 − 실제의 합의 내용에 입각한 서면이 아닌 다른 목적을 위하여 작성된 계약서면은 타법에 위반됨과는 별개로 진의와 표시가 불일치한 허위 표시에 기한 가장 행위로서 무효이다.

---

208) 법무법인 화우, 앞의 책, 95면

20 외국에서의 하도급거래나 외국법인에 의한 하도급거래에 한국 하도급법이 적용되는가?

(#국외거래하도급#외국법인중소기업#외국법인원사업자#한국법인의 해외자회사)

A 외국에서 이루어진 하도급거래라 하더라도 한국 사업자가 원사업자 또는 수급사업자에 해당한다면 한국 하도급법이 적용되어야 한다. 다만, 수급사업자가 되기 위하여는 중소기업이어야 하는데(일부 조항의 경우 중견기업이어도 가능) 중소기업·중견기업이 되기 위하여는 내국법인이어야 하므로 외국법인은 수급사업자가 될 수 없다. 특히 외국법인이 원사업자로 내국법인에게 위탁하는 경우에는 우리 중소기업들의 보호를 위하여 적극적으로 하도급법을 적용해야 한다. 한편, 한국기업들이 해외에서 외국 자회사나 또는 현지 스폰서 기업의 명의로 하도급거래를 하더라도 실질적으로 한국기업이 거래상대방이라면 하도급법이 적용되어야 한다.

해설

가. 한국기업이 원사업자로서 외국기업에게 위탁한 경우 : 하도급법 적용 안됨. 외국법인은 중소기업·중견기업이 될 수 없어 수급사업자가 아니기 때문

하도급법의 역외 적용 문제를 살펴보기 전에 외국법인이 하도급법 수급업자가 될 수 있는지를 먼저 검토해야 한다. 하도급법상 수급사업자는 중소기업이어야 하며(법 제2조 제3항), 수급사업자가 아니지만 하도급법 제13조의 대금지급 등 중요 규정에 의한 보호를 받기 위해서는 중견기업이어야 한다(법 제13조 제11항). 그런데 중소기업기본법은 국내법이며 중소기업의 성장과 발전을 도모하는 데 목적이 있으므로 외국에 소재한 외국법인은 중소기업기본법에 따른 중소기업이 될 수 없다. 같은 이유로 외국법인은 중견기업법상 중견기업도 될 수 없다. 외국법인이 국내에 영업소를 두었다 하더라도, 그 영업소는 외국법인과 별개의 법인이거나 사업자라고 볼 수 없으므로 중소기업이나 중견기업에 해당될 수 없다. 그렇다면 외국법인은 아무리 규모가 작더라도 하도급법상 원사업자에는 해당되지만 수급사업자에는 해당되지 않는다.

외국기업은 규모와 무관하게 수급사업자로서 보호받을 수 없다는 해석은 관계 법령 해석상 불가피한 결과이지만 외국법인 입장에서는 내국법인에 비해 차별적 대우를 받는다고 느낄 수 있다. 특히 규모가 작은 외국법인이, 심지어 수급사업자가 자신보다 규모가 더 큼에도 불구하고 원사업자가 되어 하도급법상의 규제를 받는 것은, 외국법인에 대한 역차별이라 볼 여지도 있다. 국가투자자소송과 관련한 이슈가 발생할 여지도 배제할 수 없으므로, 공정거래위원회로서는 외국법인이라 하더라도 자신보다 규모가 큰 수급사업자와의 거래에 대하여는 하도급법적용을 자제하는 것이 바람직하다.

다음으로 한국기업이 원사업자로서 외국법인에게 위탁하는 경우, 위반행위가 있다면 그 행위자가 국내 사업자이기 때문에 속인주의 원칙에 따라 국내법이 적용되어야 하겠지만, 앞서 본 바와 같이 외국법인은 규모와 무관하게 중소기업이나 중견기업이 될 수 없기 때문에 하도급법상의 수급사업자에 해당되지 않는다. 그래서 하도급법이 적용될 여지가 없다. 더욱이 특별한 사정이 없는 한 해외에서 발생한 외국법인에 대한 하도급거래를 하도급법으로 보호해야 할 필요성도 크지 않다. 국내법인의 현지법인 역시도 원칙적으로 해외법인이므로 결론은 동일하다.

한편, 원사업자가 국내 법인의 해외 자회사인 경우에는 어떻게 되는가? 행위자가 국내 법인이 아니므로 속인주의 원칙으로는 국내법이 적용된다고 볼 수 없다. 특히 원사업자에게 건설관련법상의 자격을 요구하는 건설하도급은 더더욱 성립할 수 없다. 그 이유는 다음과 같다. 하도급법 제2조 제9호는 하도급법의 적용대상이 되는 건설위탁을 (i) 건설업자(건산법 제2조 제7호에 따른 건설업자 등)가 (ii) 그 업에 따른 건설공사의 전부 또는 일부를 (iii) 다른 건설업자에 위탁하는 것을 말한다고 정의하고 있다. 하도급법이 적용되기 위하여는 건산법 등에 따라 등록을 한 건설업자가 그 업에 따른 건설공사를 위탁하는 경우이어야 한다. 하지만 외국법인이나 또는 국내법인의 해외 자회사는 건산법에 따른 건설업자가 아닐 것이므로 건설위탁과 관련하여 하도급법상의 원사업자에 해당되는 경우는 거의 없기 때문이다.

다만 하도급거래의 명의자가 현지법인이지만 실질적으로는 모회사인 한국법인이 당사자라면 실질적 하도급관계를 중심으로 모기업인 한국법인을 수급사업자로 봄이 타당하다.

나. 원사업자, 수급사업자 모두 국내 사업자인 경우 : 하도급법 적용됨, 특히 국내 사업자들이 해외 자회사 또는 현지 스폰서 회사를 통하여 하도급거래를 한 경우에도 실질적으로 국내 회사간 거래로 볼 수 있다면 하도급법 적용

속인주의에 따라 국내 사업자들이 해외에서 한 행위에 대해서도 국내법이 적용됨이 원칙이다. 국내 수급사업자를 보호할 필요성은 해외에서 발생한 거래의 경우에도 동일하므로, 이 경우에도 원칙적으로 하도급법이 적용된다. 물론, 국내 사업자들이 해외에서의 사업을 위해 설립한 해외법인은 국내법인이 아닐 뿐 아니라 중소기업기본법상 국내법인만 해당되는 중소기업자도 아니어서 하도급법이 적용되지 않음이 원칙이다. 예외적으로 사실상 국내 법인들의 행위로 볼 수 있는 경우는 하도급법이 적용될 수 있다. 우리 건설회사들이 많이 진출하는 중동이나 동남아 등에서는 종종 외국회사가 직접 입찰에 참여하여 발주를 받지 못하거나 또는 외국회사가 하도급계약을 체결할 수 없도록 하고 있어 어쩔 수 없이, 현지 자회사를 설립하여 이를 통하여 공사를 진행하거나 또는 현지의 기업과 스폰서 계약을 체결해서 그 스폰서 기업을 통하여 계약을 체결하는 경우가 있다. 스폰서 계약은 그야말로 현지의 스폰서 기업이 명의만 빌려주는 것이고 모든 법률적, 사실적 행위를 피스폰서 기업(우리나라 건설회사)이 하는 것이므로, 이 경우 실질적인 행위자는 피스폰서 기업이 된다. 스폰서 기업을 통하여 하도급계약이 이루어지더라도 실제 권리, 의무의 주체가 우리 기업들이라면 이를 중심으로 하도급법이 적용될 수 있다. 마찬가지로 현지 자회사들을 통하여 하도급계약을 체결하더라도 실질적으로 국내 모기업들의 행위로 볼 수 있는 경우에는 한국 하도급법이 적용된다고 보아야 할 것이다.

관련된 공정거래위원회의 질의회신은 다음과 같다.

질의 회신 사례

[질의] 당사가 해외 현장에서 자체 발주한 공사 중 일부 공사를 다른 국내사업자(수급사업자)에게 위탁한 경우 하도급법의 적용 대상이 되는지 여부는 어떠한가?

[회신] 하도급법에서는 원·수급사업자의 하도급거래 현장을 국내로 한정하는 규정이 없으므로 건설산업기본법 제2조 제5호에 따른 건설사업자로서 하도급법상의 원·수급사업자의 요건을 충족한다면 하도급법 적용 대상이 되는 하도급법거래(건설위탁)로 판단된다.

이와 관련하여 하도급법령이나 관련 공정거래위원회의 고시 등에는 규정이 없지만, 중소벤처기업부의 「위수탁거래 공정화지침」에서는 위수탁거래에 대하여 '실질적 위수탁거래'를 의미하는 것으로 법률이나 계약의 형식이 아니라 경제적 실질로 판단되어야 함을 전제로, "국내 법인들이 외국 현지에 외국 법인을 설립하여 수탁·위탁 거래를 하는 경우 그 수탁·위탁 계약의 체결 경위, 수탁·위탁 계약의 중요한 내용(단가결정, 물량배정 등)이 국내 법인의 주도하에 결정되는지, 국내 법인 역시 수탁·위탁 거래에 필수적으로 요구되는 자격 등을 갖추었는지 여부, 소유 및 경영의 실질적인 독립성을 갖추었는지 여부 등을 고려하여 형식적으로는 외국 법인간의 수탁·위탁 거래라 할지라도 실질적으로 국내 법인간의 행위로 볼 수 있는 경우에는 법의 적용이 가능하다"고 규정하고 있다(공정화지침 II. 1. 다.). 공정거래위원회의 「하도급거래 공정화지침」에도 이러한 조항을 명시적으로 규정할 필요가 있다.

다. 원사업자가 해외법인이고 수급사업자 모두 국내 사업자인 경우 : 공정거래위원회는 부정적이나 국내법이 적용되지 않을 이유가 전혀 없음

외국법인에게 하도급법상의 의무를 강제하기에 실무적인 난점이 있고 더하여 하도급법이 국내 경제질서를 규제하기 위한 국내법적 성격이 강하다는 점을 들어, 공정거래위원회의 실무적 입장은 외국법인을 원사업자로 보지 않는 입장이다. 하지만 외국법인이 국내 중소기업에게 위탁한 경우 그 외국법인을 원사업자로 보지 않는다거나 또는 하도급법을 적용하지 않는다는 규정이나 근거는 없다. 외국법인이 국내법이 적용되는 영역에서 활동한다면 당연히 국내법의 적용을 받아야 한다. 실무적인 난점이나 마찰은 법적용 예외의 이유가 될 수 없다. 설사 그 거래가 물리적인 만남이나 교섭없이 온라인이나 모바일 또는 유선통신으로 이루어졌다 하더라도 국내 중소기업에 대한 하도급거래이고 그 하도급활동이 국내에서 이루어졌다면 당연히 하도급법이 적용되어야 한다. 이와는 별개로, 형식적으로는 해외법인이 위탁한 것이라 하더라도 실제 위탁자를 그 해외법인의 국내 모기업으로 볼 수 있고 그 국내 모기업이 하도급법상 원사업자 요건을 충족한다면, 국내 모기업과의 실질적인 하도급관계가 성립한다고 보아 하도급법적용이 가능할 수 있다.

라. 원사업자, 수급사업자 모두 외국 사업자인 경우 : 하도급법이 적용되지 않음. 다만, 해외에서 한국법인의 현지 모회사 또는 명의를 빌린 스폰서 회사간 거래로서 실질적으로 한국기업들 간의 하도급거래라면 한국 하도급법이 적용됨

외국법인은 중소기업기본법에 따른 중소기업이 될 수 없으므로, 하청업체가 국내법인의 해외계열사라면 원칙적으로 하도급법이 적용될 수 없다. 다만, 명목상의 거래 당사자들만 국내법인의 해외 현지법인일 뿐 실제 주요한 계약사항을 교섭하고 결정하고 계약을 이행한 주체가 국내법인이라면 어떻게 되는가? 사실상 국내법인 간의 하청거래로 볼 수 있을 뿐 아니라 경제적 실질 차원에서 중소기업을 보호할 필요성도 있기 때문에, 국내 사업자들 간에 실질적인 하도급거래가 성립한 것으로 보고 하도급법이 적용될 수 있다. 국내 모회사 간에 실질적인 거래가 있었는지 여부는 거래업체 선정부터 계약체결에 이르기까지 전 과정이 실제로 국내에서 이루어졌는지 여부뿐만 아니라 국내 모회사와 해외 자회사의 출자비율, 실질적 지배권 여부 및 해외 자회사의 설립 동기 등도 종합적으로 고려되어야 할 것이다. 다만 형식적 거래와는 달리 실질적 거래주체가 다르다는 것은 거래의 특별한 사정이므로 이를 주장하는 측에게 입증책임이 있다고 본다.

다만, 아래와 같이 국내법인이 설립한 해외법인에 대하여 국내법인이 아니므로 중소기업기본법상 중소기업에 해당하지 않으므로 수급사업자로 볼 수 없다는 기술이 있는 질의 회신이 있지만, 국내법인이 설립한 해외법인이 형식적으로 수급받은 것으로 계약이 된 경우라도 경제적 실질의 측면에서 그 모회사인 국내법인이 수급받은 것으로 볼 수 있다면 이를 기준으로 하도급법 적용여부를 판단해야 할 것이다.

질의 회신 사례

[질의] 국내법인인 A사가 해외법인인 B사(국내법인인 C사가 설립, B사 및 C사 모두 관련 건설업 면허 미소지)에게 해외 현장의 수문 설치 공사를 위탁한 경우 B사를 하도급법상 수급사업자로 인정하여 하도급법을 적용할 수 있는지 여부는 어떠한가?

[회신] 하도급법 적용 대상 수급사업자는 「중소기업기본법」상 중소기업자이고 「중소기업기본법」의 목적 및 취지에 비추어 볼 때 「중소기업기본법」상 중소기업자는 국내법인을 의미한다고 볼 수 있는데 국내법인이 성립하였는지 여부와 상관없이 B사는 해외법인이므로 B사를 하도급법상 수급사업자로 보기는 어렵다. 아울러 건설위탁의 경우 관련 면허를 소지한 건설업자간 위탁을 하도급거래로 규정하고 있어 수급사업자 해당 여부와 상관없이 B사는 면허 미소지 사업자이므로 해당 거래를 하도급법 적용 대상 건설위탁으로 보기도 어렵다.

당사자 간의 합병·분할, 영업 양수도, 채권의 양수도 및 이전, 채권의 전부·추심명령 등의 경우에 원사업자와 수급사업자로서의 하도급법 및 민사상 권리·의무와 법률적 책임까지 승계 및 이전되는지 여부

(#합병&분할&영업양수도#채무양도&인수#전부명령&추심명령)

A 당사자 간의 합병·분할 등이 있는 경우 원사업자와 수급사업자로서의 권리·의 무와 법률적 책임을 포괄적으로 승계하지만 합병·분할 등으로 원사업자·수급사 업자 규모 요건이 바뀔 수 있다. 다만, 합병·분할 등으로 더 이상 원사업자가 아니게 되 더라도 이미 성립한 하도급법 위반에 따른 책임은 부담한다. 영업양수도의 경우 민사적 권리·의무는 포괄적으로 승계되더라도 영업양도인의 하도급법 위반에 따른 책임까지 승 계된다고 보기는 어렵다. 채권의 양수도나 채무 이전이 있는 경우에는 하도급거래관계가 이전될 수 있지만 이미 성립한 법 위반에 대한 책임이 사라지지 않으며, 하도급대금 채권 이 양도된 경우 양도인 뿐 아니라 양도인에 대한 지급명령도 불가하다. 채권의 전부명령 이나 추심명령의 경우에도 이미 성립한 법 위반 책임에서 벗어날 수는 없지만 수급사업 자가 전부나 추심명령을 받으면 원사업자의 미지급하도급채권은 변제효로 소멸한다.

> **해설**

가. 합병·분할·영업양수도·상속 등의 경우

하도급공정화지침은 "사업자가 합병·영업양수도·상속 등을 통해 권리의무를 포괄적으 로 승계하는 경우에는 하도급계약에 따른 전 사업자의 권리·의무를 승계하는 것으로 본 다. 권리·의무를 포괄적으로 승계한 사업자는 승계한 시점에 당사자 요건을 충족하지 아 니하더라도, 이미 성립한 하도급거래에 따른 당사자로 본다"고 규정하고 있다(지침 II. 4).

하지만 위 지침의 내용이 권리·의무를 포괄적으로 승계한 사업자가 원사업자 요건을 충족하지 못하더라도 하도급법상 원사업자로 보고 하도급법상 책임을 져야 한다는 취지 라면 동의하기 힘들다.

권리 승계 전에 이미 발생한 하도급법위반행위에 대하여 합병 이후 합병법인이 행정상·형사상 책임을 지는 것은 이해할 수 있지만(사실 합병 전 법인이 원사업자 요건을 충족했는데 합병법인이 원사업자 요건을 충족하지 못하는 상황은 존재하기 어렵다), 그 외의 포괄적 권리·의무 승계사유, 즉 상속·분할·영업양수도에 있어서도 반드시 피승계인[분할존속법인, 피상속인, 영업양도인]의 위반행위에 대하여 승계인[분할(합병)법인, 상속인, 영업양수인]이 행정상·형사상 책임을 진다고 볼 수 없기 때문이다. 다만, 형사처벌의 경우 행위자는 법인의 임직원이고 법인은 그 임직원의 행위에 대해 양벌조항에 따라 형벌에 처해지는 것에 불과하다. 이러한 양벌조항에 의한 형사처벌은 함부로 승계되는 것이 아니므로 임직원에 의한 합병 전의 하도급법 위반행위로 인해 양벌조항에 따라 합병소멸법인이 지는 형사책임(벌금형)은 합병존속법인으로 이전되지 아니한다.[209]

먼저 영업양수인은 양도인으로부터 그 영업에 속하는 하도급거래에 대한 민사적 권리와 의무만을 승계할 수 있을 뿐이고, 영업양도 전의 영업양도인에 의한 하도급법위반행위에 대한 행정적·형사적 책임을 승계하지 않는다. 만약 영업양도인이 그 이후 더 이상 당해 위반행위와 관련된 사업활동을 하지 않는다면 위반행위의 제재 및 부당이득 환수를 위한 조치는 가능할 것이지만, 위반행위로 초래된 경쟁제한적 상태의 제거를 위한 시정조치는 원칙적으로 허용되지 않는다. 다만, 양도인의 사업중단 이후에도 제거의 필요성이 있고 이행가능한 경우에 한하여 허용될 것이다.

영업양수인이 원사업자 요건이나 수급사업자의 요건을 갖추고 있다면, 별도의 하도급거래관계가 성립하므로 양도 이후의 행위에 대하여는 이에 따라 판단하면 된다. 영업양수인이 원사업자 요건을 갖추기 못하였다면 어떻게 되는가? 원사업자 입장에서는 거래상대방만이 바뀐 상황이므로 원사업자에게 하도급법상 책임을 계속 요구하더라도 부당하지 않다며 적극적인 법적용을 주장하는 입장도 있다.[210] 하지만 원사업자 요건이 되지 않은 영업양수인에게 하도급법이 적용되지 않는다고 보아야 한다. 한편, 수급사업자로부터 영업을 양수받은 자가 하도급법상 수급사업자 요건을 충족한다면, 미지급금에 대한 지급

---

209) 대법원 2007. 8. 23. 선고 2005도4471 판결
회사합병이 있는 경우 피합병회사의 권리·의무는 사법상의 관계나 공법상의 관계를 불문하고 모두 합병으로 인하여 존속하는 회사에 승계되는 것이 원칙이지만, 그 성질상 이전을 허용하지 않는 것은 승계의 대상에서 제외되어야 할 것인바, 양벌규정에 의한 법인의 처벌은 어디까지나 형벌의 일종으로서 행정적 제재처분이나 민사상 불법행위책임과는 성격을 달리하는 점, 형사소송법 제328조가 '피고인인 법인이 존속하지 아니하게 되었을 때'를 공소기각결정의 사유로 규정하고 있는 것은 형사책임이 승계되지 않음을 전제로 한 것이라고 볼 수 있는 점 등에 비추어 보면, 합병으로 인하여 소멸한 법인이 그 종업원 등의 위법행위에 대해 양벌규정에 따라 부담하던 형사책임은 그 성질상 이전을 허용하지 않는 것으로서 합병으로 인하여 존속하는 법인에 승계되지 않는다.

210) 제조하도급실무편람, 169면

명령은 채권양도와 마찬가지로 처분 전에 영업양도가 이루어졌다면 영업양수인에 대하여 내려야 한다(서울고등법원 2013. 12. 26. 선고 2012누19368 판결).

또한, 원사업자의 부도로 시공연대보증사가 연대보증에 따른 승계시공을 하는 경우, 시공보증자는 원사업자의 발주자에 대한 시공책임만을 승계한 것일 뿐이므로, 부도처리된 원사업자가 맺은 기존의 하도급계약을 그대로 승계해야 하는 것이 아니다.

한편, 분할신설법인은 분할전법인의 하도급계약이나 그 책임을 승계하지 않는다. 분할하는 회사의 분할 전 위반행위를 이유로 과징금이 부과되기 전까지는 단순한 사실행위만이 존재할 뿐, 그 과징금과 관련하여 분할하는 회사의 승계 대상이 되는 어떠한 의무가 있다고 할 수 없으므로, 특별한 규정이 없는 한 신설회사에 대하여 분할하는 회사의 분할 전 위반행위를 이유로 과징금을 부과하는 것은 허용되지 않는다(대법원 2007. 11. 29. 선고 2006두18928 판결). 분할 전 행위에 대하여 분할전법인에게 시정명령 및 과징금부과처분이 이루어져야 한다. 분할신설법인은 분할법인에게 내려진 행정처분에 대한 취소소송의 원고적격이 없고 분할존속법인이 소송을 제기해야 한다(서울고등법원 2008. 11. 6. 선고 2008누8439 판결).

질의 회신 사례[211]

[질의] A산업은 B물산으로부터 영업에 관한 포괄적 양도양수를 받아 제조업을 영위하고 있는데, 양도인의 하도급계약 체결 직전사업연도의 매출액이 132억 원이고 양수인의 직전 사업연도의 매출액이 16억 원인 경우 하도급법상 원사업자 요건을 판단함에 있어 양수인의 연간매출액 산정 기준은 어떠한가?

[회신] 시행령 제2조 제1항에서 '연간매출액'이라 함은 하도급계약을 체결하기 직전사업연도의 손익계산서에 표시된 매출액을 말한다고 규정하고 있다. 따라서 매출액 산정의 기준이 되는 직전사업연도 당시에는 영업양수를 받기 이전이므로 양수인의 매출액만을 기준으로 하도급법 적용 여부를 판단한다.

나. 채권양도 · 채무인수시의 하도급법의 적용

채권양도 또는 채무인수에 있어서의 하도급법적용에 대하여 두 가지 경우를 나누어 보아야 한다. 먼저 (i) 하도급법 위반으로 인한 과징금부과처분이나 지급명령 등 처분이 내려지기 전에 수급사업자가 채권양도를 한 경우 또는 채무인도(수)를 한 경우에 그 이후 법위반사실이 발생한 경우 하도급법이 적용되는지와 법위반에 대한 책임을 물을 수 있는

---

211) 법무법인 화우, 앞의 책, 68면

지, 있다면 그 상대방은 누구인지이다. 다음으로 (ii) 하도급법 위반으로 인한 과징금부과처분이나 지급명령 등 처분이 내려지고 난 다음에 채권양도 또는 채무인수가 이루어진 경우 하도급법이 적용되는지와 과징금부과처분이나 지급명령 등 법위반에 대한 책임을 물을 수 있는지, 있다면 그 상대방은 누구인지이다.

먼저 (i) 법위반에 따른 처분이 내려지기 전에 수급사업자가 하도급법상 채권을 제3자에게 양도한 경우를 본다.[212] 원사업자 입장에서는 거래상대방만이 바뀐 상황이므로 원사업자에게 하도급법상 책임을 계속 요구하더라도 부당하지 않다며 적극적인 법적용을 주장하는 입장도 있다.[213] 생각건대, 채권양수인이 수급사업자 요건을 충족하는지 여부는 전혀 이슈가 아니다. 수급사업자가 법위반 행위를 한 사실은 변함이 없으므로 수급사업자에게 과징금부과처분 등을 할 수 있다. 다만, 지급명령과 관련하여는 논란이 있다. 만약 '채무변제를 위한 담보 또는 변제의 방법'으로 채권양도되었다면, 양수인이 피양도채권을 변제받지 못할 경우 수급사업자인 양도인이 양수인에 대하여 책임을 져야 한다(양도인은 양수인으로부터 하도급채권을 다시 반환받게 된다). 이 경우 채권을 양도한 수급사업자 역시 하도급계약상 책임에서 벗어날 수 없으므로, 원사업자와 수급사업자 간의 하도급관계는 그 범위 안에서 여전히 존재한다고 볼 수 있어 공정거래위원회는 원사업자에게 수급사업자에게 지급하라는 명령을 할 수 있다고 본다. 하지만 '채무변제에 갈음한' 채권양도라면[214] 수급사업자인 양도인은 채권양도를 통해 하도급대금 채권의 소유자가 아니게 되므로 양도인에 대하여 지급명령을 할 수 없다고 보아야 한다. 이 경우 채권양수인에게 지급하라는 취지의 지급명령을 할 수 있는지 문제되지만, 지급명령에 대한 근거규정인 하도급법 제25조 제1항은 "...규정을 위반한 발주자와 원사업자에 대하여 하도급대금 등의 지급, 법 위반행위의 중지, 특약의 삭제나 수정, 향후 재발방지, 그 밖에 시정에 필요한 조치를 명할 수 있다"고만 규정되어 있을 뿐 지급명령의 객체에 대하여 특별한 제한이 없다. 시정조치는 공정거래위원회가 법위반에 따른 결과를 교정하고 수급사업자의 피해를 구제해 줄 수 있는 가장 효과적인 내용으로 할 수 있는 재량이 있으므로, 채권양수인에게 지급하라는 취지의 지급명령이 안된다고 볼 근거가 전혀 없다. 이와 관련하여 채권

---

212) 이 경우, 채권양도 또는 채무인수는 하도급거래가 종료되기 전에 수급사업자가 양수인에게 채권를 모두 양도하고 양수인이 나머지 작업을 마무리하거나, 또는 인수인이 수급사업자로부터 하도급거래와 관련된 채무 일체를 인수하여 나머지 작업을 마무리하는 상황을 전제로 한다. 하도급대금 채권·채무는 아직 완성되지 못한 장래의 채권·채무이지만 장래의 채권·채무가 양수도 될 수 있기 때문에 충분히 발생할 수 있다.

213) 제조하도급실무편람, 169면

214) 채권자에 대한 채무변제를 위하여 다른 채권을 채권자에게 양도한 경우에 특단의 사정이 없는 한, 그 채권양도는 채무변제를 위한 담보 또는 변제의 방법으로 양도되는 것이지, 채무변제에 갈음하여 양도되는 것이 아니므로 원래의 채권은 소멸하지 않는다(1988. 2. 9. 선고 87다카2266 판결)는 것이 대법원 판례의 입장이다.

양도가 이루어졌음에도 불구하고 채권양도인에게 지급하라는 취지의 지급명령을 한 것에 대하여 서울고등법원은 채권양도인이 더 이상 채권소유자가 아니기 때문에 그에게 지급하라는 시정조치는 위법하다고 판단한 바 있다. "수급사업자가 협력업체에게 하도급대금 채권을 양도한 이상 이에 대한 지연이자 채권도 양도된 것이므로 원사업자에게 수급사업자에게 지연이자를 지급하라는 공정거래위원회의 지급명령은 위법하다. 공정거래위원회는 시정명령이 원사업자에 대하여 채무이행의 상대방을 불문하고 지연이자 지급의무를 이행하라는 취지라고 주장하지만, 시정명령은 그 문언상 원사업자의 수급사업자에 대한 지연이자 지급의무가 있음을 전제로 한 것이지 그 이행의 상대방이 누구인지 고려하지 않은 것이라 볼 수 없다. 더욱이 하도급법 제30조 제2항 제3호는 하도급법 제25조에 따른 명령불이행을 형사처벌의 대상으로 삼고 있음을 고려하면 공정거래위원회의 주장은 불이익처분에 대한 엄격해석 원칙과 시정명령의 구체성·명확성 원칙에도 부합하지 않는다"고 판시한 것이다(서울고등법원 2018. 7. 5. 선고 2018누30749 판결). 동 판결은 채권양수인에게 지급하라는 취지의 지급명령이 위법하다는 것이 아니다.

다음으로 (ii) 법위반에 대한 처분이 내려진 이후 하도급채권이 양도되는 경우이다. 먼저 채권양도와 무관하게 원사업자의 법위반행위는 변함이 없으므로 과징금부과처분은 가능하다. 지급명령 후에 하도급대금 채권이 양도된 것이라면 양도인에 대한 지급명령이 여전히 유효하다. 이 경우 채권양수도계약에서 지급명령에 따라 양도인이 지급받은 금액을 양수인에게 이전하기로 하는 약정이 있을 수도 있고 심지어 지급명령에 따라 지급받을 채권 자체를 양수인에게 이전한 것일 수도 있지만 이는 계약 해석에 따라 판단될 문제이다.

다만, 변제에 갈음한 채권양도의 경우, 수급사업자의 하도급대금채권은 소멸하였기 때문에 수급사업자에 대한 대금지급명령 등 시정조치는 실익이 없다. 양수인은 하도급법상 수급사업자가 아니므로 양수인에 대한 시정조치 역시 합당하지 않다.

한편, 채무인수에는 병존적 채무인수와 면책적 채무인수가 있다. 면책적 채무인수가 이루어지기 위하여는 채권자가 이를 동의해야 한다. 면책적 채무인수의 경우 채무를 이전한 원사업자는 더 이상 채무자가 아니어서 하도급법이 적용되지 않는다고 보는 것이 합당하다. 채무를 이전하기 전의 법위반에 대하여는 과징금 부과 등에 대한 법적 책임을 지게 되겠지만 하도급대금 지급명령과 같은 시정조치는 실익이 없어 불가하다. 면책적 채무인수인지 병존적 채무인수인지가 명확하지 않으면 병존적 채무인수로 보아야 한다(대법원 1988. 5. 24. 선고 87다카3104 판결). 병존적 채무인수는 연대채무와 유사하므로 원사업자의 하도급관계에서의 채무를 인수하였다 하더라도 인수인과 함께 원사업자는 여전히 책임을 부담하게 된다.

다. 채권의 전부명령[215] 또는 추심명령이 있는 경우 하도급법상의 취급

채권의 압류 및 추심명령 또는 압류 및 전부명령이 있게 되면, 피전부채권은 동일성을 유지한 채 채무자로부터 집행자에게 이전되고(권리이전효) 집행채권자의 채권은 피전부채권이 존재하는 한도에서 당연히 소멸하여 채무자는 집행채권자에 대하여 자신의 채무를 면하게 된다(변제효). 채무자인 수급사업자에 대한 하도급채권은 소멸한 것이 되어 대금지급명령과 같은 시정조치는 실익이 없어 발할 필요가 없게 된다. 다만, 전부명령 전에 이미 대금미지급 등 위반행위가 있는 경우 그 위반사실은 여전히 존재하므로 이에 대한 과징금부과처분 등은 가능하다.

전부명령 이후에 집행채권자가 가진 피전부채권에 대하여는 계속 하도급법상 지연이자 등을 지급해야 하는지 여부에 대해 논란이 있을 수 있다. 동일성을 유지한 채 이전되는 전부명령의 특성과 이를 인정하지 않을 경우 원사업자에게 부당한 이익을 주게 되는 점 등을 감안하면 지연이자 지급의무가 있다고 보는 견해가 있을 수 있다. 하지만 하도급법상의 권리·의무는 원사업자와 수급사업자 요건을 충족해야 발생하는 인적·신분적인 특성이 있다. 대금지급채권이 이전되었다 하여 인적·신분적 성격이 있는 하도급법상의 지연이자 지급의무까지 이전된다고 보기는 어렵다(물론 대금지급채권을 이전하기 전에 발생한 지연이자 지급채무는 당연히 종된 권리로 이전될 것이고, 대금지급채권을 이전한 후에는 하도급법상의 지연이자 지급의무가 발생하지 않는다는 의미이다).

---

215) 전부명령(轉付命令)이란 압류된 금전채권을 집행채권의 변제에 갈음하여 압류채권자에게 이전하게 하는 집행명령으로 환가(압류된 채무자의 재산을 현금화하는 것) 절차의 일종이다. 전부명령의 요건은 ① 집행 요건과 집행 개시 요건이 있을 것, ② 집행 장애 사유(집행채무자의 파산 선고 등)가 없을 것, ③ 채권에 대한 압류가 유효할 것, ④ 법률상의 양도금지채권이 아닐 것, ⑤ 양도 가능한 채권일 것, ⑥ 권면액(채권의 목적으로서 급여해야 할 금액)이 있을 것, ⑦ 압류의 경합 또는 배당 요구가 없을 것이다. 전부명령은 피전부채권의 이전이라는 효력이 있다. 채권자의 지위, 즉 대상으로 특정된 권리와 이것에 따르는 관리(전부후의 이자 등)가 전부 채권자에게 이전되고, 채무자의 지위, 즉 피전부채권의 채권자로서의 지위가 상실되며, 제3채무자의 지위, 즉 전부채권자의 채무자가 되고 채무자에 대하여 가지고 있던 종래의 법률상의 지위를 그대도 전부채권자에게 가지게 된다.

22 공동수급체(공동이행방식)의 법적 특성과 하도급법 적용

(#공동이행방식#분담이행방식#주계약자방식#민법상 조합#업무집행조합원#하도급법상의 책임)

A 둘 이상의 건설업자가 공동으로 공사를 수급받아 공동계산 하에 수행하는 도급형
태를 공동수급방식이라고 하는데, 공동이행방식, 분담이행방식, 주계약자관리방식
이 있다. 공동이행방식은 민법상 조합으로 민사적으로는 구성원 전원에게 연대책임이 있
고 하도급법상 책임도 있다. 공동이행방식에서 각 구성원들은 연대책임이 있으므로 하도
급법 위반에 대한 과징금부과시 그 산정기초가 되는 하도급대금은 공동수급체의 하도급
대금으로 보아야 하며 위반금액 또한 그러하다. 지급명령 역시 원사업자 자격이 있는 구
성사업자들에 대하여 각 전체 금액에 대하여 연대하여 지급하라는 취지로 내려야 한다.
분담이행방식은 민사적 책임과 하도급법상 책임 역시 해당 구성원이 각자 진다. 과징금
부과 및 지급명령 또한 각 구성사업자의 각자 책임있는 범위내에서만 내려져야 한다. 주
계약자이행방식에서는 민사적 책임과 하도급법상 책임은 주계약자와 해당 구성원만이
진다.

해설

가. 공동수급체의 의의와 종류

2인 이상의 건설업자가 공동으로 공사를 수급받아 공동계산하에 공사를 수행하는 도급
형태를 공동수급방식이라 한다. 위험의 분산, 자격 또는 능력의 보완, 공사관리의 합리화,
중소건설업체의 육성 및 기술이전 촉진 등의 효용성을 지닌다. 공동수급방식에는 공동이
행방식, 분담이행방식 및 주계약자관리방식이 있다.

나. 공동이행방식에서의 법률관계와 하도급법의 적용

공동이행방식은 공동수급체의 각 구성원이 자금을 갹출하고 인원, 기계 등을 공여하여
공동계산으로 계약을 이행하는 방식이다. 공동이행방식의 공동수급체의 법적 성격은 민
법상 조합이다. 조합의 채무는 조합원의 채무로서, 특별한 사정이 없는 한 조합채권자는

각 조합원에 대하여 지분의 비율에 따라 또는 균일적으로 변제의 청구를 할 수 있을 뿐이다. 하지만 조합채무가 조합원 전원을 위하여 상행위가 되는 행위로 부담하게 된 것이라면 상법 제57조 제1항[216])에 의해 조합원들의 연대책임이 인정된다(대법원 1998. 3. 13. 선고 97다6919 판결 ; 대법원 1995. 8. 11. 선고 94다18638 판결). 통상 하도급계약체결은 상법 제47조 제1항[217])에 의해 상행위가 되므로 조합원들의 연대책임이 인정된다. 실제 공동수급협정서에 각 구성원의 출자비율과 이익배분 및 손실분담에 관한 내용이 구체적으로 명시되며, 구성원들은 연대하여 계약이행의 책임을 진다.[218], [219] 다른 구성원의 동의를 받지 않고 분담내용의 일부를 하도급할 수 없다.

민법상 조합인 공동이행방식에서의 공동수급체의 채권은 조합의 채권으로 그 소유형태는 합유이므로 그 처분 및 변경에는 합유자 전원의 동의가 있어야 한다. 수급사업자에 대하여 하자보수청구권이나 지체상금청구권 등 합유인 조합채권은 원칙적으로 구성원 전원이 공동으로 청구해야 한다. 대표자는 조합의 업무집행조합원으로 발주자 및 제3자에 대하여 공동수급체를 대표하며 공동수급체의 재산관리 및 대금청구 등의 권한을 가진다(대법원 2000. 12. 12. 선고 99다49620 판결).

공동이행방식의 경우 구성원 전원에게 연대책임이 있다. 공동수급체의 공사로 구성원들이 협의하여 편의상 대표자가 계약을 체결한 경우나, 대표자가 다른 구성원과 협의 없이 편의상 계약을 체결하고 이후 다른 구성원들과 협의하여 정산할 예정인 경우에는, 당연히 업무집행조합원으로 공동수급체를 대표한 것이므로 공동수급체 전원이 연대하여 책임을 져야 한다. 또한 공동수급체 대표자가 구성원 간에 대표자 단독시공으로 합의하고 그 합의에 따라 대표자 단독책임으로 계약을 체결하더라도, (이후 대표자가 부도 등의

---

216) 상법 제57조(다수 채무자 간 또는 채무자와 보증인의 연대)
　　① 수 인이 그 1인 또는 전원에게 상행위가 되는 행위로 인하여 채무를 부담한 때에는 연대하여 변제할 책임이 있다.
217) 상법 제47조(보조적 상행위)
　　① 상인이 영업을 위하여 하는 행위는 상행위로 본다.
　　② 상인의 행위는 영업을 위하여 하는 것으로 추정한다.
218) 공동수급체의 하도급자에 대하여 1998. 8. 10. 이전 회계예규 '공동도급운영요령'에 공동수급체의 하도급자 및 납품업자에 대하여 공동연대로 책임을 진다는 내용으로 규정되어 있었다[공동수급표준협정서(공동이행방식) 제6조 제2항]. 일부 공동수급체 구성원들이 각자 하도급자에게 어음을 대가로 지급한 후 구성원 중 일부에게 부도가 나서 다른 구성원에게 부도어음에 대한 책임을 물을 경우 분쟁의 소지가 있는 것으로 판단하여, 1998. 8. 10. 공동도급운용요령을 개정하면서 제2항을 삭제하였다. 현재 사용되고 있는 공동수급표준협정서상에는 하도급자에 대한 책임은 규정되어 있지 않다.
219) 공동수급체를 대표하여 하도급계약을 체결한 것이라 하더라도 하도급공사대금채무는 조합원 전원을 위하여 상행위가 되는 도급계약으로 부담하게 된 것이므로, 상법 제57조 제1항에 따라 타 공동수급인과 연대하여 공사대금 전액을 지급할 의무가 있다(서울고등법원 2013. 10. 2. 선고 2013누7508 판결).

사유로 대금을 지급하지 못하게 되었을 때에는) 대표자가 공동수급체 전원을 위하여 상행위를 한 것이므로 상법 제57조 제1항에 따라 공동수급체 구성원에게 연대책임이 있다. 공동수급체의 대표자 아닌 구성원이 하도급계약을 체결하면서 다른 구성원들의 동의를 얻거나 대표자의 위임을 받아 체결한 경우에도 공동수급체 전원을 위한 상행위이므로 대표자 및 다른 구성원에게 연대책임이 있다. 물론, 다른 구성원의 동의나 대표자의 위임없이 단독으로 계약을 체결한 경우에는 공동수급체의 행위로 볼 수 없으므로 당연히 다른 구성원에게 연대책임이 없다. 하지만, 그 구성원이 다른 구성원들로부터 서면으로 위임을 받지 않았다 하더라도 여러 가지 사항들을 고려할 때 포괄적인 위임을 받은 것으로 인정될 수 있는 때에는, 설사 그 구성원이 공동수급체를 대리한다고 표시하지 않았다 하더라도 (본인을 위한 상행위임을 표시하지 않더라도 대리인의 행위가 본인에게 효력이 미치도록 한) 상법 제48조(대리의 방식)[220]에 의하여 공동수급체 구성원 전원에게 미친다(대법원 2009. 10. 29. 선고 2009다46750 판결이 유사한 취지이다).

이런 법리를 바탕으로 먼저 공동수급체가 수급사업자와 하도급계약을 체결하는 경우 그 구성원들이 하도급계약의 책임을 지는지 및 원사업자로서 하도급법 적용을 받는지가 문제된다. 공동이행방식에서 민사상 책임은 구성원 전원이 연대하여 부담한다. 그런데 하도급법 책임과 관련하여는 논란이 있다. 하도급법상으로는 하도급계약서에 서명한 구성원만 책임을 질 뿐이므로 대표자가 하도급계약의 도급인으로 서명날인한 경우 대표자만 원사업자가 되고 다른 구성원은 원사업자가 아니므로 하도급법상 책임지지 않는다는 견해도 있다.[221] 하지만 앞서 본 바와 같이 공동이행방식에서 공동수급체 구성원들에게 계약의 효력이 미치는 경우라면 그 구성원들 역시 원사업자가 되어 하도급법의 적용을 받는다고 보아야 한다. 그래서 공동수급체의 행위로 계약이 체결된 이상, 구성원은 각자 지분율에 대해서만큼 공동으로 하도급계약의 당사자가 되는 것이므로 원칙적으로 하도급법적용대상이 된다(물론 대표자가 아닌 구성원이 다른 구성원의 동의나 대표자의 위임 없이 하도급계약을 체결한 경우에는 조합의 행위라 볼 수 없으므로 다른 구성원에게 하도급법이 적용될 여지는 없다). 이 경우, 공동수급체 각 구성원의 매출액 또는 시공능력평가액을 수급사업자와 비교하여 각 구성원이 원사업자에 해당하는지를 판단하면 될 것이다. 공동수급체 구성사업자 1인의 과징금 산정의 기초가 되는 '하도급대금'은 원칙적으로 공동수급체의 하도급 계약금액 전체이다. 원사업자가 하도급계약이 정하는 바에 따라

---

220) 상법 제48조(대리의 방식)

　　상행위의 대리인이 본인을 위한 것임을 표시하지 아니하여도 그 행위는 본인에 대하여 효력이 있다. 그러나 상대방이 본인을 위한 것임을 알지 못한 때에는 대리인에 대하여도 이행의 청구를 할 수 있다.

221) 송정원, 앞의 책, 27면 ; 한국공정거래연합회 발간, 건설하도급실무편람, 2010. 10, 100~101면

수급사업자에게 지급하여야 할 대금을 의미하는 것인데, 공동이행방식의 공동수급체 구성사업자 중 1인이 공동수급체 구성사업자 전원을 위한 하도급계약을 체결한 경우일지라도 개별 구성원으로 하여금 지분비율에 따라 직접 하수급인에 대하여 채무를 부담하도록 약정하는 경우 등과 같은 특별한 사정이 없다면, 그 구성사업자 1인이 수급사업자에게 대금 전액을 지급할 책임이 있고, 그가 공동수급약정에 따라 최종적으로 부담하게 될 내부적 채무 비율은 공동수급체의 내부 사정에 불과하기 때문이다(대법원 2018. 12. 13. 선고 2018두51485 판결). 당연히 공동수급체 1인의 위반금액도 위반금액 전체를 의미하며 공정거래위원회가 지급명령을 내리는 경우라도 원사업자에 해당하는 공동수급체 구성사업자에게 공동수급체가 책임져야 할 위반금액 전체에 대하여 원사업자에 해당하는 구성사업자들이 연대하여 지급하라는 취지로 하여야 할 것이다.[222]

한편, 공동수급체 구성원들 사이에서는 하도급거래관계가 성립하지 않는다. 그래서 건산법 제29조는 건설업자의 하도급을 제한하고 있는데, 공동이행방식에서 시공책임을 부담하는 공동수급체의 구성원들 사이에 도급받은 건설공사에 대한 각자의 시공분담비율을 출자비율과 달리 정하거나, 어느 한 구성원에게 도급받은 전체 건설공사의 시공을 일임하기로 하더라도 이는 하도급이라 볼 수 없으므로 건산법 제29조 위반이라 볼 수 없다. 대법원은 건산법 제29조와 동일한 취지의 전기공사업법 제14조에 관련한 사건에서 하도급 성립을 부정한 바 있다(대법원 2014. 6. 26. 선고 2013도967 판결).

또, 공동수급체 구성원들 간에 하도급공사대금을 지급하는 행위, 예를 들어 대표자의 명의로 하도급계약을 체결하였고 그 구성원 중 하나가 자기 몫의 하도급대금을 대표자에게 지급하는 것은, 공동수급체 내부의 분담비용을 정산한 것으로 보아야 한다(대법원 2000. 12. 12. 선고 99다49620 판결).

그런데 공동수급체의 대표자가 수급사업자와 하도급계약을 체결하고 하도급대금지급보증서를 교부했는데, 그 대표자에게 당좌거래정지 등 보증금지급 청구사유가 발생하면 수급사업자가 보증금지급을 청구할 수 있는지 문제된다. 소위 '공동수급체의 하도급공사대금 보증사고에 대한 판단기준'이다. 하도급대금지급보증계약에 기한 보증사고가 발생하였는지 여부는 공동수급체의 구성원으로서 하도급대금의 연대채무자인, 공동수급체 구성원 전원을 기준으로 판단해야 하므로, 단지 보증계약자인 공동수급체 대표자가 지급불능 상태에 빠졌다는 사유만으로 보증사고가 발생한 것으로 볼 수 없다(대법원 2010. 8. 19. 선고 2010다36599 판결). 설사 공동수급체 대표자가 보증계약을 체결할 당시 공동수급체를

---

222) 저자는 본 서의 2020년판까지 지급명령 등을 함에 있어 공동수급체 구성사업자의 지분비율로 지급명령을 하되 연대하여 지급하라는 취지로 해야 한다는 견해를 취하였으나 본 판부터 그 견해를 변경한다.

대표한다는 것을 표시하지 않고 자신의 명의로만 계약을 체결하였다 하더라도 상법 제47조 제1항(보조적 상행위),[223] 상법 제48조(대리의 방식) 및 제57조 제1항(다수 채무자 간 또는 채무자와 보증인의 연대)[224]가 유추적용되어 공동수급체 전체에 그 효력이 미치는 것이므로 보증사고 발생 여부는 공동수급체 구성원 전원을 기준으로 판단해야 한다. 즉, 수급사업자는 우선 다른 구성원에게 하도급공사대금을 청구하여 지급받아야 하고, 다른 구성원들이 모두 지급하지 않거나 지급을 거절하는 경우에만 보증금청구사유가 되므로 보증금 지급을 청구해야 한다.

다음으로 공동수급체가 수급사업자로 하도급계약을 체결하는 경우에도, 마찬가지 법리로 공동수급체 구성원들에게 계약상 책임이 미친다면 공동수급체 구성원들 각자가 수급사업자가 될 수 있는 것이므로, 그 구성원들 각각의 매출액 또는 시공능력평가액을 기준으로 수급사업자에 해당하는지를 판단하면 될 것이다. 같은 원리에서 공동수급체가 대표자를 정해 업무를 수행한 경우라도 대표자뿐만 아니라 나머지 원사업자도 하도급대금 증액의무 및 통지의무를 부담한다(서울고등법원 2019. 5. 30. 선고 2019누36966 판결).

다. 분담이행방식에서의 법률관계와 하도급법의 적용

분담이행방식은 공동수급체의 각 구성원이 계약의 목적물을 분할하여 각자 그 분담부분에 대해서만 자기의 책임으로 이행하고 손익을 계산하되 공통경비만을 갹출하여 계약을 이행하는 방식이다. 공동수급표준협정에서도 공동수급체의 구성원은 발주기관에 대한 계약상 의무이행에 대하여 분담내용에 따라 각자 책임진다고 규정되어 있다(동 협정 제6조). 통상 공동수급표준협정서에 각 구성원의 분담내용 및 공통경비의 분담에 대한 사항이 명시될 뿐, 출자비율과 손익배분에 관한 사항 등은 포함되지 않는다. 발주자에 대한 계약상 의무이행에 대한 분담내용에 따라 각자 책임을 질 뿐이다.

분담이행방식의 경우, 계약상 권리·의무관계의 주체들이 명확하므로 계약상 주체들의 원사업자 및 수급사업자 적격성과 하도급법상 책임 범위를 판단하면 된다. 원사업자 및 수급사업자 적격은 개별 구성원의 매출액 또는 시공능력평가액으로 판단한다.

---

223) 상법 제47조(보조적 상행위)
　　① 상인이 영업을 위하여 하는 행위는 상행위로 본다.
　　② 상인의 행위는 영업을 위하여 하는 것으로 추정한다.
224) 상법 제57조(다수 채무자 간 또는 채무자와 보증인의 연대)
　　① 수 인이 그 1인 또는 전원에게 상행위가 되는 행위로 인하여 채무를 부담한 때에는 연대하여 변제할 책임이 있다.
　　② 보증인이 있는 경우에 그 보증이 상행위이거나 주채무가 상행위로 인한 것인 때에는 주채무자와 보증인은 연대하여 변제할 책임이 있다.

라. 주계약자관리방식에서의 법률관계와 하도급법의 적용

주계약자관리방식은 공동수급체 중 주계약자를 선정하고 주계약자가 전체 건설공사의 수행에 관하여 종합적인 계획·관리 및 조정을 하는 공동도급계약을 말한다. 다만, 일반건설업자와 전문건설업자가 공동으로 도급받은 경우에는 일반건설업자가 주계약자가 된다. 공동수급체의 구성원 중 주계약자는 자신이 분담한 부분에 대하여 계약이행책임을 지는 외에 다른 구성원의 계약이행책임에 대하여도 연대책임을 지지만, 주계약자 이외의 구성원은 자신이 분담한 부분에 대하여만 계약이행 책임이 있다.

하도급법의 적용과 관련해서도 주계약자는 하도급거래 전부에 대하여 하도급법상의 책임을 지지만, 그외 구성원의 경우 자신이 분담한 부분에 대해서만 하도급법의 책임을 지면 될 것이다. 하도급법 적용과 관련한 원사업자 및 수급사업자 적격 역시 각 구성원별 매출액 또는 시공능력평가액으로 판단하면 된다.

마. 조인트벤처 법인을 설립하여 공동으로 건설공사를 시행한 경우의 법률관계와 하도급법의 적용

사실상 공동수급체와 마찬가지로 실제 공사가 이루어졌다 하더라도 우리 법제는 엄격한 법인격 분리를 채택하고 있기 때문에, 민법상 조합인 공동수급체가 아니라 아예 조인트벤처 법인을 설립하여 운영한 경우라면, 그 법인을 중심으로 판단할 수밖에 없다. 즉 조인트벤처 법인이 위탁을 한 자라면, 그 조인트벤처 법인의 규모를 기준으로 원사업자 해당 여부를 판단해야 한다. 조인트벤처의 법인격이 부인되는 경우가 아닌 한 그 구성사업자들이 원사업자로서 하도급법상 책임을 질 이유는 없다. 마찬가지로 조인트벤처 법인이 위탁받는 자라고 하더라도 그 조인트벤처의 규모 등을 기준으로 수급사업자 여부를 판단해야 할 수밖에 없다. 설사 조인트벤처의 구성원 중 일부가 상호출자제한기업집단 소속 기업이거나 대기업이라 하더라도 실질적 독립성 요건이 충족되어(즉, 조인트벤처가 상호출자제한기업집단 소속 회사 또는 대기업의 계열회사가 아닌 한) 마찬가지이다.

23 공동이행방식의 공동수급체가 위탁한 경우 하도급계약에 직접적으로 관여하지 않은 구성사업자에게도 하도급법 위반의 책임을 물을 수 있는지

A 공동이행방식 공동수급체가 수급사업자에게 하도급 위탁을 한 경우 그 구성원이 원사업자 요건에 해당하면 설사 주도적으로 하도급거래를 관여하지 않았더라도 하도급법상 책임을 벗어날 수 없다.

해설

공동이행방식 공동수급체는 민법상 조합으로 구성사업자들은 계약당사자로서 연대책임을 지는 것이므로 각 구성사업자들이 원사업자 요건을 충족하는 경우 원사업자로서 하도급법상 의무주체가 되고 책임을 부담한다. 그 구성사업자 중 해당 하도급거래를 주도적으로 관여하였든 그렇지 않든 원사업자로서 의무를 부담하고 책임의 주체가 되는 것이므로, 단순히 하도급거래에 주도적으로 관여하지 않았다 하여 하도급법상 책임에서 벗어날 수 없다.

서울고등법원은 공동이행방식 공동수급체 구성사업자 중 하도급거래를 주도적으로 관여하지 않은 사업자에 대하여도 하도급법 제16조에 따라 발주자의 원도급대금 증액에 대하여 수급사업자에게 통지하고 하도급대금 증액을 해 줄 의무가 있음에도 이를 하지 않았다는 이유로 시정명령 및 과징금부과처분을 한 것이 위법하지 않다고 판단하였다(서울고등법원 2019. 5. 30. 선고 2019누36966 판결).

서울고등법원 2019. 5. 30. 선고 2019누36966 판결(시정명령취소, 심리불속행기각)

원사업자와 C는 2009. 4. 17. 발주자인 H공단으로부터 공사(이하 '이 사건 원도급공사'라 한다)를 공동이행방식으로 공동으로 도급받아(출자비율 원사업자 20% : C 80%) 그 중 일부 공사를 2013. 2. 27. 수급사업자에게 건설위탁하면서 하도급계약서에 공동 원사업자로 날인하고, 2013. 12. 27. 및 2014. 12. 29. 발주자로부터 이 사건 원도급공사의 설계변경으로 계약금액을 증액받았음에도 수급사업자에게 하도급대금을 조정하지 아니하거나 발주자로부터 계약금액을 증액받은 날부터 15일을 경과하여 조정하였다.

이에 대해서 원사업자는, "이 사건 원도급공사와 관련한 발주자와의 변경계약, 수급사업자와의 이 사건 하도급공사 계약 어느 것에도 관여한 바 없고, 공동수급체 대표사인 C가 해당 업무를 담당하였다. 따라서 수급사업자에 대한 하도급대금 조정의무와 계약금액 조정사유 및 내용에 관한 통지의무(이하 '이 사건 하도급대금 조정의무 및 통지의무'라 한다)의 이행주체는 C만이고 원사업자는 아니라고 보아야 하므로 원사업자에 대한 이 사건 처분은 자기책임의 원칙에 반하여 위법하다."고 주장한다. 살피건대,

① 하도급법 제16조는 명시적으로 원사업자의 하도급대금 조정의무 및 통지의무를 규정하고 있다. 반면, 공동이행방식으로 도급을 받은 원사업자들이 공동 수급체의 대표자를 정한 경우 대표자만 위와 같은 하도급대금 조정의무 및 통지의무를 부담하고, 대표자가 아닌 원사업자는 그러한 의무를 면한다고 규정한 내용은 없다(중략).

② 공사 업무와 변경계약에 대한 협의 등 대부분의 공사 관련 업무를 공동수급체 대표인 C가 수행하였고, 원사업자는 직원 1명을 공사현장에 파견하여 자재 검사, 콘크리트 품질검사 등의 품질관리 업무만을 수행하였고 C가 공사비용을 집행하고 사후적으로 출자비율에 따라 원사업자에게 정산한 사실은 인정된다. 그러나 이와 같이 C가 공사관련 업무를 수행하였다는 사정만으로 원사업자가 하도급대금 증액의무 및 통지의무를 면한다고 볼 수는 없다. 오히려 원사업자는 C와 공동으로 이 사건 원도급공사를 도급받아 공동으로 수급사업자에게 이 사건 하도급공사를 건설 위탁한 자로서 설계변경에 따른 하도급대금의 조정에 관하여 계약상 C와 함께 연대 책임을 지는 점, 수급사업자가 C를 상대로 기성금을 청구하고 세금계산서를 발행하였으며, 하도급대금도 C가 지급하였으나, 원사업자는 C와 함께, 발주자로부터 설계 변경으로 인한 계약금액을 조정받았고, 하도급대금을 비롯한 모든 비용도 사후 정산하는 방법으로 분담하였던 점 등을 고려하면 원사업자도 이 사건 하도급대금 조정의무 및 통지의무를 부담한다고 보아야 한다.

③ 원사업자가 하도급계약에 관한 결정 권한이 없었다고 하더라도, 적어도 공사도급 변경계약서에 서명날인을 할 당시에는 원도급 계약금액이 증액되었다는 사정을 인식하였으므로, C 또는 발주자에게 문의하여 변경이 이루어진 공사부분의 내용이나 담당 하도급업체가 누구인지 파악하는 것이 곤란하였다고 보이지는 않는다. 그럼에도 불구하고 원사업자는 C가 이 사건 하도급대금 조정의무 및 통지의무를 이행하였는지 여부를 확인하거나 이행을 촉구하는 등의 최소한의 조치조차 이행하지 아니하였다.

또한 원사업자는, "대표사인 C가 발주자 및 수급사업자에 대한 관계에서 공동수급체를 대표하여 설계변경 및 계약금액 증액을 결정하였고, C가 설계변경 및 계약금액 증액 내용을 원사업자에게 통지하지 않았기 때문에 원사업자로서는 그 내용이나 사유를 인식할 수 없었다. 그럼에도 불구하고 공정거래위원회는 이러한 사유를 고려하지 않은 채 이 사건 처분을 하였으므로 재량권을 일탈·남용한 위법이 있다."고 주장한다.

살피건대, ① 원사업자는 이 사건 하도급대금 조정의무 및 통지의무를 이행할 수 없는 정당한 사유가 있었다고 주장하나, 이를 인정하기 어렵다. 오히려 원사업자는 원사업자로서 수급업자에 대하여 이 사건 하도급대금 조정의무 및 통지의무를 이행하여야 할 지위에 있음에도 불구하고, C에게 모든 책임을 전가하고 만연히 의무이행을 해태하였다.

원사업자와 C사이에 지분비율이나 업무역할 등에 차이가 있다고 하나, 이는 당사자 사이의 자유로운 의사결정에 따른 내부적 업무분담 문제에 불과하고, 수급사업자에 대하여 동일한 하도급대금 지급의무를 연대하여 부담하는 공동 원사업자라는 점에서는 차이가 없다. 따라서 이와 같은 사정만으로는 원사업자에 대하여 C와 동일한 내용의 처분을 한 것이 평등의 원칙에 위배된다고 볼 수도 없다.

24 건설업면허가 대여된 경우 하도급법의 적용

(#건설업명의대여금지#명의대여자의 책임#통정허위표시#하도급대금지급보증보험금지급의무)

A 건설업면허 대여는 금지되고 이를 위반한 경우 등록 말소 및 형사처벌을 받게 되지만, 면허차용자가 체결한 하도급계약이 무효가 되는 것은 아니다. 명의차용자가 원사업자로 하도급계약을 체결한 경우 명의대여자는 상법상 명의대여자로 민사책임을 지지만 실질적으로 원사업자가 아니므로 하도급법상 책임주체가 되지는 않는다. 명의차용자역시 건설업면허가 없기 때문에 원사업자가 될 수 없어 하도급법상 책임을 지지 않는다.

해설

가. 건설업면허의 대여

건설업계에서는 건설업자의 명의와 면허를 대여받아 하도급계약을 체결하는 경우가있다. 예를 들어, 터널공사의 원수급사업자가 건설업면허가 없는 개인에게 일괄하도급을준 후에 그 개인이 원수급사업자의 이사 또는 현장소장 등의 명칭을 사용하는 것을 허락하였거나 묵인하는 경우가 대표적인 예이다.

그런데 건설업자는 다른 자에게 자기의 성명이나 상호를 사용하여 건설공사를 수급 또는 시공하게 하거나 그 건설업등록증 또는 건설업등록수첩을 대여 및 알선하지 못한다(건산법 제21조). 건설업면허 대여금지를 위반하는 경우 건설업자는 건설업 등록이 말소되며(건산법 제83조 제5호), 건설업면허를 대여한 자와 대여받은 자는 3년 이하의 징역 또는 3,000만 원 이하의 벌금에 처해지게 된다(건산법 제96조 제4호).

건설업면허 대여계약 자체는 무효이지만(대법원 1988. 12. 27. 선고 86다카2452 판결), 이를통해 체결된 건설하도급계약 등이 곧바로 무효가 되는 것은 아니며 명의대여의 법리에따라 해석된다.

나. 계약상 책임 주체와 명의대여자의 책임

명의차용자가 명의대여자의 명의로 제3자와 하도급계약 등을 체결한 경우 누가 계약상책임을 지는지 문제된다. 계약을 체결한 행위자와 계약체결 상대방의 의사가 일치하는 경우에는 그 의사대로 행위자 또는 명의자가 계약당사자가 되지만, 일치하지 않는다면 계약의 성질·내용·목적·체결경위 등 계약체결 전후의 구체적인 제반사정을 고려하여 계약상대방이 합리적인 사람이라면 누구를 계약당사자로 이해할 것인가를 가지고 결정해야 한다(대법원 2007. 9. 6. 선고 2007다31990 판결).[225]

한편 명의대여자가 계약당사자가 아니라 하더라도 명의대여자는 상법 제24조(명의대여자의 책임)[226]에 의해 자신을 계약상대방으로 오인하여 계약을 체결한 자에 대하여 명의차용자와 연대하여 계약상 책임을 부담한다. 하지만 상법의 규정은 명의자를 영업주로 오인하여 거래한 제3자를 보호하기 위한 것이므로, 거래 상대방이 명의대여 사실을 알았거나 모른 데에 중대한 과실이 있는 때에는 명의대여자는 책임지지 않는다(대법원 1991. 11. 12. 선고 91다18309 판결). 나아가 건설업면허를 대여한 자는 자기의 성명 또는 상호를 사용하여 건설업을 할 것을 허락한 것이고 건설업에서는 공정에 따라 하도급거래를 수반하는 것이 일반적이어서 명의차용자에게 자신의 명의로 하도급거래를 하는 것도 허락하였다 볼 수 있다. 명의대여자를 영업의 주체로 오인한 수급사업자에 대하여도 하도급계약상의 책임을 지며 나아가 명의자를 대리 또는 대행한 자가 체결한 하도급계약에 대해서도 책임을 진다(대법원 2008. 10. 23. 선고 2008다46555 판결).

한편, 상법 제24조의 명의대여자의 책임은 거래상 외관보호와 금반언의 원칙에 입각한 것으로, 명의대여자가 영업주로서 성명과 상호를 사용하는 것을 허락했을 때에 명의차용자가 그것을 사용하여 법률행위를 함으로써 지게 되는 거래상 채무에 대하여 변제할 책임을 밝히는 것에 그치는 것이다. 이에 근거한 명의대여자의 책임은 명의차용자의 행위에 대해서만 한정되고 명의차용자의 피용자가 한 행위에 대하여는 미치지 않는다(대법원 1989. 9. 12. 선고 88다카26390 판결). 명의차용자의 불법행위에 대하여는 명의대여자가 손해배상책임을 지지 않는다. 하지만 명의대여자가 명의차용자를 지휘·감독할 지위에 있었

---

225) 형식적으로는 A가 직접 제공하는 것으로 되어 있더라도 다음과 같은 경우에는 A가 B에게 위탁한 것이거나 또는 B가 A의 명의로 수행한 것으로 볼 수 있다(하도급공정화지침).
　　- B가 A에 대하여 당해 공사에 관하여 계약보증금을 지급한 사실 또는 담보책임을 부담한 사실
　　- B가 당해 공사에 관련된 인부의 산재보험료를 부담한 사실
　　- 형식상으로는 B가 당해 공사에 전혀 관련이 없는 자로 되어 있으나 당해 공사를 시공함에 있어 공사일지, 장비가동일보, 출력일보, 유류사용대장 등에 B의 책임 하에 장비, 인부 등을 조달하여 당해 공사를 시공한 것이 확인되는 경우
　　- 형식상으로는 B가 A의 소장으로 되어 있으나 B가 동 공사기간 중 A로부터 봉급을 받지 않은 사실
　　- 총포·도검·화약류의 단속법 등 관계법령에 따라 B가 직접 허가를 받아 시공한 경우
226) 상법 제24조(명의대여자의 책임)
　　타인에게 자기의 성명 또는 상호를 사용하여 영업을 할 것을 허락한 자는 자기를 영업주로 오인하여 거래한 제3자에 대하여 그 타인과 연대하여 변제할 책임이 있다.

다고 볼 수 있다면 명의대여자가 명의차용자에 대하여 민법 제756조의 사용자로서 배상 책임을 질 수 있다(대법원 1996. 5. 10. 선고 95다50462 판결).

다. 하도급법의 적용 및 명의대여자가 하도급법상 원사업자 또는 수급사업자가 될 수 있는지 여부

건설위탁이란 건산법에 의한 건설업자 등이 그 업에 따른 전부 또는 일부를 다른 건설 업자에게 위탁하는 것이므로(법 제2조 제9항), 면허가 없는 자에게 하도급법적용이 가능한 예외적인 경우를 제외하고는 (통상 건설면허가 없는) 명의차용자에게는 하도급법이 적용 될 여지가 거의 없다. 제조하도급에서는 건설하도급과 같이 면허를 요하는 것은 아니어 서 위와 같이 무면허 업체가 제조하도급을 위탁하는 경우에는 제조하도급이 성립한다.

한편, 명의대여자에게 원사업자로서 하도급법상의 책임을 지울 수 있는지 문제된다. 하 도급법과 같은 경쟁법은 경제적 실질을 기준으로 적용해야 하고, 따라서 형식적 하도급 관계와 실질적 하도급관계가 다른 경우에는 실질적 하도급관계를 따라야 한다. 무엇보다 상법 제24조의 명의대여자의 책임은 거래상 외관보호와 금반언의 원칙에 입각하여 자신 의 명의를 차용하여 법률행위를 함으로써 지게 되는 거래상 채무에 대하여 변제할 책임 을 밝히는 것에 그치므로, 이를 넘어서서 명의차용자의 행위에 대하여 하도급법상의 책 임에는 미치지 않는다고 보아야 한다. 따라서 명의대여자에 대하여 건설산업기본법상 명 의 대여에 대한 책임을 묻는 것은 별론, 하도급법상 원사업자로 보아 하도급법 위반의 책임을 물을 수는 없다.

같은 원리로 명의대여자는 수급사업자가 될 수 없다. 그래서 건설위탁에서 수급사업자 요건을 충족하는 중소기업이, 건설업 등록이 되지 않은 업체에게 명의를 대여해 주고, 그 업체가 대여받은 면허로 건설공사를 위탁받아 수행한 사안에서, 공정거래위원회는 건설 업 등록이 없는 업체에 대한 위탁이므로 건설위탁에 해당하지 않는다며 심의절차 종료결 정을 한 바 있다(공정위 2018. 6. 18. 의결 2017부사1118).

라. 명의차용자가 하도급법상 원사업자 또는 수급사업자가 될 수 있는지 여부

명의차용자는 건설업등록이 없는 자이기 때문에 원사업자 또는 수급사업자 자격이 없 다. 그래서 하도급법의 적용이 없다. 명의차용자가 수급사업자에게 건설위탁을 하더라도 원사업자로 하도급법상 책임을 지지 않고, 명의차용자가 건설위탁을 받더라도 수급사업 자가 아니므로 하도급법상 보호를 받지 못한다.

원사업자의 임직원이 무단대리행위를 통하여 한 하도급법 위반에 대해 원사업자가 책임을 지는지 여부

A 책임을 지지 않지만, 상법상 상업사용인인 임직원은 자신의 업무와 관련하여 대리권이 있거나 표현대리 관계가 성립할 여지가 많고 그 범위 내에서는 회사의 행위로 귀속되므로 회사가 하도급법상 책임을 지게 된다. 특히 건설회사의 현장소장은 자신이 담당하는 현장에서 부분적 포괄대리권을 가진 상업사용인이므로 특별한 사정이 없는 한 그의 행위는 회사의 행위가 되고 따라서 회사는 하도급법상 책임을 지게 된다.

해 설

사업자의 임직원이 회사의 적법한 위임이나 대리를 받지 않고 다른 사업자에게 하도급계약을 체결한 경우 사업자는 원사업자로서 하도급법상의 책임을 지는지 문제된다.

하도급공정화지침 II. 5에서 "회사의 임직원이 그의 업무와 관련하여 행한 행위는 회사의 행위로 본다"고 규정되었음을 근거로, 임직원이 업무와 관련없이 개인자격으로 행한 행위는 회사의 행위로 볼 수 없지만 그가 업무의 일환으로 행한 행위는 회사의 행위로 보아야 한다는 견해가 있다.[227] 하지만 하도급공정화지침은 행정청 내부의 재량행사지침 또는 해석지침에 불과하여 법규성이 없으므로, 임직원의 행위가 회사의 행위로 볼 수 있는지 여부는 일반 법리에 따라 정해져야 한다. 임직원의 업무관련 행위에 대하여 그것이 대리권 없이 행하여진 것이라면, 표현대리가 성립하거나 또는 무권대리에 대한 회사의 사후추인이 있지 않은 이상 회사의 행위로 볼 수는 없다. 단지 사업자는 사용자로서 임직원의 직무관련 불법행위에 대하여 민법 제756조의 배상책임을 질 뿐이다.

실무적으로는 현장소장이 회사의 명의로 하도급계약을 체결하거나 시공에 필요한 물품을 제조위탁하였는데 이후 그것이 불공정하도급계약에 해당하는 경우, 현장소장이 회사의 승인 없이 한 것이라는 이유로 회사가 하도급법상의 책임을 벗어날 수 있는지 문제된다. 건설회사의 업무는 공사의 수주와 공사의 시공으로 나눌 수 있다. 현장소장은 특정한 건설현장에서 공사의 시공에 관련한 업무를 담당하는 자로 특별한 사정이 없는 한 상

---

227) 송정원, 앞의 책, 28면

법 제14조[228]의 표현지배인으로 볼 수는 없고 단지 상법 제15조[229]의 '영업의 특정한 종류 또는 특정한 사항에 대한 위임을 받은 사용인'으로 부분적 포괄대리권을 가진다. 현장소장의 통상적인 업무의 범위는 그 공사의 시공과 관련한 자재, 노무관리 외에 그에 관련된 하도급계약의 체결 및 공사대금지급, 공사에 투입되는 중기 등의 임대차계약 및 임대료 지급 등에 관한 모든 행위다(대법원 1994. 9. 30. 선고 94다20884 판결). 그 업무에 대하여는 포괄적 대리권을 가지고 있으므로, 비록 현장소장이 독단적으로 결정했고 그것이 회사 내부의 규정에 반한다 하더라도, 현장소장이 체결한 계약의 효력은 회사에게 온전히 미친다. 따라서 회사는 현장소장의 행위에 대한 계약상 책임뿐만 아니라 하도급법상의 책임도 져야 한다.

---

228) 상법 제14조(표현지배인)
　　① 본점 또는 지점의 본부장, 지점장, 그 밖에 지배인으로 인정될 만한 명칭을 사용하는 자는 본점 또는 지점의 지배인과 동일한 권한이 있는 것으로 본다. 다만, 재판상 행위에 관하여는 그러하지 아니하다.
　　② 제1항은 상대방이 악의인 경우에는 적용하지 아니한다.
229) 상법 제15조(부분적 대리권을 가진 상업사용인)
　　① 영업의 특정한 종류 또는 특정한 사항에 대한 위임을 받은 사용인은 이에 관한 재판 외의 모든 행위를 할 수 있다.
　　② 제11조 제3항의 규정은 전 항의 경우에 준용한다.

26 원사업자의 기업회생절차 및 파산선고시 하도급계약의 이행 및 하도급대금 채권의 분류

(#채무자회생법#공익채권&회생채권#쌍방미이행계약)

A 원사업자에 대하여 회생절차가 개시되면 그 관리인은 수급사업자에 대하여 하도 급계약을 해제할지 아니면 쌍방이행을 선택할지 결정할 권한이 있고 수급사업자 는 이에 따를 수밖에 없다. 전자를 선택하면 중도타절하게 되고 그 동안의 하도급대금채 권은 회생채권이 되고 후자를 선택하면 공익채권이 된다. 주의할 점은 원사업자의 회생 절차에서 수급사업자는 하도급대금채권으로 원사업자의 하자보수채권을 상계해야 한다 는 것이다. 상계하지 않으면 자신의 하도급대금채권은 재조정되지만 원사업자의 하자보 수채권은 그대로 남아있는 불합리가 발생하기 때문이다. 한편, 원사업자에 대한 회생개시 결정이 이루어지면 원사업자의 위반행위에 대한 조사는 통상 심리불속행 종결된다.

해설

회생절차란 현재 경제적 파탄에 직면해 있지만 경제적으로 갱생의 가치가 있는 회사 또는 개인에 관하여 채권자, 주주 기타 이해관계인 간의 이해를 조정하며 그 사업의 장래 재건을 도모하는 절차이다. 회생채권과 공익채권이 있는데 회생채권이란 채무자에 대하 여 회생절차 개시 전의 원인으로 생긴 재산상의 청구권, 회생절차 이후의 이자, 회생절차 개시 후의 불이행으로 인한 손해배상금과 위약금, 회생절차 참가비용 등을 의미한다(채무 자회생법 제118조). 회생절차가 개시된 후에는 채무자회생법에 특별한 규정이 있는 경우를 제외하고는 회생계획에 규정된 바에 따르지 않고 변제하거나 변제받는 등 이를 소멸하게 하는 행위가 원칙적으로 금지된다(채무자회생법 제131조).

공익채권이란 회생채권자, 회생담보권자와 주주, 지분권자의 공동의 이익을 위하여 발 생하는 재판상의 비용청구권 등을 말하며 대부분 개시결정 이후의 원인으로 생긴 채권이 다(채무자회생법 제179조). 공익채권은 회생절차에 의하지 않고 수시로 회생채권과 회생담 보권에 우선하여 변제할 수 있다(채무자회생법 제180조). 회생담보권이란 회생채권 또는 회 생절차 개시 전 원인에 기하여 생긴 채무자 이외의 자에 대한 재산상 청구권으로서, 회생절차 개시 당시 채무자의 재산상에 존재하는 유치권, 질권, 저당권, 양도담보권, 가등기담보권, 전세권 또는 우선특권으로 담보된 범위 내의 것을 말한다(채무자회생법 제141조).

회생절차에서 관리인은 쌍방미이행 쌍무계약에 대하여 그 계약을 해제·해지할 수도 있고 채무자의 채무를 변제하고 상대방의 채무이행을 청구할 수 있다. 관리인의 권한이며 그 상대방(수급사업자)에게는 선택권이 없다. 다만, 상대방은 관리인에 대하여 계약을 해제·해지할 것인지 아니면 그 이행을 할 것인지 여부를 확답할 것을 최고할 수 있고, 관리인이 30일 이내에 확답을 하지 아니한 때에는 해제권 또는 해지권 행사를 포기한 것으로 본다. 관리인이 공사이행을 선택한 경우 상대방의 보수청구권은 전액 공익채권이 된다(채무자회생법 제119조).

이 때 원사업자의 기업회생절차에서 수급사업자가 하도급채권을 회생채권으로 신고하면서 수급사업자가 원사업자에 대한 하도급대금채권으로 원사업자가 수급사업자에 대하여 가지는 하자보수채권을 상계하지 않으면 이후 수급사업자가 하도급공사와 관련하여 하자보수청구를 받을 경우 전액을 배상해 주어야 하는 상황이 발생할 수 있기 때문에 주의를 요한다. 수급사업자의 원사업자에 대한 하도급대금채권과 원사업자의 수급사업자에 대한 하자보수채권이 동시이행관계에 있기는 하지만, 채무자에 대한 회생절차가 개시되면 회생채권 변제는 금지되고 동시이행항변권의 전제인 이행상의 견련관계가 회생절차로 소멸되기 때문에, 회생절차에서 상계하지 않을 경우 수급사업자의 하도급대금채권은 회생채권으로 채무조정이 되는데 반해 원사업자의 하자보수채권은 일반채권으로 전혀 감액되지 않기 때문에 수급사업자가 큰 손해를 볼 수 있기 때문이다.

공사도급계약에서 완성해야 하는 부분은 불가분이어서 회사정리절차 개시 전의 원인으로 발생한 부분과 이후의 원인으로 발생한 부분을 나눌 수 없는 것이 원칙이므로, 중간공정마다 기성고를 확정하고 그에 대한 공사대금을 지급하기로 한 것이 아니라, 매월 1회씩 기성고에 따라 지급하기로 한 것이라면 수급사업자의 기성고에 대한 공사대금채권도 공익채권이 된다(대법원 2003. 2. 11. 선고 2002다65691 판결).

한편, 회사정리절차 개시결정 이전에 이루어진 하도급법 위반행위에 대하여 개시결정 이후에 과징금부과결정이 이루어진다 하더라도 그 과징금채권은 회생채권에 해당한다(대법원 2013. 6. 27. 선고 2013두5159 판결[230]). 사건처리절차규칙에 의하면, 회사정리절차 개시

---

230) 대법원 2013. 6. 27. 선고 2013두5159 판결
　　[1] 채무자 회생 및 파산에 관한 법률 제251조 본문은 회생계획인가의 결정이 있는 때에는 회생계획이나 이 법의 규정에 의하여 인정된 권리를 제외하고는 채무자는 모든 회생채권과 회생담보권에 관하여 그 책임을 면한다고 규정하고 있다. 그런데 채무자 회생 및 파산에 관한 법률 제140조 제1항 제251조 단서는 회생절차개시 전의 벌금·과태료·형사소송비용·추징금 및 과태료의 청구권은 회생계획인

결정이 이루어진 기업이 하도급법 위반혐의로 신고되거나 또는 하도급법 위반조사 이후 개시결정이 내려진 경우 과징금부과처분의 실효성이 없기 때문에 종결처리를 하게 된다 (동 규칙 제48조).

가의 결정이 있더라도 면책되지 않는다고 규정하고 있는 바, 이는 회생계획인가의 결정에 따른 회생 채권 등의 면책에 대한 예외를 정한 것으로서 그에 해당하는 청구권은 한정적으로 열거된 것으로 보 아야 하고, 위 규정에 열거되지 않은 과징금의 청구권은 회생계획인가의 결정이 있더라도 면책되지 않는 청구권에 해당한다고 볼 수 없다.

[2] 채무자에 대한 회생절차개시 전에 과징금 부과의 대상인 행정상의 의무위반행위 자체가 성립하고 있 으면, 그 부과처분이 회생절차개시 후에 있는 경우라도 그 과징금 청구권은 회생채권이 되고, 장차 부 과처분에 의하여 구체적으로 정하여질 과징금 청구권이 회생채권으로 신고되지 않은 채 회생계획인가 결정이 된 경우에는 채무자 회생 및 파산에 관한 법률 제251조 본문에 따라 그 과징금 청구권에 관하 여 면책의 효력이 생겨 행정청이 더 이상 과징금 부과권을 행사할 수 없다. 따라서 그 과징금 청구권 에 관하여 회생계획인가결정 후에 한 부과처분은 부과권이 소멸된 뒤에 한 부과처분이어서 위법하다.

27 원사업자의 파산선고시 하도급계약의 이행 및 하도급대금 채권의 분류

(#쌍방미이행계약#파산채권&재단채권#청산중법인)

A 원사업자가 파산하게 되는 경우 원사업자와 수급사업자는 공사이행을 선택할 수 도 있고 계약해제를 선택할 수도 있는데, 전자의 경우 하도급대금은 재단채권이 되고 후자의 경우 그 동안의 하도급대금은 파산채권이 된다. 한편, 원사업자에 대한 파산 선고가 내려지면 원사업자의 위반행위에 대한 조사는 통상 심리불속행 종결된다.

해 설

파산절차는 채무자가 지급불능 또는 채무초과 상태 등 파산의 원인이 있을 때 파산선 고를 하고 채권조사절차를 통하여 채권자의 권리를 확정한 다음 파산선고 당시의 채무자 의 재산을 환가하여 권리의 우선순위와 채권액에 따라 환가된 금원을 분배하는 제도이다. 파산채권이란 파산자에 대하여 파산선고 전의 원인으로 생긴 재산상의 청구권을 말하며 파산채권은 파산절차에 의하여만 행사할 수 있다(채무자회생법 제423조, 제424조). 재단채권 은 파산채권자 공동의 이익을 위한 재산상 비용 등을 말하며 원칙적으로 파산선고 후에 파산재단에 관하여 생긴 청구권이다. 채무자의 근로자 보호를 위하여 임금 등과 조세와 같이 파산선고 전후를 막론하고 공익적 목적 때문에 재단채권으로 하는 것도 있다. 재단 채권은 파산절차에 의하여 않고 파산관재인이 수시로 변제해야 한다. 별제권은 회생담보 권에 대응하는 개념으로 파산재단에 속하는 재산상에 존재하는 유치권, 질권, 저당권, 동 산 채권 등의 담보에 관한 법률에 따른 담보권 또는 전세권이 있는 파산채권을 의미하며, 채권자는 파산절차에 의하지 않고 별도로 담보권 실행을 통해 채권회수절차를 진행할 수 있다(채무자회생법 제411조, 제412조, 제413조).

원사업자와 수급사업자가 공사이행을 선택하여 수급사업자가 일을 완성하면 그 결과 는 파산재단에 귀속되고, 수급사업자의 하도급대금은 파산선고 전의 기성공사 부분을 포 함하여 모두 재단채권이 되어 우선변제된다. 만약 계약해제 또는 해지를 선택하면 기성 부분에 대한 하도급대금은 원칙적으로 파산채권이 되고 당시까지 완성권 결과물은 파산 재단에 속하게 된다(민법 제674조).

파산법인에 대한 하도급법 위반혐의는 종결처리를 하게 된다(사건처리절차규칙 제48조).

28 해산된 법인에 대한 하도급법 위반의 책임을 물을 수 있는지 여부

A 원사업자 법인이 해산하는 경우 원칙적으로 하도급법 위반에 따른 행정적 책임을 물을 수는 있지만 실무관례상 종결처리된다.

해설

해산사유가 발생하여 청산절차가 진행 중인 법인이라 하더라도, 해산 전 법인과 법인격의 동일성이 유지되고 청산절차가 종료되기 전까지는 소멸하지 않고 청산법인으로 존속하게 되므로, 해산 전 법인의 법위반행위에 대하여 청산 중인 법인에게 책임을 물을 수 있다. 하지만 사건절차규칙 제46조 제1항 제1호에 의하면 시정조치 등의 이행확보가 사실상 불가능한 경우에는 종결처리사유가 될 수 있다. 법인의 해산등기는 해산효력발생 요건이 아니라 제3자에 대한 대항요건에 불과하여, 해산등기를 하지 않았다 하더라도 법률상 해산사유가 발생한 때에는 해산된 것으로 볼 수 있다.

법인이 해산되었지만 그 주요한 영업이 신설법인 등에게 그대로 이전된 경우라면 인수한 법인에게 해산법인의 공정거래법상, 책임을 물을 수 있는지 문제된다. 하지만 두 법인은 별개여서 법인격 독립의 법리상, 공정거래법상 책임을 승계하지 않는다. 다만, 두 법인이 경제적 동일체이고 법인의 해산 및 새로운 법인으로의 사업 인계 등이 공정거래법 집행을 면탈할 목적으로 이루어졌다는 예외적이고 특별한 사정이 있다면 공정거래법상 책임을 물을 수 있다.

회생법인, 파산법인 및 해산법인에 대한 하도급법 위반혐의는 종결처리를 하게 된다(사건처리절차규칙 제48조).

29 신용카드로 하도급대금의 결제가 가능한가

(#대금지급일#수수료부담주체#여신전문금융업법)

A 신용카드는 하도급법이 예정한 결제수단이 아니기 때문에 신용카드로 결제한 날이 아니라 실제 신용카드사로부터 대금이 입금된 날 결제된 것으로 볼 수밖에 없다. 현행 여신전문금융업법에 의하면 신용카드 수수료를 수급사업자가 부담하도록 되어 있는데, 이는 수급사업자 이익에 반하므로, 여신전문금융업법과의 관계에 비추어 보더라도 허용되기 어렵다.

해 설

신용카드 결제가 어음대체 결제수단으로 인정받지 못하여 이로 인한 하도급법상의 혜택은 없지만, 하도급대금 결제방식에 대한 별도의 제한도 없으므로 일반 신용카드로 하도급대금을 결제하는 것은 가능하다. 대금지급일에 대하여는 특별한 규정이 없으므로, 카드결제일이 아니라 카드사를 통해 수급사업자에게 실제 대금이 입금되는 날이 하도급대금의 지급일이 될 것이다.

수급사업자 입장에서는 어음결제방식에 비해 하도급대금을 조기에 현금화가 가능하고 부도로 인해 대금을 회수하지 못할 위험도 감소하게 되며, 대금회수를 위한 인력 및 시간 등이 절감되는 이점이 있다. 원사업자 입장에서도 통상 목적물 수령일로부터 60일을 초과하여 카드사에 대해 대금을 입금하면 되므로 자금 유동성에 여유를 얻을 수 있는 장점이 있다.

카드결제방식의 선택이 원사업자의 강요 없이 수급사업자의 자유의사에 따라 이루어지고 다른 지급방식의 선택이 가능하였던 경우에 한하여 하도급법위반으로 볼 수 없다는 견해가 있다.[231] 그런데 신용카드로 결제받은 수급사업자는 매 자금회수시마다 신용카드 수수료(약 1.5% ~ 2%)를 부담해야 한다. 이때문에 원사업자가 수급사업자에게 신용카드로 결제하는 것은, 상황에 따라서는 경제적 이익의 부당요구에 해당하거나 신용카드 수수료만큼 하도급대금을 감액하는 행위가 될 수도 있다. 물론 원사업자가 수급사업자에게

---

231) 제조하도급실무편람, 177면

신용카드 수수료를 보전해 주는 방안도 고려해 볼 수 있지만 여신전문금융업법상 신용카드 수수료는 판매자(신용카드가맹점)가 부담해야 하고 이를 구매자(신용카드회원)에게 부담하게 해서는 안 된다(여신종합전문업법 제19조 제4항). 이를 위반할 경우 1년 이하의 징역 또는 1천만 원 이하의 벌금형을 받을 수 있다(여신종합전문업법 제70조 제3항 제5호). 이런 점에서, 수급사업자가 수수료를 부담해야 함에도 불구하고 신용카드 결제가 수급사업자에게 유리하다는 특별한 사정이 없는 이상, 신용카드로 하도급대금을 결제하는 방식은 관계법령과의 관계나 실무적인 측면에서 적절하지 않을 수 있다.

30 계속적 거래관계에서 하도급법상 조사시효(일반 3년, 기술탈취 7년) 적용방법

(#거래가 끝난 날의 의미)

A 연단위 계약 등 계속적 하도급계약에서는 계약기간은 임의로 설정된 측면이 있으므로 개별적인 목적물 등 수령시점부터 조사시효가 진행되고, 다만 월별·분기별로 세금계산서를 발행하는 경우에는 세금계산서 발행일을 기준으로 조사시효를 판단한다.

해 설

계속적 거래관계의 특성을 가지는 하도급거래에 있어 조사시효의 기산점을 언제로 보아야 하는지가 문제된다. 연단위 단가계약으로 제조위탁되는 제조하도급계약이나 SI업종에서의 유지보수계약의 경우가 대표적이다.

(i) 계약기간별로 별도의 거래가 성립한다고 보아야 하므로 각 계약의 종료일을 기준으로 판단하면 된다는 입장, (ii) 계약기간과 무관하게 사실상 동일한 계약의 연장에 불과하므로 갱신된 계약의 종료시점을 기준으로 판단하면 된다는 입장, (iii) 계약기간과 무관하게 조사시점으로부터 3년(또는 기술탈취의 경우 7년)이 되는 시점부터 공급된 제품이나 용역만을 조사대상으로 보아야 한다는 입장이 있을 수 있다.

예를 들어, 2010. 1. 1.부터 같은 해 12. 31.까지의 제조위탁계약 또는 유지보수계약이 체결되고 이후 매년 계속 갱신되어 왔고 2016. 3. 1.에 조사가 시작된 경우, (i)설에 의할 경우 2012. 1. 1. ~ 2012. 12. 31.의 계약은 그 종료일로부터 3년이 경과하였으므로 이미 조사시효를 도과한 것이 된다. (ii)설에 의할 경우 2016. 3. 1.까지도 거래가 계속되고 있으므로 아직 어떤 계약도 조사시효가 도과된 것으로 볼 수 없다. (iii)설에 의할 경우 2013. 2. 29.까지 공급된 제품이나 이루어진 용역에 대하여는 3년(또는 기술탈취의 경우 7년)의 조사시효가 완성된 것으로 볼 수 있다.

생각건대, 계속적 거래관계에서의 계약기간은 인위적으로 설정한 것에 불과하고, 제공되는 역무는 사실 그 제공 시점에서 즉시 제품공급이나 역무공급이 완료된 것으로 보는 것이 타당하다. 제조·수리위탁이라 건설위탁, 지식정보성과물 작성위탁도 마찬가지이다. 그래서 (iii)설과 같이 조사시점으로부터 3년(또는 기술탈취의 경우 7년)이 되는 시점부터 목적물 등 수령일이 되는 거래부터 하도급 조사대상이라 봄이 합당하다. 다만, 하도급법 제13조 제1항에 따라 월별·분기별로 세금계산서를 발행하는 경우에는 그 기간을 중심으로 목적물 등이 수령된 것으로 보게 된다. 따라서 그 세금계산서 발행일을 기준으로 목적물 등 수령일로부터 3년(또는 기술탈취의 경우 7년)의 시효를 판단하게 된다.

31 조사시효 및 처분시효가 도과한 하도급법 위반행위에 대해 형사처벌과 민사책임도 면제되는지 여부

(#시효도과와 형사고발#시효도과와 민사책임)

A 조사시효나 처분시효가 도과한 경우라도, 민사상 소멸시효나 형사상 공소시효가 도과되지 않은 이상, 하도급법 위반으로 인한 손해배상책임 등 민사적 책임이나 형사적 책임이 면제될 수는 없다. 하지만 공정거래위원회의 조사가 불가능하기 때문에 그 위법성 인정에는 어려움이 있다.

해설

처분시효가 도과하면 공정거래위원회는 시정명령이나 과징금납부명령을 할 수 없다(법 제22조 제4항). 또 조사시효가 도과한 하도급법위반행위에 대하여 공정거래위원회는 조사를 개시할 수 없으므로(법 제22조의2 제1항) 사실상 시정명령이나 과징금납부명령 등이 불가하다. 이 경우 하도급법위반으로 인한 형사처벌까지 면제되는지가 문제된다.

벌금형이 규정된 하도급법위반죄에 대한 공소시효가 5년이기 때문에 처분시효나 조사시효는 도과하였지만 공소시효가 여전히 도과하지 않은 경우가 있을 수 있다. 하도급법 위반죄는, 공정거래위원회의 고발이 있어야 기소할 수 있다. 공정거래위원회는 위반 정도가 객관적으로 명백하고 중대하여 하도급거래 질서에 현저히 저해한다고 인정하는 경우 고발해야 한다(법 제32조 제2항). 하지만 공정거래위원회의 고발 역시 의결에 의해야 하고 의결을 위하여는 조사가 선행되어야 한다. 특히 필요적 고발요건인 위반행위가 중대·명백한지 여부를 판단하기 위하여는 조사가 필요하다. 이런 점에서 조사시효가 완성된 행위에 대하여는 조사를 할 수 없어 고발도 어렵다고 봄이 합당하다.

한편, 처분시효의 도과는 시정명령조치 및 과징금납부명령에만 적용되는 것이므로, 처분시효가 도과되었다 하더라도 공정거래위원회는 형사고발의 의결을 할 수 있다고 본다.

공정거래위원회가 고발요건에 해당하지 않는다고 결정하더라도 감사원장, 중소기업청장은 사회적 파급효과, 수급사업자에게 미친 피해 정도 등 다른 사정을 이유로 공정거래위원회에 고발을 요청할 수 있고, 공정거래위원회는 반드시 고발해야 한다(법 제32조 제4

항, 제5항). 처분시효가 도과한 사건에 대해 공정거래위원회가 고발을 할 수 있는데, 감사원장이나 중소기업청장이 고발요청을 할 수 있음은 당연하다.

조사시효 완성으로 공정거래위원회가 조사를 하지 못하는 경우에 감사원장이나 중소기업청장이 고발요청할 수 있는지 문제가 된다. 살피건대, 공정거래위원회가 조사하지 못한 경우 감사원장이나 중소기업청장 역시 이러한 판단을 할 자료가 부족하므로 가급적 고발요청을 하지 않는 것이 바람직하지만, 감사원장이나 중소기업청장이 자체적인 조사와 판단으로 고발하는 것을 위법하다고 보기는 어렵다.

한편, 조사시효나 처분시효의 도과는 공정거래위원회로 하여금 조사나 처분을 하지 못하게 하는 것일 뿐 민사상 손해배상책임과는 무관하다. 하도급법 위반행위로 수급사업자에게 손해를 발생시킨 경우 원사업자 등은 민사상 손해배상책임을 지게 된다. 손해를 입은 수급사업자는 조사시효나 처분시효의 도과와 무관하게 민법 제750조에 기한 손해배상청구뿐 아니라 하도급법 제35조에 기한 손해배상청구까지 제한 없이 할 수 있다. 포괄적 증거개시절차(Discovery)가 불비한 우리 민사소송의 현실상 피해를 입은 수급사업자가 민사소송에서 원사업자의 위법행위와 이로 인한 손해를 구체적으로 입증하기란 쉽지 않다. 증거가 모두 원사업자에게 있고 수급사업자가 이를 입수하기 어렵기 때문이다. 그래서 조사시효와 처분시효 제도가 그 취지에도 불구하고 자칫 수급사업자의 정당한 민사적 권리행사를 수월하게 하지 못하는 장벽이 될 수 있다. 특히 통상의 위반에 대하여는 거래가 끝난 날로부터 3년(기술정보 제공요구 및 유용행위에 대한 조사시효는 2018. 4. 17. 법률 제15621호로 7년으로 연장)으로 민사상 소멸시효인 10년에 비하여 너무 짧은 측면이 있다.

32 수급사업자의 자발적 동의에 의한 진정한 합의와 하도급법상 취급, 그리고 갑을관계인지감수성

(#자발적 동의#진정한 합의#진정한 의사#부당성#정당한 이유#가벌성)

A 대부분의 경우 수급사업자의 동의가 있는 경우 부당성이 인정되기 어려워 하도급법 위반으로 보기 어렵지만 이 때 '동의'는 진정하고 자발적인 동의를 의미하는 것이기 때문에 원사업자의 요구에 의하여 어쩔 수 없이 한 동의는 이에 해당하지 않는다. 수급사업자의 입장에서 진정하고 자발적인 동의가 있었는지를 판단해야 하는데 이를 '갑을관계인지감수성'이라 한다.

해설

가. 수급사업자의 자발적 동의의 의미와 판단기준, 하도급법상 취급

하도급법에 대한 분쟁에서 가장 많은 항변 중 하나가 수급사업자의 자발적 동의에 따라 합의(약정)된 사항이므로 위법하지 않다는 것이다. 우리 법원이나 공정거래위원회는 그 합의나 약정이 수급사업자의 자발적 동의에 의한 진정한 것인지 여부를 따지고 있다. 예를 들어, 부당감액에 있어 법원은 수급사업자의 자발적 동의에 의한 감액 또는 실질적 협의에 의한 감액이라면 정당한 것으로 보고 있고(대법원 2011. 1. 27. 선고 2010다53457 판결), 공정거래위원회도 원사업자가 수급사업자와의 합의에 의해 감액한 것이라 항변하면 그 합의의 진정성 여부를 판단하고 있다(공정거래위원회 2013. 4. 26. 의결 제2013-117호, 사건번호 2012전사0737).

하도급법에서는 수급사업자의 자발적 동의에 의한 진정한 합의가 있으면 위법하지 않다는 명문의 규정은 없다. 2017. 4. 18. 법률 제14814호로 개정되기 이전의 하도급법 제17조 제1항에서 부당대물변제의 요건으로 '수급사업자의 의사에 반하여'라고 규정하여 수급사업자의 의사를 위법성 요건으로 한 적은 있지만 동 법률개정으로 이마저 삭제되었다. 그렇다면 수급사업자의 자발적 동의에 의한 진정한 합의는 하도급법에서 어떤 역할을 하는 것일까?

우선, 하도급법은 원사업자의 행위제한이나 의무를 규정하면서 부당성을 요건으로 하는 경우 예를 들어 '부당하게', '부당한' 또는 '정당한 사유 없이'를 요건으로 하는 경우가 있다.[232] 이러한 요건의 해석에 있어, 법원이나 공정거래위원회는 수급사업자의 자발적 동의에 의하여 진정한 합의가 있었던 것이라면, 부당하지 않거나 정당한 사유가 있는 것으로 보고 있다. 타당한 해석이라 생각한다.

하도급법상 '부당성' 요건이 없는 행위제한이나 의무의 경우에는 자발적 동의에 의한 진정한 합의가 어떤 역할을 하는가? 예를 들어, 제6조의 선급금 지급조항, 제13조의 하도급대금 지급시기, 지연이자·어음수수료·어음대체 결제수단 수수료 지급 등에 대한 조항, 제13조의2 건설하도급 계약이행 및 대금지급 보증 조항, 제14조의 하도급대금 직접지급 조항, 제16조의 설계변경 등에 따른 하도급대금 조정 조항, 제17조의 부당한 대물변제의 금지 조항(2017. 4. 18. 법 개정 이후) 등이다. 이 경우에는 수급사업자의 자발적 동의에 의한 진정한 합의가 위법성을 조각한다고 볼 근거가 없다. 오히려 위와 같은 규정에서 부당성을 요건으로 하지 않은 것이 수급사업자의 동의와 무관하게 그 행위를 금지하거나 의무를 부과하려는 입법자의 의도일 수 있다고 생각한다. 따라서 부당성을 요건으로 하지 않는 행위의무나 금지의무 조항에 있어서는 수급사업자의 자발적 동의에 의한 진정한 합의가 있더라도 위법하다고 생각한다.

다만, 자발적 동의 여부가 위법성 조각사유가 될 수 없는 경우라도 가벌성에 대해서는 영향을 미친다고 본다. 만약 당사자 간 합의가 진정한 의사에 기한 것이라면, 설사 그것이 하도급법 위반을 구성한다 하더라도 가벌성이 낮다. 따라서 시정조치나 과징금 부과 여부나 과징금 규모 등에 반영되어야 한다. 형사처벌의 경우에도 가벌성이 약하므로 기소유예결정을 하는 것이 오히려 올바른 기소권의 행사가 될 수도 있다. 법원의 선고형에서도 고려되어야 할 것이다. 다만, 이러한 사정은 매우 특별한 사정이므로 엄격하게 인정해야 할 것이고 그 입증책임 역시 원사업자에게 있다고 본다.

또, 하도급법 제33조(과실상계)는 "원사업자의 이 법 위반행위에 관하여 수급사업자에게 책임이 있는 경우에는 이 법에 따른 시정조치·고발 또는 벌칙 적용을 할 때 이를 고려할 수 있다"고 규정하고 있다. 수급사업자의 자발적 동의가 있거나 원사업자와 합의한 사항이라면, 수급사업자의 책임으로 볼 수 있다. 그래서 과실상계 조항 역시도 자발적 동의나 진정한 합의가 있는 경우의 가벌성 및 이에 따른 제재 수준 결정 판단시 고려요소로 고려하는 근거조항이 된다.

한편, 수급사업자의 자발적 동의에 의한 진정한 합의가 있었는지 여부에 대한 판단은

---

232) 전자나 후자의 의미에는 큰 차이가 없고 다만 입증책임의 소재(所在)가 다르다고 본다. '부당하게'의 경우 수급사업자가 입증책임이 있고, '정당한 사유 없이'의 경우 원사업자에게 입증책임이 있다고 본다.

원사업자와 수급사업자 간의 경제적 우월의 차이와 수급사업자의 원사업자에 대한 의존성, 종속성 등을 종합적으로 고려하되 매우 엄격하게 해석해야 한다. 이런 취지에서 실무적으로 말하면, 수급사업자에게 충분한 이익이 있는 선택이었고 나아가 원사업자와 수급사업자 간의 진지한 교섭이 인정되지 않으면 진정한 동의나 합의로 인정하지 않는다. 판례 역시도 "수급사업자의 자발적인 동의에 의한 것인지 여부는 수급사업자에 대한 원사업자의 거래상 우월적 지위의 정도, 수급사업자의 원사업자에 대한 거래의존도, 거래관계의 지속성, 거래의 특성과 시장상황, 거래 상대방의 변경가능성, 당초의 대금과 감액된 대금의 차이, 수급사업자가 완성된 목적물을 인도한 시기와 원사업자가 대금 감액을 요구한 시기와의 시간적 간격, 대금감액의 경위, 대금감액에 의하여 수급사업자가 입은 불이익의 내용과 정도 등을 정상적인 거래관행이나 상관습 및 경험칙에 비추어 합리적으로 판단하여야 한다"고 판시하여 같은 입장이다(대법원 2011. 1. 27. 선고 2010다53457 판결).

관련하여, 실무상 원사업자가 현장설명회를 개최하면서 현장설명서의 견적 특약사항 등으로 기재하여 수급사업자에게 부담이 될 수 있는 조건을 제시하는 경우가 있다. 이후 낙찰자와 계약을 체결하면서 서면에 계약조건으로 명시적으로 반영하는 경우라 하더라도 반드시 그것을 두고 수급사업자의 자발적 동의에 의한 진정한 합의의 결과에 해당하므로 부당특약이 아니라고 단정할 수 없다. 엄격하게 정당한 이유가 있었는지 여부를 판단해야 할 것이다. 만약 견적 특약사항이 계약서에 반영되지는 않았지만 단지 현장설명서에서 충분히 설명되었으므로 계약에 편입된 것으로 보아야 한다는 주장이나 아니면 구두계약이 성립한 것이라는 주장은 구체적인 입증이 없다면 설득력이 없다고 본다.

나. 갑을관계인지감수성

거래상 열위에 있는 수급사업자가 원사업자에게 '거절'의 의사를 명확히 밝히고 이를 견지하기가 쉽지 않기 때문이다. 전속적인 수직계열화 등으로 수급사업자가 원사업자에게 매우 의존적인 상황이라면 이러한 가능성은 더욱 높아진다. 수급사업자의 자발적 동의 여부는 드러난 사정만으로 판단해서는 안 된다. 오히려 수급사업자의 입장에서 진정한 동의가 있었는지를 보고 판단해야 한다. 저자는 이를 '갑을인지감수성'이라 부르고자 한다.

수급사업자의 동의를 엄격한 기준에 의해 인정하여야 한다고 본 법원의 판결(대법원 2011. 1. 27. 선고 2010다53457 판결)이나 공정거래위원회의 심결들도 이러한 '갑을관계인지감수성'의 측면에서 이해될 수 있다. 하지만 원사업자와 수급사업자의 합의가 있다는 이유로 하도급법에 반하는 또는 수급사업자의 이익에 반할 수 있는 민사적인 합의의 유효성을 인정하는 많은 민사법원의 입장은 '갑을관계인지감수성' 측면에서 보면 미흡한 측면이 많다. 사견으로, 열악한 수급사업자의 이익을 보호하고 하도급거래질서의 공정화를 위하여, 하도급법을 집행하는 공정거래위원회나 하도급법 위반을 수사하는 검찰, 하도급 관련 분쟁에 대한 판결을 내리는 법원, 이해관계를 조율하는 조정기관 등은 '갑을관계인지감수성'을 기초로 사실관계를 판단하고 법해석을 해야 한다고 본다. 뿐만 아니라 수급사업자의 거래상대방인 원사업자도 '갑을인지감수성'을 기초로 거래해야 할 것이다.

33 계약체결이 무산된 경우 하도급법이 적용되는지 여부 및 이 경우 거래상대방에게 물을 수 있는 책임(계약체결상의 과실책임)

(#하도급계약의 미성립#계약체결상의 과실#이행이익과 신뢰이익)

A   하도급계약이 체결되지 않은 경우에는 원사업자·수급사업자 관계가 성립하지 않으므로 하도급법이 적용될 수 없고, 당연히 위탁취소가 성립할 가능성도 없고, 수급사업자에 대한 기술탈취 등이 성립할 여지도 없다. 다만, 원사업자에 대하여 민법상 계약체결상 과실책임을 물을 여지는 있다.

해 설

하도급거래가 성립하지 않으면 하도급법이 적용될 수 없음은 당연하다. 하도급법의 규정들은 모두 원사업자 또는 발주자에게 행위의무나 금지의무를 부과하고 있는데, 원사업자에 대하여는 '제조등의 위탁을 한 자'(하도급법 제2조 제2항), 발주자에 대하여는 '원사업자에게 도급하는 자'라고 정의하여(하도급법 제2조 제10항), 하도급거래의 성립을 전제로 하기 때문이다.

한편, 하도급거래는 일반적으로 당사자 간 계약이 체결되거나 또는 계약체결이 명확하지 않더라도 원사업자의 위탁에 의하여 수급사업자가 위탁업무에 착수한 경우에 성립한 것으로 본다(사실 후자는 명시적인 계약체결이 되지 않았을지는 몰라도 묵시적으로는 계약체결이 된 것이다). 그런데 양 당사자 간 교섭이 상당한 정도로 진행되었지만 결국 합의에 이르지 못하여 거래가 무산된 경우는 어떻게 되는가? 특히 그 교섭의 정도가 상당부분 진행되어 수급사업자가 계약이 체결될 것임을 믿고 계약체결될 경우에 필요한 투자나 준비를 한 경우는 어떻게 되는가?

대법원은 계약이 이루어지지 않았으므로 계약상 책임을 물을 수 없고 하도급법도 적용될 수 없으며, 다만 일정한 경우 계약체결상의 과실에 대한 손해배상책임을 물을 수 있다는 전제에서, "공사금액이 수백 억이고 공사기간도 14개월이나 되는 장기간에 걸친 대규모 건설하도급공사에 있어서는 특별한 사정이 없는 한 공사금액 외에 구체적인 공사시행

방법과 준비, 공사비 지급방법 등과 관련된 제반 조건 등 그 부분에 대한 합의가 없다면 계약이 체결되지 않았으리라고 보이는 중요한 사항에 관한 합의까지 이루어져야 비로소 그 합의에 구속되겠다는 의사의 합치가 있었다고 볼 수 있고, 하도급계약의 체결을 위하여 교섭당사자가 견적서, 이행각서, 하도급보증서 등의 서류를 제출하였다는 것만으로는 하도급계약이 체결되었다고 볼 수 없다. 다만 어느 일방이 교섭단계에서 계약이 확실하게 체결되리라는 정당한 기대 내지 신뢰를 부여하여 상대방이 그 신뢰에 따라 행동하였음에도 상당한 이유 없이 계약의 체결을 거부하여 손해를 입혔다면 이는 신의성실의 원칙에 비추어 볼 때 계약자유 원칙의 한계를 넘는 위법한 행위로서 불법행위를 구성한다고 할 것이다"라고 판시하였다(대법원 2001. 6. 15. 선고 99다40418 판결).

계약체결상의 과실책임과 관련하여 불법행위책임뿐 아니라 계약책임(즉, 일종의 채무불이행책임)을 물을 수 있다는 견해가 있다.[233] 하지만 대법원의 일관된 입장은 계약상의 책임에 대하여는 인정하지 않고 불법행위책임만을 인정하며, 배상해야 하는 손해 역시도 이행이익이 아니라 신뢰이익에 한정되고 별도로 정신적 손해에 따른 위자료 배상을 구할 수 있다는 것이다. 대법원은 "계약교섭의 부당한 중도파기가 불법행위를 구성하는 경우 그러한 불법행위로 인한 손해는 일방이 신의에 반하여 상당한 이유 없이 계약교섭을 파기함으로써 계약체결을 신뢰한 상대방이 입게 된 상당인과 관계 있는 손해로서 계약이 유효하게 체결된다고 믿었던 것에 의하여 입었던 손해, 즉 신뢰손해에 한정된다고 할 것이고, 이러한 신뢰손해란 예컨대, 그 계약의 성립을 기대하고 지출한 계약준비비용과 같이 그러한 신뢰가 없었더라면 통상 지출하지 아니하였을 비용상당의 손해라고 할 것이며, 아직 계약체결에 관한 확고한 신뢰가 부여되기 이전 상태에서 계약교섭의 당사자가 계약체결이 좌절되더라도 어쩔 수 없다고 생각하고 지출한 비용, 예컨대 경쟁입찰에 참가하기 위하여 지출한 제안서, 견적서 작성비용 등은 여기에 포함되지 아니한다. 침해행위와 피해법익의 유형에 따라서는 계약교섭의 파기로 인한 불법행위가 인격적 법익을 침해함으로써 상대방에게 정신적 고통을 초래하였다고 인정되는 경우라면 그러한 정신적 고통에 대한 손해에 대하여는 별도로 배상을 구할 수 있다"라고 판시하였다(대법원 2003. 4. 11. 선고 2001다53059 판결).[234] 통상 위자료 배상은 그 금액이 크지 않을 뿐 아니라 재산상 손

---

233) 지원림, "계약교섭이 부당하게 파기된 경우의 법률관계", 민사판례연구(XXV), 2003, 179면

234) 이 사안에서 "비록 원·피고 사이에 이 사건 계약에 관하여 확정적인 의사의 합치에 이르지는 못하였다고 하더라도 그 계약의 교섭단계에서 피고가 원고 등 조각가 4인에게 시안의 작성을 의뢰하면서 시안이 선정된 작가와 조형물 제작·납품 및 설치에 관한 이 사건 계약을 체결할 것을 예고한 다음 이에 응하여 작가들이 제출한 시안 중 원고가 제출한 시안을 당선작으로 선정하고 원고에게 그 사실을 통보한 바 있었으므로 당선사실을 통보받은 시점에 이르러 원고로서는 이러한 피고의 태도에 미루어 이 사건 계약이 확실하게 체결되리라는 정당한 기대 내지 신뢰를 가지게 되었다고 할 것이고 그 과정에서 원고는 그러한

해가 인정되는 경우 정신적 손해를 별도로 인정하는 않는다(대법원 1984. 11. 13. 선고 84다카 722 판결).

신뢰에 따라 피고가 요구하는 대로 이 사건 조형물 제작을 위한 준비를 하는 등 행동을 하였을 것임에도, 앞서 본 바와 같이 피고가 원고와는 무관한 자신의 내부적 사정만을 내세워 근 3년 가까이 원고와 계약체결에 관한 협의를 미루다가 이 사건 조형물 건립사업의 철회를 선언하고 상당한 이유 없이 계약의 체결을 거부한 채 다른 작가에게 의뢰하여 해상왕 장보고 상징조형물을 건립한 것은 신의성실의 원칙에 비추어 볼 때 계약자유원칙의 한계를 넘는 위법한 행위로서 불법행위를 구성한다고 할 것이다.

나아가 그 손해배상의 유형과 범위에 관하여 보건대, 이 사건과 같은 피고의 계약교섭의 부당파기는 조형물 작가로서의 원고의 명예감정 및 사회적 신용과 명성에 대한 직간접적인 침해를 가한 불법행위에 해당된다고 할 것이므로 피고는 그로 인하여 원고가 입은 정신적 고통에 대하여 이를 금전으로 위자할 책임이 있다고 할 것이지만, 원고가 재산적 손해라고 주장하는 추정 총 제작비 20% 상당의 창작비 3억 원의 손해는 결과적으로 이 사건 계약이 정당하게 체결되어 그 이행의 결과에 따라 원고가 얻게 될 이익을 상실한 손해와 같은 성질의 것이어서 계약교섭이 중도파기되었을 뿐 종국에 가서 적법한 계약이 체결되지 아니한 이 사건에 있어서 원고로서는 계약의 이행을 청구할 수도 없고 또한 그 불이행책임을 청구할 아무런 법적 지위에 놓여 있지 아니하게 된 이상 계약의 체결을 전제로 한 이와 같은 손해의 배상을 구할 수는 없다고 할 것이고, 또한 이 사건 조형물의 제작을 준비하기 위하여 지출하였다는 비용 중 피고의 공모에 응하여 시안을 제작하는 데 소요된 비용은 아직 피고로부터 계약체결에 관한 확고한 신뢰가 부여되기 이전 상황에서 지출된 것으로서 원고로서는 그 대가로 500만 원을 지급받는 것에 만족하고 그 공모에 응하여 당선되지 않더라도 무방하다고 생각하고 지출한 비용에 불과하여 이 사건에서 용인될 수 있는 신뢰손해의 범위에 속한다고 볼 수도 없다고 할 것이며, 그 이외에 달리 원고가 이 사건 계약의 체결을 신뢰하고 지출한 비용이 있음을 뒷받침할 아무런 자료도 기록상 찾아볼 수 없다고 판시하였다.

서면교부의무의 여러 쟁점들

(#서면교부의무예외 #확정이 곤란한 상황 #빈번한 거래 #불완전서면교부 #허위서면교부 #2종의 하도급계약 #필수적기재사항 #사소한 사항의 누락&불완전교부 #지연교부와 미교부 #자진시정)

A 위탁일, 목적물, 목적물 인도시기와 장소, 검사방법 및 시기, 하도급대금, 대금의 지급방법 및 기일, 원사업자의 원재료 제공시 제공내용과 대가지급방법, 하도급 대금조정 요건, 방법 및 절차의 8가지 사항을 제3조 서면의 법정기재사항이라 하고, 사소한 사항이라도 누락되면 불완전서면교부가 된다. 추가공사 지시, 계약연장 또는 수급사업자 귀책없는 공기연장의 경우에도 서면교부의무가 있다.

해설

가. 서면교부의무 요약

법정 사항을 기재하고 양 당사자가 서명 또는 기명날인한 서면을 위탁 업무 착수 전에 수급사업자에게 발급하고 3년간 보관

- 법정 기재 사항 : ① 위탁일 ② 목적물 ③ 목적물 인도 시기 및 장소 ④ 목적물 검사 방법 및 시기 ⑤ 하도급대금 ⑥ 하도급대금 지급 방법 및 기일 ⑦ 원사업자가 원재료 등을 제공하는 경우 원재료 등의 제공 내용과 대가 지급 내용 ⑧ 공급원가 등의 변동에 따른 하도급대금 조정의 요건, 방법 및 절차
- 위탁 시점에 확정하기 곤란한 사항이 있는 정당한 사유가 있는 경우 확정 가능한 내용을 기재한 서면을 미리 수급사업자에게 제공하면서 확정하기 어려운 이유와 이를 정하게 되는 예정 기일을 서면에 명시, 추후 해당 사항이 확정되면 새로운 서면 발급
- 하도급계약 추정제도 : 법 제3조 서면 미발급시 수급사업자가 위탁받은 내용 등을 서면으로 원사업자에게 통지하여 15일 이내 미회신시 계약 성립 추정

나. 원사업자가 발급해야 하는 서류

하도급법 원사업자에게 발급하도록 한 서면은 ① 기본계약서 및 추가·변경계약서(법 제3조 제1항), ② 하도급계약 확인서면(법 제3조 제6항), ③ 감액서면(법 제11조, 시행령 제7조의2), ④ 기술자료 제공 요구서(법 제12조의3), ⑤ 목적물 등 수령증명서(법 제8조 제2항), ⑥ 검

사결과 통지서(법 제9조 제2항), ⑦ 설계변경 등에 따른 계약변경 내역통지서(법 제16조 제2항) 등 총 7가지이다.

다. 3조 서면의 법정기재사항

┃ 6개 필수 서면 기재사항 ┃

① 위탁일과 수급사업자가 위탁받은 것(이하 '목적물 등')의 내용
② 목적물 등을 원사업자에게 납품·인도 또는 제공하는 시기 및 장소
③ 목적물 등의 검사의 방법 및 시기
④ 하도급대금(선급금, 기성금 및 법 제16조에 따라 하도급대금을 조정한 경우에는 그 조정된 금액을 포함)과 그 지급방법 및 지급기일
⑤ 원사업자가 수급사업자에게 목적물 등의 제조·수리·시공 또는 용역수행행위에 필요한 원재료 등을 제공하려는 경우에는 그 원재료 등의 품명·수량·제공일·대가 및 대가의 지급방법과 지급기일
⑥ 목적물 등의 제조·수리·시공 또는 용역수행행위를 위탁한 후 원재료 등의 가격변동 등에 따른 하도급대금 조정의 요건, 방법 및 절차

(1) 위탁일

위탁일은 3조 서면의 발급일과는 다른 개념으로 실제 위탁한 날을 의미한다. 위탁일은 원사업자가 수급사업자에게 위탁업무의 완성에 필요한 기간을 부여하였는지 여부에 판단될 수 있다. 위탁업무의 성질에 비추어 위탁일로부터 납기까지의 기간이 지나치게 짧게 설정된 경우라면 수급사업자가 납기내 위탁업무를 완성하지 못하더라도 목적물의 수령거부나 반품, 하도급대금의 감액을 정당화하기 어렵다.

(2) 수급사업자가 위탁받은 것(이하 '위탁목적물 등'이라 함)의 내용

3조 서면에는 위탁목적물 등의 품명, 품종, 수량, 규격, 사양 등을 수급사업자가 충분히 이해할 수 있을 정도로 명확하게 기재해야 한다. 지식정보성과물의 작성위탁에 있어서 지식재산권이 수급사업자에 발생하는 경우 그 지식재산권을 원사업자에게 양도, 실시허락을 하도록 하는 조건이 있다면 그 내용을 명확히 기재해야 한다.

(3) 목적물 등을 원사업자에게 납품, 인도 또는 제공하는 시기 및 장소

목적물 등의 납기는 하도급대금의 기산일이 되므로 구체적으로 특정하여 기재해야 한다. 시기를 일로 정할 때에는 특정한 날짜, 기간으로 정한 때에는 당해 기간을 구체적으로 기재해야 한다. 수급사업자가 원사업자의 작업장에서 사내 작업을 하는 경우에는 그

작업을 완료한 기일을, 원사업자가 출장검사를 행하는 경우라면 역무공급을 개시하는 날을, 원사업자가 출장검사를 행하는 경우라면 검사를 개시하는 날을 기재해야 한다. 역무의 위탁공급의 경우 역무를 개시한 날, 역무제공에 상당한 기일이 소요되는 경우에는 역무제공을 완료하는 날을 기재해야 할 것이다. 수급사업자가 정해진 납기를 준수하지 못한 경우에는 원칙적으로 수급사업자의 책임으로 돌릴 사유가 있는 것으로 인정되어 원사업자의 수령거부나 반품 등이 정당화된다. 목적물 등의 납품, 인도 또는 제공하는 장소(이하 '납품장소')도 구체적으로 기재해야 한다. 납품장소가 자사 이외의 장소인 경우에는 주소도 기재해야 한다. 급부내용과 급부장소가 일체화되어 적는 것은 허용된다. 경호역무처럼 역무의 공급장소를 특정할 수 없는 경우에는 목적물 등의 납품장소를 기재하지 않을 수 있다.

(4) 목적물 등의 검사 방법 및 시기

목적물 등의 하자 유무에 대해 검사를 실시할 예정인 경우라면 3조 서면에 전수검사인지, 샘플링검사인지, 만일 샘플링검사라면 그 방식과 절차 등이 한국산업규격에 따르는지 등 검사방법을 3조 서면에 구체적으로 기재해야 한다. 그리고 검사에 통상 소요되는 기간을 고려하여 3조 서면에 검사완료일을 기재해야 하며, 검사완료일을 특정 일자로 기재할 수도 있지만 납품 후 검사완료일까지의 일수를 기재할 수도 있다.

(5) 하도급대금

하도급대금이란 원사업자가 수급사업자의 급부에 대하여 지급해야할 대금으로, 선급금, 기성금 및 설계변경 등을 이유로 하도급대금을 조정한 경우 그 조정된 금액까지 포함한다. 부가가치세 포함 여부도 명확하게 기재되어야 한다. 위탁시점에 구체적인 하도급대금 액수를 명확하게 정하기 어렵더라도 하도급대금을 결정하는 산정방식이 정해진 경우 그 산정방식을 기재해야 한다. 예를 들어, 용역위탁을 하는 시점에 위탁업무의 완성에 소요될 시간을 예측하기 어려워 하도급대금은 사후적으로 총투입시간에 노임단가를 곱하고 필요경비를 더하여 산정하기로 한 경우라면 3조 서면에는 하도급대금 산정의 기초요소가 되는 필요인력의 자격요건, 자격에 따른 노임의 단가, 필요경비의 항목 및 그 산정방법을 기재해야 한다. 그 후 하도급대금의 구체적인 액수가 확정된 때에는 원사업자는 신속하게 수급사업자에게 그 금액을 서면으로 통지해야 한다.

(6) 하도급대금의 지급방법

3조 서면에는 하도급대금의 지급방법을 구체적으로 기재해야 한다. 지급수단이 현금,

수표, 어음, 어음대체결제수단인 경우 각 지급수단에 따른 금융기관의 명칭, 어음의 액면금액, 만기일, 대출가능금액, 결제기일 등을 구체적으로 기재해야 한다.

(7) 하도급대금의 지급기일

지급기일은 개별 급부별로 구체적인 지급기일을 정하는 것이 바람직하지만 '납품마감일 매월 ○일, 지급기일 다음달 ○일'과 같이 지급제도를 기재해도 된다. 하지만 '검사후지급' 또는 '납품 후 60일 이내'와 같이 하도급대금 지급기일을 특정되지 않는 형태로 기재하는 것은 허용되지 않는다.

(8) 유상제공 원재료 등에 대한 사항

위탁업무 수행에 필요한 원재료 등을 제공하는 경우 원재료 등의 품명, 수량, 제공일, 대가 및 대가의 지급방법과 지급기일을 명확히 기재해야 한다. 예를 들어, 유상제공하는 원재료 대가의 지급기일과 지급방법에 대해 "지급하는 원재료 중 제품으로 납품된 분에 대하여는 그 하도급대금의 지급기일에 상계함"이라고 기재하는 것이다. 수급사업자가 유상제공받은 원재료를 사용하여 납품하는 목적물 등에 대한 하도급대금의 지급기일보다 원재료의 대가 지급기일을 빠른 날로 정하여 수급사업자에게 결제하게 하거나 다른 위탁건 등으로 발생한 하도급대금과 상계하는 것은 정당한 사유가 없는 한 물품구매대금의 부당결제청구행위가 된다(법 제12조 제1항).

(9) 원재료 등의 가격변동 등에 따른 하도급대금 조정의 요건, 방법 및 절차

라. 3조 서면으로만 하도급계약 체결이 가능한가?

원사업자는 하도급거래를 하는 경우 법 제3조 제1항에서 정한 대로 일정한 시점 이전까지 법정기재사항을 적은 서면(이하 '3조 서면')을 수급사업자에게 발급해 주어야 할 의무가 있다. 3조 서면에는 종이문서 뿐 아니라 정보처리시스템에 의하여 전자적 형태로 작성, 송신, 수신 또는 저장된 정보를 의미하는 전자문서로 작성하여 발급할 수 있다(법 제3조 제1항). 법 제3조 제1항은 하도급거래를 할 때 3조 서면을 수급사업자에게 발급해 주도록 하는 의무를 부과하고 있을 뿐이지만 3조 서면을 통해서만 하도급계약이 체결될 수 있다는 의미는 아니다. 법 제3조 제1항의 요건에 맞지 않는 방식으로 하도급계약이 체결되었다면 다시 그 요건을 충족하는 3조 서면을 교부해야 한다.

한편, 원사업자와 수급사업자는 법정기재사항이 모두 포함된 계약서에 서명(전자서명법 제2조 제3호에 따라 공인인증서에 기초한 공인전자서명도 포함된다) 또는 기명·날인이 된 서면이어야 한다. 원사업자나 수급사업자 어느 한쪽의 서명이나 기명·날인이 없는 서면은 해당되지 않으므로 서면미교부에 해당한다.

마. 서면기재사항 중 중요하지 않은 일부가 누락된 경우(사소한 불완전교부)

하도급법 시행령 제3조에 규정된 ① 위탁일 및 위탁내용, ② 납품·인도 방법과 시기, ③ 검사의 방법과 시기, ④ 하도급대금 지급방법 및 기일, ⑤ 원사업자가 원재료를 제공할 경우 이에 대한 사항, ⑥ 원재료 가격 변동 등에 따른 하도급대금 조정의 요건, 방법, 절차 등을 필수적 기재사항이라고 한다. 위 사항 중 일부만 기재한 서면을 제공하는 행위도 불완전서면교부로 법위반이라는 것이 공정거래위원회의 법해석이다.

그런데 거래의 특성에 따라서는 위 6가지 사항 중 사실상 의무가 없는 사항이 있을 수 있다. 예를 들어 대부분의 원가가 인건비인 용역위탁에 있어, 원재료 가격이 크게 변동되어 하도급대금을 조정해야 하는 상황은 거의 발생할 수 없다. 용역위탁계약에서는 위와 같은 조항이 필요하다고 보기 어렵고, 이런 조항이 없더라도 수급사업자 권리보호에 지장이 없다. 그럼에도 불구하고 공정거래위원회 실무는 원재료 가격 변동에 따른 하도급대금조정 조항을 두지 않으면 서면교부의무 위반이라고 보고 있다. 이는 지나친 형식주의·요식주의적 하도급법 해석으로 타당하지 않다. 더욱이 하도급거래공정화지침 III. 3. (2)에 의하면, 이러한 법정기재사항의 일부가 누락되었거나 업종의 특성 및 현실에 비추어 거래에 큰 문제가 없다고 판단되는 경우에는 적법한 서면발급으로 보고 있는데, 이런 지침의 취지에도 맞지 않다.

바. 서면발급의 시점 : 하도급업무 착수전

원사업자는 수급사업자가 위탁받은 하도급 업무를 착수하기 전에 미리 계약서를 발급해야 한다. 그래서 ① 제조위탁의 경우, 수급사업자가 물품 납품 작업을 시작하기 전, ② 수리위탁의 경우, 수리를 시작하기 전, ③ 건설위탁의 경우, 공사에 착공하기 전, ④ 용역위탁의 경우, 용역수행행위를 시작하기 전에 발급되어야 한다.

수급사업자가 위탁업무 착수전까지 원사업자는 하도급계약 서면을 제공해야 하는데, 만약 제공하지 않았다면 서면교부의무 위반이다. 다만, 위탁종료전까지 서면을 교부하면 서면지연교부, 위탁종료때까지 서면을 교부하지 않으면(설사 그 이후 서면을 교부하더라도) 서면미교부로 본다. 한편, 위탁종료 후부터 하도급대금 지급 전까지 서면을 교부하면

서면미교부지만 자진시정한 것으로 보는 공정거래위원회 실무 사례가 있다.

만약 애초 서면을 발급하고 위탁에 착수한 이후 위탁사항이 변경되거나 또는 추가공사를 지시하는 경우에는 어떻게 해야 하는가? 당연히 원사업자는 변경된 위탁업무를 시작하기 전 및 추가공사 전에 애초 발급한 계약서 이외에 변경계약서 또는 추가계약서를 발급해야 한다.

사. 추가공사 위탁에서의 적법한 서면교부와 서면미교부의 사례

추가공사 또는 변경공사의 경우에도 당초 하도급 위탁에 대한 서면과는 별도로 추가·변경 위탁에 대한 제3조 서면을 발급해야 한다.

경미하고 빈번한 추가작업으로 인해 물량변동이 명백히 예상되는 공종에 대해 시공완료 후 즉시 정산합의서로 계약서를 대체한 경우는 적법한 서면발급으로 본다. 반면, 구체적인 계약서 형태를 갖추지 않았으나 원사업자의 현장관리자가 추가공사에 대한 금액산정이 가능한 약식서류 등을 제공한 경우는 불완전한 서면발급으로 본다. 추가공사 범위가 구분되고 금액이 상당함에도 불구하고 이에 대한 구체적인 추가계약서나 작업지시서 등을 발급하지 아니한 경우는 서면미발급으로 본다. 시공과정에서 추가 또는 변경된 공사물량이 입증되었으나 당사자 간의 정산에 다툼이 있어 변경계약서 또는 정산서를 발급하지 아니하는 경우는 원사업자가 구체적으로 적시하지 않은 책임이 있는 것으로 보아 서면미발급으로 본다.[235]

서울고등법원은 '원사업자는 건설위탁을 할 때에 수급사업자에게 계약서 등의 서면을 교부해야 함이 원칙이나 늦어도 수급사업자가 공사에 착수하기 전까지는 이를 교부해야 할 것이고, 또 당초의 계약내용이 설계 변경 또는 추가 공사의 위탁 등으로 변경될 경우에는 특단의 사정이 없는 한 반드시 추가·변경 서면을 작성·교부해야 하는 것이므로, 원고의 주장에 의하더라도 (주)K 관련 판넬공사는 원고가 발주처로부터 당초 도급받는 공사와 별개이므로, 비록 나중에 전자의 공사대금이 후자의 공사대금에 포함되는 방식으로 하도급계약이 다시 체결되었다 하더라도, 원고는 늦어도 전자의 공사 착공 전까지 수급사업자에게 이에 관한 계약서를 발급해 줄 의무가 있고, 수급사업자가 추가공사를 한 사실이 인정되므로, 이 부분 공사에 관한 계약서도 발급해 줄 의무가 있다'고 판시하였다 (서울고등법원 2013. 6. 28. 선고 2012누38017 판결).

---

235) 하도급거래 공정화지침 III. 3. (10)

아. 계약 연장시 서면교부의무

수급사업자와 기존계약기간 만료 이후 계속적으로 용역을 위탁하는 경우 기존계약기간 만료일 이전에 계약연장에 대한 서면을 발급하여야 하고 그렇지 않으면 미교부이다.

서울고등법원은 '하도급거래 계약 기간이 종료된 이후 동일한 내용을 종전 계약 기간을 연장하기로 합의하였다고 하더라도 원사업자로서는 연장된 계약 기간을 명시한 계약서면을 작성하여 수급사업자에게 교부할 의무가 있는바, 이 사건에서는 2005년 1월 31일 계약 기간이 만료된 이후 원고가 공급하는 비압축페트병, 압축페트병, 페트프리폼의 공급가격을 30원/kg씩 인상하기로 한 사실이 있는 바, 이는 계약내용의 중요 부분에 변경이 있는 경우에 해당하므로 원사업자는 하도급법 제3조 제1항에 따라 이러한 내용을 기재한 서면을 수급사업자에게 작성·교부하였어야 할 것이므로 원사업자의 서면 미교부 행위는 하도급법 제3조 제1항 및 제2항에 위반된다'고 판시하였다(서울고등법원 2008. 9. 13. 선고 2008누2554 판결, 고법확정).

자. 서면교부의무 위반의 사례

추가공사 범위가 구분되고 금액이 상당함에도 불구하고 이에 대한 구체적인 추가 계약서나 작업지시서 등을 발급하지 아니한 경우나 시공과정에서 추가 또는 변경된 공사물량이 입증되었으나 당사자 간의 다툼이 있어 변경계약서 또는 정산서를 발급하지 아니하는 경우 등은 적법한 서면교부라고 볼 수 없다(공정거래협약기준 별표 7. 하도급거래에서의 바람직한 서면발급 및 보존에 관한 실천사항).

양 당사자의 서명날인이 없는 서면을 발급한 때나 실제 하도급거래관계와 다른 허위사실을 기재한 서면을 발급한 경우에도 서면미교부이다. 한편, 구체적인 계약서 형태를 갖추지 않았으나 원사업자의 현장관리자가 추가공사에 대한 금액 산정이 가능한 약식서류 등을 제공하는 것은 불완전한 서면교부가 된다(하도급공정화지침).

한편, 원발주자의 결정가액에 따라 하도급금액을 정하는 관행이 있어 원사업자가 서면계약서의 교부 없이 수급사업자에게 작업기간 등이 적시된 발주서만으로 제조위탁하는 것은 서면미교부에 대한 정당한 이유가 되지 않는다(서울고등법원 2004. 10. 7. 선고 2003누17773 판결). 계약기간이 종료된 이후 동일한 내용으로 종전 계약기간을 연장하기로 합의한 경우라도 원사업자는 연장된 계약기간을 명시한 계약서면을 수급사업자에게 교부해야 한다(서울고등법원 2008. 9. 13. 선고 2008누2554 판결). 원사업자가 수급사업자에게 건설위탁을 하면서 늦어도 수급사업자가 공사착수 전까지는 계약서를 교부해야 하고 당초의 계약내용이 추가공사의 위탁 등으로 변경되면 반드시 추가서면을 작성·교부해야 한다(서울 고등법원 2013. 6. 28. 선고 2012누38017 판결).

질의 회신 사례236)

[질의] 현장 설명시 주어진 내역 및 자재, 도면 외의 설계도서에 따른 시공과(하도급계약 서에는 포함되지 않은) 현장설명서에 따른 모든 사항을 수용할 것을 강요한 행위가 하도 급법 위반이 되는지 여부는 어떠한가?

[회신] 수급사업자는 정당한 하도급계약에 의한 의무 이외에는 원사업자의 요구를 수용할 의무는 없다. 나아가 원사업자가 하도급계약에 없는 내용을 구두로 지시할 경우에는 하도 급법 제3조(서면의 발급 및 서류의 보존) 위반이 될 수 있다.

[질의] 현장설명서를 첨부하여 계약하는 경우에 현장설명서에 따른 모든 내용이 불합리한 측면이 있다고 판단되어도 계약이므로 현장설명서의 내용을 무조건 수용해야 하는지 여 부는 어떠한가?

[회신] 일단 하도급계약을 체결한 이상 계약 내용을 이행해야 하는 것이 원칙이며, 하도 급법에도 법 위반에 해당하는 계약 내용을 이행하지 않아도 된다거나 법 위반에 해당하는 계약 내용이 원천 무효라는 규정이 없다. 다만, 현장설명서가 원사업자와 수급사업자가 상호 날인·간인한 하도급계약서의 첨부자료로 포함되어 있지 않은 경우에는 계약 내용 에 포함되지 않은 것으로 볼 수 있다.

[질의] 견적을 받기 위하여 참석 하도급업체에 현장설명서가 배부되지만 계약서와 별도로 인감을 날인 제출하였다면 이를 계약한 내용으로 보아야 하는지 여부는 어떠한가?

[회신] 현장설명서가 원사업자와 수급사업자가 상호 날인·간인한 하도급계약서의 첨부 자료로 포함되어 있지 않은 경우에는 계약내용에 포함되지 않은 것으로 볼 수 있을 것이 다. 다만, 원사업자와 수급사업자의 상호 날인·간인이 된 하도급계약서에 첨부되어 있고 계약서 내용에 첨부자료인 현장설명서의 내용을 이행하도록 하고 있다면 현장설명서의 내용은 계약서 중 일종의 특약 조항으로 볼 수 있을 것이다.

---

236) 법무법인 화우, 앞의 책, 94면

35 서면교부의무 위반의 종료 및 하도급법상 취급

(#서면미교부#지연교부#허위서면교부#불완전서면교부#서면미보존#서류인멸#허위서류보전)

A   서면교부의무 위반에는 서면미교부와 서면지연교부, 그리고 불완전서면교부가 있다. 위탁취수일까지 서면을 교부하지 않았지만 위탁종료일 전에 서면을 교부하면 지연교부, 위탁종료일까지 서면을 교부하지 않으면 서면미교부, 법정기재사항 중 한가지 사항이라도 누락되거나 당사자의 서명·날인이 되지 않은 경우에는 불완전서면교부가 된다.

해 설

서면교부의무 위반은 크게 서면지연교부, 미교부, 허위의 서면교부 그리고 불완전서면교부로 나눌 수 있다.

먼저 서면미교부는 계약이 종료되기 전까지 서면이 교부되지 않은 것이며, 지연교부는 착수 이후 계약종료 전까지 서면을 교부하는 것이다. 허위의 서면교부는 실거래행위와 다른 거짓 서면 또는 서류를 작성하여 교부하는 것이다. 불완전서면교부는 서면을 교부하기는 하였지만 서면기재사항에 흠결이 있는 것을 의미한다.

계약 종료 또는 위탁업무 종료(목적물의 최초 납품·인도 또는 제공되는 상황) 이후에 서면이 교부되더라도 서면미교부에 해당한다는 것이 공정거래위원회의 입장이다(공정거래위원회 2014. 2. 7. 의결 제2014-061호, 2013건하1013; 해당사건에서 이를 전제로 법적용을 했고 이후의 실무례도 이를 따르고 있다). 계약이 종료되기 전까지 서면을 교부하여 계약사항을 확정하는 것이, 그 이후에 서면을 교부하거나 아예 교부하지 않는 경우에 비하여 수급사업자에게 조금이나마 유리하기 때문에, 달리 취급할 필요가 있다는 이유이다.

한편, 계약 종료 후라도 대금 지급 전까지는 계약내용을 확정한 다음 계약서를 교부받는 것이 수급사업자 권리 보호에 도움이 될 수 있다. 원사업자에게 계약서 교부를 하도록 유도할 필요가 있기 때문에, 공정거래위원회는 계약 종료 후라도 대금 지급 전까지 계약서를 교부하면 과징금 감경 사유인 계약서 미교부의 자진시정으로 보고 있다(공정거래위원회 2014. 2. 7. 의결 제2014-061호, 2013건하1013; 해당사건에서 이를 전제로 법적용을 했고 이후의 실무례도 이를 따르고 있다).

공정거래위원회 실무는 계약대금 등 하도급 계약의 중요한 사항이 누락된 불완전서면교부에 대하여는 서면미교부와 같이 취급하고, 비교적 덜 중요한 사항이 누락된 때에는 서면지연교부와 같이 취급하고 있다.

또한 허위의 서면교부는 통상 미교부와 동일하게 취급하지만 허위인 부분이 경미한 경우에는 불완전서면교부와 같이 취급하는 것이 합당하다.

종전 하도급금과징금고시에서는 서면미교부(중대한 불완전서면교부 포함)를 필수적인 과징금 부과사항으로 규정하면서도 서면지연교부(중대하지 않은 불완전서면교부 포함)에 대하여는 필수적인 부과사항으로 보지 않았기 때문에[하도급과징금고시 II. 1. 나. (1)] 서면미교부인지 여부가 매우 중요했다. 하지만 2016년 개정 하도급과징금고시에서는 그 차별을 두지 않고 오히려 서면교부의무 위반의 중대성을 낮게 평가하고 있어 양자의 구별은 더 이상 예전처럼 중요하지 않게 되었다.

36 서면교부의무의 예외들

A 위탁시점에 확정이 곤란한 기재사항들에 대하여는 불가피한 정당한 사유가 있다면 확정되지 않은 이유와 확정될 예정기일을 기재한 서면을 발급하면 되지만 해당사항이 확정되는 때 지체없이 즉시 완전한 서면을 발급해야 한다. 동일한 수급사업자가 동일한 유형의 하도급거래를 계속, 반복하는 경우에 공통사항은 기본계약서에 개별주문별로 특정되는 사항은 개별계약서 또는 발주서에 기재하는 등의 법정기재사항을 2개 이상의 서면에 분리, 기재하여 발급하더라도 적법하며 일부 누락되었더라도 다른 자료나 관행에 비추어 큰 문제가 없으면 법 위반이 아니지만 이러한 예외는 매우 엄격하게 인정된다. 발주자와의 원도급금액이 결정되지 않았다는 이유로 하도급대금을 누락한 서면을 교부하는 것은 법위반이다.

해설

가. 위탁시점에 확정이 곤란한 사항의 예외

법정사항을 모두 기재할 수 없는 정당한 사유가 있는 경우에는 사전교부원칙의 예외가 허용된다. 먼저, 위탁시점에 확정하기 곤란한 상황에 대한 '정당한 사유'가 있다면 예외적으로 법정기재사항을 생략한 계약서를 발급할 수는 있다(하도급법 제3조 제3항). 예를 들어 재해, 사고로 인한 긴급복구공사를 하는 경우에는 해당사항을 적지 아니한 서면을 발급할 수 있지만, 해당사항이 정해지지 않은 이유와 그 사항이 정해지는 예정기일을 서면에 적어야 하며(법 제3조 제3항), 해당사항이 확정되는 때에 지체없이 그 사항을 적은 새로운 서면을 발급해야 한다(법 제3조 제4항).

한편, '정당한 사유'는 매우 엄격하게 인정되는 것이므로, 발주자와의 계약내용이 확정되지 않아 하도급계약에서의 위탁내용이나 기간을 확정할 수 없거나, 이로 인하여 하도급대금을 확정할 수 없는 때에는 위탁시점에 확정하기 곤란한 사항으로 볼 수 있지만, 단순히 발주자와의 공사내용은 확정되어 있지만 계약대금만이 확정되지 않았다는 사정은 이에 해당한다고 보기 어렵다.

한편, 이 때 '정당한 사유'에 대한 입증책임은 원사업자에게 있다. 그래서 사후에 정당한 사유가 있었는지 문제가 될 수 있으므로 원사업자로서는 괜한 오해를 받지 않고 법적 시비에 휘말리지 않기 위하여는 서면 교부를 하기 어려웠던 경우라면 '정당한 사유'를 사유에 입증하기 위하여 수급사업자와의 연락, 협의 과정들에 대한 기록을 남기고 보존할 필요가 있다.

나. 빈번한 하도급거래에서의 예외

동일한 수급사업자가 동일한 유형의 하도급거래를 계속, 반복하는 경우에 공통사항은 기본계약서에 개별 주문별로 특정되는 사항은 개별계약서 또는 발주서에 기재하는 등의 법정기재사항을 2개 이상의 서면에 분리, 기재하여 발급하더라도 적법한 서면의 발급으로 인정될 수 있다. 다만, 이 경우 분리된 서면 사이에 상호관련성을 나타내는 문언을 명기하여야 할 것이다.[237] 빈번한 거래에 있어 계약서에 법정기재사항의 일부가 누락되어 있으나, 건별 발주 시 제공한 물량표 등으로 누락사항의 파악이 가능한 경우는 적법한 서면발급으로 본다. 법정기재사항의 일부가 누락되었으나 업종의 특성이나 현실에 비추어 거래에 큰 문제가 없다고 판단되는 경우에는 적법한 3조 서면의 발급으로 보며, 기본계약서를 발급하고 나서 팩스, 기타 전기, 전자적인 형태 등으로 발주한 것으로 발주내용이 객관적으로 명백하다고 판단되는 경우에는 적법한 3조 서면의 발급이 있는 것으로 본다.[238] 구체적으로 하도급거래 현실상 빈번한 거래가 있는 경우로서 업종 특성이나 현실에 비추어 계약 성립과 유지에 큰 문제가 없는 경우에도 예외가 인정된다. ① 기본계약서를 교부하고 모사전송(Fax), 기타 전기·전자적인 형태 등에 의해 발주한 것으로 발주내용이 객관적으로 명백한 경우, ② 계약서에 법정 기재사항 일부가 누락되어 있으나, 건별 발주시 제공한 물량표·작업지시서 등으로 누락사항을 파악할 수 있는 경우, ③ 기본계약서를 송부하고 수출용 물품을 제조하면서 수급사업자가 원사업자에게 제출한 물품매도확약서(offer sheet)를 개별 계약서로 갈음할 수 있는 경우 또는 ④ 추가공사의 위탁과 관련하여 경미하고 빈번한 추가 작업으로 인해 물량의 변동이 명백히 예상되는 공종에 대해 시공 완료 후 즉시 정산합의서로 계약서를 대체한 경우 등이다(공정거래협약기준 별표 7. 하도급거래에서의 바람직한 서면발급 및 보존에 관한 실천사항). 또, 기본계약서를 발급하고 수출용물품을 제조위탁하는 경우 수급사업자가 원사업자에게 제출한 물품매도확약서(offer sheet)를 개별계약서로 갈음할 수 있다.

---

237) 하도급거래공정화지침 III. 3. (2), (3) 및 (5)
238) 하도급거래공정화지침 III. 3. (2)

하도급계약서를 발급하지 않고 발주서만을 발급하는 것은 원칙적으로 서면교부의무 위반이지만 발주서가 서면으로서의 요건을 모두 갖춘 것인 때에는 그렇지 않다. 또는 사업의 성격상 위탁할 상품의 수량과 가격이 시장여건에 따라 수시로 변동한다면 원사업자는 기본하도급계약서를 작성하되 납품할 수량은 발주서로 정하기로 하는 특약을 둘 수 있고 가격변동이 있을 경우 하도급대금을 조정할 요건·방법 및 절차를 명기하면 된다.

다. 발주자의 결정가액에 따라 하도급대금을 정하는 관행에 따라 원사업자 서면 계약서 교부 없이 작업기간 등이 적시된 발주서만으로 제조위탁한 경우

관행만으로 대금 등 서면의 중요사항을 누락한 발주서 교부를 정당한 서면교부로 인정할 수는 없다. 서울고등법원은 "하도급법상의 서면교부의무는 원사업자가 수급사업자에게 계약서면을 교부하도록 의무를 부과하여 양자 간의 계약내용을 명백히 하고 향후 분쟁발생시 사실확인을 위한 기초자료로 활용함으로써 제조위탁내용이 불분명함으로써 발생하는 수급사업자의 불이익을 방지함과 동시에 당사자 간의 사후분쟁을 미리 막으려는 데 있는 바, 이러한 법규정의 취지에 비추어 볼 때 발주서로 금형제작을 위탁하고 추후 원발주자의 결정가액에 따라 하도급계약을 정하는 관행이 있어 이에 따른 행위였다는 사실만으로는 서면계약서를 수급사업자에게 교부하지 아니한 것을 정당할 수 없다"고 판시하였다(서울고등법원 2004. 10. 7. 선고 2003누17773 판결[239]).

---

[239] 상고심(대법원 2005. 3. 11. 선고 2004두12780 판결)은 심리불속행으로 기각함.

37 하도급계약 체결전에 위탁업무가 수행된 경우 서면미교부인지?

A 하도급계약 체결 전에 일부 위탁업무가 이루어진 경우 원사업자의 지시에 따른 것이 아니라면 하도급거래가 성립하지도 않고 서면교부 의무가 없지만 원사업자의 지시는 묵시적인 것도 가능하고 심지어 수급사업자의 작업을 묵인한 경우에도 인정될 수 있다.

해 설

하도급계약이 명시적으로는 체결되지 않았더라도 위탁업무에 착수하였다면 위탁이 성립한 것이므로 하도급거래관계가 성립된다. 그래서 원사업자에게 서면제공의무가 발생한다.

위탁업무에 착수한 것을 두고 위탁이 성립한 것으로 보는 것은 원사업자와 수급사업자 간의 관계에 비추어 서면교부 없이도 실질적 위탁관계가 성립하는 경우가 많기 때문이다. 하도급계약의 성립 없이 수급사업자가 위탁업무에 착수할 리가 없기 때문에 수급사업자가 위탁업무에 착수하면 특별한 사정이 없는 한 위탁관계 성립으로 보아야 한다는 현실을 반영한 것이기도 하다.

그런데 원사업자와 수급사업자 간에 하도급계약이 체결되지 않았을 뿐만 아니라 원사업자가 수급사업자에게 용역수행행위를 요청한 것이 아니라 구조적 특성상 불가피하게 이루어지는 것에 불과하여 수급사업자가 독단적으로 수행한 것에 불과하다면, 위탁의 착수가 있다고 볼 수 없다. 서울고등법원은 이러한 법리에서 "원고 해운회사가 참가인에게 위와 같은 용선계약을 요청한 것으로는 보이지 아니하고, 또한 그 외 다른 사항에 관하여도 원고가 참가인에게 용역수행행위를 요청한 것에 해당된다거나 이로 인하여 참가인이 원고의 요청을 일부 수행하게 되었다고 하더라도 이 사건 용역의 구조적 특성상 이 사건 도급계약 및 하도급계약 체결 전에 사실상 필요에 의하여 불가피하게 이루어진 것에 불과한 것으로 보이는 바, 이를 가지고 원고에게 하도급법 제3조 제1항의 책임을 물을 필요는 없다고 봄이 상당하다"고 판시한 바 있다(서울고등법원 2016. 11. 24. 선고 2015누57200 판결[240]).

다만 이러한 사정은 특별한 경우이므로 매우 신중하게 인정되어야 하고, 특히 원사업자에게 엄격한 입증책임을 요구해야 한다.

---

240) 상고심(대법원 2017. 3. 9. 선고 2016두62443 판결)은 심리불속행 기각함.

38 하도급대금을 결정하지 않고 서면미교부를 한 경우 수급사업자가 정당한 하도급대금을 받을 수 있는지 여부 및 이에 대한 개선방안

A 하도급대금을 결정하지 않고 위탁이 완료되고 하도급대금 정산에 대한 이견으로 미지급된 경우에도 하도급대금 미지급이 성립할 뿐 아니라 그 분쟁이 원사업자가 하도급대금을 사전에 결정하지 않은 탓이고 이 경우 수급사업자가 입는 피해가 매우 큼에도 불구하고, 단순히 서면교부의무로만 제재하는 현재 공정위 일부 실무태도로 인하여 수급사업자의 권리 보호에 심각한 장애가 있다.

해설

하도급대금 등 하도급거래조건이 합의되었지만 서면이 교부되지 않은 경우와 그마저도 정해지지 않은 상태에서 서면교부 없이 위탁에 착수하게 된 경우가 있을 수 있다. 전자는 단순히 서면미교부의 절차적인 위반이 문제되지만 후자의 경우 수급사업자의 하도급대금 청구권 자체가 위협되는 심각한 문제가 발생한다.

후자의 경우 원칙적으로는 추후 수급사업자가 원사업자와 하도급대금을 합의하여 결정하면 되지만, 현실적인 협상력의 차이로 수급사업자 입장에서 정당한 대금으로 합의되기가 쉽지 않다. 이미 위탁에 착수하여 매몰비용이 투입된 경우에는 수급사업자의 협상력은 더 적어지게 되고, 위탁업무가 종료된 이후에는 사실상 협상력이 없다고 해도 과언이 아니다. 이 경우 수급사업자가 원사업자에게 정당한 하도급대금을 요구할 수 있는지, 원사업자가 이를 거부할 경우 하도급법 위반을 구성하는지 논란이 있다.

이에 대해 하도급법이 명확한 규정을 두고 있지 않은 탓에 공정위 실무자들은 서면미교부 이외에 별도의 하도급법 위반행위가 성립하지 않는다는 입장을 취하는 경우가 있다. 심지어 합의되지 않아 지급하지 못한 것에 불과하므로 하도급대금 미지급에 따른 지연이자 지급의무도 없다는 입장을 취하기도 한다. 실제 원사업자는 하도급대금에 대한 합의가 없고 위탁 종료 이후 수급사업자와 하도급대금에 대한 의견 불일치로 지급하지 못한 것이므로 하도급법 위반으로 보아서는 안된다고 항변하는 경우가 많다.

결론적으로 이러한 공정위의 실무태도는 위법하다. 왜냐하면 제13조의 하도급대금지급 의무 위반은 하도급대금 지급의무가 있음에도 불구하고 기한 내에 지급하지 않는 경우에는 무조건 성립하는 것이기 때문이다. 대법원 역시 이와 관련하여 "공정거래위원회는 목적물의 인수여부 대금의 지급 여부만을 판단하면 되지 그 외 여러 사정을 고려하여 판단할 필요가 없다."고 하여 대금지급과 관련한 제반 사정은 하도급대금 지연지급 여부 판단에 고려하지 않는다고 판시하였다(대법원 1995. 6. 16. 선고 94누110320 판결). 공정거래위원회로서 지급해야 할 하도급대금을 확정하기 어렵다는 것은 하도급대금 미지급을 제재할 수 없다는 것의 근거가 될 수는 없고 굳이 보자면 지급명령을 하기는 어렵다는 것에 대한 변명은 될 수 있다.

사견으로 이 경우 과연 공정거래위원회가 하도급대금을 확정할 수 없어 지급명령을 할 수 없다는 것에도 의문이 있다. 왜냐하면 대법원은 "하도급계약시에 하도급대금을 결정하지 않았다면 실제 공사비용에 적정이윤을 더하여 지급한다는 소위 실비정산의 명시적·묵시적 약정이 있는 것으로 보아야 한다"며(대법원 2013. 5. 24. 선고 2012다112138 판결 및 2012다112145 판결), 하도급대금에 대한 약정이 없었더라면 실제 투입비용에 이윤을 더한 금액을 하도급대금으로 지급할 의무가 있다는 입장이기 때문이다. 실제 투입비용이 얼마인지는 충분히 증거로 인정할 수 있는 문제로서 충분히 공정거래위원회가 원사업자, 수급사업자가 제출하는 증거들로 판단할 수 있기 때문이다.

다만, 입법론적으로 하도급거래 실무에서 가장 빈번하게 발생하는 상황이고 이러한 상황이 발생할 경우 원사업자와 수급사업자 뿐 아니라 그 판단을 해야 하는 공정거래위원회로서도 판단이 어려울 수 있기 때문에, 하도급법에서 이에 대한 명확한 규정을 두는 것이 필요하다. 뿐만 아니라 하도급대금을 결정하지 못한 것은 원사업자들의 귀책으로 볼 수 있을지언정 수급사업자들의 귀책이라고 보기는 어렵기 때문에, 하도급대금이 결정되지 않고 위탁에 착수하여 하도급대금 미지급이 된 상황이 수급사업자들에게 불리하게 작용하는 것은 하도급법 취지에 반한다. 특히 현실에서 위탁이 종료된 이후에 하도급대금에 대한 합의가 이루어지지 않았다는 이유로(대부분 원사업자가 요구하는 수준의 하도급대금으로 정산하는 것을 수급사업자가 거부한다는 이유로) 전체 또는 상당한 하도급대금을 지급하지 않는 경우가 많다. 수급사업자는 이 경우 이미 투입한 비용을 보전받지 못하여 심각한 자금난에 빠지게 되고 심지어는 자신의 협력업체들에게 대금지급 독촉을 당하게 된다. 자금난으로 자신의 근로자들에 대한 임금을 체불하여 근로기준법 위반으로 기소 및 처벌될 수도 있고 심지어는 근로기준법상 직상수급인의 임금지급의무 조항 위반으로 재하도급업체 직원들에 대한 체불로 형사책임을 질 수도 있다. 그런데 공정거래위원회가 법리적인 곤란 또는 원사업자에 대한 온정주의 때문에 원사업자를 제재하지 않고 혐의없음 결정이나 심의절차 종료, 아니면 경고 등의 결정을 할 경우, 수급사업자들은 더 이상 견디지 못하고 울며 겨자 먹기로 원사업자의 부당한 요구를 수용하여 합의할 수밖에 없다. 이런 문제를 해결하기 위하여는 사견으로 원사업자의 부당한 하도급대금 결정의 하나의 유형으로 '원사업자가 정당한 사유 없이 수급사업자에 대한 하도급대금을 결정하지 않는 것'을 추가하는 것이 필요하다. 나아가 당사자간 이견으로 하도급대금에 대한 합의가 이루어지지 않을 경우에는 수급사업자 또는 원사업자가 정당한 하도급대금 결정과 관련한 조정을 신청할 수 있도록 하는 조항 역시 필요하다고 본다.

39 하도급대금이 합의되지 않은 서면미교부 또는 하도급대금을 기재하지 않은 불완전서면교부에 대한 처벌

A 하도급대금을 결정하지 않은 채 위탁업무에 착수하게 하는 경우가 수급사업자의 권리에 가장 치명적인 불공정하도급거래행위임에도 불구하고 현재 공정거래위원회는 단순 서면미교부로 보고 약한 제재만 부과하는 탓에 수급사업자들이 많은 고통을 겪고 있다. 단순서면미교부와 하도급대금을 정하지 않아 발생하는 서면미교부를 나누어 후자에 대하여는 필수적인 과징금부과대상으로 삼아 엄하게 규제해야 한다. 현재 하도급 과징금고시에서 서면미교부에 대해 일률적으로 가장 낮은 위반점수를 부여하고 있는데 하도급대금을 합의하지 않아 발생한 서면미교부에 대하여는 가장 높은 위반점수를 부여 하도록 고시를 변경해야 한다.

해설

수급사업자는 협상력을 거의 상실하게 되고 그 결과 위탁목적물을 완성하여 제공하고 난 뒤에까지 하도급대금에 대한 이견으로 원사업자로부터 대금을 지급하지 못하게 될 수 있다. 수급사업자들이 소요된 비용에 상응하여 하도급대금을 정산해 주기를 요구하지만 원사업자들은 이에 훨씬 못미치는 대금만을 제시한 채 수급사업자가 응할 때까지 대금을 지급하지 않는다. 사실 하도급관계에서 수급사업자가 자신의 자금으로 위탁업무를 수행 한 다음 하도급대금을 지급받아 투입자금을 회수하는 경우가 많고 또 위탁업무 수행과정 에서 재하도급을 주는 경우도 많다. 수급사업자로서는 하도급대금을 회수받지 못하면 투 입자금을 회수하지 못하여 재무적인 어려움을 겪고 다른 위탁업무를 수행할 수 없게 되 며, 아울러 자신의 재수급사업자들로부터도 대금지급요구를 당한다. 심지어 근로기준법 상의 직상수급인의 임금지급의무 조항으로 인하여 재수급사업자들의 근로자로부터 근로 기준법위반으로 노동부 신고를 당할 수 있고 그 임금문제를 해결해 주지 않으면 형사처 벌까지 될 수 있다.

이러한 상황에서 수급사업자가 원사업자에 대하여 공정거래위원회에 하도급법 위반으 로 신고하더라도 현재 공정거래위원회의 실무태도는 하도급대금이 합의되지 않아서 원사업자가 얼마를 지급해야 할지 확정되지 않아 발생한 일이므로 원사업자에게 큰 귀책이 없다며 하도급대금 미지급으로 보지 않고 있다. 단지 서면미교부로 보고 과징금부과와 같은 중한 제재는 하지 않고 단순히 향후에는 서면미교부를 해서는 안된다는 취지의 아주 약한 장래 금지를 명하는 시정명령이나 심지어 '경고'로 처리하는 경우가 대부분이다. 우선, 이에 대하여 하도급대금 미지급으로 보는 공정거래위원회의 실무 입장은 하도급법을 잘못 해석한 것이라 옳지 않다. 나아가 하도급대금을 합의하지 않아 서면을 교부하지 못하거나 또는 하도급대금을 결정하지 않기 위하여 서면을 작성, 교부하지 않은 행위에 대해서도 과징금을 반드시 부과하여 엄히 제재해야 한다. 그래야 원사업자들이 공정거래 위원회의 제재를 의식하여 수급사업자에게 이러한 불공정거래행위를 하지 않을 것이고 그러한 갑질을 하였더라도 공정거래위원회에 신고되면 수급사업자와 합의를 통하여 문제를 해결하게 될 것이기 때문이다.

한편, 공정거래위원회가 서면미교부만 있는 사건에서 사실상 과징금을 부과하지 않는 이유는 「하도급법 위반사업자에 대한 과징금 부과기준에 관한 고시」 별표 「위반행위의 중대성 판단기준」의 '세부평가 기준표'에서 서면교부의무 위반에 대해 가장 낮은 위반점수(하(1점))로 평가하도록 되어 있기 때문이다. 심히 잘못된 규정이므로, 하도급대금 합의가 되지 않아 서면을 미교부한 경우에 대해서는 서면미교부라 하더라도 가장 높은 위반점수(상(3점))으로 변경해야 한다.

표준하도급계약서 사용 및 최근 제정 및
개정된 사항

(#표준하도급계약서#부당특약)

A 공정거래위원회는 2019. 12. 현재 총 46개 업종에 대한 표준하도급계약서를 제
정, 배포하였다. 공정거래위원회의 이러한 노력은 공정한 하도급법 질서확립에
큰 도움이 되고 있다.

해 설

표준하도급계약서는 원사업자와 수급사업자가 체결하는 하도급계약 내용의 공정성을
보장하고 하도급거래질서를 정형화하기 위하여 공정거래위원회의 사전심의를 거쳐 마련
한 것이다. 원사업자가 직전 1년 동안 계속하여 표준하도급계약서를 사용하게 되면 하도
급법위반사건 조치시 과거 3년간 벌점(법위반점수) 누계에서 2점을 감점해 주는 등의 인
센티브가 있지만 표준하도급계약서 사용이 의무사항은 아니다.

공정거래위원회는 1987년부터 지속적으로 표준하도급계약서를 제정하여 업계에 보급
함으로써 하도급거래 첫단계에서부터 자율적인 공정거래질서가 정착될 수 있도록 유도
하고 있다. 2019. 12.말 현재 총 46개 업종(건설업 6개, 제조업 22개, 용역업 18개)에 걸쳐
제정·배포되어 활용하고 있다.[241]

[업종별 표준하도급계약서 마련 현황[242]]

업종	세부업종	제정시기	업종	세부업종	제정시기
건설	1. 건설업	87.03	용역	24. 정보시스템유지관리업	12.01
제조	2. 전자업	93.04	용역	25. 상용SW 유지관리업	12.01
제조	3. 자동차업	94.03	제조	26. 화학법	13.01
제조	4. 조선업	94.03	제조	27. 제1차 금속업	13.01
제조	5. 전기업	94.05	제조	28. 의료정밀광학기기업	13.01

---

241) 2020년 공정거래백서 431면
242) 2020년 공정거래백서 428면 내지 431면

업종	세부업종	제정시기	업종	세부업종	제정시기
제조	6. 기계업	94.05	제조	29. 출판인쇄업	13.01
제조	7. 섬유업	94.06	용역	30. 장비도매업	13.01
용역	8. 건설설계업	98.10	용역	31. 광고업(TV · 라디오 등)	13.12
용역	9. 엔지니어링업	98.12	용역	32. 광고업(전시 및 행사)	13.12
제조	10. 건설자재업	98.12	용역	33. 제품 · 시각 · 포장디자인	14.02
건설	11. 전기공사업	99.12	용역	34. 환경 디자인	14.02
건설	12. 정보통신공사업	00.04	용역	35. 디지털디자인	14.02
제조	13. 음식료업	00.07	건설	36. 소방시설공사업	14.02
제조	14. 조선(제조임가공)업	03.01	건설	37. 해외건설업	14.06
제조	15. 자기상표부착제품업	03.12	제조	38. 해양플랜트업	14.12
용역	16. 화물운송업	06.08	건설	39. 조경식재업	15.12
용역	17. 방송업	06.08	제조	40. 의약품제조업	16.12
용역	18. 건축물유지관리업	08.12	제조	41. 고무 · 플라스틱 제조업	16.12
용역	19. 화물취급업	08.12	제조	42. 철근가공업	17.12
용역	20. 경비업	09.11	제조	43. 제지업	18.12
제조	21. 가구제조업	09.11	용역	44. 게임용SW 개발구축업	19.11
용역	22. 정보시스템개발구축업	12.01	용역	45. 애니메이션 제작업	19.11
용역	23. 상용SW 개발구축업	12.01	제조	46. 동물용 의약품 제조업	19.11

2019년에는 게임용 SW 개발 구축업종, 애니메이션 제작업종, 동물용 의약품 제조업종 표준하도급계약서를 새로이 제정하고, 12개 업종(자동차업, 전자업, 전기업, 건설자재업, 전기공사업, 자기상표부착제품업, 화물운송업, 화물취급업, 상용SW공급 및 개발 · 구축업, 상용SW유지관리업, 정보시스템개발 · 구축업, 정보시스템유지관리업)의 표준하도급계약서를 개정하여 2020년 1월부터 사용토록 하고 있다.

우선 이번에 제 · 개정된 15개 업종의 표준하도급계약서에 공통으로 원사업자의 목적물 검사 결과에 대한 수급사업자의 이의신청절차를 구체화하고, 재검사에서 합격한 경우 원사업자가, 불합격한 경우에는 수급사업자가 부담하도록 재검사 비용부담 주체를 명시했다. 또한 하도급법 제3조의4에 위반되는 부당특약은 원 · 수급사업자간에 효력이 없음을 명시하고, 그러한 부당특약에 따라 비용을 부담하거나 손해를 입은 수급사업자는 원사업자에게 이어 해당하는 비용의 지급 또는 손해배상을 청구할 수 있도록 규정했다.

새로이 제정된 '게임용SW개발구축업종' 표준하도급계약서의 주요 내용은 게임용SW 저작권 등 지식재산권은 원칙적으로 개발한 수급사업자에게 귀속되도록 하면서, 개발 과정에서 원사업자 등이 기여한 경우에는 그 기여도에 따라 지식재산권을 공동으로 갖도록 규정하였고, 원사업자가 수급사업자의 부도, 파산 등 경영상 위기로 인력 구조 조정이 발생한 경우 외에는 하도급계약과 직접적으로 관련 있는 업무를 담당하는 수급사업자의 인력을 채용하지 못하도록 규정하였다.

'애니메이션 제작업종' 표준하도급계약서의 경우 간접광고 등으로 인하여 발생한 수익은 원·수급사업자가 협의하여 사전에 정한 비율대로 배분되도록 규정하였고, 당초 하도급계약 외에 추가로 작업할 필요가 있는 경우 원사업자가 추가 작업에 대해 수급사업자의 동의를 얻도록 하고, 이에 대한 추가비용을 지급하도록 규정하였다. 또한, 애니메이션 제작과정에서 원사업자가 위법한 제작지시를 하였을 경우 수급사업자가 이를 거부할 수 있고, 계속하여 위법한 지시를 하였을 경우 계약을 해제·해지하고 손해배상을 청구할 수 있도록 하였다.

'동물용 의약품 제조업종' 표준하도급계약서에서는 목적물 제조를 위해 필요한 경우 원사업자는 수급사업자에게 특수 가공처리에 관한 작업 방법 등에 관하여 기술지도를 할 수 있도록 하되, 그 비용은 원사업자가 부담하도록 규정하였고, 원사업자로부터 유상으로 공급받은 원부자재 중 제조 후 남은 원부자재를 원사업자에게 당초의 구입조건과 동일한 조건으로 구입을 요청할 수 있도록 하면서 원사업자가 이를 거부할 수 없도록 규정하였다.

'화물운송업종'의 경우 화물위탁증에 기재된 화물과 실제 운송되는 화물이 상이할 경우 적재 및 운송방법은 화물위탁증에 기재된 화물을 기준으로 하면서, 화물의 상이로 인해 발생하는 손해에 대해서 수급사업자는 면책되도록 규정하였고, 화물자동차 안전운임 미만으로 하도급대금을 결정하지 못하도록 규정하였다.

'화물취급업종'의 경우 수급사업자가 보관하는 화물 중 부패할 우려가 있거나 가격하락의 상황을 인지한 경우 원사업자에게 지체 없이 그 사실을 통지하도록 하면서, 원사업자의 지시가 없거나 지시가 지연되는 경우 수급사업자가 화물에 대해 적절히 처분할 수 있도록 규정하였다.

'상용SW유지관리, 정보시스템유지관리업종'의 경우 노후된 상용SW 또는 설비의 교체·수리 비용은 원사업자가 부담하도록 하고, 원사업자의 교체·수리 지시가 없거나 지시가 지연됨으로써 발생하는 손해에 대해서는 수급사업자가 면책되도록 규정하였고, 수급사업자가 유지관리중인 상용SW나 정보시스템에 침해사고가 발생할 우려가 있음에도 원사업자가 추가로 SW나 시스템을 구축하지 않음으로써 발생한 손해에 대해서도 수급사업자는 면책되도록 규정하였다.

그리고 표준하도급계약서 주요 개정 내용을 보면,

우선 자동차, 전기·전자, 자가 상표 부착 제품 업종 등 3개의 표준하도급계약서에서 품질의 유지·개선, 생산성 또는 안전도 향상 등 정당한 사유가 있는 경우 수급사업자와 협의를 거쳐 부품의 제조에 사용되는 사급재를 지급할 수 있도록 하면서, 사급재 공급대금은 수급사업자에게 해당 제품을 직접 구매하여 사용하는 경우 등에 비해 불리하게 정할 수 없도록 규정하여 수급사업자의 사급재 공급대금 부담을 완화하고자 하였다.

화물운송업, 화물취급업을 제외한 10개 업종의 표준하도급계약서에서 하자담보책임기간에 대해 당사자가 협의하여 정하도록 하고, 그 기간이 민법 등 관련 법령에서 정한 기간보다 장기인 경우에는 민법 등 관련 법령에서 정한 기간으로 협의하도록 규정하였다.

전기·전자, 자가상표부착제품업종 등 총 3개 표준하도급계약서의 경우 목적물 제조 및 품질향상을 위해 필요하거나 수급사업자의 요청이 있는 경우에 원사업자는 수급사업자에게 제조기술, 공법 및 품질보증 등에 관하여 기술지도를 할 수 있도록 하되, 그 비용은 원사업자가 부담하도록 규정하였다.

'전기·전자 업종'의 경우 원사업자로부터 유상으로 공급받은 원부자재 중 제조 후 남은 원부자재를 원사업자에게 당초의 구입 조건과 동일한 조건으로 구입을 요청할 수 있도록 하면서, 원사업자가 이를 거부할 수 없도록 규정하였고, 표준계약서 전문을 신설하여 거래당사자가 계약기간, 계약금액, 선급금 지급시기 등 계약체결 과정에서 미리 정해야 할 사항을 규정하였다.

'건설자재업종'의 경우 하자발생의 책임이 분명하지 아니한 경우 상호 협의하여 전문기관에 조사를 의뢰할 수 있도록 조사비용 부담주체를 규정하면서, 수급사업자의 귀책사유가 없는 경우에는 원사업자가 조사비용을 부담하도록 규정하였다.

'전기공사업종'의 경우 공사현장에서 발생하는 폐기물 처리에 소요되는 비용을 원사업자가 부담하도록 규정하였고, 수급사업자가 원사업자에게 공사실적증명서의 발급을 요구할 경우 원사업자가 반드시 발급하여 주도록 규정을 신설하였다.

질의 회신 사례[243]

[질의] 자동차 제조에서 표준하도급계약서를 사용하지 않는 경우 하도급법 위반에 해당하는지 여부와 표준하도급계약서에 특약 사항을 정하는 것이 하도급법에 위반되는지 여부는 어떠한가?

[회신] 공정위에서는 하도급거래 질서 정착 차원에서 표준하도급계약서의 사용을 권장하고 있을 뿐이며 그 사용을 강제하는 것은 아니다. 한편, 표준하도급계약서의 내용이 모든 하도급거래의 특수성을 반영하여 작성된 것은 아니므로 강행 규정인 하도급법상의 규정에 정면으로 배치되는 내용이 아닌 한 표준하도급계약서 내용에 추가하여 당사자간 합의에 의하여 특약 사항을 정하는 것은 무방하다.

[질의] 원사업자가 표준하도급계약서를 일부 변형하여 사용하는 것에 대하여 공정위가 직권조사를 실시하고 표준하도급계약서 사용을 강제할 수 있는지 여부?

[회신] 표준하도급계약서는 법상 권장 사항으로서 공정위에서 표준하도급계약서 미사용 및 변경 사용을 이유로 조사와 시정조치를 하기는 어렵다.

[질의] 전자제품을 제조위탁하면서 표준하도급계약서를 사용하지 않았고 계약 조건이 원사업자에게 일방적으로 유리하게 작성된 경우 그 계약이 유효한지 여부는 어떠한가?

[회신] 하도급법은 하도급거래에 있어서 일정한 의무를 규정하는 한편 이 의무를 위반하는 행위에 대하여 시정조치, 과징금, 벌칙 등 제재 조치를 취할 수 있도록 규정하고 있다.
– 계약 조건이 원사업자에게 일방적으로 유리하도록 작성된 경우 그 계약의 무효·유효 여부에 대하여 하도급법에서 규정하고 있지는 않고 있으며 이는 법원에 의하여 개별 사안 별로 최종 판단되어야 하는 사안이다.
– 다만, 하도급법상 원사업자의 의무 및 금지 사항에 관한 규정은 강행 규정[244]에 해당하는 경우가 많으므로 동 규정들에 반하여 원사업자에 유리하게 규정된 경우 무효인 계약 내용에 해당할 가능성이 높다.

---

243) 법무법인 화우, 앞의 책, 99면
244) 법원 판례는 대부분의 하도급법 조항이 단속규정이므로 이를 위반한 계약조항 역시 민사적으로는 무효로 볼 수 없다는 입장이다.

41 하도급법상 부당특약의 효력

(#민사상유효#건산법 제22조 제5항에 따른 무효#불공정계약내용)

A 하도급법상 부당특약에 해당한다 하더라도 민사적으로 반드시 무효라고 볼 수는 없지만 하도급법 위반에 따른 행정 및 형사책임과 민사상 손해배상책임을 져야 할 뿐 아니라 건설산업기본법 제22조에 해당하는 경우 민사적으로도 무효가 될 수 있다. 공법과 사법상의 유리를 막고 수범자들의 혼동을 피하기 위해서라도 하도급법에서 부당특약을 무효로 선언하는 규정을 둘 필요가 있다.

해설

하도급법은 "원사업자는 수급사업자의 이익을 부당하게 침해하거나 제한하는 계약조건을 설정해서는 안 된다"(법 제3조의4 제1항)라고 규정하고 있다. 원사업자 입장에서 표준하도급계약서를 사용하면 벌점 등에서 혜택이 있기 때문에 계약서 본문에서는 표준 하도급계약서를 그대로 사용하면서 수급사업자에게 불리하거나 원사업자에게 유리한 사항 등을 특약사항으로 하여 표준계약서를 사실상 수정하는 경우가 많다. 만약 그 특약사항이 하도급법 제3조의4에 위반되는 것을 '부당특약'이라고 하는데 그 법률적 효력에 대하여는 아무런 규정이 없다. 건산법에도 유사한 규정이 있다.[245]

---

245) 건산법 제38조(불공정행위의 금지)
　　② 수급인은 하수급인에게 제22조, 제28조, 제34조, 제36조 제1항, 제36조의2 제1항, 제44조 또는 관계 법령 등을 위반하여 하수급인의 계약상 이익을 부당하게 제한하는 특약을 요구하여서는 아니 된다. 이 경우 부당한 특약의 유형은 대통령령으로 정한다.
　　건산법 시행령 제34조의8(부당특약의 유형)
　　법 제38조 제2항 후단에 따른 부당한 특약의 유형은 다음 각호와 같다.
　　1. 법 제22조에 따라 하도급금액산출내역서에 명시된 보험료를 하수급인에게 지급하지 아니하기로 하는 특약
　　2. 법 제22조 제1항을 위반하여 수급인이 부당하게 하수급인에게 각종 민원처리, 임시 시설물 설치, 추가공사 또는 현장관리 등에 드는 비용을 전가하거나 부담시키는 특약
　　3. 법 제28조에 따라 수급인이 부담하여야 할 하자담보책임을 하수급인에게 전가·부담시키거나 도급계약으로 정한 기간을 초과하여 하자담보책임을 부담시키는 특약
　　4. 법 제34조 제1항에 따라 하수급인에게 지급하여야 하는 하도급대금을 현금으로 지급하거나 지급기한 전에 지급하는 것을 이유로 지나치게 감액하기로 하는 특약
　　5. 법 제34조 제4항에 따라 하수급인에게 지급하여야 하는 선급금을 지급하지 아니하기로 하는 특약 또는 선급금 지급을 이유로 기성금을 지급하지 아니하거나 하도급대금을 감액하기로 하는 특약

하도급법을 위반한 행위가 사법상 무효라고 단정할 수는 없으므로 제조위탁, 용역위탁 등의 경우에는 부당특약이라 하여 반드시 사법상 무효라고 보기는 어렵다. 대부분의 하도급 규정들이 단속규정인 까닭에 오히려 민사적으로는 유효일 것이다.

하지만 건산법 제22조 제5항은 건설공사 도급계약의 내용이 당사자 일방에 현저하게 불공정한 경우로 각호의 하나에 해당하는 경우에는 그 부분에 한정하여 무효라고 규정하고 있다. 불공정한 계약내용이란 ① 계약체결 이후 설계변경, 경제상황의 변동에 따라 발생하는 계약금액의 변경을 상당한 이유 없이 인정하지 아니하거나 그 부담을 상대방에게 전가하는 경우, ② 계약체결 이후 공사내용의 변경에 따른 계약기간의 변경을 상당한 이유 없이 인정하지 아니하거나 그 부담을 상대방에게 전가하는 경우, ③ 도급계약의 형태, 건설공사의 내용 등 관련된 모든 사정에 비추어 계약체결 당시 예상하기 어려운 내용에 대하여 상대방에게 책임을 전가하는 경우, ④ 계약내용에 대하여 구체적인 정함이 없거나 당사자 간 이견이 있을 경우 계약내용을 일방의 의사에 따라 정함으로써 상대방의 정당한 이익을 침해한 경우, ⑤ 계약불이행에 따른 당사자의 손해배상책임을 과도하게 경감하거나 가중하여 정함으로써 상대방의 정당한 이익을 침해한 경우, ⑥ 「민법」 등 관계 법령에서 인정하고 있는 상대방의 권리를 상당한 이유 없이 배제하거나 제한하는 경우이다. 동 규정에 비추어 볼 때 대부분의 건설하도급과 관련한 부당특약은 건산법상의 불공정 계약내용으로 해석되어 건산법 제22조 제5항에 따라 사법상으로도 무효가 될 수 있다.

현행 법 아래에서는 수급사업자는 부당특약이 무효임을 전제로 하도급대금 지급청구와 같은 계약법상의 민사청구를 하기는 어렵다. 물론 법위반이므로 불법행위책임을 물을 수는 있다. 다만, 불법행위로 인한 손해배상청구는, 계약법상 민사청구에 비해 과실상계 인정 가능성 및 피해자의 과실비율이 높아 불리하다. 부당특약도 형식적으로는 수급사업자의 동의가 있는 것이기에, 일정부분 수급사업자의 책임이 인정되어 과실상계가 될 것이다. 또 부당특약이라도 민사적으로 유효하다는 법원 판례에 의하면, 부당특약이 공법상으로는 위법인데 민사적으로는 유효하게 되는 모순이 발생한다. 수범자 입장에서는 혼동스럽고 예측가능성도 떨어진다. 이에 반해, 건설위탁에서 하도급법과 함께 적용되는 건설산업기본법은 제22조 제5항에서 사법상 무효라고 명시하고 있다. 하도급법에서도 부당특약을 무효로 선언하는 조항의 신설이 필요하다. 저자의 의견으로는 부당특약고시 이후의 당면 과제이다.

---

6. 법 제36조 제1항에 따라 수급인이 발주자로부터 설계변경 또는 경제상황 변동에 따라 공사금액을 조정받은 경우에 하도급대금을 조정하지 아니하기로 한 특약
7. 법 제44조 제1항에 따라 수급인이 부담하여야 할 손해배상책임을 하수급인에게 전가하거나 부담시키는 특약

42

부당특약고시

A 공정거래위원회는 2019. 6. 19. 16개 부당특약으로 간주되는 유형을 규정한 부당
특약고시를 제정, 시행하였다. 이로서 부당특약으로 간주되는 유형은 하도급법의
3개, 시행령의 7개와 함께 모두 26개가 되었다.

해설

하도급거래 관계에서 수급사업자의 이익을 부당하게 침해하거나 제한하는 약정을 부
당특약이라고 한다. 벌금감점 등 인센티브를 받기 위하여 원사업자들이 표준하도급계약
서를 많이 사용하는 까닭에, 해당 하도급계약에 필요한 개별적인 사항은 별지의 특약사
항으로 두는 경우가 많다. 그런데 원사업자가 우월적 지위를 이용하여 하도급법에 반하
거나 또는 수급사업자에게 불리한 특약사항을 강요하는 경우가 많아 수급사업자들의 원
성이 많았다.

이에 2013. 8. 13. 하도급법이 개정되면서 제3조의4로 부당특약금지 조항이 신설되었
다. 우선 하도급법에서 3개, 시행령에서 7개의 부당특약으로 간주되는 유형을 규정하면
서, 고시로 구체적인 간주 부당특약유형을 추가로 규율하기로 하였다. 그 동안 고시가 제
정되지 못하다가 드디어 2019. 6. 19. 제정, 시행되었다. 고시를 통해 16개 유형이 추가되
어 26개의 부당특약유형이 규정된 것이다. 부당특약 설정행위를 억제하고 법집행의 효율
성을 높이며 아울러 원사업자에게도 예측가능성을 높이는 효과가 있을 것으로 기대된다.

금번 부당특약고시의 주요내용은 다음과 같다.

---

① 원사업자의 의무를 하도급 업체에게 떠넘기는 경우
▲ 원사업자가 부담해야 할 안전 조치, 보건 조치 등 산업 재해 예방비용을 하도급 업체에게
부담시키는 약정, ▲ 목적물의 검사 비용을 하도급 업체에게 부담시키는 약정 등 3가지 유형을
두고 있다.

② 하도급 업체의 계약상 책임을 가중하는 경우
▲ 원사업자의 손해 배상 책임을 관계 법령, 표준하도급계약서 등의 기준에 비해 과도하게 경
감하거나 하도급 업체의 손해 배상책임, 하자 담보 책임을 과도하게 가중하는 약정, ▲ 원사업

자의 계약해제·해지 사유를 관계 법령, 표준하도급계약서 등에 비해 과도하게 넓게 정하거나 하도급 업체에 대해 과도하게 좁게 정하는 약정 등 6가지 유형을 두고 있다.

③ 하도급 업체의 의무를 하도급법이 정한 기준보다 높게 설정하는 경우

▲ 정당한 사유없이 하도급 업체의 계약 이행 보증 금액의 비율을 하도급법상 기준보다 높이거나 보증 기관 선택을 제한하는 약정, ▲ 하도급 업체가 하도급법에 따라 계약 이행 보증을 했음에도 하도급업체가 아닌 자로 하여금 계약 책임, 불법 행위 책임에 대해 연대보증을 하도록 하는 약정을 유형으로 두고 있다.

④ 하도급 업체의 기술자료 등에 대한 권리를 제한하는 경우

▲ 하도급 업체가 취득한 정보, 자료, 물건 등의 권리를 정당한 사유없이 원사업자에게 귀속시키는 약정, ▲ 하도급 거래를 준비하거나 수행하는 과정에서 취득하는 상대방의 정보, 자료 등에 대한 비밀 준수 의무를 하도급 업체에게만 부담시키는 약정을 유형으로 두고 있다.

⑤ 하도급법에 규정된 하도급 업체의 권리를 제한하는 경우

▲ 하도급업체가 관계 기관에 원사업자의 하도급법 위반 사실을 신고하거나 관계 기관의 조사에 협조하는 행위 등을 제한하는 약정 등 3가지 유형을 두고 있다.

부당특약고시

[시행 2019. 6. 19.] [공정거래위원회고시 제2019-4호, 2019. 6. 19., 제정]

Ⅰ. 목적

　　이 고시는 「하도급거래 공정화에 관한 법률」(이하 "법"이라 한다) 제3조의4 제2항 제4호 및 같은 법 시행령 제6조의2 제5호의 규정에 따라 하도급거래에서 설정이 금지되는 부당한 특약(이하 "부당특약"이라 한다)의 유형을 정함을 목적으로 한다.

Ⅱ. 부당특약의 유형

　1. 법에 규정된 수급사업자의 권리를 제한하는 경우
　　가. 수급사업자가 법 제3조 제5항에 따라 위탁내용의 확인을 요청할 수 있는 권리를 제한하는 약정
　　나. 수급사업자가 법 제13조의2 제9항에 따라 계약이행 보증을 아니 할 수 있는 권리를 제한하는 약정
　　다. 수급사업자가 법 제19조 각 호의 어느 하나에 해당하는 행위를 하는 것을 제한하는 약정

　2. 수급사업자의 기술자료 등에 대한 권리를 제한하는 경우
　　가. 수급사업자가 하도급거래를 준비하거나, 수행하는 과정에서 취득한 정보, 자료, 물건 등의 소유, 사용 등의 권리를 원사업자에게 귀속시키는 약정. 다만, 원사업자가 수급사업자의 취득 과정에 소요되는 제반비용의 상당한 부분을 부담하거나, 동종

또는 유사한 것에 대해 동일 또는 근접한 시기에 정상적인 거래관계에서 일반적으로 지급되는 대가를 지급하기로 하는 등 정당한 사유가 있는 경우는 제외한다.

　나. 하도급거래를 준비하거나, 수행하는 과정에서 취득하는 상대방의 정보, 자료 등에 대한 비밀준수의무를 수급사업자에게만 부담시키는 약정. 다만, 수급사업자만 정보, 자료 등을 취득하는 경우는 제외한다.

3. 수급사업자의 의무를 법이 정한 기준보다 높게 설정하는 경우
　가. 법 제13조의2에 규정된 계약이행 보증 금액의 비율을 높이거나, 수급사업자의 계약 이행 보증기관 선택을 제한하는 약정
　나. 수급사업자가 법 제13조의2 규정에 준하여 계약이행을 보증하였음에도 수급사업자 가 아닌 자로 하여금 계약책임, 불법행위책임에 대해 연대보증을 하도록 하는 약정

4. 원사업자의 의무를 수급사업자에게 전가하는 경우
　가. 법 제9조 제2항의 목적물등의 검사 비용을 수급사업자에게 부담시키는 약정
　나. 법 제9조 제2항의 목적물등의 검사 결과 통지에 대한 수급사업자의 이의제기를 제한하는 약정
　다. 원사업자가 부담하여야 할 안전조치, 보건조치 등 산업재해예방 비용을 수급사업자 에게 부담시키는 약정

5. 수급사업자의 계약상 책임을 가중하는 경우
　가. 계약내용에 대하여 구체적인 정함이 없거나 당사자 간 이견이 있을 경우 계약내용 을 원사업자의 의사에 따라 정하도록 하는 약정
　나. 수급사업자에게 발주자와 원사업자 간 계약 조건이 제공되지 않은 상황에서 이를 원사업자와 수급사업자 간 계약에 적용하기로 하는 약정
　다. 원사업자의 손해배상책임을 관계법령, 표준하도급계약서 등의 기준에 비해 과도하 게 경감하거나, 수급사업자의 손해배상책임, 하자담보책임을 과도하게 가중하여 정 한 약정
　라. 원사업자가 수급사업자에게 제공한 자재, 장비, 시설 등(이하 "자재등"이라 한다)이 수급사업자의 책임없는 사유로 멸실, 훼손된 경우에도 수급사업자에게 자재등에 대 한 책임을 부담시키는 약정
　마. 계약 해제·해지의 사유를 원사업자의 경우 관계법령, 표준하도급계약서 등의 기준 에 비해 과도하게 넓게 정하거나, 수급사업자의 경우 과도하게 좁게 정하는 약정
　바. 원사업자가 수급사업자에게 제공한 자재등의 인도지연, 수량부족, 성능미달 등 수급 사업자의 책임없는 사유에 의해 추가로 발생한 비용, 지체책임을 수급사업자에게 부담시키는 약정

Ⅲ. 재검토 기한

　공정거래위원회는 「훈령·예규 등의 발령 및 관리에 관한 규정」에 따라 이 고시에 대하 여 2019년 7월 1일 기준으로 매 3년이 되는 시점(매 3년째의 6월 30일까지를 말한다)마다 그 타당성을 검토하여 개선 등의 조치를 하여야 한다.

Ⅳ. 규제의 재검토

공정거래위원회는 「행정규제기본법」 제8조에 따라 이 고시에 대하여 2019년 7월 1일 기준으로 매 3년이 되는 시점(매 3년째의 6월 30일까지를 말한다)마다 그 타당성을 검토하여 개선 등의 조치를 하여야 한다.

부 칙〈제2019-4호, 2019. 6. 19.〉

이 고시는 공포한 날로부터 시행한다.

43

부당특약심사지침

앞서 언급한 부당특약 고시(2019년 6월 시행) 제정으로 하도급법상 금지되는 새로운 부당특약 유형에 대한 억지력을 강화하고, 신속한 피해구제를 위해 구체적인 심사기준을 마련하고자 「부당특약 심사지침」을 개정하였다.

먼저 새로운 부당특약 유형에 대한 자의적 해석을 방지하기 위해 개념을 명확히 정의하는 등 위법성 판단 기준을 구체적으로 제시하였다. 일반적으로 지급되는 대가, 정당한 사유 등 부당특약 고시에서 불확정적으로 규정된 개념을 구체화하였고, 효율적인 법 집행을 유도하기 위해 부당특약의 위법성을 판단함에 있어 필수적으로 고려해야할 요소를 명시하였다. 예를 들어, '원사업자가 수급사업자에게 제공한 자재 등의 수급사업자의 책임없는 사유로 멸실, 훼손된 경우에도 수급사업자에게 부담시키는 약정'에 대해 표준하도급계약서에 규정된 수급사업자의 선량한 관리자로서의 주의 의무를 고려하도록 하여 수급사업자의 책임범위를 명확히 하였다.

또한, 법 집행의 예측가능성과 법 위반 행위에 대한 억지력을 제고하기 위해 하도급 현장에서 효과적으로 적용할 수 있는 부당특약 예시를 마련하였다. 예를 들어, '원사업자가 목적물 등의 검사 비용을 수급사업자에게 부담시키는 약정'을 납품한 제품의 검사 방법을 미리 정하지 않고 검사 비용을 수급사업자에게 부담시키는 약정, 수급사업자의 귀책사유가 없음에도 검사비용과 검사과정에서 발생한 손상에 관한 비용을 수급사업자에게 부담시키는 약정 등 4가지 사례를 들어 구체화하였다.

이번 지침을 통해 새로운 부당특약 유형에 대한 법 집행의 예측 가능성을 제고함과 동시에, 원사업자의 부당특약 설정 행위를 사전에 방지하는 효과가 있을 것으로 기대된다.

부당특약 심사지침

[시행 2020. 1. 1.] [공정거래위원회예규 제336호, 2019. 12. 31., 폐지제정]

공정거래위원회(기업거래정책과), 044-200-4589

Ⅰ. 목 적

이 심사지침은 「하도급거래 공정화에 관한 법률(이하 "법"이라 한다) 제3조의4(부당한 특약의 금지), 같은 법 시행령(이하 "영"이라 한다) 제6조의2(부당한 특약으로 보는 약정) 및 부당특약 고시 규정의 운용과 관련하여 법령의 내용을 보다 구체적이고 명확하게 규정함과 아울러 불공정하도급거래행위에 해당될 수 있는 사례를 예시함으로써, 위법성을 심사하는 기준으로 삼는 한편 원사업자들의 법위반행위를 예방함에 그 목적이 있다.

이 심사지침은 원사업자의 부당한 특약(이하 "부당특약"이라 한다) 중에서 공통적이고 대표적인 사항을 중심으로 규정하였으므로 이 지침에 열거되지 아니한 사항이라고 하여 법 제3조의4에 위반되지 않는 것은 아니다.

Ⅱ. 심사대상

법 제3조의4, 같은 법 시행령 제6조의2 및 부당특약 고시에 규정한 부당특약의 심사대상은 원사업자가 수급사업자에게 제조·수리·건설 또는 용역(이하 "제조 등"이라 한다)의 위탁과 관련하여 원사업자와 수급사업자 간의 권리·의무관계에 영향을 미치는 모든 계약조건이다.

Ⅲ. 용어의 정의

1. "부당특약"이란 원사업자가 수급사업자에게 제조 등을 위탁할 때 교부하거나 수령한 설계도면, 시방서, 유의서, 현장설명서, 제안요청서, 물량내역서, 계약 및 견적 일반조건·특수조건, 과업내용서, 특약조건, 도급업무내역서, 발주서, 견적서, 계약서, 약정서, 협약서, 합의서, 각서 등 그 명칭이나 형태를 불문하고 원사업자와 수급사업자 간의 권리·의무관계에 영향을 미치는 약정을 통해 설정한 계약조건으로서 수급사업자의 이익을 부당하게 침해하거나 제한하는 것을 말한다.

2. "원사업자가 부담하여야 할 비용이나 책임"이라 함은 제조 등의 위탁과 관련된 법령(고용보험 및 산업재해 보상보험의 보험료 징수 등에 관한 법률, 대기환경보전법, 건설산업기본법, 산업안전보건법 등), 발주자와 원사업자 간의 계약조건, 당해 업종의 통상적인 거래관행, 수급사업자가 위탁받은 것(이하 "목적물 등"이라 한다)의 내용 및 특성 등으로 볼 때 원사업자가 부담하는 것이 타당한 비용이나 책임을 말한다.

참고사항

- 원사업자가 부담하여야 할 법정경비 : 고용보험료·산업재해보상보험료(고용보험 및 산업재해 보험료징수법 제9조 제1항, 단 근로복지공단의 승인을 받은 경우에는 제외), 산업안전보건관리비(산업안전보건법 제30조 제4항) 등
- 원사업자가 수행하여야 할 각종 신고 : 비산먼지발생사업 신고(대기환경보전법 시행규칙 제58조 제1항), 특정공사의 사전신고(소음·진동규제법 시행규칙 제21조 제2항), 사업장폐기물배출자의 신고(폐기물관리법 시행규칙 제18조 제1항 제4호) 등

---

3. "서면"이라 함은 원사업자가 수급사업자에게 제조 등의 위탁을 할 때 법 제3조 제1항의 규정에 의한 기한까지 수급사업자에게 발급한 서면(전자문서를 포함한다)을 말한다. 서면은 위탁일과 목적물 등의 내용, 목적물 등의 납품·인도 시기 및 장소, 검사방법 및 시기, 하도급대금의 지급방법과 지급기일, 원사업자가 수급사업자에게 원재료 등을 제공하려는 경우 품명·수량·제공일·대가 및 대가의 지급방법과 지급기일, 원재료의 가격변동에 따른(법 제16조의2) 하도급대금의 조정요건, 방법 및 절차 등 법 제3조 제2항의 기재사항을 모두 명시하고

는 기명날인한 것이어야 한다. 원사업자와 수급사업자가 목적물의 완성에 필요한 제반사항에 대하여 충분한 협의를 거쳐 서면의 일부로 포함시킨 부속서류를 포함한다.

4. "입찰내역"이라 함은 원사업자가 수급사업자에게 위탁하는 목적물 등의 구성요소와 관련되는 품명, 물량, 규격, 수량, 단위 등의 자료나 정보를 제공하고 이를 바탕으로 입찰참가예정자가 입찰금액 또는 계약금액을 세부적으로 산출한 내역서(명칭 여하를 불문한다)를 작성하여 입찰시 원사업자에게 제출하여 추후 낙찰자로 결정된 경우 그 내역서(이하 "산출내역서"라 한다)를 말한다.

Ⅳ. 서면과 입찰내역(산출내역서)의 적용기준

원사업자의 행위가 법 제3조의4 제2항 제1호(서면에 기재되지 아니한 사항)와 제3호(입찰내역에 없는 사항)에 모두 해당되는 경우 하도급대금의 단가·구성항목과 직접 관련되는 부당특약은 제3호(입찰내역에 없는 사항)를, 그 밖의 부당특약은 제1호(서면에 기재되지 아니한 사항)를 적용하는 것을 원칙으로 한다.

Ⅴ. 부당특약에 대한 심사기준

1. 법 제3조의4 제1항에 따른 부당특약 판단기준

원사업자는 수급사업자의 이익을 부당하게 침해하거나 제한하는 계약조건(이하 "부당한특약"이라 한다)을 설정하여서는 아니된다.

가. "수급사업자의 이익"이라 함은 수급사업자가 원사업자와 하도급거래를 함으로 인하여 얻게 되는 이윤발생, 기업성장, 사업확대, 종사원의 소득증대, 기술축적 등의 다양한 유무형의 경제적인 혜택을 말한다.

나. 위법성 판단기준
법 제3조의4 제1항의 위법성 판단기준은 원사업자와 수급사업자 간에 제조 등의 위탁과 관련하여 체결한 하도급거래의 계약조건이 공정하고 타당한지 여부를 기준으로 판단한다. 즉, 제조 등의 위탁과 관련된 계약조건이 원사업자와 수급사업자가 서로 동등한 입장에서 충분한 협의과정을 거쳐 결정하였는지 여부, 원사업자가 수급사업자에게 목적물 등의 품명, 내용, 규격, 수량, 재질, 공법 등 하도급대금을 결정하는데 필요한 자료·정보를 성실하게 제공하였는지 여부, 당해 업종의 통상적인 거래관행에 어긋나는지 여부, 이 법 및 건설산업기본법 등 관계법령의 취지에 부합하는지 여부, 목적물 등의 내용 및 특성, 수급사업자가 입은 불이익의 내용과 정도 등을 종합적으로 고려하여 판단한다.

2. 법 제3조의4 제2항의 규정에 의한 부당특약 해당여부 심사기준

다음 각 호의 어느 하나에 해당하는 약정은 부당한 특약으로 본다.

가. 법 제3조의4 제2항 제1호(원사업자가 제3조 제1항의 서면에 기재되지 아니한 사항을 요

구함에 따라 발생된 비용을 수급사업자에게 부담시키는 약정)에 대한 판단기준

법 제3조의4 제2항 제1호의 위법성은 서면에 명시되지 아니한 사항에 대하여 현장설명서 등의 서류에 기재되어 있음을 이유로 원사업자가 수급사업자에게 제조 등의 위탁수행을 요구하고 이로 인하여 발생되는 비용을 수급사업자에게 부담시키는 약정에 해당하는지 여부를 기준으로 판단한다.

서면에 기재되지 아니한 사항에 포함되는 경우

• 원사업자가 입찰참가예정자 또는 수의계약예정자에게 배부한 서류 중 하도급계약 체결시 서면에 포함되지 아니한 다음의 각종 서류에 기재된 사항
  – (예시) 현장설명서, 입찰 및 견적 일반조건·특수조건, 설계도면, 시방서, 물량내역서, 유의서, 입찰제안요청서 등
• 하도급계약 체결과정에 서면과 별개로 작성된 다음의 각종 서류에 기재된 사항
  – (예시) 계약 일반조건·특수조건, 계약 특약조건, 도급업무내역서, 환경에 관한 협약서, 하자보수에 관한 협약서, 안전관리 및 품질관리에 관한 협약서, 제조물책임에 관한 협약서, 각서, 확약서, 합의서 등

부당특약 예시

① 철근, 원심력 철근 콘크리트관(흄관) 등 자재(발주자 또는 원사업자가 수급사업자에게 지급한 자재를 말한다)의 하차비, 추가 장비 사용료, 야적장 임대료(보관·관리비) 등의 모든 비용은 수급사업자가 부담한다는 약정이 서면에는 기재되지 않고 현장설명서에만 기재된 경우
② 서면에 기재되지 아니한 추가공사 또는 계약사항 이외 시공부분에 대한 비용은 수급사업자가 부담한다는 약정

나. 법 제3조의4 제2항 제2호(원사업자가 부담하여야 할 민원처리, 산업재해 등과 관련된 비용을 수급사업자에게 부담시키는 약정)에 대한 판단기준

  (1) "민원처리와 관련된 비용"이라 함은 제조 등의 위탁과 관련하여 발생하는 소음·분진·진동 등으로 인한 환경민원, 용지보상 분쟁 및 이와 유사한 각종 민원에 대한 민·형사상의 분쟁 등을 해결·처리하는데 소요되는 비용을 말한다.

  (2) "산업재해와 관련된 비용"이라 함은 제조 등의 위탁과 관련하여 수급사업자 소속 근로자가 업무와 관계되는 작업을 수행하는 과정에서 사망, 부상, 질병 등의 재해를 입은 경우 이에 대한 치료비, 보상금, 합의금 등에 소요되는 비용을 말한다.

  (3) 법 제3조의4 제2항 제2호의 위법성은 관계법령(고용보험 및 산업재해 보상보험의 보험료 징수 등에 관한 법률·산업안전보건법·산업재해보상보험법 등), 당해 업종의 통상적인 거래관행, 목적물 등의 특성 등을 고려할 때 원사업자가 부담하여야 할 민원처리 및 산업재해비용을 수급사업자에게 부담시키는 약정에 해당하는지 여부를 기준으로 판단한다.

부당특약 예시

① 하도급공사를 하는 도중에 발생하는 모든 민원을 수급사업자의 비용으로 처리하여야 한다는 약정

② 수급사업자는 하도급계약의 이행과 관련하여 어떠한 민원이 발생하더라도 수급사업자의 비용으로 최우선적으로 처리하여야 하고, 원사업자에게 일체 이의를 제기하지 못한다는 약정

③ 수급사업자 소속 근로자의 산업재해로 발생한 진료비, 노무비, 산업재해자 및 유가족과의 합의, 산업재해 처리와 관련된 관계기관과의 업무협의 등에 소요되는 비용은 전적으로 수급사업자가 부담한다는 약정

④ 산업재해를 입은 근로자가 산업재해보상보험법에서 인정하는 금액 외에 추가적으로 요구하는 민형사상의 요구 및 부대비용을 수급사업자가 전적으로 부담한다는 약정

⑤ 수급사업자는 하도급공사 중에 발생하는 모든 산업재해에 대하여 전적으로 책임지며, 산업재해 사고 발생 및 처리를 이유로 원사업자에게 추가금액이나 공사기간연장을 요구할 수 없다는 약정

다. 법 제3조의4 제2항 제3호(원사업자가 입찰내역에 없는 사항을 요구함에 따라 발생된 비용을 수급사업자에게 부담시키는 약정)에 대한 판단기준

법 제3조의4 제2항 제3호의 위법성은 원사업자가 산출내역서 외의 다른 서류에 반영한 사항이나 산출내역서에 포괄적으로만 반영한 사항에 대하여 수급사업자에게 제조 등의 위탁수행을 요구하고 이로 인하여 발생되는 비용을 수급사업자에게 부담시키는 약정에 해당하는지 여부를 기준으로 판단한다. 다만, 원사업자가 수급사업자에게 입찰금액을 산출하기 위한 자료나 정보를 충분히 제공하였음에도 불구하고 수급사업자의 견적 누락(단가 미기재 등) 또는 견적 착오(규격·수량·단위 등 오기) 등으로 발생한 비용을 수급사업자에게 부담시킨 경우는 제외한다.

부당특약 예시

① 현장설명서 등에 명기된 사항이 산출내역서에 없더라도 공사수행상 당연히 시공하여야 할 부분이 있는 경우 수급사업자가 전적으로 비용을 부담하여 시공한다는 약정

② 시방서에 특별히 지정되지 않은 품목이라도 전체공사 시공에 필요하다고 인정되는 품목은 산출내역서에 포함된 것으로 본다는 약정

③ 원사업자가 수급사업자에게 배부한 물량내역서에 구체적인 항목·수량·단위 등을 제시하지 아니하고 견적금액 또는 견적단가에는 하도급공사에 필요한 모든 비용이 반영된 것으로 간주한다는 약정

④ 주요 자재항목으로 구분되지 않은 소형강재(건설공사 등의 재료로 쓰기 위하여 압연의 방법으로 가공을 한 강철) 등의 자재비는 시공비에 반영되어 있다는 약정

⑤ 수급사업자는 입찰전 현장 답사, 설계도면 및 시방서를 충분히 숙지하고 입찰내역서를 작성하므로 원사업자에게 어떠한 경우에도 추가비용을 요구할 수 없다는 약정

3. 법 제3조의4 제2항 제4호 및 영 제6조의2에 따른 "부당특약" 심사기준

가. 영 제6조의2 제1호의 규정에 의한 부당특약 해당여부 심사기준

다음 각 목의 어느 하나에 해당하는 비용이나 책임을 수급사업자에게 부담시키는 약정

영 제6조의2 제1호의 위법성은 제조 등의 위탁과 관련하여 발생하는 비용이나 책임이 관계법령 등 제반사항을 고려할 때 원사업자가 부담하는 것이 타당함에도 불구하고 이를 수급사업자에게 부담시키는 약정에 해당하는지 여부를 기준으로 판단한다.

(1) 영 제6조의2 제1호 가목(관련 법령에 따라 원사업자의 의무사항으로 되어 있는 인·허가, 환경관리 또는 품질관리 등과 관련하여 발생하는 비용)의 판단기준

 (가) "인·허가와 관련된 비용"이라 함은 제조 등의 위탁과 관련된 법령(건축법, 도로법, 지하수법, 하수도법 등)에 따른 각종 신고, 허가·승인· 인가·면허 등의 취득, 명령 또는 각종 수검의무 이행 등에 소요되는 비용을 말한다.

 (나) "환경관리와 관련된 비용"이라 함은 제조 등의 위탁과 관련한 대기오염, 수질오염, 소음, 진동, 악취 등의 제거를 위하여 관계법령(대기환경보전법, 소음·진동관리법, 폐기물관리법, 하수도법, 지하수법 등)을 준수하는데 소요되는 비용을 말한다.

 (다) "품질관리와 관련된 비용"이라 함은 건설기술관리법 등 제조 등의 위탁과 관련된 법령에 따른 품질관리활동(자재시험·품질시험·성능검사·계측·교육 등)에 소요되는 비용을 말한다.

부당특약 예시

① 관청으로부터의 건축허가를 수급사업자의 비용으로 받아야 한다는 약정

② 수급사업자는 하도급공사 진행중에 야기되는 관공서 및 관계기관(한국전력공사, 한국전기안전공사 등)에 대한 인·허가 수속, 각종 수검·협조업무를 수급사업자의 책임 하에 행하고 그 소요비용은 수급사업자가 일체 부담한다는 약정

③ 공사현장에서 발생하는 환경오염물질(폐기물·소음·진동·먼지·오수·폐수 등)의 처리 및 재활용과 관련된 각종 비용은 수급사업자가 일체 부담한다는 약정

④ 수급사업자가 환경관련 법령(폐기물관리법, 소음·진동관리법 등) 위반시 기성금 공제 등의 불이익에 대하여 원사업자에게 일체 이의를 제기하지 않기로 한다는 약정

⑤ 발주자 또는 원사업자가 수급사업자에게 지급한 자재의 품질 및 시공검사를 위한 시험절차 등에 소요되는 비용은 수급사업자의 부담으로 한다는 약정

---

(2) 영 제6조의2 제1호 나목[원사업자(발주자를 포함한다)가 설계나 작업내용을 변경함에 따라 발생하는 비용]의 판단기준

 (가) "설계의 변경에 따른 비용"이라 함은 수급사업자가 하도급계약을 이행하는 도중에 발주자 또는 원사업자의 지시이나 요구에 의해 당초 설계를 변경함으로 인하여 발생하는 비용을 말한다.

 (나) "작업내용의 변경에 따른 비용"이라 함은 수급사업자가 하도급계약을 이행하는 도중에 발주자 또는 원사업자의 지시나 요구에 의해 제조방법, 시공공법, 자재 등을 변경함으로 인하여 발생하는 비용을 말한다.

(3) 영 제6조의2 제1호 다목[원사업자의 지시(요구, 요청 등 명칭과 관계없이 재작업, 추가작업 또는 보수작업에 대한 원사업자의 의사표시를 말한다)에 따른 재작업, 추가작업 또는 보수작업으로 인하여 발생한 비용 중 수급사업자의 책임없는 사유로 발생한 비용]의 판단기준

(가) "재작업으로 인한 비용"이라 함은 수급사업자가 하도급계약, 설계도면, 시방서 등에 적합하게 제조 등의 위탁업무를 수행하는 과정에 수급사업자의 귀책사유 없이 원사업자의 지시 또는 요구에 따라 수급사업자가 이미 수행한 위탁업무를 다시 작업함으로 인하여 발생되는 비용을 말한다.

(나) "추가작업으로 인한 비용"이라 함은 수급사업자의 귀책사유 없이 하도급계약에 포함되지 않는 업무내용에 대하여 원사업자의 지시 또는 요구에 따라 수급사업자가 별도로 작업을 수행함으로 인하여 발생되는 비용을 말한다.

(다) "보수작업으로 인한 비용"이라 함은 수급사업자가 목적물 등을 완성하여 원사업자에게 납품·인도 또는 제공한 후 수급사업자의 귀책사유 없이 당해 목적물이 파손·훼손된 경우 원사업자의 지시 또는 요구에 의해 수급사업자가 보수작업을 수행함으로 인하여 발생되는 비용을 말한다.

(라) "수급사업자의 책임없는 사유"라 함은 수급사업자가 제조 등의 위탁업무를 수행하는 과정에서 하도급계약, 설계도면, 시방서 등에 기재된 작업공법, 자재, 품질·성능검사 절차 등을 철저히 준수한 경우를 말한다.

대비 일정비율(예, 5%)을 초과하지 아니하는 경우 그 추가비용은 수급사업자가 부담한다는 약정

④ 원사업자의 지시에 따라 수급사업자가 돌관공사(예정된 공사기간보다 공사기간을 단축하기 위한 목적으로 급하게 하는 공사를 말한다) · 휴일공사를 수행함으로 인하여 발생된 추가공사비용은 수급사업자의 부담으로 한다는 약정

⑤ 수급사업자가 원사업자에게 목적물을 인도한 후부터 원도급공사 준공시까지 당해 목적물이 훼손된 경우 공사비 증액없이 보수작업을 하여야 한다는 약정

⑥ 수급사업자는 비록 설계도면에 명시되지 아니한 사항이라도 공사의 경미한 변경이나 구조상 필요한 경미한 공사에 대하여는 계약금액 범위 내에서 시공하여야 한다는 약정

(4) 영 제6조의2 제1호 라목(관련 법령, 발주자와 원사업자 사이의 계약 등에 따라 원사업자가 부담하여야 할 하자담보책임 또는 손해배상책임)의 판단기준

(가) "발주자와 원사업자 사이의 계약"이라 함은 발주자가 제조 · 수리 · 시공 또는 용역수행을 도급하기 위하여 원사업자와 체결한 계약을 말한다.

(나) "하자담보책임"이라 함은 목적물 등에 하자가 있을 때 관련 법령 등에 따라 발주자 또는 구매자 등에 대하여 부담하는 담보책임을 말한다.

(다) "손해배상책임"이라 함은 제조 등의 위탁과 관련하여 고의 또는 과실로 타인 등에게 손해를 입힌 경우 그 손해를 배상하여야 할 책임을 말한다.

부당특약 예시

① 수급사업자가 완성하여 소비자에게 판매된 제품의 하자처리와 관련한 모든 비용은 수급사업자의 부담으로 한다는 약정

② 수급사업자의 하자보수보증증권 상의 보증기간은 하도급계약으로 정한 하자담보책임기간보다 몇 년(예, 1년)을 더 길게 산정하여야 한다는 약정

③ 수급사업자는 원사업자가 하자라고 확정한 경우, 이에 대하여 일체의 이의를 제기할 수 없다는 약정

④ 원사업자가 제공한 재료로 수급사업자가 가공했을 경우 해당 제품의 하자에 대해서는 수급사업자가 일체의 책임을 진다는 약정

⑤ 목적물의 하자로 볼 수 없는 경우까지 수급사업자는 원사업자가 요구한 시한 이내에 수급사업자의 비용으로 당해 목적물(예, 소프트웨어)과 동일한 사양으로 교체하여야 한다는 약정

⑥ 수급사업자가 하자담보책임기간 중에 하자보수의무를 이행하지 아니하여 원사업자가 이를 시행하는 경우에는 당해 보수비용의 몇 배(예, 3배)를 원사업자에게 지불해야 한다는 약정

나. 영 제6조의2 제2호(천재지변, 매장문화재의 발견, 해킹 · 컴퓨터 바이러스 발생 등으로 인한 작업기간 연장 등 위탁시점에서 원사업자와 수급사업자가 예측할 수 없는 사항과 관련하여 수급사업자에게 불합리하게 책임을 부담시키는 약정)에 대한 판단기준

(1) "위탁시점"은 원사업자와 수급사업자가 제조 등의 위탁과 관련하여 작성한 하도급거래계약서에 서명 또는 기명날인한 날짜(이하 "체결일"이라 한다)를 말한다. 다만, 실질적인 위탁시점이 하도급거래계약서 체결일보다 빠를 경우에는 원사업자와 수급사업자가 상호 합의한 날짜를 위탁시점으로 본다.

(2) "예측할 수 없는 사항"이라 함은 태풍 · 홍수 · 지진 · 기타 악천후 등 천재지변 또는

전쟁·사변·화재·전염병·폭동, 제3자의 전국적인 노조파업, 매장문화재 발견, 해킹·컴퓨터 바이러스 발생 등 원사업자와 수급사업자의 통제범위를 벗어나는 경우를 말한다.

(3) "수급사업자에게 불합리하게 책임을 부담시키는지 여부"는 원사업자와 수급사업자의 책임형량에 기초하여 판단한다. 즉, 정상적인 거래관행상 공정성과 타당성을 결여하여 수급사업자에게 책임이 무겁게 지워진 경우가 여기에 해당하는 것으로 본다.

부당특약 예시

① 하도급계약기간 중에 수해눈피해 등이 발생하더라도 공사기간연장은 없다는 약정

② 전염병(예, 조류독감)의 창궐시 이를 예방하기 위한 의약품, 의료소모품 등을 구입하는데 소요되는 모든 비용은 수급사업자가 부담한다는 약정

③ 제3자의 전국적인 노조파업에 따른 하도급공사의 공사기간연장으로 발생한 추가비용은 수급사업자가 전적으로 부담하여야 한다는 약정

④ 수급사업자가 건물 부지를 파는 도중 문화재가 발굴되더라도 작업의 중지, 공사기간연장 등으로 인해 추가적으로 발생하는 비용은 수급사업자의 부담으로 한다는 약정

⑤ 수급사업자가 전사적 자원관리시스템(ERP)을 제작하는 도중에 신종 바이러스가 출현하더라도 시스템 대응방안 마련을 위한 작업기간의 연장은 인정되지 않는다는 약정

다. 영 제6조의2 제3호[해당 하도급거래의 특성을 고려하지 아니한 채 간접비(하도급대금 중 재료비, 직접노무비 및 경비를 제외한 금액을 말한다)의 인정범위를 일률적으로 제한하는 약정. 다만, 발주자와 원사업자 사이의 계약에서 정한 간접비의 인정범위와 동일하게 정한 약정은 제외한다]에 대한 판단기준

(1) "하도급거래의 특성"이라 함은 하도급거래 계약기간, 투입 인력수, 업종형태(토공, 기계설비 등), 작업지역(서울 또는 울릉도), 작업환경(평지 또는 산지 등), 목적물 등의 종류·규격·품질·용도·원재료·제조공정·시공공법 등의 차이를 말한다.

(2) "간접비"라 함은 제조 등의 위탁과 관련한 직접비 항목(재료비, 직접노무비, 경비)을 제외한 간접노무비, 일반관리비(사무실 직원의 급료, 복지후생비 등) 및 이윤 등 명칭 여하를 불문하고 제반 관리활동부문에서 발생하는 비용을 말한다.

(3) "인정범위"라 함은 원사업자가 지정한 간접비의 금액 또는 총 계약금액에서 간접비가 차지하는 비율의 상한을 말한다.

(4) "일률적 제한"이라 함은 하도급거래의 특성을 고려하지 아니하고 간접비의 인정범위를 동일하거나 일정한 기준에 따라 획일적으로 제한하는 것을 말한다. 다만, 당해 업종의 통상적인 거래관행, 하도급거래 규모, 목적물의 특성 등에 비추어 적정하다고 인정되는 경우에는 제외한다.

부당특약 예시

① 안전관리비, 퇴직공제부금(일용근로자의 고용개선을 위하여 도입된 제도로 인하여 발생되는 비용을 말한다)은 반드시 견적기준을 준수하여 입찰하여야 하고 이 기준을 초과할 경우 원사업자가 입찰금액을 조정할 수 있다는 약정

② 수급사업자의 공과잡비(일반관리비, 이윤)는 직접공사비 대비 견적기준(예, 토목현장 6%, 건축현장 4%)을 초과하지 못한다는 약정

③ 수급사업자의 이윤은 별도 산정하지 않고, 직접공사비의 각 공종단가에 포함한다는 약정

④ 수급사업자의 일반관리비는 직접공사비의 일정비율(예, 5%) 범위내에서 계상하되, 각종 이행보증수수료(계약이행, 선급금이행, 하자이행) 및 사용자배상책임보험(민간 보험회사가 의무가입이 아닌 사용자를 대상으로 산재보험과 유사한 내용을 담아 판매하는 사보험을 말한다)료를 포함한다는 약정

⑤ 수급사업자는 일반관리비, 이윤, 안전관리비, 사용자배상책임보험료, 고용보험료, 산재보험료 등을 간접비로 별도 표기하지 않고 견적단가에 포함하여 견적하여야 한다는 약정

라. 영 제6조의2 제4호(계약기간 중 수급사업자가 법 제16조의2에 따라 하도급대금 조정을 신청할 수 있는 권리를 제한하는 약정)에 대한 판단기준

    (1) "계약기간"이라 함은 원사업자와 수급사업자 간에 하도급거래계약을 체결한 날로부터 목적물 등을 원사업자에게 납품·인도(제조·수리위탁 및 지식·정보성과물), 완료(역무공급), 완공(건설위탁)한 날까지를 말한다. 다만, 원사업자와 수급사업자가 합의한 유효기간이 있을 경우에는 이를 계약기간으로 본다.

    (2) "하도급대금 조정을 신청할 수 있는 권리"라 함은 법 제16조의2에 근거하여 수급사업자가 원재료의 가격변동에 따른 하도급대금의 조정을 원사업자에게 직접 신청하거나 중소기업협동조합으로 하여금 원사업자와 하도급대금의 조정을 협의할 수 하도록 중소기업협동조합에 신청할 수 있는 권리를 말한다.

부당특약 예시

① 수급사업자는 원사업자에게 하도급계약기간 중 어떠한 사유로도 계약금액의 증액 등 조정을 일체 요구하지 못한다는 약정

② 원사업자와 수급사업자가 하도급대금의 조정에 관하여 합의에 이르지 못한 경우 양 당사자는 하도급분쟁조정협의회에 조정을 신청하지 않겠다는 약정

③ 중소기업협동조합이 수급사업자에게 원사업자와의 하도급대금을 조정하기 위한 협의신청을 요청하더라도 이에 응하지 않는다는 약정

④ 수급사업자는 인건비 상승 등 기타 어떠한 경우에도 계약된 하도급금액 이외 공사비의 증액을 요구하지 않을 것이며, 이를 이유로 공사지연 및 공사거부행위를 일절 하지 않겠다는 약정

⑤ 하도급계약기간 중 원부자재 인상으로 납품단가의 변동이 발생시 하도급계약기간이 만료된 이후 납품단가를 재조정할 수 있다는 약정

⑥ 수급사업자는 자신이 소속된 중소기업협동조합에 원재료의 가격변동에 따른 하도급대금의 조정협의를 신청하지 않겠다는 약정

---

4. 법 제3조의4 제2항 제4호, 영 제6조의2 제5호 및 부당특약 고시에 따른 "부당특약" 심사기준

가. 부당특약 고시 Ⅱ. 부당특약의 유형 제1호에 대한 판단기준

법에 규정된 수급사업자의 권리를 제한하는 경우

    (1) 부당특약의 유형 제1호 가목[수급사업자가 법 제3조 제5항에 따라 위탁내용의 확인

을 요청할 수 있는 권리를 제한하는 약정]의 판단기준

  (가) "법 제3조 제5항에 따른 위탁내용"이라 함은 원사업자로부터 위탁받은 작업의 내용, 위탁받은 일시, 하도급대금, 원사업자와 수급사업자의 사업자명과 주소 등 수급사업자가 과업을 수행함에 있어 필요한 내용을 말한다.

  (나) "확인을 요청할 수 있는 권리"라 함은 수급사업자가 위탁내용을 내용증명우편, 전자문서 등 서면으로 통지하고, 원사업자가 통지를 받은 날부터 15일 이내에 그 내용에 대한 인정 또는 부인의 의사를 서면으로 회신하도록 요청하는 것을 말한다.

부당특약 예시

① 수급사업자는 원사업자에게 어떠한 경우에도 위탁내용의 확인을 일체 요청하지 않기로 한다는 약정

② 계약서면에 위탁내용이 명확하게 기재되지 않았더라도 원사업자가 이미 서면을 교부한 경우에는 위탁내용 확인 요청에 응하지 않겠다는 약정

③ 수급사업자의 위탁내용 확인 요청으로 인한 공기 또는 납기 지연 등의 문제가 발생할 경우 수급사업자가 전적으로 책임을 져야한다는 약정

---

(2) 부당특약의 유형 제1호 나목[수급사업자가 법 제13조의2 제9항에 따라 계약이행 보증을 아니 할 수 있는 권리를 제한하는 약정]의 판단기준

  (가) "계약이행 보증"이라 함은 수급사업자가 원사업자에게 하도급계약 내용을 신의성실의 원칙하에 이행한다는 것을 유가증권 형태로 보증기관의 명의로 보증하는 것을 말한다.

  (나) "법 제13조의2 제9항에 따라 계약이행 보증을 아니할 수 있는 권리"라 함은 원사업자가 계약체결일(지급보증 면제사유가 소멸한 날 또는 최초의 장기계속건설하도급계약 체결일을 포함)로부터 30일 이내에 공사대금의 지급이행을 보증기관의 명의로 보증하지 않는 경우 수급사업자가 계약이행을 보증하지 않을 수 있는 권리를 말한다.

부당특약 예시

① 발주자인 동시에 원사업자에 해당하는 경우 하도급법 제14조에 따라 하도급대금을 직접 지급하는 것으로서 원사업자는 공사대금 지급보증이 면제되고, 수급사업자는 계약이행을 보증해야 한다는 약정

② 발주자가 원사업자 명의의 계좌를 거치는 하도급대금지급관리시스템을 이용하여 대금을 지급하는 경우, 원사업자는 공사대금 지급보증이 면제되고, 수급사업자는 계약이행을 보증해야 한다는 약정

③ 원사업자가 하도급대금지급보증서를 미리 교부하지 않았음에도 수급사업자의 계약이행보증서 제출기한을 특정하여 이행보증을 요구하는 약정

---

(3) 부당특약의 유형 제1호 다목[수급사업자가 법 제19조 각 호의 어느 하나에 해당하는 행위를 하는 것을 제한하는 약정]의 판단기준

(가) "법 제19조 각 호의 어느 하나에 해당하는 행위"라 함은 원사업자의 하도급법 위반 행위를 관계기관에 신고하거나, 관계기관에서 요구한 자료를 제출하는 등 조사에 협조하는 행위 등을 말한다.

부당특약 예시

① 법 제19조 각 호의 어느 하나에 해당하는 행위로 원사업자에게 업무방해 및 명예훼손 등 불이 익을 초래한 경우 계약의 전부 또는 일부를 해제 또는 해지할 수 있다는 약정
② 수급사업자가 관계기관에 신고하거나 조사에 협조할 경우 원사업자의 협력업체에서 배제시키 거나 수급사업자의 신용등급을 하향 조정한다는 약정
③ 수급사업자가 반복적으로 진행되어왔던 거래 관행에 대해 관계기관에 신고할 경우, 모든 민형 사상의 책임을 져야한다는 약정

나. 부당특약 고시 Ⅱ. 부당특약의 유형 제2호에 대한 판단기준

수급사업자의 기술자료 등에 대한 권리를 제한하는 경우

(1) 부당특약의 유형 제2호 가목[수급사업자가 하도급거래를 준비하거나, 수행하는 과정 에서 취득한 정보, 자료, 물건 등의 소유, 사용 등의 권리를 원사업자에게 귀속시키 는 약정. 다만, 원사업자가 수급사업자의 취득 과정에 소요되는 제반비용의 상당한 부분을 부담하거나, 동종 또는 유사한 것에 대해 동일 또는 근접한 시기에 정상적인 거래관계에서 일반적으로 지급되는 대가를 지급하기로 하는 등 정당한 사유가 있는 경우는 제외한다.]의 판단기준

    (가) "일반적으로 지급되는 대가"는 원사업자와 수급사업자가 서로 동등한 입장에 서 충분한 협의를 거쳐, 정상적인 거래관행에 비추어 일반적으로 지급되는 대 가인지 여부를 고려하여 판단하고, 신규 기술과 같이 동종 또는 유사한 것이 존재하지 아니하거나 그것을 알 수 없는 경우에는 공신력 있는 평가전문기관의 가치평가에 따라 산출한 대가를 기준으로 판단한다.

    (나) "정당한 사유"에 해당되는지 여부는 원사업자가 소유권을 주장할 만한 객관적 이고 합리적인 근거가 있는지 여부 등을 종합적으로 고려하여 판단한다.

    (다) 부당특약의 유형 제2호 가목의 위법성은 수급사업자가 하도급거래를 준비, 수 행하는 과정에서 취득한 정보, 자료, 물건 등이 원칙적으로 수급사업자에게 귀 속되는지 여부(이 때 원사업자가 제공한 정보, 자료 물건 등은 제외한다), 정보 등에 대한 권리귀속관계, 제공 및 활용 범위 등을 사전에 공정하게 협의하였는 지 여부, 원사업자가 소유권을 주장할 만큼 정당한 대가를 지급하였는지 여부 등을 종합적으로 고려하여 판단한다.

① 수급사업자가 제조 등의 위탁을 수행하는 과정에서 취득한 지식재산권, 노하우 등의 소유권은 모두 원사업자에게 귀속된다는 약정(단, 취득한 지식재산권 등의 개발을 본래 목적으로 하는 연구개발 위탁 등은 제외)
② 수급사업자가 원사업자로부터 목적물 설계를 위해 별도의 연구개발비 등이 아닌 단순 노무비를 지급받은 경우에도 원사업자에게 설계도면 등에 대한 소유권이 있다는 약정
③ 원사업자의 위탁사양 등에 대한 정보를 담은 자료(예. 승인도) 등에 대해 원사업자에게 지속적으로 확인·점검을 받은 경우에는 공동의 결과물로 간주하여 원사업자에게도 소유권이 있다는 약정

(2) 부당특약의 유형 제2호 나목[하도급거래를 준비하거나, 수행하는 과정에서 취득하는 상대방의 정보, 자료 등에 대한 비밀준수의무를 수급사업자에게만 부담시키는 약정. 다만, 수급사업자만 정보, 자료 등을 취득하는 경우는 제외한다.]의 판단기준

(가) "비밀준수의무"라 함은 정보, 자료 등에 대해 비밀이라고 인식될 수 있는 표시·고지하는 행위, 자료에 접근할 수 있는 대상자나 접근방법을 제한하는 행위, 자료에 접근한 자에게 비밀유지의 의무를 부과하는 행위 등을 모두 포함하는 것을 말한다.

(나) "수급사업자만 정보, 자료 등을 취득하는 경우"라 함은 수급사업자가 하도급거래를 준비하거나 수행하기 위해 원사업자의 정보, 자료 등을 원사업자로부터 제공받는 반면, 원사업자에게 수급사업자 자신의 정보, 자료 등은 제공하지 않는 경우를 말한다.

① 수급사업자가 원사업자에게 서면 등을 통해 정보, 자료 등에 대해 비밀 준수를 하도록 요청할 수 없다는 약정
② 원사업자와 수급사업자 간 체결한 비밀유지계약서에서 원사업자에게만 계약내용에 따르지 않을 수 있는 예외 사유(예. 업무상 필요)를 두어 사실상 수급사업자에게만 비밀준수의무가 부과되는 약정

다. 부당특약 고시 Ⅱ. 부당특약의 유형 제3호에 대한 판단기준

수급사업자의 의무를 법이 정한 기준보다 높게 설정하는 경우

(1) 부당특약의 유형 제3호 가목[정당한 사유 없이 법 제13조의2에 규정된 계약이행 보증 금액의 비율을 높이거나, 수급사업자의 계약이행 보증기관 선택을 제한하는 약정]의 판단기준

(가) "정당한 사유"에 해당되는지 여부는 목적물의 특성과 그 시장상황, 수급사업자의 귀책사유 존부, 보증 기관의 재무상태, 보증 영역, 불공정 약관 여부, 수급사업자의 추가 비용 발생 여부 등 제반 상황을 종합적으로 고려하여 판단한다.

부당특약 예시

① 특정 보증기관의 약관이 공정위 등 관계부처로부터 불공정약관 결정을 받았으나 시정되지 않은 상황에서 그 보증기관으로부터 보증서를 발급받는 것을 제한하는 경우

② 보증기관의 재무상태, 보증 영역 등을 고려할 때 수급사업자가 제출하고자 하는 보증기관이 해당 공사를 보증하는 것이 불가능하여 그 보증기관으로부터 보증서를 발급받는 것을 제한하는 경우

> (나) "법 제13조의2에 규정된 계약이행 보증 금액의 비율"이라 함은 계약금액의 100분의 10에 해당하는 금액을 말한다.

부당특약 예시

① 다른 보증기관에 비해 수급사업자에게 불리한 조건을 적용하고 있는 특정보증기관의 보증서를 발급받아야 한다는 약정

② 수급사업자에게 2개 이상의 보증기관으로부터 보증서를 발급받는 것을 요구하는 약정

> (2) 부당특약의 유형 제3호 나목[수급사업자가 법 제13조의2 규정에 준하여 계약이행을 보증하였음에도 수급사업자가 아닌 자로 하여금 계약책임, 불법행위책임에 대해 연대보증을 하도록 하는 약정]의 판단기준
>> (가) "계약책임"이라 함은 민법 제390조에 근거하여 원사업자와 수급사업자 간 계약관계를 전제로 수급사업자의 계약 위반 행위에 대한 책임을 말한다.
>> (나) "불법행위책임"이라 함은 민법 제750조에 근거하여 수급사업자가 계약관계 없는 불특정다수인 사이에서 발생 가능한 가해행위를 했을 경우, 그 가해행위에 대한 책임을 말한다.
>> (다) "연대보증"이라 함은 보증인이 주채무자와 함께 채무를 부담함으로써 주채무의 이행을 담보하는 보증 채무를 말한다.

부당특약 예시

① 수급사업자가 법인인 경우 법인의 실질지배자 등 제3자가 수급사업자의 모든 채무에 대하여 연대보증을 하여야 한다는 약정

② 고가 사급재의 멸실·훼손 등을 방지하기 위해 수급사업자 대표이사 개인의 연대보증을 요구하는 약정

> 라. 부당특약 고시 Ⅱ. 부당특약의 유형 제4호에 대한 판단기준

원사업자의 의무를 수급사업자에게 전가하는 경우

> (1) 부당특약의 유형 제4호 가목[법 제9조 제2항의 목적물등의 검사 비용을 수급사업자에게 부담시키는 약정]의 판단기준
>> (가) "검사 비용"이라 함은 수급사업자가 원사업자에게 납품 등을 한 목적물에 대한 최초 검사의 비용을 말한다. 단, 검사의 불합격에 따라 수급사업자가 목적물 등

을 보완한 이후 재검사를 실시한 경우의 검사비용은 제외한다.

(나) 부당특약의 유형 제4호 가목의 위법성은 하도급계약의 이행으로 납품한 목적물의 검사 비용을 원사업자가 원칙적으로 부담하도록 하였는지 여부와 특별한 사정이 있어 사회통념상 합리적인 범위 내에서 검사 비용 중 일부를 수급사업자에게 분담하였는지 여부를 기준으로 판단한다.

부당특약 예시

① 검사항목, 검사기관 등 납품한 제품의 검사방법을 미리 정하지 않고 검사에 소요되는 비용을 수급사업자에게 부담시키는 약정

② 수급사업자가 납품한 제품이 원사업자의 검사에 불합격하는 경우에는 수급사업자의 귀책사유 여부와 관계없이 검사에 소요된 모든 비용을 수급사업자가 부담해야 한다는 약정

③ 수급사업자가 납품한 제품이 원사업자의 검사에 합격하더라도, 발주자의 검사에 불합격하는 경우에는 원사업자의 검사에 소요된 모든 비용을 수급사업자가 부담해야 한다는 약정

④ 수급사업자의 귀책사유가 없음에도 검사에 필요한 비용과 검사를 하는 과정에서 발생하는 파손 등 손상에 관한 모든 비용을 수급사업자가 부담하여야 한다는 약정

---

(2) 부당특약의 유형 제4호 나목[법 제9조 제2항의 목적물등의 검사결과 통지에 대한 수급사업자의 이의제기를 제한하는 약정]의 판단기준

(가) "검사결과 통지"라 함은 원사업자가 수급사업자로부터 목적물 등을 수령한 날(제조위탁의 경우에는 기성부분을 통지받은 날, 건설위탁의 경우에는 준공 또는 기성부분을 통지받은 날)부터 10일 이내에 검사 결과를 수급사업자에게 통지하는 것을 말한다.

부당특약 예시

① 목적물에 대한 검사결과, 원사업자로부터 불합격 통지서를 받더라도 일체 이의를 제기하지 않기로 한다는 약정

② 수급사업자와 협의하여 원사업자가 제3자에게 검사를 의뢰한 경우에는 검사결과에 대해 일체 이의제기를 할 수 없다는 약정

③ 검사결과에 대한 이의제기하는 경우 재검사 비용은 수급사업자가 모두 부담하여야 한다는 약정

---

(3) 부당특약의 유형 제4호 다목[원사업자가 부담하여야 할 안전조치, 보건조치 등 산업재해예방 비용을 수급사업자에게 부담시키는 약정]의 판단기준

(가) "안전조치"라 함은 제조 등의 위탁과 관련하여 수급사업자 소속 근로자가 업무와 관계되는 작업을 수행하는 과정에서 발생할 수 있는 발화·추락·충돌 등 인재 또는 천재지변으로 인한 위험을 예방하기 위해 필요한 조치를 말한다.

(나) "보건조치"라 함은 제조 등의 위탁과 관련하여 수급사업자 소속 근로자가 업무와 관계되는 작업을 수행하는 과정에서 사망, 부상, 질병 등 건강장해를 입는 것을 예방하기 위해 필요한 조치를 말한다.

> 부당특약 예시
>
> ① 수급사업자가 현장을 관리하는 경우 작업을 수행하는 과정에서 발생할 수 있는 안전위해요소의 제거에 관한 모든 비용을 수급사업자의 부담으로 한다는 약정
>
> ② 원사업자의 다른 수급사업자와 공통적으로 필요한 안전·보건조치 외에 수급사업자 소속 근로자가 사용하는 안전장비 또는 수급사업자의 단독 공정에 사용되는 안전장비 등에 관한 모든 비용은 수급사업자가 부담해야 한다는 약정

마. 부당특약 고시 II. 부당특약의 유형 제5호에 대한 판단기준

수급사업자의 계약상 책임을 가중하는 경우

(1) 부당특약의 유형 제5호 가목[계약내용에 대하여 구체적인 정함이 없거나 당사자 간 이견이 있을 경우 계약내용을 원사업자의 의사에 따라 정하도록 하는 약정]의 판단기준

 (가) "계약내용"이라 함은 원사업자와 하도급업체가 체결한 하도급계약서에 포함된 하도급대금과 그 지급방법, 하도급대금의 조정요건, 방법 및 절차 등 제조 등의 위탁과 관련한 제반 사항을 말한다.

 (나) 부당특약의 유형 제5호 가목의 위법성은 당해 업종의 통상적인 거래관행, 하도급거래 규모, 목적물 등의 특성 등을 고려할 때 원사업자가 계약내용을 정함에 있어 수급사업자와의 협의를 거쳤는지 여부와 계약내용이 공정성과 타당성을 결여하여 수급사업자에게 부담이 되는지 여부를 기준으로 판단한다.

> 부당특약 예시
>
> ① 하도급계약서에 기재되지 아니한 사항은 원사업자의 규정 또는 지침에 따라 정한다는 약정 (단, 원사업자의 특정 규정 및 지침이 계약 체결 시 또는 계약 이전에 교부된 경우는 제외)
>
> ② 계약내용에 대해 당사자 간 이견이 있을 경우 그 분쟁의 발생 원인이나 내용을 불문하고 원사업자의 결정에 따른다는 약정
>
> ③ 계약의 조문해석에 쌍방 협의가 이루어지지 않을 경우 원사업자의 유권해석에 따르기로 하는 약정

(2) 부당특약의 유형 제5호 나목[수급사업자에게 발주자와 원사업자 간 계약 조건이 제공되지 않은 상황에서 이를 원사업자와 수급사업자 간 계약에 적용하기로 하는 약정]의 판단기준

 (가) "발주자와 원사업자 간 계약 조건"이라 함은 발주자가 제조·수리·시공 또는 용역수행을 도급하기 위하여 원사업자와 체결한 계약서에 포함된 위탁내용과 대금지급조건 등 위탁과 관련한 제반 사항을 말한다.

 (나) "원사업자와 수급사업자 간 계약"이라 함은 원사업자가 제조·수리·시공 또는 용역수행을 하도급하기 위하여 수급사업자와 체결한 계약을 말한다.

 (다) 부당특약의 유형 제5호 나목의 위법성은 발주자와 원사업자 간 계약 조건을 수급사업자의 노력만으로 알 수 없는 상황에서 위 계약 조건에 수급사업자의 이

익 또는 의무사항이 귀속되어 있어 수급사업자에게 불합리한 책임을 부담시켰
는지 여부를 기준으로 판단한다.

부당특약 예시

① 계약보증금, 하자보증기간 등에 대한 구체적인 수치를 명시하지 않고, 발주처와 원사업자 간
계약조건과 동일조건으로 한다는 약정
② 원사업자와 수급사업자의 계약조건에 대해 이견이 있을 경우 발주처와 원사업자의 계약조건을
그대로 적용한다는 약정

---

   (3) 부당특약의 유형 제5호 다목[원사업자의 손해배상책임을 관계법령, 표준하도급계약
      서 등의 기준에 비해 과도하게 경감하거나, 수급사업자의 손해배상책임, 하자담보책
      임을 과도하게 가중하여 정한 약정]의 판단기준

     (가) 부당특약의 유형 제5호 다목의 위법성은 목적물 등의 특성, 원사업자와 수급사
        업자의 거래상 지위, 거래규모, 거래의존도, 거래기간, 해당 업종의 통상적인
        거래 관행 등을 종합적으로 고려할 때, 객관적이고 합리적인 사유 없이 관계법
        령, 표준하도급계약서 등의 기준에 비해 손해배상책임, 하자담보책임에 대해
        수급사업자에게 불리한 내용이 설정되었는지 여부 등을 기준으로 판단한다.

부당특약 예시

① 수급사업자의 책임 있는 사유로 원사업자에게 손실이 발생할 경우에 표준하도급계약서상 손실
범위를 초과하여 계약이행보증금(계약금액의 10%) 전액이 원사업자에게 귀속된다는 약정
② 계약이행보증 이외에 수급사업자의 채무불이행(예, 노무, 자재, 장비)에 대비하여 추가 지급
(이행)보증 또는 현금예치를 요구하는 약정
③ 하자담보책임에 대한 기산점을 수급사업자의 위탁종료일이 아닌 원사업자의 위탁종료일로 한
다는 약정

---

   (4) 부당특약의 유형 제5호 라목[원사업자가 수급사업자에게 제공한 자재, 장비, 시설
      등(이하 "자재등"이라 한다)이 수급사업자의 책임없는 사유로 멸실, 훼손된 경우에
      도 수급사업자에게 자재등에 대한 책임을 부담시키는 약정]의 판단기준

     (가) "수급사업자의 책임 없는 사유"라 함은 원사업자가 수급사업자에게 제공한 자
        재 등이 멸실, 훼손된 사정이 원사업자나 외부환경의 변화에 있고, 수급사업자
        에게는 귀책사유가 없음을 말한다.

     (나) 부당특약의 유형 제5호 라목의 위법성은 수급사업자가 자재 등을 계약상 용도
        에 맞게 사용하였는지 여부, 제3자에게 사용수익하게 하였는지 여부, 수급사업
        자의 소유의 자산과 명확히 구분하여 관리하였는지 여부 등 수급사업자의 선량
        한 관리자의 주의 의무 준수 여부와 자재 등의 멸실, 훼손에 대한 원사업자의
        귀책사유와 수급사업자에게 불가항력적인 사유의 존부 등을 기준으로 판단한
        다.

부당특약 예시

① 원사업자가 지급한 자재 등이 멸실 또는 훼손되는 경우 수급사업자의 책임 여부와 관계없이 수급사업자가 변상해야 한다는 약정

② 천재지변 등 위탁시점에서 원사업자와 수급사업자가 모두 예측할 수 없는 사유로 자재 등이 멸실 또는 훼손된 경우에도 수급사업자가 전적으로 변상해야 한다는 약정

---

    (5) 부당특약의 유형 제5호 마목[계약 해제·해지의 사유를 원사업자의 경우 관계법령, 표준하도급계약서 등의 기준에 비해 과도하게 넓게 정하거나, 수급사업자의 경우 과도하게 좁게 정하는 약정]의 판단기준

        (가) 부당특약의 유형 제5호 마목의 위법성은 제5호 다목과 마찬가지로 목적물 등의 특성, 원사업자와 수급사업자의 거래 상황, 해당 업종의 통상적인 거래 관행 등을 종합적으로 고려할 때, 계약 해제·해지의 사유가 객관적이고 합리적인 사유 없이 관계법령, 표준하도급계약서 등의 기준에 비해 수급사업자에게 불리한 내용이 설정되었는지 여부를 기준으로 판단한다.

부당특약 예시

① 약정 기한보다 지연될 경우 원사업자는 계약해지를 요청할 수 있으며, 수급사업자는 이의 없이 수용해야 한다는 약정

② 수급사업자는 계약을 체결한 후 물가상승, 납품조건 및 도면내용에 대한 견적누락 등을 이유로 계약변경 및 해제를 요구할 수 없다는 약정

③ 수급사업자가 원사업자로부터 발주서, 작업지시서 등 서면을 전달받은 이후에는 어떠한 사유로도 계약을 해지할 수 없도록 제한하는 약정

④ 원사업자가 부도 등으로 발주자와의 계약을 이행할 수 없는 경우에는 하도급계약과 관련한 수급사업자의 권리 일체 또한 즉시 포기하여야 한다는 약정

---

    (6) 부당특약의 유형 제5호 바목[원사업자가 수급사업자에게 제공한 자재 등의 인도지연, 수량부족, 성능미달 등 수급사업자의 책임없는 사유에 의해 추가로 발생한 비용, 지체책임을 수급사업자에게 부담시키는 약정]의 판단기준

        (가) "수급사업자의 책임 없는 사유"라 함은 추가 비용, 지체책임 등이 발생하게 된 사정이 원사업자나 외부환경의 변화에 있고, 수급사업자에게는 귀책사유가 없음을 말한다.

        (나) 부당특약의 유형 제5호 바목의 위법성은 수급사업자가 자재 등을 수령한 후 신속하게 검사하여 품질, 수량 등을 확인하는 등 선량한 관리자의 주의 의무 준수 여부와 인도지연, 수량부족, 성능미달 등에 대한 원사업자의 귀책사유와 수급사업자에게 불가항력적인 사유의 존부 등을 기준으로 판단한다.

부당특약 예시

① 원사업자가 공급한 자재 등이 불량으로 판정되더라도 납기일은 반드시 준수해야 한다는 약정

② 공급받은 자재 등의 수량이 부족하여 수급사업자가 원사업자에게 추가 공급을 요청하더라도 운반·보관비용, 지체상금 등은 별도로 수급사업자가 부담해야 한다는 약정

③ 납기지연일자를 산정함에 있어 분할할 수 있는 기성부분 또는 목적물 수령거부지연 등 원사업자의 귀책사유가 있는 부분이 있음에도 불구하고 이를 고려하지 않고 손해배상액, 지체상금 등을 산정하도록 하는 약정

Ⅵ. 유효기간

이 지침은 「훈령·예규 등의 발령 및 관리에 관한 규정」(대통령훈령 제394호)에 따라 이 지침을 발령한 후의 법령이나 현실여건의 변화 등을 검토하여야 하는 2022년 12월 31일까지 효력을 가진다.

부　칙〈제336호, 2019. 12. 31.〉

제1조(시행일) 이 지침은 2020년 1월 1일부터 시행한다.

제2조(종전 예규의 폐지) 종전 「부당특약 심사지침」은 이를 폐지한다.

44 부당특약 관련 심결과 판례

하도급거래관계에서 수급사업자의 이익을 부당하게 침해하거나 제한하는 계약조건을 부당특약이라 하지만 실무에서 부당특약인지 구별하기가 쉽지 않다. 그래서 지금까지 법원 판결이나 공정거래위원회 심결례에서 인정된 대표적 사례를 소개한다.

가. 부당특약에 해당한다는 사례

① 원사업자가 하도급계약 체결시점에 수급사업자로부터 각 서류의 일자, 계약금액, 타절금액, 공사금액 등 주요내용을 공란으로 비워둔 공사포기각서, 타절정산 요청서 및 합의서, 공사비 지불동의서, 하자보수보증금 유보동의서 등 하도급계약서의 부속서류로 받아 두는 행위는, 원사업자가 언제든지 공사를 중단시킬 수 있고 정산금액을 임의로 설정할 수 있게 되므로 부당특약에 해당한다(공정위 2016. 3. 10. 의결 2015광사3202).

② 하도급계약서에 "수급사업자는 공법의 사소한 변경 또는 설계도서에 명시되지 아니한 것이라도 공종상 필요한 경미한 공사에 대하여는 계약금액의 범위 내에서 시공한다"고 규정한 것은 공법 변경이나 그에 따른 물량 증가에 대한 추가비용을 원사업자에게 청구하지 못하게 하는 부당특약에 해당한다(공정위 2017. 4. 4. 의결 2016건하0875). 유사한 판결로 제조위탁계약서에서 '총 계약금액의 ± 3% 이내의 수정공사 및 추가공사는 본 계약에 포함된다'는 특약은 ± 3% 범위의 수정·추가공사에 따른 추가비용이라 하더라도 수급사업자 귀책없이 부담시킬 수 없기 때문에 부당특약이다(공정위 2019. 8. 19. 의결 2018건하2570, 2571).

③ "수급사업자는 소속 근로자가 작업 진행중 자신의 고의 또는 부주의, 보호구의 미착용, 안전조치 미비 기타 안전수칙 불이행 등으로 소속 근로자나 제3자에게 인적, 물적, 재해를 초래케 한 경우 수급사업자는 이에 대한 모든 민형사상 책임을 진다"는 특약은, 사실상 공사 중 안전사고 발생시 업체소장이 사고 후 36시간 이내에 현장안전관리자 등에게 보고하지 않을 경우 산업재해보상보험의 적용을 받을 수 없도록

하는 것으로, 산업재해보상보험법상 수급사업자의 권리와 원사업자의 책임을 지나 치게 제한하는 것으로 하도급법 제3조의4 제2항 제4호 및 시행령 제7조의2 제1호 나목 내지 다목을 위반한 부당특약에 해당한다(공정위 2018. 5. 20. 의결 2018건하0943).

④ "작업 중 발생한 폐기물 처리는 수급사업자의 부담으로 처리하며 부득이한 경우 원 사업자에서 처리한 후 기성에서 공제한다"는 조항은, 원사업자가 폐기물관리법에 따른 사업장 폐기물 배출신고, 폐기물 배출 및 처리 등의 폐기물 처리 의무를 부담 함으로 해당장소에서 배출한 폐기물 처리에 대해 전부 또는 일부 책임이 있다고 봄 이 타당하므로, 책임범위, 비율 등에 대한 구체적인 고려 없이 공사현장에서 발생한 모든 폐기물에 대한 비용 전체를 수급사업자에게 부담시키는 것은 부당특약이다(공 정위 2018. 8. 6. 의결 2017전사2118). 공사 중 발생되는 모든 민원에 대한 책임은 수급사 업자에게 있고 민원해결에 소요되는 모든 비용은 수급사업자가 부담한다는 조항은 부당특약이다(공정위 2017. 9. 5. 의결 2016서건0541). 또, 원사업자가 건설기술진흥법 제 56조 제1항에 따라 발주자로부터 품질관리에 필요한 비용을 계상받은 원사업자로 서 품질관리비를 부담할 의무가 있음에도 불구하고 이를 하도급대금에 반영하는 등 사정없이 수급사업자에게 시공 전후 검사 및 시험에 관계되는 일체의 서류, 측량기 구, 시험인력을 부담하도록 하는 특약은, 하도급법 시행령 제6조의2 제1항 가목 위 반의 부당특약이다(공정위 2018. 3. 6. 의결 2018건하2021).

⑤ 계약서에 "계약금액은 계약체결 이전에 단가상승을 감안한 조건으로 인정하여 물가 변동으로 인한 계약금 조정은 없는 것으로 한다"고 규정하는 것은 하도급법상 설계 변동, 원재료 및 물가변경 등에 따른 하도급대금 조정신청을 하지 못하게 하는 부당 특약에 해당한다(공정위 2014. 4. 4. 의결 2016건하0875).

⑨ 한편, 부당특약은 계약내용으로 하는 순간 성립하는 것이고 그것이 실제 발동한 적 이 없다고 하여 정당화되지 않는다(공정위 2018. 4. 11. 의결 2016서건2713). 서울고등법 원은 '(수급사업자의 귀책으로) 발주자가 감액한 금액의 2배에 해당하는 금액을 수 급사업자의 하도급대금에서 무조건 상계하도록 한 조항은 설사 그 특약사항이 실제 실현된 적이 없고 실현가능성이 없다고 하더라도 부당특약에 해당한다'고 판시하였 다(서울고등법원 2016. 12. 21. 선고 2015누2040 판결).

⑩ 원사업자의 업무축소 등을 이유로 1개월 전의 서면통지로써 계약이 해지된다는 조 항, 원사업자의 특근 및 근무시간외 잔업 등의 요구에 대하여 특별한 사유가 없는 한 응하도록 하면서 이를 결근일과 상쇄할 수 없도록 하는 조항은 부당특약이다(공

정위 2017. 7. 11. 의결 2016건하2536).

⑪ 하도급법 하도급대금의 실공정의 80% 범위 내에서 기성 지급후 나머지 금액은 준공시 정산한다는 등의 기성금 유보조항은 수급사업자에게 유보된 기성금에 대한 예기치 않은 금융비용을 부담하게 할 수 있고 유동성 부족으로 임금체불이나 공정지체 등의 위험을 부담케 하므로 부당특약에 해당한다(공정위 2018. 6. 19. 의결 2016전사3644). 성능보증 유보금 명목으로 각 완성단계별로 기성대금의 15%를 단계별 확인서 발급 이후에 지급하는 계약조건을 설정하는 것은 하도급법 제13조가 보장하는 수급사업자의 대금지급청구권을 지나치게 제한하는 것으로 부당특약이다(공정위 2017. 4. 4. 의결 2016건하1189).

나. 부당특약에 해당하지 않는다는 사례

① "물량증감에 대하여 준공 후 실정산 처리하며, 설계변경 분은 발주자의 사전 승인을 득한 후 시행하며 발주자의 설계변경 확정분만 수급사업자와 실정산한다"는 규정은 부당특약에 해당하지 않는다. 위 계약조건은 설계변경의 경우 발주자의 사전승인을 득한 후 계약금액에 확정반영되어 변경분만 실정산하고 아울러 설계변경에 반영되지 않은 부분은 물량증감으로 준공후 실정산한다는 취지로 수급사업자에게 부당하게 불리하지 않기 때문이다(공정위 2018. 11. 6. 의결 2017서건1710 시정명령).

② "지급자재의 하차비용 및 현장 내 관리비용은 수급사업자가 부담하며 자재 분실시 모든 책임은 수급사업자에게 귀속된다"는 조항은 부당특약이라 볼 수 없다. 지급재료의 인도시기 및 장소에 관련된 내용은 하도급계약서 일반조건에 포함되어 있어 현장설명서에서 지급자재의 하차비용 및 현장 내 관리비용을 수급사업자에게 부담시키는 조항이 있다 하더라도 이를 서면에 기재되지 않은 사항이라 하기 어렵고, 이 사건 현장설명서에 그에 대한 비용을 견적사항에 포함시키고 있고 수급사업자로서는 견적 당시 그에 대한 대략적인 비용을 예측할 수 있었을 것이므로 그 해당비용이 하도급대금에 반영되었을 것으로 추정되기 때문이다(공정위 2018. 4. 11. 의결 2016서건2713 시정명령).

③ "각종 폐기물 처리는 적법한 절차에 의하여 수급사업자가 책임지고 처리하며 처리비용은 견적에 포함한다"는 규정은 부당특약으로 볼 수 없다. 원사업자는 폐기물관리법에 따른 사업장폐기물배출자로서 동법 제17조 제1항에 따라 폐기물 처리의무

를 부담하지만 공사현장에서 수급사업자에 의하여 발생하는 사업장폐기물 처리를 해당 수급사업자에게 위탁하면서 그 소요비용을 하도급대금에 반영하도록 하였다면, 이를 두고 원사업자가 부담해야 할 폐기물처리비용을 수급사업자에게 전가시켰다고 보기 어렵기 때문이다. 특히 현장설명서에서 이에 대한 사항을 기재해 두고 견적에 포함시키도록 하였고 수급사업자가 견적 당시 폐기물처리비용을 예측할 수 있었을 것이라 보여지기 때문이다(공정위 2018. 4. 11. 의결 2016서건2713 시정명령).

④ "수급사업자의 책임 하에 시공에 참여하게 한 자에 대해 노사분규가 발생하였을 경우 수급사업자가 전적으로 책임지고 해결하고, 이로 인해 원사업자가 제3자의 피해가 있을 경우 수급사업자가 전액 배상한다"는 규정은 부당특약에 해당하지 않는다(공정위 2017. 4. 4. 의결 2016건하0875 시정명령, 과징금).

다. 질의회신 사례

질의 회신 사례[246]

[질의] 2014년 3월에 하도급계약한 "○○철도 건설공사 중 터널공사와 관련하여 원사업자는 당초 도급계약 내역에 없던 외부 사토 운반에 대한 상차비를 발주자로부터 설계 변경을 통하여 반영받았으나, 원사업자는 현장설명회(2014년 2월 14일) 및 하도급계약 특수조건에 외부 사토 운반에 소요되는 비용(상·하차 후 사토 또는 유용 등)을 포함하여 견적해야 한다"고 명시되어 있음을 이유로 설계 변경을 통한 상차비 반영을 거절하고 있는 경우의 법 위반 여부는 어떠한가?

[회신] 하도급법 제16조(설계 변경 등에 따른 하도급대금의 조정)는 강행 규정으로서 당사자간의 약정이나 특약에 의하여 동 조항의 적용을 배제할 수는 없으므로 원사업자가 설계 변경 등을 통하여 하도급대금이 증액된 경우는 그 내용과 비율에 따라 하도급대금을 증액함이 타당하다고 판단되며 만약 그러하지 않을 경우 하도급법에 위반될 소지가 있다. 또한, 원사업자가 당초 입찰 내역에도 없는 상차비를 견적에 포함하도록 하는 행위는 법 제3조의4(부당한 특약의 금지)에 위반될 소지가 있다.

---

246) 법무법인 화우, 앞의 책, 108면

45

해외에서 발주된 공사를 수주한 국내 건설회사가 국내 건설회사에게 해외 공사 하도급을 주면서, 발주자와의 계약조건상 기성금의 상당부분(약 20%)를 계약이행보증을 위해 유보하기로 하는 조항이 있다는 이유로 수급사업자와의 하도급계약에서 동일한 기성금 유보조항을 둔 것이 부당특약인지 여부

A 해외에서 이루어진 건설공사라 하더라도 국내 업체들 간의 하도급거래는 우리 하도급법의 적용대상이 된다. 기성금의 상당 부분을 계약이행보증을 위한 담보로 유보시킬 경우 수급사업자는 공사대금 충당이 어려워질 수 있고 심지어 자신의 자금으로 부족한 공사대금을 충당하여야 하기 때문에 유동성 문제가 발생할 수 있기 때문에, 이러한 조항은 부당특약에 해당한다.

해 설

해외에서 발주되어 해외에서 건설이 이루어지더라도 우리나라 건설회사들 간에 이루어진 건설위탁은 하도급법 적용대상이다. 따라서 부당특약에 대한 하도급법 제3조의4가 적용된다.

계약이행의 보증을 위하여는 계약이행보증보험을 징구할 수도 있고 또 검수가 끝나기 전의 잔금지급을 하지 않을 수도 있다. 그런데 매 기성금 지급시기마다 특별한 이유 없이 상당 부분을 계약이행보증 등의 명목으로 유보하고 지급하지 않게 되면, 수급사업자는 자신의 비용으로 공사를 수행하고 이에 대한 기성금을 제때 받지 못하여 유동성 부족을 겪게 되고 기성률이 높아질수록 그 유동성 부족은 심화될 수밖에 없다. 특히 원사업자가 하도급법 제13조의2에 규정된 계약이행보증금 비율인 10%를 초과하여 계약이행보증금을 요구하는 것은 부당특약고시 II. 3. 가.의 "법 제13조의2에 규정된 계약이행 보증 금액의 비율을 높이거나, 수급사업자의 계약이행 보증기관 선택을 제한하는 약정"의 수급사업자에게 부당하게 불리한 조항으로 부당특약에 해당한다(부당특약심사지침 III. 4. 다.).

공정거래위원회 역시 '하도급법 하도급대금의 실공정의 80% 범위 내에서 기성 지급후

나머지 금액은 준공시 정산한다는 등의 기성금 유보조항은 수급사업자에게 유보된 기성금에 대한 예기치 않은 금융비용을 부담하게 할 수 있고 유동성 부족으로 임금체불이나 공정지체 등의 위험을 부담케 하므로 부당특약에 해당한다'고 판단하였고(공정위 2018. 6. 19. 의결 2016전사3644), 또, '성능보증 유보금 명목으로 각 완성단계별로 기성대금의 15%를 단계별 확인서 발급 이후에 지급하는 계약조건을 설정하는 것은 하도급법 제13조가 보장하는 수급사업자의 대금지급청구권을 지나치게 제한하는 것으로 부당특약이다'고 판단하였다(공정위 2017. 4. 4. 의결 2016건하1189).

한편, 원사업자로서는 발주자와의 계약에 있는 계약이행을 위한 유보금 조항을 하도급계약에 그대로 적용한 것이므로 부당하지 않다고 주장할지 모르지만, 이와 같은 'back to back' 항변은 하도급법상 부당성을 조각하지 못한다.

부당특약에 따라 유보된 금액에 대하여는 하도급법상으로 지급되어야 하는 것이기 때문에 이를 지급하지 않은 원사업자는 하도급법 제13조에 따른 하도급지급의무 위반이고 그래서 추가로 15.5%의 지연이자까지 가산해서 지급해야 한다.

46

다양한 검수방법에 대한 하도급법 이슈

A 원사업자와 수급사업자 간에 샘플검사 또는 무검사를 이유로 10일이 경과하더라도 반품할 수 있다는 뜻과 함께 반품에 대한 구체적인 사항이 합의되고 반품사유가 수급사업자 귀책에 의한 것이라면 '정당한 사유'가 있는 것으로 보아 하도급법상 10일 내 검사의무 위반이 볼 수 없다. Vendor Managed Inventory 방식에서 하도급법상 목적물 수령일은 원칙적으로 VMI 창고에 물품이 실제 입고되는 날로 보아야 하며 이를 기준으로 검사, 대금지급 등 하도급법상 의무가 이행되어야 하므로, 목적물 출고일을 기준으로 하도급대금을 지급하는 것은 위법하다. 대규모 건설공사나 시스템 통합 용역 등 복잡·다양한 기술적 검사 및 장기간의 검사가 불가피하게 요구되는 경우에는 다른 부분과 함께 통합검사를 실시하는 것이 정당한 것으로 인정될 수 있다.

해설

가. 샘플검사 또는 무검사 인수에서의 반품 및 VMI(Vendor Managed Inventory ; 사용량에 따른 지불방식을 내용으로 하는 계약)의 하도급법 위반 여부

대량생산체제에서는 원사업자는 납품되는 부품을 전수 조사할 수 없어 일부에 대하여만 샘플조사하거나, 또는 수급사업자의 생산라인이 일정한 요건을 충족하는 때에는 아예 검사를 수급사업자에게 위임하는 무검사시스템을 취하는 경우가 있다. 이때에도 목적물을 수령한 날로부터 10일이 경과하면 불량품이 발견되더라도 반품할 수 없는지 문제된다.

납품완료 후 제품에 하자가 있는 경우 그 위험은 원사업자가 부담하는 것이 원칙이다. 이에 대하여 원사업자와 수급사업자 간에 샘플검사 또는 무검사를 이유로 10일이 경과하더라도 반품할 수 있다는 뜻과 함께 반품이 가능한 시기, 반품 사유 및 사후에 불량품이 발견되었을 경우 보상방법 등 처리기준에 대하여 서면합의가 되어 있고, 반품사유가 수급사업자의 과실임이 입증된다면 '정당한 사유'가 있는 것으로 보아 예외적으로 반품이 허용된다고 보아야 한다.

공정거래위원회는 위탁상품(완제품)을 포장이 완료된 상태로 인수하는 관계로 인수시

하자를 완벽하게 검수하기란 현실적으로 불가능하여 원사업자와 수급사업자가 납품 후 발견되는 불량을 1개월 단위로 취합·서면통보하기로 약정한 경우 그 약정의 유효성과 관련하여, 위탁상품의 검사결과는 정당한 사유가 없을 경우 원칙적으로 10일 이내에 수급사업자에게 통보하여야 하며, 이 기간 내에 통보하지 않으면 검사에 합격한 것으로 보아야 하고, 다만 목적물 인수시 검사가 불가능하다면 일단 합격한 것으로 보되, 판매단계에서 발견되는 불량품에 대해서는 양 당사자가 객관적이고 공정·타당한 해결방법을 저해 약정할 수 있다고 보고 있다.[247]

VMI(Vendor Managed Inventory)란 물류관련비용 절감을 위하여 수급사업자에게 물품을 납품해야 하는 장소를 지정하고 이를 수급사업자에게 임대·관리하게 함과 동시에, 납품된 물품의 보관장소로부터 원사업자가 실제로 물품을 인출하는 시점을 목적물 수령일로 계산하는 사용량 지불방식의 재고관리 시스템이다.

원사업자가 물품을 실제 사용하는 시점을 수령일로 봄으로써 원사업자 입장에서 하도급대금 지급기일을 최대한 늦추고 재고부담도 줄일 수 있지만, 수급사업자 입장에서는 사실상 납품한 물품이 언제 반품될지도 모르고 하도급대금 수령일이 늦어지는 등 불리한 입장에 놓이게 된다.

생각건대, 하도급법에서 원사업자의 목적물 수령 의무에 대해 엄격하게 규정하고 있는 것은 수급사업자가 물품을 제조하여 제때 납품하지 못하는 경우 그에 따른 제조경비, 보관비용 등 관련 제비용을 적기에 회수할 수 없기 때문이다. 더욱이 원사업자가 지정한 장소는 대부분 원사업자의 생산현장 인근에 있고 원사업자의 소유이므로, VMI는 원사업자의 물류관련비용의 절감을 위한 목적인 경우가 많다. 수급사업자의 편의나 이익을 위한 제도가 아니다.

이런 점들을 종합해 볼 때 하도급법상 목적물 수령일은 원칙적으로 VMI 창고에 물품이 실제 입고되는 날로 보아야 하며 이를 기준으로 검사, 대금지급 등 하도급법상 의무가 이행되어야 한다. 이 때문에, 원사업자가 목적물을 출고해서 사용하는 시점을 목적물 수령일로 보고 대금지급기일 등을 정하는 VMI는 특별한 사정이 없는 한 하도급법위반의 가능성이 높다.

나. 다른 수급사업자들의 제공물과의 통합검수를 이유로 검수가 늦어진 경우

원사업자는 여러 명의 수급사업자에게 시스템 개발 및 구축 등의 용역을 위탁하였는데,

---

247) 윤성철·정혁진·김명식, 하도급분쟁관계법, 도서출판 법과 교육(2018), 152면

목적물을 납품받았음에도 불구하고 검사 결과를 통지하지 않고, "개별 모듈은 단독 실행(구동)이 어렵고, 전체 시스템이 완성되어야 개별 모듈의 실행 및 다른 모듈과의 연동 여부를 검사할 수 있다"고 주장한다는 경우가 있다.

정당한 사유가 있는 경우에는 하도급법에서 정한 검사결과 통지기간(10일)의 예외가 인정된다(하도급법 제9조 제2항). 정당한 사유가 있는지 여부는 그 용역의 성격상 검수가 늦어질 수 있는 사정에 해당하는지를 기준으로 구체적인 사안에서 개별적으로 판단하게 된다. 예를 들어, 일일 평균 검사물량의 과다, 발주처에의 납기 준수 등과 같은 통상적인 사유로는 정당한 사유가 인정되지 아니하며, 거대한 건설공사(댐, 교량공사, 대단위 플랜트 공사 등), 시스템 통합 용역 등 복잡·다양한 기술적 검사가 필요하여 장기간의 검사가 불가피하게 요구되는 경우에나 정당한 사유가 인정될 수 있다[공정화지침 III. 8 - 1. 나. (2)].

다른 수급사업자들의 제공물과의 통합검수로 검수가 지연되는 것이 정당한 사유에 해당하는지 역시 구체적인 사안에서 개별적으로 판단할 수밖에 없다. 통합검사가 불가피하게 요구되고 정당하는 점에 대해서는 엄격한 입증책임을 요하며, 단순히 원사업자의 편의를 위한 목적일 경우에는 인정되지 않는다. 시스템통합용역 등에 있어서 실질적 검사가 이루어지기 위해서는, 타 수급사업자들의 작업부분 등과의 통합검수가 필요한 경우에는 정당한 사유가 인정될 수 있을 것이나, 특별히 통합검수가 필요하지 않은 때에는 인정되지 않을 것이다. 또 발주자가 전체 시스템이 완성되었을 때 검수한다는 이유로 원사업자가 수급사업자에 대한 검수를 미루는 것은 정당한 사유가 되지 못한다.

관련하여 공정거래위원회는 막연히 개별 모듈의 통합과정에서 하자가 발견될 가능성을 이유로 검사를 지연하고 하도급대금의 지급을 지연하는 것은 정당한 사유에 의한 것이라고 볼 수 없다고 판단했다. 즉 수급사업자들이 완성한 여러 개별 모듈(또는 시스템)의 연계 및 연동 과정에서 발생하는 문제에 대한 1차적 책임은 개별 모듈 개발을 담당한 수급사업자에게 있기보다는 시스템 통합 사업자인 원사업자에게 있으므로 목적물의 납품이 있으면 즉시 검사 후 수령하여야 하고, 만약 목적물을 수령한 후 통합하는 과정에서 개별 모듈의 하자가 발견되는 경우 당해 모듈을 작성한 수급사업자에게 하자보증책임을 물어야 해결할 수 있다고 보았다(공정위 2014. 5. 9. 의결 2013건하2004 과징금).

47

하도급법상 검사의무 관련 심결 및 판례

(1) 목적물 등 수령후 30일 이내 검사결과를 통지하지 않은 경우 하도급대금 및 지연이자 미지급 성립

원사업자가 수급사업자로부터 목적물을 수령하고도 정당한 사유 없이 10일 이내에 수급사업자에게 서면으로 검사결과를 통지하지 아니한 경우에는 검사에 합격한 것으로 본다고 규정한 취지는 검사에 합격한 것으로 봄으로써 하도급법이 적용되는 범위 안에서는 그로 인한 대금채무도 발생한 것으로 본다는 의미라고 풀이함이 상당하므로, 이러한 경우에 원사업자가 수급사업자에게 그 대금을 하도급법이 정한 바에 따라 지급하지 아니하였다면, 달리 그 대금채무가 발생하지 아니하였음이 밝혀지지 않는 한 공정거래위원회는 하도급법 제25조 제1항에서 정하고 있는 시정명령과 제25조의3 제1항 제3호에서 정하고 있는 과징금 부과 등의 조치를 할 수 있다고 보아야 한다(대법원 2002. 11. 26. 선고 2001두 3099판결 : 불공정하도급거래행위에 대한 의결 및 재결처분취소).

(2) 목적물 등 수령후 60일 경과 후까지 아무런 의견도 없다가 하자 등을 이유로 대금 미지급시 하도급대금 미지급 해당

원사업자는 수급사업자로부터 목적물을 인수한 후 60일이 경과하였음에도 하도급 대금을 지급하지 아니하였다. 원사업자는 이 사건 정산합의 이후 옥상우레탄방수 등과 관련하여 하자가 발생하였고 그 원인이 그 수급사업자가 시방서와 다르게 시공한 것에 있는 바 하도급대금을 지급하지 아니할만한 정당한 사유가 인정된다고 주장한다.

살피건대, ① 원사업자가 시공 상태나 하자 여부 등에 대한 문제제기 없이 이 사건 목적물을 정상적으로 인수하였던 점, ② 목적물 인수 이후에도 수급사업자가 모든 지시사항, 시방서, 설계내역 등에 따라 정상적으로 시공하였다는 내용으로 정산합의하였던 점, ③ 설령 원사업자의 주장과 같이 수급사업자 시공내역에 하자가 일부 확인된다고 하더라도 원사업자에게 목적물 수령일로부터 10일 이내에 검사결과를 통지하도록 의무를 부여하고 동 기간 내에 통지하지 아니한 경우 검사에 합격한 것으로 규정한 법 제9조 제2항의 취지상 법정 검사기간 내에 하자 여부 등을 통지하지 아니하였다면 그 기간이 지남으로써 하도급대금도 확정적으로 발생하였다고 보아야 하는 바 이는 하자보증보험 또는 별도의 손해배상청구를 통해 해결해야 하는 점 등을 고려할 때, 원사업자의 주장은 이유 없다 (공정위 2019. 1. 2. 의결2018전사0362 시정명령).

(3) 목적물 수령후 10일 이후에 반품하면서 수급사업자가 이의를 제기하지 않았다 하여도 반품 동의로 해석해서는 안된다.

원사업자는 수급사업자에게 제조 위탁하였던 여성블라우스를 2011. 5. 30. 63장, 2012. 6. 4. 17장을 납품받은 후, 그 중 50장에 대하여 봉제불량 등 제품의 하자를 이유로 수급사업자에게 수선 후 납품하라는 취지로 회수하도록 하였다.

법 제9조 제2항은 위탁목적물을 수령한 날로부터 10일 이내에 서면으로 검사 결과를 통지하여야 할 의무를 원사업자에게 부과하고 있으며, 만약 원사업자가 통지 의무를 지키지 않은 경우 목적물을 합격으로 간주하도록 하고 있다. 따라서 원사업자는 위탁목적물을 수령한 후 검사결과에 대한 서면통지를 하지 아니하였으므로 법 제9조 제2항을 위반되며, 수급사업자가 납품한 여성블라우스 80장에 대해서는 법 제9조 제2항에 의해 합격으로 간주된다. 원사업자는 수급사업자가 위탁목적물의 반품과 원부자재 가격을 공제하는 것에 대해 아무런 이의를 제기하지 아니하였으므로 반품 처리 및 그 사유에 대해 수급사업자가 동의한 것으로 보아야 한다고 주장하나, 반품 등에 대하여 수급사업자가 이의를 제기하지 아니하였다는 것만으로 원사업자의 반품 결정에 동의하였다고 보기 어렵다(공정위 2013. 1. 21. 의결 2012서제0219 시정명령).

(4) 목적물 수령후 10일 이내 검사결과 불통지 후 발주자로부터 불량판정을 받았다는 이유로 하도급대금 지급거부는 10일 이내 검사하지 않은 이상 검수된 것으로 간주되기 때문에 위법

원사업자는 수급사업자에게 2006. 3월부터 같은 해 10월까지 인쇄회로기판 금도금 제품 19,638대를 수령한 후 하도급대금 78,140천 원 중 43,706천 원을 지급기일 이내에 지급하지 아니하였으며, 아울러 하도급대금 미지급액 43,706천 원에 대한 목적물 수령일로부터 60일 초과에 따른 지연이자도 지급하지 아니한 사실이 있다. 원사업자는 제조위탁한 목적물을 수급사업자로부터 2006. 3. 31.~2006. 10. 25. 기간 중 원사업자의 입고담당 직원의 확인을 거쳐 수령하면서 10일 이내에 제품검사 결과를 수급사업자에게 서면으로 통지한 사실은 없으나, 나중에 수급사업자가 납품한 제품이 원사업자의 발주처로부터 불량판정을 받았기 때문에 납품대금 및 이의 지연지급에 따른 이자를 지급할 수 없다고 주장한다.

살피건대, 원사업자가 제조위탁한 목적물을 수급사업자로부터 원사업자의 입고담당 직원의 확인을 거쳐 수령하면서 10일 이내에 제품검사 결과를 수급사업자에게 서면으로 통지하지 아니하였고, 설사 같은 제품들이 정상적 검수로 인정된 후 사용과정에서 품질불량 제품이 발견되고 이로 인하여 원사업자가 손해를 보았다 하더라도 이는 별도의 민사적인 절차에 따라 다투어야 할 사안이며, 이 사안이 하도급법상 원사업자의 하도급대금지급 의무를 면제하는 것은 아니라고 할 것이다(공정위 2007. 10. 22. 의결 2007서제0178 시정명령).

(5) 사용승인 신청을 위하여 필요하여 수급사업자로부터 제출받은 시공완료확인서를 준공통지로 단정할 수 없다(즉, 하도급공사 완료일로 단정할 수 없다).

① 이 사건 시공완료확인서의 경우 수급사업자가 공사의 완료에 따라 자발적으로 작성하여 제출하였다고 보기 어렵고, ② 발주처가 전체 건축물에 대하여 사용승인을 신청할 때 관할 행정기관의 임의적 제출요청에 따라 작성되는 서류인 점, ③ 일부 시공완료확인서의 경우 작성일이 분명하게 기재되어 있지 않고, 수급사업자가 이를 작성한 날부터 상당기간이 경과한 후 관할 행정기관에 제출되거나 공사가 완료되지 않은 시점에도 원사업자에 의해 일괄적으로 제출되기도 한 것으로 보이는 점 등을 종합적으로 고려할 때 이를 해당 수급사업자가 실제 준공통지를 한 것으로 보기 어렵다. 따라서 수급사업자가 시공완료확인서를 제출한 날부터 10일 이내 수급사업자에게 검사 결과를 서면으로 통지하지 아니하였더라도 하도급법 제9조 제2항에 위반되지 아니한다(공정위 2019. 1. 9. 의결 2016건하1598 과징금).

(6) 법정기한(10일) 이내에 서면으로 검사 결과를 통지하지 아니한 경우에는 검사에 합격한 것이므로 하도급대금지급의무가 발생한다.

하도급법 제9조 제2항에서, 원사업자는 정당한 사유가 있는 경우를 제외하고는 수급사업자로부터 목적물을 수령한 날(제조위탁의 경우에는 기성부분의 통지를 받은 날을 포함하고, 건설위탁의 경우에는 수급사업자로부터 공사의 준공 또는 기성부분의 통지를 받은 날을 말한다)부터 10일 이내에 검사 결과를 수급사업자에게 서면으로 통지해야 하며, 이 기간 내에 통지하지 않는 경우에는 검사에 합격한 것으로 본다고 규정하고 있는 바, 하도급법은 하도급거래 질서를 확립하여 원사업자와 수급사업자가 대등한 지위에서 상호 보완적으로 균형 있게 발전하도록 하는 것을 목적으로 하고 있는 점(제1조), 검사의 기준과 방법은 당사자가 협의에 의하여 객관적이고 공정·타당하도록 정하는 것이 원칙인 점(제9조 제1항), 민사상 대금 채무의 발생과 소멸은 하도급법의 영역이 아니라 민사법의 영역에 속하는 점 등을 종합하면, 제9조 제2항에서 원사업자가 수급사업자로부터 목적물을 수령하고도 정당한 사유 없이 10일 이내에 수급사업자에게 서면으로 검사 결과를 통지하지 아니한 경우에는 검사에 합격한 것으로 본다는 규정한 취지는 검사에 합격한 것으로 봄으로써 하도급법이 적용되는 범위 안에서는 그로 인한 대금 채무도 발생한 것으로 본다는 의미라고 풀이함이 상당하므로, 이러한 경우에 원사업자가 수급사업자에게 그 대금을 하도급법이 정한 바에 따라 지급하지 아니하였다면, 달리 그 대금 채무가 발생하지 아니하였음이 밝혀지지 않는 한 공정거래위원회는 제25조 제1항에서 정하고 있는 시정명령을 할 수 있다고 보아야 한다(대법원 2002. 11. 26. 선고 2001두3099 판결 참조). 원고가 수급사업자에게 제조 위탁한 가을·겨울용 남성 및 여성용 점퍼를 수령하고도 그 수령일부터 10일 이내에 검사 결과를 수급사업자에게 서면으로 통지하지 아니한 사실은 당사자 사이에 다툼이 없고, 달리 그 대금 채무가 발생하지 아니하였음이 밝혀지지 아니하였으므로, 하도급법이 적용되는 범위 안에서는 그로 인한 대금 채무도 발생할 것으로 보아야 한다(서울고등법원 2008. 6. 18. 선고 2008누3816 판결).

(7) 불량품 확인이 용이한 목적물을 수령한 후 법정기간 내 검사 결과 통지를 하지 않고 반품 및 대금 감액을 한 행위는 하도급법 위반

원사업자는 수급사업자가 납품한 제품이 원사업자가 다시 가공하는 과정에서 불량이 발견되는 특성상 법정 검사 기간을 준수할 수 없는 정당한 사유가 있고 이를 수급사업자도 서로 양해하고 있던 차에 2007년 4월 4일에 구체적으로 반품에 관하여 합의를 하였으므로 부당감액이 아니고, 가사 그렇지 않다고 해도 하도급거래와 관련한 기본거래계약에 따라 원사업자가 수급사업자가 납품한 제품의 불량으로 인한 손해배상채권으로 하도급대금채권을 상계한 것이라고 주장하였는데, 법원은 '수급사업자가 원사업자에게 제작 납품한 휴대폰 케이스가 원사업자가 다시 이를 가공하는 과정에서만 불량이 발견되는 특성을 가졌다고 볼 만한 증거는 없고, 수급사업자가 납품한 제품은 휴대폰 케이스로 원사업자가 내세운 불량 사유가 소착, 미성형, 스크래치, 찍힘 등이어서 오히려 외관 검사만으로 쉽게 불량품을 선별할 수 있는 것으로 보일 뿐이어서 원고에 대하여 법정 검사 기간을 준수하도록 요구하는 것이 공정·타당하지 않은 것으로 보기 어려우므로, 법정 검사 기간 내에 원고가 검사 결과 통지를 하지 않은 이상, 감액분의 하도급대금 역시 그 기간이 지남으로써 확정적으로 발생하였다 할 것이므로, 대금이 당초부터 발생하지 않았다는 원고의 주장은 받아들이지 아니다. 위 반품 합의는 계약 체결시가 아니라 이미 제품이 납품된 후에 이뤄진 점, 수급사업자로서는 거래가 개시된 이후에는 원사업자와의 거래 관계를 유지하기 위하여 원사업자의 제안을 수용할 수밖에 없었을 것으로 보이는 점 등의 사정을 고려할 때 2007년 4월 4일자 반품 합의가 수급사업자의 진정한 의사에 기한 것으로 보기 어렵고, 위와 같이 법정 검사 시간 내에 원고의 검사 결과 통지가 없었던 이상 원사업자가 주장하는 제품의 불량이 수급사업자가 납품할 당시부터 존재하였던 것으로 단정하기도 어려워 갑 제4호증의 기재만으로 원사업자가 수급사업자에 대하여 손해배상채권을 가지게 되었다고 보기에 부족하므로, 원사업자의 이에 관한 주장 역시 받아들이지 아니한다'고 판시하였다(서울고등법원 2009. 10. 15. 선고 2008누36847 판결).

(8) SI 업종 하도급에서 원사업자가 시스템 통합 검사라는 이유로 10일 이내 검사하지 못하므로 이에 정당한 이유가 있다는 주장은 허용되지 않는다.

원사업자가 2009년 9월부터 2012년 7월까지의 기간 중 ㈜○○○○ 등 59개 수급사업자에게 '○○○ 신시스템 2단계 구축' 등 총 66건의 SW 시스템 개발·구축 등의 용역을 위탁한 후, 수급사업자들로부터 계약 종료와 함께 목적물을 납품받았으나, 목적물 수령일부터 10일을 초과하여 검사하였고, 그중 ㈜○○프레임등 27개 수급사업자와 계약을 체결한 29건의 용역에 대해서는 하도급대금을 목적물수령일부터 60일을 초과하여 지급한 사안에서, 공정거래위원회는 다음과 같은 이유로 시스템 통합검사를 이유로 목적물 수령후 10일 이내 검사하지 않은 것이 정당화되지 않는다고 판단하였다. 공정거래위원회는 '피심인은 첫째, 개별 모듈은 단독 실행(구동)이 어렵고, 다른 개별 모듈들과 결합하여 전체 시스템이 완성되어야 개별 모듈의 실행 및 다른 모듈들과의 연동이 되는지 여부를 검사할 수 있는 점, 둘째, 전체 시스템의 실행 및 연동이 이루어졌을 때에야 해당 용역이 완성되었다고 할 수 있으므로 잔금 지급은 검사 완료 시점에 이루어지는 것이 업계의 관행으로 되어 있는 점, 셋째, 이 사건 용역위탁의 대부분은 개별 모듈 제작을 위한 용역을 하나의 수급사업자에게 위탁하는 것이 아니라 개별 수급사업자들로부터 소수의 인원을 제공받아 하나의 모듈 작업에 투입하여 진행하는 등 역무위탁의 성격이 강하여 수급사업자별로 목적물을 납품받아 검사하는 것이 사실상 불가능한 점 등을 고려하면 하도급법 위반으로 보기 어렵다고 주장한다. 한편, 피심인은 검사가 지연된 것으로 적시된 거래 중 2건의 거래는 발주자가 피심인과 도급계약을 체결하기 이전에 이미 수급사업자에게 발주하여 작업이 이루어졌던 것으로서, 작업 완료 이후 관리 업무를 피심인에게 이전한 것인바, 이전되기 전에 이미 법정 검사 기한을 초과하였으므로 위반 대상에서 제외해야 한다고 주장한다. 살피건대, 다음과 같은 점에서 피심인의 주장은 타당하지 아니하여 이를 받아들이지 아니한다. 첫째, 수급사업자들이 완성한 여러 개별 모듈(또는 시스템)의 연계·연동 과정에서 발생하는 문제에 대한 1차적 책임은 개별 모듈 개발을 담당한 수급사업자에게 있다기보다 시스템 통합 사업자인 피심인에게 있으므로 목적물의 납품이 있으면 즉시 검사 후 수령해야 하고, 만약 목적물을 수령한 후 통합하는 과정에서 개별 모듈의 하자가 발견되는 경우 당해 모듈을 작성한 수급사업자에게 하자보증책임을 물어야 할 것인바, 통합 과정에서 하자가 발견될 가능성을 이유로 검사를 지연하고 하도급대금(잔금) 지급을 지연하는 것은 정당한 사유에 의한 것이라 볼 수 없다. 둘째, 이 사건 하도급거래가 역무위탁의 성격이 강하여 사실상 검사가 불가능하다는 주장과 관련해서는 이 사건 하도급거래는 용역위탁 중 지식·정보성과물의 작성 위탁에 해당한다. 셋째, 피심인이 제외해야 한다고 주장하는 2건의 거래에 관하여 피심인은 자신의 주장을 뒷받침하는 입증 자료를 제출하지 못하고 있을 뿐만 아니라, 계약 체결일 이전에 피심인이 당해 거래와 관련하여 수급사업자에게 교부한 착수합의서가 존재하는 점에 비추어 피심인이 수급사업자와 거래하기 이전에 이미 발주자와 당해 수급사업자가 직접 거래하였다고 보기는 어렵다'고 판단한 것이다(공정위 2014. 5. 9. 의결 제2014-106호).

질의 회신 사례[248]

[질의] 하자에 대한 담보 없이 거래가 이루어지는 경우 납품 이후에 발생되는 불량에 대하여 평균 불량 발생률 1% 범위 내에서 일정 기간(1~2년) 동안 상호 약정하고 하자보증금을 예치하는 경우에 법 위반 여부는 어떠한가?

[회신] 하자보증금 예치에 대한 약정 자체가 법에 위반되는 것은 아니나 다른 하자보증 담보수단이 있는데도 하자보증금의 예치를 요구하거나 금액을 정상적인 상관행을 초과하여 납품대금에서 유보할 경우는 대금 미지급으로 위반되고 미지급금에 대해서는 지연이자가 부과될 수 있다.

[질의] 원사업자가 완제품을 제조하는 과정에서 수급사업자로부터 납품받은 부품 중 불량품을 발견하였을 경우 아래와 같은 원사업자의 행위가 공정거래법 또는 하도급법에 위반되는지 여부는 어떠한가?
- 원사업자가 수급사업자에게 불량 부품의 수리 또는 양품과 교환(1:1)을 요구하는 것
- 불량 부품으로 인한 생산라인 중단으로 원사업자에게 손해가 발생되어 그 손해 비용을 수급사업자에게 보상을 요구하는 것(손해 비용 정산시 원사업자의 임율 적용)
- 손해 비용 보상 요구시 수급사업자와 사전 협의 하에 하도급대금에서 공제하거나 동일 금액에 해당하는 만큼의 자재(또는 부품)를 무상으로 공급받는 것
  * 원사업자는 수급사업자가 납품한 부품에 대하여 샘플 방식에 의하여 검사 실시

[회신] 하도급법 제9조(검사의 기준·방법 및 시기) 제2항에 따라 원사업자는 수급사업자

---

248) 법무법인 화우, 앞의 책, 239, 240면

가 납품한 부품에 대한 검사 결과를 수령한 날로부터 10일 이내에 통지할 수 없는 정당한 사유가 있는 경우(예를 들어, 목적물의 수량이 많아 샘플링 검사를 하기로 당사자가 합의한 경우)는 상당 기간을 초과할 경우라 할지라도 불량 부품의 수리 또는 교환을 요구할 수 있을 것이다.

이 경우 수급사업자가 납품한 불량 부품으로 인하여 원사업자의 생산 공정에서 손해가 발생하였다면 그에 대한 보상 비용 청구 방법은 양 당사자가 협의하여 정하면 될 것이다. 다만, 원사업자에 대한 손해 발생에 실질적 영향을 미치지 않는 경미한 수급사업자의 과오를 이유로 일방적으로 하도급대금을 감액하거나 자기의 거래상의 지위를 부당하게 이용하여 거래상대방에게 불이익이 되도록 거래 조건을 설정 또는 변경하거나 그 이행 과정에서 불이익을 주는 경우가 발생하게 된다면 하도급법 또는 공정거래법에 위반될 소지가 있게 된다.

[질의] 시장에서 완제품 출하후 수급사업자의 귀책사유로 인하여 불량 완제품이 발견되었을 경우에 아래와 같은 원사업자의 행위는 공정거래법 또는 하도급법에 위반되는지 여부는 어떠한가?
- 수급사업자에게 불량 부품의 수리 또는 양품과 교환(1:1)을 요구하는 것
- 시장에서 발견된 불량 완제품을 원사업자의 비용으로 처리하였다면 그에 대한 비용을 귀책사유가 있는 수급사업자에게 100% 보상 요구하는 것(클레임 비용, 검사 비용, 재작업 비용, 엔지니어 출장비용 등에 소요되는 모든 경비)

[회신] 완제품(원사업자의 브랜드)이 시장에서 출하된 이후 수급사업자가 납품한 부품의 불량으로 인하여 완제품에 결함이 발생되어 원사업자가 관련 비용을 부담하였다면 불량 부품을 수급사업자에게 교환 요구하는 것은 법 위반으로 보기에는 곤란한 것으로 판단된다. 또한 완제품의 결함으로 인하여 원사업자가 부담한 직·간접 비용에 대한 보상 범위 및 방법은 원사업자와 수급사업자간에 협의하여 합의에 의하여 정하면 될 것이다.

그러나, 원사업자도 완제품 출하 이전에 당해 완제품에 대하여 출하 검사를 하고 있고, 원사업자가 부담한 비용에는 원사업자와 발주자(또는 소비자)간 계약의 특수성에 기인하는 비용도 있을 것이므로, 보상 비용의 전액을 획일적으로 수급사업자가 부담하도록 하여 실질적으로 하도급대금을 감액한 것과 같은 효과가 있을 경우는 하도급법에 위반될 소지가 있다.

[질의] 위탁상품(완제품)을 포장이 완료된 상태로 인수하는 관계로 인수시 하자를 완벽하게 검수하기란 현실적으로 불가능하여 원사업자와 수급사업자는 납품 후 발견되는 불량을 1개월 단위로 취합·서면 통보하기로 약정한 경우 그 약정의 유효성 여부는 어떠한가?

[회신] 위탁상품의 검사 결과는 원칙적으로 10일 이내에 수급사업자에게 통보해야 하며 이 기간 내에 통보하지 않으면 검사에 합격한 것으로 보아야 한다. 다만, 목적물 인수시 검사가 불가능하다면 일단 합격한 것으로 보되 판매 단계에서 발견되는 불량품에 대해서는 양 당사자가 객관적이고 공정·타당한 해결 방법을 정하여 약정할 수 있을 것이다.

48 부당한 위탁취소, 부당반품 및 수령 거부의 위법성 판단기준 및 예시
[「부당한 위탁취소, 수령거부 및 반품행위에 대한 심사지침」(공정거래위원회 예규 제332호, 2018. 11. 28. 폐지제정)]

가. 부당한 위탁취소

(1) 판단기준

위탁은 원칙적으로 원사업자가 수급사업자에게 제조 등의 위탁을 하는 시점에 이루어진 것으로 본다. 다만, 계속적 거래계약처럼 하도급거래가 빈번하여 대금결제·운송·검수·반품 등의 거래조건, 규격·재질, 제조공정 등과 관련된 일반적인 내용을 기본 계약서에 담고, 납품 등의 수량·단가·시기·장소 등 직접적이고 구체적인 발주내용은 특약서 또는 발주서 등으로 위임하여 발주가 이루어지는 경우에는, 원칙적으로 특약서 또는 발주서가 수급사업자에게 통지되는 시점을 위탁의 시점으로 본다.

예를 들면, 계속적 거래계약에서 생산계획 수립, 위탁 및 입고 등 일련의 과정이 전산시스템인 전사적 자원관리시스템(Enterprise Resource Planning, ERP)을 통해 관리되는 경우로서, 주별 또는 월별 단위의 예상물량 통보(Forecast, FO), 납품 등의 수량·단가·시기·장소 등이 기재된 발주(Purchase Order, PO), 납품 지시(Delivery Order) 등이 순차적으로 이루어지는 경우에는 원칙적으로 발주(PO) 내용이 수급사업자에게 통지되는 시점을 위탁의 시점으로 본다. 다만, 가령 계속적 거래계약 기간 중 원사업자의 사양변경·생산계획 변경·모델단종 등을 이유로 위탁이 중단된 경우로서, 해당 목적물 등의 종류 및 특성, 거래규모, 해당 수급사업자의 생산능력, 제조 등의 공정 및 공법, 계속적 거래계약의 내용, 거래조건의 동일성, 해당 수급사업자와의 거래유지기간, 관련 산업의 특성 및 시장상황, 정상적인 거래관행 등을 종합적으로 고려할 때, 사실상 납품 등의 수량·단가 등이 발주(PO) 시점 이전에 결정되는 것으로 인정되는 경우에는, 그 시점을 위탁의 시점으로 본다. 위탁시점이 앞당겨져 부당한 위탁취소 등이 성립할 가능성이 높아지는 것이다.

원사업자와 수급사업자 사이에 하도급 계약 자체가 아직 체결되지 않은 등 위탁이 이루어지지 않은 경우라면 위탁취소가 문제될 여지가 없다. 예를 들면, 원사업자가 협상대상자를 선정하고 공사계약 조건 등을 협의하였으나 의사의 합치가 이루어지지 않아 계약이 체결되지 않은 경우, 협상과정에서 공사대금 협의가 있었고 원사업자의 공기준수 요구 등으로 협상대상자가 계약체결 전에 자재를 선주문하는 등 준비행위를 했다 하더라도 이를 부당한 위탁취소로 볼 수 없다(서울고등법원 2004. 11. 3. 선고 2003누14699 판결).

원사업자가 수급사업자의 책임으로 돌릴 사유가 없음에도 불구하고 제조 등의 위탁을 임의로 취소·변경(이하 '취소')한 것인지 여부를 중심으로 판단하되, 위탁계약 체결 및 위탁취소의 경위, 위탁계약의 내용 및 취소한 위탁계약의 범위, 계약이행 상황, 위탁취소의 방법·절차 등 여러 사정을 종합적으로 고려한다.

'수급사업자의 책임으로 돌릴 사유'란 수급사업자의 귀책사유로 인해 계약을 이행할 수 없는 경우 또는 수급사업자가 계약내용을 위반하여 계약목적을 달성할 수 없는 경우 등을 말한다. ① 수급사업자에게 파산·회생절차신청 등 경영상의 중대한 사유가 발생하여 계약내용을 정상적으로 이행할 수 없는 경우, ② 수급사업자가 영업취소·영업정지 등의 처분을 받아 계약내용을 정상적으로 수행할 자격·능력이 없는 경우, ③ 수급사업자가 특별한 이유 없이 목적물 등의 제조·수리·시공 또는 용역의 착수·착공을 거부하여 납기에 완성·완공할 가능성이 없는 경우, ④ 수급사업자가 목적물 등의 품질에 영향을 미치는 주요공정·공법 등을 임의로 변경하는 등 계약의 중요한 내용을 위반하여 계약의 목적을 달성할 수 없는 경우 등이 그 예이다.

'임의로' 위탁을 취소하는 행위는 원사업자가 수급사업자와 실질적인 협의 없이 일방적으로 위탁을 취소하는 것을 의미하며, ① 위탁취소의 사유가 하도급거래 계약서에 규정되어 있고 위탁취소가 그 내용 및 절차에 따라 이루어졌는지 여부, ② 원사업자와 수급사업자간에 실질적인 협의가 있었는지 여부, ③ 원사업자가 위탁취소로 인한 수급사업자의 손실을 충분한 협의를 거쳐 정당한 보상을 하였는지 여부 등을 종합적으로 고려하여 판단한다.

한편, 원사업자와 수급사업자 간에 하도급 계약이 체결된 경우라 하더라도, 수급사업자가 위탁받은 업무에 대한 구체적인 착수 행위가 있기 전에 위탁을 취소하거나 위탁취소로 인한 손해가 없는 때에는, 수급사업자의 생산계획 차질, 재고부담으로 인한 자금난 발생 등으로 이어져 수급사업자의 경영상태에 막대한 피해를 초래할 우려가 있다고 보기 어렵다. 이 경우, 원사업자와 수급사업자가 원만하게 합의하여 위탁을 취소한 것이라면 부당하다고 보기 어렵다.

(2) 부당한 위탁취소행위의 예시

- 원사업자의 판매량 감소·사양변경·모델단종·생산계획 변경·내부 자금사정 악화 또는 발주자로부터의 발주취소·중단 등 원사업자의 경영상황 또는 시장여건의 변동 등을 이유로 임의로 위탁을 취소하는 행위

- 용지보상 지연, 문화재 발굴 등 수급사업자의 책임으로 돌릴 수 없는 사유로 인해 공기가 상당기간 지연되었음에도, 원사업자가 간접비 등 추가 소요비용에 대해 수급사업자가 부담을 떠안을 것을 요구하고 수급사업자가 이에 응하지 아니함을 이유로 위탁을 취소하는 행위

- 원사업자가 수급사업자로부터 위탁내용의 확인을 요청하는 서면을 받았음에도 불구하고, 위탁내용을 서면으로 확인해 주지 않고 수급사업자에게 계속 작업을 하도록 한 후 목적물 등이 위탁내용과 다르다고 하여 위탁을 취소하는 행위

- 목적물 등의 하자발생에 대한 수급사업자의 책임을 입증할 객관적인 자료가 없음에도 원사업자가 수급사업자의 기술력 부족 등을 이유로 위탁을 취소하는 행위

- 수급사업자의 공사진행 부진을 입증할 객관적인 자료가 없고, 공사현장 근로자 또는 자재·장비업자 등 협력업체의 현장 점거농성도 정상적인 공사수행에 영향을 미치지 않을 정도의 단기간에 불과하여, 납기 내에 공사를 수행할 시간적인 여유가 충분함에도 원사업자가 납기 내에 완공할 가능성이 없다는 이유로 임의로 위탁을 취소하는 행위

- 수급사업자가 부도 당일까지 정상적으로 공사를 수행 중이었고, 부도 이후 정상적인 공사가 어려울 경우에는 수급사업자의 연대보증사가 납기 내에 잔여공사를 추진할 수 있음에도 불구하고, 원사업자가 수급사업자의 부도사실 자체만으로 부도 당일 위탁을 취소하는 행위

- 정상적인 거래관행에 비추어 볼 때, 수급사업자의 귀책사유로 보기 곤란한 사유를 위탁을 취소할 수 있는 계약조건으로 명시하고 이들 계약조건에 따라 위탁을 취소하는 행위

(3) 부당한 위탁취소가 아닌 행위의 예시

- 원사업자가 제조 등의 위탁을 한 후 수급사업자가 불과 며칠 만에 회생절차를 신청하였고, 해당 수급사업자가 자재협력업체에게 물품대금을 지속적으로 미지급한 사실이 있으며, 미지급한 금액이 원사업자와의 위탁계약금액에 비해 상당히 많은 등 수급사업자의 경영관리상 문제가 있는 것으로 인정되어, 원사업자가 수급사업자의 회생절차 신청 이후 서면으로 상당한 기간을 정하여 계약이행을 최고한 후 위탁을 취소(해지)하는 행위

- 수급사업자가 상당기간 공사를 중단하여 원사업자가 수차례에 걸쳐 공사재개 및 공정 만회 계획 제출을 요구하고 불이행시 계약을 해지할 수 있다는 사전 고지를 하였음에도 불구하고, 수급사업자가 이를 거절하는 등 수급사업자의 자발적인 공사재개를 기대하기 어려운 사정이 있고 납기 내 공사를 완공할 가능성이 없어 위탁을 취소(해지)하는 행위
- 원사업자가 제조 등의 위탁을 한 후 다른 사업자의 신형모델 출시로 해당 목적물이 부속되는 제품의 판매부진이 현실화됨에 따라, 수급사업자와 충분한 협의를 거쳐 위탁취소로 수급사업자가 입게 될 손실에 대해 적정한 보상을 하고 위탁을 취소(해지)하는 행위

나. 부당한 수령거부

(1) 판단기준

위법성은 원사업자가 수급사업자의 책임으로 돌릴 사유가 없음에도 불구하고 위탁할 때 정한 납기 및 장소에서 수급사업자로부터 목적물 등을 수령·인수(이하 '수령')하는 것을 거부·지연(이하 '거부') 했는지 여부를 중심으로 판단하되, 위탁계약 체결 및 수령 거부의 경위, 위탁계약의 내용, 수령거부한 목적물 등의 범위, 계약이행 내용 등 여러 사정을 종합적으로 고려한다. 일본의 경우 통상 수령시점은 수급사업자가 목적물 등을 원사업자의 사실상 지배하에 두는 때이다. 다만, 이전이 곤란한 목적물 등의 경우 원사업자가 수급사업자의 납품에 대하여 검사를 시작한 때를 수령한 때로 본다(법 제8조 제3항). 지식정보성과물 작성에 있어서는 급부 목적물로 작성된 지식정보성과물을 기록한 전자매체(예를 들어, CD-ROM, USB)를 원사업자가 수취한 때 또는 지식정보성과물을 기록한 매체가 없는 경우 당연히 지식정보성과물을 전자메일 등으로 보낸 것을 원사업자가 수신하여 원사업자의 하드드라이브에 기록되게 하는 때를 수령시점으로 본다.[249]

'수급사업자의 책임으로 돌릴 사유'란 부당한 위탁취소와 마찬가지로 수급사업자의 귀책사유로 인해 계약을 이행할 수 없는 경우 또는 수급사업자가 계약내용을 위반하여 계약목적을 달성할 수 없는 경우 등을 말한다. ① 수급사업자가 일정한 기간이나 계절에 집중적으로 판매되는 목적물의 제조를 충분한 기간을 두고 위탁받았음에도, 자신이 조달하기로 한 원재료를 제때 조달하지 못하는 등 수급사업자의 사정으로 기간이나 계절을 넘겨 납품하는 경우, ② 수급사업자가 직접 조달한 원재료의 품질불량 등으로, 납품 등을 한 목적물 등의 품질·성능 등에 하자가 있어 계약의 목적을 달성할 수 없는 경우, ③

---

249) 오승돈, 앞의 책, 225면

목적물 등의 생산과정·운송과정에서 수급사업자가 제대로 관리를 하지 못해 목적물 등이 오손·훼손되어 계약의 목적을 달성할 수 없는 경우 등이 그 예이다.

(2) 부당수령거부의 예시

- 위탁내용이 불명확하여 수급사업자가 납품 등을 한 목적물 등의 내용이 위탁내용과 상이한지 판단하기 곤란함에도 불구하고 수령을 거부하는 행위
- 검사기준을 정하지 아니하고도 통상의 기준보다 높은 기준을 적용하거나, 검사기준을 정하였다고 하더라도 내용이 불분명하거나, 당초계약에서 정한 검사기준보다 높은 기준을 적용하여 목적물 등이 위탁내용과 다르거나 품질·성능의 하자 등을 이유로 수령을 거부하는 행위
- 원사업자가 공급하기로 되어있는 원자재 등을 늦게 공급함으로써 납기 내 납품 등이 곤란하였음에도 납기지연을 이유로 수령을 거부하거나, 원사업자가 공급한 원재료의 품질불량 또는 원사업자의 설계오류 등으로 인해 목적물 등에 하자가 발생하였음에도 불구하고 수급사업자에게 그 책임을 물어 수령을 거부하는 행위
- 목적물 등의 하자에 대한 책임소재가 분명하지 않음에도 원사업자가 목적물 등의 하자에 대한 책임을 수급사업자가 전적으로 부담할 것을 요구하면서 수령을 거부하는 행위
- 원사업자가 수급사업자의 부도 등에 따라 목적물 등의 안정적인 공급이 어렵다고 판단해서 이미 발주한 목적물 등의 수령을 임의로 거부하는 행위

다. 부당반품

(1) 판단기준

위법성은 수급사업자에게 책임을 돌릴만한 사유가 없음에도 불구하고 반품한 것인지 여부를 중심으로 판단하되, 위탁계약 체결 및 반품의 경위, 반품한 목적물 등의 범위, 계약이행 내용과 위탁할 때의 반품조건, 검사방법, 반품에 따른 손실의 분담, 목적물 등의 수령부터 반품까지의 기간 등 여러 사정을 종합적으로 고려한다. '수급사업자의 책임으로 돌릴 사유'란 수급사업자의 귀책사유로 납품 등을 한 목적물 등이 원사업자가 위탁한 내용과 다르거나 목적물 등에 하자 등이 있고 이로 인해 계약목적을 달성할 수 없는 경우를 말한다.

원사업자가 납품 받은 위탁목적물 등에 대하여 반품하기로 수급사업자와 합의한 경우 또는 원사업자의 반품 처리에 대하여 수급사업자가 이의제기를 하지 아니한 경우라 하더라도 수급사업자에게 책임을 돌릴 사유가 없으면 납품하는 것은 하도급법 제10조 위반이

다. 수급사업자에게 책임을 돌릴 사유가 없다는 점은 원사업자에게 입증책임이 있다.

수급사업자에게 책임을 돌릴 사유가 있더라도 반품을 무기한 허용하는 것은 안된다. 통상적인 검사를 통해 곧바로 발견할 수 있는 하자인 경우 발견 즉시 신속하게 반품해야 하고 정당한 이유없이 검사기간을 지연하거나 불합격품의 반품을 지체한 경우에는 부당 반품에 해당될 수 있다. 원사업자가 검사방법으로 로트(Lot) 단위로 샘플링 검사[250]를 하여 합격 판정한 로트인 경우 그 로트에 포함된 불량품을 반품하는 것이 원칙적으로 허용되지 않는다. 예를 들어, 불량률 1% 이내의 로트에 대해서 합격처리하기로 하고 이를 감안해 하도급대금을 정했다면, 불량률이 1% 이내로 합격처리된 로트에 대해서는 하도급대금을 전부 지급해야 하고 불량비율을 고려해 감액해서는 안된다.[251]

하자가 통상적인 검사를 통해 곧바로 발견될 수 없고 상당한 기간이 지나서 발견되는 경우라도 수급사업자에게 무기한 반품을 허용할 수는 없다. 일본 하청법은 수령 후 6개월 이내에 반품하는 것은 허용하지만 그 이후의 반품은 법위반이다. 다만, 일반 소비자에 대해서는 6개월을 초과하여 품질보증기간을 정한 경우에는 그 보증기간에 따라 최장 1년까지 수급사업자에게 반품하는 것이 허용된다.[252]

(2) 부당반품행위 예시

- 원사업자가 수급사업자가 위탁내용대로 납품한 목적물 등에 대해 발주자의 발주취소나 클레임, 원사업자의 생산계획 변경, 경제상황 변동 등 수급사업자와는 무관한 사유로 반품하는 행위(법 제10조 제2항 제1호의 거래 상대방으로부터의 발주취소 또는 경제상황의 변동 등을 이유로 목적물 등을 반품하는 행위)
- 거래관행상 공정·타당하지 아니한 검사기준·방법을 사용하여 불합격으로 판정하고 반품하는 행위(법 제10조 제2항 제2호의 검사의 기준 및 방법을 불명확하게 정함으로써 목적물 등을 부당하게 불합격으로 판정하여 이를 반품하는 행위)
- 검사 결과 목적물 등이 불합격품으로 판정된 이유가 원사업자가 공급한 원자재·부자재, 건축자재 등 원재료의 품질불량으로 인한 것임에도 수급사업자에게 그 책임을 물어 반품하는 행위(법 제10조 제2항 제3호의 원사업자가 공급한 원재료의 품질불량으로 인하여 목적물 등이 불합격품으로 판정되었음에도 불구하고 이를 반품하는 행위)
- 원사업자가 자신이 공급하기로 되어 있는 원자재를 지연공급함으로써, 수급사업자가

---

250) 재료, 부품 또는 제품 등을 단위체 또는 단위량을 작업 또는 검사하는 목적으로 1회 취급하는 수량 및 1 조로 분류하여 그 단위체 및 단위량에서 샘플을 뽑아서 검사하는 것을 의미한다.

251) 오승돈, 앞의 책, 230면

252) 오승돈, 앞의 책, 230, 231면

납기 내 납품 등이 곤란하였음에도 수급사업자에게 그 책임을 물어 반품하는 행위(법 제10조 제2항 제4호의 원사업자의 원재료 공급 지연으로 인하여 납기가 지연되었음에도 불구하고 이를 이유로 목적물 등을 반품하는 행위)

49 부당위탁취소, 부당수령거부와 관련한 심결과 판례

가. 부당위탁취소 등에 해당한다는 심결, 판례

(1) 납품지연이 계약해지사유로 규정되지 않았다면 납품지연을 이유로 계약해지는 부당위탁취소

원사업자는 수급사업자와 납품일로부터 15일 이내에 하도급대금을 지급하기로 약정하였으나, 2012. 9. 3.부터 2012. 10. 23.까지 7차례에 걸쳐 하도급대금 265,000,000원을 지급하면서 그 중 205,000,000원에 대해서는 최소 18일에서 최대 39일까지 지급기일을 초과하여 지급하였다. 수급사업자는 2012. 8. 24. 8,050켤레, 2012. 8. 30.에 4,080켤레, 2012. 9. 14.에 7,168켤레, 총 19,298켤레를 원사업자에 납품한 사실은 앞서 본 바와 같다. 이 사건 하도급계약서에 따르면, 수급사업자의 납품 지연이 있는 경우 이를 제품대금에서 공제한다든지 원사업자에게 손해배상을 하는 방법으로 해결하게 되어 있고, 계약서 문언상으로는 이 사건 납품지연만으로 곧바로 원사업자에게 이 사건 위탁취소 또는 이 사건 계약을 해지할 권한이 유보되어 있다고 보이지 않는다. 원사업자와 수급사업자 간에 상호 동등한 지위에서 위탁취소가 협의된 것이 아니라 원사업자에 의하여 일방적으로 이메일로 통보된 점, 원사업자가 위탁취소를 하면서 계약서에서 정한 최고 절차를 거치지 않는 점 등을 고려하면 원사업자가 임의로 위탁취소를 하였다고 봄이 상당하다(서울고등법원 2016. 10. 20. 선고 2015누56160 판결 : 시정명령취소, 파기환송).

(2) 원사업자의 귀책에 의한 납기 지연은 위탁취소의 정당한 사유가 아님

피심인은 계약 해지 사유로 수급사업자의 납기 지연을 들고 있는 바, 하도급계약으로 정한 납기는 중요한 계약 조건이므로 납기 지연은 그 정도에 따라 일견 위탁 취소의 정당한 사유로 인정될 수도 있으나 이 사건에서와 같이 원사업자가 납기 지연의 원인을 제공한 경우에는 그러하지 아니하다. 수급사업자인 ○○는 1차 납기 물량을 납품한 후 약정한 대로 15일 이내에 피심인으로부터 하도급대금을 받아 중국 생산업체에 대금을 지불해야만 2차 납품 물량을 정상적으로 납품받을 수 있는 상황에 있었는 바, 수급사업자가 자신의 자금 사정, 중국 생산업체의 입장 등 제반 사정을 설명하면서, 피심인에게 1차 납기

물량에 대한 하도급대금지급을 재촉하였음에도 불구하고 피심인이 그 대금을 2차 납기일인 2012년 9월 25일 이후까지 지급하지 아니하였고, 또한 피심인이 2012년 8월 21일경 수급사업자에게 2차 납기 물량에 부착할 가격표의 변경을 갑자기 요청함에 따라 목적물 제조에 상당한 추가 기간이 소요된 사실 등을 고려할 때, 피심인이 위탁 취소의 대상인 2차 납기 물량에 대한 수급사업자의 납기 지연에 중요한 원인을 제공한 것으로 인정된다. 결론적으로, 수급사업자에게 경영상 중대한 문제가 발생하여 계약 이행이 불가능하게 되었다거나, 계약을 위반하여 제조 공법을 변경하는 등의 사유로 계약 목적 달성이 불가능하였다고 볼만한 사정이 없고, 수급사업자가 납기를 지연한 이유도 피심인의 1차 납기 물량에 대한 대금지급의무 해태, 피심인의 가격표 변경 부착 요구 등에 기인한 측면이 있다고 판단되므로, 피심인의 위탁 취소 행위에 대하여 수급사업자의 책임으로 돌릴만한 사유가 없다(공정위 2015. 4. 30. 의결 제2015－132호).

질의 회신 사례253)

[질의] 수차례에 걸친 선급금이행보증서 제출 요청에도 불구하고 수급사업자가 이를 제출하지 않은 경우에 원사업자는 하도급계약을 해지할 수 있는지 여부는 어떠한가?
[회신] 수급사업자가 공사 등을 이행하지 못한 특별한 사유가 없음에도 불구하고 단지 선급금이행보증서를 미제출하였다는 이유만으로 하도급계약을 해지하는 것은 하도급법 제8조(부당한 위탁 취소의 금지 등)에 위반될 소지가 있다.

[질의] 제조위탁과 관련하여 하도급계약을 체결한 후 2년 단위로 재계약을 체결하고 있는데 계약 종료 3개월 전에 계약 내용에 근거하여 계약 해지를 할 수 있는지 여부(하도급업체는 원사업자와의 계약을 계기로 많은 투자비용과 인원을 기투입)는 어떠한가?
[회신] 원사업자와 수급사업자간의 재계약 문제에 대해서는 하도급법에서 별도 규정하고 있는 바가 없으므로 이는 양 당사자 간의 협의 또는 하도급계약서의 내용에 의하여 해결되어야 할 것으로 사료된다.

(3) '공사예정공정 미진 만회대책 수립 및 시행촉구'는 적법한 계약해지를 위한 이행최고가 아니므로 그 이후의 계약해지는 부당위탁취소(적법한 이행최고 없는 계약해지는 위법)

원사업자는 수급사업자에게 다음과 같은 이유로 이 사건 하도급계약 해지를 통지하며 이 사건 공사의 위탁을 취소하였다. ① 원사업자는, 수급사업자에게 한 '공사예정공정 미

---

253) 법무법인 화우, 앞의 책, 210면

진 만회대책 수립 및 시행촉구' 공문을 통해 이 사건 하도급계약의 이행을 최고하고, 준공기한 7일 전에도 재차 이행을 최고하는 등 수급사업자에 대하여 최고를 하였다. ② 원사업자가 이 사건 위탁취소를 통지한 것은 수급사업자의 현장책임자의 계약해지 요청에 따른 것이므로 위탁을 임의로 취소한 것으로 보기 어렵다. ③ 설령 원사업자가 최고를 이행하지 않았더라도 이 사건 원도급 공사기한이 연장될 수 없음에도 수급사업자의 공사 진행 상황이 지연되고 있어서 원사업자로서는 상당한 기간을 정하여 계약 이행을 최고하기 어려운 특별한 사정이 있었다고 주장한다. 하지만, '공사예정공정 미진 만회대책 수립 및 시행촉구'는 이 사건 공사 부진으로 인한 대책을 수립하여 줄 것을 촉구한 것일 뿐 이 사건 위탁취소를 위한 이행의 최고라고 볼 수 없다. … (중략) … 육상 콘크리트 타설 부분만 남아 있는 상태에서 수급사업자가 원사업자 및 발주자와 합의에 따라 공사를 재개하기로 하였던 점, 이 사건 원도급 공사기한이 연장될 수 있었고 공사 지연을 수급사업자의 책임으로만 돌리기도 어려운 점 등에 비추어 보면 원사업자가 수급사업자에게 이행 최고를 하지 못할 특별한 사정이 있었던 것으로 보기도 어렵다(서울고등법원 2015. 1. 23. 선고 2014누4124판결 : 시정명령처분 취소, 상고하지 않아 확정).

(4) 보관장소가 없다는 등의 발주자측 사유로 납기 보류는 부당수령지연

원사업자가 공사구간이 사유지 수용 과정에 차질이 발생하는 등으로 발주자 측의 사정으로 공사 구간의 변경 및 목적물의 보관장소가 없다는 등의 이유로 납기를 기한없이 보류하는 행위는, 수급사업자의 책임으로 돌릴 사유가 아니므로, 하도급법 제8조 제1항 제2호에 해당하는 부당한 수령 지연행위에 해당한다(공정위 2018. 6. 5. 의결 2018서제0489 : 시정명령).

(5) 오로지 수급사업자 귀책사유만 존재하는 것이 아님에도 불구하고 사업포기각서를 제출받고 계약해지한 것은 부당위탁취소

원사업자는 6건의 선박판넬 또는 선박블록 등의 제조를 위탁한 후 원사업자 생산부 팀장이 수급사업자에게 작업공정 지연, 작업자의 기량 미달 등의 사유로 수급사업자에게 '사업포기각서'를 제출해줄 것을 요구하면서 해당 위탁을 취소하였다. 원사업자는 수급사업자 작업자의 기량이 부족하고 작업이 지연되어 불가피하게 이 사건 제조위탁을 취소하게 된 것으로서 수급사업자에게 귀책사유가 존재하고, 수급사업자에게 사업포기각서의 제출을 제안하였을 뿐 이를 강요한 사실이 없으므로 임의로 위탁을 취소한 것이 아니라고 주장한다. 수급사업자의 귀책사유가 존재한다는 주장에 대하여 살피건대, 원사업자가 수급사업자의 작업 진행상태를 지속적으로 점검한 사실이 인정되고, 이 사건에서 위탁이 취소된 작업 중 일부 호선에 대한 작업의 경우 원사업자가 작성한 작업공정회의록에 따르면 원사업자의 자재공급 지연으로 인하여 공정이 지연된 사실이 확인되는 바, 이 사건 하도급계약서에 도면, 자재와 관련된 공정지연을 원사업자의 귀책으로 정한 사실을 고려하면 이 사건 작업지연의 책임이 전적으로 수급사업자에게만 있다고 보기 어렵고, 가사 수급사업자의 책임으로 돌릴 사유가 일부 존재하더라도 이로 인하여 계약내용을 정상적으로 이행할 수 없거나 계약내용을 위반하여 계약목적을 달성할 수 없는 경우에까지 해당된다고 보기 어렵다. 다음으로 임의로 위탁을 취소한 것이 아니라는 주장에 대해 살피건대, 원사업자의 요구로 수급사업자가 사업포기각서를 제출하게 된 점은 원사업자도 인정하고 있고, 이 사건 하도급계약서에 계약해지의 사유로 수급사업자의 작업지연, 작업자의 기량부족 등을 정한 바 없으며, 이 사건 위탁취소로 수급사업자가 입게 될 손실에 대하여 수급사업자와 충분히 협의한 후에 보상을 하고 위탁을 취소한 것으로 보이지도 않는 점 등을 종합적으로 고려할 때 원사업자가 수급사업자와 실질적인 협의 없이 일방적으로 위탁을 취소한 것으로 판단되므로 이를 받아들이지 아니한다(공정위 2018. 1. 15. 의결 2017부사0827 : 시정명령).

(6) 발주자로부터 받은 수령증명서 사본교부는 적법한 수령증 교부가 아님

원사업자는 자신이 발주자로부터 받은 수령증명서의 사본을 발급한 점을 들어, 별도로 수급사업자에게 수령증명서를 발급할 필요가 없다고 주장하나, 수령증명서에는 수령목적물에 대한 대가를 확정하기 위한 수령일, 납품중량, 기타 납품 상세내역이 기재되어 있어야 함에도, 발주자로부터 받은 수령증명서 사본에는 이러한 내용이 기재되어 있지 아니하므로, 원사업자는 수령증명서 발급하지 아니한 것과 같은 행위를 다시 하면 아니된다 (공정위 2015. 6. 9. 의결 2013구사3129 : 시정명령).

(7) "신규발주시 전월발주잔량 자동소멸"이라는 기재만으로 전월발주물량 중 미수령분을 수령거부하는 것은 부당수령거부

원사업자는 발주서 하단에 "신규 발주 시 전월 발주 잔량이 자동 소멸된다."는 문구가 기재된 점 등을 들어 수령 거부가 정당한 사유가 있다고 주장하나, 신규 발주 시 전월에 미입고된 물량을 소멸하지 않고, 이를 반영하여 자동 소멸 없이 모두 수령해온 그동안의 거래 방식, 그동안 납품기간을 4주로 정했음에도 이 건에서는 14일에서 21일로 짧게 정하였다는 점을 고려할 때, 이 사건의 위탁취소는 원사업자가 일방적으로 결정한 것이다

(공정위 2015. 6. 1. 의결 2014구사4031 : 시정명령).

(8) '계약이행이 곤란한 경우 계약해제 가능'이라는 계약조항에도 불구하고 원사업자의 임의계약해제는 부당위탁취소

원사업자는 수급사업자와의 계약취소가 "재해 기타 사유로 인하여 본 계약 또는 개별 계약의 내용을 이행하기 곤란하다고 쌍방이 인정한 경우 계약의 전부 또는 일부를 해제, 해지할 수 있다."고 규정하고 있는 도급계약서 규정에 근거하여 쌍방 합의하에 이루어진 것이므로 부당하지 않다고 주장한다. 그러나 수급사업자가 정상적으로 이 사건 제조위탁을 수행하고 있는 상황에서, 원사업자가 자신의 제안을 거절했다는 사유로 수급사업자에게 계약해지와 6월 말까지 공장을 비워줄 것을 통보한 점과 7월 말까지 기간을 연장해 달라는 수급사업자의 요청을 거절한 점을 고려할 때, 원사업자의 주장처럼 쌍방 합의 하에 계약을 해지한 것으로 보기는 어렵다(공정위 2014. 12. 8. 의결 2013부사3107 : 시정명령).

(9) 과잉발주 등은 정당한 위탁취소 사유가 되지 못함

원사업자는 수급사업자에게 부품의 제조를 위탁하였는데, '생산물량 감소 및 생산일정 변경', '과잉발주' 등을 이유로 위탁취소 했다면, '생산물량 감소 및 생산일정 변경 사유'는 원사업자가 당초 세워 놓은 자신의 생산계획에 비추어 이미 발주한 물량이 많거나 생산일정에 변동이 생긴 경우에 불과하고, 수급사업자의 잘못이 아니다. 그리고 '과잉발주'라는 사유 역시 당초 생산계획물량에 비해 원사업자가 과다하게 발주한 경우이므로 수급사업자의 귀책으로 볼 수 없으므로 부당위탁취소에 해당한다(공정위 2012. 8. 7. 의결 012제하02132 : 과징금).

(10) 수급사업자의 어려운 사정을 이용하여 받은 수령의무 소멸 합의서는 하도급법상 정당한 합의가 아니므로 부당수령거부에 해당

수급사업자는 위탁받은 부품을 납품하였지만 원사업자가 수령을 거부하였다. 그런데 이후 원사업자와 수급사업자는 '원사업자의 수령의무가 소멸하였다는 취지의 합의서'를 작성하였다. 원사업자는 합의서를 작성하였으므로 부품을 수령하지 않더라도 하도급법 위반이 아니라고 주장한다. 하지만, 합의서는 수급사업자가 원사업자로부터 대금을 받지 못해 직원 급여도 지급하지 못하는 등 자금사정이 어려운 상황이었는데, 원사업자가 이런 상황을 이용해서 수급사업자에게 "합의서에 서명하지 않으면 대금을 지급하지 않겠다"라고 하여 작성된 것인 점에 비추어 원사업자가 하도급법을 이미 위반한 상태에서 이를 면하기 위해 작성을 강요하여 이루어진 것이고, 수급사업자의 자발적 의사에 따른 것이 아니므로, 이러한 합의서가 작성되었다고 하여도, 원사업자의 수령의무가 소멸한 것으로 볼 수 없다(서울고등법원 2015. 12. 18. 선고 2014누 69534 판결 : 시정명령취소, 심리불속행기각).

나. 부당위탁취소가 아니라는 심결, 판례

(1) 수급사업자의 귀책으로 인한 지연으로 하도급계약 목적 달성이 어려워져 계약해지를 하고 원사업자가 나름대로 손해배상을 위하여 협의하려 하였으나 수급사업자의 지나친 요구로 합의되지 않은 경우에는 부당위탁취소가 아님

하도급법 제8조 제1항 제1호에 정한 부당한 위탁취소의 위법성 판단 기준에 관하여 공정거래위원회가 제정한 「부당한 위탁취소, 수령거부 및 반품행위에 대한 심사지침」은 임의성 판단에 관하여 ① 위탁취소의 사유가 해당 하도급거래 계약서에 규정되어 있고 위탁취소가 위 계약서에 따른 내용 및 절차에 따라 이루어졌는지 여부, ② 원사업자와 수급사업자간에 실질적인 협의가 있었는지 여부, ③ 원사업자가 위탁을 취소함으로써 수급사업자가 입게 될 손실에 대하여 양 당사자가 충분한 협의를 거쳐 정당한 보상을 하고 위탁을 취소하였는지 여부를 종합적으로 고려하여 판단하도록 하고 있다. 다음 사정을 위 법리에 비추어 보면 원사업자의 수급사업자에 대한 이 사건 하도급계약의 해제 통지가 원사업자의 원사업자로서의 우월한 지위를 남용하는 것으로서 일방적으로 수급사업자의 법적 지위를 불안하게 만들어 하도급거래의 공정한 질서를 저해하는 부당한 행위로서 '부당한 위탁취소'에 해당한다고 보기는 어렵다.

첫 번째, H사는 2014. 6. 5. 원래의 입항 일정으로 선박이 입항하는 것을 원사업자가 거부하였다는 등의 납득하기 어려운 이유로 원사업자에게 이 사건 도급계약의 해제 통지를 하였고, 원사업자는 이에 기하여 수급사업자에게 이 사건 하도급계약의 해제 통지를 하였는데, H사의 원사업자에 대한 이 사건 도급계약의 해제 통지가 적법한지 여부와 관계없이 H사의 위 해제 통지에 의하여 원사업자가 H사로부터 사실상 이 사건 크레인을 수령할 수 없음은 명백하고, 이에 의하면 이 사건 크레인의 존재를 전제로 한 이 사건 하도급계약도 유지되기는 어려우며, 이에 관한 귀책사유는 H사에게 있을 뿐 원사업자에게 그 귀책사유를 인정할 수도 없는 바, 이와 같이 원사업자에게 귀책사유 없이 객관적으로 유지될 수 없음이 명백한 이 사건 하도급계약의 해제를 통지하였다고 하여 이를 원사업자가 임의로 위탁을 취소한 것이라고 보기는 어렵다.

두 번째, 이 사건의 경위에서 알 수 있는 바와 같이 이 사건 하도급계약해제 통지의 발단은 H사가 이 사건 크레인의 제작을 지연하였기 때문인데, 그 후 3자간의 협의 과정에서 선박의 재배선 시에는 신규 운송계약이 별도로 체결되어야 하고 기 배선된 선박의 배선은 취소되는 것으로 3자가 양해한 것으로 보이고, 수급사업자도 2014. 4. 29. 원사업자에게 이메일로 이러한 내용을 통보하였는바, 이러한 측면에서도 이 사건 하도급계약의 해제는 불가피한 것으로 보인다.

세 번째, 2014. 4. 17. H사가 원사업자에게 이 사건 크레인의 제작이 지연되므로 이 사건 크레인을 운송할 선박의 입항일정을 연기하여 달라는 내용의 협조요청 공문을 발송한 이후 2014. 6. 13. 원사업자가 수급사업자에게 이 사건 하도급계약을 해제한다는 통지를 할 때까지 원사업자, H사, 수급사업자의 3자 사이에 취소료 금액은 주된 다툼의 대상이 되었는바, 위 인정 사실에 의하면, 원사업자는 이 사건 하도급계약의 해제에 이르기까지 H사와 수급사업자의 중간에서 이 사건 하도급계약의 해제와 관련된 수급사업자의 손실에 해당하는 취소료 문제를 해결하기 위하여 노력하였음에도 H사와 수급사업자의 이견을 좁히지 못했던 것으로 보인다.

네 번째, 수급사업자는 2014. 4. 29. 원사업자에게 보낸 이메일에서 해상 운임 220만 달러의 90%에 해당하는 198만 달러의 지불을 요청하였고, 2014. 5. 14.에는 이에 관한 인보이스를 원사업자에게 발송하였으나, 이는 계약상 근거가 없는 것이었고, 손해액에 관한 자료도 첨부되지 않은 것이었는데, 이에 관하여 H사는 2014. 5. 20. 손해액에 관한 C사의 입증서류를 요청하여 2014. 5. 27. 원사업자는 수급사업자로부터 C사 명의의 Cancellation charge 170만 달러의 인보이스를 받아 H사에 전달하였는바, 이는 2014. 5. 7. C사로부터 손해배상금으로 105만 달러를 청구하는 인보이스를 받은 수급사업자가 2014. 5. 27.경 위 인보이스를 위조한 것이었고, 이로 인하여 원사업자가 이 사건 하도급계약의 해제와 관련된 수급사업자의 손실을 보상하는 것은 더욱 어려워졌다.

다섯 번째, 그럼에도 불구하고 원사업자는 이 사건 하도급계약의 해제 후인 2014. 8. 29.에도 공문으로 수급사업자에게 손해액 산정에 필요한 자료를 요청하는 등 협상에 의하여 분쟁을 해결하기 위해 노력한 것으로 보인다(서울고등법원 2016. 11. 24. 선고 2015누57200 판결 : 시정명령 취소, 심리불속행기각).

(2) 계약의 주요사항 위반을 이유로 한 계약해제는 부당위탁취소가 아님

수급사업자가 위와 같이 원사업자로부터 공급받은 페트프리폼을 다른 업체에 매도한 행위는 이 사건 계약의 주요 내용을 위반한 것으로 볼 수 있고 이를 이유로 한 하도급계약해제는 정당한 이유가 있는 위탁취소에 해당한다(서울고등법원 2008. 9. 3. 선고 2008누2554 판결 : 시정명령 취소, 상고하지 않아 확정).

다. 부당반품과 관련된 심결, 판례

(1) 이의제기가 없더라도 수급사업자 귀책없는 반품은 부당반품

수급사업자가 반품에 대하여 합의를 했거나 원사업자의 반품에 대하여 수급사업자가 이의제기를 하지 아니한 경우라도, 원사업자가 수급사업자에게 책임을 돌릴 사유가 없는데 반품한 경우라면, 하도급법 제10조 위반 행위에 해당한다(공정위 2013. 1. 21. 의결 2012서제0219 : 시정명령).

(2) 반품에 대한 수급사업자 동의의 자발성 판단기준 – 갑을관계인지감수성

원사업자의 거래상 우월적 지위의 정도, 수급사업자의 원사업자에 대한 거래 의존도, 거래관계의 지속성, 거래 상품의 특성과 시장상황, 거래 상대방의 변경가능성, 당초의 하도급대금과 변경된 하도급대금의 내용, 변경경위, 수급사업자가 입은 불이익의 내용과 정도 등을 정상적인 거래관행이나 상관습 및 경험칙을 종합적으로 고려하여 반품에 대한 수급사업자의 동의가 자발적으로 이루어진 것인지 아니면 거래관계의 지속을 위하여 어쩔 수 없는 강요에 의하여 이루어진 것인지에 대하여를 판단해야 한다(대법원 2003. 12. 26. 선고 2001두9646 판결 : 시정명령등취소).

(3) 수급사업자 귀책없는 과잉발주를 이유로 한 반품은 부당반품

원사업자는 수급사업자로부터 사출물을 2005년 12월경과 2008년 10월경 두 차례 납품받은 후, 아래 납품받은 날부터 2~6월이 경과한 시점에 소요량보다 과다하게 발주하였다는 이유로 반품하였다. 이에 대해 원사업자는 발주할 당시 필요한 수량을 초과하여 발주하였기 때문에 추가 수량에 해당하는 제품을 반품하였다고 주장하나, 원사업자가 제출한 '추가 소명자료'에서 원사업자 직원의 실수로 인한 과잉발주가 있었으며 이로 인해 반품한 것이라고 스스로 인정하고 있으므로 수급사업자에게 과잉발주에 대한 귀책사유가 있다고 보기 어렵다. 또한, 원사업자가 이 사건 하도급거래와 관련하여 위 수급사업자와 체결한 '물품거래 기본계약서' 제5조에서 '원사업자의 수입검사 기준에 따라 물품 수령 후 즉시 검사를 완료하여야 하고, 원사업자는 검사결과를 즉시 수급사업자에게 통보'하도록 규정하고 있으나 원사업자가 사출물을 납품받은 후 검사결과를 통보한 적이 없는점 등을 고려할 때, 사출물에 수급사업자에게 책임을 돌릴 반품사유가 있었다고 보기도 어렵다(공정위 2009. 9. 1. 의결 2009하개1116 : 시정명령).

라. 질의회신 사례

질의 회신 사례[254]

[질의] 발주시에 결정된 납기일 전에 수급사업자가 납품하는 경우 원사업자가 이를 거절할 수 있는지 여부는 어떠한가?

[회신] 하도급 거래 당사자간의 약속된 납기일 이전에 납품하는 경우 원사업자는 원칙적으로 수취 의무가 없으므로 이를 거절하더라도 부당한 수령 거부에 해당하는 것은 아니다. 다만, 원사업자가 이를 임시로 수취하여 보관하는 경우도 하도급대금 지급 기일은 당초의 납기일이 기준이 된다고 할 것이나 임시 수령이라는 취지가 불분명한 경우는 수령한 날을 기준으로 60일 이내에 하도급대금을 지급해야 할 것이라는 점에 유의해야 한다.

[질의] 자동차 부품 제조업자가 자동차 부품의 가공을 수급사업자에게 위탁하였으나 지정된 납기일에 납품하려고 하는 수급사업자에게 판매 부진을 이유로 수령을 거부하여 한두달 후에 납품하도록 함으로써 재고 조정을 하는 경우의 위법성 여부는 어떠한가?

[회신] 이미 제조위탁의 목적물이 완성된 상태에서 원사업자의 사정에 의한 수령 거부는 하도급법에서 금지하는 부당한 수령 거부에 해당한다.

[질의] 수급사업자가 납품 계약일보다 조기 생산하고 보관상의 어려움을 제기하여 상호협의 하에 상품 보관 목적으로 조기 입고를 받은 경우 ① 하도급법상 조기 입고일을 납품 기산일로 보아야 하는지 아니면 ② 계약상의 납품일을 기산일로 보아야 하는지 여부는 어떠한가?

[회신] 하도급법 제8조 제3항에서 "'수령'이라 함은 수급사업자가 납품한 목적물을 받아 사실상 원사업자의 지배 아래 두게 되는 것을 말한다"고 규정하고 있는 취지에 비추어 볼 때 하도급법상 납품 기산일은 원사업자가 목적물을 받아 사실상 자기 지배 아래 두게 되는 때를 말하고 있다. 이는 질의 내용 중 조기 입고일에 해당되는 것으로 판단되며, 다만 수급사업자에게 책임을 돌릴 사유가 명백히 입증되는 경우는 계약상 납품일을 기산일로 보아도 무방한 것으로 사료된다.

[질의] 건설공사를 목적으로 현장에 재료를 반입한 뒤 인수증 및 확인서를 발급하지 않았고 또한 세금계산서를 발행하지 않은 경우에 대하여 목적물 반입으로 간주되는지 여부는 어떠한가?

[회신] 하도급법에서 규정한 '목적물의 수령'이라 함은 수급사업자가 납품한 목적물을 받아 사실상 원사업자의 지배 아래 두게 되는 것을 말하며, 다만 이전이 곤란한 목적물의 경우는 검사를 개시한 때를 수령한 때로 보고 있다. 따라서 수급사업자가 공사를 목적으로 현장에 재료를 반입한 후 원사업자로부터 인수증 및 확인서를 받지 않았고 또한 세금

---

254) 법무법인 화우, 앞의 책, 217면

계산서를 발행하지 않은 경우라도 상기 사실에 대한 입증이 되면 동 법률에 대한 '목적물의 수령'으로 간주된다.

[질의] 하도급거래의 목적물이 되는 제품이 과다하여 전수 조사가 불가능함에 따라 발췌 검사를 하기로 합의한 경우 발췌 검사에서 합격하여 물품을 수령한 후 목적물 중에서 불량품이 발견되었다면 반품할 수 있는지 여부는 어떠한가?

[회신] 납품하는 제품의 합격여부에 대한 검사 책임은 원칙적으로 원사업자에게 있는 것이므로 합격한 것으로 처리하여 일단 목적물을 수령하였다면 반품하는 것이 엄격하게 제한된다. 그러나 목적물에 즉시 발견할 수 없는 하자가 있는 경우는 추후 수급사업자의 제조 과정에서의 하자인 것이 명백하다면 납품 후 상당 기간(예컨대 6개월) 내의 반품은 허용된다. 또한 하도급계약을 체결할 때 검사 방법을 발췌 검사 형식으로 하기로 합의하였고 불량품에 대한 반품 가능성을 명백히 유보한 경우라면 납품 후 발견된 불량품에 대해서는 반품 이유를 명확히 하여 신속하게 반품하는 것도 가능하다.

한편, 무검사 합격이나 수급사업자에 검사를 전적으로 위임한 경우는 원칙적으로 반품이 허용되지 않는다.

(#공사의 미완성&하자의 구별#하자보수청구권과하도급대금채무의상계#이행지체
#하자담보책임)

$\mathcal{A}$ 도급계약에서 미완성이 아닌 하자의 경우에는 계약해제나 수령거부, 반품이 불가
하다. 당초 예정된 공정의 대부분을 완료한 경우라면 완성으로 보아야 하고 하자
만 문제된다. 하자가 계약의 목적을 달성할 수 없는 수준인 경우에는 계약해제 등이 가능
하지만 상당한 기간이 지난 이후의 반품은 부당반품에 해당할 수 있다. 하자보증기간 종
료 후에 발생한 하자에 대하여는 보증책임이 없는 것이 원칙이지만 기간 종료 후에 발견
되었지만 그 발생원인이 기간 내의 것임을 입증하면 보증책임 대상이다. 건설하도급에서
하자가 원사업자의 지시나 설계상 잘못, 또는 원사업자가 제공한 자재 등의 잘못에 기인
한 것이라면 수급사업자의 책임이 인정되지 않지만, 실무적으로는 여러 가지 원인이 복
합적이고 그 영향을 개별적으로 분리하기가 쉽지 않으므로 법원은 공평의 관념에 따라
과실상계의 법리로 수급사업자의 책임을 경감하고 있다. 원사업자의 발주자에 대한 하자
담보책임과 수급사업자의 발주자에 대한 하자보수책임은 부진정연대관계이다. 수급사업
자의 회생절차에서 원사업자가 하자보수청구권을 회생채권으로 신고하지 않으면 실권될
수 있으므로 주의해야 한다. 건설산업기본법 등에 정해진 하자담보기간보다 당사자간 약
정으로 단기나 장기로 하는 것은 민사상 가능하지만 표준하도급계약서에서는 법령의 하
자담보기간보다 장기로 하지 못하게 규정하고 있음을 유의해야 한다.

해설

가. 미완성과 하자의 구별

하자란 '일반적으로 계약에서 정한 내용과 다른 구조적·기능적 결함이 있거나, 거래
관념상 통상 갖추어야 할 품질을 제대로 갖추고 있지 아니한 것'을 의미한다.

관련하여 수급사업자가 위탁받은 바를 제공하였지만 원사업자가 검수하면서 수령한
목적물상의 문제를 들어 수령을 거절할 수 있는지 문제된다. 목적물의 세세한 하자에 대
하여는 일단 목적물이 완성된 것으로 보고 하자담보책임으로 해결하는 것이 합당하지만,

목적물의 심각한 하자가 있는 경우에라면 아직 완성되지 않은 것이므로 수령을 거절하는 것이 형평에 맞다. 즉, 하자담보책임으로 문제를 해결할 수 있거나 수리나 보정이 가능한 경우 등에는 수급사업자의 귀책사유가 있다는 이유만으로 수령을 거절할 수 없지만, 그렇지 않은 경우에는 미완성이므로 수령을 거절할 수 있고, 계약목적을 달성할 수 없는 때라면 반품도 할 수 있다고 보아야 한다. 위탁취소수령거절반품지침은 수급사업자의 귀책으로 '수급사업자가 납품 등을 한 목적물 등이 원사업자가 위탁한 내용과 다르거나 목적물 등에 하자 등이 있고 이로 인해 계약목적을 달성할 수 없는 경우'에는 반품이 가능하다고 규정하고 있는데, 일응 위탁받은 바의 미완성에 대한 판단기준으로 볼 수 있다.

판례는 납품상품에 일부 하자가 있다 하더라도 그 하자로 인하여 계약의 목적을 달성할 수 없는 정도가 아니라면 수급사업자의 납품의무 미이행으로 볼 수 없어 하도급대금 지급의무가 발생하므로, 대금을 미지급했다면 하도급대금 및 지연이자 지급규정을 위반한 것이라는 입장이다(서울고등법원 2017. 2. 1. 선고 2015누48770 판결[255]).

특히 하자가 가장 많이 문제되는 건설공사와 관련하여 하자는 '일반적으로 공사계약에서 정한 내용과 다른 구조적·기능적 결함이 있거나, 거래 관념상 통상 갖추어야 할 품질을 제대로 갖추고 있지 아니한 것'을 의미한다.

건설공사의 완성과 미완성을 구분하는 실익은 공사가 완성된 후에 발생한 하자에 대해서는 하자담보책임을, 공사가 완성되기 전에 발생한 하자에 대해서는 계약불이행(채무불이행)책임이 발생하기 때문이다. 즉 하자가 발생하더라도 공사의 완성 전후에 따라 책임의 형태가 달라진다. 일반적으로는 하자담보책임이 계약불이행책임보다 작으며, 하자가 발생하더라도 공사가 완성된 후에는 이미 계약이행이 완료되었으므로 지체상금의 문제가 발생하지 않는다는 차이가 있다.

하자와 미완성의 구분기준과 관련하여, 당초 예정된 최후의 공정이 종료되었는지에 따라 공사의 완성과 미완성을 구분한다. 대법원은 '건물신축공사의 미완성과 하자를 구별하는 기준은 공사가 도중에 중단되어 예정된 최후의 공정을 종료하지 못한 경우에는 공사가 미완성된 것으로 볼 것이지만, 최후의 공정까지 일응 종료하고 주요구조부분이 약

---

255) 판결의 해당 부분은 다음과 같다.
　　원고는 이 사건 납품상품 대다수에 중대한 하자가 있다고 주장하나, 관련 민사사건에서 불량품의 확정을 위하여 채택한 한진통상의 감정결과에 의하면, 이 사건 납품상품의 불량률은 9.07%이고 불량품의 대부분(96,665개의 물품을 검사하여 8,774개가 불량품으로 판명되었고 그 중 8,211개는 수선 가능한 불량품이고 563개는 수선 불가능한 불량품이라고 감정되었다)이 수선 가능한 불량품이라는 것이며, 위 민사사건에서 이루어진 썬월드에프아이의 감정결과에 의하더라도 불량률은 38.58%라는 것이다. 이러한 결과만으로 이 사건 납품상품의 대다수에 중대한 하자가 있어 참가인이 납품의무를 이행하지 않는 것으로 평가해야 한다고 보기는 어렵고 달리 이를 인정할만한 증거가 부족하다.

정된 대로 시공되어 사회통념상 건물로 완성되고 다만, 그것이 불완전하여 보수를 해야 할 경우에는 하자로 봄이 상당하다'고 판시하였다(대법원 1994. 9. 30. 선고 94다32986 판결).

나. 하자보수청구권 또는 손해배상청구권의 행사와 이행지체

위탁 목적물이 완성된 후에 발생한 하자에 대하여는 하자담보책임이 있지만 완성되기 전에 발생한 하자에 대하여는 계약불이행(채무불이행) 책임이 있다. 한편, 원사업자의 수급사업자에 대한 하자보수청구권과 손해배상청구권은 수급사업자의 하도급대금채권에 대하여 대등액에 대하여 동시이행관계에 있다.[256] 그래서 원사업자가 수급사업자에 대한 하자보수청구권이나 손해배상청구권을 보유하고 이를 행사하는 한에 있어서는 수급사업자에 대한 하도급대금채무는 대등액에 대하여는 이행지체에 빠지지 않고 원사업자가 양자를 상계하는 의사표시를 하면 그 다음 날 비로소 지체에 빠지게 된다(대법원 1996. 7. 12. 선고 96다7250, 7267 판결).[257] 반대로, 하자보수청구권이나 손해배상청구권을 넘어서는 하도급대금채권에 대하여는 지급하여야 하며 지급하지 않으면 그 금액에 대하여 미지급 및 지연이자 지급책임을 부담하게 된다.

다. 부당반품과 민법상 하자담보책임의 관계

하도급법은 수급사업자의 귀책사유가 없는 한 목적물 등의 반품을 금지하고 있는데(법 제10조 제1항), 수급사업자의 귀책이 있는 경우에는 그 귀책의 크고 작음을 불문하고 언제나 반품이 가능한지 여부가 문제될 수 있다. 앞서 살펴본 바와 같이 귀책사유의 유무와 무관하게 목적물 등이 완성되지 않은 것으로 볼 수 있는 때에는 반품할 수 있지만, 단지

---

256) 대법원 1989. 12. 12. 88다카18788 판결
   도급계약에 있어서 완성된 목적물 또는 완성전의 성취된 부분에 하자가 있는 경우에는 도급인은 수급인에게 하자의 보수를 청구할 수 있고 하자보수에 갈음하거나 하자보수와 함께 손해배상을 청구할 수 있으며 이들 청구권은 특별한 사정이 없는 한 수급인의 공사대금채권과 동시이행의 관계에 있는 것이므로 이와 같은 하자가 있어 도급인이 하자보수나 손해배상청구권을 보유하고 이를 행사하는 한에 있어서는 도급인의 공사비지급채무는 이행지체에 빠지지 아니하고, 도급인이 하자보수나 손해배상채권을 자동채권으로 하고 수급인의 공사잔대금 채권을 수동채권으로 하여 상계의 의사표시를 한 다음날 비로소 지체에 빠진다고 보아야 할 것이다.

257) 서울고등법원 판결 중에 "원고는 수급사업자가 원고에게 하자보수보증금을 지급하지 않았다는 이유로 이 사건 시정명령의 위법성을 다툴 수 없다고 할 것일뿐더러, 수급사업자의 하자보수보증금 지급채무가 원고의 공사대금 지급채무와 동시이행관계에 있는 것이 아닌 이상 원고가 하자보수보증금 미지급을 이유로 수급사업자에 대한 하도급대금의 지급을 거절할 수는 없음..."이라는 판시가 있지만(서울고등법원 2004. 1. 29. 선고 2003누7790 판결), 하자보수보증금 지급의무와 하도급대금 지급의무 전체 간에 동시이행관계에 있지 않다는 의미일 뿐 하자보수보증금 상당액에 대한 하도급대금에 대하여까지 동시이행관계를 부정한 것은 아니라고 본다.

하자담보책임의 사유인 경우에는 반품이 부당하다고 보아야 한다.

위탁취소수령거절반품지침에 의하면, '수급사업자의 책임으로 돌릴 사유'란 수급사업자의 귀책사유로 수급사업자가 납품 등을 한 목적물 등이 원사업자가 위탁한 내용과 다르거나, 목적물 등에 하자 등이 있고 이로 인해 계약목적을 달성할 수 없는 경우를 말한다. 동 지침 역시 하자담보책임으로 문제를 해결할 수 있거나 수리나 보정이 가능한 경우 등에는 수급사업자의 귀책사유가 있다는 이유만으로 반품을 할 수는 없다는 취지로 볼 수 있다. 만약 하도급계약에서 과도한 반품을 허용하는 조항이 있어 그에 따라 반품하는 경우에는, 하도급법상 부당반품에 해당할 수도 있다는 점을 유의해야 한다.

라. 반품가능기간

수급사업자의 귀책사유로 반품이 가능한 경우라 하더라도 기간에 관계없이 반품할 수 있는가? 반품기간을 무제한으로 인정하게 되면 하도급거래관계의 안정화나 수급사업자의 이익보호라는 관점에서 문제된다. 일본의 경우 하자를 발견한 날로부터 상당한 기간이 경과하면 반품하지 못하도록 하고 있는데, 여기서 상당기간이란 하자가 명확하게 확정된 후 상당한 기간이 경과하여 수급사업자가 반품하지 않으리라는 신뢰가 생긴 때까지의 기간으로 해석된다.

또 즉시 발견할 수 있는 하자의 경우 원사업자가 전수검사를 하게 되면 검사에 필요한 표준적인 기간 내에 반품은 허용되지만, 의도적으로 검사기간을 연장하여 그 이후에 반품하는 것은 허용되지 않는다. 또한 통상의 검사로 발견할 수 없는 것이어서 어느 정도 기간이 경과된 후 발견된 하자라 하더라도, 수령 후 6개월을 초과한 반품은 원칙적으로 인정되지 않는다.[258]

우리 산업계에서는 원사업자가 검수를 신속하게 하지 않는 경향이 있는데, 검사에 대한 원사업자의 책임을 강조함으로써 반품기간에 대한 원·수급사업자 간의 다툼을 줄이고, 이미 납품을 완료한 때의 안정적인 법률관계를 위해서도 우리의 하도급법에서도 이러한 규정을 도입하는 것을 고려할 필요가 있다.

마. 반품과 추가적 손해에 대한 배상책임

원사업자가 검사과정을 거쳐 생산라인에 납품받은 부품을 투입하였는데, 이후 그 부품에 불량이 발견된 경우 수급사업자에게 부품 교환과 함께 추가발생한 비용을 요구할 수

---

258) 김홍석·구상모, 앞의 책, 151, 152면

있는지 문제된다.

원사업자가 검사과정에서 불량부품을 판별하지 못한 것에 대하여는 원사업자의 귀책도 있는 것이어서 불량부품 자체의 교환이나 이에 대한 손해배상은 하자담보로 허용된다고 보아야 하겠지만, 그 부품의 투입으로 인한 추가손실까지 수급사업자에게 부담시키는 것은 허용되기 어렵다. 민사상으로는 원사업자가 입은 추가손실은 특별손해이기는 하지만 수급사업자가 예견가능한 것이었다면(민법 제393조 제2항) 수급사업자가 배상해야 하는 손해에 해당될 여지를 배제할 수 없다.

하지만 하도급법상으로는 검사 실패로 불량 부품을 생산라인에 투입하여 추가 손해가 발생한 경우, 이를 수급사업자의 귀책이라 보기는 어려워 부당감액에 해당될 수 있다. 하도급법이 민사법의 특별법적 성격이 있으므로 만약 원사업자가 예견가능한 특별손해라고 주장하면서 손해배상을 청구하면 수급사업자는 부당감액으로 하도급법상 허용되지 않는다는 점을 들어 항변할 수 있다고 생각된다.

바. 보증기간 종료 후 하자보증금 청구

조합에서 발급받아 제출한 하자보증서의 보증기간이 경과했음에도 보증기간 내에 하자가 발생했다고 주장하며 보증금을 청구하는 경우가 있다. 이와 같은 경우, 하자보증금을 청구하는 발주자 또는 수급인 측에서 보증기간 내에 하자가 발생했다는 사실을 입증해야 한다. 예를 들어 보증기간 내에 하자가 발생했음을 입증하는 사진 등을 첨부하여 공문을 보낸 사실이 있다면 보증기간이 지난 후에도 보증책임이 발생한다.

사. 전문건설회사의 하자담보책임 면책사유

(1) 면책사유

하수급인이 완공한 하도급공사에서 하자가 발생하더라도 ① 발주자 또는 수급인이 제공한 재료의 품질이나 규격 등의 기준미달로 인한 경우 ② 발주자 또는 수급인의 지시에 따라 시공한 경우 ③ 발주자 또는 수급인이 건설공사의 목적물을 관계법령에 따른 내구연한이나 설계상의 구조내력을 초과하여 사용한 경우에는 하자담보책임이 없다.

(2) 면책유형

대법원은 '하수급인(전문건설회사)이 설계도면대로 시공하였으나 하자가 발생한 경우 설계도면대로 시공한 것은 수급인(종합건설회사)의 지시에 따라 시공한 것이므로 하수급인에게 하자담보책임이 없다'고 판시하였다(대법원 1996. 5. 14. 선고 95다24975 판결). 또한 '하수급인이 수급인의 지시에 따라 공사를 한 경우 그 지시가 부적당함을 알면서 수급인에게 고지하지 않은 경우라면 하자담보책임이 있으나, 이러한 경우에도 감리인에게 고지하고 그의 지시에 따라 원래의 설계도대로 공사를 계속했다면 감리인의 지시를 도급인 또는 수급인의 지시로 보아 하수급인에게 하자담보책임이 없다'고 판시하였다(대법원 1995. 10. 13. 선고 94다31747 판결).

아. 하자담보책임과 과실상계

하자담보책임은 법정 무과실 책임이므로 과실이 없다는 이유로 하자담보책임을 면할수는 없다(대법원 1994. 9. 30. 선고 94다32986 판결). 그래서 원칙적으로 원사업자 또는 발주자에게 하자와 관련하여 과실이 있더라도 민법 제396조의 과실상계를 적용할 수는 없을 것이다. 하지만 판례는 민법 제396조가 아닌 공평의 원칙에 기반하여 과실상계를 인정하고 있다. 관련하여 대법원은 "수급인의 하자담보책임에 관한 민법 제667조는 법이 특별히 인정한 무과실책임으로서 여기에 민법 제396조의 과실상계 규정이 준용될 수는 없다 하더라도 담보책임이 민법의 지도이념인 공평의 원칙에 입각한 것인 이상 하자 발생 및 그 확대에 가공한 도급인의 잘못을 참작하여 손해배상의 범위를 정함이 상당하다. 하자담보책임으로 인한 손해배상 사건에 있어서는 배상 권리자에게 그 하자를 발견하지 못한 잘못으로 손해를 확대시킨 과실이 인정된다면 법원은 손해배상의 범위를 정함에 있어서 이를 참작하여야 하며, 이 경우 손해배상책임을 다투는 배상 의무자가 배상 권리자의 과실에 따른 상계항변을 하지 아니하더라도 소송에 나타난 자료에 의하여 그 과실이 인정되면 법원은 직권으로 이를 심리·판단하여야 한다"고 판시하였다(대법원 1999. 7. 13. 선고 99다12888 판결).

자. 수급사업자가 건설산업기본법상 발주자에게 지는 하자보수채무와 원사업자가 원도급계약에 따라 지는 하자보수채무, 수급사업자가 하도급계약에 따라 원사업자에 대하여 지는 하자보수채무의 관계

원사업자는 원도급계약에 따라 발주자에 대하여 하자보수채무를 부담하고 수급사업자는 하도급계약에 따라 원사업자에 대하여 하자보수채무를 부담한다. 한편, 건설산업기본법 제32조 제1항은 "하수급인은 하도급받은 건설공사의 시공에 관하여는 발주자에 대하여 수급인과 같은 의무를 진다"고 규정하고 있고 이에 따라 수급사업자는 발주자에 대하여 자신이 시공한 부분에 대한 하자보수채무를 부담한다.

그런데, 수급사업자가 원사업자의 요구에 따라 하자보수채무에 갈음하여 손해배상을 하였는데 원사업자가 발주자에 대하여 손해배상을 하지 않아 발주자가 수급사업자에 대하여 하자보수 또는 이에 갈음하여 손해배상을 요구할 수 있는가? 수급사업자 입장에서 사실상 이중변제의 상황에 놓이게 되는 것이기는 하지만, 건설산업기본법 제32조 제2항은 "제1항은 수급인과 하수급인의 법률관계에 영향을 미치지 아니한다"고 규정하고 있기 때문에, 수급사업자가 원사업자에 대하여 손해배상을 해 주었는지 여부와 무관하게 발주자에 대하여는 원사업자가 지는 하자보수채무를 여전히 부담한다고 볼 수밖에 없다. 그래서 수급사업자로서는 원사업자의 요구로 하자보수나 이에 갈음한 손해배상 등을 하는 경우에는 반드시 발주자의 동의 또는 승낙을 받을 필요가 있다.

다음으로, 수급사업자가 발주자에 대하여 건설산업기본법에 따라 지는 하자보수채무와 원사업자가 발주자에 대하여 원도급계약에 따라 지는 하자보수채무는 중첩되는 부분에 관하여 부진정연대관계에 있다고 본다. 대법원은 "수급인이 도급인에게 건물신축공사 전체에 대하여 시공상 잘못으로 말미암아 발생한 하자의 보수에 갈음하는 손해배상채무를 부담하는 경우, 이는 공사도급계약에 따른 계약책임이며, 하수급인은 구 건설업법(1996. 12. 30. 법률 제5230호 건설산업기본법으로 전부 개정되기 전의 것) 제25조 제1항 및 건설산업기본법 제32조 제1항에 따라 하도급받은 공사에 대하여 도급인에게 수급인과 동일한 채무를 부담하는데, 이는 법률에 의하여 특별히 인정되는 책임이므로, 수급인과 하수급인의 채무는 서로 별개의 원인으로 발생한 독립된 채무이기는 하지만, 어느 것이나 도급인에 대하여 시공상 잘못으로 말미암아 발생한 하자의 보수에 갈음하는 손해를 배상하려는 것으로서 서로 동일한 경제적 목적을 가지고 있어, 수급인이 도급인에게 위 하자보수에 갈음하는 손해배상채무를 이행함으로써 그와 중첩되는 부분인, 하수급인의 도급인에 대한 하자보수에 갈음하는 손해배상채무도 함께 소멸되는 관계에 있으므로, 양 채무는 서로 중첩되는 부분에 관하여 부진정연대채무 관계에 있다"고 판시하였다(대법원 2010. 5. 27. 선고 2009다85861 판결).

차. 수급사업자의 회생절차에서 원사업자의 하자보수청구권의 취급

원사업자(도급인)의 하자보수청구권은 회생채권에 해당한다. 대법원은 "채무자 회생 및 파산에 관한 법률에 따르면, 관리인은 회생채권자 등의 신고에 앞서 회생채권자 등의 목록을 작성하여 법원에 제출하여야 하고(채무자회생법 제147조), 목록에 기재된 회생채권자 등은 법의 규정에 따라 신고된 것으로 보며(동법 제151조), 목록에의 기재 여부와 관계 없이 회생절차에 참가하고자 하는 회생채권자 등은 법원이 정한 신고기간 내에 법원에 자신의 회생채권을 신고하여야 하고(동법 제148조), 책임질 수 없는 사유로 신고기간 안에 신고를 하지 못한 때에는 그 사유가 끝난 후 1월 이내에 그 신고를 보완할 수 있으며(동법 제152조), 회생계획인가결정이 있는 때에는 회생계획이나 채무자회생법의 규정에 의하여 인정된 권리를 제외하고는 채무자는 모든 회생채권과 회생담보권에 관하여 그 책임을 면 하게 된다(동법 제251조). 채무자회생법 제251조에 정해진 면책이라 함은, 채무 자체는 존 속하지만 회생회사에 대하여 이행을 강제할 수 없다는 의미라고 봄이 상당하다"고 판시 하였다(대법원 2001. 7. 24. 선고 2001다3122 판결 등).

따라서, 원사업자(도급인)이 수급사업자(수급인)에 대한 회생절차의 회생채권 신고기간 내에 수급인에 대한 하자보수에 갈음하는 손해배상채권에 관하여 채권신고를 한 바 없고, 위 손해배상채권이 회생채권자 목록에 기재되지 아니한 상태로 회생계획인가결정이 이 루어진 경우 수급인은 위 손해배상채권에 대하여 채무자회생법 제251조에 따라 책임이 없게 되므로 도급인은 수급인에게 그 이행을 강제할 수 없다.

카. 하자보수비가 시공비 이상으로 발생할 경우 하자보수금액은?

공사도급계약의 체결에 따라서 공사를 완공했는데 시공된 부분에 하자가 발생, 도급인 이 하자보수 내지는 하자보수에 해당하는 손해금의 배상을 요청해 왔다. 하지만 하자부 분이 보수가 거의 불가능한 상황이고 실제 하자보수를 하더라도 시공비 이상의 보수비가 과다하게 발생할 상황이다. 이러한 경우에 하자보수 내지는 하자보수금액은 어떻게 산정 을 해야 하는지 문제이다.

원칙적으로 시공 목적물에 하자가 발생한 경우에는 시공업체가 직접 하자를 보수하거 나 하자보수에 갈음하는 비용을 지급해 줘야 한다. 그런데 하자보수가 불가능하거나 허 용되지 않는 경우가 발생할 수 있다. 예를 들어 토목공사의 경우 기초부분의 두께가 기준 에 미달되거나 오시공이 발생할 수 있고, 건축공사의 경우에는 벽체의 철근이나 철골 두 께가 설계기준에 미달되는 수가 있는데, 이러한 경우에는 하자보수가 거의 불가능하거나 하자보수가 가능하다고 하더라도 그 비용이 지나치게 과다하게 발생할 수 있다.

이와 같이 하자보수가 불가능하거나 허용되지 않는 경우에는 현실적으로 하자보수비 를 산정할 수 없으므로 하자로 인한 건물가치의 감소액, 즉 완전한 건물과 하자 있는 건 물과의 경제적 가치의 차액을 손해액으로 정해야 한다. 대법원에서도 계단과 창호를 설계도대로 시공하지 않은 사례에서 계단과 창호를 설계도대로 시공했을 경우의 건물의 교환가치와 현재 상태로의 교환가치와의 차액은 미미함에 반해 계단과 창호를 철거한 후 설계대로 재시공하는데 소요되는 비용은 지나치게 과다한 경우에는 도급인이 입게 된 손해라고 하는 것은 교환가치의 차액을 손해금으로 인정한 바 있다(대법원 1997. 2. 25. 선고 96다45436 판결). 또한, 만일 교환가치의 차액을 산출하기가 현실적으로 불가능하다면 하자 없이 시공했을 경우의 시공비용과 하자 있는 상태로의 시공비용의 차액을 하자로 인한 통상적인 손해로 보고 있다(대법원 1998. 3. 13. 선고 97다54376 판결).

타. 하자담보기간

건설산업기본법에 의하면, 건설공사의 목적물이 벽돌쌓기식 구조, 철근콘크리트구조, 철골구조, 철골철근콘크리트구조, 그 밖에 이와 유사한 구조로 된 것인 경우에는 건설공사 완공일로부터 10년, 이외의 구조로 된 것인 경우에는 건설공사 완공일로부터 5년 범위 내에서 대통령령에서 하자담보기간을 정하도록 되어 있고(건산법 제28조 제1항), 건산법 시행령에서는 공사별, 세부공정별로 하자담보책임기간을 규정하고 있다(시행령 제30조 별표 4.). 이러한 건산법상의 하자담보책임기간에도 불구하고, 다른 법령에 특별히 정한 바가 있거나 하도급계약에 따로 정한 바가 있다면 그 법령이나 계약에 따르면 된다. 수급사업자로서는 건산법상의 하자담보책임기간을 감안하여 그 범위 안에서 하자담보책임기간을 최소화할 필요가 있고, 반대로 원사업자 입장에서는 하자담보책임기간보다 장기로 할 필요가 있다.

관련하여 건설산업기본법 규정이 있더라도 다른 법령에 특별하게 규정되어 있거나 하도급계약에서 따로 정한 경우에는 그 법령이나 하도급계약에서 정한 바에 따른다. 예를 들어, 건설산업기본법상 하자담보 책임기간 중 실내의장 공사는 1년으로 규정되어 있으나 당사자가 하도급계약에서 2년으로 정했다면 하수급인의 하자담보책임기간은 2년이 되는 것이다. 그런데 원사업자들이 수급사업자들에게 불리하게 하자보수기간 개시일을 수급사업자의 공사완공일이 아니라 원사업자의 공사준공일로 하도록 정하고 더하여 하자보수책임기간도 건설산업기본법상 하자담보책임기간보다 장기로 정하여 짧게는 1년 내지 길게는 3년 이상 하자담보책임기간을 늘린다는 지적이 많았다. 수급사업자는 하도급공사계약을 체결할 때 하자담보책임기간의 기산일과 하자담보책임기간을 확인하여 건설산업기본법에서 정한 기간의 범위 내에서 기간을 정해야 공사 완공 이후 발생하는 하자에 대해 담보책임을 최소화할 수 있다.

한편, 공정거래위원회는 2020. 12. 17. 개정한 건설업종 표준하도급계약서 제54조 제3항에서 "이 계약에서 정한 하자담보책임기간이 「건설산업기본법」 등 관련법령에서 정한 하자담보책임기간보다 더 장기인 경우에는 「건설산업기본법」 등에서 정한 기간으로 한다."고 규정하여 하수급인에 대한 보호조치를 마련한 바 있다. 표준하도급계약서를 적극 활용하는 한편, 일반 계약 시에도 위 내용을 바탕으로 건산법상 하자담보책임기간만 적용하도록 하는 노력이 필요하다.

51 수급사업자가 하자담보책임이 인정되지 않거나 감경되는 경우

A 수급사업자가 시공한 부분에서 하자가 발생하더라도 원사업자의 지시나 원사업자로부터 제공받은 설계상 잘못에 기인한 것이거나 원사업자가 제공한 재료 등의 문제에 의한 것인 때에는 수급사업자에게 하자담보책임이 인정되지 않는다. 한편 건설과정에서는 원사업자의 지시와 수급사업자의 과실 등이 결합하여 하자가 발생하는 경우가 많은데 전적으로 수급사업자에게 담보책임을 전부 지게 하는 것은 불공평하므로 법원은 통상 과실상계의 법리 등에 따라 수급사업자의 책임비율을 한정하고 있다.

해설

수급사업자가 완공한 하도급공사에서 하자가 발생하더라도 ① 발주자 또는 원사업자가 제공한 재료의 품질이나 규격 등이 기준미달로 인한 경우, ② 발주자나 원사업자의 지시에 따라 시공한 경우, ③ 발주자나 원사업자가 건설공사의 목적물을 관계 법령에 따른 내구연한이나 설계상 구조내력을 초과하여 사용한 경우에는 하자담보책임이 없다.[259]

대법원은 "수급인이 설계도면의 기재대로 시공한 경우 이는 도급인의 지시에 따른 것과 같아서 수급인이 설계도면의 부적당함을 알고 도급인에게 고지하지 아니한 것이 아닌 이상, 그로 인하여 목적물에 하자가 생겼다 하더라도 수급인에게 하자담보책임을 물을 수 없다"(대법원 1996. 5. 14. 선고 95다24975 판결), "공사의 감리인은 건축주의 지정과 의뢰에 따라 건축주를 위하여 건축시공자가 하자 없는 건축물을 완성할 수 있도록 자신의 전문지식을 동원한 재량으로 공사가 설계도서대로 시공되는지 여부를 확인하여 공사시공자를 지도하는 사무를 처리하는 자이므로, 수급인이 공사 도중에 발생한 사정을 감리인에게 고하고 그의 지시에 따라 원래의 설계도서대로 공사를 계속한 것이라면 가사 완성된 건물에 설계도서의 결함으로 인한 하자가 발생하였다 하더라도 수급인이 설계도서의 부적당함을 알고 고지하지 아니한 것으로 볼 수 없다"고 판시한 바 있다(대법원 1995. 10. 13. 선고 94다31747 판결; 31754(반소) 판결).

한편 건설과정에는 다양한 공종과 재료가 결합하므로 재료의 성질 또는 수급인의 지시

---

259) 건설하도급법률분쟁실무, 234, 235면

뿐만 아니라 다양한 원인이 복합적으로 작용하여 하자가 발생하는 경우가 대부분이다. 따라서 수급인이 제공한 재료의 성질 또는 수급인의 지시사항, 하수급인의 과실 등이 결합하여 하자가 발생한 경우에 전적으로 하수급인이 담보책임을 지게 하는 것이 불공평한 경우가 많다. 따라서 법원은 하자담보책임과 관련하여 원사업자에게 하자를 발견하지 못한 잘못으로 손해를 확대시키는 등의 과실이 있다면 이를 참작해야 하며, 배상의무자가 과실상계항변을 하지 않더라도 소송에 나타난 자료에 의하여 직권으로 과실상계의 법리에 따라 손해배상액 감경 여부를 심리·판단해야 한다고 판시한 바 있다(대법원 1999. 7. 13. 선고 99다12888 판결).

52 하도급계약 해제의 종류와 합의해제시 주의사항

(#약정해제#법정해제#합의해제#합의해제와 손해배상)

A 계약해제는 약정해제, 법정해제, 합의해제가 있다. 약정해제는 계약에 정해진 바에 따라 해제하는 것으로 원상회복이나 손해배상은 원칙적으로 계약에 정한 바에 따른다. 법정해제는 민법의 일반원칙에 따르면 된다. 반면 법정해제의 경우 특별히 합의하지 않는 한 계약해제로 인한 손해배상을 청구할 수 없다.

해 설

계약해제에는 약정해제, 법정해제, 합의해제가 있다.

약정해제란 하도급계약 조항에 기한 해제이다. 계약상 해제사유에 의해 해제하는 것으로 그 효과 역시 계약상 규율을 따르게 된다. 법정해제란 채무불이행 등과 같이 법률상 규정된 해제사유에 기한 해제이며 그 효과 역시 계약상 조항에 따르게 된다. 법정해제가 이루어지면 해제권자는 발생한 손해에 대하여 귀책사유 있는 상대방에게 손해배상을 청구할 수 있다(민법 제551조, 제390조). 합의해제란 당사자 간 합의로 기존 계약의 효력을 소멸시켜 계약체결이 되지 않은 상태로 복귀시킬 것을 내용으로 하는 새로운 계약이다. 이 경우 합의의 내용에 따라 정해지고 민법상 해제효력에 대한 규정이 적용되지는 않는다(대법원 1979. 10. 30. 선고 79다1455 판결). 합의해제시 손해배상청구에 대한 특약이나 당초 계약에서 손해배상을 유보하기로 하는 등의 별도의 의사표시가 없다면, 귀책사유 있는 상대방에 대하여 손해배상청구를 할 수 없다(대법원 1989. 4. 25. 선고 86다카1147, 86다카1148 판결). 민법상 법정해제가 아니기 때문에 민법상 조항이 적용되지 않고 아울러 약정해제에 대한 계약조항이 적용되지도 않기 때문이다. 손해배상의 특약이 있었다거나 손해배상 청구를 유보하였다는 점은 이를 주장하는 당사자가 증명할 책임이 있다(대법원 2013. 11. 28. 선고 2013다8755 판결). 한편, 당사자 간 약정이 먼저이므로 우선 약정해제사유를 검토하고 이에 해당하지 않으면 법정해제사유를 검토해야 한다.

민사적 측면에서 하도급계약의 법정해제·해지나 계약상 해제·해지는 수급사업자의 책임으로 돌릴 사유가 있는 경우에나 가능하지만, 합의해제는 수급사업자의 귀책이 없더라도 원·수급사업자 간 합의만 있으면 가능하다. 그런데 하도급법 제8조가 수급사업자의 책임으로 돌릴 사유가 없는 경우에는 위탁을 임의로 취소하거나 변경할 수 없다고 규정하고 있는바, 수급사업자의 귀책사유 없는 합의해제 역시 동 조 위반인지 여부가 문제된다. 하도급법 제8조는 단속규정이므로 이에 위반한 행위(즉, 수급사업자의 귀책이 인정되지 않음에도 불구하고 합의해제한 행위)가 민사적으로는 유효할 수 있지만 하도급법위반을 벗어날 수 있는 것은 아니다. 하지만 합의가 수급사업자의 자유로운 의사결정에 기한 것으로, 수급사업자에게도 이익이 되는 경우까지 하도급법위반이라고 보아 행정적·형사적 제재를 가할 수는 없다고 본다.

한편, 원사업자와 합의해제를 하였음에도 불구하고 수급사업자가 진정한 의사가 아니라며 부당위탁취소 등으로 신고하게 되면, 공정거래위원회 실무에서는 그 합의해제가 수급사업자의 진정한 의사인지 여부에 대하여 보수적 관점에서 매우 신중하게 검토하므로 원사업자 입장에서는 대응이 어려울 수 있다. 합의 과정에 대하여도 쌍방이 확인한 회의록을 작성하고 관련 기록을 정리해 두는 등의 대비가 필요하다. 아울러 공정거래위원회는 실무상 합의서에 명시적으로 현출되지 않으면 합의사항에 포함되지 않았다고 보는 태도를 취할 수 있으므로, 가급적 법률에 따라 계약 해지 합의서를 꼼꼼하게 작성하고 특히 합의에 의해 해결되는 채무를 낱낱이 꼼꼼하게 포함하는 것이 필요하다.

A 하도급계약 역시 도급계약이므로 도급계약 해제의 법리에 따라, 일이 완성된 이후에는 계약해제가 허용되지 않고 그 전이라 하더라도 이미 완성된 부분에 대하여는 계약해제의 효력이 없고 미완성된 부분에 대하여만 효력이 있다(해제의 소급효 제한). 그래서 완성된 부분에 대하여는 기성률에 따라 하도급대금 지급의무가 있다.

해 설

가. 해제와 해지

계약의 해제란 상대방에게 채무불이행 등 일정한 사유가 발생한 경우 당사자 일방이 상대방에게 해제 의사표시를 하여 계약의 효력을 소급적으로 소멸시키는 것을 말한다. 반면, 계약의 해지란 계속적 거래관계에서 상대방에게 해지 의사표시를 하여 계약의 효력을 장래를 향하여 소멸시키는 것이다. 계약해제는 소급적으로 무효가 되므로 당사자에게 원상회복의무가 발생하지만, 계약해지의 경우 기왕의 거래는 유효하며 장래에 대하여만 계약관계를 소멸시키는 효과가 있다. 다만, 실무적으로는 해제와 해지가 혼용되고 있고, 그 용어와 무관하게 그 사유가 해지사유이면 해지이고 해제사유이면 해제인 것으로 해석하고 있다.

나. 일 완성 이후 해제 불가 및 일 완성전 해제의 소급효 제한

민법 제673조는 "수급인이 일을 완성하기 전에는 도급인은 손해를 배상하고 계약을 해제할 수 있다"고 규정하고 있고 제668조는 "도급인이 완성된 목적물의 하자로 인하여 계약의 목적을 달성할 수 없는 때에는 계약을 해제할 수 있다"고 규정하고 있다. 도급계약에서 일이 완성되기 전에는 도급인은 수급인의 귀책사유와 무관하게 계약을 해제할 수 있지만 일이 완성된 후에는 완성된 목적물의 하자가 중대하여 계약목적을 달성할 수 없을 때에만 계약해제를 할 수 있다는 취지이다. 다만, 수급사업자의 귀책사유 없이 원사업자가 일의 완성전이라 하여 하도급계약을 해제하는 것은 하도급법 제8조의 부당위탁취소에 해당하여 허용될 수 없다.

관련하여 대법원은 "건축공사의 도급계약에서 해제의 의사표시를 할 당시에 이미 공사가 완성되었다면 특별한 경우를 제외하고는 이제 더 이상 공사도급계약을 해제할 수는 없다"고 판시하여(대법원 1995. 8. 22. 선고 95다1521 판결), 일이 완성된 이후에는 원칙적으로 도급계약 해제가 허용되지 않음을 분명히 했다. 이런 법리는 건설도급계약 뿐 아니라 이 사건과 같은 대규모 제작물도급계약 등 도급계약 전반에 적용된다. 그래서 도급계약에서는 민법 제668조의 사유, 즉 일이 완성된 이상 완성된 목적물의 하자로 계약의 목적을 달성할 수 없는 경우가 아닌 한 계약 해제가 불가능하다. 도급계약에서 '일의 완성'과 '계약해제 불가'는 동전의 양면이므로, 하자가 중대하여 보수가 불가능하지 않은 한 계약해제가 불가능하다는 의미는 '일이 완성'되었다는 취지이다. 이와 같은 도급의 독특한 법리는 일이 완성되었음에도 사소한 하자로 계약해제가 이루어질 경우 초래될 사회·경제적 낭비와 비효율을 막기 위한 것으로 강행법규이다. 이 법리는 법정해제사유 뿐 아니라 계약상 약정해제사유 해석에서도 적용되며, 심지어 이에 반하는 계약조항은 무효다.

계약이 해제되면 계약관계가 소급적으로 해소되고 계약 당사자는 상대방에게 원상회복 의무를 부담하게 되므로(민법 제548조), 계약해제에는 원칙적으로 소급효가 인정된다. 하지만 공사도급계약이나 대규모 공작물제조도급계약 등 도급계약에 있어, 계약해제의 소급효를 인정하게 되면 수급인이 해제 시점까지 시공하거나 제조한 부분을 철거하거나 폐기해야 한다. 이는 사회·경제적으로 커다란 낭비일 뿐 아니라 수급인에게 지나치게 가혹한 결과를 초래하기 때문에, 계약이 해제되더라도 이미 완성된 부분에 대하여는 소급효가 제한된다. 즉, 일의 완성 전에는 계약해제가 허용되지만 계약이 해제되더라도 미완성된 부분에 대해서만 계약이 실효되고 이미 완성된 기성부분에 대하여는 계약의 효력이 유지되며, 도급인은 계약해제 시점까지 완성된 부분에 대한 인수의무를 부담한다. 이러한 해제의 소급효 제한 법리는 해제 사유에 따라 달라지는 것이 아니다. 해제의 종류가 무엇이든 소급효는 제한될 수 있다(대법원 1997. 2. 25. 선고 96다43454 판결). 수급인의 채무불이행을 이유로 한 법정해제이든(대법원 1993. 11. 23. 선고 93다25080 판결), 약정해제이든, 심지어 합의해제(대법원 1994. 8. 12. 선고 93다42320 판결[260]) 모두 해제의 소급효 제한의 법

---

260) 대법원 1994. 8. 12. 선고 93다42320 판결
　　공사중단 당시 수급인과 도급인이 공사중단 전에 시행된 공사에 대한 공사비를 지급하기로 약정하였다는 등 특별한 사정이 없는 한, 기성고대금에 관하여는 언급치 아니한 채 이후의 공사만을 포기하기로 수급인과 도급인이 상호 합의한 후 수급인이 도급인에게 공사포기서를 작성교부하고 공사를 중단하였다는 사정만으로는 도급인이 수급인에게 공사중단 이전에 이미 시공된 공사에 대한 보수를 지급할 의무가 있다고 할 수 없고, 다만 공사중단 당시 공사가 상당한 정도로 진척되어 이를 철거하여 원상회복하는 것이 상당한 경제적 손실을 초래하게 되고 또한 이미 완성한 공사부분이 도급인에게 이익이 된다면, 민법 제668조

리가 적용된다.

관련하여 대법원은 건축도급계약에서 "미완성부분이 있는 경우라도 공사가 상당한 정도로 진척되어 그 원상회복이 중대한 사회적·경제적 손실을 초래하게 되고 완성된 부분이 도급인에게 이익이 되는 경우에, 수급인의 채무불이행을 이유로 도급인이 그 도급계약을 해제한 때는 그 미완성부분에 대하여서만 도급계약이 실효된다고 보아야 할 것이고, 따라서 이 경우 수급인은 해제한 때의 상태 그대로 그 건물을 도급인에게 인도하고 도급인은 그 건물의 완성도 등을 참작하여 인도받은 건물에 상당한 보수를 지급하여야 할 의무가 있다"고 판시하였다(대법원 1986. 9. 9. 선고 85다카1751 판결). 또 대법원은 소프트웨어 개발·공급계약에서 "소프트웨어 개발·공급계약은 일종의 도급계약으로서 수급인은 원칙적으로 일을 완성하여야 보수를 청구할 수 있으나, 도급인 회사에 이미 공급되어 설치된 소프트웨어 완성도가 87.87%에 달하여 약간의 보완을 가하면 업무에 사용할 수 있으므로 이미 완성된 부분이 도급인 회사에게 이익이 되고, 한편 도급인 회사는 그 프로그램의 내용에 대하여 불만을 표시하며 수급인의 수정·보완 제의를 거부하고 나아가 수급인은 계약의 당사자가 아니므로 상대하지 않겠다고 하면서 계약해제의 통보를 하였다면, 그 계약관계는 도급인의 해제통보로 중도에 해소되었고 수급인은 당시까지의 보수를 청구할 수 있다"고 판시하였다(대법원 1996. 7. 30. 선고 95다7932 판결).

한편, 도급인이 "수급인이 일을 완성하기 전에는 도급인은 손해를 배상하고 계약을 해제할 수 있다"는 민법 제637조에 따라 도급계약을 해제하는 경우 수급인의 손해를 배상해야 한다.[261] 그 손해는 도급계약의 해제와 상당인과관계에 있는 모든 손해로서, 통상 수급인이 이미 지출한 비용과 일을 완성하였더라면 얻었을 이익을 합한 금액이다(대법원

단서의 취지나 신의칙에 비추어 도급인은 수급인에게 그 기성고에 상응하는 보수지급의무가 있다.

261) 대법원 2002. 5. 10. 선고 2000다37296, 37302 판결
　　[1] 민법 제673조에서 도급인으로 하여금 자유로운 해제권을 행사할 수 있도록 하는 대신 수급인이 입은 손해를 배상하도록 규정하고 있는 것은 도급인의 일방적인 의사에 기한 도급계약 해제를 인정하는 대신, 도급인의 일방적인 계약해제로 인하여 수급인이 입게 될 손해, 즉 수급인이 이미 지출한 비용과 일을 완성하였더라면 얻었을 이익을 합한 금액을 전부 배상하게 하는 것이라 할 것이므로, 위 규정에 의하여 도급계약을 해제한 이상은 특별한 사정이 없는 한 도급인은 수급인에 대한 손해배상에 있어서 과실상계나 손해배상예정액 감액을 주장할 수는 없다.
　　[2] 채무불이행이나 불법행위 등이 채권자 또는 피해자에게 손해를 생기게 하는 동시에 이익을 가져다 준 경우에는 공평의 관념상 그 이익은 당사자의 주장을 기다리지 아니하고 손해를 산정함에 있어서 공제되어야만 하는 것이므로, 민법 제673조에 의하여 도급계약이 해제된 경우에도, 그 해제로 인하여 수급인이 그 일의 완성을 위하여 들이지 않게 된 자신의 노력을 타에 사용하여 소득을 얻었거나 또는 얻을 수 있었음에도 불구하고, 태만이나 과실로 인하여 얻지 못한 소득 및 일의 완성을 위하여 준비하여 둔 재료를 사용하지 아니하게 되어 타에 사용 또는 처분하여 얻을 수 있는 대가 상당액은 당연히 손해액을 산정함에 있어서 공제되어야 한다.

2013. 5. 24. 선고 2012다39769 판결). 이 경우, 특별한 사정이 없는 한 도급인은 수급인에 대한 손해배상에 있어서 과실상계나 손해배상예정액 감액을 주장할 수 없다. 도급계약 특수성으로 수급인의 귀책사유와 무관하게 도급인에게 일방적인 계약해제권을 부여한 것에 더하여 과실상계까지 인정한다면 균형에 맞지 않은 처사이기 때문이다. 다만, 손익상계는 채무불이행이나 불법행위 등이 채권자 또는 피해자에게 손해를 생기게 하는 동시에 이익을 가져다 준 경우에는 공평의 관념상 그 이익은 당사자 주장을 기다리지 않고 손해를 산정함에 공제되어야 하는 것이므로 손익상계는 인정된다.

대법원은 도급계약에서 '일의 완성'과 관련하여 "도급계약에서 목적물의 주요구조부분이 약정된 대로 시공되어 사회통념상 일반적으로 요구되는 성능을 갖추었고 당초 예정된 최후의 공정까지 마쳤다면 일이 완성되었다고 보아야 한다. 목적물이 완성되었다면 목적물의 하자는 하자담보책임에 관한 민법 규정에 따라 처리하도록 하는 것이 당사자의 의사와 법률의 취지에 부합하는 해석이다. 개별 사건에서 예정된 최후의 공정을 마쳤는지는 당사자의 주장에 구애받지 않고 계약의 구체적 내용과 신의성실의 원칙에 비추어 객관적으로 판단해야 한다"고 판시하고 있다(대법원 2019. 9. 10. 선고 2017다272486, 272493 판결). 해당 판결은 건설도급계약에 대한 것이기는 하지만 대규모 제조물위탁계약에도 동일한 법리가 적용된다. 그렇다면 ① 예정된 최후의 공정을 종료하지 못한 경우에는 미완성이지만, ② 당초 예정된 최후의 공정까지 일응 종료하고 불완전하지만 그 주요부분이 완성된 경우에는 하자가 있을 뿐 '일의 완성'된 경우로 보아야 한다.

54 하도급계약 해제시 절차적 요건 : 최고의 필요성

A 이행지체로 인한 계약해제시에는 반드시 상당한 기간을 정한 이행의 최고가 필요하며 이행불능으로 인한 계약해제에서도 수급사업자가 사전에 이행하지 않음을 명백히 하지 않은 이상 상당한 기간을 두고 이행을 최고하여야 한다.

해 설

가. 이행지체에 따른 계약해제와 최고의 필요성

도급계약도 계약인 이상 계약 일반의 해제사유가 적용되므로 이행지체나 이행불능과 같은 채무불이행은 도급계약의 법정 해제사유가 된다. 이행지체를 이유로 계약을 해제하기 위하여는 상대방에게 상당한 기간을 정하여 이행을 최고해야 하는데(민법 제544조[262]), 도급계약 역시 해제를 위하여는 이행최고가 필요하다고 본다. 대법원은 "수급인의 이행지체를 이유로 한 도급계약의 해제도 다른 계약의 해제와 마찬가지로 도급인이 상당한 기간을 정하여 이행을 최고하였음에도 불구하고 수급인이 그 이행을 하지 아니하거나 수급인이 미리 이행하지 아니할 것을 표시한 경우라야 적법하다"고 판시하였다(대법원 1994. 4. 12. 선고 93다45480 판결). 도급계약이 계약기간을 도과하였음에도 일이 완성되지 않았다면 도급인은 수급인에게 상당한 기간을 정하여 이행을 최고하고 그 기간 내에 이행이 없으면 이행지체를 이유로 계약을 해제할 수 있다.

나. 이행불능에 따른 계약해제와 최고의 요구

수급인이 일을 완성할 능력이 명백하게 없거나(이행불능) 아예 일의 완성을 포기하겠다는 의사를 분명히 한 경우에는(이행거절) 도급인은 도급계약을 해제할 수 있다. 이행지체를 이유로 계약을 해제할 때에는 상당한 기간을 정하여 이행을 최고해야 하지만(민법

---

262) 민법 제544조(이행지체와 해제)
당사자 일방이 그 채무를 이행하지 아니하는 때에는 상대방은 상당한 기간을 정하여 그 이행을 최고하고 그 기간내에 이행하지 아니한 때에는 계약을 해제할 수 있다. 그러나 채무자가 미리 이행하지 아니할 의사를 표시한 경우에는 최고를 요하지 아니한다.

제544조), 이행거절의 경우에는 최고 없이 막바로 해제할 수 있다(민법 제544조 단서). 그런데 도급계약에서 이행불능의 경우에는 최고 없이 계약해제를 할 수 있는가?

우리 대법원은 "공사도급계약에 있어서 수급인의 공사중단이나 공사지연으로 인하여 약정된 공사기한 내의 공사완공이 불가능하다는 것이 명백하여진 경우에는 도급인은 그 공사기한이 도래하기 전이라도 계약을 해제할 수 있지만, 그에 앞서 수급인에 대하여 위 공사기한으로부터 상당한 기간 내에 완공할 것을 최고하여야 하고, 다만 예외적으로 수급인이 미리 이행하지 아니할 의사를 표시한 때에는 위와 같은 최고 없이도 계약을 해제할 수 있다"고 판시하고 있다(대법원 1996. 10. 25. 선고 96다21393, 21409 판결). 공사도급계약뿐 아니라 모든 도급계약에도 적용되는 법리이므로, 도급인은 약정된 도급기한으로부터 상당한 기간 내에 완공할 것을 최고하고 그래도 일을 완성하지 못할 경우 도급계약을 해제할 수 있다.

하도급계약의 해제와 중도타절

(#해제의 소급효 제한#선급금과 하도급대금의 정산#타절시 지연이자#타절기성고
#선급금의 처리)

A 약정 공사를 완성하지 못한 채 중도에 공사계약이 해제 또는 해지되는 것을 중간 타절이라고 하며 이 때 기성고를 확인하여 대금을 정산하는 것이 타절정산이다. 타절정산시 기성고 산정방식은 계약에 정해진 바가 있다면 이에 따르지만 그렇지 않을 경우 법원은 계약대금에 기성고를 곱하여 타절정산대금을 산정하면서 그 기성고에 대하여는 기투입 공사비를 기투입 공사비와 향후 투입될 공사비 합계액을 나누어 구하고 있다. 하도급대금에 대한 결정없이 공사가 진행되었다 타절된 경우에 타절정산금액을 구하는 방법은 당사자 의사표시의 해석문제이지만 통상 실제투입비용에 적정마진을 더한 금액을 지급하는 묵시적 합의가 있다고 본다. 합의타절시 기성고 검사일로부터 60일 이내까지 정산금액을 지급해야 하며 그 때까지 지급하지 않으면 하도급법상 지연이자 지급의무가 발생한다. 중도타절이 이루어지게 되면 구체적인 기성고에 해당하는 공사대금에 당연히 충당하고 잔여기성이 남아 있다면 그 금액만 지급하면 되는 것이고, 반대로 미지급 공사대금에 충당하고 남은 선급금에 대하여는 수급사업자가 원사업자에게 반환해야 한다. 합의해제시 특별한 사정이 없는 한 손해배상을 청구할 수 없다. 수급사업자의 귀책으로 인한 해제로 인하여 도급인이 직영하게 된 경우 그 비용이 수급인과의 약정금액을 넘더라도 합리적인 범위내라면 손해배상 대상이지만, 물가상승으로 증가한 공사비용에 대하여는 상당인과관계 있는 손해로 볼 수 없다.

해 설

가. 타절정산의 방법 및 기성고 산정

약정 공사를 완성하지 못한 채 중도에 공사계약이 해제·해지되는 것을 소위 '중간타절'이라고 하며 원사업자와 수급사업자가 기성고를 확인하여 공사대금을 정산하는 것을 소위 '타절정산'이라고 한다.

기성고란 완성된 부분의 공사비를 의미하고, 기성고율은 이미 완성된 부분에 투입된

공사비와, 아직 시공하지 못한 부분을 완성하는 데 필요한 공사비를 합친 전체 공사비 중에서 이미 완성된 부분에 투입된 공사비의 비율을 의미한다.

공사현장에서 사용되는 기성고의 산정 방법은 대체로 세 가지가 있다. 먼저 기시공 부분에 실제로 투입한 비용을 기성고로 보는 방법, 둘째 약정 총공사비에서 미시공한 부분의 완성에 실제로 소요될 공사비를 공제한 금액을 기성고로 보는 방법, 셋째 약정 총공사비에 기성고 비율을 곱하여 산정하는 방법이다.

그런데 대법원은 당사자 간에 기성고 산정방법에 대한 합의가 이루어졌다면 이에 따르면 되지만 그렇지 않은 경우에는 세 번째 방법에 의해야 한다고 보고 있다. 구체적으로 약정된 총공사비에 공사중단 시점의 기성고 비율을 곱한 금액이 되는데, 기성고 비율은 기완성 부분에 소요된 공사비와 미시공 부분을 완성하는 데 소요될 공사비를 합친 전체 공사비 가운데 이미 완성된 부분에 소요된 비용이 차지하는 비율이 된다(대법원 1989. 12. 26. 선고 88다카32470 판결).[263] 다만, 기완성된 부분이 너무 조잡하여 도급인에게 이익이 되기는커녕 철거나 폐기가 불가피한 경우에는 소급효 제한의 법리가 예외적으로 적용되지 않는다(대법원 1992. 12. 22. 선고 92다30160 판결[264]).

나. 보수지급 약정없이 도급공사를 합의해제한 경우

한편, 보수지급에 대한 약정 없이 도급공사를 합의해제한 경우 도급인은 수급인에게

---

263) 대법원 1989. 12. 26. 선고 88다카32470 판결
"건축공사도급계약에 있어서 수급인이 공사를 완성하지 못한 상태에서 도급인의 채무불이행을 이유로 계약을 해제한 경우에 공사가 상당한 정도로 진척되어 그 원상회복이 중대한 사회적·경제적 손실을 초래하게 되고 완성된 부분이 도급인에게 이득이 되는 때에는 도급계약은 미완성부분에 대해서만 실효된다고 볼 것이므로, 이 경우 수급인은 해제한 상태 그대로 그 건물을 도급인에게 인도하고 도급인은 인도받은 건물에 대한 보수를 지급해야 할 의무가 있으며, 그 보수의 액수는 다른 특별한 사정이 없는 한 당사자 사이에 약정된 총공사비를 기준으로 하여 그 금액에서 수급인이 공사를 중단할 당시의 공사기성고비율에 의한 금액이라 할 것이고, 기성고비율은 이미 완성된 부분에 소요될 공사비에다가 미시공 부분을 완성하는 데 소요될 공사비를 합친 전체공사비 가운데 이미 완성된 부분에 소요된 비용이 차지하는 비율이라 할 것이다"고 판시하였다.

264) 대법원 1992. 12. 22. 선고 92다30160 판결
건축공사가 상당한 정도로 진척되어 그 원상회복이 중대한 사회적, 경제적 손실을 초래하게 되고 완성된 부분이 도급인에게 이익이 되는 경우에는, 도급인이 그 도급계약을 해제하는 경우에도 그 계약은 미완성부분에 대하여서만 실효되고 수급인은 해제한 때의 상태 그대로 그 건물을 도급인에게 인도하고 도급인은 완성부분에 상당한 보수를 지급하여야 한다는 것은 당원의 견해이다. 그러므로 완성된 부분이 도급인에게 이익이 되지 않는 경우에는 위의 견해가 그대로는 적용될 수 없다고 할 것이고, 도급인이 완성된 부분을 바탕으로 하여 다른 제3자에게 공사를 속행시킬 수 없는 상황이라면 완성부분이 도급인에게 이익이 된다고 볼 수 없을 것이므로, 건물외벽의 수선을 내용으로 하는 이 사건 공사계약에 무조건 소급효를 제한하는 위의 견해의 결론만을 적용할 수는 없다 할 것이다.

보수를 지급할 의무가 있는가? 대법원은 "공사중단 당시 수급인과 도급인이 공사중단 전에 시행된 공사에 대한 공사비를 지급하기로 약정하였다는 등 특별한 사정이 없는 한, 기성고 대금에 관하여는 언급치 아니한 채 이후의 공사만을 포기하기로 수급인과 도급인이 상호 합의한 후 수급인이 도급인에게 공사포기서를 작성교부하고 공사를 중단하였다는 사정만으로는 도급인이 수급인에게 공사중단 이전에 이미 시공된 공사에 대한 보수를 지급할 의무가 있다고 할 수 없고, 다만 공사중단 당시 공사가 상당한 정도로 진척되어 이를 철거하여 원상회복하는 것이 상당한 경제적 손실을 초래하게 되고 또한 이미 완성한 공사부분이 도급인에게 이익이 된다면, 민법 제668조 단서의 취지나 신의칙에 비추어 도급인은 수급인에게 그 기성고에 상응하는 보수지급의무가 있다"고 판시하였다(대법원 1994. 8. 12. 선고 42320 판결).

다만, 원사업자와 수급사업자 간의 대등한 계약관계를 전제할 수 없는 하도급거래에서는 특별한 사정이 없는 이상 원사업자의 지시로 수급사업자가 위탁업무에 착수하였다면 하도급대금의 명확한 결정이 없더라도 이 하도급계약이 이루어진 것으로 보아야 하고 이 경우 하도급대금에 대하여는 당사자간 의사해석에 따르되 통상은 실제 투입비용에 적정 마진을 더한 금액을 하도급대금으로 지급하기로 하는 당사자간 합의가 있다고 보아야 한다(대법원 2013. 5. 24. 선고 2012다112138, 2012다112145 판결[265]).

다. 합의타절시 지연이자의 기산점

한편, 합의타절시 지연이자 발생의 기산점이 공사중단시점(타절통지 시점)이라는 견해와 합의타절 후 정산금 청구시점이라는 견해가 있을 수 있다. 공사중단의 귀책사유가 원사업자에게 있고 당사자 간 중도타절 내역에 지연이자가 포함되지 않은 경우에는 공사중단일로 보아야 한다는 견해도 있다. 공사중단일을 목적물 수령일로 보아 지연이자를 계산하지 않으면 중도타절이나 정산금 지급 등을 고의로 지연시켜 수급사업자에게 피해를 줄 수 있음을 근거로 들고 있다.[266]

생각건대, 중간타절에서의 지연이자 기산점, 즉 목적물 등 수령일을 일반적인 준공이나

---

265) 대법원 2013. 5. 24. 선고 2012다112138, 2012다112145 판결
"수급인이 일의 완성을 약속하고 도급인이 그 보수를 지급하기로 하는 명시적, 묵시적 의사표시를 한 경우 보수액이 구체적으로 합의되지 않더라도 도급계약이 성립된 것으로 본다. 공사도급계약에 있어서는 반드시 구체적인 공사대금을 사전에 정해야 하는 것이 아니고 실제 지출한 비용에 거래관행에 따른 상당한 이윤을 포함한 금액을 사후에 공사대금으로 정할 수 있다는 점에 비추어 볼 때, 당사자 사이에는 공사를 완성하고 공사대금은 사후에 실제 지출한 비용을 기초로 산정하여 지급하기로 하는 명시적 또는 묵시적 의사표시가 있었다고 보는 것이 경험칙에 부합한다"고 판시한 것이다.

266) 송정원, 앞의 책, 113, 114면

기성검사와 달리 수급사업자로부터 준공 또는 기성부분의 통지를 받고 검사를 완료한 날(법 제8조 제2항 단서의 규정에 의한 목적물의 인수일)로 보지 않을 근거가 없으므로, 타절통지 시점을 목적물 수령일로 보아 지연이자 발생 기산점으로 해석하는 견해는 타당하지 않다.

수급사업자가 타절통지에 동의하는 때에는 즉시 기성고를 확인하여 원사업자에게 통지하면 원사업자는 10일 이내에 검사를 할 의무가 있고(법 제9조 제2항), 기성검사가 종료되면 인수가 이루어진 것으로 보아 그 이후 60일 이내에 대금을 지급해야 하므로, 원사업자가 그 절차를 고의로 지연시킬 수 있는 여지는 거의 없다. 그래서 공사중단일이라고 보는 견해 역시 타당하지 않다. 원칙에 따라서 타절통지 후 기성검사가 이루어진 시점을 인수일로 보아 그로부터 60일이 지난 이후에 지연이자가 가산된다고 봄이 합당하다.

라. 중도타절시 선급금의 처리

선급금은 선급 공사대금이기 때문에, 중도타절이 이루어지게 되면 구체적인 기성고에 해당하는 공사대금에 당연히 충당하고 잔여기성이 남아 있다면 그 금액만 지급하면 되는 것이고, 반대로 미지급공사대금에 충당하고 남은 선급금에 대하여는 수급사업자가 원사업자에게 반환해야 한다(대법원 1997. 12. 12. 선고 97다5060 판결).

마. 합의해지시 수급인의 손해배상청구권

대법원은 "계약이 합의해제된 경우에는 그 해제시에 당사자 일방이 상대방에게 손해배상을 하기로 특약하거나 손해배상청구를 유보하는 의사표시를 하는 등 다른 사정이 없는 한 채무불이행으로 인한 손해배상을 청구할 수 없다"고 판시하였다(대법원 1989. 4. 25. 선고 86다카1147, 1148 판결).

바. 수급인의 귀책사유로 인한 법정해제의 효과와 손해배상의 범위

수급인의 귀책사유로 인하여 도급인이 계약을 해제한 경우 수급인은 상당인과관계있는 도급인의 모든 손해를 배상할 의무가 있다. 그 손해범위와 관련하여 수급인의 공사중단으로 도급인이 미시공부분을 수행하게 되어 그 비용이 수급인과의 약정금액을 넘더라도 증가된 비용 중 합리적인 범위 내의 금액은 상당인과관계 있는 손해에 해당하며, 또 그로 인하여 예산을 초과하여 시공하지 못한 부분에 대한 공사비용 중 합리적인 범위내의 비용도 상당인과관계 있는 손해에 해당하지만, 물가상승으로 증가한 공사비용과 관련하여는 도급계약상 물가변동으로 인하여 증액되는 경우라면 손해라 볼 수 없다고 한다. 관련하여 대법원은 "당초의 시공 회사가 공사를 중단함으로 인하여 도급인이 그 미시공 부분에 대하여 비용을 들여 다른 방법으로 공사를 시행할 수밖에 없고 그 비용이 당초 시공 회사와 약정한 공사대금보다 증가되는 경우라면 증가된 공사비용 중 합리적인 범위 내의 비용은 시공 회사의 공사도급계약 위반으로 인한 손해라고 할 것이고, 당초의 시공 회사가 공사를 중단하여 도급인이 제3의 시공자로 하여금 같은 규모의 공사를 하게 하였 으나 그 비용이 당초의 시공 회사와 약정한 공사대금보다 증가하게 되어 도급인의 자금 사정상 부득이 공사 규모를 축소하게 됨으로써 건축하지 못하게 된 부분에 관한 공사비 용 중 합리적인 범위 내의 비용도 시공 회사의 채무불이행으로 인한 손해라고 볼 수 있을 것이지만, 당초의 도급계약에서 공사가 진행되는 과정에서 물가변동 등의 사유가 있으면 처음에 정하여진 공사대금의 증액이 예정되어 있어서 비록 수급인의 귀책사유 때문에 공 사가 중단되었다고 하더라도 그러한 공사중단과는 무관하게 물가변동으로 인한 공사대 금의 증액사유가 발생하여 도급인으로서는 어차피 당초 약정된 공사대금을 증액 지급할 것을 회피할 수 없었던 경우라면, 그러한 공사대금의 증액으로 인하여 도급인에게 추가 적인 경제적인 부담이 초래되었다고 하더라도 다른 특별한 사정이 없는 한 이를 가리켜 수급인의 귀책사유와 상당인과관계가 있는 손해라고 보기는 어렵다고 할 것이다"고 판시 하였다(대법원 2002. 11. 26. 선고 2000다31885 판결).

56 원사업자가 기성고를 지급하지 않을 경우 수급사업자는 공사를 중단할 수 있는지

(#불안의 항변권#동시이행채무#선이행채무)

A 하도급대금지급의무와 목적물제공의무는 동시이행관계이므로 원사업자가 기성고를 지급하지 않을 경우 수급사업자는 불안의 항변권을 행사하여 공사를 중단할 수 있다.

해설

목적물의 제공과 대금의 지급은 다른 약정이 없으면 동시이행관계이다. 하지만 하도급계약에서 통상 수급사업자가 목적물을 완성하여 제공하면 원사업자가 그로부터 며칠까지 대금을 지급하는 것으로 규정되어 있고, 하도급법에서도 목적물 수령일로부터 60일 이내에 지급하도록 되어 있기 때문에, 수급사업자의 목적물 제공의무는 원사업자의 대금 지급의무보다 선이행되어야 하는 것으로 볼 수 있다.

그런데 기성고 방식으로 지급되는 하도급계약에 있어 원사업자가 기성금을 약정한 날에 지급하지 않으면 수급사업자로서는 공사를 계속 진행하더라도 하도급대금을 지급받을 수 있을지 여부에 대하여 불확실하게 된다. 그럼에도 불구하고 선이행의무가 있다는 이유로 수급사업자에게 계약을 계속 이행하도록 하는 것은 공평의 관념에 반한다.

민법 제536조 제2항은 '불안의 항변권', 즉 쌍무계약의 일방이 상대방에게 먼저 이행해야 하는 의무를 지고 있는 경우에도 상대방의 이행이 곤란한 현저한 사유가 있을 때의 동시이행항변권을 규정하고 있다. 수급사업자는 동 조의 '불안의 항변권'을 가지고 미지급된 하도급대금을 받기 전까지는 공사를 중단할 수 있다(대법원 2007. 10. 11. 선고 2007다31914 판결). 이 경우, 원사업자의 대금미지급은 수급사업자 입장에서 정당한 계약이행 거절사유이므로 공사를 중단하더라도 하도급계약위반이 아니다. 그럼에도 불구하고 원사업자가 대금을 지급하지 않으면 수급사업자는 이를 이유로 계약을 해제 또는 해지하고 손해배상을 청구할 수도 있다.

57 부가가치세가 하도급대금에 포함되는지 여부

A 공정거래위원회와 서울고등법원은 부가가치세가 하도급대금 및 위반금액에 포함된다는 전제에서 과징금산정의 기초로 보고 미지급 부가가치세의 경우에는 하도급법상 지연이자도 부과된다는 입장이지만 필자는 동의하지 않는다. 한편, 계약상 부가가치세 지급이 명시된 경우라면 당연히 미지급 부가가치세도 지급명령의 대상이 되고 계약상 그 지급이 명시되지 않은 경우라 하더라도 수급사업자에게 민사상 지급권원이 없음을 고려하여 부가가치세에 대한 지급명령을 내리는 것이 바람직하다. 다만, 하도급대금 미지급에 따른 지연이자나 어음할인료, 어음대체수단에 대한 수수료에 대하여는 부가가치세가 부과되지 않는다.

해설

과징금은 하도급대금의 2배에 위반금액과 부과기준율을 곱해서 계산되는 기본산정기준에서 가중·감경을 통해 결정된다. 만약 하도급대금 및 위반금액에 부가가치세가 포함된다면 그만큼 과징금의 총액이 늘어날 수 있다. 또, 미지급 하도급대금에는 지연이자 등이 부과되므로 부가가치세가 이에 포함된다면 부가가치세에도 지연이자가 부과될 수 있다.

이와 관련하여 공정거래위원회는 과징금산정의 기초가 되는 하도급대금 및 위반금액에 부가가치세가 포함된다는 입장이다. ① 관련 법령이나 고시상 부가가치세를 제외한다는 명시적인 규정이 없으며, ② 원사업자가 수급사업자에게 지급해야 하는 하도급대금에는 부가가치세가 포함된다고 보아야 하며, ③ 그 개념이 관련매출액과 다르다는 점을 근거로 든다(2015. 8. 28. 공정거래위원회 재결 2015-039호, 사건번호 2015협심2150). 또, 하도급대금에 대한 부가가치세 역시도 하도급대금에 해당하므로 이에 대하여도 지연이자를 부담해야 한다는 서울고등법원의 판결이 있다(서울고등법원 2011. 2. 16. 선고 2009나99459 판결[267]).

---

267) 서울고등법원 2011. 2. 16. 선고 2009나99459 판결
　　피고들은 phc파일 추가공사비와 테스트항타 비용은 불법행위 또는 채무불이행으로 인한 손해배상금으로서 공사대금에 해당하지 않고 위 각 공사대금에 포함되어 있는 부가가치세 상당액은 국가에 납부할 조세로서 원고가 수급사업자로서 지급받는 공사대금이라고 보기 어려우므로, 위 각 해당 금액에 대한 지연손

생각건대, 위반금액에 대하여는 선급금, 선급금에 대한 지연이자 미지급금액, 하도급대금, 하도급대금에 대한 지연이자 미지급금액 등을 의미한다고 규정하고 있고(시행령 별표 2. 제2호 가목 2) 및 제1호 나목), 하도급대금에 대하여 법위반사건의 하도급거래에서의 계약금액을 의미한다고만 규정하고 있을 뿐, 부가가치세가 포함되는지는 직접적으로 언급하고 있지 않다. 결국 '하도급대금'에 부가가치세가 포함되는지 여부는 상관행으로 해석하지 않을 수 없다. 계약서상 대금란에 부가가치세를 제외한 금액을 기재하면서 '부가가치세 별도'라고 기재하는 점 등에 비추어 볼 때 하도급대금과 같은 '대금'에는 부가가치세가 포함되지 않는다고 보는 것이 통상이다. 부가가치세는 공급자가 국가에 납부하기 위하여 공급자가 거래징수하여 보관하는 국가에 대한 채무이지, 상품이나 용역에 대한 공급대가로 볼 수 없기 때문이다. 더욱이 부가가치세법은 공급한 재화 또는 용역의 공급가액과 부가가치세를 구별하고 있는데(부가가치세법 제29조 제1항), 하도급대금을 부가가치세법상의 공급가액과 달리 볼 근거가 없다. 이런 점을 종합해 보면, 부가가치세가 하도급대금 및 위반금액에 포함된다는 공정거래위원회 및 서울고등법원의 판단에 동의하기 어렵다.

부가가치세가 하도급대금에 해당하지 않는다면, 지연 하도급대금에 부과되는 지연이자 역시 지연된 부가가치세에는 부과되지 않는다고 보아야 한다.

한편, 하도급계약에서 원사업자가 수급사업자에게 부가가치세를 지급해야 한다는 조항이 명시된 경우에는 지급명령을 하는 것에는 이견이 없지만, 부가가치세 지급조항이 없는 경우에는 수급사업자가 원사업자에 대하여 부가가치세 지급을 청구할 권원이 없다는 판례(대법원 2002. 11. 22. 선고 2002다38828 판결)에 비추어 지급명령 대상에 부가가치세가 포함될 수 있는지 의문이 있다. 하지만 하도급법 제25조 제1항이 하도급대금과 같은 미지급금액에 대해서만 지급명령을 할 수 있다고 명시적으로 규정하지 않았을 뿐 아니라, 폭넓은 재량권이 인정되는 시정조치명령의 특성상 공정거래위원회가 필요하다면 미지급 하도급대금 등 위반금액뿐 아니라 부가가치세를 포함시킬 수 있다. 이런 시정조치명령의 특성상 하도급대금에 부가가치세가 포함되어 있지 않다고 해석하더라도 공정거래위원회가 부가가치세에 대해서까지 지급을 명하는 것은 전혀 문제가 없다. 더욱이 공정거래위

해금은 하도급거래법 및 공정거래위원회의 고시에서 정한 이율을 적용할 수 없다고 주장한다. 하도급거래법상의 하도급대금이란 수급사업자가 원사업자로부터 제조위탁·수리위탁·건설위탁 또는 용역위탁을 받아 그 위탁받은 제조·수리·시공 또는 용역을 수행하여 원사업자에게 납품·인도 또는 제공을 하고 받은 대가를 말하는 것인 바(하도급법 제2조 제1항 참조), phc파일 추가공사비와 테스트항타 비용은 원래 계약에서 정한 작업 외에 원고가 공사 도중 추가로 위탁받은 작업을 수행하고 받게 되는 대가이므로 공사대금에 해당한다고 할 것이고, 공사대금에 포함되어 있는 부가가치세 상당액 역시 시공에 대한 대가로 지급받게 되는 것이고 원고가 공사대금을 지급받은 후 그 중 일부로 부가가치세를 납부하는 것은 공사대금 처분방법의 하나에 지나지 않는다고 할 것이므로, 피고들의 위 주장은 전부 이유 없다.

원회가 지급명령을 하지 않으면 수급사업자가 원사업자로부터 부가가치세를 민사상 청구하기 어려운 점(대법원 2000. 2. 22. 선고 99다62821 판결)에 비추어 볼 때, 공정거래위원회의 지급명령에는 부가가치세가 포함되어야 한다.

반면, 공급가액에 대해서만 부가가치세가 부과되는 것이고 하도급대금 등을 지연 지급하여 발생하는 지연이자 등은 부가가치세 과세대상이 아니므로(부가 46410-2499, 1998. 8. 20.), 지연이자, 어음할인료 및 어음대체결제수단에 대한 수수료 지급을 명하면서 부가가치세까지 지급명령해서는 안 된다.

58 수급사업자는 원사업자에 대하여 부가가치세 지급청구를 할 수 있는지

A 법원은 하도급계약서에서 부가가치세 지급채무를 규정하지 않은 이상 수급사업자는 원사업자에게 부가가치세 지급을 구할 수 없지만 다만 '하도급대금(부가가치세 별도)'으로 하도급계약에서 기재한 경우에는 부가가치세 약정이 있는 것으로 본다. 한편, 원사업자와 수급사업자가 관련 용역이 부가가치세 과세대상이 아닌 줄 알고 부가가치세 지급을 약정하지 않은 경우라면 수급사업자는 원사업자에게 부가가치세 본세 상당의 부당이득반환을 청구할 수 있지만 수급사업자가 부과받은 가산세나 조세범처벌법위반에 따른 벌금 등은 청구할 수 없다.

해설

가. 수급사업자의 원사업자에 대한 부가가치세 청구권원 부존재

공사도급계약을 체결하면서 공사대금과 별도로 도급인(원사업자)이 부가가치세를 부담하기로 약정한 경우에는 사적자치의 원칙에 따라 수급인(수급사업자)은 그 약정에 따라 도급인에게 부가가치세 상당액의 지급을 청구할 수 있다(대법원 1997. 3. 28. 선고 96다48930, 48947 판결). 부가가치세 부담에 대한 약정은 반드시 공사도급계약 체결시점에 있어야 하는 것이 아니고 공급 중 또는 공급이 종료된 이후에도 유효하며 반드시 명시적이어야 하는 것도 아니고 묵시적인 형태로도 가능하다(대법원 2002. 11. 22. 선고 2002다38828 판결). 대법원은 계약의 일부로 첨부된 견적서에서 '세액은 별도'로 기재하고 있었고, 계약의 내용에도 부가가치세 과세대상 거래로서 원고가 공급가액과 세액을 구분하여 전자세금계산서를 발급하였음에도 이에 대하여 피고(공급자)가 뚜렷하게 이의를 제기하지 않은 사건에서 원고와 피고 사이에 부가가치세를 부담하기로 하는 약정이 있었다고 보았다(대법원 2016. 9. 28. 선고 2016다20671 판결).

그렇지만 부가가치세를 지급하기로 하는 별도 약정이 없는 경우, 판례는 사업자인 수급인(수급사업자)이 부가가치세법을 근거로 도급인(원사업자)에게 부가가치세를 징수할 사법상 권리는 없기 때문에, 지급청구가 불가하다고 보고 있다(대법원 2002. 11. 22. 선고

2002다38828 판결). 또한 용역이나 재화를 공급받은 자는 거래상대방이나 국가에 대하여 직접 부가가치세를 지급하거나 납부할 의무가 있는 것도 아니기 때문에, 수급사업자가 부가가치세를 납부했더라도, 이는 건축용역의 공급자로서 자기의 납세의무를 이행한 것일 뿐 거래상대방인 원사업자가 납부해야 할 부가가치세를 대위납부한 것으로 볼 수 없기 때문에, 별도의 약정이 없는 이상 원사업자에 대하여 부가가치세 상당액을 구상할 수도 없다(대법원 1993. 8. 13. 선고 93다13780 판결). 더하여 판례는 공사대금계약을 체결하면서 공사대금과 별도로 부가가치세를 추가로 지급하기로 하는 특약을 하지 않고 단지 공사대금 ○○○원으로 기재한 경우 약정공사대금에 부가가치세가 포함된 것으로 보고 있다(대법원 2000. 2. 22. 선고 99다62821 판결[268]). 따라서 수급사업자가 원사업자에 대하여 하도급대금 이외의 부가가치세에 대하여 부당이득으로 반환청구조차 할 수 없다.

한편, 지체상금은 부가가치세 과세대상이 아니다(대법원 1997. 12. 9. 선고 97누15722 판결).

나. 수급사업자가 부가가치세 부과처분으로 납부한 다음 원사업자에 대하여 부당이득반환청구를 할 수 있는지

앞서 본 바와 같이 계약상 부가가치세 지급약정이 없는 이상 수급사업자가 원사업자에 대하여 부가가치세를 청구할 수 없는데, 이는 수급사업자가 이후 과세관청으로부터 부가가치세 신고, 납부의무 위반으로 부가가치세 및 가산세 부과처분을 받더라도 마찬가지이다. 다만, 원사업자와 수급사업자가 계약 당시 관련되는 거래가 부가가치세 과세대상이 아닌 줄 알고 계약에서 부가가치세 지급에 대한 사항을 규정하지 않은 것이라면, 수급사업자는 원사업자에 대하여 부가가치세 상당액에 대하여 부당이득반환청구를 할 수 있다. 반대로 원사업자와 수급사업자가 계약 당시 거래가 부가가치세 과세대상인줄 알고 부가가치세를 지급하였는데 이후 부가가치세 과세대상이 아닌 것으로 밝혀졌다면 원사업자는 수급사업자에 대하여 부가가치세를 부당이득으로 반환청구할 수 있다. 다만, 어느 경우이든 간에 부가가치세 신고 및 납부에 대한 가산세나 허위세금계산서 발행, 수수와 관

---

268) 대법원 2000. 2. 22. 선고 99다62821 판결
　　무면허 건설업자와 공사대금을 평당 일정액으로 정하고 공사도급계약을 체결하면서 그 공사대금과 별도로 도급인이 수급인에게 부가가치세를 추가 지급하기로 약정한 바 없다면, 특별한 사정이 없는 한 약정공사대금에는 부가가치세가 포함된 것으로 보아야 하고, 수급인이 도급받은 공사의 전부를 직접 시공하지 아니하고 그 일부를 하도급주어 하수급인에게 그에 따른 부가가치세를 포함한 하도급공사비를 지급하였다고 하더라도 도급계약상의 약정공사대금이 지급된 부가가치세 금액만큼 추가된다고 볼 수는 없으므로, 수급인이 무면허 건설업자로서 부가가치세를 환급받을 처지가 되지 못하여 도급인이 임대사업자로서 임대건물의 신축공사와 관련하여 하수급인에게 지급된 부가가치세를 매입세액으로 하여 환급받았다 하여 약정공사비와 별도로 그 환급받은 금원을 수급인에게 반환해야 할 의무는 없다.

련한 조세범처벌법 위반에 따른 벌금 등에 대하여는, 상대방이 납세의무 위반을 강요하거나 교사하였다는 등의 특별한 사정이 없는 한 자기의 납세의무 위반에 따른 제재이므로, 부당이득반환이나 불법행위로 인한 손해배상청구가 불가하다.

즉, 계약 당사자간에 부가가치세 과세 여부에 대한 착오로 문제가 발생한 것일 때에는 부가가치세 본세에 대하여는 부당이득반환청구를 허용하는 것인데, 이는 부당이득으로 반환하는 주체는 과세관청에 대하여 법정신고기한 경과후 5년의 기간 내에 경정청구를 통하여 관련세액을 환급받을 수 있기 때문이다(국세기본법 제45조의2 제1항). 다만, 경정청구 기간을 도과한 경우라 하더라도 이 역시 경정청구권자의 잘못이므로, 여전히 부가가치세 본세에 대한 부당이득반환의무에는 지장이 없다고 본다.

당연한 법리이기는 하지만 대법원 판결은 없고 하급심 판결만 찾을 수 있다. 먼저 착오로 부가가치세를 지급한 경우에 대한 것이다. 한국전력공사와 건설주식회사 간 건설도급 계약에 따라 건설주식회사가 한국전력공사에 공사대금과 10%의 부가가치세를 징수한 후 향후 위 공사대상 건물(주택)이 주택건설촉진법 소정의 국민주택에 해당되어 그 건설용역에 대해서는 부가가치세가 면제되는 사실이 확인됨에 따라 한국전력공사가 건설주식회사에 잘못 징수납부한 부가가치세액을 부당이득으로서 반환해야 한다고 청구한 사안에서, 법원은 "부가가치세 면제자가 자신을 납세의무자로 오인하여 공급가액의 10퍼센트를 부가가치세로 포함시켜 징수하고 국가에 납부하였다면, 이는 법률상 근거없이 부가가치세를 공급받는 자로부터 징수한 것이므로 위 금액을 반환해야 하고 공급자가 잘못 징수하여 국가에 납부한 것에 대하여 법률상 허용되는 구제절차를 밟아 국가로부터 되돌려 받았는지 여부는 공급받는 자의 위 반환청구권 행사에 영향을 미칠 수 없다"고 하여 부가가치세 면제자가 잘못 징수납부한 부가가치세액을 부당이득으로서 반환해야 한다고 판시하였다(서울고등법원 1984. 11. 21. 선고 84나2212 판결). 또, 「원고 A사와 피고 주식회사 B사 간의 부당이득반환 사건에서 원고가 공사대금 10억 원 및 부가가치세 1억 원을 포함하여 11억 원을 지급한 상태에서 피고가 부당하게 추가 공사대금을 별도로 지급해 줄 것을 요구하며 공사를 중단하였고, 이로 말미암아 준공기일까지 공사를 완성할 가능성이 없음이 명백해짐에 따라 원고가 공사계약을 해지하였고 이에 피고 주식회사 B는 부가가치세를 제외한 10억 원 만이 공사대금으로 지급된 것으로 보아야 한다고 주장한 사안」에서 서울고등법원은 "원고가 이 사건 공사계약에 따라 피고에게 부가가치세를 포함한 공사대금을 지급하였고, 이 사건 공사계약이 해지됨에 따라 피고에게 정산의무가 발생하는 이상, 피고의 부가가치세 상당액 보유 여부와 관계 없이, 원고가 피고에게 지급한 부가가치세 상당액도 부당이득 반환대상에 포함된다고 봄이 타당하다(서울고등법원 2020. 9. 18. 선고 2018

나205595 판결)."라고 판시한 바 법률상 원인없는 이익에 부가가치세가 포함됨을 명시하였다.

[서울고법 2018나20559 판결 사안]

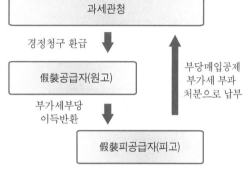

| [당초 신고납부의 법률관계] | [조세부과처분 후 올바른 법률관계] |

다음으로 착오로 부가가치세 과세대상을 면세대상으로 본 경우이다. 부가가치세 납세대상임에도 서로 부가가치세를 거래징수를 하지 않은 후에 과세관청이 부가가치세를 거래징수하여 납부하지 않은 공급자에게 부가가치세 부과처분을 하자 공급자가 공급받은 자에게 지급하지 않은 부가가치세를 부당이득으로 반환하라고 청구한 사건에서 부가가치세를 부당이득으로 지급하라는 판례사안이다. 대구고등법원은 "甲 주식회사가 지방자치단체와 여러 차례에 걸쳐 국가보조금 교부대상사업인 조림사업에 관한 도급계약을 체결하면서 일부 사업에 관하여는 부가가치세 부과대상이 아니라고 보아 부가가치세가 포함되지 않은 금액으로 공사대금을 산정하여 지급받은 다음 부가가치세를 신고·납부하지 않았는데, 그 후 과세관청이 가산금을 포함한 부가가치세 납부고지를 하자 지방자치단체를 상대로 고지된 부가가치세 상당액의 부당이득반환을 구한 사안에서, 제반 사정에 비추어 甲 회사와 지방자치단체 모두 위 공사대금이 부가가치세 면세대상인 것으로 착오한 상태에서 도급계약을 체결하였고 이러한 착오가 없었다면 기존 공사대금에 부가가치세를 합한 금액으로 공사대금을 정하였을 것으로 보이므로, 지방자치단체는 甲 회사가 부담하게 될 부가가치세 상당액을 지급할 의무가 있다"고 판시하였다(대구고등법원 2012. 6. 13. 선고 2012나915 판결).

[대구고법 2012나915 판결 사안]

[당초 신고납부의 법률관계]

[조세부과처분 후 올바른 법률관계]

59 선급금 지급 및 충당방식의 다양한 이슈들

(#선급금사용계획서#발주자지정#선급금의 성질#선급금의 미지급기성고충당#과기성금)

A 원사업자가 선급금 사용계획서를 발주자에게 제출하고 선급금을 지급받았다면 특별한 사정이 없는 한 선급금 용도에 대한 발주자의 지정이 있는 것으로 보아야 한다. 미정산된 선급금에 대한 반환사유가 발생하면 별도의 상계 의사표시 없이도 그때까지의 기성고에 해당하는 공사대금 중 미지급액은 선급금으로 충당되고 도급인은 나머지 공사대금이 있는 경우 그 금액에 한하여 지급할 의무를 부담하게 된다. 기성고를 초과하여 지급된 대금인 과기성금도 선급금과 동일한 취급을 받는다. 원사업자의 선급금 지급의무와 수급사업자의 선급금반환 지급보증서 제출의무가 법령이나 계약상 동시이행관계에 있는 경우에 한하여 동시이행관계에 있다. 하지만 선급금 지급의무와 계약이행보증서 제출의무를 동시이행으로 규정하여서는 안된다. 수급사업자가 원사업자에게 선급금 반환시에 원사업자는 반환받는 선급금에 대한 부가가치세를 수급사업자에게 반환해야 한다.

해설

가. 원사업자가 발주자에게 선급금 사용계획서를 제출하여 승인받은 경우 발주자의 지정이 있는 것으로 볼 수 있는지 여부

원사업자는 발주자로부터 선급금을 지급받은 때에는 발주로부터 받은 선급금액에 원도급금액 대비 하도급금액이 차지하는 비율을 곱해 산정한 금액을 수급사업자에 대한 선급금으로 지급해야 한다.

다만, 발주자가 선급금의 사용용도, 지급 대상품목 등 선급금의 사용내역을 구체적으로 지정하여 원사업자에게 지급한 경우라면, 원사업자는 그 내역별로 상기 방식과 같이 하도급률을 감안한 선급금을 산정하여 수급사업자에게 지급해야 한다. 예를 들어, 토목건축공사에서 토공사, 철근공사, 조경공사가 있는데 발주자가 선급금을 지급하면서 토공사 부문에 30%, 철근공사 부문에 20%를 선급금으로 지정하여 지급하였다면, 원사업자는 해당 수급사업자에게 각각 하도급대금의 30%와 20%를 지급해야 한다.

한편, 발주자가 선급금 사용용도를 지정하지 않았지만 원사업자가 선급금 사용계획서를 제시하여 발주자가 이를 인정한 경우 발주자가 선급금의 사용용도를 지정한 것으로 볼 수 있는지 문제된다.

선급금 사용계획서가 법령에 의하여 발주자가 원사업자에게 요구하는 것이고, 원사업자는 이에 기하여 선급금을 사용할 의무가 있는 때에만 발주자가 선급금 사용용도를 지정한 것으로 볼 수 있다는 견해가 있다.[269] 물론 원사업자가 임의로 선급금 사용계획서를 제출한 것에 불과하다면 이를 발주자의 지정으로 볼 수는 없다. 하지만 발주자가 제출한 사용계획서를 검토하여 승인하는 주체가 발주자이고, 심지어는 사용계획을 수정하여 지시할 수도 있는 것이어서 발주자가 선급금 용도를 지정한 것과 달리 볼 이유가 없다. 따라서 원사업자가 사용계획서를 제출했다 하더라도 발주자가 이를 인정·승인한 이상 발주자의 사용용도 지정으로 봄이 합당하다.

나. 미정산 선급금 및 과기성금의 미지급기성고에의 충당

선급금은 미리 지급한 하도급대금이므로(대법원 2003. 5. 16. 선고 2001다27470 판결), 미정산 선급금은 기성고 방식인 경우 당연히 기성고 비율에 따라 정산해야 한다. 선급금의 본질에 따른 것이므로 상계 의사표시 등 별도의 의사표시는 필요하지 않다. 상계의 의사표시 없이도 미지급 하도급대금은 미정산 선급금에 충당된다.

만약 하도급계약이 중도 해제·해지되는 등의 사유로 미정산 선급금 반환사유가 발생하면 특별한 사정이 없는 한 별도의 상계 의사표시 없이도 그때까지의 기성고에 해당하는 공사대금 중 미지급액은 선급금으로 충당되고 도급인은 나머지 공사대금이 있는 경우 그 금액에 한하여 지급할 의무를 부담하게 된다(대법원 2004. 11. 26. 선고 2002다68362 판결). 수급인이 정산하고 남은 선급금을 도급인에게 반환해야 하는 채무는 선급금 그 자체와 성질을 달리하는 것이다. 관련하여, 판례는 건설도급계약 당사자 사이에 공동수급체 일방이 탈퇴하면서 미정산선급금 반환채무에 대하여 다른 일방이 승계하기로 포괄승계약정을 하더라도 승계인이 발주자(도급인)에 대한 공사대금청구권과 발주자의 미정산선급금 채권에 대하여 별도의 상계의사표시가 필요하다고 보았다(대법원 2010. 7. 8. 선고 2010다9596 판결).[270]

---

269) 송정원, 앞의 책, 63, 64면

270) 대법원은 "甲과 乙이 공동수급체를 구성하여 도급받은 공사를 乙이 주관사가 되어 선급금 등을 지급받고 진행하다가 포기함에 따라 甲이 도급인 丙과 사이에 乙의 탈퇴 뒤 잔여공사를 시행하기로 하면서 체결한 약정에 의해 그 약정 당시 甲과 丙이 乙의 도급인에 대한 미정산선급금의 수액을 확정하고 그 반환채무를 甲이 승계하였다면, 丙의 甲에 대한 그 미정산선급금 반환채권과 甲의 丙에 대한 공사대금채권이 서로

기성고를 초과하여 지급된 대금인 과기성금도 선급금과 동일한 취급을 받는다.

한편, 선급금 또는 과기성금에 대한 반환(충당)사유 발생 이후에 도달한 하도급대금에 대한 압류나 가압류는 효력이 없다.

직접지급사유가 발생하더라도 발주자에게 원사업자에 대한 미정산 선급금 및 미정산 과기성금이 있다면 이로써 원사업자에 대한 대금지급채무를 충당하고 나머지가 있는 경우에 수급사업자에게 직접 지급하면 된다.

이에 반해, 발주자가 국가계약법적용기관인 경우에 공사도급계약에 편입되는 공사계약일반조건 제44조 제6항 단서는 "하도급대금을 직접 지급하는 사유가 발생하는 경우, 하도급대금의 지급 후 잔액이 있을 때 미지급 기성공사대금의 미정산 선급금과 상계할 수 있다"고 규정하고 있다. 따라서 발주자인 국가계약법적용기관은 하도급대금을 원사업자 대신 수급사업자에게 직접 지급한 후 나머지가 있는 경우에만 원사업자에게 지급한 선급금 중 미충당금으로 충당할 수 있다(대법원 2010. 5. 13. 선고 2007다31211 판결).

다. 선급금반환 지급보증서 제출의무와 선급금 지급의무 사이의 동시이행 관계 : 법령 또는 계약상 규정이 있는 경우에 한정

원사업자의 선급금 지급의무와 수급사업자의 선급금반환 지급보증서 제출의무가 법령이나 계약상 동시이행관계에 있는 경우에는 선급금 지급의무의 법정지급기한이 도래하더라도 수급사업자가 선급금반환 지급보증서 제출의무의 이행제공을 할 때까지 원사업자는 선급금 지급의무에 대하여 이행지체의 책임을 지지 않는다.

예를 들어, 건설하도급의 경우 건설산업기본법 제34조 제4항에 따르면 수급인이 발주자로부터 선급금을 받은 때에는 선급금의 내용과 비율에 따라 선급금을 받은 날로부터 15일 이내에 하수급인에게 선급금을 지급해야 하고 이 경우 수급인은 하수급인에게 선급금반환 보증을 요구할 수 있는 것으로 규정하고 있으므로 원사업자의 선급금 지급의무와 수급사업자의 선급금반환 지급보증서 제출의무는 법령상 동시이행관계에 있다. 이 경우 원사업자는 수급사업자가 선급금반환보증의무의 이행제공을 할 때까지는 선급금 지급의무의 법정지급기한이 도래하더라도 이행지체의 책임을 지지 않는다. 그래서 수급사업자가 선급금반환보증서를 발급받을 수 있는 날로부터 실제 발급받아 제공한 날까지의 기간 동안은 선급금 지급의무 위반과 관련하여 원사업자의 귀책이라 볼 수 없으므로, 그 기간

상계적상에 있는 경우에 이를 상계, 공제하는 등으로 별도의 정산을 거쳐야 비로소 甲의 위 미정산선급금 반환채무가 소멸되는 것일 뿐, 위 미정산선급금이 乙의 미수령공사대금에 당연 충당된 것으로는 볼 수 없다"고 판시한 바 있다(대법원 2010. 7. 8. 선고 2010다9596 판결).

동안의 선급금지연지급에 대한 지연이자를 지급할 필요가 없다. 하지만 원사업자가 발주자로부터 선급금을 지급받은 사실을 수급사업자에게 알리지 않아 수급사업자가 늦게 보증서를 제출한 경우에는 수급사업자의 귀책이라고 보기도 어렵고 오히려 원사업자의 법 위반이 될 수 있다. 종합하면, 선급금지급일자를 초과한 기간 중 수급사업자가 선급금이행보증서를 제출하는데 소요되는 기간, 즉 통보일부터 수급사업자가 선급금이행보증서를 제출하는데 소요되는 기간을 공제하여 지연이자 기간을 산정하면 될 것이다.[271] 하도급법 제33조의 과실상계 조항의 취지와도 부합한다.

또, 원사업자와 수급사업자 간의 계약으로 선급금 지급의무와 선급금반환 지급보증서 제출의무를 동시이행으로 규정한 경우에도 마찬가지이다.

하지만, 원사업자가 선급금반환지급보증서 대신 계약이행보증서 제출의무를 선급금지급과 동시이행으로 규정한 경우에는 전체 계약대금에 대응하는 계약이행보증서 제출과 선급금 지급을 동시이행으로 규정하는 것이 형평에 맞지 않고 수급사업자에게 부당하게 불리하므로 허용되지 않으며 해당 조항을 근거로 선급금 지급을 하지 않는 것은 허용되지 않는다. 따라서 선급금 미지급에 따른 지연이자 계산에서 수급사업자가 계약이행보증서를 제출하지 않은 기간을 제외하여서는 안된다(공정위 2018. 11. 26. 의결 2016구사1051).

라. 선급금 반환과 부가가치세

원사업자가 수급사업자에게 선급금을 지급하고 매입 부가가치세를 환급받았는데 이후 중도타절 등으로 원사업자가 수급사업자로부터 미충당 선급금을 반환받을 경우 원사업자는 수급사업자에게 미충당 선급금에 대한 부가가치세 환급세액을 수급사업자에게 반환해야 한다. 공급계약에 따라 수수된 선급금에 부가가치세가 포함되어 있어 이에 관한 세금계산서를 발행받아 부가가치세 상당액을 매입세액으로 환급받았다면, 그 환급세액은 실질적으로 선급금 중 부가가치세 상당액의 반환에 해당하므로 공급계약 해제에 기한 원상회복으로 반환해야 할 금액에서 이를 공제함이 상당하기 때문이다(대법원 2006. 4. 28. 선고 2004다16976 판결).

---

271) 하도급거래공정화지침 III. 6. 가. (1)

60 선급금에 대한 지연이자 계산방식

원사업자가 위 법정지급기일을 초과하여 현금으로 지급한 경우에는 그 초과한 날로부터 지급일까지의 기간에 대한 지연이자를 지급해야 한다. 다만, 하도급거래공정화지침에 의하면, 수급사업자가 선급금 지급보증서를 지연 제출하여 원사업자가 선급금의 법정지급일을 초과하게 된 경우에는 수급사업자가 선급금 지급보증서를 제출하는 데 소요된 기간(통보일부터 제출일까지)은 지연이자 계산시 공제할 수 있다.[272] 하도급법 제33조의 과실상계 조항의 취지와도 부합한다. 이에 대하여 수급사업자에게 지나치게 불리한 조항이라며 선급금반환 지급보증서 제출요청일로부터 그 제출에 필요한 상당한 기간의 여유를 두어 그 제출기한이 도래하는 것으로 산정하도록 지침을 변경해야 한다는 견해가 있다.[273]

2016. 6. 1.	6. 7.	6. 16.	6. 30	7. 20.
발주자로부터 선급금 지급받음	선급금 보증서 제출을 요청받음	선급금 법정지급기일	선급금 보증서 제출받음	원사업자가 선급금 지급한 날

위 그림에서 법정지급기한 초과일이 34일(발주자로부터 선급금을 지급받은 날로부터 15일되는 날이 16일이므로, 17일부터 법정지급기한 초과일이 되기 때문이다)이고 지급보증서 요청일로부터 제출일까지의 기간이 11일(6. 8.부터 6. 30.까지)이므로 지연이자 계산기간은 11일이다.

한편, 발주자로부터 선급금을 지급받았지만 수급사업자에게 지급하지 않고 이후 법정지급기일을 초과하여 어음으로 지급한 경우에는, (어음교부도 대금을 지급한 것으로 보기 때문에) 지급기일을 초과한 날부터 어음교부일까지의 기간 동안은 지연이자를 부담하고 어음교부일부터 만기일까지는 어음할인료를 부담해야 한다. 다만, 수급사업자에게 법정지급기일 내에 어음으로 지급하는 경우라면 법정지급기일을 초과한 날부터 어음만기

---

272) 하도급거래공정화지침 III. 6. 가. (1)
273) 오승돈, 앞의 책, 97면

일까지의 기간에 대한 할인료를 부담하면 된다.

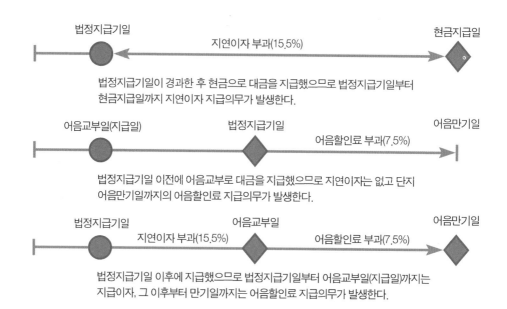

발주자로부터 선급금을 지급받고도 수급사업자에게 지급하지 않고 기성고에 따른 기성금만이 지급되었다면 그 기성금에 선급금의 일부가 포함되어 있는 것으로 보고 선급금 지급이자를 계산하게 된다.

예시 1. 선급금을 미지급한 경우

총계약금액 : 5,000만 원 　　　　　　　선급금 : 1,000만 원(계약금액의 20%)

발주자로부터 선급금 받은 날 : 2012. 3. 17. 선급금 지급기일 : 2012. 4. 1.

단위는 만 원

구분	기성금액		당해선급금[주1]	선급금 기산일[주2]	선급금 지연일수[주3]	지연이자[주4]
	일자	금액				
1회 기성	2016. 4. 30.	1,000	200	2012. 4. 2.	29	2.46
2회 기성	5. 31.	1,000	200	4. 2.	60	5.10
3회 기성	6. 30.	1,000	200	4. 2.	90	7.64
4회 기성	7. 31.	1,000	200	4. 2.	121	10.28
5회 기성	8. 31.	1,000	200	4. 2.	152	12.91
계		5,000	1,000	4. 2.		38.39

주 1 : 당해선급금 = 선급금 × (당해 기성금 / 총계약금액)

주 2 : 선급금 지급기일을 초과한 날

주 3 : 기산일로부터 실제 기성금 지급일까지의 기간
주 4 : 당해 선급금 × 15.5%(공정거래위원회 고시 지연이자율) × 선급금 지연일수 / 365

예시 2. 선급금을 일부(2,000만 원 중 1,000만 원)만 지급하면서 지연지급한 경우

총계약금액 : 6,000만 원　　　　　　　　　선급금 : 2,000만 원(계약금액의 33.3%)

발주자로부터 선급금 받은 날 : 2012. 3. 17.　선급금 지급기일 : 2012. 4. 1.

선급금 1,000만 원 지급일 : 2013. 4. 11. → 지급지연일수 10일, 1,000만 원에 대한 10일

지연이자 = 10,000,000 × 15.5% × (10/365) = 42,466원

구분	기성금액		당해선급금	선급금 기산일	선급금 지연일수	지연이자
	일자	금액				
1회 기성	2016. 4. 30.	1,000	200	2012. 4. 2.	29	2.46
2회 기성	5. 31.	1,000	200	4. 2.	60	5.10
3회 기성	6. 30.	1,000	200	4. 2.	90	7.64
4회 기성	7. 31.	1,000	200	4. 2.	121	10.28
5회 기성	8. 31.	1,000	200	4. 2.	152	12.91
계		5,000	1,000	4. 2.		38.39

지연지급된 1,000만 원에 대한 지연이자 42,466원과 함께 매회 기성마다 기성금 중 일부가 선급금에 충당된 이후 남은 미지급선급금에 대한 지연이자 38.39만 원의 합계가 선급금 지연이자가 됨.

원사업자가 수급사업자에게 발주자로부터 받은 선급금을 지급한 다음 다음 기성에서 선급금 전체를 일괄적으로 공제하는 것은, 원사업자도 발주자로부터 다음 기성에 따라 일괄 공제를 받은 경우가 아니라면 하도급법상 부당하다. 왜냐하면 공사를 원활하게 진행할 수 있도록 발주자가 장차 지급할 대금을 원사업자에게 지급하는 선급금의 취지에 비추어 볼 때, 선급금은 기성률에 맞추어 비율적으로 공제하는 것이 공평하고 합리적이기 때문이다.

한편, 민법의 기간계산에 대한 일반원칙에 따라 시작일을 기간에서 산입하지 않고 해당기일이 공휴일에 해당하는 때에는 그 익일에 만료된다(하도급공정화지침). 기산일의 결정과 관련하여, 원사업자는 목적물 인수일로부터 60일 이내에 하도급대금을 지급해야 하는바, 어음할인료 또는 지연이자의 기산일은 목적물 인수일로부터 61일째 되는 날이 된다.

61 선급금 지급의무 관련 심결, 판례

(1) 선급금지급보증증권이 아닌 계약이행보증증권은 선급금지급의무와 동시이행관계에 있지 않으므로 계약이행보증증권 미제출을 이유로 선급금지급을 하지 않는 것은 법위반

원사업자가 2014. 5. 20. 발주자로부터 원도급 공사에 대한 선급금 4,840,000천 원을 지급받은 후 수급사업자에게는 발주자로부터 선급금을 지급받은 날부터 법정지급기일을 초과하여 지급하면서 그 초과기간에 대한 지연이자 158,598천 원을 지급하지 아니한 행위는 하도급법 제6조 제2항에 위반되어 위법하다.

한편, 원사업자는 수급사업자와 체결한 계약일반조건에 '수급사업자는 원사업자로부터 선급금을 수령하기 전까지 총 계약금액의 20%에 해당하는 계약이행보증증권을 제출하여야 한다'고 규정되어 있는 바, 원사업자와 수급사업자 간에는 '선급금지급보증서 대신에 계약이행보증서를 제출하기로 한 것'으로서 선급금이 지연 지급된 이유는 수급사업자가 계약이행보증서를 제 때에 제출하지 못하고 2014. 9. 16.에야 제출하였기 때문이므로 원사업자의 지연이자 지급 의무는 발생하지 않는다고 주장한다.

살피건대, 법의 입법목적 및 원사업자가 발주자로부터 선급금을 받은 경우 예외없이 수급사업자에게 선급금의 내용과 비율에 따라 선급금을 지급하도록 규정하고 있는 법 제6조의 내용에 비추어 볼 때, 이에 반하는 원·수급사업자간의 합의는 그 효력을 인정할 수 없는 바, 원사업자는 발주자로부터 선급금을 지급받은 경우에는 수급사업자의 '계약이행보증서 제출여부'와 관계없이 선급금을 법정지급기일 이내에 수급사업자에게 지급하여야 하고, 법정지급기일을 초과하여 지급할 때에는 지연이자를 지급하여야 할 것이다.

또한, 이 사건 하도급공사에서 선급금은 기성대금에서 우선 공제하도록 되어 있어 기성이 20%에 달하는 때에 선급금은 모두 소진되어 선급금지급보증서의 보증의무가 종료되는 반면, 계약이행보증서는 계약이 완료될 때까지 보증 의무가 계속 존재하므로 수급사업자의 입장에서는 선급금지급보증서 제출보다 계약이행보증서의 제출이 불리할 수 있다는 점에서도 원사업자의 주장은 받아들일 수 없다(공정위 2018. 11. 26. 의결 2016구사1051 : 시정명령).

(2) 선급금을 미지급하였더라도 기성금 지급시 기성금으로 충당되는 선급금은 지급된 것이 되므로, 이에 해당하는 선급금에 대한 지연이자는 그 때까지 기간으로 계산된다.

　원사업자가 선급금을 지급하지 않는 상태에서 기성금을 지급할 경우, 선급금 일부가 각 기성금에 포함되어 지급된 것으로 본다. 따라서 법정지급기일을 초과한 날부터 기성금 지급일까지의 기간에 대한 지연이자를 지급해야 한다. 이를 지급하지 아니한 원사업자의 행위는 하도급법 제6조 제2항을 위반하여 위법이다(공정위 2016. 5. 3. 의결 2015부사2592 : 시정명령).

(3) 계약이 해제되면 별도의 상계 의사표시가 없더라도 선급금은 기성고에 당연히 충당되고 남은 금액이 있으면 수급사업자가 원사업자에게 반환해야 하며 반대로 모자라는 금액이 있으면 원사업자가 수급사업자에게 하도급대금으로 지급해야 한다.

　선급금은 자금 사정이 좋지 않은 수급인으로 하여금 자재 확보·노임 지급 등에 어려움이 없이 공사를 원활하게 진행할 수 있도록 하기 위하여, 도급인이 장차 지급할 공사대금을 수급인에게 미리 지급하여 주는 선급 공사대금으로, 구체적인 기성고와 관련하여 지급된 공사대금이 아니라 전체 공사와 관련하여 지급된 선급 공사대금이므로, 선급금을 지급한 후 계약이 해제 또는 해지되는 등의 사유로 중도에 선급금을 반환하게 된 경우에는, 선급금이 공사대금의 일부로 지급된 것인 이상 선급금은 별도의 상계 의사표시 없이 그때까지의 기성고에 해당하는 공사대금에 당연 충당되고, 그래도 공사대금이 남는다면 그 금액만을 지급하면 되는 것이고, 거꾸로 선급금이 미지급 공사대금에 충당되고 남는다면 그 남은 선급금에 관하여 도급인이 반환채권을 가지게 된다고 보는 것이 선급금의 성질에 비추어 타당하다(대법원 2007. 9. 20. 선고 2007다40109판결 : 보증금).

(4) 기지급한 선급금을 기성금 지급시 공제할 경우 일괄공제해서는 안되고 기성률에 상응한 선급금만을 공제해야 한다.

　공사도급계약에서 지급되는 선금은 자금 사정이 좋지 않은 수급인으로 하여금 자재 확보, 노임 지급 등에 어려움 없이 공사를 원활하게 진행할 수 있도록 하기 위하여, 도급인이 장차 지급할 공사대금을 수급인에게 미리 지급하여 주는 선급공사대금이라고 할 것인데, 만약 선금을 수급인이 지급받을 기성고 해당 중도금 중 최초분부터 전액 우선 충당하게 되면 위와 같은 선금 지급의 목적을 달성할 수 없는 점을 감안하면, 선금이 지급된 경우에는 특별한 사정이 없는 한 기성 부분 대가 지급시마다 계약금액에 대한 기성 부분

대가 상당액의 비율에 따라 안분 정산하여 그 금액 상당을 선금 중 일부로 충당하고 나머지 공사대금을 지급받도록 함이 상당하다(대법원 2002. 9. 4. 선고 2001다1386 판결[274]).

---

274) 대법원 2002. 9. 4. 선고 2001다1386 판결

　[1] 공사도급계약에서 지급되는 선금은 자금 사정이 좋지 않은 수급인으로 하여금 자재 확보, 노임 지급 등에 어려움이 없이 공사를 원활하게 진행할 수 있도록 하기 위하여, 도급인이 장차 지급할 공사대금을 수급인에게 미리 지급하여 주는 선급공사대금이라고 할 것인데, 만약 선금을 수급인이 지급받을 기성고 해당 중도금 중 최초분부터 전액 우선 충당하게 되면 위와 같은 선금 지급의 목적을 달성할 수 없는 점을 감안하면, 선금이 지급된 경우에는 특별한 사정이 없는 한 기성 부분 대가 지급시마다 계약금액에 대한 기성 부분 대가 상당액의 비율에 따라 안분 정산하여 그 금액 상당을 선금 중 일부로 충당하고 나머지 공사대금을 지급받도록 함이 상당하다.

　[2] 계속적 거래관계에 있어서 재화나 용역을 먼저 공급한 후 일정 기간마다 거래대금을 정산하여 일정 기일 후에 지급받기로 약정한 경우에 공급자가 선이행의 자기 채무를 이행하고 이미 정산이 완료되어 이행기가 지난 전기의 대금을 지급받지 못하였거나 후이행의 상대방의 채무가 아직 이행기가 되지 아니하였지만 이행기의 이행이 현저히 불안한 사유가 있는 경우에는 민법 제536조 제2항 및 신의성실의 원칙에 비추어 볼 때 공급자는 이미 이행기가 지난 전기의 대금을 지급받을 때 또는 전기에 대한 상대방의 이행기 미도래채무의 이행불안사유가 해소될 때까지 선이행의무가 있는 다음 기간의 자기 채무의 이행을 거절할 수 있다.

　[3] 민법 제536조 제2항에서의 '상대방의 채무이행이 곤란할 현저한 사유'라 함은 계약 성립 후 상대방의 신용불안이나 재산상태의 악화 등 사정으로 반대급부를 이행받을 수 없게 될지도 모를 사정변경이 생기고 이로 인하여 당초의 계약 내용에 따른 선이행의무를 이행하게 하는 것이 공평의 관념과 신의 칙에 반하게 되는 경우를 말한다.

　[4] 공사도급계약에서 도급인이 기성고 해당 중도금 지급의무의 이행을 일부 지체하였다고 하여 바로 수급인이 일 완성의무의 이행을 거절할 수는 없다고 한 사례.

　[5] 천재지변이나 이에 준하는 경제사정의 급격한 변동 등 불가항력으로 인하여 목적물의 준공이 지연된 경우에는 수급인은 지체상금을 지급할 의무가 없다고 할 것이지만, 이른바 imf 사태 및 그로 인한 자재 수급의 차질 등은 그와 같은 불가항력적인 사정이라고 볼 수 없다.

　[6] 일반적으로 수급인이 공사도급계약상 공사기간을 약정함에 있어서는 통상 비가 와서 정상적으로 작업을 하지 못하는 것까지 감안하고 이를 계약에 반영하는 점에 비추어 볼 때 천재지변에 준하는 이례적인 강우가 아니라면 지체상금의 면책사유로 삼을 수 없다.

　[7] 수급인이 완공기한 내에 공사를 완성하지 못한 채 완공기한을 넘겨 도급계약이 해제된 경우에 있어서 그 지체상금 발생의 시기(始期)는 완공기한 다음날이다.

　[8] 지체상금에 관한 약정은 수급인이 그와 같은 일의 완성을 지체한 데 대한 손해배상액의 예정이므로, 수급인이 약정된 기간 내에 그 일을 완성하여 도급인에게 인도하지 아니하여 지체상금을 지급할 의무가 있는 경우, 법원은 민법 제398조 제2항의 규정에 따라 계약 당사자의 지위, 계약의 목적과 내용, 지체상금을 예정한 동기, 실제의 손해와 그 지체상금액의 대비, 그 당시의 거래관행 및 경제상태 등 제반 사정을 참작하여 약정에 따라 산정한 지체상금액이 일반 사회인이 납득할 수 있는 범위를 넘어 부당하게 과다하다고 인정하는 경우에 이를 적당히 감액할 수 있다.

해당 판결이유는 다음과 같다.

1. 원심의 사실인정 및 판단

　가. 원심이 인용한 제1심은 그 내세운 증거들에 의하여 다음 사실을 인정하였다.

　　(1) 원고는 1997. 10. 2. 피고들과 사이에 그들의 공유인 이 사건 토지상의 병원 건물을 일부 철거하고 그 옆에 이 사건 건물을 신축하는 공사에 관하여 대금을 금 2,359,500,000원으로, 준공기한은 1998. 7. 5.로 하고, 지체상금률은 1일당 공사대금의 1/1000로 정하여 이를 공사대금에서 공제할 수 있게 하는 한편, 원고는 어떠한 사유로든 추가공사비를 요구할 수 없으며, 피고들에게 책임 있는 사유나 천재지변 등 원고의 책임이 아닌 사유로 공사가 지연되는 경우에는 공사기간을 연장할 수 있되 원고에게 책임 있는 사유로 인하여 준공기한 내에 공사를 완성할 가능

성이 없음이 명백한 경우에는 피고들이 계약을 해제할 수 있도록 하는 내용의 도급계약을 체결하였다.

(2) 그 후 원고가 이른바 imf 사태로 인하여 자재대금 등이 폭등하였음을 이유로 추가공사비를 요구하면서 1998. 2. 13.부터 같은 달 14.까지, 같은 달 27.부터 1998. 3. 17.까지 공사를 중단하는 등 분쟁이 발생하자, 피고들은 1998. 4. 10. 원고와 사이에 위 공사 중 금 417,443,500원 상당의 스쿼시 연습실 및 골프 연습장의 내부시설공사를 타에 맡기고, 원고가 진행할 나머지 이 사건 공사에 대한 대금을 금 1,900,312,150원으로 정하였다.

(3) 원고는 1998. 5. 8. 위 공사 감리인 이○○로부터 위 건물 3층 슬라브 균열 발생으로 인한 구조안전진단을 위하여 공사를 중단하라는 지시를 받고 1998. 5. 14. 안전진단을 위하여, 같은 달 20. 및 21. 증축계획취소 등의 설계변경을 위하여 위 각 공사를 중단하였다.

(4) 한편, 원고는 1998. 6. 중순경부터 추가공사비의 인정 및 준공기일의 연장을 요구하던 중 피고들이 이에 동의하지 아니하자, 이 사건 공사 중 지하층에서 옥상층까지의 골조공사, 지하층에서 2층까지의 조적공사, 지중 부분의 방수공사, 전기배관공사, 설비배관용 슬라브설치공사 부분만을 완성한 후 1998. 8. 16.부터 공사를 중단하였고, 이에 피고들은 1998. 9. 23. 원고에게 원고의 책임 있는 사유로 인하여 준공기간 내에 위 공사를 완공하지 못하였음을 이유로 위 공사계약의 해지를 통고한 후 1998. 11. 25. 소외 ○○종합건설 주식회사에게 원고가 이 사건 공사 중 완성한 부분을 제외한 나머지 공사를 준공기 1999. 5. 23.로 정하여 도급을 주었으나 그 공사가 지연되어 2000. 2.경 준공되었다.

(5) 피고들은 위 공사계약 해지시까지 원고에게 기성고 금 784,904,930원(계약 공사대금 1,900,312,150원 × 기성고 비율 41.304%) 중 합계 금 608,643,830원을 지급하였다.

나. 원심은, 이 사건 공사 잔대금 채무액에서 지체상금이 공제되어야 한다는 피고들의 주장에 대하여 지체상금의 시기(始期)는 준공예정일 다음날인 1998. 7. 6.이고, 종기는 원고가 공사를 중단한 1998. 8. 16.에 이 사건 공사계약을 해제하여 곧바로 다른 업자에게 공사를 의뢰하였다 하더라도 잔여공사를 완공하는 데에는 피고들과 소외 회사가 위 공사를 완공하는 데 소요된다고 예정한 180일 정도가 필요한 것으로 볼 수 있고, 여기에서 불가피한 사유로 공사를 중단한 3일을 공제하면 1999. 2. 8.이 되고, 약정 지체상금률 1/1000을 적용하여 위에서 인정한 바에 따른 218일 동안 발생한 지체상금은 금 414,268,048원(1,900,312,150원 × 218일 × 1/1000)이라고 판단하고 나서, 판시와 같은 사정을 들어 금 180,000,000원으로 감액하였다.

2. 상고이유 제1점, 제2점에 대하여

가. 원심은, 이 사건 공사가 지연된 것은 피고들의 기성고 공사대금지급 지체, 동절기의 이상 강우로 인한 작업 불능, 이른바 imf 사태로 인한 자재 수급의 차질, 피고들의 부당한 시공 요구와 간섭 등 원고에게 귀책사유가 없는 사유에 기인한 것이므로 지체상금지급의무가 없다는 원고의 면책 주장에 대하여 피고들이 이 사건 공사도급계약을 해지할 때까지 원고에게 지급한 돈이 기성고 상당액인 금 784,904,930원의 약 77.5%(약정상 80%)인 금 608,643,830원에 이르는 점, 이른바 imf 사태로 인한 자재대금 폭등 등 이유로 원고의 요구에 따라 1998. 4. 10. 원고와 피고들 사이에 새로운 공사도급계약이 체결된 점, 이 사건 공사와 같이 그 성격상 실외 공사가 불가피한 공사에 관한 도급계약을 체결함에 있어서 수급인은 공사기간의 산정에 우천으로 인한 공사지연을 당연히 감안하였다고 보아야 하는 점, 제1심 증인 이△△가 원고가 자재구입시마다 피고측에 자재비 선지급을 요구하여 피고들이 11차례 이상 자재비를 선지급하였다고 증언하고 있는 점 등에 비추어 볼 때, 이 사건 공사의 지연사유에 관하여 원고의 위 주장에 부합하는 원심 증인 이△△의 일부 증언은 믿지 아니하고, 갑 제30, 31호증의 각 기재만으로는 이를 인정하기에 부족하며 달리 이를 인정할 증거가 없다고 하여, 원고의 위 주장을 배척하였다.

나. 공사도급계약에서 지급되는 선금은 자금 사정이 좋지 않은 수급인으로 하여금 자재 확보, 노임 지급 등에 어려움이 없이 공사를 원활하게 진행할 수 있도록 하기 위하여, 도급인이 장차 지급할 공사대금을 수급인에게 미리 지급하여 주는 선급공사대금이라고 할 것인데(대법원 1997. 12. 12. 선고 97다5060 판결 참조), 만약 선금을 수급인이 지급받을 기성고 해당 중도금 중 최초분부터 전액

우선 충당하게 되면 위와 같은 선금 지급의 목적을 달성할 수 없는 점을 감안하면, 선금이 지급된 경우에는 특별한 사정이 없는 한 기성부분 대가 지급시마다 계약금액에 대한 기성부분 대가 상당액의 비율에 따라 안분 정산하여 그 금액 상당을 선금 중 일부로 충당하고 나머지 공사대금을 지급받도록 함이 상당함은 상고이유의 주장과 같으나, 한편 원심이 인정한 사실과 기록에 의하면, 원고와 피고들은 이 사건 도급계약 체결에 있어서, 1차 중도금은 기초터파기 완료시, 2차 중도금은 1층 바닥 콘크리트 타설 완료시, 3차 중도금은 골조공사 완료시, 4차 중도금은 조적공사 완료시, 5차 중도금은 준공검사를 받은 후 20일 내에 각각 지급하되 잔금을 제외한 기성고 지급액은 기성고의 80%로 하기로 약정한 사실, 원고와 피고들은 피고들이 원고에게 공사대금의 10%에 해당하는 선금을 지급하되 위 선금은 계약 목적 외에 사용할 수 없으며 노임 지급 및 자재 확보에 우선 사용하기로 약정하고, 이에 따라 피고들이 1997. 12. 17. 원고에게 선금으로 금 235,950,000원을 지급한 사실, 그런데 원고는 1998. 6. 2. 및 같은 해 7. 10. 피고들에게 3차 및 4차 기성부분 검사원을 각 제출함에 있어서 위 선금 235,950,000원을 기성고 해당 미지급 중도금에서 전액 공제할 것을 스스로 인정하면서 그 나머지 미지급 중도금을 지급해 줄 것을 청구한 사실을 알 수 있는바, 그렇다면 원고와 피고들은 기성고에 따른 중도금의 지급에 있어서 선금 전액을 중도금에서 공제하기로 특약한 것으로 봄이 상당하다 할 것이다.

다만, 당사자 간의 위 특약 취지에 따라 미지급 중도금에서 선금을 전액 공제하더라도 피고들이 이 사건 공사도급계약을 해지할 때까지 원고에게 지급한 공사대금은 기성고 상당액인 금 784,904,930원의 약 77.5%인 금 608,643,830원으로서 약정상의 80%에 미달하고, 그 이전에도 2차 기성고에 따른 중도금 청구 이후 피고들이 순차적으로 어느 정도 금액의 중도금 지급을 지체하였음을 알 수 있고, 계속적 거래관계에 있어서 재화나 용역을 먼저 공급한 후 일정 기간마다 거래대금을 정산하여 일정 기일 후에 지급받기로 약정한 경우에 공급자가 선이행의 자기 채무를 이행하고 이미 정산이 완료되어 이행기가 지난 전기의 대금을 지급받지 못하였거나 후이행의 상대방의 채무가 아직 이행기가 되지 아니하였지만 이행기의 이행이 현저히 불안한 사유가 있는 경우에는 민법 제536조 제2항 및 신의성실의 원칙에 비추어 볼 때 공급자는 이미 이행기가 지난 전기의 대금을 지급받을 때 또는 전기에 대한 상대방의 이행기 미도래채무의 이행불안사유가 해소될 때까지 선이행의무가 있는 다음 기간의 자기 채무의 이행을 거절할 수 있다고 해석되나(대법원 2001. 9. 18. 선고 2001다9304 판결 등 참조), 민법 제536조 제2항에서의 '상대방의 채무이행이 곤란할 현저한 사유'라 함은 계약 성립 후 상대방의 신용불안이나 재산상태의 악화 등 사정으로 반대급부를 이행받을 수 없게 될지도 모를 사정변경이 생기고 이로 인하여 당초의 계약 내용에 따른 선이행의무를 이행하게 하는 것이 공평의 관념과 신의칙에 반하게 되는 경우를 말하므로(대법원 1990. 11. 23. 선고 90다카24335 판결 참조), 만약 피고들이 기성고 해당 중도금을 전혀 지급하지 않았고 당시 재산상태에 비추어 앞으로도 공사대금을 지급할지 여부가 불투명한 상태에 있었다면 원고는 이미 이행기가 지난 기성공사대금을 지급받을 때까지 또는 피고의 공사대금지급에 관한 이행불안사유가 해소될 때까지 잔여 공사의 완성을 거절할 수 있다고 볼 것이지만, 피고들의 위 중도금 지급채무 이행이 곤란할 현저한 사유가 있었다고 볼 만한 자료를 찾아볼 수 없는 이 사건에 있어서는, 피고들이 기성고 해당 중도금 지급의무의 이행을 일부 지체하였다고 하여 바로 수급인인 원고가 일 완성의무의 이행을 거절할 수 있다고 볼 수는 없고, 따라서 피고들이 위 중도금 지급채무를 일부 불이행하였다고 하여 그것만으로 원고의 이 사건 공사의 중단이나 지연에 대하여 원고에게 귀책사유가 없다고 할 수는 없다(다만, 그와 같은 사정을 지체상금의 감액사유로 삼을 수는 있을 것이다). 그렇다면 피고들이 기성고 해당 중도금 지급채무의 이행을 지체하였음을 이유로 공사의 지연에 관하여 원고에게 귀책사유가 없다는 원고의 지체상금 면책 주장을 배척한 원심의 조치는 정당하다고 할 것이다.

다. 또한, 천재지변이나 이에 준하는 경제사정의 급격한 변동 등 불가항력으로 인하여 목적물의 준공이 지연된 경우에는 수급인은 지체상금을 지급할 의무가 없다고 할 것이지만, ① 상고이유에서 주장하는 이른바, imf 사태 및 그로 인한 자재 수급의 차질 등은 그와 같은 불가항력적인 사정이라고 볼 수 없고, ② 일반적으로 수급인이 공사도급계약상 공사기간을 약정함에 있어서는 통상 비가 와

서 정상적으로 작업을 하지 못하는 것까지 감안하고 이를 계약에 반영하는 점에 비추어 볼 때 천재지변에 준하는 이례적인 강우가 아니라면 지체상금의 면책사유로 삼을 수 없다고 할 것인데, 기록에 의하여 살펴보면, 동절기의 이상 강우로 인하여 이 사건 공사가 어느 정도 지연되었을 것으로 보이지만, 그것이 공사기간 내에 공사 진행을 도저히 할 수 없는 천재지변에 준하는 불가항력적인 이상 강우라고 볼 만한 자료는 찾기 어려우므로, 그것을 가지고 지체상금의 감액사유로 삼을 수 있을지언정 지체상금의 면책사유로 삼을 수는 없다고 할 것이고, ③ 그 밖에 피고들의 부당한 시공요구 및 공사 수행의 간섭 등으로 인하여 이 사건 공사가 중단되거나 지연되었다는 원고의 주장에 대하여는 원심이 적법하게 배척한 증거들 외에는 기록상 이를 인정할 만한 자료를 찾아볼 수 없다.

라. 따라서 이 사건 공사의 지연이 원고의 귀책사유에 기한 것이 아니므로 지체상금 지급의무가 발생하지 아니한다는 원고의 면책 항변을 배척한 원심의 사실인정과 판단은 결국, 정당한 것으로 수긍할 수 있고, 거기에 채증법칙 위반, 심리미진, 이유불비 또는 지체상금 지급의무의 발생에 대한 법리오해 등 판결에 영향을 미친 위법이 있다고 할 수 없다.

마. 나아가 원심이 인정한 사실과 기록에 의하면, 원고와 피고들은 공사기간의 연장에 관하여 "피고들의 책임 있는 사유 또는 천재지변, 불가항력의 사태 등 원고의 책임이 아닌 사유로 공사수행이 지연되는 경우 원고는 공사기간의 연장을 피고들에게 요구할 수 있다."고 약정하였음을 알 수 있어, 원고의 공기 연장 요구가 정당하기 위하여는 원고의 귀책사유가 아닌 사유로 공사가 지연되는 것이 전제되어야 하는바, 이 사건 공사가 원고의 귀책사유 아닌 사유로 지연되었다거나 이 사건 도급관계의 종료가 피고들의 귀책사유에 기한 것이라고 볼 수 없음이 위에서 본 바와 같으므로, 원고의 공기 연장 요구가 정당한 것임을 전제로 하여 거기에 주장과 같은 법리오해, 채증법칙 위반, 심리미진, 이유불비 등의 위법이 있다는 상고이유의 주장도 받아들일 수 없다.

3. 상고이유 제3점에 대하여

수급인이 완공기한 내에 공사를 완성하지 못한 채 완공기한을 넘겨 도급계약이 해제된 경우에 있어서 그 지체상금 발생의 시기(始期)는 완공기한 다음날이다(대법원 2001. 1. 30. 선고 2000다56112 판결 등 참조).

기록에 의하여 살펴보면, 원심이 원고가 기성률 41.304% 상태에서 공사를 중단하여 공사가 미완성된 것이므로 지체상금 산정의 시기를 당초 이 사건 도급계약에서 약정한 준공기한의 다음날인 1998. 7. 6.로 인정 판단한 것은 위 법리에 따른 것으로 정당하여 수긍되고, 원고의 정당한 요청에 의하여 공기가 연장되었음을 인정할 자료가 없는 이 사건에서 이를 전제로 하여 원심판결에 지체기간의 시기에 관한 법리오해, 채증법칙 위반 등 위법이 있다는 상고이유의 주장은 그 이유 없다.

4. 상고이유 제4점에 대하여

지체상금에 관한 약정은 수급인이 그와 같은 일의 완성을 지체한 데 대한 손해배상액의 예정이므로, 수급인이 약정된 기간 내에 그 일을 완성하여 도급인에게 인도하지 아니하여 지체상금을 지급할 의무가 있는 경우, 법원은 민법 제398조 제2항의 규정에 따라 계약 당사자의 지위, 계약의 목적과 내용, 지체상금을 예정한 동기, 실제의 손해와 그 지체상금액의 대비, 그 당시의 거래관행 및 경제상태 등 제반 사정을 참작하여 약정에 따라 산정한 지체상금액이 일반 사회인이 납득할 수 있는 범위를 넘어 부당하게 과다하다고 인정하는 경우에 이를 적당히 감액할 수 있는 것이다(대법원 1999. 10. 12. 선고 99다14846 판결 등 참조).

원심은, 이 사건 도급계약상의 조건이 피고들에 의하여 주도적으로 정해져서 공사대금의 변동이 어렵게 되어 있고, 공사규모에 비하여 공사기간이 비교적 단기인 점, 이 사건 공사기간 당시 이른바, imf 사태로 인하여 수입자재의 가격이 폭등하여 수급인인 원고가 어려움을 겪었던 점 등의 제반 사정을 고려하여 약정 지체상금 414,268,048원은 그 수액이 지나치게 과다하여 부당하다고 하여 이를 금 180,000,000원으로 감액하였는바, 앞서 본 법리와 기록에 의하여 살펴보면, 원심의 인정과 판단은 정당한 것으로 수긍할 수 있고, 거기에 채증법칙을 위반하여 사실인정을 그르치거나 지체상금 감액에 관한 법리를 오해하여 지체상금을 지나치게 적게 감액한 위법이 없다.

5. 그러므로 상고를 기각하기로 하여 관여 법관의 일치된 의견으로 주문과 같이 판결한다.

(5) 질의회신 사례

 질의 회신 사례

[**질의**] 발주자와 수급인이 부가가치세 없이(영세율 계약) 도급계약을 체결하여 계약 금액의 20%를 발주자로부터 선급금으로 지급받았을 경우에 하도급업체에게도 부가세를 제외한 공급가액의 20%를 지급하여도 타당한지 여부는 어떠한가?

[**회신**] 원도급계약시 부가가치세가 제외된 계약을 체결하였다는 것은 계약 대상 공사가 부가가치세가 면제되는 공사이거나 혹은 계약금액의 내용을 순수 공급가액과 부가가치세액을 분리하지 않은데서 비롯된 것으로 사료되는데 도급계약금액 내역에 부가가치세 부분이 없다고 하더라도 발주자가 부가가치세금액을 특정하여 공제하지 않고 전체 도급금액의 20%를 선급금으로 원사업자에게 지급하였다면 수급사업자에게도 전체 하도급금액의 20%를 선급금으로 지급해야 할 것으로 사료된다.

[**질의**] 기성금 선지급시 선급금 공제 문제 : 발주처로부터 선급금을 지급받지 않은 상태에서 원사업자가 수급사업자에게 기성금을 이미 지급한 경우 추후 발주자로부터 지급받은 선급금에 따라 수급사업자에게 선급금을 지급하려면 하도급계약 전체 금액을 기준으로 지급해야 하는지 아니면 기성대금 지급분을 공제한 잔여 기성금을 기준으로 지급해야 하는지 여부는 어떠한가?

[**회신**] 원사업자는 선급금을 발주자로부터 지급받은 내용과 비율에 따라 수급사업자에게 지급해야 하나 선급금을 지급받기 이전에 이미 기성금을 지급한 경우는 그 부분은 이미 선급금으로서의 의미가 없으므로 원사업자는 이미 지급한 기성 비율만큼을 공제하고 발주자로부터 지급받은 선급금의 내용과 비율에 따라 수급사업자에게 지급하면 된다. 즉, 원사업자가 발주자로부터 선급금을 지급받기 이전에 기성금을 지급한 경우는 이미 지급한 기성금 부분에 대해서는 선급금 지급 의무가 없다.

하도급대금 지급기한의 기산점

(#세금계산서 발행일#검수완료일#제품수령일&용역완료일&검수완료일#지급기일연기)

A 하도급대금은 목적물 등 수령일로부터 60일 이내에 지급해야 하는데 이 때 기산일이 되는 목적물 등 수령일은 검사나 검수를 완료한 때가 아니라 완성된 목적물 등을 원사업자가 수급사업자로부터 인도받은 때를 의미한다.

해설

하도급대금은 제조위탁의 경우 목적물 등의 수령일, 건설위탁의 경우 목적물 등의 인수일로부터 60일 이내에 지급해야 하는데, 그 지급기일의 기산일이 되는 법 제13조 제1항의 '목적물 등의 수령일 또는 인수일'이 언제인지가 문제된다.

'목적물 등의 수령'이란 수급사업자가 납품한 목적물 등을 받아 사실상 원사업자의 지배 아래에 두는 것을 말한다. 다만, 이전이 곤란한 목적물 등의 경우 검사를 개시한 때를 수령한 때로 보게 된다. 사실상 지배 아래에 둔 날은 개별적·구체적으로 판단할 사항이지만 원칙적으로 납품장소 입고일이 그에 해당할 것이다. 한편, 하도급대금 지급시 기산점이 되는 목적물의 수령일은 제조·수리위탁의 경우에는 원사업자가 수급사업자로부터 목적물의 납품을 받은 날, 건설위탁의 경우에는 원사업자가 수급사업자로부터 준공 또는 기성부분의 통지를 받고 검사를 완료한 날(법 제8조 제2항 단서의 규정에 의한 목적물의 인수일)을 말한다.

건설위탁의 경우 목적물 수령일이 검사를 완료한 날(또는 10일 이내에 검사결과를 통지하지 않은 경우에는 기성부분 통지를 받은 날로부터 10일이 경과한 날)인 것에는 이견이 없다. 그런데 제조·수리·용역위탁의 경우 목적물 수령일과 관련하여, 검사와는 무관하게 목적물을 물리적으로 수령한 시점부터라는 견해와, 목적물을 수령한 다음 검사까지 완료한 때(또는 10일 이내에 검사결과를 통지하지 않은 경우에는 기성부분 통지를 받은 날로부터 10일이 경과한 날)를 의미한다는 견해가 있을 수 있다.

하도급법 제9조에서 '목적물 등을 수령한 날부터 10일 이내에 검사 결과를 수급사업자에게 서면으로 통지'라고 규정하여 목적물 수령일과 검사(검수)일을 구분하고 있다. 대금지급기한을 정한 하도급법 제13조 제1항의 '목적물의 수령일'이 검사통지의무를 정한 같은 법 제9조 제2항의 '목적물을 수령한 날'과 다른 의미로 볼 수는 없기 때문에, 검수완료일을 법 제13조 제1항의 '목적물의 수령일'로 볼 수는 없다는 것이 전자의 견해이다.[275]

하지만 민사법적으로는 검수가 완료되었을 때 원사업자가 비로소 법률적 의미에서 수령이 인정되어 대금지급의무가 발생한다. 목적물 수령 후 10일 이내에 수급사업자에게 서면으로 검사결과를 통보하지 않은 경우에는 검사에 합격한 것으로 봄으로써 그로 인한 대금채무도 발생한다는 것이 판례이기도 한다(서울고등법원 2008. 6. 18. 선고 2008누3816 판결). 전자의 견해라면 대금지급의무가 발생하지 않은 물리적 수령 시점부터 (대금지급의무가 발생할 것을 가정하여) 대금지급기한을 기산하는 것이므로 모순이다. 아울러 검사기한을 정한 하도급법 제9조 제2항의 '수령'은 물리적인 수령을 의미하고, 대금지급기한을 정한 하도급법 제13조 제1항의 '수령'은 법률적 의미에서 수령을 의미하는 것으로 볼 수도 있기 때문에 양자를 동일한 의미로 파악할 필요는 없다. 더욱이 하도급법이 정당한 사유가 없는 한 수령 이후 10일 이내 검사에 합격한 것으로 본 취지 역시 검사합격 이후부터 하도급대금지급의무가 발생하므로 이때를 대금지급기일의 기산점으로 전제하고 있다고 볼 수 있다(대법원 2002. 11. 26. 선고 2001두3099 판결).[276] 이런 점에 비추어 볼 때, 후자의 견해가 타당하다.[277]

한편, 사업자에 따라서는 세금계산서 발행일을 '목적물 등의 수령일'로 보고 이를 기준으로 하도급대금지급기일을 산정하는 경우가 있다. 그런데 부가가치세법에 의하면 상품 또는 용역을 제공받은 날에 세금계산서를 발행해야 한다. 하지만 실제로는 상품이나 용

---

275) 송정원, 앞의 책, 109면

276) 판결요지는 다음과 같다.

하도급법 제9조는 제1항에서, 수급사업자가 납품 또는 인도한 목적물에 대한 검사의 기준 및 방법은 원사업자와 수급사업자가 협의하여 정하되 이는 객관적이고 공정·타당해야 한다고 규정하고, 제2항에서, 원사업자는 정당한 사유가 있는 경우를 제외하고는 수급사업자로부터 목적물을 수령한 날(제조위탁의 경우에는 기성부분의 통지를 받은 날을 포함하고, 건설위탁의 경우에는 수급사업자로부터 공사의 준공 또는 기성부분의 통지를 받은 날을 말한다)로부터 10일 이내에 검사결과를 수급사업자에게 서면으로 통지해야 하며, 이 기간 내에 통지하지 않는 경우에는 검사에 합격한 것으로 본다고 규정하고 있는바, 하도급법은 하도급거래질서를 확립하여 원사업자와 수급사업자가 대등한 지위에서 상호 보완적으로 균형 있게 발전하도록 하는 것을 목적으로 하고 있는 점(제1조), 검사의 기준과 방법은 당사자가 협의에 의하여 객관적이고 공정·타당하도록 정하는 것이 원칙인 점(제9조 제1항), 민사상 대금채무의 발생과 소멸은 하도급법의 영역이 아니라 민사법의 영역에 속하는 점 등을 종합하면, 제9조 제2항에서 원사업자가 수급사업자로부터 목적물을 수령하고도 정당한 사유 없이 10일 이내에 수급사업자에게 서면으로 검사결과를 통지하지 아니한 경우에는 검사에 합격한 것으로 본다고 규정한 취지는, 검사에 합격한 것으로 봄으로써 하도급법이 적용되는 범위 안에서는 그로 인한 대금채무도 발생한 것으로 본다는 의미라고 풀이함이 상당하므로, 이러한 경우에 원사업자가 수급사업자에게 그 대금을 하도급법이 정한 바에 따라 지급하지 아니하였다면, 달리 그 대금채무가 발생하지 아니하였음이 밝혀지지 않는 한 공정거래위원회는 제25조 제1항에서 정하고 있는 시정명령과 제25조의3 제1항 제3호에서 정하고 있는 과징금 부과 등의 조치를 할 수 있다고 보아야 한다.

277) 제조하도급실무편람, 129면

역을 제공받은 날보다 늦게 세금계산서를 발행하는 경우가 있다. 이때문에 세금계산서 발생일이 반드시 제품 수령일이나 용역완료일과 동일하다고 보기는 어렵다. 다만, 납품이 빈번하여 원사업자와 수급사업자가 월 1회 이상 세금계산서 발행일을 정한 경우, 즉 일괄 마감제도를 둔 경우에는 그 정한 날이 목적물의 수령일이 된다(법 제13조 제1항). 원사업자가 동 조항을 활용하여 목적물 수령시기와 하도급대금지급시기를 늦출 수 있다며, '납품이 빈번한지 여부'에 대해 실질적으로 검토하여 판단해야 한다고 이를 엄격하게 해석해야 한다는 입장도 존재한다. 하지만 납품이 빈번한지 여부에 대한 구체적인 기준을 정하기도 어려울 뿐 아니라 이에 대한 사실관계 판단도 쉽지 않고, 아울러 부가가치세법상 세금계산서 발행과도 맞물려 있어, 현실적으로 공정거래위원회가 '납품이 빈번'하지 않음에도 불구하고 이런 제도를 채택한 것이 위법하다고 제재를 가하기는 쉽지 않을 것으로 생각된다.

한편, 제조위탁이나 건설위탁에서 수급사업자가 매월 말일에 원사업자에게 기성청구서를 제출하는 경우 목적물 인수일이 언제인지 문제된다. 하도급법 제8조 제2항 단서에서 검사가 종료되는 즉시 목적물을 인수해야 한다는 규정에 의하여, 수급사업자의 기성청구를 하면 원사업자가 기성검사를 하여 기성을 확정해 준 날이 목적물 인수일이 된다. 그런데 동 항에서 검사는 수급사업자로부터 공사의 준공 또는 기성부분의 통지를 받은 날로부터 10일 이내에 해 주도록 되어 있으므로, 원사업자는 늦어도 수급사업자가 기성통지를 한 날인 그 달의 말일로부터 10일이 되는 날, 즉 다음 달 10일까지는 목적물을 인수해야 한다.

대부분의 하도급 규정은 단속규정이지만, 하도급대금의 발생시기 및 지연이자의 기산점이 되는 목적물 수령 및 하도급대금 지급시점 등에 대한 규정은 효력규정으로 해석함이 타당하다. 이를 단속규정으로 볼 경우 사법상 권리관계와 공법상 권리관계가 심하게 유리될 뿐 아니라, 수급사업자에게 최소한 법률이 정한 지연이자에 대한 권리를 부여하는 것은 최저임금에 대한 규정과 마찬가지로 사회적 약자를 위한 최소한의 법적 장치로 볼 수 있기 때문이다. 따라서 이에 반하는 사인간 약정은 민사상 무효이고 수급사업자는 사인간 약정에도 불구하고 민사상 청구도 할 수 있다고 본다.

63 하도급대금 지급기한의 예외사유

(#대등한 지위#업종의 특수성#선급금 지급기한 예외사유)

A 원사업자는 하도급대금에 대하여 목적물 등 수령일로부터 60일 이내에 지급해야 하지만 수급사업자가 원사업자와 대등한 지위에서 지급기일을 정한 경우나 해당 업종의 특수성 등에 비추어 지급기일이 정당한 경우에는 예외적으로 그 지급기일까지 지급하지 않을 수 있다. 다만, 이와 같은 정당한 사유는 실무상 거의 인정되지 않는다.

해 설

하도급대금은 목적물 수령일로부터 60일 이내의 가능한 짧은 기한으로 정한 지급기일까지 지급해야 한다(법 제13조 제1항). 다만, 하도급법 제13조 제1항 단서는 ① 원사업자와 수급사업자가 대등한 지위에서 지급기일을 정한 것으로 인정되는 경우, ② 해당 업종의 특수성과 경제여건에 비추어 그 지급기일이 정당한 것으로 인정되는 경우에는, 목적물의 수령일로부터 가능한 60일 이내의 짧은 기한으로 정한 지급기일까지 하도급대금을 지급하지 않아도 된다고 규정하고 있다(동 항 단서 및 제1호, 제2호).

이와 관련하여 '대등한 지위'와 '당해 업종의 특수성'의 의미를 먼저 살펴 볼 필요가 있다.[278] '대등한 지위'라 함은 회사의 외형규모인 자본금, 종업원 수, 매출액 등을 비교하여 상호 대등하다고 객관적으로 판단되는 경우와 업종의 특성에 따른 시장점유율의 정도, 생산능력 및 기술수준, 제품의 경쟁력 등을 종합적으로 고려하여 대등한 위칙에서 상호 합의가 있는 경우를 말한다. '당해 업종의 특수성'이라 함은 당시 경제여건과 관련하여 고려해야 하는 사항으로, 당해 업종의 고유한 상관행 및 경제현상의 비정상적 여건으로 인하여 정상적인 대금지급기일을 지킬 수 없는 경우를 말한다. 이러한 예외규정의 적용은 하도급법 입법취지에 비추어 볼 때 그 요건을 엄격히 판단하는 등 신중을 기할 필요가 있다.

원사업자는 발주자로부터 준공금, 잔금 등을 받은 경우 그로부터 15일 이내에 그에 해당하는 금액을 수급사업자에게 지급해야 하는데(법 제13조 제3항), 이때에도 동 조 제1항 단서의 예외가 적용되는지 문제된다. 하지만 하도급법 제13조 제1항 단서를 준공금 등을

---

278) 건설하도급실무편람, 75면

지급받은 경우 15일 이내에 지급하도록 한 하도급법 제13조 제3항에 적용한다는 명시적인 조항이 없을 뿐 아니라 하도급법 제13조 제3항은 원사업자가 준공금 등으로 지급받았다면 15일 이내에 조속히 수급사업자에게 지급하라는 취지여서 예외 인정의 필요성이 크지 않은바, 적용되지 않는다고 해석해야 한다. 즉, 원사업자는 '대등한 지위'와 '당해 업종의 특수성'이라는 요건을 충족하는지 여부와 무관하게 발주자로부터 준공금 등을 받은 날로부터 15일 이내에 수급사업자에게 지급해야 한다.

64 하도급대금 미지급에 대한 기타 쟁점들

(##미지급#지급명령#하도급대금미지급인지#어음부도#지연이자)

A 하도급대금 결정없이 위탁이 이루어졌지만 원·수급사업자간 정산합의가 이루어지지 않아 하도급대금이 지급되지 않았더라도 이는 원사업자의 귀책에 의한 것이므로 하도급대금 미지급에 해당한다. 이 때 지급되어야 하는 하도급대금에 대하여는 당사자간 의사표시 해석의 문제이지만 통상적으로 실제 비용에 적정마진을 더한 금액을 지급하기로 하는 묵시적 합의가 인정된다는 판례가 있다. 어음 교부시점에 하도급대금 지급이 인정되지만 이후 피사취나 부도가 날 경우 소급하여 미지급된 것으로 본다. 한편, 부가가치세도 하도급대금의 일종이므로 미지급 부가가치세에 대하여도 하도급법상 지연이자를 지급해야 한다는 판결이 있다.

해설

가. 원사업자와 수급사업자 간 이견으로 하도급대금이 확정되지 않아 지급되지 않은 경우에도 하도급대금지급규정 위반

하도급대금의 지급의무는 목적물을 수령해서 검사를 마치게 되면(만약 수령일로부터 10일 이내에 검사를 완료하지 않으면 수령일로부터 10일이 되는 날 검사가 완료된 것으로 본다) 발생한다. 원사업자와 수급사업자 간에 대금이 확정되지 않았다 하더라도 지급의무는 발생하는 것이므로, 원사업자가 지급하지 않으면 이유를 불문하고 하도급대금 미지급이 성립한다. 더해서 지연지급에 상당한 이유가 있다는 주장은 인정될 가능성이 거의 없다. 대법원은 이와 관련하여, "공정거래위원회는 목적물의 인수여부, 대금의 지급여부만을 판단하면 되지 그 외 여러 사정을 고려하여 판단할 필요가 없다"(대법원 1995. 6. 16. 선고 94누10320 판결 등)라고 하여 대금지급과 관련한 제반 사정은 하도급대금 지연지급 여부 판단에 고려하지 않는다는 태도를 취하고 있다. 다만, 원사업자가 하도급대금 지급기일 이전에 수급사업자에게 가진 채권으로 상계한 경우라면, 민법상 변제 등의 사유로 채권이 소멸한 경우이므로 지연 지급이 아니다. 원사업자가 하도급대금 지급기일 이후에 상계하였다면, 상계적상이 하도급대금 지급기일이어서 그 시점에 상계의 효과가 발생한다 하더라도, 하도급대금 미지급이라는 법 위반행위가 사후적으로 소멸한다고 보기는 어렵다. 즉, 하도급대금 미지급이라는 법 위반은 성립한다. 하지만 민사상으로 하도급대금 채권의 소멸시점은 상계적상에 있던 하도급대금 지급기일이므로, 하도급법상 지연이자 지급의무는 없다고 볼 것이다. 만약 상계적상 시점이 하도급대금 지급기일 이후라면, 그때까지의 지연이자 지급의무만 있다.

특히 원사업자와 수급사업자 간에 하도급대금이 확정되지 않은 이유가 하도급계약 당시 하도급대금을 결정하지 않은 탓이라면, 이는 양자의 귀책이 아니라 원사업자의 일방적인 귀책으로 보아야 한다. 하도급법상 위탁전에 대금 등을 결정한 다음 서면에 기재하여 교부할 의무가 원사업자에게 있기 때문이다. 물론 위탁이 종료된 이후 지급해야 하는 하도급대금에 대하여는 원사업자와 수급사업자 간의 계약과 관련한 의사표시 해석의 문제이지만 대법원은 이 경우 통상 실제투입비용에 적정마진을 더한 금액을 지급하기로 하는 묵시적 합의가 있는 것으로 보고 있다. "...하도급대금이 합의되지 않은 경우 그 지급의무와 관련하여 명확하게 수급인이 일의 완성을 약속하고 도급인이 그 보수를 지급하기로 하는 명시적, 묵시적 의사표시를 한 경우 보수액이 구체적으로 합의되지 않더라도 도급계약이 성립된 것으로 본다. 공사도급계약에 있어서는 반드시 구체적인 공사대금을 사전에 정해야 하는 것이 아니고 실제 지출한 비용에 거래관행에 따른 상당한 이윤을 포함한 금액을 사후에 공사대금으로 정할 수 있다는 점에 비추어 볼 때, **당사자 사이에는 공사를 완성하고 공사대금은 사후에 실제 지출한 비용을 기초로 산정하여 지급하기로 하는 명시적 또는 묵시적 의사표시가 있었다고 보는 것이 경험칙에 부합한다**"[279]는 판결이 그

---

279) 판결 원문은 다음과 같다.
　　상고이유를 판단한다.
　　1. 수급인이 일의 완성을 약속하고 도급인이 그에 대하여 보수를 지급하기로 하는 명시적·묵시적 의사표시를 한 경우에는 비록 보수의 액이 구체적으로 합의되지 않았어도 도급계약의 성립을 인정할 수 있다. 그리고 당사자가 계약을 체결하면서 일정한 사항에 관하여 장래의 합의를 유보한 경우, 당사자에게 계약에 구속되려는 의사가 있고 계약 내용을 나중에라도 구체적으로 특정할 수 있는 방법과 기준이 있다면 계약체결 경위, 당사자의 인식, 조리, 경험칙 등에 비추어 당사자의 의사를 탐구하여 계약 내용을 특정하여야 한다(대법원 2007. 2. 22. 선고 2004다70420, 70437 판결 참조).
　　2. 원심은, 그 판시와 같은 사정을 들어 적어도 공사도급계약에 있어 가장 핵심적이고도 중요한 사항이라 할 수 있는 공사대금에 관하여 단순한 협의를 넘는 의사의 합치가 있었다고는 볼 수 없을 뿐만 아니라 공사대금을 장래 구체적으로 특정할 수 있는 기준과 방법에 관한 합의가 있었다고 볼 수도 없다고 하며 공사도급계약이 성립하였다고 볼 수 없다고 판단하였다.
　　3. 그러나 원심의 이러한 판단은 이를 수긍하기 어렵다.
　　　가. 원고(반소피고, 이하 '원고'라 한다)와 피고(반소원고, 이하 '피고'라 한다)가 공사대금의 구체적인 액수 또는 추후 정산을 위한 공사대금 산정방법을 기재한 공사도급계약서 등 문서를 작성한 사실이 없어 공사도급계약의 존재를 알 수 있는 객관적인 자료가 없는 것은 사실이다.
　　　나. 그러나 원심판결 이유와 기록 및 적법하게 채택된 증거들에 의하면 다음과 같은 사실을 알 수 있다.
　　　　① 원고 대표이사 C은 2010. 7. 14.경 피고에게 이 사건 토지를 매도한 후, 그 무렵부터 이 사건 토

것이다(대법원 2013. 5. 24. 선고 2012다112138, 2012다112145 판결). 따라서 공정거래위원회는 실제 투입비용과 적정마진을 더한 금액을 하도급대금으로 보고 이에 따라 과징금부과처분 및 지급명령을 하면 될 것이다. 여기서 실제투입비용은 수급사업자가 통상 영수증, 지출내역 등으로 입증해야 하는 것이지만 지출증빙이 완벽하지 못한 경우가 다반사이므로 민사소송에서는 원가감정 등의 방법을 통하여 입증하고 있다. 공정거래위원회 단계에서 감정이 불가능하지는 않겠지만 그 근거 규정도 명확하지 않고 관련 예산도 배정되어 있지 않아 난점이 있는바, 이에 대한 제도개선이 필요하다.

나. 교부어음이 지급되면 하도급대금이 지급된 것으로 보되 피사취 신고나 부도가 발생하면 소급하여 하도급대금 미지급

어음과 어음결제대체수단 역시 현금과 마찬가지로 하도급법이 정한 대금지급방식이다. 이때문에 하도급대금 지급기일 이전에 어음이 교부되었다면, 만기가 장기여서 실제 어음이 그 이후에 결제되더라도 제때 지급된 것으로 보아 지급이자 지급의무는 발생하지 않는다. 다만, 어음으로 지급된 경우 지급기일부터 어음의 만기일까지의 기간 동안 어음할인료를 지급해야 할 뿐이다. 그런데 하도급법이 인정하는 어음에 의한 대금지급은 현금지급과 동일한 수준의 만족을 주는 경우에 한하여 적법한 하도급대금 지급으로 인정하는 것이다. 어음이 교부 이후 피사취 신고나[280] 부도처리되지 않고 정상적으로 결제되는 것

지에 펜션을 신축하려는 피고와 피고로부터 이 사건 토지의 벌목 공사, 부지조성 공사, 돌쌓기 및 배수로 설치 공사 등을 도급받는 것을 협의하였다. ② 원고는 2010. 9. 15.경부터 2010. 12. 8.경까지 위와 같이 협의한 공사 내역에다가 물탱크, 모래다짐, 굴착 및 되메우기 공사 등을 추가하여 공사를 완성하였다. ③ 피고는 원고의 공사 착공 사실을 알았는데도 약 3달에 걸친 기간 동안 이를 제지하지 않았고, 위 공사 진행 무렵 피고로부터 펜션 건축공사를 도급받는 D은 자신이 원고가 수행한 이 사건 공사까지 도급받으려 하였으나 피고가 원고에게 이를 도급하였다고 진술하였다. ④ D가 수행한 위 건축공사는 원고가 수행한 이 사건 공사를 기초로 이루어진 것이다. ⑤ 원고는 공사 착공 전과 공사 완공 후 피고에게 공사내용 및 공사대금을 산정한 내역서를 수회 제출하였다.
다. 이러한 사실들과 함께 공사도급계약에 있어서는 반드시 구체적인 공사대금을 사전에 정해야 하는 것은 아니고 실제 지출한 비용에 거래관행에 따른 상당한 이윤을 포함한 금액을 사후에 공사대금으로 정할 수 있다는 점을 앞서 본 법리에 비추어 보면, 피고는 원고에게 원고가 이 사건 공사를 완성하고 이에 관한 공사대금은 사후에 실제 지출한 비용을 기초로 산정하여 지급하기로 하는 명시적 또는 묵시적 의사표시를 하였다고 보는 것이 경험칙에 맞는다고 할 것이다.
라. 그렇다면, 그 판시와 같은 사정을 들어 이 사건 공사도급계약이 성립하지 않았다고 인정한 원심의 판단은 계약의 해석에 관한 법리를 오해하였거나 논리와 경험의 법칙에 반하여 자유심증주의의 한계를 벗어나 판단을 그르친 것이다.
4. 그러므로 나머지 상고이유에 대한 판단을 생략한 채 원심판결 중 본소에 관한 부분을 파기하고, 이 부분 사건을 다시 심리·판단하게 하기 위하여 원심법원의 환송하기로 하여, 관여 대법관의 일치된 의견으로 주문과 같이 판결한다.
280) 피사취 신고란, 어음이 정당하게 발행·교부되었으나 상대방(어음소지인)이 계약을 이행하지 않았기 때

을 전제로 유효한 대금지급으로 인정하는 것이고, 그렇지 않다면 소급하여 대금지급이 이루어지지 않은 것으로 본다. 수급사업자가 어음만기일 이전에 어음을 할인받았다 하더라도 달라지지 않는다. 따라서 지급기일 이후로부터 어음이 피사취 신고 또는 부도처리된 경우, 그 어음이 결제되거나 그에 상당하는 현금이 지급된 날까지의 기간 동안 지연이자 지급의무가 발생한다.

다. 미지급 부가가치세에 대한 하도급법상 지연이자

부가가치세가 하도급대금이라면 당연히 지급명령 대상이 되어야 한다. 관련하여 하도급대금에 대한 부가가치세 역시도 하도급대금에 해당하므로 이에 대하여도 지연이자를 부담해야 한다는 서울고등법원의 판결이 있다(서울고등법원 2011. 2. 16. 선고 2009나99459 판결). 하지만 부가가치세는 하도급대금이 아니므로 이에 대해 하도급법상 지연이자 조항이 적용되어야 하는 하급심 판결에 찬동하지 않는다.

문에 어음금을 지급하지 못하겠다는 의사표시이다. 피사취 신고가 있는 경우 지급금융기관은 일단 동 어음에 대한 지급을 정지하게 되며, 어음소지인은 은행을 상대로 어음금지급청구소송을 제기하게 된다. 어음을 발행받은 자가 어음발행인과의 계약을 위반하여 어음금을 청구할 수 없게 되었다 하더라도, 그로부터 선의로 어음을 교부받은 자에 대하여는 어음발행인이 대항하지 못하는 선의취득의 항변이 있다.

65 하도급대금 미지급과 관련한 심결 및 판례

가. 하도급대금 지급의무 위반이라는 사례

(1) 건설하도급에서 사용승인일을 목적물 수령일로 볼 수 있으므로 그 때까지 지급하지 않으면 지급의무 위반

원사업자는 수급사업자에게 건설 위탁을 하였지만, 하도급대금을 지급하지 않았다. 공정거래위원회는 목적물 수령일을 파악하기 위해 원사업자에게 검사결과 통지 내역 등의 자료를 제출할 것을 요구하였으나, 원사업자는 이를 제출하지 못했다. 그래서 공정거래위원회는 행정기관이 사용승인한 날을 목적물수령일로 보고 하도급대금 지연이자의 지급을 명했다. 원사업자는, 사용승인은 관할 행정기관이 건축물이 건축법이나 주택법상 도면대로 시공되고, 관련 법령상의 인허가 사항을 준수하였는지를 확인해주는 처분에 불과하고 모든 공사가 실제 완료되었음을 확인하여 사용승인이 나는 것이 아니므로 법상 사용승인을 목적물 등의 수령일로 본다는 명시적인 규정이 없는 한 이를 목적물 등의 수령일로 볼 수 없다고 주장한다.

원사업자의 주장에 대해 살피건대, 하도급법 제13조 제1항은 하도급대금 지급기일의 기준이 되는 '목적물 등의 수령일'을 건설위탁의 경우에는 '목적물 인수일'을 말한다고 규정하고 있고, 목적물 인수일의 개념에 대하여는 해당 조항에서 별도로 규정하고 있지 않으나 법 제8조 제2항 단서 해석상 검사가 종료된 때를 목적물 인수일로 보는 것이 타당하다. 한편 주택법(건축법) 등 관련 법령에서는 사업주체(건축주)가 사업계획의 승인 등을 받아 시행하는 주택건설사업 또는 건축물의 건축공사 등을 완료하고 해당 건축물을 사용하기 위해서는 관할 행정기관의 사용승인(또는 사용검사)를 받아야 한다. 사용승인 등의 허가권자인 관할 행정기관은 사용승인 등의 신청에 대하여 관련 법령 등에서 규정하고 있는 공사 책임감리의 공사완료보고서, 소방공사 등의 완료필증 등 제출서류를 검토하고 승인된 사업계획대로 공사가 완료되어 사용에 지장이 없을 경우 사용승인서 등을 교부하므로, 사업주체인 발주자가 전체 건축물에 대한 관할 행정기관의 사용승인 등을 얻었다면 최소한 그 사용승인일 이전에 전체 공사의 구성부분인 하도급공사에 대한 검사도 완료되었다고 보는 것이 타당하고 해당 건축물에 대한 공사가 완료되지 않았을 경우 사용승인도 얻을 수 없으므로, 사용승인일 이후까지도 공사가 지속되었다는 원사업자의 주장은 타당하지 아니하다(공정위 2019. 1. 9. 의결 2016건하1598 : 시정명령 등).

(2) 현장소장의 추가공사 지시는 추가공사 합의로 해석되므로 이에 따라 공사가 이루어질 경우 추가공사 하도급대금 지급의무가 있다.

원사업자의 현장대리인(현장소장 등 현장 직원)이 구두 또는 서면지시를 통하여 수급사업자에게 추가공사를 수행하게 하였음에도 원사업자가 추가 공사에 대한 하도급대금을 지급하지 않자, 공정거래위원회는 원사업자에게 추가공사에 대한 하도급대금과 지연이자의 지급과 과징금을 납부하도록 명하였다. 원사업자는 특정 건설 현장에서 공사의 시공에 관련한 업무만을 담당하는 현장소장은 그 소속 건설회사에 대해 부분적 포괄대리권만을 가지고 있는데, 현장소장이 추가공사 및 그 공사대금에 대하여 확인해 준 실정보고 자료만으로 추가공사에 대한 하도급계약이 이루어진 것으로 볼 수 없다고 주장한다.

살피건대 다음과 같은 점에서 원사업자의 주장은 이유가 없다고 판단된다. 즉, 하도급계약 체결과 설계변경 등을 담당하였던 원사업자 직원의 진술에 따르면 '실정보고에 기재된 항목들은 본 공사 내역 외의 공사를 수행하기 위한 부대 공사로서 원사업자가 구두지시 또는 서면지시부 등을 통해 직원에게 작업지시를 한 것'이라고 설명하고 있는데, 이는 실정보고리스트에 기재된 항목들은 원사업자가 수급사업자에게 본 공사 외에 추가로 공사를 건설위탁한 것임을 스스로 인정하는 것이다. 둘째, 실정보고리스트에는 추가 공사의 발생사유, 지시내역, 공사금액 등이 상세히 기재되어 있고, 이 사건 공사의 작업지시부, 관련 문서 등에 따르면 수급사업자는 이 사건 공사 착공부터 준공에 이르기까지 현장대리인과 협의하여 공사를 진행한 사실을 알 수 있으며, 원사업자가 발주자에게 설계변경 승인요청 등 계약변경을 요청하기 위해 보낸 문서에 현장대리인으로 현장소장이 서명한 점 등에 비추어 본계약의 이행과정에서 발생하는 추가공사나 그 공사의 금액 등 세부적인 사항에 대한 계약의 체결 및 그 계약의 이행관리 등은 현장대리인이 수행하였음을 알 수 있다. 원사업자는 건설회사의 현장소장은 표현지배인이 아니라 부분적 포괄대리인이라고 판단한 판례(대법원 1994. 9. 30. 선고 94다20884 판결) 등을 근거로 현장소장이 서명한 실정보고자료가 있다고 하더라도 추가공사에 대한 건설위탁이 이루어진 것으로 볼 수 없다고 주장하지만, 이 판결 내용 중에는 '건설현장의 현장소장의 통상적인 업무의 범위는 그 공사의 시공에 관련한 자재, 노무관리 외에 그에 관련된 하도급계약의 체결 및 그 공사대금지급, 공사에 투입되는 중기 등의 임대차계약체결 및 그 임대료의 지급 등에 관한 모든 행위'로 판단하고 있는 점, '부분적 포괄대리권을 가진 사용인은 영업의 특정한 종류 또는 특정한 사항에 관한 재판 외의 모든 행위를 할 수 있는 대리권을 가진 상업사용인을 말하는 것'이라고 판시한 판례(대법원 2007. 8. 23. 선고 2007다23425 판결) 등으로 미루어 볼 때 원사업자의 주장을 받아들이기 어렵다(공정위 2016. 2. 23. 의결 2015공사1016 : 과징금).

(3) 공정거래위원회 2015. 11. 17. 의결 2015서제0114(시정명령)

원사업자는 하도급계약서에 발주처의 준공대금 수령일을 하도급대금 지급기일로 약정하고 있으므로, 발주처로부터 준공금을 수령한 날부터 60일 이내에 하도급대금을 지급하면 법위반이 아니라는 취지로 주장하나, 원사업자는 발주자로부터의 대금 수령 여부와 관계없이 목적물 등을 수령한 날을 기준으로 최소한 60일 이내에 하도급대금을 지급하도록 함으로써 경제적 약자인 수급사업자를 보호하려는 동 법조항의 입법취지, 원사업자가 법정지급기일내에 하도급대금 등을 지급하지 아니하는 경우 그 자체가 법위반 행위가 되어 시정조치의 대상이 된다는 법원 판례(대법원 1999. 3. 26. 선고 98두19773 판결) 등에 비추어 볼 때, 원사업자의 주장은 이유 없다.

(4) 설계변경 등에 따른 추가공사 하도급대금은 목적물 수령일로부터 60일 이내, 발주자로부터 추가대금을 받았을 때로부터 15일 이내 중 빠른 날 지급해야 하는 것이므로, 목적물 수령일로부터 60일 이후에 발주자로부터 추가공사대금을 받았다 하여 이로부터 15일 내로 지급할 수 있는 것이 아니다.

원사업자는 수급사업자에게 전해조 제작을 위탁한 후에 설계변경내역을 통지한 후에 목적물을 수령하였음에도 그로부터 60일이 경과한 후에 설계변경에 따른 추가 하도급대금을 지급하면서 그 초과기간에 대한 지연이자를 지급하지 아니하였다. 원사업자는, 다음과 같은 점을 고려할 때 이 사건에서 설계변경에 따른 추가 하도급대금의 지연이자가 발생하는 기산일(이하 '지연이자 기산일'이라 한다)에 대해서는 하도급법 제13조 제8항이 아닌 하도급법 제16조 제4항의 규정을 적용하여야 한다고 주장한다. 첫째, 하도급법 제16조 제4항에 의하면 설계변경으로 발주자로부터 추가금액을 지급받은 날부터 15일이 지난 후에 추가 하도급대금을 지급하는 경우에 그 초과기간에 대한 이자에 관하여는 하도급법 제13조 제8항을 준용하고, 이 경우 '목적물 등의 수령일부터 60일'은 '추가금액을 받은 날부터 15일'로 본다고 규정되어 있으므로, 설계변경에 따른 지연이자 기산일은 하도급법 제16조 제4항을 적용하여야 한다. 원심결과 같이 하도급법 제13조 제8항을 적용하여 지연이자 기산일을 판단하는 경우에는, 목적물 수령 전에 발주자 및 수급사업자와 설계변경에 따른 추가 대금 및 하도급대금을 확정하여야 하는데, 이로 인해 공사가 지연될 수 있고, 발주자와 추가 대금이 확정되지 않은 상태에서 추가 하도급대금을 수급사업자에게 지급하게 되는 경우에는 추후 정산의 문제가 발생할 수 있다.

살피건대, 다음과 같은 점들을 볼 때 원사업자의 주장은 이유 없다. 첫째, 하도급법 제16조 제4항에서 하도급법 제13조 제8항을 준용하면서 '목적물 등의 수령일로부터 60일은 추가금액을 받은 날로부터 15일로 본다'라고 한 것은 하도급법 제13조 제8항의 준용의 의미로서 지연이자 기산일을 다시 명확히 한 것에 불과한 것이지 원사업자가 목적물을 수령했더라도 설계변경 등이 있는 경우라면 하도급법 제13조가 적용되지 아니하고 하도급법 제16조가 적용되어 추가금액을 받은 날로부터 15일이 되기까지는 무한정으로 이자가 발생되지 아니한다고 해석할 수는 없으므로 하도급법 제16조가 하도급법 제13조에서 규정한 지급기일의 예외를 규정한 것으로 보기 어렵다. 특히, 원사업자의 주장에 따르면 추가 하도급대금 지급여부 또한 발주자의 추가대금 지급여부에 따라 결정된다는 결론에 이르게 되는데, 이는 원사업자와 수급사업자가 대등한 지위에서 상호보완하며 균형 있게 발전할 수 있도록 함을 목적으로 하는 하도급법 취지에 반한다고 할 것이다. 둘째, 발주자로부터 하도급대금을 수령한 경우에는 수령한 날로부터 15일 이내에 지급하라고 규정되어 있는 하도급법 제6조, 제16조 제4항은 하도급법 제13조 제1항에서 정한 지급기일(목적물 수령일부터 60일 이내의 가능한 짧은 기한)에 대한 예외가 아니라 지급기일 전에 발주자로부터 선급금·기성금·준공금·조정금액 등 하도급대금을 수령한 경우에는 수령한 날부터 15일 이내에 지급하라는 의미로 해석함이 타당하다(공정위 2013. 6. 3. 재결 2013협심0762 : 시정명령).

(5) 3사 공동 도급이라 하더라도 하도급계약서에 1개 사업자만이 원사업자로 기재된 경우 그 사업자에게 전체 하도급대금 지급의무가 있다.

원사업자는 이 사건 공사는 3사 공동 도급공사이므로 원사업자의 지분 43%만큼만 하도급대금을 지급할 의무가 있음에도 미지급 하도급대금 모두를 원사업자에게 지급하라고 하는 것은 부당하다고 주장한다.

살피건대, 원사업자와 수급사업자들과의 각 계약서를 보면 '원사업자'란에는 원사업자만이 기재되어 있고, 공동수급체 자체에 대한 기재는 전혀 없는 점 등을 감안하면 수급사업자들은 공동수급체가 아닌 원사업자로부터 이 사건 공사를 하도급받는다고 인식한 것으로 판단되므로 공동수급체 사이 내부 정산은 별론으로, 이를 이유로 원사업자 지분에 한정하여 공사대금을 지급하겠다는 원사업자 주장은 이유 없고 계약 당사자로서 원사업자는 수급사업자들에게 원사업자의 지분에 한정되지 아니한 하도급대금을 지급할 책임이 있다할 것이므로 원사업자의 위 주장은 이를 받아들이지 아니한다(공정위 2012. 11. 8.

의결 2011서건2529 : 시정명령).

> (6) 해외공사 하도급계약서에 기성금 지급조건으로 '각 공정 완료시'라고 규정되어 있더라도 발주자로부터 기성금 등을 받았다면 이로부터 15일 이내에 하도급대금으로 지급해야 한다.

원사업자는 2007. 9. 17. 리비아 도시기반시설청(HIB)(이하 '발주처'라 한다)으로부터 설계용역의 대상을 수주하고 수급사업자와 설계용역 계약을 체결하였다. 원사업자는 발주처로부터 기성금을 수령하고 법정지급일인 15일이 초과되었음에도 하도급대금 일부와 이 금액에 대한 지연이자를 지급하지 않았다. 원사업자는 발주처와 체결한 계약서상으로는 각각의 공정이 완료되었을 때 발주처가 대금을 지불하도록 되어 있는 바, 설계부분 역시 아직 공정이 완료되지 아니하였으므로 원사업자는 발주처에 기성금 청구를 할 수 없었고, 따라서 원사업자가 발주처로부터 받은 금원은 이를 기성금으로 볼 수 없다고 주장하는 한편, 발주처로부터 받은 금원은 수급사업자의 설계용역에 따른 기성금이 아니라 발주처가 원사업자의 유동성 애로를 해소해 주기 위하여 지급한 것으로 지급명목만 '설계비'라는 표현을 썼을 뿐이고 실제로는 '지원금'이라고 주장한다.

그러나 원사업자의 리비아 지사에 근무하였던 전무가 수급사업자에게 보낸 이메일 내용을 보면, 당초 계약과 달리 원사업자와 발주처가 협의하여 설계비에 대해서는 설계 단계별로 대금지급을 할 수 있도록 협의하였다는 내용이 기재되어 있고, 이에 근거하여 1차 기성청구를 하였다는 내용이 적시되어 있는 것을 볼 때 원사업자가 수령한 대금은 이를 기성금으로 보는 것이 타당하며, 원사업자 직원의 설계도면 수령확인서 또는 공문 등 증거자료와 수급사업자의 납품실적 및 원사업자가 발주처로부터 도급공사 관련 대금을 수령한 일련의 과정 등을 종합하여 판단하여 보아도 발주처로부터 원사업자가 지급받은 금원은 이를 기성금으로 볼 수밖에 없으며, 더 나아가 원사업자는 2012. 7. 20. 공정거래위원회 심판정에서 "발주처와 관계에서 여러 가지 이해관계가 얽혀서 지원금을 받았으나, 이것은 명백하지는 않다. 명백하지는 아니하나, 이 금액은 기성비율(납품실적)에 비해 많은 금액이므로 기성금은 아니고, 지원금이다"라는 취지의 진술을 한 점에 비추어, 발주처로부터 받은 금원이 기성금보다 많다는 이유만으로 위 금액이 모두 기성금이 아니라 전적으로 순수한 지원금이라고 보기는 스스로도 불분명하다는 점이 인정되므로 원사업자의 주장은 이를 받아들이지 아니한다(공정위 2012. 8. 22. 의결 2011서제1567 : 시정명령).

(7) PF 대출 방식으로 이루어지는 건설 공사에서 자산이 신탁되어 있다 하더라도 하도급대금 미지급의 정당한 사유가 될 수 없다.

원사업자는 아파트 개발사업의 시행사로서 토지매입 및 공사대금 마련을 위해 시공사인 D건설, S생명, H은행 사이에 S생명으로부터 프로젝트 파이낸싱(이하 'PF'라 한다) 대출을 받고, H은행으로부터 자금지원 및 위 사업관련 수익금을 관리받기로 하는 내용의 업무약정을 체결하였다. 위 업무약정 및 S생명과의 대출약정에 따르면 대출금 회수 담보를 위해 원사업자는 ① 사업대상 토지 매입 즉시 이를 S생명을 수익자로 하여 부동산신탁회사에 신탁하고, ② 아파트 사용검사시까지 대출금이 미상환될 경우 미분양아파트를 채권금융기관을 우선수익자로 하여 부동산신탁회사에 신탁해야 한다. 위 1차 PF 대출 이후 시공사 D건설이 채권은행들에 의해 부실건설사로 지정되어 퇴출되자 원사업자는 사업지속을 위한 자금확보를 위해 2009. 4. 22.~2009. 4. 30. 위 약정내용과 동일한 조건으로 5개 저축은행으로부터 추가 PF대출을 받아 개발 사업을 진행하였으나, 시공사 퇴출로 인한 사업지연, 일부 수분양자의 분양계약해지 등으로 인해 분양실적이 저조하자 신속한 미분양물량 해소를 통한 자금확보를 위해 이 사건 분양대행계약을 체결하게 되었다. 한편, 원사업자는 분양실적이 저조하여 대출금 상환이 어렵게 되자. 2009. 8. 7. 위 PF대출 약정에 따라 준공 후 미분양 아파트에 대해 H토지신탁과 부동산처분신탁 계약을 체결하였고, 이에 따라 미분양아파트의 소유권이 H토지신탁으로 이전되었다. 수급사업자는 위 계약에 따라 2009. 6. 1.~2010. 3. 31. 기간 중 아파트 미분양 주택 중 43세대에 대해 분양을 완료(이하 '목적물'이라 한다)하고 분양대행수수료를 원사업자에게 청구하였으나, 원사업자는 목적물 수령일로부터 60일이 초과하였음에도 총 분양대행수수료를 지급하지 아니하였다.

원사업자는 모든 자산이 H토지신탁에 신탁되어 하도급대금을 지급할 수 없다고 주장한다. 살피건대, 신탁계약에 의해 원사업자 소유 자산의 처분에 제약을 받고 있는 상황이라 하더라도 이를 이유로 수급사업자에 대한 하도급채권이 소멸되거나 법 제13조 제1항에 의한 원사업자의 수급사업자에 대한 하도급대금 지급의무가 면제되는 것은 아니라고 할 것이다. 또한 신탁된 자산의 평가액을 고려할 때 원사업자가 우선 상환하여야 할 대출금 등의 채무를 모두 상환하고도 그 잔액으로 하도급대금의 지급이 가능한 것으로 판단되므로 원사업자의 주장은 이유 없다(공정위 2011. 8. 5. 의결 2010광사1370 : 시정명령).

(8) 공사의 미지급 하도급대금에 대한 지연이자의 기산일은 수급사업자가 청구한 날 (세금계산서 발행일)이 아니라 목적물 수령일(인수일)이다.

원사업자는 하도급계약내역서상 계약특수조건 제8조 제9항에 따라 발주자로부터 일부 공사대금을 지급받은 후 60일 이내에 지급하였으므로 지연지급이 아니며, 미지급 하도급 대금에 대한 지연이자 기산일을 목적물 인수일이 아닌 수급사업자가 청구한 날(세금계산 서 발행일)로 하여야 한다고 주장한다. 살피건대, 하도급법 제13조 제1항, 제2항 및 제8항 의 규정에 의하면 원사업자가 목적물 수령일부터 60일(이하 '법정지급기일'이라 한다)을 초과하여 수급사업자에게 지급하는 것을 금지하고 있고, 원사업자가 하도급대금을 법정 지급기일을 초과하여 지급하는 경우 그 초과기간에 대한 지연이자를 지급하도록 규정하 고 있으므로 원사업자가 발주자로부터 공사대금을 지급받은 후 60일 이내 지급하였다고 하더라도 법정지급기일을 초과하여 지급한 하도급대금에 대해서는 지연이자를 지급하여 야 할 것이다. 그리고 이 사건 공사의 계약기간(2009. 9. 29.~2009. 11. 5.)은 단기간으로 납품이 빈번하여 상호 합의하에 월 1회 이상 세금계산서를 발행하도록 정하고 있는 경우 라고 볼 수 없으며, 수급사업자가 목적물을 완성하거나 인도하였음에도 원사업자가 거래 상지위를 이용하여 수급사업자에게 세금계산서 발행을 늦추도록 요구할 경우 수급사업 자로서는 이를 거절하기가 어려운 바, 세금계산서 발행일을 지연이자 기산일로 보게 되 면 원사업자 자신의 채무이행 시기를 언제든지 지체할 수 있게 되므로 하도급거래의 법 률관계(동시이행관계)를 훼손하게 되고 수급사업자의 이익을 보호하고자 하는 하도급법 목적에도 반한다고 할 것이다. 또한 하도급거래공정화지침 III. 11. 다.의 규정에 의하면, 하도급대금 지급시 기산점이 되는 목적물의 수령일은 건설위탁의 경우에는 원사업자가 수급사업자로부터 준공 또는 기성부분의 통지를 받고 검사를 완료한 날로 규정하고 있다. 그러므로 이 사건 공사의 경우에는 원사업자가 2009. 12. 28. 수급사업자로부터 '공사 하 도급기성(신청)확정서[기성내역서(준공), 검사필증 포함]'를 통보받았으나 정당한 사유없 이 10일 이내에 검사 결과를 서면으로 통지하지 아니하였으므로 기성통지를 받고 10일이 초과하는 날인 2010. 1. 8.을 검사에 합격한 날, 즉 이 날을 목적물의 수령일(인수일)로 봄이 상당하다고 할 것이므로 이 사건 공사의 목적물 수령일부터 61일째 되는 날(2010. 3. 9.)이 지연이자의 기산일이 된다고 할 것이다. 따라서 이 사건 공사의 미지급 하도급대 금에 대한 지연이자의 기산일은 목적물 수령일(인수일)이 아니라 수급사업자가 청구한 날(세금계산서 발행일)로 하여야 한다는 원사업자의 주장은 이유 없다(공정위 2010. 11. 1. 의결 2010서건1661 : 시정명령).

나. 하도급대금 지급의무 위반이 아니라는 사례

(1) 상계 등으로 하도급대금 채권이 소멸하였다면 시정명령을 할 수 없다.

하도급법 제25조 제1항은 공정거래위원회는 하도급법 제13조 등의 규정을 위반한 원사업자에 대하여 하도급대금 등의 지급, 법위반행위의 중지, 향후 재발방지, 그 밖에 시정에 필요한 조치를 권고하거나 명할 수 있다고 규정하고 있는 바, 하도급법이 제13조 등의 위반행위 그 자체에 대하여 과징금을 부과하고(제25조의3 제1항) 형사처벌을 하도록(제30조 제1항 제1호) 규정하고 있는 것과 별도로 그 위반행위를 이유로 한 시정명령의 불이행에 대하여도 형사처벌을 하도록(제30조 제2항 제3호) 규정하고 있는 점과 이익침해적 제재규정의 엄격해석 원칙 등에 비추어 볼 때, 비록 하도급법 제13조 등의 위반행위가 있었더라도 그 위반행위의 결과가 더 이상 존재하지 않는다면 하도급법 제25조 제1항에 의한 시정명령을 할 수 없다고 보아야 한다(대법원 2011. 3. 10. 선고 2009두1990판결 : 시정명령등).

(2) 상계로 대금채권이 소멸하였으므로 하도급대금 미지급이 성립하지 않는다.

원사업자는 이 사건 시정명령 전 원사업자가 수급사업자에 대하여 가지는 부당이득반환채권을 자동채권으로 하여 수급사업자에 대한 이 사건 하도급대금 채권과 상계한다는 의사표시를 하여 위 상계의 의사표시가 수급사업자에게 도달하였으므로, 공정거래위원회가 이 사건 시정명령을 할 당시 이 사건 하도급대금채권은 위 상계의 의사표시로 이미 소멸된 상태였다. 따라서 이와 달리 원사업자에게 이 사건 하도급대금 지급의무가 있음을 전제로 한 이 사건 시정명령은 위법하다고 주장한다.

앞서 본 사실에 의하면 원사업자는 수급사업자에 대하여 TRW공사 하도급거래와 관련하여 20,679,300원 상당의 부당이득반환 채권이 있었다고 할 것이고(위 부당이득반환채권의 정확한 액수에 관하여는 다툼이 있을 수 있으나 적어도 이 사건 하도급 대금인 10,780,000원을 초과함에는 별다른 의문이 없다. 원사업자가 이 사건 시정 명령이 있기 전인 2014. 4. 30.경 수급사업자에 위 부당이득반환채권을 자동채권으로, 수급사업자의 원사업자에 대한 이 사건 하도급대금 채권을 수동채권으로 하여 대등액에서 상계한다는 상계의 의사표시가 기재된 이 사건 상계 통보서를 발송하여 위 상계 통보서가 그 무렵 수급사업자에 도달한 사실은 앞서 본 바와 같다. 따라서 원사업자의 위와 같은 상계의사표시에 의하여 수급사업자의 원사업자에 대한 이 사건 하도급 채권 10,780,000원과 원사업자의 수급사업자에 대한 TRW공사 하도급거래 관련 부당이득반환채권은 상계적상 당시로 소급하여 대등액의 범위에서 소멸하였다고 봄이 타당하다.

공정거래위원회는 이에 대하여 원사업자가 주장하는 자동채권인 공사 하도급거래 관련 부당이득반환채권에 관하여 원사업자와 수급사업자 사이에 소송이 진행되고 있고 구체적인 금액이 확정되지 않았으므로 원사업자의 위 상계 의사표시로 이 사건 하도급대금 채권이 소멸한 것으로 볼 수 없었다고 주장한다. 그러나 앞서 든 증거에 의하면 원사업자와 수급사업자 사이에 TRW 공사 하도급거래 관련 부당이득반환채권의 구체적 금액에 관하여 다툼이 있다고 하더라도 원사업자가 상계 의사표시를 할 당시에 위 부당이득반환채권이 유효하게 존재 또는 특정되지 않았다고 볼 수 없고, 위 채권액이 이 사건 하도급대금인 10,780,000원을 초과하고 있음은 넉넉히 인정되며 원사업자가 이 사건 상계 통보서에 의하여 상계 의사표시를 할 당시 상계 충당에 관하여 별도로 지정하지 않았으므로 상계충당의 법리에 따라 이 사건 하도급대금 및 잔금, 추가작업 대금 중 이행기가 가장 먼저 도달한 이 사건 하도급대금부터 상계충당되어 소멸되었다고 할 것이고 당사자간 채권의 존재 및 금액에 관하여 다툼이 있다는 사정만으로 원사업자의 상계 의사표시가 유효하지 않다고 보기 어려우므로 공정거래위원회의 위 주장은 받아들일 수 없다. 이 사건 하도급대금은 이 사건 시정명령이 있기 전에 원사업자의 상계 의사표시로 이미 소멸하였다고 할 것이다. 따라서 공정거래위원회가 위반행위의 결과가 더 이상 존재하지 않음에도 이 사건 하도급대금의 지급을 명하는 시정명령을 한 것은 원사업자의 나머지 주장에 관하여 더 나아가 살펴볼 필요 없이 위법하므로 시정명령을 취소하여야 한다(서울고등법원 2016. 11. 23. 선고 2015누2187 판결 : 시정명령취소, 상고하지 않아 확정).

(3) 상계 합의가 있는 경우, 합의의 유효성에 대하여는 계속 중인 민사소송으로 판단함이 적당하므로 심의절차종료 결정

원사업자는 이 사건 하도급대금 미지급금액은 수급사업자와 합의하여 자신이 수급사업자에게 갖고 있던 클레임 채권과 상계처리하기로 한 것으로서, 이러한 합의 사실은 수급사업자가 원사업자의 9회에 걸친 상계 처리시 이의를 제기하지 않은 점, 원사업자의 회계처리를 위해 수급사업자에게 보낸 채권·채무조회서에서 수급사업자도 원사업자가 상계채권을 갖고 있다고 확인하여 준 점 등에서 입증된다고 주장하는 반면, 수급사업자는 상계처리는 원사업자의 강요에 의해 이루어진 것으로 원사업자와의 계속적인 거래관계 유지를 위해서는 원사업자의 일방적인 요구를 수용할 수밖에 없는 상황이었으므로 이러한 상계처리는 유효하게 성립된 것이 아니라고 주장한다.

살피건대, 상계처리에 대하여 상기와 같이 원사업자와 수급사업자의 주장이 상이한 점, 상계처리의 유효성에 대한 명확한 사실관계를 확인할 수 있는 자료, 즉 클레임 합의서나 수급사업자가 원사업자의 강요를 어쩔 수 없이 수용할 수밖에 없다는 사실을 입증하는 자료 등이 없어 법위반 여부에 대한 판단이 곤란한 점, 현재 이 사건에 대한 민사소송이 진행 중인 상황에서 상계채권의 유효하게 성립되었는지 여부는 공정거래위원회가 판단하기 보다는 법원에서 판단함이 바람직한 점 등을 고려하여 원사업자의 행위에 대해서는 공정거래위원회 회의 운영 및 사건처리 등에 관한 규칙 제46조 제4호에 따라 '심의절차 종료'한다(공정위 2019. 1. 3. 의결 2016서제0913 : 경고).

(4) 수급사업자가 하자보수보증증권을 제출하지 않아 하자보수보증금만큼 하도급대금을 유보한 것은 법 위반이 아니다.

원사업자는 ○○동 현장 공사와 관련하여 2013. 1. 30. 관할 지자체의 사용승인이 있었음에도 하도급대금 21,450천 원을 미지급하였다. 수급사업자는 ○○동 현장 공사에 대한 하자보수보험증권을 원사업자에게 제출하지 아니하였다. 다음과 같은 사항을 고려할 때 원사업자의 행위는 법 제11조 제1항에 위반된다고 보기 어렵다.

첫째, 원사업자와 수급사업자가 ○○동 현장 공사계약에서 사용한 '건설공사표준 하도급 계약서'는 '하자보수보증금률'을 3%로 규정하고 있어 수급사업자는 공사준공 후 하도급대금을 지급받을 때까지 하자보수보증금 42,520천 원을 현금 또는 이에 갈음하는 하자보증보험증권 등으로 원사업자에게 제출할 의무가 있으나, 수급사업자는 하자보수 이행을 위한 하자보수보험증권을 원사업자에게 제출하지 않았다. 둘째, 특별한 사정이 없는 한 수급사업자의 하자보수보증금 또는 하자보증보험증권의 제출의무는 원사업자의 공사대금채무와 그 상당액에서 동시이행관계에 있으므로 원사업자는 수급사업자가 하자보수보증금 또는 하자보증보험증권을 제출할 때까지 그 범위내에서 하도급대금을 미지급 할 수 있을 것인바, 원사업자는 수급사업자의 하자보수보증금 42.500천 원 이내인 21,450천 원의 하도급대금만을 미지급하고 있다(공정위 2018. 1. 15. 의결 2014건하2215 : 고발).

(5) 성능담보를 위하여 하도급대금의 일정금액을 시운전완료 및 하자이행보증보험 접수시까지 유보하는 조항에 따른 유보는 정당

냉동기·냉각탑 등의 목적물은 원사업자가 설치하는 기타의 빙축열설비와 결합된 이후에나 일정한 성능 발휘 여부를 점검할 수 있다는 점에서, 성능담보를 위하여 하도급대금의 일정금액의 지급 시기를 시운전완료 및 하자이행보증보험증권 접수 후로 정한 것은 타당하므로, 위 증권 접수일까지 하도급대금의 일정금액에 대하여 지급을 유보한 것으로 볼 수 있는 바, 원사업자가 시운전이 완료되고 하자이행보증보험증권이 접수된 이후부터 심의일까지 유보된 하도급대금 및 이에 대한 지연이자를 수급사업자에게 지급하지 아니한 행위만이 하도급법 제13조 제1항, 제8항에 위반되는 불공정 하도급거래행위에 해당된다. 한편, 원사업자는 수급사업자가 계약에 부합하는 시운전을 실시하지 아니하였고, 원사업자가 시운전완료확인서에 서명하기는 했지만 이는 안전 검사를 위하여 일시적으로 가동 여부만을 확인하고 서명한 것에 불과하다고 주장하나, 1) 원사업자의 현장 소장이 이를 확인하고 서명한 점에서 수급사업자는 계약에 따른 시운전에 합격한 것이고, 2) 설령 계약에 부합하는 시운전을 실시하지 아니하였더라도 원사업자가 이 사건 목적물을 포함하여 전체 설비공사의 기성청구서를 발주자에게 제출하고 대금을 전액 수령하였던 점에서 원사업자가 정상적으로 목적물을 수령한 것으로 보는 것이 타당하며, 3) 추후 하자가 발생하더라도 이는 민사적 절차에 따라 해결될 사안이지 하도급법상 대금지급의무를 지연하거나 면하는 정당한 사유라고 보기 어렵다(공정위 2013. 7. 29. 의결 2012전사4397 : 시정명령).

(6) 플랜트 기계 제조위탁에서 시운전 완료시점을 지급기일로 한 계약조항은 정당

제조위탁과 같이 설비기계 특히 플랜트 기계인 경우에는 지정된 장소에 설치하여 제대로 작동되는지 여부가 중요한 사항이므로 당해 업종의 특수성을 반영하여 특별 약관의 내용대로 시운전 완료 후를 법정지급기일로 보아야 할 것이다(공정위 2012. 6. 22. 의결 2011부사1759 : 시정명령).

다. 질의회신 사례

질의 회신 사례

[질의] 대기업이 발행한 지급 기간(채권 발행일로부터 만기까지의 기간, 이하 동일하다) 1일의 전자방식 외상매출채권(상환청구권 없음)이 토요일 또는 공휴일의 직전에 발행되고 그 만기가 당해 토요일 또는 공휴일의 익일인 경우
① 이러한 지급 기한 1일의 전자 방식 외상매출채권을 통한 대금 결제가 공정거래협약 이행 평가 시 현금 결제 실적으로 인정받을 수 있는지 여부는 어떠한가?
② 발행일이 토요일 또는 공휴일의 직전일이고, 만기가 당해 토요일 또는 공휴일의 익일인 외상매출채권을 지급 기간 1일의 외상매출채권이라고 볼 수 있는지 여부는 어떠한가?

[회신]
① 원칙적으로 외상매출채권을 통한 대금 결제는 현금 결제라 볼 수 없다. 다만, 공정위는 대기업이 발행한 외상매출채권의 지급 기간이 1일인 경우 외상매출채권을 발행한 다음날 협력사가 아무런 금융비용 없이 대금을 바로 확보할 수 있으므로 현금과 경제적 효과가 동일하다는 점을 고려하여, 공정거래협약 이행 평가에 한하여 지급 기간 1일의 외

상매출채권을 통한 대금 결제를 현금 결제와 동일하다고 보고 있다. 다만, 이는 공정거 래협약 이행평가시에만 적용될 수 있는 것으로서 발주자로부터 현금을 받은 후 상기 상품을 통하여 결제할 경우 법 제13조 제4항의 현금결제비율 유지 의무 위반에 해당할 소지가 있다.

② 공정위는 하도급법 집행 및 협약 이행 평가의 기간 계산에 있어서 「민법」의 일반 원칙에 따라 초일을 산입하지 아니하고 당해 기간의 말일이 토요일 또는 공휴일에 해당하는 때에 기간은 그 익일에 만료하는 것으로 보고 있다(하도급거래 공정화지침 Ⅱ. 3. 가.). 따라서 외상매출채권의 발행일이 토요일 또는 공휴일의 직전일이고 그 만기가 당해 토요일 또는 공휴일의 익일이 되는 경우 기간의 기산일과 만료일이 모두 당해 토요일 또는 공휴일의 익일이므로, 이러한 외상매출채권의 지급 기간은 1일이라 볼 수 있다.

[질의] 하도급법 제13조 제1항 제1호 및 제2호에 규정된 '대등한 지위' 또는 '해당 업종의 특수성'의 해석에 대한 구체적 판단 기준을 예시하여 줄 수 있는가?(예컨대, 원사업자가 수급사업자에 대하여 충분한 이자를 지급할 것을 조건으로 하여 지급 기일을 60일 이상 연기함에 수급사업자가 명백히 동의하는 경우 위 각 호에 해당 여부)

[회신] 법 제13조 제1항 제1호의 원사업자와 수급사업자간의 '대등한 지위'라 함은 먼저 회사의 외형 규모인 자본금, 종업원 수, 매출액 등을 비교하여 상호 대등하다고 객관적으로 판단되는 경우와 업종의 특성에 따른 독점도, 생산 능력 및 기술 수준, 제품의 경쟁력 등을 종합적으로 고려하여 대등한 위치에서 상호 합의가 있는 경우를 말할 수 있으며, '해당 업종의 특수성'이란 당시의 경제 여건과 관련하여 고려해야 할 사항으로서 당해 업종의 고유한 상관행 및 경제 현상의 비정상적인 여건으로 인하여 정상적인 대금 지급 기일을 지킬 수 없을 경우를 말할 수 있다. 그러나 상기 예외 규정의 적용은 하도급법의 입법 취지로 볼 때 신중을 기함이 필요하다.

원사업자가 수급사업자에 대하여 충분한 이자를 지급할 것을 조건으로 하여 지급 기일을 60일 이상으로 연기함에 수급사업자가 명백히 동의하는 경우 각 호 해당 여부는 법 제13조 제1항의 규정에 의하여 하도급대금의 지급 기일은 원칙적으로 60일 이내로 정해야 하며, 다만 예외 조항으로서 동조 제1항 제1호 및 제2호의 사유가 있을 경우에만 별도의 지급 기일을 인정하고 있는 바, 당사자간에 상기와 같은 조건을 명시하여 별도의 대금 지급 기일에 합의하였을 경우라도, 상기 예외 조항에 해당되지 않으면 그 적법성을 인정키는 어려우며 당사자간에 별도의 대금 지급 기일을 정한 것과 상기 예외 조항은 별개의 사항이라고 볼 수 있다.

[질의] 발주처로부터 3개월에 1번씩 수금하기로 도급계약을 체결하고, 하도급업체에게도 3개월에 1번씩 기성금을 법정지급기일 안에 지급하여도 되는지 여부는 어떠한가?

[회신] 원사업자와 수급사업자간 기성대금 지급 주기에 대해서는 하도급법에서 별도로 규정하고 있는 바가 없으므로 이는 양 당사자간 계약에 의하여 결정할 사항이다.

[질의] 원사업자가 하도급 공사대금의 일부를 공사 완공시까지 유보하는 행위가 하도급법에 위반되는지 여부 및 위반시에 어떠한 제재가 있는가?

[회신] 원사업자는 하도급대금을 약정한 지급 기일까지 지급해야 하고(하도급법 제13조 제1항). 기성금의 경우 시공한 부분에 상당하는 금액을 지급해야 하며(법 제13조 제3항), 기성금 또는 하도급대금을 지연하여 지급할 경우 수급사업자에게 지연이자를 지급해야 한다(법 제13조 제8항).

원사업자가 기성금 또는 하도급대금의 일부를 유보하는 것은 사실상 해당 부분에 대하여 지급 기일에 지급하지 않는 것과 같으므로 유보 행위 자체는 하도급법 제13조 제1항 또는 제3항 위반이 될 수 있고, 유보할 수 있다는 계약 조항은 하도급법 제3조의4에 위배되는 부당 특약에 해당할 수 있다. 이러한 경우에 원사업자는 하도급법에 따라 해당 계약 조항의 삭제, 시정명령, 과징금 등의 처분을 받을 수 있다.

[질의] 장기계속제조위탁을 하던 중에 기성금 과지급이 발견되었을 경우 과기성금액만 회수해야 하는지, 아니면 이에 따른 이자분까지 회수해야 하는지, 과기성지급된 잉여분 이자를 회수해야 한다면 이자율 계산 방법은 어떠한가?

[회신] 제조위탁 과정에서 과기성 지급된 부분이 발견되었을 경우 이 부분의 반환 및 이자의 회수여부는 하도급법에서 별도 규정하고 있는 바가 없으므로, 하도급계약의 내용, 「민법」상 법 원칙, 기타 관계 법령 등에 의하여 해결되어야 할 것으로 사료된다.

[질의] 원사업자의 준공 기성금 지급과 관련하여 수급사업자가 하자보증서를 미제출한 경우 하도급계약에 의거한 하자보증금 및 하자보수용 자재대금에 해당하는 금액을 수급사업자의 하자보증서 제출 이행시까지 지급 유보하는 행위가 하도급법에 위반되는지 여부는 어떠한가? 공사대금 잔액과 하자보수보증금 잔액을 상계처리하여 대금을 지급하여도 되는가?

[회신] 하도급법 제13조에서는 "원사업자가 목적물 인수일부터 60일 이내(발주자로부터 준공금 및 기성금을 받은 경우 그 준공금 및 기성금을 지급받은 날부터 15일 이내)에 하도급대금을 지급해야 한다"고 규정하고 있으므로 원사업자는 수급사업자로부터 목적물을 인수한 경우는 원·수급사업자 당사자간 계약 및 약정 등의 내용과 상관없이 목적물 인수일부터 60일 이내(발주자로부터 준공금 및 기성금을 받은 경우 그 준공금 및 기성금을 지급받은 날부터 15일 이내)에 해당 하도급대금을 수급사업자에게 지급해야 한다.

다만, 하도급법 제33조에서는 원사업자의 하도급법 위반 행위에 관하여 수급사업자에게 책임이 있는 경우는 하도급법에 따른 시정조치 등을 적용할 때 이를 고려할 수 있도록 규정하고 있으며 하도급거래 공정화지침 Ⅱ. 6. 다항에서는 목적물을 납품·인도한 후 원사업자가 정당하게 수급사업자에게 요구한 하자보증 의무 등을 수급사업자가 이행하지 않아 그 범위 내에서 대금 지급이 지연된 경우를 참작 사유에 해당하는 것으로 예시하고 있으므로, 원사업자가 하도급계약 등에 따라 정당하게 요구한 하자보증서의 제출을 수급사업자가 이행하지 아니하고 있다면 그 범위 내에서 대금 지급을 유보하거나 상계처리하는 행위는 상기 참작 사유에 해당될 수 있다.

[질의] 하도급대금 결제 방식과 관련하여 하도급대금을 법인카드로 결제하면 카드사가 결제 당일 수급사업자에게 현금으로 하도급대금을 지급(카드 수수료는 원사업자가 카드사

에 직접 지급)하는 방식이 하도급법 제13조 제4항(현금결제비율 유지)에 위반되는지 여부는 어떠한가?

[회신] 만일 수급사업자가 결제 당일 즉시 현금으로 하도급대금을 지급받을 수 있고 카드 수수료도 수급사업자가 부담하지 않는 방식이라면 통상 하도급법 제13조 제4항을 위반하는 것으로 보기는 어려울 것으로 판단된다.

[질의] 시공사(원사업자)의 채무 부담 형태로 진행하는 공사에서 당초 계약 당시에 발주자가 하도급공사대금을 매회 기성마다 전액 수급사업자에게 직접 지급하고, 채무 부담 금액은 다음 연도에 지급받기로 하였으나 수급사업자의 요청에 따라 채무 부담 금액 부분에 대하여 원사업자가 발주자로부터 지급받기 이전에 수급사업자에게 지급하고자 할 경우 어음으로 지급하여도 되는지 여부는 어떠한가?

[회신] 하도급대금을 지급함에 있어 현금결제비율을 유지하도록 한 것은 원사업자가 발주자로부터 현금으로 공사대금을 지급받고도 수급사업자에게 어음으로 지급하는 것을 방지하기 위한 것이므로 질의 내용처럼 원사업자가 발주자로부터 대금을 지급받지 않은 상태에서 수급사업자의 요청에 따라 미리 하도급대금을 지급하는 경우는 하도급법상 현금결제비율 유지 의무가 없다. 따라서 질의 내용의 경우 하도급대금을 어음으로 지급하여도 하도급법 위반은 아니다.

[질의] 발주처로부터 도급대금을 3개월에 1회 현금으로 지급받을 경우 하도급대금 지급 방법은 어떠한가?

[회신] 원사업자가 발주처로부터 공사대금을 지급받는 주기와 하도급대금을 선지급하는지 여부와 관계없이 하도급법 제13조 제4항 및 제5항이 적용되므로 원사업자는 하도급대금 지급시 직전에 발주자로부터 지급받은 현금 비율 이상으로 하도급대금을 지급해야 한다. 다만, 원사업자가 하도급대금을 지급하는 시점이 발주자로부터 1회 도급대금을 받기 전이라면 상기 규정이 적용되지 않는다(어음으로 지급 가능).

[질의] 하도급계약시 인건비는 현금결제, 기타는 3월 이내 어음으로 수령(지급)하기로 하였으나 대금 수령시 4개월 이상의 어음으로 지급받은 경우 계약 불이행에 대한 대금 청구가 가능한지 여부는 어떠한가?

[회신] 장기어음(4개월 이상 만기) 수령에 따른 어음할인료 미지급에 대해서는 공정거래위원회에 신고하여 하도급법상의 구제 조치를 취할 수 있다. 다만, 당초 계약 조건(인건비 현금 지급, 기타 3개월 이내 만기어음) 불이행을 이유로 한 손해 및 계약 조건대로의 대금 지급 이행을 원하는 경우는 민사소송을 통하여 구제받아야 한다.

[질의] 발주자로부터 현금 100%를 기성으로 수령한 원사업자가 수급사업자의 요청을 받아 현금 대신 어음으로 하도급대금을 조기에 지급하면 하도급법 제13조 제4항에 위배되는지 여부는 어떠한가?

[회신] 하도급법 제13조 제4항에서는 원사업자가 수급사업자에게 하도급대금을 지급함

있어서는 원사업자가 발주자로부터 당해 제조 등의 위탁과 관련하여 지급받은 현금 비율 미만으로 지급하여서는 안된다고 규정하고 있으며 이는 수급사업자로부터의 요청 여부에 관계없이 적용되는 강행 규정이다.

[질의] 원사업자가 발주자로부터 기성금을 현금으로 100% 지급받았을 경우 하도급업체 중 대기업군에 속한 업체에도 하도급법 제13조 제4항을 적용하여 현금을 100% 지급해야 하는지 여부는 어떠한가?

[회신] 수급사업자가 공정거래법상 상호출자제한기업집단에 속하는 회사인 경우는 하도급법 제13조 제4항이 적용되지 않으며 수급사업자가 「중소기업기본법상」 중소기업자이고 그가 속한 대기업군이 공정거래법상 상호출자제한기업집단이 아닌 경우는 하도급법 제13조 제4항이 적용된다.

[질의] 원사업자가 발주자로부터 2~3개월 주기로 공사대금을 현금으로 수령할 경우 하도급대금은 매월 1회 60일 어음으로 지급할 수 있는지 여부는 어떠한가?

발주자로부터 수령한 현금 비율만큼 하도급대금을 현금으로 지급하되 발주자로부터 기성을 수령하지 않은 부분의 하도급 기성에 대해서는 목적물의 수령일로부터 60일 이내에 지급하면 되는지 여부는 어떠한가?

하도급계약서에 현금과 어음의 비율을 명기해야 하도급 신고를 받아 준다는 발주자의 요구가 불공정거래행위에 해당되는지 여부

[회신] 하도급법 제13조 제4항의 규정은 원사업자가 발주자로부터 공사대금을 수령하는 주기 및 수급사업자와의 약정 여부에 관계없이 적용되는 강행 규정이다. 따라서 원사업자는 발주자로부터 1회 공사대금을 지급받은 이후에는 그 지급받은 현금 비율을 준수하여 수급사업자에게 하도급대금을 지급해야 할 것이다.

원사업자가 발주자로부터 기성을 수령하지 않은 부분에 대하여 하도급대금을 지급할 경우는 하도급법 제13조(하도급대금 지급 등) 제1항의 규정에 의하여 목적물 수령일로부터 60일 이내에 하도급대금을 지급하면 된다.

하도급법은 원사업자와 수급사업자간의 하도급거래를 적용 대상으로 하므로 발주자가 하도급계약서에 현금, 어음 비율을 명기하도록 하는 행위에 대해서는 별도 규정이 없다.

[질의] 하도급법 제13조 제3항(원사업자가 발주자로부터 준공금을 받은 때에는 하도급대금을 그 지급받은 날로부터 15일 이내에 지급)과 관련하여 원사업자가 발주자로부터 전액 90일 어음으로 수금하여 받은 날로부터 60일 어음으로 지급할 경우 어음할인료를 지급해야 하는지 여부는 어떠한가?

[회신] 하도급법 제13조 제6항에서는 원사업자가 발주자로부터 하도급대금을 어음으로 지급할 경우 어음의 만기일이 법정 기일(원사업자가 발주자로부처 준공금 또는 기성금을 받은 경우는 그 지급받은 날로부터 15일)을 초과하게 되면 그 초과 기간에 대한 어음할인료를 수급사업자에게 지급하도록 규정하고 있다. 따라서 원사업자는 발주자로부터 받은 어음 결제 기간에 관계없이 수급사업자에게 어음으로 하도급대금을 지급할 경우는 동 규정을 준수해야 할 것이다.

[질의] 발주자로부터 도급대금을 받기 전에 하도급대금을 60일 어음으로 지급한 후 동 어음 만기일 도래 전에 도급대금을 현금으로 수령하였을 경우에 하도급법 위반 여부는 어떠한가?

[회신] 하도급법 제13조 제4항(현금결제비율 유지)에 따라 원사업자가 발주자로부터 1회 도급대금을 지급받은 이후에는 그 지급받은 현금 비율 이상으로 수급사업자에게 하도급대금을 지급해야 할 것이며 원사업자가 발주자로부터 1회 도급대금을 지급받기 전에 하도급대금을 지급할 경우는 동 규정이 적용되지 않는다. 그러나 이 경우에도 하도급대금으로 지급하는 어음의 만기일이 목적물 수령일로부터 60일을 초과할 경우는 하도급법 제13조 제6항의 규정에 의한 어음할인료 지급 의무는 존재한다.

[질의] 원사업자가 회사정리 절차에 따라 목적물 수령일로부터 60일을 초과하여 하도급대금을 지급하는 경우에 하도급법 제13조 제8항에 따른 지연이자를 지급해야 하는지 여부는 어떠한가?

[회신] 하도급법과 회사정리 관련법은 그 취지와 목적이 다른 별개의 법률이다. 따라서 당해 제조위탁이 하도급법에 규정된 요건에 해당될 경우는 회사정리 관련법에 의한 정리 절차에도 불구하고 하도급법상의 지연이자를 지급해야 한다.

[질의] 교부 어음을 피사취 신고·부도 처리한 후 이를 해제한 경우에 당해 부도 기간 동안의 지연이자 부과 여부는 어떠한가? 그리고 원사업자는 자동차 부품을 제조위탁하여 수급사업자로부터 목적물을 수령(2009년 1월 15일)한 후 법정지급기일 내에 어음(만기일 2009년 7월 16일)으로 하도급대금을 지급(2009년 1월 26일)하고 수급사업자는 어음 할인을 통하여 현금을 수령하였다. 이후 추가 제조에 따른 대금 문제로 의견이 대립되자 원사업자는 동 어음 만기일에 피사취 부도를 발생시킨 후 같은 해 8월 10일자로 이를 해제한 경우에 하도급대금으로 지급한 어음이 법정지급기일 내에 지급된 것으로 볼 수 있는지 여부는 어떠한가?
※ 피사취 부도 : 어음의 발행인이 자신의 의사에 의하지 않고 사기 등 부정한 방법에 의하여 어음이 발행되었다고 지급은행에 신고하여 부도 처리하는 것을 말한다.

[회신] 하도급거래 공정화지침에서는 하도급대금으로 지급된 어음이 부도 처리된 경우는 하도급대금을 지급하지 않은 것으로 보는 바, 이는 하도급법이 어음에 의한 대금 지급의 경우 현금에 의한 대금 지급의 경우와 동일한 수준의 만족을 주는 경우에 한하여 적법한 대금 지급으로 인정하는 태도를 취하고 있다는 판단에 따른 것이다. 동 건의 경우는 같이 지급된 어음이 피사취 부도된 경우에 하도급대금 미지급으로 봄이 타당하다.
※ 피사취 부도 후 해제하였을 경우와 관련된 문제 : 만기일 후 피사취 신고를 해제하였다고 하더라도 동 어음의 만기일에 현금에 의한 대금 지급의 경우와 동일한 수준의 만족을 주는 경우라고 할 수 없으므로 당초 어음 지급 시점에 대금이 지급되었다고 볼 수 없다. 부도로 인한 대금 미지급의 경우 법정지급기일부터 지연이자가 부과되는 것과 같이 동 건의 경우도 법정지급기일부터 지연이자가 계산된다고 할 것이다. 동 건의 경우와 같이 수급사업자가 어음 만기일 전에 동 어음을 할인받아 사용하였다고 하더라도 당사자간에는 하도급대금채무가 여전히 결제되지 않고 존속한다고 보아야 하므로 하도급법의 취지상 대금 미지급으로 해석함이 타당하다.

66 목적물 제공 지연과 지연이자(지체상금)

(#손해배상금예정#무효인지체상금약정#부당특약#지나치게 짧은 공기#무리한 공기)

A 하도급계약상 수급사업자의 이행지체에 대한 지연이자가 지나치게 과도하면 부당
특약에 해당한다. 또 수급사업자가 이행지체에 대한 귀책사유가 없음을 입증하면
지연이자를 부담하지 않는데, 수급사업자의 귀책유무와 무관하게 지연이자를 부과하는
약정은 부당특약에 해당한다. 그 외 사실상 불가능한 준공기간을 규정하고 지연이자를
부과하는 하도급계약 역시 부당특약에 해당할 뿐 아니라 경우에 따라서는 민법 제103조
위반이 될 수도 있다.

해설

수급사업자는 하도급계약에 정해진 기일까지 위탁받은 바를 완료하여 원사업자에게
제공해야 하며 이를 지체할 경우 이행지체로서 채무불이행이 된다. 일반적으로 하도급계
약시에 지체상금 약정을 하게 되는데, 지체상금률은 통상 1일당 0.1%에서 0.5% 정도[281]
여서 수급사업자에게는 상당한 부담으로 작용한다. 지체상금 약정은 수급사업자가 일의
완성을 지체한 데에 대한 손해배상액의 예정이므로 민법 제398조 제2항에 의하여 손해배
상예정액이 부당히 과다한 경우 법원은 적당히 감액할 수 있다(대법원 2002. 9. 4. 선고 2001
다12386 판결). 지체상금 약정이 없으면 원사업자는 수급사업자에 대하여 실제 손해를 입
증해서 배상을 청구할 수밖에 없다. 건축공사의 경우 지체일수만큼의 건물에 대한 임료
상당액이 손해가 된다(대법원 1995. 2. 10. 선고 94다44774 판결).

수급사업자의 목적물 제공의무와 원사업자의 하도급대금(주로 잔금) 지급의무는 동시
이행관계이므로 수급사업자에게 이행지체가 있게 되면 원사업자 역시 하도급대금(주로
잔금)의 지급을 미루게 되고, 이후 수급사업자의 목적물 제공이 있거나 또는 원사업자가
계약을 해제·해지하여 정산이 있게 되면 원사업자는 수급사업자에 대한 지체상금채권을
가지고 자신의 수급사업자에 대한 하도급대금지급채무를 상계하는 경우가 있다. 상계가
유효하면 하도급대금채무는 소멸하는 것이므로 하도급대금 미지급의 문제는 발생하지

---

281) 건설하도급법률분쟁실무, 209면

않게 되는데, 이 경우 과연 지체상금의 발생이 정당한지 여부가 다투어질 수 있다.

우선 지체상금 약정이 부당히 과다하면 민사적으로 일부 무효여서 법원에 의해 적당히 감액될 수 있지만(민법 제398조 제2항), 하도급법에서도 부당특약으로 위법하게 된다(법 제3조의4 제1항).

두 번째로 수급사업자에게 귀책사유가 있는 경우에만 지체상금을 부과할 수 있는데, 귀책사유 유무와 무관하게 지체상금을 부과하거나, 또는 귀책사유에 대한 입증책임을 수급사업자에게 지우는 약정 역시 부당특약이자, 건산법 제22조의 불공정 계약내용으로 무효가 될 수 있다. 수급사업자로서는 지체기간 중 자신이 책임 없는 사유로 지연된 사실을 주장·입증하면 그 기간 동안의 지체책임을 지지 않는다. 수급사업자에게 책임 없는 사유란, 하도급계약에서 예상하지 못하였던 사정이 발생했고 그 사정으로 일정한 기간 동안 예정된 공사를 진행할 수 없어 지연이 불가피한 경우 또는 원사업자나 발주자의 귀책사유로 지체된 경우 등이다.[282] 통상 태풍, 지진 등의 불가항력 사유는 수급사업자에게 귀책사유가 없는 경우로 볼 수 있지만, IMF 사태 및 그로 인한 자재 수급상황의 차질과 같은 경제상황의 변화나 또는 우천으로 작업을 하지 못하는 것과 같은 예견가능한 사항 등은 지체상금의 면책사유가 되지 못한다.

세 번째로 원사업자가 하도급계약기간을 지나치게 단축하여, 그 기간 내에 공사를 준공하는 것이 물리적으로 불가능하거나 총체적으로 부실공사를 강요하는 것이 될 수밖에 없는 상황은, 선량한 풍속 기타 사회질서에 반하여 허용될 수 없으므로, 준공기한을 앞당기기로 합의하는 것은 준공에 절대적으로 필요한 최소한의 기간보다 짧은 경우에 한하여 무효이므로, 이에 해당하는 지체상금 부분에 한하여 민법 제103조에 의해 무효가 된다(대법원 1997. 6. 24. 선고 97다2221 판결).

---

282) 건설업표준하도급계약서 제36조(지체상금 등)
③ 원사업자는 다음 각호의 어느 하나에 해당되는 사유로 공사가 지체되었다고 인정될 때에는 그 해당 일수를 지체일수에 산입하지 아니한다.
1. 태풍, 홍수, 기타 악천후, 전쟁 또는 사변, 지진, 화재, 폭동, 항만봉쇄, 방역 및 보안상 출입제한 등 불가항력의 사유에 의한 경우
2. 원사업자가 지급하기로 한 지급 자재의 공급이 지연되어 공사진행이 불가능하였을 경우
3. 원사업자의 귀책사유로 인하여 착공이 지연되거나 시공이 중단된 경우
4. 수급사업자의 부도 등으로 연대보증인이 보증이행을 할 경우(부도 등이 확정된 날부터 원사업자가 보증이행을 지시한 날까지를 의미한다.)
5. 수급사업자의 부도 등으로 보증기관이 보증이행업체를 지정하여 보증이행할 경우(원사업자로부터 보증채무이행청구서를 접수한 날부터 보증이행개시일 전 일까지를 의미한다. 다만, 30일 이내에 한한다)
6. 그 밖에 수급사업자의 책임 없는 사유로 인하여 지체된 경우

67 하도급법상 지연이자와 계약상 또는 민법상 지연이자

(#하도급법 우선#민사법의 특별법#지연이자청구#민사판결확정)

A 하도급계약상 지연이자를 하도급법상 지연이자(연 15.5%)보다 낮게 규정하였다 하더라도 수급사업자는 하도급법상 지연이자를 청구할 실체상의 권리가 있다. 가사 수급사업자가 하도급계약상 지연이자나 법정이자를 청구하여 지급받았다 하더라도 특별한 사정이 없는 이상 하도급법상 지연이자(정확하게는 이미 지급받은 계약상 지연이자와 법정이자와의 차액)를 청구할 수 있다.

해 설

민법상 도급계약에서의 보수채권은 당사자 간 약정된 지급기일이 있다면 그때가 변제기가 되고, 그렇지 않고 목적물의 인도를 요하지 않는 경우에는 그 일을 완성한 때, 인도를 요하는 경우에는 인도와 동시에 지급해야 한다(대법원 1968. 5. 21. 선고 67다6369 판결). 민법상 지연이자와 하도급법상 지연이자는 발생근거가 다르므로 별개로 판단되어야 한다.

수급사업자는 양자 중 유리한 것을 주장하여 청구할 수 있다. 대법원은 "하도급거래에서 발생한 하도급대금의 지급이 지체된 경우에 수급사업자가 원사업자를 상대로 청구할 수 있는 지연손해금에 대하여는 이에 관하여 규정하는 하도급법 제13조 제8항에서 정한 다른 요건이 충족되는 한 위 법조항에 따라 공정거래위원회가 정하여 고시한 이율에 의할 것이고, 그 한도에서 민법 또는 상법상의 법정이율이나 그에 관한 보다 일반적인 특례인 '소송촉진 등에 관한 특례법' 제3조 제1항에서 정한 이율은 적용되지 아니한다. 그리하여 수급사업자는 애초 이와 같이 위 구 하도급거래 공정화에 관한 법률의 규정에 좇아 하도급대금에 관하여 고시이율에 좇은 지연손해금의 지급을 청구할 실체법상의 권리를 가진다. 따라서 그가 고시이율과 법정이율의 차이에 상응한 부분의 지연손해금을 포기하여 그 권리를 상실하였다는 등의 특별한 사정이 인정되지 아니하는 한, 공정거래위원회의 시정명령 이후에 수급사업자의 원사업자에 대한 하도급대금지급청구소송에서 법정이율에 의한 지연손해금의 지급을 명하는 확정판결이 있었다고 하더라도 이는 수급사업자의 실체적법 권리 그 자체에 영향이 있는 것은 아니므로 그러한 사정만으로 공정거래위원회의 시정명령 중 고시이율에 의한 지연손해금의 지급을 명하는 부분이 위법하게 된다고 할 수 없다"고 판시하였다(대법원 2010. 10. 28. 선고 2010두16561 판결[283]).

위 판례는 법정이율이 고시이율보다 높은 경우 높은 법정이율에 따른 지연이자의 지급을 청구하는 수급사업자에 대하여 그보다 낮은 고시이율의 적용을 강제하는 것은 수급사업자 보호를 목적으로 하는 입법취지에 반하므로 수급사업자는 고시이율보다 높은 법정이율에 따른 지연이자를 청구할 실체법적 권리를 가진다는 취지로 이해된다.[284] 당연한 이야기이지만, 하도급법상 지연이자 발생요건을 충족하지 않더라도 민법상 지연이자 발생요건을 충족하면 수급사업자는 민법상 지연이자를 청구할 수 있다. 예를 들어, 만약 당사자 간 약정된 지급기일이 목적물 수령일로부터 60일 이내라면 지급기일 다음 날부터 대금지급일까지 하도급법상 지연이자가 적용되지만, 반면 약정된 지급기일이 없거나 목적물 수령일로부터 60일 이후라면 목적물 수령일 다음 날부터 목적물 수령일로부터 60일까지는 민법상 지연이자(민법상 별도의 지급기일이 정해져 있지 않으면 목적물 수령일에 대금지급의무가 생기기 때문이다), 그 이후부터는 하도급법상 지연이자를 지급해야 한다.

한편, 위 대법원 판례에 비추어 볼 때, 단지 하도급계약서에 지연이자를 하도급법상의 지연이자보다 낮게 규정하고 있다고 하더라도, 수급사업자가 하도급법상 지연이자 청구권을 포기한 것이라 볼 수는 없으므로, 하도급법상 지연이자를 청구할 수 있다는 취지이다. 그렇다면 반대로 하도급계약서 등에서 하도급법상 지연이자를 청구하지 못한다고 명확하게 기재하거나 기타 다른 방식으로 수급사업자가 하도급법상 지연이자 청구권을 포기한 경우 수급사업자는 하도급법상 지연이자를 청구할 수 없는가? 이는 지연이자에 대한 규정이 효력규정인지 아니면 단속규정인지의 문제이다.

---

283) 동 사건의 배경 및 원심의 판결은 다음과 같다.

　　　원고는 2007. 6. 19.경 소외 주식회사에 이 사건 공사를 하도급 주었는데, 이 사건 공사는 하도급법의 적용대상인 하도급거래에 해당한다. 피고는 2008. 11. 11. 하도급법 제25조 제1항에 의하여 원고가 이 사건 공사에 관한 목적물의 수령일로부터 60일이 초과되었음에도 지급하지 아니한 하도급대금 48,401,000원 및 이에 대하여 2008. 3. 11.부터 실제로 지급하는 날까지의 지연손해금의 지급을 명하는 시정명령을 하면서(이하 '이 사건 시정명령'이라고 한다), 그 이율을 당시 피고가 고시한 이율인 연 25%로 정하였다. 한편 그 이후 소외 주식회사가 원고를 상대로 제기한 이 사건 공사대금의 청구소송(대구지방법원 2009가단20328 사건)에서 법원은 "원고는 소외 주식회사에게 35,670,000원과 이에 대하여 2008. 1. 11.부터 2009. 11. 11.까지는 연 6%, 그 다음 날부터 완제일까지는 연 20%의 각 비율로 계산한 돈을 지급하라"는 판결을 선고하였고, 이 판결은 그 무렵 확정되었다.

　　　원고는 이 사건 시정명령에 대한 취소소송을 제기하여, 공정거래위원회의 시정명령이 적법하려면 시정명령 당시까지 같은 법 제13조 등의 위반행위의 결과가 남아 있어야 한다는 법리를 원용하면서 이 사건 시정명령의 지연손해금에 관한 부분 중 앞서 본 확정판결에서 지급이 명하여진 2008. 3. 11.부터 2009. 11. 11.까지는 연 6%, 그 다음 날부터 완제일까지는 연 20%의 각 비율로 계산한 돈을 초과하여 지급을 명한 부분은 위법하다고 주장했고 원심이 이를 받아들였다.

284) 오승돈, 앞의 책, 119면

대부분의 하도급 규정은 단속규정이지만, 지연이자율에 대한 규정은 효력규정으로 해석함이 타당하다. 이를 단속규정으로 볼 경우 사법상 권리관계와 공법상 권리관계가 심하게 유리될 뿐 아니라, 동 조항은 수급사업자에게 최소한 법률이 정한 지연이자에 대한 권리를 부여하는 것으로 최저임금에 대한 규정과 마찬가지로 사회적 약자를 위한 최소한의 법적 장치로 볼 수 있기 때문이다. 따라서 이에 반하는 사인간 약정은 민사상 무효이고 수급사업자는 사인간 약정에도 불구하고 민사상 청구도 할 수 있다고 본다.

관련하여, 지연이자를 법정지급기일보다 늦게 지급하는 경우, 그 지연이자에 대하여 추가 지연이자를 지급할 의무가 있는지 문제될 수 있다. 물론 수급사업자 보호의 측면에서 지연이자에 대한 지연이자를 지급해야 한다는 입장이 있을 수 있다. 하지만, 하도급법에서는 하도급대금의 지연지급의 경우에만 지연이자를 지급하도록 규정하고 있고 그 하도급대금에는 지연이자는 포함되지 않는다고 보아야 하므로 부정적으로 해석해야 한다.[285] 더하여 지연이자에 대한 지연이자를 허용하면, 사실상 복리개념의 지연이자를 지급토록 하는 것인바, 우리 민사법이 지연이자에 대한 복리를 인정하고 있지 않은 점에 비추어 보더라도, 타당하지 않은 해석이다.

---

285) 오승돈, 앞의 책, 119면도 같은 취지이다.

68 상계 등 하도급대금 지급채무에 대한 민사상 채권소멸사유

(#소멸시효#상계#채권소멸#압류&가압류#직접지급사유와 상계)

A 하도급대금 채권에 대하여 원사업자는 수급사업자에 대한 채권으로 상계할 수 있고 민법상 상계의 소급효에도 불구하고 상계시점까지의 하도급대금 미지급에 대한 지연이자에 대하여는 원사업자가 지급해야 한다. 하도급대금의 직접지급사유가 발생한 이후에는 발주자는 원사업자에 대하여 가지는 채권으로 수급사업자의 발주자에 대한 하도급대금직접지급채권을 상계할 수 없다.

해설

가. 하도급대금채무에 대한 상계 등 채권소멸사유 발생

하도급대금지급의무에 대하여 민사상 채권이 소멸하였다는 주장을 함으로써 하도급법상의 책임에서 벗어날 수 있는지 문제된다. 실무적으로는 소멸시효의 완성 또는 원사업자가 수급사업자에 대하여 가지고 있는 채권에 의한 상계가 주로 문제된다.

대법원은 시정명령을 내리는 공정거래위원회로서는 특별한 사정이 없는 한, 원사업자가 하도급대금 등을 지급거절하거나 지급을 지연하고 있는 사실 자체로서 위반행위가 되는지 여부를 판단하면 되고, 원사업자가 그 지급을 거절하거나 그 지급을 미룰 만한 상당한 이유가 있는지 여부에까지 나아가 판단할 필요는 없다고 판시한 바 있다(대법원 2009. 8. 31. 선고 2009두11478 판결). 하급심 판결 중에는 원사업자가 수급사업자에 대하여 손해배상채권을 가지고 있고 이를 자동채권으로 하여 하도급대금채무와 상계하였음을 이유로 지급명령이 위법하다고 볼 수 없다는 사례(서울고등법원 2006. 1. 11. 선고 2005누9417 판결)도 있다. 이런 판결들에 기하여 소멸시효의 완성이나 채권상계와 같은 민사상 채권소멸을 이유로 대금지급의무가 없다고 주장하는 것은 최소한 하도급법상으로 허용되지 않으므로, 여전히 하도급법상으로는 미지급상태로 보아야 하고 따라서 법위반에 대한 과징금부과 등과 함께 대금지급명령과 같은 시정조치명령을 내릴 수 있다는 입장이 있다.

하지만 소멸시효의 완성이나 상계는 민법상 채무소멸사유의 하나로 규정되어 있고, 하도급법상 이를 배제하는 명문의 규정이 없는 이상, 그 요건을 충족한다면 하도급대금 지급채권은 소멸했다고 볼 수밖에 없다.[286] 이와 관련하여 대법원은 공정거래위원회가 하도급법 제25조 제1항에 의한 시정명령을 하는 경우에는 단순히 하도급대금의 발생 및 지급지연과 같은 법 제13조 등의 위반행위가 있었는가를 확인함에 그쳐서는 아니 되고, 나아가 그 위반행위로 인한 결과가 그 당시까지 계속되고 있는지를 확인하여 비록 법위반행위가 있더라도 하도급대금 채무의 불발생 또는 변제·상계·정산 등 사유 여하를 불문하고 위반행위의 결과가 더 이상 존재하지 아니한다면 그 결과의 시정을 명하는 내용의 시정명령을 할 여지는 없다고 보아야 한다고 판시하여(대법원 2010. 1. 14. 선고 2009두11843 판결; 환송심-서울고법 2011. 2. 10. 선고 2010누28528 판결) 상계로 인한 하도급지급의무의 소멸을 긍정하고 있다. 서울고등법원은 같은 취지에서 하도급대금 변제기 전에 원사업자의 자동채권이 있었지만 하도급대금 미지급이 발생한 이후 상계의사표시를 한 사안에서 상계의 효과가 상계적상으로 소급하여 발생하여 채권을 소멸시킨다고 보아 하도급대금 미지급이 아니라고 보았다(서울고등법원 2016. 9. 23. 선고 2014누70831 판결). 원사업자의 수급사업자에 대한 자동채권이 유효하게 존재하고 특정되었으며 하도급대금을 초과한다면, 상계를 인정하여 원사업자의 하도급대금 지급의무가 소멸했다고 인정한 사례도 있다(서울고등법원 2016. 11. 23, 선고 2015누2187 : 시정명령취소, 상고하지 않아 확정). 앞서 언급한 대법원 2009두11478 판결은 상계와 같은 민법상 채권소멸의 사유가 아닌 다른 사유의 경우 공정거래위원회가 판단할 필요가 없다는 취지로 좁게 해석함이 합당하다.

위 2014누70831 판결은 지급명령 전에 상계의사표시를 한 사안이다. 그런데 지급명령 이후 상계의사표시가 있으면 어떻게 되나? 행정처분의 적법성은 처분이 내려진 시점을 기준으로 한다. 지급명령이 내려진 이후 비로소 채권이 소멸하였다면 그 지급명령은 처분시에는 적법한 것이므로 사후적으로 위법, 취소할 수는 없다. 만약 지급명령을 하기 전까지 상계의사표시를 하지 않았다가 지급명령 이후 상계의사표시를 하였다 하더라도, 하도급대금채권을 민사적으로 소멸시킬 수 있을지는 모르지만 이미 내려진 지급명령의 효력을 사라지게 할 수는 없다. 서울고등법원은 이러한 법리에서 원사업자의 자동채권이 하도급대금채권 변제기 이전에 이미 존재하였지만 하도급대금 미지급이 발생하여 공정거래위원회가 이에 대하여 지연이자 및 어음할인료 지급명령을 내린 이후 비로소 상계의 의사표시를 한 사안에서는 지급명령의 효력에 영향을 줄 수 없다고 판단하였다(서울고등법원 2016. 9. 23. 선고 2014누70831 판결).

다만, 채권이 소멸하였다 하더라도 지급명령과 같은 시정조치를 할 수 없을 뿐이지 이미 발생한 위반사항에 대한 과징금부과 등의 제재는 가능하다. 예를 들어, 건설하도급채

---

286) 제조하도급실무편람, 126면

권이나 어음할인료 지급채권 등이 소멸시효의 완성으로 소멸했다 하더라도 미지급인 사실은 남아 있으므로 미지급으로 인한 하도급법상의 법적 책임은 져야 한다. 과징금부과처분은 가능하고 형사처벌도 가능하며 재발방지를 위한 시정명령 또한 가능하겠지만 채권이 소멸하였기 때문에 지급명령은 불가하다.

한편, 상계가 이루어진 경우 언제부터 지급된 것으로 볼 수 있는지 문제된다. 민법상 상계의 효과는 상계의사표시시 시점과 무관하게 상계적상이 있은 때에 소급하여 발생한다(민법 제493조 제2항). 그 상계의 효과가 발생하는 시점이 하도급대금 지급의무 발생시점이라면, 그 때로 소급하여 채무변제의 효과가 발생하므로 하도급법 제13조를 위반한 지연지급이 아니라는 입장이 있을 수 있지만, 상계 의사표시 전에 미지급이라는 법위반상황이 발생한 이상 그 법적 책임을 지지 않을 수는 없다고 본다. 즉, 미지급이라는 하도급법 위반행위는 성립한다고 보아야 한다. 다만, 상계의 효력이 상계적상이 있은 때로 소급하여 발생하므로 민사상 이행지체는 성립하지 않을 것이고, 따라서 하도급법상 지연이자에 대한 지급의무는 발생하지 않을 것이다. 만약 상계적상 시점, 즉 상계효과 발생시점이 하도급대금 지급기한 이후라면, 지급기일부터 상계효과 발생시점까지의 지연이자만 책임을 지면 된다. 예를 들어, 지급기일이 2월 1일인데 원사업자가 3월 1일에 상계의사표시를 했으며 상계적상은 1월 1일이었다고 하자. 민법상 상계적상 시점인 1월 1일에 하도급대금이 소멸하게 되므로 원사업자는 지연이자를 지급하지 않아도 되지만, 그렇다고 하여 상계의사를 표시하기 전에 발생한 미지급이라는 하도급법위반에 따른 위법상태는 남아 있으므로 행정상·형사상 제재는 벗어날 수 없다고 본다.

다만, 공정거래위원회는 상계의 요건과 효과 등에 대한 민사문제에 대하여 사실조사능력과 전문적 판단능력이 부족하다는 이유로 원사업자의 상계 주장에 대하여 사실인정이 어렵다는 이유로 받아들이지 않는 실무 사례가 많음을 유의해야 한다.[287]

---

[287] 공정거래위원회는, 원사업자의 수급사업자의 공사지연에 따른 지체상금과 하도급대금 잔액을 상계했다는 주장에 대해서 공사지연의 발생 원인을 전적으로 수급사업자의 책임으로 돌릴 수 없다는 이유로 원사업자의 주장을 배척하였다(공정위 2014. 10. 29. 의결 2013서건1259). 또, 원사업자는 수급사업자의 각 제품의 하자로 인해 보수비용이 발생하여 하도급대금을 지급할 수 없다고 주장하나, 하자보수비용은 당사자의 합의나 소송 등과 같은 절차를 통하여 확정된 사실이 없어 이를 인정하기 어려울 뿐만 아니라, 하도급대금을 지급하지 아니하는 자체로 법 위반행위가 성립한다(공정위 2013. 7. 8. 의결 2012전사2699·2012전사2700 : 시정명령). 원사업자는 수급사업자로부터 반환받을 채권이 있고, 이에 대한 부당이득반환소송이 진행중이므로 하도급대금 지연이자를 지급할 수 없다고 주장한다. 하지만 특별한 사정이 없는 경우 원사업자가 법정지급기일을 경과하여 수급사업자에게 하도급대금을 지급하지 아니한 행위 그 자체가 법 위반이 되어 시정조치의 대상이 되는 점, 원사업자는 수급사업자로부터 반환받을 채권이 있다는 이유로 당해 지연이자의 지급을 아니하고 있으나 이는 이 사건과는 별개의 건이며 채권의 성격이 확인되지 아니한 점 등에 비추어 보면, 원사업자의 주장은 이유 없다(공정위 2015. 11. 18. 의결 2015건하1752 : 시정명령).

나. 직접지급사유의 발생과 상계

직접지급사유가 있는 경우 발주자가 원사업자에 대해 가지는 채권으로, 원사업자의 발주자에 대한 하도급대금채권을 상계할 수 있는지 문제된다. 직접지급사유가 있으면 원사업자의 발주자에 대한 대금채권과 수급사업자의 원사업자에 대한 하도급대금채권이 대등액에서 소멸하게 되므로, 발주자의 자동채권으로 상계해야 하는 대상인 수동채권, 즉 원사업자의 하도급대금채권이 없어 상계가 불가하다. 다만, 직접지급사유가 발생하기 전이라면, 발주자가 원사업자에 대하여 가진 채권으로 원사업자의 발주자에 대한 채권에 대해 상계를 금지할 이유가 없으므로 당연히 허용된다. 상계한 이후 직접지급사유가 발생하면, 발주자가 수급사업자에게 직접 지급할 대금은 상계 후 남은 잔액이 된다.

다. 실무상 유의사항

원사업자가 채권의 소멸시효 완성이나 상계 등 채권의 소멸을 주장할 경우, 공정거래위원회로서는 채권소멸사유의 적법성과 유효성을 판단해야 한다. 만약 공정거래위원회가 자체적으로 민사적 판단을 하기 어려운 사정이라면, 가급적 판단을 유보하고 민사법원의 판단을 기다리거나 또는 그러한 시간적 여유가 없다면 여러 가지 사정을 감안하여 대금지급명령을 발할 것인지 여부를 결정하는 것이 바람직하다.[288]

공정거래위원회가 대금지급명령을 발한다면 원사업자는 이를 행정소송으로 다툴 수 있고, 법원에서 채권소멸사유의 유무를 선결문제로 보아 처분의 적법성을 판단하게 될 것이다. 원사업자의 주장이 받아들여지면 하도급대금채권은 존재하지 않은 것이므로 이에 대한 공정거래위원회의 지급명령 역시 부적법하여 법원에 의해 취소될 것이다.

한편, 상계적상에 있더라도 상계의 의사표시가 있어야 상계 효과가 발생하므로 원사업자 입장에서는 반드시 상계의 의사표시를 확정일자 있는 증서로 하는 것이 필요하다. 수급사업자가 하도급대금 등을 받지 못했다고 주장하는 상황에서 원사업자가 그 주장을 인정하지 않는다면, 원사업자로서는 주위적으로 하도급대금을 모두 지급하였다는 주장을 함과 동시에 예비적으로 원사업자가 가진 채권으로 상계한다는 의사표시를 하는 것이 바람직하며, 그 시기 역시 지연이자의 문제가 있기 때문에 빠르면 빠를수록 좋다. 늦어도 지급명령 전에 상계를 해야 하므로 심사보고서 작성 전까지, 최소한 공정거래위원회의

---

288) 하도급대금미지급 등으로 신고를 당했지만 수급사업자에 대한 채권이 있는 원사업자로서는 상계의 의사표시를 한 다음 가압류, 가처분과 같은 보전청구나 이행청구나 확인청구와 같은 민사소송 등을 속히 제기하고, 공정거래위원회에게 그 결과를 보고 판단해 줄 것을 요청하는 전략을 생각해 볼 수 있다.

심의일 이전에 해야 한다.

민사 문제에 대한 경험 등이 부족한 공정거래위원회로서는 상계의 유효성 및 적법성에 대한 판단이 어려워 그 판단을 미루는 경향이 있으므로, 원사업자 입장에서 분쟁의 방지를 위하여 일방적인 상계보다는 수급사업자와 상계계약을 체결하는 것이 이후 논란을 줄일 수 있는 방법일 수 있다.

상계계약을 체결하고자 한다면, 상계계약 체결을 희망하는 측에서 상대측에게 대금상계의 의사를 서면으로 작성하여 통지하고 상대측이 승낙하면 된다. 상대측에서 대금상계에 대해 수락거부의사가 있는 때에는 상계계약 체결을 희망하는 측의 요청을 접수한 날로부터 10일 이내에 거부의사를 서면으로 통지하면 된다. 원사업자의 일방적 의사결정으로 수급사업자가 원치 않는 상계계약을 체결하는 것을 방지하기 위하여, 원사업자에게는 상계와 관련하여 수급사업자와 협의한 서면 및 상계합의서를 3년간 보관해야 하는 의무가 부과된다.

69 하도급대금에 대한 가압류 및 압류, 추심명령 및 전부명령 등

(#지연이자#대응방법#대항력과우선순위#최우선채권#변제공탁#근로자의 보호
#하도급대금압류#노임)

A 하도급대금이 가압류되더라도 원사업자의 하도급대금지급의무가 사라지는 것은
아니지만 미지급에 대한 책임을 면하기 위하여는 공탁해야 한다. 건설산업기본법
에 따라 하도급대금 중 노임에 상당하는 부분은 압류가 금지되지만 하도급계약에서 노임
채권의 범위를 명시하지 않은 경우에는 압류금지의 효력이 미치지 않는다. 하도급대금채
권에 대한 전부명령이 내려지더라도 그 동일성이 유지되므로 원사업자는 수급사업자에
대한 항변사유로 전부채권자에게 대항할 수 있다.

해설

가. 하도급대금채권이 압류된 경우

수급사업자의 원사업자에 대한 하도급채권이 가압류되었다고 하더라도, 원사업자는 하
도급법에 따른 법정지급기일까지 하도급대금을 지급해야 하고 그렇지 않으면 이행지체
로 하도급법상 지연이자를 지급해야 한다. 가압류는 제3채무자에 대하여 채무자에 대해
지급하는 것을 금지하는 것에 그칠 뿐 채무 그 자체를 면하게 하는 것이 아니기 때문이
다. 공정거래위원회는 가압류의 효력이 제3채무자(원사업자)가 채무자(수급사업자)에게
하도급대금을 지급하는 것을 금지하는 것일 뿐이고 채무 그 자체를 면하게 하는 것은 아
니기 때문에 하도급대금채권이 가압류되었다 하더라도 지급하지 않으면 하도급대금 미
지급이 성립하고 하도급법상 지연이자가 발생한다고 보고 있다(공정위 2013. 9. 23. 의결
2012구사2338 : 시정명령).

이 경우 해당 금액을 민법 제487조에 기해 공탁함으로써 하도급대금 지급의무를 면할
수 있다. 가압류에 불구하고 채무자에게 변제하게 되면 이후 채권자에게 이중으로 변제
할 위험을 부담하게 되므로, 민법 제487조의 '채권자가 변제를 받을 수 없는 때'에 해당
하여 변제공탁이 가능하기 때문이다.[289] 이러한 채권자불확지로 인한 공탁의 경우 채권

---

289) 공탁이란, 법령의 일정한 원인에 기하여 금전, 유가증권 기타 재산을 국가기관인 공탁소에 임치하고 공탁

에 대한 가압류의 효력은 채권자의 공탁금출급청구권에 대하여 존속한다 할 것이어서 채권자에게도 아무런 불이익이 있다고 볼 수 없다(대법원 1994. 12. 13. 선고 93다951 판결).

채권의 압류 및 추심명령 또는 압류 및 전부명령[290]이 있는 경우에도 가압류와 동일한 법리가 적용된다. 우선 압류 및 추심명령이 있으면 가압류와 마찬가지로 원사업자가 수급사업자에게 바로 변제하여서는 안 되지만(이중변제의 위험), 압류채권자가 추심명령을 받아 채권추심을 할 때에 하도급채무를 지급해야 한다. 만약 압류채권자가 채권추심을 하지 않거나 지체할 때에는 공탁함으로써 하도급법상의 지체책임에서 벗어날 수도 있다. 하도급대금채권에 대해 전부명령이 내려지면 수급사업자는 더 이상 하도급채권을 가지지 않게 되므로 하도급법의 보호필요성이 없어진다. 이 경우, 원사업자의 제3채무자에 대한 하도급대금의 지급여부는 민사상의 채권·채무관계에 불과하여 하도급법과는 무관하기 때문이다.

나. 건산법상 노임에 대한 압류금지[291]

건산법 제88조 및 동 법 시행령 제84조에 의하면, 당해 공사의 근로자에게 지급하여야 할 노임에 상당하는 금액은 압류할 수 없다. 압류가 금지되는 노임에 상당하는 금액은 당해 건설공사의 도급금액 중 산출내역서에 기재된 노임을 합산하여 산정하므로, 압류가 금지되는 노임은 도급계약서나 하도급계약서에 기재되어야 한다.

소를 통하여 그 재산을 일정한 타인에게 취득케 함으로써 법령의 일정한 목적을 달성하게 하는 제도이다. 공탁에 있어서의 특징은 공탁관계의 일방당사자인 공탁소는 국가기관이라는 점이고 공탁의 목적은 사법적 효과의 발생에 있다. 공탁에는 변제공탁, 집행공탁, 담보공탁, 보관공탁, 몰취공탁 등이 있지만, 하도급법에서 주로 문제되는 것은 민법 제487조의 변제공탁이다. 변제공탁을 위하여는 공탁사유가 있어야 한다. 우선, 채권자가 변제를 받지 아니하거나 받을 수 없는 경우이다. 이는 채권자지체의 요건과 동일한데, 채권자의 귀책유무와 무관하게 공탁을 통해 채무를 면할 수 없으며, 또 채권자가 변제수령을 거절하면 변제자는 구두의 제공도 할 필요 없이 공탁할 수 있다(대법원 1981. 9. 22. 선고 81다236 판결). 다음으로 변제자의 과실 없이 채권자를 알 수 없는 경우이다. 예컨대, 채권자의 사망으로 상속인이 누구인지 알 수 없는 경우와 같이, 채권자 또는 변제수령자가 객관적으로는 존재하지만 채무자가 과실 없이 누가 진정한 채권자인지를 알 수 없는 경우에도 변제공탁을 할 수 있다. 공탁공무원의 부당한 수리거부처분에 대하여는 관할법원에 이의신청을 할 수 있다(공탁법 제10조).

290) 압류명령이란, 환가(채무자의 재산을 현금화하는 것)의 전제로서 압류대상인 권리의 처분을 금지하는 것으로, 금전채권의 압류가 있게 되면 제3채무자는 채무자에 대한 지급이 금지되고 채무자는 채권의 처분과 영수가 금지된다. 추심명령이란, 강제집행절차에서 채무자의 제3채무자에 대하여 가지는 채권을 직접 추심할 권능을 압류채권자에게 부여하는 것으로 강제집행 절차상 환가처분의 실현행위이다. 추심명령이 있다고 하여 채무자가 제3채무자에게 가지는 채권이 압류채권자에게 이전되는 것은 아니다. 반면, 전부명령이란 압류된 금전채권을 집행채권의 변제에 갈음하여 압류채권자에게 이전하게 하는 집행명령이다. 추심명령과 달리 채무자는 피전부채권의 채권자로서의 지위를 상실하고 제3채무자는 압류채권자의 채무자가 되는 효력이 있다.

291) 길기관, 앞의 책, 285, 289면

동 조는 강행법규로 이에 위반되는 압류명령은 무효다. 압류가 금지된 채권에 대한 강제집행도 무효가 되므로, 집행이 종료되지 않은 가압류나 압류의 단계에서는 집행에 관한 이의나 즉시항고를 통하여 구제받을 수 있고, 노임채권자로서는 자신이 진정한 채권자라고 주장하면서 집행채권자를 상대로 제3자 이의의 소를 제기할 수 있다. 그러나 전부명령의 경우에는 제3채무자에게 송달된 시점에 재판이 확정되어 더 이상 집행절차에서는 다툴 수 없게 된다.[292] 하지만 압류명령은 전부명령이나 추심명령의 전제이므로 압류명령이 무효이면 전부명령이나 추심명령 역시 무효이고, 제3채무자는 압류채권자의 전부금 지급청구에 대해 이러한 실체법상의 무효를 들어 항변하고 그 지급을 거절할 수 있다(대법원 2000. 7. 4. 선고 2000다21048 판결).

건산법 시행령 제84조는 발주자(하도급의 경우에는 수급인을 포함)가, 압류가 금지되는 노임채권의 범위를 당해 건설공사의 도급금액 중 산출내역서에 기재된 노임을 합산하여 산정하고 이를 도급계약서 또는 하도급계약서에 명시하여야 한다고 규정하고 있다. 그런데 압류가 금지되는 노임액을 명시하지 않은 경우에는 어떻게 되는가? 대법원은 "건산법 시행령 제84조 제1항 및 제2항의 규정에 비추어 볼 때, 도급계약서 또는 하도급계약서에서 노임액 부분과 그 밖의 공사비 부분을 구분하지 아니함으로써, 압류명령의 발령 당시 압류의 대상인 공사대금채권 중에서 압류금지채권액이 얼마인지를 도급계약서 또는 하도급계약서의 기재에 의하여 형식적·획일적으로 구분할 수 없는 경우에는, 위 공사대금채권 전부에 대하여 압류금지의 효력이 미치지 아니한다"(대법원 2005. 6. 24. 선고 2005다10173 판결)고 판시하여 부정적 입장을 취하였다.

한편, 건산법 제88조는 근로자의 노임의 양도를 금지하는 규정을 두고 있지는 않지만, 근로자의 노임채권을 보장하려는 법 규정의 취지를 살려서 노임 상당액에 대한 양도까지 금지하는 것으로 볼 수 있는지 문제된다. 하지만 대법원은 부정적 입장이다(대법원 1990. 2. 13. 선고 88다카8132 판결).

건설산업기본법 이외에도 전기공사업법 제34조 및 정보통신공사업법 제71조도 유사한 취지로 도급금액 중 그 공사의 근로자에게 지급해야 할 노임에 대한 압류를 금지하고 있다.

다. 하도급대금채권에 대한 압류 및 전부명령이 내려진 경우

전부명령에 의하여 피보전채권은 동일성을 유지한 채로 집행채무자로부터 집행채권자로

---

292) 압류가 금지된 채권에 대하여 압류 및 전부명령이 내려지더라도 그것이 제3채무자와 채무자에게 송달되면 집행절차를 종료시키는 효과를 갖게 되어 집행방법에 관한 이의 등으로는 그 효력을 다툴 수 없다(대법원 1987. 3. 24. 선고 86다카1588 판결).

이전되고 제3채무자는 채권압류 전에 피전부채권자에 대하여 가진 항변사유로 전부채권자에게 대항할 수 있다. 예를 들어, 압류 및 전부명령 전에 원사업자가 하도급대금 중 일부를 수급사업자의 근로자들에게 임금으로 지급하기로 수급사업자와 합의하였다면, 그 이후에 전부명령이 이루어졌다 하더라도, 원사업자는 전부채권자에 대하여 위와 같은 항변사유를 가지고 대항할 수 있으므로, 수급사업자의 근로자에게 지급하기로 한 임금을 제외한 나머지에 대해서만 전부명령의 효력이 미친다(대법원 2000. 5. 30. 선고 2000다2443 판결).

질의 회신 사례

[질의] 원사업자 A사가 수급사업자 B사에 대한 손해배상채권을 확보하기 위하여 B사가 A사에 대하여 가지는 하도급공사대금채권을 가압류 신청하고자 한다. 만일, 법원의 가압류 명령에 의하여 A사의 B사에 대한 하도급대금 지급이 금지될 경우도 원사업자의 하도급 대금 미지급 행위로 하도급에 위반하는가?

[회신] 일반적인 하도급대금에 대한 가압류의 경우 수급사업자의 원사업자에 대한 하도급대금 채권이 수급사업자의 채권단에 의하여 가압류되었다고 하더라도 원사업자가 수급사업자에게 지급해야 할 하도급대금을 하도급법상 법정지급기일까지 공탁하지 아니할 경우는 하도급법 위반이 된다. 상기 수급사업자의 채권자와 원사업자가 동일인이라는 특수성이 있으므로 상기와 같이 A사의 공탁이 가능할지는 미지수인 바, 만약 적정 금액을 공탁하여 수리된다면 가압류 신청이 하도급법에 위반된다고 보기는 곤란할 것으로 사료된다. 그러나 공탁이 공탁 공무원에 의하여 수리되지 않을 경우는 관련 재판의 본안 판결 결과 여하에 따라 가압류 신청이 하도급법에 위반되는지 여부에 대한 논란의 소지가 있을 수 있다고 사료된다.

70 건설하도급대금 지급보증 면제대상이었지만 계약이행 중 지급보증 대상이 된 경우 지급보증의무 유무

(#보증기간면제대상#신용평가등급하향)

A 하도급계약 당시 대금지급보증의무 면제대상이었다가 하도급계약 종료 전에 면제대상이 아니게 된 경우, 예를 들어 개정 시행령 아래에서 원사업자의 신용등급이 대금지급보증의무 면제대상일 때 하도급계약을 체결하였다가 그 이후 신용등급 하락으로 대금지급보증의무 대상이 된 경우에도 이미 체결된 하도급계약에 대하여 다시 대금지급보증의무를 이행해야 하고, 원사업자가 수급사업자로부터는 계약이행보증증권을 징구하였다 하더라도 새로이 대금지급보증을 하지 않았다면 계약이행보증금 청구를 할 수 없다.

해 설

하도급계약 체결시에는 관련 법령에 규정된 신용평가등급과 관련 요건을 충족하여 공사대금 지급보증이 면제되었지만 그 계약에 따른 위탁업무를 공급받는 도중에 신용등급 하향 등의 이유로 더 이상 지급보증 면제요건을 충족하지 못하게 된 경우, 향후 새로이 체결하는 하도급계약이나 갱신하는 하도급계약과 관련해서는 공사대금 지급보증을 해야 함은 당연하다. 그런데 ① 지급보증을 하지 않고 체결되었던 기존 하도급계약의 이행이 완료되지 않은 경우에도 새로이 대금지급보증의무를 부담하는지 여부 및 ② 원사업자가 기체결된 하도급계약에 대하여 새로이 대금지급보증을 제공하지 않으면 하도급법 제13조의2 제10항에 의하여 원사업자 역시도 기존에 체결된 이행보증계약에 기한 이행보증을 청구할 수 없는지 여부가 문제된다.

검토에 앞서, 2020. 4. 7. 대통령령 제30606호로 개정되기 이전의 시행령에 의하면, '원사업자가 신용평가회사가 실시한 신용평가에서 공정거래위원회가 정한 고시 이상의 등급을 받은 경우(지급보증면제고시에서 '2개 이상 신용평가전문기관이 실시하는 회사채 평가에서 A 이상의 등급을 받거나 회사채 신용평가 인가를 받은 신용평가사에 의한 기업어음 평가등급 A+2 이상을 받은 경우'로 규정)에도 하도급공사대금 지급보증의무 면제대상으로 규정되어 있었지만, 원사업자라 하더라도 단기간에 재무상태가 부실해 질 경우 하도급대금 지급을 할 수 없는 경우가 있음을 반영하여 2020. 4. 7. 시행령 개정에서 면제대상에서 제외하였다. [293] 이에 따라 원사업자는 위와 같은 공사대금 지급의 보증이 필요하지 아니하거나 적합하지 아니하다고 인정된 사유가 소멸한 경우에는 사유소멸일로부터 30일 이내에 제1항에 따른 공사대금 지급보증을 하여야 하는 경우는 실무적으로 존재하기 어려워졌다.

①의 쟁점과 관련하여 단지 신용등급이 변동되었다고 해서 기존 계약까지 소급하여 대금지급보증의무가 발생한다고 볼 수 없다는 견해가 있을 수 있다(이하 "1설"). 하도급법 제13조의2 제1항의 하도급대금 지급보증은 계약 체결 시점에 이루어져야 하는 것이므로 그 면제요건 역시도 계약체결시점을 기준으로 판단되어야 하며, 신용평가 등급이 변경되었다고 하여 기존에 체결된 하도급계약까지 소급하여 대금지급보증의무가 추가로 발생한다고 본다면 법률관계의 안정을 해하게 된다는 점 등이 논거이다. [294] 반면, 원사업자가 기존의 하도급 계약에 대해서도 지급보증을 해야 한다는 주장도 가능하다(이하 "2설"). 하도급법령은 수급사업자에 대한 두터운 보호에 초점을 맞추어 해석되어야 하는 점, 하도급계약이 이미 체결되었다 하더라도 계약이 종료되지 않았다면 대금지급보증의 필요성이 있는 점, 원사업자의 신용등급이 하향되었다는 것은 하도급 대금이 정상적으로 지급되지 않을 가능성이 있는 점 등이 그 논거이다.

그런데 하도급거래공정화지침(개정 2016. 12. 26. 공정거래위원회 예규 제276호)은 '하도급계약 체결 후, 원사업자의 신용평가등급이 변경되어 하도급대금 지급보증 면제대상에서 제외된 경우 기존 하도급대금에 대하여는 지급보증을 하지 않아도 되지만, 대금에 관한 변경계약을 체결하는 경우에는 변경계약으로 추가된 금액에 대하여는 지급보증을 하여야 한다'고 규정하고 있다(동 지침 III. 14. 라. 및 마.). 즉, 계약체결 시점에는 신용등급이 지급보증 면제요건을 충족하였지만 계약 체결 이후 신용등급 하락 등으로 지급보증 면제요건을 충족하지 못하게 된 경우에 이미 체결한 하도급계약에 대하여는 지급보증의무가 없다는 취지이므로 1설의 입장이다.

이에 반해 2설은 다음과 같은 점을 들어 1설을 반박할 수 있을 것이다. 즉, 그 상위규정

---

293) 개정전 시행령의 제도를 좀 더 설명한다. 평가대상인 회사채는 원칙적으로 무보증회사채를 기준으로 하며, 회사채 및 기업어음에 대한 신용평가 등급은 당해 평가의 유효기간 내에서 효력이 있다(하도급공정화지침, 지급보증면제고시). 이러한 사유가 소멸하면 보증기간 동안 수급사업자의 계약이행이 불명확하거나 기성금에 대해 이견이 없는 경우 등을 제외하고는 그 때부터 30일 이내에 공사대금의 지급보증을 해야 한다(법 제13조의2 제2항, 시행령 제8조 제3항). 한편, 보증의무가 면제된 원사업자가 면제등급에서 제외된 후 대금에 관한 변경계약을 체결하는 경우, 변경계약으로 추가된 대금이 1,000만 원 이하인 경우가 아닌 한 추가된 대금에 대하여는 지급보증을 하여야 한다(하도급공정화지침).

294) 오승돈, 앞의 책, 133면

인 하도급법 제13조의2 제2항 본문이 "원사업자는 제1항 각 호 외의 부분 단서에 따른 공사대금 지급의 보증이 필요하지 아니하거나 적합하지 아니하다고 인정된 사유가 소멸한 경우에는 그 사유가 소멸한 날부터 30일 이내에 제1항에 따른 공사대금 지급보증을 하여야 한다"고 규정하고 있는데, 1설은 동 규정에 위반되거나 배치되는 해석이다. 또, 하도급거래공정화지침은 법규성 없는 법률해석지침에 불과해 이에 구속될 이유도 없지만 설사 법규라 하더라도 상위 법령을 위반했거나 이에 배치되는 이상 효력도 인정할 수 없다.

다음으로 ②의 쟁점, 즉 하도급법 제13조의2 제8항에 따른 계약이행청구의 가부에 대해서 살펴본다. 하도급법 제13조의2 제8항은 "제1항에 따른 수급사업자의 계약이행 보증에 대한 원사업자의 청구권은 해당 원사업자가 제1항 또는 제2항에 따른 공사대금 지급을 보증한 후가 아니면 이를 행사할 수 없다. 다만, 제1항 각 호 외의 부분 단서 또는 제2항 단서에 따라 공사대금 지급을 보증하지 아니하는 경우에는 그러하지 아니하다."라고 규정하고 있다. 동 규정의 취지는 원사업자의 지급보증의무와 수급사업자의 이행보증의무는 동시이행관계에 있으므로, 설사 수급사업자가 계약이행보증을 제공했다 하더라도 원사업자가 하도급법에 따른 대금지급보증의무를 이행하지 않았다면 그 원사업자는 계약이행보증계약에 따른 청구를 할 수 없도록 한다는 취지이다. 그래서 원사업자의 대금지급보증의무가 실효적으로 준수되도록 함과 동시에 원사업자의 부당한 계약이행보증청구로부터 수급사업자를 보호하기 위함이다.

법원은 2설의 입장에서 하도급계약 당시 대금지급보증의무 면제대상이었다가 하도급계약 종료 전에 면제대상이 아니게 된 경우, 예를 들어 개정 시행령 아래에서 원사업자의 신용등급이 대금지급보증의무 면제대상일 때 하도급계약을 체결하였다가 그 이후 신용등급 하락으로 대금지급보증의무 대상이 된 경우에도 이미 체결된 하도급계약에 대하여 다시 대금지급보증의무를 이행해야 한다고 보았다. 그래서 하도급계약 당시 하도급대금 지급보증 면제사유에 해당하여 원사업자가 대금지급보증을 하지 않고 수급사업자로부터는 계약이행보증증권을 징구하였지만 이후 대금지급보증면제 대상에서 제외되었음에도 불구하고 새로이 대금지급보증을 하지 않았다면 수급사업자로부터 징구받은 계약이행보증금 청구를 할 수 없다고 보았다. 심지어 대금지급보증의무 면제사유가 사라지기 전에 지급한 하도급대금에 상응하는 부분(즉 전체 하도급대금에서 그 때까지 지급한 하도급대금의 비율)에 대한 계약이행보증금 청구 역시 가능하지 않다고 보았다(서울고등법원 2019. 12. 6. 선고 2019나2009345 판결; 동 판결은 대법원 2020. 4. 9. 선고 2020다204452 판결로 심리불속행 결정). 다만, 저자는 문언상 명확하지 않은 상황에서 침익적 법령의 해석원칙상 지급보증의무의 부과 요건은 엄격히 해석해야 하므로 이미 의무가 면제되었던 것에 대해 다시 의무를 부활시키는 것에 대해서는 신중해야 한다는 점, 법규성 없는 공정위 지침이라도 가급적 존중하는 것이 법적 안전성 측면에서 바람직하므로 그에 배치되는 해석에 대해서는 조심해야 한다는 점에서 1설을 지지한다.

71 건설보증조합(또는 전문건설공제조합)의 보증과 원사업자의 보증, 양자 간의 상호구상권

(#건설공제조합#건설보증#공동보증인#구상권#변제자대위)

A 건설보증조합이나 전문건설공제조합의 보증은 민법상 보증이므로 건설공제조합과 주계약상 보증인은 채권자에 대한 관계에서 공동보증인의 관계이다. 그들 중 어느 일방이 변제 기타 자기의 출재로 채무를 소멸하게 하였다면 그들 사이에 구상에 관한 특별한 약정이 없다 하더라도 민법 제448조에 의하여 상대방에 대하여 구상권을 행사할 수 있다.

해설

건설공제조합(전문건설공제조합도 그에 준해 취급할 수 있으므로 이하 양자를 통틀어 '조합'이라 함)[295]의 보증은 조합원이 다른 조합원 또는 제3자와의 사이에 체결한 도급계약상 의무를 불이행하는 경우 그 손해를 보상하는 것을 내용으로 하는 보증을 의미한다. 조합이 제공하는 보증에는 입찰보증, 계약보증, 공사이행보증, 손해배상보증, 하자보수보증, 선급금보증, 하도급보증과 기타 대통령령이 정하는 보증(인·허가보증, 자재구입보증) 등이 있다.

조합 보증의 법적 성질과 관련하여 민법상 보증계약이라는 견해, 상호보험인 보증보험과 유사한 타인을 위한 보험계약이라는 견해가 있다. 민사상 보증의 경우 부종성, 수반성, 구상권 등의 법리가 적용되고, 보험인 경우 상법상 고지의무, 면책사유, 독립성, 보험자대위 등의 법리가 적용될 수 있다. 대법원 판례도 보증계약이라는 취지(대법원 1999. 11. 26. 선고 99다36617 판결[296] 외 다수)와 타인을 위한 보험계약이라는 취지(대법원 2001. 2. 13. 선고

---

295) 건설공제조합은 건설산업기본법 제54조 제1항에 따라 건설업자 상호간의 협동조직을 통하여 자율적인 경제활동을 도모하고 건설업의 영위에 필요한 각종 보증과 자금융자 등을 하기 위하여 설립된 건설업자의 공제조합이다. 건설공제조합은 일반건설업자가 설립한 조합이고 전문건설조합은 전문건설업자가 설립한 조합이다. 두 조합 모두 건설산업기본법 제54조에 설립근거를 두고 있다.

296) 대법원 1999. 11. 26. 선고 99다36617 판결
전◆◆◇공제조합이 구 전◆◆◇공제조합법(1996. 12. 30. 법률 제5230호 건설산업기본법 부칙 제2조에 의하여 폐지)에 의하여 하는 보증에 있어서의 보증관계는 조합과 조합원 사이에 체결되는 보증위탁계약의 제3자에 대한 효력으로서 성립하는 것이 아니라, 조합원의 신청에 따라 보증채권자를 위하여 보증서

2000다5961 판결[297] 외 다수)가 병존하면서 혼동을 주었다.

　이와 관련하여 대법원은 전원합의체 판결로 "구 건설공제조합법(1996. 12. 30. 법률 제5230호로 제정된 건설산업기본법 부칙 제2조 제1호로 폐지)에 따라 건설공제조합이 조합원으로부터 보증수수료를 받고 그 조합원이 다른 조합원 또는 제3자와의 도급계약에 따라 부담하는 하자보수의무를 보증하기로 하는 내용의 보증계약은 무엇보다 채무자의 신용을 보완함으로써 일반적인 보증계약과 같은 효과를 얻기 위하여 이루어지는 것으로서, 그 계약의 구조와 목적, 기능 등에 비추어 볼 때 그 실질은 의연 보증의 성격을 가진다 할 것이므로 민법의 보증에 관한 규정, 특히 보증인의 구상권에 관한 민법 제441조 이하의 규정이 준용된다. 따라서 건설공제조합과 주계약상 보증인은 채권자에 대한 관계에서 채무자의 채무이행에 관하여 공동보증인의 관계에 있다고 보아야 할 것이므로, 그들 중 어느 일방이 변제 기타 자기의 출재로 채무를 소멸하게 하였다면 그들 사이에 구상에 관한 특별한 약정이 없다 하더라도 민법 제448조에 의하여 상대방에 대하여 구상권을 행사할 수 있다"라고 판시하여 민사상 보증의 성격임을 분명히 하였다.[298]

　특히, 시행사로부터 건설도급계약을 체결한 건설업자가 자신이 수주한 공사의 전부 또는 일부를 수급사업자에게 하도급하면서, 자신이 건설공제조합으로부터 보증서를 발급받아 제출하고 아울러 자신과 함께 실제 공사를 하는 수급사업자가 연대하여 시행사에게 이행보증을 하는 경우가 있다. 지방자치단체가 시행하는 사업에 있어 원사업자가 지방업체이고 수급사업자가 오히려 더 규모가 큰 건설회사인 경우가 있다. 만약 도급계약의 이행이 제대로 되지 않거나 또는 하자가 커서 시행사가 그 수급사업자에게 보증채무의 이행을 요구하고 수급사업자가 이를 지급한 경우, 수급사업자가 건설공제조합에 대하여 민법 제448조의 공동보증인으로서의 구상권을 행사할 수 있는지가 문제되는데, 위 대법원 판결을 통해 구상권을 행사할 수 있음이 명확히 된 것이다.

　를 발급하는 방식으로 조합이 보증채권자에 대하여 직접 보증의 의사표시를 함으로써 성립하는 것이므로, 그 보증관계의 해소를 위한 보증 취소의 의사표시는 보증을 신청한 자에 불과한 조합원에 대하여 할 것이 아니라 보증의 의사표시의 상대방인 보증채권자에 대하여 하여야 한다.

297) 대법원 2001. 2. 13. 선고 2000다5961 판결
　건설산업기본법에 따라 건◆◆◇조합이 조합원으로부터 보증수수료를 받고 조합원이 타조합원 또는 제3자와 하도급계약을 체결하는 경우 부담하는 하도급대금 지급채무를 보증하는 보증계약은 그 성질에 있어서 조합원 상호의 이익을 위하여 영위하는 상호보험으로서 보증보험과 유사한 것이라고 할 것이므로 이에 대하여도 보험에 관한 법리가 적용되고, 따라서 보증채권자가 조합원에게 그 이행기를 보증기간 이후로 연기하여 준 경우에는 이로써 건◆◆◇조합의 보증계약상의 보증기간도 당연히 변경된다고 할 수는 없으며 연기된 이행기일이 보증기간 이후로 된 이상 비록 조합원이 변경된 주계약상의 이행기일에 이행을 하지 않는다고 하더라도 이는 보증사고가 보증기간 이후에 발생한 것이어서 보증금 지급사유에 해당되지 아니한다.

298) 현정석, 민사판례연구 31, 한국민사판례연구회, 박영사, 2009. 2. 28.

72

건설하도급대금 지급보증제도의 쟁점들

(#보증기간경과#연장보증서미발급#보증기간이후의어음부도#건설공제조합의 면제사유
#지급보증보험약관#상호보험#타절기성검사#10%초과계약이행보증서요구)

A 보증기간 경과 후 연장보증서를 발급하지 않았다면 보증기간 경과 후 발생한 보증사고에 대하여는 보증책임이 없고, 하도급대금으로 지급받은 약속어음이 보증기간 경과후 부도난 경우에도 마찬가지이다. 하도급대금지급보증금 지급요건으로 타절기성검사를 규정하였더라도 타절기성검사와 무관하게 보증금을 지급해야 한다. 불법 또는 금지된 하도급에 대하여 보증금을 지급하지 않기로 하는 보증약관은 유효하다. 10%를 초과하는 계약이행보증을 요구하는 계약조항은 부당특약에 해당한다. 하도급대금지급보증이 면제된 원사업자라도 수급사업자에게 계약이행보증을 요구할 수 있지만, 하도급대금지급보증의무가 있는 원사업자가 대금지급보장을 하지 않은 경우라면 수급사업자에게 계약이행보증을 요구할 수도 없고 설사 계약이행보증을 받았더라도 청구할 수 없다(청구가 되면 보증기관은 보증금지급을 거절해야 한다). 하도급계약이 통정허위표시로 무효이면 이에 기반한 보증계약 역시 무효이다.

해설

가. 보증기간 경과 후 연장보증서를 발급하지 않은 경우 보증기관의 보증금지급의무 및 하도급대금으로 지급받은 약속어음이 하도급대금 보증기간을 경과하여 부도난 경우

건설공제조합 등 하도급대금 지급채무 보증기관은 보증서에 기재된 보증기간 내에 발생한 보증사고에 대하여 보증금액의 한도 안에서 보증책임을 부담한다. 하도급대금 지급채무 보증계약은 그 성질상 조합원 상호의 이익을 위하여 영위하는 상호보험으로 보증보험과 유사한 것이어서 보험에 대한 법리가 적용되므로, 원사업자와 수급사업자 간의 하도급계약기간이 연장되어 변경계약을 체결했다 하더라도 보증기관이 발생한 보증서의 보증기간이 당연히 연장되거나 변경되는 것으로 볼 수 없다.

보증기관의 보증의무 연장 유무는 원사업자가 하도급대금을 약속어음으로 지급하면서

그 만기를 보증기간 이후로 하였는데 보증기간 이후에 약속어음이 부도나는 경우에 특히 문제된다. 수급사업자가 만기가 보증기간 이후인 약속어음으로 하도급대금을 지급받았다면 원사업자에 대하여 이행기 자체를 연기해 준 것으로 볼 여지는 있지만, 보증기간이 약속어음 만기일까지 존속한다고 볼 수는 없다. 같은 취지에서 대법원은 '연기된 이행기일이 보증기간 이후로 된 이상 조합원이 보증기간 이후의 이행기일에 이행하지 않는다고 하더라도 이는 보증사고가 보증기간 이후에 발생한 것이어서 보증금 지급사유에 해당되지 않는다'고 판시하였다(대법원 2001. 2. 13. 선고 2000다5961 판결). 이 경우 보증기관으로부터 추가보증서를 발급받지 못했다면 보증기관은 보증책임을 지지 않는다(대법원 2008. 5. 15. 선고 2007다67244 판결).

주계약상 이행기간을 보증채권자와 보증채무자가 임의로 변경하기는 하였지만 보증사고는 당초 이행기간 내에 발생한 경우는 어떻게 하는가? 예를 들어 보증기간이 2018. 12. 30.까지였지만 당초 하도급계약기간은 2018. 6. 30.까지로 하였다가 보증기간의 동의 없이 그 하도급계약기간이 2018. 12. 30.까지로 연장되고 그 기간 내에 보증사고가 발생한 경우이다. 판례는 '원사업자가 수급사업자에게 이행기를 연장해 주면서도 보증기관으로부터 추가보증서를 발급받지 않았더라도 보증사고가 보증기간 내에 발생했다면 보증기관의 동의 없이 하도급계약기간이 연장되고 연장된 기간에서 발생한 것이라 하더라도 (보증사고는 애초 정해진 보증기간 내에 발생한 것이므로) 보증책임이 있다'는 입장이다 (대법원 2006. 4. 28. 선고 2004다16976 판결[299]).

나. 타절기성검사를 하도급대금지급보증금 지급요건으로 규정한 약관의 효력

하도급대금지급보증 약관에서 건설공제조합이 지급하여야 할 보증금액의 산정 기준으로 '원도급의 발주자가 최종적으로 행한 타절기성검사'를 규정[300]하고 있는데, 발주자가

[299] 대법원 2006. 4. 28 선고 2004다16976 판결
피보험자와 보험계약자 사이의 주계약의 이행기간이 당초 보험기간 내이던 것이 보험기간 이후로 연장되었다 하여 보험기간도 연장된 주계약의 이행기간에 맞추어 연장되는 것은 아니고 보험자로서는 당초 정해진 보험기간 내에 발생한 보험사고에 대해서만 보험책임을 부담할 뿐이므로 그러한 주계약의 이행기간 연장이 보험자의 동의 없이 이루어졌다 하여 당초 약정한 보험기간 내에 발생한 보험사고를 대상으로 하는 보험계약의 효력이 당연히 소멸된다고 볼 수는 없다 할 것이다. 같은 취지에서 원심이 이 사건 각 보험사고가 당초 정해진 보험기간 내에 발생한 이상 보험계약상의 보험금지급사유에 해당한다고 함으로써, 이와 달리 주계약인 이 사건 공급계약의 납품기한이 보험기간 이후로 연장되었음을 이유로 그 보험금지급의무의 성립을 부정하는 피고 및 보조참가인의 주장을 배척한 조치는 정당하고 거기에 상고이유에서 주장하는 바와 같은 위법이 없다. 상고이유에서 들고 있는 판례는 그 취지에 있어서 위와 같은 원심의 판단과 배치되는 것이 아니어서 그 주장의 근거로 삼기 어렵다.

타절기성검사를 회피한다면 보증채권자는 하도급대금 상당의 보증금을 받을 수 없는가?

대법원은 발주자의 '타절기성검사'는 보증 사고 발생시 하도급공사의 인정금액을 평가하기 위한 원칙적인 방법에 불과하고, 그 실시 여부 역시 전적으로 발주자의 의사에 달려 있는 것이며, 타절기성검사가 없다 하더라도 자료를 통해 하도급공사의 기성금액을 산정하여 보증금을 지급해야 한다고 보았다. 나아가 타절기성검사를 보증금지급요건으로 해석하는 것은 제도를 도입한 관계 법령의 취지에 반하고, 기성금액에 관한 증명방법을 과도하게 제한하여 보증인의 책임을 배제함으로써 '고객에게 부당하게 불리한' 약관 조항(약관규제법 제6조 제2항 제1호)으로 무효가 될 수 있다고 판시하였다(대법원 2009. 7. 9. 선고 2008다21303 판결[301]).

다. 하도급대금지급보증약관에 규정된 건설공제조합의 면책사유의 효력

하도급대금지급보증약관에는 '건설산업기본법령상 하도급을 금지하는 공사를 하도급받거나 무자격자가 하도급받은 공사인 때'를 건설공제조합의 면책사유로 정하고 있는데,[302] 대법원은 이에 대하여 그 약관이 유효하다는 전제에서, 건설산업기본법이 금지하

---

300) 하도급대금지급보증약관 제7조(보증사고 발생시 기성인정 기준)
　　제3조의 실제시공으로 발생한 하도급공사 인정금액은 원도급의 발주자(자체사업의 경우 감리자)가 채무자의 공사이행 기성고를 확정하기 위하여 행한 기성검사를 기준으로 합니다.

301) 대법원 2009. 7. 9. 선고 2008다21303 판결
　　건설산업기본법에 따라 건설공제조합이 조합원으로부터 보증수수료를 받고 조합원이 다른 조합원 또는 제3자와 하도급계약을 체결하는 경우 부담하는 하도급대금 지급채무를 보증하는 보증계약은 그 성질에 있어서 조합원 상호의 이익을 위하여 영위하는 상호보험으로서 보증보험과 유사한 것으로, 건설공제조합은 보증서에 기재된 보증기간 내에 발생한 보증사고에 대하여 보증금액의 한도 안에서 보증책임을 부담하게 된다. 이때 건설공제조합이 지급하여야 할 보증금액은 보증채권자가 보증기간 개시일부터 주계약에서 정한 계약이행기일까지 실제 시공으로 발생한 하도급공사 인정금액을 기준으로 산정하여야 하는데, 하도급대금지급보증약관에서 그 구체적인 기준으로서 '원도급의 발주자(자체사업의 경우 감리자)가 채무자의 공사이행 기성고를 확정하기 위하여 최종적으로 행한 타절기성검사'를 규정하고 있는 경우, 발주자의 타절기성검사 여부는 전적으로 발주자의 의사에 달려 있는 것이므로 발주자의 타절기성검사가 없다는 사정만으로 곧바로 건설공제조합이 보증책임을 면하는 것으로 해석하는 것은 하도급대금의 지급을 보장하기 위하여 지급보증제도를 도입한 관계 법령의 취지에 반하고, 하도급공사의 기성금액에 관한 증명방법을 과도하게 제한하여 상당한 이유 없이 보증인의 책임을 배제하는 것이 되어 약관의 규제에 관한 법률 제6조 제2항 제1호의 '고객에 대하여 부당하게 불리한 조항'으로서 무효가 될 수 있다. 그러므로 위 약관에서 정한 '발주자의 타절기성검사'는 보증사고 발생시 하도급공사의 인정금액을 평가하기 위한 원칙적인 방법으로서 제시된 것이라고 해석하여야 하고, 그와 같은 발주자의 타절기성검사가 없는 경우에는 이에 준하여 보증사고 발생일까지의 실제 하도급공사의 기성금액을 객관적으로 적정하게 평가할 수 있는 자료가 있다면 건설공제조합으로서는 이를 기준으로 보증금을 산정하여 지급하여야 할 의무가 있다.

302) 하도급대금지급보증약관 제2조(보증채무를 이행하지 아니하는 사유)
　　조합은 다음 각 호의 1에 해당하는 때에는 보증금을 지급해 주지 않는다.
　　1. 천재지변, 전쟁, 내란, 그 밖에 이와 비슷한 변란으로 인하여 보증사고가 발생한 때

는 하도급공사를 하도급받거나 무자격자가 공사를 하도급받은 때에는, 건설공제조합이 하도급대금의 지급을 보증할 의무가 없는 것으로 판단한 바 있다(대법원 2009. 7. 9. 선고 2008다88221 판결).

라. 원사업자가 하도급금액의 10%를 초과하는 계약이행보증서를 수급사업자에게 요구하는 것이 하도급법 위반인지 여부

하도급법과 건산법이 원사업자에게는 하도급대금 지급보증을, 수급사업자에게는 계약금액의 10%에 해당하는 계약이행보증을 의무하고 있을 뿐이지, 원사업자가 수급사업자에게 계약금액의 10%를 초과하는 계약이행보증을 요구하는 것을 금지하고 있지 않다. 하지만 부당특약고시 II. 3. 가. "법 제13조의2에 규정된 계약이행 보증 금액의 비율을 높이거나, 수급사업자의 계약이행 보증기관 선택을 제한하는 약정"의 부당특약에 해당할 수 있다(부당특약고시 V. 5.). 그러한 계약이행의 보증은 공정거래법상 거래상 지위남용 등으로 위법할 수도 있다.

마. 원사업자의 지급보증의무가 면제된 경우에는 원사업자는 수급사업자에게 이행보증을 요구할 수 없는지 여부

원사업자의 지급보증의무가 면제된 경우 이와 동시이행관계에 있는 수급사업자의 이행보증의무도 면제되는 것이어서 원사업자는 수급사업자에게 이행보증을 요구할 수 없는 것인지 문제된다. 동시이행관계에 있다는 것은 원사업자가 자신의 지급보증의무를 다하지 않고는 수급사업자에게 이행보증의무를 요구할 수 없다는 의미일 뿐, 원사업자가 법령의 요건에 따라 지급보증의무를 부담하지 않게 되었다 하여 수급사업자에게 하도급계약의 이행보증을 요구할 수 없다고 볼 수는 없다. 더하여 원사업자에게 지급보증의무를 부담시키지 않더라도 수급사업자 보호에 문제가 없는 경우 등을 법령에서 별도 요건으로 지급보증의무를 면제시키는 것이므로 원사업자가 이 요건을 충족한다고 하여 원사업자가 수급사업자에게 이행보증을 요구할 수 없도록 할 아무런 근거도 없다.

---

2. 보증채권자의 책임 있는 사유로 인하여 보증사고가 발생한 때
3. 보증서를 보증목적(주계약내용) 이외의 용도로 사용한 때
4. 건설산업기본법령상 무자격자 등 해당 공종에 대하여 시공자격이 없는 자가 하도급받은 공사인 때
5. 생략

바. 계약이행보증을 하지 않은 원사업자는 하도급대금 보증금을 청구할 수 없는지 여부

하도급대금 지급보증을 하지 않은 원사업자가 동항을 위반해 청구한 계약이행보증보험금을 보험회사가 (수급사업자가 아무런 의견을 제시하지 않아 지급거절을 하지 않고) 지급한 경우, 계약이행보증 청구권이 없는 원사업자의 청구에 따른 지급이므로, 보험회사는 수급사업자(피보험자)에게 구상할 수 없다. 이 경우 보험회사는 원사업자에게 부당이득반환청구를 해서 법률관계를 정리해야 할 것이다.

좀 더 구체적으로 살펴 보겠다. 하도급법 제13조의2 제10항은 원사업체가 하도급대금 지급보증을 하지 않은 경우라면 계약이행보증 청구권 행사 자체를 할 수 없도록 규정하고 있다. 그런데 원사업체가 위 규정을 위반하여 보증보험회사에 계약이행 보증 보험금을 청구하여 수령한 뒤에 보증보험회사가 수급사업자인 하도급업체에 구상금을 청구하는 경우, 하도급업체가 보증보험회사에 위 규정을 근거로 구상금 청구를 거절할 수 있는지 여부가 문제된다.

우선, 동조항이 강행법규 또는 효력규정인지 아니면 단순한 단순규정인지 여부가 문제될 수 있다. 하도급법 적용대상, 대금지급기일, 지연이자율 등과 같은 조항을 제외하고는 특별한 사정이 없는 한 하도급법 조항들은 단속규정으로 봄이 일반적이다. 해당 조항 역시 단속규정이라 봄이 합당하다(대법원 2001. 10. 26. 선고 2000다61435 판결). 그 조항에 반하여, 예를 들어 공사계약이행보증약관 등에 계약이행보증을 하지 않은 원사업자도 공사이행보증을 청구할 수 있다고 규정을 하던지 등의 사유가 있다면, 그 약관조항에 따라 원사업자는 계약이행보증의 제공 없이도 공사계약이행보증금을 청구할 수 있다고 볼 여지가 있다. 하지만, 계약이행보증 약관규정에는 이와 관련한 조항이 전혀 없기 때문에 개별약정에서 하도급법 제13조의2 제10항에 위반되는 내용이 없다면, 동조가 적용된다. 그래서 공사대금보증을 하지 않은 원사업자는 계약이행보증보험금을 청구할 수 없다. 청구권이 없는 피보험자의 청구이므로 보험회사에게 청구요건에 부합하지 않으므로 거절해야 한다.

원사업자가 보험금 청구를 할 때 보험회사는 통상 피보험자인 수급사업자에게 의견조회를 하는데 이 때 수급사업자가 실수로 계약이행보증을 받지 못한 사실을 알리지 못하여 보험회사가 지급하였다면 어떻게 될까? 기본적으로 계약이행보증을 하지 않은 원사업자의 공사이행보증금 청구는 잘못이므로 보험회사는 지급해서는 안된다. 만약 지급했더라도 부당이득반환청구로 반환받아야 한다. 단지 보험회사의 피보험자에 대한 계약금 지급과 관련한 의견조회에서 피보험자가 이런 사실을 알리지 못했다는 이유로 보험수익자인 원사업자의 잘못된 청구의 하자가 치유되는 것이라 볼 수 없다고 생각된다.

한편, 원사업자가 공사대금지급보증을 제공한 경우라도 하도급대금 지급기일 이전에 종료되도록 단기로 정해져 있는 탓에(그 지급보증기간이 연장되거나 갱신되지 않아 도과되었다면) 계약이행보증금 청구사유가 발생한 시점을 기준으로 수급사업자가 보증기관을 상대로 보증책임을 물을 수 없게 되었다면, 하도급법 제13조의2 제10항의 계약이행보증을 하지 않은 경우에 해당하여 원사업자에 대한 계약이행보증을 청구할 수 없다(대법원 2019. 7. 25. 선고 2018다213644 판결[303]).

사. 주계약이 통정허위표시로 무효인 경우 보험금 지급의무의 유무 (명의대여를 통한 하도급계약의 체결)

하도급공사도급계약이 수급인과 하수급인이 공모하여 허위로 작성한 것이라면, 허위의 하도급공사도급계약에 따른 하도급공사대금의 지급을 보증한 건설공제조합의 보증계약은 통정허위표시로서 무효이다. 따라서 수급사업자는 건설공제조합에 대하여 보증금을 청구하지 못한다.

---

303) 대법원 2019. 7. 25. 선고 2018다213644 판결
　　[1] 구 하도급거래 공정화에 관한 법률(2016. 12. 20. 법률 제14456호로 개정되기 전의 것. 이하 '하도급법'이라고 한다)에서는 하도급대금의 지급수단이 어음이나 어음대체결제수단인 경우에는 수급사업자가 하도급대금을 실질적으로 상환받을 수 있는 기한이 지급보증기간에 포함되도록 명시하고 있을 뿐 아니라, 수급사업자가 하도급법 제13조에 따른 하도급대금의 지급기일이 지나도록 대금을 지급받지 못하는 것이 지급보증금의 청구사유 중 하나로 되어 있다. 그리고 하도급법에서는 원사업자에 비해 상대적으로 열위적 지위에 있는 수급사업자가 하도급대금을 지급받지 못하는 위험 내지 그 불확실성에 노출되는 것을 해소하고자 하도급대금의 지급보증을 의무화하고 있는데, 이를 통하여 입법자는 하도급대금의 지급기일이 도과하여 원사업자가 이행지체에 빠지는 경우 등과 같은 전형적인 사유의 발생 시 보증기관으로 하여금 지급보증책임을 이행하게 함으로써 수급사업자가 하도급대금 상당액을 안정적으로 지급받을 수 있게 한 것으로 보인다. 이러한 사정을 고려하면, 하도급대금의 지급수단이 현금인 경우에도 특별한 사정이 없는 한 하도급법 제13조에 따른 하도급대금의 지급기일은 하도급법 제13조의2 제1항 본문에 따라 원사업자가 의무적으로 받아야 하는 지급보증의 보증기간 내에 포함되어야 한다.
　　[2] 원사업자가 가입한 지급보증기간이 하도급대금의 지급기일 이전에 종료되도록 단기로 정해진 경우 위 지급보증기간이 연장되거나 갱신되지 않은 채 그대로 도과된 나머지, 계약이행보증금의 청구사유가 발생한 시점을 기준으로 수급사업자가 보증기관을 상대로 보증책임을 물을 수 없게 되었다면, 원사업자로서는 처음부터 하도급대금 지급보증을 받지 아니한 경우와 마찬가지로 구 하도급거래 공정화에 관한 법률(2016. 12. 20. 법률 제14456호로 개정되기 전의 것) 제13조의2 제8항 본문에 따라 보증기관에 대하여 계약이행 보증에 대한 청구권을 행사할 수 없다고 봄이 타당하다. 이는 하도급대금 지급보증을 받지 않았던 원사업자가 수급사업자와의 정산합의 등을 통해 대금 지급을 마침으로써 하도급대금을 제때 지급받지 못한 수급사업자의 손해가 사후적으로 전보되었다고 하여 달리 볼 수 없다.

원사업자가 명의대여자와 하도급계약을 체결한 다음 이를 기초로 하도급대금보증계약을 체결한 경우에, 보증금청구권을 양수한 선의의 제3자가 청구한 경우 건설공제조합은 이에 응해야 하는 것일까? 통정허위표시라 하더라도 선의의 제3자에게는 대항하지 못한다는 법리(민법 제108조)가 적용되는 것인가?

건설공제조합의 하도급대금지급보증은 그 성질상 조합원 상호의 이익을 위하여 영위하는 상호보험으로서 보증보험과 유사하므로 이에 대하여 보험의 법리가 적용된다. 보험계약은 계약 당시 보험사고의 발생 여부가 확정되지 않아야 한다는 우연성과 선의성의 요건을 갖추어야 하고 그렇지 않으면 무효가 된다(상법 제644조).[304] 보증보험계약의 주계약인 하도급계약이 통정허위표시로서 무효인 때에는 보험사고가 발생할 수 없는 경우에 해당하므로(우연성의 요건 불충족) 그 보증보험계약은 무효이다. 따라서 보증보험계약의 보험자는 주계약이 통정 허위표시인 사정을 알지 못한 선의의 제3자에 대하여도 보증보험계약의 무효를 주장할 수 있다(대법원 2015. 3. 26. 선고 2014다203229 판결).

---

304) 상법 제644조(보험사고의 객관적 확정의 효과)
　　보험계약 당시에 보험사고가 이미 발생하였거나 또는 발생할 수 없는 것일 때에는 그 계약은 무효가 된다. 그러나 당사자 쌍방과 피보험자가 이를 알지 못한 때에는 그러하지 아니하다.

73

하도급대금 지급보증의무 관련 심결 및 판례

(1) 하도급대금지급 보증기간이 하도급대금 지급기일 이전에 종료되는 경우에는 올 바른 하도급대금 지급보증이 없었던 경우이므로 원사업자는 계약이행보증금 청 구를 할 수 없다.

구 하도급거래 공정화에 관한 법률(2016. 12. 20. 법률 제14456호로 개정되기 전의 것, 이하 '하 도급법'이라고 한다)에서는 하도급대금의 지급수단이 어음이나 어음대체결제수단인 경우에 는 수급사업자가 하도급대금을 실질적으로 상환받을 수 있는 기한이 지급보증기간에 포 함되도록 명시하고 있을 뿐 아니라, 수급사업자가 하도급법 제13조에 따른 하도급대금의 지급기일이 지나도록 대금을 지급받지 못하는 것이 지급보증금의 청구사유 중 하나로 되 어 있다. 그리고 하도급법에서는 원사업자에 비해 상대적으로 열위적 지위에 있는 수급 사업자가 하도급대금을 지급받지 못하는 위험 내지 그 불확실성에 노출되는 것을 해소하 고자 하도급대금의 지급보증을 의무화하고 있는데, 이를 통하여 입법자는 하도급대금의 지급기일이 도과하여 원사업자가 이행지체에 빠지는 경우 등과 같은 전형적인 사유의 발 생 시 보증기관으로 하여금 지급보증책임을 이행하게 함으로써 수급사업자가 하도급대 금 상당액을 안정적으로 지급받을 수 있게 한 것으로 보인다. 이러한 사정을 고려하면, 하도급대금의 지급수단이 현금인 경우에도 특별한 사정이 없는 한 하도급법 제13조에 따 른 하도급대금의 지급기일은 하도급법 제13조의2 제1항 본문에 따라 원사업자가 의무적 으로 받아야 하는 지급보증의 보증기간 내에 포함되어야 한다. 원사업자가 가입한 지급 보증기간이 하도급대금의 지급기일 이전에 종료되도록 단기로 정해진 경우 위 지급보증 기간이 연장되거나 갱신되지 않은 채 그대로 도과된 나머지, 계약이행보증금의 청구사유 가 발생한 시점을 기준으로 수급사업자가 보증기관을 상대로 보증책임을 물을 수 없게 되었다면, 원사업자로서는 처음부터 하도급대금 지급보증을 받지 아니한 경우와 마찬가 지로 구 하도급거래 공정화에 관한 법률(2016. 12. 20. 법률 제14456호로 개정되기 전의 것) 제13조의2 제8항 본문에 따라 보증기관에 대하여 계약이행 보증에 대한 청구권을 행 사할 수 없다고 봄이 타당하다. 이는 하도급대금 지급보증을 받지 않았던 원사업자가 수 급사업자와의 정산합의 등을 통해 대금 지급을 마침으로써 하도급대금을 제때 지급받지 못한 수급사업자의 손해가 사후적으로 전보되었다고 하여 달리 볼 수 없다(대법원 2019. 7. 25. 선고 2018다213644 판결).

(2) 원수급사업자의 부도로 타절정산하고 새로운 수급사업자와 하도급계약을 체결하면서 보증기관이 이중 하도급대금 지급보증의 우려 등을 제기하면서 보증을 거부하였다 하더라도 하도급대금 지급보증의무 미이행의 정당한 사유가 되지 않는다.

원사업자는 최초 수급사업자에 건설 위탁을 하고, 하도급대금 지급보증을 하였으나, 그 수급사업자의 부도 등으로 타절정산하였다. 이후 원사업자는 후속 수급업자에게 다시 건설위탁을 하였으나, 하도급대금 지급보증을 하지 않았다. 이에 대해 원사업자는, '건설공제조합 및 서울보증보험은 최초 수급업체에 대한 하도급대금 지급보증서 발급사실을 들어 수급사업자에 대한 하도급대금 지급보증서 이중발급을 거부하였다. 원사업자는 최초 수급업체 대표가 노임체불 문제로 도피하여 하도급대금 지급보증책임 소멸확인원을 받는 것이 현실적으로 불가능하였고, 그 결과 불가피하게 수급사업자에 지급보증서를 교부하지 못하였다. 이와 같이 원사업자 행위의 위법성 정도가 경미함에 비하여 과거시정명령을 받은 전력이 있는 원사업자가 이 사건 경고처분으로 인하여 하도급법 제25조의4의 상습법위반사업자 공표대상자에 포함될 가능성이 커지는 등 불이익의 정도가 중대하므로, 이 사건 경고처분은 비례의 원칙에 위반하여 재량권을 일탈·남용하였다'고 주장한다.

그러나 아래 사정에 비추어 보면, 이 사건 경고 처분은 비례원칙 등을 위반하여 재량권을 일탈·남용한 위법이 있다고 볼 수 없다. 이 부분 원사업자의 주장은 받아들이지 않는다. ① 원사업자 주장과 같이 최초 수급업체 대표의 도피 등으로 지급보증서를 발급받는 것이 현실적으로 불가능하였는지 명확하지 않다. 설령 그러한 사정이 있다고 하더라도, 이는 원사업자와 최초 수급업체 사이의 내부문제로서 수급사업자와는 관계가 없고, 원사업자로서는 지급보증서 발급 대신에 현금(자기앞수표)을 지급하는 방법으로 지급보증을 할 수 있었는데도 이를 하지 않았다. ② 공정거래위원회는 원사업자가 위와 같이 지급보증을 하지 않은 행위가 하도급법 제13조의2 제1항의 규정에 위반되어 시정조치의 대상이 되지만 하도급법 위반의 정도가 경미한 점, 하도급 거래가 이미 종료되어 시정조치의 실익이 없는 점을 감안하여 이 사건 경고처분만을 하였다. ③ 과거 원사업자의 하도급법 위반행위 전력에 따른 벌점 누적 등 원사업자가 불이익을 얻게 되는 것은 위반행위에 상응하는 결과로 보일 뿐이다(서울고등법원 2013. 12. 26. 선고 2012누19368 : 시정명령취소).

(3) 원사업자가 신용등급 재평가 기간이어서 보증기관이 하도급대금지급보증증권 발급을 유보하는 등의 사유가 있었다 하더라도 보증의무 미이행의 정당한 사유에 해당하지 않으므로 원사업자는 계약이행보증보험 청구를 할 수 없다.

원사업자는 2008. 3. 3.부터 같은 해 6. 30.까지 6개 공사현장에서 8개 수급사업자로부터 하도급계약금액의 10%에 해당하는 금액의 계약이행보증서를 받고도 동 공사에 대한 하도급대금 지급보증을 이행하지 않았다. 이에 대해 원사업자는, 원사업자가 하도급대금 지급보증서를 미발급한 기간은 2008. 3월부터 6월 사이로 건설공제조합은 원사업자가 신용등급 재평가 기간임을 사유로 발급을 유보하였고, 신용평가결과 등급이 하향되어 보증한도가 축소되었으며, 그 결과 계약금액 및 사안별 부분적인 발급유보가 지속되어 이에 기성지급이 완료된 계약건에 대한 보증서 소멸을 신청하고 보증한도를 확보하여 유보된 건에 대한 소급발급을 진행하였으나, 건설공제조합의 요청서류 제출(기성지급확인원) 및 확인절차 등의 사유로 인해 발급기간이 지연되었고 또한 전자어음만기일이 기성지급완료일이 되므로 협력업체에서 기성지급확인에 대한 확인서 발급을 거부하는 상황이 발생되어 건설하도급대금지급보증서 발행이 원활하게 이루어지지 못했다고 주장하고 있다. 이에 대하여 검토하건대, 건설하도급대금지급보증 행위는 원사업자가 부도를 당하거나 기타의 사유로 하도급대금을 지급하지 못할 경우 발생할 수 있는 수급사업자의 자금 및 연쇄부도, 부실시공 등을 방지하기 위한 제도적 장치로서 원사업자의 하도급대금 지급을 보증토록 의무화하는데 목적이 있다. 따라서, 원사업자의 위와 같은 사유로 건설하도급대금지급보증을 하지 못했다고 하는 주장이 대금지급보증 미이행이라는 위법성을 조각하지 못한다(공정위 2009. 7. 13. 의결 2009하개2771 : 시정명령).

원사업자는 보증서 발급기관인 보증보험 및 대한주택보증 등에 건설하도급대금지급보증서 발급을 신청하였으나 원사업자의 자금사정의 어려움 때문에 하도급대금 중 일부를 지급하지 못하고 있다는 이유로 두 신용평가전문기관으로부터 건설하도급대금지급보증서 발급이 불가하다는 통보를 받았다고 주장한다. 또한 원사업자는 발주자 및 수급사업자와의 합의를 통해 발주자 직불합의서를 작성하려 하였으나, 수급사업자들이 발주자인 시행사의 재무구조가 열악하다는 이유로 합의를 거부하여 직불합의를 하지 못함에 따라 불가피하게 건설하도급대금 지급보증을 미이행 하였다고 주장한다. 그러나 원사업자가 주장하는 사유는 '원사업자의 재무구조공사의 규모 등을 감안하여 보증을 요하지 아니하거나 보증이 적합하지 아니하다고 인정되는 경우로서 대통령령이 정하는 경우'에 해당되지 않아, 원사업자는 수급사업자들의 하도급대금에 대해 지급보증을 이행하여야 할 의무가 있으며 지급보증서 미발급 관련 귀책사유는 원사업자에게 있으므로 하도급법 제13조의2 제1항을 위반한 불공정 하도급거래행위에 해당된다(공정위 2009. 1. 11. 의결 2008하개 1590 : 시정명령, 과징금).

(4) 수급사업자가 보증보험증권 등을 제출하기 전까지는 그 상당액의 하도급대금 지급 채무가 이행 지체 상태에 있었다고 볼 수 없지만, 수급사업자의 계좌 등록이나 정산 증빙 자료의 제출은 원사업자의 하도급대금지급의무와 동시 이행 관계에 있다고 보기 어렵다.

① 도급계약에 있어서 완성된 목적물에 하자가 있는 때에는 도급인은 수급인에 대하여 하자의 보수를 청구할 수 있고 그 하자의 보수에 갈음하여 또는 보수와 함께 손해배상을 청구할 수 있는 바, 이들 청구권은 특별한 사정이 없는 한 수급인의 공사대금 채권과 동시 이행 관계에 있는 것이므로, 이와 같이 도급인이 하자 보수나 손해배상 청구권을 보유하고 이를 행사하는 한에 있어서는 도급인의 공사대금 지급 채무는 이행 지체에 빠지지 아니한다(대법원 1996. 7. 12. 선고 96다7250, 7267 판결 참조). 또한, 수급인이 공사대금을 지급받을 때까지 도급인에게 하자보수보증금을 현금 또는 보험증권 등으로 납부 또는 제출하기로 약정하였다면, 특별한 사정이 없는 한 수급인의 하자보수보증금의 지급 또는 하자보증보험증권의 교부 의무도 도급인의 공사대금 채무와 그 상당액에 관하여 동시 이행 관계에 있다(대법원 2004. 12. 9. 선고 2003다 59051 판결 등 참조).

갑호증의 각 기재에 의하면, 원고로부터 하도급을 받아 공사를 수행하였던 수급사업자들은 원고와의 계약상 준공 검사 후 하도급대금을 지급받을 때까지 미리 정한 하자보수보증금률을 계약금액에 곱하여 산출한 금액을 현금 또는 이에 갈음하는 보증보험증권 등으로 원고에게 납부 또는 제출할 의무가 있으나, 그 제출 등을 지연한 결과 법정지급기일 이후에 원고로부터 하도급대금을 지급받았음을 알 수 있다. 이러한 사정에 비추어 보면, 하도급대금의 잔대금 지급 기일이 도과한 때부터 수급사업자의 원고에 대한 하자보증보험증권 제출 의무와 원고의 하도급대금 지급 채무는 그 상당액에 관하여 동시 이행 관계에 있으므로, 위 수급사업자들이 보증보험증권 등을 원고에게 제출하기 전까지는 원고의 위 수급사업자들에 대한 그 상당액의 하도급대금 지급 채무가 이행 지체상태에 있었다고 볼 수 없다. 따라서 하도급대금 전액을 지연 지급하고 그 지연이자를 미지급하였음을 전제로 원고에서 과징금을 부과한 피고(공정위)의 처분은 과징금 부과의 기초가 되는 사실 관계를 오인한 것이다.

② 원고는 하도급대금의 지연 지급 및 지연이자 미지급은 원고가 수급사업자들에게 하

도급대금을 지급하기 위해서는 계좌 등록이라는 수급사업자의 협력이 필요한데, 수급사업자가 이를 지연 등록하여 하도급대금을 지급할 수 없었기 때문이고. 하도급대금의 지연 지급 및 지연이자 미지급은 수급사업자가 용역위탁의 성과물이나 정산증빙 자료를 지연 제출하였기 때문이라고 주장한다.

그러나 갑 제28호증의 1의 기재에 의하면, ○○주식회사는 용역위탁의 성과물이 아닌 정산증빙자료의 제출을 지연한 것으로 보이고, 갑 제21, 23, 24, 25, 26, 28, 29호증(각 가지번호 포함)의 각 기재만으로는 원고의 하도급대금지급의무와 수급사업자의 계좌 등록이나 정산증빙자료의 제출이 동시 이행관계에 있다고 보기 어렵다. 또한, 하도급법 제13조 제1항은 원사업자는 목적물 등의 수령일부터 60일 이내 하도급대금을 지급하도록 규정하고 있고, 같은 법 제9조에서는 원사업자는 정당한 사유가 있는 경우를 제외하고는 수급사업자로부터 목적물을 수령한 날부터 10일 이내에 검사 결과를 수급사업자에게 서면으로 통지해야 하며, 이 기간 내에 통지하지 않는 경우에는 검사에 합격한 것으로 본다고 규정하고 있는데, 하도급거래 질서를 확립하여 원사업자와 수급사업자가 대등한 지위에서 상호 보완적으로 균형있게 발전하도록 하는 것을 하도급법의 목적으로 하는 점에 비추어 보면, 원고가 위 법정지급기일내에 수급사업자에게 계좌 등록이나 정산증빙자료의 제출을 촉구하는 등 하도급대금을 기간 내에 지급하기 위한 노력을 다한 것으로 볼 만한 사정이 있다고 볼 증거가 없는 이 사건에서 원고가 주장하는 사유만으로 이 부분 하도급대금의 지급을 지연하고, 지연이자를 미지급한 것에 상당한 이유가 있다고 보기 어렵다. 따라서 이 부분 원고의 주장은 이유 없다(서울고등법원 2016. 11. 16. 선고 2015누59886 판결).

(5) 질의회신 사례

질의 회신 사례

[질의] 3개사('갑' 50%, '을' 30%, '병' 20%)가 공동 도급시 '갑'사가 단독으로 수급사업자와 하도급계약을 체결하고 하도급대금을 100% 지급하고 있으며, '갑'사는 하도급대금 지급 보증 면제 대상에 해당하는 경우 하도급법상 '갑'사 외 '을'사 및 '병'사의 하도급대금 지급 보증 의무 여부는 어떠한가?

[회신] 하도급법상 하도급거래 당사자 여부는 일반적으로 하도급계약서상 기명 날인 여부, 하도급대금 지급(세금계산서 발행, 기성 확인 등) 여부 등을 기준으로 판단하고 있다. 그러므로 하도급계약을 공동 도급사 모두가 특정 수급사업자와 연명으로 계약을 체결하고 대금 지급도 각 사가 기성 확인 후 지분별로 세금계산서를 발행하여 지급하고 있다면 해당 공동 도급사 각각은 하도급계약상 자기의 지분 비율에 따라 해당 수급사업자와 하도

급거래 당사자로서의 하도급법상의 책임을 지게 된다.

공동 도급사 중 대표사가 단독으로 특정 수급사업자와 하도급계약을 체결하고 대금 지급도 대표사가 모두 지급하고 있다면 해당 대표사가 해당 수급사업자와 하도급거래 당사자로서 하도급법상의 모든 책임을 지게 되는 것으로 보아야 할 것이다.

따라서 위 질의와 관련해서는 대표사인 '갑'사만 하도급거래 당사자인 경우로 사료되어 '갑'사 외 공동 도급사인 '을'사 및 '병'사는 해당 공사와 관련하여 하도급법상 하도급대금 지급 보증 의무가 있다고 보기는 어렵다.

[질의] 발주자에 대한 원사업자의 계약 이행 보증률이 10%가 아닌 경우에도 하도급계약 체결시 10%를 적용해야 하는지 여부는 어떠한가?

[회신] 하도급법 제13조의2 제1항의 규정에 따라 발주자에 대한 원사업자의 계약 이행 보증률과는 상관없이 수급사업자는 원사업자에게 계약금액의 100분의 10에 해당하는 금액의 계약 이행을 보증해야 할 것으로 사료된다.

[질의] 원사업자인 A사가 수급사업자에게 계약 이행 보증금률을 40%로 요구하는 것이 하도급법에 위반되는지 여부는 어떠한가?

[회신] 하도급법 제13조의2는 건설위탁에 있어서 원사업자는 수급사업자에게 공사대금지급을 보증하고 수급사업자는 원사업자에게 계약금액의 100분의 10에 해당하는 금액의 계약 이행을 보증해야 한다고 규정하고 있다. 이 규정은 계약금액의 100분의 10에 해당하는 계약 이행 보증을 수급사업자의 의무로서 규정하고 있으며 원사업자가 수급사업자에게 10%를 초과하여 계약 이행의 보증을 수급사업자에게 요구하는 행위에 대해서는 하도급법상 별다른 규정은 없다.

다만, 공정거래법 제23조 제1항 제4호에서, 사업자는 자기의 거래상의 지위를 부당하게 이용하여 거래상대방에게 불이익이 되도록 거래 조건을 설정 또는 변경하거나 그 이행 과정에서 불이익을 주는 행위로서 공정한 거래를 저해할 우려가 있는 행위를 하여서는 안된다고 규정하고 있다. 원사업자가 자신의 우월적인 지위를 남용하여 과다하게 계약 이행 보증금을 요구하였다면 공정거래법 위반에 해당될 가능성이 있다.

[질의] 공정위가 보급한 '건설업종 표준하도급계약서' 내용을 반영하여 '계약 이행 보증 약관'의 개정을 준비하고 있는데, 보증 약관의 담보 범위에 대위변제금, 지체상금이 포함되어야 하는지 여부는 어떠한가?

[회신] 하도급법 제13조의2 제1항에서는 수급사업자의 계약 이행 보증을 통하여 담보될 수 있는 원사업자의 손실에 관한 구체적인 내용에 대해서는 별도로 규정하고 있지 않다. 또한, 건설업종 표준하도급계약서에서도 계약 이행 보증 담보의 구체적인 범위에 대해서는 별도로 규정하고 있지 않다. 따라서 '계약 이행 보증 약관'의 담보 범위는 관련 판례(2012나98869 판결, 2004다39511 판결 등), 거래 관행 등을 종합적으로 고려하여 결정되어야 할 것으로 사료된다.

74 내국신용장 대신 물품구매승인서를 발급해 주는 것이 가능한지

A 원칙적으로 허용되지 않지만 내국신용장 발급이 사실상 어렵다는 등의 '정당한 사유'가 인정되는 경우에는 물품구매승인서로 대체가능하지만 이에 대한 입증책임은 원사업자에게 있다.

해 설

원사업자가 내국신용장을 발급하기 위하여는 거래은행에 담보 또는 신용을 제공해야 한다. 내국신용장 발급액수는 거래은행의 여신한도에 포함되며 원사업자는 수출시점과 수급사업자가 환어음을 발행하는 시점 간의 환리스크를 부담해야 한다. 수급사업자는 환어음 발행시점의 전산환매입률을 적용받아 거래은행으로부터 대금을 수취하기 때문이다. 한편, 수급사업자 입장에서도 내국신용장을 발급받기 위하여는 물품매도확약서(Offer Sheet)를 포함하여 관련서류를 원사업자 및 거래은행에 제출해야 하는 부담이 있다. 또한 물품구매승인서에 의할 경우 무역금융을 이용할 수는 없지만 부가가치세 영세율은 적용받을 수 있다. 이런 사유로 원사업자와 수급사업자가 내국신용장을 개설하지 않고 물품구매승인서를 발급하여 거래하고자 하는 경우가 있는데, 이 경우 내국신용장 개설에 대한 하도급법 제7조 위반인지가 문제된다.

하도급법 제7조는 내국신용장 개설을 의무화하고 있으므로 원칙적으로 물품구매승인서로 내국신용장을 완전히 대체할 수는 없다. 다만, 법문에서 '정당한 사유가 있는 경우를 제외하고는'이라고 되어 있는데, 원사업자와 수급사업자 간에 자유로운 협의와 합의로 대체한 것이라면 정당한 사유에 해당하는 것으로 볼 수 있다. 다만, 이에 대하여는 원사업자에게 입증책임이 있다.

75 관세환급 의무 관련 사례

질의 회신 사례

[질의] 수급사업자가 기초원재료납세증명서(이하 '기납증'이라 한다)를 지연 제출하여 수급사업자에 대한 관세 등 환급 상당액을 목적물의 수령일로부터 60일 이내에 지급할 수 없는 경우의 관세 등 환급 상당액 지급 시기, 수급사업자의 기납증 지연 제출로 관세 등을 환급받을 수 없게 된 경우의 관세 등 환급 상당액의 지급 의무 여부는 어떠한가?

[회신] 수급사업자가 기납증 등 관세 환급에 필요한 서류를 원사업자에게 지연하여 인도하는 등 수급사업자의 귀책사유로 인하여 원사업자가 목적물 수령일로부터 60일을 초과하여 지급한 경우는 관세 등 환급액의 지연 지급에 해당되지는 않는다. 다만, 이 경우 원사업자는 수급사업자로부터 기납증 등 필요 서류를 인도받게 되면 지체 없이 관세 등을 환급받기 위한 필요 조치를 취해야 하며 관세 등을 환급받은 즉시 수급사업자에게 관세 등 환급액을 지급해야 할 것이다.
수급사업자의 기납증 지연 제출로 관세 등을 환급받을 수 없게 된 경우는 원사업자가 수급사업자에게 관세 등 환급액을 지급하지 않더라도 하도급법 위반으로 볼 수 없다.

[질의] 「수출용 원재료에 대한 관세 등 환급에 관한 특례법」(이하 '특례법'이라 한다)의 개정으로 관세환급제도가 사후정산제로 개편됨에 따라 원사업자가 수급사업자에게 분기 단위로 관세 등 환급금을 지급하는 것이 하도급법 제15조에 위반되는지 여부는 어떠한가?

[회신] 수급사업자로부터 관세가 부과된 물품을 납품받아 원사업자(사후정산제 적용 업체)가 수출하는 경우의 관세 환급은 원사업자가 기간별 정산으로 인하여 60일을 초과하여 환급받는 경우라고 하더라도 수급사업자에게는 하도급법 제15조 제2항의 규정에 의하여 목적물의 수령일로부터 60일을 초과하여 지급하여서는 안된다. 하도급대금의 경우도 원사업자가 발주자로부터 대금을 지급받지 못하였다고 하더라도 수급사업자에게는 법정 지급기일 내에 하도급대금을 지급해야 한다.

부당한 대물변제

(#수급사업자의사에 반하여#정당한 대물변제#대물변제&경개
#지급기한경과 후 소유권 이전#지연이자)

$\mathcal{A}$ 2017년 개정 하도급법은 대물변제금지와 관련하여 '수급사업자 의사에 반하여'의 요건을 삭제하였다. 다만, 개정전 법 해석에서 법원은 하도급계약 전에 수급사업자와의 합의에 의한 것이라면 약정에 의한 '수급사업자 의사에 반하여'에 해당되지 않는다고 보았다. 한편, 대물변제에 따라 하도급대금이 지급되는 시점은 소유권이 이전되는 시점이므로 아파트로 대물변제되면서 그 소유권이전등기가 목적물 수령일로부터 60일 이후에 이루어지면 하도급법상 지연이자 지급의무가 있다.

해설

가. '수급사업자의 의사에 반하여' 요건의 삭제 및 법개정

개정전 하도급법(2017. 4. 18. 법률 제14814호로 개정되기 이전의 것)	개정후 하도급법
제17조 (부당한 대물변제의 금지) ① 원사업자는 수급사업자의 의사에 반하여 하도급대금을 물품으로 지급하여서는 아니 된다.	제17조 (부당한 대물변제의 금지) ① 원사업자는 하도급대금을 물품으로 지급하여서는 아니 된다. 다만, 다음 각 호의 어느 하나에 해당하는 사유가 있는 경우에는 그러하지 아니하다. 1. 원사업자가 발행한 어음 또는 수표가 부도로 되거나 은행과의 당좌거래가 정지 또는 금지된 경우 2. 원사업자에 대한 「채무자 회생 및 파산에 관한 법률」에 따른 파산신청, 회생절차개시 또는 간이회생절차개시의 신청이 있은 경우 3. 그 밖에 원사업자가 하도급대금을 물품으로 지급할 수밖에 없다고 인정되는 대통령령으로 정하는 사유가 발생하고, 수급사업자의 요청이 있는 경우

개정전 하도급법(2017. 4. 18. 법률 제14814호로 개정되기 이전의 것)	개정후 하도급법
② 원사업자는 제1항의 대물변제를 하기 전에 소유권, 담보제공 등 물품의 권리·의무 관계를 확인할 수 있는 자료를 수급사업자에게 제시하여야 한다.	② (이전과 동일)
③ 물품의 종류에 따라 제시하여야 할 자료, 자료제시의 방법 및 절차 등 그 밖에 필요한 사항은 대통령령으로 정한다.	③ (이전과 동일)

개정전 법률은 "원사업자는 수급사업자의 의사에 반하여 하도급대금을 물품으로 지급하여서는 아니된다"고 규정하고 있었다(법 제17조).

개정전 법률상의 '수급사업자의 의사에 반하여'의 의미에 대하여, 법원은 수급사업자의 열위적 지위에 비추어 수급사업자가 원하지 않음에도 불구하고 원사업자의 의사에 따라 대물변제에 동의 또는 승낙하는 경우에는 의사에 반하는 것으로 볼 수 있고 그것이 무효 또는 취소할 수 있는 정도의 강박에 의한 것임을 요하지는 않지만, 그럼에도 불구하고 사적자치의 원칙 등에 비추어 원사업자와 수급사업자가 당초부터 하도급대금을 물품으로 지급하는 것을 전제로 자유로운 협의를 통해 계약을 체결한 것이라면 수급사업자의 의사에 반하는 대물변제로 보기 어렵다고 보고 있었다(대법원 2003. 5. 16. 선고 2001다27470 판결). 이에 대하여 민법 제466조의 대물변제는 수급사업자의 의사를 전제로 하는 것이기 때문에 아울러 원사업자의 사실상의 강요나 협박 없이 이루어진 대물변제에 있어 '수급사업자의 의사에 반하여'로 볼 수 있는 경우가 거의 없다며, '의사에 반하여'라는 요건을 삭제하고 '정당한 이유 없이'라는 요건으로 법개정을 해야 한다는 비판이 있었다.[305] 저자도 같은 입장이었다.

이러한 비판을 반영하여 2017년 개정법은 하도급대금의 대물변제를 원칙적으로 금지하고 어음·수표의 부도나 당좌거래 정지·금지, 파산신청, 회생절차개시 또는 간이회생절차개시의 신청이 있는 경우, 그 밖에 물품으로 지급할 수밖에 없다고 인정되는 대통령령이 정하는 사유가 발생하고 수급사업자의 요청이 있는 경우에만 대물변제가 예외적으로 가능하도록 개정하였다(한편 이에 대한 대통령령은 아직 없다).

개정법 해석상 수급사업자의 자발적 동의나 당사자 간 진정한 합의가 있다 하더라도 예외 사유에 해당하지 않으면 동조 위반으로 볼 수밖에 없다.

---

305) 오승돈, 앞의 책, 262면

나. 개정전 법률상의 '수급사업자의 의사에 반하여'의 의미

'수급사업자의 의사에 반하여' 여부는 행위의 형식뿐만 아니라, 원사업자가 우월한 지위를 이용하여 수급사업자의 선택과정에 개입함으로써 수급사업자의 선택의 자유가 무력화되었는지 여부를 기준으로 실질적으로 판단하게 된다. 열위적 지위에 있는 수급사업자가 원하지 않음에도, 원사업자의 의사에 따라 하도급대금을 물품으로 지급하는 것에 합의하거나 동의하는 경우에는 '의사에 반하여' 지급한 것에 해당하며, 그 동의 또는 승낙이 무효 또는 취소할 수 있는 정도의 강박에 의한 것임을 요하지 않는다.

수급사업자의 합의나 동의가 원사업자의 강요에 의하여 어쩔 수 없었던 것인지 여부의 판단은 기본적으로 사실관계 판단의 문제이기는 하지만, 공정거래위원회 조사과정에서는 대물변제의 정당성에 대해 원사업자가 명백하게 입증하지 못하는 한 '수급사업자의 의사에 반한 것'으로 보는 경향이 있다.

이런 실무 태도에 비추어 볼 때 원사업자로서는 수급사업자가 물품으로 받는 것이 이익이 된다는 등 대물변제에 대한 충분한 경제적·사회적 이유가 있고, 대물변제의 방식 등에 대하여 원사업자와 수급사업자가 충분히 협의한 경우에만 합의나 동의의 진정성을 인정받을 수 있을 것이다.

원사업자로서는 하도급계약을 체결하기 이전에 현금 대신 지급되는 물건 및 그 가액을 객관적이고 공정하게 확정하고 대물지급에 관한 사항을 설명한 후 하도급계약서에 명시해야 한다. 또 실제 정산시에 소유권을 이전하면서 합의서를 작성하고 아울러 수급사업자와의 의사연락 및 협상에 대한 과정을 보여 주는 자료(이메일 자료나 내부보고서 등)를 잘 구비하여 두는 것이 바람직하다.

한편, 대법원은 열위적 지위에 있는 수급사업자가 원하지 않음에도 원사업자의 의사에 따라 하도급대금을 물품으로 지급하는 것을 동의 또는 승낙하는 경우에 '의사에 반하여' 지급된 것이라 보면서도, 당초부터 대물변제를 전제로 하도급계약을 체결하는 것이 사적 자치의 원칙상 금지되는 것도 아니고 아울러 이러한 경우에까지 부당대물변제로 금지되는 것은 아니라고 판시한 바 있다(대법원 2003. 5. 16. 선고 2001다27470 판결[306]). 하도급계약

---

306) 대법원 2003. 5. 16. 선고 2001다27470 판결
　　[4] 하도급거래 공정화에 관한 법률 제17조는 '의사에 반하여' 하도급대금을 물품으로 지급하는 것을 금지하고 있는 바, 하도급거래 공정화에 관한 법률의 제정취지가 '하도급거래에 있어서 원사업자의 부당한 행위를 억제하고 수급사업자의 열위(劣位)적 지위를 보완하여 하도급거래가 상호보완적인 협조관계에서 이루어지도록 유도'하려는 데 있음에 비추어 볼 때 열위적 지위에 있는 수급사업자가 원하지 않음에도 원사업자의 의사에 따라 하도급대금을 물품으로 지급하는 것에 동의 또는 승낙하는 경우에는 '의사에 반하여' 지급한 것에 해당한다고 할 것이고 다만, 그 경우 무효 또는 취소할 수 있

체결 전에는 수급사업자에게 원사업자의 부당한 요구를 거절할 수 있는 협상력이 어느 정도는 있다는 점에서 부분적으로 일리있지만, 만약 대물변제가 수급사업자에게 상당히 불리하면서 원사업자가 충분히 현금으로 대금결제를 할 수 있는 상황이었다면 하도급계약 체결시에 합의된 사항이라 하더라도 '수급사업자의 의사에 반하지 않았다'고 단정하기는 어렵다고 생각된다.

다. 하도급대금을 지급하지 못하여 현물(예를 들어 아파트)을 대신 지급하기로 한 경우 그 소유권 이전등기가 하도급대금지급기일 이후라면 하도급법상 지연이자를 부담하는지 여부

하도급대금을 현물로 지급하기로 하도급계약에서 규정된 것이라면 이는 대물변제약정이고 따라서 하도급대금지급기일을 넘겨 지급하게 되면 하도급법상 지연이자책임을 부담한다. 그런데 이자는 유동자산인 금전 기타 대체물의 사용대가이고 비대체물인 아파트, 토지 등 부동산의 사용대가는 이자가 아닌 점, 이자제한법상 이자는 금전대차에서만 발생하는 점, 민법상 지연이자도 금전채무 불이행에 대해서만 발생하는 점, 부동산의 가격은 고정되어 있지 않고 수시로 변동되므로 이자를 붙이기 적정하지 않은 점 등을 들어, 하도급대금을 부동산으로 지급하기로 하였지만 지급기일을 넘겨 지급한 경우 지연이자를 부과할 수 없다는 견해가 있다.[307]

는 정도의 강박에 의한 것임을 요하는 것은 아니라고 할 것이나, 당초부터 하도급대금을 물품으로 지급하는 것을 전제로 하여 하도급계약을 체결하는 것이 사적자치의 원칙상 금지되는 것은 아니고, 이러한 경우까지 하도급대금을 약정한 물품으로 지급하는 것이 '원사업자의 부당한 대물변제'에 해당하여 금지되는 것이라고는 할 수 없다.

[5] 하도급거래 공정화에 관한 법률 제17조는 '원사업자는 수급사업자의 의사에 반하여 하도급대금을 물품으로 지급하여서는 아니된다.'라고 규정하고 있고, 같은 법 제20조는 '원사업자는 하도급거래와 관련하여 우회적인 방법에 의하여 실질적으로 이 법의 적용을 면탈하려는 행위를 하여서는 아니된다.'라고 규정하고 있으나, 하도급거래 공정화에 관한 법률은 그 조항에 위반된 도급 또는 하도급약정의 효력에 관하여는 아무런 규정을 두지 않는 반면 위의 조항을 위반한 원사업자를 벌금형에 처하도록 하면서 그 조항 위반행위 중 일정한 경우만을 공정거래위원회에서 조사하게 하여 그 위원회로 하여금 그 결과에 따라 원사업자에게 시정조치를 명하거나 과징금을 부과하도록 규정하고 있을 뿐이어서 그 조항은 그에 위배한 원사업자와 수급사업자 간의 계약의 사법상 효력을 부인하는 조항이라고 볼 것은 아니다.

[6] 대물변제가 채무소멸의 효력을 발생하려면 채무자가 본래의 이행에 갈음하여 행하는 다른 급여가 현실적인 것이어야 하며 그 경우 다른 급여가 부동산소유권의 이전인 때에는 그 부동산에 관한 물권변동의 효력이 발생하는 등기를 경료하여야 하는 바, 부동산실권리자명의 등기에 관한 법률에 의하면 이른바 3자간 등기명의신탁의 경우 같은 법에서 정한 유예기간 경과에 의하여 기존 명의신탁약정과 그에 의한 등기가 무효로 되고, 이 경우 수탁자가 제3자에게 신탁부동산에 대한 처분행위를 한 경우 3자간 등기명의신탁에 의한 소유권이전등기의 무효로써 제3자에게 대항할 수 없다고 하더라도(부동산실권리자명의 등기에 관한 법률 제4조 제3항), 당초의 약정에 따른 신탁자에 대한 소유권이전등기 의무가 이행된 것으로는 볼 수 없다.

하지만 우선 부동산으로 대물변제하는 경우라고 해서 지연이자 규정의 예외를 인정할 조문상 근거가 없다. 아울러 부동산매매계약에서는 목적물인 부동산 이전의무를 지체하면 매매대금에 지연이자율을 곱한 금액으로 지체상금을 부과하는 것이 통상적인바, 기한이 넘도록 대물변제를 하지 않았을 때 지연이자를 부과하지 못할 이유가 없다. 따라서 위 견해는 타당하지 않다.

다만, 하도급계약시에는 하도급대금을 금전으로 지급하기로 했다가, 이후 원사업자의 재무사정 악화 등의 사유로 하도급대금을 지급하지 못하게 되자 원·수급사업자가 아파트 등 부동산을 대신 이전해 주기로 약정한 것이라면, 이는 민법상 대물변제가 아니라 경개(更改)에 해당한다. 경개에서 하도급대금지급의무는 소멸하고 새로이 대물에 대한 이전의무가 발생한 것이므로, 하도급법상 지연이자가 부과되지 않는다고 보아야 한다. 대물변제인지 경개에 해당하는지 여부는 당사자 간 의사표시 해석의 문제이다.

---

307) 송정원, 앞의 책, 133면

77 부당한 하도급대금 결정과 부당감액의 구별

A 하도급거래에서 하도급계약 체결 또는 위탁 이후라도 하도급대금이 최초로 결정 되면 부당하도급대금 결정이 문제되고 결정된 하도급대금을 감액하는 경우에는 부당감액 여부가 문제된다.

해설

부당한 하도급대금인지 아니면 부당감액인지 여부는 실무적으로 매우 중요하다. 우선 부당성에 대한 입증책임에 있어 전자는 부당성을 주장하는 공정거래위원회 또는 원고(수급사업자)에게 있지만 후자는 원사업자에게 있기 때문이다. 후자의 경우 감액이 이루어지면 그 감액이 정당하다는 점을 원사업자가 입증해야 하기 때문에 부당감액 인정이 매우 수월하지만, 전자의 경우 그렇지 않다. 뿐만 아니라 후자의 경우 당사자 간 합의된 기존 계약금액보다 낮게 하도급대금을 변경하면 감액이 되지만, 전자는 부당하게 낮은 하도급대금인지 여부를 판단할 기준이 없는 경우가 많다. 물론 계속적 거래관계라면 갱신 전의 하도급대금을 일응의 기준으로 삼아 볼 수 있겠지만 새로운 거래관계거나 또는 계속적 거래관계라도 원자재 가격 상승 등 여러 가지 가격 변동요소가 있는 경우에는 부당하게 낮은 대금인지 여부의 입증이 사실상 어렵다. 하도급법은 이를 반영하며, 제4조 제1항에서 부당하게 하도급대금 결정을 금지하는 일반규정을 두면서 제2항에서 일정한 경우 부당한 하도급대금결정으로 간주하는 조항을 두고 있는데 실무상 제1항은 거의 적용되지 않고 제2항으로 의율하는 것이 대부분이다.

개념적으로 보면, 원사업자와 수급사업자가 위탁과 관련하여 일방적으로 하도급대금을 낮게 결정하는 것이 부당한 하도급대금의 결정이라면, 부당감액은 이미 당사자 간에 결정된 하도급대금을 정당한 이유 없이 낮추는 것을 의미한다.

계속적 거래계약의 경우 계약기간 중(계약기간 만료에 따른 계약기간 자동연장의 경우를 포함한다)에 이미 발주한 수량과 상관없는 새로운 수량을 발주하면서 단가를 변경하는 것은 '하도급대금의 결정'으로, 이미 발주한 수량에 대해 단가를 인하하는 것은 '하도급대금의 감액'이다. 한편, 수량 없이 단가만 먼저 확정한 후 수량을 발주하는 경우 발주

이후에 단가를 인하하는 것은 '하도급대금의 감액'이다. 신규 개발품 등과 같이 원사업자가 제조 등의 위탁을 할 때 하도급대금을 확정하지 못하여 임시단가(또는 가단가)를 정해 위탁한 뒤 나중에 대금을 확정하기로 수급사업자와 합의한 경우에는 나중에 대금을 확정하는 것을 '하도급대금의 결정'으로 본다(대금지침 III).

이와 관련하여 원사업자와 수급사업자가 하도급대금을 정하였지만 수급사업자가 위탁업무에 착수하기 전에, 합의하여 결정된 대금을 낮추는 것이 대금의 결정인지 아니면 감액에 해당하는지가 문제된다. 물론 당사자 간 결정된 대금을 변경하는 것이므로 감액이라고 볼 여지도 있지만, 서면의 교부도 위탁 착수 전까지 하면 되고, 계약을 체결한 뒤에도 착수 전이라면 새로운 계약을 체결하더라도 부당한 위탁취소로 보기는 힘들다. 업무위탁 전에는 아직 하도급관계가 확정적으로 성립했다 보기 어려우므로 위탁업무 착수 전에 대금을 낮추기로 합의하는 것은 감액이 아니라 결정으로 보는 것이 합당하다.

78 부당한 하도급대금 결정의 위반사례 예시 및 위법성 판단기준[「부당한 하도급대금 결정 및 감액행위에 대한 심사지침」 (공정거래위원회 예규 제331호, 2019. 11. 28. 폐지제정)]

가. 법 제4조 제1항 일반조항의 예시

(1) '부당하게'의 위반사례 예시

- 원사업자가 수급사업자들로부터 낮은 견적가를 받기 위해 발주수량, 규격(사양), 품질, 원재료, 결제수단·운송·반품 등의 거래 조건, 민원처리비용 부담주체 등, 목적물 등의 대가결정에 영향을 미치는 주요내용이나 자료·정보 등을 수급사업자에게 충분히 제공하지 아니하거나 사실과 다르게 제공하는 경우

- 원사업자가 최저가 지명경쟁 입찰에 참여를 거부하거나 일정 횟수 이상 낙찰되지 아니하는 수급사업자에 대해, 다음 거래시 물량감축 등의 불이익을 제공토록 하는 내용의 협력업체 관리내규를 이용하여 지명경쟁 입찰가격을 낮게 결정하도록 하는 경우

- 원사업자가 수량과 단가에 근거하여 하도급대금을 결정하였음에도, 하도급대금 합의서 작성시 수량을 제외하고 단가만 명시(단가 합의서 작성)하여 수량을 미확정 상태로 두고 매 발주시마다 수량을 통보하는 방법으로 하도급대금을 결정하는 경우

- 원사업자가 단가결정시 부득이한 사정에 의해 예상수량으로 단가를 정하고 추후 수량을 확정하기로 하면서도, 수급사업자에게 불리하지 아니한 내용으로 수량증감에 따른 단가조정 기준을 정하지 아니하는 경우

- 정당한 이유 없이 위탁할 때 하도급대금(단가 및 수량)을 확정하지 아니하는 경우

- 원사업자가 가격책정 모델 또는 기법을 적용하여 산출한 금액을 가격인상 근거 자료로는 활용하지 아니하고 가격인하 근거로만 활용하는 경우

- 임시단가(또는 가단가)를 정해 위탁한 뒤 나중에 원가계산, 견적가격 등의 산출이 가능할 때(예컨대, 제1회차 납품 후) 대금을 확정하기로 수급사업자와 합의한 후 정당한

이유 없이 1회차 목적물이 납품된 후 상당한 기간을 경과하여 대금을 확정하는 경우

- 신규 개발품이 아님에도 원사업자가 임시단가(또는 가단가)로 발주받았다는 이유로 수급사업자에게 임시단가로 위탁한 후 발주자가 가격을 인하할 경우 그만큼을 인하하여 단가를 확정하는 경우

- 해당 목적물에 대해 하도급대금을 낮게 결정하면서 그 차액에 상당하는 금액을 다른 목적물에 대한 하도급대금의 결정시 보전해 주기로 한 후 이를 이행하지 아니하는 경우

- 수출, 할인특별판매, 경품류, 선물용, 견본용 등을 이유로 같거나 유사한 것에 대해 일반적으로 지급되는 대가나 수급사업자의 견적가를 무시하고 일방적으로 하도급대금을 결정하는 경우

- 원사업자가 원도급대금에 비하여 현저히 낮은 실행예산을 작성하여 일방적으로 그 실행예산 범위 내의 금액으로 하도급대금을 결정하는 경우

- 원사업자가 수급사업자의 납품관련 기술자료(설계도서, 시방서, 특수한 공정·공법 등과 이에 대한 견적가 산출내역 등) 등을 다른 사업자에게 제공하고, 그 다른 사업자가 이를 이용하여 제출한 견적가격 등을 근거로 하도급대금을 결정하는 경우

- 원사업자가 건설산업기본법·령, 국가계약법령 또는 지방자치단체계약법령에 의거, 하도급계약금액 또는 수급사업자의 견적가를 포함한 하도급관리계획을 발주처에 제출하여 발주받은 후 하도급계약 금액을 하도급관리계획상의 금액보다 낮게 재조정하거나, 견적가보다 낮은 금액으로 하도급계약을 체결하는 경우

- 원사업자가 수급사업자의 제조원가 명세서 등을 제출받아 수급사업자의 이익률이 높다는 이유를 내세워 계약 갱신시 동일한 목적물에 대해 하도급대금을 낮게 결정하는 경우

나. 법 제4조 제2항 간주조항의 심사기준

(1) 제1호의 '정당한 사유 없이 일률적인 비율로 단가를 인하하여 하도급대금을 결정하는 행위'

'정당한 사유' 여부는 일률적인 비율로 단가를 인하해야 하는 객관적이고 합리적인 근거가 있는지 여부로 판단한다. 종전 계약에 비해 수급사업자별 또는 품목별로 발주물량이 동일한 비율로 증가한 경우, 고정비의 감소분을 반영하기 위해 객관적이고 합리적으로 산출된 근거에 따라 종전 계약금액을 기준으로 일률적인 비율로 인하하여 하도급대금을 결정하거나, 일률적 비율에 의한 단가결정이 개별적 단가결정에 비해 수급사업자에게 유리한 경우(단, 원사업자가 이를 객관적으로 입증하는 경우에 한한다)가 그 예이다.

'일률적인 비율'이라 함은 둘 이상의 수급사업자나 품목에 대해 수급사업자별 경영상황이나 시장상황, 목적물 등의 종류, 거래규모, 규격, 품질, 용도, 원재료, 제조공정, 공법 등의 특성이나 차이를 고려하지 아니하고, 동일하거나 일정한 규칙에 따라 획일적으로 적용하는 비율을 말한다. 결정된 인하율이 수급사업자에 따라 어느 정도 편차가 있다고 하더라도, 전체적으로 동일하거나 일정한 구분에 따른 비율로 단가를 인하한 것으로 볼 수 있다면, '일률적인 비율'이 적용된 것으로 본다. 예시는 다음과 같다.

- 원사업자가 경영상 어려움이나 또는 수급사업자의 영업이익률이 높다는 이유로 종전 계약단가를 기준으로 거래규모에 따라 일정률씩(예컨대, 100억 원 이상인 수급사업자들에게 7%씩, 50억 원~100억 원인 수급사업자들에게 5%씩, 50억 원 이하인 수급사업자들에게 3%씩) 단가를 인하하기로 정하여 획일적으로 적용하는 행위

- 객관적이고 합리적인 산출근거 없이 종전 계약단가를 기준으로 수급사업자의 납품단가 규모별로 일정률씩(예컨대, 10만 원 이상 품목은 5%씩, 10만 원 미만 품목은 3%씩) 인하하기로 정하여 획일적으로 적용하는 행위

- 완성차 제조 원사업자가 신규로 다수의 부품제조 수급사업자를 선정하면서 정당한 이유 없이 수급사업자의 견적가를 기준으로 위탁품목별로 일정률씩(예컨대, 엔진제조 수급사업자에 대해서는 10%씩, 타이어제조 수급사업자에 대해서는 5%씩, 브레이크제조 수급사업자에 대해서는 3%씩) 단가를 획일적으로 인하하는 행위

- 수급사업자들의 종전 계약단가가 각자 다름에도 불구하고 객관적이고 합리적인 산출근거 없이 200원으로 획일적으로 인하하여 결정하는 행위

- 환율변동 및 원자재가격 인하 등을 정당한 사유로 제시하였으나 제시한 사유와 무관한 가공비 항목에서 납품단가를 일률적으로 인하하는 행위

(2) 제2호의 '협조요청 등 어떠한 명목으로든 일방적으로 일정금액을 할당한 후 그 금액을 빼고 하도급대금을 결정하는 행위'

원사업자가 협조요청이나 상생협력 등의 명목 여하 또는 수급사업자의 합의 여부에 불문하고, 일방적으로 일정금액을 할당하여 하도급대금을 결정하였는지 여부에 따라 위법성을 판단한다. 수급사업자와 협의 과정에서 일부 수급사업자의 경우 할당한 금액대로 반영되지 아니하였다고 하더라도 위법성이 있는 것으로 판단할 수 있다. 그 예시는 다음과 같다.

- 원사업자가 원가절감 목표를 정하여 수급사업자별로 일방적으로 절감액을 할당한 후 견적가격 또는 종전 단가를 기준으로 일정금액을 빼고 수급사업자들에게 협조를 요청

하는 등의 방법으로 하도급대금을 결정하는 행위

- 원사업자가 발주자와의 협상에 의해 추가된 비용을 전가하기 위하여 수급사업자별로 일방적으로 절감액을 할당한 후, 사정변경을 이유로 그 금액을 빼고 하도급대금을 결정하는 행위

(3) 제3호의 '정당한 사유 없이 특정 수급사업자를 차별취급하여 하도급대금을 결정하는 행위'

'정당한 사유'에 해당되는지 여부는 수급사업자별 경영상황, 생산능력, 작업의 난이도, 거래규모, 거래의존도, 운송거리·납기·대금지급조건 등의 거래조건, 거래기간, 수급사업자의 귀책사유 존부 등 객관적이고 합리적인 차별사유에 해당되는지 여부로 판단한다. 원사업자가 목적물의 종류, 사양, 대금지급 조건, 거래수량, 작업의 난이도 등이 차이가 없음에도 특정 수급사업자에 대해 자신의 경쟁사업자와 거래한다는 이유 또는 자신이 지정한 운송회사를 이용하지 않는다는 이유 등으로 하도급대금을 차별하여 결정하는 행위가 그 예이다.

(4) 제4호의 '수급사업자에게 발주량 등 거래조건에 대하여 착오를 일으키게 하거나 다른 사업자의 견적 또는 거짓견적을 내보이는 등의 방법으로 수급사업자를 속이고 이를 이용하여 하도급대금을 결정하는 행위'

위반행위의 예시는 다음과 같다.
- 원사업자가 확정되지 않은 생산량 증대계획이나 신규 수주계획 문건 등을 수급사업자에게 보여주면서 종전계약보다 발주량을 대폭 늘려 줄 것처럼 또는 그와 같이 수주가 이루어질 것처럼 언질을 주어 하도급 대금을 낮게 결정한 후 실제로는 발주량을 늘려주지 않는 행위
- 해당 단가 인하분을 타 품목이나 타 공사 등을 위탁할 때 보전해 줄 것처럼 하면서 단가를 인하한 후 그것을 이행하지 아니하는 행위
- 하도급대금 결정을 위한 협의과정에서 하도급대금을 30일 이내에 현금으로 지급하기로 한 다른 수급사업자의 계약조건과 동일한 지급조건인 것처럼 내비춰 단가를 낮게 책정한 후 실제로는 만기 6개월의 어음으로 지급하는 행위

(5) 제5호의 '원사업자가 일방적으로 낮은 단가에 의하여 하도급대금을 결정하는 행위'에 대한 판단기준

'일방적으로'는, 원사업자가 하도급대금을 결정하는 과정에서 수급사업자와 실질적이

고 충분한 협의를 거쳐 하도급대금을 결정하였는지 여부 및 수급사업자가 의사표시의 자율성을 제약받지 아니한 상태였는지 여부를 기준으로 판단한다. 결정된 단가의 부당성 여부는 원칙적으로 객관적이고 타당한 산출근거에 의하여 단가를 낮게 결정한 것인지 여부를 기준으로 판단하되, 수급사업자 등이 제시한 견적가격(복수의 사업자들이 견적을 제시한 경우 이들의 평균 견적가격), 목적물 등과 같거나 유사한 것에 대해 일반적으로 지급되는 대가, 목적물의 수량, 해당 목적물의 시장상황 등을 고려하여 판단한다. 그 예시는 다음과 같다.

- 원사업자가 종전 계약의 목적물과 동일한 것에 대해 하도급대금을 새로이 결정하면서 미리 정한 자신의 원가절감 목표액을 수급사업자들의 의사와 무관하게 할당한 후, 해당 수급사업자의 견적가를 기준으로 수급사업자별 할당금액을 빼고 하도급대금을 결정하는 행위

- 원사업자가 계속적인 거래관계에 있는 수급사업자에게 신규 품목에 대해 종전 가격보다 낮게 임시단가(또는 가단가)를 정하여 위탁한 후, 단가를 확정하기 위한 추가적인 협의 없이 임시단가 그대로 하도급대금을 결정하는 행위

- 단가를 결정하지 않은 채 위탁하여 목적물의 납품이 완료된 후, 수급사업자의 가격 협상력이 낮은 상태를 이용하여 수급사업자의 제조원가보다 낮게 하도급대금(단가)을 결정하는 행위

- 합의(서)가 존재하더라도 객관적·합리적 절차와 방법 없이 원사업자 일방의 영업수지 개선계획에 따라 협조요청 등을 명분으로 한 통보나 강요에 의하여 하도급대금을 낮게 결정하는 행위

- 합의(서)가 존재하더라도 원사업자는 영업수지가 개선되는 등의 추세를 보이는 반면, 수급사업자는 원사업자의 계속적 또는 반복적 단가인하나 원자재가격의 인상 등으로 영업수지가 악화되는 추세에서 관례적으로 다시 단가를 인하하는 행위

(6) 제6호의 '수의계약으로 하도급계약을 체결할 때 정당한 사유 없이 대통령령이 정하는 바에 따른 직접공사비 항목의 값을 합한 금액보다 낮은 금액으로 하도급대금을 결정하는 행위'

'정당한 사유'의 유무는 공사현장의 여건, 수급사업자의 시공능력 등을 고려하여 판단하되, 수급사업자가 특허공법 등 지적재산권을 보유하여 기술력이 우수한 경우 또는 건설산업기본법 제31조의 규정에 따라 발주자가 하도급 계약의 적정성을 심사하여 그 계약의 내용 등이 적정한 것으로 인정한 경우에는 영 제7조(부당한 하도급대금 결정 금지)

제2항의 규정에 의거 하도급대금의 결정에 정당한 사유가 있는 것으로 추정한다. '대통령령이 정하는 바에 따른 직접공사비 항목의 값을 합한 금액'은 원사업자의 도급내역상의 재료비, 직접노무비 및 경비의 합계 금액을 말한다. 다만, 경비 중 원사업자와 수급사업자가 합의하여 원사업자가 부담하기로 한 비목(費目) 및 원사업자가 부담하여야 하는 법정경비를 제외한다(영 제7조 제1항).

(7) 제7호의 '경쟁입찰에 의하여 하도급계약을 체결할 때 정당한 사유 없이 최저가로 입찰한 금액보다 낮은 금액으로 하도급대금을 결정하는 행위'

'정당한 사유'에 해당하는지 여부는 수급사업자의 귀책사유, 원사업자의 책임으로 돌릴 수 없는 사유 또는 수급사업자에게 유리한 경우인지 여부 등, 최저가 입찰금액보다 낮게 결정할 객관적이고 합리적인 사유에 해당되는지 여부로 판단하되, 원사업자가 이를 입증하여야 한다. 본 조항을 적용함에 있어 하도급대금을 결정하는 행위의 태양에는 특별한 제한이 없으며, 따라서 추가적인 협상에 의한 경우뿐 아니라 재입찰에 의한 경우도 포함한다. 최저가 경쟁입찰에서 낙찰된 수급사업자가 핵심기술인력의 갑작스런 사망 등과 같이 예상치 못한 사유로 인하여 목적물 등의 일부에 대해 제조 등을 수행할 수 없어, 수급사업자가 그 부분에 대한 감액을 요청하는 경우나, 낙찰자 결정 후 예상치 못한 사유로 총 계약금액이 증가하자 객관적이고 합리적인 산출근거에 의해 단가를 최저가보다 낮게 결정하는 경우 등에는 정당한 사유가 인정된다.

한편, 해당 위반행위의 예시는 다음과 같다.

- 원사업자가 최저가 경쟁입찰에서 최저가로 입찰한 수급사업자에게 업계관행을 이유로 가격협상을 하여 최저가 입찰금액보다 낮은 가격으로 결정하는 행위
- 원사업자가 최저가 경쟁입찰에서 최저가로 입찰한 수급사업자에게 추가로 가격인하를 요구하다 거절당하자, 다른 입찰자와 단가협상을 통해 최저가 입찰금액보다 낮은 가격으로 하도급대금을 결정하는 행위
- 원사업자가 경쟁입찰을 실시하면서 최저 입찰가가 원사업자의 예정가격을 초과하는 경우에 재입찰을 실시한다는 점을 사전 고지하지 않았음에도, 이를 이유로 최저 입찰가를 제시한 업체를 낙찰자로 선정하지 아니하고, 그 업체를 포함하여 상위 2개 또는 3개 업체를 대상으로 재입찰을 실시하여 그 중 가장 낮은 가격을 제시한 업체를 낙찰자로 선정함으로써 당초 최저 입찰가보다 낮게 하도급대금을 결정하는 행위(다만, 예정가격 초과시 재입찰한다는 점을 사전 고지하였다고 하더라도, 정한 예정가격을 사전에 공증을 받는 등의 방식으로 사후에라도 낙찰자 선정에 대한 이의나 분쟁이 발생한 경우,

예정가격을 확인할 수 있도록 하는 것이 필요하다. 예정가격은 단지 원사업자 자신의 외주비를 절감하기 위한 목적이 아니라 원사업자가 실제 집행할 수 있는 예산의 최대 한도 등을 고려하여 합리적으로 결정되어야 할 것이며, 예정가격의 정당성에 대해서는 원사업자가 입증하여야 한다)

(8) 제8호의 '계속적 거래계약에서 원사업자의 경영적자, 판매가격 인하 등 수급사업자의 책임으로 돌릴 수 없는 사유로 수급사업자에게 불리하게 하도급대금을 결정하는 행위'

계속적 거래계약 기간 중 원사업자가 경영적자, 판매부진, 경쟁심화에 따른 판매가격 인하 등 수급사업자의 책임으로 돌릴 수 없는 사유로 새로이 인하된 하도급대금을 결정하는 경우에 그 내용이나 절차가 정상적인 거래관행에 비추어 볼 때 공정하고 타당한지 여부로 위법성을 판단한다.

'수급사업자의 책임으로 돌릴 수 없는 사유'란 새로이 하도급대금을 결정하게 된 사정이 원사업자나 외부환경의 변화 등에 있고 수급사업자에게는 귀책사유가 없음을 말한다. '수급사업자에게 불리하게'는 새로이 인하된 하도급대금을 결정하는 절차 및 그 결정된 내용이 정상적인 거래관행상 공정성과 타당성이 결여되었음을 말한다. ① 원사업자가 새로이 하도급대금을 인하 결정하게 된 사정, 과정 및 그 결과와 관련하여 필요한 자료나 정보 등을 수급사업자에게 성실하게 제공하였는지 여부, ② 원사업자가 객관적이고 합리적인 절차에 따라 수급사업자와 실질적인 협의를 거쳤는지 여부, ③ 인하된 하도급대금의 환원이나 인상 등에 대해 실효성 있는 방안을 마련·제공하고 추후 이를 실행하였는지 여부, ④ 새로이 인하된 하도급대금을 결정한 사정과 수급사업자가 납품하는 목적물 등이 연관성이 있는지 여부, ⑤ 원사업자와 수급사업자 간 부담의 분담 정도가 합리적인지 여부 등을 고려하여 판단한다.

결국 원사업자는 계속적 거래계약 기간 중에 수급사업자의 책임으로 돌릴 수 없지만 경영상 불가피한 사유를 이유로, 이러한 이유와 직접 관련이 있는 목적물에 대해 새로이 하도급대금을 인하 결정할 수 있다. 다만, 새로이 하도급대금을 인하 결정하는 과정에서 원사업자가 수급사업자와 충분하고 실질적인 협의를 거치고, 이러한 협의결과를 토대로 그 부담을 수급사업자와 합리적으로 분담하는 것이 필요하다.

예를 들면 계속적 거래계약 기간 중 원사업자가 판매가 부진한 제품에 대하여 생산중단보다는 판매가격을 인하하기로 하고, 이후의 발주물량(해당 제품에 부속하는 목적물로 한정한다)에 대해서 수급사업자와 충분하고 실질적인 교섭을 통해, 그 교섭 결과를 바탕으로 원·수급사업자 간 판매가격 인하에 따른 부담을 적정 분담하는 수준에서 납품가격을 인하 결정하는 행위는 법위반이 아니다.

앞에서 '직접 관련이 있는 목적물'이란 가령 원사업자가 A, B, C 등 다수의 제품을 생산한다고 가정했을 때 A제품의 글로벌 가격경쟁이 격화되어 판매가격 인하 없이는 수출경쟁력 유지가 불가능한 경우가 발생하면 A제품에 부속되는 목적물들에 한해 단가를 인하할 수 있음을 의미한다. 한편 원사업자의 임금인상이나 노조파업 등의 경우는 이들과 직접 연관된 목적물을 특정할 수 없으므로 이를 이유로 단가를 인하하는 것은 금지된다.

위반행위의 예시는 다음과 같다.

- 계속적 거래계약 기간 중 수급사업자가 납품한 목적물이 부수된 제품의 경우 판매 호조로 원사업자 경영적자의 원인이 아님에도 원사업자가 경영적자를 이유로 해당 수급사업자에 대해서도 종전에 비해 낮은 단가로 하도급대금을 결정하는 행위
- 원사업자의 임금인상이나 노조파업 등에 따른 비용 발생분을 수급사업자에게 전가하기 위하여, 계속적 거래계약 기간 중 원사업자가 종전에 비해 낮은 단가로 하도급대금을 결정하는 행위
- 계속적 거래계약 기간 중 원사업자가 글로벌 가격경쟁 심화나 환율변동 등을 이유로 사전협의 과정 없이 종전에 비해 낮은 단가로 하도급대금을 일방적으로 결정해서 수급사업자에게 통보하는 행위

만약 원사업자의 적자가 업계 전체의 불황이나 발주자의 불황으로 인한 고통분담이고 이를 수급사업자에게 분담하지 않을 경우 전체 거래관계가 무너지는 경우라면, 이에 해당될 수 있다. 다만, 앞서 언급한 그 결정절차와 내용이 정상적인 거래관행상 정당성과 공정성을 갖출 수 있도록 주의할 필요가 있다.

79 하도급법 제4조 제2항 제1호 및 제5호의 단가의 의미 : "포괄적 단가"

(#대우조선해양판결#임률단가#표준시수인하#표준품셈인하#생산성향상단가인하
#침익적 행정법규#엄격해석원칙)

A 판례(2016두35540)는 하도급법상의 '단가'에 대하여 소위 '포괄적 단가' 개념을 채택하여 단위당 가격 뿐 아니라 별도의 가격 결정 단위를 정하지 않고 위탁받은 목적물 또는 용역의 가격 총액을 하도급대금으로 정한 경우에는 하도급대금 자체가 '단가'에 해당한다는 전제에서 널리 하도급대금액에 영향을 줄 수 있는 요소 중 납품 물량과 무관한 것으로서 목적물 등의 가격 산정과 관련된 구성요소를 변경하여 하도급대금을 낮추는 행위 역시 '낮은 단가에 의하여 하도급대금을 결정하는 행위'에 해당할 수 있다고 보았다.

해설

조선업계에서는 원사업자가 선박건조에 필요한 제반 생산시설물과 자재 전부를 수급사업자에게 공급하고 수급사업자는 오로지 노동력만을 투입하는 임가공 하도급거래가 일반적이다. 하도급대금은 수급사업자가 수행한 작업내용에 대한 기성시수에 단가계약에서 합의된 임률단가를 곱하는 방식으로 결정된다. 임률단가는 원사업자가 매년 임금인상률 등을 고려하여 수급사업자가 합의하여 결정한다. 하지만, 기성시수는 해당 작업을 수행하는 데 표준적인 작업환경에서 특정작업을 위해 소요되는 노동량인 표준시수를 사업장 개별 요인으로 보정하여 만들어지는데, 통상 원사업자가 일방적으로 결정한다.

그런데 조선업계에서는 매년 생산성 향상으로 특정 업무에 소요되는 표준시수가 줄어든다고 보고 있는데, 그 원인으로는 원사업자의 생산성 향상을 위한 투자, 수급사업자 및 근로자의 숙련 및 업무경험치 축적 등을 들 수 있다. 그래서 조선회사들은 매년 생산성 향상을 감안해 표준시수를 정한 표준품셈을 개정하였고 그 결과 기성시수가 지속적으로 낮아졌다. 다만, 매년 임률단가가 높아졌기 때문에 결과적으로 임률단가와 기성시수의 곱인 하도급대금이 낮아졌는지는 명확하지 않지만, 수급사업자들은 원사업자의 일방적 기성시수의 인하로 하도급대금에서 손해를 보았다고 생각하게 되었다.

공정거래위원회는 하도급법 제4조 제2항 제5호의 '단가'에 대해 '하도급대금 전체'의

의미로 파악하는 '포괄적 단가' 개념으로 채택하여 기성시수를 일방적으로 낮추는 행위 역시 하도급법 제4조 제2항 제5호의 '일방적으로 낮은 단가에 의한 하도급대금의 결정'에 해당한다는 입장이었다. 이에 대하여 서울고등법원은 침익적 법규 해석원칙상 하도급법상의 '단가'라는 개념에 대하여 지나친 확장이나 유추해석이 이루어지면 그 자체로 위법하지 않은 행위까지 포섭될 위험이 있다는 전제에서 '단가'란 물건 한 단위의 가격을 의미하는 것이고 기성시수는 물건 단위당 가격이 아니어서 '단가'로 볼 수 없다는 문언적 해석을 한 다음, 기성시수와 임률단가를 곱해 하도급대금이 정해지는 조선업계에 있어, 매년 생산성 향상을 감안해 기성시수를 일방적으로 낮추었다 하더라도 이는 하도급법 제4조 제2항 제5호의 '단가 인하'에 해당하지 않는다고 판시하였다. 그리고 공정거래위원회의 시정명령 및 과징금부과처분을 취소하였다(서울고등법원 2015. 10. 16. 선고 2014누40007 판결). 그런데 대법원은 하도급법상 '단가'의 사전(辭典)적 의미는 '물건 한 단위(單位)의 가격'을 말하며 하도급법령이 '단가'를 산정하기 위한 '단위'의 의미나 기준에 대하여는 별도의 규정을 두고 있지 않으며 별도의 가격 결정 단위를 정하지 않고 위탁받은 목적물 또는 용역의 가격 총액을 하도급대금으로 정한 경우에는 결국 그 목적물 또는 용역 전체를 기준으로 가격을 산정한 것이 되므로 그 하도급대금 자체가 '단가'에 해당한다는 '포괄적 단가' 개념을 채택하였다. 그 전제에서 널리 하도급대금액에 영향을 줄 수 있는 요소 중 납품 물량과 무관한 것으로서 목적물 등의 가격 산정과 관련된 구성요소를 변경하여 하도급대금을 낮추는 행위 역시 '낮은 단가에 의하여 하도급대금을 결정하는 행위'에 해당할 수 있다고 판시하였다(대법원 2017. 12. 7. 선고 2016두35540 판결).

다만, 대법원은 해당 판결에서 원사업자가 하도급대금 결정요소 중 하나인 '생산성향상률'을 수급사업자와 별다른 합의 없이 정해 적용했다 하더라도, 다른 결정요소인 원(原)단위, 작업장 요인, 프로젝트 요인 등을 수급사업자들과 협의를 통하여 정하였고, 월별 하도급대금을 산정하기 위한 당월 기성시수 또한 수급사업자들과의 월별 정산합의 과정을 통해 합의하여 정하였다면, 수급사업자와의 합의 없이 일방적으로 이 사건 하도급대금을 결정하였다고 단정할 수는 없다고 판시하였다. 나아가 수급사업자들이 원사업자로부터 지급받은 1인당 기성금액이 꾸준히 증가하였고 경쟁사업자에 비하여 높거나 비슷한 수준이었기 때문에 이 사건에서 하도급대금이 그와 같거나 유사한 용역에 대하여 일반적으로 지급되는 수준보다 낮다는 점에 대한 공정거래위원회의 주장·증명이 없다고 보았다. 결론적으로 대법원은 서울고등법원의 '협의의 단가' 개념과는 다른 '포괄적 단가' 개념을 채택하면서도 생산성향상률 이외의 다른 대금 결정 요소에 대하여 일방적으로 결정했다고 볼 수 없으며 전반적으로 대금이 일반적으로 지급되는 것보다 낮다고 볼 수 없다며 원심 판결을 유지하고 공정거래위원회의 상고를 기각한 것이다(대법원 2017. 12. 7. 선고 2016두35540 판결).[308]

---

308) 동 판결의 '이유'의 주요 부분을 발췌하면 다음과 같다.

　　1. 상고이유 제1점에 대하여

　　가. 구 하도급거래 공정화에 관한 법률(2013. 5. 28. 법률 제11842호로 일부 개정되기 전의 것. 이하 '하도급법'이라고 한다) 제4조는 '부당한 하도급대금의 결정 금지'라는 표제 아래 제1항에서 "원사업자는 수급사업자에게 제조 등의 위탁을 하는 경우 부당한 방법을 이용하여 목적물 등과 같거나 유사한 것에 대하여 일반적으로 지급되는 대가보다 현저하게 낮은 수준으로 하도급대금을 결정(이하 '부당한 하도급대금의 결정'이라고 한다)하거나 하도급받도록 강요하여서는 아니 된다."라고 규정하고, 제2항에서 "다음 각 호의 어느 하나에 해당하는 원사업자의 행위는 부당한 하도급대금의 결정으로 본다."고 정하면서 제5호에서 "원사업자가 수급사업자와의 합의 없이 일방적으로 낮은 단가에 의하여 하도급대금을 결정하는 행위"를 '부당한 하도급대금의 결정'으로 간주되는 경우 중 하나로 들고 있다. 이처럼 '합의 없이 일방적으로 낮은 단가에 의하여 하도급대금을 결정하는 행위'라 함은, 원사업자가 거래상 우월적 지위에 있음을 기화로 하여 수급사업자의 실질적인 동의나 승낙이 없음에도 단가 등을 낮게 정하는 방식으로 일방적으로 하도급대금을 결정하는 행위를 말한다. 또한 '합의 없이 일방적으로' 대금을 결정하였는지 여부는, 원사업자의 수급사업자에 대한 거래상 우월적 지위의 정도, 수급사업자의 원사업자에 대한 거래의존도, 계속적 거래관계의 유무 및 정도, 거래관계를 지속한 기간, 문제된 행위를 전후로 한 시장 상황 등과 함께, 하도급대금이 결정되는 과정에서 수급사업자가 의사표시의 자율성을 제약받지 아니하고 협의할 수 있었는지 여부 및 그 제약의 정도, 결정된 하도급대금으로 인해 수급사업자가 입은 불이익의 내용과 그 정도 등을 종합적으로 고려하여 판단하여야 한다.

　　나아가 '단가가 낮은지 여부'는 위탁 목적물 등과 같거나 유사한 것에 대하여 일반적으로 지급되는 대가보다 낮은 수준인지를 기준으로 판단하고, '일반적으로 지급되는 대가'의 수준은, 문제가 된 행위 당사자들 사이에 있었던 종전 거래의 내용, 비교의 대상이 되는 다른 거래들(이하 '비교 대상 거래'라고 한다)에서 형성된 대가 수준의 정도와 편차, 비교 대상 거래의 시점, 방식, 규모, 기간과 비교 대상 거래 사업자들의 시장에서의 지위나 사업규모, 거래 당시의 물가 등 시장 상황 등을 두루 고려하여 인정할 수 있다. 그리고 이에 대한 증명책임은 시정명령 등 처분의 적법성을 주장하는 피고에게 있다. 다만, 원사업자와 수급사업자가 대등한 지위에서 상호보완하며 균형 있게 발전할 수 있도록 하려는 하도급법의 입법 취지와 그 집행의 실효성 확보가 요구되는 점 등을 고려하여 그 증명의 정도를 너무 엄격하게 요구할 것은 아니다. 이러한 맥락에서, 계속적 하도급거래 관계에 있는 원사업자와 수급사업자의 '종전 거래 단가 또는 대금'이 종전 거래 당시의 일반적인 단가 또는 대금의 지급 수준보다 상당히 높았다는 등의 특별한 사정이 없는 한, '종전 거래 내용과 단가'를 '일반적으로 지급되는 대가'의 수준을 인정하는 데 중요한 요소로 고려할 수 있다.

　　나. 원심판결 이유와 기록에 의하면, 다음과 같은 사실을 알 수 있다.

　　　(1) 통상적으로 원고는 수급사업자들과 매년 1월 1일부터 1년간을 계약 기간으로 하여 하도급거래의 기본적인 사항을 정하는 '공사하도급 기본거래계약'을 체결하고, 그 기본거래계약에 따라 세부공종별 시간당 임률, 즉 임률단가를 정하는 '단가계약'을 체결한 다음, 다시 매월 시공의뢰번호, 공사번호, 주야구분, 작업내용, 시공유형, 단위, 물량, 금액, 공사기간 등을 정하는 '외주작업계약'을 체결해 왔다. 그 후 원고는 매주 단계별로 전산시스템을 통하여 수급사업자에게 주간 작업지시서를 보내고, 수급사업자는 그 작업지시서에 따라 해당 작업을 수행하였다.

　　　(2) 원고는 2008. 1. 1.부터 2009. 12. 31.까지 이 사건 수급사업자들에게 선박 건조와 관련된 조립 등 임가공을 위탁(이하 '이 사건 하도급거래'라고 한다)하였다. 원고와 이 사건 수급사업자들은 그 대금을 시수(時數, Man Hour)계약 방식으로 산정하기로 하였다.

　　　(3) 시수계약 방식에 따른 하도급대금은 원고가 수급사업자에게 임가공을 위탁한 물량의 완성에 필요한 시간의 수, 즉 시수에 임률을 곱하는 방식으로 산정된다.

　　　　여기서 '시수'는, 원고가 위탁한 작업의 '물량'과 그 작업 완성에 표준적으로 소요되는 단위 시간인 '원(原)단위'를 곱하고 여기에 '작업장 요인'과 '프로젝트 요인'을 반영한 다음 '생산성향상률'을 적용하는 방식으로 산정한다. '생산성향상률'이란 해당 임가공 작업에 관하여 같은 시간 동안 얼마나 더 많이 작업할 수 있는지를 계량화한 수치를 의미하는데, 해당 '물량'을 완성하기 위한 임가공 작업에 필요한 시수가 얼마나 감소될 수 있는지를 나타낸다고도 볼 수 있다. '임률'은 원고가 매년 3~4월 무렵 직영노동조합과의 단체협약에 따라 결정되는 임금인상률을 기준으로 세부공종별 임률 기준안을 작성한 다음, 이 기준안 이내에서 각 수급사업자에게 개별적으로 세부공종별 임률 변경안을 제시하고, 이를 기초로 원고와 수급사업자가 세부공종별로 합의하여 결정하였다. 원고와 이 사건 수급사업자들이 합의하여 결정한 임률은 2007년에 12.5% 인상되었고, 2008년 1월 및 7월에 각각 0.1% 및 7.0% 인상되었으며, 2010년 4월 및 7월에 각각 2.1% 및 3.4% 인상되었다. 2009년에는 임률이 인상되지 않았으나 그 당시에는 2008년 세계금융위기 여파로 인해 국내 모든 조선업체의 임률이 인상되지 않았다.

(4) 원고와 이 사건 수급사업자들은 지급되어야 할 하도급대금 확정을 위해 월별 정산합의를 하였는데, 임률은 앞서 본 임률을 적용하고, 이에 곱하는 기성시수는 앞서 본 바와 같이 '물량'에 '원(原)단위', '작업장 요인', '프로젝트 요인' 및 '생산성향상률'을 모두 적용하여 산정하였다. 원고는 이 사건 하도급거래에 관한 생산성향상률을 2008년 평균 6.0%, 2009년 평균 7.0%로 정한 다음, 이를 세부공종별·월별로 배분하여, 시수 산정에 적용하였다.

(5) 원고는 월별 정산합의 과정에서 수급사업자들이 그달의 기성시수에 임률을 곱한 그달의 하도급대금 내역을 확인하여 주면 그 하도급대금을 지급하였다. 그런데 그 과정에서 수급사업자들이 하도급대금 산정 기초가 된 기성시수가 적다는 등의 의견을 제시하면 원(原)단위를 보정하는 등의 방법으로 기성시수를 올려 그 의견을 반영해 주기도 하였다.

(6) 원고가 이 사건 수급사업자들을 포함한 사내협력업체에게 지급한 하도급대금 중 보조금과 복리 후생에 관한 지원금 등을 제외한 금액을 생산인력 1인에게 지급된 월별 금액으로 계산한 1인당 기성금액은 2007년 3,054,000원, 2008년 3,740,000원, 2009년 3,764,000원, 2010년 4,063,000원으로 증가해 왔다. 특히 이 사건 하도급계약 기간인 2008년과 2009년의 1인당 기성금액은 원고와 유사한 규모의 선박건조업자인 ○○중공업 주식회사나 △△중공업 주식회사에 비하여 높거나 비슷한 수준이다.

다. 이러한 사실관계를 앞서 본 법리와 법령 규정에 비추어 살펴보면, 다음과 같이 판단할 수 있다.

(1) 하도급법 제4조 제2항 제5호가 규정하는 '단가'의 사전(辭典)적 의미는 '물건 한 단위(單位)의 가격'을 말하는데, 하도급법령은 '단가'를 산정하기 위한 '단위'의 의미나 기준에 대하여는 별도의 규정을 두고 있지 않다. 그리고 별도의 가격 결정 단위를 정하지 않고 위탁받은 목적물 또는 용역의 가격 총액을 하도급대금으로 정한 경우에는 결국 그 목적물 또는 용역 전체를 기준으로 가격을 산정한 것이 되므로 그 하도급대금 자체가 '단가'에 해당한다고 볼 수 있다. 이와 같은 '단가' 개념의 포괄적·상대적 성격을 고려하면, 널리 하도급대금액에 영향을 줄 수 있는 요소 중 납품 물량과 무관한 것으로서 목적물 등의 가격 산정과 관련된 구성요소를 변경하여 하도급대금을 낮추는 행위 역시 '낮은 단가에 의하여 하도급대금을 결정하는 행위'에 해당할 수 있다.

(2) 이 사건 하도급대금은 시수에 임률을 곱하는 방식으로 산정된다. 그런데 임률과 시수 산정에 기여하는 요소들인 원(原)단위, 작업장 요인, 프로젝트 요인, 생산성향상률 등은 모두 납품 물량과 무관한 것이면서 이 사건 하도급대금인 임가공 용역의 대가 산정에 영향을 줄 수 있는 요소에 해당한다.

(3) 그런데 원고는 2008. 1. 1.부터 2009. 12. 31.까지 사이에 임률에 대하여는 이 사건 수급사업자들과 개별적인 협의 과정을 거쳐 합의하여 정한 것으로 볼 수 있고, 월별 하도급대금을 산정하기 위한 당월 기성시수 또한 수급사업자들과의 월별 정산합의 과정을 통해 합의하여 정한 것으로 보인다. 결국, 원고가 하도급대금을 결정하는 요소 중의 하나인 '생산성향상률'을 별다른 합의 없이 정하여 적용하였다고 하더라도, 이러한 사정만으로 원고가 수급사업자와의 합의 없이 일방적으로 이 사건 하도급대금을 결정하였다고 단정할 수는 없다.

동일한 취지의 다른 판례에 의하면, 이러한 시수나 임률과 같은 대금 결정의 개별 요소의 인하만으로 (전체적으로) 하도급대금이 부당하게 낮게 결정되었다고 볼 수는 없고, 개별 요소의 인하 근거가 객관적이고 타당하지 않을 뿐만 아니라 일반적으로 지급되는 대가에 비해 '시수 × 임률'로 정해지는 (전체적인) 하도급대금이 상당히 낮은 수준이라고 인정될 때 부당한 하도급대금 결정행위가 있었다고 볼 수 있다고 한다(서울고등법원 2015. 1. 16. 선고 2013누8778 판결; 대법원 2018. 5. 11. 선고 2015두38525 판결).

---

(4) 나아가 이 사건 하도급대금이 그와 같거나 유사한 용역에 대하여 일반적으로 지급되는 수준보다 낮다는 점에 대한 피고의 아무런 주장·증명이 없다. 오히려 이 사건 수급사업자들이 원고로부터 지급받은 1인당 기성금액이 2007년부터 2010년까지 꾸준히 증가해 왔고, 특히 이 사건 하도급거래 기간인 2008년 및 2009년에 원고가 수급사업자들에게 지급한 1인당 기성금액은 원고와 유사한 규모의 선박건조업자인 ○○중공업 주식회사나 △△중공업 주식회사의 1인당 기성금액에 비하여 높거나 비슷한 수준이었다는 사정을 고려하면, 원고가 이 사건 수급사업자들에게 지급한 하도급대금이 '일반적으로 지급되는 수준'보다 높거나 비슷하였다고 볼 여지도 상당하다.

(5) 따라서 원고가 이 사건 수급사업자들과의 합의 없이 일방적으로 낮은 단가에 의하여 이 사건 하도급대금을 결정하였다고 볼 수는 없다.

라. 그렇다면, 원심이 '생산성향상률'이 하도급법 제4조 제2항 제5호의 '단가'에 해당하지 않는다는 등의 이유를 들어 원고의 행위에 대해 위 조항을 적용할 수 없다고 판시한 부분은 적절하지 아니하나, 원고의 행위가 하도급법 제4조 제2항 제5호에 해당하지 않는다고 본 원심의 결론은 수긍할 수 있다. 거기에 상고이유 주장과 같이 하도급법 제4조 제2항 제5호에 관한 법리를 오해하여 판결에 영향을 미친 잘못이 없다.

하도급법 제4조 제2항 제5호의 '일방적 낮은 단가에 의하여 하도급대금을 결정하는 행위'에서 '단가가 낮은지 여부'에 대하여 위탁 목적물 등과 같거나 유사한 것에 대하여 일반적으로 지급되는 대가보다 낮은 수준인지를 기준으로 판단되어야 하는가?

A 현재 대법원은 '위탁목적물과 같거나 유사한 것에 대하여 일반적으로 지급되는 대가'를 비교기준으로 '낮은 단가'여야 한다는 입장이다(대법원 2017. 12. 7. 선고 2016두 35540 판결; 대법원 2018. 5. 11. 선고 2015두38525 판결). 하지만 그렇게 해석할 경우 하도급법 제4조 제1항과는 사실상 같은 위반행위가 되어 제4조 제2항 제5호의 취지가 몰각된다. 동 호의 위법성 핵심은 원사업자가 수급사업자와 정당한 협의나 협상 없이 일방적으로 결정하는 것에 있는 것이며 '단가'의 '낮음'에 대한 비교기준은 '시장가격(시가)'가 아니라 수급사업자가 요구하였거나 요구하였을 수급사업자의 협상가격으로 해석해야 한다. 대법원 판결에 문제가 있지만 그 변경을 기다리기보다 해당 하도급법을 명확하게 개정할 필요가 있다.

해 설

우리 대법원은 "원사업자가 일방적으로 낮은 단가에 의하여 하도급대금을 결정하는 행위"로 규정된 하도급법 제4조 제2항 제5호의 해석과 관련하여 단가에 대하여는 포괄적·상대적 단가 개념을 채택하면서도 단가가 낮은지 여부에 대하여는 다음과 같은 판시를 통하여 사실상 '시장가격(시가)'와 비교하여 판단해야 한다고 보고 있다.

> 대법원 2017. 12. 7. 선고 2016두35540 판결
>
> '단가가 낮은지 여부'는 위탁 목적물 등과 같거나 유사한 것에 대하여 일반적으로 지급되는 대가보다 낮은 수준인지를 기준으로 판단하고, '일반적으로 지급되는 대가'의 수준은 문제가 된 행위 당사자들 사이에 있었던 종전 거래의 내용, 비교의 대상이 되는 다른 거래들(이하 '비교 대상 거래'라 한다)에서 형성된 대가 수준의 정도와 편차, 비교 대상 거래의 시점, 방식, 규모, 기간과 비교 대상 거래 사업자들의 시장에서의 지위나 사업규모, 거래 당시의 물가 등

시장 상황 등을 두루 고려하여 인정할 수 있다. 그리고 이에 대한 증명책임은 시정명령 등 처분의 적법성을 주장하는 공정거래위원회에 있다. 다만, 원사업자와 수급사업자가 대등한 지위에서 상호보완하며 균형 있게 발전할 수 있도록 하려는 하도급법의 입법 취지와 집행의 실효성 확보가 요구되는 점 등을 고려하여 증명의 정도를 너무 엄격하게 요구할 것은 아니다. 이러한 맥락에서, 계속적 하도급거래 관계에 있는 원사업자와 수급사업자의 '종전 거래 단가 또는 대금'이 종전 거래 당시의 일반적인 단가 또는 대금의 지급 수준보다 상당히 높았다는 등의 특별한 사정이 없는 한, '종전 거래 내용과 단가'를 '일반적으로 지급되는 대가'의 수준을 인정하는 데 중요한 요소로 고려할 수 있다.

대법원 2018. 5. 11. 선고 2015두38525 판결

2. 피고의 상고이유에 대하여

　가. 하도급법 제4조 제2항 제5호의 의미

　　하도급법 제4조 제2항은 제5호에서 부당한 하도급대금의 결정으로 보는 또 다른 원사업자의 행위로, "원사업자가 수급사업자와의 합의 없이 일방적으로 낮은 단가에 의하여 하도급대금을 결정하는 행위"를 들고 있다. 이러한 행위는 원사업자가 거래상 우월적 지위에 있음을 기화로 하여 수급사업자의 실질적인 동의나 승낙이 없음에도 단가 등을 낮게 정하는 방식으로 일방적으로 하도급대금을 결정하는 행위를 말한다.

　나. 「낮은 단가」의 의미

　　(1) '단가가 낮은지 여부'는 위탁 목적물 등과 같거나 유사한 것에 대하여 일반적으로 지급되는 대가보다 낮은 수준인지를 기준으로 판단한다. '일반적으로 지급되는 대가'의 수준은, 문제가 된 행위 당사자들 사이에 있었던 종전 거래의 내용, 비교의 대상이 되는 다른 거래들(이하 '비교 대상 거래'라고 한다)에서 형성된 대가 수준의 정도와 편차, 비교 대상 거래의 시점, 방식, 규모, 기간과 비교 대상 거래 사업자들의 시장에서의 지위나 사업규모, 거래 당시의 물가 등 시장 상황 등을 두루 고려하여 인정할 수 있다. 그리고 이에 대한 증명책임은 시정명령 등 처분의 적법성을 주장하는 피고에게 있다(대법원 2017. 12. 7. 선고 2016두35540 판결 등 참조).

'단가'의 비교기준을 '위탁 목적물 등과 같거나 유사한 것에 대하여 일반적으로 지급되는 대가'로 보는 것은 시장가격(시가)를 기준으로 판단한다는 것을 의미한다. 부당지원행위에서 시가 또는 정상가격과 사실상 동일한 개념이다. 이렇게 해석할 경우 하도급법 제4조 제2항 제5호는 사실상 제4조 제1항과 차이가 없어진다. 오히려 제4조 제2항 제5호의 경우에는 '시가보다 낮음'의 요건 뿐 아니라 '수급사업자의 동의나 수급사업자의 협의 없이 일방적으로 결정'이라는 까다로운 요건이 추가될 뿐이다. 물론 제4조 제1항의 경우 '부당하게'라는 요건이 추가로 필요한데, 제4조 제2항 제5호의 경우 그 '부당하게'의 입증의 어려움을 덜어주기 위하여 '일방적으로 결정'으로 바꾸어 준 것이라 이야기할 수 있을지 모른다. 하지만 하도급법 제4조 제2항의 취지와 의미는 제4조 제1항상의 구성요건 입증이 불가능에 가까울 정도로 난이하기 때문에 그 입증책임을 덜어주기 위하여 특정한 유형에 해당하면 부당대금결정으로 간주해 주는 것이다. 제4조 제1항의 구성요건 중 사실상 입증의 어려움이 있는 부분은 '부당하게'가 아니라 낮음의 비교기준이 되는 '시장가격(시가)'의 존재이다. 대법원 판결과 같이 제4조 제2항 제5호의 '낮음'의 비교기준을 '시장가격(시가)'로 볼 경우 제4조 제2항 제5호를 별도로 규정할 이유가 전혀 없다.

이러한 법정책적 차원을 떠나서 법리적으로 판결의 입장은 타당하지 않다. 법문 어디에도 '단가의 낮음'의 비교기준에 대하여 규정한 바가 없다. 오히려 하도급법 제4조 제1항에서는 비교기준을 '위탁 목적물 등과 같거나 유사한 것에 대하여 일반적으로 지급되는 대가'라고 명시한 것에 비추어 보면, 그렇게 규정하지 않은 제4조 제2항 제5호의 해석에서 제4조 제1항과 같이 할 수 없다는 반대 논리가 가능하다. 제4조 제2항 제5호의 취지는 원사업자가 수급사업자와 충분한 협상 없이 또는 수급사업자의 동의 없이 일방적으로 결정하지 말라는 것이고, 그렇다면 수급사업자의 의사에 반한 하도급대금 결정이 위법성의 핵심이다. 이에 비추어 보면, 동호의 해석에 있어 단가의 비교기준은 시장가격(시가)가 아니라 수급사업자의 의사, 즉 수급사업자가 제시하거나 요구한 가격이 되어야 한다. 만약 협상이나 협의 과정의 결여로 수급사업자가 제시하거나 요구한 가격에 대한 증거가 없다면 당시 협상이나 협의가 진행되었을 경우 수급사업자가 제시하였거나 요구하였을 가격이 되어야 한다.

이런 점에서 대법원 판결은 법리적으로 타당하지 않다. 그리고 그 대법원 판결로 인하여 수급사업자 보호 및 대등한 협의와 협상에 의한 하도급거래질서 확립이라는 하도급법 취지가 몰각되고 있다. 대법원 판결의 변경을 위하여 노력하는 것 역시 의미가 있지만 보다 적극적이고 전향적으로 하도급법 제4조 제2항 제5호를 개정하는 것을 고려할 필요가 있다. 해석상 논란을 불식시키기 위하여 "원사업자가 일방적으로 수급사업자가 제시 또는 요구하는 가격보다 낮은 단가로 하도급대금을 결정하는 행위"로 변경하는 것이다.

81 부당한 대금결정으로 판단된 판례 및 심결례

가. 법 제4조 제2항 제1호 "정당한 사유 없는 일률적 단가 인하에 의한 하도급대금 결정"

원사업자가 수급사업자 별로 비율을 달리하여 가격을 인하하여 수급사업자별로 인하율에 어느 정도 편차가 있더라도, 원사업자가 전체적으로 동일하거나 일정한 구분에 따른 비율로 단가 인하를 요구하여 발생한 결과라면, 하도급법 제4조 제2항 제1호의 일률적인 비율로 단가를 인하하여 하도급대금을 결정하는 행위에 해당한다(대법원 2011. 3. 10. 선고 2009두1990 판결[309], [310]). 하도급법 제4조 제2항 제1호에서 정한 '일률적인 비율로 단

---

309) 하도급법 제4조 제2항 제1호에서 '일률적인 비율로 단가를 인하'한다고 함은, 둘 이상의 수급사업자나 품목에 관하여 수급사업자의 경영 상황, 시장 상황, 목적물 등의 종류·거래 규모·규격·품질·용도·원재료·제조 공법·공정 등 개별적인 사정에 차이가 있는데도 동일한 비율 또는 위와 같은 차이를 반영하지 아니한 일정한 구분에 따른 비율로 단가를 인하하는 것을 의미한다고 할 것이다. 그리고 결정된 인하율이 수급사업자에 따라 어느 정도 편차가 있다고 하더라도, 위 기준에 비추어 전체적으로 동일하거나 일정한 구분에 따른 비율로 단가를 인하한 것으로 볼 수 있다면, '일률적인 비율로 단가를 인하하여 하도급대금을 결정하는 행위'에 해당한다고 보아야 한다. 이 사건 수급사업자들이 경영 상황과 목적물의 종류 등은 물론 납품 물량 증가율까지 서로 크게 달리하는데도, 원고가 저수익 차종인 ○○의 재료비를 3.5% 인하하여 수익성을 개선할 계획을 세운 다음 이 사건 2차 인하를 단행함으로써 이 사건 수급사업자들 중 미리 단가를 1.8~2.0% 인하한 20개 업체에 관하여는 단가를 1.3~1.5% 추가 인하하여 인하율이 합계 3.2~3.5%에 이르게 하고, 나머지 6개 업체에 관하여는 단가를 3.4~3.5% 인하한 것으로 볼 여지가 있으므로, 원고의 이 사건 2차 인하 행위는 '일률적인 비율로 단가를 인하하여 하도급대금을 결정하는 행위'에 해당하고 정당한 이유가 있다고는 볼 수 없으므로 부당한 하도급대금 결정 행위에 해당한다(대법원 2011. 3. 10. 선고 2009두1990 판결). 원심(서울고등법원 2008. 12. 18. 선고 2008누3793 판결)은 원고가 처음부터 특정 차종의 수지 개선을 위하여 납품 단가를 3.5% 인하하려는 목적 하에 순차적으로 1, 2차 인하를 추진하였다고 인정할 증거가 없고, 1, 2차 인하의 배경 내지 목적이 다르며, 원고가 수급사업자의 경영 상황 등의 특성이나 차이를 고려하였기 때문에 납품 가격 인하율이 상이하게 나타난 것으로 볼 수 있어 2차 인하 행위를 '정당한 이유 없이 일률적인 비율로 단가를 인하하여 하도급대금을 결정하는 행위'에 해당하지 아니한다고 판단하였다.

310) 유사한 판례로 2008누11237 판결이 있다.
원고가 작성한 '단가 네고(negotiation) 결과 보고'에 납품업체별로 상이한 단가 인하율이 기재된 다른 품목과 달리 충전기 품목에 대해서만 '전체 6.6%, 예상 절감액 106억 8,100만 원'으로 기재되어 있는 점, 원고 작성의 각 단가 계약 품의서에 전체 충전기 납품업체에 대한 단가 인하사유가 '50% 물량 증가 효과로 인한 원자재 단가 인하 및 중국공장 제조 활용으로 인한 제조 원가 절감 여유 발생' 등으로 모두 동일하게 기재되어 있는 점 등에 비추어 보면 원고가 자신이 세운 원가 절감 목표를 달성하기 위하여 수급사업자별 거래 규모가 현저히 다른데도 수급사업자들에 대하여 2003년 상반기와 하반기의 충전기 납품 단가를 수급사업자별로 거래금액 대비 일률적인 비율로 인하금액을 할당하고 이를 달성하기 위하여서 부품

가를 인하'한다는 것의 의미는 여러 수급사업자의 개별적인 사정에 차이가 있는데도 동일한 비율로 단가를 인하하거나, 이런 차이를 반영하지 아니하고 일정한 구분에 따른 비율로 단가를 인하하는 것을 말하기 때문이다.

하도급법 제4조 제2항 제1호에서 부당한 하도급대금 결정행위의 해당성을 조각하기 위한 '정당한 사유'란 개별 품목의 특성이 다름에도 일률적인 비율로 단가를 인하하도록 결정하는 것을 정당화할 객관적이고 합리적 사유를 말하는 것으로 원사업자가 이를 주장하고 증명하여야 한다. 원사업자는 제품주기가 짧은 휴대폰 시장의 특성상 일정 기간이 지나면 판매가격과 판매량이 급락하여 가격 변동 요인이 생기므로 원사업자와 수급사업자는 분기별로 단가인하를 검토하여 단가인하 요인이 인정되는 경우 인하를 결정한 것이라고 주장하나, 위반기간 동안 소비자 물가 및 임금은 상승하고 있었으며, 단가인하가 이루어진 모델 및 품목이 판매가격이 급락한 모델에 해당하여 이를 반영하기 위한 조치였

별로 부품의 예상납품량 기준 가중평균단가를 상반기는 6.6%씩, 하반기는 9.8%씩 인하한 것으로 인정된다. 또한, 원고가 수급사업자들을 상대로 일률적으로 단가를 인하하려면 거래 물량의 현격한 증가 등으로 인한 원자재의 가격 하락 및 노임 하락, 동일한 비용감소 등 일정 비율로 단가를 인하할만한 객관적이고 타당한 사유가 있어야 할 것인데, 앞선 사실 및 위 각 증거들에 의하여 인정되는 다음과 같은 사정들 즉, 원고로서는 2003년 상반기에 생산성 향상을 통한 원가 절감이 미비하여 상반기 전체 원가 절감 목표가 실현되지 못하였고 국내외 경기 침체에 대응하기 위한 원가 절감 캠페인 등 비상 경영 대책이 수립·추진되고 있었던 점 등에 비추어 보면, 원고는 수급사업자별 경영 상황이나 시장 상황, 그리고 목적물 등의 종류, 거래 규모, 규격, 품질, 용도, 원재료 등의 특성이나 차이를 고려하지 아니한 채 일률적으로 단가를 인하한 것이어서 원고의 정당한 사유가 있다고 보기도 어렵다. 원고의 행위는 부품의 거래량이나 거래업체의 경영 상황 등 합리적인 원가 요인을 고려하지 아니하고 원가 절감을 위하여 일률적인 비율의 단가인하를 통하여 하도급대금을 결정한 행위로서 하도급법 제4조 제2항 제1호에서 규정하고 있는 불공정 하도급거래 행위에 해당한다(서울고등법원 2009. 11. 12. 선고 2008누11237 판결) – 상고심은 심리불속행 기각(대법원 2010. 4. 8. 선고 2009두23303 판결).

① 원고가 원가 절감을 목적으로 3개 수급사업자들의 소조립과 중·대조립 공정의 각 유형별 단가를 2009년 단가 대비 10% 또는 15~15.7%라는 거의 동일한 비율로 인하한 점 ② 그럼에도 불구하고 원고가 제출한 증거들만으로는 위와 같은 단가 인하시 3개 수급사업자별 세부 공정 내용(소조립 위주 또는 중·대조립 위주), 작업량, 거래금액, 매출액, 수급사업자별 경영 상황, 시장 상황 등이 하도급대금 결정에 반영되었다는 사실을 인정하기에 부족한 점 ③ 원고는 소조립과 중·대조립은 조립이라는 단일 공정으로 소조립과 중·대조립에 대하여 별도의 단가를 책정하는 것이 아니라 조립단가 책정 후 작업의 난이도 등을 감안하여 소조립과 중·대조립의 단가를 각 17%와 83%로 배분 방식으로 단가를 책정하는 등 객관적이고 합리적 근거를 가지고 단가를 인하한 것이라고 주장하므로 살피건대, 원고의 위 주장에 따르더라도 단가를 배분함으로써 작업의 난이도는 어느정도 반영이 되는 것으로 보이나, 위에서 본 나머지 요소들은 여전히 반영되었다고 보기 어려운 점 ④ 발주자인 A중공업이 단가를 인하하였다는 사정만으로 일률적인 비율로 단가를 인하할 정당한 사유가 있다고 보기 어려운 점 ⑤ 피고가 3개 수급사업자들과 진지하고도 충분한 협의를 거쳐 생산성 향상 등의 요소를 반영하였다고 볼 만한 증거가 부족한 점 ⑥ 피고가 단가 인하율 수치가 동일한 일부 유형만을 자의적으로 발굴한 것이 아니고, 원고는 위에서 본 바와 같이 3개 수급사업자들의 조립 공정 전반에 대한 단가를 인하한 점 등에 비추어 보면, 원고가 정당한 사유 없이 일률적인 비율로 단가를 인하하여 하도급대금을 결정하였다고 봄이 상당하다(서울고등법원 2014. 10. 17. 선고 2013누32252 판결) – 고법 확정

다고 볼 만한 구체적인 증거가 없다. 또 원사업자는 수급사업자와 합의에 의하여 단가인 하가 결정된 것이므로 일률적인 비율로 단가인하가 이루어진 데에 대한 정당한 사유가 있다고도 주장하나, 원사업자가 수급사업자와 실질적인 합의를 거쳤다고 인정할 자료가 없다(서울고등법원 2016. 10. 19. 선고 2016누201 판결).

원사업자가 단가인하에 대하여 수급사업자와 합의를 했다고 하더라도 하도급법 제4조 제2항 제1호에 따르면 원사업자가 정당한 사유 없이 일률적인 비율로 단가를 인하한 경 우 법위반으로 규정하고 있으므로 합의 여부와 관계없이 일률적인 비율로 인하한 것에 대한 정당한 사유가 있지 않는 한 법위반이다(공정위 2014. 11. 11. 결정 2013제하0244).

2개 이상의 품목에 관하여 종류, 거래 규모, 품질 등 개별적인 사정에 차이가 있음에도 불구하고 이러한 개별적 차이를 반영하지 않은 채 단일한 비율로 단가를 인하했다면 하 도급법이 금지하는 '일률적인 비율로 단가를 인하하여 하도급대금을 결정하는 행위'에 해당할 것이다. 하지만 원사업자가 수급사업자와 원자재 가격하락 등 단가인하 사유가 있는 경우에 단가를 인하하였고, 같은 원자재를 사용하는 업체라 하더라도 품목이 달라 원자재 비율, 가공방법이 다른 경우에는 단가인하율도 다르게 적용하였으며, 동일한 품목 내에서도 업체별로 다른 단가인하율을 적용하기도 했다면 하도급법 제4조 제2항 제1호 위반이 아니다. 오히려 동일한 품목을 취급하는 수급사업자들을 합리적인 이유 없이 차 별하여 다른 단가인하율을 적용하는 것이므로 하도급법 제4조 제2항 제3호의 '정당한 사 유 없이 특정 수급사업자를 차별 취급하여 하도급대금을 결정하는 행위'에 해당할 수 있 다(서울고등법원 2018. 12. 13. 선고 2018누43417 판결 : 과징금납부명령 취소, 심리불속행기각).

나. 제4조 제2항 제2호 "일방적으로 차감할 일정 금액을 할당한 후 하도 급대금 결정"

원사업자가 17개 수급사업자에게 케익 박스, 과자빵 봉투 등을 제조위탁함에 있어, 목 적물 수령일부터 82일~123일 만기의 외상매출담보대출채권으로 하도급대금을 지급하던 것을 결제기간을 단축하여 22일~63일 만기의 외상매출담보대출채권으로 하도급대금을 지급한다는 이유로 2차에 걸쳐 각 수급사업자별로 대표품목 단가를 최저 1%에서 최고 29%까지 인하하여 하도급대금을 결정한 것은, "일방적으로 일정금액을 할당하는 법 제4 조 제2항 제2호의 부당한 하도급대금 결정행위에 해당한다(공정위 2009 1. 9. 의결 2008하개 1593[311]).

---

311) 피심인은 2007년 1월 1일부터 2008년 3월 31일 기간 중 17개 수급사업자에게 케이크박스, 과자빵 봉투 등

다. 제4조 제2항 제4호 "착오 또는 기망에 의한 하도급대금 결정"

원사업자가 일부 차종 부품의 납품단가를 인하하는 대신 손실이 발생하지 않도록 다른 차종의 부품의 납품단가를 인상함으로써 정산하여 주겠다고 구두로 약속하여, 수급사업자들이 일부 차종부품의 납품단가를 0.9%에서 29.9% 인하함에 동의하였다. 하지만 원사업자는 납품대금 인하 과정에서 문서로 내부결재를 밟는 절차를 거치지도 않았고 다른 차종 부품의 납품단가 인상을 통한 손실보전 등에 관한 구체적인 사후계획을 수립한 적도 없었다. 원사업자가 부품업체들에 대하여 상당히 우월한 거래상 지위를 가지고 있었고, 인하된 납품대금을 보전해줄 경제적 능력이 있었던 것으로 보임에도 상당한 기간이 지나도록 그 전액을 보전해 주지 않은 것은 하도급법 제4조 제2항 제4호 위반이다(대법원 2010. 4. 29. 선고 2008두14296 판결).

납품업체를 5개 업체에서 최저가를 제시한 2개 업체로 줄이는 것을 전제로 종전보다 인하된 납품단가를 제출하도록 하였음에도 처음과 다름없는 5개 업체에 대하여 인하된 납품단가를 적용하여 거래를 지속한 것은, 하도급법 제4조 제2항 제4호에서 규정하는 거

을 제조위탁함에 있어, 목적물 수령일부터 82~123일 만기의 외상매출담보대출채권으로 하도급대금을 지급하던 것을 결제기간을 단축하여 22~63일 만기의 외상매출담보대출채권으로 하도급대금을 지급한다는 이유로 2차에 걸쳐 각 수급사업자별로 대표 품목 단가를 최저 1%에서 최고 29%까지 인하하여 하도급대금을 결정하였다. 이에 대하여 공정위는 다음과 같이 판단하였다. 피심인이 결제 기간 단축을 이유로 하도급대금을 인하하여 결정한 행위는 다음과 같은 사실에 비추어 볼 때, 하도급법 제4조 제2항 제2호에 위반되는 부당한 하도급대금 결정 행위로 인정된다.

첫째, 법 제13조 제1항에서 원사업자가 수급사업자에게 제조 등의 위탁을 하는 경우에는 목적물 수령일부터 60일 이내의 가능한 짧은 기한으로 정한 지급 기일까지 하도급대금을 지급해야 한다고 규정하고 있으므로 하도급대금을 60일 이내에 지급하는 것은 원사업자가 지켜야 할 당연한 법적 의무이며, 피심인이 수급사업자에 대한 외상매출권담보대출 결제일을 단축한 행위는 법정지급기일을 초과하여 지급하던 하도급대금을 법정지급기일을 준수하여 지급하는 것에 불과하므로 단가 인하의 정당한 사유로 보기 어렵다.

둘째, 하도급거래에 있어 납품 단가 인하는 생산성 향상, 공정개선, 물량 증가 등으로 인하여 객관적이고 합리적인 단가 인하 요인이 발생하였을 경우에 양 당사자의 합의를 통하여 이루어지는 것이 타당함에도 불구하고, 피심인이 하도급대금 지급 기일을 법정지급기일에 맞추어 단축한다는 이유로 단가를 인하한 행위는 합리적인 타당성을 인정할 수 없다.

셋째, 피심인이 수급사업자가 납품하는 각 품목(1,020개)에 대한 원가 및 단가 인하 요인 등을 합리적으로 분석하지 아니하고 수급사업자별로 할당한 금액을 31개 품목에 반영하여 단가를 인하한 행위는 타당하다고 보기 어렵다. 피심인은 1차 단가 인하에서 직전 1년(2005년 12월~2006년 11월)의 납품금액에 5.37%를 곱한 금액을 수급사업자에게 할당한 후 이를 대표 품목에 반영하여 단가 인하를 실시하였고 2차 단가 인하에서는 직전 1년(2006년 9월~2007년 10월)의 납품금액에 1%를 곱한 금액을 수급사업자에게 할당한 후 이를 대표 품목에 반영하여 단가 인하를 실시하였다.

넷째, 피심인이 단가 인하 이전에는 외상매출채권담보대출 만기일이 법정지급기일을 초과하는 부분에 대하여 2006년 143,367천 원, 2007년 188,778천 원의 할인료를 해당 수급사업자에게 지급한 사실이 있으므로 결제 기간 단축 이후에는 당초 지급하던 할인료를 지급하지 아니하고 납품단가를 그대로 유지하면 되는 것임에도 불구하고 결제기간 단축을 이유로 수급사업자에게 납품 단가를 인하한 행위는 부당하다고 볼 수 밖에 없다(공정위 의결(약) 제2009-006호 2009. 1. 9.).

래조건에 대하여 착오를 일으키게 하는 등의 방법으로 수급사업자를 속이고 이를 이용하여 하도급대금을 결정한 것에 해당한다(공정위 2011. 12. 1. 의결 2011하개1130).

처음부터 입찰참가 사업자의 능력을 고려하여 물량을 나누어 공사를 발주하는 것이 당연함에도 전체물량을 일괄 발주하여 입찰을 실시한 후 최저가로 입찰한 사업자에게 일방적으로 시공능력 부족 등을 이유로 위탁하기로 한 물량 중 일부만을 위탁한 행위는 발주량 등의 중요한 거래조건에 관하여 입찰참가 사업자를 기만하여 가격을 결정한 것에 해당한다(공정위 2008. 10. 31. 의결 2007서건1235). 다량 발주를 이유로 단가를 인하받고도 소량만을 발주한 행위와 관련하여 일반적인 사정 변경에 의한 것으로 볼 수 없다면 수급사업자에게 발주량에 대한 착오를 일으켜 하도급대금을 낮게 결정한 행위에 해당한다(서울고등법원 2013. 11. 14. 선고 2013누7171 판결[312]).

질의 회신 사례

[질의] 현장설명서에 단가산출서와 일위대가표(一位代價表)가 포함되지 않아 단가산출서와 일위대가표에 제시된 내용을 모르고 견적을 제출하고 수의계약 이후에 알았을 경우 원도급사의 견적 잘못이라는 말을 수용하여 따라야 하는지 여부는 어떠한가?

[회신] 본건의 경우 수의계약을 통하여 결정한 것이므로, 정해진 하도급계약에 따라 계약 내용을 이행해야 할 것으로 사료된다. 다만, 구체적인 거래 내용에 따라 원사업자의 요구에 의하여 결정한 하도급대금이 해당 공사 관련 직접공사비 항목의 값을 합한 금액보다 낮을 경우에는 법 위반이 될 수도 있다.

---

312) ① 원고는 3개 부품 중 C1S140-20-KD0024에 대해서는 1회 40개를 발주하는 것으로 예정하고도 실제로는 1회 2개만을, C2J006-58-KU0808에 대해서는 1회 126개를 발주하는 것으로 예정하고도 실제로는 1회 14개만을 각 발주하는 등으로 예정 수량에 훨씬 못미치는 수량만을 발주하였는데, 위와 같은 대폭적인 수량의 축소 발주는 일반적으로 사정 변경이 발생할 수 있음을 감안하더라도, 극히 예외적인 점
② 만일 원청사가 원고에게 다량의 완성품을 구매하기로 하였다가 그 후 이를 대폭 축소함으로써 부득이 원고로서도 수급사업자로부터 소량의 부품만을 구매할 수밖에 없었다면, 원고로서는 원청사에 이를 항의하거나 완성품 대금의 증액을 적극적으로 요구하고, 원청사로부터 차액을 지급받아 이를 수급사업자에 지급하였어야 할 것으로 보이나, 이를 인정할 만한 아무런 증거가 없는 점
③ 수급사업자가 원고의 요구에 따라 다량 발주를 전제로 한 낮은 단가의 견적서를 제출할 당시 추후 소량만이 발주될 수 있음을 인식하고 있었다고 볼 만한 아무런 증거가 없고, 오히려 다량 발주를 예정하였다가 소량만을 발주하는 행태가 흔히 발생하는 거래 관계라면, 원고가 수급사업자에게 위와 같이 특별히 다량 발주를 이유로 단가 인하를 요구하지는 아니하였을 것으로 보이는 점 등을 종합하여 보면, 원고가 수급사업자로부터 이 사건 3개 부품에 대하여 다량 발주를 이유로 단가를 인하받고도, 소량만을 발주한 행위는 수급사업자에게 발주량에 대하여 착오를 일으키게 하고 이를 이용하여 하도급대금을 결정하는 행위에 해당한다(또한, 하도급법 제4조 제2항은 각 호의 행위에 대하여 '부당한 하도급대금의 결정으로 본다'라고 규정하고 있으며, 같은 조 제5호 내지 제7호는 '낮은 단가' 또는 '낮은 금액'이 그 요건임을 명시함에 반해, 제4호는 그와 같은 요건을 명시하지 않아 원고의 주장과는 달리 하도급법 제4조 제2항을 추정 규정이라고 단정할 수 없음)(서울고등법원 2013. 11. 14. 선고 2013누7171 판결).

라. 제4조 제2항 제5호 "일방적으로 낮은 단가에 의한 하도급대금 결정"

원사업자는 단가를 인하하기로 정하고 이메일로 수급사업자들에게 '가격결정합의서'를 송부한 후 이의제기를 하지 아니하면 가격결정을 수용한 것으로 처리하는 것은 객관적이고 합리적인 산출근거를 제시하고 수급사업자와 충분한 협의를 통해 단가를 결정하도록 정하고 있는 하도급법 제4조 제2항 제5호에 위반된다(공정위 2012. 4. 24. 의결 2011하개2645). 수용 여부를 묻는 방식으로 가격을 결정하는 것은 원사업자의 업무상 편의를 위한 것이고 거래상 열위에 있는 수급사업자로서 이에 대하여 제대로 이의하기 어렵기 때문에 하도급법상 인정되는 수준의 충분한 협의가 있었다 볼 수 없다.

원사업자는 하도급대금 결정과정에서 사전에 수급사업자에게 가격 조정이유나 조정근거 설명 및 가격 협의자료 제공 등을 하지 아니하였고, 수급사업자들의 원사업자에 대한 거래의존도가 63.2%~68.2%로 높아 하도급대금 결정과정 중 원사업자에게 자신의 의사를 관철하는 거래상 우월적 지위가 인정되는 점, 수급사업자는 막대한 비용을 투입하여 원사업자에게 이미 목적물을 납품 또는 설치를 완료한 상황에서 원사업자의 하도급대금 결정통보에 대하여 수급사업자들이 이의를 제기할 수 없는 현실적 한계가 인정되는 점 등을 고려하면 수급사업자가 합의과정에서 자율성을 제약받은 상태로 판단되므로, 원사업자의 하도급대금 감액 결정 행위는 하도급법 제4조 제2항 제5호에서 말하는 합의없이 하도급대금을 결정하는 행위에 해당한다(공정위 2013. 3. 25. 의결 2011광사0204).

수급사업자에게 단가인하 대상 품목, 수량, 원재료의 가격변동 추이 등 관련 정보를 성실하게 제공하는 등 충분한 협의를 했어야 함에도, 업체별로 단가 인하 품목조차 특정하지 않고 단지 단가인하율만 서면으로 통보하였을 뿐이고, 수급사업자들의 개별적인 사정을 고려하지 않은 채 인하된 단가의 적용시기를 원사업자가 임의로 정한 날짜로 획일적으로 적용하였으며, 수급사업자들이 단가변경을 요청하는 경우에는 단가인상과 관련된 품목과 단가인상 사유에 대한 자료를 사전에 제출하도록 하고 있음에도 불구하고, 단가 인하의 경우에는 협조공문을 통해 간략히 그 취지만을 설명하는데 그쳤다는 점에 비추어 볼 때, 이 사건 단가인하 행위는 원사업자가 거래상 지위를 이용하여 수급사업자들의 개별적인 사정에 대한 고려나 충분한 협의 없이 일방적으로 이루어진 것으로, 하도급법 제4조 제2항 제5호에서 말하는 합의없이 일방적으로 하도급대금을 결정하는 행위에 해당한다(공정위 2012. 5. 18. 의결 2011건하3187).

하도급법 제4조 제2항 제5호가 정하는 '합의 없이 일방적으로 낮은 단가에 의하여 하도급대금을 결정하는 행위'란 원사업자가 거래상 우월적 지위에 있음을 기화로 수급사업자의 실질적인 동의나 승낙이 없는데도 단가 등을 낮게 정하는 방식으로 일방적으로 하도급대금을 결정하는 행위를 말한다. 여기서 '합의 없이 일방적으로' 대금을 결정하였는지는 원사업자의 수급사업자에 대한 거래상 우월적 지위의 정도, 수급사업자의 원사업자에 대한 거래의존도, 계속적 거래관계의 유무와 정도, 거래관계를 지속한 기간, 문제된 행위를 전후로 한 시장 상황 등과 함께, 하도급대금이 결정되는 과정에서 수급사업자가 의사표시의 자율성을 제약받지 않고 협의할 수 있었는지 여부와 그 제약의 정도, 결정된 하도급대금으로 인해 수급사업자가 입은 불이익의 내용과 정도 등을 종합적으로 고려하여 판단하여야 한다(대법원 2018. 3. 13. 선고 2016두59430 판결).

원사업자가 수급사업자와 대금 인하와 관련하여 합의를 하였다 하더라도 수급사업자의 의사가 진의에 의한 것으로 볼 수 없거나 자발적인 동의에 의한 것으로 인정되지 않는다면 합의 없이 일방적으로 하도급대금을 인하한 것으로 보아야 한다(서울고등법원 2013. 11. 14. 선고 2013누7171 판결[313]).

---

313) 4개 부품 및 155개 부품에 대한 위와 같은 단가 인하는 ① 4개 부품에 대해서는 수급사업자가 최저가를 제시하여 낙찰자로 결정되었는데, 그 후 원고는 수량을 축소함에도 아무런 자료나 근거도 제시하지 않은 채 그것도 빠른 회신을 요청하면서 대금을 인하하는 내용의 '발주 전 최종 가격 조정 검토 요청서'를 발송하였고, 수급사업자는 원고로부터 위 이메일을 받은 직후 특별한 검토 없이 이를 승낙한 점 ② 155개 부품에 대해서는 원고는 수급사업자에게 이메일 등으로 구체적인 인하 품목, 인하 비율에 따른 인하액 등을 적시하면서 단가 인하를 요청하였고, 수급사업자는 그 즉시 특별한 검토없이 이를 승낙한 것으로 보이는 점 ③ 원고는 피고 조사 당시 위 4개 부품 및 155개 부품의 단가 인하 과정에서 단가 인하 사유를 적시하지 아니한 채 단가 인하를 요청하였고, 수급사업자와 어떠한 협의도 거치지 않았음을 자인하고 있는 점 ④ 원고에 대한 수급사업자의 절대적인 매출의존도와 기존 업체가 단가 조정에 불응하자 거래업체를 교체한 원고의 전례 등에 비추어 원고와의 관계에서 열위적 지위에 있는 수급사업자로서는 원고의 단가 인하 요구에 응하지 않을 수 없었을 것으로 보이는 점 등에 비추어 보면 원고 및 수급사업자 사이의 진정한 합의에 의한 것이 아니라(설령 형식적으로 합의가 있었다 하더라도 이는 수급사업사의 진의에 기한 합의로 볼 수 없다) 원고가 수급사업자와의 합의 없이 일방적으로 하도급대금을 인하한 것으로 봄이 상당하다.
① 4개 부품에 대해서는 이미 경쟁입찰 절차를 거쳐 가장 낮은 가격을 제시한 수급사업자가 1차로 거래 업체로 결정되었으므로, 1차 발주 당시 가격이 시가 또는 시가에 근접한 가격으로 보이며, 그 후 원고의 일방적인 요구로 1차 발주 이후 인하된 단가는 1차 발주 당시보다 수량이 축소된 사정 등에 비추어 시가

원사업자는 수정·추가공사 작업이 본 공사 작업의 연장선상에서 수행되고 본공사보다 더 복잡하고 난이도가 높은 작업임에도 불구하고, 수급사업자들이 수정추가 공사 작업을 수행한 이후에 하도급대금을 정산하면서 수급사업자와의 협의 과정을 거치지 않고, 원사업자의 부족한 예산사정에 맞추어 정당하게 인정되어야 할 시수보다 더 낮은 시수만을 인정하는 방법으로 하도급대금을 결정하였으므로, 이는 하도급법 제4조 제2항 제5호 '원사업자가 일방적으로 낮은 단가에 의하여 하도급대금을 결정하는 행위'에 해당한다(공정위 2019. 2. 28. 결정 2016부사3649).

'단가가 낮은지 여부'는 위탁 목적물 등과 같거나 유사한 것에 대하여 일반적으로 지급되는 대가보다 낮은 수준인지를 기준으로 판단하고, '일반적으로 지급되는 대가'의 수준은 문제가 된 행위 당사자들 사이에 있었던 종전 거래의 내용, 비교의 대상이 되는 다른 거래들(이하 '비교 대상 거래'라 한다)에서 형성된 대가 수준의 정도와 편차, 비교 대상 거래의 시점, 방식, 규모, 기간과 비교 대상 거래 사업자들의 시장에서의 지위나 사업규모, 거래 당시의 물가 등 시장 상황 등을 두루 고려하여 인정할 수 있다. 그리고 이에 대한 증명책임은 시정명령 등 처분의 적법성을 주장하는 공정거래위원회에 있다. 다만, 원사업자와 수급사업자가 대등한 지위에서 상호보완하며 균형 있게 발전할 수 있도록 하려는 하도급법의 입법 취지와 집행의 실효성 확보가 요구되는 점 등을 고려하여 증명의 정도를 너무 엄격하게 요구할 것은 아니다. 이러한 맥락에서, 계속적 하도급거래 관계에 있는 원사업자와 수급사업자의 '종전 거래 단가 또는 대금'이 종전 거래 당시의 일반적인 단가 또는 대금의 지급 수준보다 상당히 높았다는 등의 특별한 사정이 없는 한, '종전 거래 내용과 단가'를 '일반적으로 지급되는 대가'의 수준을 인정하는 데 중요한 요소로 고려할 수 있다. 하도급법 제4조 제2항 제5호가 규정하는 '단가'의 사전(辭典)적 의미는 '물건 한 단위(單位)의 가격'을 말하는데, 하도급법령은 '단가'를 산정하기 위한 '단위'의 의미나 기준에 대하여는 별도의 규정을 두고 있지 않다. 그리고 별도의 가격 결정 단위를 정하지 않고 위탁받은 목적물 또는 용역의 가격 총액을 하도급대금으로 정한 경우에는 결국 그 목적물 또는 용역 전체를 기준으로 가격을 산정한 것이 되므로 그 하도급대금 자체가 '단가'에 해당한다. 이와 같은 '단가' 개념의 포괄적·상대적 성격을 고려하면, 널

보다도 낮은 것으로 보이는 점 ② 만일 155개 부품의 종전 단가가 시가보다 고액이었다면, 우월적 지위에 있는 원고로서는 부품 공급업체를 변경하거나 이 사건과 같이 '장기 거래'를 이유로 하는 것이 아니라 단가가 '고액'임을 이유로 그 인하를 요구하였을 것으로 보이는 점 등에 비추어 이 사건 부품의 단가는 객관적이고 타당한 산출 근거에 의하여 적정하게 결정되지 아니한 채 일방적으로 낮은 단가에 의하여 정하여진 금액으로 보아야 한다(서울고등법원 2013. 11. 14. 선고 2013누7171 판결). 상고심(대법원 2014. 4. 10. 선고 2013두35198 판결)은 심리불속행 기각함.

리 하도급대금액에 영향을 줄 수 있는 요소 중 납품 물량과 무관한 것으로서 목적물 등의 가격 산정과 관련된 구성요소를 변경하여 하도급대금을 낮추는 행위 역시 '낮은 단가에 의하여 하도급대금을 결정하는 행위'에 해당할 수 있다(대법원 2017. 12. 7. 선고 2016두35540 판결).

선박의 건조, 판매 등을 목적으로 하는 회사인 원사업자가 목적물의 제조에 필요한 제반 생산시설 및 자재를 제공하고 수급사업자는 단지 노동력만을 투입하는 임가공노무제공 위탁계약에 관하여 대금을 확정하기 위하면 정산이 필요한 시수계약의 형태로 하도급계약이 체결한 사안에서, 원사업자가 내부적으로 생산성 향상률을 정하여 수급사업자가 원사업자에게 제공하는 노동력의 양을 시간의 단위로 나타낸 '기성시수'에 반영하였다면 원사업자가 일방적으로 '단가'를 결정한 것으로는 볼 수 없으므로 원사업자의 행위가 하도급법 제4조 제2항 제5호에 해당한다고 할 수 없다(서울고등법원 2016. 2. 5. 선고 2014누40007 판결).

마. 제4조 제2항 제6호 "수의계약시 직접공사비보다 낮은 금액으로 하도급대금 결정"

수의계약으로 하도급계약을 체결함에 있어 비록 직접공사비 항목의 값을 합한 금액보다 낮은 금액으로 하도급대금을 결정하더라도, 하도급법 시행령 제3조의2 제2항 제2호의 규정[314]에 의하면, 건설산업기본법 제31조의 규정에 따라 발주자가 하도급계약의 적정성을 심사하여 그 계약의 내용 등이 적정한 것으로 인정한 경우에 정당한 사유가 있는 것으로 추정된다(공정위 2010. 1. 14. 의결 2009하개2812[315]).

---

314) 현행 하도급법 시행령 제7조 제2항 제2호에 해당한다.
  하도급법 시행령 제7조(부당한 하도급대금 결정 금지)
  ① 법 제4조 제2항 제6호에서 "대통령령으로 정하는 바에 따른 직접공사비 항목의 값을 합한 금액"이란 원사업자의 도급내역상의 재료비, 직접노무비 및 경비의 합계를 말한다. 다만, 경비 중 원사업자와 수급사업자가 합의하여 원사업자가 부담하기로 한 비목(費目) 및 원사업자가 부담하여야 하는 법정경비는 제외한다.
  ② 법 제4조 제2항 제6호에 따른 정당한 사유는 공사현장여건, 수급사업자의 시공능력 등을 고려하여 판단하되, 다음 각 호의 어느 하나에 해당되는 경우에는 하도급대금의 결정에 정당한 사유가 있는 것으로 추정한다.
  1. 수급사업자가 특허공법 등 지식재산권을 보유하여 기술력이 우수한 경우
  2. 「건설산업기본법」 제31조에 따라 발주자가 하도급 계약의 적정성을 심사하여 그 계약의 내용 등이 적정한 것으로 인정한 경우
315) 피심인은 2008년 1월 24일부터 같은 해 10월 22일까지 기간 동안 (주)○○○와 △△△△△△제련(주)가 발주한 '(○○) ××공장 3차 열화설비 노후교체공사 중 기계공사' 등 11건의 공사를 6개 수급사업자와 수의계약으로 하도급계약을 체결하면서 하도급금액을 원사업자의 도급 내역상의 직접공사비 항목(재료비,

바. 제4조 제2항 제7호 "경쟁입찰시 정당한 사유 없이 최저가 입찰금액보다 낮은 금액으로 하도급대금 결정"

원사업자의 내규에 "최저가 업체의 입찰가격 대비 3% 이내의 범위로 입찰한 업체들은 재입찰을 실시한다"는 규정이 있지만 그것이 입찰자들에게 사전고지되지 않았음에도 불구하고 입찰 결과 최저가입찰가격 3% 이내 범위의 입찰자들에게 재입찰을 실시하여 애초 최저가입찰가격보다 낮은 가격으로 하도급계약을 체결하는 것은 하도급법 제4조 제2항 제7호의 정당한 사유 없이 최저가로 입찰한 금액보다 낮은 금액으로 하도급대금을 결정한 것에 해당한다. 재입찰을 실시하게 되면 최초 최저가 입찰자로서는 사실상 당초의 입찰금액보다 더 낮은 금액으로 입찰할 수밖에 없는 점, 재입찰을 실시하여 당초의 최저가보다 낮은 금액으로 입찰한 업체를 낙찰자로 선정하게 되면 그 금액이 하도급대금이 되어 결국 추가적인 협상에 의해 최저가로 입찰한 금액보다 더 낮은 금액으로 하도급대

직접노무비, 경비)의 값을 합한 금액보다 378천 원~32,612천 원까지 낮은 금액으로 하도급대금을 결정하였다. 이에 대하여 공정위는 다음과 같이 판단하였다.

① 수의계약으로 하도급계약을 체결하였는지 여부 : 피심인은 하도급공사 건설위탁과 관련하여 지명 또는 불특정다수사업자를 대상으로 낙찰자를 결정하는 경쟁입찰 방식이 아니라 6개 수급사업자로부터 각각 공사금액에 대한 견적서를 제출받아 이를 검토, 협의한 후 단독으로 계약을 체결하였으므로 수급 사업자와 수의계약의 방법으로 하도급계약을 체결하였다.

② 원사업자의 도급 내역상의 직접공사비 항목(재료비, 직접노무비 및 경비)의 값을 합한 금액보다 낮은 금액으로 하도급대금을 결정하였는지 여부 : 피심인은 발주자인 (주)○○○ 등으로부터 '(○○) ××공장 3차 열화설비 노후교체공사 중 기계공사' 등 11건의 공사를 도급받아 2008년 1월 24일부터 같은 해 10월 22일까지 기간 동안 6개 수급사업자와 수의계약으로 하도급계약을 체결하면서 하도급공사 도급 내역상의 직접공사비(재료비, 직접노무비, 경비의 값을 합한 금액)가 각각 378천 원~32,612천 원임에도 위 수급사업자들과 각각 3,300천 원~768,900천 원으로 하도급계약을 체결한 것은 도급 내역상의 직접 공사비보다 각각 378천 원~32,612천 원 낮은 금액으로 하도급대금을 결정한 행위에 해당한다.

③ 정당한 사유가 존재하지 여부 : 수의계약으로 하도급계약을 체결함에 있어 비록 직접공사비 항목의 값을 합한 금액보다 낮은 금액으로 하도급대금을 결정하더라도, 하도급법 시행령 제3조의2 제2항 제2호의 규정에 의하면, 「건설산업기본법」 제31조의 규정에 따라 발주자가 하도급계약의 적성성을 심사하여 그 계약의 내용 등이 적정한 것으로 인정한 경우에 정당한 사유가 있는 것으로 추정되는 바, 이 경우, 「건설산업기본법 시행령」 제34조 제3항 및 「건설공사 하도급 심사기준」(개정 2006. 7. 19. 건설교통부 고시 제2006-262호)에 따라 발주자가 하도급가격의 적정성, 하수급인의 시공 능력, 하수급인의 신뢰도, 하도급공사의 여건 등에 대하여 항목별 적정성 심사를 실시하였다는 객관적인 근거 자료가 있거나 피심인에게 적정성 심사 결과를 통보한 근거 자료가 있어야 한다. 피심인이 이 사건 하도급계약과 관련하여 발주자에게 서면으로 공사 하도급계약 통지서(승인 신청서)를 제출한 사실은 있으나, 이는 「건설산업기본법」 제29조 제3항에 따라 전문건설업체인 피심인이 동일한 업종에 해당하는 건설업자에게 하도급을 주기 위하여 발주자로부터 서면으로 하도급을 승낙받기 위하여 발주자에게 제출한 서류에 불과하고, 설사 발주자가 위 공사 하도급계약 통지서(승인 신청서)의 계약 내용을 구두로 승인하였다고 하더라도 이는 「건설산업기본법」 제29조 제3항에 따라 동종 건설업자에게 공사하도급 그 자체를 승낙하여 통보한 것으로서 「건설산업기본법」 제31조에 의한 적정성 심사를 받았다고 할 수는 없으므로 정당한 사유가 없다(공정위 의결 제2010-009호 2010. 1. 14.).

금을 결정한 것과 동일한 효과가 발생한다는 점 등에 비추어 보면 그러하다(서울고등법원 2012. 5. 17. 선고 2011누36687 판결). 공정거래위원회는 같은 취지에서 원사업자가 수급사업자에게 최저 입찰가가 예정가격을 초과하면 유찰된다는 사실을 사전에 고지했다 하더라도 그 자체만으로 최저가 입찰금액보다 낮은 금액으로 하도급대금을 결정한 행위가 정당화되는 것은 아니고, 최소한 낙찰의 기준이 되는 예정가격이 객관적·합리적으로 산정되어야 하고, 예정가격에 대한 이의나 분쟁에 대비한 예정가격의 사후 확인 수단이 적절하게 마련되어 있어야 한다고 보았다(공정위 2018. 12. 11. 의결 2017부사1450).

원사업자가 최저가입찰 방식에서 수급사업자들에게 추가협상을 통하여 하도급대금이 결정된다는 사실을 사전에 구두로 고지하였다 하더라도 하도급법 제4조 제2항 제7호의 최저가로 입찰한 금액보다 낮은 금액으로 하도급대금을 결정할 수 있는 '정당한 사유'에 해당하지 않는다. 이를 정당한 사유로 인정한다면, 원사업자가 구두로 추가협상의 가능성을 고지만 하면 객관적이고 합리적인 사유 없이 하도급법 제4조 제2항 제7호의 제한을 임의로 회피할 수 있고, 수급사업자로서도 이를 거부할 명분이 없기 때문이다(서울고등법원 2013. 8. 23. 선고 2012누26380 판결 : 상고기각). 하도급법 제4조 제2항 제7호 소정의 '정당한 사유'가 있다고 보기 위해서는 발주물량, 자재단가 및 원사업자가 실제로 집행할 수 있는 예산의 최대한도를 고려하여 실행예산을 객관적·합리적으로 산정한 후 입찰가격이 이를 초과할 경우 불가피하게 추가협상이 있을 수 있음을 사전에 공고'하는 등 필요한 조치를 다해야 한다. (i) 원사업자가 입찰의 현장설명회에서 '최저입찰가가 실행예산을 초과할 경우 유찰처리한다'고 구두로 고지하였을 뿐인 점, (ii) 위와 같은 내용을 현장설명서에 명시적으로 기재하거나 이런 내용을 포함하는 입찰 공고가 이루어지지도 않은 점, (iii) 실행예산을 밀봉하여 미리 개찰장소에 두거나 공증을 받는 등의 행위를 통하여 사후에라도 낙찰자 선정에 대한 이의나 분쟁이 발생할 경우 원사업자의 실행예산을 확인할 수 있도록 하는 조치를 취하지 아니하였다는 점 등을 고려하여 정당한 사유가 존재하지 않는다(서울고등법원 2019. 1. 10. 선고 2018누56659 판결[316]). 또, 원사업자의 내규에서 입찰금

---

316) 유사 판례이다.

하도급법 제4조 제2항 제7호에 의하면, 경쟁입찰에 의하여 하도급계약을 체결할 때 정당한 사유 없이 최저가로 입찰한 금액보다 낮은 금액으로 하도급대금을 결정하는 원사업자의 행위는 부당한 하도급대금의 결정으로 보게 되어 있다. 이는 위 규정에서 정한 행위에 해당할 경우 부당한 하도급대금 결정 행위로 간주하여 부당하게 낮은 금액으로 하도급대금을 결정하는 불공정거래행위에 효과적으로 대처하고, 공정한 하도급거래 질서를 정착하려는데 그 입법 취지 및 목적이 있다. 한편, 침익적 행정처분의 근거인 행정법규 겸 형벌법규는 엄격하게 해석하고 적용해야 하고 그 적용 상대방에게 불리한 방향으로 지나치게 확장해석하거나 유추해석하여서는 안 되지만, 그 법규의 해석에 문언의 통상적인 의미를 벗어나지 않는 한 그 입법 취지와 목적 등을 고려한 목적론적 해석이 배제되는 것은 아니다(대법원 2012. 2. 23. 선고 2011두23337 판결 참조).

액이 당사 여건에 맞지 않을 경우 유찰처리할 수 있다는 규정이 있고 현장설명서 등에서는 명시하지 않은 채 구두로 유찰될 수 있음만 고지한 채로, 입찰결과 실행예산을 초과하자 유찰시킨 후 최저가로 입찰한 몇 업체만을 대상으로 가격협상을 하여 최저가 입찰금액보다 낮게 대금을 결정한 것은 위법이다(공정위 의결 제2018-221호 2018. 6. 18.[317]).

원심은 그 판시와 같이 이 사건 입찰에서 현장설명회를 통하여 입찰에 관한 사항이 공지된 후 복수의 업체가 밀봉된 입찰서를 제출하여 경쟁을 통하여 낙찰을 받은 이상, 이 사건 입찰은 그 형식 및 내용의 측면에서 하도급법 제4조 제2항 제7호가 정한 하도급계약 체결을 목적으로 한 '경쟁입찰'에 해당한다고 판단하였다. 하도급법 제4조 제2항 제7호의 입법 취지와 목적 및 앞서 본 법리에 따라 기록을 살펴보면, 원심의 위와 같은 인정과 판단은 정당하다. 거기에 하도급법 제4조 제2항 제7호가 정한 경쟁입찰의 개념에 관한 법리를 오해한 위법이 없다. 원심은 그 판시와 같이 ① 이 사건 입찰 후 발주 물량이나 자재 단가의 변경 등 사정의 변경이 없었음에도 원고는 최저 입찰 가격보다 낮은 가격으로 계약을 체결하기 위하여 입찰을 통하여 우선협상대상자를 선정한 후 추가 협상을 하였던 것으로 보이는 바, 이러한 경우에도 원고로서는 최소한 입찰 예정 가격을 객관적·합리적으로 산정한 후 입찰가격이 이를 상당히 초과할 경우에는 불가피하게 추가 협상이 있을 수 있음을 사전에 공고하였어야 할 것임에도 이러한 조치를 취하지 않은 점 ② 처음부터 입찰예정 가격을 산정하지 않아 추가 협상이 필요한지를 전혀 예측할 수 없는 상태에서 현장 설명서를 배포하며 구두로 추가 협상이 있을 수 있다고 고지한 경우에도 하도급법 제4조 제2항 제7호가 정한 '정당한 사유'가 있는 것으로 본다면, 원사업자가 객관적, 합리적인 사유 없이 추가 협상의 가능성을 구두로 고지함으로써 하도급법 제4조 제2항 제7호의 제한을 임의로 회피할 수 있게 되고 그 결과 최저가로 입찰한 수급사업자는 원사업자의 부당한 가격 인하 요구를 거부하기 어렵게 되어, 경쟁입찰 과정에서의 부당한 하도급대금 결정 행위 간주 규정을 두어 불공정거래행위에 효과적으로 대처하고 공정한 하도급 거래 질서를 정착시키려는 위 규정에 중대한 공백이 생기게 되는 점 등의 이유를 들어 원고의 행위에 정당한 사유가 있었다고 보기 어렵다고 판단하였다. 원심의 위와 같은 판단은 정당하다. 거기에 하도급법 제4조 제2항 제7호가 정한 '정당한 사유'에 관한 법리를 오해한 위법이 없다(대법원 2016. 3. 10. 선고 2013두19622 판결).

317) 피심인은 2015년 4월 28일부터 2016년 5월 4일까지의 기간 동안 '○○도-△△도간 연도교 건설공사' 등 5건의 공사를 건설위탁하기 위하여 최저가 경쟁입찰을 실시하였다. 피심인의 경쟁입찰을 통한 수급사업자 선정 과정은 내부 협력업체 또는 발주처의 추천을 받은 사업자 중 시공 전문 자격을 보유한 사업자를 대상으로 현장 설명을 실시한 후 제안금액이 기재된 견적서를 제출받아 이 중에서 최저 가격을 제출한 자를 선정하고 있다. 피심인은 경쟁입찰을 위한 실행예산 산정시 1~2개 협력업체로부터 견적서를 제출받아 가장 저렴한 업체의 금액을 기준으로 산정하는 방식 등으로 실행예산을 책정하고 있으며, 피심인의 내부 규정인 '하도급업체 선정 규정 매뉴얼'에는 "입찰금액이 당사 여건에 맞지 않을 경우 유찰 처리를 원칙으로 한다"고 규정하고 있다. 한편, 피심인은 이 사건 공사의 입찰을 실시하면서, 최저가 입찰금액이 실행예산을 초과할 경우 유찰처리한다는 사실을 현장 설명서 등에 명시적으로 고지하지는 아니한 채 구두로만 고지하였고, 입찰 실시 후 낙찰자 선정에 대한 이의 제기나 분쟁이 발생할 경우 실행예산을 확인할 수 있도록 실행예산을 공증받는 등의 조치는 하지 아니하였다. 피심인은 이 사건 공사에 대한 입찰을 실시한 결과, 입찰 참여업체들의 입찰금액이 피심인이 책정한 실행예산을 초과하자 입찰을 유찰시킨 후 최저가로 입찰한 1순위 또는 1~2순위 업체들과 개별적으로 추가적인 가격 협상을 걸쳐 최저가로 입찰한 금액보다 낮은 금액으로 하도급대금을 결정하였다. 이러한 사실인정에서 공정위는 다음과 같이 판단하였다.
(1) 경쟁입찰에 해당하는지 여부 : 피심인은 내부 협력업체 또는 발주처의 추천업체 등을 대상으로 입찰 참여업체를 선정한 후, 입찰 참가업체들을 모아 현장설명회를 진행하고 이들로부터 견적서를 제출받아 낙찰자를 결정하고 있는 바, 이는 전형적인 지명 경쟁입찰에 해당된다.
(2) 최저가로 입찰한 금액보다 낮은 금액으로 하도급대금을 결정하였는지 여부 : 피심인은 이 사건 공사의 입찰 실시 결과, 입찰 참여업체들의 입찰금액이 자신이 책정한 실행예산을 초과한다는 이유로 입찰을 유찰시키고, 최저가로 입찰한 1순위 또는 1~2순위 업체들과 개별적으로 추가 가격 협상을 거쳐 최저가로 입찰한 금액보다 낮은 금액으로 하도급대금을 결정하였다.

경쟁입찰에서 최저가 입찰가보다 낮은 하도급대금으로 계약된 이상 하도급법 제4조 제2항 제7호 위반이며, 직접 공사비가 증가하였더라도 간접공사비 및 전체 하도급대금이 감소했다면 실질적으로 수급사업자의 이익이 감소한 것으로 볼 수 있고, 향후 낮게 책정된 재료비와 노무비를 기준으로 하도급대금이 다시 결정될 우려가 있는 점 등을 종합하면 실질적으로 수급사업자에게 불이익이 발생하였던 것으로 보아야 한다(서울고등법원 2014. 9. 5. 선고 2013누33002 판결).

최저가 입찰금액인 6억 2,900만 원으로, 차순위 최저가 입찰금액은 6억 5,300만 원으로 응찰한 사안에서, '최저가로 입찰한 금액'은 6억 2,900만 원이지 입찰금액 6억 5,300만 원이 아니므로, 원사업자가 643,267,000원으로 하도급대금을 결정했다 하더라도 위 하도급대금이 최저가 입찰금액인 6억 2,900만 원보다 높은 금액인 이상, 하도급법 제4조 제2항 제7조 소정의 부당한 하도급대금의 결정에 해당한다고 볼 수 없다(대법원 2009. 4. 9. 선고 2008두21829 판결).

원사업자가 최저가 경쟁입찰 방식으로 발주하기로 한 후 현장설명서에 최저가 입찰금액이 원사업자의 실행금액을 상회할 경우 유찰 처리하고 재입찰 역시 원사업자의 실행금

---

(3) 정당한 사유가 있는지 여부 : 피심인은 ① 최저 입찰가가 실행예산을 초과하면 유찰된다는 사실을 사전에 고지하였고 ② 실행예산은 1~2개 협력업체로부터 가견적을 받은 뒤 이를 세부 항목별로 분석하고 현실적인 타당성이 인정된 경우에 한하여 실행예산으로 결정하는 등 객관적이고 합리적으로 산정하였으며 ③ 입찰 후 추가적인 협의 과정까지 실행예산액을 변경 없이 적용하였으며 ④ 수급사업자들이 자율적 의사에 의하여 제출한 금액대로 하도급계약을 체결하여 강제성이 없으므로 피심인의 행위에는 정당한 사유가 존재한다고 주장하였다. 살피건대, 피심인은 현장 설명서 등에 실행예산 이하로 투찰한 업체를 낙찰자로 선정한다는 사실을 기재하여 명확히 고지한 것이 아니라 단순히 이를 구두로만 고지하였고, 설혹 이러한 구두 고지를 사전고지로 인정하더라도 그 자체로서 최저가 입찰금액보다 낮은 금액으로 하도급대금을 결정한 행위가 정당화되는 것은 아니고, 최소한 낙찰의 기준이 되는 실행예산금액이 객관적·합리적으로 산정되었을 것이 요구된다 할 것이다. 그러나 이 사건의 경우 피심인은 ① 협력업체의 견적 중 가장 저렴한 업체의 금액을 기준으로 실행예산으로 선정하고 있는 점 ② 피심인의 공사안전관리팀 최○○ 부장은 "실행예산 산정 당시에는 실제 공사시 장비 조립, 인부 사정 등을 알 수 없어 실제 견적서 제출시와는 차이가 발생한다"고 진술하고 있어 피심인이 협력업체로부터 견적서를 제출받아 산정한 실행예산이 실제 입찰시의 내역을 제대로 반영하지 못하고 있는 것으로 보이는 점 ③ 피심인은 이 사건 공사 5건 중 3건만 실행예산에 대한 근거 자료를 제출하였을 뿐, 나머지 2건은 근거 자료 자체를 제출하지 못하고 있으며, 근거자료를 제출한 3건도 이 사건 공사만을 위하여 산정한 실행예산이 아닌 피심인이 발주처로부터 도급받은 전 공사에 대하여 총괄적으로 산정한 1~2페이지에 불과한 실행예산인 점(소갑 제7호증) 등을 고려할 때 피심인의 실행예산은 객관적이고 합리적으로 산정되었다고 볼 수 없다. 또한, 피심인은 입찰 후 낙찰자 선정에 대한 이의나 분쟁이 발생할 경우 실행예산 가격을 확인할 수 있도록 실행예산을 공증받거나 밀봉하여 미리 개찰 장소에 두는 등의 조치를 취했어야 함에도 그와 같은 조치를 취하지 아니하였고, 수급사업자의 귀책사유 또는 수급사업자가 자신의 이윤을 스스로 줄일 만한 사정이 없음에도 불구하고 최저가로 입찰한 1순위 또는 1~2순위 업체들과 수차례의 가격 협상을 통하여 최저가로 입찰한 금액보다 낮은 금액으로 하도급대금을 결정하였으므로 피심인의 주장은 정당한 사유에 해당하지 아니한다(공정위 의결 제2018-221호 2018. 6. 18.).

액을 상회할 경우 유찰 처리한다는 사실을 기재하고 현장설명회를 통하여 이를 입찰 참여 업체들에게 고지하였으며, 사후 낙찰자 선정에 대한 이의나 분쟁이 발생할 경우 실행금액을 확인할 수 있도록 자신의 실행금액을 한 번 입력하면 금액을 변경할 수 없는 전자입찰시스템에 입력하여 보관하였다. 원사업자는 입찰실시 결과 6개 입찰 참여 업체들의 입찰금액이 원사업자가 책정한 실행금액을 초과하자 1차 입찰을 유찰시키고 최저가로 상위 3개 업체를 대상으로 재입찰을 실시하였으나 다시 실행가격 초과로 유찰되자, 2차 입찰에서 최저 입찰가를 제시한 수급사업자와 2차례의 수의시담을 통하여 제품의 사양을 낮추거나, 입찰 내역 중 일부를 다른 업체에게 발주하는 등의 조건으로 수급사업자와 1, 2차 최저가 입찰금액보다 낮은 금액으로 하도급계약을 체결하였다. 이 경우에는 법 제4조 제2항 제7호에 위반된다고 보기 어렵다(공정위 2018. 5. 17. 의결 2015서건1461).[318]

한편, 최저 입찰가가 원사업자의 예정 가격을 초과하는 경우에 재입찰을 실시한다는 점을 사전 고지하였다고 하더라도, 예정 가격에 대한 공증을 받는 등 사후에라도 낙찰자 선정에 대한 이의나 분쟁이 발생한 경우 원사업자의 예정 가격을 확인할 수 있도록 하는 것이 필요하다. 또한, 예정 가격은 단지 원사업자 자신의 외부비를 절감하기 위한 목적이 아니라 원사업자가 실제 집행할 수 있는 예산의 최대한도 등을 고려하여 합리적으로 결정되어야 할 것이며, 예정 가격의 정당성에 대해서는 원사업자가 이를 입증해야 한다.

원사업자는 15건의 공사를 지명경쟁입찰에 의하여 발주하면서, 최저가 1개 업체를 낙찰자로 선정한 후 같은 업체를 대상으로 추가로 가격협상을 하여 최저입찰금액보다 더 낮은 금액으로 하도급대금을 결정하였다. 원사업자는 그와 같이 하도급대금 결정을 하게 된 이유에 대하여 12건 공사의 경우, 실행예산을 작성하는 원도급계약 시점과 하도급공사 입찰시점 간 급격한 물가 상승이 발생함에 따라, 물가상승분을 모두 반영하여 입찰에 참여한 수급사업자들의 최저가 입찰금액이 원사업자의 실행예산을 초과하였기 때문에 불가피하게 계약금액을 조정한 것이라고 주장한다. 그러나 원사업자의 실행예산은 자체적으로 정해놓은 금액에 불과하며, 입찰 대상자에게 제공한 현장설명서에도 '입찰방법은 지명경쟁 최저가 공개입찰로서, 최저견적금액으로 1등업체를 선정'이라고만 기재되어 있을 뿐 최저입찰금액이 원사업자의 실행예산 범위를 벗어나는 경우 유찰된다는 등의 설명은 전혀 나타나 있지 않다. 따라서 최저가 입찰업체들의 입찰담합, 물량 착오나 입찰자격

---

318) 동 심결례에 비추어 볼 때 경쟁입찰에서 실행가격 초과의 경우 재입찰을 해야 한다면, (i) 예정가격을 초과하면 재입찰을 실시할 수 있다고 사전에 입찰안내서 등 기재하고 입찰 당일에도 고지하고, (ii) 예정가격을 객관적으로 확인할 수 있는 조치를 취해 두어야 하며(가능하면 예정가격을 정하여 미리 공증을 받는 것도 방법이 된다), (iii) 예정가격은 실제 집행가능한 예산의 최대한도 등을 고려하여 최대한 합리적으로 결정하는 등의 조치를 취해야 한다.

697

에 대한 결격사유 등 특별한 사유가 없는 한 최저가를 제시한 사업자와 당초 입찰한 금액으로 계약을 체결하는 것이 경쟁 입찰의 취지에 부합함에도 불구하고, 원사업자가 낙찰된 최저가에서 다시 단가를 인하하여 대금을 결정한 행위는 부당한 하도급대금 결정행위에 해당한다(공정위 2009. 1. 11. 의결 2008하개1590 : 시정명령, 과징금).

82

하도급대금 감액 행위의 위법성에 대한 판단기준[「부당한 하도급대금 결정 및 감액 행위에 대한 심사지침」(공정거래위원회 예규 제331호, 2019. 11. 28. 폐지제정)]

가. 법 제11조 제1항의 감액금지 일반조항

(1) 원사업자가 입증해야 하는 정당한 사유의 예시

- 하도급계약 체결 후에 원사업자가 수급사업자가 제출한 하도급대금 산정자료에 중대하고 명백한 착오를 발견하여 이를 정당하게 수정하고 감액하는 경우
- 수급사업자가 귀책사유로 인해 납품된 목적물을 반품하고 반품된 해당 목적물의 하도급대금을 감액하는 경우(다만, 하자담보책임으로 해결할 수 있음에도 불구하고 반품받는 것은 부당반품에 해당될 수 있음)
- 수급사업자가 수리가 가능한 불량품을 납품하였으나, 반품하여 수리를 시킬 시간적 여유가 없어 원사업자가 스스로 수리하여 사용하고 그 비용을 감액하는 경우. 단, 사전에 수급사업자가 납득할 수 있는 구체적인 수리비용 산정기준이 필요하며, 감액은 이러한 산정기준에 따라 산출된 금액에 한정되어야 한다.

(2) 감액금지 일반조항 위반행위의 사례

- 법정 검사기간 경과 후 불량 등을 이유로 반품하고 그만큼 감액하는 행위
- 목적물을 저가로 수주하였다는 등의 이유로 당초 계약과 다르게 하도급대금을 감액하는 행위
- 단가 및 물량에는 변동이 없으나 운송조건, 납품기한 등의 거래조건을 당초 계약내용과 달리 추가비용이 발생하는 내용으로 변경하고 그에 따른 추가비용을 보전해주지 아니하는 행위
- 단가와 수량에 의해 하도급대금이 확정된 후에 수량을 감축하여 하도급대금을 감액하고 단가인상 등의 보전을 해주지 아니하는 행위
- 해당 공사의 설계변경 또는 물가변동 등에 따른 추가금액을 지급하여야 함에도 불구하고, 다른 공사에 대한 계약을 체결해 준다는 조건으로 수급사업자로 하여금 추가금액

의 수령을 포기하도록 하는 행위

- 수급사업자의 요청 또는 원·수급사업자 간 합의에 의해 잔여 공사분을 원사업자가 직영으로 시공한 후, 지출한 비용에 대한 합당한 증빙자료도 제시하지 아니하고 하도급대금에서 잔여 공사비용을 공제하는 행위
- 원사업자가 철근 등 지급자재의 가공·보관을 제3자에게 위탁하고 수급사업자는 그 제3자로부터 자재를 납품받아 시공토록 하면서, 자재의 훼손, 분실 등에 대한 책임소재를 명확히 하지 아니하고 일방적으로 자재비 손실액을 하도급대금에서 감액하는 행위

나. 법 제11조 제2항의 부당감액 간주조항에 대한 심사기준 및 위반행위 예시

(1) 제1호 '위탁할 때 하도급대금을 감액할 조건 등을 명시하지 아니하고 위탁 후 협조요청 또는 거래상대방으로부터의 발주취소, 경제상황의 변동 등 불합리한 이유를 들어 하도급대금을 감액하는 행위'

'위탁할 때 하도급대금을 감액할 조건'을 명시한 경우에도 감액 조건이 수급사업자에게 일방적으로 불리한 것인지 여부, 객관적이고 합리적 정당성을 가지는 것인지의 여부를 기준으로 판단한다. 수급사업자에게 일방적으로 불리하거나 객관적이고 합리적 정당성을 가지지 못하는 감액조건에 따른 감액은 위법한 것으로 판단한다.

위반행위의 예시는 다음과 같다.

- 원사업자가 판매부진을 만회하기 위해 광고·경품 등의 마케팅 비용의 지출을 늘린 후그 비용의 일부를 하도급대금에서 공제하는 행위
- 원사업자가 자재 및 장비 등을 공급하기로 한 경우 이를 지연하여 공급하거나 일방적으로 무리한 납기·공기를 정해 놓고 이 기간 내에 납품 또는 준공하지 못함을 이유로 감액하는 행위
- 장기·계속적 발주를 이유로 이미 확정된 하도급대금을 감액하는 행위
- 원사업자가 자신의 검수조건에 따라 수급사업자로부터 납품받은 목적물에 대해 발주자로부터 불량제품이라는 이유로 반품되자, 이에 대한 책임소재를 분명하게 가리지 않고 일방적으로 그 제조공정에 관련된 수급사업자들에게 그 비용을 분담시키는 행위

(2) 제2호 '수급사업자와 단가인하에 관한 합의가 성립된 경우 그 합의 성립 전에 위탁한 부분에 대하여도 합의내용을 소급하여 적용하는 방법으로 하도급대금을 감액하는 행위'

원사업자가 수급사업자와 단가인하에 관한 합의가 성립한 경우, 합의일 이전에 위탁한 목적물 등에 대하여 인하된 단가를 적용하여 하도급대금을 지급하는 행위가 그 예이다.

(3) 제3호 '하도급대금을 현금으로 지급하거나 지급기일 전에 지급하는 것을 이유로 하도급대금을 지나치게 감액하는 행위'

'지나친 감액'인지 여부는 현금지급, 조기지급 등의 지급조건 변경이 당초 계약시 약정한 지급수단이나 지급기일 등의 조건에 비해 수급사업자에게 유리한 것인지 여부와, 감액규모, 지급조건 변경에 따른 수급사업자의 이익정도와 경영상황, 금리수준 등 금융시장 상황 등을 고려하여 판단한다. 위반행위의 예시는 다음과 같다.

- 하도급대금을 목적물 수령일로부터 60일째 되는 날 만기 2개월 어음으로 지급하기로 계약하였으나 원사업자가 일방적으로 현금으로 지급하면서 당시의 예금은행 가중평균 여신금리(한국은행 발표)에 해당하는 금액을 초과하여 감액하는 행위
- 하도급대금을 목적물 수령일로부터 60일에 현금으로 지급하기로 한 후 원사업자가 일방적으로 30일 앞당겨 현금으로 지급하면서 당시의 예금은행 가중평균 여신금리(한국은행 발표)에 해당하는 금액을 초과하여 감액하는 행위

(4) 제4호 '원사업자에 대한 손해발생에 실질적 영향을 미치지 아니하는 수급사업자의 과오를 이유로 하도급대금을 감액하는 행위'

수급사업자의 과오와 원사업자의 손해발생 간 직접적인 인과관계가 존재하는지 여부를 기준으로 위법성을 판단한다. 수급사업자가 원사업자로부터 제공받은 규격과 재질, 성능 등 모든 조건을 충족한 완제품 조립용 부품을, 원사업자의 검수를 거쳐 원사업자가 지정한 장소로 운송하는 과정에서 발생한, 단순한 포장지의 오·훼손을 이유로 원사업자가 하도급대금을 감액하는 행위가 그 예이다.

(5) 제5호 '목적물 등의 제조·수리·시공 또는 용역 수행에 필요한 물품 등을 자기로부터 사게 하거나 자기의 장비 등을 사용하게 한 경우에 적정한 구매대금 또는 적정한 사용대가 이상의 금액을 하도급대금에서 공제하는 행위'

'적정한 구매대금 또는 적정한 사용대가'인지 여부는 원사업자가 공제한 해당 물품·장비 등의 구매대금 또는 사용대가가 당시의 동일·유사한 물품·장비 등의 시장가격이나, 원사업자가 다른 수급사업자에게 판매하거나 사용하게 한 물품·장비 등에 대한 판매대금 또는 사용대가를 기준으로 판단한다. 위반행위의 예시는 다음과 같다.

- 원사업자가 토목공사에 필요한 자기 소유의 중장비를 수급사업자에게 실비로 임대하

는 조건으로 하도급계약을 체결한 후 하도급대금 지급시에 시장가격보다 비싸게 장비 임대료를 공제하는 행위

- 원사업자가 자기의 계열회사의 장비를 사용하게 하고 제1회 차 대금지급시 아직 사용하지 아니한 기간 동안의 장비 사용료를 모두 선공제하는 행위

(6) 제6호 '하도급대금 지급시점의 물가나 자재가격 등이 납품 등의 시점에 비하여 떨어진 것을 이유로 하도급대금을 감액하는 행위'

제조 등의 위탁을 할 때 정한 하도급대금은 납품 등이 이루어지기 이전에 합리적 정당성을 가지는 이유에 의한 단가 등의 변경이 없는 한, 제조 등의 위탁을 할 때 정한 단가 등에 의하여 산출된 하도급대금을 지급하는 것이 타당하므로, 납품 등이 이루어진 이후에 발생한 사유를 들어 감액하는 것은 원칙적으로 위법한 것으로 판단한다. 원자재의 가격이 목적물을 발주 또는 납품할 당시까지는 변동이 없었으나, 그 이후에 하락하였음을 이유로 하도급대금 지급시 감액하는 행위가 그 예이다.

(7) 제7호 '경영적자 또는 판매가격 인하 등 불합리한 이유로 부당하게 하도급대금을 감액하는 행위'

위반행위의 예시는 다음과 같다.
- 원사업자가 전년도의 임직원 임금인상, 신규투자 증대, 판매부진, 환율변동 등에 따른 적자폭의 증가를 이유로 계약된 하도급대금을 일방적으로 감액하는 행위
- 환율변동으로 원사업자의 수출가격이 하락하였다는 이유로 계약조건과 달리 환차손실을 수급사업자에게 분담할 것을 협조 요청하는 방법으로 전가시키는 행위
- 원사업자의 노사분규로 인한 경영손실을 고통분담 차원에서 수급사업자의 하도급대금에서 감액하는 행위

(8) 제8호 '고용보험 및 산업재해보상보험의 보험료징수 등에 관한 법률, 산업안전보건법 등에 따라 원사업자가 부담하여야 하는 고용보험료, 산업안전보건관리비 그 밖의 경비 등을 수급사업자에게 부담시키는 행위'

관계법령에 따라 보험료 등을 원사업자가 부담하도록 의무화되어 있는 것인지의 여부를 기준으로 위법성을 판단한다. 원사업자가 관계법령에 따라 부담해야 할 고용보험료나 산업안전보건관리비를 수급사업자로 하여금 지급하도록 하고 이를 보전해 주지 아니하는 행위가 그 예이다.

83

감액의 정당한 사유의 입증방법과 사례

(#입증책임주체&정도#발주금액조정과 감액#원재료가격하락&감액#물량정산&감액
#수급사업자자발적동의)

A 2011년 하도급법 개정으로 감액의 정당성에 대한 입증책임이 원사업자에게로 전환되었다. 원사업자로서는 자신이 할 수 있는 한 감액의 이유에 대하여 소명하면 입증책임을 다한 것으로 보아야 하므로 원사업자의 정당한 사유 입증책임에 대하여 의심할 나위가 없을 정도로 입증하도록 요구하는 일부 공정거래위원회의 실무입장은 타당하지 않다. 한편, 수급사업자의 자발적 동의가 있다면 감액의 정당한 사유로 인정되지만 이때 수급사업자의 동의 유무는 갑을관계인지감수성 입장에서 판단해야 한다. 한편, 발주자가 원도급금액을 감액했다는 이유나 원자재 가격이 하락했다는 이유로 하도급대금을 감액하는 것은 정당한 사유로 인정되지 않으며, 단가계약에서 물량정산을 통해 예정물량을 기준으로 잠정 기재한 하도급대금보다 낮게 지급하는 것은 정당한 사유로 인정된다.

해 설

가. 하도급대금 감액사유 입증책임과 관련한 2011년 법개정

2011. 3. 29. 법률 제10475호로 개정되기 전 법 제11조는 '부당감액금지'라는 표제 아래 '수급사업자에게 책임을 돌릴 사유가 없는 경우'에 감액하지 못하도록 규정하고 있었다. 문언만 가지고 보면 감액사유에 대한 입증책임은 원사업자에게 있다고 볼 수 있지만, 이에 대하여 법원은 수급사업자의 귀책사유 유무에 대한 개별적 입증책임에 대하여는 별도로 판단하지 않은 채 전체적으로 '수급사업자에게 부당하게 불리한 감액'인지 여부에 따라 감액의 부당성을 판단해야 하며 그에 관한 입증책임은 공정거래위원회에 있다고 보았다(서울고등법원 2004. 10. 7. 선고 2003누17773 판결). 이 때문에 공정거래위원회의 판결이 취소되는 사례가 많아 수급사업자 보호에 미흡하다는 비판이 있었다.

이에 2011년 법개정으로 제11조의 표제를 '감액금지'로 변경하고 "원사업자는 제조 등의 위탁을 할 때 정한 하도급대금을 감액하여서는 아니 된다. 다만, 원사업자가 정당한 사유를 입증한 경우에는 감액할 수 있다"고 규정하여 원칙적으로 감액을 금지하되 예외

적으로 허용함을 명백히 하고 그 정당한 사유에 대한 입증책임이 원사업자에게 있음을 명시하였다. 개정 이후 감액 사유에 대한 입증책임에 대해 판단한 판결은 없지만 '원사업자가 정당한 사유를 입증'이라고 규정한 이상 공정거래위원회는 감액사실만 입증하면 되고 더 이상 감액에 있어 수급사업자의 귀책사유가 없음이나 부당하게 불리한 감액이라는 점에 대해서는 입증책임이 없다고 본다. 그 반대사실을 원사업자가 입증해야 하는 것이다.

2011. 3. 29.자 개정 전후의 법문을 비교하면 다음과 같다.

개정전 제11조 (부당감액의 금지)	개정후 제11조 (감액금지)
① 원사업자는 **수급사업자에게 책임을 돌릴 사유가 없는 경우에는** 제조 등의 위탁을 할 때 정한 하도급대금을 부당하게 감액(이하 "부당감액"이라 한다)하여서는 아니 된다.	① 원사업자는 제조 등의 위탁을 할 때 정한 하도급대금을 감액하여서는 아니 된다. 다만, 원사업자가 정당한 사유를 입증한 경우에는 하도급대금을 감액할 수 있다.
② 다음 각 호의 어느 하나에 해당하는 원사업자의 행위는 **부당감액으로 본다.**	② 다음 각 호의 어느 하나에 해당하는 원사업자의 행위는 **정당한 사유에 의한 행위로 보지 아니한다.**
1.~8. (생략)	1.~8. (생략) *개정 전과 동일 **9. 그 밖에 제1호부터 제8호까지의 규정에 준하는 것으로서 대통령령으로 정하는 행위**
③ 원사업자가 **부당감액한 금액을** 목적물 등의 수령일부터 60일이 지난 후에 지급하는 경우에는 그 초과기간에 대하여 연 100분의 40 이내에서 「은행법」에 따른 은행이 적용하는 연체금리 등 경제사정을 고려하여 공정거래위원회가 정하여 고시하는 이율에 따른 이자를 지급하여야 한다.	③ 원사업자가 제1항 단서에 따라 하도급대금을 감액할 경우에는 감액사유와 기준 등 대통령령으로 정하는 사항을 적은 서면을 해당 수급사업자에게 미리 주어야 한다.
	④ 원사업자가 **정당한 사유 없이 감액한 금액을** 목적물 등의 수령일부터 60일이 지난 후에 지급하는 경우에는 그 초과기간에 대하여 연 100분의 40 이내에서 「은행법」에 따른 은행이 적용하는 연체금리 등 경제사정을 고려하여 공정거래위원회가 정하여 고시하는 이율에 따른 이자를 지급하여야 한다.

나. 감액의 '정당한 사유'에 대한 입증책임

감액에 대한 정당한 사유는 원사업자가 입증해야 한다. 그 입증책임의 정도와 관련하여 공정거래위원회는 일반적 소송관계에서와 같이, 실질적으로 합리적 의심 없이 납득할 만한 수준으로 정당한 사유를 입증할 것을 요구하고 있는 것으로 보인다.

다만, 이와 관련하여 하도급법 제11조 제1항 단서 조항이 행정법 관계에서 감액에 대한 행정처분의 위법성 판단에 있어서의 입증책임 전환과 관련된 조항이라 하더라도, 원사업자가 지는 입증책임의 정도는 공정거래위원회가 지는 입증책임과는 차이가 있다는 견해가 있을 수 있다.

이 견해는, 행정법 관계에서 모든 입증책임은 행정청(공정거래위원회)이 지는 것이 원칙이지만, 수범자인 사인이 자기의 영향 범위 안에서 구할 수 있는 모든 자료를 제출하였다면 그 수준이 정당한 사유의 존재를 완벽하게 입증하기는 부족한 수준이라 하더라도, 그 다음은 행정청이 수범자인 사인이 주장하는 사실관계에 대한 반대입증을 해야 한다는 것이다. 더하여 수범자가 제시한 증거가 행정청이 판단하기에 부족하거나 미흡하다는 이유로 함부로 부당감액으로 보아서는 안 된다는 것이다.

생각건대, 이러한 주장은 입증책임 전환의 법리와는 부합하지 않아 동조하기는 힘들다. 그러나 '정당한 사유'에 대해 원사업자가 입증해야 하는 정도와 수준에 대해 행정청이 입증책임을 지는 '부당성'에 대한 것보다는 좀 더 완화하여 운영할 필요가 있다는 점에 대해서는 동의한다. 특히 현장에서 벌어지는 하도급거래에 있어 자료가 남아 있지 않은 경우가 많아, 감액에 정당한 사유가 존재하더라도 사후적으로 원사업자가 그 자료를 완벽하게 찾아 입증하기가 쉽지 않기 때문이다.

다. 제2항의 간주조항에서도 제1항의 정당한 사유 원용이 가능한지

하도급법 제11조 제2항 각 호에 열거된 행위를 한 경우 제1항 본문에 규정된 바에 따라 원사업자가 정당한 사유를 입증하면 위법성이 조각될 수 있는지 의문이 있다. 법 제11조 제2항은 "다음 각 호의 어느 하나에 해당하는 원사업자의 행위는 정당한 사유에 의한 행위로 보지 아니한다"라고 규정하고 있으므로, 원사업자가 '정당한 사유'를 입증하더라도 위법성이 조각되기는 어려울 것으로 판단된다.

2011년 3월 개정되기 전의 구 하도급법 제11조는 현행법과는 달리 조문의 제목이 '감액 금지'가 아니라 '부당 감액 금지'로 되어 있었고, 제1항의 문언도 "원사업자는 수급사업자에게 책임을 돌릴 사유가 없는 경우에는 제조 등의 위탁을 할 때 정한 하도급대금을 부당하게 감액하여서는 아니 된다"로 되어 있었기 때문에 감액 행위의 부당성을 공정위가 입증해야 한다.

그러나 현행법에 따르면, 위탁 당시에 정한 하도급대금을 감액하는 경우는 당연히 위법으로 처리되고, 원사업자가 정당한 사유를 입증하는 경우에만 위법성이 조각된다. 또한, 제2항의 문언도 2011년 3월 개정되기 전 구법은 "다음 각 호의 어느 하나에 해당하는 원사업자의 행위는 부당 감액으로 본다"라고 규정함으로써 제1항과 제2항이 서로 연결되어 있었으나, 현행법은 이와 같은 연결성이 거의 단절되었다고 할 수 있다.

라. 감액의 부당성 판단기준과 수급사업자의 자발적 동의(당사자 간 실질적 협의)

부당감액의 부당성 여부는 하도급계약의 내용, 계약이행의 특성, 감액의 경위, 감액된 하도급대금의 정도, 감액의 방법과 수단 등 여러 가지 사정을 종합적으로 고려하여 수급사업자에게 부당하게 불리한 감액인지 여부에 따라 판단해야 한다(서울고등법원 2010. 10. 13. 선고 2009누31429 판결).[319] 관련하여 하급심 판결은 원사업자가 수급사업자와 원자재 가격 변동, 생산성 향상 등의 사유로 단가 인하를 합의한 후 인하된 단가를 소급적용하여 발주시 정한 하도급대금을 감액하기로 하더라도, 하도급 발주일과 목적물 제작시기 사이에 상당한 시간적 간격이 있을 뿐만 아니라 발주만 있었을 뿐 아직 제작이 이루어지지 않았다면 부당하지 않다고 보았다(서울고등법원 2009. 12. 30. 선고 2009누9675 판결). 제조에 들어가기 전까지는 아직 원재료가 투입되지 않아 감액요구에 합리성이 있고, 수급사업자로서도 원사업자의 감액요구가 무리하다고 판단하였다면 충분히 거절할 수 있었다고 보았기 때문으로 해석된다.

한편, 법원은 수급사업자의 자발적 동의에 의한 감액 또는 실질적 협의에 의한 감액이라면 정당한 것으로 보고 있고, 공정거래위원회도 원사업자가 수급사업자와의 합의에 의해 감액한 것이라 항변하면 그 합의의 진정성 여부를 판단하고 있다(공정위 2013. 4. 26. 의결 제2013-117호, 사건번호 2012전사0737). 수급사업자의 자발적인 동의에 의한 것인지 여부는 수급사업자에 대한 원사업자의 거래상 우월적 지위의 정도, 수급사업자의 원사업자에 대한 거래의존도, 거래관계의 지속성, 거래의 특성과 시장상황, 거래 상대방의 변경가능성, 당초의 대금과 감액된 대금의 차이, 수급사업자가 완성된 목적물을 인도한 시기와 원사업자가 대금 감액을 요구한 시기와의 시간적 간격, 대금감액의 경위, 대금감액에 의하여 수급사업자가 입은 불이익의 내용과 정도 등을 정상적인 거래관행이나 상관습 및 경험칙에 비추어 합리적으로 판단하여야 한다(대법원 2011. 1. 27. 선고 2010다53457 판결).

감액에 대한 정당한 사유 유무를 합의의 진정성으로 판단한 사례를 좀 더 살펴보자. 수급사업자의 귀책사유로 인한 산재사고로 원사업자가 입을 손해액을 미리 예정하고 기성

---

319) 동 판례는 부당성에 대한 입증책임이 공정거래위원회에 있을 때 내려진 것이기는 하지만, 그 입증책임이 원사업자에게 넘어간 현 하도급법 해석에 있어서도 정당한 사유에 대한 판단기준이 된다.

금 지급시 이를 공제할 수 있도록 한 하도급계약상의 안전약정은 수급사업자에게 일방적으로 불리하다고 볼 수 없어 부당감액이라 볼 수 없고(서울고등법원 2010. 9. 15. 선고 2009누39300 판결),[320] 원사업자가 수급사업자에게 잠정적인 하도급대금을 지급한 다음 원사업자와 발주자 간의 대금이 결정되면 이에 따라 최종적인 하도급대금을 조정하기로 합의하고 그에 따라 당초의 하도급대금을 (감액) 조정한 것이라면 부당감액에 해당되지 않는다고 보았다(서울고등법원 2004. 10. 7. 선고 2003누17773 판결).[321] 수급사업자와의 진정한 합의에 기한 것이라 보았기 때문이다.

이와 관련한 대부분의 사례가 2011년 법 개정전의 것이기는 하나 개정으로 변경된 것은 입증책임의 주체일 뿐 기본법리는 변화가 없다. 그래서 부당성이나 수급사업자의 자발적 동의에 대한 판례상의 법리는 지금도 유효하다고 본다. 서울고등법원은 2011년 개정 법이 적용되는 사례에서도 동일한 법리를 설시한 바 있다. 즉, 하도급계약상으로는 명확하지 않지만 그 하도급대금이 목적물 수령일로부터 60일이 되는 날 지급되는 경우의 금액이고 그 이전에 지급되는 경우 원사업자가 발주자로부터 받은 어음의 할인율(연 4.99%)에 해당하는 금액을 공제하여 지급하기로 원사업자와 수급사업자 간에 합의한 것으로 인정되는 경우라면 감액의 정당한 사유가 인정된다고 보았다(서울고등법원 2016. 11. 11. 신고 2016누38831 판결).

320) 동 사안에서 건설업자인 원사업자는 전문건설회사인 수급사업자에게 철근공사를 위탁하면서 공사중 발생하는 산재사고에 대하여 산업재해보상보험으로 처리할 경우 이로 인한 원사업자의 불이익을 수급사업자가 보상하기로 약정하였다. 공정거래위원회는 동 사례에서 "건설공사에서 발주자가 산업재해보상보험료를 도급금액으로 지급하고 원사업자가 통상 수급사업자의 근로자를 포함한 모든 공사현장의 근로자가 산업재해보상보험에 가입하고 있는 점을 고려할 때, 수급사업자를 포함한 모든 공사현장의 전반적인 안전관리책임은 원사업자에 있으므로, 산재사고 발생시 그 처리에 소요되는 비용도 원사업자에게 있고 이를 약정이라는 양식으로 수급사업자에게 보상하게 한 행위는 부당감액에 해당한다"고 판단했다(공정위 2009. 11. 12. 의결 제2009-253호, 사건번호 2009서건1131). 이와 같은 공정거래위원회의 처분이 해당 판결로 취소된 것이다.

321) 유사한 사례로, 대법원은 원사업자가 수급사업자에게 잠정적인 하도급대금을 지급하고 발주자와 수주금액을 추후 협상하여 결정한 후 최종 하도급대금을 결정하기로 한 행위가 부당한 하도급대금 감액에 해당하는지 여부와 관련하여, (i) 발주서상에 원발주자와의 최종 가격협상에 따라 제조가격이 조정될 수 있음을 명시한 점, (ii) 원발주자의 제조가격을 어느 정도 예상할 수 있고 이에 따라 원사업자는 제조가격이 확정적으로 결정되기 전에 수급사업자에게 발주금액의 74%에 달하는 하도급대금을 지급한 점 등을 종합 고려하여, 수급사업자는 이 사건 금형의 발주금액을 높게 책정받아 발주금액을 기준으로 지급하는 선급금을 많이 수령하는 대신, 원고가 원발주자와의 최종 제조가격 협상에 따라 제조가격이 조정될 경우 이에 따라 하도급금액도 조정하기로 합의하였다고 할 수 있어, 원사업자의 감액행위를 부당한 하도급대금의 감액이라고 할 수 없다고 판시한 바 있다(대법원 2005. 3. 11. 선고 2004두12780 판결).

마. 발주자와의 계약대금 조정을 이유로 수급사업자와의 계약대금을 감액할 수 있는지 여부

원사업자는 정당한 사유 없이 위탁시 정한 하도급대금을 감액하여서는 안 된다. 다만, 설계변경이나 물가변동 등에 따라 발주자와 원사업자 간 도급금액이 감액된 경우에는, 원사업자는 발주자로부터 감액받은 날로부터 15일 이내에 그 사유와 내용을 수급사업자에게 통보한 후(법 제16조), 수급사업자와의 하도급금액도 그 내용과 비율에 따라 감액할 수 있다. 감액한 경우에는 변경계약을 체결해야 한다.

우선 하도급법 제11조 제1항은 "원사업자는 제조 등의 위탁을 할 때 정한 하도급대금을 감액하여서는 아니 된다"고 하여 원칙적으로 수급사업자에 대한 하도급대금 감액을 금지하고 있는바, 제16조 제1항 단서와 같이 발주자로부터 계약금액을 감액받아 그 내용과 비율에 따라 하도급대금을 감액하게 되면 하도급법 제11조의 부당감액에 해당되지 않는지가 문제된다.

먼저 제16조 제1항 단서는 감액 절차만을 규정한 것이므로 '부당감액'인지 여부는 별도로 판단되어야 한다는 견해가 있을 수 있다. 발주자의 원사업자에 대한 감액이 애초부터 부당할 수도 있는데, 발주자의 감액을 이유로 원사업자가 수급사업자에게 동일하게 감액할 수 있도록 하는 것은 수급사업자 보호에 어긋난다는 이유이다. 하지만 하도급법 제16조 제1항 문언이 '감액할 수 있다'고 되어 있어, 하도급법이 감액을 허용한 것으로 볼 여지가 있고 한편으로도 발주자에 의한 감액은 원사업자로서도 어쩔 수 없는 상황이다. 원사업자에게 모든 손해와 위험부담을 떠안도록 하는 것은 형평의 관념에도 반한다. 이런 점에 비추어 법 제16조 제1항 단서는 감액의 정당한 사유를 규정한 것으로 볼 수 있고, 따라서 발주자가 감액한 내용과 비율에 따라 하도급대금을 감액하는 것은 허용된다고 보아야 한다.[322]

다음으로, 발주자가 하도급법 제16조 제1항 본문의 사유, 즉 '설계변경 또는 경제상황의 변동 등의 이유'로 감액하는 경우에만 원사업자가 동 항 단서에 따라 '정당한 사유'로 하도급대금을 감액할 수 있는지 여부가 문제된다. 즉, 다른 경우에는 동 항 단서에 따라 정당하게 감액할 수 없는지 여부이다. 규정의 문언적 해석상 제16조 제1항 단서의 제1호 및 제2호를 언급하고 있지 않은 점, 하도급대금 증액의 경우 '하도급대금을 증액해야 한다'라고 하여 제1호 및 제2호에 해당되는 경우로 하도급대금을 증액해야 하는 경우를 한정할 필요가 있는 반면, 하도급대금 감액의 경우 '하도급대금을 감액할 수 있다'고만 하

---

322) 동일한 견해로 송정원, 앞의 책, 151면

여 하도급대금 감액의 사유를 증액과 마찬가지로 한정할 필요가 없다는 점 등을 감안할 때 하도급법 제16조 제1항 단서의 하도급대금 감액의 경우 제1호 및 제2호는 적용되지 않는다는 입장도 있을 수 있다. 그러나, 단서는 본문을 전제로 본문의 예외를 규정하는 것이므로 단서에 특별한 반대문언이 없는 한 본문의 문언이 적용되는 것이 원칙이다. 아울러 동 항 단서가 하도급대금 감액의 사유를 규정한 것으로 해석한다면 당연히 이를 좁게 해석하는 것이 수급사업자 보호라는 하도급법의 취지와 목적에도 부합한다. 이런 점에서 동 항 단서의 경우도 제1호(설계변경 또는 경제상황의 변동 등으로 계약금액이 감액되는 경우) 및 제2호의 사유(설계변경 또는 경제상황의 변동 등으로 추가비용이 소요되는 경우)로 원사업자가 감액하는 경우로 한정된다고 해석함이 합당하다.

바. 하도급계약에서 대금지급시 물량정산하기로 약정하고 물량정산 후 감액하는 것이 부당감액인지 여부

하도급계약에서 물량을 확인하여 대금을 정산하기로 하였다면 그 약정은 유효하며 이를 단가계약방식이라고 한다.[323] 이 경우 하도급계약서에 계약금액이 기재되어 있다 하더라도 하도급대금이 투입 물량에 단가를 곱해 정해진다고 규정되어 있다면, 기재된 계약대금은 계약체결 시점에 예상된 물량을 전제로 한 임시적인 것이다. 따라서 물량에 따른 대금을 지급하는 한, 그것이 기재되어 있는 임시의 계약금액보다 적은 것이라 하더라도 부당한 감액이라 볼 수는 없다. 설사 발주자와의 계약에서 물량정산조항이 없다 하더라도 원사업자는 수급사업자와 물량정산약정을 할 수 있다. 한편, 감액시 서면발급의무가 발생하므로 정산협의 전 감액되는 물량과 감액방법, 사유를 기재한 서면을 발급해 주어야 한다.

다만, 감액시 부당성은 원사업자에게 입증책임이 있으므로 하도급계약서에 물량정산으로 감액한다는 점 및 그 구체적인 물량확인방법, 감액방법 및 절차 등에 대해서 기재되어 있어야 하고, 물량정산시 정확하게 정산되었음에 대한 입증자료 등을 구비해 두어야 한다.

---

323) 단가계약은 공사계약내용 또는 성질상 수량을 확정하기 곤란하여 총액을 확정할 수 없는 때에 체결하는 방식이다. 계약체결시 품목의 단가를 정하여 계약을 체결하고 공사기성이 발생한 경우 소요된 수량을 단가에 적용하여 대금을 정한다. 확정된 수량에 대하여 대금을 지급하는 방식이므로 원칙적으로 추가공사대금이나 부당한 대금감액의 문제가 있을 수 없다. 반면, 총액공사계약은 공사에 소요되는 단가와 수량 등을 감안하여 총공사대금을 확정하는 방식이다. 원칙적으로 계약을 이행함에 있어 예기치 않은 사정으로 수량이 계약 당시 견적내역이나 예상보다 추가로 소요되었다 하더라도 추가공사대금을 청구할 수 없다.

사. 수급사업자에게 발주한 후에 수급사업자가 사용하는 원재료의 가격이 하락한 것을 이유로 그 하락분 상당을 하도급대금에서 감액하는 것이 허용되는지

하도급법 제11조 제2항은 하도급대금 지급시점의 물가나 자재가격 등이 납품 등의 시점에 비해 떨어진 경우 하도급대금 감액을 금지하고 있을 뿐이고(제6호) 발주 후의 원재료 가격 하락에 대하여는 규정이 없다. 특히 그 원재료 가격 하락이 수급사업자의 위탁제품 제조원가를 떨어뜨렸다면 아예 일리가 없는 것은 아니다. 그러나 하도급계약에 이러한 경우에 감액할 수 있는 규정이 없음에도 불구하고 감액한 경우라면 계약 위반을 구성할 수 있다. 설사 원재료 가격이 하락하면 하도급대금을 감액하는 것으로 사전약정이 되어 있다고 하더라도, 원재료 가격 하락이 수급사업자의 귀책사유로 볼 수는 없는 것이어서 그 감액에 정당한 사유가 있다고 보기는 어렵다.

다만, 하도급대금이 원재료 가격에 이윤을 가산하는 소위 원가가산(mark-up)방식으로 정해지도록 하도급계약이 규정되어 있다면, 원재료 가격 하락으로 하도급대금이 낮게 결정되더라도, 이는 감액이라기보다 계약에 따라 하도급대금이 결정된 것이므로 위법하다고 보기 어렵다.

다만, 판례는 하도급계약을 체결한 이후 상당한 기간이 경과해서 제조가 이루어졌는데 제조에 들어가기 전에 이미 원재료 가격이 상당수준 하락한 경우, 원사업자와 수급사업자가 원가 하락분에 상응하는 수준으로 하도급계약대금을 인하하기로 합의한 것과 관련하여 부당감액으로 볼 수 없다고 판시한 바 있다(서울고등법원 2009. 12. 30. 선고 2009누9675 판결).

84 중간기성률을 낮추기로 하는 조정합의가 부당감액인지 여부

A 　중간 기성금 합의라 하더라도 추가금액 지급이 없는 것으로 합의한 이상 최종 기성금에도 영향을 주는 것이므로 부당감액에 해당한다(대법원 2020. 5. 14. 선고 2020두31217 판결).

해설

중간 기성금 청구시에 기성률 차이로 원사업자, 수급사업자 간에 논란이 발생하고 그로 인하여 공사 중단 및 타절이 이루어지는 경우가 많다. 최종 공사 완성이 이루어지지 않았기 때문에 그 때 정산합의에서 수급사업자가 어쩔 수 없이 대폭 양보해야만 하는 경우가 많았다. 해당 대법원 판결은 이러한 경우라도 원사업자가 기성고 산정시 너무 무리하게 낮은 기성고를 요구하여 관철시키는 것이 부당감액에 해당하여 공정거래위원회로부터 시정조치, 과징금부과처분 및 벌점부여와 형사고발까지 당할 수 있다고 밝힌 수급사업자의 이익을 보호하는 매우 중요한 의미를 가진다. 아래에서 해당 판결의 법리를 좀 더 구체적으로 소개한다.

해당 사건에서 원심은, 단지 기성금 조정에 관한 합의일 뿐 전체 하도급대금의 감액을 내용으로 하는 것이 아니어서 부당감액이 아니라고 본 논리는 다음과 같다.

① 원사업자, 수급사업자는 합의 무렵 본 하도급계약의 계약금액 자체를 감액하는 계약서를 작성하거나 구두 합의를 한 바가 없고 이후 수급사업자는 합의 이후에도 각 공사현장의 기성고가 발생할 때마다 원고에게 공사대금을 청구하였다.

② 수급사업자는 원사업자에게 하도급계약금액에 수급사업자가 추산한 기성고를 곱한 금액을 공사현장에 실제 투입한 금액으로 보고 그 금액에서 이미 수령한 기성금을 공제한 금액의 지급을 요구하였으므로, 이 사건 합의는 실제 완료된 기성고에 관한 이견을 조율하고 실제로 지급할 기성금을 조정하는 방법으로 보인다.

③ 원사업자는 합의 이후에도 수급사업자에게 공사대금을 계속 지급하였고 각 공사현장별로 지급률이 계약금액의 약 90%에 달하거나 오히려 초과하여 지급된 곳도 있으나, 그 대금이 피고 주장과 같이 원래의 하도급계약 범위를 벗어난 추가 공사가

발생하여 그 공사대금을 지급한 것이라고 인정할 만한 증거가 부족하다.

하지만 대법원은 아래와 같은 점을 근거로 합의가 수급사업자가 추산하여 청구기초로 삼은 기성률을 적용하여 산정된 기본공사 기성금 등의 합계액 33억 원을 25억 원으로 감액, 확정하고 추가 금액을 청구하지 않기로 하는 합의로 부당감액합의에 해당한다고 보았다.

① 합의서의 문언으로 볼 때, 원사업자와 수급사업자가 기성률을 조정하는 방식으로 수급사업자가 청구한 기성금을 감액한 것으로 볼 수는 없고 오히려 원사업자가 수급사업자가 기초로 삼은 기성률을 다투지 않는 전제에서 그 기성률을 기준으로 산정된 기본공사 기성금을 감액한 것으로 볼 여지가 크다.

② 특히 합의서상에서 '기성유보'를 차감된 액수와는 명확히 구분하여 표기하고 있는 것으로 볼 때, 이 사건 합의로 인해 차감된 기성금을 향후 청구할 수 있다는 의미의 '기성유보'로 볼 수는 없다.

③ 수급사업자의 대표이사가 원사업자와의 기본공사 기성금의 존부 등을 다투는 민사사건에 이 사건 합의서에 "중간정산"이라는 문구를 추가하여 자신에게 유리한 증거로 제출한 행위에 대하여 관련 형사재판[서울동부지방법원 2014고단3486, 3701, 2015고단991(병합)]에서 이 사건 합의서의 변조 및 동행사죄로 유죄판결을 선고받아 확정된 사정을 보더라도, 수급사업자 측에서는 이 사건 합의서 내용을 '최종적인 감액'으로 인식한 것으로 볼 여지가 크다.

④ 원사업자가 수급사업자를 상대로 한 관련 민사사건으로 '이 사건 합의로 인하여 기본공사 기성금 감액분에 대한 지급의무가 더 이상 존재하지 않는다.'는 내용의 채무부존재확인소송을 제기한 것으로 볼 때, 원고 스스로도 이 사건 합의를 '기본공사 기성금'에 대한 최종적 합의로 인식한 것으로 보인다. 또한 원고가 이 사건 합의 이후에 기본공사 기성금 감액분에 해당하는 부분을 모두 지급하였다고 하더라도, 이는 관련 민사사건 항소심에서의 화해권고결정으로 확정된 금액을 원고가 수급사업자가 이행한 것으로 봄이 타당하고, 이 사건 합의 당시 유보된 기성금을 임의로 지급한 것으로 보기는 어렵다.

85 원사업자가 연간단가계약을 갱신하면서 주의해야 할 사항

A 원사업자로서는 연간단가계약을 체결함에 있어 가급적 계약기간 종료 전에 갱신 여부와 갱신시 적용단가에 대하여 합의하여 결정하는 것이 필요하며, 만약 계약 기간 종료 후에 갱신계약을 체결하게 되고 이 경우 직전단가보다 낮은 단가를 적용하게 된다면 낮은 단가를 적용하게 된 이유 및 수급사업자와의 협의과정에 대한 증거를 남겨 야 하고 아울러 결정된 단가를 소급적용하지 않아야 한다.

해설

계속적 계약의 경우 계약기간을 1년으로 하고 계약 만료 전에 이의를 제기하지 않으면 동일한 조건으로 연장되도록 하는 경우가 있다.

이런 거래에서 물가상승이나 원재료 상승 등의 요인이 있어, 계약을 갱신하면서 단가 나 계약대금을 인상해 주지 않으면 실질적으로 부당한 대금결정이 되는 경우가 발생할 수 있다. 특히 단가나 계약대금이 수년간 고정된 경우에는 물가상승이나 원재료 상승 누 적분에 비해 하도급대금이 현저히 낮다고 평가될 수 있기 때문에 주의를 기울일 필요가 있다.

또 다른 한편으로는 동일한 거래를 계속함에 따른 노하우 축적에 따라 비용절감 효과 가 발생할 수도 있고, 심지어는 원재료 가격이 인하하는 경우도 있으므로 이러한 부분도 적절히 반영하는 것이 필요하다.

결국, 계약을 갱신하면서 수급사업자와 단가나 계약금액 인상요인과 인하요인 등에 대 하여 충분히 협의하고 합리적으로 합의하는 것이 필요하며, 향후 문제가 되는 경우를 대 비하여 이에 대한 기록과 증빙자료를 구비해 두는 것이 바람직하다.

계약 체결과정에서, 연간단가 결정이나 계약대금 합의가 늦어질 수 있는 상황에 대한 대비도 필요하다. 합의가 늦어지고 있다는 이유로 계약서를 교부하지 아니할 경우 서면 미교부(또는 지연교부)에 해당할 우려가 있다. 이 경우, 일단 갱신계약을 체결하면서 "단 가(또는 계약대금)는 작년 단가에 준하며, 추후 합의하여 변경할 수 있다"라는 조항을 추 가하여 진행하는 것이 서면교부와 관련한 이슈를 방지할 수 있는 한 방법이 될 수 있다.

다만, 계약 기간 중에 합의가 이루어진 때에, 단가가 인상된 경우라면 경과한 계약기간에까지 소급하여 적용하는 것이 문제되지 않지만(소급적용이 수급사업자에게 유리하기 때문), 반대로 단가가 인하되었다면 합의 이후 기간에 대해서만 적용해야 한다. 물론 기존의 연간 또는 분기별 단가계약이 종료되고 새로운 단가가 결정되기 전의 기간 동안 기존 단가를 가단가로 적용한 것으로 볼 수 있다면 감액이 아니라 대금결정의 문제라 본 공정거래위원회 심결례가 있기는 하지만(서울고등법원 2019. 8. 22. 선고 2018누57485 판결), 여전히 이러한 경우라도 감액한 가격을 소급적으로 적용한 것으로 부당감액에 해당한다는 심결례가 오히려 주류이기 때문이다(공정위 2015. 8. 3. 의결 2013서제3358, 공정위 2012. 8. 30. 의결 2012제하1077, 공정위 2007. 7. 26. 의결 2006부사0173, 0614, 0810, 4620).

관련하여 하급심 판결은 원사업자가 수급사업자와 원자재 가격 변동, 생산성 향상 등의 사유로 단가 인하를 합의한 후 인하된 단가를 소급적용하여 발주시 정한 하도급대금을 감액하기로 하더라도, 하도급 발주일과 목적물 제작시기 사이에 상당한 시간적 간격이 있을 뿐만 아니라 발주만 있었을 뿐 아직 제작이 이루어지지 않았다면 부당하지 않다고 보았다(서울고등법원 2009. 12. 30. 선고 2009누9675 판결). 이 역시 제조에 들어가기 전까지는 아직 원재료가 투입되지 않아 감액요구에 합리성이 있고, 수급사업자로서도 원사업자의 감액요구가 무리하다고 판단하였다면 충분히 거절할 수 있었다고 보았기 때문에 내려진 예외적 사안에서의 개별적 판결로 해석된다.

86　부당대금감액에 대한 대표적인 판결 및 심결례

가. 감액의 정당한 사유 또는 구성요건조각사유로 필요한 합의는 수급사업자의 자유로운 의사결정에 따라 이루어진 진정한 합의

하도급대금의 감액 약정이 자발적 동의에 의한 것인지 여부는 수급사업자에 대한 원사업자의 거래상 우월적 지위의 정도, 수급사업자의 원사업자에 대한 거래의존도, 거래관계의 지속성, 거래의 특성과 시장상황, 거래상대방의 변경 가능성, 당초의 대금과 감액된 대금의 차이, 수급사업자가 완성된 목적물을 인도한 시기와 원사업자가 대금 감액을 요구한 시기 등을 정상적인 거래관행이나 상관습 및 경험칙에 비추어 합리적으로 판단하여야 한다.

원사업자가 수급사업자의 동의를 얻은 후 하도급대금을 감액했다고 하더라도, 수급사업자의 자발적 의사가 아니라고 인정되는 경우에는 부당한 하도급대금 감액에 해당할 수 있다. 수급사업자의 자발적 동의에 의한 것인지 여부는 원사업자의 거래상 우월적 지위의 정도, 수급사업자의 거래의존도, 당초 대금과 감액된 대금의 차이, 대금감액 경위 및 시점 등을 고려하여 판단하게 된다(대법원 2011. 1. 27. 선고 2010다53457 판결). 공정거래위원회 역시 유사한 사안에서 ① 수급사업자들의 합리적 판단을 위한 충분한 정보가 제공되지 않은 점, ② 원사업자가 감액 시기를 일방적으로 정한 점, ③ 수급사업자들이 비협조할 경우 거래가 중단되거나 거래량이 축소될 수 있다는 심리적 압박감이 있었던 점 등을 이유로 수급사업자들의 자발적인 의사에 의한 동의가 아니라고 보았다(공정위 2012. 5. 15. 의결 2011건하3187 : 과징금).

원사업자는 수급사업자가 제시한 인하 안에 대하여 객관적이고 타당한 근거자료를 제시하면서 협의한 것이 아니라, 단순히 인하된 가격을 반복해서 제시하여 수용 여부를 묻는 방법으로 협의에 임하였고, 사전에 수급사업자의 경쟁사에게 견적을 의뢰하거나 자체적으로 설계원가를 산출한 사실이 없음에도 불구하고 마치 이와 같은 자료가 있는 것처럼 수급사업자를 기만하였으며, 수급사업사가 단가인하 협의 과정에서 경영악화를 이유로 거래물량이 많은 3개 품목은 대상에서 제외하여 줄 것을 지속적으로 요청하였음에도 불구하고, 원사업자는 이에 대해 단가를 인하했다는 점 등에 비추어, 단가 인하에 대한 합의의 진정성이 있다고 볼 수 없다(공정위 2013. 6. 26. 의결 20122전사0737).

원사업자는 16개 수급사업자들의 개별적인 사정을 고려하지 않은 채 원사업자가 임의로 정한 시점을 변경단가 적용일로 획일적으로 결정하여 이를 통보하였고, 단가 인하합의 과정에서 16개 수급사업자들의 의견을 반영하지 않고 원사업자가 계획한 목표를 거의 그대로 관철시켰으므로, 원사업자가 인하된 단가를 소급하여 적용하기로 16개 수급사업자들과 합의한 사실이 있다 하더라도, 합의의 진정성을 인정하기 어렵다(공정위 2012. 5. 18. 의결 2011건하3187).

나. KPI 성과평가 결과를 기초로 하위 수급사업자들에게 패널티로 하도급 대금을 감액하는 행위

원사업자가 '외주직업 평가기준'을 수립한 후 자신과 거래하는 수급사업자를 대상으로 KPI 성과 평가를 실시하여 상위업체에게는 인센티브로 하도급대금에 추가로 성과보수를 지급하고 최하위 업체에게 페널티로 하도급대금을 삭감하였다면, 하도급법 제11조 제1항의 부당감액에 해당한다. ① 원사업자가 제출한 KPI 성과평가제도 설명회 자료에 페널티 금액을 환수한다는 내용이 없는 점, ② 수급사업자의 작업수행능력 향상을 도모할 목적의 성과평가라면 업체별로 인센티브를 차등하여 지급하는 등의 방법이 가능함에도 이미 지급된 하도급대금에서 일정 금액을 환수한 것은 정당한 행위라고 인정하기 어려운 점, ③ 원사업자가 수급사업자로부터 페널티 금액을 환수받은 시점은 새로운 하도급계약을 체결하기 불과 이틀 전이었던 점 등을 고려한 것이다(공정위 2016. 4. 12. 의결 2015건하4112 : 과징금).

다. 목적물 수령일로부터 60일 이내에 조속히 지급하였거나 또는 결제방 식을 수급사업자에게 유리하게 변경했다는 이유로 할인료 명목으로 감액하는 행위

하도급계약서에는 대금지급 기일이 구체적으로 명시되어 있지 않고, 단지 "원사업자의 대금지급 조건에 따른다"고 규정되어 있는데 원사업자가 목적물 수령일로부터 60일 이내에 대금을 지급하면 되는데 15일만에 지급하였다는 이유로 할인료 명목으로 일정 금액을 하도급대금에서 감액했다. 그러나 하도급대금의 지급기일이 정해져 있지 아니한 경우 '목적물 등의 수령일'이 지급기일이 되기 때문에(하도급법 제13조 제1항, 제2항), 당사자간에 하도급대금 지급기일을 구체적으로 정하지 않았다면 목적물수령일이 바로 하도급대금

지급기일이 될 수 있다(하도급법 제13조 제2항). 그래서 하도급대금을 목적물수령일로부터 15일째 되는 날에 지급하였더라도 일찍 지급한 것이라 단정할 수 없다. 이런 점에서 공정 거래위원회는 할인료 명목으로 감액한 행위는 아무런 근거 없는 것이므로 부당한 하도급 대금 감액에 해당한다고 보았다(공정위 2016. 2. 5. 의결 2015부사1981 과징금).

원사업자가 하도급대금을 감액한 이유가 조기 현금화의 어려움(사채시장에서 할인 또 는 담보제공 후 은행 할인 등)과 고율의 할인료(10%~13%)를 적용하는 실물 어음 대신 담보 등의 제공없이 즉시 현금화가 가능하고 할인율 또한 회사 신용도와 상관없이 저렴 (5%~6%)한 기업구매카드로 하도급대금을 결제하였고 그로 인해 수급사업자가 고율의 할인료와 담보 부담에서 벗어났다 하더라도, 하도급대금에서 할인율을 적용해 감액한 것 은 부당감액에 해당한다(공정위 2008. 5. 13. 의결 2007하개2836).

라. 원사업자가 부담해야 하는 안전관리보건비를 하도급대금에서 공제하 거나 하도급계약에 규정되지 않은 폐기물처리비용을 하도급대금에서 공제하는 행위

원사업자는 「산업안전보건법」에 따라 안전보건관리비를 부담해야 하므로, 원사업자가 수급사업자에게 안전보건관리비를 하도급대금에서 공제하거나 지급한 하도급대금을 환 수하는 방법으로 하도급대금을 감액한 행위는 법 제11조 제2항 제8호에 해당하여 정당한 사유에 의한 행위로 볼 수 없으므로 법 제11조 제1항에 위반되어 위법하다. 아울러 원사 업자가 수급사업자에게 제조위탁할 때 하도급대금을 감액할 조건 등을 명시하지 아니하 고 위탁하였음에도 불구하고 일방적으로 폐기물처리비를 부담시키고 폐기물처리비를 수 급사업자의 하도급대금에서 공제하거나 지급한 하도급대금을 환수하는 방법으로 하도급 대금을 감액한 행위는 법 제11조 제2항 제1호에 해당하여 하도급대금을 감액할 수 있는 정당한 사유에 의한 행위로 볼 수 없으므로 법 제11조 제1항에 위반되어 위법하다(공정위 2019. 7. 18. 의결 2017기정1223).

마. 인하된 단가를 결정일보다 소급하여 적용하는 행위는 부당감액

휴대폰 부품 납품단가 정산과 관련하여 인하 단가 소급적용이 문제된 사안에서, 서울고 등법원은 하도급법 제11조 제2항 제2호에서 금지되는 단가 인하 합의의 소급적용은 원사 업자와 수급사업자 사이에 소급적용에 관한 외형상 합의가 있는 경우까지 포함된다고 해 석하면서, 그 문언 및 입법취지를 고려하면 단가 적용일에 관한 합의가 언제 있었는지를 불문하고 단가 인하에 관한 합의 내용을 이미 발주된 부분에 대하여 적용하는 것은 소급 적용으로서 금지된다고 판단하였다(서울고등법원 2018누57485 판결, 대법원에서 그대로 확정).

연간 공급계약을 통해 제조위탁하는 거래관계에서 원사업자가 작년보다 인하한 단가를 소급하여 적용하는 행위는 부당감액에 해당한다. 원사업자는 월말 마감 정산을 하기 때문에 합의시점을 기준으로 단가를 결정할 경우 정산과정이 매우 복잡해져서, 익월 1일 또는 당월 1일을 기준으로 하도급대금을 결정할 수밖에 없었고 정상적인 거래관행에 해당한다고 주장하였지만 공정거래위원회는 감액의 정당한 사유에 해당하지 않는다고 판단하였다(공정위 2015. 8. 3. 의결 2013서제3358).

소급적용에 관한 합의서의 기초가 된 물량증가, 생산성 향상, 공정개선, 약정인하 사유가 존재하지 않고, 단가인하 소급기간이 9개월에서 23개월에 달하는 장기간으로 수급사업자에게 불리한 것이라는 점을 감안할 때, 단가 인하에 관한 합의의 진정성을 인정할 수 없다(공정위 2012. 8. 30. 의결 2012제하1077).

원사업자는 이 사건 수급사업자 외 다른 사업자들 및 이 사건 일부 수급사업자들에게 단가인상분을 소급적용한 경우도 있었으므로 단가인하분을 소급적용한 것에만 한정하여 법 위반으로 판단하는 것은 부당하다는 점, 단가인하요인이 발생하였음에도 인하협의에 오랜 시일이 소요되어 인하요인 발생시점까지만 소급한 것인 바, 이는 협의가 지연됨을 고려한 업무관행에 불과한 것인 점, 인하된 단가를 적용할 시점을 인하요인이 발생한 시점으로 하는 것이 합리적이라는 당사자간의 상호합의 하에 소급한 것인 점 등을 들어 이 사건 감액행위가 부당하지 않다고 주장한다. 하지만 원사업자는 단가인상분도 일부 소급 적용하였다고 주장하나, 대부분 이 사건 수급사업자 관련 사항은 아니고 일부 해당되는 부분도 그 인상분이 감액된 부분에 비해 매우 미미하며, 만약 소급인상분이 있음을 이유로 소급감액을 허용한다면 오히려 소급인상을 빌미로 더 많은 금액을 감액하는 탈법적인 행위가 우려되는 점, 앞서 본 바와 같이 단가인하의 경우 감액된다는 거래조건이 명시된 바 없는 상태에서 협상을 개시하여 단가인하합의를 일방적으로 이끌어낸 후 형식적인 합의서를 구비하여 이것이 자발적 합의이고, 그 합의의 취지에 맞게 소급적용하는 것이 업무 관행이라고 하는 주장은 형평을 잃은 것으로 판단되고, 인하된 단가의 소급적용으로 인해 수급사업자는 거래상 현저히 불안정한 상태에 놓이게 되는데도 그 협의과정에서 수급사업자의 입장을 고려하는 등의 정황도 찾을 수 없는 등 제반정황을 고려할 때, 이 사건 소급감액이 부당하지 아니한다는 원사업자의 주장은 이를 받아들이지 아니한다(공정위 2007. 7. 26. 의결 2006부사0173, 0614, 0810, 4620).

마-1. 기간별 하도급계약 기간이 종료되고 새로운 계약이 아직 체결되지 않은 상태에서 이전 계약단가를 가단가로 적용한 것이라면, 인하된 단가를 소급하여 적용하는 것은 이미 결정된 대금을 감액하는 것이 아니라 이미 공급된 것에 대한 하도급대금을 사후에 결정하는 행위

원사업자와 수급사업자들은 분기별로 납품단가를 결정하고 있으므로 전 분기의 단가는 다음 분기의 하도급거래에 적용되지 않는다. 전 분기의 단가는 다음 분기의 단가에 관한 협의가 지연될 경우 가단가로 적용될 뿐이다. 따라서 이 사건 감액행위의 실질은 분기별로 적용되는 납품단가에 관한 협의가 다소 지연될 경우 기존 단가를 가단가로 하여 우선 발주를 내고 나중에 단가합의가 완료되면 가단가로 발주된 부분에 대해서 확정된 단가를 적용하는 정산의 문제, 즉 하도급법 제4조가 규정하는 '하도급대금의 결정' 문제이지 하도급법 제11조가 규정하는 '이미 확정된 하도급대금의 감액' 문제가 아니다. 그런데도 공정거래위원회는 이 사건 감액행위를 하도급대금의 감액 문제로 보고 하도급법 제11조를 적용하여 이 사건 처분을 한 바 이 사건 처분은 사안과 무관한 법 규정을 잘못 적용한 위법이 있다(서울고등법원 2019. 8. 22. 선고 2018누57485 판결).

바. 높은 하도급대금을 받아온 것이 사실이더라도 일방적인 감액은 부당

수급사업자들이 부당하게 높은 단가를 적용받아왔다 하더라도 이를 이유로 아무런 협의과정도 없이 일방적으로 단가를 인하한 행위는 그 정당성을 인정받을 수 없다(공정위 2012. 6. 29. 의결 2011부사1843, 1844).

사. 고위임원이나 계약담당 부서가 현업부서가 산정한 하도급대금을 감액한 경우는 부당감액

현장 작업관리를 담당하는 원사업자의 직원이 (정해진 하도급대금 산정방식에 따라) 추가작업량에 따른 하도급대금을 산정하였지만 결재과정에서 전결권자인 부사장의 20% 감액 지시에 따라 당초 기안한 하도급대금 중 일부를 감액하여 수급사업자에게 지급한 행위는, 고위임원의 지시에 따라 일방적으로 하도급대금의 일정 비율을 삭감하였다는 점에서 원사업자 내부의 경영정책적 필요에 의한 감액으로 부당감액에 해당한다(공정위 2009. 4. 7. 의결 2008구사4229).

공정거래위원회는 원사업자의 경영기획실은 생산팀이 수급사업자로부터 수령하였다고 인정한 목적물을 인정하지 아니하거나 공사물량을 일방적으로 삭감하는 방법 등으로 생산팀이 인정한 수급사업자의 추가공사대금을 삭감하여 지급한 경우 부당감액에 해당한다고 판단하였다. 동 사건에서 원사업자는 생산팀이 수급사업자와의 밀접한 관계 때문에 공사물량을 과장하는 경우가 많이 있고, 생산팀이 산정한 수급사업자들의 추가공사대금은 참고자료에 불과하며, 계약담당부서인 경영기획실이 계약서에 근거하여 수급사업자들의 추가공사대금을 결정하고 이를 매월 기성금 지급시 수급사업자들로부터 확인받았다면서, 하도급대금의 부당 감액행위에 해당되지 아니한다고 주장하였으나, 교섭력이 열악한 위치에 있는 수급사업자로서는 원사업자와의 계속적 거래관계를 유지하기 위해서는 실질적으로 원사업자가 결정한 감액을 수용할 수밖에 없다는 점을 감안하면 수급사업자의 확인 자체가 대등한 당사자간의 합의로 보기는 어렵다고 판단하였다(공정위 2007. 7. 26. 의결 2006부사0173, 0614, 0810, 4620).

아. 사소한 하자를 이유로 한 감액

원사업자는 납품검사단계에서 불량품이 발견된 경우 반품 및 교환하는 방법을 통하여 해결하는 것이 적정함에도 불구하고 페널티를 부과하였고, 하도급 목적물이 원사업자의 창고에서 발주자의 자동차 생산라인까지 옮겨지는 과정에서 제품불량이 발생할 수 있는데도 수급사업자에게 불량의 책임을 모두 돌려 페널티를 부과하였으며, 원사업자는 발주자로부터 납기지연 및 제품불량을 이유로 페널티 금액을 부과받은 사실이 없는 바 원사업자의 손해발생에 영향을 미치지 않는 경미한 수급사업자의 과오를 이유로 일방적으로 하도급대금을 감액한 것으로서 부당한 하도급대금 감액 행위에 해당한다(공정위 2006. 10. 30. 의결 2005전사1087).

자. 정산합의가 부당감액에 해당하더라도 민사적으로 무효로 볼 수 없지만, 불법행위에 해당할 수 있다.

(정산합의가 부당감액에 해당한다 하더라도) 그로 인하여 수급사업자가 심각한 경영난에 빠졌다고 볼 수 없다면, 정산합의가 수급사업자의 궁박한 상태에서 이루어진 불공정한 법률행위로서 무효라고 볼 수 없다. 또한 하도급법 제11조가 부당감액약정의 효력에 관하여는 아무런 규정을 두지 않는 반면 그 규정을 위반한 원사업자를 벌금형에 처하도록 하면서 그 규정 위반행위 중 일정한 경우만을 공정거래위원회에서 시정조치를 명하거나 과징금을 부과하도록 규정하고 있을 뿐이므로, 위 규정은 그에 위배한 원사업자와 수

급사업자 간의 계약의 사법상의 효력을 부인하는 조항이라고 볼 수 없다. 다만, 정산합의가 수급사업자에게 책임을 돌릴 사유가 없음에도 불구하고 원사업자의 우월적 지위를 이용하여 수급사업자의 자발적 동의에 의하지 않고 하도급대금을 부당하게 감액한 것이라고 인정되는 경우에는, 위 각 정산합의가 민법상 유효한지 여부 및 위 각 정산합의 과정에서 사기·강박 등의 정도에 이르는 행위가 있었는지 여부와 관계없이 그 자체가 하도급법 제11조에 위반되는 불공정 거래행위에 해당하는 것으로서 위 규정에 의하여 보호되는 수급사업자의 권리와 이익을 침해하는 불법 행위를 구성한다(대법원 2011. 1. 27. 선고 2010다53457 판결).

차. 원도급계약의 순공사비에 따라 설계변경에 따른 하도급대금을 정산하기로 한 특약에 따른 행위는 부당감액에 해당하지 않음

원사업자와 수급사업자가 하도급공사에 대한 설계변경 등에 따라 하도급 공사대금을 정산하여야 하는 경우에 공종별 개개공사내역의 수량 변동을 계산의 기초로 삼을 것이 아니라 원도급계약의 공사대금 중 이 사건 공사에 해당하는 순공사비 총액을 기준으로 정산하기로 하는 특약을 체결하였는데, 이러한 특약은 하도급법 제16조 제1항을 위배하거나 이를 우회하여 하도급법 제11조 제1항을 실질적으로 면탈하기 위한 것이라고 볼 수 없으므로, 하도급 공사대금을 정산함에 있어서는 이 특약을 하도급법 제16조 제1항에 우선하여 적용하여야 한다(서울고등법원 2010. 10. 13. 선고 2009누31429 판결).

카. 유상사급자재에 대한 단가인하를 소급적용한 결과 하도급대금이 감액되더라도 부당감액이 아님

유상사급자재인 철판가격이 하도급단가를 구성하는 요소인 재료비로서 하도급단가는 유상사급자재인 철판가격을 반영하여 결정되기 때문에 철판가격이 인하될 경우 원사업자는 그 인하된 가격을 기준으로 철판을 공급하고 대금을 청구하므로 하도급단가 또한 철판가격의 인하 시점에 그 인하분 만큼을 인하할 수 있으나, 원사업자가 철판가격 인하 시점에 하도급단가를 인하하지 못함에 따라 그동안 수급사업자에게 납품대금을 더 많이 지급하게 되는 경우라면, 사후적으로 유상사급자재 단가인하를 반영하여 하도급대금을 감액하는 것을 사후정산으로 볼 수 있고, 설사 유상사급자재의 인하된 단가를 소급적용하더라도 수급사업자가 받는 실질적인 하도급대금의 변동은 없어 수급사업자의 금전적인 피해는 없고, 원사업자는 유상사급자재를 공급하면서 인하된 가격을 수급사업자들에게 알려주었기 때문에 사후적으로 정산될 수 있음을 알았다 할 것이어서 실지적 합의가 있는 것으로 볼 수 있다(공정위 2018. 1. 11. 의결 2017제하0484).

💬 질의 회신 사례

[질의] 수급사업자에게 발주한 후에 수급사업자가 사용하는 원재료의 시장가격이 하락한 것을 이유로 하락분에 상당하는 금액을 당초의 하도급대금에서 공제하고 지급하는 것이 적법한지 여부는 어떠한가?

[회신] 수급사업자에게 특별히 귀책사유가 없음에도 불구하고 당초 결정된 하도급대금을 감액하는 것은 하도급법에 위반될 소지가 있다. 원재료 가격의 하락만을 이유로 당초 결정된 하도급대금을 감액하는 행위는 하도급법에서 금지하는 하도급대금의 부당 감액에 해당할 수 있다.

[질의] 원사업자의 검사 과정을 거쳐 생산라인에 투입된 부품 중에서 부품 불량이 발견되자 부품 공급업체에 불량품과 양품을 1:1로 교체해 줄 것과 동시에 추가 발생하는 인건비 상당액을 납품대금에서 상계처리하거나 현물로 보상받는 경우 하도급법에 위반되는지 여부는 어떠한가?

[회신] 하도급법 제9조(검사의 기준·방법 및 시기) 제2항은 원사업자는 정당한 사유가 있는 경우를 제외하고는 수급사업자로부터 목적물을 수령한 날로부터 10일 이내에 검사 결과를 수급사업자에게 서면으로 통지해야 하며 이 기간내에 통지하지 않는 경우에는 검사에 합격한 것으로 본다고 규정하고 있고, 법 제10조(부당 반품의 금지) 제1항은 원사업자는 수급사업자에게 책임을 돌릴 사유가 없으면 납품받은 목적물 등을 반품하여서는 안된다고 규정하고 있다.
원사업자가 검사 과정에서 불량품을 판별하여 반품 등 필요한 조치를 취하지 않고, 생산라인에 투입하여 발생한 손실은 원사업자 자신이 검사 과정을 소홀히 하여 발생한 측면도 있는 것이다.
따라서 이러한 손실 발생에 대하여 불량품과 양품을 1:1로 교체함과 동시에 추가 발생하는 인건비 상당액을 납품대금에서 상계처리하거나 현물로 보상받는 등 전적으로 수급사업자에게 전가시키는 것은 하도급법 제10조 내지 제11조(감액 금지)에 위반될 소지가 있다.

[질의] 하도급거래에 있어서 발주량 대비 입고 수량이 부족하였을 때 당사의 입장에서 볼 때 판매기회 손실을 초래하게 되는데 이 손실을 보전하기 위하여 계약서상에 손실금액 [(출고가－입고가) × 미입고 수량]을 협력업체에 청구한다는 내용을 규정해도 되는 것인가? 또한, 당사는 주로 매 시즌별로 상품을 기획하여 판매하는데 납기가 늦어져 판매 시기를 놓치게 되는 경우 매출 손실은 물론 회사 이미지에도 손상을 받게 된다. 이러한 경우 당사와 협력업체간에 서로 약정하고 손해보상금액(발주금 × 3/1,000 × 납기 지체일 수)을 협력업체에 청구해도 무방한 것인가?

[회신] 하도급거래에 있어 발주량 대비 입고 수량 부족 및 납기 지연에 따른 손실 보상문

제는 기본적으로 「민법」상 사적자치의 원칙(계약자유의 원칙)에 따라 당사자간의 자유로운 의사에 의하여 결정될 사항이다. 그러나 약정한 손실 보상금액이 사회통념 및 상관행에 비추어 과다한 경우에는 공정거래법이나 약관법에 따라 부당 또는 무효로 판단될 수 있으며, 동 손실금액을 하도급대금에서 공제할 경우는 하도급법상의 부당 감액 행위에 해당될 수 있다.

[질의] 원사업자인 '갑'과 수급사업자인 '을'이 2건의 계약(A와 B)을 체결하여 이행 중 'A' 계약 건의 경우 목적물이 검사에 불합격되어 '을'의 동의(비용 합의는 없었음)하에 제3자에게 수정 작업하도록 위탁하여 이행하였고, 'B' 계약 건은 정상적으로 납품되었는데, A 계약 건에 소요된 수정 작업비가 B 계약 건으로 지급해 주어야 할 금액보다 많아 이를 상계할 경우 하도급법에 저촉되는지 여부는 어떠한가?

[회신] 하도급법상 확정된 하도급대금을 일방적으로 공제, 감액, 지급 유보 등을 할 경우 법 위반 행위가 된다. 다만, 상계해야 할 대상 금액과 상계 방법에 대하여 양자간 합의가 성립된 경우나 목적물을 시공(제조)하는 과정에서 수급사업자의 부실 시공 등 수급사업자의 귀책사유(금액 포함)가 명백하고도 객관적으로 입증될 경우 당해 귀책 부분에 대해서는 「민법」 규정(제492조 내지 제499조)에 의한 상계가 가능할 것이다.

[질의] 수급사업자가 공급한 제품으로 인하여 원사업자가 입은 손해배상이 가능한지 여부 및 위탁시 감액 조건을 명시하지 않았을 때 수급사업자와 추가 협의 후 합의한 경우 위법 여부는 어떠한가?

[회신] 수급사업자가 공급한 제품으로 인하여 원사업자가 입은 손해배상 문제는 양 당사자가 민사적으로 해결해야 할 성격의 문제로 하도급법의 적용 대상이 아니다. 다만, 하도급법 제11조(부당 감액의 금지) 제1항 및 제2항 제2호의 규정(수급사업자와 단가 인하에 관한 합의가 성립한 후 합의 성립 전에 위탁한 부분에 대해서도 일방적으로 이를 소급적용하는 방법으로 하도급대금을 감액하는 행위는 부당감액)에 따르면 위탁시 감액 조건을 명시하지 않은 경우라도 추후 수급사업자와 합의하여 감액 조건을 정할 수 있을 것이나 이러한 감액 조건을 일방적으로 소급적용하여 하도급대금을 감액할 경우는 법 제11조 제2항 제2호에 해당되어 부당 감액에 해당될 소지가 있다.

87 부당한 하도급대금 결정 또는 부당감액시 지급명령할 금액

A 원사업자로서는 연간단가계약을 체결함에 있어 가급적 계약기간 종료 전에 갱신 여부와 갱신시 적용단가에 대하여 합의하여 결정하는 것이 필요하며, 만약 계약 기간 종료 후에 갱신계약을 체결하게 되고 이 경우 직전단가보다 낮은 단가를 적용하게 된다면 낮은 단가를 적용하게 된 이유 및 수급사업자와의 협의과정에 대한 증거를 남겨야 하고 아울러 결정된 단가를 소급적용하지 않아야 한다.

해설

가. 지급명령금액에 대한 입증책임 및 부당한 하도급대금 결정의 경우 지급명령할 금액

공정거래위원회는 당연히 지급명령을 할 수 있다. 서울고등법원도 이러한 견지에서, 부당한 하도급대금 결정에 있어서도 공정거래위원회는 원사업자에 대하여 하도급대금 등의 지급을 명하는 시정명령을 할 수 있다고 판시한 바 있다(서울고등법원 2012. 5. 17. 선고 2011누36687 판결). 예를 들어, 재입찰에 의하여 하도급대금이 부당하게 결정된 경우 원사업자에게 최소 입찰금액과 재입찰금액 간의 차액의 지급을 명할 수 있다(대법원 2010. 11. 15. 선고 2012두13924 판결). 다만, 지급명령에 있어 지급해야 하는 금액에 대한 주장·입증책임은 행정청인 공정거래위원회에 있다. 그런데 우리 법원은 아래와 같은 판결들을 통하여 지급명령할 금액에 대한 입증책임을 매우 엄격하게 요구하고 있고 그래서 계약상 정해진 대금을 지급하지 않은 미지급행위나 또는 부당대금결정이나 부당감액 중 일부 유형의 위반행위를 제외하고는 사실상 지급명령을 하지 못하고 있다.

> 대법원 2016. 2. 18. 선고 2012두15555 판결(시정명령등취소청구의소)
>
> 하도급법령이 정한 시정조치 관련 규정의 포괄성, 일률적인 비율에 의한 단가 인하가 있는 경우 정당한 하도급대금을 상정하기 어려운 점 등에 하도급법 제4조 제2항 제1호 위반행위 및 지급명령의 법적 성격 등을 종합하여 보면, 하도급법 제4조 제2항 제1호 위반행위에 대한 시정조치로서 일률적인 비율에 의한 단가 인하의 기준이 된 가격과 실제 하도급대금의 차액의 지급을 명하는 시정명령은 허용될 수 없다.

> 대법원 2018. 3. 13. 선고 2016두59430 판결(시정명령 및 과징금 납부명령 취소)
>
> 하도급법 제4조 위반으로 인한 지급명령은 공정거래위원회가 간편하게 손해배상 등의 지급을 명하는 것이라고 할 수 있다. 하도급법 제4조 제2항 제1호나 제5호 위반으로 인한 지급명령이 허용된다면 그 지급명령은 당사자 사이의 사적 자치에 따라 정하여졌을 대금액을 전제로 하여야 한다. 그런데 제1호 위반행위나 제5호 위반행위가 있다고 하더라도 각 품목이나 거래별로 개별적 사정이 있을 수 있어 위반행위 전의 단가가 당연히 지급명령액 산정의 기준액이 된다고 단정할 수 없고, 제1호 위반행위나 제5호 위반행위의 성질상 이러한 위반행위가 없었더라면 원사업자와 수급사업자가 실제 정하였을 대금액을 상정하기도 어렵다. 따라서 제1호 위반행위 또는 제5호 위반행위에 대한 시정조치로서 지급명령은 원칙적으로 허용되지 않는다.

부당대금결정에 대한 법 제4조 제1항의 경우 '통상 지급되는 대가'에 대하여 공정거래위원회가 입증하지 못하면 지급명령을 내릴 수 없다. 또한 동 조 제2항 위반에 해당하더라도 그 위법성만 인정되는 것이지 지급명령이나 손해배상의 기준이 되는 '통상 지급되는 대가'에 대해서는 별도로 입증되어야 한다.

동 조 제2항의 일부 유형, 예를 들어 제2호의 '일정 금액을 할당한 후 그 금액을 빼고 하도급대금을 결정하는 행위'에서는 할당되어 차감된 금액을 더한 하도급대금을 '통상 지급되는 대가'로 볼 수 있고, 제7호의 '경쟁입찰에 의하면서도 최저가입찰가보다 낮은 금액으로 하도급대금을 결정하는 행위'에서는 '최저가입찰금액'을 이로 볼 수 있다.[324] 나머지 유형의 경우 '통상 지급되는 대가'를 별도로 주장·입증해야 할 것이다. 대법원은 일률적 단가 인하로 하도급법 제4조 제2항 위반으로 인정되는 사례에서 일률적인 단가 인하의 기준이 된 가격을 '통상 지급되어야 하는 대가'로 단정할 수 없고 그래서 그와 실제 하도급대금의 차이를 지급하라는 지급명령은 허용될 수 없다고 판단하였다(대법원 2016. 2. 18. 선고 2012두15555 판결). 연단가 계약에서 일률적 단가인하의 기준가격이 직전 연도 계약에서의 단가인데, 계약 갱신시에는 수요·공급의 상황, 원재료 가격 변동 등 여러 가지 사유로 직전 계약에서의 단가와 다르게 결정될 수 있기 때문에 내려진 판결로 해석된다.

관련하여 상생협력법의 해석 및 집행과 관련한 중소벤처기업부 예규인 「위탁·수탁거래 공정화에 관한 지침」 III. 6. 나.에서 '통상 지급되는 대가'의 산정과 관련하여 다음과 같은 규정을 두고 있다.

---

324) 재입찰에 의해 하도급대금이 부당하게 결정되었다면 원사업자에게 최초 입찰금액과 재입찰금액 간의 차액의 지급을 명하는 것은 비례원칙에 위반되지 않는다(서울고등법원 2012. 5. 17. 선고 2011누36687 판결).

> 나. "통상적으로 지급되는 대가"
>
> "통상적으로 지급되는 대가"는 같은 종류이거나 유사한 물품에 대해 동일 또는 유사한 시기에 다른 수탁기업에게 지급한 대가 혹은 해당 수탁기업에게 이전에 지급한 대가를 기준으로 하되 시장상황, 물가상승률, 원자재 가격, 인건비 변화 등을 고려하여 판단한다. 해당 물품 등에 대해 같은 종류이거나 유사한 물품이 없는 경우, 물품 등에 대한 제조 원가에 해당 수탁기업의 전년도 영업이익률에 따른 액수를 더한 금액을 기준으로 한다.

'통상 지급되는 대가'는 세법상의 시가 또는 공정거래법상의 정상가격과 사실상 같은 개념인데, 단순히 개별 기업의 원가에 적정한 이익을 가산한 것으로 정하는 것은 '시가'나 '정상가격'의 개념에 부합하지 않을 수 있다. 개별기업마다 원가가 다 다를 수 있을 뿐만 아니라 수요·공급 상황에 따라 이익률 역시도 다를 수 있기 때문에, 원가에 적정 이익을 반영한 것을 시장가격이라고 단정할 수 없기 때문이다. 더욱이 이러한 지침의 법규성이 인정되기 어려우므로 이후 법원에 의하여 그 효력이 부인될 가능성을 배제할 수는 없다. 하지만 '시가' 산정 및 입증의 난점으로 사실상 집행이 어려운 측면이 있음을 감안할 때 좋은 시도라고 생각된다. 차제에 법규성 논란이 없는 대통령령이나 법률에 해당 조항을 두는 것이 바람직하고, 아울러 하도급법에서도 대통령령이나 법률에 이러한 보충적인 '시가' 산정규정을 두는 것이 요망된다.

나. 부당감액의 경우 지급명령할 금액

하도급법 제11조의 부당감액의 경우 지급명령할 금액에 대한 입증은 대체로 부당대금 결정에 비하여 수월하다. 정당한 사유 없이 당초 결정된 하도급대금보다 감액한 경우라면 감액한 금액에 대하여 지급명령을 내리면 되기 때문이다. 만약 부당한 감액행위가 없었더라도, 원사업자와 수급사업자 간에 자유로운 협의에 의하여 감액되었을 것이라 하더라도 이는 특별한 사정일 뿐 아니라 기본적으로 감액의 정당한 사유에 대한 입증책임이 원사업자에게 있기 때문에, 자유로운 협의에 의하였다 하더라도 일부 감액되었을 것이라는 사정과 감액 금액에 대하여 원사업자에게 입증책임이 있다고 보여진다.

구체적으로 살펴 보면, 하도급법 제11조 제2항의 부당감액 간주 유형 중 제1호(계약에 의하지 않고 협조요청이나 발주취소 등 불합리한 이유로 감액), 제2호(단가 인하 합의의 소급적용에 의한 감액), 제6호(물가 및 원자재 가격하락을 이유로 한 감액), 제7호(경영적자 등 불합리한 이유로 감액), 제8호(고용보험료 등 원사업자가 부담해야 할 비용을 수급사업자에게 부담시키는 감액)의 경우에는, 자유로운 협의에 의하더라도 감액될 가능성이 거의 없으므로 감액된 금액 전부에 대하여 지급명령을 하면 된다.

　제11조 제2항의 간주유형 중 제3호(현금지급 또는 기일전 지급을 이유로 지나친 감액)의 경우에는 현금지급이나 기일전 지급에 따라 수급사업자가 얻는 이익 또는 원사업자가 추가로 부담하는 비용 정도가 자유로운 협의가 있었더라도 정해졌을 감액금액일 것이므로 이에 대하여 원사업자의 입증이 있다면 감액 금액 중 그 금액을 제외한 것을 지급명령 하면 될 것이다. 제4호(사소한 과오를 이유로 감액하는 행위)의 경우 수급사업자의 귀책으로 원사업자가 입은 손해에 대하여 원사업자가 입증하면 감액금액에서 그 손해를 공제한 금액이 지급명령금액이 될 것이다. 제5호(물품대금 및 장비대여 대가를 과도하게 공제하는 감액)의 경우, 정당한 물품대금 및 장비대여 대가를 원사업자가 입증하면 감액금액에서 그 금액을 공제한 것이 지급명령금액이 될 것이다.

88 하도급대금을 지급기일 이전에 지급하면서 그 금융비용조로 일부를 공제하고 지급한 경우 부당감액인지 및 지급명령의 대상인 금액은?

A　지급기일 이전에 하도급대금을 지급하게 되면 수급사업자로서는 금융적 이익 및 유동성 확보를 얻게 되고 원사업자로서는 이에 대응하는 부담을 지게 되는 것이므로 적정한 수준의 금융비용을 제외하고 하도급대금을 지급하는 것을 부당하다고 보기는 어렵다. 다만, 공제해야 할 적정한 수준의 금액비용에 대한 입증책임은 원사업자에게 있다고 보아야 한다.

해 설

　원사업자가 수급사업자와의 계약상 규정되어 있는 대금지급기일(예를 들어 목적물 수령 후 60일)보다 조기에 대금을 지급하면서 조기 지급된 기간 동안의 금융비용을 공제하는 것은, 그 금융비용이 적절한지 여부는 별론으로 하고, 상관습상 크게 문제되지 않을 수 있다. 수급사업자는 자금 유동성 확보라는 이익을 얻는 대가로 금융비용을 부담하는 것으로 볼 수 있기 때문이다.

　이에 대해 하도급계약에서 대금지급방식을 정해 놓지 않은 상황에서 막연히 현금으로 지급한다는 이유로 감액지급하는 것은 허용되지 않으며, 지급기일이 정해져 있지 않음에도 조기지급한다는 이유(예를 들어 목적물 수령일로부터 60일 이전에 지급한다는 이유)로 감액하는 것은 위법하다는 견해가 있다(동 견해가 하도급계약에서 어음으로 지급하기로 정하였지만 현금으로 지급하면서 고시된 어음할인율 범위 내에서 지급기간을 감안하여 감액하는 것이나, 하도급계약에 정해진 대금지급기일보다 앞당겨 지급하는 경우에는 적정하게 감액하는 것까지 위법하다고 보는 것은 아니다).[325] 하지만 하도급법 제11조 제2항 제3호는 하도급대금을 현금으로 또는 지급기일 전에 지급함을 이유로 '과도하게' 하도급대금을 감액하는 것을 금지하고 있을 뿐이어서, 현금 또는 조기에 지급함을 이유로 적당한 범위에서 감액하는 것까지 금지한다고 볼 수는 없다. 또, 하도급계약에서 지급기

---

325) 송정원, 앞의 책, 98, 99면

일이 정해져 있지 않다면 하도급법 제13조 제1항에 따라 목적물 수령일로부터 60일이 지급기일이 되는 것이므로, 이보다 앞당겨 지급하게 되면 수급사업자에게 적정한 금융비용만큼 이익이므로 달리 취급할 이유가 없다. 따라서 적정한 금융비용을 초과하여 감액하지 않는다면 법위반이라 볼 수 없다.

만약 적절한 금융비용보다 과도하게 감액한 경우, 부당감액금액을 감액한 전체 금융비용으로 보아야 하는지 아니면 적절한 금융비용을 초과한 금액으로 보아야 하는지 문제이다. 공정거래위원회 실무는 전자의 입장으로 보인다. 하지만 본 조에서 위법으로 본 것은 감액이 아니라 '과도한' 감액이다. 대금지침에서도, 위반행위의 예시로 원사업자가 계약한 지급조건보다 앞당겨 현금으로 지급하면서 당시의 예금은행 가중평균 여신금리(한국은행 발표)에 해당하는 금액을 초과하여 감액하는 행위를 들고 있다. 그렇다면 정당한 감액의 수준을 넘어서서 부당하게 감액된 부분만을 위반금액으로 보아야 하므로 후자의 견해가 타당하다.

여기서 적절한 금융비용을 어떻게 산정할 것인지도 논란이 될 수 있는데, 통상 원사업자가 조기지급하면서 추가부담하게 되는 금융비용이나 수급사업자가 이익을 보는 금융비용 등은 객관적으로 확인하기 어렵고 또 분쟁의 소지가 있다. 오히려 대금지침의 위반행위 예시와 마찬가지로 객관적인 금융지표인 예금은행 가중평균 여신금리(한국은행 발표)를 적절한 금융비용으로 보는 것이 합당하다.

관련하여, 서울고등법원은 하도급계약상으로는 명확하지 않지만 그 하도급대금이 목적물 수령일로부터 60일이 되는 날 지급되는 경우의 금액이고 그 이전에 지급되는 경우 원사업자가 발주자로부터 받은 어음의 할인율(연 4.99%)에 해당하는 금액을 공제하여 지급하기로 원사업자와 수급사업자 간에 합의한 것으로 인정되는 경우라면 부당감액이 아니라고 보았다(서울고등법원 2016. 11. 11. 신고 2016누38831 판결). 묵시적으로 인정되는 합의가 수급사업자의 자발적인 동의에 의한 것으로 본 것이기도 하지만 원사업자가 발주자로부터 해당 공사와 관련하여 받은 어음의 할인율 상당을 공제한 것으로 원사업자가 전혀 이익을 본 것이 없어 '지나치게 하도급대금을 감액'한 것으로 보지 않았기 때문에 내려진 판결로 이해한다.

한편, 지급명령할 금액은 감액금액에서 자유로운 협의가 있었더라도 정해졌을 감액금액인 현금지급이나 기일전 지급에 따라 수급사업자가 얻는 이익 또는 원사업자가 추가로 부담하는 비용 정도를 공제한 금액이 될 것이다. 부당감액에서 감액해야 하는 정당한 사유는 물론 이 경우 감액되었을 금액에 대하여도 원사업자에게 입증책임이 있다 할 것이므로, 적정한 금융비용으로 공제하여야 할 금액에 대한 입증책임은 당연히 원사업자에게 있다.

89 부당한 경제적 이익 제공 금지의무 관련 심결 및 판례

(1) 원사업자가 수급사업자에게 오피스텔 분양을 요구하는 것은 부당한 경제적 이익 제공 요구

원사업자가 수급사업자에게 선급금을 지급하는 즉시 수급사업자로 하여금, 원사업자의 1대 주주가 대표로 있는 시행사 및 분양사가 건설하는 오피스텔을 분양받도록 한 것은 경제적 이익 제공을 강요한 것이다(서울고등법원 2012. 5. 6. 선고 2011누10340 판결 : 시정조치명령취소 청구, 상고기각).

(2) 선급금 지급 등 혜택을 제공했다 하더라도 미분양 아파트를 분양받도록 하는 것은 부당한 경제적 이익 제공요구

원사업자가 수급사업자에게 미분양 아파트 구입에 따른 경제적 손실을 보전해주기 위해서 선급금을 지급하였을 뿐만 아니라, 수급사업자로부터 물품을 구입했다고 하더라도, 자신의 관계회사가 공급한 미분양 아파트를 해소하기 위하여 수급사업자에게 하도급거래 조건으로 이를 분양받도록 한 것은 경제적 이익 제공을 강요한 것이다(공정위 2015. 8. 5. 의결 2012건하3504 : 시정명령).

(3) 지명경쟁입찰 참여 조건으로 미분양 아파트를 분양받도록 하는 것은 부당한 경제적 이익 제공행위

원사업자가 지명경쟁입찰에 참여하기 위한 조건으로 수급사업자로 하여금 원사업자의 미분양 아파트를 분양받도록 한 것은 경제적 이익 제공을 강요한 것이다(공정위 2013. 1. 18. 의결 2012건하0236 : 시정명령).

(4) 하도급계약에 포함되었는지 여부와 무관하게 일반적·통상적으로 포함되었을 것으로 예상되는 범위를 넘어선 경제적 부담은 부당한 경제적 이익 제공 요구에 해당

하도급법 제12조의2 규정의 입법취지를 위와 같이 본다면, 원사업자가 당해 하도급법에 일반적·통상적으로 포함될 것으로 예상되는 범위를 초과하여 수급사업자에게 어떠한 경제적 부담을 지우는 경우, 이는 위 규정의 규율대상에 포함되는 것으로 봄이 상당하다. 또한 어떠한 경제적 부담이 하도급계약에 일반적·통상적으로 포함될 것으로 예상되는 범위에 속하는 것인지의 여부는 당해 하도급계약 및 경제적 부담의 실질적인 내용 내지 의미를 따져 결정되어야 할 것이지, 그러한 경제적 부담이 하도급계약의 내용 중에 형식적으로 포함되어 있는지의 여부에 따라 좌우될 것이 아니다(만약 이와 반대로 해석한다면, 협찬금, 장려금, 지원금 등 전형적으로 위 규정의 규율대상이 되는 경제적 부담이라도 어떠한 하도급계약의 내용 중에 포함되어 있기만 하다면 위 규정의 적용대상에서 제외된다는 부당한 결론에 이르게 된다)(서울고등법원 2008. 12. 18. 선고 2008누15253 판결 : 시정조치 등취소, 상고기각).

(5) 의류 제조위탁을 하는 경우라도 하도급거래와 관계없는 의류를 구매하여 제공하도록 하는 것은 부당한 경제적 이익 제공행위

원사업자는 당시 유행을 파악하여 자신의 신제품 개발에 이용할 목적으로 수급사업자에게 이 사건 하도급거래와 관계없는 제3자의 의류를 구입한 후 자신에게 제공하게 하는 방식으로 경제적 이익을 제공하도록 하였다. 이 사건에서 제품의 기획 및 디자인은 원사업자의 업무이고, 수급사업자는 원사업자가 디자인한 의류를 생산의뢰서에 따라 제조하는 업무만을 위탁받으므로 제품 기획 등에 필요한 의류를 구입할 법적 의무가 없으며, 따라서 원사업자의 이 사건 위반행위에 정당한 사유가 있다고 볼 수 없다. 원사업자의 행위는 정당한 사유 없이 수급사업자에게 원사업자를 위하여 경제적 이익을 제공하도록 한 행위로서 법 제12조의2의 규정에 위반되어 위법하다(공정위 2019. 7. 22. 의결 2018서제2943 : 시정명령).

(6) 수급사업지 임직원을 대상으로 '사급자재 관련 연대보증약정서' 징구는 부당한 경제적 이익 제공행위

수급사업자로부터 무상으로 파이프 피스를 지급하면서 무상 사급자재에 대한 '지급보증증권'을 받고도 수급사업자의 임직원을 대상으로 '사급자재 관련 연대보증 약정서'를 추가로 받도록 한 것은 경제적 이익 제공을 강요한 것이다(공정위 2009. 3. 20. 의결 2008하개2326 : 시정명령).

(7) 손실분 보전 명목으로 납품물량의 일정 비율 무상입고 요구는 부당한 경제적이익 제공요구

원사업자가 수급사업자와 폴리백(POLY BAG)등을 납품하는 단가계약을 체결하면서 수급사업자로부터 실 납품 수량 대비 5%를 손실(Loss)분으로 무상입고하도록 한 것은 수급사업자에게 경제적 이익을 강요한 것이다(공정위 2009. 1. 20. 의결 2008하개2671 : 시정명령).

(8) 원사업자에게 판매장려금 제공하도록 한 것은 부당한 경제적 이익 제공요구

수급사업자에게 자기상표부착상품 제조 위탁과 관련하여 납품 계약을 체결하면서 자기를 위하여 일방적으로 판매장려금을 제공한 것은 수급사업자에게 경제적 이익을 강요한 것이다(공정위 2008. 3. 4. 의결 2008하개2671 : 시정명령, 과징금).

질의 회신 사례

[질의] 건설업도 유상사급제도를 도입할 수 있는지 여부와 도입한다면 하도급법 제5조(물품 등의 구매 강제 금지)에 위반되는지 여부는 어떠한가?

[회신] 유상사급과 관련된 실례로 모 건설사의 경우 수급사업자가 A자재의 가격 급등으로 수급에 어려움을 호소하자 동 자재를 구매하여 자재를 공급하고 나중에 기성 지급시 당초 계약된 A자재의 하도급계약 단가로 상계처리한 사례가 있는 바 이와 같은 유상사급제도는 수급사업자에게 물품 등을 사용하도록 강요한 것이 아니므로 하도급법 제5조에 위반된다고 보기 어렵다.

[질의] 공정위가 갑에 대하여 을에게 하도급대금을 지급하라는 시정명령을 내렸는데 을의 채권단(이하 '채권단'이라 한다)은 이 시정명령을 근거로 법원으로부터 "갑은 을에게 지급할 하도급대금을 을에게 지급하지 말고 채권단에게 지급하라"는 전부명령을 받았다. 이와 같이 전부명령이 확정된 경우에 시정명령의 이행은 어떻게 되는가?

[회신] 갑의 을에 대한 하도급대금 지급 문제 : 갑은 전부명령으로 인하여 을에게 시정명령에 따른 하도급대금을 법률상 지급할 수 없는 상황이므로 을에게 하도급대금을 지급하지 않았다고 하여 시정명령 불이행으로 볼 수는 없을 것이다.

갑의 채권단에 대한 하도급대금 지급 문제 : 전부명령으로 을은 하도급대금에 대한 채권자로서 지위를 상실하여 채권에 대하여 법률상 유효한 처분을 할 수 없으며 소송 수행도 할 수 없는 반면 권면액의 한도에서 자기의 채무를 면하게 되는 바 - 압류채권자(채권단)는 전부후(轉付後) 채권자로서 모든 위험을 부담하는 바 제3채무자(갑)가 전부 당시 또는 그 후에 무자력이 되는 등 실질적으로 전부채권이 무가치하게 되더라도 그 전부의 효력, 채권의 소멸의 효과에는 영향이 없다. - 을이 전부명령으로 하도급채권에 상응하는 채권단에 대한 채무를 면하였다면 을을 하도급법상 보호할 실익이 없을 것이므로 갑의 채권단에 대한 하도급대금 지급 여부는 공정위가 개입할 필요는 없는 문제로 사료된다.

90 건설산업기본법 및 국가계약법상 설계변경 등의 사유로 인한 하도급대금의 조정

A 건설산업기본법에도 수급인이 도급인으로부터 설계변경 또는 경제상황 변동에 따라 공사금액을 증액받은 경우 하수급인에게 동일하게 증액해 주어야 하는 하도급대금 조정제도가 있다. 관급공사에 적용되는 국가계약법의 경우 물가변동, 설계변동, 기타 계약내용 변경의 경우 계약금액을 조정해 주어야 하는 계약금액 조정제도가 있는데, 이는 하도급법상의 발주자의 대금조정에 대한 하도급대금 조정제도보다는 오히려 물가변동 등에 따른 하도급대금의 조정신청 제도에 가깝다. 하도급대금 조정신청의 경우 원사업자에게는 조정에 성실하게 응할 의무가 있지만 국가계약법의 경우 국가·지방자치단체 등은 정해진 바에 따라 조정을 해 주어야 하는 것에 차이가 있다.

해설

가. 건산법상의 규정

건산법에도 하도급법과 유사한 규정이 있다. 수급인은 도급인으로부터 설계변경 또는 경제상황의 변동에 따라 공사금액을 증액하여 지급받은 경우 동일한 사유로 목적물의 준공에 비용이 추가되는 때에는 증액받은 공사대금의 내용과 비율에 따라 하수급인에게 증액하여 지급하여야 하며, 공사금액이 감소된 때에는 이에 준하여 감액하여 지급한다(건산법 제36조 제1항). 수급사업자에 대한 통보 주체가 원사업자인 하도급법과 달리 건산법은 발주자에게 통보의무를 부여하고 있다. 발주자는 수급인에게 공사대금을 조정하여 지급한 날로부터 15일 이내에 그 조정사유와 내용을 하수급인(재하수급인 포함)에게 통보하여야 한다(건산법 제36조 제2항, 동 법 시행령 제34조의5). 건산법은 수급인이 하수급인에게 설계변경이나 그 밖의 사유로 당초 하도급계약의 산출내역에 포함되어 있지 않은 추가 또는 변경공사를 요구하는 경우 해당 공사의 하수급인에게 추가·변경공사의 내용, 금액 및 기간 등 추가·변경공사와 관련한 필요한 사항을 서면으로 요구하여야 한다는 규정을 신설하였다(건산법 제36조의2).

나. 국가계약법상의 계약금액 조정

국가가 당사자인 계약에서 계약금액을 조정하는 사유로는, ① 물가변동(국가계약법 시행령 제64조), ② 설계변경(국가계약법 제65조), ③ 기타 계약내용의 변경(국가계약법 제66조)의 3가지가 있다.

(1) 물가변동(국가계약법 시행령 제64조)

물가변동에 관하여는 계약체결일부터 90일 이상 경과함과 동시에 입찰일 기준 품목조정률이나 지수조정률이 3/100 이상 증감된 때 계약금액을 조정한다. 조정기준일부터 90일 이내에는 다시 조정하지 못하지만, 천재·지변 또는 원자재 가격급등의 경우에는 90일 이내에도 조정할 수 있다. 특정 자재의 가격증감률이 15/100 이상인 때에는 그 자재에 한하여 계약금액을 조정한다. 조정금액은 조정기준일 이후에 이행되는 부분의 대가(물가변동적용대가)에 품목조정률이나 지수조정률을 곱하여 산출하되, 계약상 조정기준일 이전에 이행이 완료되어야 할 부분은 제외한다. 계약금액의 증액은 계약상대방의 청구에 의하여야 하고, 계약상대자는 준공대가(장기계속계약의 경우에는 각 차수별 준공대가) 수령 전까지 조정신청을 해야 한다(공사계약일반조건 제22조 제3항). 청구일부터 30일 이내에 조정한다(국가계약법 제19조, 동 법 시행령 제64조, 동 법 시행규칙 제74조, 공사계약일반조건 제22조, 정부입찰·계약집행기준 제67조 내지 제70조의2 : 지방자치단체를 당사자로 하는 계약에 관해서는 지방계약법에 같은 내용의 규정이 있다).

(2) 설계변경(국가계약법 제65조)

설계변경으로 인하여 공사량의 증감이 발생한 때에는 당해 계약금액을 조정한다(국가계약법 제19조, 동 법 시행령 제65조). 증감된 공사량의 단가는 계약단가(산출내역서상의 단가)로 하고, 계약단가가 없는 신규비목의 단가는 설계변경 당시를 기준으로 산정한 단가에 낙찰률을 곱한 금액으로 한다. 계약상대자의 책임 없는 사유 또는 정부 요구에 의한 설계변경의 경우에 증가된 물량 또는 신규비목의 단가는 설계변경 당시를 기준으로 산정한 단가와 동 단가에 낙찰률을 곱한 금액의 범위에서 협의하되 협의가 안 되면 위 두 금액을 합한 금액의 50/100으로 한다(공사계약일반조건 제20조). 설계변경은 그 설계변경이 필요한 부분의 시공 전에 완료하여야 한다(국가계약법 시행규칙 제74조의2). 계약금액 조정 청구는 준공대가(장기계속계약의 경우에는 각 차수별 준공대가) 수령 전까지 하여야 조정금액을 지급받을 수 있다(공사계약일반조건 제20조 제9항). 따라서 아무런 이의도 유보하지 않은 채 준공대가를 수령한 다음에는 설계변경에 따른 물량의 증가를 원인으로 계약금액의 증액을 청구하는 것은 어려울 것으로 보인다. 설계변경으로 인한 계약금액 조정기준을 잘못 적용하는 바람에 부당하게 감액된 공사대금에 대해서는 당초의 지급기일 다음 날부터 지연이자를 지급하여야 한다(대법원 2009. 9. 10. 선고 2009다34665 판결).

(3) 기타 계약내용의 변경(국가계약법 제66조)

공사기간·운반거리의 변경 등 물가변동과 설계변경 이외의 계약내용의 변경으로 계약금액을 조정하여야 할 필요가 있는 경우에는 그 변경된 내용에 따라 실비를 초과하지 아니하는 범위 안에서 조정한다(국가계약법 시행령 제66조).

91

수급사업자의 귀책사유 없는 착공지연 또는
공기연장으로 증가한 공사비를 이유로
하도급대금 조정이 가능한지 및 이 경우
추가공사로 보아 원사업자에게 증가된 비용에
상응하는 하도급대금을 청구할 수 있는지

A 　수급사업자의 귀책사유 없이 착공이 지연되어 늘어난 간접비 등 공사비용은 원사업자가 지급해야 한다. 납기나 공기연장을 하도급대금 조정사유로 규정한 하도급법 제16조의2 제1항의 개정조항이 2020. 5. 27. 이후 위탁분부터 적용되는 것은 맞지만 착공지연에 따른 간접비 증가분 지급은 판례에 의하여 법리로 인정된 것이고 해당 하도급법 개정조항은 이를 확인하는 입법이기 때문이다. 한편, 수급사업자의 귀책없는 납기나 공기 연장은 설계변경과 같은 사유로 보아 추가공사의 일종으로 볼 수 있고 그렇다면 이에 상응하여 증가된 추가비용은 추가공사대금으로 원사업자에게 청구할 수 있다고 보아야 한다.

해설

　2019. 11. 26. 법률 제16649호로 개정된 하도급법은 제16조의2 제1항 제2호에서 "수급사업자의 책임으로 돌릴 수 없는 사유로 목적물등의 납품등 시기가 지연되어 관리비 등 공급원가 외의 비용이 변동되는 경우"를 '공급원가 등의 변동에 따른 하도급대금의 조정'의 사유로 추가하면서, 다만 부칙 제2조에서 시행일인 2020. 5. 26. 이후 최초로 위탁하는 것부터 적용한다고 규정하였다. 만약 하도급계약이 2020. 5. 26. 이전에 체결된 것이라면 개정법의 적용은 없다. 하지만 공사기간이 연장된다면 간접비 등이 추가로 소요되는 것은 건설업계의 상식이다. 착공이 지연되면 공사기간이 연장될 수밖에 없다.

　법원과 대한상사중재원은 하도급법 제16조의2가 신설되기 이전까지, 수급사업자의 부담을 완화하기 위하여, 당해 하도급계약상 설계변경 또는 경제상황 등의 변동 등을 이유로 계약금액을 조정한다는 조항이 있어 원사업자 또한 발주자로부터 공사대금을 조정받을 수 있다면(표준하도급계약에 있는 조항이므로 대부분 하도급계약서에 설계변경 등의 경우 계약금액 조정에 대한 규정이 있다), 수급사업자에게 일방적으로 불리하다거나 특별히 부당하지 않다고 판단하여 간접비 청구를 인정하여 왔다(서울중앙지방법원 2012. 1. 6. 선고 2011가합60105 판결; 대한상사중재원 2009. 2. 20. 중재 제08111−0105호). 하도급법 제16조의2는 위와 같은 법원과 대한상사중재원의 법리를 명확히 하여, 수급사업자가 이를 청구할 명시적인 하도급법상 근거를 마련한 것이다. 하도급법 제16조의2가 2020. 5. 27. 이후의 하도급 거래에만 적용된다 하더라도, 현행 하도급법 시행일 이전의 하도급 거래에 대해서는 종전 법리에 따라 간접비 청구가 인정된다.

다만, 하도급법 제16조의2 제1항 제2호에서 '관리비 등 공급원가 외의 비용이 변동된 경우'라고 규정하고 있으므로 공기 지연으로 인한 공급원가 변동에 대해서는 동호에 따른 하도급대금 조정협의를 할 수 있다.

하지만, 공급원가의 변동에 대해서는 하도급법 제16조의2 제1항 제1호에 따른 하도급대금 조정협의가 가능한 경우가 있다. 구체적으로 착공이 지연되어 공사기간이 연장되면 설계변경에 준하는 사유가 발생하는 것으로 볼 수 있고 그래서 그 전부터 존재하던 하도급법 제16조의2 제1항의 설계변경에 따른 공사원가가 변동되는 경우에 해당하는 것으로 볼 수 있다. 만약 원사업자로 발주자로부터 그 사유로 대금을 증액받았다면 하도급법 제16조에 따라 수급사업자의 하도급대금을 증액해 주어야 하고, 설사 발주자로부터 증액받지 못하였다 하더라도 수급사업자는 제16조의2 제1항에 따라 공급원가가 증가한 경우이므로 하도급대금 증액조정신청을 할 수 있다.

하급심 판례이기는 하지만 법원은 하도급계약조건 중 '설계변경 또는 경제상황의 변동 등'이라는 계약금액 조정 사유의 해석과 관련하여 위 계약금액 조정 사유에는 공사기간 연장도 포함된다고 판단하면서 위 계약금액 조정 사유에 따른 공사비 조정을 인정하는 등(서울중앙지방법원 2012. 1. 6. 선고 2011가합60105 판결 참조), 하도급계약서상 공사비 조정요구 조항이 존재한다면 이에 따른 공사비 조정을 인정하고 있다.

또한 대법원은 '국가를 당사자로 하는 계약에 관한 법률'이 적용되는 공사이기는 하지만 공기연장과 관련하여 추가공사의 일종처럼 취급하여 그로 인한 추가공사비용에 대하여 원사업자에게 지급의무가 있다고 보고 있다. 대표적인 사례가 소위 지하철 7호선 공사대금 사건이다.

대법원은 지난 2018년 지하철 7호선 공사대금 사건에서 장기계속공사계약 중 총괄계약은 잠정적 활용 기준일 뿐, 공사대금의 범위나 계약이행기간 등은 연차별 계약을 통하여 구체적으로 확정된다고 판단하였다(대법원 2018. 10. 30. 선고 2014다235189 전원합의체 판결). 그리고 이 사건은 파기환송되어 서울고등법원에서 판결되었고(서울고등법원 2020. 1. 31.

선고 2018나2064659 판결), 여전히 대법원의 판시에 따라 추가 간접비의 대부분을 인정하지 않는 판단을 하였다. 이 사건에서 건설사들은 우선 총괄계약상 예정된 준공일 이후 체결한 각 연차별 계약기간 전체에 대하여 '기타 계약내용의 변경'으로서 추가 간접비를 청구하였으나, 법원은 기존 대법원 판결을 인용하며 국가계약법령 등에서 정한 '공사기간 등 계약내용의 변경'은 구체적인 권리의무가 확정된 연차별 계약에서 정한 공사기간 등 계약내용의 변경을 의미한다며 청구를 인정하지 않았다. 다만, 각 연차별 계약의 준공대가 수령전 계약금액 조정신청에 따라 연장된 연차별 계약의 공사기간에 발생한 간접비를 추가 지급하라는 건설사들의 청구에 대하여, 법원은 계약금액 조정신청을 폭넓게 해석하며 추가 간접비의 일정 부분을 인정하였다.

특히 건설사들이 각 연차별 계약 연장으로 인한 추가 간접비임을 명시하지 아니한 채 총괄계약의 공사기간 연장에 따른 추가 간접비 청구 의사만 표시한 것이 각 연차별 계약의 공사기간 연장으로 인한 조정신청으로 볼 수 있는지와 관련하여 "계약금액 조정신청에는 각 연차별 계약의 공사기간 연장에 따른 계약금액 조정을 구하려는 의사가 포함되어 있다고 봄이 타당하다"고 판단하였다. 즉, "계약금액 조정신청은 그 취지와 내용을 가급적 선해하여 해석할 필요가 있다"고 판단하면서 "계약금액 조정신청을 할 때 주된 의사는 공사기간 연장으로 인하여 발생한 추가 간접비를 청구하는 데 있으므로, 그 조정신청에는 해당 연차별 계약의 공사기간 연장으로 발생한 추가 간접비를 청구할 의사가 포함되어 있다고 보는 것이 합리적"이라고 판시하였다. 또한 "연차별 계약상의 준공대가 수령 이전 계약상대방의 계약금액 조정신청 사실이 존재함에도, 연차별 계약의 공사기간 연장에 대한 조정신청 의사가 명시되지 않았다는 이유만으로 이를 부적법한 조정신청으로 간주한다면, 이는 사실상 계약당사자 일방에게만 기대할 수 없는 행위를 강요하는 결과가 되어 매우 부당하다"고 판시하였다.

다만, 계약금액 조정신청이 있다 하더라도 연장된 공사기간과 다음 차수 공사기간이 겹치는 부분에 대하여는 금액조정 대상에서 제외하였고, 겹치지 않는 부분만을 계약금액 조정대상으로 인정하여, 이 부분에 대하여 발주처는 건설사들에게 배상하여야 한다고 판단하였다.

92 원사업자 또는 발주자의 귀책사유로 인하여 공기연장을 하면서 하도급대금을 증액하지 않는 경우의 원사업자의 책임

A 수급사업자 귀책사유 없는 사유로 공기가 지연되면 하도급법 제16조의2 제1항 제2호의 하도급대금 조정신청 대상이므로 수급사업자가 공기연장에 따른 대금증액 조정신청을 하면 원사업자는 성실하게 조정에 응할 의무가 있고, 원사업자가 부당하게 조정에 응하지 않으면 하도급법 위반을 구성한다. 한편, 수급사업자 귀책사유 없이 원사업자의 지시 또는 요구로 공기가 연장되는 것은 사실상 추가공사 지시 또는 요구와 동일한 것이어서 원사업자는 이에 대하여 증가된 공사비용을 지급할 의무가 있다. 이 경우 원사업자가 공사기간만 연장하고 계약금액을 증액해 주지 않고 그대로 유지하는 것은 사실상 감액에 해당하므로 부당감액이 될 소지가 있다.

해설

2019. 11. 26. 법률 제15549로 개정되어 2020. 5. 27.부터 시행된 하도급법은 제16조의2 제1항 제2호를 신설하여 "수급사업자의 책임으로 돌릴 수 없는 사유로 목적물 등의 납품 등 시기가 지연되어 관리비 등 공급원가 외의 비용이 변동되는 경우"를 하도급대금 조정신청 대상으로 추가하였다. 하도급법 개정 전에도 우리 법원은 아래와 같이 표준하도급계약서의 '설계변경 또는 경제상황의 변동 등'은 '경제상황 변경 등'에 해당하여 하도급대금 조정신청 대상이라는 입장을 취하고 있었다.

> **서울중앙지방법원 2012. 1. 6. 선고 2011가합60105 판결**
>
> "…이 사건 하도급계약상 계약금액의 조정 사유로 '물가변동', '설계변경'과 같은 한정적인 사유 외에 추상적이고 포괄적인 의미를 갖는 '경제상황 변경 등'을 규정하고 있는데, … (중략) … 위 하도급계약조건 제15조 제1항 소정의 '경제상황 변동 등' 사유는 국가계약법 제19조 및 동법 시행령 제66조에 따른 '기타 계약 내용의 변경'과 대응되는 것으로 볼 수 있는 점, 결국 추상적이고 포괄적인 의미를 갖는 '경제상황 변동 등' 사유는 공사기간 연장, 운반거리 변경 등과 같은 계약내용의 변경을 포함하는 것으로 볼 수 있고, 달리 위 사유를 특별히 제한적으로 해석해야 할 아무런 이유가 없으며…"

그렇다면 2020. 5. 27. 이후에 체결된 하도급계약이나 그 전에 체결되었더라도 표준하도급계약서를 이용한 하도급계약의 경우 수급사업자 귀책사유 없이 공기가 지연 또는 연장된 경우라면 수급사업자는 원사업자에 대하여 그로 인하여 증가한 비용만큼 하도급대금을 증액시켜 달라는 조정신청을 할 수 있다. 이러한 조정신청에 대하여 원사업자는 성실하게 응할 의무가 있으므로, 수급사업자의 정당한 요구에도 불구하고 근거없이 거부하여 조정을 결렬시키는 것은 하도급법 위반을 구성하게 된다.

한편, 수급사업자의 귀책사유 없이 원사업자의 지시 또는 요구로 공사기간을 연장하는 것은, 원사업자의 지시 또는 요구로 공사비용의 증가를 가져오는 사유가 되므로, 추가공사와 동일하게 보아야 한다. 만약 공기연장에 따라 증액되는 하도급대금을 결정하지 않았다면 상관행 등에 따라 실제 증가되는 비용에 적정 마진을 더한 금액을 추가로 지급하기로 하는 당사자간 합의가 있는 것으로 보아야 한다. 만약 원사업자가 공기를 연장하면서 추가·변경계약서를 작성하지 않았다면 하도급법 제3조의 서면교부의무 위반을 구성한다.

그런데, 원사업자가 수급사업자 귀책없이 공기연장을 지시 또는 요구하면서도 하도급대금을 인상시켜주지 않는 공기연장 계약서를 작성하였다면, 이는 실질적으로 감액에 해당하므로, 하도급법 제11조의 부당감액에 해당할 가능성이 크다.

공사비용은 ① 공사 현장에서 계약목적물을 완성하기 위한 직접 작업에 투입되는 직접비, ② 그러한 공사현장을 운영하고 관리·감독하는 보조작업에 투입되는 간접비로 나눌 수 있다. 직접비는 주로 공사물량의 증감·변동에 따라 함께 증감·변동하는 반면, 간접비는 주로 공사기간의 증감·변동에 따라 함께 증감·변동한다.[326] 공사기간이 연장되면, 연장된 기간 동안 투입하여야 하는 간접재료비, 간접노무비, 경비, 일반관리비 등의 간접비가 증가한다. 이는 공기연장이 단순히 착공의 지연으로 실제 공사를 수행한 기간이 변화가 없거나 또는 아예 공사 중간에 현장을 철수하고 현장관리만 한 상황을 가르키는 것이다. 만약 선행공사 미비로 공사 수행이 지연되어 실제 공사수행 기간 자체가 늘어나는 상황이라면, 직접 인건비와 장비대여료 등까지도 추가로 소요된다. 한편, 공사비는 고정비용적 성격으로, 공사 진행률 감소와 비례하여 공사비가 감소하지 않는다. 예를 들어, 예상할 수 없는 사고로 인하여 공사가 중단되는 경우 언제 공사가 재개될지 알 수 없어 공사 인력이 대기하고 있어야 하기 때문에 쉽게 인력을 해고할 수 없고, 공사가 잠시 중단되었음을 이유로 인력을 해고하는 경우 공사 재개시까지 충분한 인력을 확보할 수 없

---

326) 권영준, "장기계속공사계약에서 총 공사기간이 연장된 경우 총 공사대금 조정 여부"(민법판례연구Ⅰ), 박영사(2019. 6. 28.), 265면

어, 공사 진행 속도와 상관 없이 고정적인 인건비는 기하급수적으로 증가하게 된다. 이렇듯 공사 진행률이 감소하는 경우, 공사 현장 유지 및 감독 등 보조 작업에 투입되는 간접비 이외에도 일부 공사가 진행되지 않는 경우에도 직접 인건비와 장비대여료 등의 직접비도 증가하게 된다.

한편, 국가계약법이 적용되는 관급공사에 관한 것이기는 하지만 조달청은 "계약기간을 새롭게 연장하는 것은 해당업체와 수의계약의 방식으로 새로운 계약을 체결하는 것과 동일한 효과가 있는 것인 바"라고, 계약기간 연장은 새로운 계약을 체결하는 것과 동일한 효과가 있는 것이라는 유권해석을 한 바 있다.[327] 따라서, 국가계약법이 적용되는 관급공사에서는 국가·지방자치단체 등은 도급계약을 연장할 때 위 새로운 계약기간에 대한 추가 하도급대금을 결정해 주어야 한다.

---

327) 조달청, "TV광고 홍보계약 입찰선정 후 연장계약 관련 문의, 2018. 3. 15.

93 ESC (경제상황의 변동에 따른 하도급대금의 조정)

A   물가 변동 등 경제상황이 변동하는 경우 계약대금을 조정해 주는 것을 물가 변동 조정(Escalation, 이하 'ESC 조정')이라 하며 하도급계약에서 ESC 조정을 배제하는 것은 부당특약에 해당한다.

해설

물가 변동 등 경제상황이 변동하는 경우 계약대금을 조정해 주는 것을 물가 변동 조정(Escalation, 이하 'ESC 조정')[328]이라고 한다. 원사업자가 발주자로부터 물가 변동 등에 따라 도급대금을 조정받은 경우라면 설계변경 등에 따른 하도급대금의 조정규정(법 제16조 제1항)에 따라 수급사업자에 대한 하도급대금을 증액시켜 주어야 한다. 원사업자와 발주자 간의 계약에 ESC 조항이 없다 하더라도 원사업자는 수급사업자에 대하여 원재료 등 가격변동 등에 따른 하도급대금 조정의 요건, 방법 및 절차를 기재한 서면을 제공해야 하므로 ESC 조항을 둘 의무를 진다고 볼 수 있다.

그런데 설계변경의 경우에는 수급사업자에게 추가비용이 얼마나 소요되었는지 판단하는 것이 어렵지 않지만 ESC 조정에서는 수급사업자가 추가비용이 소요되었는지 또 얼마나 소요되었는지 판단이 곤란한 경우가 많다. 하도급대금이 ESC 조정기준시점의 물가에 반영하고 있음이 객관적인 근거 자료를 통하여 입증되고, 목적물의 완성에 추가비용이 소요되지 않는다면 ESC 조정을 해 줄 필요가 없지만 이 역시 판단이 어렵다. 원도급계약 시점과 하도급계약 시점이 동일하지 않은 경우 더욱 그러하다. 이때문에 하도급계약에 따라서는 경제사정 등이 변경되더라도 하도급대금을 증액하지 않는다는, ESC 조정배제 특약을 두는 경우가 있다. 하도급법 제16조(설계변경 또는 경제상황의 변동 등을 이유로 한 하도급대금 변경)의 적용배제를 규정한 것인바, 하도급공정화지침에서는 동 조항의 적용을 배제할 수는 없다고 규정하고 있다(지침 III. 14. 사). 판례는 동 조항에 대하여 효력규정으로는 볼 수 없다는 입장이다(대법원 2000. 7. 28. 선고 2000다20434 판결).[329] 생각건대,

---

328) 물가변동에 따른 대금조정의 경우, 복잡한 개별 품목의 조정방식보다는 전체 계약금액에 물가변동지수를 적용하는 총액조정방식이 일반적이다.

하도급법 제16조가 공서양속이나 사회질서와 관련된 것으로 보기는 어려워 그에 반하는 합의가 무효가 되는 효력규정은 아니지만, 그렇다고 하여 당사자 간 합의를 통해 그 적용을 배제할 수 있는 임의규정으로도 보기 어렵다. 즉, 이에 반하는 행위의 민사적 효력은 인정되지만, 행정법규 위반으로 인한 제재와 처벌을 받게 되는 단속규정으로 보는 것이 합당하고 판례도 그와 같은 입장으로 해석된다(하도급공정화지침도 민사적 효력을 배제한다는 취지는 아니라고 생각된다).

한편, 하도급공정화지침에 의하면, ESC 조정 기준시점 이전에 하도급계약이 체결된 경우에는 하도급대금이 ESC 조정 기준시점 이후의 물가상승을 반영하지 못한 것이므로 추가로 ESC 조정금액을 지급해야 하지만, ESC 조정시점 이후에 하도급계약이 체결된 경우에는 이미 물가상승수준이 반영된 것으로 볼 수 있으므로 조정해 주지 않아도 된다. 이 방법 역시 물가수준의 영향을 완전히 반영한다고 보장할 수 없지만, 물가수준을 개별적으로 반영할 수 있는 더 좋은 방법이 없기 때문에 현실적인 대안이라고 보인다.

그런데 원도급계약일로부터 상당한 기간이 경과한 다음 하도급계약이 체결되고, 그 이후가 원도급계약상의 ESC 조정 기준시점이어서 발주자가 원사업자에게 ESC 조정을 해 준 경우, 원사업자도 발주자로부터 받은 내용과 비율에 따라 하도급대금을 조정해 주어야 하는가? 만약 하도급계약시점에 당시 물가를 충분히 반영하였음에도 발주자로부터 받은 내용과 비율대로 조정해 준다면 과다 조정이 될 수 있다. 원사업자가 하도급단가에 계약체결 당시의 물가수준이 충분히 반영되어 있음과, 원도급계약시점에서 하도급계약시점까지의 물가상승률을 객관적으로 입증한 경우에 전체 조정률에서 양 계약시점 사이의 물가상승률을 공제하여 조정할 수 있다고 본다.[330] 당초부터 총 공사대금이 확정되어 있는 장기계속공사에서 최초에 총액으로 하도급대금이 결정되고, 이후 매 차수별로 하도급계약이 구분체결되는 경우라면, 이는 하도급단가와 공사대금이 최초 총액대금 결정시 확정되어 있다고 보아야 하므로 총액계약 체결시점을 기준으로 ESC 조정여부를 판단해야 한다.[331]

---

329) 판결요지는 다음과 같다. "구 하도급법(1995. 1. 5. 법률 제4860호로 개정되기 전의 것) 제16조에는 원사업자가 제조 등의 위탁을 한 후에 발주자로부터 설계변경 또는 경제상황의 변동 등의 이유로 추가금액을 지급받는 경우 동일한 사유로 목적물의 완성에 추가비용이 소요되는 때에는, 그가 받은 추가금액의 내용과 비율에 따라 하도급대금을 증액하여야 한다는 취지로 규정되어 있으나, 그 법은 그 조항에 위반된 하도급약정의 효력에 관하여는 아무런 규정을 두지 않는 반면, 위의 조항을 위반한 원사업자를 벌금형에 처하도록 하면서 그 조항 위반행위 중 일정한 경우만을 공정거래위원회에서 조사하게 하여 그 위원회로 하여금 그 결과에 따라 하도급분쟁조정협의회에 조정 등을 요청하게 하거나, 원사업자에게 통지·최고하게 하거나 그 위반행위의 신고를 각하 또는 기각하게 하도록 규정하고 있을 뿐이어서, 그 조항은 그에 위배한 하도급인과 하수급인 간의 계약의 사법상의 효력을 부인하는 조항이라고 볼 것은 아니다."

330) 송정원, 앞의 책, 153면

한편, 수급사업자에 대한 ESC 조정의 방식은 발주자가 원사업자에 대하여 적용한 ESC 적용방식을 따라야 한다. 발주자와 원사업자 간에는 보통 ESC 기준시점을 정하여 과거 일정시점부터 그 기준시점까지 물가변동률을 산정하여(보통 물가변동률은 외부기관에 의뢰하는 경우가 많다) 그만큼 공사대금을 증액하는 방식을 취한다.[332]

---

331) 송정원, 앞의 책, 155면
332) 송정원, 앞의 책, 149면

물가변동, 원가변동에 따른 하도급대금 조정에서 단품슬라이딩과 총액 슬라이딩을 혼용하여 주장할 수 있는가?

A 계약에 허용하는 등의 특별한 사정이 없는 한 계약에서 공종별로 단품슬라이딩 과 총액슬라이딩을 섞어서 적용할 수는 없다.

해설

장기간이 소요되는 건설계약에서 원자재 가격 변동이나 물가변동 등이 크게 나타날 수 있기 때문에 한번 정해진 계약금액에 대하여 조정할 수 있도록 하는 것이 공평의 관념에 부합한다. 민간 공사계약에서는 당사자 간 합의의 문제로 두고 있지만 「국가를 당사자로 하는 계약에 관한 법률」(국가계약법)이 적용되는 관급 공사계약에서는 특정한 조건 아래 의무적 조정제도를 두고 있다. 다만, 민간 공사계약에 적용되는 표준하도급계약 제21조에 설계변경으로 인한 계약금액의 조정 조항을 두고 있고 제22조에서 물가변동으로 인한 계약금액 조정 조항을 두고 있다. 특히 제22조 제1항은 "계약 체결 후 90일 이상 경과한 경우에 잔여공사에 대하여 산출내역서에 포함되어 있는 품목 또는 비목의 가격 등의 변동으로 인한 등락액이 잔여공사에 해당하는 계약금액의 3% 이상인 때에는 계약금액을 조정한다"고 규정하여, 국가계약법과 거의 같은 조항을 두고 있으므로, 표준하도급계약서를 사용한 경우에는 관급공사와 같은 ESC 적용을 받을 수 있다고 본다.

관공공사에 적용되는 국가계약법 제19조는 "각 중앙관서의 장 또는 계약담당 공무원은 공사·제조·용역 기타 국고의 부담이 되는 계약을 체결한 다음 물가의 변동, 설계변경 기타 계약내용의 변경으로 인하여 계약금액을 조정할 필요가 있을 때에는 대통령령이 정하는 바에 의하여 계약금액을 조정한다"고 규정하고 있다. 구체적으로 ① 계약체결일로부터 90일 이상이 경과되고, ② 기획재정부령에 따라 산출되는 품목조정률 또는 지수조정률이 3% 이상 증감되면 조정할 수 있다(국가계약법 시행령 제64조 제1항). 품목조정률은 계약금액을 구성하고 있는 모든 품목 또는 비목의 수량에 등락폭(계약단가 × 등락률)을 곱한 금액의 합계액을 계약금액으로 나눈 수치를 뜻하고, 지수조정률은 계약금액의 비목을 유형별로 정리하여 비목군을 편성하고 비목군별로 한국은행이 매월 발행하는 통계월보상의 생산자물가 기본분류지수 등을 대비하여 산출하는 수치를 말한다. 한편, 계약금액 조정에 있어 동일한 계약에서 위 두 가지 방법 중 한 방법만 선택해야 하며, 이를 혼용할 수는 없다. 계약체결시에 미리 계약금액 조정방법을 계약서에서 명시해야 한다(국가계약법 시행령 제64조 제2항).

이와 같은 신청에 따라 계약금액을 조정하는 경우 각 중앙관서의 장 또는 계약담당 공무원은 30일 이내에 계약금액을 조정하여야 하고 불가피한 사유가 있는 때에는 계약 당사자와 합의하여 조정기한을 연장할 수 있고 예산이 없어 계약금액을 증액할 수 없는 때에는 공사량 또는 제조량 등을 조정하여 대가를 지급하도록 하고 있다(국가계약법 시행규칙 제74조 제9항). 기획재정부 계약예규인 관급공사용 공사계약 일반조건에서는 이를 그대로 받아들여(공사계약 일반조건 제22조) 계약의 내용으로 편입하고 있다. 만약 수급인이 국가계약법의 요건과 절차에 따라 국가를 상대로 물가인상에 따른 대금증액을 요청하였음에도 불구하고 정당한 이유 없이 조정이 성립되지 않은 경우, 수급인은 소송을 통하여 조정신청일 기준으로 조정률에 해당하는 공사금액의 증액을 청구할 수 있을 것이다.

단품슬라이딩은 품목별 슬라이딩을 의미하고 지수슬라이딩은 총액슬라이딩을 의미하는 것으로 알고 있다. 단품슬라이딩이나 총액슬라이딩 적용에 대해서는 원사업자와의 하도급계약에 있는 조항에 따라 이루어지는 것이 원칙이다. 만약 하도급계약에서 공종별로 단품슬라이딩과 총액슬라이딩을 선택하여 신청할 수 있도록 되어 있다면 가능하지만, 그렇지 않다면 어려운 것으로 이해한다. 또한, 하도급계약에는 별도 규정이 없지만, 원사업자가 관공서와 관급공사계약을 체결하였다면, 원사업자는 하도급계약 관계에 있는 수급사업자에게 발주자로부터 받은 하도급대금 조정을 그 내용과 비율에 따라 동일 또는 그보다 유리하게 적용해 줄 의무가 있다(하도급법 제16조 제1항). 발주자와 원사업자 간에만 국가계약법이 적용되고 수급사업자에게는 국가계약법이 적용되지 않지만, 원사업자가 국가계약법에 따라 발주자로부터 적용받은 국가계약법상 ESC를 수급사업자에게도 적용해 줄 의무가 있기 때문에, 수급사업자는 사실상 원도급계약에 적용되는 국가계약법의 ESC를 사실상 적용받을 수 있다.

한편, 국가계약법 등에 의하면, 한 계약에서 단품슬라이딩과 총액슬라이딩을 하나만 택하여 적용할 수 있을 뿐 공종별 선택은 허용되지 않기 때문에, 하도급계약에서도 원사업자가 자신은 적용받지 못하지만 수급사업자에게 특별히 이를 허용해 주기로 계약하지 않은 한, 특정 공종에 대해서는 단품슬라이딩을 적용받고, 나머지 공종에 대해서는 총액 슬라이딩을 적용받을 수는 없다.

95 수급사업자가 직접 또는 중소기업협동조합을 통하여 원자재 가격 상승 등으로 하도급대금 조정을 신청하였음에도 불구하고 원사업자가 조정을 거부하여 합의하지 않는 것이 '정당한 사유 없이 협의를 거부하거나 게을리하지 않을 의무' 위반으로 하도급법 위반을 구성하는지 여부 및 이 경우 공정거래위원회가 시정명령으로 하도급대금 인상을 명할 수 있는지 여부

A 수급사업자가 직접 또는 중소기업협동조합을 통하여 원자재 가격 급등 등을 이유로 원사업자에게 하도급대금 조정신청을 하면 원사업자는 성실하게 진정성있게 협의를 할 의무가 있다. 조정 금액에 대한 이견으로 합의되지 않았다 하여 무조건 법위반으로 볼 수는 없지만, 원사업자가 협의 자체를 거부하거나 또는 수급사업자 및 조합의 합리적인 대금조정 요구에도 불구하고 정당한 이유 없이 거부한 결과 합의가 되지 않았다면, '정당한 사유 없이 조정 협의를 거부하거나 게을리 한 것'에 해당하여 법위반이다. 이 경우 공정거래위원회는 시정명령으로 원가 상승분을 반영하여 하도급대금을 인상하도록 명령할 수 있다.

해 설

수급사업자가 제조 등의 위탁을 받은 후 목적물 등의 공급원가, 관리비용 등이 변동되어 하도급대금 조정이 불가피한 경우에는 원사업자에게 하도급대금의 조정을 신청할 수 있다(하도급법 제16조의2 제1항 제1호). '공급원가'란 재료비, 노무비, 경비 등 수급사업자가 목적물 등을 제조·수리·시공하거나 용역을 수행하는데 소요되는 비용을 말한다(하도급법 시행령 제9조의2 제1항).

① 하도급대금의 10% 이상을 차지하는 원재료 가격이 10% 이상 변동되거나 ② 원재료 가격인상에 따른 변동금액이 나머지 목적물 등에 해당하는 하도급대금의 3% 이상인 경우, ③ 노무비가 하도급계약대금의 10% 이상을 차지하는 경우로서 최저임금이 최근 3년간 평균 최저임금상승률을 초과하여 인상되는 경우(3년간 평균 최저임금상승률이 7%

이상인 경우 7%로 한다), ④ 공공요금, 운임, 임차료, 보험료, 수수료 및 이에 준하는 비용 상승에 따른 변동금액이 나머지 목적물 등에 해당하는 하도급대금의 3% 이상인 경우와 같이 목적물 등의 공급원가가 일정 기준 이상 변동되고 조합원인 수급사업자 신청한 경우 중소기업협동조합(이하 '조합'이라 함)은 일정 범위의 원사업자와 하도급대금 조정협의를 할 수 있다(하도급법 제16조의2 제1항 제2호, 하도급법 시행령 제9조의2 제2항). 다만, 중소기업협동조합이 협의할 수 있는 원사업자는 상호출자제한기업집단 소속회사 또는 중견기업법상 중견기업 이상의 회사로 제한되며(하도급법 시행령 제9조의2 제3항), 수급사업자의 신청을 받은 조합은 신청일로부터 20일 이내에 원사업자에게 대금 조정 신청을 해야 한다. 이 경우 수급사업자는 자신이 속한 조합에 위 요건을 충족하였음을 확인할 수 있는 서류, 하도급계약서 사본(계약금액이 조정된 경우에는 이를 확인할 수 있는 서류 포함), 경쟁입찰에 따라 하도급계약을 체결한 경우에는 이를 확인할 수 있는 서류, 그 밖에 원사업자와의 하도급대금 조정에 필요한 서류를 첨부하여 제출해야 한다(하도급법 시행령 제9조의2 제6항). 조합이 원사업자와 조정협의를 하려는 경우에는 총회 또는 이사회 의결을 거쳐야 하며, 제6항에 따라 수급사업자가 조합에 제출한 서류, 총회 또는 이사회 의사록 사본, 조합원 중 제2항의 조합이 하도급대금조정협의를 할 수 있는 요건에 해당하는 수급사업자 목록을 첨부하여 원사업자에게 제출하여야 한다(하도급법 시행령 제9조의2 제7항). 원사업자에게 이미 조정을 신청한 수급사업자가 조합에게 협의를 신청한 경우 수급사업자의 직접 조정신청은 중단된 것으로 간주되며, 수급사업자의 신청을 받은 조합은 납품 중단 결의 등 부당하게 경쟁을 제한하거나 사업자의 사업내용이나 활동을 제한하는 행위를 해서는 안된다(하도급법 제16조의2 제5항).

아쉬운 점은 전문건설회사들과 관련한 중소기업협동조합은 현재까지 없다는 것이다. 하지만, 현재 중소기업협동조합 이외에도 중소기업중앙회가 하도급대금 조정신청을 할 수 있도록 하는 하도급법 개정안이 상정되어 있다.

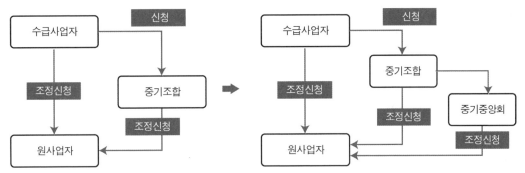

[하도급대금 조정협의 절차에 대한 현 하도급법과 개정안 비교]

　한편, 수급사업자나 조합의 신청이 있은 날로부터 10일이 지난 후까지도 원사업자가 대금조정을 위한 협의를 개시하지 않거나 조정신청이 있은 날로부터 30일 이내에 대금조정에 관한 합의가 안된 경우 또는 협의 개시 후 원사업자나 수급사업자·조합이 협의 중단의 의사를 밝힌 경우, 조정금액이 상호간에 2배 이상 차이가 나는 경우, 합의가 지연되면 영업활동이 심각하게 곤란하게 되는 등 원사업자 또는 수급사업자에게 중대한 손해가 예상되는 경우 등 합의 불가가 명백히 예상되는 경우에 수급사업자나 원사업자는 하도급분쟁조정협의회에 조정을 신청할 수 있다(하도급법 제16조의2 제8항, 하도급법 시행령 제9조의3).

　원사업자에는 수급사업자·조합의 조정신청에 대하여 협의를 개시할 의무가 있으며 정당한 사유 없이 협의를 거부하거나 게을리하여서는 안된다(하도급법 제16조의2 제7항). 여기서 '정당한 사유 없이 협의를 거부하거나 게을리하지 않을 의무'의 의미가 문제된다.

　우선, 결과에 대한 의무를 의미하지는 않는다. 조정신청에 대한 합의가 되지 않았다 하여 반드시 법위반이라 볼 수는 없다. 하지만 조정신청에 대하여 원사업자가 사실상 협의를 거부하여 합의되지 않은 것까지 허용하는 것은 아니다. 결과 의무가 아니라 과정 의무, 달리 표현하자면 결과를 만들어 내기 위하여 최선을 다할 의무(Obligation to make best effort)를 의미하는 것이라 본다. 결과적으로 합의가 되지 않았더라도 원사업자가 노력하였음에도 불구하고 수급사업자나 조합과의 의견 차이가 너무 크고 원사업자 입장에서 충분히 이유가 있어 그리된 것이라면 과정의무 위반이라고 볼 수는 없지만, 반면 원사업자가 협의 자체를 거부하거나 수급사업자 등의 정당한 대금조정 요구에도 불구하고 최소한의 인상마저도 거부하여 합의가 되지 않은 것이라면 과정의무 위반으로 보아야 한다. 이렇게 해석하는 것이 본디 중소기업계가 요구하던 하도급대금연동제에서 양보하여 하도급대금조정협의 제도가 된 연혁에 비추어 보더라도 타당하다.

과정의무의 존재 및 그 위반에 대한 책임 추궁에 익숙하지 않은 우리 법제에서 사실 법원이 과정 의무 위반을 인정하기란 쉽지 않을 수 있지만, 공정한 하도급거래질서 확립과 수급사업자 보호라는 하도급법의 취지 및 입증책임의 전제가 되는 사실관계가 원사업자의 영역에 있다는 점, 그리고 '정당한 사유'라는 법문의 해석에 비추어 볼 때, 합의가 되지 않은 결과가 발생했음에도 불구하고 조정하기 위하여 노력했다는 점에 대한 입증책임은 원사업자에게 있다고 보아야 할 것이다.

한편, 수급사업자나 조합으로부터 조정 협의신청을 받은 원사업자는 10일 이내에 협의를 개시해야 하며 정당한 사유 없이 협의를 거부하거나 게을리해서는 안된다. 만약 협의의무를 위반한 경우에는 시정조치나 과징금 부과처분을 받을 수 있다(하도급법 제16조의2 제7항, 제25조, 제25조의3). 하도급대금의 2배 이하의 벌금형에 처해질 수도 있다(하도급법 제30조 제1항 제4호). 실손해배상의 대상이기도 하다(하도급법 제35조 제1항).

물론 합의가 되지 않은 경우에 누구의 잘못으로 합의가 되지 않은 것인지 양자 간에 이견이 있을 것이어서 과연 원사업자의 협의 의무 위반에 의한 것인지 아니면 양측의 이견 차이로 발생한 것인지 판단이 쉽지 않을 수 있다. 이 경우 수급사업자로서는 앞서 설명한 하도급분쟁신청을 하여 분쟁조정을 요구하여 분쟁조정협의회의 조정안을 원사업자가 거부한 경우라면 공정거래위원회에 원사업자를 조정의무 위반으로 신고하면 될 것이다. 공정거래위원회 입장에서 하도급분쟁조정협의회가 공정하게 판단하여 제시한 조정안을 원사업자가 정당한 이유 없이 거부한 것이라면 특별한 사정이 없는 한 조정의무 위반으로 시정조치 및 과징금부과처분 등 제재처분을 할 가능성이 높다. 이 경우 공정거래위원회는 시정조치로 원사업자에게 원재료 등 원가상승 분을 반영한 하도급대금 인상 명령을 내릴 수 있다고 본다.

원사업자가 수급사업자의 하도급대금 조정신청을 막기 위하여 하도급계약의 특약으로 원가 상승이 있더라도 하도급대금 인상을 요구할 수 없다거나 또는 하도급대금 조정신청을 할 수 없다는 취지의 조항을 두는 것은 하도급법상 부당특약에 해당한다.

원재료 가격 변동 하도급대금 조정신청
및 협의방법과 기준에 대하여 판단기준은
무엇인가?

A 현행 하도급법 및 하도급법 시행령의 규정에 따라야 하되, 그 규정만으로는 명확
하지 않은 부분이 있다면 공정거래위원회가 2014. 1. 1. 제정, 시행한 「원재료 가
격 변동으로 인한 하도급대금 조정협의 가이드라인」을 참고할 수 있다. 동 가이드라인은
법규성 없는 행정규칙이므로 법적 구속력이 없으므로 해석상 참고용으로 활용할 수 있을
뿐이다.

참고로 동 가이드라인의 내용은 다음과 같다.

원재료 가격 변동으로 인한 하도급대금 조정협의 가이드라인

I. 목적

이 가이드라인은 「하도급거래 공정화에 관한 법률」(이하 "법"이라 한다) 제16조의2, 「하
도급거래 공정화에 관한 법률 시행령」(이하 "영"이라 한다) 제9조의2 및 제9조의3에 따
라 이루어지는 하도급대금 조정협의(이하 "조정협의"라 한다)와 관련하여 바람직한 협의
기준을 제시하는데 그 목적이 있다.

II. 관련 법령규정

1. 하도급법 제16조의2 (생략)
2. 하도급법 시행령 제9조의2 및 제9조의3 (생략)

III. 원재료 및 원재료 가격의 개념

1. 원재료

법 제16조의2에서 조정협의의 대상이 되는 원재료란 수급사업자가 원사업자로부터
제조·수리·건설 또는 용역위탁 받은 것(이하 "위탁받은 과업"이라 한다)을 수행하
는 과정에서 사용하기 위하여 구매하는 다음의 물건을 말한다.

① 천연재료 또는 화합물

> **천연재료 또는 화합물의 예**
> • 천연재료 : 금, 철, 구리, 알루미늄, 고무, 석탄, 원유, 원목 등
> • 화합물 : 폴리에틸렌, 폴리프로필렌, 폴리염화비닐(PVC) 등

② 천연재료 또는 화합물을 산업용으로 가공한 물건

> **천연재료 또는 화합물을 산업용으로 가공한 물건의 예**
> • 금속강, 금속판, 골재, 목재, 시멘트, 콘크리트, 화학섬유 등

③ 용역위탁에서의 다음의 물건

㉮ 지식·정보성과물의 작성을 위탁받은 경우 그 기록·저장매체

> **지식·정보성과물이란 다음의 물건을 말한다.**
> 1. 정보프로그램(「소프트웨어산업 진흥법」 제2조 제1호에 따른 소프트웨어, 특정한 결과를 얻기 위하여 컴퓨터·전자계산기 등 정보처리능력을 가진 장치에 내재된 일련의 지시·명령으로 조합된 것을 말한다)
> 2. 영화, 방송프로그램, 그 밖에 영상·음성 또는 음향으로 구성되는 성과물
> 3. 문자·도형·기호의 결합 또는 문자·도형·기호와 색채의 결합으로 구성되는 성과물 (「건축사법」 제2조 제3호에 따른 설계 및 「엔지니어링산업 진흥법」 제2조 제1호에 따른 엔지니어링활동 중 설계를 포함한다)

㉯ 「화물자동차 운수사업법」에 따라 화물자동차를 이용하여 화물을 운송 또는 주선하는 과업을 위탁받은 경우 화물자동차의 연료

④ 수급사업자가 위탁받은 과업을 수행하는 과정에서 사용하기 위하여 구매하는 중간재(부품, 모듈, 반제품 등을 말한다). 단, 중간재를 구성하는 위 ① 또는 ②의 가격이 변동됨에 따라 중간재를 납품하는 사업자(아래 그림에서 乙)와 이를 납품받는 사업자(아래 그림에서 丙)간에 조정협의가 이루어져 중간재의 가격이 변동되는 경우로 한정한다.

> **중간재 가격 변동에 따른 丙과 丁 간의 조정협의 예시**
>
> 甲 —천연재료 납품 30원→ 乙 —부품 납품 100원→ 丙 —완성품 납품 500원→ 丁
>
> ① 천연재료 자체 가격이 30원 인상되어 乙의 구입가격이 30원에서 60원으로 오르고 이에 따라 부품가격이 乙과 丙 간에 100원에서 120원으로 조정협의된 경우
> – (丙이 직접 조정협의 신청 시) 법 제16조의2 제1항에 따른 조정협의 신청 가능

- (丙이 속한 중소기업협동조합(이하 "조합"이라 한다)이 조정협의 신청 시) 천연재료의 가격상승으로 부품의 가격상승이 이루어졌고, 부품가격(100원)이 완성품 납품가격(500원)의 10% 이상을 차지하며, 부품가격이 100원→120원으로 10% 이상 올랐으므로, 법 제16조의2 제3항에 따른 조합의 조정협의 신청 가능

② 천연재료 자체 가격이 10원 인상되어 乙의 구입가격이 30원에서 40원으로 오르고 이에 따라 부품가격이 乙과 丙 간에 100원에서 107원으로 조정협의된 경우
- (丙이 직접 조정협의 신청 시) 법 제16조의2 제1항에 따른 조정협의 신청 가능
- (丙이 속한 조합이 조정협의 신청 시) 천연재료의 가격상승으로 부품의 가격상승이 이루어졌고, 부품가격(100원)이 완성품 납품가격(500원)의 10% 이상을 차지하지만, 부품가격이 100원 → 107원으로 10% 이상 오르지는 아니하였으므로, 법 제16조의2 제3항에 따른 조합의 조정협의 신청 곤란

2. 원재료의 가격

가. 원재료의 가격의 정의

법 제16조의2에서 원재료의 가격이란 원재료의 단위 당 가격(구매예정가격을 포함한다)을 말한다.

(예) 하도급대금 1천만 원 중 철근의 원가를 4백만 원으로 책정 시 위탁받은 과업 수행에 필요한 철근이 5ton(5,000kg)이라면 철근의 가격은 800원/kg

나. 원재료의 가격상승 여부 및 정도를 판단할 때의 기준가격

(1) 원재료의 가격상승 여부 및 정도를 판단하는 기준이 되는 원재료의 가격은 하도급계약 체결 시(경쟁입찰에 따라 하도급계약을 체결한 경우에는 입찰일을 말한다)에 당사자가 합의한 원재료의 가격을 말한다.

(2) (1)의 가격은 계약서, 원가내역서, 견적서 등 원재료의 가격에 대하여 당사자가 합의한 자료에 따른 금액으로 하되, 원재료의 가격에 대하여 합의한 자료가 없으면 계약 체결 시의 원재료의 시장가격(아래 다. (2)에 따라 판단한다)을 원재료의 가격으로 한다.

(3) 계약 체결 후에 원재료의 가격 변동을 이유로 하도급대금을 조정한 사실이 있다면 계약 체결 시 대신 직전 하도급대금 조정 시에 합의한 원재료의 가격을 기준가격으로 한다.

> (예) 3.5. 하도급계약을 체결하면서 철근가격을 800원/kg으로 합의.
> 6.1. 철근가격을 1,000원/kg으로 합의하고 이에 따라 하도급대금 조정.
> 이후 철근가격이 다시 오를 경우 6.1. 합의한 1,000원/kg을 기준으로 원재료의 가격
> 상승 여부 및 정도를 판단.

다. 원재료의 가격상승 여부 및 정도를 판단할 때의 비교가격

(1) 위 나.의 기준가격과 비교하는 가격은 정해진 기간 내에 형성된 원재료의 시장가격 중에서 가장 높은 가격을 말한다. 이러한 비교가격은 수급사업자 또는 조합이 법 제16조의2에 따라 원사업자를 대상으로 조정협의를 신청하는 경우에 신청요건이 갖추어졌는지를 판단하는 기준으로, 실제 조정협의 시의 준거가격을 의미하지는 아니한다.

* 위의 비교가격은 수급사업자에게 더 많은 조정협의 신청 기회를 제공하기 위한 것이다. 실제 조정협의에서는 가장 높은 가격이 아닌 평균 가격이 준거가격으로서 의미를 가진다고 보아야 할 것이다.

(2) 원재료의 시장가격은 다음의 기준에 따라 판단한다.

① 원재료의 판매처에서 공시하는 가격 또는 판매가의 기초로 삼는 공시가격[런던금속거래소(LME: London Metal Exchange) 시세 등이 이에 해당한다]이 있을 경우 해당 공시가격을 시장가격으로 한다.

② 공시가격이 없는 경우 기획재정부장관에게 등록한 전문가격조사기관이 조사하여 공표한 가격을 시장가격으로 본다. 서로 다른 공표가격이 다수 존재할 경우 이들의 평균가격을 시장가격으로 한다.

③ 이상의 방법에 의해서도 시장가격을 정할 수 없을 경우에는 원재료의 판매처가 해당 수급사업자에게 제공한 원재료의 단위 당 판매가격(해당 수급사업자가 원재료의 판매처에서 실제로 구매한 원재료의 단위 당 판매가격을 포함한다)을 시장가격으로 한다.

④ 해외에서 수입하는 원재료의 경우에는 공시가격에 운반비, 운임보험료, 통관료, 관세 등 수입과정에서 소요되는 부가비용을 합산한 금액을 시장가격으로 한다. 다만, 시장가격이 이미 부가비용을 모두 포함하고 있는 경우에는 별도로 부가비용을 합산하지 아니한다.

라. 원재료의 가격의 화폐단위

(1) 위 나.의 기준가격과 다.의 비교가격은 원칙적으로 원(₩)화 가격으로 비교한다. 다만, 계약 체결 시 다른 화폐단위를 사용하기로 합의하였거나 하도급

대금을 원화가 아닌 다른 화폐단위로 지불하기로 합의하였다면 그 화폐단위로 비교한다.

(2) 환산이 필요한 경우 환산의 기준이 되는 환율은 한국은행이 고시하는 해당 일자의 기준환율로 한다.

Ⅳ. 조정협의 신청요건

1. 수급사업자가 직접 원사업자와 조정협의를 하는 경우(법 제16조의2 제1항)

가. 수급사업자는 위탁받은 과업을 수행하는데 필요한 원재료의 가격이 변동되어 하도급대금의 조정이 불가피하다고 판단하는 경우에는 언제든지 원사업자에게 조정협의를 신청할 수 있다.

나. 하도급대금의 조정이 불가피한지 여부는 수급사업자의 판단에 따르며, 원사업자는 수급사업자의 판단이 잘못되었다는 이유로 조정협의를 개시하지 아니하고 이를 거부하거나 게을리 하여서는 아니 된다.

2. 조합이 수급사업자를 위하여 원사업자와 조정협의를 하는 경우(법 제16조의2 제2항)

가. 일반적인 조정협의 신청요건

조합(「중소기업협동조합법」 제3조 제1항 제1호 및 제2호의 것을 말한다)은 다음의 요건이 충족되면 수급사업자를 위하여 해당 원사업자에게 조정협의를 신청한다.

① 수급사업자로부터 자신이 거래하는 원사업자와 조정협의를 해줄 것(이하 "협의대행"이라 한다)에 대한 신청이 있을 것

② 협의대행을 신청한 수급사업자가 조합원일 것

③ 원사업자가 조합의 조합원이 아닌 사업자로서 다음의 어느 하나에 해당하는 사업자일 것

• 「독점규제 및 공정거래에 관한 법률」 제9조 제1항에 따른 상호출자제한기업집단에 속하는 회사

• 「산업발전법」 제10조의2 제1항에 따른 중견기업으로서 직전 사업연도의 연간매출액(관계 법률에 따라 시공능력평가액을 적용받는 거래의 경우에는 해당 연도의 시공능력평가액의 합계액을, 연간매출액이나 시공능력평가액이 없는 경우에는 자산총액을 말한다)이 3천억 원 이상인 회사

④ 협의대행을 신청한 날이 해당 수급사업자가 하도급계약을 체결한 날(계약 체결 후 하도급대금을 조정한 경우에는 직전 조정한 날을 말하고, 경쟁입찰에

따라 계약을 체결한 경우에는 입찰한 날을 말한다. 이하 같다)부터 60일 이 상 경과하였고, 7일 이내 하도급계약이 종료되지 아니할 것

"하도급계약을 체결한 날"의 판단기준

• 하도급계약을 체결한 날은 원칙적으로 하도급계약서(법 제3조 제1항에 따라 발급하는 서면을 말한다) 상 위탁일(영 제3조 제1호에 따라 하도급계약서에 기재하는 일자를 말한다)을 말한다.
• 하도급계약서 상 위탁일이 실제 위탁일과 다를 경우 실제 위탁일을 하도급계약을 체결한 날로 본다. 이 경우 실제 위탁일이란 원사업자가 위탁의 의사를 표시(서면에 의하지 아니한 것을 포함한다)한 것에 대해 수급사업자가 이를 승낙한 날을 의미한다.

> (예) 하도급계약서 상 위탁일이 2013년 11월 1일이나 실제로 원사업자가 2013년 10월 1일에 수급사업자에게 발주를 하여 수급사업자가 이를 당일에 승낙한 경우 2013년 10월 1일을 "하도급계약을 체결한 날"로 본다.

• 하도급계약서에 위탁일이 없을 경우 발주서, 주문서 등 위탁내용이 기재된 서류를 기준으로 하도급계약을 체결한 날을 판단할 수 있다. 이 경우 위탁일은 발주서, 주문서 등이 수급사업자에게 도달한 날로 한다.
• 기본계약과 별도로 하도급대금 또는 납품하는 목적물의 개별단가를 정하는 경우에는 하도급대금 또는 개별단가가 정해진 날을 하도급계약을 체결한 날로 본다.

> (예) 기본계약은 2013년 8월 1일에 체결하였으나 개별 목적물에 대한 단가는 8월 16일에 합의한 경우 8월 16일을 "하도급계약을 체결한 날"로 본다.

---

⑤ 원재료의 가격상승이 다음의 어느 하나에 해당할 것

• (원재료가격 기준) 하도급대금의 10% 이상을 차지하는 원재료의 가격이 하도급계약을 체결한 날을 기준으로 10% 이상 상승

기준가격과 비교가격

• 기준가격은 위 Ⅲ. 2. 나.에 따른다.
• 비교가격은 하도급계약을 체결한 날에서 60일이 경과한 날부터 수급사업자가 조합에게 협의대행을 신청한 날까지의 기간 중에 형성된 원재료의 시장가격 중에서 가장 높은 가격을 말한다.

• (계약금액 기준) 하도급계약을 체결한 날을 기준으로 원재료의 가격 상승에 따른 변동금액이 나머지 목적물 등에 해당하는 하도급대금의 3% 이상

기준가격, 비교가격 및 변동금액

• 기준가격은 위 Ⅲ. 2. 나.에 따른다.
• 비교가격은 나머지 목적물 등에 해당하는 하도급대금이 확정된 날의 익일(하도급계약

을 체결한 날에서 60일이 경과하지 아니한 경우에는 하도급계약을 체결한 날에서 60일이 경과한 날로 한다)부터 수급사업자가 조합에게 협의대행을 신청한 날까지의 기간 중에 형성된 원재료의 시장가격 중에서 가장 높은 가격을 말한다.

- 원재료의 가격상승에 따른 변동금액은 가격상승 전후의 원재료대금을 비교하여 산출한다. 구체적으로 비교가격이 형성된 날의 원재료대금(ⓐ)과 나머지 목적물 등에 해당하는 하도급대금(잔여 하도급대금)이 확정된 날의 원재료대금(ⓑ)을 차감하여 산출한다. 원재료대금 ⓐ 및 ⓑ를 산정할 때 그 물량은 잔여 하도급대금이 확정된 날의 원재료 물량(향후 소요분을 말한다)을 기준으로 한다. 다시 말하면 개념적으로 원재료대금 ⓐ는 "비교가격×잔여 하도급대금이 확정된 날의 원재료 물량", 원재료대금 ⓑ는 "기준가격×잔여 하도급대금이 확정된 날의 원재료 물량"의 산식으로 표현된다. 이를 정리하면 다음의 산식과 같다.

> 잔여 하도급대금×3% ≤ 원재료의 가격상승에 따른 변동금액
> = 인상된 가격의 원재료대금 − 인상전 가격의 원재료대금
>   (= 잔여 하도급대금이 확정된 날의 원재료대금)
> = (비교가격 × 잔여 하도급대금이 확정된 날의 원재료 물량) − (기준가격 × 잔여 하도급대금이 확정된 날의 원재료 물량)
> = 잔여 하도급대금이 확정된 날의 원재료 물량 × (비교가격 − 기준가격)
> = 잔여 하도급대금이 확정된 날의 원재료 물량 × {기준가격(1+가격인상률) − 기준가격}
> = 잔여 하도급대금이 확정된 날의 원재료 물량 × 기준가격 × 가격인상률
> = 잔여 하도급대금이 확정된 날의 원재료대금 × 가격인상률
> ∴ 가격인상률 ≥ (잔여 하도급대금×3%)/잔여 하도급대금이 확정된 날의 원재료대금

예를 들면, 기성 40%(잔여 60%)인 상태를 가정했을 때 하도급계약금액의 40%를 차지하는 원재료의 경우 비교가격이 기준가격에 비해 7.5% 이상 상승하여야 변동금액이 잔여 하도급대금의 3% 이상이 되어 해당 수급사업자가 조합에 협의대행을 신청할 수 있다. 즉, 하도급계약금액을 A라고 하면,
(잔여 하도급대금×3%)/잔여 하도급대금이 확정된 날의 원재료대금
=(A×60%×3%)/(A×60%×40%)=0.075이므로 7.5% 이상 상승이 필요하다.

⑥ 협의대행에 대하여 총회 또는 이사회의 의결이 있을 것

나. 신속처리(Fast-track) 조정협의 신청요건

조합은 위 가.의 조정협의 신청요건에도 불구하고 다음의 어느 하나에 해당하는 경우에는 수급사업자가 하도급계약을 체결한 날부터 60일이 경과하지 아니한 상태에서 협의대행을 신청하여도 해당 원사업자에게 조정협의를 신청한다.

① 수급사업자의 하도급 계약기간이 60일 이내이면서 다음의 어느 하나에 해당

하는 사유가 발생한 경우

- (원재료가격 기준) 하도급대금의 10% 이상을 차지하는 원재료의 가격이 하도급계약을 체결한 날을 기준으로 10% 이상 상승

기준가격과 비교가격
- 기준가격은 위 Ⅲ. 2. 나.에 따른다.
- 비교가격은 하도급계약을 체결한 날의 익일부터 수급사업자가 조합에게 협의대행을 신청한 날까지의 기간 중에 형성된 원재료의 시장가격 중에서 가장 높은 가격을 말한다.

- (계약금액 기준) 하도급계약을 체결한 날을 기준으로 원재료의 가격 상승에 따른 변동금액이 나머지 목적물 등에 해당하는 하도급대금의 3% 이상

기준가격, 비교가격 및 변동금액
- 기준가격은 위 Ⅲ. 2. 나.에 따른다.
- 비교가격은 나머지 목적물 등에 해당하는 하도급대금이 확정된 날의 익일부터 수급사업자가 조합에게 협의대행을 신청한 날까지의 기간 중에 형성된 원재료의 시장가격 중에서 가장 높은 가격을 말한다.
- 원재료의 가격상승에 따른 변동금액은 위 가. ⑤의 (계약금액 기준)에서의 변동금액 산식에 따른다.

② 하도급계약을 체결한 날을 기준으로 원재료의 가격상승에 따른 변동금액이 하도급대금의 5% 이상에 이른 경우

기준가격, 비교가격 및 변동금액
- 기준가격은 위 Ⅲ. 2. 나.에 따른다.
- 비교가격은 하도급계약을 체결한 날의 익일부터 수급사업자가 조합에게 협의대행을 신청한 날까지의 기간 중에 형성된 원재료의 시장가격 중에서 가장 높은 가격을 말한다.
- 원재료의 가격상승에 따른 변동금액은 비교가격이 형성된 날의 원재료대금(ⓒ)과 하도급계약을 체결한 날의 원재료대금(ⓓ)을 차감하여 산출한다. 원재료대금 ⓒ 및 ⓓ를 산정할 때 그 물량은 하도급계약을 체결한 날의 원재료 물량을 기준으로 한다.
  이를 정리하면 다음의 산식과 같다.

전체 하도급대금×5% ≤ 원재료의 가격상승에 따른 변동금액
  = 인상된 가격의 원재료대금 − 계약체결일의 원재료대금
  = (비교가격 × 계약체결일의 원재료 물량) − (기준가격 × 계약체결일의 원재료 물량)
  = 계약체결일의 원재료 물량 × (비교가격 − 기준가격)
  = 계약체결일의 원재료 물량 × {기준가격(1+가격인상률) − 기준가격}
  = 계약체결일의 원재료 물량 × 기준가격 × 가격인상률

> = 계약체결일의 원재료대금 × 가격인상률
>
> ∴ 가격인상률 ≥ (전체 하도급대금×5%)/계약체결일의 원재료대금
>
> 예를 들면, 하도급계약금액의 40%를 차지하는 원재료의 경우 비교가격이 기준가격에 비해 12.5% 이상 상승하여야 변동금액이 전체 하도급대금의 5% 이상이 되어 해당 수급사업자가 조합에 협의대행을 신청할 수 있다.
> 즉, 하도급계약금액을 A라고 하면,
> (전체 하도급대금×5%)/계약체결일의 원재료대금
> =(A×5%)/(A×40%)=0.125이므로 12.5% 이상 상승이 필요하다.

다. 위 가. 및 나.의 조정협의 신청요건이 충족되지 아니하는 경우

위 가. 및 나.의 조정협의 신청요건이 충족되지 아니한 경우 조합이 협의대행을 할 수는 없지만, 해당 수급사업자는 법 제16조의2 제1항에 따라 직접 원사업자와 조정협의를 할 수 있다. 이 경우 조합은 「중소기업협동조합법」 제35조 제1항 제13호에 따라 다음과 같은 내용으로 해당 수급사업자의 조정협의를 지원할 수 있다.

① 원재료 가격, 하도급대금 구성내역 등에 대한 조사 및 정보제공

② 하도급대금 조정신청 및 협의 절차 안내

③ 원사업자의 조정협의 거부행위 신고

④ 조정협의가 합의에 이르지 못한 경우에는 하도급분쟁조정협의회에 대한 분쟁조정 신청 안내

V. 조정협의 절차

1. 조정협의의 신청

조정협의 신청요건이 충족되면 수급사업자는 직접 또는 조합을 통해 원사업자에게 조정협의를 신청할 수 있다.

가. 수급사업자가 직접 원사업자에게 조정협의를 신청하는 경우

(1) 수급사업자는 다음의 사항을 기재한 서면(전자문서를 포함한다. 이하 "조정협의신청서"라 한다)으로 원사업자에게 조정협의를 신청한다.

① 원사업자 및 수급사업자의 사업자명, 주소 및 대표자 성명

② 원사업자로부터 위탁받은 과업의 내용

③ 하도급대금 총액

④ 하도급계약을 체결한 날(또는 입찰일이나 직전 하도급대금 조정일)

⑤ 조정협의 대상이 되는 원재료의 명칭, 하도급대금 중 해당 원재료 대금의 비중, 기준가격 및 비교가격 등 해당 원재료의 가격이 변동되어 하도급대금의 조정이 불가피함을 설명하는 지표 및 내용

(2) 수급사업자는 조정협의신청서에 다음의 서류(전자문서를 포함한다. 이하 "조정협의관련자료"라 한다)를 첨부하여 제출한다.

① 하도급계약서 사본(조정협의 신청 전에 계약금액을 조정한 사실이 있는 경우에는 이를 확인할 수 있는 서류를 포함한다)

② 경쟁입찰에 따라 하도급계약을 체결한 경우에는 입찰공고, 낙찰자확인서 등 이를 확인할 수 있는 서류

③ 하도급대금의 조정이 불가피함을 확인할 수 있는 자료
예를 들면, (a) 원가내역서, 견적서, 하도급대금 조정합의서 등 원재료 대금을 확인할 수 있는 서류(원사업자가 그 내용을 인지하고 있는 것에 한정한다), (b) 공시가격 등 원재료의 시장가격을 확인할 수 있는 서류, (c) 조정협의 신청 전에 원재료를 구매한 경우 세금계산서, 카드전표, 현금영수증 등 실제 원재료 구매금액을 확인할 수 있는 서류, (d) 원재료의 재고 추이를 확인할 수 있는 서류 등

④ 기성고를 증명할 수 있는 서류 등 그 밖에 원사업자와의 하도급대금 조정에 필요한 서류

나. 조합이 수급사업자를 위하여 원사업자에게 조정협의를 신청하는 경우

(1) 수급사업자는 위 가. (1)의 조정협의신청서를 작성하여 조합에 협의대행을 신청한다. 조합에 속한 다수의 수급사업자가 동일한 원사업자에 대한 협의대행을 조합에게 동시에 신청하는 경우에도 이들 수급사업자는 각각 조정협의신청서를 작성해서 협의대행을 신청한다.

(2) 수급사업자는 조합에 협의대행을 신청하면서 위 (1)의 조정협의신청서에 위 가. (2)의 조정협의관련자료를 첨부하여 제출한다. 다만 위 가. (2) ③의 "하도급대금의 조정이 불가피함을 확인할 수 있는 자료"란 구체적으로 위 Ⅳ. 2. 가. 및 나.의 조정협의 요건을 충족하여 하도급대금의 조정이 불가피함을 확인할 수 있는 자료를 말한다.

(3) 수급사업자로부터 협의대행을 신청받은 조합은 총회 또는 이사회의 의결(서면의결을 포함한다)을 거쳐 협의대행을 신청받은 날부터 7일 이내에 해당

원사업자에게 조정협의를 신청한다.

(4) 조합이 위 (3)의 조정협의를 신청할 때에는 수급사업자가 조합에게 제출한 위 (1)의 조정협의신청서와는 별개로 조합 명의의 조정협의신청서를 작성해서 조정협의를 신청한다. 조합이 작성하는 조정협의신청서에는 위 (1)의 조정협의신청서의 기재사항 외에 조합명, 주소 및 대표자 성명을 추가한다.

(5) 조합이 위 (3)의 조정협의를 신청할 때에는 위 (4)의 조정협의신청서에 위 (2)의 조정협의관련자료, 총회 또는 이사회의 의사록 사본, 조합원 중 조정협의 요건을 충족하는 수급사업자 목록을 첨부하여 제출한다. 총회 또는 이사회의 의사록 사본은 전체 의사록 사본을 제출할 필요는 없으며, 해당 수급사업자를 위하여 조합이 협의대행을 하기로 총회 또는 이사회에서 의결하였다는 사실만 확인되면 족하다.

(6) 수급사업자가 직접 원사업자를 상대로 조정협의를 진행하는 도중에 조합에 협의대행을 신청하였다면 수급사업자가 직접 수행하는 조정협의는 중단된 것으로 본다.

다. 조정협의신청서 및 조정협의관련자료의 원사업자에의 제출방식

수급사업자 또는 조합은 조정협의신청서 및 조정협의관련자료 등을 다음의 어느 하나에 해당하는 방법으로 원사업자에게 제출한다.

(1) 원사업자의 담당부서에 직접 제출. 이 경우 원사업자는 조정협의신청서에 접수사실을 기재하고 수급사업자 또는 조합에 그 사본을 제공하거나 별개의 접수증을 제공한다.

(2) 원사업자의 담당부서가 있는 사업장 주소지로 우편 발송. 이 경우 수급사업자 또는 조합은 내용증명우편이나 그 밖에 신청의 내용 및 수신 여부를 객관적으로 확인할 수 있는 방법으로 한다.

(3) 원사업자의 담당자에게 전자문서로 발송. 이 경우 수급사업자 또는 조합은 전자서명 또는 공인전자주소를 이용한 전자우편의 방법으로 하거나 수·발신 확인 및 내용 증빙이 가능한 기업내부통신망(당사자 간에 합의된 통신망으로 한정한다)을 이용하고, 발송 후 유선 등을 통해 원사업자의 담당자에게 발송사실을 알린다.

2. 조정협의

가. 조정협의의 개시

(1) 원사업자는 수급사업자 또는 조합이 조정협의를 신청한 날(조정협의 신청이 원사업자에게 도달한 날을 말한다)부터 10일 안에 해당 수급사업자 또는 조합과 조정협의를 개시한다.

(2) 조정협의는 원사업자 및 수급사업자(조합이 신청한 경우에는 조합)의 조정협의 담당자 간 대면 협의로 진행하며, 서면이나 전화 등으로 의견을 전달하는 것은 조정협의를 개시한 것으로 보지 아니한다. 다만, 다음의 어느 하나에 해당하는 경우에는 비대면(유·무선전화, 서면, 전자문서 등) 협의에 대해서도 조정협의를 개시한 것으로 본다.

① 수급사업자 또는 조합의 조정협의 신청내용을 원사업자가 전부 수용하는 경우

② 수급사업자 또는 조합이 먼저 비대면 협의를 요청하는 경우

나. 조정협의의 진행

(1) **(횟수)** 원사업자는 수급사업자 또는 조합이 조정협의를 신청한 날부터 30일 안에 2회 이상 대면 협의를 한다. 다만, 1회의 대면 협의로 하도급대금 조정에 합의한 경우에는 그러하지 아니하다.

(2) **(장소)** 조정협의 장소는 원사업자와 수급사업자(조합이 신청한 경우 조합)의 사업장(이들 당사자가 입주한 건물을 포함한다)이 아닌 제3의 장소에서 하는 것을 원칙으로 한다. 다만, 당사자가 합의한 경우에는 달리 정할 수 있다.

(3) **(당사자)** 조정협의는 원사업자와 수급사업자(조합이 신청한 경우 조합)의 조정협의 담당자(하도급대금 조정에 대한 권한을 가지고 있는 책임자를 말한다)가 대면하여 수행한다. 당사자는 필요하다고 판단할 경우 변호사를 대리인으로 조정협의에 참여시킬 수 있다.

(4) **(협의방식)** 조정협의는 원사업자와 수급사업자(조합이 신청한 경우 조합)가 각각 상대방에게 희망하는 원재료 가격을 제시하고, 그것이 산출된 근거 및 증빙자료를 제출한 후 상호 협의하는 방식으로 진행한다.

원사업자와 수급사업자(조합이 신청한 경우 조합)는 원재료 가격의 평균 변동액, 원재료 가격의 예상 변동 추이, 위탁받은 해당 과업의 수행과 관련하여 사용되는 다른 원재료 가격의 변동 현황, 이미 수행한 과업 및 남아 있는 과업의 내용, 수급사업자가 확보하고 있는 원재료의 재고량 및 향후 구매량 등을 종합적이고 합리적으로 고려하여 원재료 가격을 합의한다.

(5) **(다수의 조정협의 신청에 대한 조정협의 진행방식)** 하나의 조합이 둘 이상의

수급사업자에 대해 협의대행을 하는 경우 원사업자와 조합은 수급사업자 별로 각각의 조정협의를 진행한다.

(6) **(기타)** 수급사업자 또는 조합이 조정협의를 신청한 날에 해당 하도급거래 계약기간이 만료되지 않았다면 조정협의 진행 중에 하도급거래 계약기간이 만료되어도 조정협의는 중단되지 아니한다.

다. 조정협의 관련 원사업자 및 조합의 의무사항

(1) **(원사업자의 의무)** 원사업자는 수급사업자 또는 조합이 조정협의를 신청한 날부터 10일 안에 조정협의를 개시하여야 하며, 정당한 사유 없이 조정협의를 거부하거나 게을리 하여서는 아니 된다.

〈원사업자가 조정협의를 거부하거나 게을리 하는 경우의 예시〉

① 수급사업자 또는 조합의 조정협의 신청에 대해 응답하지 아니하거나, 협의를 개시하겠다고 통보한 후 회의 개최, 의견 교환, 단가조정안 제시 등 실질적인 협의절차를 진행하지 아니하는 경우

② 수급사업자 또는 조합이 조정협의를 신청한 후 30일이 경과하였음에도 불구하고, 실질적인 하도급대금 조정 권한을 가지고 있는 책임자가 협의(담당자를 통한 단가조정 관련 지시·보고 등 간접적 형태의 협의를 포함한다)에 임하지 아니하는 경우

③ 하도급대금 조정을 위한 시장조사, 원가 산정 등 객관적 근거 없이 상대방이 수용할 수 없는 가격을 되풀이하여 제시하는 경우

④ 수급사업자의 원재료 재고물량, 잔여 납품물량 등 객관적인 사정을 고려할 때 과도하게 하도급대금의 조정시점을 지연하여 제시하는 경우

(2) **(조합의 의무)** 조합은 납품중단을 결의하는 등 부당하게 경쟁을 제한하거나 부당하게 원사업자의 사업내용 또는 활동을 제한하는 행위를 하여서는 아니 된다.

3. 조정협의의 종료

가. 하도급대금 조정에 합의한 경우

(1) **(조정합의서의 작성)** 하도급대금 조정에 합의(이하 "조정합의"라 한다)한 경우 원사업자와 수급사업자(조합이 조정협의한 경우에는 조합*)는 합의한 내용을 서면(이하 "조정합의서"라 한다)으로 작성하여 서명·날인한 후 각자 1부씩 보관한다. 조합이 다수의 수급사업자를 대행하여 조정합의에 이른 경

우에는 수급사업자별로 각각 조정합의서를 작성한다.

* 조합은 해당 수급사업자에게 조정합의서 사본을 제공한다.

(2) **(조정합의서의 기재사항)** 조정합의서에는 다음의 사항을 기재한다.

① 원사업자 및 수급사업자(조합이 신청하는 경우에는 조합을 포함한다)의 명칭, 주소 및 대표자 성명

② 원사업자로부터 위탁받은 과업의 내용

③ 하도급계약을 체결한 날(또는 입찰일이나 직전 하도급대금 조정일) 및 이 때의 하도급대금 총액과 원재료의 기준가격

④ 조정합의일 및 조정합의가 이루어진 하도급대금 총액과 원재료의 가격 (지급방식이 변경된 경우에는 그 내용을 포함한다)

⑤ 조정합의가 적용되는 시점이나 물량을 따로 정할 필요가 있는 경우에는 그 시점 또는 물량

(3) **(조정합의의 효력)** 조정합의에 따라 변경된 원재료 가격은 원칙적으로 수급 사업자 또는 조합이 조정협의를 신청한 날(조정협의 신청이 원사업자에게 도달한 날)부터 적용한다. 다만, 수급사업자가 가격이 상승한 원재료를 실제 로 구매한 행위가 조정협의를 신청한 날 후에 이루어진 경우 등에 대해서는 별도의 합의를 통해 조정합의의 적용시점을 달리 정할 수 있다.

계약기간 중에 시작된 조정협의가 계약기간 만료 후에 조정합의에 이른 경 우에도 원칙적으로 수급사업자 또는 조합이 조정협의를 신청한 날부터 조정 합의 된 원재료 가격을 적용하여 하도급대금을 정산한다.

나. 조정합의에 이르지 못한 경우

수급사업자 또는 조합은 다음의 어느 하나에 해당하는 경우에는 법 제24조에 따른 하도급분쟁조정협의회에 조정을 신청할 수 있다. 다만, 조합이 협의대행을 한 경우에는 중소기업중앙회에 설치된 하도급분쟁조정협의회에 조정을 신청할 수 없다.

① 조정협의를 신청한 날부터 10일이 지난 후에도 원사업자가 조정협의를 개시 하지 아니한 경우

② 조정협의를 신청한 날부터 30일 안에 조정합의에 도달하지 아니한 경우

③ 조정협의 개시 후 다음의 어느 하나에 해당하는 사유로 조정합의에 도달하지 못할 것이 명백히 예상되는 경우

• 원사업자 또는 수급사업자(조합이 신청한 경우 조합)가 조정협의 중단의

의사를 밝힌 경우
- 원사업자 및 수급사업자(조합이 신청한 경우 조합)가 제시한 조정금액이 상호 간에 2배 이상 차이가 나는 경우
- 조정합의가 지연되면 영업활동이 심각하게 곤란하게 되는 등 원사업자 또는 수급사업자에게 중대한 손해가 예상되는 경우
- 그 밖에 위에 준하는 사유가 있는 경우

다. 조정협의 종료 후 조정협의 재신청의 제한

조정협의가 종료(조정합의에 이른 경우와 이르지 못한 경우를 모두 포함한다)된 후에는 수급사업자 또는 조합은 사정변경이 없는 한 동일한 사유를 들어 다시 조정협의를 신청하여서는 아니 된다.

Ⅵ. 시행일

이 가이드라인은 2014년 1월 1일부터 시행한다.

97 하도급법 제16조의 발주자 조정에 따른 하도급대금 조정의무에 관한 심결 및 판례

가. 하도급대금 조정의무 위반이라는 사례

(1) 발주자로부터 계약금액 감액을 받은 날로부터 15일 내로 수급사업자에게 통지하지 않았다면 법 위반

원사업자는 발주자로부터 계약 금액을 감액받고도 감액받은 날부터 15일 이내에 해당 수급사업자에게 발주자로부터 감액받은 사유와 내용 등을 통지하지 않았다. 원사업자는 자신이 발주자와 해당 공사의 준공일 연장 및 감액을 논의하는 회의에 수급사업자의 기술영업 총괄이사도 함께 참석하였으므로 수급사업자가 이 사건 감액에 관한 사실을 충분히 인지할 수 있었고, 이후 원사업자가 감액사실을 별도로 통보하기도 하였으므로 위법이 아니라고 주장한다. 살피건대 ① 원사업자가 주장하는 수급사업자, 원사업자, 발주자가 참석한 회의는 원사업자가 발주자로부터 감액받은 날 전인 2015. 9. 25. 개최되었으므로 '감액받은 날부터 15일 이내' 요건을 충족하였다고 볼 수 없는 점, ② 관련 회의에 참석한 것을 '수급사업자에게 통지'한 것으로도 볼 수 없는 점, ③ 이후 원사업자가 구두로 통지하였다는 수급사업자의 확인서에도 원사업자가 감액받은 사유 및 내용에 대해서는 아무런 언급이 없으므로 원사업자가 적법하게 통지한 것으로 볼만한 객관적인 증거가 없는 점 등을 종합적으로 고려할 때 원사업자의 주장은 이유 없다(공정위 2017. 5. 17. 의결 2016건하2546 : 과징금).

(2) 발주자로부터 추가공사대금을 지급받은 날로부터 15일 이내에 하도급대금으로 지급하지 않으면 법 위반이며 그 때부터 하도급법상 지연이자 지급의무가 발생하며 설사 법원 판결에 따라 민법상 지연이자를 지급했다 하더라도 그 차액을 지급해야 한다.

원사업자는 이 사건 공사와 관련하여 발주자로부터 설계변경에 따른 추가공사대금을 2012. 9. 28.에 지급받았음에도 불구하고, 법정지급기일(발주자로부터 지급받은 날부터 15일)을 642일 초과하여 2014. 7. 17.에 추가 하도급대금 26,202천 원을 지급하였으며,

이와 같이 추가 하도급대금 지연지급에 따라 발생한 지연이자는 9,217천 원이다. 한편, 원사업자는 법원 판결에 따라 확정된 추가 하도급대금 26,202천 원과 이에 대한 지연이자 2,759천 원만 2014. 7. 17.에 수급사업자에게 지급하고, 나머지 지연이자 6,458천 원은 심의종결일 현재까지 지급하지 아니하고 있다. 원사업자가 설계변경에 따른 추가대금을 발주자로부터 지급받았음에도, 법정지급 기일을 초과하여 수급사업자에게 추가 하도급대금을 지급하면서 그 초과기간에 대하여 발생한 지연이자 9,217천 원 중, 6,458천 원을 심의종결일 현재까지 지급하지 아니한 행위는 법 제16조 제4항의 규정에 위반된다. 원사업자는 법원 판결에 따라 추가공사대금과 이에 대한 지연이자를 수급사업자에게 모두 지급하였으므로 더 이상 지급할 금액은 없다고 주장하나, 하도급법이 적용되는 하도급거래에서의 지연손해금(지연이자)에 대해서는 공정거래위원회가 정하여 고시한 이율에 의하고 그 한도에서 민법 또는 상법상의 법정이율이나 일반적인 특례인 '소송촉진 등에 관한 특례법'에서 정한 이율은 적용되지 아니한다는 판례에 비추어 볼 때, 원사업자의 주장은 이유 없다(대법원 2010. 10. 28. 선고 2010두16561 판결 참조; 공정위 2015. 8. 10. 의결 2013서건1689 : 과징금).

(3) 원사업자가 발주자로부터 증액받은 내용을 제시하지 않고 수급사업자에게 증액금액을 신청하라고만 통보하여 수급사업자와 증액금액에 대한 협의가 이루어지지 않았다면, 지연지급의 정당한 사유가 없다.

원사업자는 발주자로부터 설계변경, 물가변동 등의 사유로 증액조정을 받았음에도 불구하고 법정기한을 14~159일 지연하여 6개 수급사업자에게 하도급대금을 증액 조정하였다. 원사업자는 수급사업자에게 하도급대금을 지연하여 조정한 것은 수급사업자가 발주자로부터 증액받은 내용 및 비율 이상으로 증액을 요구하였고, 신규품목이 추가되어 당사자간 협의가 필요하였으며, 수급사업자 스스로 변경계약을 추후에 체결할 것을 요청하거나 원사업자의 대금 조정 관련 공문에 대한 수급사업자의 회신이 지연되는 등 수급사업자의 귀책사유로 인한 것이므로 위법성이 인정되지 않는다고 주장한다. 살피건대, 본건 지연조정행위는 원사업자가 증액받은 내용과 비율에 따라 추가금액을 조정해야 함에도 수급사업자에게 발주처로부터 조정받은 내용을 제시하지 않고 원하는 증액금액을 신청하라고만 통보하는 등 원사업자의 귀책사유에 기인하는 것으로 보이므로 원사업자의 주장은 인정할 수 없다(공정위 2009. 3. 23. 의결 2008하개4185 : 시정명령).

나. 하도급대금 조정의무 위반이 아니라는 사례

(1) 원·수급사업자가 설계변경 등에 따른 하도급대금 정산시에 공종별 개개공사내역 수량변동이 아니라 순공사비 총액을 기준으로 하기로 합의하였다면 정당한 특약이며 하도급법 제16조에 우선하여 적용되어야 한다.

원사업자와 수급사업자는 이 사건 하도급공사에 대한 설계변경 등에 따라 이 사건 하도급 공사대금을 정산하여야 하는 경우에는 공종별 개개공사내역의 수량 변동을 계산의 기초로 삼을 것이 아니라 원도급계약의 공사대금 중 이 사건 공사에 해당하는 순공사비 총액을 기준으로 정산하기로 하는 특약(이하 '이 사건 특약'이라 한다)을 체결한 것으로 봄이 상당하다. 하도급법은 그 조항에 위반된 하도급약정의 효력에 관하여는 아무런 규정을 두지 않는 반면 위의 조항을 위반한 원사업자를 벌금형에 처하도록 하면서 그 조항 위반행위 중 일정한 경우만을 공정거래위원회로 하여금 조사하게 하여 그 결과에 따라 원사업자에게 시정조치를 명하거나 과징금을 부과하도록 규정하고 있을 뿐이어서 그 조항은 그에 위배한 하도급인과 수급사업자 사이의 계약의 사법상의 효력을 부인하는 조항이라고 볼 것은 아닌바(대법원 2000. 7. 28. 선고 2000다20434 판결[333]; 대법원 2003. 5. 16. 선고 2001다27470 판결 등 참조), 위 법리와 관계법령을 이 사건 특약에 비추어 살펴보면, 하도급대금의 산정방식에 비추어 보더라도 이 시건 특약이 하도급법 제16조 제1항을 위배하거나 이를 우회하여 하도급법 제11조 제1항을 실질적으로 면탈하기 위한 것이라고 볼 수 없고, 이 사건 하도급 공사대금을 정산함에 있어서는 유효한 이 사건 특약을 하도급법 제16조 제1항에 우선하여 적용하여야 할 것이다(서울고등법원 2010. 10. 13. 선고 2009누31429

---

333) 해당 판결 사안에서, 원사업자(피고)가 1992년 10월에 육군중앙경리단으로부터 시설공사를 도급받으면서 계약금액 구성 품목의 조정률이 100분의 5 이상인 경우 증감액을 산출 조정하기로 하는 물가연동제를 적용하기로 약정한 후, 1993년 3월 수급사업자(원고)에게 그 공사를 하도급하면서 그 하도급계약에는 격변하는 최근의 노임 및 자재대가 반영되었기에 추후 피고가 발주자로부터 도급금액의 조정을 받게 되더라도 하도급대금에 대한 1993년까지의 조정은 없는 것으로 하기로 약정하였는데 피고는 원도급인에게 1993년 3월 1일을 기준으로 그때까지의 품목 조정률이 상승되었음을 근거로 공사도급금액의 조정을 신청하여 위의 물가연동제 약정에 따른 추가 금액을 지급받았다. 이러한 사실인정에서 법원은 "구 하도급법 제16조에는 원사업자가 제조 등의 위탁을 한 후에 발주자로부터 설계 변경 또는 경제 상황의 변동 등의 이유로 추가 금액을 지급받는 경우 동일한 사유로 목적물의 완성에 추가 비용이 소요되는 때에는 그가 받은 추가 금액의 내용과 비율에 따라 하도급대금을 증액해야 한다는 취지로 규정되어 있다. 그러나 그 법은 그 조항에 위반된 하도급 약정의 효력에 관하여는 아무런 규정을 두지 않는 반면 위의 조항을 위반한 원사업자를 벌금형에 처하도록 하면서 그 조항 위반 행위 중 일정한 경우만을 공정거래위원회에서 조사하게 하여 그 위원회로 하여금 그 결과에 따라 하도급분쟁조정협의회에 조정 등을 요청하게 하거나 원사업자에게 통지·최고하게 하거나 그 위반 행위의 신고를 각하 또는 기각하게 하도록 규정하고 있을 뿐이어서 그 조항은 그에 위배한 하도급인과 하수급인간의 계약의 사법상의 효력을 부인하는 조항이라고 볼 것은 아니다"고 판시하였다(대법원 2000. 7. 28. 선고 2000다20434 판결).

판결 : 시정명령 등 처분취소, 상고기각).

다. 공정위의 질의회신 사례

질의 회신 사례

[질의] 납품 계약서에 추후 물가 변동이 있더라도 가격 인상은 없는 것으로 약정한 경우의 하도급법 위반 여부는 어떠한가?

[회신] 하도급법 제16조는 물가 변동 등으로 인하여 원사업자가 도급대금의 조정을 받은 경우에 하도급대금을 조정하도록 하는 강행 규정이다. 따라서 발주자로부터 조정을 받은 경우는 계약금액의 조정을 않기로 하는 약정이 있다고 하더라도 하도급대금을 조정해야 할 것이다.

[질의] 하도급계약 체결시 계약 예정 금액이 당해 연도 물가 상승분을 감안한 금액임을 수급사업자가 인정하여 이를 계약서의 특약 사항에 명기한 경우도 원사업자가 추가 금액을 지급받았을 경우에 이를 조정해 주어야 하는지 여부는 어떠한가?

[회신] 당사자간의 약정에 의하여 동 조항의 적용을 배제할 수는 없다. 다만, 예외적으로 원사업자와 수급사업자 양자가 당해 연도의 물가 상승분을 포함하였음이 객관적인 근거 자료를 통하여 입증되고 목적물의 완성에 추가 비용이 소요되지 않는다면 원사업자가 물가 변동에 따른 하도급대금을 증액해주지 않아도 하도급법에 위반되지 않을 수 있다.

[질의] '당초 설계 내역에 없는 계약 외 추가 공사'의 정산과 관련하여 원사업자가 발주자로부터 설계 변경에 따른 추가 비용만큼 하도급대금을 증액받지 못한 경우에 수급사업자에게 하도급대금을 증액하지 않은 것이 하도급법 위반이 되는지 여부는 어떠한가?

[회신] 이 경우에 발주자의 증액이 없었으므로 법 제16조 위반은 아니다. 그러나 원사업자가 수급사업자와 최초 계약시 합의하지 않은 사항 즉, 당초 설계 내역에 없는 계약 외 별도의 추가 공사를 지시하여 이를 수급사업자가 행하였음이 객관적 자료로 증명될 경우에 이는 최초 계약과는 별도의 계약으로 볼 수 있다. 따라서 이러한 경우는 원사업자가 수급사업자에게 하도급대금을 지급하지 않았다면 법 제13조(하도급대금의 지급) 위반에 해당할 소지가 있다.

[질의] 설계 변경에 따른 하도급 단가를 조정함에 있어 기존의 공종에 대하여 추가 시공한 부분과 신규 공종 추가의 경우에 조정 기준은 어떻게 되는가?

[회신] 먼저 기존의 하도급 단가가 있는 공종에 대한 추가 시공 부분에 대해서는 우선 당초의 하도급 단가를 유사 단가로 보고 도급 단가의 등락률(설계 변경에 따른 조정 비율)을 적용하여 하도급단가를 결정하면 된다. 설계 변경 부분이 기존의 공사 내역과 상이하여 기존 하도급 내역서에 없는 신규 공종의 경우는 발주처로부터 적용받은 단가를 기초로 하여 하도급거래 당사자간의 협의에 의하여 하도급 단가를 결정할 수밖에 없다.

[질의] 원사업자가 발주자로부터 '경제 상황의 변동에 따른 하도급대금의 조정'(이하 'ESC'라 한다)을 받지 않은 상태에서 자발적으로 당초 하도급계약을 수정하여 계약금액을 증액시켰고 그 이후 발주자가 원사업자에 대하여 ESC를 반영시켜 준 경우에 원사업자는 수급사업자에 대하여 발주자로부터 받은 ESC 비율대로 다시 정산하여 추가 금액을 지급해야 하는지 여부는 어떠한가?

[회신] 원사업자가 자발적으로 ESC를 반영하여 주었다고 하더라도 그 금액이 발주자로부터 반영받은 ESC보다 부족한 경우는 발주자로부터 받은 ESC 비율대로 다시 정산하여 추가 금액을 지급하는 것이 법 규정에 비추어 타당하다고 판단된다.

[질의] 건설공사에 소요되는 거실장, 신발장, 씽크대와 같은 시설물을 도면 및 시방서 등에 의하여 제조 및 전문건설업체에 제작을 의뢰하는 경우에 전문건설업 면허 미보유업체에 상기와 같은 제조위탁을 한 경우 ESC 적용 대상에 해당되는가? 상기 시설물을 제작 납품만 위탁하고 설치는 원수급인이 직접 설치한 경우 ESC의 적용 범위는 어떠한가?

[회신] 건설공사에 소요되는 물품을 제조위탁하는 경우 ESC의 적용 여부는 수급사업자의 전문건설업 면허 보유와 관계없이 하도급법 제2조 제3항의 중소기업자에 해당 여부 및 하도급법 제16조 제1항에 해당 여부에 의하여 판단되어야 한다. 또한 ESC는 제조에 소요되는 물가 변동 요인을 반영하여 주기 위한 것이므로 설치는 원사업자가 하더라도 하도급법 제16조에 의거하여 원사업자는 발주자로부터 적용받은 내용과 비율대로 수급사업자에게 ESC를 적용하여 주어야 할 것으로 사료된다.

[질의] 원도급계약일 2009년 6월 10일, 하도급 1공구 계약일 2009년 10월 15일, 하도급 2공구 계약일 2010년 8월 16일, 발주자의 1차 물가 변동 조정 기준일이 2010년 4월 30일 (4%)인 경우 1공구 및 2공구 하도급계약의 물가 변동 적용 대상 여부 및 범위는 어떠한가?

[회신] 2공구 하도급계약일은 조정 기준일 이후이므로 하도급법상 물가 변동 적용 대상이 아니며 1공구는 조정 기준일 이전에 하도급계약이 체결되었으므로 원사업자는 물가 변동을 적용해 주어야 한다. 다만, 물가 변동 적용시 원도급계약일부터 1공구 하도급계약일까지 기간의 물가 변동률을 객관적으로 산출(단순히 기간으로 1/n한 경우 등 객관성이 인정되지 않은 경우 하도급법에 저촉)한 경우는 해당 기간의 비율을 공제할 수 있다.

[질의] 발주자의 2차 물가 변동 조정 기준일이 2011년 4월 30일(3%)인 경우 2공구 하도급계약의 물가 변동 적용 대상 범위는 어떠한가?

[회신] 1공구 적용과 마찬가지로 1차 조정 기준일부터 2공구 하도급계약일까지 기간의 물가 변동률을 객관적으로 산출한 경우는 해당 기간의 비율을 공제할 수 있다.

[질의] 특정 공종에 대하여 발주처 승인 등의 문제로 하도급사가 변경되었으나 원사업자와 해당 공종의 감액계약이 아직 진행되지 않은 경우에 해당 공종의 물가 변동 적용 여부는 어떠한가?

[회신] 물가 변동은 발주자가 적용한 내용과 비율에 따라 원사업자가 수급사업자에게 적용해주어야 하는데, 계약 변경 여부와 상관없이 물가 변동이 반영된 특정 공종을 수급사업자가 직접 시공하지 않는다면 이를 적용해주기는 곤란한 것으로 판단된다. 실제 해당 공종을 시공하는 수급사업자에게 적용해주어야 할 것이다.

[질의] 하도급계약에는 특정 품목에 대한 반영 단가가 없으나 해당 품목을 원사업자는 발주자로부터 반영받고 있는 경우에 그 품목을 원사업자로부터 설계 변경 등으로 반영받을 수 있는가?

[회신] 도급계약에는 반영되어 있으나 하도급계약에 반영되지 않은 품목에 대한 단가를 설계 변경으로 반영받는 문제는 하도급법상의 의무로 보기는 곤란하여 원·수급사업자 당사자가 협의하여 해결해야 할 사항으로 판단된다.

[질의] 원사업자의 부도 후에 새로운 원사업자와 하도급계약을 체결하였을 때 기존 공사에 대한 물가 변동은 어떻게 적용되는지 여부는 어떠한가?

[회신] 하도급법 제16조의 규정에 따라 발주자의 물가 변동에 대하여 원사업자가 수급사업자에게 적용해 주어야 할 하도급법상의 의무 유무는 원칙적으로 하도급계약(위탁) 시점을 기준으로 판단하고 있다. 즉, 발주자로부터 '물가 변동을 조정받은 기점 시점'(이하 '조정기준일'이라 한다) 이전에 체결된 하도급계약 건의 경우는 발주자로부터 지급받은 내용과 비율에 따라 수급사업자에게도 하도급대금을 조정해주어야 할 의무가 있으나 조정 기준일 이후에 체결된 하도급계약 건에 대하여 원사업자가 해당 물가 변동을 수급사업자에게 적용해 주어야 할 의무는 없다. 그러나 계약의 지연 등으로 정식 계약은 조정 기준일 이후에 체결되었으나 조정 기준일 이전에 이미 선시공 등 사실상 하도급거래가 있었다는 객관적인 사실이 입증되는 경우는 원사업자가 발주자로부터 받은 추가금액의 내용과 비율에 따라 수급사업자에게 하도급대금을 조정해주어야 할 것이다. 원사업자와 수급자와 하도급계약을 체결한 이후에 발주자로부터 계약금액 증액이 있었다면 원사업자가 발주자로부터 증액받은 계약금액의 내용과 비율에 따라 하도급대금을 증액해야 하는 것으로 판단되며 원사업자는 발주자로부터 물가 변동으로 인하여 계약금액이 증액되거나 감액되었을 경우는 수급사업자에게 이를 통지해야 한다.

[질의] 물가 변동에 따른 하도급계약금액 조정률이 3%(발주자와 원사업자 노임 단가 변동률 3.4%, 원사업자와 수급사업자간 노임단가 조정률 2.7%) 미만이라는 이유로 원사업자가 하도급대금 조정을 거부할 경우에 하도급법 위반이 되는지 여부는 어떠한가?

[회신] 하도급대금 조정을 거부할 경우는 하도급법 제16조의 위반에 해당한다. 수급사업자와 원사업자간 하도급계약금액의 조정 방법과 관련하여 발주자와 원사업자간 도급계약금액이 노임 단가 변동률(3.4%)을 기준으로 지수 조정되었으므로, 원사업자와 수급사업자간 하도급금액의 조정 또한 하도급계약에 대한 노임 단가 조정률(2.7%)을 기준으로 증액하는 것이 타당하다고 사료된다.

[질의] 계약 체결 후 90일 미경과시에 물가 변동에 따른 하도급대금 조정이 가능한지에 대한 여부는 어떠한가?

[회신] 하도급법 제16조 규정에 따라 동 하도급계약이 물가 변동 조정 기준 시점 이전에 계약이 체결되었거나 이미 선시공 등 사실상의 하도급거래에 있었다는 객관적인 사실이 입증되는 경우는 적용 시점 이후의 잔여 공사에 대하여 원사업자가 발주자로부터 적용받은 내용과 비율(ESC 적용률과 동일한 조정지수)대로 수급사업자에게도 하도급대금을 조정해주어야 할 것이다

다만, 예외로 하도급계약 체결일 당시의 물가 수준이 충분히 반영되었다는 사실과 하도급계약 시점부터 비교 시점까지의 물가 상승률을 원사업자가 객관적으로 입증할 수 있다면 하도급업체에 대한 ESC 조정률은 발주자로부터 원사업자가 적용받은 ESC 조정률을 기준으로 물가 변동 기준 시점일로부터 하도급계약 시점일까지의 물가 상승률을 공제하고 하도급계약 시점부터 물가 변동 비교 시점까지의 물가 상승률을 산정하여 조정지수 K 값을 수급사업자에게 결정할 수 있을 것이다. 이 때 물가 상승률의 객관성에 대한 판단은 단순 용역 결과를 가지고 판단하지는 않으며 하도급계약 당시의 사실 관계, 하도급계약 당시의 물가 상승률을 객관적이고 공정하게 판단할 수 있는 정부기관에 의한 공인된 자료, 동종 업계 동향 등을 고려하고 관련 자료에 의한 산출 방법의 적정성 등을 종합적으로 고려하여 판단하게 된다.

한편, 하도급법(원·수급사업자 규율)과 「국가계약법」(발주자와 시공자 규율)은 률적용 대상 및 목적 등이 다르므로 원사업자가 발주자로부터 물가 변동으로 추가 금액을 지급받고도 수급사업자와의 약정이나 타 법령 규정을 이유로 조정해주지 않는 경우는 하도급법에 위반된다.

[질의] 하도급계약 체결 이전에 선시공 등 하도급거래가 있었다고 객관적으로 입증된 경우에 물가변동에 따른 하도급대금의 조정이 가능한가? 원사업자는 낙찰자를 선정한 후에 원사업자의 귀책사유로 하도급계약을 낙찰자 선정일로부터 7개월 후에 체결하였고 그 사이 낙찰자는 현장 직원 배치 및 착공 준비 작업으로 비용을 지출하였으며 원사업자는 발주자로부터 물가 조정도 받았는데 이에 대하여 수급사업자도 하도급대금 조정이 가능한가?

[회신] 하도급계약 체결 이전에 현장의 직원 배치 및 착공 준비 작업으로 비용을 지출하였고 그 비용이 원사업자가 물가 조정을 받은 비용에 포함되었다면 물가 변동 조정 대상이 된다고 볼 수 있을 것이다.

98

하도급대금이 합의되지 않은 상태에서 위탁업무가 착수되거나 종료된 경우의 하도급대금 미지급이 성립하는지 및 지연이자 지급의무가 발생하는지, 그리고 원사업자가 지급해야 하는 하도급대금은 얼마인지

A 하도급대금이 결정되지 않은 채 위탁에 착수하여 종료된 경우에도 원사업자는 하도급대금 지급의무가 있으므로 수급사업자와 정산합의가 이루어지지 않았다는 이유로 지급하지 않는 것은 법위반이다. 이 경우 하도급대금에 대하여는 당사자간 의사표시 해석을 통해 확정할 문제이지만 특별한 사정이 없다면 실제 투입비용에 적정이윤을 더한 금액을 지급하기로 하는 약정이 있는 것으로 볼 수 있다.

해설

계약법리상 원사업자와 수급사업자 간이라 하더라도 양자 간에 하도급계약이 이루어지지 않으면 수급사업자가 원사업자 동의 없이 업무에 착수하여서는 안 되며 착수하더라도 그로 인한 비용의 지급을 청구할 수 없다. 하지만 하도급대금만 합의되지 않았을 뿐 나머지 위탁에 대한 사항이 합의된 상태에서 원사업자의 요청에 의하여 위탁업무에 착수한 경우, 예를 들어 원사업자가 하도급대금에 대하여는 위탁 착수 이후에 합의하자고 요구했고 그 요구에 따라 수급사업자가 위탁 업무에 먼저 착수한 경우 등은 하도급계약이 전혀 이루어지지 않은 것과는 다르다. 이러한 경우에는 하도급계약이 이루어진 것으로 보고 하도급법을 적용해야 한다. 하도급대금에 대해서 사후적으로 합의하기로 하는 또는 정산하기로 하는 하도급계약이 계약법상 가능하기도 하거니와 만약 하도급계약이 체결되지 않아 하도급법을 적용할 수 없는 경우라고 본다면, 수급사업자의 권리가 매우 어려워지기 때문이기도 하다. 이런 취지에서 대법원은 "계약금액과 같은 계약의 본질적 요소에 관하여 그 내용을 사후라도 정할 수 있는 방법과 기준이 있다면 계약 체결 당시 금액을 정하지 않았더라도 그 계약은 유효하게 성립한다"고 판시했다(대법원 1996. 4. 26. 선고 94다34432 판결). 또 "당사자가 계약을 체결하면서 일정한 사항에 대하여 장래 합의할 것으로 유보했다면, 당사자에게는 계약에 구속되려는 의사가 있고 계약

내용을 나중에라도 구체적으로 특정할 방법과 기준이 있다면, 계약 체결의 경위, 당사자 인식, 조리, 경험칙에 비추어 당사자의 의사를 탐구해 계약내용을 특정해야 한다"고 판시했다(대법원 2007. 2. 22. 선고 2004다70420, 70437 판결). 그렇다면 명시적인 하도급계약이 없더라도 위탁이 이루어졌다면 하도급계약이 있었다고 볼 수밖에 없고, 위탁에 따른 목적물 등이 완성되어 인도되었다면, 원사업자는 수급사업자에게 하도급대금을 지급할 의무가 발생한다. 이 때 지급해야 하는 하도급대금을 어떻게 확정할 것인지는 논란이 될 수 있지만(이 부분은 뒤에서 다룬다), 판례 뿐만이 아니라 하도급법 역시 하도급대금이 합의되지 않았더라도 위탁에 착수하면 하도급계약이 성립하는 것이고 목적물이 수령되면 하도급대금 지급의무가 발생함을 전제로 하고 있으므로(하도급법상 하도급대금은 목적물 등 수령일로부터 60일 이내에 지급해야 한다), 하도급대금에 대해서 명확히 정해지지 않았다는 이유로 하도급대금을 지급하지 않은 것은 하도급대금 미지급으로 하도급법 제13조 위반을 구성한다.[334]

만약 원사업자와 수급사업자가 하도급대금에 대하여 합의를 하지 못한 채 위탁업무가 종료되거나 또는 중도타산을 하게 된다면 어떻게 수급사업자는 위탁에 대한 대가를 받을 수 있는가? 이 경우 당사자 의사를 좀 더 적극적으로 해석하여 공사대금에 대한 묵시적 합의를 추론해 내는 것이 필요하다(공사대금에 대해 구두 합의가 있었다면 당연히 그에 따라 계약이 이루어진 것이므로 이 경우와는 구분된다. 구두의 합의에 대한 입증의 문제만이 남는다).

만약 공사대금에 대한 묵시적 합의도 전혀 인정되지 않는 경우라면 수급사업자로서는 추가공사대금을 청구할 수는 없을 것이다. 단지 하도급법 위반으로 인한 손해배상청구나 부당이득반환청구만 가능할 것이다. 손해배상이나 부당이득의 반환을 명하는 취지의 지급명령도 가능하므로 공정거래위원회로서는 수급사업자 보호를 위하여 적극적으로 지급명령을 할 필요가 있다(물론 지급명령할 금액에 대한 입증책임이 문제다). 다만, 손해배상

---

334) 공정거래위원회에서 조사를 담당하는 실무자들은 종종 하도급대금이 합의되지 않은 경우에는 원사업자로서도 수급사업자와 지급하여야 하는 하도급대금액에 대한 의견불일치가 있으면 지급할 수 없는 것이므로 하도급대금 미지급으로 의율해서는 안된다는 입장을 취하기도 한다. 하지만, 조사관의 태도는 목적물 수령일(준공일 포함)로부터 60일 이내에 하도급금을 지급하도록 되어 있는 하도급법 제13조 제1항의 문언에 반하는 결과가 된다. 나아가 하도급대금 합의를 하지 않았다면 아무리 늦게 하도급대금을 지급하더라도 하도급법상 지연이자를 지급하지 않아도 되는 불합리가 발생한다. 더하여 원사업자 요청에 따라 착공하였더라도 원사업자가 수급사업자 귀책 없이 계약해지를 하더라도 하도급법 제8조의 부당위탁취소에 해당하지 않으며, 위탁이 없었으므로 목적물 수령일로부터 10일 이내의 검사의무도 적용되지 않는다. 한 마디로 하도급대금 합의 없이 원사업자의 요구에 의하여 착공하게 되는 상황에서, 하도급법 자체가 적용되지 않고 수급사업자는 아무런 보호도 받지 못하게 된다. 이러한 해석은 현행 법체계를 완전히 무너뜨리는 허용될 수 없는 견해다.

금이나 부당이득반환금이 하도급대금은 아니므로, 하도급대금 미지급이라 보기 어렵고 그 래서 하도급법상 지연이자 지급의무가 발생한다고 보기는 어렵다.

이러한 행위가 합의된 하도급대금을 지급하지 않는 경우보다 수급사업자의 권리를 더 욱 더 침해하고 법적 지위를 취약하게 하는 행위이므로, 입법론적으로 별도의 금지행위 유형을 규정하고 제재를 강화할 필요가 있다고 본다.

다만, 우리 대법원은 다음과 같이 하도급거래에 대하여 합의가 있었지만 그 대금에 대 하여만 명확한 합의가 표면적으로 보이지 않은 경우에 대한 의사표시 해석에 대한 획기 적인 판례를 내 놓았다. 이에 비추어 볼 때, 당사자 간에 하도급거래를 하기로 합의하고 이행되었지만 하도급대금에 대하여만 합의되지 않은 경우라면, 실제 소요된 비용에 이윤 을 더한 금액을 지급하기로 하는 대금합의가 있었다고 볼 수 있을 것이다.[335] 실제 위탁 업무 수행에 실제 지출된 비용은 공정거래위원회가 영수증 등을 통한 증거조사를 통하여, 이윤에 대하여는 통상 업계 이윤에 대하여 한국은행 경제통계 등을 통하여 증거조사하여 판단할 수 있는 것이어서, 공정거래위원회가 원사업자에 대하여 충분히 지급명령을 내릴 수 있다고 본다.

대법원 2013. 5. 24. 선고 2012다112138, 2012다112145 판결
"…하도급대금이 합의되지 않은 경우 그 지급의무와 관련하여 명확하게 "수급인이 일의 완성 을 약속하고 도급인이 그 보수를 지급하기로 하는 명시적, 묵시적 의사표시를 한 경우 보수액 이 구체적으로 합의되지 않더라도 도급계약이 성립된 것으로 본다. 공사도급계약에 있어서는 반드시 구체적인 공사대금을 사전에 정해야 하는 것이 아니고 실제 지출한 비용에 거래관행에 따른 상당한 이윤을 포함한 금액을 사후에 공사대금으로 정할 수 있다는 점에 비추어 볼 때, **당사자 사이에는 공사를 완성하고 공사대금은 사후에 실제 지출한 비용을 기초로 산정하여 지급하기로 하는 명시적 또는 묵시적 의사표시가 있었다고 보는 것이 경험칙에 부합한다**"[336]

---

335) 필자는 본서 2020년판까지는 하도급대금에 대한 합의가 인정되지 않았다면 하도급대금을 청구하기가 쉽 지 않다는 견해를 취하였지만 본 판부터 그 견해를 변경한다. 대법원 2012다112138, 2012다112145 판결 등에 의하면 이 경우 실제 투입 비용 + 이윤을 공사대금으로 하기로 하는 합의가 있었던 것으로 볼 수 있기 때문이다.

336) 판결 원문은 다음과 같다.
상고이유를 판단한다.
1. 수급인이 일의 완성을 약속하고 도급인이 그에 대하여 보수를 지급하기로 하는 명시적·묵시적 의사 표시를 한 경우에는 비록 보수의 액이 구체적으로 합의되지 않았어도 도급계약의 성립을 인정할 수 있 다. 그리고 당사자가 계약을 체결하면서 일정한 사항에 관하여 장래의 합의를 유보한 경우, 당사자에 게 계약에 구속되려는 의사가 있고 계약 내용을 나중에라도 구체적으로 특정할 수 있는 방법과 기준이 있다면 계약체결 경위, 당사자의 인식, 조리, 경험칙 등에 비추어 당사자의 의사를 탐구하여 계약 내용 을 특정하여야 한다(대법원 2007. 2. 22. 선고 2004다70420, 70437 판결 참조).
2. 원심은, 그 판시와 같은 사정을 들어 적어도 공사도급계약에 있어 가장 핵심적이고도 중요한 사항이라

다만, 현재 공정거래위원회의 실무자들 중에서는 하도급대금이 합의되지 않은 채 위탁되고 목적물이 완성, 인도되었음에도 불구하고 원사업자가 대금 합의가 없다는 이유로 실제 소요된 비용보다 훨씬 낮은 수준의 대금만을 지급하겠다면서 수급사업자의 실제 소요비용 지급을 거부하여 분쟁화된 상황에서, 하도급대금이 합의되지 않아 지급하지 못하는 것일 뿐이므로 서면 미교부나 불완전서면교부 이외에는 특별한 위반행위가 없다며 사건을 경고나 심의절차종료 등으로 종결하는 사례가 종종 있는 것으로 알려져 있다. 물론 공정거래위원회 실무자 입장에서는 수급사업자가 계약관계를 제대로 하지 못한 탓도 있고 본질적으로 대금이 얼마인지에 대하여는 민사소송으로 해결하면 될 것이라며 대수롭지 않게 생각할 수 있지만, 민사소송을 통한 해결에 최소 1년에서 길게는 수년이 소요될 뿐 아니라 공정거래위원회에 의한 경고나 심의절차종료가 민사법원의 판단에 영향을 미쳐 수급사업자에게 매우 불리하게 작용할 가능성이 높은 것을 생각하면, 매우 무책임하고 안일한 태도라고 생각된다.

할 수 있는 공사대금에 관하여 단순한 협의를 넘는 의사의 합치가 있었다고는 볼 수 없을 뿐만 아니라 공사대금을 장래 구체적으로 특정할 수 있는 기준과 방법에 관한 합의가 있었다고 볼 수도 없다고 하며 공사도급계약이 성립하였다고 볼 수 없다고 판단하였다.

3. 그러나 원심의 이러한 판단은 이를 수긍하기 어렵다.

가. 원고(반소피고, 이하 '원고'라 한다)와 피고(반소원고, 이하 '피고'라 한다)가 공사대금의 구체적인 액수 또는 추후 정산을 위한 공사대금 산정방법을 기재한 공사도급계약서 등 문서를 작성한 사실이 없어 공사도급계약의 존재를 알 수 있는 객관적인 자료가 없는 것은 사실이다.

나. 그러나 원심판결 이유와 기록 및 적법하게 채택된 증거들에 의하면 다음과 같은 사실을 알 수 있다. ① 원고 대표이사 C은 2010. 7. 14.경 피고에게 이 사건 토지를 매도한 후, 그 무렵부터 이 사건 토지에 펜션을 신축하려는 피고와 피고로부터 이 사건 토지의 벌목 공사, 부지조성 공사, 돌쌓기 및 배수로 설치 공사 등을 도급받는 것을 협의하였다. ② 원고는 2010. 9. 15.경부터 2010. 12. 8.경까지 위와 같이 협의한 공사 내역에다가 물탱크, 모래다짐, 굴착 및 되메우기 공사 등을 추가하여 공사를 완성하였다. ③ 피고는 원고의 공사 착공 사실을 알았는데도 약 3달에 걸친 기간 동안 이를 제지하지 않았고, 위 공사 진행 무렵 피고로부터 펜션 건축공사를 도급받는 D은 자신이 원고가 수행한 이 사건 공사까지 도급받으려 하였으나 피고가 원고에게 이를 도급하였다고 진술하였다. ④ D가 수행한 위 건축공사는 원고가 수행한 이 사건 공사를 기초로 이루어진 것이다. ⑤ 원고는 공사 착공 전과 공사 완공 후 피고에게 공사내용 및 공사대금을 산정한 내역서를 수회 제출하였다.

다. 이러한 사실들과 함께 공사도급계약에 있어서는 반드시 구체적인 공사대금을 사전에 정해야 하는 것은 아니고 실제 지출한 비용에 거래관행에 따른 상당한 이윤을 포함한 금액을 사후에 공사대금으로 정할 수 있다는 점을 앞서 본 법리에 비추어 보면, 피고는 원고에게 원고가 이 사건 공사를 완성하고 이에 관한 공사대금은 사후에 실제 지출한 비용을 기초로 산정하여 지급하기로 하는 명시적 또는 묵시적 의사표시를 하였다고 보는 것이 경험칙에 맞는다고 할 것이다.

라. 그렇다면, 그 판시와 같은 사정을 들어 이 사건 공사도급계약이 성립하지 않았다고 인정한 원심의 판단은 계약의 해석에 관한 법리를 오해하였거나 논리와 경험의 법칙에 반하여 자유심증주의의 한계를 벗어나 판단을 그르친 것이다.

4. 그러므로 나머지 상고이유에 대한 판단을 생략한 채 원심판결 중 본소에 관한 부분을 파기하고, 이 부분 사건을 다시 심리·판단하게 하기 위하여 원심법원의 환송하기로 하여, 관여 대법관의 일치된 의견으로 주문과 같이 판결한다.

99

하도급대금 합의가 되지 않았다는 이유로
하도급대금을 미지급한 경우 과징금
부과처분이 가능한가?

A 하도급대금이 합의되지 않았더라도 위탁이 이루어지고 공사가 완료되었다면 하도
급대금 지급의무가 있기 때문에 지급하지 않은 행위는 하도급법 제13조 위반이다.
우리 하도급법령에서는 대금이 합의되지 않은 경우에는 실제 발생한 금액을 하도급대금
으로 보고 과징금을 부과할 수 있도록 하고 있기 때문에, 과징금을 부과할 수 있다.

해설

원사업자와 수급사업자 간에 하도급공사에 대한 위탁은 있었지만 미처 대금합의가 명
확하게 이루어지지 않았더라도, 하도급 공사가 완료되면 원사업자는 수급사업자에게 하
도급대금을 지급해야 한다. 원사업자가 하도급대금이 합의되지 않고 수급사업자와 지급
해야 할 금액에 대하여 이견이 있어 지급하지 못하였다는 것은 미지급에 대한 정당한 사
유가 되지 못하므로 하도급법 제13조의 대금지급의무 위반이다.

하도급대금 미지급행위가 있는 경우 공정위는 원사업자를 상대로 시정명령과 과징금
부과처분을 할 수 있다. 시정명령 중에서 민사상 지급의무가 있는 하도급대금을 지급하
도록 명하는 지급명령의 경우 법원이 불공정하도급이 없었다면 정해졌을 정당한 하도급
대금을 공정위가 입증하도록 요구하고 있기 때문에 쉽지 않다. 하지만 불공정하도급행위
에 대한 중지와 금지를 명하는 시정명령은 가능하다. '원사업자는 향후 이런 이런 방법으
로 합의가 없었다는 이유로 공사가 종료되었음에도 불구하고 하도급대금을 지급하지 아
니하는 행위를 하여서는 안된다'는 취지의 시정명령이다.

그런데 과징금 부과는 가능한가? 공정거래위원회 실무태도 중 일부는 하도급대금의 2
배에 위반금액비율을 곱한 금액에 일정 비율로 과징금을 산정・부과해야 하는데 합의가
없어서 하도급대금을 확정할 수 없다는 입장을 취하고 있다. 하지만 「하도급법 위반사업
자에 대한 과징금 부과기준에 관한 고시」 II. 5.에 의하면 "계약서를 작성하지 아니한 경
우에는 하도급거래에 있어 실제로 발생한 금액으로 한다"고 규정하고 있다. 대법원은 원
사업자와 수급사업자 간에 하도급 위탁을 하기로 하면서도 하도급대금만이 미처 합의되

지 않은 경우에는 거래관행 등에 비추어 실제 발생비용에 이윤을 더한 금액을 대금으로 지급하기로 하는 명시적·묵시적 합의가 있다고 보고 있다. "수급인이 일의 완성을 약속하고 도급인이 그 보수를 지급하기로 하는 명시적, 묵시적 의사표시를 한 경우 보수액이 구체적으로 합의되지 않더라도 도급계약이 성립된 것으로 본다. 공사도급계약에 있어서는 반드시 구체적인 공사대금을 사전에 정해야 하는 것이 아니고 실제 지출한 비용에 거래관행에 따른 상당한 이윤을 포함한 금액을 사후에 공사대금으로 정할 수 있다는 점에 비추어 볼 때, 당사자 사이에는 공사를 완성하고 공사대금은 사후에 실제 지출한 비용을 기초로 산정하여 지급하기로 하는 명시적 또는 묵시적 의사표시가 있었다고 보는 것이 경험칙에 부합한다"고 판시한 것이다(대법원 2013. 5. 24. 선고 2012다112138, 2012다112145 판결). 추가공사대금 합의가 되지 않은 경우가 대부분 계약서를 작성하지 않은 경우에 해당한다. 대법원 판례에서 말하는 실제 발생한 비용은 공정위가 영수증, 증빙, 인건비 지급조서 등을 통해 확정할 수 있다. 법원에서 공정위가 입증하기 어렵다고 본 '불공정하도급이 없었다면 정해졌을 정당한 하도급대금'이 아니기 때문이다. 그렇다면 공정거래위원회는 하도급대금이 미처 합의되지 않은 경우라도 하도급대금 미지급에 대한 과징금을 부과할 수 있다.

물론 공정거래위원회 조사관으로는 수급사업자가 민사소송을 통하여 권리구제를 받을 수 있을 것이므로 과징금 부과처분을 하지 않고 심의절차를 종료하는 것을 대수롭지 않게 여길 수도 있다. 하지만, 조사관의 안일한 심의절차종료가 갑질을 한 원사업자에게 면죄부가 될 수 있다. 수급사업자가 정당한 권리를 위하여 민사소송을 제기하더라도 이런 심의절차종료가 민사법원에서 하도급법 위반도 없고 원사업자의 행위가 그리 잘못이 아니라는 취지로 해석될 위험이 있기 때문에, 공정거래위원회는 함부로 심의절차종료를 해서는 안된다. 물론 대금합의가 되지 않고 공사대금이 지급되지 않았지만 원사업자가 반성하고 공정위 심의전에 하도급대금을 자진하여 지급한 경우라면, 자진시정으로 보아 심의절차종료를 할 수 있다는 판결이 있지만(서울고등법원 2016. 5. 26. 선고 2016누33003 판결), 반성과 자진시정은 커녕 대금을 지급하지 않아 수급사업자, 재수급사업자, 그리고 근로자들까지 피해를 준 악질 원사업자에게 심의절차종료를 하려고 하는 위와 같은 실무 태도에 대하여 동조하기 어렵다.

100

하도급 추가공사의 의미, 대금 청구요건,
대금결정방식 등

(#추가공사대금합의#추가공사대금&가압류#현장소장#추가공사대금미확정)

$\mathcal{A}$ 추가공사란 원사업자가 하도급계약의 범위를 넘어서 이루어지는 공사를 의미하는
데 양적 추가공사와 질적 추가공사는 협의의 개념이고 광의로는 수급사업자 귀책
없는 공기연장이나 원사업자 지시에 따른 공정변경 등에 따른 돌관공사까지도 포함한다.
합의 없는 추가공사에 대하여 원사업자가 추가공사대금을 줄 의무는 없지만 묵시적인 추
가공사 합의도 가능한바, 원사업자가 추가공사 지시를 하였다거나 또는 수급사업자의 추
가공사를 묵인하였다면 묵시적 합의가 있는 것으로 본다. 추가공사대금을 지급하지 않기
로 하는 하도급계약 조항은 공정거래법 및 건산법상의 부당특약으로 무효이다. 한편, 실
무적으로 추가공사대금을 결정하지 않은 채 추가공사 지시에 따라 공사가 이루어졌는데
원사업자와 수급사업자 간에 추가공사대금에 대한 정산합의가 이루어지지 않아 분쟁이
장기화되는 경우가 많은데, 이 경우 추가공사에 대한 서면 미교부 뿐 아니라 하도급대금
미지급도 성립한다. 특히 판례에 의하면 실제 원가에 적정 이윤을 공사대금으로 주기로
하는 합의가 있다고 볼 수 있으므로 공정위는 이를 기초로 과징금부과처분 및 지급명령
을 내려 적극적으로 수급사업자 권익을 보호할 필요가 있다.

해 설

가. 추가공사란?

추가공사란, 시공 도중 당초의 계약상 공사범위를 넘어서 추가로 이루어지는 공사를
의미한다. 당초 공사와 동일성을 유지하면서 양적으로 공사범위를 넓히는 경우(동종 공
정상 시공면적을 원계약보다 늘리는 경우)와 당초 공사의 동일성을 넘어서 다른 공정의
공사까지 시공하는 경우(건물의 골조공사만 계약하였다가 마감공사까지 위탁하는 경우)
로 구분된다. 나아가 공사범위에는 변화가 없으나 자재의 질을 고급화하는 등 질적으로
공사가액을 높이는 경우도 넓은 의미의 추가공사이다. 추가공사를 위하여 설계변경이 필
요한 경우와 설계변경이 필요하지 않은 경우(이미 설계는 되어 있었으나 원계약상 공사
범위에서 제외되었거나 설계변경이 필요없는 경미한 부분에 관한 경우)로도 구분할 수

있다.[337] 광의로는 수급사업자 귀책없는 공기연장이나 원사업자 지시에 따른 공정변경 등에 따른 돌관공사 등 공사비용의 증가를 가져오는 모든 상황을 포함한다.

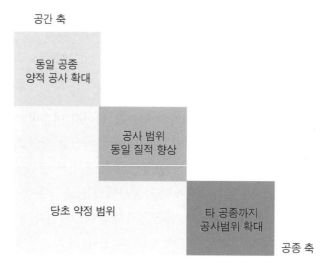

공간 축

동일 공종
양적 공사 확대

공사 범위
동일 질적 향상

당초 약정 범위

타 공종까지
공사범위 확대

공종 축

※ 추가공사범위는 다양한 요인들로 인해 늘어날 수 있다.

나. 추가공사대금을 지급받기 위한 요건

법리적으로 추가공사 합의가 없이 수급인(수급사업자)가 자의로 시공한 추가공사에 대하여 도급인(원사업자)가 대금을 지급할 계약상 의무는 없다. 추가공사대금 지급의무는 추가공사가 실제로 이루어졌어야 하고 아울러 추가공사를 하면 대금을 지급하기로 하는 취지의 추가공사 합의가 있어야만 발생하는 것이다. 특히 '정액도급계약' 즉 계약 당시 수급사업자가 미리 공사비를 추산하고 이윤을 고려하여 산정된 특정금액만 지급하기로 하도급계약이 체결되었다면, 완공 이후 원사업자가 견적 당시 예상금액보다 공사비가 적게 소요되었다고 하도급대금을 감액할 수 없듯이 공사비가 더 많이 나왔다고 수급사업자 역시 추가로 청구할 수 없기 때문에, 합의없는 추가공사에 대하여 대금지급의무가 발생할 여지가 없다.

대법원 역시 원칙론으로 당사자 간 합의가 없는 한 추가공사비를 청구할 수 없다는 입장이다. "총 공사대금을 정하여 한 공사도급계약의 경우 도급인은 특별한 사정이 없는 한 수급인에게 당초의 공사대금을 초과하여 지급할 의무는 없고, 다만, 수급인이 본 계약 내용에 없는 추가공사를 하였다면 그에 대한 추가공사비를 지급할 여지가 있을 뿐이다. 공사내용의 변경, 추가로 인한 추가공사비의 지급을 위하여는 준공된 공사의 내용에 당

---

337) 윤재윤. 건설분쟁관계법 제7판. 박영사. 190 내지 191면

초 계약에 없던 추가적인 공사가 있었고 그에 관한 원·피고 사이의 합의가 있었음이 전제로 되어야 할 것이다"고 판시한 바 있고(대법원 2006. 4. 27. 선고 2005다63870 판결), "추가공사에 관하여 원·피고 사이의 사전합의가 없었다면 일부 변경시공으로 공사비가 증가되었다 하더라도 그 증가분을 당연히 공사대금으로 청구할 수 있는 것은 아니다"고 판시하였다(대법원 1998. 2. 24. 선고 95다38066, 38073 판결). 이처럼 추가공사에 대한 합의가 없는 경우에 수급사업자는 추가공사를 했다고 하더라도 추가공사대금을 청구할 권원이 없다. 다만, 부당이득반환청구 등을 할 여지가 있을 뿐이다(이 역시도 원사업자가 그 공사로 인하여 추가적으로 얻은 이득이 있는 경우에만 인정되는 것인데 통상 인정될 여지가 크지 않다[338]).

하지만, 추가공사에 대한 합의는 반드시 서면 뿐 아니라 구두에 의해서도 이루어질 수도 있고, 명시적 합의 뿐 아니라 묵시적 합의로도 가능하다. 건설 하도급의 실무 관행 등에 비추어 볼 때, 실제 추가공사가 이루어졌고 이에 대하여 원사업자가 인지하고 있었으면서도 아무런 제지나 이의를 제기하지 않았다면 원사업자와 수급사업자 사이에는 추가

---

[338] 서울고등법원 2017나20276

살피건대, 이 사건 공사에 관하여 건축주인 피고가 요구하여 원고가 추가공사를 하였고, 피고가 원고에게 나중에 추가공사비를 정산하여 주겠다고 약속하였다는 취지의 제1심 증인 H의 증언은 H가 원고의 명의로 실제로 공사를 수행한 당사자라는 점에 비추어 볼 때 이를 그대로 믿기는 어렵다. 나아가, 앞서 든 증거, 제1심 증인 I의 증언 및 변론 전체의 취지에 의하여 인정되는 다음과 같은 사정, 즉 원고와 피고는 당초 이 사건 공사계약 당시 설계를 변경할 경우 발주자가 서명한 부분만 인정하기로 약정한 점(위 공사계약 특약사항 제2항, 을 제1호증의 1 17면, 제8호증의 2 4면 등 참조), 제1심 증인 I의 증언에 의하더라도 원고는 이 사건 건물을 대부분 이 사건 공사계약 당시 합의한 최종 도면대로 시공하였고, 도면과 다른 부분에 관하여는 원고가 발주자인 피고와의 협의 없이 임의로 시공한 것으로 보이며, 달리 원고의 추가공사 부분에 관하여 피고와의 사전 협의가 있었다거나 그에 관하여 피고가 서명하였다는 점을 인정할 자료도 없는 점, 제1심 감정인 J의 감정결과는 계약내역서와 사용승인도면을 기초로 당초 계약내용과 시공 내역을 비교하여 변경공사 비용을 감정한 것에 불과한 점 등에 비추어 보면, 제1심 감정인 J의 감정 결과만으로는 원고가 추가공사를 하였다는 점을 인정하기 부족하고, 달리 이를 인정할 증거가 없다. 원고의 이 부분 주장은 이유 없다.
이에 관하여 원고는, 추가공사에 대한 합의가 인정되지 않는다면 피고는 법률상 원인 없이 원고가 추가로 공사한 부분에 관한 공사금액(84,021,401원) 상당의 부당이득을 취한 것이므로 이를 원고에게 반환할 의무가 있다고 주장한다. 살피건대, 원고가 주장하는 추가시공은 이 사건 공사계약에서 원고가 도급받은 이 사건 공사에 관하여 이루어졌으므로, 이는 이 사건 공사계약의 이행을 위하여 시공된 것으로 봄이 상당하고 법률상 원인 없이 시공된 것으로 보기는 어려운 점, 설령 원고가 주장하는 추가시공이 법률상 원인 없이 시공된 것이라고 볼 여지가 있다고 하더라도 이러한 시공으로 인하여 발주자인 피고에게 어떠한 이익이 발생하였다고 단정하기 어려운 점, 또한 위 추가시공 부분이 발주자인 피고에게 일정 부분 이익이 될 여지가 있다고 하더라도 위 추가시공으로 인하여 피고에게 발생하는 이익이 원고가 주장하는 금액에 달한다고 인정할 증거가 없는 점[부당이득은 손해액과 이득액 중 적은 범위 내에서 반환의무를 지는데(대법원 2017. 5. 11. 선고 2012다200486 판결 참조), 제1심 감정인 J의 감정결과는 위 추가공사 부분의 시공비용 즉 원고의 손해액을 감정한 것일 뿐 이로 인하여 피고가 얻은 이익을 감정한 것은 아니다] 등에 비추어 보면, 부당이득 반환을 구하는 원고의 위 주장도 어느 모로 보나 받아들이기 어렵다.

공사를 하기로 하는 합의가 있었을 가능성이 높다. 추가공사에 대한 원사업자의 지시가 있었다거나 또는 감독이나 독려 또는 검수가 있었다면 추가공사 합의가 최소한 묵시적으로나마 이루어졌다는 점에 대한 강력한 증거가 된다. 법원 판결들 중에서도 이러한 점들을 고려하여 당사자간의 추가공사 합의를 인정한 것이 종종 있다.[339] 특히 전

---

339) 서울고등법원 2017나196

이 사건에서는 도급계약서 상에 물량 증가에 따른 사후 공사대금 정산 협의와 함께, 발주처와 도급인의 동의가 있어야만 그 증액을 인정한다고도 규정되어 있었다. 이에 대하여 법원은 객관적인 증거를 봤을 때 물량 증가에 대하여 도급인의 동의가 있었음을 추정할 수 있다고 보아 도급인에게 추가공사대금 지급 의무를 인정한 것이다.

그러나 이 사건은 예외적인 사건이므로, 일반적인 소송에서 함부로 원용하는 것은 위험하다. 따라서 추가공사대금을 청구하는 소송에서 안전하게 승소하기 위해서는 추가공사 및 물량증가에 대해서 당사자 사이에 명확한 합의가 있었음을 입증할 수 있는 합의서 등을 남겨두는 것이 바람직하다.

[법원 판단]

가. 물량정산에 따른 공사비 증액 청구에 관한 판단

1) 이 사건 하도급계약에서 공사대금을 총액으로 정하였고, 위 계약에 따른 시공물량은 원도급자인 ○○건설과의 준공물량을 기준으로 정산하되 발주처와 원도급자가 증액을 인정하는 경우에만 증액을 인정하며, 발주처에서 인정한 설계변경으로 시공물량의 증감이 발생한 경우 계약금액을 조정하되 설계변경이 이루어지지 않은 사항에 대한 계약금액 변경은 없다고 약정한 점은 앞서 본 바이나, 한편 이 사건 하도급계약에서도 시공물량에 따른 정산을 전제로 하고 있으며 실제 원고와 피고는 이 사건 공사 완공 이후 추가공사 부분을 제외한 기존 계약 부분에 관한 물량정산협의를 하였고 그 과정에서 피고는 원고에게 부가가치세를 포함하여 2,387,000,000원을 정산금액으로 제시하기도 하였던 사실 또한 앞서 본 바이며, 이에 더하여 피고 측 현장소장으로 이 사건 공사를 관리하였던 제1심 증인 B의 '이 사건 공사는 당초의 계약 내용과 설계도면에 비해 맨홀 수량과 배수관 길이 등 공사물량 자체가 증가된 사실이 있으며, 피고 측도 이 사건 공사내용 변경으로 배수공 및 레이크 공사비 증액 부분에 대하여는 물량정산을 약속한 사실이 있다'는 취지의 증언과 갑 제13호증에 변론 전체의 취지를 더하여 인정할 수 있는 사정 즉, 이 사건 소송이 계속 중이던 2016. 1. 22.경 피고 측에서 원고 측에게 이미 지급한 공사대금에 9,000만 원을 더 지급하는 것으로 합의를 제안하였던 사실까지 함께 종합적으로 고려하면, 원고와 피고는 앞서 본 약정내용에 불구하고 이 사건 공사의 특성 등을 고려하여 시공 후 물량정산을 하여 공사대금을 최종확정하기로 협의하였다고 봄이 상당하다.

2) 나아가 이 사건 공사의 물량정산에 따른 공사대금액수에 관하여 보건대, 공사 항목별 원고와 피고가 정산협의를 거치는 과정에서 주장하였던 금액, 제1심 감정인 C와 D의 각 감정 결과, 원고가 이 법원에 이르러 청구하는 금액, 그리고 이 법원이 채택하는 금액은 별지 '공사항목별 정산내역' 기재 표와 같다. 이 법원이 채택하는 금액과 관련하여 갑 제3 내지 5, 9호증의 각 기재, 제1심 감정인 C와 D의 각 감정 결과에 변론 전체의 취지를 종합하면 원고가 청구하는 바와 같이 제1심 감정결과 중 적은 금액을 기준으로 정산금액을 인정함이 상당하나, 다만 제1코스의 토공사(준설토 운반)는 원고가 애초 정산을 요구하였던 금액인 15,441,552원으로 인정하고, 제1코스의 이중벽 PE 맨홀공사는 피고가 당초 자인한 정산금액인 202,679,572원(제1심 감정인 C의 감정결과도 이와 같다)으로 인정한다.

3) 따라서 이 사건 공사의 물량정산에 따라 피고가 원고에게 지급하여야 할 총 공사대금은 부가가치세를 포함하여 2,096,471,031원(=1,905,882,756원 × 1.1)이다.

나. 추가공사비 지급 청구에 관한 판단

1) 갑 제6호증 및 제1심 감정인 C의 감정결과에 변론 전체의 취지를 종합하면, 원고는 피고의 지시 또는 요청에 따라 이 사건 하도급계약과는 별도의 추가공사를 시행한 사실을 인정할 수 있으므로 피고는 원고에게 위 추가공사에 따른 대금을 지급할 의무가 있다.

문적인 건설회사들 간에 이루어지는 건설하도급에서는 원사업자의 현장소장 또는 대리인이 하도급공사현장에 상주하면서 공사지시와 감독, 그리고 감리인에 의한 감리가 상시적으로 이루어지기 때문에 원하도급계약 내용에 없는 공사가 이루어졌고 이에 대하여 원사업자가 인지하고도 이의를 제기하지 않았다면 서면 증거가 없다는 이유로 추가공사에 대한 합의가 부인되기는 어렵다.

다. 추가공사대금과 관련된 분쟁을 막거나 대비하기 위한 실무 TIP

묵시적, 암묵적으로 추가공사에 대한 합의가 있었다고 볼만한 경우를 살펴보자. 실제 공사현장은 처음 도급계약을 체결할 당시 예상했던 내역 그대로 공사가 완료되는 경우보다 여러 가지 사유로 인하여 일부가 변경되거나 추가공사가 발생하는 경우가 훨씬 많다. 추가공사가 진행되면 도급인과 수급인, 원사업자와 수급사업자는 추후 분쟁이 발생하지 않도록 해당 공사가 당초 약정된 공사범위를 초과하는 공사인지 확인하고 추가공사대금 지급에 관하여 구체적인 합의를 해 두는 것이 반드시 필요하다. 만약 원사업자가 이에 대하여 거부하거나 꺼려한다면 수급사업자로서는 하도급법 제3조 제4항 내지 제8항[340]

---

2) 구체적 추가공사대금에 관하여 보건대, 제1심 감정인 C의 감정결과에 변론 전체의 취지를 종합하면 원고가 이 사건 하도급계약과는 별도로 시행한 추가공사비용은 370,000,000원으로 인정함이 상당하다. 한편 제1심 감정인 C는 추가공사대금을 385,800,000원으로 감정하였으나, 그중 수목 조경 이식 공사비용 관련하여 을 제17, 21호증의 각 기재에 변론 전체의 취지를 종합하면 원고와 피고는 수목 조경 이식 추가공사비용을 33,500,000원으로 정산하여 그 지급까지 마친 사실을 인정할 수 있으므로 C의 감정결과를 일부 배척하고 합계 370,000,000원을 추가공사비용으로 인정한다.

3) 따라서 피고는 원고에게 이 사건 하도급계약과는 별도로 이루어진 추가공사비용으로 부가가치세를 포함하여 407,000,000원(=370,000,000원×1.1)을 지급할 의무가 있다.

다. 피고의 주장에 관한 판단

한편 피고는 원고의 채권자 E가 주유 외상대금채권 17,515,000원을 보전하기 위하여 원고의 피고에 대한 이 사건 공사대금채권을 가압류하였으므로 위 금액 상당은 공제 내지 상계되어야 한다고 주장하나, 일반적으로 채권에 대한 가압류가 있더라도 이는 가압류채무자가 제3채무자로부터 현실로 급부를 추심하는 것만을 금지하는 것이므로 가압류채무자는 제3채무자를 상대로 그 이행을 구하는 소송을 제기할 수 있고, 법원은 가압류가 되어 있음을 이유로 이를 배척할 수는 없는 것이므로(대법원 2000. 4. 11. 선고 99다23888 판결 등 참조), 피고의 위 주장은 이유 없다.

라. 소결론

따라서 피고는 원고에게 이 사건 하도급계약에 따라 물량 정산한 공사대금 2,096,471,031원과 추가공사대금 407,000,000원의 합계 2,503,471,031원에서 원고가 공제되어야 한다고 자인하고 있는 유류비 18,854,608원과 이미 지급받은 공사대금 2,285,981,583원을 공제한 198,634,840원(= 2,503,471,031원 - 18,854,608원 - 2,285,981,583원)과 이에 대하여 공사완료일 이후로서 원고가 구하는 바에 따라 이 사건 소장 부본 송달 다음 날인 2014. 8. 14.부터 피고가 그 이행의무의 존부나 범위에 관하여 항쟁함이 상당한 이 법원의 판결선고일인 2017. 12. 22.까지는 민법이 정한 연 5%, 그 다음 날부터 다 갚는 날까지는 소송촉진 등에 관한 특례법이 정한 연 15%의 각 비율로 계산한 돈을 지급할 의무가 있다.

340) 하도급법 제4조(서면의 발급 및 서류의 보존)

의 '하도급계약 추정제도'를 이용하는 것을 고려할 수 있다. 즉 추가공사에 대한 내용과 범위, 계약일시와 공사기간, 하도급대금 등의 내용이 기재된 추가공사계약서를 작성해 원사업자에게 통지하는 것이다. 원사업자는 15일 이내에 인정 또는 부인의 의사표시를 수급사업자에게 서면으로 회신하여야 하며 회신하지 않을 경우 수급사업자가 통지한 내용대로 하도급계약이 있었던 것으로 추정되기 때문에, 수급사업자의 권익을 보호하고 이후 있을 추가공사대금에 대한 분쟁을 막는데 도움이 된다. 수급사업자가 하도급계약 추정제도를 이용할 형편이 아니라면 추가공사의 내용과 추가공사대금 또는 대금산정방식 등에 대한 간단한 확인서라도 원사업자에 요청하여 받아 두는 것이 좋고 이조차 어렵다면 최소한 공문, 이메일, 문자 메시지, sns 메시지 등의 방법으로도 원사업자의 지시나 요구에 의하여 추가공사를 하게 되었으며 그 내용이 무엇이고 대금은 어떻게 정산하기로 하였다는 등의 내용을 원사업자에게 보내고 향후 있을 수 있는 분쟁에 증거로 사용할 수 있도록 대비하여야 한다. 한편, 현장 소장이 추가공사를 지시하면서 이와 관련된 서면을 교부하지 않은 채 구두로만 공사대금을 얼마 지급하겠다 또는 실비로 정산해 주겠다고 약속하는 경우가 있다. 현장소장은 포괄적 상업대리인이므로 회사를 대리하여 추가공사계약에 대한 약정을 체결한 권한이 있고 구두의 계약도 유효하기는 하지만, 현장소장이 구두 약속을 부인할 경우 수급사업자는 입증에 곤란을 겪을 수 있다. 이때문에 수급사업자는 원사업자에 대하여 추가공사에 대한 서면을 요구하여 교부받거나 최소한 이메일 등으로 기록을 남겨 둘 필요가 있다.

제3조(서면의 발급 및 서류의 보존)

⑤ 원사업자가 제조등의 위탁을 하면서 제2항의 사항을 적은 서면(제3항에 따라 일부 사항을 적지 아니한 서면을 포함한다)을 발급하지 아니한 경우에는 수급사업자는 위탁받은 작업의 내용, 하도급대금 등 대통령령으로 정하는 사항을 원사업자에게 서면으로 통지하여 위탁내용의 확인을 요청할 수 있다.

⑥ 원사업자는 제5항의 통지를 받은 날부터 15일 이내에 그 내용에 대한 인정 또는 부인(否認)의 의사를 수급사업자에게 서면으로 회신을 발송하여야 하며, 이 기간 내에 회신을 발송하지 아니한 경우에는 원래 수급사업자가 통지한 내용대로 위탁이 있었던 것으로 추정한다. 다만, 천재나 그 밖의 사변으로 회신이 불가능한 경우에는 그러하지 아니하다.

⑦ 제5항의 통지에는 수급사업자가, 제6항의 회신에는 원사업자가 서명 또는 기명날인하여야 한다.

⑧ 제5항의 통지 및 제6항의 회신과 관련하여 필요한 사항은 대통령령으로 정한다.

하도급법 시행령 제4조(위탁내용의 확인)

법 제3조 제5항에서 "위탁받은 작업의 내용, 하도급대금 등 대통령령으로 정하는 사항"이란 다음 각 호의 사항을 말한다.

1. 원사업자로부터 위탁받은 작업의 내용
2. 하도급대금
3. 원사업자로부터 위탁받은 일시
4. 원사업자와 수급사업자의 사업자명과 주소(법인 등기사항증명서상 주소, 사업장 주소를 포함한다. 이하 같다)
5. 그 밖에 원사업자가 위탁한 내용

라. 추가공사대금을 지급하지 않는다는 특약의 위법성과 효력

현장설명서나 하도급계약 특약사항에 "추가공사대금은 일체 인정하지 않는다"고 규정하는 경우가 있다. 이는 특별한 사정이 없는 한 하도급법 제3조의4에 규정된 '부당한 특약'에 해당하여 위법이다. 하도급법상 부당특약에 해당한다고 하여 일률적으로 민사적으로도 무효인 계약이라고 볼 수는 없지만, 추가공사대금을 지급하지 않겠다는 취지의 특약은 건산법 제22조 제5항 제1호(계약체결 이후 설계변경, 경제상황의 변동에 따라 발생하는 계약금액의 변경을 상당한 이유 없이 인정하지 아니하거나 그 부담을 상대방에게 전가하는 경우)의 불공정 계약내용에 해당되어 무효이다.

마. 추가공사대금에 대한 합의가 이루어지지 않은 경우 대금정산방식

추가공사를 진행하기로 하는 합의는 인정되지만 대금에 대한 명확한 합의가 없었다면 추가공사대금은 어떻게 산정하는가? 추가공사대금의 산정기준은 원칙적으로 당사자 간 약정에 따른다. 만약 추가공사를 진행하기로 했지만 구체적인 대금에 대하여는 확정하지 않은 경우, 또는 추가공사비를 지급한다는 약속 없이 원사업자의 요구로 추가공사가 진행되었지만 당사자 의사 해석상 추가공사비 산정에 대한 합의가 인정될 수 있다면 추가공사대금에 대한 청구가 가능하다. 원사업자 요구에 의하여 대금 합의가 명확히 이루어지지 못한 채 공사에 착수한 경우라 하더라도 당사자 의사를 좀 더 적극적으로 해석하여 공사대금에 대한 합의를 추론해 내는 것이 필요하다. 통상 추가공사대금을 정하는 방법으로는 당초계약 단가를 기준으로 추가 수량을 곱하는 방법, 추가공사 약정시 단가를 기준으로 추가 수량을 곱하는 방법, 추가공사 완료시 단가를 기준으로 추가수량을 곱하는 방법 등이 있는데, 그 중 당사자 의사에 가장 부합하는 방법으로 공사대금을 정산하기로 합의가 있다고 해석하는 것이 필요하다. 특별한 사정이 없다면 위 세 가지 방법 중 추가공사 약정시 단가를 기준으로 산정하는 것이 타당하다.[341]

이와 관련하여 대법원 판례 중 특기할만한 것이 있어 소개한다. 건설도급대금에 대한 것이기는 하지만 추가공사대금에도 당연히 적용되는 판례인데, 당사자 간에 추가공사에 대하여는 합의하면서 추가공사대금을 정하지 않은 경우라면, 실제 소요된 비용에 이윤을 더한 금액을 지급하기로 하는 대금합의가 있었다고 본다는 취지다.[342]

---

341) 이수완 · 허순만, 전문건설회사를 위한 건설하도급법률분쟁실무, ㈜GMFC 출판사업부, 2014. 6, 162면
342) 필자는 본서 2020년판까지는 추가공사대금에 대한 합의가 인정되지 않았다면 추가공사대금을 청구하기가 쉽지 않다는 견해를 취하였지만 본 판부터 그 견해를 변경한다. 대법원 2012다112138, 2012다112145 판결 등에 의하면 이 경우 실제 투입 비용 + 이윤을 공사대금으로 하기로 하는 합의가 있었던 것으로 볼

> 대법원 2013. 5. 24. 선고 2012다112138, 2012다112145 판결
>
> "…하도급대금이 합의되지 않은 경우 그 지급의무와 관련하여 명확하게 "수급인이 일의 완성을 약속하고 도급인이 그 보수를 지급하기로 하는 명시적, 묵시적 의사표시를 한 경우 보수액이 구체적으로 합의되지 않더라도 도급계약이 성립된 것으로 본다. 공사도급계약에 있어서는 반드시 구체적인 공사대금을 사전에 정해야 하는 것이 아니고 실제 지출한 비용에 거래관행에 따른 상당한 이윤을 포함한 금액을 사후에 공사대금으로 정할 수 있다는 점에 비추어 볼 때, **당사자 사이에는 공사를 완성하고 공사대금은 사후에 실제 지출한 비용을 기초로 산정하여 지급하기로 하는 명시적 또는 묵시적 의사표시가 있었다고 보는 것이 경험칙에 부합한다**"

위 판결에서 언급하는 실제 투입비용은 공정거래위원회가 조사 과정에서 채택하기 어려운 증거조사방식인 감정을 통하지 않고 수급사업자가 제출하는 영수증 등 자료로 충분히 입증할 수 있는 경우가 있고 또 적정 이윤 역시 한국은행 경제통계자료를 통하여 확인할 수 있으므로, 공정거래위원회는 수급사업자 보호를 위하여 적극적으로 지급명령을 할 필요가 있다고 본다.

위 판결에 비추어 볼 때, 원사업자가 수급사업자에게 추가공사대금이 애초 합의되지 않았고 정산과정에서 이견이 심하여 지급하지 못하였다는 변명은, 하도급대금 미지급에 대한 인정될 수 없는 항변이다. 특히 실제 투입공사비용이 허위라고 의심할 여지가 있거나 증빙서류가 구비되지 않아 믿을 수 없다는 이유가 아니라, 실제 투입공사비용을 정산해 줄 수 없다는 취지라면, 더더욱 그러하다. 공정거래위원회 실무자들 중에는 이 경우 하도급대금 미지급이 성립하지 않는다거나 또는 원사업자에게 책임을 묻기 어렵다면서 무혐의나 심의절차종료 등으로 면죄부를 주는 경우가 있는데 위법일 뿐 아니라 수급사업자의 권익을 보호하기 위한 하도급법의 제정취지를 몰각한 것이라 본다.

바. 하도급대금에 대한 가압류가 추가공사대금에 미치는지 여부

채권에 대한 (가)압류명령은 목적채권이 현실로 존재하는 경우에 그 한도로 효력을 발생할 수 있는 것이고, 효력이 발생한 이후 새로 발생한 채권에 대하여는 효력이 미치지 않는다. 따라서 추가공사계약 체결 전에 송달된 하도급대금에 대한 (가)압류는 추가공사대금에는 그 효력을 미치지 않지만(대법원 2001. 12. 24. 선고 2001다62640 판결), 추가공사 하도급대금이 발생한 이후에 송달된 가압류는 추가공사대금에 그 효력이 미친다.

수 있기 때문이다.

101 기술자료 부당요구 및 유용행위 관련 법개정 및 집행동향

A 2022. 1. 11. 법률 제18757호로 개정된 하도급법에서는 기술탈취행위가 하도급계약 체결 전이나 교섭단계에서도 발생하는데, 현행법의 경우 하도급계약이 체결된 이후의 기술유용행위만이 금지되는 것으로 해석될 여지가 있다는 비판을 수용하여, 하도급계약 체결 전에 기술유용행위를 한 경우라도 이후 하도급계약이 체결되어 원사업자의 지위를 가지게 되면 제재할 수 있도록 개정하였다. 개정법은 2022. 7. 12.부터 시행된다. 한편, 2021. 8. 17. 법률 제18434호로 개정된 하도급법에 의하여 기술자료의 비밀성과 관련하여 수급사업자의 노력에 대한 부분을 삭제하여 "비밀로 관리된"으로 개정하였고 또 기술자료 제공시 서면과 별도로 원사업자에게 비밀유지계약서 작성 및 교부의무를 추가하여 수급사업자의 기술자료 보호 수준을 높였다. 한편, 2018. 4. 17. 법률 제15612호로 개정된 하도급법을 통하여 제3자에게 단순히 제공하는 행위도 기술자료 유용의 유형으로 추가하였고 기술자료 부당요구와 유용행위에 대한 조사시효 및 서류보관기간도 7년으로 연장하는 등 기술탈취는 공정거래위원회가 하도급법 집행에 있어 특별히 중점을 기울이는 법위반유형이다.

해설

최근 하도급법에서 가장 뜨거운 이슈는 바로 기술자료 부당요구와 유용행위이다. 최근 공정거래위원회나 중소벤처기업부에서 특별히 유의하여 집행하는 분야이기도 하다.

2022. 1. 11. 법률 제18757호로 개정된 하도급법에서는 기술탈취행위가 하도급계약 체결 전이나 교섭단계에서도 발생하는데, 현행법의 경우 하도급계약이 체결된 이후의 기술유용행위만이 금지되는 것으로 해석될 여지가 있다는 비판을 수용하여, 하도급계약 체결 전에 기술유용행위를 한 경우라도 이후 하도급계약이 체결되어 원사업자의 지위를 가지게 되면 제재할 수 있도록 개정하였다. 구체적으로 하도급계약 체결 전 교섭단계에서도 원사업자는 수급사업자보다 우월한 지위를 이용하여, 기술자료를 제공받아 이를 유용할 수 있다. 그런데 하도급법 규율대상인 '원사업자'는 하도급계약의 체결이 전제되어 있어 현행 규정이 계약 체결 전 행위도 규율하는지 불명확하였다. 그래서 현행법은 제12조의3

제4항을 "원사업자는 취득한 수급사업자의 기술자료에 관하여 부당하게 다음 각 호의 어느 하나에 해당하는 행위(하도급계약 체결 전 행한 행위를 포함한다)를 하여서는 아니된다"로 개정함으로써 하도급계약 체결 전의 기술유용행위에 대하여도 이후 하도급계약이 체결되어 원사업자가 되었다면 제재할 수 있도록 하였다. 동 조항은 2022. 7. 12.부터 시행된다. 유의할 점은 여전히 하도급계약 체결 전의 부당요구행위에 대하여는 하도급법 규정이 적용되지 않으며 아울러 하도급계약 체결 이전에 기술유용행위를 하였더라도 이후 하도급계약이 체결되어서 비로소 원사업자와 수급사업자 관계가 되어야지만 제재를 할 수 있다는 점이다. 차라리 원사업자가 아니라 하더라도 기술탈취에 대하여 금지하는 것으로 하면 좀 더 실효적일 수 있었겠지만 원사업자와 수급사업자 간의 거래에 대하여만 규율하는 하도급법 체계상 어쩔 수 없었던 고육지책으로 생각한다.

한편, 2018. 4. 17. 법률 제15612호로 개정된 공정거래법은 원사업자가 수급사업자로부터 취득한 기술자료를 제3자에게 유출하는 행위에 대해서도 기술자료유용행위의 하나로 추가했고, 기술자료 부당요구와 유용행위에 대한 조사시효도 거래종료 후 7년으로 연장했다(기존 3년). 동 개정법은 2018. 10. 18.부터 시행되었다. 한편, 개정법률로 기술유용의 한 유형으로 추가된 단순한 제3자 제공행위의 경우, 3배 이하의 징벌적 손해배상 대상이기는 하지만(하도급법 제35조 제2조), 벌점에 있어서는 가중대상이 아니다. 참고로 자기 또는 제3자를 위하여 기술을 사용하는 제12조의3 제3항 제1호의 기술유용은 과징금부과처분 시 벌점 2.6점, 고발조치시 벌점 5.1점으로 다른 행위유형보다 가중제재하지만, 동항 제2호의 단순 제3자 제공의 경우 그렇지 않다[하도급법 시행령 별표 3. 제2항 가목 6) 및 7)].

한편, 공정거래위원회가 2017. 9.경 발표한 기술유용행위 근절대책에 의하여, 신고사건 처리 중심의 집행에서 선제적인 직권조사로 전환하고, 전문적이고 일원화된 법 집행 체계를 구축할 것이며, 적극적인 과징금 부과 및 고발조치 등 조치수준을 강화하게 되었다. 선제적인 직권조사 전환을 위하여 매년 집중 감시 업종을 선정하여 직권조사를 선제적으로 실시하고, 서면실태조사 개선을 통해 혐의 업체를 사전에 적극 적발하게 된다. 또, 법 집행 체계 구축을 위하여 변리사, 기술직 등 전문 인력을 보강하여 '기술유용사건 전담조직'을 구축하고, 「기술심사자문위원회의 설치 및 운영에 관한 규정」(공정위 훈령 제303호, 2021. 5. 31.)에 근거하여 기술자료 제공 요구·유용행위의 심사와 관련하여 제도개선이나 발전방향 및 사건의 심사에 대하여 관련 전문가의 의견을 수렴하여 50인 이내의 위원으로 구성된 기술심사자문위원회를 설치·운영하고 있다.

한편, 2021. 8. 17. 법률 제18434호로 개정된 하도급법에서는 수급사업자의 기술자료에 대한 정의를 기존의 **"상당한 노력에 의하여 비밀로 유지된** 제조·수리·시공 또는 용역수행 방법에 관한 자료, 그 밖에 영업활동에 유용하고 독립된 경제적 가치를 가지는 것으로서 대통령령으로 정하는 자료"에서 **"비밀로 관리되는** 제조·수리·시공 또는 용역수행 방법에 관한 자료, 그 밖에 영업활동에 유용하고 독립된 경제적 가치를 가지는 것으로서 대통령령으로 정하는 자료"로 변경하였다(개정된 정의는 2021. 8. 17.부터 시행된다). 공정거래위원회 조사과정 및 처분에 대한 불복과정에서 수급사업자가 비밀로 유지하기 위하여 얼마나 노력을 하였는지가 논란이 되자 노력의 정도에 대한 표현을 삭제하고 아울러 객관적인 상태를 가르키는 "유지된" 대신 수급사업자의 주관적인 행위를 가르키는 "관리되는"으로 바꾼 것으로 사료된다. 또, 개정법에서는 원사업자가 수급사업자에게 기술자료를 요구할 때에는 요구목적, 권리귀속관계, 대가 등 대통령령이 정하는 사항을 수급사업자와 미리 협의하여 그 내용을 적은 서면을 제공해야 하고(개정법 제12조의3 제2항), 수급사업자가 원사업자에게 기술자료를 제공하는 경우에는 원사업자는 해당 기술자료를 제공받는 날까지 해당 기술자료의 범위, 기술자료를 제공받아 보유할 임직원의 명단, 비밀유지의무 및 목적 외 사용금지, 위반시 배상 등 대통령령이 정하는 사항이 포함된 비밀유지계약을 수급사업자와 체결해야 한다(개정법 제12조의3 제3항)고 규정하였다. 개정된 규정은 2022. 2. 18.부터 시행된다. 이러한 비밀유지계약서의 방식은 M&A 실사과정 등에서 일반적으로 사용되는 것으로, 수급사업자 기술자료의 실효적 보호를 위한 것으로 사료된다.

102 수급사업자의 기술자료의 의미 : 하도급계약이 체결되지 않은 경우에도 기술자료 부당요구 및 유용금지에 대한 하도급법 제13조의4가 적용되는가?

A 하도급계약이 체결되지 않았다면 원사업자 및 수급사업자 개념이 성립할 수 없으므로 수급사업자의 기술자료도 존재하지 않고 의무주체인 원사업자도 애당초 없으므로 동조가 적용될 여지가 없다. 이에 반하는 기술자료심사지침의 규정은 위법하다.

해 설

하도급법은 원사업자와 수급사업자 간에 하도급거래가 성립된 경우에 적용되는 것이므로 만약 하도급거래가 교섭중이다가 성립되지 않은 경우에는 그 적용이 없다.

이와 관련하여 공정위 기술자료 제공요구·유용행위 심사지침(공정거래위원회 예규 제358호, 2021. 1. 3., 폐지제정, 이하 '기술자료심사지침')에서 계약이행단계에서 적용되는 것을 원칙으로 하되, 다만 예외적으로 계약체결 이전이라도 ① 하도급계약이 체결되는 과정에서 기술자료 제공요구 등의 행위가 있었고 그 이후 실제 하도급계약이 체결된 경우, ② 원사업자가 기본 거래와 관련되거나 무관한 별도의 거래를 위해 수급사업자와 협의하는 과정에서 기술자료 제공요구 등의 행위를 한 경우를 규정하고 있어 하도급거래와 무관하게 기술자료 관련 의무가 발생하는 것이 아닌가 하는 의문이 든다.

> **기술자료심사지침**
>
> Ⅱ. 적용범위
> ...
> 2. 이 심사지침은 다음 각 목의 경우에는 하도급계약 체결 이전의 기술자료 제공 요구 등의 행위에 대해서도 적용된다.
>   가. 하도급계약이 체결되는 과정에서 기술자료 제공 요구 등의 행위가 있었고, 그 이후 실제 하도급 계약이 체결된 경우. 대표적인 경우를 예시하면 다음과 같다.
>   <예시 1> 수의계약을 통하여 하도급계약이 체결되는 경우, 정당한 사유 없이 기술자료의 제공을 조건으로 하도급계약을 체결하고 그 기술자료를 제공받거나 유용하는 경우

<예시 2> 경쟁입찰을 통하여 하도급계약이 체결되는 경우, 입찰과정에서 참가자로부터 제안서 등의 기술자료를 제공받거나 유용하는 경우

나. 원사업자가 기존 거래와 관련되거나 또는 무관한 별도의 거래를 위해 수급사업자와 협의하는 과정에서 기술자료 제공 요구 등의 행위를 한 경우.(이 경우 계약 체결 여부와 무관하다) 대표적인 경우를 예시하면 다음과 같다.

<예시 1> 원사업자가 기존 거래와 관련되거나 또는 무관한 별도의 거래에 대해 수급사업자와 수의계약을 진행하는 과정에서 수급사업자의 기술자료를 제공받거나 유용하였지만 거래가 성립하지 않은 경우

<예시 2> 원사업자가 기존거래와 관련되거나 또는 무관한 별도의 거래에 대해 경쟁입찰 과정에서 제안서 등 수급사업자의 기술자료를 제공받거나 유용하였지만 거래가 성립되지 않은 경우

<예시 3> 원사업자와 수급사업자가 발주자에게 공동으로 제안서를 제출하는 과정에서 기술자료를 제공받아 유용하였지만 거래가 성립되지 않은 경우

생각건대, 기본적으로 하도급법은 하도급거래를 전제로 적용되는 것이지 대기업과 중소기업 관계라고 하여 적용되는 것이 아니다. 심사지침상의 ①의 경우에는 하도급계약이 체결되고 거래가 시작된 경우에 적용되는 규정이고, ②의 경우에도 다른 하도급거래를 전제로 기술을 요구한 경우이다. 하도급거래를 전제로 파생하여 나온 기술자료 침해행위에 대한 것으로 해당 하도급거래 이행 중의 행위로 볼 수 있다. 다만, 심사지침은 ②의 예시로 (i) 원사업자가 기존 거래와 관련되거나 무관한 별도의 거래에 대해 수급사업자와 수의계약을 진행하는 과정에서 기술자료를 제공받거나 유용했지만 거래가 성립되지 않은 경우, (ii) 기존 거래와 관련되거나 무관한 별도의 거래에 대해 경쟁입찰 과정에서 제안서 등 수급사업자의 기술자료를 제공받거나 유용하였지만 거래가 성립되지 않은 경우, (iii) 원사업자와 수급사업자가 발주자에게 공동으로 제안서를 제출하는 과정에서 기술자료를 제공받아 유용했지만 거래가 성립되지 않은 경우를 들고 있다. 그런데 (ii)와 (iii)의 예시는 제안서 위탁용역이라는 하도급거래에서 기술자료를 요구한 것으로 볼 수 있어 큰 문제가 없다. 하지만 (i)의 예시가 하도급거래가 성립되지 않았을 뿐만 아니라 다른 하도급거래의 이행중에 기술자료를 제공받았다고 볼 수도 없는 경우를 의미하는 것이라면, 하도급거래의 성립을 전제로 하지 않은 것이어서 위법하다고 생각한다. 하도급법 제12조의3은 원사업자에 대한 의무규정인데, 원사업자는 '제조 등의 위탁을 한 자'로 정의되어 (하도급법 제2조 제2항), 하도급거래의 성립을 전제로 하기 때문이다. 하도급거래가 성립하지 않았다면 부정경쟁방지법 등 다른 법률로 중소기업을 보호하는 것은 별론으로 하고 하도급법을 적용할 수는 없다고 본다.

103 기술자료의 의미 및 세부유형[「기술자료 제공 요구·유용행위 심사지침」 (공정거래위원회 예규 제358호, 2021. 1. 3. 폐지제정)]

기술자료는 '**합리적인 노력**'에 의하여 비밀로 유지된 제조·수리·시공 또는 용역수행 방법에 관한 자료, 특허권, 실용실안권, 디자인권, 저작권 등의 지식재산권과 관련된 정보나 그 밖의 영업활동에 유용하고 독립된 경제적 가치가 있는 기술상·경영상의 정보를 의미한다(법 제2조 제15항, 시행령 제2조 제8항).

2018. 1. 16. 법률 제15362호로 개정되기 이전에는 '**합리적인 노력**에 의해 비밀로 유지된'이 아니라 '**상당한 노력**에 의해 비밀로 유지된'으로 규정되어 있었다. 사실 「부정경쟁방지 및 영업비밀보호에 관한 법률」(이하 '부정경쟁방지법')에서는 "영업비밀이란 공공연히 알려져 있지 아니하고 독립된 경제적 가치를 가지는 것으로서, **합리적인 노력에 의하여 비밀로 유지된** 생산방법, 판매방법, 그 밖에 영업활동에 유용한 기술상 또는 경영상의 정보를 말한다"(제2조 제2항)고 규정되어 있기 때문에, 하도급법의 기술자료가 부정경쟁방지법상의 영업비밀보다 그 범위가 좁아 수급사업자 보호에 미흡하고 수범자에게 혼동이 있다는 비판이 있어 개정된 것이다.

개인적으로 '상당한 노력'과 '합리적인 노력' 사이에 큰 차이가 있어 양자 간의 의미가 다르다는 비판에 동의하지 못한다. 다만 그 실제 해석이나 집행에서 좀 더 용이하게 수급사업자의 기술자료가 인정될 것이라 생각된다.

하도급법 사례는 아니지만 부정경쟁방지법상 영업비밀 정의와 관련하여 '상당한 노력'과 '합리적인 노력'의 의미에 대해 검토된 판결이 있다. 부정경쟁방지법 관련 규정은 2015. 1. 25. 법률 제13081호로 '상당한 노력'에서 '합리적인 노력'으로 변경되었는데, 의정부지방법원 고양지원은 이에 대해 "영업비밀의 구성요소가 '상당한 노력'에서 '합리적인 노력'으로 변경되었으나 '상당한 노력'과 '합리적인 노력'은 동일하게 해석하여야 하므로, 피해자 회사가 이 사건 고객정보를 비밀로 유지하기 위해 '합리적인 노력'을 하였다고 보기 어렵다."라고 판시하면서 무죄를 선고하였다(의정부지법 고양지원 2016. 6. 17. 선고 2015고정1353 판결). 그 항소심에서 의정부지방법원은 '상당한 노력'과 '합리적인 노력'의 구분에 대하여는 아무런 판단을 하지 않은 채 합리적인 노력을 하여 영업비밀이 된다고 보고 이를 침해하였다고 선고한 바 있다(의정부지방법원 2016. 9. 27. 선고 2016노1670 판결).[343] '상당한 노력'과 '합리적인 노력' 사이에 개념적 차이가 있는지는 모르겠지만 원심에 비해 상당히 낮은 기준을 적용하여 영업비밀 보호의 폭을 넓힌 판결이라고 본다.

기술자료의 범위는 '기술자료심사지침'에 상세하게 예시되어 있다. ① 제조·수리·시공 또는 용역수행 방법에 관한 정보·자료,[344] ② 특허권, 실용신안권, 디자인권, 저작권 등 지식재산권과 관련한 기술정보·자료로서 수급사업자의 기술개발·생산·영업활동에 기술적으로 유용하고 독립된 경제적 가치가 있는 것,[345], [346] ③ 시공프로세스 매뉴얼, 장

---

343) 甲 주식회사에서 이사로 근무하던 피고인이 자신의 업무용 컴퓨터에 저장되어 있던 甲 회사의 영업비밀인 고객정보 파일을 퇴사 전에 이동식 메모리 디스크에 옮겨두었다가 퇴사 후 고객정보를 사용하였다고 하여 부정경쟁방지 및 영업비밀보호에 관한 법률(이하 '부정경쟁방지법'이라고 한다) 위반으로 기소된 사안에서, 2015. 1. 28. 법률 제13081호로 개정된 부정경쟁방지법은 영업비밀로 보호되기 위하여 필요한 비밀유지·관리 수준을 '상당한 노력'에서 '합리적인 노력'으로 완화하였는데, 甲 회사는 제약업체 내지 식품업체가 해외에서 전시회 등의 행사를 개최하는 경우 항공권 및 숙소를 제공하는 여행전문업체로서, 행사와 관련된 정보(개최장소, 개최일시, 행사의 성격, 출품업체, 여행일정, 행사규모 등) 및 행사가 열리는 지역의 여행정보에 대하여는 홈페이지 등을 통해 일반인의 접근을 허용하였으나, 고객들의 성명, 소속업체, 직위, 이메일주소, Fax번호, 휴대전화번호 등이 포함된 고객정보는 별도 관리하면서 甲 회사 직원들에게만 접근을 허용한 점 등 제반 사정에 비추어 보면, 甲 회사는 고객정보를 비밀로 유지하기 위한 '합리적인 노력'을 다하였으므로 고객정보 파일은 부정경쟁방지법상 보호되는 영업비밀에 해당한다는 이유로 피고인에게 유죄를 선고한 사례

344) 기술자료심사지침은 다음과 같이 규정하고 있다.
4. 제1호 가목에서 "제조·수리·시공 또는 용역수행 방법에 관한 정보·자료"라 함은 제품의 제조·수리·시공 또는 용역의 완성을 위해 사용되거나 참고되는 정보 또는 그러한 정보가 기재된 유·무형물(종이, CD, 컴퓨터 파일 등 형태에 제한이 없음)을 말한다. 이를 판단함에 있어 "제조·수리·시공 또는 용역수행 방법"은 원사업자가 수급사업자에게 위탁한 당해 업무에 관련된 것에 한정하지 아니한다.
〈예시〉 작업공정도, 작업표준서(지시서), 기계 운용 매뉴얼, 기계 조작 방법, 시방서, 원재료 성분표, 배합요령 및 비율, 소프트웨어의 테스트방법, 소스코드 또는 소스코드 관련 정보, 임상시험 계획서, 임상시험 방법 등

345) 기술자료심사지침은 다음과 같이 규정하고 있다.
5. 제1호 나목 내지 다목에서 "기술개발(R&D)·생산·영업활동에 기술적으로 유용하고 독립된 경제적 가치가 있는 것"이라 함은, 정보·자료의 보유자 혹은 다른 사업자가 그 정보·자료를 사용함으로써 기술개발(R&D)·생산·영업활동에 있어 기술상의 우위를 얻을 수 있거나 그 정보·자료의 취득이나 개발을 위해 상당한 비용, 시간이나 노력이 필요한 경우를 말한다. 다만, 거래의 대상이 될 수 있을 정도로 독자적인 가치를 가지는 것에 한정되지 않고, 보유함으로써 얻게 되는 이익이 상당히 있거나 보유하기 위하여 비용이 상당히 소요되는 경우라면 이에 해당된다. 해당 정보·자료가 기술개발(R&D)·생산·영업활동에 기술적으로 유용하고 독립된 경제적 가치를 가지는 것이라고 볼 수 있는 경우를 예시하면 아래와 같다.
〈예시 1〉 현재 기술개발(R&D)·생산·영업활동에 사용되고 있거나 가까운 장래에 사용될 가능성이 큰 경우
〈예시 2〉 현실적으로 사용되고 있지 않다 하더라도 가까운 장래에 있어서 경제적 가치를 발휘할 가능성이 큰 경우(잠재적으로 유용한 정보)
〈예시 3〉 실패한 연구 데이터 등과 같이 그 자체로는 외부로 유출될 경우 그로 인해 큰 피해가 발생하지

비제원, 설계도면, 연구자료, 연구개발보고서 등 수급사업자의 기술개발·생산·영업활동에 기술적으로 유용하고 독립된 경제적 가치가 있는 것 등이다. 2016. 12. 27. 공정거래위원회 예규 제263호로 개정되기 이전의 심사지침은 다른 조항들은 그대로 유지하면서도 종전 예규에서 ③의 예시로 들고 있던 생산원가내역서, 매출정보를 제외하고 대신 연구자료와 연구개발보고서를 추가하였다. 특별한 사정이 없는 한 생산원가가 매출관련 자료가 통상 영업비밀보호법상 영업비밀로 보호되지 않음에도 불구하고 이를 기술자료의 예시로 규정하여 혼란을 준다는 비판이 있었는데, 개정 고시가 이를 반영한 것으로 보인다.

심사지침에 의하며, '상당한 노력(※저자 주: 합리적인 노력으로 수정되어야 할 것이다)에 의하여 비밀로 유지'된다 함은, 객관적으로 비밀로 유지·관리되고 있다는 사실이 인식 가능한 상태로서 ① 비밀이라고 인식될 수 있는 표시를 하거나 고지를 하였는지 여부,[347] ② 자료에 접근할 수 있는 대상자나 접근방법을 제한하였는지 여부,[348] ③ 자료에 접근한 자에게 비밀유지준수 의무를 부과하였는지 여부[349] 등을 고려하여 판단한다. ③의 예시로 임직원 및 거래상대방과 비밀유지계약을 체결하거나 각서를 징구하는 경우, 취업규칙

않더라도 다른 사업자가 제품이나 기술을 개발함에 있어 이를 입수하여 사용하면 시행착오를 줄여 시간을 단축하는데 기여하는 등 참고할 만한 가치가 있거나 기타 생산 또는 영업활동에 도움이 될 만한 가치가 있는 정보나 자료인 경우(소극적 정보 : negative information)

〈예시 4〉 전체적으로는 동종 업계 종사자들 사이에 널리 사용되고 있는 정보나 자료라 하더라도 세부사항에 있어서 비공개 상태가 유지되고 있고, 그 세부사항이 외부로 유출될 경우 다른 사업자가 제품 개발에 참고할 만한 가치가 있거나 기타 생산 또는 영업활동에 도움이 될 만한 가치가 있는 정도의 정보나 자료인 경우

346) 기술자료심사지침은 다음과 같이 규정하고 있다.

6. 제1호 나목에서 "특허권, 실용신안권, 디자인권, 저작권 등의 지식재산권과 관련된다"함은, 어떤 지식재산권의 내용 그 자체뿐만 아니라 그 지식재산권의 내용을 발명, 고안, 창작하는 전 과정 및 그 이후에 발생하였거나 참고된 것으로서 그 지식재산권의 내용과 상당한 관련이 있는 것이라면 이에 해당된다. 지식재산권의 내용과 상당한 관련이 있는지 여부는 지식재산권을 보유한 수급사업자를 제외한 제3자가 당해 지식재산권의 내용을 이해하는데 또는 당해 지식재산권을 실시·사용하는데 필요한지 여부 등을 기준으로 판단한다. 그에 해당하는 기술자료를 예시하면 다음과 같다.

〈예시〉 공정도, 공정 설명서, 작업지시서, 설계도, 회로도, 공정 또는 설비 배치도, 운용 매뉴얼, 혼합 또는 배합 요령, 소프트웨어의 테스트방법, 소스코드 또는 소스코드 관련 정보, 임상시험 계획서, 임상시험 방법 등

347) 기술자료심사지침에서 들고 있는 예시는 다음과 같다.

〈예시 1〉 자료에 "대외비", "컨피덴셜(Confidential)", "극비" 등의 문구를 기재한 경우

〈예시 2〉 수급사업자가 임직원에게 자료를 회사 외부로 반출하여서는 아니된다고 지시 또는 명령한 경우

348) 기술자료심사지침에서 들고 있는 예시는 다음과 같다.

〈예시 1〉 임원, 해당 업무 담당자 등 특정인에게만 접근 권한을 부여한 경우

〈예시 2〉 암호 설정, 시정장치, 지문인식장치 등으로 접근을 제한한 경우

349) 기술자료심사지침에서 들고 있는 예시는 다음과 같다.

〈예시 1〉 임직원, 거래상대방 등과 비밀유지계약을 체결하거나 그들로부터 비밀유지 각서를 징구한 경우

〈예시 2〉 취업 규칙 등 사내규정으로 임직원에게 비밀유지준수 의무를 부과한 경우

등 사내규정으로 임직원에게 비밀유지의무를 부과한 경우를 들고 있다. 다만, 수급사업자는 기본적으로 거래상 지위가 낮아 원사업자의 기술자료 요구에 대해 비밀유지 노력에 관한 사항을 명시적 또는 직접적으로 요구할 수 없고, 원사업자에게 기술자료가 제공되면 제3자에게 노출될 가능성이 있음을 인지하더라도 이에 응할 수밖에 없다는 현실을 고려하여야 한다.

관련하여, 하도급법상 기술자료는 '공공연히 알려져 있지 아니함'과 같은 비공지성을 요건으로 하지 않으므로 이를 요구하는 「부정경쟁방지 및 영업비밀보호에 관한 법률」상의 '영업비밀'보다 범위가 넓다는 견해가 있다.[350] 공정거래위원회도 동일한 입장이다.[351] 하지만 '기술자료'에 해당하기 위하여는 비밀성이 인정되어야 하는데, 그 자료 자체가 공지의 것이라면 특별한 사정이 없는 한 비밀로 유지될 수 없다. 이런 점에서 '기술자료'가 '영업비밀'과 그 범위가 크게 다르다고 보기는 어렵다. 다만, 공지의 정보나 자료라 하더라도 그 자체가 아니라 그것들이 수집된 전체 또는 자료의 정리나 배열, 결합방식 등에 따라 자료 자체의 의미와 가치가 본질적으로 달라질 수 있다. 이 경우 그 수집, 정리, 배열, 결합 등에 의해 만들어진 자료는 새로운 정보나 자료로 공지의 것이라 볼 수 없다.

다음으로, '제조·수리·시공 또는 용역수행 방법에 관한 정보·자료'라 함은 제품의 제조·수리·시공 또는 용역의 완성을 위해 사용되거나 참고되는 정보 또는 그러한 정보가 기재된 유·무형물(종이, CD, 컴퓨터 파일 등 형태에 제한이 없음)을 말한다. 작업공정도, 작업표준서(지시서), 기계 운용 매뉴얼, 기계 조작 방법, 시방서, 원재료 성분표, 배합 요령 및 비율 등이 그 예이다. '제조·수리·시공 또는 용역수행 방법'은 원사업자가 수급사업자에게 위탁한 당해 업무에 관련된 것에 한정하지 아니한다.

또, '기술개발(R&D)·생산·영업활동에 유용하고 독립된 경제적 가치가 있는 것'이라 함은, 정보·자료의 보유자 혹은 다른 사업자가 그 정보·자료를 사용함으로써 기술개발(R&D)·생산·영업활동에 있어 영업상의 우위를 얻을 수 있거나, 그 정보·자료의 취득이나 개발을 위해 상당한 비용, 시간이나 노력이 필요한 경우를 말한다. 다만, 거래의 대상이 될 수 있을 정도로 독자적인 가치를 가지는 것에 한정되지 않고, 보유함으로써 얻게 되는 이익이 상당히 있거나 보유하기 위하여 비용이 상당히 소요되는 경우라면 이에 해당된다. 해당 정보·자료가 기술개발(R&D)·생산·영업활동에 유용하고 독립된 경제적 가치를 가지는 것이라고 볼 수 있는 경우란, ① 현재 기술개발·생산·영업활동에 사용되고 있거나 가까운 장래에 사용될 가능성이 큰 경우, ② 현실적으로 사용되고 있지 않더라

---

350) 오승돈, 앞의 책, 248, 249면
351) 2015. 8. 3. 의결 제2015-289호

도 가까운 장래에 경제적 가치를 발휘할 가능성이 큰 경우, ③ 실패한 연구 데이터 등과 같이 그 자체로 외부에 유출될 경우 큰 피해가 발생하지 않더라도 다른 사업자의 개발에 있어 이를 입수해 사용하면 시간 단축에 기여하는 등 참고할 가치가 있거나 기타 생산 또는 영업활동에 도움이 될만한 가치가 있는 정보나 자료인 경우(소극적 정보; negative information), ④ 전체적으로 동종 업계 종사자들 사이에 널리 사용되고 있는 정보나 자료라도 세부사항에 있어 비공개 상태가 유지되고 있고 그 세부사항이 외부로 유출될 경우 다른 사업자의 제품 개발에 참고할만한 가치가 있거나 기타 생산·영업활동에 도움이 될 가치가 있는 정보나 자료인 경우 등이다. 개정전 고시는 다른 회사의 제품개발계획, 생산계획, 판매계획 등과 같이 기술개발·생산·영업에는 이용되지 않지만 알고 있으면 거래관계에 유용하게 활용될 수 있는 경우(간접적으로 유용한 정보)를 예시하고 있었지만 2018년 개정고시에서 이를 제외하였다.

"특허권, 실용신안권, 디자인권, 저작권 등의 지식재산권과 관련된다"함은, 지식재산권의 내용 그 자체뿐만 아니라 그 지식재산권의 내용을 발명·고안·창작하는 전 과정 및 그 이후에 발생하였거나 참고된 것으로서, 그 지식재산권의 내용과 상당한 관련이 있는 것이라면 이에 해당된다. 지식재산권의 내용과 상당한 관련이 있는지 여부는 지식재산권을 보유한 수급사업자를 제외한 제3자가 당해 지식재산권의 내용을 이해하는 데 또는 당해 지식재산권을 실시·사용하는 데 필요한지 여부 등을 기준으로 판단한다. 공정도, 공정 설명서, 작업지시서, 설계도, 회로도, 공정 또는 설비 배치도, 운용 매뉴얼, 혼합 또는 배합 요령 등이 그 예이다.

기술자료 부당요구 및 유용행위의
판단기준[「기술자료 제공 요구·유용행위
심사지침」(공정거래위원회 예규 제358호,
2021. 1. 3. 폐지제정)]

가. 기술자료 제공 요구의 판단기준

하도급법 제12조의3 제1항의 "기술자료 제공 요구"라 함은 원사업자가 수급사업자에게 자신 또는 제3자가 사용할 수 있도록 기술자료의 제출, 제시, 개시, 물리적 접근 허용(기술자료가 전자파일(File) 등의 형태일 경우 접속·열람 허용 등을 포함한다), 기술지도, 품질관리 등 그 방법을 불문하고 자신 또는 제3자가 기술자료의 내용에 접근할 수 있도록 요구하는 행위를 말한다.

그 위반성 판단기준은 다음과 같다.

① 원사업자가 수급사업자의 기술자료를 원사업자 또는 제3자에게 제공하도록 요구하는 행위는 원칙적으로 위법하다. 다만, 원사업자가 기술자료를 요구할 정당한 사유가 있음을 입증하는 경우 위법하지 아니하다.

② 정당한 사유에 해당될 수 있는 경우는 위탁 목적을 달성하기 위해 수급사업자의 기술자료가 절차적·기술적으로 불가피하게 필요한 경우를 의미한다. 예를 들어, 원·수급사업자가 공동으로 특허를 개발하는 과정에서 특허출원을 위하여 필요한 기술자료를 요구하는 경우, 원·수급사업자가 공동으로 기술개발 약정을 체결하고 그 약정의 범위 내에서 기술개발에 필요한 기술자료를 요구하는 경우, 제품에 하자가 발생하여 원인규명을 위해 하자와 직접 관련된 기술자료를 요구하는 경우 등이다. 다만, 정당한 기술자료 제공 요구라 하여도 요구 목적 달성을 위해 필요한 최소한의 범위를 넘어서는 아니 된다. 수급사업자가 원사업자에게 기술자료 제공시 관련 없는 내용을 삭제한 상태로 제공하는 데 대하여, 원사업자가 완전한 상태의 기술자료의 제공을 요구한다면 필요 최소한의 범위를 넘은 것이 될 수 있다.

나. 기술제공 요구서면 제공

정당한 기술자료 제공 요구의 경우에도 요구 목적에 따른 제공 범위, 기술 제공 대가, 비밀준수 관련 사항, 기술의 권리 귀속 관계 등 법 시행령 제7조의3에서 규정한 사항(이하 '서면기재사항')에 대해 수급사업자와 미리 협의한 후 이를 서면(표준서면 양식은 <서식 1>과 같다)으로 작성하여 교부하여야 한다. 동 협의가 공정하게 이루어졌는지 여부는 다음 사항을 종합적으로 고려하여 판단한다.

① 원사업자가 기술자료 제공을 요구함에 있어 수급사업자의 자율적인 의사를 제약하는 등 강제성이 있거나 수급사업자를 기망하여 착오를 일으키게 하는지 여부
② 기술자료의 권리귀속 관계, 제공 및 활용범위 등을 반영한 정당한 대가에 대해 충분히 협의하였는지 여부(정당한 대가는 동종·유사한 것에 대해 동일·근접한 시기에 정상적인 거래관계에서 일반적으로 지급되는 대가인지 여부를 고려하여 판단하고, 신규기술과 같이 동종·유사한 것이 존재하지 아니하거나 알 수 없는 경우에는 기술평가 전문기관의 기술가치평가에 따라 산출한 대가를 기준으로 판단한다)
③ 기타 정상적인 거래관행에 어긋나거나 사회통념상 올바르지 못한 행위나 수단 등을 사용하여 기술자료를 요구하였는지 여부

원사업자는 원칙적으로 서면기재사항이 모두 기재된 기술자료 요구서를 수급사업자로부터 기술자료를 제공받기 이전에 양 사의 기명날인 또는 대표자가 서명하여 발급해야 한다. 하지만, 원사업자가 서면기재사항 중 일부 내용을 미리 확정하기 곤란함에 따라 그 사유와 대략적인 예정일을 기재하여 자료요구서를 발급한 후, 해당사항이 확정되면 그 사항이 기재된 서면을 지체없이 발급한 경우나 기본계약서, 특약서 등에 서면기재사항 중 일부사항이 기재되어 있고 개별적으로 기술자료를 요구할 때 나머지 사항을 기재하여 기술요구서를 발급한 경우, 동일한 수급사업자에게 같은 목적으로 여러 건의 기술자료 요구서를 발급해야 함에 따라 이를 통합하여 하나의 기술자료 요구서를 발급한 경우에도 정당한 제공요구로 볼 수 있다.

기술자료 요구서

1. 원사업자와 수급사업자					
원사업자	사업자명		법인등록번호 또는 사업자등록번호		
	대표자성명		전화번호		
	주 소				
	담당자	성명		소속	전화번호
수급사업자	사업자명		법인등록번호 또는 사업자등록번호		
	대표자성명		전화번호		
	주 소				
	담당자	성명		소속	전화번호

2. 기술자료 요구 관련 사항 (증빙자료가 있는 경우 첨부)	
1) 기술자료 내역	요구하는 기술정보·자료의 명칭과 범위 등 구체적 내역을 명시하여 기재(특허등본원부 등 기술자료에 대한 증빙자료 첨부)
2) 요구 목적	원사업자가 기술자료를 요구하는 정당한 사유 기재
3) 비밀유지에 관한 사항	(i) 상호간 체결한 비밀유지각서 등 첨부, (ii) 기술자료 중 어느 부분을 비밀로 유지할 것인지에 대하여 구체적으로 적시
4) 권리 귀속 관계	(i) 원사업자가 요구하는 기술자료의 현재 권리 귀속자, (ii) 상호 간 기

	술이전계약 체결 여부, (iii) 요구하는 기술이 공동개발한 기술인지 여부, (iv) 기술자료가 제공된 후 권리귀속관계에 대한 상호 합의 사항 등
5) 대 가	기술자료 제공에 따른 대가에 대한 구체적 사항
6) 인도일 및 인도방법	당해 기술자료의 인도일, 구체적인 인도방법 등을 기재
7) 사용기간	당해 기술자료의 사용기간을 기재
8) 반환 또는 폐기방법 및 반환일 또는 폐기일	당해 기술자료의 반환 또는 폐기일, 구체적인 반환 또는 폐기방법 등을 기재
9) 그 밖의 사항	기술자료 임치계약 체결 여부, 기술자료 요구 시 원사업자와 수급사업자간 기타 합의한 사항 등

　　원사업자 ○○○와 수급사업자 ○○○은 원사업자의 기술자료 요구 시 위 사항을 상호 협의하여 정함을 확인하고, 위 사항이 기재된 본 서면을 교부하여 원사업자가 수급사업자에게 △△△ 기술자료를 요구하는 바입니다.

　　　　　　　　　　　년　　　월　　　일

　　　원 사 업 자 명 ＿＿＿＿＿　　대표자＿＿＿＿(인)
　　　수급사업자명＿＿＿＿＿　　대표자＿＿＿＿(인)

다. 기술자료의 유용행위의 판단기준

　　하도급법 제12조의3 제3항에서 금지하고 있는 "기술자료의 사용·제공"이라 함은 원사업자가 수급사업자로부터 취득한 기술자료를 그 취득 목적 및 합의된 사용 범위(적용분야, 지역, 기간 등)를 벗어나 자신 또는 제3자가 이익을 얻거나 수급사업자에게 손해를 입힐 목적으로 사용하거나 자신의 계열회사, 수급사업자의 경쟁사업자 등 제3자에게 제공하는 행위를 의미한다. 또한 원사업자가 하도급법 제12조의3 제1항 및 제2항의 규정에 따라 취득한 기술자료뿐만 아니라 그 외의 방법으로 열람 등을 통해 취득한 기술자료를 임의로 사용하는 행위도 대상이 된다.

　　"기술자료 사용·제공"의 위법성 및 '부당하게'는 기술자료를 자기 또는 제3자를 위하여 사용하거나 제3자에게 제공함에 있어서 그 내용, 수단, 방법 및 절차 등이 객관적이고 합리적이며 공정·타당한지 여부를 종합적으로 고려하여 판단한다. 이 때 법 제12조의3 제2항에 따라 기술자료 요구서가 사전에 제공된 경우에는 기술자료 요구서에 적시된 기술자료의 사용 목적과 범위를 벗어나 기술자료를 사용·제공하였는지 여부를 위주로 판단한다. 따라서, 정당한 대가를 지급한 경우에도 합의된 사용목적과 범위를 벗어나 사용하는 행위는 하도급거래의 공정성을 침해하였다고 볼 수 있다. 하도급거래의 공정성을 침해하는지 여부는 다음 사항을 종합적으로 고려하여 판단한다.

① 원사업자 및 제3자가 이익을 얻거나 수급사업자에게 손해를 입힐 목적과 의도로 기술자료를 사용하거나 원사업자가 제3자에게 기술자료를 제공하는 것인지 여부
② 특허법 등 관련 법령에 위반하여 기술자료를 사용하거나 사용하도록 하였는지 여부
③ 기술자료 사용의 범위가 당해 기술의 특수성 등을 고려한 통상적인 업계관행에 벗어나는지 여부
④ 기술자료 사용·제공과 관련하여 태양 및 범위, 사용 대가의 유무 및 금액 등에 대하여 서면을 통하여 충분한 협의를 거쳤는지 여부, 협의를 거쳤음에도 그 합의를 벗어나 사용하였는지 여부
⑤ 원사업자의 기술자료 사용·제공으로 수급사업자의 사업활동이 곤란하게 되는지 여부
⑥ 정상적인 거래관행에 어긋나거나 사회통념상 올바르지 못한 것으로 인정되는 행위나 수단 등을 사용하였는지 여부

기술자료의 유용행위를 예시하면 다음과 같다.

〈거래 이전 단계〉

- 원사업자가 최저가 낙찰 수급사업자의 입찰제안서에 포함된 기술자료를 유용하거나 자신의 계열회사나 수급사업자의 경쟁회사 등 제3자에게 유출하는 경우
- 원사업자가 거래개시 등을 위해 수급사업자가 제시한 제품의 독창적인 디자인을 단순 열람한 후 이를 도용하여 자신이 직접 제품을 생산하거나, 제3자에게 해당 디자인을 제공하여 제품을 생산토록 하는 경우

〈거래 단계〉

- 원사업자가 거래를 위한 부품 승인과정에서 수급사업자로부터 공정도, 회로도 등 기술자료를 넘겨받아 납품가격을 경쟁시키기 위해 수급사업자의 경쟁회사에 그 기술을 제공하는 경우
- 원사업자가 기술지도, 품질관리 명목으로 물품의 제조공법을 수급사업자로부터 습득한 후 자신이 직접 생산하거나 제3자에게 수급사업자의 제조공법을 전수하여 납품하도록 하는 경우

- 원사업자가 수급사업자와 기술이전계약(기술사용계약 등 포함)을 체결하고 기술관련 자료를 제공받아 필요한 기술을 취득한 후 일방적으로 계약을 파기하거나 계약 종료 후 위 계약상의 비밀유지의무에 위반하여 그 기술을 유용하는 경우
- 원사업자가 수급사업자와 공동으로 협력하여 기술개발을 하면서 수급사업자의 핵심기술을 탈취한 후 공동개발을 중단하고 자체적으로 제품을 생산하는 경우
- 원사업자가 수급사업자로부터 취득한 기술에 대해 수급사업자가 출원을 하기 전에 선(先)출원하여 해당 기술에 대한 특허권, 실용신안권을 선점하거나, 수급사업자가 제공한 기술을 일부 수정하여 선(先)출원하는 경우
- 원사업자가 수급사업자가 자체적으로 개발한 기술에 대해 특허권, 실용신안권 등을 자신과 공동으로 출원하도록 하는 경우
- 원사업자가 수급사업자의 기술자료를 사전에 정한 반환·폐기 기한이 도래하였거나 수급사업자가 반환·폐기를 요구하였음에도 불구하고 반환·폐기하지 않고 사용하는 경우
- 납품단가 인하 또는 수급사업자 변경을 위해 기존 수급사업자의 기술자료를 제3자에게 제공하고 동일 또는 유사제품을 제조·납품하도록 하는 행위

〈거래 이후 단계〉
- 원사업자가 수급사업자로부터 기술자료를 제공받고 거래 종료 후 자신이 직접 생산하거나 제3자에게 전수하여 납품하도록 하는 경우

105 원사업자와 수급사업자가 공동으로 소유한 기술자료가 '수급사업자의 기술자료'에 해당하는지 여부

A 수급사업자의 기술자료가 그 대상이므로 수급사업자와 원사업자가 공동으로 권리를 보유한 기술자료에 대하여는 기술자료 부당요구나 유용이 성립될 여지가 없다. 특히 원사업자가 수급사업자에게 기술개발을 위탁하여 개발된 기술이나 또는 원사업자가 수급사업자에게 기술개발을 위한 원천기술과 자료를 제공하여 '공동'개발된 기술의 경우 원사업자도 이에 대한 권리가 있기 때문에, 해당 조항 위반이 성립될 여지가 없다.

해설

하도급법 제12조의3 제1항 '기술자료 부당요구 금지', 제2항 '기술자료 제공요구시 서면교부의무'와 제3항 '기술자료 유용금지'를 규정하고 있다. 즉 원사업자는 수급사업자 고유의 기술에 대하여 원칙적으로 제공을 요구할 수 없고, 정당한 사유가 있는 경우에는 필요최소한의 제공을 요구할 수 있지만 이 경우에도 비밀유지의무 등을 담은 서면을 제공해야 하며, 수급사업자 기술을 자기나 제3자가 사용하거나 제3자에게 제공하는 소위 '유용' 행위가 금지된다는 것이다. 그런데 동 조 적용의 전제는 '수급사업자의 기술자료'이고 원사업자가 그 기술자료에 대한 공동소유를 한 것이 아니어야 한다는 점이다.

이처럼 수급사업자의 기술자료에 요구금지의 대상이기 때문에, 원사업자가 단독으로 또는 수급사업자가 공동으로 권리를 가지고 있는 기술자료는 본 조의 적용대상이 아니다. 특허권, 실용신안권 등과 같이 등록되는 기술은 그 소유자가 명확하지만 등록되지 않은 기술자료의 경우 그 기술의 소유자나 권리자가 누구인지 명확하지 않은 경우가 종종 있다. 하지만, 원사업자가 수급사업자에게 기술개발위탁을 하여 개발된 기술은 원사업자의 단독 또는 계약에 따라서는 수급사업자와의 공동으로 소유한 기술자료이며, 원사업자가 수급사업자에게 기술개발에 필요한 원천기술이나 자료를 제공하는 등과 같이 기술이전으로 수급사업자가 개발한 기술자료 역시 원사업자와 수급사업자가 공동으로 권리를 가지는 기술자료로 볼 여지가 있다. 공정거래위원회의 기술자료심사지침은 (i) 원사업자와 수급사업자가 공동으로 특허를 개발하는 과정에서 그 특허출원을 위하여 필요한 기술자료를 요구하는 경우나 (ii) 공동으로 기술개발 약정을 체결하고 동 약정의 범위 내에서 기술개발에 필요한 기술자료를 요구하는 경우를 원사업자가 수급사업자에게 기술자료를 요구할 수 있는 정당한 사유의 예시로 기재하고 있지만, 그렇다 하더라도 그 과정에서 원사업자와 수급사업자가 공동으로 기술자료를 소유하게 된 경우라면 '수급사업자의 기술자료'가 아니므로 정당한 사유 유무와 관계없이 제공 요구가 동조 위반이라 볼 수 없다. 아래에서 기술의 공동개발이나 개발위탁의 경우를 좀 더 구체적으로 살펴본다.

과거에는 대기업이 중소기업들에게 기술개발을 위탁하는 경우에 관행적으로 개발된 기술에 대하여는 원사업자의 단독소유로 하는 약정을 하였다. 사실 기술개발위탁의 경우 특별한 약정이 없다면 원칙적으로 개발된 기술은 위탁자, 즉 원사업자의 단독소유가 된다. 관련하여 특허법원은 "광폭화물운송장치의 개발과정에서 특허권 또는 실용신안권 등의 권리귀속에 관한 위 개발계약의 계약내용에 따라 1호기의 설계도면을 작성하여 피고에게 넘겨주어 피고로 하여금 특허출원을 받도록까지 하였다면, 피고와 B 또는 A, C 사이에서는 2호기의 고안의 완성과 동시에 그 고안자로서의 권리를 피고에게 이전하기로 하는 묵시적 의사의 합치가 있었다고 봄이 상당하고, 사정이 이러하다면, C나 A가 피고 또는 B를 상대로 위 개발계획의 이행에 따른 이행대금의 지급을 청구함은 별론으로 하더라도 실용신안을 받을 수 있는 고안자로서의 권리는 고안의 완성과 동시에 피고에게 승계되었다고 할 것이어서 C나 A은 더 이상 실용신안등록을 받을 수 있는 자에 해당하지 않는다고 할 것이다"라고 판시하여(특허법원 2009. 1. 23. 선고 2008허3018), (공동소유로 한다는 등의) 특별한 약정이 없는 한 위탁되어 개발된 기술의 소유권이 위탁자에게 단독으로 귀속된다고 보고 있다.

하지만 현실적으로 수급사업자가 기술을 위탁개발하면서 자신의 기술이나 노하우가 혼입되는 경우가 많은데, 엄밀하게 말하자면 이러한 경우는 공동개발이다. 그럼에도 불구하고 수급사업자는 기술에 대한 아무런 권리를 가지지 못할 뿐 아니라 자신이 가진 기술과 노하우를 기술개발위탁자인 원사업자에게 빼앗기는 상황이 발생할 수도 있다. 이는 심히 불공정할 뿐 아니라 이후 원사업자가 수급사업자와 거래를 단절하더라도 수급사업자는 자생할 수 없게 된다는 문제점이 지적되었다. 공정거래위원회는 가급적 원사업자와 수급사업자가 공유로 기술개발을 하도록 지도하고 있다. 상당수의 표준하도급계약서에서는 공동개발된 기술자료에 대하여는 상호협의에 따르되 다른 약정이 없으면 공동소유로 한다는 조항을 두고 있다.[352] 한편, 원사업자가 수급사업자에게 기술지원의 방식으로 원

---

352) 제조 하도급과 관련된 상당수의 표준하도급계약서에서는 공동개발된 기술자료에 대하여는 상호협의에 따르되 다른 약정이 없으면 공동소유로 한다는 조항을 두고 있다.

천기술을 제공하고 수급사업자가 이를 바탕으로 새로운 기술을 개발하는 경우가 있는데, 이를 '기술제공을 통한 공동개발'이라 한다.

이처럼 기술개발위탁에 따라 개발된 기술이나 공동개발된 기술은 원사업자의 단독 소유이거나 최소한 수급사업자와 공동소유이므로 하도급법 제12조의3 제1항 및 제2항의 기술자료 부당요구 금지나 유용금지 조항이 적용될 여지가 없다.

조선제조임가공업종 개정 표준하도급계약서
제40조(지식재산권 등)
③ 원사업자와 수급사업자가 공동 연구하여 개발한 지식재산권 등의 귀속은 상호 협의하여 정하되, 다른 약정이 없는 한 공유로 한다.

자동차업 개정 표준하도급계약서
제26조(지식재산권 등의 실시 및 출원)
③ 원사업자와 수급사업자가 공동 연구하여 개발한 지식재산권 등의 귀속은 상호 협의하여 정하되, 다른 약정이 없는 한 공유로 한다.

106

기술자료 부당요구 및 유용금지 위반 사례

A 기술자료 부당요구 및 유용행위에 대한 심결례나 선례는 많지 않다. 아래에서 대표적인 사례 심결례와 판결을 소개한다. 그나마도 대부분 기술자료 부당요구에 대한 것이고 유용행위에 대한 것은 아래의 배터리 라벨에 관련된 사건과 에어컴프레샤와 관련된 사건 정도이다. 사실 원사업자가 제공받은 기술을 자기 또는 제3자에게 사용하도록 하였는지 여부에 대해서는, 수급사업자가 알기도 힘들거니와 설사 유사한 기술을 사용한 것으로 추정되는 제품이 출시되었다 하더라도 자신으로부터 제공받은 기술이 사용되었는지 여부를 밝히기는 더더욱 어렵다. 특히 원사업자가 수급사업자로부터 제공받은 기술을 참고용으로 제3자에게 제공하였을 뿐이고 제3자는 그 기술을 이용하지 않고 독자적으로 기술개발을 하였다고 주장할 경우, 그 제3자가 기술을 참고용으로 보았는지 이를 유용했는지 밝히기 힘든 난점이 있었다. 이에 2018. 4. 17. 법률 제15612호로 개정된 공정거래법 제12조의3 제3항 제2호로 "제3자에게 제공하는 행위"를 기술유용의 일유형으로 추가하였다.

해설

가. 기술자료에 해당한다는 사례

① 역설계에 의한 정보획득에 장시간·고비용이 소요되는 경우에 부정경쟁방지법상 비공지성이 상실되지 않았으므로 기술자료에 해당한다.

피해자 회사가 2004년 5월경 공소 외 3 주식회사에 납품하여 공소 외 3 주식회사가 그 무렵 공소 외 2 주식회사가 지정한 장소에 설치한 이 사건 회로도가 적용된 무선중계기는 제3자가 그 내부를 전혀 알 수 없고, 공소 외 2 주식회사의 관계자라도 위 무선중계기가 운용되고 있는 이상은 역 설계를 위하여 분해하기는 어려운 점, 피해자 회사가 공소 외 3 주식회사에 납품한 위 무선중계기는 도급계약에 의하여 납품한 제품이어서 역설계를 위하여 합법적인 방법으로 시중에서 구하기 어려운 점 등의 역설계를 위하여 합법적인 방법으로는 위 무선중계기에 접근하기 어려운 사정, 이 사건 회로도가 그 회로 구성이 간단하다고 하더라도, 기계 장치와는 달리 완성된 제품에서 판독 가능한 회로도를 역설계하는 데에는 일반적으로 많은 시간과 노력이 들고, 각 소자 사이의 연결 관계를 추출해 내더라도 각각의 소자가 어떠한 기능과 역할을 하는지 등의 작동 과정을 알아내는 데에도 상당한 시간이 소요되는 점 등을 고려하면, 2004년 5월경 이 사건 회로도가 적용된 무선중계가 5대가 설치되었다고 하더라도 피고인이나 다른 경쟁자 등이 이 사건 범죄 일시인 2004년 9월경까지 역설계와 같은 합법적인 방법에 의하여 이 사건 회로도에 나타난 기술상 정보를 취득하는 것은 어렵다고 할 것이므로 원심이, 이 사건 회로도의 비공지성이 상실되지 않았다고 본 것은 정당하다(대법원 2008. 2. 29. 선고 2007도9477 판결).

② 기술자료에 대한 접근을 통제한 사실만으로도 비밀관리성이 인정되므로 기술자료에 해당한다.

원사업자가 수급사업자에게 요구한 자료가 법 제2조 제15항에 규정된 기술자료에 해당되기 위해서는 ① 상당한 노력에 의하여 비밀로 유지된 자료로서 ② 제조·수리·시공 또는 용역 수행 방법에 관한 자료, 그 밖에 영업 활동에 유용하고 독립된 경제적 가치를 가지는 것으로서 대통령령으로 정하는 자료이어야 한다. 우선 피심인에게 금형도면을 제공한 ○○○ 등의 진술에 따르면, 자사의 대외비로서 별도로 PC 등에 저장하고 관련 직원 외에는 접근을 제한하는 등 금형도면을 엄격히 관리하고 있는 바, 동 금형도면은 상당한 노력에 의하여 비밀로 유지된 자료에 해당된다. 또한, 동 금형도면은 ○○○ 등 수급사업자들이 설계한 도면으로서, 세부 항목별 외형과 수치 등이 명시되어 있어 금형의 제작 방법에 관한 자료에 해당된다. 아울러 ○○○ 등은 동 금형도면에 대하여 "당사의 금형 설계 경험과 노하우가 담겨 있고, 이와 같은 금형도면을 제작할 수준이 되려면 현업 설계 파트에서 7년 이상의 경력을 필요로 하며, 이를 설계하기 위해서는 상당한 노력과 비용이 발생한다"라고 진술하고 있는 바, 동 금형도면은 그 설계를 위해서는 상당한 비용, 시간, 노력이 필요한 것으로 판단되므로 수급사업자의 기술개발·생산·영업 활동에 유용하고 독립된 경제적 가치가 있는 자료에도 해당된다. 따라서 원사업자가 ○○○ 등 6개 수급사업자에게 제공을 요구한 금형도면은 상당한 노력에 의하여 비밀로 유지된 금형 제작 방법에 관한 자료이며, 수급사업자의 기술개발·생산·영업 활동에 유용하고 독립된 경제적 가치가 있는 자료로서 법상 기술자료에 해당된다고 판단된다(공정위 2017. 4. 25. 의결 제 2017－63호).

③ 영업 비밀의 경제적 유용성 요건에 대하여 그 정보가 경쟁상 이익이 있거나 그 정보의 취득에 상당한 비용이 들었다면 폭넓게 인정할 수 있으므로 기술자료에

해당한다.

구 「부정경쟁방지 및 영업비밀보호에 관한 법률」(2004. 1. 20. 법률 제7095호로 개정되기 전의 것) 제2조 제2호의 영업 비밀이란 일반적으로 알려져 있지 아니하고 독립된 경제적 가치를 가지며, 상당한 노력에 의하여 비밀로 유지·관리된 생산 방법, 판매 방법 기타 영업 활동에 유용한 기술상 또는 경영상의 정보를 말하고, 이때 정보가 '독립된 경제적 가치를 가진다'는 의미는, 그 정보의 보유자가 그 정보의 사용을 통하여 경쟁자에 대하여 경쟁상의 이익을 얻을 수 있거나 또는 그 정보의 취득이나 개발을 위하여 상당한 비용이나 노력이 필요하다는 것인 바, 어떠한 정보가 위와 같은 요건을 모두 갖추었다면, 위 정보가 바로 영업 활동에 이용될 수 있을 정도의 완성된 단계에 이르지 못하였거나, 실제 제3자에게 아무런 도움을 준 바 없거나, 누구나 시제품만 있으면 실험을 통하여 알아낼 수 있는 정보라고 하더라도, 위 정보를 영업 비밀로 보는 데 장애가 되는 것은 아니다(대법원 2008. 2. 15. 선고 2005도6223 판결).

나. 기술자료 요구에는 정당한 사유가 있지만 요구되는 서면을 발급하지 않아 위법하다고 본 사례

로봇제작도면에 대한 자료제공요구가 문제된 사안에서 공정거래위원회는 로봇의 매뉴얼과 그 주변장치의 제작도면 제출이 발주자의 원사업자에게 대한 구매조건이어서 수급사업자에 대해 로봇제작도면을 요구한 것이고 발주자 입장에서도 구매목적을 달성하기 위하여 필요한 자료라면 요구에 정당한 사유가 있다고 보면서도 법률이 정한 기술자료제공요구시 필요한 사항을 수급사업자와 협의하고 서면으로 제공하지 않았기 때문에 기술자료 제공요구금지의무 위반으로 판단하였다(공정위 2017. 4. 25. 의결 약식 2017-064, 사건번호 2016제하2208).

다. 기술자료 제공요구에 정당한 사유가 없다고 본 사례

① 원사업자는 수급사업자에게 전자제어장치 등 회로도, 부품목록, 거버도면, 프로그램 핵사파일 등의 자료를 제공할 것을 요구하였다. 이에 대해 원사업자는 국내 또는 해외 인증기관으로부터 소비자 안전인증 등을 획득하기 위해 위 자료들의 제공을 요구할 필요가 있었다고 주장하고, 실제로 원사업자가 인증을 획득하기 위한 준비, 절차 등을 진행하는 과정에서 수급사업자로부터 위 자료들 중 일부를 제공받아 인증기관에 전달한 사실도 인정된다. 그러나 원사업자는 수급사업자로 하여금 관련 인

증을 직접 취득할 것을 계약상 요구하고, 인증 취득에 따른 비용 부담 방법에 대해 상호 약정한 뒤 인증에 필요한 자료를 인증기관에 직접 발송하게 하는 등의 방법으로 인증 절차의 진행이 가능하였던 점, 인증취득시 위 기술자료 중 회로도, 부품목록 정도만 제출하면 족하고 해당제품을 똑같이 제조할 수 있는 수준의 전체 자료가 필요한 것은 아니므로 부품별 단가가 기재되어 있는 부품목록이나 프로그램 핵사파일 등까지 제공할 것을 요구하는 것은 타당하지 아니한 점 등을 미루어 볼 때 위 기술자료의 제공 요구 행위가 절차적, 기술적으로 불가피한 경우에 해당한다고 보기 어렵다.

또한 원사업자는, 수급사업자가 위 기술자료를 작성하는 데 있어 제조를 위탁한 물건의 기능, 성능요건, 규격 등의 정보를 제시하거나, 수급사업자가 직접 제조위탁 받지 않은 부품에 대한 기술적 정보를 제공하였으므로 수급사업자에게 이 사건 기술자료의 제공을 요구할 수 있다고 주장한다. 그러나 원사업자가 제공한 정보는 제품의 제조위탁 과정에서 당연히 제공하여야 하는 제품의 사양 정보로서 제품에 대한 구매자의 요구사양일뿐 그 자체만으로 제품의 제작 및 품질개선, 사용편리성, 원가절감 등의 효과를 달성하는 것이 아니고 이는 수급사업자의 기술로써 비로소 구현되는 것이므로 이와 같은 주장은 타당하지 않다. 만일 원사업자의 주장을 인정할 경우 통상의 하도급 거래관계에서 원사업자가 수급사업자에게 제조 등의 위탁을 하면서 제품의 사양을 제공하는 것이 일반적이고 필수적이므로 하도급 거래관계에서 일어나는 거의 모든 기술자료 제공 요구에 대하여 정당한 사유를 인정할 수밖에 없는 불합리한 결과가 초래되므로 원사업자의 주장을 받아들이지 아니한다(공정위 2018. 12. 11. 의결 2018제하1497 : 고발).

② 원사업자는 수급사업자에게 창호 금형의 제작을 위탁하면서 구두나 이메일로 금형의 설계도면을 요청하여 수령하였다. 이에 대해 원사업자는, 수급사업자가 금형 설계도면의 제공에 응하면서 설계비용을 금형의 견적가에 포함하여 청구하였으므로, 금형 설계도면은 자신들이 정당한 대가를 지불하고 수령한 자신들의 소유물로서 하도급법 위반 소지가 없다고 주장한다. 그러나 다음과 같은 사정 등을 고려하면 원사업자의 주장은 이유 없다. 첫째, 원사업자와 수급사업자가 체결한 계약은 어디까지나 '금형 구매계약'이지 '금형 개발계약'이 아니며, 실제로 계약서상 금형 개발 관련 사항이나 금형 설계도면의 작성교부에 대해서는 아무런 규정을 두고 있지 아니하였다. 둘째, 원사업자가 지급하였다고 주장하는 설계비용은 가공비의 일부로 시간당 노임에 작업시간을 곱하여 산정한 것이며, 전체 하도급대금의 극히 일부(약 1%)에

지나지 않아 금형 설계에 따른 정당한 대가로 볼 수 없다. 셋째, 통상의 경우는 원사업자가 금형 설계도면까지 작성하여 제품 설계도면과 함께 수급사업자에게 교부하고 금형의 제조를 위탁하였으나, 본건에서는 수급사업자에게 금형의 자체설계를 의뢰한 점을 고려하면 금형의 설계도면이 자신들의 소유라고 주장하는 것은 타당하지 않다(공정위 2014. 10. 10. 의결 2013제하3664 : 시정명령).

③ 원사업자는 수급사업자로부터 제공받은 금형 설계도면이 원사업자가 정한 금형 설계표준에 따라 그대로 제작되었고, 상당한 비용, 시간이나 노력을 들이지 않고 드로잉(drawing)한 단순 도면에 지나지 않아 하도급법상 기술자료로 볼 수 없다고 주장하나, 금형 설계표준은 단순한 규격에 지나지 않고, 금형 설계도면에는 금형 전문 제작업체인 수급사업자의 금형 설계 경험과 노하우가 담겨 있으며, 금형 설계도면을 만들기 위하여 상당한 노력과 비용을 들여야 한다는 점에서 기술자료에 해당한다(공정위 2014. 10. 10. 의결 2013제하3664 : 시정명령).

라. 기술자료 제공요구에 정당한 사유가 있다고 본 사례

① 원사업자는 수급사업자에게 선박엔진 등과 관련한 부품의 제조를 위탁하고 이를 납품받는 과정에서, 이메일을 통해 부품 제작도면을 제공받아 승인도로 보관하였다. 이에 대해 원사업자는, 수급사업자가 공급하는 부품이 규격, 수치, 사양, 기능 등을 충족하는지 확인하고 수입검사를 실시할 경우 그에 대한 근거자료 활용하기 위하여 부품제작도면의 제공을 요구할 필요성이 있었다고 주장한다. 살피건대, ① 원사업자는 부품 제작도면을 통하여 수급사업자가 공급하는 부품이 자신이 요구한 외형, 치수, 사양, 성능 등을 반영하여 제조되었는지를 확인할 수 있고, ② 수급사업자가 공급하는 부품이 최종 확정되어 이를 기준으로 원사업자가 납품 및 검수를 할 수 있으며, ③ 수급사업자로부터 납품받은 부품의 하자 발생 시 그 책임 소재 등을 판단할 수 있고, ④ 다른 부품 등과의 물리적 · 기능적 정합성을 검토할 수 있으므로, 수급사업자가 공급하는 부품이 원사업자가 요구한 규격, 치수, 기능 등을 충족하는지 여부를 확인하고 수입검사를 실시할 경우 그에 대한 근거자료로 활용하기 위하여 부품 제작도면의 제공을 요구할 필요성이 있었다는 원사업자의 주장은 타당하며, 이 사건 부품 제작도면의 제공요구에는 정당한 사유가 있었음이 인정된다(공정위 2019. 4. 4. 의결 2017제하2536 : 과징금).

② 원사업자는 수급사업자에게 공장자동화 관련 로봇 등에 장착할 주변 장치(부품)의 제작을 위탁하고 이를 납품받는 과정에서, 로봇과 그 주변 장치의 '최종 수요처'의

요청에 따라 주변 장치(부품)의 제작도면의 제공을 요구하였다. 한편, 원사업자는 로봇의 매뉴얼과 그 주변장치의 제작도면 제출이 로봇과 그 주변장치에 대한 '최종 수요처'의 구매조건으로 되어 있는 바, 이와 같이 '최종 수요처' 등이 요구하였고, 또한 주변장치의 제작도면 제출이 로봇 및 그 주변장치의 제작 과정에서 관련 회의 등을 통해 해당 수급사업자가 사전에 인지하고 있는 사안이기도 하므로 해당 수급 사업자에 대한 제작도면 제공 요구에 정당한 사유가 있다고 주장한다. 살피건대, '최종수요처'의 입장에서는 로봇과 그 주변장치는 공장자동화 관련 설비에 해당되는 것으로, 로봇과 그 주변장치가 제대로 작동하지 아니하거나 주변장치의 고장 등으로 인한 생산라인 정지의 장기화 등을 방지하기 위해서는 로봇의 매뉴얼과 그 주변장치의 제작도면이 반드시 필요한 것으로 보여지므로, 동 매뉴얼과 제작도면의 제공이 '최종 수요처'의 구매조건이 될 수밖에 없다. 또한 로봇과 그 주변장치의 제작 과정에서 원사업자, 해당 수급사업자 및 최종 수요처 등이 참석하는 사전 또는 중간 점검 회의 등을 통해 주변장치의 제작도면이 제출되어야 한다는 사실을 해당 수급사업자가 인지하고 있음을 관련 회의자료 등에서 확인할 수 있다. 그러므로 원사업자의 입장에서는 로봇과 그 주변장치를 판매하기 위해서는 로봇의 매뉴얼과 그 주변장치의 제작도면을 제출할 수밖에 없다는 점, 해당 수급사업자가 주변장치의 제작도면 제출을 사전에 인지하고 있었다는 점 등을 감안할 때, 원사업자의 제작도면 제공 요구는 정당한 사유가 있었다고 판단된다(공정위 2017. 4. 25. 의결 2016제하 2092 : 시정명령).

마. 기술자료 부당요구 및 유용행위가 모두 인정된 대표적인 사례

① 국내 대기업이 위탁제조를 하였던 배터리를 직접 생산하는 내재화 사업을 시작하면서 해외자회사로 하여금 국내중소기업에게 내재화 사업에 참여하여 기술개발을 공동으로 하면 배터리 라벨에 대한 제조위탁을 맡기겠다며 그 중소기업에게 제조원가, QC 공정도 등 라벨제조방법, 프라이머코팅액 재질·성분·사양정보 등 원재료 규격 및 세부사양에 대한 정보, 본딩판 및 타발목형 설계도 등 라벨 제조설비에 관한 자료 등 배터리제조와 관련한 기술자료를 제공하도록 하고 해외자회사로 하여금 유용하게 한 사안이다. 공정거래위원회는 실질적인 행위자가 국내 대기업이므로 이를 피심인으로 보고 그 행위가 기술자료 제공요구 및 유용행위에 해당한다고 보았다(공정위 2015. 8. 3. 의결 2015-031, 사건번호 2013서제3358).[353]

② 굴삭기 제조 대기업의 에어 컴프레샤 제작도면 등 기술자료의 부당요구 및 유용사건이다. 원사업자는 에어 컴프레샤를 제조위탁하였던 중소기업인 수급사업자들에게 단가 인하를 요구하였지만 그 요구가 제대로 받아들여지지 않자, 수급사업자들에게 요구목적, 비밀유지에 관한 사항, 권리귀속 관계, 대가 등을 미리 협의하여 정한 내용이 기재된 서면을 제공하지 않고 기술자료인 에어컴프레샤 제작도면 및 승인도를 제공하도록 요구하고 이를 받아 수급사업자의 동의 없이 제3자에게 제공하여 에어컴프레샤를 개발하여 공급하도록 하였다. 그리고 기술자료를 제공한 기존의 수급사업자들과의 하도급거래를 중단하였다. 이에 공정거래위원회가 기술자료 부당요구 및 유용행위의 성립을 인정하고 원사업자에 대해 시정명령 및 과징금부과처분을 하였다. 공정거래위원회는 해당 심결에서 기술자료 해당 여부, 부당제공 및 유용행위 성립여부에 대해 구체적이고 상세하게 검토하고 있는바, 아래에서 그 주요사항을 발췌하였다(공정위 2018. 11. 13. 의결 제2018-339호, 사건번호 2017제하3037).

---

1. 기술자료 제공 요구행위

(가) 이 사건 에어 컴프레샤 제작도면이 기술자료에 해당하는지 여부

기술자료에 해당하기 위하여는 ① 상당한 노력에 의하여 비밀로 유지된 자료로서 ② 제조·수리·시공 또는 용역수행 방법에 관한 자료, 그 밖에 영업활동에 유용하고 독립된 경제적 가치를 가지는 것으로서 특허권, 실용신안권, 디자인권, 저작권 등의 지식재산권과 관련된 정보이거나 그 밖에 영업활동에 유용하고 독립된 경제적 가치가 있는 기술상 또는 경영상의 정보에 해당하여야 한다.

(1) 상당한 노력에 의하여 비밀로 유지되었는지 여부

· · · · · 살피건대 피심인이 ***************에게 제출을 요구한 제작도면 등은 ********* *****이 ① 해당 자료를 비밀번호가 설정된 대표이사의 컴퓨터에만 저장하였던 점, ② 외부반출은 대표이사의 승인을 받는 경우에만 허용하였던 점, ③ 직원들에 대해서도 해당 자료에 대한 비밀의무를 부과하였던 점, ④ 해당 자료가 피심인에게 전달된 사실을 뒤늦게 알게 된 ***********의 대표이사가 이와 관련하여 자료를 전달한 품질관리 담당 이사를 엄하게 꾸짖었다고 진술하였던 점 등을 종합적으로 고려할 때 상당한 노력에 의하여 비밀로 유지되었음이 인정된다.

(2) 제조·수리·시공 또는 용역수행 방법에 관한 자료, 그 밖에 영업활동에 유용하고 독립된

---

353) 통상 라벨 제조업체들은 발주자에게 제품 승인 목적의 라벨설계도(artwork)를 제출하지만 이 경우 라벨의 외형적인 색상, 모양, 수치만이 표시된 편집이 불가능한 pdf 파일 형태로 제공한다. 그런데 이 사건에서 피심인은 해외법인을 통해 라벨을 직접 생산하기 위하여 라벨의 적층구조 및 사양과 수치, 원·부자재의 세부사양이 표시되고 조색정보가 포함되어 있는 라벨 설계도를 ai파일 형태로 제공할 것을 요구하였다. 그 요구 자료의 범위가 위탁목적을 달성하기 위하여 수급사업자의 기술자료가 절차적·기술적으로 불가피하게 필요한 수준을 넘어서기 때문에 기술자료에 해당한다고 본 것이다.

경제적 가치를 가지는 것으로서 대통령령으로 정하는 자료인지 여부

(가) 제조·수리·시공 또는 용역수행 방법에 관한 자료인지 여부

····· 살피건대 해당 도면은 에어 컴프레셔 제작과 관련된 상세한 제조, 용접, 조립, 설계 방법 등을 세부 항목별 외형과 수치, 주요 부분에 대한 Note 형식의 제작 방법 및 제조 시 유의 사항 등으로 상세하게 설명하고 있고, 해당 제품이 어떤 부품으로 구성되었는지를 확인할 수 있는 부품선정, 어떻게 조립하는지를 확인할 수 있는 부품간 결합위치, 구성부품의 특성 등을 확인할 수 있는 부품의 소재 등을 명시하고 있으므로 동 자료만으로도 에어 컴프레셔를 제작하는 것이 가능하다 할 것이다.

····· 또한 피심인이 해당 도면을 @@@@@@에 전달하여 @@@@@@의 미흡한 에어 컴프레셔 제작 기술을 보완하도록 지시한 사실을 고려하더라도 동 자료는 에어 컴프레셔 제작에 활용할 수 있는 제조 방법에 관한 자료임이 인정된다.

(나) 그 밖에 기술개발·생산·영업활동에 유용하고 독립된 경제적 가치를 가지는 자료인지 여부

살피건대, 이 사건 자료는 위 (가)에서 살펴본 바와 같이 에어 컴프레셔 제작 관련 기술상의 정보이면서 에어 컴프레셔의 제작까지 가능한 상세 설계 도면으로서 다른 사업자에게 유용하거나 참고할 수 있을 만한 에어 컴프레셔 제작 관련 기술정보이므로, 다른 사업자가 해당 자료를 사용할 경우 해당 사업자는 에어 컴프레셔 기술개발, 생산, 영업 활동과 관련된 시간·노력·비용·시행착오를 충분히 감소시킬 수 있다. ·····

특히 CE 인증을 받은 자료의 경우 **************이 CE 인증을 위한 도면 제작에 6개월 정도의 기간이 걸렸고 비용도 2천만 원 이상 소요된 점을 고려할 때 다른 사업자가 동 자료를 이용할 경우 이러한 비용과 시간이 상당히 단축될 수 있고, 해당 자료가 CE 인증을 위한 다양한 품질 및 기술 기준을 충족하였다는 점에서 에어 컴프레셔에 대한 기술능력 평가에 유용하게 사용할 수 있으며, CE 인증 획득을 통하여 EU에 제품을 수출할 수 있는 조건을 갖추었다는 점에서 영업활동 등에도 유용하게 사용할 수 있는 독립된 경제적 가치를 가졌음이 인정된다.

나) 기술자료를 자기 또는 제3자에게 제공하도록 요구하였는지 여부

····· 2016. 2. 26. 및 2016. 3. 11. 피심인이 **************에게 이메일로 에어 컴프레셔 제작도면을 자신에게 제공하도록 요구하였음이 인정된다.

다) 기술자료 제공 요구에 정당한 사유가 있는지 여부

피심인은 '철판두께, 용접위치 확인', '도장, 용접, 완성품 점검' 등을 위하여 **************의 에어 컴프레셔 제작 도면을 요구하였다고 주장하나, 아래와 같은 점을 고려할 때 정당한 사유로 인정되기 곤란하다.

2. 기술자료 유용행위

(1) 제작도면과 승인도가 기술자료에 해당하는지 여부

앞서 ·····살펴본 바와 같이 이 사건 에어 컴프레셔 제작도면과 승인도는 기술자료에 해당한다.

(2) 취득 목적 및 합의된 사용범위를 벗어나 기술자료를 사용하였는지 여부

피심인은 이 사건 제작도면을 '철판두께, 용접위치 확인', '도장, 용접, 완성품 점검' 등 품질관리를 위하여, 승인도는 자신이 요구한 제품 사양 등의 요구가 반영되었는지 확인하기 위하여 취득하였음에도 불구하고 이를 @@@@@@에게 전달하였으므로 그 취득목적을 벗어나 사용하였음이 인정된다.

또한 피심인은 자신이 요구한 제품 사양 등의 요구가 반영되었는지 확인하기 위하여 이 사건 승인도를 취득하였음에도 불구하고 위 가. 4) 가) (2)의 행위사실에서 살펴본 바와 같이 @@@@@가 중형 에어 컴프레셔 제작에 필요한 기술을 얻을 수 있도록 **************의 승인도를 @@@@@에게 전달하였으므로 그 취득목적을 벗어나 사용한 사실이 인정된다.

(3) 해당 기술자료를 사용함으로써 하도급거래의 공정성을 침해하였는지 여부

아래와 같은 사항을 종합적으로 고려할 때 피심인이 ###########의 기술자료를 부당하게 사용하고, 그 사용대가에 관한 충분한 협의가 없었던 사실이 인정되는 바, 피심인이 ###########의 기술자료를 사용한 행위는 하도급거래의 공정성을 침해하는 것으로 판단된다.

첫째, 다음과 같은 점을 고려할 때 피심인이 자신의 이익을 위해 ###########의 냉각수 저장탱크 관련 기술자료를 취득하여 사용하였고, 특허법 등 관련 법령 위반 소지가 있으며, 해당 기술자료의 사용 범위가 당해 기술의 특수성을 고려한 통상적인 업계 관행으로도 볼 수 없고 기술자료 사용과 관련하여 ###########와 충분한 협의를 거쳤다고 볼 수 없으므로 피심인이 ###########의 기술자료를 부당하게 사용한 것으로 인정된다.

둘째, 거래상 우월적 지위를 가진 원사업자가 원가절감을 목적으로 거래처를 변경하고자 기존 거래처의 동의 없이 해당 사업자의 기술자료를 다른 거래처에 제공하는 행위를 정상적인 거래 관행이나 사회통념상 올바른 행위로 보기는 어렵고 이는 이 사건과 같이 해당 수급사업자가 자신의 승인도가 다른 수급사업자에게 전달될 경우 자신이 손해를 볼 수 있다는 점을 인식하고 있던 사실까지 고려하면 더욱 명백하다고 할 것이다.

셋째, **************은 피심인과의 에어 컴프레셔 거래가 중단됨에 따라 2017년 이후 에어 컴프레셔 제작과 관련된 직원, 2016년 **************의 전체직원 40명 중 에어 컴프레셔 제작 관련 직원은 12명이었다. 3명을 퇴사시키고, 아래 <표 30> 기재와 같이 전체 매출액에서 피심인에 대한 에어 컴프레셔 관련 매출액이 감소하게 되었는데, 2016년에 감소된 에어 컴프레셔 관련 매출액은 해당 연도 전체매출액의 26.3%을 차지한다.또 한 **************은 매출감소로 인하여 아래 <표 31> 기재와 같이 2017년의 영업이익이 112백만 원의 적자를 기록하고 영업이익률, 순이익률 등이 2016년에 비하여 대폭 감소하는 등 피심인의 이 사건 기술 유용행위에 따른 거래중단으로 인하여 재정적 손실을 입고 사업활동이 곤란하게 되었다.

107

중소기업벤처부의 기술자료 탈취 금지
관련 제도

A 중소벤처기업부는 중소기업기술보호법을 통하여 중소기업기술 침해행위를 조사
하여 시정권고 및 시정권고 미이행시 공표할 수 있다. 시정권고만 가능할 뿐이어
서 하도급법상 기술탈취에 비하여 구속력이 약하지만 하도급계약이 성립해야만 적용되
는 하도급법상 기술탈취에 비하여 중소기업기술보호법은 하도급거래 관계와 무관하게
중소기업의 기술을 보호해 줄 수 있는 장점이 있다. 이 외에도 상생협력법, 산업기술보호
법, 지식재산기본법 등 여러 법률에서 기술보호에 대한 규정을 두고 있어 혼동과 비효율
을 초래할 수 있는바, 차제에 통일적으로 정리하는 작업이 필요하다.

해 설

기업의 기술 보호에 관한 법률로는, 앞에서 살펴본 부정경쟁방지법 이외에도 「대·중
소기업 상생협력 촉진에 관한 법률」(이하 '상생협력법'이라 한다), 「중소기업기술 보호·
지원에 관한 법률」(이하 '중소기업기술보호법'이라 한다), 「산업기술의 유출방지 및 보호
에 관한 법률」(이하 '산기법'이라 한다), 「특허법」, 「지식재산기본법」, 「발명진흥법」, 「형
법」 등이 있다. 이 중에서 하도급법 외에 중소기업 기술 보호에 관한 대표적 법률로는
상생협력법과 중소기업기술보호법을 들 수 있다.

가. 상생협력법상 기술자료 보호 및 하도급법과의 관계

(1) 기술자료의 정의

상생협력법은 수·위탁거래 관계에 있는 중소기업의 기술 보호를 위하여 '기술자료임
치제도'를 두고 있는데, 동법상 '기술자료'란 "물품 등의 제조 방법, 생산 방법, 그 밖에
영업 활동에 유용하고 독립된 경제적 가치가 있는 것으로서 대통령령으로 정하는 자료"
를 말한다.

동법 시행령 제1조의2는 '대통령령으로 정하는 자료'를 특허권, 실용신안권, 디자인권,
저작권 등의 지식재산권과 관련된 정보(제1호), 제조·생산 방법과 판매 방법 등 그 밖의

영업 활동에 유용한 기술상 또는 경영상의 정보(제2호) 중 어느 하나에 해당하는 것으로 규정하고 있다. 이에 따르면, 상생협력법상 기술자료는 하도급법상 기술자료와 달리 비밀성과 비밀관리성을 요구하고 있지 않으며, 기술상의 정보뿐만 아니라 경영상의 정보도 독립적인 경제적 가치를 가지고 있으면 기술자료에 포함된다.

(2) 기술자료임치제도

상생협력법상 기술자료임치제도를 간략히 살펴보면, 수탁·위탁기업(수탁·위탁기업 외에 단독 또는 공동으로 기술자료를 임치(任置)하고자 하는 기업 포함)은 전문 인력과 설비 등을 갖춘 기관으로서, 대통령령으로 정하는 기관[이하 '수치인(受置人)'이라 한다]과 서로 합의하여 기술자료를 임치하고자 하는 기업(이하 '임치기업'이라 한다)의 기술자료를 임치할 수 있다(상생협력법 제24조의2 제1항).

수탁기업이 동의한 경우 또는 수탁기업이 파산 선고 또는 해산 결의로 그 권리가 소멸되거나 사업장을 폐쇄하여 사업을 할 수 없는 경우 등 위탁기업과 수탁기업이 협의하여 정한 기술자료 교부 조건에 부합하는 경우, 위탁기업은 수치인에게 수탁기업이 임치한 기술자료를 내줄 것을 요청할 수 있으며, 수치인은 중소벤처기업부 장관이 정하는 기술자료 교부 조건에 부합하는 경우에 임치기업의 기술자료를 요청한 자에게 이를 교부한다(상생협력법 제24조의2 제2항, 제3항).

기술자료를 임치한 경우는 그 사항을 등록할 수 있는데, 임치기업은 ① 기술자료의 제호·종류·제작 연월일 ② 기술자료의 개요 ③ 임치기업의 명칭 및 주소 ④ 그 밖에 대통령령으로 정하는 사항을 등록할 수 있다. 이에 따라 실명으로 등록된 임치기업의 기술에 대하여 당사자 또는 이해관계자 사이에 다툼이 있으면, 임치기업이 임치물의 내용대로 개발한 것으로 추정한다(상생협력법 제24조의3 제1항). 즉, 기술자료를 임치하고 등록하게 되면 기술자료의 개발자에 대하여 법률상 추정을 받게 되는 것이다.

기술자료의 임치에 관한 사항에 관하여 위탁기업과 수탁기업 또는 중소기업협동조합 간에 분쟁이 생겼을 때에는, 위탁기업·수탁기업 또는 중소기업협동조합은 대통령령으로 정하는 바에 따라 중소벤처기업부 장관에게 분쟁 조정을 요청할 수 있다(상생협력법 제28조 제1항). 중소벤처기업부 장관은 제1항에 따른 조정을 요청받으면 지체없이 그 내용을 검토하여 제1항 각 호의 사항에 관하여 시정을 할 필요가 있다고 인정될 때에는 해당 위탁기업·수탁기업 또는 중소기업협동조합에 그 시정을 권고하거나 시정명령을 할 수 있다(상생협력법 제28조 제2항). 중소벤처기업부 장관은 제3항에 따른 시정명령을 받은 위탁기업·수탁기업 또는 중소기업협동조합이 명령에 따르지 않을 때에는 그 명칭 및 요지를 공표해야 한다(상생협력법 제28조 제3항).

(3) 하도급법과의 관계

상생협력법 제26조는 위탁기업의 행위가 제21조, 제22조, 제22조의2, 제23조, 제25조 제1항 또는 제2항에 위반되고, 그 위반 사실이 하도급법이나 공정거래법에 위반된다고 인정되는 때에는, 중소벤처기업부 장관은 공정거래위원회에 필요한 조치를 하여 줄 것을 요구해야 한다고 규정하고 있다. 그러나 기술자료 임치와 관련해서는 이러한 규정을 두고 있지 않다.

공정거래위원장은 중소벤처기업부 장관의 요구를 받으면, 우선적으로 그 내용을 검토하여 6개월 이내에 필요한 조치를 하고, 그 결과를 중소벤처기업부 장관에게 통보해야 한다. 다만, 부득이한 사정이 있는 경우는 중소벤처기업부 장관과 협의하여 1년의 범위에서 연장할 수 있다(상생협력법 제26조 제2항).

나. 중소기업기술보호법상 기술자료 보호와 하도급법과의 관계

(1) 중소기업기술의 정의

중소기업기술보호법상 '중소기업기술'이란 중소기업 및 「중소기업 기술혁신 촉진법」 제2조 제2호에 따른 중소기업자(이하 '중소기업자'라 한다)가 직접 생산하거나 생산할 예정인 제품 또는 용역의 개발·생산·보급 및 사용에 필요한 독립된 경제적 가치를 가지는 기술 또는 경영상의 정보를 말한다. 상생협력법상 기술자료와 마찬가지로 중소기업기술보호법상 중소기업기술도 기술상의 정보뿐만 아니라, 경영상의 정보도 독립적인 경제적 가치를 가지고 있으면 기술자료에 포함된다(중소기업기술보호법 제2조 제2호).

동법 제2조 제2호의 정의 규정에서는 비밀성과 비밀관리성을 요구하고 있지 않으나, 제3호에서는 '중소기업기술 침해 행위'를 다음과 같이 규정함으로써, 사실상 비밀성과 비밀관리성을 요구하고 있다. 동조 제3호는 중소기업기술 침해 행위로 다음과 같이 3개 유형을 규정하고 있다.

① 공공연히 알려져 있지 아니하고 합리적인 노력에 의하여 비밀로 관리되는 중소기업 기술(이하 '침해 대상 중소기업기술'이라 한다)을 부정한 방법으로 취득·사용 또는 공개(비밀을 유지하면서 특정인에게 알리는 것을 포함)하는 행위

② ①에 해당하는 행위가 개입된 사실을 알고 침해 대상 중소기업기술을 취득·사용 또는 공개하는 행위, 또는

③ ①에 해당하는 행위가 개입된 사실을 중대한 과실로 알지 못하고 침해 대상 중소기업기술을 취득·사용 또는 공개하는 행위

(2) 중소기업기술보호제도

중소기업기술보호법에 따라 중소벤처기업부 장관은 중소기업기술 보호에 관한 지원계획을 3년마다 수립·시행해야 하고(법 제5조), 중소기업기술에 대한 보안 역량 강화를 위하여 중소기업의 기술 인력 보유 및 관리 실태, 중소기업기술 정보의 관리 및 침해 현황 등에 관한 실태 조사를 매년 실시해야 한다(법 제7조).

중소기업기술 침해 행위를 당한 중소기업 및 중소기업자는 그 사실을 중소벤처기업부 장관에게 신고하여 필요한 조치를 요청할 수 있으며(법 제8조의2 제1항), 신고를 받은 중소벤처기업부 장관은 분쟁 해결을 위하여 필요하다고 판단되는 경우에 제23조에 따른 중소기업기술분쟁조정·중재위원회의 조정·중재를 권고할 수 있다(법 제8조의2 제3항). 중소기업기술분쟁조정·중재위원회는 중소기업기술보호법 제23조에 따라 중소벤처기업부 장관 소속으로 설치되어 있으며, 조정과 중재는 각각 당사자의 신청에 의하여 개시된다.

중소벤처기업부 장관은 법 제8조의2 제1항에 따른 신고를 받은 경우에 중소기업기술 침해 행위 사실을 조사하기 위하여 관련 기관 또는 사업자 등에 자료 제출을 요구하거나, 소속 공무원으로 하여금 그 사무소·사업장, 그 밖에 필요한 장소에 출입하여 장부·서류, 시설 및 그 밖의 물건을 조사하게 할 수 있다(법 제8조의2 제4항). 중소벤처기업부 장관은 제8조의2에 따른 조사 결과 피신청인의 중소기업기술 침해 행위가 있다고 판단할 상당한 근거가 있고, 이미 피해가 발생하였거나 이를 방치할 경우 회복하기 어려운 피해가 발생할 우려가 있다고 인정될 때에는, 30일 이내의 기간을 정하여 그 행위의 중지, 향후 재발 방지, 그 밖에 필요한 사항을 시정하도록 권고할 수 있다(법 제8조의3 제1항).

법 제8조의2 제1항에 따라 신고한 중소기업자 등이 제23조에 따른 중소기업기술분쟁조정·중재위원회에 조정·중재를 신청한 경우는 해당 조정·중재 절차가 종료될 때까지 제1항에 따른 권고를 하지 않을 수 있다(법 제8조의3 제2항). 중소벤처기업부 장관은 피신청인이 제1항에 따른 권고를 따르지 않은 때에는 그 권고 대상이나 내용 등을 공표할 수 있다(법 제8조의3 제3항).

(3) 하도급법과의 관계

중소기업기술보호법 제4조는 "하도급법 등 다른 법률에 특별한 규정이 있는 경우를 제외하고는 이 법이 정하는 바에 따른다"라고 규정하고 있다. 중소기업기술보호법상 중소

기업기술 중에서 경영상의 정보는 하도급법 적용 대상이 아니므로, 이에 관한 분쟁이 있을 경우는 당연히 중소기업기술보호법에 규정된 조정·중재제도를 활용하게 될 것이다. 그러나 기술상 정보의 경우는 하도급법상 공정위가 제재 수단을 가지고 있고, 민사상으로도 3배손해배상제도가 있기 때문에 하도급법이 우선적으로 원용될 가능성이 크다고 본다.

중소벤처기업부가 관할하는 「중소기업기술 보호 지원에 관한 법률」(이하 '중소기업기술보호법')은 중소기업기술보호를 위한 지원사업과 기반 조성 등에 관하여 규정하고 있었으나 기술침해시 피해구제를 위한 실효적인 조치가 미흡하다는 비판이 있었다. 이에 2018. 6. 12. 법률 제15692호로 개정되어 2018. 12. 13. 시행되는 개정법은 기술침해로 인한 중소기업의 피해를 보다 신속하게 구제하고 중소기업기술을 효과적으로 보호하기 위한 행정조치 조항을 신설하였다.

구체적으로 중소기업기술 침해행위를 정의하고(중소기업기술보호법 제2조의3; 이하 '법'이라 한다), 기술침해행위의 신고 및 조사(제8조의2), 기술침해행위에 관한 권고와 공표(제8조의3), 의견청취 및 협조요청(제8조의4), 자료 미제출, 허위 제출자, 조사거부시 과태료(제35조)를 신설하였다. 중소벤처기업부는 개정법에 의하여 중소기업 기술침해행위를 조사하여 시정권고 등을 할 수 있게 되므로, 기술침해행위로 피해를 본 중소기업 입장에서는 기존의 공정위 신고 이외에도 중소벤처기업부 신고를 하여 권리 구제를 받을 수 있게 되었다.

중소기업기술보호법에서는 "침해대상 중소기업기술"을 다음과 같이 정의하고 있다(동법 제2조 제3호).

가. 공공연히 알려져 있지 아니하고 합리적인 노력에 의하여 비밀로 관리되는 중소기업기술(이하 "침해대상 중소기업기술"이라 한다)을 부정한 방법으로 취득·사용 또는 공개(비밀을 유지하면서 특정인에게 알리는 것을 포함한다. 이하 같다)하는 행위

나. 가목에 해당하는 행위가 개입된 사실을 알고 침해대상 중소기업기술을 취득·사용 또는 공개하는 행위

다. 가목에 해당하는 행위가 개입된 사실을 중대한 과실로 알지 못하고 침해대상 중소기업기술을 취득·사용 또는 공개하는 행위

한편, 중소기업 기술보호 및 탈취행위 근절을 위하여 중소벤처기업부는 공정거래위원회, 대검찰청, 경찰청, 산업부, 특허청 등 유관기관들과 중소기업 기술탈취 근절 TF를 구성해 운영하고 있다. TF 구성 및 체계는 다음과 같다.

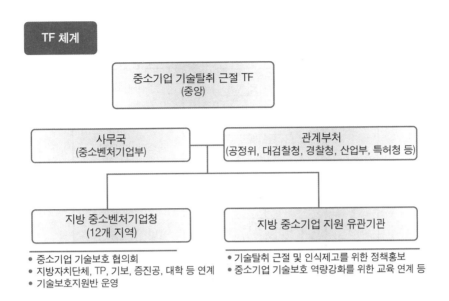

- 중소기업 기술보호 협의회
- 지방자치단체, TP, 기보, 증진공, 대학 등 연계
- 기술보호지원반 운영

- 기술탈취 근절 및 인식제고를 위한 정책홍보
- 중소기업 기술보호 역량강화를 위한 교육 연계 등

또, 중소벤처기업부에 의한 기술침해행위 사건의 처리 절차는 다음과 같다.

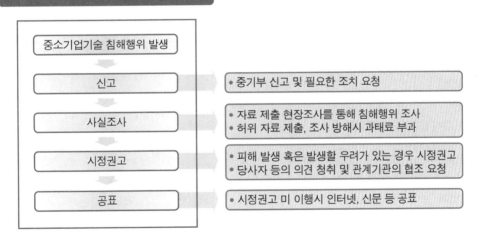

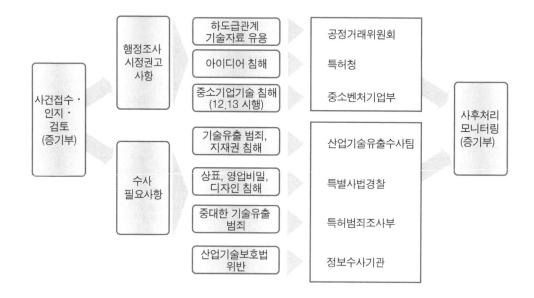

중소기업 기술보호와 관련된 법률들의 제도를 비교하면 다음과 같다.

[기술보호 관련 법률 및 제도 비교]

법률	제도	적용범위	특징
하도급법	기술자료 제공요구 · 유용금지	하도급거래	• 기술자료 요구시 서면교부 의무화 • 유용시 징벌적 손해배상
상생협력법	기술자료임치제도	수탁 · 위탁기업	• 영업비밀 등 기술자료 임치 • 기술탈취 금지
중소기업 기술보호법	기술보호 지원, 분쟁조정 · 중재	중소기업기술	• 민형사 구제 • 영업비밀보호 사업
산업기술 보호법	산업기술의 부정취득 등 금지	산업기술, 국가핵심기술	• 산업기술보호 기본계획 수립 및 지원 • 국가핵심기술 해외수출시 승인 · 신고
지식재산 기본법	지식재산 기본계획 수립, 중소기업 IP 지원 등	지식재산	• 국가 지식재산 기본계획에 중소기업 기술보호 포함
발명진흥법	직무발명제도	종업원의 업무상 발명	• 사용자 권리승계와 개발자 직무보상
특허법	특허권 부여	산업상 이용가능성, 신규성, 진보성	• 출원 · 심사 · 공개 • 등록 특허기술 보호
형법	절도죄, 업무상배임죄, 증거인멸죄	–	• 형벌을 통한 간접적 보호

108

기술탈취에 대한 손해배상책임

(#3배 배상#징벌적 손해배상#손해액입증)

A 하도급법상 수급사업자의 기술에 대해 부당요구하거나 또는 유용한 자는 하도급법상 손해배상책임을 져야 한다. 부당요구에 대하여는 실손해배상책임을 지지만 부당유용행위에 대하여는 3배 이하의 손해를 배상해야 하는 소위 징벌적 손해배상책임을 질 수 있다. 한편, 기술탈취에 대한 손해액 입증은 쉽지 않은데 이에 대하여 법원이 변론 전체의 취지와 증거조사 결과에 기초하여 상당한 손해액을 인정할 수 있는 특칙이 있다.

해설

수급사업자는 공정거래위원회의 제재조치와 별도로, 원사업자가 자신이 취득한 수급사업자의 기술자료를 자기 또는 제3자를 위해 최초 요구 목적 이외의 용도로 유용한 것으로 인해 손해를 입은 경우 또는 제3자에게 제공한 경우,[354] 자신이 입은 손해에 대해 그 손해의 3배를 넘지 않는 범위에서 민사소송을 제기할 수 있다(법 제35조 제2항, 제12조의2 제3항). 일반적으로 원사업자의 고의 또는 과실에 대하여는 피고인 수급사업자가 입증해야 하지만, 기술자료 유용으로 인한 손해배상에서는 입증책임이 전환되어 피고인 원사업자가 주장·입증해야 한다.

한편, 법원은 실손해의 3배 이내에서 고의 또는 손해 발생의 우려를 인식한 정도, 위반행위로 인하여 수급사업자와 다른 사람이 입은 손해, 원사업자가 취득한 경제적 이익, 위반행위에 따른 벌금과 과징금, 위반행위의 기간과 횟수, 원사업자의 재산상태, 원사업자의 피해구제 노력의 정도를 고려하여 손해배상액을 결정할 수 있다. 다만, 실손해에 대하여는 원고가 입증해야 하는데, 손해액 입증을 위하여 필요한 사실을 입증하는 것이 해당 사실의 성질상 극히 곤란한 경우, 법원은 변론 전체의 취지와 증거조사의 결과에 기초하여 상당한 손해액을 인정할 수 있다(법 제35조 제4항, 공정거래법 제57조).

반면, 하도급법 제12조의2 제1항의 기술자료의 제공 요구의 경우 수급사업자는 그로 인한 실손해 배상만을 청구할 수 있고, 이 경우에도 고의·과실에 대한 입증책임은 피고

---

354) 2018. 4. 17. 법률 제15612호로 개정된 공정거래법에서 '제3자에게 제공한 경우'가 추가되었다.

인 원사업자에게 있다(법 제35조 제2항). 다만, 기술자료 제공요구만 있는 경우 그 손해액을 산정하기는 쉽지 않을 것인바, 이 역시 법원이 변론의 전 취지 및 증거조사 결과에 기초하여 재량으로 정할 수 있다(법 제35조 제4항, 공정거래법 제57조).

이처럼 법원은 공정거래법 제57조에 근거하여 재량으로 손해액을 산정할 수는 있지만 보수적인 판사들의 성향 및 법원의 분위기상 동 조에 근거하여 재량으로 손해액을 산정할지는 의문이다. 실제 활용된 사례도 거의 없다. 그래서 동 조항을 통해 피해 수급사업자의 손해액에 대한 입증책임 부담을 줄여주기에 부족하다.

차제에 부정경쟁방지 및 영업비밀보호에 관한 법률의 손해액 추정에 대한 규정[355]과 같이 손해액 추정 규정 신설도 고려할 만하다.

---

355) 부정경쟁방지 및 영업비밀에 관한 법률 제14조의2(손해의 추정 등)
　① 부정경쟁행위, 제3조의2 제1항이나 제2항을 위반한 행위 또는 영업비밀 침해행위로 영업상의 이익을 침해당한 자가 제5조 또는 제11조에 따른 손해배상을 청구하는 경우 영업상의 이익을 침해한 자가 부정경쟁행위, 제3조의2 제1항이나 제2항을 위반한 행위 또는 영업비밀 침해행위를 하게 한 물건을 양도하였을 때에는 제1호의 수량에 제2호의 단위수량당 이익액을 곱한 금액을 영업상의 이익을 침해당한 자의 손해액으로 할 수 있다. 이 경우 손해액은 영업상의 이익을 침해당한 자가 생산할 수 있었던 물건의 수량에서 실제 판매한 물건의 수량을 뺀 수량에 단위수량당 이익액을 곱한 금액을 한도로 한다. 다만, 영업상의 이익을 침해당한 자가 부정경쟁행위, 제3조의2 제1항이나 제2항을 위반한 행위 또는 영업비밀 침해행위 외의 사유로 판매할 수 없었던 사정이 있는 경우에는 그 부정경쟁행위, 제3조의2 제1항이나 제2항을 위반한 행위 또는 영업비밀 침해행위 외의 사유로 판매할 수 없었던 수량에 따른 금액을 빼야 한다.
　1. 물건의 양도수량
　2. 영업상의 이익을 침해당한 자가 그 부정경쟁행위, 제3조의2 제1항이나 제2항을 위반한 행위 또는 영업비밀 침해행위가 없었다면 판매할 수 있었던 물건의 단위수량당 이익액
　② 부정경쟁행위, 제3조의2 제1항이나 제2항을 위반한 행위 또는 영업비밀 침해행위로 영업상의 이익을 침해당한 자가 제5조 또는 제11조에 따른 손해배상을 청구하는 경우 영업상의 이익을 침해한 자가 그 침해행위에 의하여 이익을 받은 것이 있으면 그 이익액을 영업상의 이익을 침해당한 자의 손해액으로 추정한다.
　③ 부정경쟁행위, 제3조의2 제1항이나 제2항을 위반한 행위 또는 영업비밀 침해행위로 영업상의 이익을 침해당한 자는 제5조 또는 제11조에 따른 손해배상을 청구하는 경우 부정경쟁행위 또는 제3조의2 제1항이나 제2항을 위반한 행위의 대상이 된 상품 등에 사용된 상표 등 표지의 사용 또는 영업비밀 침해행위의 대상이 된 영업비밀의 사용에 대하여 통상 받을 수 있는 금액에 상당하는 금액을 자기의 손해액으로 하여 손해배상을 청구할 수 있다.
　④ 부정경쟁행위, 제3조의2 제1항이나 제2항을 위반한 행위 또는 영업비밀 침해행위로 인한 손해액이 제3항에 따른 금액을 초과하면 그 초과액에 대하여도 손해배상을 청구할 수 있다. 이 경우 그 영업상의 이익을 침해한 자에게 고의 또는 중대한 과실이 없으면 법원은 손해배상 금액을 산정할 때 이를 고려할 수 있다.
　⑤ 법원은 부정경쟁행위, 제3조의2 제1항이나 제2항을 위반한 행위 또는 영업비밀 침해행위에 관한 소송에서 손해가 발생된 것은 인정되나 그 손해액을 입증하기 위하여 필요한 사실을 입증하는 것이 해당 사실의 성질상 극히 곤란한 경우에는, 제1항부터 제4항까지의 규정에도 불구하고 변론 전체의 취지와 증거조사의 결과에 기초하여 상당한 손해액을 인정할 수 있다.

109 원사업자가 수급사업자의 재하도급업체를 선정하거나 재하도급대금을 결정하는 것이 하도급법상 부당경영간섭에 해당하는가?

A 부당경영간섭이다. 재하도급업체를 선정하고 그 업체와 재하도급대금을 결정하는 등의 사항은 수급사업자의 고유의 경영사항이고 특별히 이에 관여해야만 할 불가피한 이유가 없다면 원사업자가 관여해서는 안되기 때문이다.

해설

부당한 경영간섭은 수급사업자의 원사업자에 대한 경제적 예속관계를 막아 수급사업자의 독자적 기술개발과 경영을 도모하기 위한 조항이다. 하도급법 제18조 제1항은 원사업자는 하도급 거래량을 조절하는 방법 등을 이용하여 수급사업자의 경영에 간섭하여서는 아니 된다고 규정하고 있고, 제2항은 ① 정당한 사유 없이 수급사업자가 기술자료를 해외 수출하는 행위를 제한하거나 이를 이유로 거래를 제한하는 행위, ② 정당한 사유 없이 수급사업자로 하여금 자기 또는 자기가 지정하는 사업자와 거래하도록 구속하는 행위, ③ 정당한 사유 없이 그 외 수급사업자에게 원가자료 등 공정거래위원회가 고시하는 경영정보를 요구하는 행위는 부당경영간섭으로 간주된다고 규정하고 있다. '정당한 사유'는 원사업자가 입증해야 한다. 본건의 행위는 하도급법 제18조 제2항 제2호에 해당한다.

한편, 공정위는 제18조 제2항 제3호의 부당경영간섭행위로 간주되는 경영정보제공요구와 관련하여 「하도급법상 요구가 금지되는 경영상 정보의 종류 고시」(2018. 7. 16. 제정 공정위 고시 제2018-12호)를 통해 ① 수급사업자가 목적물 등의 납품을 위해 투입한 재료비, 노무비 등 원가에 관한 정보(원가계산서, 원가내역서, 원가명세서, 원가산출내역서, 재료비, 노무비 등의 세부지급 내역 등), ② 수급사업자가 다른 사업자에게 납품하는 목적물 등의 매출 관련 정보(매출계산서, 거래처별 매출명세서 등), ③ 수급사업자의 경영전략 관련 정보(제품 개발·생산 계획, 판매 계획, 신규투자 계획 등에 관한 정보 등), ④ 수급사업자의 영업 관련 정보[거래처 명부, 다른 사업자에게 납품하는 목적물 등의 납품 조건(납품가격을 포함)에 관한 정보 등], ⑤ 수급사업자가 다른 사업자와의 거래에서 사용하는 전자적 정보 교환 전산망의 고유식별명칭, 비밀번호 등 해당 전산망에 접속하기 위한 정보를 요구 금지되는 경영정보로 고시했다. 산업계, 특히 건설업계에서는 건설도급계약에 반드시 필요한 원가정보에 대해서도 요구할 수 없는 경영정보에 포함되어 원사업자의 경영 및 원가관리에 큰 장애가 있으므로 향후 허용되는 '원가정보 범위와 요건 등'에 대하여 좀 더 유연한 입장의 구체적인 가이드라인을 제공하여 예측가능성을 높여야 한다는 비판이 강하다.

한편, 수급사업자의 임직원을 선임·해임함에 있어 자신의 지시나 승인을 받도록 하거나 거래상대방의 생산품목·시설규모·생산비·거래내용을 제한하는 것, 그리고 수급사업자가 공사를 정상적으로 시공 중임에도 불구하고 수급사업자의 의사에 반하여 현장 근로자를 동원하여 공사를 시공케 하는 행위 등이 부당한 경영간섭의 예이다(하도급공정화지침). 또 원사업자가 수급사업자와 재하도급업자 간의 단가를 직접 협의·결정한 다음 수급사업자에게 그 조건으로 거래하게 하는 것(공정위 2009. 1. 20. 의결(약) 제2009-32호, 사건번호 2008하개2356), 원사업자가 수급사업자에게 승인원(Spectification Sheet) 제출시 핵심 기술자료를 제공하도록 하고 재하도급업자 관리를 위한 인력을 별도로 운영토록 하였으며 재하도급업자 선정 및 작업자 변경시에도 승인을 받도록 하면서 실적이 부진할 경우 물량감축 등의 불이익을 주는 행위는 부당한 경영간섭이다(서울고등법원 2009. 11. 12. 선고 2008누11237 판결).

물론, 건전한 의도에서 합리적인 범위 내의 경영간섭은 부당하다 볼 수 없다. 예를 들어, 외형상 수급사업자의 경영에 어느 정도 개입하게 되더라도 주로 수급사업자의 이익을 위한 건전한 의도하에 이루어지거나 또는 위탁의 목적을 달성하기 위하여 합리적인 범위 내의 것이라면 부당하다고 볼 수 없다. 원사업자가 수급사업자의 능력부족으로 인한 인부동원이나 자재구입 등이 늦어지고 그 결과 납기지연이 우려되어 그 해결을 위해 직원이나 인부를 알선해 주는 경우, 수급사업자가 노임을 지급하지 않아 위탁업무가 중단되자 원사업자가 하도급대금을 선지급하는 조건으로 합리적인 범위 안에서 노임지급을 요구하는 경우, 원사업자가 수급사업자와 사전에 체결한 협약에 따라 협약체결 수급사업자에게 지원한 조건의 범위 안에서 협약체결 수급사업자의 수급사업자에게 지원을 요구하거나 그 지원실적을 점검하는 경우도 부당하다 볼 수 없다(하도급공정화지침). 하지만 본건에서는 그런 사정이 없이 하도급계약 시기에 재하도급업체를 지정해 주고 대금까지 정해 준 것이므로 경영간섭에 정당한 사유가 인정될 수 없다.

부당한 경영간섭을 한 원사업자에 대하여는 시정조치(법 제25조 제1항)나 하도급대금의 2배를 초과하지 않는 범위 내의 과징금을 부과하게 되며(법 제25조의3 제1항 제6호), 이를 위반한 자에 대하여는 1억 5천만 원 이하의 벌금에 처하게 된다(법 제30조 제2항 제2호). 실손해배상책임을 진다(법 제35조 제1항).

  참고로 하도급거래관계가 아니더라도 거래상대방에 대한 지나친 경영간섭은 공정거래법상 불공정거래행위로 제재받을 수 있다. 공정거래법 제23조 제1항 제4호, 시행령 제36조 제1항 별표1의2 제6호 마목에서 거래상지위를 남용하여 거래상대방의 임직원을 선임·해임함에 있어 자기의 지시승인을 얻게 하거나 거래상대방의 생산품목·시설규모·생산량·거래내용을 제한함으로써 경영활동을 간섭하는 행위를 금지하고 있다.

110 원사업자가 수급사업자에게 노무비 구분관리제도를 요구하는 것이 부당경영간섭인지 여부

A 노무비 구분관리제도를 요구하는 것은 원사업자의 공사완료 등에 필요한 경영상 요구이므로 부당경영간섭이라 볼 수 없다.

해 설

수급사업자가 자금난으로 인하여 근로자에게 임금을 지급하지 못하면 공사 진행이 되지 않으므로 원사업자의 사업에 지장이 될 수 있다. 이 때문에 원사업자로서는 하도급대금을 지급하면서 수급사업자에게 근로자 임금 체불을 막고 임금 지급을 보다 확실히 하기 위하여 노무비 구분관리제도를 도입하고, 수급사업자에게 노무자 등 현황을 시스템 관리업체에 등록하도록 요구할 수 있다. 그런데 이와 같은 요구가 부당경영간섭에 해당할 수 있는지 문제된다. 원사업자는 수급사업자의 임금 체불을 방지하기 위해 노무비 구분관리제도를 도입하고, 수급사업자에게 노무자 등 현황을 시스템 관리업체에 등록하도록 했다.

노무비 구분관리제도는 건설근로자의 임금을 보호하기 위해 국토교통부 등에서 도입한 제도이다. 따라서 노무비 구분관리제도를 활용하는 것은 하도급법 제18조에서 규정하고 있는 부당한 경영간섭에 해당한다고 보기는 어렵다(2014. 12. 건설하도급 관련 판례 및 질의회신. 대한건설정책연구원). 한편, 원사업자는 '하도급대금 지급관리 시스템'을 통해서 수급사업자에게 하도급 대금을 지급하는 방식도 고려해 볼 수 있다. 공정거래위원회는 이런 방식으로 하도급대금을 지급하는 것은 부당한 경영간섭에 해당하지 않는다고 보고 있다(공정화지침 III. 17. 다.). 공정거래위원회는 현재 '하도급대금 지급관리시스템'으로 산업통상자원부 고시 「상생결제시스템 결제대금예치계좌 운영요령」 제2조 제1호에서 규정하고 있는 '상생결제시스템'을 지정고시하고 있다(공정위 고시 제2017－8호, 2017. 6. 28. 제정).

가. 수급사업자를 위한 사례

(1) 원사업자가 1차 수급사업자의 2차 수급사업자와의 2차 하도급대금 결정에 관여하는 것은 부당경영간섭

원사업자는 1차 수급사업자에게 고가의 금형설비 신규개발에 필요한 자금을 지원했다. 따라서 원사업자는 1차 수급사업자와 2차 수급사업자 사이에 체결하는 재하도급 계약에 개입하여 재하도급대금을 결정하더라도, 이는 부당한 경영간섭에 해당하지 않는다고 주장한다. 하지만 원사업자가 금형설비 개발 비용을 부담했다고 하더라도, 재하도급대금을 결정하는 것은 부당한 경영간섭에 해당한다. 1차 수급사업자는 원사업자와의 별개의 독립된 사업자이고, 특히 재하도급대금은 1차 수급사업자의 경영에 관한 핵심사항이기 때문이다(공정위 2009. 1. 20. 의결 2008하개2356 : 시정명령).

(2) 수급사업자가 edi 시스템 접속권한을 제공했다 하더라도 이를 통해 경쟁사업자와의 매출비율 및 할인정책 등에 관여하는 것은 부당경영간섭

원사업자는 자신이 운영하는 A백화점 및 그와 경쟁 관계에 있는 B백화점에 동시에 입점해 있는 납품업체의 B백화점에서의 매출현황을 파악하기 위하여 85개 납품 업체(122개 상표, 2006. 5. 기준)들로부터 B백화점의 이디아이(EDI, Electronic Data Interchange) 시스템에 접속할 수 있는 권한을 제공받아 B백화점의 이디아이 시스템에 접속하여 주기적으로 매출정보를 취득한 사실, 원사업자가 위와 같은 방법으로 취득한 매출정보를 바탕으로 매출대비율을 작성한 후 A백화점 대비 B백화점의 매출비중이 높거나 50% 이상(A백화점에서의 매출액의 절반 이상에 해당되는 매출액을 B백화점에서 실현하고 있는 경우)인 상표의 납품업체에 대하여는 A백화점에서 할인행사를 진행하도록 하거나 B백화점에서 할인행사를 진행하지 못하도록 하여 결국 매출대비율을 일정한 수준으로 유지하는 내용의 특별관리방안을 마련하여 시행하였다. 비록 납품업체들이 원사업자에게 B백화점의 EDI 시스템 접속권한을 제공하였다 하더라도 이는 거래상 우월적 지위에 있는 원사업자의 요구를 거부할 수 없었기 때문이라고 봄이 상당한 이상, 원사업자는 자기의 거래상 지위를 부당하게 이용하여 납품업체들이 매출대비율을 일정하게 유지하도록 관리하고 A백화점 및 경쟁 백화점에서 할인행사를 진행할지 여부에 관한 자유로운 의사결정을 저해하는 등 납품업체들의 거래 내용을 제한함으로써 경영활동을 간섭하였다(대법원 2011. 10. 13. 선고 2010두8522 판결 : 시정명령등취소).

(3) 원사업자가 수급사업자에게 승인원 제출시 핵심기술자료를 제공하도록 하고 재하도급업체 선정 등에 승인을 받도록 하는 것은 부당경영간섭

원사업자가 수급사업자들에게 휴대폰 부품제조를 위탁하면서 수급사업자에게 승인원의 제출시 핵심기술자료를 제공하도록 하고, 재하도급업자 관리를 위한 인력을 별도로 운영토록 요구하였으며, 재하도급업자 선정 및 작업자 변경 시에도 승인을 받도록 하면서 실적이 부진할 경우 물량감축 등의 불이익을 준 것은 품질유지라는 본래의 목적을 넘어 수급사업자의 재하도급 거래 내용을 간섭한 행위로서 하도급법 제18조 부당한 경영간섭 행위에 해당한다. 이에 대해서 원사업자는, 수급사업자로부터 '승인원(Specification Sheet)'을 제공받아 수급사업자가 공급하는 부품의 적합성 여부를 확인하는 것은 품질관리를 위하여 필수적인 사정이고, 승인원에는 수급사업자의 핵심기술이나 고유기술이 기재되어 있는 것이 아니며, 한편 휴대폰의 품질관리를 위해 원사업자가 수급사업자와 재하수급업자(2차 수급사업자 또는 2차 벤더)에 대한 점검과 지도를 하는 것은 당연한 일이므로, 원사업자는 이 과정에서 어떠한 부당한 영향력을 행사한 적도 없고, 수급사업자에게 재하수급업자 관리인력을 둘 것을 강요하거나 그 선임에 간섭한 적도 없으며, 재하수급업자에 대한 실사를 실시하도록 요구한 것은 품질유지를 위하여 필수적이고 정당한 행위라고 주장한다. 하지만, 원사업자가 수급사업자에 그 승인원을 요청한 제품인 휴대용 충전기는 수급사업자가 자체적으로 개발하여 원사업자에게 납품하는 ODM(Original Design Manufacturing)제품으로서 다른 부품에 비해 그 구조나 동작원리가 비교적 간단한 것으로 보이는데도 그 승인원에는 회로도, 부품의 종류와 구체적인 기능, 동작원리뿐만 아니라 원자재 구매처 및 제조공정 등 구체적인 조립방법까지 나타나 있는 점, 원사업자가 2004년 8월경 마련한 '04년 2차 벤더 관리 방안'에는 협력업체 자체 판단에 따른 2차 벤더의 변경을 금지하고 협력업체로 하여금 2차 벤더 관리 전담 인력을 선정하여 운용하도록 하며 위 인력으로 하여금 2차 벤더를 정기적으로 방문하여 그 결과를 원사업자에게 월1회 제출하도록 한 점, 원사업자가 2004년 11월경 마련한 '2차 벤더 관리기준'에서는 변경전 신고의 경우 반드시 구매부서를 창구로 하여 승인하도록 하고 규정 미준수업체는 1차 경고 조치 후 재발시 거래축소 등의 조치를 취하여 협력업체로 하여금 2차 벤더 관리 담당 인력을 선정하게 하고 위 인력의 주요 역할까지 구체적으로 기재되어 있는 점, 2004년 12월 위 기준은 내부결재가 이루어져 2005. 1. 11. 내지 1. 13.까지 사이에 사내 전자우편을 통해 전사에 배포된 점, 원사업자가 제출한 '총괄별 2차 Vender 관리 세부현황'에 '2차 Vender 현황을 별도로 File로 관리하고 있으며, 분기 별로 Up-date 실시함'이라고 기재되어 있는 점, 원사업자는 2015. 1. 17.에도 위 2차 벤더 관리 기준과 유사한 내용을 가진 '2차 벤더 관리 방안'을 마련하기도 한 점 등에 비추어 보면, 원사업자의 행위는 품질 유지라는 본래의 목적을 넘어 수급사업자의 재하도급 거래내용을 간섭한 행위로서 법 제18조가 금지하는 부당한 경영간섭행위에 해당된다고 할 것이므로, 원사업자의 위 주장도 받아들일 수 없다(서울고등법원 2009. 11. 12. 선고 2008누11237 판결 : 시정명령등취소, 심리불 속행기각).

나. 부당경영간섭에 해당하지 않는다는 사례

(1) 하도급계약의 적정한 이행 확보를 위하여 입찰과정에서 설명한 바에 따라 선급금 지급시 원·수급사업자의 공동명의 통장에 입금·공동관리하도록 한 행위는 부당 경영간섭에 불해당

원사업자가 수급사업자에게 선급금을 지급하되, 원사업자와 수급사업자의 공동명의 통장으로 입금하여 결과적으로 원사업자와 수급사업자가 선급금을 공동관리 하게 한 행위는 원사업자가 계약체결 전 입찰과정에서 수급사업자에게 선급금의 공동관리에 관해서 이미 설명한 점, 수급사업자는 이를 수용하여 원사업자와 계약을 체결한 점, 그 취지가 자금 사용을 일부 제한함으로써 계약의 적정한 이행을 확보하기 위한 것인데 실제 취지에 맞게 전액 사용된 점 등에 비추어 볼 때, 부당한 경영간섭에 해당한다 보기 어렵다(대구지방법원 2014. 7. 31. 선고 2012가단24467 판결).[356]

다. 공정위 질의회신 사례

🎣 **질의 회신 사례**

[질의] 원사업자가 자신이 거래하고 있는 1차 협력업체에 대하여, 2차 협력업체에 대한 하도급대금의 지급이 정상적으로 이루어지도록 적극 권장하기 위한 목적으로 발주자로부터 수령한 하도급대금을 동일한 조건으로 2차 협력업체에게 지불하였는지 여부 등 대금

---

356) 이런 판례에 대해, 수급사업자의 열위적 지위를 보완하려는 하도급법의 취지에 비추어 볼 때 타당하지 않다는 비판이 있다(2014. 12. 건설하도급 관련 판례 및 질의회신, 대한건설정책연구원).

지급 관련 하도급법 준수 여부를 1차 협력업체 평가 항목에 반영하여 운영한 경우 하도급법상 부당 경영 간섭에 해당되는지 여부는 어떠한가?

[회신] 협력업체 임직원의 선임·해임에 간섭하거나 생산 품목이나 시설 규모를 제한하거나, 협력사의 거래상대방을 제한하는 등의 행위는 하도급법 제18조에 해당될 수 있다. 그러나 원사업자가 지급한 하도급대금을 동일한 조건으로 지급하도록 요구하거나 하도급법 준수 여부를 1차 협력업체 평가 항목에 삽입하는 행위는 경영 간섭의 소지가 적을 것으로 판단된다. 다만, 하도급법 준수 여부 파악을 명분으로 하여 법 준수와 무관한 자료를 요구하는 등의 부당한 요구를 하는 경우 부당한 경영간섭에 해당될 수 있다.

[질의] 공사 현장의 악성 체불 등의 문제 방지를 위하여 원사업자가 수급사업자의 자금집행 계획서 제출을 내용으로 하는 계약(현장 설명 포함)하는 것이 하도급법에 위반되는지 여부는 어떠한가?

[회신] 하도급공정화 지침상에는 질의 내용과 같은 사안에 대하여 적시되어 있는 바는 없으나 수급사업자의 노임, 장비 사용료 등이 제때에 지급하지 않아 작업 수행에 지장을 초래하게 하는 경우 지급 과정이 합리적으로 되도록 간여하거나 품질이나 생산성의 향상을 위한 기술 지도 내지 경영 지도는 합리적 범위 내의 행위로 볼 수 있다고 본다.

[질의] 대기업이 1차 협력사가 2차 협력사에 대하여 '상생결제시스템'을 통하여 하도급대금을 지급한 실적을 평가하고 그 평가 결과가 우수한 1차 협력사에 대하여 발주 물량 증가 등의 인센티브를 부여함으로써 상생결제시스템을 통한 대금 지급을 독려하는 것이 하도급법 제18조가 금지하고 있는 부당한 경영 간섭에 해당하는지 여부는 어떠한가?

[회신] 결론적으로 부당한 경영 간섭에 해당하지 않는다(하도급거래 공정화지침 Ⅲ. 17. 다. 내용 참조). 1차 협력사가 상생결제시스템을 이용해 2차 협력사에게 대금을 결제하는 것은 2차 협력사에 대한 대금 지급 조건을 개선해주는 '상생협력 지원'에 해당한다고 볼 수 있으며 이러한 점에서 대기업이 자신과 협약을 체결한 1차 협력사를 대상으로 발주 물량 증가 등의 인센티브를 통하여 2차 협력사에게 상생결제시스템을 통하여 대금 지급을 하도록 독려하고 그 대금 지급 실적을 평가하는 것은 위 하도급거래 공정화지침에 의할 때 부당한 경영 간섭이라고 보기는 어려울 것이다. 다만, 대기업이 1차 협력사의 의사에 반하여 상생결제시스템으로 2차 협력사에게 대금을 결제해줄 것을 강요하거나 대금 지급 실적을 평가한다는 명목으로 그 평가에 필요한 범위 외의 정보를 추가적으로 요구하는 행위 등은 부당한 경영 간섭에 해당할 소지가 있다.

112 탈법행위 및 보복조치금지의무 위반 관련 심결 및 판례

가. 탈법행위 관련 사례

(1) 서면실태조사 등 조사과정에서 자진시정을 위하여 미지급 어음할인료 등을 지급한 후 다시 회수하는 행위는 탈법행위

① 원사업자가 하도급거래 서면실태조사에서 발견된 미지급 어음 할인료를 수급사업자들에게 지급한 후 그 시정결과를 공정거래위원회에 제출함으로써 통상적인 조치보다 경미한 '경고' 조치를 받았지만, 이후 자신 명의의 예금계좌로 입금받거나 하도급대금에서 공제하는 방법으로 다시 회수한 사안에서, 공정거래위원회는 원사업자의 위와 같은 행위에 대하여 실질적으로 어음할인료를 지급하지 않은 것임에도 불구하고 우회적인 방법을 통하여 어음할인료 미지급에 대한 법 적용을 피하기 위한 탈법행위에 해당한다고 판단하였다(공정위 2017. 1. 9. 의결 2016제하0961 : 시정명령, 과징금).

② 원사업자가 공정거래위원회의 조사 과정에서 수급사업자에게 지급한 어음할인료를 사후에 회수한 행위는, 위원회의 서면실태조사 등에 임하여 어음할인료를 자진하여 지급하는 것처럼 허위보고하여 경고 등 경미한 조치를 받은 후 이를 다시 회수함으로써 실질적으로 어음할인료를 지급하지 않는 방식으로 탈법행위를 한 것인바, 이러한 행위는 제20조의 규정에 위반된다(공정위 2008. 1. 25. 의결 2007부사2160 : 시정명령).

③ 원사업자는 하도급법을 위반하여 부당하게 하도급대금을 감액한 혐의로 공정거래위원회의 조사를 받던 기간 중, 법위반 혐의 하도급대금을 해당 수급사업자에게 지급하였고, 공정거래위원회는 원사업자가 당해 법위반 행위를 스스로 시정한 점을 감안하여 경고조치한 사실이 있다. 그러나 원사업자는 수급사업자 대표에게 실제 공급한 사실이 없는 원자재 수량을 공급한 것처럼 전산시스템에 임의로 입력하여 정산서에 반영하는 방법으로, 기 지급한 하도급대금을 회수한 사실이 있는 바, 이러한 원사업자의 위 행위는 하도급법 제20조의 규정에 위반된다(공정위 2004. 1. 19. 의결 2003구사0865 : 시정명령].

(2) 발주자로부터 현금으로 도급대금을 지급받고 수급사업자에게는 전액 어음으로 지급하면서 이를 은폐하기 위하여 수급사업자에게 현금으로 지급한 후 즉시 수표로 출금해야 회수한 행위는 현금결제비율유지의무 위반 및 탈법행위

원사업자는 발주자로부터 공사대금 전액을 현금으로 받았음에도, 수급사업자에게는 하도급대금을 전액 어음으로 지급하면서, 이를 은폐하기 위하여 위 어음과 동일한 금액을 수급사업자의 계좌에 입금한 후 즉시 수표로 출금하여 자신의 계좌로 재입금한 것은 하도급법 제13조 제4항의 현금결제비율 유지규정위반임과 동시에 하도급법 제20조 탈법행위에 해당한다. 하도급대금의 송금과 인출은 어음지급과는 별개의 행위로서(하도급법 제20조의 '이 법이 적용되는' 사항이 작위의무인 경우 이를 위반하기 위해서는 다른 적극적인 행위가 필요하지 않은 것이 보통이다. 그러나 이 사건 조항과 같이 그 위반을 위하여 별도의 행위가 필요한 경우에는 적용을 피하려는 행위와 그 위반행위는 별개로 봄이 타당하다) 그 자체가 탈법행위에 해당하는 것이고, 원사업자가 탈법행위를 전후하여 수급사업자에게 하도급대금으로 어음을 지급하였는지 여부는 이 사건 탈법행위의 성립에 아무런 영향이 없다. 즉 하도급대금의 송금과 인출 후에 어음지급이 있는 경우에는 원사업자가 수급사업자에게 하도급대금으로 현금을 송금하고 이를 인출함으로써 탈법행위가 완성된 것이고, 그 후에 원사업자가 어음을 지급하였다고 하더라도 이미 성립된 탈법행위에 아무런 영향을 줄 수 없다. 이와 반대로 어음지급 이후 하도급대금의 송금과 인출이 이루어진 경우에도 위 송금과 인출로 인하여 이미 지급된 어음이 결제되거나 또는 어음과는 관계없이 현금결제가 이루어진 것과 같은 외관이 만들어진 것이므로, 원사업자의 송금 및 인출은 어음지급과는 별개로 이 사건 조항의 적용을 회피하려 한 행위에 해당된다. 따라서 원사업자가 하도급대금을 어음으로 지급하여 형식적으로 이 사건 조항에 위반되었음을 이유로 탈법행위가 성립될 수 없다는 원사업자의 주장은 이유 없다. 하도급법의 적용을 피하려는 행위와 그 직접적인 위반행위는 별개로 보아야 하고 그에 대한 규율 역시 개별적으로 취급함이 타당하므로, 하도급법 제13조 제4항과 제20조의 위반이 양립할 수 없다거나 하도급법 제20조는 하도급법의 다른 과징금규정의 근거행위가 성립되지 않는 경우에 적용되는 규정이라는 원사업자의 주장도 받아들일 수 없다. 원사업자는 수급사업자에 대한 송금과 인출은 위법한 어음지급을 은폐하기 위한 것인데 이를 탈법행위로 해석하는 것은 명확성의 원칙, 죄형법정주의에 반한다고 주장한다. 그러나 위 주장은 형식적인 위반행위가 성립되면 더 이상 탈법행위 개념이 불가능하다는 것을 전제하고 있는 것인데, 그러한 전제는 앞서 본 바와 같이 받아들일 수 없다. 한편 하도급법상의 탈법행위에는 정도의 차이는 있을 수 있으나 필연적으로 하도급법 위반행위를 숨기기 위한

의도가 포함되어 있으므로, 형식적인 위반행위를 은폐하고자 한 행위였다는 이유로 그 행위가 탈법행위에 포함되지 않는다고 볼 수는 없다. 원사업자의 이 부분 주장도 이유 없다(서울고등법원 2012. 4. 26. 선고 2011누38973 판결 : 과징금납부명령취소 청구의 소, 상고 취하하여 확정).

(3) 수급사업자가 어음할인료 및 지연이자 환수에 동의했다 하더라도 수급사업자의 진정한 의사에 의한 것으로 인정되지 않으면 탈법행위

원사업자가 공정거래위원회의 시정조치 및 하도급거래 서면실태조사에 따라 적발된 하도급대금의 어음할인료 및 지연이자를 지급하였으나, 이를 물품대금에서 공제하는 방법으로 다시 환수한 것은 우회적인 방법으로 공정거래위원회의 시정조치를 이행하지 아니한 것으로, 실질적으로 하도급법 적용을 피하려는 탈법행위에 해당한다. 원사업자는, 원사업자가 이 사건 어음할인료 및 지연이자를 지급한 후, 물품대금에서 공제하는 방법으로 다시 이를 환수한 행위는 인정하나, 원자재 가격폭등, 환율 하락 및 유가급등에 따른 경영상 어려움을 이유로 수급사업자들의 자발적인 협조에 의해 환수하였다고 주장한다. 살피건대, 자동차부품 제조하도급의 특성상 수급사업자는 원사업자와 계속적이고 의존적인 하도급거래관계로서 대등한 교섭력을 가졌다고 보기 어렵고, 원사업자가 거래상 우월적지위를 이용하여 기 지급한 어음할인료 등을 물품대금에서 일시불로 공제할 것임을 수급사업자에게 방문 등을 통하여 직접적으로 서명을 요청할 경우 수급사업자로서는 이를 거절하기가 어려운데, 앞서 본 바와 같이, 원사업자의 당시 전무가 자재팀 직원들에게 어음할인료 등 환수업무를 직접 지시하였고, 환수에 비협조적인 수급사업자는 직접 방문하여 합의서에 서명(날인)을 받았으며, 환수업무 담당자들은 그 진행상황을 상급자에게 수시로 보고하는 등 환수가 원사업자 차원의 주도적으로 그리고 조직적으로 이루어진 점 및 원사업자의 임직원들이 직접 방문하여 기 지급한 어음할인료 등을 물품대금에서 공제할 것을 일방적으로 통보하면서 합의서에 서명날인하도록 하였다는 수급사업자의 진술이 있는 점 등 제반 정황을 감안할 때 이 사건 어음할인료 등 환수행위가 수급사업자의 자발적인 협조에 의한 것이라고는 보이지 아니하므로, 원사업자의 위 주장은 이를 받아들이지 아니한다(공정위 2011. 3. 28. 의결 2010부사2480 : 과징금, 고발).

나. 보복조치금지 의무위반 관련 사례

(1) 수급사업자가 관계기관에 신고하자 하도급계약을 해지한 행위는 보복 조치

① 행위 사실 : 수급사업자인 ㈜○○(대표 조○○)은 2010년 9월 28일 부당 하도급대금 결정 및 하도급대금 미지급 등 피심인의 불공정하도급거래행위에 대하여 부산지방 공정거래 사무소에 신고하였다.

이와 관련하여 비슷한 시기인 2010년 9월부터 같은 해 10월까지 발주자를 비롯하여 주채권은행인 A은행, 감사원, 국민권익위원회 등에도 유사한 내용의 진정서를 수차 례 제출하였다. 신고 사실을 인지한 피심인은 2010년 10월 5일 (주)○○ 대표 조○ ○을 신용 훼손 및 업무 방해로 경남 ○○경찰서에 고소하였으며, "현재 진행 중인 물량 이후 추가 물량이 없고 수급사업자가 A은행 및 발주자에 제출한 공문으로 인 하여 발생한 명예 훼손은 기본계약서 제38조 제1항 제9호에 해당된다"는 사유를 들 어 2010년 10월 11일 신고인에게 계약 해지 예정을 통보하였다. 피심인은 2010년 10월 25일 (주)○○이 제작하던 잔여 물량에 대한 제조위탁계약을 ○○산업과 체결 함으로서 수급사업자인 (주)○○과의 하도급 계약을 사실상 해지하였다.

② 위법성 요건 해당 여부 : 위 (1)에서 살펴본 바와 같이, 수급사업자 (주)○○은 2010 년 9월에서 같은 해 10월 사이 걸쳐 피심인의 불공정하도급거래행위에 대하여 공정 거래위원회에 신고하였고, 피심인의 주채권은행인 A은행 및 발주자 등에 진정을 제 기하였다. 이에 피심인은 2010년 10월 11일 계약해지 예정 통보를 하고 같은 달 25 일에 새로운 사업자와 하도급계약을 체결함으로서 사실상 수급사업자인 (주)○○과 의 거래를 중단하였다. 이와 관련하여 피심인은 '추가 작업 물량이 없고, 수급사업 자가 A은행 및 발주자에게 제출한 공문으로 인하여 발생한 명예훼손'을 그 사유로 들고 있다.

살피건대, 피심인이 2011년에도 발주자에 해치 커버를 계속 공급하기로 예정되어 있었고, ○○○○ 및 □□□□(주)로부터도 2010년 하반기 이후 예상 발주 물량을 확보한 상태이므로 추가 작업 물량이 없어 계약을 해지하였다는 피심인의 위 주장 은 사실에 부합한다고 보기는 어렵다. 이에 대하여 피심인은 발주자, ○○○○ 등으 로부터 받은 예상 발주 물량 관련 문서는 A은행으로부터 대출을 받기 위하여 발주 자 등으로부터 받은 자료로 실제로는 위 문서에 따른 물량을 수주하지 못하였다고 주장한다.

그러나 피심인이 위 예상 물량 확인서가 허위의 자료임을 입증하지 못하고 있는 점,

일반적인 상거래상 발주자가 허위의 문서를 피심인에게 교부하였다는 사실을 상식적으로 납득하기 어려운 점, 피심인이 2011년에 발주자로부터 물량을 받지 못한 것은 2011년 1월에 피심인이 △△△△△△(주)에 인수되었기 때문인 점 등을 감안할 때 피심인의 주장은 이유 없다. 또한 피심인은 수급사업자 (주)○○이 A은행 및 발주자에 제출한 공문으로 인하여 발생한 명예 훼손을 거래 중단의 또 하나의 사유로 들고 있으나, 수급사업자 (주)○○이 공정거래위원회에 신고한 사항과 A은행 및 발주자에 제출한 진정의 내용은 대부분 피심인의 기성대금 미지급, 단가 인하 등 불공정하도급거래행위에 대한 사항으로, 사실상 그 내용의 차이가 없고 거의 동일한 시점에 신고와 진정이 이루어진 점을 감안하면 (주)○○이 A은행과 발주자에 진정한 것뿐만 아니라 공정거래위원회에 신고한 것도 피심인의 계약 해지 사유로 볼 수밖에 없다.

한편, 수급사업자 (주)○○의 신고 및 진정 내용은 피심인으로부터 하도급대금을 지급받기 위한 것으로서 피심인의 명예 훼손을 주목적으로 한 것이 아닌 것으로 판단되는 바, 원사업자가 수급사업자에 대하여 거래상 우월적 지위를 가지고 있는 하도급거래 특성상 하도급거래에서 발생하는 불공정행위에 대하여 관련 기관에 도움을 청하는 것은 수급사업자에 최소한의 자기방어권임을 감안하면 공정거래위원회 신고과정에서 불가피하게 발생할 수 있는 피심인의 명예실추를 이유로 거래를 중단한 것은 공정거래위원회 신고를 이유로 불이익을 준 것으로 볼 수밖에 없다. 결론적으로 피심인이 수급사업자 (주)○○의 공정거래위원회 신고 등을 이유로 합리적 사유 없이 거래를 중단한 행위는 법상 보복 조치에 해당된다.

113 원사업자가 하도급 조사를 받으면서 자진시정을 인정받기 위하여 수급사업자에게 형식적으로만 지급하면서 실질적으로 돌려받는 행위는 하도급법 위반인가?

(#탈법행위#형식적합의#조사과정 기망적 합의)

A 하도급대금 미지급행위를 실질적으로 회피하기 위한 전형적인 탈법행위로 하도급법 위반이다.

해설

원사업자가 하도급법위반으로 조사받는 과정에서 대금미지급이나 부당감액, 지연이자 미지급 등 대금관련 위법사항을 공정거래위원회로부터 지적받을 수 있다. 조사 과정에서의 공정거래위원회의 지급요청이 있은 날로부터 30일 이내에 미지급금을 지급하면 과징금부과대상에서 제외될 수 있을 뿐 아니라(과징금고시 III. 2), 그에는 해당되지 않더라도 원사업자가 자진시정을 하면 과징금 감경 등 선처를 받을 수 있다. 이런 혜택 때문인지 원사업자로서는 조사 중에 수급사업자에게 미리 미지급금액을 지급하고 합의서나 영수증, 확인서 등 증빙자료를 공정거래위원회에 제출하는 경우가 있다. 하지만 실제로는 미지급금액이 지급되지 않거나 증빙의 기재와는 다르게 일부만 지급된 경우도 있고, 심지어는 지급한 후 다른 방법으로 되돌려 받거나 이후의 하도급대금 등에서 공제하는 경우도 있다고 한다. 이는 탈법행위에 해당할 수 있다. 공정거래위원회는 보복조치 또는 탈법행위를 한 업체로서 법위반 정도가 중대하거나 법위반동기가 고의적이라고 판단되는 경우에 고발함을 원칙으로 하므로, 형사처벌 또한 이루어질 가능성이 높다.

한편, 이러한 행위가 과태료 부과대상인 허위자료제출행위(법 제30조의2 제1항 제2호)에 해당하는지 문제된다. 허위자료제출행위는 먼저 공정거래위원회로부터 제출명령을 받는 것을 전제로 하는 것이어서(법 제50조 제1항 제3호), 원사업자가 합의서, 영수증, 확인서 등을 허위로 작성하였다 하더라도 공정거래위원회의 요청 없이 자발적으로 작성하여 제출했다면 허위자료제출행위에는 해당하지 않는다.

114 하도급대금 직접지급청구권의 법적 성격, 효과와 직접지급채무의 범위

가. 하도급대금 직접지급청구권의 법적 성격

(1) 직접지급청구권의 발생

직접지급사유가 발생하면, 직접지급의무 내지 직접지급청구권이 발생하는데, 그 직접지급의무의 범위는 도급대금채무 측에 의한 제한과 하도급대금채무 측에 의한 제한을 다 받는다. 직접지급청구권은 직접지급사유 발생시의 시공에 의하여 현실화된 도급대금채권을 한도로 할 뿐만 아니라 하도급대금채권의 존부와 범위에 의해서도 제약을 받는다.

(2) 하도급대금 직접지급청구권의 법적 성질

1) 학설

직접지급청구권의 효과 또는 그 법적 성질과 관련하여, 종래 직접지급청구권의 성립요건을 갖추면, 채권자인 수급사업자는 원시적으로 직접지급청구권을 취득하고, 중간채무자인 원사업자의 발주자에 대한 도급대금채권과 수급사업자의 원사업자에 대한 하도급채권이 모두 독립적으로 병존한다는 병존설, 법률이 정한 직접지급사유가 발생하면, 중간채무자인 원사업자의 발주자에 대한 도급대금채권(또는 채무)은 법률에 의하여 수급사업자에게 당연히 이전되고,[357] 중간채무자인 원사업자의 발주자에 대한 도급대금채권은 소멸하며, 위와 같은 법률에 의한 채권이전은 수급사업자의 하도급대금채권에 대한 대물변제에 해당하므로, 수급사업자의 하도급대금채권도 소멸한다고 보는 이전설이 주장되고 있다.[358] 병존설은 원사업자의 도급대금채권이 소멸한다는 하도급법 제14조 제1항과 제2항의 명문규정에 반하는 것으로 인정하기 어렵다. 오히려 하도급법 제14조 제2항은 이전설에 가까운 형태로 규정하고 있지만[359] 원사업자의 도급대금채권이 수급사업자에게 직접 이전되는 것으로 규정하지 않고 있어서 법문언만으로는 그 성격을 명확히 단정할 수

---

357) 채권이전형이 하니라 채무이전형으로 구성할 수도 있다. 즉, 원사업자의 수급사업자에 대한 하도급대금채무가 발주자에게 면책적으로 인수되고, 그 대가로 원사업자는 발주자에 대한 도급대금채권을 포기하는 것으로 보는 것이다. 이상헌, 앞의 논문, 129면

358) 윤재윤, 앞의 책, 495면; 김현석, "하수급인의 공사대금 직접청구권과 채권가압류", 「민사판례연구 XXVII」 (민사판례연구회, 2005), 359면

359) 이상헌, 앞의 논문, 130면

는 없다.[360] 오히려 하도급법 제14조 제2항의 문언에 충실하게 따라 해석하면, 구 채무가 소멸되고 신채무가 새로이 생성되는 것으로 채권의 동질성이 유지되지 않고 채권자가 변경되는 경개계약[361]과 같이 하도급법상 직접지급사유가 발생하면, 수급사업자의 발주자에 대한 직접지급청구권이 원시적으로 발생하고, 이와 동시에 원사업자의 발주자에 대한 도급대금채권과 수급사업자의 원사업자에 대한 하도급대금채권이 절대적으로 소멸하는 경개설[362]로 볼 수도 있다.

2) 학설과 판례

직접지급의무의 범위가 수급사업자가 원사업자로부터 하도급받은 당해 공정에 대하여 원사업자에게 부담하는 공사대금에 한정된다는 특정공정제한설과 직접지급의무의 범위가 특정 공정과 무관하게 발주자가 원사업자에게 부담하는 공사대금이라는 특정공정무제한설이 대립하는데, 판례는 "…구 하도급법 제14조 제4항에 따라 수급사업자의 하도급대금에서 발주자가 원사업자에게 이미 지급한 원도급대금 중 당해 수급사업자의 하도급대금에 해당하는 부분을 공제한 금액에 대하여 직접지급의무를 부담"한다고 판시하여 전자의 입장이다(대법원 2011. 4. 28. 선고 2011다2029 판결).

3) 검토

하도급대금 직접지급제도는 영세한 수급사업자를 보호하기 위한 것이지만, 만약 발주자가 원사업자에게 특정공정에 대한 공사대금을 지급하였음에도 전체 공사대금 채무가 남아있다는 이유로 수급사업자에게 직접지급청구권을 허용한다면 동일한 순위에 있는 서로 다른 공정의 수급사업자들 사이에서 먼저 직접지급청구권을 행사하는 자가 사실상 우선하게 되는 결과가 되는데 이는 채권자평등원칙에 반하게 된다는 점에서 결론적으로 판례의 입장이 타당하다.

나. 하도급대금 직접지급채무의 범위

1) 문제점

하도급대금 직접지급의 범위와 관련하여 발주자가 수급사업자에게 지급하여야 하는 직접지급의무의 범위가 수급사업자가 원사업자로부터 하도급받은 당해 공정(예를 들면

---

360) 유재윤, 앞의 책, 495면
361) 서봉석, "채권양도의 법적 성질과 내용에 대한 고찰", 「영산법률논총」 2권 1호(영산대학교 법률연구소, 2005. 12.), 310면
362) 이동진, 위의 논문, 105면

전체 공사 중 방수공사 부분)에 대하여 원사업자에게 부담하는 공사대금에 한정되는지, 아니면 특정공정과 무관하게 발주자가 원사업자에게 부담하는 공사대금이 이에 해당하는지 여부가 문제된다.

2) 판례

대법원은 "발주자가 직접지급의무를 부담하게 되는 부분에 해당하는 원사업자의 발주자에 대한 공사대금채권이 동일성을 유지한 채 수급사업자에게 이전되는 것이다(대법원 2014. 11. 13. 선고 2009다67351 판결)"라고 판시하여 채권이전적 구성(이전설)을 분명히 하였다.

115 직접지급사유 발생후 원도급대금에 대한 압류가 이루어진 경우 직접지급해야 하는 하도급대금의 범위

A 압류의 효력이 발생하기 전까지 제조·수리·시공 또는 용역수행을 한 부분에 상응하는 하도급대금에 대하여 직접지급대상이 되고 그 이후에 압류채권이 제조·수리·시공 또는 용역수행을 한 부분에 상응하는 하도급대금에 대한 직접지급청구권을 앞서게 된다.

해설

우선 수급사업자가 발주자로부터 직접 하도급대금을 받을 권리를 취득하는 시점은 직접지급사유 발생시점이다. 하도급법 제14조 제1항 제1호(원사업자의 지급불능)·제3호(2회분 이상 하도급대금 미지급)·제4호(대금지급보증 불이행)의 직접지급청구권은 수급사업자의 요청에 의해 발생하고(그 의사표시가 발주자에게 도달한 날로 본다), 동항 제2호(3자간 직접지급합의)의 것은 발주자·원사업자·수급사업자의 합의에 의하여 발생한다. 그런데 직접지급대상이 되는 하도급대금은 언제까지 제조·수리·시공 또는 용역수행된 부분의 하도급대금인가?

하도급법 제14조 제1항 본문은 "수급사업자가 제조·수리·시공 또는 용역수행을 한 부분에 상응하는 하도급대금을 그 수급사업자에게 지급해야 한다"고 규정하고 있고 제2항은 "제1항에 따른 사유가 발생한 경우 원사업자에 대한 발주자의 대금지급채무와 수급사업자에 대한 원사업자의 하도급대금 지급채무는 그 범위에서 소멸한 것으로 본다"고 규정하고 있다. 이에 대하여 직접지급사유 발생시점까지 당시 이미 시공한 부분에 상응하는 하도급대금에 대하여는 직접지급청구권이 발생하고 원사업자의 하도급대금 지급채무는 그 범위 내에서 소멸한다는 점에 대하여는 이견이 없지만, 그 시점 이후에 제조 등이 된 부분에 대한 하도급대금은 어떻게 인식하고 처리해야 하는지 문제된다. 첫 번째 견해는 직접지급사유가 발생한 시점 이후에 제조 등이 된 부분의 하도급대금은 직접지급대상이 아니므로 이를 직접지급대상으로 삼기 위하여는 다시 요건을 갖추어야 한다는 것이다. 두 번째 견해는 직접지급사유가 발생하면 제조 등이 이루어진 시기와 무관하게 전체 하도급대금이 직접지급대상이 된다는 것이다. 세 번째 견해는 시점 이후의 제조 등이 된 부분에 대해서도 다시 직접지급사유 요건을 갖출 필요 없이 직접지급대상으로 보되, 다만 이해관계 있는 제3자가 압류 등을 하면 그 압류의 효력이 발생하는 시점까지만 직접지급대상으로 보고 그 이후에는 압류의 효력에 대항하지 못하도록 보는 것이다.

대법원은 "이 사건 약정을 체결함에 있어서 당사자들의 의사가, 위 각 도급계약 및 하도급계약에 따른 공사가 실제로 시행 내지 완료되었는지 여부와 상관없이 수급인(원사업자)의 도급인(발주자)에 대한 공사대금채권 자체를 수급사업자에게 이전하여 수급사업자가 도급인에게 직접 그 공사대금을 청구하고 원사업자는 공사대금 청구를 하지 않기로 하는 취지라면 이는 실질적으로 수급인이 도급인에 대한 공사대금채권을 하수급인(수급사업자)에게 양도하고 그 채무자인 도급인이 승낙한 것이라고 봄이 상당하고, 이러한 경우 위와 같은 채권양도에 대한 채무자인 도급인의 승낙이 확정일자 있는 증서에 의하여 이루어졌다고 볼 만한 아무런 자료가 없으므로 도급인으로서는 위와 같은 채권양도와 그에 기한 채무의 변제를 들어서 수급인의 위 공사대금채권에 대한 압류채권자인 수급인자의 채권자에게 대항할 수 없다고 할 것이다(대법원 2000. 6. 23. 선고 98다34812 판결 등 참조). 반면, 이 사건 약정을 체결함에 있어서 당사자들의 의사가, 수급사업자가 위 각 하도급계약에 기하여 실제로 공사를 시행 내지 완료한 범위 내에서는 발주자가 하수급인에게 그 공사대금을 직접 지급하기로 하고 수급인에게 그 공사대금을 지급하지 않기로 하는 취지라면(원심이 들고 있는 하도급거래 공정화에 관한 법률 제14조 제2항의 규정 취지도 위 조항에서 지칭하고 있는 같은 조 제1항의 규정 내용에 비추어 보면, '발주자가 하도급대금을 직접 수급사업자에게 지급하기로 발주자·원사업자 및 수급사업자간에 합의한 경우'에, 발주자는 바로 그 하도급대금 전액을 해당 수급사업자에게 직접 지급할 의무가 발생하는 것이 아니라, '수급사업자가 제조·수리·시공 또는 용역수행한 분에 상당하는' 하도급대금을 해당 수급사업자에게 직접 지급할 의무가 발생하는 것이고 그 범위 내에서 발주자의 원사업자에 대한 대금지급채무가 소멸한다고 해석함이 상당하다), 당사자들의 의사가 하수급인이 위 각 하도급계약에 기하여 실제로 공사를 시행 내지 완료한 범위 내에서는 도급인은 하수급인에게 그 공사대금을 직접 지급하기로 하고 원수급인에게 그 공사대금을 지급하지 않기로 하는 취지라면, 압류명령의 통지가 도급인에게 도달하기 전에 하수급인이 위 공사를 실제로 시행 내지 완료하였는지 여부나 그 기성고 정도 등에 따라 도급인이 원수급인의 위 공사대금채권에 대한 압류채권자에게 하수급인의 시공 부분에 상당하는 하도급대금의 범위 내에서 대항할 수 있는지 여부 및 그 범위가 달라진다"고 판시하여(대법원 2008. 2. 29. 선고 2007다54108 판결), 직접지급합의 등 직접지급사유 발생시점까지 제조 등을 한 부분의 하도급대금으로만 엄격하게 한정하지 않고 압류나 가압류 등이 이루어져 제3자와의 우열관계가 문제되는 때까지 그 동안 제조 등이 이루어진 부분에 대한 하도급대금까지도 직접지급 대상으로 보는 것으로 생각된다.

예를 들어, 수급사업자가 원사업자로부터 30억 원 하도급대금으로 철근콘크리트공사를 하도급받아 진행하던 중 올 3. 1.경 원사업자의 재무상황이 좋지 않다는 것을 알게 되어 발주자, 원사업자, 수급사업자 3자 간 합의로 하도급대금을 발주자로부터 직접지급받기로 합의하였고, 3. 1.경까지 시공된 부분에 대한 하도급대금은 10억 원이었다. 그리고 계속 하도급공사를 진행하던 중 6. 1.경 원사업자의 채권자가 원사업자의 발주자에 대한 공사대금채권을 가압류하였다. 6. 1.경 시공된 부분에 대한 하도급대금은 10억 원이었다. 수급사업자가 발주자로부터 직접지급받을 수 있는 금액은 얼마인가? 앞서 본 법리에 따라 이 사안에서 직접지급사유가 발생한 3. 1.이 아니라 압류의 효력이 발생한 6. 1.전까지 제조 등이 된 부분에 대한 하도급대금인 20억 원이 직접지급대상이 되고 그 이후에 제조 등이 된 부분에 대한 하도급대금에 압류의 효력이 미치게 된다.

직접지급청구권은 직접지급사유가 발생하는 시점에 성립하는데, 그 직접지급 하도급대금의 범위는 위탁이 종료되어 하도급대금이 확정되거나 또는 압류, 가압류 등으로 제3자의 권리와 경합되는 시점까지 제조 등이 이루어진 부분에 상응하는 하도급대금이 된다는 것을 법률적으로 어떻게 해석하여 설명할 수 있는가?

생각건대, 하도급법 제14조에 기하여 직접지급청구권이나 의무의 발생 시점 역시 요청시 또는 합의시, 즉 직접지급사유 발생시점이 되는 것이지만, 장래 발생할 하도급대금을 직접지급하기로 하는 직접지급의 요청이나 합의는 가능한 것이므로, 당사자 의사표시의 해석상 현재 및 장래에 발생한 하도급대금에 대한 직접지급요청이나 합의가 이루어졌을 경우 하도급대금 채권이 최종적으로 확정되는 때를 '정지조건부'로 한 직접지급청구권이나 의무가 발생한 것이라 볼 수밖에 없다. 설사 직접지급요청이나 합의는 원사업자의 채권자에 의한 도급대금채권에 대한 압류·가압류 등 통지보다 전에 있었지만 압류·가압류 등 통지 이후에 비로소 하도급대금채권이 성립·확정되었다면(물론 직접지급사유 발생시까지 제조·수리·시공 또는 용역수행된 부분의 하도급대금에 국한된다), 정지조건이 성립되지 못한 상태에서 도급대금채권이 압류·가압류된 것이므로 이에 대항하지 못하게 되는 것이다. 이러한 해석이 "하도급대금의 직접지급요건을 갖추고, 그 수급사업자가 제조·수리·시공한 분(分)에 대한 하도급대금이 확정된 경우, 발주자는 도급계약의 내용에 따라 수급사업자에게 하도급대금을 지급하여야 한다"는 시행령 제9조 제4항의 문언에 반하지 않으면서도 당사자들의 진정한 의사에도 부합하는 해석이 될 것이라 본다.

한편, 원사업자의 채권자들을 보호하고 거래의 안전을 꾀하기 위하여, 장래 발생할 하도급대금에 대한 직접지급 요청이나 합의로 보기 위하여는 장래 발생할 하도급대금에 대한 것임이 명확하게 드러나는 경우로 한정해야 할 것이다.

116 하도급대금 직접지급합의와 채권양도의 구분과 효과

A 하도급대금 직접지급합의인지 채권양도합의인지 여부는 당사자 간의 의사표시 해석의 문제이다. 다만, 직접지급합의의 효력은 합의 이후부터 원사업자 채권자의 가압류·압류 등 경합사유가 발생하기까지 제조·수리·시공한 분(分)에 대한 하도급대금까지에만 미치고 채권자의 가압류·압류 등 경합사유가 발생한 이후에는 미치지 못하므로, 만약 당사자들이 합의 시점 이후에 발생하는 모든 하도급대금까지 수급사업자가 직접 지급받도록 할 의사였다면 가급적 장래 하도급대금채권에 대한 양도로 해석해야 한다. 한편, 채권양도로 해석되기 위하여는 민법상 채권양도의 요건을 갖추어야 하며 특히 확정일자 있는 증서에 의하여 이루어져야 한다.

해설

원사업자에게 파산·지급정지 등의 사유가 있거나(하도급법 제14조 제1항 제1호) 하도급대금의 2회분 이상을 지급하지 못하거나(제3호) 하도급대금 지급보증의무를 이행하지 못한 상황(제4호)에서 수급사업자의 직접지급요청이 있으면 직접지급사유가 발생하지만, 실제 가장 많이 활용되는 직접지급사유는 발주자·원사업자·수급사업자 간의 직접지급합의이다(제2호). 동호의 직접지급합의는 수급사업자가 하도급계약에 기하여 하도급 위탁업무를 실제로 수행한 부분에 해당하는 하도급대금을 직접지급청구권의 대상으로 하는 내용이어야 한다. 합의의 형식이나 형식에 대해 법령에 특별히 정해진 것이 없으므로 발주자·원사업자·수급사업자 간의 직접지급합의는 동시에 하여도 되고, 순차적으로 하더라도 가능하다.

그런데 동호의 직접지급합의와 관련하여 직접지급합의로 인한 직접지급청구권이 하도급법상의 별도의 권리가 아니라 원사업자가 가지는 발주자에 대한 하도급대금 채권을 수급사업자에게 양도하는 민법상 '채권양도'로 해석해야 한다는 주장이 있다.[363], [364] 생각건대, 문언상 하도급법 동조 제1항 제2호의 합의를 민법상 채권양도 합의와 같다고 볼 근

---

363) 이수완·허순만, 건설하도급법률분쟁실무, GMFC, 2014, 17면
364) 길기관, 앞의 책, 2003면: 윤성철·정혁진·김명식, 앞의 책, 508면

거는 없고,[365] 오히려 민법상 채권양도와는 목적과 취지가 다르므로 동일한 것으로 보는 것은 타당하지 않다.[366] 양자는 개념적으로도 분리되고 그 법률적 효과도 다르다고 본다.

양자의 구별은 어떤 의미가 있는가? 원사업자·수급사업자·발주자가 이미 성립·확정된 하도급대금뿐 아니라 향후 성립·확정될 장래의 하도급대금에 대해서까지 수급사업자가 발주자로부터 직접 지급받기로 합의하는 경우, 채권양도라면 합의시에 이미 장래의 공사대금채권에 대한 권리까지 모두 수급사업자에게 양도되어 버린다. 만약 확정일자 있는 증서로 이루어져 제3자에 대한 대항력이 있다면 그 합의 이후 원사업자의 채권자들의 압류·가압류 등 강제집행의 효력이 미칠 수 없다. 반면, 하도급법상의 직접지급합의라면 직접지급합의 이후 하도급대금채권이 성립·확정되기 전에 이루어지는 원사업자의 채권자들의 강제집행에 대항할 수 없게 된다. 하도급법상 직접지급합의는 하도급법 제14조에 기하여 합의가 이루어진 때를 기준으로 압류·가압류 등 강제집행과 선후·우열관계를 판단하지만 그에 기한 직접지급청구권이나 의무는 "하도급대금의 직접 지급 요건을 갖추고, 그 수급사업자가 제조·수리·시공한 분(分)에 대한 하도급대금이 확정된 경우, 발주자는 도급계약의 내용에 따라 수급사업자에게 하도급대금을 지급하여야 한다"라고 규정된 하도급시행령 제9조 제4항에 의해 직접합의가 이루어지고 하도급대금채권이 성립·확정된 때에 비로소 효력이 발생하기 때문이다. 그래서 하도급대금 채권이 성립·확정되는 것을 '정지조건부'로 한 직접지급청구권이나 의무가 합의 시점에 발생한 것이라 보아야 한다.

이러한 법리는 대법원 2008. 2. 29. 선고 2007다54108 판결에서 잘 나타나 있다.

> **대법원 2008. 2. 29. 선고 2007다54108 판결**
> "원심판결에 의하면 원심은 그 채용 증거를 종합하여 그 판시와 같은 사실들을 인정한 다음, 이 사건 각 도급계약 및 하도급계약 체결 당시 도급인인 피고와 원수급인인 **건설 및 하수급

---

365) 대법원 2005. 7. 28 선고 2004다64050 판결
  구 하도급거래 공정화에 관한 법률(1999. 2. 5. 법률 제5816호로 개정되기 전의 것, 이하 이를 '구법'이라 한다) 시행 당시에 체결된 하도급계약에 관하여는 구법이 적용되는 것인데, 구법 제14조의 적용하에서 하수급인이 직접 도급인에 대하여 하도급계약에 따른 하도급공사대금의 지급을 청구할 수 있는 권리가 당사자 간의 합의에 의하여 발생되었다 하더라도 그 직접지급에 관한 합의의 취지는 하수급인의 도급인에 대한 직접지급청구권의 행사에 따라 도급인이 하수급인에게 하도급공사대금을 직접 지급함으로써 원수급인의 도급인에 대한 공사대금채권과 하수급인의 원수급인에 대한 하도급공사대금채권이 동시에 정산·소멸되는 효과를 가져오게 한다는 것일 뿐이지, 원수급인의 도급인에 대한 공사대금채권 자체가 하수급인에게 양도되거나 이로 인하여 소멸되는 것은 아니라고 봄이 상당하므로, 하수급인에게 하도급대금에 대한 직접지급청구권이 있다는 이유만으로 그 하도급대금에 상당하는 원수급인의 도급인에 대한 공사대금채권에 관한 채권양도가 있다고 보거나 그 공사대금채권에 대한 제3자의 압류 등 강제집행이 제한된다고 할 수는 없다.
366) 저자는 본서 제2판까지 채권양도로 보는 견해를 취하였지만 본문에서와 같이 견해를 변경한다.

인인 소외인 사이에서는 도급인인 피고에 대한 공사대금채권을 소외인에게만 귀속시키고 **건설은 피고에 대하여 그 공사대금채권을 행사하지 않기로 약정하였다고 봄이 타당하고, 이러한 해석은 하수급인의 원도급자에 대한 직접청구권이 발생할 경우 그 한도 내에서 원수급인의 원도급자에 대한 채권이 소멸한다고 규정한 하도급거래 공정화에 관한 법률 제14조 제2항과도 부합한다고 보아, 원고가 한 **건설의 피고에 대한 공사대금채권에 대한 압류 및 피고에 대한 압류통지는 **건설이 피고에 대하여 공사대금채권을 갖고 있지 않은 것으로 판명된 이상 그 효력을 인정할 수 없다고 판단하였다.

그러나 원심의 이러한 판단은 다음과 같은 이유에서 수긍하기 어렵다.

원심이 채용한 증거들 및 기록에 비추어 살펴보면, 피고는 **건설과 사이에 2003. 8. 11. 생림공장 E동 증축공사를 공사대금 536,238,490원에, 2003. 10. 1. 사무동 증축공사를 공사대금 386,497,237원에 건축하기로 하는 내용의 공사도급계약을 각 체결한 사실, 위 각 공사도급계약과 체결과 동시에 원수급인인 **건설이 위 공사 전부를 소외인에게 그대로 하도급주어 소외인이 공사를 시행하기로 하는 내용으로 **건설과 소외인 사이에서 각 하도급계약이 함께 체결된 사실, 위 각 도급계약 및 하도급계약 체결 당시 피고, **건설 및 소외인 사이에서는 공사대금은 도급인인 피고가 원수급인인 **건설의 입회하에 하수급인인 소외인에게 직접 지급함과 아울러 '경영난을 겪고 있는 **건설에는 지급하지 않는 것'으로 약정(이하 '이 사건 약정'이라고 한다)한 사실, 원고는 **건설에 대한 보험료채권에 기하여 2003. 10. 14. **건설의 피고에 대한 위 각 도급계약에 따른 공사대금 중 일부인 97,427,990원을 국세체납처분의 예에 따라 압류하고, 2003. 10. 15. 피고에게 그 압류통지가 도달한 사실 등을 알 수 있다.

살피건대, 이 사건 약정을 체결함에 있어서 당사자들의 의사가 위 각 도급계약 및 하도급계약에 따른 공사가 실제로 시행 내지 완료되었는지 여부와 상관없이 **건설의 피고에 대한 공사대금채권 자체를 소외인에게 이전하여 소외인이 피고에게 직접 그 공사대금을 청구하고 에세스건설은 공사대금 청구를 하지 않기로 하는 취지라면 이는 실질적으로 에세스건설이 피고에 대한 공사대금채권을 소외인에게 양도하고 그 채무자인 피고가 이를 승낙한 것이라고 봄이 상당하고, 이러한 경우 위와 같은 채권양도에 대한 피고의 승낙이 확정일자 있는 증서에 의하여 이루어졌다고 볼 만한 아무런 자료가 없으므로, 피고로서는 위와 같은 채권양도와 그에 기한 채무의 변제를 들어서 **건설의 위 공사대금채권에 대한 압류채권자인 원고에게 대항할 수 없다고 할 것이다(대법원 2000. 6. 23. 선고 98다34812 판결 등 참조).

반면, 이 사건 약정을 체결함에 있어서 당사자들의 의사가 소외인이 위 각 하도급계약에 기하여 실제로 공사를 시행 내지 완료한 범위 내에서는 피고는 소외인에게 그 공사대금을 직접 지급하기로 하고 **건설에게 그 공사대금을 지급하지 않기로 하는 취지라면(원심이 들고 있는 하도급거래 공정화에 관한 법률 제14조 제2항의 규정 취지도 위 조항에서 지칭하고 있는 같은 조 제1항의 규정 내용에 비추어 보면, '발주자가 하도급대금을 직접 수급사업자에게 지급하기로 발주자 · 원사업자 및 수급사업자 간에 합의한 경우'에 발주자는 바로 그 하도급대금 전액을 해당 수급사업자에게 직접 지급할 의무가 발생하는 것이 아니라, '수급사업자가 제조 · 수리 · 시공 또는 용역수행한 분에 상당하는' 하도급대금을 해당 수급사업자에게 직접 지급할 의무가 발생하는 것이고 그 범위 내에서 발주자의 원사업자에 대한 대금지급채무가 소멸한다고 해석함이 상당하다), 이 사건 압류명령의 통지가 피고에게 도달되기 전에 소외인이 위

공사를 실제로 시행 내지 완료하였는지 여부나 그 기성고 정도 등에 따라 피고가 **건설의 위 공사대금채권에 대한 압류채권자인 원고에게 소외인의 시공 부분에 상당하는 하도급대금의 범위 내에서 대항할 수 있는지 여부 및 그 범위가 달라지게 될 것이다(대법원 1990. 4. 27. 선고 89다카2049 판결 등 참조).

그럼에도 불구하고, 단순히 이 사건 약정의 성립만을 근거로 에세스건설이 피고에 대하여 더 이상 공사대금채권을 갖고 있지 않으며 이러한 사정을 피고가 압류채권자인 원고에게 대항할 수 있다고 판단한 원심판결에는 이 사건 약정의 해석에 관하여 법리를 오해하거나 필요한 심리를 다하지 아니하여 판결 결과에 영향을 미친 위법이 있다고 할 것이다. 이 점을 지적하는 원고의 상고이유의 주장은 이유 있다."

동 판결에서 대법원은 아래와 같은 법리를 설시하고 있다.

① 채권양도합의와 하도급법 제14조 제1항 제2호의 직접지급합의는 다르다.

② 확정일자 있는 증서로 전자의 합의가 이루어졌다면 합의시에 이미 장래 발생할 공사대금채권이 양도되어 압류의 효력이 미치지 않지만, 후자의 합의가 이루어졌다면 압류 통지가 이루어지기 전에 이미 성립·확정된 하도급대금채권(압류 통지가 이루어지기 전까지 제조·수리·시공된 분에 상응하는 하도급대금채권까지 포함)에 대해서는 직접지급청구권 및 의무가 성립하므로 이를 제외한 나머지에 대해서는 압류의 효력이 미친다.

③ 채권양도합의인지 하도급법상 직접지불합의인지 여부는 당사자 간 의사표시 해석의 문제이다. 다만, 전자의 합의를 하고자 했다면 대항력을 위하여 확정일자 있는 증서로 하였을 것이기 때문에 확정일자 있는 증서로 이루어졌는지 여부도 중요한 징표가 된다.

실제로는 계약 문언만으로 하도급법상 직접지급합의인지 아니면 채권양도합의인지 모호한 경우가 많을 것이다. 원칙적으로 합의의 해석에 대한 문제이기는 하지만, 원사업자의 일반채권자를 보호하고 거래안전을 꾀하기 위하여 장래 도급대금 채권까지 양도된다는 뜻이 명확한 경우에만 후자로 해석해야 한다. 대법원 판결에서도 고려한 바이지만, 그 합의를 확정일자 있는 증서로 하였는지 여부도 구분의 징표가 될 수 있다. 특히 확정일자 증서로 이루어지기 전에 다른 수급사업자의 직접지급청구나 원사업자의 채권자들에 의한 압류통지 등 강제집행이 있다면 원사업자의 채권자를 보호하기 위하여 압류통지 등의 전까지 성립·확정된 하도급대금 채권에 상응하는 공사대금채권에만 영향을 미치는 하도급법상 직접지급합의로 해석하여야 할 것이다. 반면, 확정일자 있는 증서로 이루어졌고 합의일 이후에 가압류나 압류 등이 이루어졌다면 가급적 가압류나 압류에 영향을 받지 않도록 장래 하도급채권에까지 양도하는 '채권양도'로 해석해야 할 것이다.

한편, 수급사업자가 장래 발생할 하도급대금 전체를 직접 지급받게 하면서 이후 이루어지는 원사업자의 채권자에 의한 강제집행보다 앞서게 하고자 할 때는, 장래 하도급대금에 대한 민법상 채권양도를 확정일자 있는 증서로 하면 된다(대법원 1990. 4. 27. 선고 89다카2049 판결). 민법상 채권양도는 아직 발생하지 않은 장래 채권에 대하여도 권리 특정이 가능하고 가까운 장래에 발생할 것임이 상당한 정도로 기대되는 채권에 대해서는 양도가 허용되기 때문이다. 이 경우 제3자에 대항하기 위하여 발주자의 승낙이 확정일자 있는 증서로 이루어져야 한다(민법 제450조 제2항). 그 합의서가 확정일자 있는 증서로 작성되지 않으면, 발주자는 위 합의에 따른 채무의 변제로 자기에 대한 원사업자의 도급채권 일부를 압류한 채무자에게 대항할 수 없다(대법원 2014. 12. 24. 선고 2012다85267 판결).

수급사업자가 장래 하도급대금채권을 직접 지급받는 취지의 채권양도를 할 경우 필요한 확정일자란, 증서에 대하여 그 작성한 일자에 관하여 완전한 증거력이 있다고 법률상 인정되는 것으로 당사자가 나중에 변경하는 것이 불가능한 확정된 일자를 의미한다. 민법 부칙(제471호, 1958. 2. 22. 제3조)에서는 공증인 또는 법원서기의 확정일자 있는 사문서 등을 확정일자 있는 증서로 보고 있다. 판례는 그 범위를 좀더 넓게 보고 있다. 내용증명이나 가압류 등의 명기된 날짜를 확정일자로 해석하고 있고, 아울러 공증인법의 규정에 따라 계약서에 대한 사서증서의 인증절차를 마쳤다면 그 인증일자도 확정일자로 인정하고 있다(대법원 1998. 10. 2. 선고 98다28879 판결). 또한 한국토지공사가 작성한 권리의무승계 계약서에 기입한 일자도 확정일자로 보고 있다(대법원 1999. 6. 11. 선고 98다52995 판결). 확정일자인이 없는 문서에 대하여 명기된 일자를 확정일자로 인정할지 여부는 개별 사례별로 판결에 의해 결정되므로, 불확실성을 피하기 위하여는 합의서를 작성한 후 즉시 확정일자인을 받아두는 것이 필요하다.

117

가압류나 압류 및 전부명령(추심명령) 등과 직접지급의무 간의 경합관계, 수 개의 직접지급청구가 있는 경우 우월관계

(#직접지급채무#압류&가압류#전부명령&추심명령#확정일자증서#국세 등 우선권채권)

A 하도급대금 직접지급채권은 직접지급사유 발생시점(직접지급요청을 요하는 경우 요청의 의사표시가 도달한 날, 직접지급합의의 경우 합의일)을 기준으로 원사업자 채권자의 가압류·압류 및 전부명령·추심명령(통지서 및 명령서가 도달한 날)과 경합하 므로, 직접지급사유 발생전의 가압류·압류·전부명령·추심명령 등이 있으면 가압류· 압류·전부명령·추심명령이 직접지급채권에 우선한다. 다만, 하도급대금 직접지급사유 가 발생한 이후 가압류·압류·전부명령·추심명령이 있게 되면 그 때까지 제조·수리· 시공된 분에 상응하는 하도급대금에 대한 직접지급채권이 우선한다. 한편, 수개의 직접지 급청구권 사이에는 채권자평등원칙에 따르지 않고 직접지급사유 발생시점을 기준으로 우열을 가리며, 만일 도달일시가 동일할 경우 안분배당한다.

해 설

수급사업자의 발주자의 하도급대금 직접지급사유가 발생한 이후에 원사업자의 발주자 에 대한 하도급대금 채권에 대한 (가)압류 또는 압류 및 전부명령이 있다 하더라도, 수급 사업자는 압류채권자에 우선하여 발주자로부터 하도급대금을 지급받을 수 있다(서울중앙 지방법원 2010. 7. 7. 선고 2009가합37669 판결). 발주자·원사업자·수급사업자 간 하도급대금 직접지급에 관한 합의가 있고(법 제14조 제1항 제2호) 수급사업자가 시공 등을 하여 하도급 대금지급의무가 발생하였다면, 직접지급사유는 발생한 것이 된다. 발주자는 수급사업자 에게 하도급대금을 직접 지급해야 하며, 직접지급한 금액의 범위에서 발주자의 원사업자 에 대한 대금지급채무는 소멸하게 된다. 다만, 발주자는 바로 그 하도급대금 전액을 해당 수급사업자에게 직접 지급할 의무가 발생하는 것이 아니라, '수급사업자가 제조·수리· 시공 또는 용역수행한 분에 상당하는' 하도급대금을 해당 수급사업자에게 직접 지급할 의무가 발생하는 것이고, 그 범위 내에서 발주자의 원사업자에 대한 대금지급채무가 소 멸하게 된다(대법원 2003. 9. 5. 선고 2001다64769 판결). 발주자는 원사업자에 대한 대금지급의무의 범위 안에서만 하도급대금 직접지급의 의무를 부담한다(대법원 2005. 7. 28. 선고 2004다64050 판결).

반대로 원사업자의 발주자에 대한 하도급대금 채권에 대한 가압류가 있은 후에 발주자의 하도급대금 직접지급사유가 발생하고, 그 이후에 위 가압류에 기한 압류 및 전부명령이 있은 경우라면, 압류채권자가 수급사업자에 우선하여 자신의 채권을 변제받을 수 있다(대법원 2003. 9. 5. 선고 2001다64769 판결).

직접지급사유가 발생하기 전에 수급사업자가 원사업자에 대한 하도급대금채권 보전을 위하여 원사업자의 발주자에 대한 공사대금채권(직접지급청구 대상이 되는 채권)을 가압류한 경우에, 설사 그 가압류를 한 자가 직접지급을 받을 수급사업자라 하더라도 직접지급청구권이 발생하지 않는다.

학설상으로는 직접지급청구권의 발생으로 피압류채권인 도급대금채권이 소멸하므로 압류 등의 집행보전은 당연히 그 효력을 상실하고, 직접지급청구권을 행사할 수 있다는 피압류채권 소멸설,[367] 금전채권에 대하여 (가)압류가 있게 되면 그 이후에 직접청구권이 발생하였다고 하더라도 피압류채권은 존속하므로, 압류에 저촉되는 범위 내에서 직접지급청구권을 행사할 수 없다는 피압류채권 존속설,[368] 원칙적으로 피압류채권 소멸설이 타당하나, 하도급 법률관계가 발생하기 전에 원사업자의 도급대금채권을 가압류한 경우에는 직접지급청구권을 행사할 수 없다는 절충설[369]로 나뉜다.

대법원은 "하도급법에 직접지급사유 발생 전에 이루어진 강제집행 또는 보전집행의 효력을 배제하는 규정은 없으므로, 하도급법 제14조에 의한 하도급대금 직접지급사유가 발생하기 전에 원사업자의 제3채권자가 원사업자의 발주자에 대한 채권에 대하여 압류 또는 가압류 등으로 채권의 집행보전이 된 경우에는 그 이후에 발생한 하도급공사대금의 직접지급사유에도 불구하고 집행보전된 채권은 소멸하지 아니한다. 따라서 위와 같이 압류 등으로 집행보전된 채권에 해당하는 금액에 대하여는 수급사업자에게 직접지급청구권이 발생하지 아니한다. 이러한 압류 등 집행보전과 하도급법상 직접지급청구권의 관계에 관한 법리는 원사업자의 재산을 둘러싼 여러 채권자들의 이해관계 조정의 문제를 법률관계 당사자의 지위에 따라 상대적으로 처리하기보다는 이를 일률적으로 간명하게 처리하는 것이 바람직하다는 점을 고려하여 인정되는 것이므로, 가압류 또는 압류명령의

---

367) 권오승, 「공정거래법강의 Ⅱ」(법문사, 2000), 533면 ; 김진홍, "하도급법상 대금지급보증제도에 관한 고찰", 「저스티스」 제34권 제1호(한국법학원, 2001), 151면 ; 김현석, 앞의 논문, 401~403면

368) 구상모, "건설하도급대금의 보장에 관한 고찰", 석사학위 논문(한양대학교, 2001), 39~40면 ; 양창수, 앞의 논문, 75면

369) 박영호, 앞의 논문, 주) 31 이우재 부장판사의 견해

당사자 사이에서만 상대적으로 발생하는 것이라고 볼 수 없다. 또한 이러한 법리는 원사업자의 발주자에 대한 채권에 관한 가압류 등이 수급사업자의 원사업자에 대한 하도급대금채권의 실현을 위하여 이루어진 경우에도 마찬가지로 적용된다. 즉 하도급법 제14조에 의한 하도급대금 직접지급사유가 발생하기 전에 오로지 수급사업자의 신청에 의해서만 원사업자의 발주자에 대한 공사대금채권이 가압류된 경우 등에도, 직접지급사유 발생 전에 가압류 등에 따른 집행보전의 효력이 집행해제나 집행취소 등의 사유로 실효되지 않는 한, 집행보전된 채권은 소멸하지 아니하고 수급사업자의 발주자에 대한 직접지급청구권도 발생하지 아니한다"고 판시하였다(대법원 2017. 12. 5. 선고 2015다4238 판결). 즉, 피압류채권 존속설을 취한 것이다.[370]

다음으로 근로기준법, 국세기본법 등에 의해 일반채권에 대해 우선권을 가지는 임금채권, 국세나 지방세, 산재보험 등의 체납사실이 있는 경우를 살펴보자. 이러한 우선권은 체납처분(압류)을 전제로 배당절차에서 다른 압류권자에 대한 우선권에 불과하므로, 그로 인한 후속 체납처분(압류)이 있기 전에 직접지급사유가 발생하면 수급사업자는 발주자로부터 우선적으로 직접 지급받는다. 체납처분(압류)이 있은 후에 직접지급사유가 발생하면 당연히 우선권자가 수급사업자에게 우선하여 변제받는다.

한편, 발주자에게 하도급대금의 직접지급을 요청한 하수급인들이 여러 명인 경우 그들 사이의 우열관계는 채권자평등이라는 일반원칙에 의하기보다 직접지급 요청이 도달한 선후관계에 따라 우열관계를 정한다. 그 도달일시가 같은 수급사업자들에 한해서는 채권액에 따라 안분배당해야 한다(서울중앙지법 2010. 7. 7. 선고 2009가합37669 판결). 하도급대금 직접지급요청 등이 확정일자 있는 증서에 의하여 이루어지지 않더라도 제3자에 대하여 대항할 수 있지만, 수급사업자로서는 가급적 확정일자 있는 증서에 의하는 것이 바람직하다.

발주자는 하도급대금을 직접 지급할 때에 민사집행법 제248조[371] 제1항 등의 공탁사유가 있는 경우에는 해당 법령에 따라 공탁할 수 있다(시행령 제9조 제2항). 공탁은 변제공탁

---

370) 문홍만, 앞의 논문, 25면
371) 민사집행법 제248조(제3채무자의 채무액의 공탁)
   ① 제3채무자는 압류에 관련된 금전채권의 전액을 공탁할 수 있다.
   ② 금전채권에 관하여 배당요구서를 송달받은 제3채무자는 배당에 참가한 채권자의 청구가 있으면 압류된 부분에 해당하는 금액을 공탁하여야 한다.
   ③ 금전채권중 압류되지 아니한 부분을 초과하여 거듭 압류명령 또는 가압류명령이 내려진 경우에 그 명령을 송달받은 제3채무자는 압류 또는 가압류채권자의 청구가 있으면 그 채권의 전액에 해당하는 금액을 공탁하여야 한다.
   ④ 제3채무자가 채무액을 공탁한 때에는 그 사유를 법원에 신고하여야 한다. 다만, 상당한 기간 이내에 신고가 없는 때에는 압류채권자, 가압류채권자, 배당에 참가한 채권자, 채무자, 그 밖의 이해관계인이 그 사유를 법원에 신고할 수 있다.

(민법 제487조), 담보공탁(민사집행법 제19조, 민사소송법 제117조), 집행공탁(민사집행법 제248조), 보관공탁 등이 있다. 민사집행법 제248조의 집행공탁에 있어, 원사업자의 채권자가 발주자의 원사업자에 대한 도급대금채권을 압류 또는 가압류한 이후에 직접지급의무가 발생하거나 또는 직접지급사유는 발생했지만 그 하도급대금이 확정되기 전에 압류·가압류가 된 경우에는 발주자는 위 규정에 따라 공탁할 수 있지만, 그 이후에 압류·가압류가 이루어진 경우에는 공탁할 수 없음이 원칙이다. 그런데 이와 관련하여 직접지급사유의 발생과 가압류, 압류 등이 서로 경합하는 경우 발주자가 이중변제 등의 위험을 벗어나기 위하여 채권자 불확지를 이유로 한 변제공탁을 할 수 있는지 문제된다. 법리적으로는 직접지급사유가 발생하면 발주자의 원사업자에 대한 채무는 소멸하고 그 이후 가압류 및 압류의 효력이 없다. 즉 양자가 경합하는 채권자 불확지의 상황이 아니므로 변제공탁 요건을 충족하지 못한다. 그럼에도 불구하고 실무적으로는 여러 가지 이유로 법원이 공탁결정을 내리고 확정되는 경우가 있으므로 발주자 입장에서는 일단 공탁신청을 해서 법원의 결정을 보는 것이 바람직하다.[372] 법원에 의하여 변제공탁이 된 이상 공정거래위원회로서도 그 효과를 무시할 수 없어 발주자의 하도급대금 직접지급의무가 다 한 것으로 볼 가능성이 높기 때문이다. 다만, 공정거래위원회 심결례 중에는 직접지급청구권이 이미 성립된 이후에 공사대금채권의 일부만이 가압류되었음에도 채권 전액을 공탁한 사안에서, 공정거래위원회는 공탁을 이유로 하도급대금의 직접지급을 거절할 수 없다고 판단한 사례가 있다(공정위 2012. 10. 10. 의결 2012구사1063 : 시정명령). 발주자가 금전채권의 일부만이 가압류되었음에도 채권 전액을 공탁했다면, 그 공탁금 중 압류의 효력이 미치는 금전채권액은 민사집행법에 의한 집행공탁, 이를 초과하는 부분은 민법에 의한 변제공탁에 해당하는데, 가압류 전에 발생한 수급사업자의 하도급대금 직접지급청구권은 원사업자에 대하여 직접적으로 가지는 권리로서 채권 가압류 등의 효력이 미치지 않으므로 집행공탁의 대상이 될 수 없고, 채권가압류 전에 이미 성립한 것이므로 '변제자가 과실 없이 채권자를 알 수 없는 경우'에 해당하지 않아 변제공탁도 효력이 없기 때문이라는 이유로 내려진 심결례다. 하지만 직접지급대상 금액 중 일부가 가압류되었다면 그 금액에 대하여만 공탁하고 나머지 금액에 대하여는 직접지급하여도 전혀 위험이 없음에도 불구하고 전체 금액에 대하여 공탁한 것은 부당하기 때문에 내려진 특수한 사례로 여겨진다.

---

372) 발주자의 과실 없이 직불을 청구할 수 있는 정당한 수급사업자가 누구인지 알 수 없거나 수급사업자가 수령을 거절하는 등의 공탁사유가 발생한 경우, 발주자가 하도급법상의 직접 지급사유 발생 여부에 대한 정확한 판단이 어렵다고 인정되는 경우, 하도급법이 적용되는 거래인지 여부 및 수급사업자에 해당하는지 여부의 판단이 어렵다고 인정되는 경우, 수급사업자의 제3채권자가 하도급대금채권을 가압류하거나 하도급대금 직접지급 채권 자체를 압류한 경우의 사유로 공탁이 받아들여질 수도 있기 때문이다.

118

원사업자에 대한 기업회생절차가 진행되자, 수급사업자가 먼저 하도급대금채권을 보전하기 위하여 원사업자의 발주자에 대한 공사대금채권을 가압류하였다가, 다시 수급사업자가 발주자에게 직접지급청구를 할 경우, 이후 가압류이의에 의하여 가압류결정이 취소되더라도 직접지급청구권이 발생하지 못하는지 여부

A 직접지급사유가 발생하기 전에 수급사업자가 원사업자에 대한 하도급대금채권 보전을 위하여 원사업자의 발주자에 대한 공사대금채권(직접지급청구 대상이 되는 채권)을 가압류한 경우에, 설사 그 가압류를 한 자가 직접지급을 받을 수급사업자라 하더라도 직접지급청구권이 발생하지 않는다(대법원 2017. 12. 5. 선고 2015다4238 판결).

해 설

[사실관계]

1. X, Y 및 소외 A실업 주식회사의 지위

X와 A실업 주식회사는 중소기업기본법 제2조 상 중소기업자이고, Y는 A실업에게 하도급된 공사의 발주자이다.

2. 하도급계약의 체결

A실업은 2012. 5. 10. Y로부터 도급받은 신축공사 중 EHP(에어컨) 납품 및 설치공사(이하 '이 사건 공사'라 한다)를 X에게 공사대금 84,000,000원(부가가치세 별도)에 하도급하였는데, X는 2012. 5.10.부터 같은 해 6. 30. 사이에 EHP(에어컨)을 납품을 하고 설치공사를 완료하였다.

3. X의 가압류, 회생채권신고 및 직불청구

(1) A실업은 X에게 위 공사대금 64,900,000원을 지급하지 못한 상태에서 2012. 7. 26.

회생절차 신청을 하여 같은 해 8. 16. 회생개시결정을 받았고, X는 같은 해 9. 7. 위 미지급 공사대금을 회생채권으로 신고하였다.

(2) X는 청구채권 64,900,000원, 채무자 A실업, 제3채무자 Y로 하여, Y가 A실업에게 지급하여야 할 공사대금에 관한 채권가압류를 신청하여 2012. 8. 2. 법원으로 인용결정을 받았고, 위 인용결정은 2012. 8. 7.경 Y에게 송달되었다.

(3) 그 후 X는 2012. 9. 11. Y에게 하도급거래 공정화에 관한 법률(이하 '하도급법'이라 한다) 제14조에 따라 미지급 공사대금 64,900,000원을 직접 X에게 지급하여 달라는 취지의 직불청구서를 송부하였고, 그 직불청구서는 2012. 9. 12. Y에게 송달되었다.

(4) 한편, 이 사건 가압류는 2013. 5. 23. A실업에 대하여 위 회생인가결정이 있었다는 이유로 가압류의 신청사건(수원지방법원 2013카단1267)에서 취소결정이 내려졌다.

(5) X는 A실업의 회생계획안에 따라 2013. 12. 1. 잔여 공사대금 중 1,000,000원을 변제받았다.

4. Y의 A실업에 대한 잔여 공사대금

(1) 직접지급 청구서 송달 당시 Y의 A실업에 대한 공사대금은 '○○부물류센터'에 대한 공사대금 53,900,000원과 '○○대학교 제3법학관'에 대한 공사대금 11,000,000원 등 합계 64,900,000원이 남아 있었다.

(2) Y는 2013. 1. 23. A실업을 피공탁자로 하고, 근거법령을 민사집행법 제248조 제1항, 제291조로 기재하여 A실업에 대한 잔여 공사대금 64,900,000원을 전액 공탁하였다.

[소송의 경과]

X는 하도급법상 직접지급 청구가 Y에게 도달한 2012. 9. 12. 이전인 같은 해 8. 16. 원사업자인 A실업에 대하여 서울중앙지방법원으로부터 회생개시결정이 있었으므로, X의 직접 지급 청구는 하도급법 제14조 제1항 제1호에 규정한 직접지급 청구 요건을 갖추었음을 이유로 Y를 상대로 하도급대금의 직접지급을 구하는 소를 제기하였다. 이에 대해 Y는 X가 직접청구를 하기 이전에 먼저 가압류를 하였고, Y가 가압류를 이유로 공탁을 하였으므로, X의 직접청구에 응할 수 없다고 다툰다.

이에 대해 원심판결은 다음과 같은 사정, 즉 ① 이 사건의 경우 X의 직접청구 이전에 가압류 등으로 A실업의 Y에 대한 공사대금채권을 집행보전한 채권자는 X뿐이고 다른 채권자는 없었던 점, ② 이 사건 가압류 이후 비로소 A실업에 대한 회생개시결정이 있었고, 위 회생개시결정으로 인하여 X가 Y에게 직접청구를 할 수 있는 요건이 갖추어진 점, ③ A실업에 대한 공사대금 채권자인 X로서는 그 채권의 보전 및 실현 방법으로 A실업의 피고에 대한 공사대금채권에 관하여 가압류를 하든, 직불청구를 하든 임의로 선택할 수 있는 점 등과, 여기에 하도급법 제14조 제2항 및 같은 법 시행령 제9조 제1항에 의하면, 수급사업자의 발주자에 대한 직접청구가 발주자에게 송달되면, 원사업자에 대한 발주자의 대금지급 채무와 수급사업자에 대한 원사업자의 하도급대금지급채무는 그 범위에서 소멸하는 점 등을 보태어 보면, X의 이 사건 직접청구 이전에 X 외에 다른 A실업에 대한 채권자들의 집행보전이 없었던 이상, X의 직접청구로 인하여 그 이전 X의 가압류의 존재와는 무관하게 직접청구가 Y에게 송달된 날 Y는 X에게 공사대금을 직접 지급할 의무가 발생한다고 판단하였다.

[대법원의 판결 이유]

하도급거래 공정화에 관한 법률(이하 '하도급법'이라 한다) 제14조 제1항에 의하면, 원사업자의 지급정지·파산 등으로 원사업자가 하도급대금을 지급할 수 없게 된 경우로서 수급사업자가 발주자에게 하도급대금의 직접 지급을 요청한 때(제1호) 등의 사유가 발생한 경우, 발주자는 수급사업자가 제조·수리·시공 또는 용역수행을 한 부분에 상당하는 하도급대금을 그 수급사업자에게 직접 지급하여야 한다. 그리고 같은 조 제2항에 의하면, 위와 같은 사유가 발생한 경우 원사업자에 대한 발주자의 대금지급채무와 수급사업자에 대한 원사업자의 하도급대금 지급채무는 그 범위에서 소멸한 것으로 본다.

이러한 하도급법 규정의 문언에 의하면, 수급사업자가 하도급계약에 따른 공사를 시행하고 발주자에게 그 시공한 부분에 상당하는 하도급대금의 직접 지급을 요청한 때에 비로소 위 제1호에 따른 수급사업자의 발주자에 대한 직접지급청구권이 발생함과 아울러 발주자의 원사업자에 대한 대금지급채무가 하도급대금의 범위 안에서 소멸하는 것으로 해석하여야 한다.

그런데 하도급법에 직접지급사유 발생 전에 이루어진 강제집행 또는 보전집행의 효력을 배제하는 규정은 없으므로, 하도급법 제14조에 의한 하도급대금 직접지급사유가 발생하기 전에 원사업자의 제3채권자가 원사업자의 발주자에 대한 채권에 대하여 압류 또는 가압류 등으로 채권의 집행보전이 된 경우에는 그 이후에 발생한 하도급공사대금의 직접지급사유에도 불구하고 그 집행보전된 채권은 소멸하지 아니한다. 따라서 위와 같이 압류 등으로 집행보전된 채권에 해당하는 금액에 대하여는 수급사업자에게 직접지급청구권이 발생하지 아니한다(대법원 2014. 11. 13. 선고 2009다67351 판결 등 참조).

이러한 압류 등 집행보전과 하도급법상 직접지급청구권의 관계에 관한 법리는 원사업자의 재산을 둘러싼 여러 채권자들의 이해관계 조정의 문제를 법률관계 당사자의 지위에 따라 상대적으로 처리하기보다는 이를 일률적으로 간명하게 처리하는 것이 바람직하다는 점을 고려하여 인정되는 것이므로, 가압류 또는 압류명령의 당사자 사이에서만 상대적으로 발생하는 것이라고 볼 수 없다(대법원 2016. 9. 23. 선고 2015다201107 판결 등 참조). 또한 이러한 법리는 원사업자의 발주자에 대한 채권에 관한 가압류 등이 수급사업자의 원사업자에 대한 하도급대금채권의 실현을 위하여 이루어진 경우에도 마찬가지로 적용된다고 보아야 한다. 즉 하도급법 제14조에 의한 하도급대금 직접지급사유가 발생하기 전에 오로지 수급사업자의 신청에 의해서만 원사업자의 발주자에 대한 공사대금채권이 가압류된 경우 등에도, 그 직접지급사유 발생 전에 그 가압류 등에 따른 집행보전의 효력이 집행해제나 집행취소 등의 사유로 실효되지 않는 한, 그 집행보전된 채권은 소멸하지 아니하고 수급사업자의 발주자에 대한 직접지급청구권도 발생하지 아니한다.

위와 같은 사실관계를 앞서 본 법리에 비추어 살펴보면, X가 위 가압류의 집행보전의 효력이 실효되지 않은 상태에서 이 사건 직접지급청구를 한 이상, 이 사건 직접지급청구에도 불구하고 위 가압류에 의하여 집행보전된 A실업의 Y에 대한 공사대금 채권은 소멸하지 않는다. 따라서 이 사건 직접지급청구에 따라 X의 Y에 대한 직접지급청구권이 발생할 수는 없다. 이는 이 사건 직접지급청구 당시 가압류 등으로 집행보전 조치를 취한 채권자가 X뿐이었다고 하더라도 달리 볼 것이 아니다.

119

직접지급 요건을 불충족하였음에도
발주자가 착오로 수급사업자에게 직접
지급한 경우

(#부당이득반환청구#수급인의 반환의무 없음#원사업자에 반환의무 있음)

A 직접지급 요건을 충족하지 못하였음에도 발주자가 착오로 수급사업자에게 하도급
대금을 지급한 경우, 수급사업자는 응당 받아야 할 하도급대금을 지급받은 것이므
로, 발주자는 수급사업자에 대하여 부당이득반환청구를 할 수 없다. 한편, 원사업자는 발
주자에 대하여 도급대금지급청구를 할 수 있어 발주자로서는 이중변제의 위험에 빠지게
된다. 다만, 발주자는 원사업자에 대하여 현존하는 이익 범위 내에서 부당이득반환청구
또는 제3자 변제로서 구상권 청구로 상계를 주장해 볼 여지가 있을 뿐이다.

해설

원사업자가 발주자에 대한 대금지급채권을 제3자에게 양도한 이후 직접지급요건이 발
생한 경우, 양도된 대금지급채권금액의 범위 내에서는 직접지급의 효력이 없다. 발주자가
법리를 착오하여 수급사업자에게 하도급대금 전액을 모두 지급한다 하더라도 원사업자
로부터 채권을 양수한 자에게 다시 지급해야 한다. 그런데 발주자는 수급사업자를 상대
로 부당이득반환청구를 할 수 있는가?

이에 대하여 대법원 판결은 일의적이지 못하다. 다만, 판례의 사안에 비추어 발주자의
원사업자에 대한 원도급대금이 변제 등으로 부존재함에도 불구하고 수급사업자에게 직
접지급한 경우에는 수급사업자에게 부당이득반환청구가 가능하지만(이 경우에는 원사업
자에 대하여 부당이득반환청구를 할 여지가 없기 때문으로 보인다), 발주자의 원사업자
에 대한 원도급대금 지급의무가 여전히 존재하는 경우에는 수급사업자에게 부당이득반
환청구가 가능하다고 보는 것으로 여겨진다(이 경우 원사업자에게 부당이득반환청구를
할 여지가 없기 때문으로 보인다). 먼저 대법원은 원사업자의 발주자에 대한 원도급대금
이 제3자에 채권양도된 후에 수급사업자의 직접지급요청이 있었는데 발주자가 착오로 수
급사업자에게 하도급대금을 직접지급한 사안에서, "발주자가 수급인 등에 대하여 공사대
금지급채무를 부담하지 않고 있음에도 이를 부담하고 있는 것으로 잘못 알고 위 규정들

에 의하여 하도급대금을 직접 하수급인 등에게 지급하였다고 하더라도, 하수급인 등이 발주자로부터 하도급대금을 지급받은 것은 수급인 등과의 하도급계약에 의한 것이어서 이를 법률상 원인 없이 하도급대금을 수령한 것이라고 볼 수 없으므로 발주자는 수급인 등에 대하여 부당이득반환청구를 할 수 있을 뿐[373] 하수급인 등을 상대로 부당이득반환 청구를 할 수는 없다"고 판시하였다(대법원 2008. 6. 26. 선고 2006다63884 판결). 반면, 발주자가 원사업자에게 직접지급대상이 되는 하도급대금에 상응하는 원도급대금을 이미 변제하였음에도 불구하고 착오로 수급사업자의 직접지급 요청에 따라 하도급대금을 지급한 사안에서, "발주자가 하도급법 제14조 제1항 제1호 또는 건설산업기본법 제32조 제4항, 제35조 제2항 제4호에 따라 수급사업자나 건설기계 대여업자(이하 '수급사업자 등'이라한다)로부터 하도급대금 또는 건설기계 대여대금(이하 '하도급대금 등'이라 한다)의 직접지급을 요청받을 당시 원사업자 또는 수급인에 대한 대금지급채무가 이미 변제로 소멸한 상태인 경우 발주자의 수급사업자 등에 대한 직접지급의무는 발생하지 아니한다. 그럼에도 발주자가 수급사업자 등에 대한 직접지급의무가 발생하였다고 착오를 일으킨 나머지 수급사업자 등에게 하도급대금 등을 지급하였다면, 이는 채무자가 아닌 제3자가 타인의 채무를 자기의 채무로 잘못 알고 자기 채무의 이행으로서 변제한 경우에 해당하므로, 특별한 사정이 없는 한 발주자는 수급사업자 등을 상대로 부당이득반환을 청구할 수 있다"고 판시하였다(대법원 2017. 12. 13. 선고 2017다242300 판결).

한편, 발주자가 직접지급요건이 발생하지 않았음에도 불구하고 직접지급하였다면(예를 들어, 원사업자가 2회 이상 하도급대금을 지급하지 못했지만, 수급사업자가 직접지급 요청을 하지 않아 직접지급사유가 발생하지 않았음에도 불구하고, 발주자가 착오로 직접지급한 경우) 원사업자에게 다시 원도급(공사)대금을 지급해야 하는지 문제된다. 발주자 입장에서는 이중변제가 되는 셈이다. 원칙적으로 발주자는 수급사업자에게 직접지급하였음을 이유로 원사업자의 지급청구에 대항할 수 없으므로 지급해야 한다고 본다.[374] 다만, 부당이득반환청구 또는 제3자 변제로서의 구상권 행사를 고려할 수 있을 뿐이다.

먼저 발주자는 원사업자에 대하여 부당이득반환청구를 할 수는 있다. 발주자가 착오로 수급사업자에게 하도급대금을 직접지급함에 따라 원사업자는 수급사업자에 대한 하도급 대금채무를 변제받은 이익을 얻은 셈이므로 부당이득이 있다고 볼 수 있기 때문이다. 다만, 선의의 수익자는 받은 이익이 현존하는 한도에서 부당이득반환의 책임이 있고, 악의

---

373) 발주자가 원사업자에 대하여 아무런 대금지급채무를 부담하지 않았던 위 사안에서 발주자는 원사업자에게 부당이득반환청구를 할 수 있는지 여부는 사실관계에 따라 다를 수 있다.

374) 이 경우 발주자가 원사업자에 대하여 부당이득반환청구권을 가지는지에 대하여는 논란이 있을 수 있는데, 부당이득청구권이 있다면 이를 가지고 대금지급채무와 상계할 수 있을 것이다.

의 수익자는 받은 이익에 이자를 붙여 반환하고 손해가 있으면 배상해야 한다(민법 제748조). 특별한 사정이 없는 한 원사업자는 선의 수익자라고 보아야 하므로 발주자가 원사업자에게 부당이득반환청구를 하더라도 원사업자가 얻은 이익 중 현존하는 한도에서만 반환받을 수 있는 위험이 있다.

다음으로 발주자가 원사업자에게 제3자 변제에 기해 구상하는 것에 대해 살펴본다. 이해관계 없는 제3자는 채무자의 의사에 반하여 변제할 수 없다. 수급사업자들이 하도급대금 미지급을 이유로 공사진행을 중단한 경우라면 발주자로서는 이해관계 있는 제3자라고 볼 수 있지만 이미 공사가 종료된 상황이라면 발주자를 이해관계 있는 제3자라고 보기는 어렵다. 물론 채무자의 의사에 반하는지에 대하여는, 판례는 제3자의 변제 그 자체로 채무자를 위한 유익한 것이고 반증이 없는 한 의사에 반하지 않는 것으로 인정해야 한다고 하여(대법원 1961. 11. 9. 선고 4293민상729 판결), 가급적 채무자의 의사에 반하지 않는 것으로 해석해 주고 있기는 하지만 그럼에도 불구하고 이중지급의 위험이 있으므로 주의해야 한다.

120 직접지급과 관련한 기타 쟁점들

(#유치권행사#행정기관의 직접지급의무 위반#건산법상 직접지급)

　A　하도급대금의 직접지급사유가 발생하기 전에 발주자가 원사업자에게 원도급대금을 지급한 것이 있다면 그 중 직접지급대상이 되는 위탁부분에 대응하는 부분만큼 공제하고 수급사업자에게 직접지급하면 된다. 발주자가 국가 또는 지방자치단체라 하더라도 하도급법상의 직접지급의무의 적용을 받으며 이를 위반할 경우 하도급법상 제재 대상이 된다. 발주자가 직접지급의무를 다하지 못할 경우 수급사업자는 직접지급요청을 철회하거나 직접지급합의를 해제할 수 있고 이 경우 소멸한 원사업자의 하도급대금 지급 의무가 살아난다. 하도급법상 직접지급의무와 거의 동일한 제도가 건설산업기본법에도 있다. 한편, 장래 발생하는 하도급대금채권을 양도하더라도 이에 대하여 원사업자 보증인의 동의가 요구되지 않으며, 관련하여 원사업자 보증인의 상계권을 행사하지 못하게 되더라도 신의칙 위반으로 볼 수 없다.

해설

가. 발주자가 원사업자에게 이미 지급한 도급대금이 있는 경우, 직접지급 해야 하는 하도급대금의 범위

　하도급법 제14조 제1항은 "발주자는 다음 각 호의 어느 하나에 해당하는 사유가 발생한 때에는 수급사업자가 제조·수리·시공 또는 용역수행을 한 부분에 상당하는 하도급대금을 그 수급사업자에게 직접 지급하여야 한다"고 규정하고 있고, 동조 제4항은 "제1항에 따라 발주자가 해당 수급사업자에게 하도급대금을 직접 지급할 때에 발주자가 원사업자에게 이미 지급한 하도급금액은 빼고 지급한다"고 규정하고 있다. 동 법 시행령 제9조 제3항은 "발주자는 원사업자에 대한 대금지급의무의 범위에서 하도급대금 직접 지급 의무를 부담한다"고 규정하고 있다.

　특히 하도급법 제14조 제4항의 "…발주자가 해당 수급사업자에게 하도급대금을 직접 지급할 때에 발주자가 원사업자에게 이미 지급한 하도급금액은 빼고 지급한다"는 부분의 해석과 관련하여, 수급사업자 보호 취지에 비추어 발주자가 원사업자에게 이미 지급한

도급금액을 공제한 도급대금채무 범위 안에서 수급사업자에게 하도급대금을 직접 지급하면 된다는 취지로 볼 수 있다는 견해가 있다. 이 견해에 서면, 직접지급의무로 인해 발주자의 부담이 늘지는 않으면서도 아울러 일반채권자에 비하여 수급사업자를 두터이 보호할 수 있다. 하지만 이러한 해석은 하도급법 제14조 제4항의 "발주자가 원사업자에게 이미 지급한 하도급대금"이라는 문언에 맞지 않다는 비판이 있다. 즉, 동 항은 발주자가 수급사업자에게 지급할 하도급대금에서 발주자가 원사업자에게 지급한 도급대금을 차감하라는 취지인데, 이에 맞지 않다는 것이다.

그런데 대법원은 발주자가 수급사업자에게 직접 지급해야 하는 하도급대금에 대하여 원사업자에 대한 대금지급의무를 한도로 하여(시행령 제4조 제3항) 수급사업자가 수행한 위탁부분에 상응하는 하도급대금에서 발주자가 원사업자에게 이미 지급한 도급대금 중 당해 수급사업자의 하도급대금에 해당하는 부분을 공제한 금액이라고 일관되게 판시하고 있다(대법원 2011. 7. 14. 선고 2011다12194 판결 ; 대법원 2011. 4. 28. 선고 2011다2029 판결).

나아가 발주자로부터 받은 도급공사를 원사업자로 여러 공종으로 나누어 수급사업자들에게 하도급을 준 경우에 있어, 발주자의 직접지급의무의 범위는 수급사업자가 하도급받은 당해 공종에 대하여 발주자가 원사업자에게 부담하는 공사대금으로 제한된다고 해석하고 있다(서울북부지방법원 2010. 3. 31. 선고 2009가합10359 판결 ; 대법원 2011. 4. 28. 선고 2011다2029 판결). 서울고등법원 2010. 12. 16. 선고 2010다40569 판결은 발주자의 직접지급의무의 범위는, 수급사업자가 원사업자로부터 위탁받은 공종에 대한 발주자가 원사업자에게 미지급한 공사대금채무로 한정되는 것이 아니라 전체 미지급 공사대금채무로 보아야 한다고 판시하였지만, 대법원 2011. 4. 28. 선고 2011다2029 판결이 이를 파기환송했다. 대법원은 이에 대해 발주자가 원사업자에게 당해 공종에 대한 공사대금을 지급하였음에도 전체 공사대금채무가 남아있다는 이유로 수급사업자에게 직접지급청구권을 허용한다면 동일한 순위에 있는 서로 다른 공종의 수급사업자들 사이에서 먼저 직접지급청구권을 행사하는 자가 사실상 우선하게 되는 결과가 되는데 이는 채권자 평등 원칙에도 반한다는 이유를 들고 있다.

건설공사와 같이 기성고 산정내역 등을 통해서 수급사업자가 하도급받은 공종에 대한 발주자가 원사업자에게 지급해야 할 도급대금을 구분하여 알 수 있는 경우라면, 공종별로 직접지급의무의 범위를 정하는 것은 그리 어렵지 않다. 그런데 발주자가 원사업자에게 지급해야 할 원도급대금을, 하도급계약이 이루어진 공종이나 부분별로 구분할 수 없는 경우라면 어떻게 해야 하는가? 이 경우에는 수급사업자가 담당한 공종이나 부분별로 직접지급의무의 범위를 판단할 수 없고 발주자와 원사업자 간의 전체 도급계약을 기준으로 직접지급의무의 범위를 정할 수밖에 없다.

이러한 판례의 태도에 따른 직접지급의무의 범위를 예를 들어 설명해 보겠다.

원도급			하도급 금액	직접지급한도	직접지급금액	일반채권자
합계	공종별금액	지급				
100	공종1 40	20	30	20(=40-20)	15(=30-30×(30/40))	5(=20-15)
	공종2 60	10	50	50(=60-20)	41.67(=50-10×(50/60))	8.33(=50-41.67)

발주자의 원사업자에 대한 도급금액이 100억 원인데 그 중 공종1은 40억 원, 공종2는 60억 원이다. 발주자는 원사업자에게 공종1에 대해서는 20억 원, 공종2에 대해서는 10억 원을 지급했다. 원사업자는 이를 공종1과 공종2로 나누어 공종1에 대하여는 수급사업자 1에게 30억 원으로 하도급을 주고, 공종2에 대하여는 수급사업자2에게 50억 원으로 하도급을 주었고 하도급대금은 전혀 지급되지 않았다. 판례에 의하면 직접지급의무는 공종별로 계산되므로, 직접지급한도와 금액 모두 공종별로 계산될 수 있다. 공종1의 경우, 직접지급한도는 그 공종에 대하여 발주자가 원사업자에게 이미 지급한 금액을 뺀 도급금액인 20억 원이 되고, 하도급대금 30억 원에서 직접지급의무가 있는 금액은 발주자가 원사업자에게 공종1에서 이미 지급한 금액인 10억 원 중 하도급대금이 차지하는 비율인 15억 원를 차감한 15억 원이 된다. 공종2도 같은 방식으로 위 표와 같이 계산된다.

나. 하도급대금 직접지급 사유가 발생한 후 발주자가 재무사정 악화 등으로 직접지급하지 못할 경우 수급사업자가 원사업자에게 하도급대금을 청구할 수 있는지 여부

하도급대금 직접지급사유가 발생하면 그 범위 내에서 원사업자의 수급사업자에 대한 하도급대금 지급의무가 소멸하지만 발주자가 직접지급의무를 다하지 못할 경우 수급사업자는 직접지급요청을 철회하거나 직접지급합의를 해제할 수 있고 이 경우 소멸한 원사업자의 하도급대금 지급의무가 살아나므로, 수급사업자는 원사업자에게 하도급대금 지급청구를 할 수 있다.

다. 발주자인 행정기관이 직접지급의무를 위반한 경우의 조치

행정기관이 청사나 도로 등의 건설도급계약 또는 국유재산의 매각이나 관리행위 등을 수행하는 경우에는 우월한 공권력 주체로서가 아니라 국고(사경제)의 주체로서의 행정작용을 하는 것이고 이 경우 사법관계에 해당한다. 비록 행정기관이라고 하더라도 사경제

주체로서의 행위에 대하여는 행정처분의 대상이 될 수 있다. 그래서 행정기관이 사경제 주체로서 공사도급계약과 관련하여 직접지급의무를 위반하였다면 이에 대한 시정명령 및 과징금 등의 책임을 지게 될 수 있다.

라. 건산법상의 직접지급제도

하도급법상의 직접지급제도와 건산법상의 지급지급제도(건산법 제35조)를 비교하면 다음과 같다.

구분	하도급법	건산법
요건	① 파산, 지급정지 등의 사유 발생 + 직접 지급요청 ② 3자 간 직접 지급 합의 ③ 하도급대금 2회분 이상 미지급 + 직접 지급요청 ④ 하도급대금 지급보증 미이행 + 직접 지급요청	① 수급인의 파산, 부도 등 ② 발주자와 수급인 또는 발주자, 수급인 및 하수급인이 직접 지급 합의 ③ 하도급대금 2회 이상 지체 + 직접 지급요청. 단, 국가 등 발주 건설공사의 경우 1회 이상 지체하거나 저가하도급인 경우 ④ 하도급대금 지급보증서 미교부한 경우 + 발주자 사실확인 또는 직접 지급요청 ⑤ 하도급대금 지급 판결의 확정
효과	- 발주자의 하도급대금 직접 지급 의무 (강행규정) - 수급사업자의 하도급대금 지급 채권의 범위 내에서 발주자의 공사대금 지급 의무 소멸(그 후 가압류 등은 무효)	- 직접지급가능(발주자의 의무사항이 아니라 권리) - 공사대금 지급채무는 발주자가 하수급인에게 직접 지급한 한도 내에서 소멸
조사 후 조치	혐의가 없는 경우 : 심사관 전결로 종결 혐의가 있는 경우 : 심사보고서를 작성하여 위원회에 상정	
위원회 상정	안건의 중요도에 따라 전원회의와 소회의로 구분하여 상정 피심인에게 심사보고서를 송부하고 통상 2주 내지 3주의 의견제출 기회 부여	

구분	하도급법	건산법
위원회 심의 · 의결	위원회의 심리는 일반인에게 공개된 가운데 피심인과 심사관이 상호공방을 통해 사실관계 등을 심의 · 의결한 날로부터 20일 이내에 의결서 작성	
불복절차	처분일(의결서 송달일)로부터 30일 이내에 공정거래위원회에 이의신청을 하거나 서울고등법원에 행정소송 제기	

마. 발주자 · 원사업자 · 수급사업자 간 장래의 하도급대금 채권양도에 원사업자의 계약이행보증인의 동의가 필요한지 및 보증인의 상계권을 침해하여 신의칙에 반하는지 여부

이에 대하여, 대법원은 "공사도급계약에서 '이 계약으로부터 발생하는 권리 또는 의무는 제3자에게 양도하거나 승계할 수 없다. 다만, 상대방의 서면승낙과 보증인의 동의를 얻었을 때에는 그러하지 아니하다'고 규정하고 있다 할지라도, 원칙적으로 의무의 승계에 있어서는 의무이행자가 누구인가 하는 것이 보증에 있어서 중대한 요소이므로 보증인의 동의를 요한다고 봄이 상당할 것이나, 권리의 양도로 인하여 보증인에게 어떠한 책임이 가중되거나 하는 일은 없으므로, 권리의 양도에 보증인의 동의를 요한다고 보기는 어렵다 할 것이어서, 도급인과 수급인이 수급인의 기성금청구채권을 하수급인들에게 양도함에 있어 위 도급계약조항에 의하여 수급인의 보증인의 동의를 요한다고 할 수는 없다"하여, 수급사업자의 계약이행보증인의 동의가 필요 없다고 보았다. 나아가 "공사도급계약을 해지하면서 그 동안의 기성고액을 수급인이 모두 수령한 것으로 하고, 그 대신 도급인이 수급인의 하수급인들에 대한 채무를 직접 지급하기로 정산합의를 함으로써 수급인의 도급인에 대한 기성금청구채권이 소멸하여 수급인의 보증인이 민법 제434조에 따른 주채무자의 채권에 기한 상계권을 행사하지 못하게 된 경우, 비록 상계가 담보적 기능을 가지고 있다 할지라도 그것만으로 위와 같은 결과를 신의칙에 반하는 것으로 볼 수는 없다"고 판시하였다(대법원 2001. 10. 26. 선고 2000다61435 판결).

바. 전부명령 및 채권양도와 비교

(1) 전부명령과의 비교

하도급법 제14조에 기한 직접지급청구권의 법적 효력은 채무자의 제3채무자에 대한 채권을 책임재산으로 한 강제집행으로서 인정되는 전부명령과 유사하다. 즉, 발주자＝제3채무자, 원사업자＝전부채무자, 수급사업자＝전부채권자로 대응해보면, 수급사업자가 하도급대금채권을 집행채권으로 하여 도급대금채권에 대하여 전부명령을 받은 경우의 효과와 유사하다. 수급사업자가 전부채권자로서 제3채무자인 발주자에 대하여 하도급대금에 상당하는 원도급대금채권을 전부받고(권리이전효), 그 범위 내에서 수급사업자의 원사업자에 대한 하도급대금채권과 원사업자의 발주자에 대한 도급대금채권이 각각 소멸하게 된다(도급대금채권의 권리이전효에 의한 상대적 소멸과 하도급대금채권의 변제효에 의한 소멸).

하도급대금 직접지급청구권과 채권집행의 방법으로서 전부명령과 비교해 보면, 수급사업자의 하도급대금 직접지급청구권은 원사업자의 도급대금채권을 책임재산으로 하는 "간이하고, 신속한 채권집행의 기능"을 수행함을 할 수 있다.

(2) 채권양도와 비교

직접지급청구권의 법적 효력을 원사업자의 발주자에 대한 도급대금채권의 이전효과를 고려하면, 채권양도와도 유사하다고 할 수 있다. 즉 발주자＝채무자, 원사업자＝채권양도인, 수급사업자＝채권양수인에 대응된다. 수급사업자는 채권양수인으로서 채무자인 발주자에 대하여 하도급대금에 상당하는 도급대금채권을 취득하고, 원사업자의 발주자에 대한 도급대금채권은 채권양도로 소멸한다.

그러나 하도급대금 직접지급청구권에 의한 권리이전효는 법률의 규정에 의한 것이지만, 채권양도는 당사자의 의사에 기한 점, 채권양도의 경우 제3자에 대한 대항요건으로 확정일자 있는 통지나 승낙을 요구하나, 직접지급청구권은 확정일자 있는 통지나 승낙이 필요 없는 점, 직접지급청구권의 행사로 하도급대금채권이 소멸되나, 채권양도의 경우 반드시 그러한 효과를 예정하고 있지 않은 점 등에서 차이가 있다(대법원 2014. 12. 24. 선고 2012다85267 판결 참조).

사. 직접지급의무와 공탁

직접지급사유 발생 후 동 채권을 대상으로 하는 일반 채권자의 압류·가압류가 있다는

사실만으로 공탁 사유가 발생한 것으로 볼 수 없다는 것이 법원의 입장이다.[375]

하도급법상 직접 지급 사유가 발생함과 동시에 다른 압류가 경합되는 상황에서 발주자가 자신의 책임을 면하기 위하여 공탁을 하는 경우, 어느 경우가 정당한 공탁에 해당하는지 문제된다. 제3채무자인 발주자 입장에서 누가 정당한 채권자인지 알 수 없다는 '채권자 불확지'를 이유로 한 공탁을 무조건 인정하게 되면 중소수급사업자를 보호하기 위한 직접지급제도의 취지가 손상되는 반면, 하도급대금 직접지급의무액에 대한 공탁을 전면 부인할 경우에 발주자는 이중 지급 위험을 안게 될 수도 있다.

하도급법 시행령(제9조 제2항)은 발주자가 하도급대금을 직접 지급할 때에 「민사집행법」 제248조 제1항 등의 공탁 사유가 있는 경우는 해당 법령에 따라 공탁할 수 있다고 규정하고 있는데, 다음과 같은 경우는 정당한 공탁으로 인정된다고 할 수 있다

① 발주자의 과실 없이 정당한 수급사업자가 누구인지 알 수 없거나 수급사업자가 수령을 거절하는 등의 「공탁법」상의 공탁 사유가 발생한 경우

② 하도급법상의 직접 지급 사유 발생 여부에 대한 정확한 판단이 어렵거나 수급사업자 중 하도급법이 적용되는지 여부에 대한 판단이 어려워 발주자로서는 공탁을 하는 것이 불가피한 경우

③ 수급사업자의 제3채권자가 하도급대금채권 또는 하도급대금 직접지급채권 자체를 압류하거나 발주자가 원사업자에게 지급해야 할 공사대금이 직접 지급해야 할 하도급대금보다 많아 직접 지급할 금액을 제외하고 집행공탁한 경우

④ 하도급법 제14조 제1항 각 호에서 정한 직접 지급 사유가 발생하기 이전에 원사업자의 제3채권자가 원사업자의 발주자에 대한 대금채권에 대하여 가압류 등의 보전 처분을 한 경우

⑤ 다수의 수급사업자로부터 직접 지급 요청이 경합하거나 직접 지급 요청이 가압류 등 보전 처분과 동시에 도달한 경우

그러나 하도급대금 직접 지급 사유가 발생하고 수급사업자의 위탁 업무 수행분에 대한 하도급대금액이 확정된 경우는 해당 채권이 수급사업자에게 귀속되고, 발주자에 대한 원사업자의 도급대금채권은 같은 범위에서 소멸한 것으로 본다.

---

375) 서울지방법원 의정부지원 결정 2000. 5. 11. 선고

국가계약법 등이 적용되는 관급공사에서의 하도급대금 직접지급의무

정부기관이 발주한 공사의 경우는 하도급법 제14조에 따라 발주자의 직접 지급 사유가 발생하였다면 발주자가 하도급대금을 우선적으로 먼저 지급해야 하고, 그 후에 기성 부분에 대한 미지급 도급대금이 남아 있는 경우에 한하여 그 미지급 잔액을 선급금과 상계할 수 있다.

하도급법 제14조에 따른 발주자의 직접지급의무 이외의 정부기관 등이 발주한 공사로서 「국가를 당사자로 하는 계약에 관한 법률」(이하 '국가계약법'이라 한다)에 따른 '공사계약 일반조건'이 적용되는 공사도급계약인 경우에 계약 담당 공무원은 '공사계약 일반조건' 제43조 및 제44조에 따라 하도급대금을 직접 지급해야 한다. '공사계약 일반조건' 제43조에 따르면 ① 하수급인(수급사업자)이 계약 상대자를 상대로 하여 받은 판결로서 그가 시공한 분에 대한 하도급대금 지급을 명하는 확정 판결이 있는 경우 ② 계약 상대자가 파산, 부도, 영업 정지 및 면허 취소 등으로 하도급대금을 하수급인에게 지급할 수 없게 된 경우 ③ 하도급법 또는 「건설산업기본법」 규정에 따라 계약 상대자가 하수급인에 대한 하도급대금 지급 보증서를 제출해야 할 대상 중 그 지급 보증서를 제출하지 않은 경우는 수급사어업가 시공한 부분에 해당하는 금액을 발주기관이 직접 지급하도록 하고 있다.[376]

---

376) (계약 예규) 공사계약 일반조건(시행 2020. 3. 18.)(기획재정부 계약 예규 제470호, 2019. 12. 18. 일부개정) 제43조(하도급대가의 직접 지급 등) ① 계약담당공무원은 계약상대자가 다음 각호의 어느 하나에 해당하는 경우에 「건설산업기본법」 등 관련법령에 의하여 체결한 하도급계약중 하수급인이 시공한 부분에 상당하는 금액에 대하여는 계약상대자가 하수급인에게 제39조 및 제40조에 의한 대가지급을 의뢰한 것으로 보아 해당 하수급인에게 직접 지급하여야 한다.

   1. 하수급인이 계약상대자를 상대로 하여 받은 판결로서 그가 시공한 분에 대한 하도급대금지급을 명하는 확정판결이 있는 경우
   2. 계약상대자가 파산, 부도, 영업정지 및 면허취소 등으로 하도급대금을 하수급인에게 지급할 수 없게 된 경우
   3. 「하도급거래 공정화에 관한 법률」 또는 「건설산업기본법」에 규정한 내용에 따라 계약상대자가 하수급인에 대한 하도급대금 지급보증서를 제출하여야 할 대상 중 그 지급보증서를 제출하지 아니한 경우

   ② 계약담당공무원은 제1항에도 불구하고 하수급인이 해당 하도급계약과 관련하여 노임, 중기사용료, 자재대 등을 체불한 사실을 계약상대자가 객관적으로 입증할 수 있는 서류를 첨부하여 해당 하도급대가의 직접지급 중지를 요청한 때에는 해당 하도급대가를 직접 지급하지 아니할 수 있다.

   ③ 계약상대자는 제27조 제1항에 의한 준공신고 또는 제39조에 의한 기성대가의 지급청구를 위한 검사를

또한 공사의 미착수, 공사 지연 등 수급인(원사업자)의 책임 있는 사유로 공사도급 계약이 해제·해지된 경우 수급인(원사업자)는 지급받은 선금에 대하여 미정산 잔액이 있는 경우는 그 잔액을 발주기관에 상환해야 하고, 이때 발주기관은 선금 잔액과 기성부분에 대한 미지급액을 상계해야 하는데, 「건설산업기본법」이나 하도급법에 의한 하도급대금 지급 보증이 되어 있지 않은 경우로서 '공사계약 일반조건' 제43조에 의하여 하도급대가를 직접 지급해야 하는 때에는 수급사업자의 직접지급청구권이 우선적으로 적용되며 하도급대금을 먼저 지급한 후에 기성 부분에 대한 미지급 잔액이 있으면 선금 잔액과 상계하게 된다.[377]

신청하고자 할 경우에는 하수급인이 시공한 부분에 대한 내역을 구분하여 신청하여야 하며, 제39조 및 제40조에 의하여 제1항의 하도급대가가 포함된 대가지급을 청구할 때에는 해당 하도급대가를 분리하여 청구하여야 한다.

제43조의2(하도급대금 등 지급 확인) ① 계약상대자는 제39조 및 제40조에 의한 대가를 지급받은 경우에 15일 이내에 하수급인 및 자재·장비업자가 시공·제작·대여한 분에 상당한 금액(이하 "하도급대금 등"이라 한다)을 하수급인 및 자재·장비업자에게 현금으로 지급(「전자조달의 이용 및 촉진에 관한 법률」 제9조의2 제1항에 따른 시스템을 통한 지급 포함. 이하 이 조에서 같다.)하여야 하며, 하도급대금 등의 지급 내역(수령자, 지급액, 지급일 등)을 5일(공휴일 및 토요일은 제외한다) 이내에 발주기관 및 공사감독관에게 통보하여야 한다.
② 계약상대자는 제1항에 따라 하수급인에게 하도급대금 등을 지급한 경우에 하수급인으로 하여금 제1항을 준용하여 하수급인의 자재·장비업자가 제작·대여한 분에 상당한 금액을 하수급인의 자재·장비업자에게 지급하고, 이들로 하여금 그 내역(수령자, 지급액, 지급일 등)을 발주기관 및 공사감독관에게 통보하도록 하여야 한다.
③ 계약담당공무원은 제1항 및 제2항에 의한 대금 지급내역을 제39조 제3항 또는 제40조 제3항에 따라 하수급인, 자재·장비업자 및 하수급인의 자재·장비업자로부터 제출받은 대금 수령내역과 비교·확인하여야 하며, 하수급인이 하수급인의 자재·장비업자에게 대금을 지급하지 않은 경우에는 계약상대자에게 즉시 통보하여야 한다.

제43조의3(노무비의 구분관리 및 지급확인) ① 계약상대자는 발주기관과 협의하여 정한 노무비 지급기일에 맞추어 매월 모든 근로자(직접노무비 대상에 한하며, 하수급인이 고용한 근로자를 포함)의 노무비 청구내역(근로자 개인별 성명, 임금 및 연락처 등)을 제출하여야 한다.
② 계약담당공무원은 현장인 명부 등을 통해 제1항에 따른 노무비 청구내역을 확인하고 청구를 받은 날부터 5일 이내에 계약상대자의 노무비 전용계좌로 해당 노무비를 지급(「전자조달의 이용 및 촉진에 관한 법률」 제9조의2 제1항에 따른 시스템을 통한 지급 포함. 이하 이 조에서 같다.)하여야 한다.
③ 계약상대자는 제2항에 따라 노무비를 지급받은 날부터 2일(공휴일 및 토요일은 제외한다) 이내에 노무비 전용계좌에서 이체하는 방식으로 근로자에게 노무비를 지급하여야 하며, 동일한 방식으로 하수급인의 노무비 전용계좌로 노무비를 지급하여야 한다. 다만, 근로자가 계좌를 개설할 수 없거나 다른 방식으로 지급을 원하는 경우 또는 계약상대자(하수급인 포함)가 근로자에게 노무비를 미리 지급하는 경우에는 그에 대한 발주기관의 승인을 받아 그러하지 아니할 수 있다.
④ 계약상대자는 제1항에 따라 노무비 지급을 청구할 때에 전월 노무비 지급내역(계약상대자 및 하수급인의 노무비 전용계좌 이체내역 등 증빙서류)을 제출하여야 하며, 계약담당공무원은 동 지급내역과 계약상대자가 이미 제출한 같은 달의 청구내역을 비교하여 임금 미지급이 확인된 경우에는 해당 사실을 지방고용노동(지)청에 통보하여야 한다.

377) (계약 예규) 공사계약 일반조건(시행 2020. 3. 18.)(기획재정부 계약 예규 제470호, 2019. 12. 18. 일부개정)

제44조(계약상대자의 책임있는 사유로 인한 계약의 해제 및 해지) ① 계약담당공무원은 계약상대자가 다음 각호의 어느 하나에 해당하는 경우에는 해당 계약의 전부 또는 일부를 해제 또는 해지할 수 있다. 다만, 제3호의 경우에 계약상대자의 계약이행 가능성이 있고 계약을 유지할 필요가 있다고 인정되는 경우로서 계약상대자가 계약이행이 완료되지 아니한 부분에 상당하는 계약보증금(당초 계약보증금에 제25조 제1항에 따른 지체상금의 최대금액을 더한 금액을 한도로 한다)을 추가납부하는 때에는 계약을 유지한다.

1. 정당한 이유없이 약정한 착공시일을 경과하고도 공사에 착수하지 아니할 경우
2. 계약상대자의 책임있는 사유로 인하여 준공기한까지 공사를 완공하지 못하거나 완성할 가능성이 없다고 인정될 경우
3. 제25조 제1항에 의한 지체상금이 시행령 제50조 제1항에 의한 해당 계약(장기계속공사계약인 경우에는 차수별 계약)의 계약보증금상당액에 달한 경우
4. 장기계속공사의 계약에 있어서 제2차공사 이후의 계약을 체결하지 아니하는 경우
5. 계약의 수행중 뇌물수수 또는 정상적인 계약관리를 방해하는 불법·부정행위가 있는 경우
6. 제47조의3에 따른 시공계획서를 제출 또는 보완하지 않거나 정당한 이유 없이 계획서대로 이행하지 않을 경우
7. 입찰에 관한 서류 등을 허위 또는 부정한 방법으로 제출하여 계약이 체결된 경우
8. 기타 계약조건을 위반하고 그 위반으로 인하여 계약의 목적을 달성할 수 없다고 인정될 경우

② 계약담당공무원은 제1항에 의하여 계약을 해제 또는 해지한 때에는 그 사실을 계약상대자 및 제42조에 의한 하수급자에게 통지하여야 한다.

③ 제2항에 의한 통지를 받은 계약상대자는 다음 각호의 사항을 준수하여야 한다.

1. 해당 공사를 즉시 중지하고 모든 공사자재 및 기구 등을 공사장으로부터 철거하여야 한다.
2. 제13조에 의한 대여품이 있을 때에는 지체없이 발주기관에 반환하여야 한다. 이 경우에 해당 대여품이 계약상대자의 고의 또는 과실로 인하여 멸실 또는 파손되었을 때에는 원상회복 또는 그 손해를 배상하여야 한다.
3. 제13조에 의한 관급재료 중 공사의 기성부분으로서 인수된 부분에 사용한 것을 제외한 잔여재료는 발주기관에 반환하여야 한다. 이 경우에 해당 재료가 계약상대자의 고의 또는 과실로 인하여 멸실 또는 파손되었을 때, 또는 공사의 기성부분으로서 인수되지 아니하는 부분에 사용된 때에는 원상회복 하거나 그 손해를 배상하여야 한다.
4. 발주기관이 요구하는 공사장의 모든 재료, 정보 및 편의를 발주기관에 제공하여야 한다.

④ 계약담당공무원은 제1항에 의하여 계약을 해제 또는 해지한 경우 및 제48조에 의하여 보증기관이 보증이행을 하는 경우에 기성부분을 검사하여 인수한 때에는 해당부분에 상당하는 대가를 계약상대자에게 지급하여야 한다.

⑤ 제1항에 의하여 계약이 해제 또는 해지된 경우에 계약상대자는 지급받은 선금에 대하여 미정산잔액이 있는 경우에는 그 잔액에 대한 약정이자상당액[사유발생 시점의 금융기관 대출평균금리(한국은행 통계월보상의 대출평균금리를 말한다)에 의하여 산출한 금액을 가산하여 발주기관에 상환하여야 한다.

⑥ 제5항의 경우에 계약담당공무원은 선금잔액과 기성부분에 대한 미지급액을 상계하여야 한다. 다만,「건설산업기본법」및「하도급 거래공정화에 관한 법률」에 의하여 하도급대금 지급보증이 되어 있지 않은 경우로서 제43조 제1항에 의하여 하도급대가를 직접 지급하여야 하는 때에는 우선적으로 하도급대가를 지급한 후에 기성부분에 대한 미지급액의 잔액이 있으면 선금잔액과 상계할 수 있다.

122 하도급대금 직접지급의무 관련 심결 및 판례

(1) 직접지급사유 발생전 원사업자의 항변사유로 발주자는 수급사업자에게 대항 가능

① 직접지급사유 발생 전 (가)압류 등으로 집행보전된 금액에 대하여는 직접지급 청구권이 발생하지 않는다.

하도급법 제14조에서 정한 '직접지급사유가 발생하기 전'에 원사업자의 발주자에 대한 채권에 대하여 압류 또는 가압류 등이 이루어진 경우에는 그 이후에 하도급대금의 직접지급사유에도 불구하고, 이미 집행 보전된 그 채권은 소멸하지 않는다. 따라서 이미 압류 등으로 집행 보전된 채권에 해당하는 금액에 대하여는 수급사업자에게 직접청구권이 발생하지 않는다. 원사업자의 발주자에 대한 공사대금채권은 집행 보전된 채권액 한도에서는 수급사업자에게 이전되지도 않는다(대법원 2014. 12. 24. 선고 2012다85267 판결).

(2) 지급지급사유 발생후 원사업자의 항변사유로는 발주자는 수급사업자에 대항불가

① 원사업자 채권자의 (가)압류 등은 직접지급청구권에 대항하지 못한다.

하도급대금의 직접 '지급사유가 발생한 후'에 원사업자의 일반채권자들이 원사업자의 발주자에 대한 공사대금채권에 대한 압류 또는 가압류를 하면, 발주자나 일반채권자들은 그 압류 또는 가압류로써 하도급법상 직접지급청구권자인 수급사업자에게 대항할 수 없다. 발주자는 수급사업자에게 하도급대금을 직접 지급해야 한다(대법원 2003. 9. 5. 선고 2001다64769 판결; 서울중앙지방법원 2010. 7. 7. 선고 2009가합37669 판결).

② 직접지급사유 발생후 원사업자에게 생긴 상계 사유 등으로 발주자는 수급사업자에게 대항 불가

수급사업자에게 직접지급청구권이 발생한 이후 발주자의 원사업자에 대한 지체상금채권이 발생했다면, 발주자는 수급사업자의 직접지급청구권이 발생한 후에 원사업자에 대하여 생긴 사유로는 수급사업자에게 상계를 주장하여 대항할 수 없다(대법원 2015. 8. 27. 선고 2013다81224, 81231 판결 : 공사대금).

③ 직접지급청구권 발생후 원사업자에게 생긴 사유로 발주자가 수급사업자에게 대항할 수 없다.

발주자·원사업자 및 수급사업자 사이에서 발주자가 하도급대금을 직접 수급사업자에게 지급하기로 합의하여 구 하도급법 제14조 제1항, 제2항에 따라 수급사업자의 발주자에 대한 직접지급청구권이 발생함과 아울러 발주자의 원사업자에 대한 대금 지급 채무가 하도급대금의 범위 안에서 소멸하는 경우에, 발주자가 직접지급의무를 부담하게 되는 부분에 해당하는 원사업자의 발주자에 대한 공사대금채권은 동일성을 유지한 채 수급사업자에게 이전되고, 발주자는 수급사업자의 직접지급청구권이 발생하기 전에 원사업자에 대하여 대항할 수 있는 사유로서 수급사업자에게 대항할 수 있으나, 수급사업자의 직접지급청구권이 발생한 후에 원사업자에 대하여 생긴 사유로는 수급사업자에게 대항할 수 없음이 원칙이다(대법원 2010. 6. 10. 선고 2009다19574 판결; 대법원 2014. 12. 24. 선고 2012다85267 판결 등 참조).

한편, 공사도급계약상 도급인의 지체상금채권과 수급인의 공사대금채권은 특별한 사정이 없는 한 동시이행의 관계에 있다고 할 수 없다(대법원 2014. 9. 25. 선고 2014다25160 판결 등 참조).

원고(원사업자)와 피고(발주자) 및 참가인(수급사업자) 사이에서 2011년 3월 10일경 피고가 하도급대금을 직접 참가인에게 지급하기로 합의하였고, 참가인이 2011년 4월 26일경 지상 2층의 철근콘크리트공사 부분까지 시공을 마침으로써, 그때에 참가인의 피고에 대한 하도급대금 직접지급청구권이 발생하였고, 그 범위 안에서 원고의 피고에 대한 공사대금채권은 참가인에게 이전되어 소멸되었다고 할 것이다. 그런데 피고의 원고에 대한 위 지체상금채권은 그 후인 2011년 8월 11일부터 발생하였으므로, 위 지체상금채권을 가지고 참가인에게 이전된 위 공사대금채권에 대하여 상계를 주장하여 참가인에게 대항할 수 없음이 원칙이라 할 것이다. 그리고 특별한 사정이 없는 한 피고의 위 지체상금채권은 참가인에게 이전된 위 공사대금채권과 서로 동시 이행 관계에 있다고 할 수 없으므로, 그 동시 이행 관계에 있음을 전제로 하여 이와 달리 보아야 한다는 피고의 주장은 받아들일 수 없다(대법원 2015. 8. 27. 선고 2013다81224, 81231 판결).

④ 발주자가 원사업자에게 원도급계약을 해지하였더라도 하도급대금 직접지급의무가 발생한다.

공정위 질의 회신 사례

[질의] 발주자가 원사업자에게 계약 해지를 통보한 경우는 하도급대금 직접지급의무가 없는 것인지 여부는 어떠한가?

[회신] 발주자는 원사업자에 대한 대금지급의무의 범위 안에서 하도급대금 직접지급의무를 부담하므로 계약 해지 유무와 상관없이 발주자가 원사업자에 대한 대금지급의무가 남아있다면 그 범위 안에서는 하도급대금 직접 지급의의무가 있는 것으로 보아야 한다.

---

(3) 직접지급의무는 수급사업자가 제조 등을 한 부분에 상응하는 원도급대금 지급의무의 범위 내에서 발생

① 직접지급사유 전 발주자가 원사업자에게 원도급대금을 어음을 발행·교부하고 직접지급사유 발생후 어음금 지급이 이루어졌다 하더라도 원도급금액은 직접지급사유 발생전 지급, 소멸된 것이므로, 그 범위 내에서 하도급대금 직접지급의무 불발생

발주자가 하도급법 제14조 제1항에 의한 수급사업자의 직접지급요청 전에 원사업자에게 공사대금지급을 위한 어음을 발행 교부하였는데 직접지급 요청 후에 그 어음금의 지급이 이루어졌다면, 이는 직접지급 요청 후에 새로이 발생한 사유로 볼 수 없으므로, 발주자가 수급사업자에게 어음금에 해당하는 공사대금의 소멸을 주장할 수 있다(대법원 2010. 6. 10. 선고 2009다19574 판결 : 물품대금).

② 직접지급요청이 된 공사 부분에 대한 원도급대금이 지급된 이상 이에 대한 하도급대금의 직접지급의무는 발생하지 않는다.

구 하도급법 제14조 제1항과 동법 시행령 제4조 제1항 제1호에 의하면, 원사 업자의 파산으로 원사업자가 하도급대금을 지급할 수 없게 된 경우로서 수급사업자가 발주자에게 하도급대금의 직접지급을 요청한 때에는 발주자는 수급사업자에게 하도급대금을 직접 지급하여야 할 의무를 부담하는 것이기는 하지만, 특별한 사정이 없는 한 발주자는 원사업자에 대한 대금지급의무의 범위 안에서만 하도급대금 직접 지급의무를 부담할 뿐이라고 할 것이다. 그런데 기록에 의하면, 원사업자와 발주자는 수급사업자의 지하 터파기 공사가 완료된 후인 2000. 10.경 암석굴삭 공사를 흙파기 공사로 설계변경한 사실을 알 수 있으므로, 발주자는 원사업자에 대하여 설계변경에 따른 공사대금만을 지급할 의무가 있고, 그에 따라 수급사업자에 대하여도 위 공사대금 지급의무의 범위 안에서만 하도급대금 직접지급의무를 부담한다고 할 것인데, 발주자가 설계변경에 따라 암석굴삭 수

량으로 예정되어 있던 6.708㎡에 흙파기 단가인 ㎡당 350원을 적용하여 산출한 2,347,800 원(수량 6,708㎡ × ㎡당 350원)을 지급하였음은 앞서 본 바와 같으므로, 특별한 사정이 없는 한 이 부분 공사와 관련된 발주자의 하도급대금 직접 지급의무는 이미 정산되어 더 이상 존재하지 않는다고 할 것이다. 그럼에도 불구하고, 원심은 원사업자와 발주자 사이에 설계변경을 마친 것만으로는 발주자의 수급사업자에 대한 암석굴삭 공사대금의 직접 지급의무가 소멸하지 않는다는 이유로 이 부분 공사와 관련된 발주자의 하도급대금 직접 지급의무가 남아 있다고 판단하였으니, 이러한 원심 판결에는 발주자의 하도급대금 직접 지급의무에 관한 법리를 오해하여 판결에 영향을 미친 위법이 있다(대법원 2005. 7. 28. 선고 2004다64050 판결 : 공사대금).

③ 공정위의 질의회신

[질의] 발주자, 원사업자, 수급사업자 3자간 하도급대금 직접 지급을 합의한 후 채권 가압류 결정이 내려진 경우, 가압류 결정 이전 시공분에 대한 하도급대금을 발주자가 수급사업자에게 직접 지급할 수 있는지 여부는 어떠한가? 그리고 직접 지급을 위한 시공분 산정 기준일 적용은 가압류 결정일과 송달 접수일 중에서 어느 일자를 기준으로 해야 하는지 여부는 어떠한가?

[회신] 발주자, 원사업자 수급사업자간 하도급대금 직접 지급에 관한 합의(하도급법 제14조 제1항 제2호 관련)가 있고 수급사업자가 시공 등을 한 부분이 있다면 직접 지급 사유는 발생하고 발주자는 수급사업자에게 하도급대금을 직접 지급해야 하며 직접 지급한 금액의 범위에서 발주자의 원사업자에 대한 대금 지급 채무는 소멸하게 된다. 다만, 이 경우도 합의금액(통상 계약금액) 전체가 당연히 직접 지급의 대상이 되는 것이 아니라 합의 금액 중 제3채권자로부터 (가)압류가 있기 전까지 수급사업자가 시공한 부분을 발주자의 직접 지급 대상 하도급금액으로 보아야 할 것이다(관련 판례로 대법원 2008. 2. 29. 선고 2007다54108 판결 참고).

직접 지급과 관련한 가압류의 효력일에 대해서는 하도급법에서는 별도로 규정한 바가 없으나 「민법」상 압류 명령 통지 접수일을 기준으로 하는 것이 판례의 태도이다.

(4) 직접지급사유 발생한 수급사업자가 수인인 경우 그 우열관계는 직접지급 요청 도달일시의 선후에 따라야 하며, 동시에 도달할 경우 안분배당

직접지급사유가 발생한 수급사업자들이 여러 명인 경우 그들 사이의 우열관계는 채권 자평등이라는 일반원칙에 의하기보다 직접지급 요청 도달일시의 선후에 따라 우열관계를 정하고, 그 도달일시가 같은 수급사업자들에 한해서만 채권액에 따라 안분배당, 즉 나누어 주어야 한다. 왜냐하면, ① 하도급법 제14조 제1항 제1호 및 제2항이 원사업자가 하도급대금을 지급할 수 없게 된 경우로서 "수급사업자가 하도급대금의 직접지급을 요청한 때" 원사업자에 대한 발주자의 대금 지급의무와 수급사업자에 대한 원사업자의 하도급 대금 지급채무는 그 범위에서 소멸한 것으로 본다고 규정하고 있고, 같은 법 시행령 제4조 제1항이 수급사업자의 직접지급 요청은 그 의사표시가 발주자에게 도달한 때부터 효력이 발생한다고 규정하고 있으므로 그 문언상 수급사업자들 사이의 우선순위도 공사대금의 직접 지급을 요청하는 의사표시가 발주자에게 도달한 시점을 기준으로 하여 선착순으로 정하도록 하고 있음이 분명한 점, ② 직접청구권자들이 수인일 경우 그들 사이의 우선순위관계를 정하는 기준이 없이 그들을 모두 평등하게 취급해야 한다면, 발주자는 어느 수급사업자에게 하도급대금을 지급해야 할지 모르는 불안정한 상태에 놓이게 되는 점(흔히 공사도급계약에 있어 발주자는 원사업자나 수급사업자의 공사 완공 여부, 완공 정도, 하자보수, 공사대금정산 등의 주장을 하며 공사대금액을 확정하지 않는 경우가 많아, 발주자가 원사업자나 수급사업자에게 지급할 공사대금액을 임의적으로 정하여 변제 공탁이나 집행공탁을 하도록 강제하기도 어렵다), ③ 직접청구를 한 수급사업자들 사이의 관계를 정하는 기준이 없이 채권자 평등의 원칙에 따라 평등하게 배당해야 한다면, 이미 직접청구를 한 수급사업자들은 그 직접지급청구 당시 하도급채권의 존부 및 범위가 모두 분명치 않은 다른 수급사업자들 전부가 직접청구할 때까지 또는 발주자가 집행공탁을 할 때까지 기다려야만 하도급대금을 지급받게 되어 그 지위가 기약할 수 없는 시기까지 장기간 불안정해지는 점(이 사건에서 발주자는 집행공탁을 하지도 않았다), ④ 공사대금의 직접 지급을 요청하는 의사표시가 발주자에게 도달한 시점을 기준으로 하여 선착순으로 수급사업자들 사이의 우선순위를 정하면 수급사업자들 사이 및 원사업자에 대한 일반채권자들 사이의 법률관계를 매우 간명하게 정할 수 있는 점 등 때문이다(서울중앙지법 2010. 7. 7. 선고 2009가합37669 판결).

(5) 직접지급의무가 없음에도 발주자가 착오로 수급사업자에게 하도급대금을 지급한 경우, 발주자의 원사업자에 대한 원도급대금이 변제 등으로 부존재함에도 불구하고 수급사업자에게 직접지급한 경우에는 수급사업자에게 부당이득반환청구가 가능하지만(이 경우에는 원사업자에 대하여 부당이득반환청구를 할 여지가 없기 때문으로 보인다), 발주자의 원사업자에 대한 원도급대금 지급의무가 여전히 존재하는 경우에는 수급사업자에게 부당이득반환청구가 가능하다고 보는 것으로 여겨진다(이 경우 원사업자에게 부당이득반환청구를 할 여지가 없기 때문으로 보인다).

① 발주자가 원사업자에게 이미 공사대금 변제하는 등 원도급대금 지급의무가 부존재함에도 착오로 수급사업자에게 직접지급한 사안

"발주자가 수급인 등에 대하여 공사대금지급채무를 부담하지 않고 있음에도 이를 부담하고 있는 것으로 잘못 알고 위 규정들에 의하여 하도급대금을 직접 하수급인 등에게 지급하였다고 하더라도, 하수급인 등이 발주자로부터 하도급대금을 지급받은 것은 수급인 등과의 하도급계약에 의한 것이어서 이를 법률상 원인 없이 하도급대금을 수령한 것이라고 볼 수 없으므로 발주자는 수급인 등에 대하여 부당이득반환청구를 할 수 있을 뿐[378] 하수급인 등을 상대로 부당이득반환청구를 할 수는 없다"고 판시하였다(대법원 2008. 6. 26. 선고 2006다63884 판결).

② 원사업자의 발주자에 대한 원도급대금이 제3자에 채권양도된 후에 수급사업자의 직접지급요청이 있어 직접지급의무가 없었지만 원도급대금에 대한 지급의무는 존재하였는데 발주자가 착오로 수급사업자에게 하도급대금을 직접지급한 사안

하도급법 제14조 제4항은 "제1항에 따라 발주자가 해당 수급사업자에게 하도급대금을 직접 지급할 때에 발주자가 원사업자에게 이미 지급한 하도급금액은 빼고 지급한다"라고 규정하고, 하도급법 시행령 제9조 제3항은 "발주자는 원사업자에 대한 대금지급의무의 범위에서 하도급대금 직접지급의무를 부담한다"라고 규정하고 있다. 이에 비추어 볼 때, 하도급법은 발주자에게 도급대금채무를 넘는 새로운 부담을 지우지 아니하는 범위 내에서 수급사업자가 시공한 부분에 상당한 하도급대금채무에 대한 직접지급의무를 부담하게 함으로써 수급사업자를 원사업자 및 그 일반채권자에 우선하여 보호하려는 것임을 알 수 있다. 이러한 입법 취지를 고려하면 특별한 사정이 없는 한 발주자로서는 하도급법 시행령 제9조 제3항에 따라 원사업자에 대한 대금지급의무를 한도로 하여 하도급대금의 직접지급의무를 부담한다고 해석함이 타당하다(대법원 2015. 5. 28. 선고 2014다203960 판결 등 참조). 또한 건설산업기본법 제35조 제7항, 건설산업기본법 시행규칙 제29조 제3항에 의하면, 수급인이 건설산업기본법 제32조 제4항, 제35조 제2항 제4호에 따라 건설기계 대여업자에게 건설기계 대여대금을 직접지급하는 경우에도 하도급법 시행령 제9조 제3항이 준용되므로, 특별한 사정이 없는 한 발주자로서는 수급인에 대한 대금지급의무를 한도로 하여 직접지급의무를 부담한다고 보아야 한다. 따라서 발주자가 하도급법 제14조 제1항 제1호 또는 건설산업기본법 제32조 제4항, 제35조 제2항 제4호에 따라 수급사업자

---

378) 발주자가 원사업자에 대하여 아무런 대금지급채무를 부담하지 않았던 위 사안에서 발주자는 원사업자에게 부당이득반환청구를 할 수 있는지 여부는 사실관계에 따라 다를 수 있다.

등에게 하도급대금 등을 지급했다면, 이는 채무자가 아닌 제3자가 타인의 채무를 자기의 채무로 잘못 알고 자기 채무의 이행으로서 변제한 경우에 해당하므로, 특별한 사정이 없는 한 발주자는 수급사업자 등을 상대로 부당이득반환을 청구할 수 있다(대법원 2017. 12. 13. 선고 2017다242300 판결 : 부당이득금).

(6) (원)하도급대금에 대한 직접지급합의가 있었음에도 불구하고 수급사업자가 발주자에게 원하도급대금 뿐 아니라 증액 하도급대금까지 청구하였으나 원하도급대금에 대한 직접지급의무만을 인정받은 후, 원사업자를 상대로 증액 하도급대금 지급청구를 한 사안에서, 발주자에 대한 하도급대금 청구의 소를 제기하여 증액 하도급대금에 대한 하도급법상의 직접지급요청으로 볼 수 없다.

수급사업자가 하도급법 제14조 제1항에서 말하는 하도급대금의 직접지급을 요청하였는지 여부는 수급사업자의 원사업자에 대한 요청내용과 방식, 수급사업자가 달성하려고 하는 목적, 문제되는 직접지급사유와 하도급대금의 내역, 하도급대금의 증액 여부와 그 시기, 직접지급제도의 취지, 수급사업자·원사업자·발주자의 이해관계, 직접지급의 요청에 따르는 법적 효과와 이에 대한 예견가능성 등을 종합적으로 고려하여 판단하여야 한다. 발주자는 원사업자에 대한 도급대금 지급의무의 범위와 관계없이 수급사업자에게 일정한 금액의 하도급대금을 직접 지급하기로 약정하였고, 전소에서 수급사업자는 위 약정을 1차적인 근거로 삼아 당초 약정한 하도급대금과 함께 증액대금의 지급을 청구하였다. 수급사업자의 발주자에 대한 하도급법 제14조 제1항 제3호에 따른 직접지급청구권의 존부나 범위에 관해서는 전소에서 심리·판단이 이루어지지 않았는데, 수급사업자가 그 소장부본의 송달로써 하도급법상 증액대금의 직접지급을 요청하였다고 볼 경우 수급사업자로서는 증액대금에 관한 권리행사나 대금회수가 사실상 곤란해지는 결과가 된다. 이러한 사정을 기초로 전소 소장에 기재된 문언의 내용, 이 사건 사업약정과 직접지급 합의의 경위와 내용, 증액대금에 관한 변경계약의 경위, 전소에서 증액대금과 관련하여 당사자들이 했던 주장과 이에 관하여 법원이 심리·판단한 내용과 범위, 이 사건 소제기의 경위, 전소판결에 관한 당사자들의 불복여부, 수급사업자의 진정한 의사와 발주자가 인식한 내용 등을 종합적으로 고찰해 보면, 수급사업자는 전소에서 사업약정과 지급합의에 기하여 발주자가 수급사업자에게 지급하기로 한 하도급대금을 청구한 것이고, 그것이 동시에 이 사건 증액대금에 관한 하도급법상 직접지급청구권의 발생요건인 하도급법 제14조 제1항 제3호에 따른 직접지급의 요청에 해당한다고 보기는 어렵다. 원심은, 전소의 진행경과 등의 사정을 전체적으로 살펴보지 않고 수급사업자가 당시 원사업자로부터 하도급대금의 2회분 이상을 지급받지 못하였다는 점에 주목하여 수급사업자가 전소의 소장부본 송달로써 발주자에 하도급법 제14조 제1항 제3호의 직접 지급요청을 하였다고 보아 발주자의 수급사업자에 대한 증액대금 지급의무가 소멸하였다고 판단하였다. 원심의 이러한 판단에는 하도급법 제14조에서 정한 직접 지급요청에 관한 법리를 오해하여 판결에 영향을 미친 잘못이 있다.

도급인인 갑 주식회사, 수급인인 을 주식회사, 하수급업체 대표인 병 주식회사 등이 을 회사의 워크아웃 신청으로 중단되었던 공사를 재개하기 위한 사업약정을 체결하면서 갑 회사가 하수급업자 등에게 하도급대금 등을 직접 지급하기로 하였고, 이에 따라 하수급인인 정 주식회사와 갑 회사, 을 회사가 직접지급 합의서를 작성하였는데, 정 회사가 갑 회사 등을 상대로 하도급대금의 지급을 청구하는 전소를 제기하면서 직접지급 합의서에는 기재되어 있지 않은 을 회사와 변경계약한 증액대금도 함께 지급할 것을 청구하였으나, 법원이 갑 회사가 직접지급 합의서에 따른 최초의 하도급대금만을 지급할 의무가 있음을 전제로 증액대금의 지급약정 등에 관한 정 회사의 주장을 배척하자, 정 회사가 을 회사를 흡수합병한 무 주식회사를 상대로 증액대금의 지급을 구하는 소를 제기한 사안에서, 전소 소장에 기재된 문언의 내용, 사업약정과 직접지급 합의의 경위와 내용, 증액대금에 관한 변경계약의 경위, 전소에서 증액대금과 관련하여 당사자들이 했던 주장과 이에 관하여 법원이 심리·판단한 내용과 범위, 소 제기의 경위, 전소판결에 관한 당사자들의 불복 여부, 정 회사의 진정한 의사와 갑 회사가 인식한 내용 등을 종합적으로 고찰해 보면, 정 회사는 전소에서 사업약정과 지급합의에 기하여 갑 회사가 정 회사에 지급하기로 한 하도급대금을 청구한 것이고, 그것이 동시에 증액대금에 관한 구 하도급거래 공정화에 관한 법률(2014. 5. 28. 법률 제12709호로 개정되기 전의 것)상 직접지급청구권의 발생요건인 같은 법 제14조 제1항 제3호에 따른 직접지급의 요청에 해당한다고 보기는 어렵다(대법원 2017. 4. 26. 선고 2014다38678 판결 : 공사대금).

(7) 채권양도합의와 직접지급합의의 구별

발주자·원사업자 및 수급사업자 사이에서 발주자가 하도급대금을 직접 수급사업자에게 지급하기로 합의한 경우에, 당사자들의 의사가 도급계약 및 하도급계약에 따른 공사가 실제로 시행 내지 완료되었는지 여부와 상관없이 원사업자의 발주자에 대한 공사대금채권 자체를 수급사업자에게 이전하여 수급사업자가 발주자에게 직접 그 공사대금을 청구하고 원사업자는 공사대금 청구를 하지 않기로 하는 취지라면 이는 실질적으로 원사업자가 발주자에 대한 공사대금채권을 수급사업자에게 양도하고 그 채무자인 발주자가 이를 승낙한 것에 해당한다. 그런데 이러한 채권양도에 대한 발주자의 승낙이 확정일자 있는 증서에 의하여 이루어지지 않는 이상, 발주자는 위와 같은 채권양도와 그에 기한 채무의 변제를 들어서 원사업자의 위 공사대금채권에 대한 압류채권자에게 대항할 수 없다.

반면 당사자들의 의사가 수급사업자가 하도급계약에 기하여 실제로 공사를 시행 내지 완료한 범위 내에서는 발주자가 수급사업자에게 그 공사대금을 직접 지급하기로 하고 원사업자에게 그 공사대금을 지급하지 않기로 하는 취지라면, 압류명령의 통지가 발주자에게 도달하기 전에 수급사업자가 공사를 실제로 시행 내지 완료하였는지 여부나 그 기성고 정도 등에 따라 발주자가 원사업자의 위 공사대금채권에 대한 압류채권자에게 수급사업자의 시공 부분에 상당하는 하도급대금의 범위 내에서 대항할 수 있는지 여부 및 그 범위가 달라진다. 구 하도급법 제14조 제2항의 규정 취지를 같은 조 제1항의 규정 내용에 비추어 보면, '발주자가 하도급대금을 직접 수급사업자에게 지급하기로 발주자·원사업자 및 수급사업자 간에 합의한 경우'에 발주자가 그 하도급대금 전액을 해당 수급사업자에게 직접 지급할 의무가 바로 발생하는 것이 아니라, '수급사업자가 제조·수리·시공 또는 용역수행한 분에 상당하는' 하도급대금을 해당 수급사업자에게 직접 지급할 의무가 발생하는 것이고, 그 범위 내에서 발주자의 원사업자에 대한 대금지급채무가 소멸한다고 해석함이 타당하다(대법원 2014. 12. 24. 선고 2012다85267 판결 : 배당이의).

(8) 발주자의 하도급대금 직접지급의무는 하도급법 지연이자 대상이 아니다.

하도급법 제13조 제7항 소정의 "원사업자가 하도급대금을 목적물의 수령일부터 60일을 초과하여 지급하는 경우에는 그 초과기간에 대하여 공정거래위원회가 정하여 고시하는 이자율에 의한 이자를 지급하여야 한다"는 규정은, 원사업자가 수급사업자에 대하여 하도급대금을 지급하는 경우에 관한 규정이어서, 이 사건과 같이 발주자가 원사업자의 파산 등으로 수급사업자에게 하도급대금을 직접 지급하는 경우에는 적용될 수 없다는 원심의 판단은 정당하다(대법원 2005. 7. 28. 선고 2004다64050 판결 : 공사대금).

(9) 제14조 제1항의 지급지급청구권 발생시점은 직접지급요청의 의사표시가 도달한 시기이며, '지급할 수 없게 된 경우'란 채무자의 변제능력이 부족하여 즉시 변제해야 하는 채무를 일반적, 계속적으로 변제할 수 없는 객관적인 상태를 의미한다.

구 하도급거래 공정화에 관한 법률(2007. 7. 19. 법률 제8359호로 개정되기 전의 것, 이하 '구 하도급법'이라 한다) 제14조 제1항에서는 "발주사는 다음 각 호의 1에 해당하는 사유가 발생한 경우로서 수급사업자가 제조·수리·시공 또는 용역 수행한 분에 상당하는 하도급대금의 직접 지급을 요청한 때에는 해당 수급사업자에게 직접 지급해야 한다"고 규정하고, 제1호에서 그 사유의 하나로 "원사업자의 지급 정지·파산 그 밖에 이와 유사한 사유가 있거나 사업에 관한 허가·인가·면허·등록 등이 취소되어 원사업자가 하도급대금을 지급할 수 없게 된 경우"를 들고 있으며, 제2항에서는 "제1항의 규정에 의한 사유가 발생한 경우 발주자의 원사업자에 대한 대금 지급 채무와 원사업자의 수급사업자에 대한 하도급대금 지급 채무는 그 범위 안에서 소멸한 것으로 본다"고 규정하고 있으며, 동법 시행령 제4조 제1항에서는 "법 제14조 제1항의 규정에 의한 수급사업자의 직접 지급 요청은 그 의사표시가 발주자에게 도달한 때부터 효력이 발생하며, 그 의사표시가 도달되었다는 사실은 수급사업자가 증명해야 한다"고 규정하고 있다. 그러므로 수급사업자가 하도급계약에 따른 공사를 시행하고 발주자에게 그 시공한 분에 상당하는 하도급대금의 직접 지급을 요청한 때에 수급사업자의 발주자에 대한 하도급대금 직접지급 청구권이 발생함과 아울러 발주자의 원사업자에 대한 대금 지급 채무가 하도급대금의 범위 안에서 소멸하게 된다 할 것이고, 따라서 수급사업자가 발주자에 대하여 하도급대금의 직접 지급을 구할 수 있는 권리가 발생하는지 여부, 즉 원사업자가 지급 정지·파산 그 밖에 이와 유사한 사유 등으로 인하여 하도급대금을 지급할 수 없게 되었는지 여부 등에 관하여는 수급사업자의 직접 지급 요청의 의사표시가 발주자에게 도달한 시점을 기준으로 판단해야 하며, 여기에서 '지급할 수 없게 된 경우' 즉, 지급 불능이라 함은 채무자가 변제 능력이 부족하여 즉시 변제해야 할 채무를 일반적·계속적으로 변제할 수 없는 객관적 상태를 말한다. … (중략) … 위와 같은 사실 관계를 위 법리에 비추어 살펴보면, 하도급대금의 직접 지급을 요청하는 원고의 의사표시가 피고에게 도달한 2006년 9월 8일 당시에는 A건설의 피고에 대한 이 사건 도급계약에 기한 공사대금 등 채권이 용이하게 변제받을 수 있는 상태에 있었다고 하기 어려울 뿐만 아니라 원고를 비롯한 수급사업자들에 대한 채무액이 그 채권액을 훨씬 초과하고 있었고, 또한 A건설은 부도로 인하여 다른 지급 수단을 조달할 수 있는 능력이 있었다고 보기도 어려워, 결국 원사업자인 A건설은 자금 사정의 악화로 부도가 나는 등의 사유로 변제 능력이 부족하여 즉시 변제해야 할 채무를 일반적·계속적으로 변제할 수 없는 객관적 상태에 있었다고 봄이 상당하다. 그럼에도 원심은 A건설이 부도나기는 하였으나 위와 같이 피고를 상대로 하여 제기한 이 사건 도급계약에 기한 공사대금 등의 지급을 구하는 소송에서 2008년 5월 29일 "피고는 A건설에 대하여 981,867,465원 및 이에 대한 지연손해금을 지급하라"는 내용의 판결이 선고된 이상, 원고로서는 확정된 A건설에 대한 이 사건 제1심 판결에 기하여 A건설의 피고에 대한 위 판결금 채권에 대하여 강제집행 절차를 밟을 수 있다는 이유만으로 A건설이 하도급대금을 지급할 수 없게 된 경우에 해당한다고 보기 어렵다고 판단하고 말았으니, 원심의 위와 같은 판단에는 하도급대금 직접지급청구권의 성립에 관한 법리를 오해하여 필요한 심리를 다하지 아니함으로써 판결 결과에 영향을 미친 위법이 있다. 이 점을 지적하는 상고 논지는 이유 있다(대법원 2009. 3. 12. 선고 2008다65839 판결).

(10) 원사업자가 하도급대금 지급보증에 가입하지 않고 발주자와 직접지급 합의를 하더라도 법 위반이 아니다.

질의 회신 사례

[질의] 원사업자가 지급 보증에 가입하지 않고 발주자와 직불합의하는 내용으로 계약하였는데 미지급금을 보상받을 수 있는지 여부는 어떠한가?

[회신] 발주자와 원사업자, 수급사업자가 직접 지급을 합의하였다면 원사업자가 수급사업자에게 대금지급 보증을 하지 아니해도 법에 저촉되지 않으며 하도급대급의 지급은 발주자가 직접 지급해야 할 것이다.

(11) 직접지급요건 중 하도급대금 2회 이상 미지급의 의미와 효과

① 수급인(하도급법상 원사업자)은 도급받은 건설공사에 대한 준공금 또는 기성금을 받으면 그 준공금 또는 기성금을 받은 날부터 15일 이내에 하수급인(하도급법상 수급사업자)에게 하도급대금을 지급해야 한다(건설산업기본법 제34조 제1항). 수급인이 위와 같은 하도급대금 지급을 2회 이상 지체하여 하수급인이 발주자에게 하도급대금의 직접 지급을 요청한 경우 발주자는 하수급인이 시공한 부분에 해당하는 하도급대금을 하수급인에게 직접 지급해야 한다(건설산업기본법 제35조 제2항 제3호, 하도급법 제14조 제1항 제3호도 거의 같은 내용으로 정하고 있다).

이와 같이 수급인이 하도급대금을 2회 이상 지체함으로써 하수급인이 발주자에게 하도급대금의 직접 지급을 요청한 경우에는 발주자, 수급인, 하수급인 사이에 직접 지급에 관한 합의가 있을 것을 필요로 하지 않는다. 이에 따른 하수급인의 직접지급청구권은 수급인이 하수급인에게 하도급을 준 범위와 구체적 내용을 발주자가 알았는지 여부와 관계없이 인정되는 것이므로, 발주자가 수급인에게 도급을 준 부분 중에서 하수급인이 시공한 부분에 해당하면 된다.

② 기록에 따르면, 원고는 이 사건 소장과 2015년 3월 16일자 준비 서면 등을 통해서 수급인인 ○○○건설이 하수급인인 원고에게 추가·변경 공사 부분에 대한 하도급대금을 2회 이상 지체하며 2014년 6월 2일을 비롯하여 여러 차례에 걸쳐 발주자인 피

고에게 직접 지급을 요청하였으므로 피고는 하도급법 제14조 제1항 제3호, 「건설산업기본법」 제35조 제2항 제3호에 따라 직접 원고에게 위 하도급대금을 지급할 의무가 있다고 주장하였음을 알 수 있다. 즉, 원고는 '이 사건 직불합의'에 따른 청구와 선택적으로 '수급인의 하도급대금 지급 지체'에 따른 청구를 한 것이다.

그런데도 원심은 원고의 청구원인 주장 중 이 사건 직불합의에 따른 청구에 관해서만 판단하여 그 청구를 기각하였을 뿐, 이 부분 청구에 관해서는 아무런 심리와 판단을 하지 않은 채 원고의 피고에 대한 청구를 모두 기각하였다. 이러한 원심 판결에는 선택적 병합에 관한 법리를 오해하여 수급인의 하도급대금 지급 지체에 따른 공사대금 청구에 관한 판단을 하지 않은 잘못이 있다. 이 점을 지적하는 상고 이유 주장은 정당하다.

③ 하도급법 제14조 제4항은 "제1항에 따라 발주자가 해당 수급사업자에게 하도급대금을 직접지급할 때에 발주자가 원사업자에게 이미 지급한 하도급금액은 빼고 지급한다"라고 정하고, 하도급법 시행령 제9조 제3항은 "발주자는 원사업자에 대한 대금지급의무의 범위에서 하도급대금 직접지급의무를 부담한다"라고 정하고 있다. 「건설산업기본법」 제35조 제7항, 「건설산업기본법」 시행규칙 제29조 제3항에 따르면, 발주자가 「건설산업기본법」 제35조 제2항 제3호에 따라 하수급인에게 공사대금을 직접 지급하는 경우에도 하도급법 시행령 제9조 제3항이 준용되므로 특별한 사정이 없는 한 발주자로서는 수급인에 대한 대금지급의무를 한도로 하여 직접지급의무를 부담한다고 보아야 한다. 따라서 발주자가 하도급법 제14조 제1항 제3호 또는 「건설산업기본법」 제35조 제2항 제3호에 따라 하수급인으로부터 하도급대금의 직접 지급을 요청받을 당시 수급인에 대한 대금지급 채무가 이미 변제로 소멸한 경우 발주자의 하수급인에 대한 직접지급의무는 발생하지 않는다(대법원 2017. 12. 13. 선고 2017다242300 판결 등 참조).

원심 판결 이유에 따르면, 원고가 피고에게 직접 지급을 청구할 2014년 6월 2일 당시 피고가 54,000,000원을 유보하고 이미 ○○○건설에 대한 준공금 정산을 마쳤고 이후 유보금 54,000,000원 중 원고에게 41,757,239원을 지급하였으므로, 이를 뺀 나머지 12,242,761원(54,000,000원－41,757,239원)을 초과하는 범위에서는 피고의 ○○○건설에 대한 채무가 이미 변제로 소멸하였다고 볼 수 있다. 그렇다면 피고가 ○○○건설에 변제하지 않은 범위에서는 수급인의 하도급대금 지급 지체에 따른 직접지급청구권이 인정될 여지가 있다(대법원 2018. 6. 15. 선고 2016다229478 판결 : 공사 대금).

(12) 수급사업자의 직접청구권에 대하여 「채무자 회생 및 파산에 관한 법률」상 채무 변제 제한 규정과 회사 재산에 대한 강제집행 금지 규정이 적용되지 않는다고 판시한 사례

하도급법 제14조 제1항 제1호 및 제2항은 원사업자의 지급 정지나 파산 등으로 인하여 영세한 수급사업자가 하도급대금을 지급받지 못함으로써 연쇄부도에 이르는 것을 방지하기 위한 것으로서, 수급사업자의 자재와 비용으로 완성된 완성품에 대한 궁극적인 이익을 발주자가 보유하게 된다는 점에서 원사업자의 발주자에 대한 도급대금채권은 수급사업자의 원사업자에 대한 하도급대금채권과 밀접한 상호 관련성이 있다는 점에 근거하여, 원사업자의 발주자에 대한 도급대금채권 중 수급사업자의 원사업자에 대한 하도급대금채권액에 상당하는 부분에 관해서는 수급사업자가 일반채권자들에 비하여 사실상 우월한 지위를 갖도록 배려한다는 의미를 갖는 것인 바, 영세한 수급사업자의 보호를 위하여 원사업자가 파산한 경우 등에 인정되는 이러한 직접청구제도가 원사업자에 대하여 회생절차가 개시된 경우라 하여 배제될 이유는 없는 것이므로, 원사업자에 대하여 회생절차가 개시된 경우 "회생채권에 관하여는 회생절차가 개시된 후에는 이 법에 특별한 규정이 있는 경우를 제외하고는 회생 계획에 규정한 바에 따르지 아니하고는 변제하거나 변제받는 등 이를 소멸하게 하는 행위(면제를 제외한다)를 하지 못한다"고 정한 「채무자 회생 및 파산에 관한 법률」(이하 '채무자회생법'이라 한다) 제131조에 의하여 하도급법 제14조의 적용이 배제되어야 한다거나, 수급사업자의 발주자에 대한 하도급대금채권의 직접청구가 채무자회생법 제58조 제1항 제2호에서 금지하는 '회사 재산에 대한 강제집행'에 해당한다고 볼 수 없다(대법원 2007. 6. 28. 선고 2007다17759 판결).

(13) 선급금 지급 후 도급계약이 해제 또는 해지되는 등의 사유로 중도에 선급금을 반환하게 된 경우에 수급사업자가 시공한 부분을 원사업자의 기성고로 보아 선급금에서 공제하도록 한 사례

① 선급금은 자금 사정이 좋지 않은 수급인으로 하여금 자재 확보·노임 지급 등에 어려움이 없이 공사를 원활하게 진행할 수 있도록 하기 위하여, 도급인이 장차 지급할 공사대금을 수급인에게 미리 지급하여 주는 선급공사대금으로, 구체적인 기성고와 관련하여 지급된 공사대금이 아니라 전체 공사와 관련하여 지급된 선급공사대금이므로, 선급금을 지급한 후 계약이 해제 또는 해지되는 등의 사유로 중도에 선급금을 반환하게 된 경우에는, 선급금이 공사대금의 일부로 지급된 것인 이상 선급금은 별도의 상계 의사표시 없이 그때까지의 기성고에 해당하는 공사대금에 당연 충당되

고, 그래도 공사대금이 남는다면 그 금액만을 지급하면 되는 것이고, 거꾸로 선급금이 미지급 공사대금에 충당되고 남는다면 그 남은 선급금에 관하여 도급인이 반환 채권을 가지게 된다고 보는 것이 선급금의 성질에 비추어 타당하다.

② 「건설산업기본법」 제35조 제1항, 하도급법 제14조 제1항 등에서 하도급대금의 직접 지급에 관하여 규정을 두고 있는 것은 수급인이 파산하거나 그 외 사유로 하도급업자들에게 하도급대금을 지급하지 않거나 지급할 수 없는 사유가 생길 경우 약자의 지위에 있는 하도급업자들을 보호하고 공사 수행에 대한 대가를 실질적으로 보장하기 위함에 그 취지와 목적이 있는 것일 뿐이지 도급인과 하수급인과의 직접적인 도급계약 관계의 설정을 전제로 한 것은 아니므로, 결국 하수급인이 시공한 부분은 수급인의 기성고로 볼 수밖에 없다. 또한, 하수급인은 수급인의 이행 보조자에 불과하므로 수급인의 기성공사금액에는 그 이행 보조자인 하수급인의 기성공사 부분이 당연히 포함된다고 보아야 한다. 따라서 선급금을 지급한 후 계약의 해제 또는 해지 등의 사유가 발생한 경우에는 하수급인의 기성공사 부분에 대한 공사대금도 포함한 수급인의 기성고를 선급금에서 공제해야 하고, 그래도 남는 공사대금이 있는 경우에 한하여 하도급대금을 하수급인에게 직접 지급해야 한다. 위와 같은 법리에 비추어 보면, 원심이, 원고가 소외 주식회사에게 지급한 선급금 106백만 원은 이 사건 공사계약의 해지 당시 소외 주식회사의 기성금액 147백만 원에 별도의 상계 의사표시 없이 당연히 충당되어 잔액이 없게 되었고, 이로써 소외 주식회사의 선급금 반환 채무는 모두 소멸하였다고 할 것이므로, 위 선급금 반환 채무를 보증한 피고로서는 아무런 보증 책임이 없다고 판단한 것은 정당하고, 거기에 상고 이유로 주장하는 바와 같은 선급금에 관한 법리 오해 등의 위법이 없다(대법원 2007. 9. 20. 선고 2007다40109 판결 : 보증금).

123 수급사업자의 유치권과 관련한 쟁점들

A 수급사업자는 원사업자가 하도급대금을 지급하지 않을 경우 자신이 위탁받아 제조·수리·시공한 목적물에 대하여 유치권을 행사할 수 있고 이는 매우 강력한 권리이다. 유치권의 요건인 점유는 합법적으로 개시된 것이어야 하므로 수급사업자가 목적물을 원사업자에게 인도한 이후라면 그 목적물에 대한 점유를 다시 평화롭게 회복하지 않는 한 유치권 행사를 할 수 없음을 주의해야 한다. 원사업자가 발주자에 대하여 유치권 행사를 포기하였더라도 수급사업자는 고유의 유치권을 행사할 수 있다. 수급사업자가 집합건물의 특정 구분소유물에 대하여 점유하고 있다면 그 구분소유물에 대한 유치권이 성립하지만 그 피담보채권은 전체 하도급대금이 된다. 아직 건물로 볼 수 없는 미완성 공사현장이나 토지에 대하여는 유치권 행사를 할 수 없다. 압류의 효력이 발생한 이후에 성립한 유치권은 압류의 효력에 대항하지 못하지만(당연히 압류 전에 효력이 발생한 유치권은 대항할 수 있다), 가압류 이후에 성립한 유치권은 가압류의 효력에 대항할 수 있다. 체납처분에 의한 압류는 유치권 성립을 방해하지 않는다.

> **해설**

가. 유치권의 의미 및 성립요건

유치권이란 타인의 물건 또는 유가증권을 점유하는 자가 그 물건이나 유가증권에 관하여 생긴 채권이 변제기에 있는 경우에 변제받을 때까지 그 물건 또는 유가증권을 넘겨주지 않고 점유를 계속하여 유치할 권리이다(민법 제320조). 이러한 유치권은 소유권 등에 기하여 목적물을 인도받고자 하는 자가 유치권자가 가지는 그 피담보채권을 만족시키는 등의 방법으로 유치권을 소멸시키지 않고는 인도를 받을 수 없어 실제로 변제를 강요받게 되는 것이므로 유치권은 유치권자의 채권의 만족을 간접적으로 확보하는 효력이 있다(대법원 2011. 12. 22. 선고 2011다84298 판결).

공사대금채권과 관련한 유치권 행사의 요건은 ① 타인 소유의 건물이어야 하고(독립된 건물로 볼 수 없는 미완성건물은 유치권행사 대상이 될 수 없다), ② 피담보채권이 대상물과 견련성이 있어야 하며(공사대금채권은 그 건물과 관련성이 인정되지만, 공사에 사용된 자재공급대금은 견련성이 없으므로 유치권을 행사할 수 없다(대법원 2012. 1. 26. 선고 2011다96208 판결), ③ 피담보채권이 변제기에 있어야 하고, ④ 채권자가 반드시 목적물을 점유하고 있어야 한다(직접점유뿐 아니라 간접점유도 가능하지만, 반드시 그 점유가 합법적이어야 하며, 점유를 잃어 버리고 난 다음의 재점유는 일반적으로 인정되지 않는다).

나. 직접지급 제도를 통해서도 수급사업자가 하도급대금을 못 받는 경우 대금을 지급받기 위한 방법 : 유치권 행사

타인의 물건 또는 유가증권을 점유한 자가 그 물건이나 유가증권에 관하여 생긴 채권이 변제기에 있는 경우, 변제를 받을 때까지 그 물건 또는 유가증권을 유치할 권리가 인정되는데 이를 유치권이라 한다. 다만, 점유가 불법행위로 인한 경우에는 적용되지 않는다(민법 제320조). 유치권이 발생하기 위한 요건으로 물건 또는 유가증권에 관하여 생긴 채권이 있어야 하며(이를 물건과 채권 사이의 견련성이라 한다), 그 채권이 변제기에 도달해야 하고, 물건 또는 유가증권을 점유하고 있어야 한다.

원사업자의 부도 등으로 수급사업자가 하도급대금을 받을 수 없는 상황에서 발주자로부터 직접지급도 용이하지 않다면 다음으로 고려해 볼 수 있는 방법은 바로 유치권의 행사이다. 제조위탁, 수리위탁, 용역위탁, 건설위탁 모두에서 유치권을 행사할 수 있겠지만 원사업자에게 이를 위탁한 발주자가 있고 그 발주자가 목적물의 수령을 해야 하는 상황인 경우에 특히 의미가 있다. 주로 건설위탁의 경우가 많다.

건설위탁의 경우 유치할 건물과 관련한 공사대금채권(종된 채권인 지연손해금도 포함되며 공사대금채권의 연장선상인 손해배상청구권도 포함될 수 있다)이면 건물과의 견련성이 인정된다. 통상 건물의 완공시점이 변제기이지만 기성고 방식의 경우 기성금이 확정되는 때에 변제기가 된다.

더하여 수급사업자가 건물을 점유하고 있다면 수급사업자가 대금을 모두 변제받기 전까지는 유치권을 행사할 수 있다(대법원 1995. 9. 15. 선고 95다16202, 16219 판결). 점유의 방식과 관련하여 그 부동산에 직원을 보내 정문 등에 유치권자가 유치·점유하고 있다는 안내문을 게시하고 경비용역회사와 경비용역계약을 체결하여 용역경비원으로 하여금 경비·수호를 하도록 하는 한편, 그 건물에 자물쇠를 채우고 출입구를 대형컨테이너 등으로 가로막아 출입을 통제하기 시작하고, 부동산이 경락된 이후에도 직원을 보내 그 주변을 경비·수호하게 했다면 유치권자가 점유했다고 볼 수 있다(대법원 1996. 8. 23. 선고 95다8713 판결).

한편, 공사가 중단되어 유치권을 행사해야 하는 상황이라면 사회통념상 건물로 볼 수 있어야 하는데, 그러기 위하여는 최소한 기둥과 지붕 그리고 주벽이 이루어져야 하며(대법원 2001. 1. 16. 선고 2000다51872 판결), 단지 독립된 건물로 볼 수 없는 정착물을 토지에 설치한 상태에서는 유치권을 행사할 수 없다.[379]

유치권은 물권이므로 채무자뿐 아니라 제3자에게도 대항할 수 있다. 건물의 양수인, 경락인 등에게도 변제를 받을 때까지 건물의 인도를 거절할 수 있다. 채권의 전부를 받을 때까지는 유치권을 행사할 수 있으므로 일부를 받았다 하여 그 일부를 인도할 필요는 없다. 피보전채권이 발생한 유치물의 일부를 점유하고 있더라도 그 일부의 유치물은 피담보채권 전부를 담보하게 된다(민법 제321조, 대법원 2007. 9. 7. 선고 2005다16942 판결).

유치권자는 유치물을 경매할 수 있지만(민법 제322조 제1항), 이 경우 유치권자는 우선변제권이 없어 일반 채권자와 동일한 순위로 배당받을 수 있을 뿐이다. 목적물의 가치가 적어 경매에 부치는 것이 부적당한 경우 등 정당한 이유가 있는 때에는 유치권자는 감정인의 평가에 의하여 유치물을 직접 변제에 충당할 것을 법원에 청구할 수 있는데, 유치권자는 미리 채무자에게 통지해야 한다(민법 제322조 제2항).

유치권자에게는 과실수취권이 있으므로 수급인은 유치하고 있는 건물을 임대하여 그 임대료로써 변제에 충당할 수 있다(민법 제323조). 건물 보전에 필요한 범위 내에서는 자신이 그 건물을 사용할 수 있지만 차임에 상당하는 이득은 소유자에게 반환하여야 한다(대법원 2009. 9. 24. 선고 2009다40684 판결).

한편, 유치권자는 선량한 관리자의 주의로 유치물을 점유해야 하며 채무자의 승낙 없이는 유치물의 사용·대여 또는 담보제공을 하지 못한다. 유치권자가 이를 위반한 경우에는 채무자는 유치권의 소멸을 청구할 수 있다(민법 제324조).

유치물 소유자는 채권액 상당의 담보를 제공하고 유치권의 소멸을 청구할 수 있다. 수급사업자가 유치권을 행사하고 있다 해서 채권의 소멸시효 진행에 영향을 주지 않는다. 건설위탁에서 공사대금채권은 통상 3년의 단기 소멸시효가 적용되므로, 유치권을 행사하더라도 반드시 소멸시효 중단사유가 되는 행위를 해야 한다. 시효완성으로 채권이 소멸하면 당연히 유치권도 소멸한다. 다만, 유치권을 행사하던 피담보채권인 하도급대금채권에 대한 확정판결이 선고되면 소멸시효가 10년으로 연장되므로 유치권 행사기간도 10년으로 연장된다. 한편, 하도급대금채권의 변제기 이후에는 지연손해금채권의 소멸시효는 원본에 따르게 된다(서울고등법원 2014. 9. 14. 선고 2012누26748 판결).

한편, 압류된 부동산에 공사를 진행한 후에는 유치권을 행사하더라도 압류채권자에 대

---

379) 이수완·허순만, 앞의 책, 187, 188면

항할 수 없다. 반대로 유치권 취득시기가 근저당설정 후거나 유치권 취득 전에 설정된 근저당권에 기하여 경매절차가 개시되었다 하더라도, 경매로 인한 압류의 효력이 발생하기 전에 유치권을 취득하면 경락인에게 대항할 수 있다.

부동산에 경매개시결정의 기입등기가 경료되어 압류의 효력이 발생한 이후에 부동산 소유자가 채권자에게 유치권 발생을 위한 점유를 이전하면 목적물의 교환가치를 감소시킬 우려가 있는 처분행위에 해당되고, 이 경우 민사집행법 제29조 제1항, 제83조 제4항에 따른 압류의 처분금지효에 저촉되기 때문이다(대법원 2006. 8. 25. 선고 2006다22050 판결).

유치권자는 피담보채권을 양도하면서 그와 함께 유치물의 점유를 이전할 경우 유치권의 양도가 인정된다. 즉, 수급사업자가 하도급대금채권을 제3자에게 양도하면서 그 목적물의 점유도 이전하면, 그 목적물에 대한 유치권도 제3자에게 이전되어 그 제3자는 원사업자뿐 아니라 제3자, 즉 원사업자로부터 목적물을 양수한 자나 경락인에게도 대항할 수 있다.[380]

다. 원사업자가 발주자에 대한 유치권을 포기하였는데 수급사업자가 유치권 행사를 할 수 있는가? Yes

이는 수급사업자에게도 별도의 유치권이 인정되는가 아니면 원사업자가 발주자(건물의 소유자)에 대하여 가지는 유치권을 대위행사하는 것인가의 문제이다. 원사업자(수급인)이 공사대금채권을 담보하기 위해 유치권을 행사할 수 있는 것처럼 수급사업자(하수급인)도 하도급공사대금채권을 담보하기 위해 원사업자의 유치권과는 별개의 독자적인 유치권을 주장할 수 있다. 유치권은 물건에 관해 발생한 채권이기만 하면 성립하므로 유치권을 행사하는 목적물이 하수급인의 비용과 노력이 투입된 목적물이면 유치권을 행사할 수 있다. 법원은 골조공사를 하도급받은 자가 유치권행사를 주장한 사안에서 "자신의 공사대금채권을 위한 독립한 유치권을 취득행사할 수도 있고, 수급인의 유치권을 원용하여 행사할 수도 있다"고 판시했다(대법원 2007. 5. 15.자 2007마128 결정).[381] 수급사업자는 원사업자가 포기한 원사업자의 유치권을 원용할 수는 없지만, 원사업자의 포기와 무관하게 자신의 유치권을 가지고 있으므로 이를 행사하면 되는 것이다.

---

380) 이수완·허순만, 앞의 책, 188, 192면
381) 판례 사안은, 수급사업자가 주택신축공사 중 골조공사를 마침에 따라 공사대금채권과 함께 유치권을 취득한 다음 나머지 공사의 진행을 위하여 원사업자에게 골조공사 부분을 인도함으로써 그 점유를 상실하였다가 주택이 완공된 후 소유자 또는 원사업자로부터 담보조로 주택을 인도받아 점유를 개시하게 된 경우이다. 여기서 대법원은 수급사업자는 자신의 공사대금채권을 위한 독립된 유치권을 다시 취득한 것이거나 수급인의 유치권을 원용하여 행사하는 것으로 볼 수 있다고 본 것이다.

한편, 수급사업자가 하도급공사 종료 후에 점유를 원사업자에게 이전하였다가 원사업자가 발주자로부터 대금을 지급받지 못하여 수급사업자에게도 하도급대금을 지급하지 못하게 된 경우, 원사업자로부터 다시 점유를 이전받아 유치권을 행사할 수 있는지 문제된다. 원사업자가 유치권 행사를 통해 점유를 하고 있을지언정 다시 수급사업자에게 점유를 이전할 권원은, 소유자인 발주자가 동의하지 않는 한, 없다고 보아야 한다. 그렇다면 수급사업자가 원사업자로부터 점유를 다시 이전받았다 하더라도 이는 불법점유에 해당하여 유치권이 발생하지 않는다. 이 경우, 수급사업자는 원사업자가 가진 유치권을 원용하여 소유자에게 대항할 수 있다(대법원 2005. 8. 19. 선고 2004다8197, 8203 판결).

라. 유치권이 미치는 범위와 피담보채권 : 점유하고 있는 부동산에 한정되므로 집합건물의 경우 실제 점유하고 있는 구분소유물에 한정되지만, 피담보채권은 그 점유하고 있는 구분소유물에 관한 미지급 하도급대금 뿐 아니라 전체 하도급대금

만약 수급사업자가 집합건물 전부에 대하여 하도급공사를 도급받아 시공하였는데 하도급대금 잔금을 지급받지 못한 상태에서 단지 소수의 구분소유물만 점유하고 있다면 점유하고 있는 구분소유물에 대하여만 유치권이 인정된다. 점유를 상실한 다음 재점유를 하는 경우에, 그 소유자가 재점유를 허용하거나 또는 재점유할 권원이 있지 않는 한, 사실상 점유의 침탈로 불법이기 때문이다.

하지만, 수급사업자가 점유하고 있는 소수의 구분소유권에 대한 유치권으로 담보받을 수 있는 하도급 공사대금채권은 전체 세대에 대한 미지급 하도급대금 전부이다. 왜냐하면 유치권의 대상목적물인 물건과 피담보채권 간의 견련성은 채권이 목적물 자체에서 발생한 경우에는 당연히 발생하며 아울러 목적물반환청구권과 동일한 법률관계나 사실관계는 물론 그 목적물이 분할가능한 경우에도 그 전체에 대하여까지 인정되기 때문이다.

대법원은 "민법 제320조 제1항에서 '그 물건에 관하여 생긴 채권'은 유치권 제도 본래의 취지인 공평의 원칙에 특별히 반하지 않는 한 채권이 목적물 자체로부터 발생한 경우는 물론이고 채권이 목적물의 반환청구권과 동일한 법률관계나 사실관계로부터 발생한 경우도 포함하고, 한편 민법 제321조는 '유치권자는 채권 전부의 변제를 받을 때까지 유치물 전부에 대하여 그 권리를 행사할 수 있다'라고 규정하고 있으므로, 유치물은 그 각 부분으로써 피담보채권의 전부를 담보하며, 이와 같은 유치권의 불가분성은 그 목적물이 분할 가능하거나 수개의 물건인 경우에도 적용된다. 다세대주택의 창호 등의 공사를 완성한 하수급인이 공사대금채권 잔액을 변제받기 위하여 위 다세대주택 중 한 세대를 점유하여 유치권을 행사하는 경우, 그 유치권은 위 한 세대에 대하여 시행한 공사대금만이 아니라 다세대주택 전체에 대하여 시행한 공사대금채권의 잔액 전부를 피담보채권으로 하여 성립한다"고 판시하였다(대법원 2007. 9. 7. 선고 2005다16942 판결).

마. 수급사업자가 완공한 부분을 인도해 준 이후 재점유하여 유치권을 행사할 수 있는가? No

물건의 점유를 상실하면 유치권도 소멸한게 된다(민법 제328조). 점유를 상실하였더라도 점유회수의 소를 제기하여 승소받아 점유를 회복하면 점유를 상실하지 않았던 것이 되어 유치권이 살아난다(대법원 2004. 2. 27. 선고 2003다46215 판결).[382] 수급사업자가 점유를 이전해 준 이후에, 건물의 소유자가 재점유에 동의하는 등의 특별한 사정이 없는 한, 불법점유이므로 유치권이 성립하지 않는다.

바. 미완성 건물이나 또는 그 토지에 대하여 유치권 행사가 가능한가? NO

유치권은 타인의 물건이나 유가증권을 대상으로 하는 것이다. 건물에 대한 공사대금채권은 통상 건물이 완성되지 않았다 하더라도 최소한 기둥과 주벽이 이루어져서 사회통념상 독립된 건물에 이른 경우라면(대법원 2001. 1. 16. 선고 2000다51872 판결) 유치권 행사대상이 된다.

한편, 토지는 건물에 대한 공사대금채권을 담보하는 유치권 행사의 목적물이 될 수 없다. 또한, 사회통념상 독립된 건물로 볼 수 없는 단계에서 공사가 중단된 상태의 정착물의 경우에도 그 정착물은 독립된 물건이 아니라 토지의 부합물에 불과하므로 유치권 행사대상이 되지 못한다. 대법원은 "건물의 신축공사를 도급받은 수급인이 사회통념상 독립한 건물이라고 볼 수 없는 정착물을 토지에 설치한 상태에서 공사가 중단된 경우에 위 정착물은 토지의 부합물에 불과하여 이러한 정착물에 대하여 유치권을 행사할 수 없는 것이고, 또한 공사중단시까지 발생한 공사금 채권은 토지에 관하여 생긴 것이 아니므로 위 공사금 채권에 기하여 토지에 대하여 유치권을 행사할 수도 없다"고 판시하였다(대법원 2008. 5. 30. 선고 2007마98 결정). 또, 오피스텔 신축공사 중 토공사와 흙막이 공사를 하도급받아 각 토지를 지표면으로부터 지하 깊이 굴착한 뒤 벽체를 설치하고 굴착된 부분의 벽면 부위를 지탱하기 위한 철골구조물을 설치한 상태로 공사가 중단된 사안에서도 "이

---

382) 알기쉬운 건설분쟁 사례해설, 길기관·신동철, 건설경제(2020. 4), 315면

사건 하도급공사를 오피스텔 신축을 위한 초기공사로 보아야 할 것이지, 토지에 대한 공사의 성격으로 볼 수 없으므로 그에 기하여 토지에 대한 유치권을 행사할 수 없다"고 판시하였다(대법원 2013. 5. 9. 선고 2013다2474 판결).[383]

사. 가압류, 압류(경매개시결정의 기입등기), 체납처분과 유치권의 우열관계 : 압류의 효력이 발생한 이후에 성립한 유치권은 압류의 효력에 대항하지 못하지만, 가압류 이후에 성립한 유치권은 가압류의 효력에 대항할 수 있다. 체납처분에 의한 압류는 유치권 성립을 방해하지 않는다.

유치권을 행사하기 위하여는 채권이 변제기에 있어야 한다. 유치권은 그 목적물에 관하여 생긴 채권이 변제기에 있는 경우에 성립하는 것이므로 아직 변제기에 이르지 못한 채권에 기하여 유치권을 행사할 수는 없다(대법원 2007. 9. 21. 선고 2005다41740 판결). 하도급공사대금의 변제기는 다른 약정이 없다면 공사완료시 또는 공사를 완료한 목적물 인도시점이다. 그래서 공사를 완료한 뒤에 대금을 지급받지 못하였다면 당연히 그 목적물에 대한 유치권을 행사할 수 있지만, 하도급대금 변제기를 유예해 주었다면 유예기간이 종료될 때까지 유치권을 행사할 수 없으므로 유의해야 한다.

만약 채무자(발주자) 소유의 건물에 대하여 도급받은 원사업자로부터 하도급받은 수급사업자가 채무자에 대한 경매개시결정의 기입등기가 마쳐지기 전에 채무자에게서 건물의 점유를 이전받았다 하더라도 경매개시결정의 기입등기가 마쳐져 압류의 효력이 발생한 후에 공사를 완공하여 공사대금채권을 취득함으로써 비로소 유치권이 성립한 경우에는 수급사업자는 유치권을 내세워 경매절차의 매수인에게 대항할 수 없다(대법원 2011. 10. 13. 선고 2011다55214 판결). 반대로 채무자 소유의 건물 등 부동산에 강제경매개시결정의 기입등기가 경료되어 압류의 효력이 발생한 이후에 채무자가 위 부동산에 관한 공사대금채권자에게 그 점유를 이전함으로써 그로 하여금 유치권을 취득하게 한 경우, 그와 같은 점유의 이전은 목적물의 교환가치를 감소시킬 우려가 있는 처분행위에 해당하여 민사집행법 제92조 제1항, 제83조 제4항에 따른 압류의 처분금지효에 저촉되므로 점유자로서는 위 유치권을 내세워 그 부동산에 관한 경매절차의 매수인에게 대항할 수 없다(대법원 2005. 8. 19. 선고 2005다22688 판결).

하지만, 가압류등기가 경료된 뒤에 공사가 완료되어 취득한 공사대금채권의 경우 유치권으로 가압류 등기에 대항할 수 있다. 점유의 이전과 같은 사실행위는 처분행위에 해당

---

383) 알기쉬운 건설분쟁 사례해설, 318 내지 319면

되지 않는다고 보기 때문이다. 대법원은 관련하여 "부동산에 가압류등기가 경료되면 채무자가 당해 부동산에 관한 처분행위를 하더라도 이로써 가압류채권자에게 대항할 수 없게 되는데, 여기서 처분행위란 당해 부동산을 양도하거나 이에 대해 용익물권, 담보물권 등을 설정하는 행위를 말하고 특별한 사정이 없는 한 점유의 이전과 같은 사실행위는 이에 해당하지 않는다. 다만, 부동산에 경매개시결정의 기입등기가 경료되어 압류의 효력이 발생한 후에 채무자가 제3자에게 당해 부동산의 점유를 이전함으로써 그로 하여금 유치권을 취득하게 하는 경우 그와 같은 점유의 이전은 처분행위에 해당한다는 것이 당원의 판례이나, 이는 어디까지나 경매개시결정의 기입등기가 경료되어 압류의 효력이 발생한 후에 채무자가 당해 부동산의 점유를 이전함으로써 제3자가 취득한 유치권으로 압류채권자에게 대항할 수 있다고 한다면 경매절차에서의 매수인이 매수가격 결정의 기초로 삼은 현황조사보고서나 매각물건명세서 등에서 드러나지 않는 유치권의 부담을 그대로 인수하게 되어 경매절차의 공정성과 신뢰를 현저히 훼손하게 될 뿐만 아니라, 유치권 신고 등을 통해 매수신청인이 위와 같은 유치권의 존재를 알게 되는 경우에는 매수가격의 즉각적인 하락이 초래되어 책임재산을 신속하고 적정하게 환가하여 채권자의 만족을 얻게 하려는 민사집행제도의 운영에 심각한 지장을 줄 수 있으므로, 위와 같은 상황 하에서는 채무자의 제3자에 대한 점유이전을 압류의 처분금지효에 저촉되는 처분행위로 봄이 타당하다는 취지이다. 따라서 이와 달리 부동산에 가압류등기가 경료되어 있을 뿐 현실적인 매각절차가 이루어지지 않고 있는 상황하에서는 채무자의 점유이전으로 인하여 제3자가 유치권을 취득하게 된다고 하더라도 이를 처분행위로 볼 수는 없다"고 판시하였다(대법원 2011. 11. 24. 선고 2009다19246 판결). 한편, 부동산에 체납처분에 의한 압류등기가 된 뒤, 그 부동산에 대한 경매절차에서 압류등기가 경료되기 전에 유치권을 취득하였다면 경매절차의 매수인에게 유치권으로 해당할 수 있다. 대법원은 전원합의체 판결로 "채무자 소유의 건물 등 부동산에 강제경매개시결정의 기입등기가 경료되어 압류의 효력이 발생한 이후에 채무자가 위 부동산에 관한 공사대금 채권자에게 그 점유를 이전함으로써 그로 하여금 유치권을 취득하게 한 경우, 그와 같은 점유의 이전은 목적물의 교환가치를 감소시킬 우려가 있는 처분행위에 해당하여 민사집행법 제92조 제1항, 제83조 제4항에 따른 압류의 처분금지효에 저촉되므로 점유자로서는 위 유치권을 내세워 그 부동산에 관한 경매절차의 매수인에게 대항할 수 있다"고 판시하였다(대법원 2014. 3. 20. 선고 2009다60336 판결).

124 상생채권신탁 제도

A 상생채권신탁은 수급사업자가 원사업자에게 대하여 가지는 하도급채권을 금전채권신탁업자에게 신탁하고 만약 수급사업자에게 자신의 근로자에 대한 임금이나 하도급대금(재수급사업자에 대한 2차 하도급대금) 등을 지급하기 어려운 사정이 생기면 신탁계약에 따라 수급사업자의 근로자나 재수급사업자에게 바로 지급하도록 하는 제도이다. 원사업자는 공사를 차질없이 완성할 수 있게 하고, 수급사업자는 계약이행보증서 등을 발급받지 못하더라도 상생채권신탁으로 갈음할 수 있으며, 제2차 수급사업자나 근로자 등은 하도급대금이나 보수를 보장받을 수 있는 이점이 있다. 이에 소요되는 비용인 신탁보수는 상생기금에서 전액 지원되고 대신 동반성장지수와 공정거래협약 이행평가에서 가점이 주어지는 인센티브가 있다. 한편, 상생채권신탁에서 수급사업자와 원사업자 간 또는 수급사업자와 2차 수급사업자 간의 추가공사대금 등에 대한 분쟁이 발생할 경우 신탁자가 추가공사 합의의 존재 및 추가공사대금 등에 대한 감정 등을 통하여 지급할 수 있도록 하는 특약을 두는 것이 가능하며 이렇게 할 경우 수급사업자 또는 2차 수급사업자의 권리 보호에 획기적인 기능을 할 수 있으므로, 표준하도급계약에 원칙적으로 상생채권신탁을 설정하도록 규정하는 등 적극적인 정책적 지원이 필요하다.

해 설

가. 상생채권신탁의 개념 및 기능

상생채권신탁은 하수급인(수급사업자)이 수급인(원사업자)에 대해 가지는 하도급대금 채권을 금전채권신탁업을 영위할 수 있는 신탁업자에게 신탁하고, 하수급인에게 압류·가압류·파산 등의 사유가 발생하는 경우 위와 같은 신탁계약에서 정한 바에 따라 신탁업자가 수급인으로부터 지급받은 하도급대금을 재하수급인(2차 수급사업자) 등 협력업체나 노무자 등에게 지급되도록 하는 신탁이다. 구체적으로는 아래와 같은 구조를 취하게 된다. 상생협력신탁에서 하수급인(수급사업자)가 위탁자 겸 1종 수익권자가 된다.

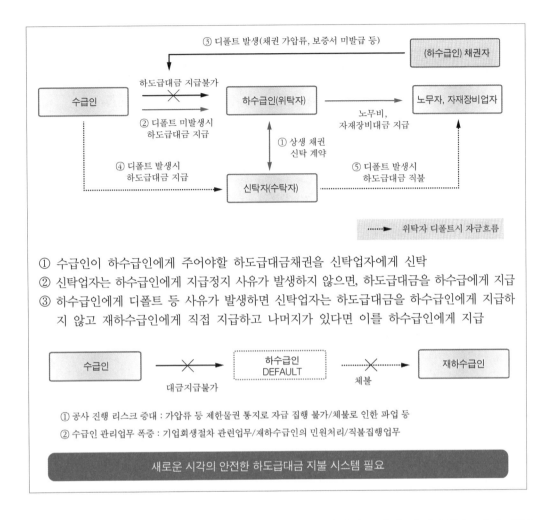

① 수급인이 하수급인에게 주어야할 하도급대금채권을 신탁업자에게 신탁
② 신탁업자는 하수급인에게 지급정지 사유가 발생하지 않으면, 하도급대금을 하수급에게 지급
③ 하수급인에게 디폴트 등 사유가 발생하면 신탁업자는 하도급대금을 하수급인에게 지급하
　　지 않고 재하수급인에게 직접 지급하고 나머지가 있다면 이를 하수급인에게 지급

① 공사 진행 리스크 증대 : 가압류 등 제한물권 통지로 자금 집행 불가/체불로 인한 파업 등
② 수급인 관리업무 폭증 : 기업회생절차 관련업무/재하수급인의 민원처리/직불집행업무

새로운 시각의 안전한 하도급대금 지불 시스템 필요

　　상생채권신탁 시스템을 이용할 경우 신탁보수는 상생기금에서 전액지원을 받기 때문에 수급인, 하수급인, 재하수급인이 추가로 부담할 필요는 없다. 반면, 수급인은 상생기금에 일정 금액을 출연하지만, 수급인(원사업자)가 상생기금 출연을 하면 그 금액만큼 법인세 등의 감면을 받을 수 있고 해당 신탁제도를 이용할 시 동반성장지수 산정과 공정거래협약 이행평가시 가점을 부여받게 되는 이점이 있다. 원사업자는 공사를 차질없이 완성할 수 있게 하고, 수급사업자는 계약이행보증서 등을 발급받지 못하더라도 상생채권신탁으로 갈음할 수 있으며, 제2차 수급사업자나 근로자 등은 하도급대금이나 보수를 보장받을 수 있는 이점이 있다. 현재 ○○건설 등 유수의 건설회사들이 채택하고 있다.

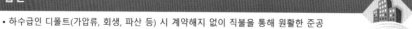

[상생채권신탁의 각 주체별 효과]

수급인
- 하수급인 디폴트(가압류, 회생, 파산 등) 시 계약해지 없이 직불을 통해 원활한 준공
- 기성금 가압류 등 분쟁시 법적 검토 시간 및 비용 절감, 기성금 유보로 인한 하도급법 위반 리스크 헷지
- 직불을 위한 복잡한 절차 및 서류 등 확보에 소요되는 행정 업무 가중 해소
- 공공공사 입찰시 가점(PQ)

하수급인
- 현장 무관 가압류 채권자의 하도급대금 가압류 등 방어로 체불 민원 해소
- 계약이행보증서 및 선급금 보증서 발급 불가시 계약해지 및 손해배상 없이 신탁계약 대체 선택 가능
- 기성금 가압류 등 발생 후에도 개설된 신탁계좌로 정상적 수금을 통해 자금 경색 미발생

재하수급인
- 하수급인의 부도 등 사유에도 노무비 및 자재장비대 수취가능
- 기존 직불제도에 비해 절차 및 서류 간편

수탁사
- 수급인(대형건설사)의 직불 애로사항 해결을 위한 플랫폼 제공
- 사회적 약자인 재하수급인 보호
- 특허권 보유

하도급대금의 지급을 보장하는 측면에서는 계약이행보증과 유사한 기능을 수행하지만 압류(가압류) 방지기능이 없는 계약이행보증과 달리 신탁이기 때문에 수급사업자의 채권자에 의한 압류(가압류)가 불가하다. 또 하수급인의 귀책사유에 의한 체불금 대위변제금 보증도 불가하다. 하수급인의 근로자들의 임금채권 보호라는 측면에서 하도급지킴이나 노무비닷컴 등 현재 운영 중인 자금집행 전자시스템과 유사한 측면이 있지만, 상생채권신탁과 보완관계로 작용될 수 있다. 상생채권신탁은 평소에는 기존의 자금집행 프로세스를 사용하고 수급사업자의 디폴트 등의 사유가 발생하면 하도급지킴이를 통하여 운영될 수 있다.

나. 상생채권신탁 관련 쟁점

(1) 상생채권신탁 관련 상생협력기금의 지원 사업 신청 가능 여부

수급사업자의 자금 사정이 악화되어 하도급법 제13조의2 제1항에 따라 계약이행보증서를 제출하지 못할 경우 당해 부실 수급사업자가 자신의 계약이행보증서 제출 불가로 인한 계약해제·해지 및 손해배상 청구를 당하지 않기 위해 계약이행보증서를 대체하여 상생채권신탁을 가입을 제안하고 그러한 제안을 승낙할 경우 그 신탁 수수료의 지급을 상생기금의 지원 사업으로 지정할 수 있는지와 관련하여 법리상 상생협력법 제20조의5

제5항 및 같은 법 시행령 제13조의4에 따라 수수료는 지원 대상에 해당하며, 명시적으로도 대중소기업협력재단에 상생협력기금을 출연한 시공사라면 2021. 4.경 수수료 관련 비용 지원에 대한 심사승인이 났으므로 자사가 출연한 출연금 내에서 신탁 비용을 지원받을 수 있다.

(2) 하수급인과의 하도급계약 체결시 하수급인에게 본건 신탁계약서를 제출하도록 할 경우 사해신탁 혹은 부당특약에 해당하는지 여부

① (i) 신탁 설정 당시에 하수급인이 채무초과상태였으며, (ii) 신탁 설정으로 인하여 하수급인의 책임재산의 감소나 공동담보가 감소되고, (iii) 하수급인에게 신탁 설정으로 인한 사해의사가 있었다는 사정이 입증되지 않는 이상, 사해신탁이 사해신탁으로 판단될 가능성은 없으며, 또한 ② 수급인이 하수급인과의 하도급계약 당시 본건 신탁계약을 체결하여야 한다는 점을 사전에 충분히 하수급인과 협의하고 이를 계약서에 포함해 둔다면 이를 하도급법 상 부당특약이라 볼 수는 없다.

(3) 추가공사대금 등에 대한 정산특약의 가능성

상생채권신탁에서 수급사업자와 원사업자 간 또는 수급사업자와 2차 수급사업자 간의 추가공사대금 등에 대한 분쟁이 발생할 경우 신탁자가 추가공사 합의의 존재 및 추가공사대금 등에 대한 법원 감정예규를 준용한 감절차를 통한 감정 등을 통하여 지급할 수 있도록 하는 특약을 두는 것이 가능하며 이렇게 할 경우 수급사업자 또는 2차 수급사업자의 권리 보호에 획기적인 기능을 할 수 있으므로, 표준하도급계약에 원칙적으로 상생채권신탁을 설정하도록 규정하는 등 적극적인 정책적 지원이 필요하다.

(예) 신탁특약 제16조(신탁재산 정산 감정) - 공동도급 채권 신탁에서 안분금 정산시 준용

(1) 위탁자와 수익자 사이에 신탁재산의 정산 이견이나 정산 분쟁 등이 발생하는 겨우 원활한 신탁 업무의 처리 및 정산금 입증의 객관성 확보를 위해 수탁사는 위탁자 및 수익자 중 일방 당사자의 요청에 의하여 전문감정인을 선정하여 감정을 진행할 수 있고, 그 감정결과에 따라 신탁계약의 당사자들은 정산 및 신탁 업무를 진행하기로 한다.

(2) 감정인의 선정은 수탁사의 업무규정(별지4)에 의하되, 감정비용에 대해서는 아래와 같은 산식을 적용하여 부담하기로 하며, 감정비용을 부담하지 않은 당사자가 발생할 경우 신탁 원본에서 최우선순위로 집행하기로 한다.

① 2종 수익자 부담 비율 산식=(감정금액－2종 수익자 인정금액) / (위탁자 요구금액－2종 수익자 인정금액) × 100, ② 위탁자 부담 비율 산식 = 100%－2종 수익자 부담 비율(감정금액이 위탁자 요구금액보다 클 경우 : 2종 수익자 부담비율 100%, 감정금액이 2종 수익

자 인정금액보다 클 경우 : 위탁자 부담 비율 100%)

　　* 위탁자 요구 금액 및 제2종 수익자 인정금액은 감정보고서에 기재된 금액

(3) 본 신탁특약과 업무규정(별지4)에서 정하지 않은 사항은 재판 예규를 따르기로 한다.

(4) 하수급인의 (가)압류 채권자들이 만족을 얻지 못하고 있는 상태에서, 하수급인의 다른 운영용역비 채권에 대하여 본건 신탁계약을 체결할 경우 사해신탁 여부

하수급인에 대한 (가)압류채권자들이 채권 전액을 만족을 얻지 못했다는 것은 하수급인이 채무초과상태에 있을 가능성이 높으므로 사해신탁으로 판단될 가능성을 배제하기는 어렵다.

(5) 위 (3)과 같이 하수급인 A의 일반채권자가 존재하는 상황에서, 하수급인의 공동수급체 B와 하도급계약을 체결하면서 하도급대금 전액을 B에 지급하도록 규정하고 신탁계약을 체결하여 하도급대금 전액을 신탁할 경우 법 위반 여부

공동수급체의 성격은 조합이고, 조합체의 조합재산은 각 조합원의 개인재산이 아니므로, 개별 조합원에 대한 일반채권자들의 공동담보에 공하여지는 책임재산에 속한다고 볼 수 없으므로 B사가 업무집행조합원으로 하도급대금 채권을 신탁하더라도 A사에 대한 일반채권자들과의 관계에서 공동담보를 감소를 초래하는 행위라 보기 어려우므로 사해신탁으로 볼 수는 없다.

익명제보센터, 직권(서면)실태조사 및 포상금제도

A 공정거래위원회는 대기업의 불공정행위를 신고할 수 있도록 익명제보센터를 운영하고 있다. 매년 하도급거래에 관한 서면실태조사를 실시하여 그 조사결과를 공표하고 법 위반혐의가 나타난 대기업에 대하여 자진시정을 권고하고 이에 따르지 않으면 직권조사를 하고 있다. 또, 4대 위반행위인 부당대금결정, 부당감액, 부당위탁취소 및 기술부당유용에 대하여는 제보자에 대하여 포상금 제도를 운영하고 있다.

해설

가. 익명제보센터

공정거래위원회는 하도급분야, 유통분야를 대상으로 제보자가 자신의 신원을 밝히지 않고 대기업의 불공정행위를 신고할 수 있는 익명제보센터를 홈페이지에 구축하고 2015. 3. 25.부터 운영·개시하였고 2016. 3. 2.부터는 가맹점주들의 의견을 반영하여 가맹분야까지 확대·운영하고 있다.

익명제보센터의 성패는 제보자 신원정보 보호에 있다. 공정거래위원회는 제보자의 IP 주소가 별도로 수집되지 않도록 하여 제보자 신원이 드러나지 않게 하고 제보된 사건을 조사·처리하는 과정에서도 조사 대상을 제보된 특정 거래로 한정하지 않고 여러 건을 묶어 조사하는 등의 방법으로 제보대상이 된 대기업이 제보자 신원을 추정하지 못하도록 운영하고 있다.

2017년도에 익명제보센터를 통해 접수된 제보건은 하도급 분야에서 550건, 유통분야에서 216건, 가맹분야에서 247건 등 총 1,013건에 달했는데, 공정거래위원회는 이 중 법 위반혐의가 적시된 66건에 대해 직권조사 등을 실시하여 수급사업자에게 총 131억 원의 미지급대금이 지급되도록 조치하였다.

나. 서면실태조사

공정거래위원회는 공정한 하도급거래질서 확립을 위하여 하도급거래에 관한 서면실태조사를 실시하여 그 조사결과를 공표하여야 한다(법 제22조의2 제1항). 제1항에 따른 서면 실태조사를 실시하려는 경우에 조사대상자의 범위, 조사기간, 조사내용, 조사방법과 조사 절차, 조사결과 공표 범위 등에 관한 계획을 수립하여야 하고, 조사대상자에게 하도급거 래 실태 등 조사에 필요한 자료의 제출을 요구할 수 있다(동조 제2항). 이 경우 조사대상자 에게 자료의 범위와 내용, 요구사항, 제출기한 등을 명시하여 서면으로 통지하여야 한다. 한편, 공정거래위원회는 하도급거래 모범업체로 선정된 사업자에 대해 1년간(익년도) 하 도급거래 직권실태조사를 면제할 수 있다(하도급공정화지침).

공정거래위원회는 이에 따라 중소 하도급업체들의 거래단절 등을 우려하여 신고를 기 피하는 문제를 해결하고 공정한 하도급거래질서를 확립하기 위하여 1999년부터 서면실 태조사를 매년 실시하고 있다. 서면실태조사는 업종별 심층조사 목적으로 제조업에 대해 서만 실시한 2011년을 제외하고는 매년 제조, 건설, 용역업에 대해 실시하였다. 2017년에 도 제조·건설·용역업의 원사업자 5천 개, 수급사업자 9만 5천 개 등 총 10만 개 사업자 를 대상으로 실시하였다. 서면실태조사결과 대금 미지급 행위 등 법위반 혐의가 나타난 원사업자에 대하여는 신속한 자진시정을 유도하는 한편, 법위반 혐의를 부인하거나 자진 시정하지 않는 업체에 대해서는 현장조사 등 엄중하게 대처하고 있다. 2017년 주요 조사 결과를 보면, 2016년 조사결과와 비교했을 때 현금 결제비율이 4.8%p 증가하고, 현금성 결제비율이 6.5%p 증가하는 등 대금지급 관행이 개선되고 있음을 알 수 있다.

[대금 결제조건 개선 추세]

구분	2013	2014	2015	2016	2017
조사 대상 원사업자 수	5,000개	5,000개	5,000개	5,000개	5,000개
현금 결제비율	47.6	47.8	51.7	57.5	62.3
현금성 결제비율	88.5	87.9	87.7	87.0	93.5
법정지급기일 초과업체 비율	8.8	7.4	7.2	7.5	7.9
장기어음 지급업체 비율	22.7	19.3	17.6	17.4	19.2

조사대상 원사업자 중 69.1%는 하도급계약 체결 시 공정거래위원회가 제정·배포하는 표준하도급계약서를 사용(일부 사용 포함)하는 것으로 조사되었다.[384]

---

384) 2018 공정거래백서 469~470면

[표준하도급 계약서 사용실태 등]

구분	2013	2014	2015	2016	2017
조사 대상 원사업자 수	5,000개	5,000개	5,000개	5,000개	5,000개
표준하도급계약서 사용업체 비율	63.4%	75.0%	75.6%	75.7%	69.1%

또한 '공정거래위원회 하도급정책에 대한 만족도'가 상승하는 등 수급사업자들은 불공정 하도급거래관행이 개선되어 가고 있다고 체감하는 것으로 나타났다.

[수급사업자의 만족도 등]

구분	하도급거래 상황 개선도	하도급정책 만족도
2016	73.7점	76.7점
2017	72.8점	77.9점

다. 포상금제도

공정거래위원회는 법 제4조(부당한 하도급대금의 결정 금지), 제8조 제1항(부당한 위탁취소의 금지 등), 제10조(부당반품의 금지), 제11조 제1항 및 제2항(감액금지) 또는 제12조의3 제3항(기술자료유용 금지)을 위반한 행위를 신고하거나 제보하고 그 위반행위를 입증할 수 있는 증거자료를 제출한 자에게 예산의 범위에서 포상금을 지급할 수 있다(법 제22조 제5항). 2015. 7. 24. 신설된 조항이다. 포상금 지급대상자는 법위반사실을 신고, 제보하고 증거자료를 최초로 제출한 자로서(법 제22조 제5항, 시행령 제10조의2 제1항), 법위반행위를 한 원사업자와 이에 관여한 임직원, 위반행위로 피해를 입은 수급사업자와 그 임직원은 제외된다(시행령 제10조 제2항).

공정거래위원회는 특별한 사정이 있는 경우를 제외하고는 신고 또는 제보된 행위에 대한 시정조치 등 처분을 하기로 의결한 날(이의신청이 있는 경우 그 재결이 있을 날을 의미)로부터 3개월 이내에 포상금을 지급해야 한다(시행령 제10조 제3항). 공정거래위원회는 위법 또는 부당한 방법으로 증거수집, 거짓신고, 거짓진술, 증거위조 등 부정한 방법으로 포상금을 지급받은 경우, 동일한 원인으로 다른 법령에 따라 포상금 등을 지급받은 경우, 그 밖에 착오 등 사유로 포상금이 잘못 지급된 경우에는 해당 포상금을 지급받은 자에게 반환할 금액을 통지하고, 포상금을 지급받은 자는 통지일로부터 30일 이내에 이를 납부해야 한다(법 제22조 제7항). 포상금을 반환해야 할 자가 납부기한까지 납부하지 아니하는 때에는 국세체납처분의 예에 따라 징수할 수 있다(법 제22조 제8항).

126 위반행위 신고에 대한 쟁점들

(#신고&직권인지&신고취하시심사절차불개시#신고와민원의구별#신고인의지위
#조사시효&처분시효#부제소합의&신고#신고취하후재신고)

A 공정거래위원회의 조사 단서로 직권인지와 신고가 있다. 신고는 피해자 뿐 아니라 제3자도 가능하다. 신고는 항고소송의 대상이 되는 처분이 아니며, 다만 신고인은 무혐의결정에 대하여 헌법소원을 제기할 수 있다. 신고자에 대하여는 여러 절차적 권리가 인정되며 신고는 민법상 최고로 인정되어 민법상 시효중단의 효력이 있다. 특히 건설공사대금의 경우 3년의 단기소멸시효를 가지므로 신고의 시효중단효과는 매우 중요하다. 부제소합의에 위반한 신고라 하더라도 부제소합의 위반에 따른 민사책임과 무관하게 유효한 신고에 해당한다. 한편, 신고인은 무혐의결정 등에 대하여 재신고할 수 있지만 사실오인, 법리오해 또는 새로운 중요한 증거가 없다면 심의절차종료결정을 한다.

해설

가. 신고의 법적 성격

하도급법상 신고의 법적 성격에 대한 판례는 아직 없으나, 공정거래법상 신고와 동일한 것으로 해석된다. 공정거래법상 '신고'는 공정위에 대하여 법 위반 사실에 대한 조사권의 발동을 촉구하는 단서를 제공하는 것에 불과하고, 신고자에게 신고 내용에 따른 적절한 조치를 취하여 줄 것을 요구하는 구체적 청구권까지 부여하는 것은 아니라는 것이 대법원의 입장이다(대법원 2000. 4. 11. 선고 99두4228 판결[385]).

---

385) 「독점규제 및 공정거래에 관한 법률」(1996. 12. 30. 법률 제5235호) 제49조 제1항은 "공정거래위원회는 이 법의 규정에 위반한 사실이 있다고 인정할 때에는 직권으로 필요한 조사를 할 수 있다"라고 규정하고 있고, 제2항은 '누구든지 이 법의 규정에 위반되는 사실이 있다고 인정할 때에는 그 사실을 공정거래위원회에 신고할 수 있다'라고 규정하고 있는 바, 여기에서 말하는 신고는 공정거래위원회에 대하여 법에 위반되는 사실에 관한 조사의 직권 발동을 촉구하는 단서를 제공하는 것에 불과하여 신고인에게 신고 내용에 따른 조치를 취하여 줄 것을 요구할 수 있는 구체적인 청구권까지 있다고 할 수 없고, 따라서 공정거래위원회가 신고인에게 신고 내용에 따른 조치를 취하지 아니하기로 하는 내용의 통지를 하였다고 하더라도 이는 항고소송의 대상이 되는 행정처분에 해당하지 아니한다. 그리고 1996년 12월 30일 개정된 법 제49조 제3항은 "공정거래위원회는 제1항 또는 제2항의 규정에 의하여 조사를 한 경우에는 그 결과를 서면으로 당해 사건의 당사자에게 통지해야 한다"라고 규정하고 있으나, 이는 신고인이 아닌 당사자에 대한 통지

따라서 공정위가 신고 내용에 대하여 법 적용 대상이 아니라고 판단하여 심사 절차를 개시하지 않는 결정을 하거나 법에 위반되는 사실이 없다고 무혐의 결정을 하거나, 법에 위반된다고 하더라도 당해 사안이 대단히 경미하여 불문에 부치는 결정을 하거나, 일정한 처분을 하였으나 그 처분의 정도가 충분하지 않다고 신고인이 판단하더라도, 신고인의 권리·의무에 아무런 영향을 미치지 않으므로 신고인이 이의신청을 하거나 공정위의 조치를 대상으로 행정소송을 제기할 수 없다.

신고와 관련하여 공정위가 무혐의 조치를 하더라도 신고인은 재신고 이외에는 달리 대처할 방법이 없었으나, 공정위가 신고 내용에 대하여 무혐의 조치를 하자, 신고인이 공판정에서의 진술권을 제한하였다는 취지로 헌법재판소에 헌법소원을 제기한 일이 있었다. 이에 대하여 헌법재판소는 "공정거래위원회의 무혐의 조치는 혐의가 인정될 경우에 취해지는 시정조치에 대응되는 조치로서, 공정거래위원회의 공권력 행사의 한 태양에 속하여 헌법재판소법 제68조 제1항 소정의 '공권력의 행사'에 해당하고, 따라서 공정거래위원회의 자의적인 조사 또는 판단에 의하여 결과된 무혐의 조치는 헌법 제11조의 평등권 위반이므로 헌법소원의 대상이 된다"고 판시하였다(헌법재판소 2002. 6. 27. 선고 2001헌마381 결정). 이 경우라도 공정거래위원회는 다시 심사할 의무만 질 뿐이며 심사결과 무혐의결정을 내릴 수도 있다

나. 신고의 주체, 방식, 대상

사건의 단서로 신고와 직권인지가 있다. 누구든지 하도급법위반사항에 대하여 공정거래위원회에 신고할 수 있다. 피해자뿐만 아니라 제3자도 신고할 수 있지만(법 제22조 제1항), 이해관계 없는 제3자의 경우 특정 거래에 대하여 구체적인 법위반사건을 적시하고 객관적인 입증자료를 첨부하여 신고한 경우에만 일반사건과 동일하게 처리하고 그렇지 않으면 심사절차를 불개시(사건심사착수보고를 하지 아니함)하게 된다.

신고서에는 특별한 양식이 있는 것은 아니지만, 신고를 하려는 자는 신고자의 성명과 주소, 피신고인의 성명 또는 명칭(법인인 경우 대표자의 성명을 포함), 위반행위의 내용과 이를 입증할 수 있는 자료를 분명히 밝혀야 한다(시행령 제10조 제1항).

참고로 민원사무처리에 관한 법률 시행령 제2조 제1항 제3호에 의하면, 성명, 주소 등이 분명하지 아니한 자가 행정기관에 특정한 행위를 요구하더라도 '민원인'으로 보지 아니하는데, 무기명 또는 익명으로 공정거래위원회에 하도급법위반행위에 대해 제보하거나

의무를 규정한 것으로서 이 규정이 있다고 하여 신고인에 대한 통지의 법적 성질이 달라지는 것도 아니라고 판시하였다(대법원 2000. 4. 11. 선고 99두4228 판결).

처벌을 요구하는 경우에는 아무리 그 위반내용이 구체적이고 증빙이 함께 제출되었다 하더라도 하도급법상 신고로 보기 힘들다.

다. 신고사건의 처리절차, 신고의 효과, 신고인의 권리

공정거래위원회가 원사업자의 하도급법 위반행위에 관한 수급사업자의 신고가 접수된 사실을 원사업자에게 통지하기 위하여는, 해당 신고를 접수한 날로부터 15일 이내에 신고자로부터 신고가 접수된 사실을 원사업자에게 통지하는 것에 대한 동의와, 이 경우 신고자와 신고내용도 함께 통지하는 것에 대한 동의를 모두 받아야 한다(시행령 제10조 제2항). 신고자의 동의를 받으면 그로부터 15일 이내에 원사업자에게 신고사실을 신고자와 신고내용을 명시한 서면으로 통지해야 한다(법 제10조 제3항).

한편, 수급사업자의 신고의 경우 공정거래위원회가 이 사실을 원사업자에게 통지한 때에 민법 제174조에 따른 최고가 있는 것으로 보게 된다. 다만, 신고된 사건이 각하 또는 기각되거나 취하된 경우에는 최고로 볼 수 없다(법 제22조 제3항). 민법상 최고는 소멸시효 중단의 효력이 있으므로, 수급사업자가 신고한 경우 6개월 이내에 재판상 청구, 파산절차 참가, 화해를 위한 소환, 임의출석, 압류 또는 가압류, 가처분을 하게 되면 신고한 시점으로부터 소멸시효가 중단되는 효력이 발생하며, 신고만 하고 그 외 절차를 진행하지 않는 경우에는 소멸시효가 중단되지 않는다(민법 제174조).

신고와 직권인지 사건은, 조사시효 및 처분시효와 관련하여는 차이가 있다. 공정거래위원회는 거래종료일로부터 3년이 경과한 하도급거래에 대하여는 조사를 할 수 없는데, 조사개시일은 신고 사건의 경우 신고접수일, 직권인지 사건의 경우에는 최초 현장조사일 또는 최초 자료제출요청일이다(법 제23조 제2항, 시행령 제6조).

한편, 직권인지 사건의 경우 조사개시일로부터 3년이 경과한 경우, 신고 사건의 경우 신고일로부터 3년이 경과한 이후에는 공정거래위원회는 시정조치나 과징금납부명령 등 처분을 할 수 없다(법 제22조 제4항).

공정거래위원회에 대한 하도급법위반신고는 원칙적으로 직권발동을 촉구하는 의미에 불과하며 신고인에게 구체적인 청구권을 부여한 것은 아니다. 따라서 공정거래위원장이 법위반이 없다는 회신을 하였다 하여, 신고자의 구체적인 권리나 이익을 침해한 것으로 볼 수 없으므로 그 회신은 항고소송의 대상인 행정처분이 아니다(대법원 1989. 5. 9. 선고 88누4515 판결).

피신고인과 합의가 이루어졌다는 이유 등으로 신고를 철회하더라도 공정거래위원회의 사건처리절차는 계속되고 위반행위가 확인되면 제재가 이루어진다. 하지만 신고인에게 의견을 진술하게 하고 신고사건 처리결과를 통보하는 등(사건처리절차규칙 제12조 제2항) 절차적인 참여를 인정하고 있고 아울러 신고가 취하되는 경우 심의절차종료를 할 수 있다(사건처리절차규칙 제12조 제1항 제25호). 이때문에 피신고인(원사업자) 입장에서는 신고인의 신고취하를 얻기 위하여 노력하게 하는 등 신고인에게는 사실상의 지위가 인정된다.

공정거래위원회가 무혐의 등의 판단을 할 경우 수급사업자는 최초 신고 절차와 동일하게 재신고를 할 수 있지만, 사실의 오인이 있는 경우, 법령의 해석 또는 적용에 착오가 있는 경우, 심사관의 심사종결이 있은 후 심사종결 사유와 관련이 있는 새로운 사실 또는 증거가 발견된 경우, 기타 이에 준하는 사유가 있는 경우에만 사건심사착수보고 및 재조사가 이루어질 수 있다(사건처리절차규칙 제13조, 제45조).

라. 부제소 합의와 신고

원사업자와 수급사업자가 하도급거래와 관련하여 합의하면서 민·형사상 책임을 묻지 않고 공정거래위원회 등 국가기관에 신고하지 않겠다는 소위 부제소 약정을 하는 경우가 있다. 그런데 수급사업자가 부제소 약정에도 불구하고 공정거래위원회에 신고하는 경우가 있다. 신고와 관련하여 어떠한 권리가 인정되는 것이 아니기 때문에, 공정거래위원회 신고를 포기하는 약정을 위반해 신고했다 하더라도 공정거래위원회로서는 신고에 따른 조사를 진행하지 않을 수 없다. 그런데 이 경우 하도급법상 유효한 신고로 보아야 하는가? 친고죄에 관한 형사소송법상의 고소권 포기와 관련된 판례이기는 하지만, 대법원은 공법상의 권리인 고소권의 성질상 법이 특별히 명문으로 인정하는 경우를 제외하고는 자유처분을 할 수 없다고 할 것인바(대법원 1967. 5. 23. 선고 67도471 판결), 그 판결의 취지에 비추어 볼 때 신고에 대한 포기가 있다고 하여 신고가 무효가 되기는 어렵다.

마. 재신고에 대한 처리

신고인이 공정위의 결정에 이의가 있거나 그 결정 이후에 새로운 사실이나 증거가 있는 경우는 재신고할 수 있다. 심사관은 재신고된 사건에 있어서 당초의 결정에 사실의 오인이 있는 경우, 법령의 해석 또는 적용에 착오가 있는 경우, 새로운 사실이나 증거가 발견된 경우는 심사 절차에 착수할 수 있는데, 착수 여부는 '재신고사건심사위원회'(상임위원 1인, 민간위원 2인)의 결정에 따른다(사건절차규칙 제13조).

바. 신고서 서식

■ 공정거래위원회의 회의운영 및 사건절차 등에 관한 규칙 [별지 제3-1호 서식]

불공정거래행위 신고서 [ ] (혹은) 분쟁조정 신청서 [ ]

※ (*)표시항목은 필수사항이니 반드시 기재하여 주시고, 나머지 사항은 효율적인 심사를 위하여 가능한 기재해 주시기 바랍니다.
※ 불공정거래행위 신고와 분쟁조정 신청을 함께 하는 경우는 분쟁조정절차가 종료될 때까지 피신고(청)인에게 시정조치 혹은 시정권고를 하지 아니합니다.

신고(청)인	성명(*)			생년월일(*)	
	사업자인 경우	사업자명		사업자등록번호	
		대표자 성명			
	주소(*)				
	연락처	전화번호(*)		휴대폰	
		팩스번호		이메일	
	피신고(청)인과의 관계				

피신고(청)인	사업자명(*)		대표자 성명	
	주소 또는 전화번호(*)		관련부서 및 담당자	
	사업내용 또는 영위업종			
	피신고(청)인의 연간 매출액			
	피신고인(청)의 시장점유율			

신고(청)내용(*)	☞ 신고(청)서와 함께 제공되는「불공정거래행위 신고서 및 분쟁조정 신청서 작성안내」에 따라, 신고(청)하고자 하는 내용을 가급적 6하 원칙에 맞게 기재하시고, 기재할 공간이 부족하면 별지에 작성하여 첨부해 주시기 바랍니다.
증거자료	[ ] 있음 (☞ 신고내용을 증명하는데 도움이 되는 증거 자료가 있으면 첨부하여 주십시오.) [ ] 없음
신고인 신분공개 동의여부	[ ] 공개 [ ] 비공개 [ ] 사건 조치 후 공개

「독점규제 및 공정거래에 관한 법률」 제48조의6 제1항, 제49조 제2항, 동법 시행령 제53조의4 제1항, 제2항, 제54조 및 「공정거래위원회 회의 운영 및 사건절차 등에 관한 규칙」 제10조 제2항에 의하여 위와 같이 신고(청)합니다.

년   월   일

신 고 인 :

(서명 또는 인)

127 무혐의처분에 대한 신고인의 불복방법

(#항고소송불가#헌법소원가능#공정거래위원회는 재조사의무만 부담)

A 공정거래위원회가 하도급법위반 신고에 대하여 무혐의결정을 내리는 경우 신고인은 이의신청이나 행정심판이나 소송 등으로 불복할 수 없고 오로지 위법한 공권력 행사라는 이유로 헌법소원만 가능하다. 헌법소원이 인용되더라도 공정거래위원회는 혐의를 인정하여 제재해야 하는 것은 아니고 단지 재조사를 할 의무만 부담한다.

해설

공정거래위원회에 대한 하도급법위반 신고는 원칙적으로 행정청의 직권발동을 촉구하는 의미에 불과할 뿐 구체적인 청구권을 가지는 것이 아니다. 이때문에 공정거래위원회가 신고내용에 대하여 무혐의결정을 하였다 하더라도 신고인은 이에 대하여 행정소송을 제기할 수 없다. 대법원은, 이와 관련하여 하도급법상 신고는 경제기획원장관(현재 공정거래위원회 위원장)에 대하여 직권발동을 촉구하는 단서에 불과하고, 행정청은 이에 대한 응답의무를 부담하지 아니하고 나아가 위반사실이 없다는 회신을 하였다 하여 신고인의 구체적인 권리나 이익을 침해한 것이라고 할 수는 없어, 그 회신(무혐의처분 등)은 항고소송의 대상인 행정처분에 해당하지 않는다고 판시한 바 있다(대법원 1989. 5. 9. 선고 88누4515 판결 참조).

다만, 공정거래위원회의 무혐의처분 등에 대하여 헌법소원은 제기할 수 있다는 것이 헌법재판소 결정이다(헌법재판소 2002. 6. 27.자 2001헌마381 결정). 즉, 불공정거래혐의에 대한 공정거래위원회의 무혐의 조치는 혐의가 인정될 경우 행하여지는 중지명령 등 시정조치에 대응하는 조치로서 공정거래위원회의 공권력 행사의 한 태양에 속하므로 헌법재판소법 제68조 제1항 소정의 '공권력의 행사'에 해당하고, 따라서 공정거래위원회의 자의적인 조사 또는 판단에 의하여 결과된 무혐의조치는 헌법 제11조의 법 앞에서의 평등권을 침해하게 되므로 헌법소원의 대상이 된다(헌법재판소 2012. 2. 23.자 2010헌마750 결정). 헌법소원심판은 그 사유가 있음을 안 날부터 90일 이내에, 그 사유가 있는 날부터 1년 이내에 청구하여야 하므로(헌법재판소법 제68조 제1항), 무혐의처분을 받은 날(재신고를 한 경우라면 재신고에 따른 무혐의결정이나 심의절차종료결정을 받은 날)로부터 90일 이내에 제기해야 한다.

다만, 무혐의결정에 대한 헌법재판소의 위헌결정이 있다 하더라도, 공정거래위원회가 반드시 혐의를 인정하여 제재를 해야 하는 의무가 있는 것은 아니고, 다시 조사하여 혐의 있음 여부를 판단하면 될 뿐이다.

선택적 중재합의의 효력 및 해외
건설하도급에서 국제중재에 관한 배타적
중재합의가 부당특약에 해당하는지 여부

A 선택적 중재합의는 법원 소송을 배제한 것이 아니므로 유효하지만, 법원 소송을
배제한 배타적 중재합의의 경우에는 여러 가지 사정을 고려하여 수급사업자에게
부당하게 불리한 것이 아닌지를 검토해야 한다. 특히 해외 건설하도급에서 국내소송이나
국내 중재를 배제하고 오로지 국제중재만 가능하게 한 배타적 중재합의는 부당특약에 해
당한다.

해 설

하도급계약서 등에 계약과 관련한 분쟁에 대하여는 "건설분쟁조정위원회나 하도급분
쟁조정협의회 등 조정을 신청하거나 다른 법령에 의하여 설립된 중재기관에 중재를 신청
할 수 있다"는 취지의 중재조항이 있는 경우가 있다.

법원에 소송을 제기할 권리를 전적으로 배제한 중재법상 유효한 소위 배타적 중재조항
으로 볼 것인지 문제되지만, '선택적 중재조항'이므로 반드시 조정이나 중재에 의할 필요
없이 '법원의 소송'을 선택할 수 있다.[386] 법원은 이에 대하여 선택적 중재조항으로 보고
있다. 계약 당사자가 중재로 분쟁을 해결할 것을 요구하고 상대방이 별다른 이의 없이
중재신청에 응할 때 비로소 중재합의가 있는 것이지만, 반대로 상대방이 중재신청에 대
한 답변서에서 중재합의의 부존재를 적극적으로 주장하면 중재합의로서의 효력이 없다
는 입장이다(대법원 2005. 6. 24. 선고 2004다66513, 66520 판결).

나아가 "관계법령에 의해 설치된 조정위원회 등 조정 또는 중재법에 의한 중재기관의
중재에 의하고 조정에 불복하는 경우에는 법원의 판결에 의한다"고 규정된 경우에도 동
일하게 선택적 중재조항으로 보고 있다(대법원 2004. 11. 11. 선고 2004다42166 판결 ; 대법원
2005. 5. 27. 선고 2005다12452 판결 등).

한편, 법원 소송을 배제하고 중재만 가능하게 규정한 소위 배타적 중재합의의 경우에
는 통상 유효하지만 구체적, 개별적 상황에 따라 수급사업자에게 부당하게 불리하다고

---

386) 길기관, 앞의 책, 304면

인정된다면 부당특약에 해당할 수 있다. 나아가, 해외에서 국내 건설회사들 간에 이루어지는 해외 건설하도급계약에서 국내 소송이나 국내 중재를 배제하고 국제 중재만으로 분쟁을 해결하게 하는 소위 배타적 국제중재조항은 특별한 사정이 없는 한 수급사업자에게 부당하게 불리하여 하도급법 제3조의2 제1항의 부당특약에 해당한다고 볼 것이다. 국제 중재의 경우 국내 소송이나 중재와 달리 언어적인 장벽이 높을 뿐 아니라 천문학적인 중재비용이 소요되며 아울러 광범위한 자료 작성 능력이 요구되기 때문에, 중소기업에게 매우 불리할 뿐 아니라 그다지 크지 않은 하도급대금 분쟁의 경우 오히려 비현실적인 분쟁해결절차여서, 사실상 수급사업자의 재판받을 권리를 침해하기 때문이다.

129 사건종결처분

_A_ 하도급법상 사건종결처분에는 무혐의결정, 심사불개시결정, 종결처리, 조사중지, 심의절차종료결정이 있고, 혐의가 경미한 경우에는 시정명령이나 과징금부과처분이 아니라 경고나 시정권고를 할 수도 있다. 그 중 심의절차종료, 무혐의, 종결처리, 심의중지, 경고, 시정권고에 대하여는 심사관이 전결로 처분할 수 있다.

[해 설]

가. 심사불개시 사유

사무처장은 위반행위의 신고 등이 있는 경우 심사할 공무원(이하 '심사관')으로 하여금 심사절차의 개시 전에 사실관계의 조사와 사전심사를 하게 할 수 있다(사건처리절차규칙 제10조 제1항). 심사관은 사전심사를 마친 후 하도급거래, 원사업자, 수급사업자 요건을 충족하지 아니하는 경우, 3년의 조사시효 및 처분시효가 완성된 경우, 무기명·가명 또는 내용이 분명하지 아니한 신고로서 심사관이 보완요청을 할 수 없는 경우, 기간을 정한 보완요청을 받고도 이에 응하지 아니한 경우 또는 보완내용이 분명하지 아니하거나 허위로 기재된 경우, 신고인이 신고를 취하한 경우, 사망·해산·폐업 또는 이에 준하는 사유가 발생한 사업자를 신고한 경우, 이미 처리한 사건과 동일한 위반사실에 대하여 직권으로 인지하거나 다시 신고하여 온 경우, 기타 하도급법의 적용대상이 아니라고 인정되는 경우, 공정거래위원회 소관의 규칙·고시·예규 등에서 정하고 있는 요건에 해당되어 하도급법위반행위로 인정되지 아니하는 것이 명백한 경우에는 심사절차를 개시하지 아니한다는 결정을 할 수 있다(사건처리절차규칙 제12조). 심사관은 심사절차 불개시결정을 한 후 15일 이내에 신고인·임시중지명령요청인·심사청구인 및 피조사인에게 그 사실을 서면으로 통지해야 한다.

나. 심의절차종료결정

각 회의(전원회의 및 소회의를 의미하며 이하 '위원회'라 한다)는 사건처리절차규칙 제

12조에 규정된 심의불개시사유가 있는 경우, 재신고 사건으로 원사건에 대한 조치와 같은 내용의 조치를 하는 경우, 사건의 사실관계에 대한 확인이 곤란하여 법위반 여부의 판단이 불가능한 경우나 새로운 시장에서 시장상황의 향방을 가늠하기가 매우 어렵거나 다른 정부기관에서 처리함이 바람직하여 위원회 판단을 유보할 필요가 있는 등에는 심의 절차의 종료를 의결할 수 있다(사건처리절차규칙 제46조).

다. 무혐의 및 주의촉구

위원회는 위반행위로 인정되지 아니하거나 위반행위에 대한 증거가 없는 경우에는 무혐의를 의결할 수 있으며, 하도급법에 위반되지 않더라도 장래의 법위반 예방 등 필요한 경우에는 주의촉구를 할 수 있는데, 법에 위반되지는 아니함을 명백히 하는 문언을 함께 기재해야 한다(사건처리절차규칙 제47조). 그런데 위원회의 실무는 증거 불충분인 경우 무혐의 결정을 해야 함에도 불구하고, 심의절차종료결정 등을 하는 사례가 많은데 이에 대한 개선이 필요하다.

라. 종결처리

위원회는 피심인에게 사망·해산·파산·폐업 또는 이에 준하는 사유가 발생함으로써 시정조치 등의 이행을 확보하기가 사실상 불가능하다고 인정될 경우, 피심인이 채무자 회생 및 파산에 관한 법률에 의하여 보전처분 또는 회생절차개시결정을 받았고, 법위반 혐의가 재산상의 청구권과 관련된 경우에는 종결처리를 의결할 수 있다. 피심인이 채무자 회생 및 파산에 관한 법률에 의하지 아니한 방법으로 정상적인 사업활동을 영위하는 경우에는 사건절차를 재개할 수 있다(사건처리절차규칙 제48조).

마. 심의중지

위원회는 피심인, 신고인 또는 이해관계인 등에게 부도 등으로 인한 영업중단, 일시적 폐업이라고 인정되는 경우, 법인의 실체가 없는 경우, 도피 등에 의한 소재불명, 국외에 소재하는 외국인 사업자를 신고한 경우로서 조사 등이 현저히 곤란한 경우, 기타 이에 준하는 사유가 발생하여 심의를 계속하기가 곤란한 경우에는 그 사유가 해소될 때까지 심의중지를 의결할 수 있다. 심사관은 심의중지가 의결된 때에는 심의중지자 명부에 해당 사항을 기재하고 점검·관리해야 하며, 이 경우 의결된 날부터 6개월 경과 후 종결처리할 수 있으며 종결처리할 때에는 종결처리된 사실, 피심인의 영업재개 등 심사개시사유가 발생한 때에는 재신고할 수 있다는 사실을 신고인 등에게 통지해야 한다(사건처리절차규칙 제49조).

바. 경고

위원회는 위반의 정도가 경미한 경우, 피심인이 사건의 심사 또는 심의과정에서 당해 위반행위를 스스로 시정하여 시정조치의 실익이 없다고 인정하는 경우, 피심인이 시정조치 또는 금지명령에 응하지 않아 심사관이 심사절차를 개시하였으나 사건의 심사 또는 심의과정에서 시정조치 또는 금지명령을 이행한 경우에는 경고를 의결할 수 있다. 다만, 피신고인의 직전 사업연도의 연간매출액(관계 법률에 따라 시공능력평가액을 적용받는 거래의 경우에는 해당 연도의 시공능력평가액의 합계액)이 100억 원 미만인 경우, 위반금액의 비율(해당 법위반사건의 하도급대금 대비 법위반 관련 미지급금액의 비율)이 10% 이하인 경우, 위반행위가 신고인에게 한정된 피해구제적 사건인 경우, 하도급대금 지급 관련 경미한 위반행위(하도급대금 미지급, 선급금 미지급, 현금결제비율 미유지 등)로서 해당 법위반행위 유형에 대해 통상적·반복적으로 경고조치가 이루어진 경우, 수급사업자의 청산, 폐업으로 인한 연락두절이나 소재불명 등의 사유로 인해 자진시정이 불가능한 경우로서 위반행위의 정도가 경미한 경우에만 한정된다(사건처리절차규칙 제49조, 별표 1.).

사. 시정권고

위원회는 심결을 거쳐 위반행위를 시정하기에는 시간적 여유가 없거나 시간이 경과되어 위반행위로 인한 피해가 크게 될 우려가 있는 경우, 위반행위자가 위반사실을 인정하고 당해 위반행위를 즉시 시정할 의사를 명백히 밝힌 경우, 위반행위의 내용이 경미하거나 일정한 거래분야에서 경쟁을 제한하는 효과가 크지 않은 경우, 공정거래 자율준수 프로그램(CP)을 실질적으로 도입·운용하고 있는 사업자가 동 제도 도입 이후 최초 법위반행위를 한 경우에 위반행위를 한 사업자에게 시정방안을 정하여 이에 따를 것을 권고할 수 있다. 이 경우, 사건번호, 사건명 및 피심인명, 시정권고 사항, 법위반 내용, 적용법조, 시정기한, 수락여부 통지기한, 수락거부시 조치방침을 기재한 서면에 의해야 한다.

심사관은 권고를 받은 자가 수락하지 아니하기로 통지하거나, 시정권고를 통지받은 날부터 10일 이내에 그 수락여부를 서면으로 통지하지 아니한 경우에는 당해 사건에 대한 심사보고서를 작성하여 각 회의에 제출해야 한다. 다만, 약관법위반사건의 경우에는 그러하지 아니하다(사건처리절차규칙 제51조).

한편, 경고와 시정권고는 법위반행위의 내용이 경미하거나 조사 도중에 원사업자가 자진시정을 하여 시정명령을 할 실익이 없는 경우 행하여진다.

특히 시정권고의 경우 원사업자가 수락하면 시정명령을 행한 것과 동일한 효과가 있지만, 실무상 시정권고가 이루어지는 사례는 거의 없다.

아. 재심사

위원회는 사실의 오인이 있는 경우, 법령의 해석 또는 적용에 착오가 있는 경우, 심사관의 심사종결이 있은 후 심사종결 사유와 관련이 있는 새로운 사실 또는 증거가 발견된 경우, 기타 이에 준하는 사유가 있는 경우에 심사관에게 당해 사건에 대한 재심사를 명할 수 있다(사건처리절차규칙 제45조).

자. 심사관 전결사항

심사관은 전결로 심의절차종료, 무혐의, 종결처리, 심의중지, 경고, 시정권고에 해당한다고 인정되는 사건에 대하여는 그렇게 처리할 수 있다. 다만, 무혐의에 해당한다고 인정되는 사건에 대하여는 심사관 대신 사무처장이 각각 심사절차종료와 무혐의로 전결할 수 있다(사건처리절차규칙 제53조의2 제1항).

130 지급명령시 지급명령 금액에 대한 입증책임의 소재, 지급명령 활성화를 위한 정책대안 및 부당대금결정에서 지급명령을 해야 할 금액

(#하도급대금입증책임#지급금액확정#금융비용부당감액#예금은행가중평균여신금리)

A 입증책임의 일반원칙에 따라 지급명령의 경우 지급명령의 사유 뿐 아니라 그 금액에 대하여도 공정거래위원회에게 입증책임이 있다. 하지만 위법행위가 없었더라면 정해졌을 정당한 하도급대금 등은 감정 등을 통하지 않고는 현실적으로 이를 입증하기가 쉽지 않다. 그래서 하도급법에서 명확하게 공정거래위원회가 증거조사의 일환으로 감정을 실시할 수 있도록 규정하고 이를 위한 예산을 배정하여, 지급명령 금액을 입증하기 위한 제도적 기반을 확보하고 공정거래위원회로서도 감정 등을 활용하여 지급명령 금액을 입증하는 방식으로 지급명령을 적극적으로 내릴 필요가 있다. 뿐만 아니라 지급명령의 대상이 되는 부당대금결정이나 부당감액 조항에서 아예 정당한 하도급대금 산정기준이나 감액금액 산정방식을 규정하여 논란을 없애는 것도 방법이다. 나아가 변론의 전취지와 증거조사 결과를 기초로 법원이 손해액을 산정할 수 있도록 한 공정거래법 제57조와 같이 공정거래위원회가 증거조사 결과 등에 기초하여 지급명령 금액을 결정할 수 있다는 조항을 두는 방법도 고려할만 하다.

해설

가. 지급명령시 입증책임

서울고등법원도 이러한 견지에서, 부당한 하도급대금 결정에 있어서도 공정거래위원회는 원사업자에 대하여 하도급대금 등의 지급을 명하는 시정명령을 할 수 있다고 판시한 바 있다(서울고등법원 2012. 5. 17. 선고 2011누36687 판결). 재입찰에 의하여 하도급대금이 부당하게 결정된 경우 원사업자에게 최소 입찰금액과 재입찰금액 간의 차액의 지급을 명할 수 있다(대법원 2010. 11. 15. 선고 2012두13924 판결). 하지만 지급되어야 할 금원에 대하여는 공정거래위원회에게 입증책임이 있다. 계약상 정해진 대금을 미지급한 경우가 아닌 한 현실적으로 공정거래위원회가 지급되어야 할 금액을 확정하여 입증하기란 쉽지 않다.

물론 하도급계약에 정해진 대금을 지급하지 않는 하도급대금 미지급의 경우에는 그 금

913

액을 지급하라고 명령하면 되고, 부당감액의 경우 감액된 금액 자체가 지급명령금액이 될 수 있으며(물론 자유로운 협의에 의하였더라도 감액되었을 것이라면 그러한 사정 뿐 아니라 감액되었을 금액까지도 원사업자에게 입증책임이 있으므로, 원사업자가 입증하는 정당한 감액금액을 제외한 금액이 지급명령금액이 될 것이다), 부당한 하도급대금 결정으로 간주되는 유형에 대한 제4조 제2항의 취지상 지급되어야 할 금액이 특정되는 경우도 있을 수 있다(예를 들면, 제4조 제2항 제2호의 일정 금액을 할당한 후 차감, 제6호 직접공사비 이하의 대금결정, 제7호의 최저가입찰금액보다 낮은 대금결정 등). 하지만 그렇지 않은 경우도 상당히 많다.

예를 들어, 부당대금결정의 일반조항인 제4조 제1항의 경우 같거나 유사한 위탁에서 통상 정해지는 대가, 즉 시가를 입증해야만 지급명령금액에 대한 입증을 다하는 것인데, 통상 그것이 거의 불가능하다. 제4조 제2항의 간주유형 중에서도 만일 불공정하도급거래가 없었더라면, 즉 자유로운 협의에 의하여 정해졌을 가격을 입증하기가 사실상 어려운 경우가 많다. 일례로, 대법원은 일률적 단가 인하로 하도급법 제4조 제2항 위반으로 인정되는 사례에서 일률적인 단가 인하의 기준이 된 가격을 '통상 지급되어야 하는 대가'로 단정할 수 없고 그래서 그와 실제 하도급대금의 차이를 지급하라는 지급명령은 허용될 수 없다고 판단하였다(대법원 2016. 2. 18. 선고 2012두15555 판결[387]). 대법원 판결에 의하면 하도급법 제4조 제2항 제1호(일률적 단가인하)나 제5호(일방적 단가결정) 위반의 경우에도 지급명령이 사실상 불가능하다. 대법원은 "(이 경우에 지급명령이 허용된다면) 그 지급명령은 당사자 사이의 사적 자치에 따라 정하여졌을 대금액을 전제로 하여야 한다. 그런데 제1호 위반행위나 제5호 위반행위가 있다고 하더라도 각 품목이나 거래별로 개별적 사정이 있을 수 있어 위반행위 전의 단가가 당연히 지급명령액 산정의 기준액이 된다고 단정할 수 없고, 제1호 위반행위나 제5호 위반행위의 성질상 이러한 위반행위가 없었더라면 원사업자와 수급사업자가 실제 정하였을 대금액을 상정하기도 어렵다. 따라서 제1호 위반행위 또는 제5호 위반행위에 대한 시정조치로서 지급명령은 원칙적으로 허용되지 않는다"고 판시한 것이다(대법원 2018. 3. 13. 선고 2016두59430 판결[388]).

---

387) 대법원 2016. 2. 18. 선고 2012두15555 판결(시정명령 등 취소청구의 소)
하도급법령이 정한 시정조치 관련 규정의 포괄성, 일률적인 비율에 의한 단가 인하가 있는 경우 정당한 하도급대금액을 상정하기 어려운 점 등에 하도급법 제4조 제2항 제1호 위반행위 및 지급명령의 법적 성격 등을 종합하여 보면, 하도급법 제4조 제2항 제1호 위반행위에 대한 시정조치로서 일률적인 비율에 의한 단가 인하의 기준이 된 가격과 실제 하도급대금의 차액의 지급을 명하는 시정명령은 허용될 수 없다.

388) 대법원 2018. 3. 13. 선고 2016두59430 판결(시정명령 및 과징금 납부명령 취소)
하도급법 제4조 위반으로 인한 지급명령은 공정거래위원회가 간편하게 손해배상 등의 지급을 명하는 것이라고 할 수 있다. 하도급법 제4조 제2항 제1호나 제5호 위반으로 인한 지급명령이 허용된다면 그 지급

뿐만 아니라 하도급대금을 결정하지 않고 위탁이 이루어진 경우 또는 추가공사대금을 결정하지 않고 추가공사지시에 따라 공사가 완료된 경우, 수급사업자의 귀책사유 없이 공기가 연장되고 그에 따라 공사비용이 증가하였거나 사업자의 요구에 따라 또는 원사업자의 귀책에 의한 돌관공사로 공사비용이 증가하였는데 추가공사대금에 대한 협의가 안된다는 이유로 하도급대금이 미지급된 사안에서, 정당한 하도급대금 또는 추가하도급대금에 대하여 입증책임을 다하기는 현실적으로 매우 어려운 실정이다.

관련하여 공정거래위원회 실무는 지급되어야 할 금액에 대한 확정이 어려운 경우 지급명령을 하지 않고 당사자 간 민사소송으로 해결하라는 입장이다. 하지만 민사소송에서도 정당한 대금에 대한 입증책임은 원고인 수급사업자에게 있고 민사소송에서의 입증 역시도 어렵기는 매한가지다. 결국 입증책임으로 인한 불이익은 수급사업자에게 귀속될 수밖에 없다. 뿐만 아니라 민사소송의 판결까지 수년이 소요되는데 그 동안 수급사업자는 유동성 압박을 이기지 못하여 원사업자의 부당한 요구를 받아 들일 수밖에 없는 경우가 태반이다. 이런 점에서 공정거래위원회가 좀 더 적극적인 태도로 지급명령을 하는 것이 필요하고, 나아가 근본적으로 하도급법에서 지급되어야 할 금액에 대한 구체적인 규정을 두는 것도 고려해 볼 만하다.

나. 수급사업자 보호에 있어 지급명령의 필요성 및 활성화를 위한 개선방안

하도급 거래를 둘러싼 원사업자와 수급사업자 간의 갈등의 대부분은 하도급대금에 관한 것이다. 대금 분쟁은 민사법원을 통해 해결하는 것이 원칙이다. 하지만 소송을 통한 해결에는 수급사업자 입장에서는 여러가지 장애와 난점이 있다. 먼저 시간이 오래 걸리며, 두번째로 전면적 증거제출제도가 인정되지 않는 우리 민사소송법상의 한계로 사실관계와 증거 확보가 쉽지 않고, 마지막으로 감정을 통해 손해액을 입증해야 하는데 이에 과도한 비용이 소요되기 때문이다. 수급사업자가 공정위에 신고해서 해결하려는 것도 바로 이 때문이다. 공정위는 하도급법 위반행위에 대하여 정당한 하도급대금과 실제 하도급대금의 차이를 지급하라는 취지의 시정조치명령, 즉 지급명령을 내릴 수 있다(서울고등법원 2012. 5. 17. 선고 2011누366687 판결). 지급명령은 어려운 수급사업자의 문제를 궁극적으

명령은 당사자 사이의 사적 자치에 따라 정하여졌을 대금액을 전제로 하여야 한다. 그런데 제1호 위반행위나 제5호 위반행위가 있다고 하더라도 각 품목이나 거래별로 개별적 사정이 있을 수 있어 위반행위 전의 단가가 당연히 지급명령액 산정의 기준액이 된다고 단정할 수 없고, 제1호 위반행위나 제5호 위반행위의 성질상 이러한 위반행위가 없었더라면 원사업자와 수급사업자가 실제 정하였을 대금액을 상정하기도 어렵다. 따라서 제1호 위반행위 또는 제5호 위반행위에 대한 시정조치로서 지급명령은 원칙적으로 허용되지 않는다.

로 해결해 주고 하도급거래를 둘러싼 분쟁을 조기에 종식시키는 가장 효율적인 방식이다.

종래에는 공정위가 지급명령을 적극적으로 발령했다. 그런데 우리 법원은 이에 부정적이다. 지급명령시 '정당한 하도급대금'에 대해서는 공정위에게 입증책임이 있다는 법리를 기초로 공정위의 지급명령을 취소하는 일련의 판결들을 내리고 있다(대법원은 2018. 3. 13. 선고 2016두59430 판결 등 다수). 이러한 법원의 입장 때문에 공정위는 지급명령 발령에 대하여 매우 소극적으로 변했고 지급명령 제도는 사실상 형해화되었다.

앞서 설명한 민사소송의 한계로 인하여 공정위가 지급명령을 할 수 있도록 법과 제도를 개선하는 것이 반드시 필요하다. 지급명령 제도의 활성화 없이 수급사업자를 보호하고 하도급거래질서를 바로잡겠다는 것이 넌센스이기 때문이다. 정당한 하도급대금에 대한 입증이 사실상 불가능하므로 지급명령을 할 수 없다는 것이 판례의 취지이므로, 하도급법에서 "공정위는 전문가 감정 등의 증거조사를 통하여 정당한 하도급대금을 산정하여 지급명령을 할 수 있다"는 규정을 신설하고, 공정위에게 전문가 감정 등 증거조사에 대한 예산을 배정해주는 방식으로 문제를 해결해야 할 것이다. 감정 역시 행정조사에서 허용되는 증거수집절차이므로 공정거래위원회가 현행 법령 아래에서도 할 수 있지만, 문제는 예산이다. 소송에서는 감정 신청인에게 감정비용을 예납하게 하고 이후 소송결과에 따라 당사자들 간에 부담비율을 정하지만, 공정거래위원회 조사와 같은 행정절차에서는 신고인이나 이해관계자에게 감정비용을 부담시킬 수 없다. 공정거래위원회가 감정을 활용하고 싶어도 할 수 없는 현실적 제약이다. 그래서 입법론으로 공정거래위원회 사건조사 과정에서 증거조사방법으로 감정을 실시할 수 있도록 명시하고 그 예산을 배정하는 것이 필요하다고 본다.

한발 더 나아가 지급명령이 이루어질 필요성이 크고 그 금액 입증이 난이한 위반행위 유형에서 아예 그 금액산정방식을 법이나 시행령에서 정하는 것도 고려할만 하다. 예를 들면, 판례에서 위반행위가 없었을 경우 정해졌을 정당한 대금이 반드시 결정된 하도급대금에서 일률적으로 인하된 단가에 대한 것을 더한 것으로 볼 수 없다고 한 하도급법 제4조 제2항 제1호의 일률적 단가 인하의 경우에 일률적으로 인하된 단가에 상응하는 대금을 가산한 하도급대금을 정당한 하도급대금으로 본다고 규정하는 것이다. 더하여 그 외의 부당대금결정이나 부당감액의 경우 각 유형별로 지급명령할 금액 산정방식을 규정하는 것이다. 뿐만 아니라 실무적으로 많은 문제가 되는, 하도급대금을 결정하지 않아 위탁종료 후 하도급대금에 대한 협의가 되지 않는 경우에는 실제 투입비용에 해당업종 평균이익률을 더한 금액을 지급하여야 한다는 조항을 두는 것이다. 이런 산정방식 자체를 법이나 시행령에 규정할 경우 입증의 어려움으로 공정거래위원회가 지급명령을 하지 못하여 그 결과 수급사업자들의 실질적 권리 구제가 어려워지는 문제는 상당 부분 해결될 것이라 본다.

또한, 하도급법 제35조 제4항에 의하여 준용되는 공정거래법 제57조의 손해액 인정[389]에 대한 규정과 마찬가지로 "이 법의 규정을 위반한 행위의 시정을 위하여 지급명령을 내릴 필요성이 인정되나 그 지급명령금액을 입증하기 위하여 필요한 사실을 입증하는 것이 해당 사실의 성질상 극히 곤란한 경우에는 공정거래위원회는 증거조사의 결과에 기초하여 상당한 금액의 지급을 명할 수 있다"는 조항의 신설도 고려할 수 있다.

---

389) 공정거래법 제57조(손해액의 인정)
　　이 법의 규정을 위반한 행위로 인하여 손해가 발생된 것은 인정되나, 그 손해액을 입증하기 위하여 필요한 사실을 입증하는 것이 해당 사실의 성질상 극히 곤란한 경우에는 법원은 변론 전체의 취지와 증거조사의 결과에 기초하여 상당한 손해액을 인정할 수 있다.

131 지급명령 등 시정명령의 위법성 판단시점 및 지급명령 이후 채권이 소멸한 경우

(#위법성 판단은 처분시#변론종결시까지 자료를 종합하여 판단#결과시정시 시정명령불가&재발방지용 시정명령도 불가)

A 지급명령 등 시정명령의 위법성 판단시점은 처분시점이고 그 당시의 법령과 사실상태를 기준으로 판단하는 것이므로, 변제, 상계 등으로 미지급하도급대금이 소멸하는 등 시정명령 처분 당시 위반행위의 결과가 더 이상 존재하지 않는다면 지급명령과 같이 결과를 시정하기 위한 시정명령 뿐 아니라 재발방지용 시정명령 등 일체의 시정명령이 허용되지 않는다.

해설

처분의 위법성 판단시점은 처분시점이므로, 항고소송에 있어 처분의 위법 여부는 처분 당시의 법령과 사실상태를 기준으로 판단해야 한다. 시정명령 처분 당시 위반행위의 결과가 더 이상 존재하지 않는다면 그 결과의 시정을 명하는 시정명령은 할 수 없다. 시정명령을 함에 있어서는 단순히 하도급법위반행위가 발생한 적이 있는지 여부만을 판단할 것이 아니라, 그 위반행위로 인한 결과가 그 당시까지 계속되고 있는지를 확인하여 비록 법위반행위가 있더라도 하도급대금 채무의 불발생 또는 변제, 상계, 정산 등 사유 여하를 불문하고 위반행위의 결과가 더 이상 존재하지 아니한다면 그 결과의 시정을 명하는 내용의 시정명령을 할 여지는 없다(대법원 2010. 1. 14. 선고 2009두11843 판결 ; 환송심 – 서울고법 2011. 2. 10. 선고 2010누28528 판결 ; 대법원 2002. 11. 26. 선고 2001두3099 판결[390] 등 다수). 다시

---

390) 판결요지는 다음과 같다.

"(1) 시정명령은 제13조 위반의 행위가 있음을 확인하거나 재발방지 등을 위한 조치를 취하는 것이 아니라, 당해 위반행위로 인하여 현실로 존재하는 위법한 결과를 바로잡는 것을 내용으로 하는 것이고, 이는 제25조의3 제1항 제3호에 의하여 공정거래위원회가 시정명령과는 별도로 제13조 위반행위 자체에 대하여 과징금을 부과할 수 있도록 한 것과 대비된다고 할 수 있으며, (2) 제30조 제1항 제3호에서 제13조의 규정을 위반한 자에 대하여 형사처벌을 하도록 규정하는 외에 제30조 제2항 제2호에서 제13조의 규정을 위반하였음을 이유로 한 시정명령에 따르지 아니한 자에 대하여 다시 형사처벌하도록 규정하고 있음에 비추어 보면, 공정거래위원회가 하도급법 제25조 제1항에 의한 시정명령을 하는 경우에는 단순히 하도급대금의 발생 및 지급지연과 같은 제13조 등의 위반행위가 있었는가를 확인함에 그쳐서는 아니 되고, 나아가 그 위반행위로 인한 결과가 그 당시까지 계속되고 있는지를 확인하여 비록 법위반행위가 있었더라도 하도급대금 채무의 불발생 또는 변제, 상계, 정산 등 사유 여하를 불문하고 위반행위의 결과가 더 이상 존

말해, 위반행위 발생 이후 처분 당시까지 변제나 상계 등을 이유로 원사업자의 미지급채무가 소멸하였는지 등을 살펴 위반행위로 인한 결과가 민사적으로 소멸한 경우에는 지급을 명하는 시정명령을 할 수 없다(대법원 2002. 11. 26. 선고 2001두3099 판결).

관련하여 하도급채권에 대한 이행지체가 이미 발생한 후 도급인(원사업자)의 워크아웃 과정에서 수급사업자가 자발적으로 채무면제라는 단독행위를 한 것이 도급인의 하도급대금지급의무 위반을 구성하는지 문제된 사안에서, (지급의무 위반으로 하도급법위반이 성립하는지는 별론으로 하고 최소한) 하도급채무가 소멸하여 위반행위의 결과가 남아 있지 않으므로 그 결과의 시정을 명하는 처분은 위법하다(서울고등법원 2007. 1. 10. 선고 2005누107562 판결). 즉, 처분시점에 있어서는 하도급법위반 및 시정의 필요성이 인정되어 시정명령이 적법했지만, 취소소송이 계속 중인 상황에서 시정명령이 이행되었다면 그 취소소송은 소의 이익이 없는 것이 되어 각하되어야 한다. 한편, 위반행위의 결과는 존재하지 않지만 원사업자가 현재 또는 가까운 장래에 동일한 유형의 하도급법위반행위를 반복하거나, 반복할 우려가 있는 사정을 감안하여 재발방지를 명하는 시정조치를 할 수 있는지 문제되지만, 이 역시 위반행위의 결과가 존재하지 않는다면 불가하다(대법원 2010. 11. 11. 선고 2008두20093 판결).

시정명령의 위법성은 처분시 주의에 따라 시정명령 당시의 법 상태와 사실관계를 기준으로 판단되어야 한다(처분시설). 그 판단에 있어, 법원은 처분 당시 행정청이 알고 있었던 자료뿐만 아니라 사실심 변론종결 당시까지 제출된 모든 자료를 종합하여 그 위법 여부를 판단할 수 있으므로(대법원 2010. 10. 28. 선고 2010두16561 판결), 원사업자가 공정거래위원회 심의 단계에서는 하도급대금지급채무의 소멸사실을 주장하지 못했다 하더라도 행정소송의 사실심 변론종결 전에 주장할 수 있다. 당연한 이야기이지만 하도급대금 미지급 등과 같은 법위반행위가 발생한 사실은 없어지지 않으므로 이와 관련한 과징금부과처분 등을 할 수 없는 것은 아니다.

한편, 지급명령이 처분시점에서는 적법하였지만 그 이후 사정변경이 생긴 경우, 예를 들어 지급명령 이후 사후적인 채권 소멸이 처분시에 적법하였던 지급명령을 하자 있는 것으로 만들 수는 없다. 따라서 만약 지급명령을 하기 전까지 상계의사표시를 하지 않았다가 지급명령 이후 상계의사표시를 하였다 하더라도, 하도급대금채권을 민사적으로 소멸시킬 수 있을지는 모르지만 이미 내려진 지급명령의 효력을 사라지게 할 수는 없다.

재하지 아니한다면, 그 결과의 시정을 명하는 내용의 시정명령을 할 여지는 없다고 보아야 한다."

132 지급명령에 대한 여러 쟁점들

(#지급금액의 입증책임#민사합의와 지급명령#임의규정#단속규정#강행법규#효력규정#상계
#소멸시효#집행정지#강제집행#부가가치세에 대한 지급명령)

A 하도급법에 반하는 당사자간 합의가 민사적으로 무효라고 볼 수는 없지만 불법행위로 인한 손해배상책임은 인정될 수 있으므로 공정거래위원회는 손해배상을 명하는 취지의 지급명령을 할 수 있다. 미지급하도급대금에 대한 소멸시효(특히 건설위탁의 경우 3년)이 도과한 경우 미지급이라는 법위반으로 인한 과징금부과처분 등은 가능하지만 지급명령은 허용되지 않는다. 지급명령에 따른 지급기일이 도과하기 전에 압류나 가압류가 이루어진 경우라면 원사업자는 공탁을 통하여 지급명령 불이행죄를 피할 수 있지만, 지급명령에 따른 지급기일까지 이를 이행하지 않은 상태에서 압류나 가압류가 내려진 경우에는 공탁을 하더라도 시정명령 불이행죄를 피할 수 없다고 본다. 지급명령 전에 또는 지급명령상의 지급기일 도과 전에 원사업자가 수급사업자에 대한 채권으로 지급명령의 대상인 하도급대금채권을 압류 또는 가압류하는 것을 제3자에 의한 압류 또는 가압류와 차별할 것이 아니므로 원사업자는 공탁함으로써 시정명령을 이행할 수 있다. 다만, 원사업자가 지급명령에 대하여 자신의 수급사업자에 대한 채권으로 상계하는 것은 시정명령 불이행죄를 구성한다고 본다. 한편, 본안 소송에서 원사업자의 승소가능성이 상당한 경우에 한하여 지급명령에 대한 집행(효력정지)결정이 내려져야 한다. 하도급대금 채권의 양도가 이루어지면 채권 양도인에 대한 지급명령은 불가하지만 채권 양수인에 대한 지급명령이 가능하다고 본다. 한편, 지급명령은 행정처분에 불과하므로 이에 대한 민사집행은 불가하다.

해설

가. 하도급법에 반하는 당사자 간 합의의 효력과 지급명령

지급명령은 수급사업자의 권리구제를 번거로운 소송 등을 거치지 않고 조속히, 그리고 실효적으로 구제받을 수 있도록 하기 위한 시정조치명령이므로, 원사업자가 수급사업자에게 지급의무가 없는 금원에 대하여 공정거래위원회가 지급명령을 할 수는 없다.

만약 하도급법 규정 중 효력규정의 성격을 가지는 조항이 있다면 이에 반하는 당사자들 간의 합의는 민사적으로도 무효이므로, 당사자 간 합의와 무관하게 하도급법 위반금액에 대하여는 공정거래위원회가 지급명령을 내릴 수 있다. 하지만 원사업자의 의무나 금지사항을 규정한 하도급법 규정들은 거의 대부분 단속규정이므로 이에 반하는 합의의 민사적 효력은 인정된다. 하도급대금 채권은 인정되지 않을 수 있지만, 하도급법 위반을 구성하여 행정적·형사적 제재는 받을 수 있다. 이 경우 원사업자는 수급사업자에 대한 불법행위로 손해배상의무를 가질 수 있는데, 공정거래위원회는 손해배상을 명하는 취지의 지급명령을 할 수 있다고 본다.[391]

나. 소멸시효의 완성과 지급명령

원사업자는 수급사업자에 대하여 가진 채권으로 수급사업자의 하도급대금채권을 상계하면 채권의 소멸로 공정거래위원회는 지급명령을 할 수 없다. 그런데 소멸시효가 완성되어 채권이 소멸되는 경우에도 공정거래위원회가 지급명령을 할 수 있는가? 소멸시효(특히 건설위탁에서의 하도급대금의 소멸시효)를 먼저 살펴 본 후 지급명령의 가능성을 검토하겠다.

일반 민사채권의 소멸시효는 10년이지만, 도급받은 자의 공사에 관한 채권에 대한 소멸시효는 3년이다(민법 제163조 제3호). 건설위탁에서 하도급공사대금채권은 3년간 권리를 행사하지 않으면 시효완성으로 소멸하여 수급사업자는 원사업자에 대하여 청구할 수 없다. 3년의 단기소멸시효에 걸리는 '도급받은 자의 공사에 관한 채권'에는 도급받은 공사 채권뿐만 아니라 그 공사에 부수되는 채권도 포함된다.[392] 당사자가 공사에 관한 채권을 약정에 기한 채권이라고 주장한다고 하더라도 그 채권의 성질이 변경되지 아니한 이상 3년의 단기소멸시효가 적용된다(대법원 1994. 10. 14. 선고 94다17185 판결). 소멸시효는 권리를 행사할 수 있는 때로부터 진행하는데(민법 제166조 제1항), 권리를 행사할 수 있는 때란 권리를 행사함에 있어 이행기의 미도래라든지 정지조건부 권리에 있어서의 조건의 미성취와 같은 법률상의 장애가 없는 경우를 말한다(대법원 2006. 12. 7. 선고 2005다21029 판결).

---

391) 본서의 2판까지 이 부분에서 지급명령을 할 수 없다고 기재되어 있다. 저자의 일관된 견해는 공정거래위원회의 지급명령은 하도급대금뿐 아니라 손해배상이나 부당이득반환을 명하는 것도 가능하다고 보고 있었는데 이에 반하는 것으로 오기였다. 그래서 본문과 같이 수정하였다.

392) 도급계약의 거래관행상 위임적인 요소를 포함시키는 경우가 많음에 비추어 반드시 민법상의 계약유형의 하나인 도급계약만을 의미하는 것이 아니고, 광범위하게 공사의 완성을 맡은 것으로 볼 수 있는 경우까지도 포함되는 것이므로, 계약 중에 택지조성공사 이외에 부수적으로 토지형질변경 허가신청과 준공허가 및 환지 예정지 지정신청 등의 사무가 포함되어 있다고 하여, 위 공사완성 후의 계약에 따른 보수청구가 도급받은 자의 공사에 관한 채권이 아니라고 할 수는 없다(대법원 1987. 6. 23. 선고 86다카2549 판결).

공사대금채권이 시효로 소멸한 경우 도급인은 공사대금의 지급을 거절할 수 있다. 소멸시효 완성을 이유로 도급인이 공사대금을 지급하지 않는다고 하더라도 도급인의 채무불이행을 이유로 도급계약을 해제할 수 없다. 만약 건설하도급채권이 권리를 행사할 수 있는 시점으로부터 3년이 경과해 시효로 소멸해 버렸다면 공정거래위원회가 미지급된 하도급대금에 대한 지급명령을 내릴 수 있는지 문제된다.

시효로 소멸했다 하더라도 과거의 대금미지급이라는 위반행위의 존재는 부정할 수 없으므로 과징금을 부과할 수는 있을 것이다. 하지만 시효완성으로 채권이 소멸해 버린 이상 하도급대금 미지급이라는 위반사실이 더 이상 존재하지 않게 된 것이므로 이에 대한 지급명령과 같은 시정조치명령은 불가하다고 본다. 물론 수급사업자의 신고는 소멸시효를 정지시키는 민법상 최고의 효력이 있으므로(법 제22조 제3항) 소멸시효가 완성될 가능성이 높지 않지만, 직권인지사건의 경우 조사기간이 길어질 경우 이런 상황이 종종 발생할 가능성을 배제할 수 없다. 공정거래위원회로서는 이런 경우를 대비하여 하도급대금을 지급받지 못한 것으로 보이는 수급사업자들에게 소멸시효 정지 등의 조치를 취하도록 조언하는 것이 바람직하다. 물론 지급명령 이후에 비로소 소멸시효가 완성한 경우라면 적법하게 성립한 지급명령이 위법해지지는 않는다.

다. 지급명령에 따른 지급기일이 도과하기 전에 압류나 가압류가 이루어진 경우라면 원사업자는 공탁을 통하여 지급명령 불이행죄를 피할 수 있지만, 지급명령에 따른 지급기일까지 이를 이행하지 않은 상태에서 압류나 가압류가 내려진 경우에는 공탁을 하더라도 시정명령 불이행죄를 피할 수 없다.

통상 지급명령은 지급할 금액을 특정 기일까지 지급하라는 형식으로 내려진다. 만약 지급명령 전에 원사업자의 채권자가 지급명령 대상이 되는 하도급대금채권에 대하여 압류나 가압류를 하는 경우 또는 지급명령은 발하여 졌지만 그 지급기일 이전에 압류나 가압류가 발하여지는 경우라면, 원사업자가 지급명령을 회피하기 위하여 채권자와 통모하여 압류나 가압류를 하였다는 증명이 없는 이상, 원사업자에게 책임을 물을 수는 없다. 그렇다고 원사업자에게 이중변제를 하도록 할 수도 없는 노릇이다. 그래서 원사업자로서는 이러한 경우에는 채권자 불확지 등을 이유로 한 변제공탁을 하면, 변제의 효과를 인정하여, 시정명령을 이행한 것으로 보아야 한다.

반면, 원사업자가 지급명령에 따른 지급기일이 도과되었음에도 불구하고 지급명령을 이행하고 있지 않다가 채권자로부터 가압류나 압류를 당한 경우라면, 이는 전적으로 원사업자의 잘못이다. 뿐만 아니라 이미 시정명령 불이행죄가 성립하기도 하였다. 이런 경우라면 원사업자가 공탁을 하더라도 시정명령을 이행한 것으로 볼 수 없다.

라. 지급명령에도 불구하고, 원사업자가 수급사업자에게 가진 채권을 청구채권으로 수급사업자가 원사업자에 대하여 받을 대금지급채권을 상계하거나 가압류하는 것이 가능한지 여부

원사업자는 수급사업자에 대하여 가진 채권으로 수급사업자의 하도급대금채권을 상계할 수 있다(대법원 2009. 8. 31. 선고 2009두11478 판결). 그런데 원사업자가 공정거래위원회의 지급명령이 내려진 이후에야 비로소 상계의사표시를 하였다면 지급명령을 이행하지 않아도 되는지 문제된다.

생각건대, 지급명령은 여하한의 방법이든 간에 하도급대금채권을 소멸시키라는 취지라기보다 현금 지급 또는 이와 동일한 만족을 주는 방식으로 대금을 지급하라는 취지이다. 더욱이 '하도급대금 ×××원을 지급하라'는 형태로 지급명령이 내려지는데, 그 문언상 의미 역시도 현금 또는 현금과 유사한 유동성을 가진 자산을 수급사업자에게 교부하라고 해석하는 것이 자연스럽다. 이런 점에서 상계로 인한 채권의 소멸은 지급명령의 취지에 맞는 이행이라고 보기는 어렵다. 시정명령불이행죄를 구성할 수 있다. 원사업자가 수급사업자에 대하여 상계할 채권을 가지고 있는 경우라면 하도급대금지급명령이 내려지기 전에 상계하는 것이 바람직하고, 만약 그렇지 못한 경우이거나 또는 시정조치 이후에 비로소 상계적상에 놓인 경우라면 시정조치에 따라 대금은 현금으로 지급한 다음 수급사업자에게 별도로 소송 등의 방법으로 청구해야 한다.

다음으로, 공정거래위원회로부터 지급명령을 받은 원사업자가 자신이 수급사업자에 대하여 가지고 있는 채권을 청구채권으로 하여, 수급사업자가 자신에게서 받을 대금지급채권 또는 지급명령에 따라 지급할 채권을 압류나 가압류할 수 있는가? 이 경우, 원사업자가 압류나 가압류를 이유로 수급사업자에게 대금지급을 하지 않으면 시정명령불이행죄가 성립하는가? 채권자와 제3채무자가 동일인이더라도 압류나 가압류는 가능하다. 압류나 가압류에는 처분금지효가 있고 이를 근거로 변제공탁을 할 수 있다. 원사업자는 변제공탁을 통해 지급명령 이행의 효과를 거둘 수 있고 따라서 시정명령불이행죄는 성립하지 않는다. 물론 원사업자에게 변제공탁을 이유로 지급명령의 이행을 인정해 주는 것은 시정명령 자체를 무력화시키는 탈법행위이므로 허용되지 않는다는 주장이 있을 수는 있지만, 금지하는 법규정이 없는 이상 허용되지 않는다고 볼 근거는 없다. 한발 더 나아가, 원사업자가 수급사업자에 대하여 가지고 있는 채권을 제3자에게 양도하고, 채권양수인인 제3자가 수급사업자의 원사업자에 대한 대금지급명령에 기해 지급받을 채권을 가압류하는 경우에도 마찬가지로 원사업자는 변제공탁을 통해 지급명령을 이행할 수 있다고 본다 (채권자와 제3채무자가 동일인이 아니므로 좀더 논란은 덜할 것이다).

🖋 질의 회신 사례

[질의] A사(원사업자)의 B사(수급사업자)에 대한 불공정하도급행위에 대하여 공정위가 시정명령(대금 지급 명령)을 내렸는 바 A사에서 B사에 대한 손해배상채권 중 일부를 청구 채권으로 하여 위 시정명령을 내린 하도급채권을 가압류하였다. 이러한 경우 가압류 결정서의 내용대로 제3채무자인 A사가 B사에게 하도급대금을 지급하지 아니하더라도 가압류 결정이 집행정지 또는 취소되지 않는 한 시정명령 불이행에 해당되지 않는 것으로 볼 수 있는지 여부는 어떠한가?

[회신] 하도급법 제13조는 법의 실효성을 확보하기 위하여 원사업자의 하도급대금 지급 의무를 규정하면서 "상당한 이유가 있는 때에 하도급대금의 지급 거절이나 그 지연을 인정한다"는 예외 규정을 두고 있지 않으므로, 하도급법 위반 여부 판단시 특단의 사정이 없는 한 원사업자가 대금 지급 기일에 하도급대금의 지급을 거절하거나 그 지급을 미루고 있는 사실 자체에 의하여 법 위반 행위가 있는지 여부를 판단하면 되는 것이지 원사업자가 하도급대금의 지급을 거절하거나 그 지급을 미룰만한 상당한 이유가 있는지 여부에 대해서까지 나아가 판단할 필요는 없을 것이다(공정위 및 대법원 판례의 입장).

따라서 하도급법 위반 사항이 있는 경우 원사업자가 수급사업자에 대한 미확정채권을 가지고 상계 등을 주장하더라도 공정위는 이에 구속받지 않고 별도 시정명령 등을 내릴 수 있을 것인 바 이는 시정명령 이후 이행 단계에서도 마찬가지로 보아야 할 것이다. 특히, 본건은 가압류 결정 단체이므로 A사의 B사에 대한 채권이 확정된 상태도 아니며 가압류 내용도 일반적인 경우와는 달리 원사업자인 A사 자신이 채권자인 동시에 제3채무자로 되어 있으므로 이를 시정명령 불이행으로 보지 않는다면 향후 원사업자가 하도급대금 지급 지연 수단으로 악용할 소지가 있다.

마. 부가가치세에 대한 지급명령

부가가치세가 하도급대금이라면 당연히 지급명령 대상이 되어야 한다. 관련하여 하도급대금에 대한 부가가치세 역시도 하도급대금에 해당하므로 이에 대하여도 지연이자를 부담해야 한다는 서울고등법원의 판결이 있다(서울고등법원 2011. 2. 16. 선고 2009나99459 판결). 하지만 부가가치세는 하도급대금이 아니므로 이에 대해 하도급법상 지연이자 조항이 적용되어야 하는 하급심 판결에 찬동하지 않는다.

부가가치세가 하도급대금이 아니라 하더라도 공정거래위원회가 부가가치세에 대한 지급명령을 할 수는 없는가? 생각건대, 하도급법 제25조 제1항은 "하도급대금 등의 지급, … (중략) … 그 밖에 시정에 필요한 조치를 명할 수 있다"고 규정하여 하도급대금과 같은 미지급금액에 대해서만 지급명령을 할 수 있다고 볼 근거는 없다. 시정조치명령에 대하여는 공정거래위원회에 폭넓은 재량이 인정된다. 그래서 공정거래위원회가 수급사업자의 권리구제 및 위법상황의 시정을 위해 필요하다고 판단하면 미지급 하도급대금 등 위반금액뿐 아니라 부가가치세와 같은 원사업자가 지급해야 하는 비용까지도 포함시켜 지급명령을 할 수도 있다. 더욱이 공급자와 구매자 간에 부가가치세를 지급하기로 하는 약정이 없는 한 공급자는 구매자에게 부가가치세의 지급을 청구할 민법상 권원이 없다(대법원 2000. 2. 22. 선고 99다62821 판결). 부가가치세에 대한 지급명령이 없으면 수급사업자가 원사업자로부터 부가가치세를 지급받을 방법도 딱히 없기 때문에 공정거래위원회는 미지급금 등에 대한 지급명령을 내릴 때 부가가치세도 포함시키는 것이 바람직하다.

바. 집행(효력)정지의 필요성과 강제집행

행정처분은 집행(효력)불정지가 원칙이다. 별도로 집행(효력)정지결정을 받지 않았다면, 처분에 대한 취소나 무효판결이 확정되기 전까지는 처분의 효력이 부인되지 않는다. 설사 불복하여 행정소송을 제기했다 하더라도 이행하여야 한다. 행정소송을 제기하면서 집행정지신청을 할 수 있지만, 법원은 과징금부과처분에 대하여는 회복불가능한 손해가 없기 어렵다고 보아 원칙적으로 집행(효력)정지 신청을 불허하고 있다. 하지만 하도급대금 등에 대한 지급명령에 있어, 수급사업자가 파산이나 기업회생절차에 있는 등 재무적으로 매우 어려운 상황이라면, 행정소송에서 처분이 취소되더라도 이를 돌려 받을 수 없는 경우가 많다. 법원에서는 지급명령 등에 대한 집행(효력)정지결정에 있어 좀 더 적극적일 필요가 있다. 다만 이러한 경우라도 유동성 부족에 시달리는 수급사업자의 권익을 위하여 당연히 원사업자가 본안에서 승소가능성이 상당한 경우에만 지급명령에 대한 집행(효력)정지를 인정해야 할 것이다.

공정거래위원회의 지급명령은 시정명령의 일종으로 행정처분에 불과하므로 이것이 집행권원이 될 수는 없다. 원사업자가 지급명령을 이행하지 않는다 하여 수급사업자가 이에 대한 강제집행을 할 수는 없다. 강제집행을 하기 위하여는 민사소송을 제기하여 확정판결문을 얻어야 한다. 다만, 공정거래위원회의 지급명령을 이행하지 않는 경우 시정명령 불이행죄로 1억 5천만 원 이하의 벌금형에 처해질 수 있는데(법 제30조 제2항 제3호), 이러한 간접강제의 방식으로 지급명령의 이행이 담보될 뿐이다.

사. 채권양도시 지급명령의 상대방

수급사업자의 하도급대금 및 지연이자 채권 등이 양도된 이후 공정거래위원회는 지급명령을 할 수 있는지 문제된다. 원사업자 입장에서는 거래상대방만이 바뀐 상황이므로 원사업자에게 하도급법상 책임을 계속 요구하더라도 부당하지 않다며 적극적인 법적용을 주장하는 입장도 있다.[393] 생각건대, 채권양수인이 수급사업자 요건을 충족하는지 여부는 전혀 이슈가 아니다. 수급사업자가 법위반 행위를 한 사실은 변함이 없으므로 수급사업자에게 과징금부과처분 등을 할 수 있다. 다만 지급명령과 관련하여는 논란이 있다. 만약 '채무변제를 위한 담보 또는 변제의 방법'으로 채권양도되었다면, 양수인이 피양도채권을 변제받지 못할 경우 수급사업자인 양도인이 양수인에 대하여 책임을 져야 한다 (양도인은 양수인으로부터 하도급채권을 다시 반환받게 된다). 이 경우 채권을 양도한 수급사업자 역시 하도급계약상 책임에서 벗어날 수 없으므로, 원사업자와 수급사업자 간의 하도급관계는 그 범위 안에서 여전히 존재한다고 볼 수 있어 공정거래위원회는 원사업자에게 수급사업자에게 지급하라는 명령을 할 수 있다고 본다. 하지만 '채무변제에 갈음한' 채권양도라면[394] 수급사업자인 양도인은 채권양도를 통해 하도급대금 채권의 소유자가 아니게 되므로 양도인에 대하여 지급명령을 할 수 없다고 보아야 한다. 이 경우 채권양수인에게 지급하라는 취지의 지급명령을 할 수 있는지 문제되지만, 지급명령에 대한 근거 규정인 하도급법 제25조 제1항은 "… 규정을 위반한 발주자와 원사업자에 대하여 하도급대금 등의 지급, 법 위반행위의 중지, 특약의 삭제나 수정, 향후 재발방지, 그 밖에 시정에 필요한 조치를 명할 수 있다"고만 규정되어 있을 뿐 지급명령의 객체에 대하여 특별한 제한이 없다. 시정조치는 공정거래위원회가 법위반에 따른 결과를 교정하고 수급사업자의 피해를 구제해 줄 수 있는 가장 효과적인 내용으로 할 수 있는 재량이 있으므로, 채권양수인에게 지급하라는 취지의 지급명령이 안된다고 볼 근거가 전혀 없다. 이와 관련하여 채권양도가 이루어졌음에도 불구하고 채권양도인에게 지급하라는 취지의 지급명령을 한 것에 대하여 서울고등법원은 채권양도인이 더 이상 채권소유자가 아니기 때문에 그에게 지급하라는 시정조치는 위법하다고 판단한 바 있다. "수급사업자가 협력업체에게 하

---

393) 제조하도급실무편람, 169면

394) 채권자에 대한 채무변제를 위하여 다른 채권을 채권자에게 양도한 경우에 특단의 사정이 없는 한, 그 채권양도는 채무변제를 위한 담보 또는 변제의 방법으로 양도되는 것이지, 채무변제에 갈음하여 양도되는 것이 아니므로 원래의 채권은 소멸하지 않는다(1988. 2. 9. 선고 87다카2266 판결)는 것이 대법원 판례의 입장이다.

도급대금 채권을 양도한 이상 이에 대한 지연이자 채권도 양도된 것이므로 원사업자에게 수급사업자에게 지연이자를 지급하라는 공정거래위원회의 지급명령은 위법하다. 공정거래위원회는 시정명령이 원사업자에 대하여 채무이행의 상대방을 불문하고 지연이자 지급의무를 이행하라는 취지라고 주장하지만, 시정명령은 그 문언상 원사업자의 수급사업자에 대한 지연이자 지급의무가 있음을 전제로 한 것이지 그 이행의 상대방이 누구인지 고려하지 않은 것이라 볼 수 없다. 더욱이 하도급법 제30조 제2항 제3호는 하도급법 제25조에 따른 명령불이행을 형사처벌의 대상으로 삼고 있음을 고려하면 공정거래위원회의 주장은 불이익처분에 대한 엄격해석 원칙과 시정명령의 구체성·명확성 원칙에도 부합하지 않는다"고 판시한 것이다(서울고등법원 2018. 7. 5. 선고 2018누30749 판결). 동 판결은 채권 양수인에게 지급하라는 취지의 지급명령이 위법하다는 것이 아니다.

아. 지급명령제도의 요건과 한계(정리)

공정위는 하도급법 위반행위의 시정에 필요한 조치를 명할 수 있다. 이를 지급명령이라고 한다.

지급명령은 민사상 권리의무를 형성시키는 힘은 없지만 지급명령을 따르지 않을 경우 시정조치불이행죄로 처벌받게 된다. 사실 복잡하고 어려운 민사소송 절차를 통한 구제에 비하여 훨씬 간명하여 수급사업자의 권리보호에는 유용한 제도이다.

하지만 지급명령의 적법성에 대하여는 행정청인 공정위에 입증책임이 있고, 특히 공정위는 지급명령의 금액 산정과 관련하여 구체적인 산정이나 입증이 어렵다고 생각되면 지급명령을 하지 않는 경향이 강하다. 민사소송을 통해 양자 간에 해결하라는 취지이겠지만 앞서 언급한 민사소송절차의 난이성과 복잡성에 비추어 바람직하다고 보기는 어렵다.

다음에서 지급명령의 요건과 한계를 설명한다.

(1) 지급명령은 위반행위로 인한 결과가 존재해야 한다. 법위반행위가 있었다 하더라도 그것이 시정되었다면 지급명령을 할 수 없다. 특히 하도급대금 미지급행위가 있었다 하더라도 그것이 변제, 상계 등으로 소멸되었다면 지급명령을 할 수 없다. 특히 상계는 상계적상시점으로 소급하여 효력이 있기 때문에 미지급행위가 있고 난 다음 상계 의사표시를 하면 더 이상 지급명령의 대상이 존재하지 않는다.

(2) 소멸시효 완성된 채권에 대한 지급명령은 불가하다. 일반 민사채권은 소멸시효가 10년이고 상사채권은 5년이지만 건설위탁에 있어서의 하도급공사대금채권은 3년의 단기소멸시효에 걸린다. 소멸시효 완성으로 채권이 소멸해 버린 이상 위반의 결

과가 남아 있다거나 또는 시정에 필요하다고 보기 어려우므로 지급명령은 불가하다고 해석해야 한다.

(3) 민사상 채권이 존재해야 지급명령을 하는 것이 원칙이다. 민사상 채권은 미지급 하도급대금 채권(지급하기로 하였지만 미지급된 대금, 애초부터 낮게 책정한 대금, 이후 감액된 대금, 증액해 주지 않은 대금 등), 채무불이행으로 인한 손해배상채권(지연이자 또는 지체손해금 등)과 불법행위로 인한 손해배상채권을 망라할 것이다.

(4) 하도급법에 반하는 민사상 합의 중 단속규정 위반은 유효하므로 채무불이행 책임을 물을 수는 없지만 불법행위로 인한 손해배상책임은 물을 수 있으므로 지급명령의 대상이 된다.

(5) 지급명령이 내려진 이후에도 상계의 의사표시를 하더라도 지급명령은 그대로 유효하다. 행정처분의 적법성은 처분시를 중심으로 판단하는데 지급명령 당시까지 상계의 의사표시가 없었으므로 그 지급명령은 적법하다. 아울러 지급명령은 민사상 채권에 기초한 것일 수는 있지만 별도의 행정처분이고 그 취지가 현금으로 지급하라는 취지이지 상계하라는 것으로 보기 어렵기 때문이다. 이 경우 시정조치불이행죄로 처벌받을 수 있다. 지급명령 이후 비로소 소멸시효 완성 등으로 채권이 소멸한 경우도 마찬가지이다.

(6) 다만, 지급명령이 내려지더라도 지급명령에 따라 지급할 채권은 원사업자가 압류 및 가압류할 수 있다고 해석된다.

(7) 부가가치세에 대해서도 함께 지급명령하는 것이 합당하다.

(8) 지급명령에 대하여는 집행불소급 원칙에 따라 불복하더라도 취소판결 등이 확정되기 전까지는 유효하다. 그래서 효력(집행)정지신청을 하여 효력(집행)정지결정을 받아야 한다.

133

시정명령불이행죄에 대한 형사소송에서 시정명령의 위법성을 판단할 수 있는가?

(#시정명령적법성선결문제#행정소송제척기간#공정력#구성요건적효력)

A 시정명령불이행죄는 적법·유효한 시정명령을 전제로 하는 것이지만 시정명령의 하자가 중대·명백하여 무효가 아닌 이상 권한있는 기관에 의해 취소되기 전까지 적법·유효한 것으로 추정되는 것이므로, 형사법원은 시정명령의 적법·유효성을 선결과 제로 판단할 수 없다.

해 설

공정거래위원회의 시정명령을 따르지 아니한 자는 1억 5천만 원 이하의 벌금에 처해질 수 있다(법 제30조 제2항 제2호, 제3호). 시정명령 자체가 애당초 당연무효이거나 취소되면 시정명령불이행죄의 전제사실인 시정명령이 존재하지 않게 되므로 시정명령불이행죄는 성립하지 않게 된다. 물론, 시정명령을 이행하지 않으면 시정명령불이행죄로 기소되어 재판받게 되고 시정명령에 대한 행정소송에서 판결이 확정되기 전까지는 법률적 불확실성을 부담하게 되므로, 가급적 시정명령에 대한 집행(효력)정지를 신청하여 시정명령의 집행(효력)을 정지시킬 필요가 있다. 법원도 이런 점을 감안하여 시정명령에 대한 집행(효력)정지결정에 적극적인 입장을 취해야 한다.

그런데 시정명령의 적법성 여부를, 시정명령불이행죄에 대해 판결하는 형사소송에서 다툴 수 있는가? 형사소송의 선결문제로 행정처분의 위법성 또는 하자가 문제되는 경우이다. 이에 대해 행정처분의 공정력은 권한있는 기관에 의해 당해 처분이 취소·변경될 때까지 적법성을 추정받아 유효하게 존속하는 것이므로, 항고소송을 통해 취소되지 않는 한 형사소송에서 그 위법 여부를 판단하여서는 안 된다는 소극설,[395] 행정처분의 공정력이나 구성요건적 효력[396]은 형사소송에 미치지 않으므로 형사법원은 당해 처분의 위법성

---

395) 이상규, 신행정법론(上), 법문사, 1993, 409면

396) '공정력'이라는 개념은 '행정행위가 무효가 아닌 한, 상대방 또는 이해관계인은 행정행위가 권한 있는 기관에 의하여 취소되기까지는 그 효력을 부인할 수 없는 구속력'을 의미한다. 그런데 최근에는 '구성요건적 효력'이라는 용어를 사용하면서 종래의 '공정력' 개념과 차별성을 부각시키는 견해들이 유력하고 있다. 이 견해에서는 '구성요건적 효력'이라는 개념을 사용하면서 '유효한 행정행위가 존재하는 이상, 비록 하자 있는 행위일지라도, 모든 국가적 기관은 그의 존재를 존중하며, 스스로의 판단의 기초 내지 구성요건으로

유무 및 유효성 유무까지 모두 판단할 수 있다는 적극설[397)]의 입장이 있다. 생각건대, 적극설은 행정행위에 공정력을 부여한 취지에도 부합하지 않을 뿐 아니라 제척기간이 도과하면 시정명령의 취소를 구하지 못하도록 한 제도의 취지에도 맞지 않으므로 소극설이 타당하다. 제척기간 도과로 행정소송을 제기할 수 없는 상황에서 형사법원이 시정명령이 위법하다고 판단하면 공정거래위원회로서는 시정명령을 취소해야 하는가? 삼권분리의 원칙에 비추어 보더라도 부당하다. 공정거래위원회가 취소하지 않으면 수범자가 수긍할 것인가? 이 역시 정의와 형평의 관념상 부당하다. 이런 점만 보더라도 적극설은 허용될 수 없다. 이 쟁점을 직접적으로 판단한 판결은 없지만, 처분의 하자가 중대·명백하여 당연 무효라면 이를 전제로 판단할 수 있지만, 당연무효에 이르지 않은 취소사유의 하자라면 처분이 취소되지 않는 한 유효하다는 전제에서 행정행위의 적법성을 판단하여야 한다는 것이 판례의 태도이다(대법원 1982. 6. 8. 선고 80도2646 판결 ; 대법원 1989. 3. 28. 선고 89도149 판결).[398)] 소극설의 입장에 가깝다. 따라서 시정명령 자체가 취소되지 않는 한 형사소송에서 그 위법성을 판단하여 시정명령불이행죄를 무죄로 판단할 수 없다고 보아야 한다.

삼아야 하는 구속력'을 의미하는 것이라는 견해이다. 김남진·김연태, 행정법 I (제11판), 법문사, 2007, 252, 254면 ; 박균성, 행정법론(上)(제5판), 박영사, 2006, 100, 102면 ; 이상규, 신행정법론(上) ; 홍정선, 행정법원론(上)(제14판), 박영사, 2006, 335면 등

397) 박균성, 앞의 책, 107면 ; 박윤흔, 행정법강의 上(제26판), 박영사, 2000, 135면

398) 두 판례 모두 수범자인 국민에게 유리한 쪽으로 시정명령의 적법성을 추정하여 형사판결을 해야 한다는 것이어서, 시정명령 불이행죄 판단에 있어 시정명령의 위법성을 따지는 문제와는 궤가 다르다. 대법원 1982. 6. 8. 선고 80도2646 판결은 연령 미달의 결격자인 피고인이 소외인의 이름으로 운전면허 시험에 합격하여 면허를 취득한 경우 당연 무효가 아니고 취소되지 아니하는 이상 유효하므로, 피고인의 운전행위는 무면허운전에 해당하지 아니한다는 취지이다. 대법원 1989. 3. 28. 선고 89도149 판결은 부정한 방법으로 수입면허를 받은 경우라 하더라도 당연 무효가 아니고 취소되지 아니하는 이상 유효하므로 피고인의 행위는 무면허수입에 해당하지 않는다는 취지이다.

134

과태료 부과 및 불복

(#질서위반행위규제법#심사관전결#비송사건절차법)

A 하도급법은 조사의 실효성 확보를 위한 수단으로 과태료 제도를 두고 있고 과태료 부과는 심사관의 전결사항이다. 과태료는 질서위반행위규제법에 따라 부과, 징수되는데 만약 공정거래위원회의 과태료 부과에 불복하는 경우 비송사건절차법에 따라 법원이 판단한다.

해설

하도급법은 조사의 실효성을 확보하기 위한 수단으로 과태료 제도를 두고 있다.

공정거래위원회는 조사 및 의견청취 요구에도 정당한 사유 없이 불출석한 자와 공정거래위원회가 원가 및 경영상황 보고, 기타 필요한 자료나 물건의 제출을 명하였음에도 불구하고 이행하지 않은 자에 대하여는 1억 원(사업자 또는 사업자단체) 또는 1천만 원 이하(임직원 및 그 밖의 이해관계인), 공정거래위원회 조사를 거부·방해 또는 기피한 자에 대하여는 2억 원(사업자 또는 사업자단체) 또는 5천만 원(임직원 및 그 밖의 이해관계인), 서면실태조사에 따른 자료를 제출하지 않거나 거짓으로 자료를 제출한 원사업자에 대하여는 500만 원 이하, 심판정에서의 질서유지명령을 따르지 않은 자에 대하여는 100만 원 이하의 과태료를 부과·징수한다(법 제30조의2). 공정거래위원회는 과태료 부과대상인 행위가 종료된 날로부터 5년이 경과하면 과태료를 부과할 수 없다(질서위반행위규제법 제19조 제1항).

[과태료 부과대상, 부과 대상자, 부과금액]

과태료 부과 대상행위(법 제30조의2)	부과 대상자	부과금액
• 공정거래위원회의 출석요구에 불응하는 행위(제1항 제1호)	사업자	1억 원 이하
• 공정거래위원회의 보고, 자료·물건 제출요구에 불응하거나 거짓으로 보고, 자료·물건을 제출하는 행위(제1항 제2호)	임원, 종업원 그밖의 이해관계인	1천만 원 이하

과태료 부과 대상행위(법 제30조의2)		부과 대상자	부과금액
• 공정거래위원회 조사를 거부·방해·기피하는 행위(제2항)		사업자	2억 원 이하
		임원, 종업원 그밖의 이해관계인	5천만 원 이하
• 수급사업자로 하여금 하도급거래서면실태조사 자료를 제출하지 아니하게 하거나 거짓 자료를 제출하도록 요구하는 행위(제3항)		원사업자	5천만 원 이하
		임원, 종업원 그밖의 이해관계인	5백만 원 이하
• 하도급거래서면실태조사시 자료제출하지 않거나 거짓으로 자료를 제출하는 행위(제4항)		원사업자	5백만 원 이하
• 공정거래위원회 심판정에서 질서유지명령을 따르지 아니하는 행위(제5항)		질서유지명령 위반자	100만 원 이하

하도급법상의 과태료 부과와 관련하여는 하도급법에 규정이 있으면 이를 먼저 따르고 그렇지 않으면 일반법인 질서위반행위규제법에 의해 규율된다. 과태료 부과의 경우 공정거래위원회 심의사항이 아닌 심사관 전결사항이다.

행정청인 공정거래위원회가 미리 당사자에게 과태료 부과의 원인이 되는 사실, 과태료 금액 및 당사자가 의견을 제출할 수 있다는 사실과 그 제출기한 등을 사전에 통지하고 10일 이상 기간을 정하여 의견제출 기회를 주어야 한다(질서위반행위규제법 제16조). 공정거래위원회는 그 의견을 검토한 후 과태료 부과여부를 최종 결정하여, 부과하기로 한 경우 과태료 부과의 원인이 되는 사실, 과태료 금액 및 적용법령, 이의제기기간과 방법 등을 기재한 서면으로 하여야 한다(질서위반행위규제법 제17조).

한편, 공정거래위원회는 위반행위의 동기와 결과, 총거래비율 중 위반금액 비율, 피심인 규모, 고의성 여부와 과거 법위반실적 등을 참작하여 과태료 금액을 정하여 부과한다. 과태료 부과기준은 하도급법 시행령 제18조 별표 4.에 규정하고 있다. 위반행위의 유형 및 최근 3년간 같은 위반행위로 과태료 부과처분을 받은 횟수가 증가할수록 가중된 금액(개별기준에 따른 과태료)를 부과하되, 위반행위자가 중소기업자인 경우, 위반행위가 사소한 부주의나 오류에 인한 것인 경우, 위반행위자가 법위반상태를 시정·해소한 경우, 기타 법위반행위의 정도, 동기와 그 결과 등을 고려하여 감경할 필요가 있는 경우 개별기준에 따른 과태료의 1/2 범위 내에서 감경할 수 있다. 과태료를 부과할 때 위반사실, 이의 방법, 이의기간 및 과태료 금액을 서면으로 명시하여 이를 납부할 것을 과태료 처분 대상자에게 통지하여야 한다. 과태료 부과에 대하여 질서위반행위규제법은 60일 이내에 해당 행정청에 서면으로 이의를 제기할 수 있다고 규정하고 있지만(질서위반행위규제법 제20조 제

1항), 하도급법에 따른 과태료 부과에 대하여는 처분의 고지를 받은 날로부터 30일 이내에 공정거래위원회에 이의를 제기할 수 있고 이때 과태료부과처분은 효력을 상실한다(질서위반행위규제법 제20조). 만약 과태료 부과 대상자가 그 기간 내에 이의를 제기하지 않고 과태료를 납부하지 아니한 때에는 국세체납처분의 예에 의하여 징수한다(질서위반행위규제법 제27조). 과태료 처분에 대한 이의가 제기된 때에 공정거래위원회는 이에 대한 의견과 증빙자료를 첨부하여 14일 이내에 관할법원에 그 사실을 통보하고(질서위반행위규제법 제21조) 관할법원은 비송사건절차법에 의한 과태료의 재판을 하게 된다(질서위반행위규제법 제27조).

135 조사현장에서 직원의 물리적 조사방해행위를 사업자의 방해행위로 볼 수 있고 과태료 부과가 가능한지 여부

A 조사현장에서 우발적으로 발생한 직원의 조사방해행위라 하더라도 그것이 회사가 내린 지침에 의하여 업무와 관련하여 발생한 것이라면 회사의 행위로 보고 사업자에 대하여 과태료를 부과할 수 있다.

해설

하도급법 제30조의2 제2항은 "… 조사를 거부·방해·기피한 자에게는 사업자 또는 사업자단체의 경우 2억 원 이하, 사업자 또는 사업자단체의 임원, 종업원과 그 밖의 이해관계인의 경우 5천만 원 이하의 과태료를 부과한다"고 규정하고 있어 사업자 또는 사업자단체에게 조사방해에 대한 과태료 부과는 가능하다. 하지만 조사 과정에서 임직원의 개인적 일탈행위로 조사방해가 이루어지는 경우에까지 이를 회사의 행위로 보기는 어렵기 때문에, 직원의 물리적 조사방해 행위를 회사의 행위로 보기 위하여는 회사의 지시 등에 의한 것이라는 점에 대한 입증이 필요하다는 주장이 가능하다. 반면, 법인의 임직원이 공정거래위원회의 조사에 대하여 개인적인 이익이나 감정 때문에 물리적인 방해행위를 할 유인과 이유가 거의 없고, 조사 대응 자체가 그 임직원의 업무과정에 있는 것이기 때문에, 특별한 사정이 없는 한 회사의 행위로 보아야 하며, 오히려 그 조사방해행위가 회사의 행위로 귀속되지 않는 특별한 사정이 있다면 이를 사업자 측에서 입증해야 한다는 주장이 있을 수 있다. 이에 대하여 공정거래위원회는 개인의 우발적인 물리적 조사방해행위라 하더라도 그것이 회사가 내린 조사대응지침과 관련이 있고 그에 기인한 측면이 있다면 회사의 행위로 보아 사업자에 대하여도 과태료를 부과할 수 있다고 보았다(공정위 2005. 12. 2. 의결 2005하기0095 : 과태료).

공정거래위원회 2005. 12. 2. 의결 제2005-243호(사건번호 2005하기0095)

...

2. 행위사실

　가. 조사대상자료의 조작행위

　　… 피심인 ***, 같은 ***, ***에 대한 하도급조사가 시작되기 전인 2004. 11. 15.경부터 *** 직원 김○○와 여러 차례 전화연락 등으로 대책을 협의하고, 같은 달 18.경 세메스의 회의실에 모여 사전 점검회의를 하고 총 25개 점검항목을 작성하여 하도급거래와 관련된 세메스의 장부 등을 점검한 다음 점검결과 11개 항목에 관련된 사항에 관한 조치내용을 별첨 <표1>「하도급실태조사 준비상태 최종점검결과보고」와 같이 정리하여 피심인 **전자의 업무팀과 ***의 구매부서에 이메일로 이를 통보한 사실이 있으며, 위「하도급실태조사 준비상태 최종점검결과보고」를 살펴보면 다음과 같이 조사대상자료에 대하여 조작한 사실이 인정된다.

　나. 사전 준비된 지침에 따른 조사방해행위

　　(1) 피심인 **전자(업무팀)에서 2000년 공정위의 기업에 대한 부당내부거래조사 등에 대비하여 "**('***' 그룹내의 문서통신망을 의미함) 가동을 중지하고, 오해의 소지가 있는 문서는 폐기 또는 이관할 것" 등 공정위의 조사활동을 방해하려는 의도가 명맥하게 드러나고 교묘하게 법위반행위를 은폐하는 것을 내용으로 하는 별첨 <표2>「점검 및 확인요망 사항」을 작성하여 관련업무를 담당하는 직원들에게 배포한 사실이 인정된다.

　　…

3. 위법성 판단

　…

　　(4) 법인(○○전자)의 처벌에 대하여

　　　(가) 피심인의 주장

　　　　피심인측은 직접 불법행위를 한 종업원(개인)에 대한 처벌이외에 법인을 처벌하기 위하여는 법률에 규정(소위 양벌규정)이 있어야 하고, 이러한 규정없이 법인에 대한 형벌 또는 행정질서벌 부과는 죄형법정주의에 정면으로 반한다고 주장한다. 하도급법 제31조(양벌규정)는 제30조(벌칙)에서 규정한 위반행위에 대하여만 적용되는 것이고, 따로 하도급법 제30조의2에 대하여는 양벌규정의 적용이 없다. 그러므로 행위자인 개인(종업원) 이외에 따로 법인인 ○○전자에 대하여는 처벌을 할 수 없는 것이며, 피심인 ***, 같은 ***는 ****의 단순한 직원에 불과하고 법인의 대표자 등 기관이 아니기 때문에 동인들의 행위를 법인의 행위로 볼 수도 없는 것이라고 주장한다.

　　　(나) 판단

　　　　공정거래법 제69조의2 제1항 제7호는 조사를 거부·방해·기피한 사업자 또는 사업자단체에게 행정질서벌(과태료)를 부과한다고 명시적으로 규정하고 있는 바, 하도급법 제30조의2 제1항 제3호는 위 공정거래법 규정과 동일한 문언으로 행정법상의 의무위반행위를 열거한 다음 그에 해당하는 경우 과태료를 부과하는 입법형식을 취하고 있다. 공정거래법과 하도급법의 수범자는 원칙적으로 사업자 또는 사업자단체인 점, 공정거래법과 하도급법이 동일한 형식과 법률용어를 사용하고 있어 두 법률을 해석함에 있어 차이를 둘만한 특별한 이유가 없는 점 등에 비추어 조사방해행위의 처벌대상에서 법인을 제외할 이유는 없다. 또한 법률에 명문규정이 없어도 관련 규정 자체의 해석상 자연인에 대한 처벌뿐만 아니라 법인의 처벌이 인정되는 경우에는 법인에 대하여 행정형벌이나 행정질서벌을 부과할 수 있다. 조사현장에서 우발적으로 이루어지는 물리적 조사방해행위는 개인의 행위라는 성격이 강하지만, 본건은 ○○전자에서 미리 작성되어 직원들에게 배포된 "지침"에 따라 조사방해행위가 발생한 것으로 비록 ○○전자의 직원에 불과할 뿐 법인의 대표가 아닌 피심인 ***, 같은 ***가 구체적인 행위를 하였다고 하더라도 동인들의 행위는 개인적인 이익을 위하거나 또는 ****의 의사결정에 반하여 행위한 것이 아니고, 객관적으로 업무관련성이 있는 것이 명백하므로 ○○전자의 기업활동의 일환으로 행하여진 것으로 이들의 행위를 ○○전자의 행위로 귀속시킬 수 있다. 그러므로 법인인 ○○전자 또한 본건 조사방해행위에 따른 행정질서벌(과태료) 부과대상이 된다.

...

136 과징금 부과 여부의 결정

(#자진시정#과징금부과면제)

A 중대한 하도급법 위반에 대하여 과징금을 부과하는 것이 원칙이지만 중대성이 심각하지 않으면서 법질서 준수 노력을 한 경우, 공정위 요청에 따라 미지급금을 지급한 경우, 자진시정한 경우에는 과징금부과를 하지 않는다.

해 설

과징금 부과 여부는 위반행위의 내용 및 정도를 고려하여 결정한다. 공정한 하도급거래질서 확립에 미치는 파급효과가 상당하다고 인정되는 경우, 피해 수급사업자의 수나 그 피해금액이 많은 경우, 위반행위의 수가 많거나 과거 법위반전력이 많아 향후 법위반행위 재발 방지를 위해 필요하다고 인정되는 경우에는 과징금을 부과하는 것을 원칙으로 한다(시행령 제13조 제1항 별표 2. 제1호, 하도급과징금고시 III. 1).

다만, 아래와 같은 경우에는 과징금을 부과하지 아니할 수 있다(하도급과징금고시 III. 2).

① 법위반행위의 중대성 정도가 심각하지 않은 경우로 공정거래협약 평가 우수등급 이상에 해당되는 자가 자율준수노력, 외부 법률 자문 등 위법행위를 하지 아니하기 위하여 상당한 주의를 기울였으나, 예상하기 어려운 사정으로 인해 위반행위가 발생된 것으로 인정되는 경우

② 법위반행위를 한 원사업자나 발주자가 공정거래위원회의 조사개시일 또는 공정거래위원회로부터 미지급 선급금·하도급대금(발주자의 경우 직접지급의무 있는 하도급대금)·관세 등 환급금 및 그 지연이자·어음할인료·수수료의 지급 요청을 받은 날로부터 30일 이내에 지급한 경우(시행령 제13조 제1항 별표 2. 제1호 나목)

③ 공정거래위원회의 조사 개시 이전에 사업자가 자율적으로 점검하여 확인한 법위반행위에 대해 스스로 시정한 경우

137 과징금 산정방식(하도급과징금고시)

(#하도급과징금고시#기본산정기준#1차조정#2차조정#부과과징금조정)

A 공정거래위원회는 하도급대금의 2배를 초과하지 않는 범위 내에서 과징금 부과를 할 수 있는데, 기본 과징금을 산정한 다음, 위반행위적 특성을 고려하여 가중하는 1차 조정, 위반행위자의 특성을 고려하여 가중·감경하는 2차 조정, 마지막으로 현실적 부담능력 및 시장에 미치는 영향 등을 고려하여 감경하는 부과과징금 조정을 거쳐 결정된다.

(i) 기본산정금액은 관련 하도급대금의 2배×위반금액 비율×부과기준율(위반행위의 중대성에 따라 상, 중, 하로 결정)로 도출된다. 위반금액이 없는 경우 10억 원 이하의 정액을 기본산정금액으로 한다.

(ii) 1차 조정은 위반행위의 횟수, 피해 수급사업자의 수를 고려하여 기본 산정금액을 가중하는 것으로, 외반행위의 횟수에 따라 과거 3년간 4회 이상 경고 이상의 법위반 조치를 받고 벌점 누산점수가 2점 이상이면 20% 이내, 과거 3년간 3회 이상 경고 이상 법위반 조치를 받고 벌점 누산점수가 2점 이상이면 10% 이내에 가중하며, 피해 수급사업자수가 70개 이상이면 20% 이내, 50~70개이면 10% 이내 가중한다.

(iii) 2차 조정이란 위반사업자의 위반정도, 자진시정 및 조사협력 등을 고려하여 1차 조정금액을 가감하는 것으로 해당 사유별 가중비율에서 각 감경비율의 합을 뺀 비율을 적용한다. 위반사업자 보복조치금지 위반시 가중비율은 20% 이내, 자진시정이나 조사협력시 그 정도에 따라 감경비율 각 10% 또는 20%의 감경비율을 적용하는 것을 의미한다.

(iv) 부과과징금 조정이란, 2차 조정된 산정기준이 위반행위자의 부담능력, 위반행위가 시장에 미치는 효과와 이로 인하여 얻은 이익의 규모 등을 반영하지 못하여 과중한 경우에 감경하여 최종 부과과징금을 결정하는 것을 의미한다. 피심인이 현실적 부담능력 입증을 위한 객관적인 자료를 제출하여야 한다.

가. 개관

- 과징금 부과 대상
  - 원사업자, 발주자, 수급사업자

- 과징금 산정 및 부과 방식
  1. 제1단계 : 과징금 부과 여부 결정(다음 사항 종합 고려)
     - 거래 질서에 미치는 파급효과, 피해사업자의 수, 피해금액, 위반 행위의 수, 법 위반 전력
  2. 제2단계 : 기본 산정 기준의 결정
     - 하도급대금의 2배 × 위반금액 비율 × 과징금 부과기준율
  3. 제3단계 : 1차 조정
     - 위반 횟수 및 피해 사업자 수가 많은 경우 가중
  4. 제4단계 : 2차 조정
     - 보복 조치의 경우 가중, 자진시정·조사 협력시 감경
  5. 제5단계 : 부과 과징금 결정(다음 사항 종합 고려 감경)
     - 위반 사업자의 현실적 부담 능력, 시장·경제 여건, 위반 행위가 시장에 미치는 효과, 위반행위로 얻은 이익 규모

나. 과징금 부과가 가능한 위반행위

공정거래위원회는 하도급법에 정해진 바에 따라 하도급대금의 2배를 초과하지 않는 범위 내에서 과징금을 부과할 수 있다(법 제25조의3). 거의 모든 원사업자의 의무사항과 금지사항 위반 및 발주자의 직접지급의무 위반이 과징금부과대상이다. 구체적으로 서면교부 및 보존의무 위반(법 제3조), 부당한 하도급대금 결정(법 제4조), 물품 등의 구매강제 금지(법 제5조), 선급금 지급(법 제6조), 내국신용장개설(법 제7조), 부당위탁취소(법 제8조), 검사의 기준, 방법 및 시기(법 제9조), 부당반품금지(법 제10조), 감액금지(법 제11조), 부당결제청구금지(법 제12조), 경제적 이익의 부당요구금지(법 제12조의2), 기술자료 제공 요구 및 유용금지(법 제12조의3), 하도급대금의 지급(법 제13조), 건설하도급 계약이행 및 대금지급 보증(법 제13조의2), 발주자의 하도급대금 직접지급(법 제14조), 관세 등 환급금 지급(법 제15조), 설계변경 등에 따른 하도급대금의 조정(법 제16조), 원재료 가격변동에 따른 하도급대금의 조정(법 제16조의2), 부당한 대물변제 금지(법 제17조), 부당한 경영간섭 금지(법 제18조), 보복행위 금지(법 제19조), 탈법행위금지(법 제20조)의 경우 과징금을 부과할 수 있다. 수급사업자에 대해서는 서류보존의무(법 제3조 제9항)의 경우에도 과징금을 부과할 수 있지만 실제 부

과된 사례는 없다.

다. 기본원칙

과징금은 위반행위의 내용 및 정도, 위반행위의 횟수 등과 이에 영향을 미치는 사항을 고려하여 산정한다. ① 먼저 행위의 중대성 및 하도급대금과 위반금액 비율 등을 고려하여 기본 산정금액을 계산하고, ② 위반행위 횟수 및 피해 수급사업자 수 등에 따라 50% 범위 내에서 1차 조정을 하며, ③ 위반사업자의 현실적 부담능력, 시장에 미친 영향 등을 고려하여 최종 감경하여 부과과징금을 정한다.

> • 과징금 부과 대상
>
>   – 원사업자, 발주자, 수급사업자
>
> • 과징금 산정 및 부과 방식
>
>   1. 제1단계 : 과징금 부과 여부 결정(다음 사항 종합 고려)
>
>   – 거래 질서에 미치는 파급효과, 피해사업자의 수, 피해금액, 위반 행위의 수, 법 위반 전력
>
>   2. 제2단계 : 기본 산정 기준의 결정
>
>   – 하도급대금의 2배 × 위반금액 비율 × 과징금 부과기준율
>
>   3. 제3단계 : 1차 조정
>
>   – 위반 횟수 및 피해 사업자 수가 많은 경우 가중
>
>   4, 제4단계 : 2차 조정
>
>   – 보복 조치의 경우 가중, 자진시정·조사 협력시 감경
>
>   5. 제5단계 : 부과 과징금 결정(다음 사항 종합 고려 감경)
>
>   – 위반 사업자의 현실적 부담 능력, 시장·경제 여건, 위반 행위가 시장에 미치는 효과, 위반행위로 얻은 이익 규모

라. 기본산정기준

기본산정기준은 위반행위를 그 내용 및 정도에 따라 '중대성이 약한 위반행위', '중대한 위반행위', '매우 중대한 위반행위'로 구분하고 기본산정기준은 하도급대금의 2배에 위반 금액 비율을 곱한 후, 다음 표와 같이 위반행위의 중대성의 정도별 부과기준율을 곱해 도출한다. 기본산정기준은 「하도급대금 × 2 × 위반금액 비율 × 부과기준율」이다. 여기서 '하도급대금'이란 '위반행위와 관련한 하도급거래의 계약금액 전액'을 의미하는 것으로, 하도급계약 체결 이후 일부 거래만 부당하게 위탁취소되었다 하더라도 '하도급대금'이 부당 위탁취소 금액 부분에 한정된다고 볼 수 없다(대법원 2018. 10. 4. 선고 2016두59126 판결).

기본 산정기준 금액(D) = 하도급대금의 2배(A) × 위반금액 비율(B) × 과징금 부과율(C)

위반행위의 중대성은 하도급과징금고시 [별표] 세부평가 기준표에 따라 산정된 점수를 기준으로 정하지만, 위반행위로 인한 하도급거래질서의 저해 정도, 수급사업자의 피해 정도, 시장에 미치는 영향 등을 종합적으로 고려하여 위반행위 중대성의 정도를 달리 판단할 수 있다. 이 경우 그 이유를 의결서에 명시해야 한다.

중대성의 정도	기준표에 따른 산정점수	부과기준율
매우 중대한 위반행위	2.2 이상	60% 이상 80% 이하
중대한 위반행위	1.4 이상 2.2 미만	40% 이상 60% 미만
중대성이 약한 위반행위	1.4 미만	20% 이상 40% 미만

다만, 50% 미만의 부과기준율을 곱해 도출된 기본산정기준이 법위반 행위로 인한 심의일 당시 잔존하는 불법적 이익보다 적은 경우 불법적 이익을 기본산정기준으로 한다. 불법적 이익은 법위반금액을 의미하되 자진시정을 통해 기지급되거나 해소된 금액은 차감한다.

위반금액 비율 산정이 곤란한 경우 중대성의 정도별로 다음과 같이 정액의 부과기준금액 내에서 도출하게 된다.

중대성의 정도	기준표에 따른 산정점수	부과기준금액
매우 중대한 위반행위	2.2 이상	6억 원 이상 10억 원 이하
중대한 위반행위	1.4 이상 2.2 미만	2억 원 이상 6억 원 미만
중대성이 약한 위반행위	1.4 미만	4천만 원 이상 2억 원 미만

위 정액과징금 부과기준금액은 2018. 10. 16. 대통령령 제29238호로 개정된 하도급법 시행령이 정액과징금 상한금액을 5억 원에서 10억 원으로 인상함에 따라 2018. 10. 18. 공정거래위원회 고시 제2018－18호로 개정된 것이다. 개정되기 이전의 과징금고시에 의하면 매우 중대한 위반행위의 경우 3억 원~5억 원, 중대한 위반행위의 경우 1억 원~3억 원, 중대성이 약한 위반행위의 경우 2천만 원~1억 원이었다.

하도급과징금고시상의 중대성 판단 세부평가기준은 다음과 같다. 주목할 점은 개정 전에 중대한 위반행위로 분류되었던 하도급대금 지급의무 위반이나 서면교부의무 위반이 2016. 7. 25. 하도급과징금고시 개정으로 상대적으로 덜 중요한 위반행위로 분류된 점이다.

부과점수 참작사항	비중	상(3점)	중(2점)	하(1점)
위반행위 유형	0.5	① 법 제4조를 위반하여 부당하게 하도급대금을 결정한 행위 ② 법 제8조 제1항을 위반하여 부당하게 위탁취소·변경 또는 수령·인수의 거부·지연 등을 한 행위 ③ 법 제10조를 위반하여 목적물 등을 부당하게 반품한 행위 ④ 법 제11조 제1항 및 제2항을 위반하여 하도급대금을 부당하게 감액한 행위 ⑤ 법 제12조의3을 위반하여 취득한 기술자료를 유용한 행위 ⑥ 법 제19조를 위반하여 신고 또는 하도급대금 조정신청 등을 이유로 수주기회 제한 등의 불이익을 준 행위 ⑦ 법 제20조를 위반하여 공정거래위원회의 시정명령에 따라 지급한 하도급대금을 환수하는 등의 탈법행위	① 법 제3조의4를 위반하여 수급사업자의 이익을 부당하게 침해하거나 제한하는 계약조건을 설정하는 행위 ② 법 제5조를 위반하여 부당하게 물품 등을 강제로 매입 또는 사용하게 한 행위 ③ 법 제12조를 위반하여 부당하게 물품구매대금 등의 결제를 청구한 행위 ④ 법 제12조의2를 위반하여 부당하게 경제적 이익 제공을 요구하는 행위 ⑤ 법 제12조의3 제1항을 위반하여 사업자에게 부당하게 기술자료 제공을 요구하는 행위 ⑥ 법 제17조 제1항을 위반하여 부당하게 대물변제한 행위 ⑦ 법 제18조를 위반하여 부당하게 수급사업자의 경영에 간섭한 행위	① 법 제3조를 위반하여 적법한 서면을 발급 또는 보존하지 아니한 행위 ② 법 제6조를 위반하여 선급금 및 이와 관련된 지연이자, 어음할인료 또는 어음대체결제수수료를 지급하지 아니한 행위 ③ 법 제7조를 위반하여 내국신용장을 개설하여 주지 아니한 행위 ④ 법 제8조 제2항을 위반하여 수령증명서를 발급하지 아니한 행위 ⑤ 법 제9조를 위반하여 검사결과를 통지하지 아니한 행위 ⑥ 법 제11조 제3항을 위반하여 감액사유와 기준 등을 적은 서면을 발급하지 아니한 행위 ⑦ 법 제11조 제4항을 위반하여 감액한 금액과 관련한 지연이자를 지급하지 아니한 행위 ⑧ 법 제12조의3 제2항을 위반하여 기술자료 제공을 요구하는 목적, 권리귀속 관계 등을 적은 서면을 발급하지 아니한 행위 ⑨ 법 제13조를 위반하여 하도급대금, 준공금이나 기성금, 지연이자, 어음할인료 또는 어음대체결제수수료 등을 지급하지 아니한 행위, 지급받은 현

부과점수 참작사항	비중	상(3점)	중(2점)	하(1점)
위반행위 유형	0.5			금비율 미만으로 하도급대금을 지급한 행위, 교부받은 어음의 지급기간을 초과하는 어음으로 하도급대금을 지급한 행위 ⑩ 법 제13조의2를 위반하여 대금지급보증을 적법하게 하지 아니한 행위 ⑪ 법 제14조 제1항을 위반하여 수급사업자에게 하도급대금을 직접 지급하지 아니한 행위 ⑫ 법 제14조 제5항을 위반하여 하도급대금 직접지급에 필요한 조치를 이행하지 아니한 행위 ⑬ 법 제15조를 위반하여 관세 등 환급상당액 및 지연이자를 지급하지 아니한 행위 ⑭ 법 제16조를 위반하여 발주자와 원사업자 간 계약금액 변동 사실을 수급사업자에게 통지하지 아니한 행위, 계약금액 변동에 따라 하도급대금을 조정하지 아니한 행위, 추가 하도급대금 및 이와 관련된 지연이자, 어음할인료, 어음대체결제수수료를 지급하지 아니한 행위 ⑮ 법 제16조의2 제7항을 위반하여 하도급대금 조정을 위한 협의를 개시하지 아니한 행위

부과점수 참작사항	비중	상(3점)	중(2점)	하(1점)
				⑯ 법 제17조 제2항 내지 제3항을 위반하여 물품의 권리·의무관계를 확인할 수 있는 자료를 제시하지 아니한 행위
피해 발생의 범위	0.3	위반행위 당시 거래하고 있는 전체 수급사업자 중 위반행위로 피해를 입은 수급사업자의 비율이 70% 이상인 경우	위반행위 당시 거래하고 있는 전체 수급사업자 중 위반행위로 피해를 입은 수급사업자의 비율이 30% 이상 70% 미만인 경우	위반행위 당시 거래하고 있는 전체 수급사업자 중 위반행위로 피해를 입은 수급사업자의 비율이 30% 미만인 경우
수급사업자의 경영상황에 영향을 미친 정도	0.2	위반행위로 인해 피해를 입은 수급사업자가 도산하는 등 수급사업자의 경영상황을 현저히 악화시킨 일이 발생하는 경우	위반행위로 인해 피해를 입은 수급사업자의 당기순이익, 영업수익률 등 수급사업자의 경영상황을 상당히 악화시킨 일이 발생하는 경우	위반행위로 인해 피해를 입은 수급사업자의 당기순이익, 영업수익률 등 수급사업자의 경영상황 악화정도가 경미한 경우

한편, 위반금액은 하도급법상의 미지급금 및 공정거래위원회가 고시한 금액을 의미하는데(시행령 별표 2. 2호 가. 1) 공정거래위원회는 아래와 같은 것을 위반금액으로 고시하였다.

① 하도급법상의 미지급 금액(법 제13조상의 하도급대금 미지급금액 및 이와 관련한 지연이자, 어음할인료 및 수수료의 미지급금액, 법 제14조의 발주자의 수급사업자에 대한 직접지급 관련 미지급금액, 법 제16조의 설계변경 등의 미지급금액과 지연이자, 어음할인료 및 수수료의 미지급금액 등을 의미한다)

② 법 제4조(부당한 하도급대금의 결정 금지) : 부당하게 낮은 수준으로 결정된 하도급대금과 일반적으로 지급되는 대가와의 차액

③ 법 제5조(물품 등의 구매강제 금지) : 원사업자가 수급사업자에게 물품·장비 또는 역무를 매입 또는 사용하도록 강요함에 따라 수급사업자가 실제로 물품·장비 및 역무를 매입하거나 사용한 금액

④ 법 제8조(부당한 위탁취소의 금지 등) 제1항 : ⓐ 위탁이 부당하게 취소되거나 변경되어 수급사업자에게 발생한 손해액 또는 ⓑ 목적물 등의 수령 또는 인수가 부당하게 거부·지연되어 수급사업자에게 발생한 손해액

⑤ 법 제10조(부당반품의 금지) 제1항 : 목적물 등이 부당하게 반품되어 수급사업자에게

발생한 손해액

⑥ 법 제11조(감액금지) : ⓐ 법 제11조 제1항을 위반하여 감액한 하도급대금 및 ⓑ 법 제11조 제4항을 위반하여 지급하지 아니한 지연이자의 금액

⑦ 법 제12조(물품구매대금 등의 부당결제 청구의 금지) : 부당하게 결제 청구한 물품구매대금 또는 사용대가

⑧ 법 제12조의2(경제적 이익의 부당요구 금지) : 부당하게 요구한 경제적 이익의 가액

⑨ 법 제16조(설계변경 등에 따른 하도급대금의 조정) : 설계변경 등에 따라 증액되었으나 미지급된 하도급대금 및 이와 관련된 지연이자, 어음할인료 또는 어음대체결제수수료의 금액

⑩ 법 제20조(탈법행위의 금지) : 탈법행위를 통해 환수한 하도급대금, 어음할인료, 지연이자의 금액 및 기타 이에 준하는 금액

법 위반 행위	법 위반 금액
제4조(부당한 하도급대금의 결정 금지)	부당하게 낮은 수준으로 결정된 하도급대금과 일반적으로 지급되는 대가와의 차액
제5조(물품 등의 구매 강제 금지)	원사업자가 수급사업자에게 물품·장비 또는 역무를 매입 또는 사용하도록 강요함에 따라 수급사업자가 실제로 물품·장비 및 역무를 매입하거나 사용한 금액
제8조(부당한 위탁 취소의 금지 등) 제1항	위탁이 부당하게 취소되거나 변경되어 수급사업자에게 발생한 손해액
	목적물 등의 수령 또는 인수가 부당하게 거부·지연되어 수급사업자에게 발생한 손해액
제10조(부당 반품의 금지) 제1항	목적물 등이 부당하게 반품되어 수급사업자에게 발생한 손해액
제11조(감액 금지) 제1항	부당하게 감액한 하도급대금
제11조(감액 금지) 제4항	지급하지 아니한 지연이자의 금액
제12조(물품 구매대금 등의 부담 결제 청구의 금지)	부당하게 결제 청구한 물품 구매대금 또는 사용 대가
제12조의2(경제적 이익의 부당 요구 금지)	부당하게 요구한 경제적 이익의 가액
제16조(설계 변경 등에 따른 하도급대금의 조정)	설계 변경 등에 따라 증액되었으나 미지급된 하도급대금 및 이와 관련된 지연이자, 어음할인료 또는 어음대체결제수수료의 금액
제20조(탈법 행위의 금지)	환수한 하도급대금, 어음할인료, 지연이자의 금액 및 기타 이에 준하는 금액

하도급법상 의무가 있음에도 불구하고 미지급하여 위반행위를 저질렀더라도 자진하여 지급하면 위반금액에서 제외되며, 더해서 공정거래위원회의 지급요청이 있는 경우 그 때로부터 30일 이내에 지급하면 과징금부과대상에서 제외될 가능성도 있으므로, 미지급 사실이 인정되면 자진하여 시정하는 것이 필요하다.

그런데 위반금액에 대하여는 공정거래위원회가 주장·입증책임이 있다. 하지만 ② 부당한 하도급대금 결정이나 ③ 부당감액의 경우 위반금액을 계산하는 것이 매우 어려운 경우가 있을 수 있고, 또 ④ 부당위탁취소나 ⑤ 부당반품의 경우 손해액이 위반금액인데 이 역시 산정해 내기가 쉽지 않다. 공정거래위원회가 위반금액을 산정하지 못한다면 위반금액이 없는 경우로 처리될 수밖에 없다.

마. 1차 조정

(1) 위반행위 횟수에 의한 조정

과거 3년간 4회 이상 법위반으로 조치(경고 이상)를 받고 벌점 누산점수가 2점 이상인 경우	20% 이내
과거 3년간 3회 이상 법위반으로 조치(경고 이상)를 받고 벌점 누산점수가 2점 이상인 경우	10% 이내

* 과거 3년간의 법위반횟수 및 벌점 누산점수는 신고사건의 경우 신고접수일 기준, 직권조사의 경우 자료제출요청일, 출석요청일, 현장조사실시일 중 가장 빠른 날을 기준으로 계산된다.
* 과거 시정조치의 횟수를 산정할 때에는 시정조치의 무효 또는 취소판결이 확정된 건을 제외한다.

(2) 피해 수급사업자 수에 따른 조정

피해 수급사업자 수가 50개 이상 70개 미만	10% 이내
피해 수급사업자 수가 70개 이상인 경우	20% 이내

바. 2차 조정

2차 조정은 각각의 감경비율의 합을 1차 조정된 산정기준에 곱해 산출된 금액을 1차 조정금액에서 더하거나 차감하는 방식이 된다.[399]

---

[399] 피심인이 과징금 부과 전에 위법행위을 자진시정하였다면 이를 고려하지 않은 과징금부과처분은 재량권의 일탈, 남용이다(대법원 2010. 1. 14. 선고 2009두11843 판결).

가중사유	요건	비율
보복조치	법 제19조(보복조치의 금지) 위반	20% 이내
자진시정	수급사업자의 피해를 모두 구제한 경우	20% 이내
	피해액의 50% 이상을 구제한 경우	10% 이내
조사협력	심사관의 조사 단계부터 위원회의 심리 종결시까지 일관되게 행위사실을 인정하며 위법성 판단에 도움이 되는 자료를 제출하거나 진술을 하는 등 적극 협력한 경우	20% 이내
	심사관의 조사 단계 이후라도 위원회의 심리 종결 전에 행위사실을 인정하면서 위법성 판단에 도움이 되는 추가적 자료를 제출하거나 진술을 한 경우	10% 이내

사. 부과과징금의 결정

2차 조정된 산정기준에 위반사업자의 현실적 부담능력, 시장에 미치는 효과 및 취득한 이득과의 균형 등을 고려하여 아래와 같이 부과과징금을 정할 수 있다. 부과과징금 조정의 필요성은 위반사업자가 경영 및 자산상태에 관한 객관적인 자료로 증명해야 한다.

(1) 현실적 부담능력에 따른 조정

(가) 현실적 부담능력에 따른 조정

의결일 직전 사업연도 사업보고서상 자본잠식 상태에 있는 경우	2차 조정된 산정 기준의 30/100 이내
의결일 직전 사업연도 사업보고서상 ① 부채 비율이 300%를 초과하거나 부채 비율이 200%를 초과하면서 같은 업종 평균의 1.5배를 초과 ② 당기순이익이 적자 ③ 2차 조정된 산정 기준이 잉여금 대비 상당한 규모인 경우	2차 조정된 산정 기준의 30/100 이내
위 두 요건을 모두 충족하는 경우	2차 조정된 산정 기준의 50/100 이내

• 30% 이내 및 50% 이내 감경 : 현실적 부담능력에 따른 조정은 심의기일 직전 사업연도 사업보고서상 자본잠식 상태에 있거나 가까운 장래에 자본잠식이 예견되는 등, 사업의 계속에 상당한 지장을 초래하지 아니하고는 과징금을 납부할 수 없는 경우에 한해 2차 조정된 산정기준의 100분의 50 이내에서 인정되며, 과징금납부로 인해 단순히 자금사정에 어려움이 예상되는 경우(법 제25조의3에 따라 준용되는 공정거래법 제55조의4에 따른 과징금 납부기한 연장 및 분할납부로 자금사정의 어려움을 피할

수 있는 경우를 포함한다)에는 인정되지 않는다. 구체적으로 ① 자본잠식의 경우 또는 ② 부채비율이 300%를 초과하면서 같은 업종 평균 1.5배를 초과하고 전년도 당기순이익 적자인 경우에 각 30% 이내에서 감경할 수 있되, 다만 두 가지 요건을 모두 충족하는 경우에만 50% 이내에서 감경하도록 하였다. 시장·경제여건 악화 등 기타 여건 감경의 경우 10% 이내로 감경할 수 있다. 이러한 부과과징금 단계 감경은 합하여 50%를 초과하지 못한다.

참고로 2018년 과징금고시 개정 이전에는 직전연도 자본잠식 상태에 있거나 가까운 장래에 자본잠식이 예견되는 경우 등에는 50%를 감경할 수 있도록 하고, 또 시장·경제여건 악화 등 기타 여건 감경의 경우에도 50%를 감경할 수 있도록 규정되어 있었다.

• 50% 초과 감경 : 다만, 심의기일 직전 사업연도 사업보고서상 위반사업자의 자본잠식률이 50% 이상인 경우 또는 직전연도 부채비율이 400%를 초과하거나 200%를 초과하면서 같은 업종 평균 2배 이상이고, 최근 2개 사업연도 당기순이익이 모두 적자이며, 직전연도 자본잠식상태인 경우 등 부담능력이 현저히 부족하다고 인정되는 때에는 100분의 50을 초과해서 감액할 수 있으며, 「채무자 회생 및 파산에 관한 법률」에 따른 회생절차 중에 있는 등 객관적으로 과징금을 납부할 능력이 없다고 인정되는 경우에는 과징금을 면제할 수 있다.

(나) 기타 불가피한 경우의 조정 : 2차 조정금액의 총 10/100 이내 감경

시장 또는 경제 여건에 따른 조정	경기 변동(경기종합지수 등), 수요·공급의 변동(해당 업종 산업동향지표등), 환율 변동 등 금융위기, 석유·철강 등 원자재 가격 동향, 천재지변 등 심각한 기후적 요인, 전쟁 등 심각한 정치적 요인 등을 종합적으로 고려할 때 시장 또는 경제 여건이 상당히 악화되었는지 여부를 고려하여 불가피한 경우에 한하여 적용
위반 행위가 시장에 미치는 효과, 위반 행위로 취득한 이익의 규모 등에 따른 조정	개별 위반 사업자의 시장점유율, 가격 인상 요인 및 인상 정도, 위반 행위의 전후 사정, 해당 산업의 구조적 특징, 실제로 취득한 부당 이득의 정도 등을 고려하여 적용하되, 처분의 개별적·구체적 타당성을 기하기 위한 경우에 한정(위 항목과 합하여도 10/100 초과 불가)

(2) 기타 사유에 의한 감경

당해 위반행위가 시장에 미치는 효과, 위반행위로 인해 취득한 이익의 규모 등의 조정 사유는 위반 사업자들의 사업규모 및 구조적인 특징, 특정한 사회적 상황에서의 실질적 지급 능력, 위반행위의 전후사정, 실제로 취득한 부당이득의 정도 등을 종합적으로 참작할 때 1·2차 조정 등 앞 단계에서 충분히 고려되지 못하였다고 인정되는 경우에 한해 적용하며, 2차 조정된 산정기준의 100분의 50 이내에서 감경할 수 있다.

(3) 2차 조정산정기준 사유에 대한 입증

2차 조정산정 사유인 '현실적 부담능력'이나 '시장 또는 경제여건'과 관련한 사항에 대하여는 위반사업자가 객관적인 자료를 제출하는 방식으로 입증해야 하며, '현질적 부담능력' 입증과 관련하여는 개별 또는 별도 재무제표가 포함된 사업보고서를 제출해야 하며, 예상 과징금액이 충당부채, 영업외비용 등에 미리 반영되어 있을 경우 이를 제외하여 작성된 재무제표를 추가로 제출해야 한다. 공정거래위원회는 위반사업자의 경영 및 자산 상태에 대한 객관적인 평가를 위하여 외부전문가로부터 의견을 청취할 수 있다.

아. 기타 유의사항

(1) 여러 위반행위 유형에 과징금을 부과하는 경우

여러 유형의 위반행위를 함께 심리하여 1건으로 의결할 때에는, 각 위반행위 유형별로 이 고시에서 정한 방식에 의하여 부과과징금을 산정한 후 이를 모두 합산한 금액을 과징금으로 부과하되, 부과과징금의 한도는 관련 하도급대금의 2배를 초과할 수 없다. 한편, 여러 유형의 위반행위를 여러 건으로 나누어 의결하는 경우에는 이를 1건으로 의결하는 경우와의 형평을 고려하여 후속 의결에서 위 가.의 기준에 따라 부과과징금을 조정할 수 있다.

이와 관련하여 하나의 하도급거래(하나의 하도급계약)에서 여러 개의 위반행위가 있는 경우도 있고, 하나의 하도급거래에는 하나의 위반행위가 있지만 위반 거래가 수 개가 있는 경우가 있다. 후자의 경우에 위와 같이 산정하는 것에는 이론이 없지만 전자의 경우에도 위와 같이 산정해야 하는지 문제될 수 있다. 이 경우에도 위반유형별로 과징금을 산정해서 합산하게 되면 기본산정기준이 중복산정되어 과징금 액수가 과다해질 수 있어 불합리하므로, 하나의 거래라면 기본산정기준을 하나로 산정하여 과징금을 계산해야 한다는 입장이 있을 수 있다. 하지만 하도급과징금고시의 문언에는 하나의 거래에서 수 개의 위반이 있는 경우를 배제하지 않았기 때문에 위반유형별로 과징금을 산정하여 합산하는 것이 문언해석상 타당하다. 하나의 거래에 수 개의 위반유형이 있더라도, 그 위반유형이 위반금액이 있는 경우라면 기본산정기준에서 위반금액 비율에서 조정될 것이고 위반금액이 없는 경우에는 정액과징금만이 부과될 것이어서, 지나치게 높은 과징금이 부과될 우려는 거의 없다고 본다.

(2) 하도급대금 등이 외국환을 기준으로 산정되는 경우

과징금 부과의 기준이 되는 관련 납품대금 등이 외국환을 기준으로 산정되는 경우에는 그 외국환을 기준으로 과징금을 산정하되, 공정거래위원회의 합의일에 주식회사 한국외환은행이 최초로 고시하는 매매기준율을 적용하여 원화로 환산하여 부과과징금을 결정한다. 다만, 주식회사 한국외환은행이 고시하지 않는 외국환의 경우에는 미국 달러화로 환산한 후 이를 원화로 다시 환산한다.

(#부가가치세의 하도급대금&위반금액에 불포함#지연이자에는 부가가치세 불부과
#지급명령시 부가가치세 포함#연단위계약에서 하도급대금#비하도급계약과 혼재된 경우
하도급대금#유상사급&무상사급#유상사급에서 하도급대금)

A 과징금 산정의 기준이 되는 '하도급대금'은 '위반행위와 관련한 하도급거래의 계약금액 전액'이다. 공정거래위원회는 부가가치세도 하도급대금에 해당하므로 과징금 산정기초가 되어야 한다는 입장이다. 과징금산정시점에 해당 하도급계약이 종료되지 않았다면 그 시점까지 제조·수리·시공된 부분에 상응하는 하도급대금만이 과징금산정의 기초가 된다. 하나의 거래에 하도급거래와 비하도급거래가 혼재된 경우 하도급거래에 상응하는 부분의 대금만 과징금산정의 기초가 되며 계약상 대금 구분에 대하여 언급이 없는 경우 합리적인 방법으로 안분하도록 시행령 등에서 규정할 필요가 있다. 원사업자가 자재를 유상으로 공급하는 유상사급의 경우 그 유상사급 금액은 과징금산정기초에서 차감해야 한다.

해설

가. 과징금 산정기초가 되는 하도급대금은 관련 하도급거래 계약금액 전체

하도급법 제25조의3 제1항에 규정한 과징금 산정의 기준이 되는 '하도급대금'은 '위반행위와 관련한 하도급거래의 계약금액 전액'을 의미하는 것이다. 대법원은 "하도급계약 체결 후 일부는 정상적으로 이행되고 일부 거래만 부당하게 위탁취소되었다고 하여 여기서 말하는 하도급대금이 부당 위탁취소 금액 부분에 한정된다고 볼 수 없다"고 판시하였다(대법원 2018. 10. 4. 선고 2016두59126 판결).

나. 하도급법과 부가가치세

과징금은 하도급대금의 2배에 위반금액과 부과기준율을 곱해서 계산되는 기본산정기준에서 가중·감경을 통해 결정된다. 만약 하도급대금 및 위반금액에 부가가치세가 포함된다면 그만큼 과징금의 총액이 늘어날 수 있다. 또, 미지급 하도급대금에는 지연이자 등

이 부과되므로 부가가치세가 이에 포함된다면 부가가치세에도 지연이자가 부과될 수 있다.

이와 관련하여 공정거래위원회는 과징금산정의 기초가 되는 하도급대금 및 위반금액에 부가가치세가 포함된다는 입장이다. ① 관련 법령이나 고시상 부가가치세를 제외한다는 명시적인 규정이 없으며, ② 원사업자가 수급사업자에게 지급해야 하는 하도급대금에는 부가가치세가 포함된다고 보아야 하며, ③ 그 개념이 관련매출액과 다르다는 점을 근거로 든다(2015. 8. 28. 공정거래위원회 재결 2015-039호, 사건번호 2015협심2150). 또, 하도급대금에 대한 부가가치세 역시도 하도급대금에 해당하므로 이에 대하여도 지연이자를 부담해야 한다는 서울고등법원의 판결이 있다(서울고등법원 2011. 2. 16. 선고 2009나99459 판결[400]).

생각건대, 위반금액에 대하여는 선급금, 선급금에 대한 지연이자 미지급금액, 하도급대금, 하도급대금에 대한 지연이자 미지급금액 등을 의미한다고 규정하고 있고(시행령 별표 2. 제2호 가목 2) 및 제1호 나목), 하도급대금에 대하여 법위반사건의 하도급거래에서의 계약금액을 의미한다고만 규정하고 있을 뿐, 부가가치세가 포함되는지는 직접적으로 언급하고 있지 않다. 결국 '하도급대금'에 부가가치세가 포함되는지 여부는 상관행으로 해석하지 않을 수 없다. 계약서상 대금란에 부가가치세를 제외한 금액을 기재하면서 '부가가치세 별도'라고 기재하는 점 등에 비추어 볼 때 하도급대금과 같은 '대금'에는 부가가치세가 포함되지 않는다고 보는 것이 통상이다. 부가가치세는 공급자가 국가에 납부하기 위하여 공급자가 거래징수하여 보관하는 국가에 대한 채무이지, 상품이나 용역에 대한 공급대가로 볼 수 없기 때문이다. 더욱이 부가가치세법은 공급한 재화 또는 용역의 공급가액과 부가가치세를 구별하고 있는데(부가가치세법 제29조 제1항), 하도급대금을 부가가치세법상의 공급가액과 달리 볼 근거가 없다. 이런 점을 종합해 보면, 부가가치세가 하도급대금 및 위반금액에 포함된다는 공정거래위원회 및 서울고등법원의 판단에 동의하기 어렵다.

---

400) 서울고등법원 2011. 2. 16. 선고 2009나99459 판결

피고들은 phc파일 추가공사비와 테스트항타 비용은 불법행위 또는 채무불이행으로 인한 손해배상금으로서 공사대금에 해당하지 않고 위 각 공사대금에 포함되어 있는 부가가치세 상당액은 국가에 납부할 조세로서 원고가 수급사업자로서 지급받는 공사대금이라고 보기 어려우므로, 위 각 해당 금액에 대한 지연손해금은 하도급거래법 및 공정거래위원회의 고시에서 정한 이율을 적용할 수 없다고 주장한다. 하도급거래법상의 하도급대금이란 수급사업자가 원사업자로부터 제조위탁·수리위탁·건설위탁 또는 용역위탁을 받아 그 위탁받은 제조·수리·시공 또는 용역을 수행하여 원사업자에게 납품·인도 또는 제공을 하고 받은 대가를 말하는 것인 바(하도급법 제2조 제1항 참조), phc파일 추가공사비와 테스트항타 비용은 원래 계약에서 정한 작업 외에 원고가 공사 도중 추가로 위탁받은 작업을 수행하고 받게 되는 대가이므로 공사대금에 해당한다고 할 것이고, 공사대금에 포함되어 있는 부가가치세 상당액 역시 시공에 대한 대가로 지급받게 되는 것이고 원고가 공사대금을 지급받은 후 그 중 일부로 부가가치세를 납부하는 것은 공사대금 처분방법의 하나에 지나지 않는다고 할 것이므로, 피고들의 위 주장은 전부 이유 없다.

다. 심의 · 의결시 계약기간이 남은 유지보수 계약 등에서 포함되어야 하는 하도급대금

심의 · 의결 시점에 계약기간이 종료되지 않아 진행 중인 거래에 있어, 과징금산정 등의 기준이 되는 하도급대금은 전체 계약금액이 아니라 처분시점(만약 위반행위가 자진시정 등으로 종료되었다면 그 시점)까지 제조 · 수리 · 시공 · 제공된 부분에 상응하는 하도급대금으로 한정해서 보아야 한다. 아직 제공되지 않은 용역에 대하여는 하도급대금의 지급의무가 발생했다고 볼 수 없기 때문이다. 더해서 하도급법위반으로 과징금부과처분과 함께 향후 그러한 행위를 하지 말라는 취지의 시정명령을 받게 되는데 그 시정명령에 따라 남은 계약기간 동안의 위법행위가 시정될 것이어서 처분 시점 이후의 하도급대금을 제재처분의 기초로 삼을 필요성도 없기 때문이다. 하도급법 제354조 제1항에 따라 월별 · 분기별로 세금계산서를 발행하는 경우에 해당하면 그 세금계산서 발행일을 용역제공일을 기준으로 판단하는 것이 합당하다.

라. 하도급거래와 비하도급거래가 혼재된 경우 하도급법적용 및 하도급대금결정

하도급거래와 비하도급거래가 하나의 계약으로 혼재된 경우에도 하도급거래가 있는 부분에 대해서는 하도급법적용대상으로 봄이 타당하다. 다른 유형의 하도급거래가 혼재된 경우 각 계약의 분리가능성에 따라 각각의 하도급거래 또는 주된 하도급거래 형식에 따라 판단하게 된다.

하도급거래와 비하도급거래가 혼재된 경우, 하도급대금의 계산은 원칙적으로 비하도급거래 부분을 분리하여 하도급거래 부분만의 대금을 산정해야 한다. 다른 유형의 하도급거래가 혼재된 경우에는 주된 유형의 하도급거래로 보는 것이 타당하며, 하도급대금은 각 유형의 하도급거래의 대금을 합산하여 계산한다.

서버 공급 및 설치계약에서, 설치부분만을 별도의 용역계약으로 볼 수 있는지 여부(계약서에 대가가 별도로 표시된 경우와 아닌 경우 등)와 관련하여 설치부분만을 별도의 용역계약으로 볼 수 있다. 다만, 실무상 공급 및 설치계약 상호간의 구분이 어려울 수도 있다. 계약서에 그 대가가 별도로 표시되었다면 이를 별도의 용역계약으로 봄에 문제가 없으나, 설치부분을 별도로 표시하지 아니하였다면 해당 부분이 별도의 용역계약에 해당함을 설명 또는 입증함에는 어려움이 있을 것으로 보인다. 하도급과징금고시 등에서 하도급거래 부분과 비하도급거래 부분을 안분계산하는 기준과 방식을 규정하는 것이 바람직하다.

마. 유상사급 금액이 하도급대금이나 위반금액에 포함되는지 여부

원사업자가 수급사업자에게 제조위탁시 원·부자재를 어떻게 확보하는지와 관련하여, 원사업자가 수급사업자에게 제조위탁을 함과 동시에 이와 별도로 원·부자재, 중간재 등을 수급사업자가 조달하여 제조위탁하는 방식과 원사업자가 직접 또는 다른 사업자로부터 구매 또는 제조위탁하여 수급사업자에 공급하는 방식으로 나뉜다. 두 번째 유형, 즉 원사업자가 원자재를 사서 공급하는 것을 사급(賜給)이라 하며, 이는 다시 '유상사급'과 '무상사급'으로 나눌 수 있다. 유상사급거래는 하도급거래가 아니므로 원칙적으로는 하도급거래와 유상사급 부분이 구분되어 있어야 하지만, 원사업자가 수급사업자에게 주는 하도급대금 안에 원사업자가 제공하는 재료비를 포함시켜 두는 경우가 있다. 원사업자가 수급사업자에게 제공한 원재료는 진정한 매매거래로 보기 어려우므로, 설사 하도급대금 안에 포함되어 있더라도 유상사급 비용을 차감한 나머지만을 하도급대금으로 인식하는 것이 회계원칙인바, 이런 점에서도 유상사급 비용을 하도급대금의 일부로 보아서는 안된다.

공정거래위원회도 이런 입장에서 수급사업자들의 회계처리와 무관하게 그 본질이 유상사급이라면, 유상사급에 해당하는 부분을 하도급대금 산정시 제외하고 과징금 등을 산정해야 한다는 입장이다. 공정거래위원회는 에코플라스틱㈜의 불공정하도급거래행위에 대한 건에서 하도급거래와 독립된 거래라는 특성을 감안하여 원사업자가 수급사업자로부터 유상사급 방식으로 물품을 공급받은 경우 당해 물품대금을 전부 하도급대금에서 공제한 바 있다(공정거래위원회 2013. 9. 23. 의결 제2013-159호, 사건번호 2012구사2338).

$\mathcal{A}$ 과징금부과처분이 위법할 경우 위법한 부분을 제외한 나머지 부분의 과징금이 구분되는 경우가 아닌 한 일부 취소가 아니라 전부취소 판결을 내려야 한다. 공동이행방식의 공동수급체가 원사업자인 경우 구성사업자 1인의 과징금산정기준이 되는 하도급대금은 하도급계약대금 전체이다. 하도급법 위반행위 도중에 과징금고시가 개정될 경우 행위 시점의 과징금 고시에 의하여야 한다. 관련매출액 개념이 없는 하도급법위반행위에서 과징금분납결정의 요건이 되는 매출액은 사업자 전체 매출액이 아니라 과징금산정기준으로 삼은 하도급대금으로 보아야 한다.

해설

가. 과징금 부과처분에 대한 일부취소 판결의 가부

처분을 할 것인지 여부와 처분의 정도에 관하여 재량이 인정되는 과징금 납부명령에 대하여 그 명령이 재량권을 일탈·남용하였을 경우 법원으로서는 재량권의 일탈·남용 여부만 판단할 수 있을 뿐이지 재량권의 범위 내에서 어느 정도 적정한 것인지에 관하여 판단할 수 없어 그 전부를 취소할 수밖에 없고 법원이 적정하다고 인정되는 부분을 초과한 부분만 취소할 수는 없다(서울고등법원 2018. 10. 4. 선고 2016두59126 판결).

나. 원사업자가 공동이행방식의 공동수급체인 경우 과징금 부과

공동이행방식의 공동수급체는 원칙적으로 민법상 조합의 성질을 가지므로, 조합채무가 특히 조합원 전원을 위하여 상행위가 되는 행위로 부담하게 되었다면, 하도급계약을 체결할 때 공동수급체가 아닌 개별 구성원으로 하여금 지분비율에 따라 직접 하수급인에 대하여 채무를 부담하게 하는 약정을 한 경우와 같은 특별한 사정이 없는 한 상법 제57조 제1항에 따라 조합원들이 연대책임을 진다. 만약 공동수급체가 원사업자로서 하도급법 위반행위를 한 경우, 원사업자에 대한 과징금 산정의 기초가 되는 '하도급대금'은 원칙적으로 원사업자가 하도급계약이 정하는 바에 따라 수급사업자에게 지급하여야 할 대금을 뜻한다고 보아야 한다. 나아가 공동이행방식의 공동수급체 구성사업자 중 1인이 공동수급체 구성사업자 전원을 위한 하도급계약을 체결한 경우일지라도 개별 구성원으로 하여금 지분비율에 따라 직접 하수급인에 대하여 채무를 부담하도록 약정하는 경우 등과 같은 특별한 사정이 없다면, 그 구성사업자 1인이 수급사업자에게 대금 전액을 지급할 책임이 있고, 그가 공동수급약정에 따라 최종적으로 부담하게 될 내부적 채무 비율은 공동수급체의 내부 사정에 불과하기 때문에, 그 구성사업자 1인의 하도급법 위반행위에 대한 과징금 산정의 기초가 되는 '하도급대금' 역시 '하도급계약에 따라 수급사업자에게 지급하여야 할 대금'을 기준으로 하여야 한다(대법원 2018. 12. 13. 선고 2018두51485 판결).

다. 과징금 고시의 적용시점

하도급대금의 미지급 또는 지연의 경우 그 위반행위는 행위 시점에 즉시 성립하지만 하도급대금이 완전히 지급되기 전까지는 계속 성립한 법위반행위가 지속된다. 그 동안 과징금고시의 규정이 개정되면 미지급행위가 발생한 시점의 과징금고시를 적용해야 할지 아니면 처분시점의 과징금고시를 적용해야 할지 문제될 수 있다.

공정거래법위반과 관련된 과징금 고시는 통상 과징금 고시가 개정되기 전에 시작되어 계속 중인 행위에 대하여는 개정 전 과징금고시에 의한다고 하거나 또는 유리한 경우에만 개정된 과징금고시에 의한다는 부칙 조항을 두는 경우가 대부분이다. 하지만 하도급 과징금고시는 개정 전 행위에 대하여는 종전의 고시에 의한다고만 규정하고 있다.

대법원은 하도급대금 미지급 등의 위반행위는 행위 시점에 즉시 성립하고 그 이후에는 이미 성립한 법위반상태가 지속되고 있는 것에 불과하므로, 현행 과징금 고시 시행일 이전에 시작되어 완성되거나 종결되지 않은 채 시행일 후에도 계속되는 것이라면, 현행 과징금 고시가 아니라 행위 성립시점의 과징금 고시에 의해야 한다고 판시하였다(대법원 2013. 2. 15. 선고 2010두5288 판결). 결국 위반행위가 발생한 시점의 과징금고시를 적용해야 한다.

라. 과징금 납부기한 연장 및 분할 납부 신청시 관련 매출액의 판단 기준

과징금분납신청의 형식적 요건과 관련하여, 공정거래법 제55조의4 제1항 및 동 법 시행령 제62조 제1항은 부과된 과징금의 금액이 관련매출액의 1% 또는 10억 원을 초과한 경우에 과징금 분납신청을 할 수 있도록 규정하고 있다. 하지만 하도급법위반사건에서 관련매출액이라는 개념은 존재하지 않는다. 공정거래위원회는 종래에 하도급법위반으로 과징금이 부과된 사건에 대한 과징금분납신청에 있어서, 형식적 요건의 충족여부 판단과 관련하여 특별한 근거 없이 그 관련매출액을 피심인의 직전 사업연도 전체매출액으로 판단한 것으로 알려져 왔다. 하지만, 전체매출액이 관련매출액이 될 수 없거니와 원사업자의 직전연도 전체매출액을 기준으로 과징금 납부기한 연장 및 분할납부 여부를 판단하게 되면 납부기한 연장이나 분할납부가 이루어지는 요건이 너무 엄격해져서 인정되는 경우가 매우 한정적일 수밖에 없다. 피심인들에게 너무 가혹한 바, 입법론적인 개선이 필요하다.

다만, 최근 사례에서 공정거래위원회는 관련매출액을 기존과 달리 직전연도 전체 매출액이 아닌 당해 하도급법위반이 문제된 하도급 계약금액을 기준으로 판단하였고, 이에 따라 과징금액이 관련매출액의 1%를 초과하였다고 보아 과징금납부기한 연장 및 분할납부신청을 받아들인 바 있다(2014. 10. 27. 공정거래위원회 의결 제2014-242호, 사건번호 2014건하3309). 공정거래위원회는 여전히 관련매출액의 판단기준에 대해서는 명시적인 언급을 하고 있지는 않지만, 의결 취지에 비추어 보았을 때 하도급법위반사건과 관련한 과징금분납신청에 있어서는 원심결에서 과징금 부과기준으로 삼은 하도급대금을 관련매출액으로 보아 그 형식적 요건 충족 여부를 판단하면 될 것으로 보인다.

한편, 하도급법 위반으로 인한 과징금은 공정거래법 위반에 따른 과징금 규모에 비하여 훨씬 작은 경우가 많고 하도급법 위반으로 과징금을 부과받는 원사업자 중에는 중소기업이나 재무적 여건이 좋지 않은 사업자도 적지 않으므로 과징금 금액이 10억 원을 초과하는 경우에 분할납부 대상이 되도록 한 공정거래법 규정을 그대로 적용하는 것이 비현실적이라는 비판이 있었다. 이에 2022년 개정법은 과징금분할납부에 관련하여 공정거래법 준용규정을 삭제하면서 대통령령이 정하는 금액을 초과하는 과징금을 부과하는 경우에 분할납부할 수 있도록 하면서 당기순손실, 부채비율, 그 밖의 재무상태를 확인하기 위하여 필요한 사항에 관하여 대통령령으로 요건을 별도로 정하도록 개정하였다(2022년 개정하도급법 제25조의3 제2항, 제3항). 분할납부 요건에 대한 구체적인 사항은 대통령령에 위임되었으므로 하도급법시행령 개정을 통하여 구체화될 것이지만, 중소기업에 한하여 과징금분할납부기준을 10억 원 초과가 아니라 5억 원 초과로 규정할 계획인 것으로 알려져 있다.

개정 하도급법(2022. 1. 11. 법률 제18757호, 2023. 1. 12. 시행)

제25조의3(과징금) ① 공정거래위원회는 다음 각 호의 어느 하나에 해당하는 발주자·원사업자 또는 수급사업자에 대하여 수급사업자에게 제조등의 위탁을 한 하도급대금이나 발주자·원사업자로부터 제조등의 위탁을 받은 하도급대금의 2배를 초과하지 아니하는 범위에

서 과징금을 부과할 수 있다.

1. 제3조 제1항부터 제4항까지의 규정을 위반한 원사업자

2. 제3조 제9항을 위반하여 서류를 보존하지 아니한 자 또는 하도급거래에 관한 서류를 거짓으로 작성·발급한 원사업자나 수급사업자

3. 제3조의4, 제4조부터 제12조까지, 제12조의2, 제12조의3, 제13조 및 제13조의2를 위반한 원사업자

4. 제14조 제1항 및 제3항을 위반한 발주자

5. 제14조 제5항을 위반한 원사업자

6. 제15조, 제16조, 제16조의2 제10항 및 제17조부터 제20조까지의 규정을 위반한 원사업자

② 공정거래위원회는 대통령령으로 정하는 금액을 초과하는 과징금을 부과받은 자가 다음 각 호의 어느 하나에 해당하는 사유로 과징금의 전액을 일시에 납부하기 어렵다고 인정되면 그 납부기한을 연기하거나 분할하여 납부하게 할 수 있다. 이 경우 필요하다고 인정되면 담보를 제공하게 할 수 있다.

1. 재해 또는 도난 등으로 재산에 현저한 손실을 입은 경우

2. 사업여건의 악화로 사업이 중대한 위기에 처한 경우

3. 과징금의 일시납부에 따라 자금사정에 현저한 어려움이 예상되는 경우

4. 그 밖에 제1호부터 제3호까지의 규정에 준하는 사유가 있는 경우

③ 공정거래위원회는 제2항에 따라 과징금 납부기한을 연기하거나 분할납부하게 하려는 경우에는 다음 각 호의 사항에 관하여 대통령령으로 정하는 사항을 고려하여야 한다.

1. 당기순손실

2. 부채비율

3. 그 밖에 재무상태를 확인하기 위하여 필요한 사항

④ 제1항의 과징금에 관하여는 「독점규제 및 공정거래에 관한 법률」 제102조, 제103조(제1항은 제외한다) 및 제104조부터 제107조까지의 규정을 준용한다.

140 2016년 개정 전 과징금 관련 법령에 따른 과징금 산정

(#2016. 7. 24. 이전 행위에 대한 적용)

A 과징금 산정과 관련하여는 2016년의 하도급법 시행령 및 하도급과징금고시의 개정으로 대대적인 변경이 있었다. 개정 시행령과 고시는 과징금 산정시에 위반금액에 비례하도록 하였고 법위반자의 고의·과실 및 현실적 부담능력 등을 반영하도록 하였다. 하도급법의 조사시효가 행위 종료일로부터 3년이기 때문에 역수상 개정전 법령에 따라 과징금이 부과되지는 않을 것이다.

해설

가. 2016년 과징금 관련 법령(시행령 별표 2 및 하도급과징금고시) 개정 사항

하도급법 시행령 중 과징금과 관련된 조항인 별표 2.는 2016. 1. 25. 대통령령 제26933호로 대폭 개정되어 2016. 7. 25.부터 시행되었다. 이에 따라 하도급과징금고시도, 2016. 7. 25. 공정거래위원회 고시 제2016-10호로 대폭 개정되었다. 다만, 개정 시행령은 2016. 7. 25. 이전의 위반행위에 대하여는 종전의 법령이 적용되도록 되어 있다(부칙 제4조).

종전에는 원사업자 등의 법위반행위에 대하여 부과하는 과징금의 금액을 산정할 때 하도급대금의 2배에 해당하는 금액에 일정한 과징금 부과율을 곱하여 산정하면서, 위반금액의 비율(해당 위반행위의 하도급대금 대비 미지급금 등의 비율)을 고려하여 과징금부과율을 결정하는 방식이었다. 부당이득의 성격이 있는 위반금액이 과징금 액수에 반영되지 못한다는 비판이 있자, 개정법령은 과징금의 금액을 산정할 때 원칙적으로 하도급대금의 2배에 해당하는 금액에, 법위반행위를 한 원사업자 등의 위반금액의 비율 및 위반행위의 유형 및 중대성의 정도에 따라 정하는 부과기준율을 곱함으로써, 실제 위반금액에 비례하여 기본산정기준을 정하는 방식으로 변경하였다. 즉, 과징금이 위반금액에 비례하게 된 것이다. 그리고 공정거래법상의 과징금 부과 방식과 마찬가지로 법위반행위를 한 원사업자 등의 고의·과실, 현실적 부담능력 등에 따라 기본 산정금액을 100분의 50의 범위에서 조정하여 부과과징금을 결정하도록 하는 등의 방식으로 과징금산정방식을 대폭 개정하였다.

[주요내용 비교]

구분	종전	개정
과징금 부과여부 결정	- 원칙적 부과대상 - 과거 3년간 3회 이상 법위반으로 조치받고 누산점수 2점 이상 - 서면미교부. 다만, 최초 납품, 인도일 또는 제공일 이전에 서면을 제공하고 피해 수급사업자가 30개 미만인 경우와 하도급금액이 5천만 원 이하인 경우 제외 - 단가인하, 부당감액으로 위반금액이 3천만 원 초과 - 기술제공강요 및 유용금지, 탈법행위, 보복행위 - 위반행위가 3개 이상이고 피해 수급사업자가 30개 이상 - 위반금액(다수 위반행위의 경우 위반금액 합계)이 3억 원 이상	- 삭제
과징금 미부과 결정	- 규정 없음	- 하도급 대금 관련, 조사가 개시된 날로부터 30일 이내에 자진시정 - 대금 위반과 관련하여 조사 전 또는 조사 후 30일 이내 자진시정만 하면 과징금을 부과하지 않겠다는 취지임
부과 방식 - 법위반금액이 있는 경우 - 법위반금액이 없는 경우(서면만 위반한 경우 등)	- 하도급대금 2배×부과율 - 도급대금 2배×부과율	- 하도급대금 2배×법위반 비율×부과기준율 - 위반금액 산정이 곤란한 경우 : 정액과징금(5억 원 이하)
부과기준율 결정	- 부과율은 세부 점수 합계에 따라 차등 - 해당 점수에 따른 부과율 결정 : 3~10%	- 위반행위의 중대성 정도에 따른 부과율 적용 - 해당 점수에 따른 부과율 결정 : 20~80% (매우 중대한 위반행위 : 2.2점 이상 → 부과기준율 : 60~80%, 중대한 위반행위 : 1.4~2.2점 → 부과기준율 : 40~60%, 중대성이 약한

구분	종전	개정
	- 점수 {위반행위의 유형(A) × 0.4 + 위반금액의 비율(B) × 0.2 + 위반행위의 수의 부과점수(C) × 0.2 + 위반전력(D) × 0.2)}	위반행위 : 1.4점 미만 → 부과기준율 : 20~40%) - 위반행위의 중대성 판단 위반행위 유형, 피해 발생 범위, 수급사업자 경영상황 등의 요소를 고려한 세부평가 기준표에 따라 점수 산정 - 세부평가 기준표[별표]를 제정

나. 종전 법령상의 과징금 산정

(1) 원칙적 과징금 부과대상

2016. 7. 25. 이전에 발생한 하도급법위반행위에 대하여는 개정 전 시행령 및 하도급과징금고시가 적용되고 조사시효가 3년임을 감안해 보면, 당분간 개정 전 법령은 계속 적용될 여지가 있다. 종전 과징금고시 등에 의하면, 개정 법령과 같이 위반행위의 내용과 정도를 고려하여 과징금을 부과하도록 하면서도 아래와 같은 경우에는 원칙적으로 과징금을 부과하도록 규정하고 있다.

- 위반사업자가 과거 3년간 3회 이상 법위반으로 조치(경고 이상)를 받고 벌점 누산점수가 2점 이상인 경우. 다만, 위반 정도가 경미하거나 하도급거래 서면직권실태조사에서 발견된 법위반 혐의사항에 대하여 공정거래위원회의 자진시정 요청을 받고 스스로 시정하여 경고에 해당되는 경우에는 제외할 수 있음.
- 위반행위가 중대하거나 파급효과가 큰 경우로서 다음 중 어느 하나에 해당하는 경우
  ① 법 제3조(서면의 발급) 제1항 또는 제2항을 위반한 경우. 다만, 목적물 등의 최초 납품·인도 또는 제공일 이전에 서면을 발급하고 해당 수급사업자 수가 30개 미만인 경우와 시행령 제3조의 서면기재사항을 일부 누락하여 발급한 경우 및 하도급금액이 5천만 원 이하인 경우는 제외
  ② 법 제4조(부당한 하도급대금의 결정 금지) 또는 제11조(부당감액의 금지)를 위반한 경우로서 위반금액이 3천만 원을 초과하는 경우
  ③ 법 제12조의3(기술자료 제공 강요 금지 등) 또는 제19조(보복조치의 금지) 또는 제20조(탈법행위의 금지)를 위반한 경우
  ④ 위반행위의 수가 3개 이상이며, 위반행위와 직접 관련된 수급사업자가 30개 이상인

경우

⑤ 위반금액(위반행위가 다수인 경우에는 각각의 위반행위별 위반금액의 합)이 3억 원을 초과하는 경우

이와 관련하여 하도급대금 5천만 원 이하의 서면미교부(불완전서면교부 및 지연교부의 경우 원칙적 과징금부과대상이 아니다)에 해당하는지 여부는, 1건으로 처리되는 모든 서면미교부의 하도급대금을 합산하여 판단하는 것이 아니라, 개별 서면미교부에서의 하도급대금을 기준으로 판단한다. 즉, 하나의 사건에 수 개의 서면미교부가 있는 경우 각 하도급대금이 5천만 원을 초과하는 거래에서의 서면미교부만이 원칙적 과징금대상이 된다.

(2) 기본 산정기준

종전 시행령 별표 2.에 의하면, 위반행위 유형별 부과점수(40%)와 위반금액의 비율에 따른 부과점수(20%), 위반행위 수에 따른 부과점수(20%), 위반전력에 따른 부과점수의 합계(20%)로 결정되었다. 각 점수별로 3(40점 이하)~10%(80점 초과)의 기본과징금 부과율을 산정한 다음 하도급대금의 2배를 곱하여 기본 산정기준을 정한다.

한편, 구 하도급법 시행령 별표는 "위반행위가 2가지 이상의 유형에 동시에 해당되는 경우 위반행위의 유형별 부과점수는 상위유형의 점수를 기준으로 한다"고 규정하고 있었다(시행령 별표 2. 3) 가)). 그 해석과 관련하여 사실상 1개의 위반행위가 법률상 평가에 의하여 2개 이상의 행위에 해당하는 경우 그 중 더 높은 점수를 기준으로 한다고 해석되어야 하지만, (설령 하나의 거래라 하더라도) 2개의 위반행위가 인정되는 경우에는 각 유형별 점수에 따라 별도로 산정해야 한다고 보았다. 시행령상 '위반행위의 수'는 '동일 유형의 위반행위 수'가 아니라 '동시에 심사 대상이 된 위반행위의 수'를 의미하는 것으로 보아야 하기 때문이라고 판시하였다(대법원 2014. 2. 27. 선고 2012두11805 판결).

한편, 종전 시행령에 의하면 서면교부의무 위반, 부당특약금지의무위반, 지급보증의무 위반의 경우 위반행위에 따른 부과점수가 100점 중 80점으로, 기술자료 유용 다음으로 위반행위별 부과점수가 높고, 부당한 하도급대금결정 및 부당감액과 동일한 점수의 행위 유형이었다. 하지만 개정 과징금고시에서는 서면교부의무, 지급보증의무의 경우 하(1점), 부당특약금지의무의 경우 중(2점)으로 그 위법성에 대한 평가가 달라졌다.

(3) 행위 또는 행위자 요소에 의한 조정

위반사업자에게 가중 또는 감경사유가 인정되는 경우 각각의 가중비율의 합에서 각각의 감경비율의 합을 공제한 비율을 기본산정기준에 곱한 금액을 기본산정기준에 더하거

나 빼는 방법으로 하되, 가감되는 금액은 기본산정기준의 50% 이내여야 한다.

① 감경사유

㉮ 자진시정(착수보고 전 40% 이내, 착수보고 후 20% 이내)

㉯ 현금성결제 우수, 상생협력 3대 가이드라인 사용(대·중소기업 간 상생협력을 위한 바람직한 계약체결 가이드라인 도입·운용시 5% 이내, 협력업체 선정·운용 가이드라인 5% 이내, 하도급거래 내부 심의위원회 설치·운용 가이드라인 5% 미만)

② 가중사유

㉮ 조사거부·방해·기피(폭언·폭행, 고의적인 현장진입 저지·지연 등의 경우 40% 이내, 자료의 은닉·폐기, 접근거부 또는 위·변조의 경우 30% 이내, 그외 조사 거부·기피·방해의 경우 20% 이내)

㉯ 보복행위(30% 이내)

㉰ 탈법행위(20% 이내)

㉱ 법위반전력(과거 3년간 법위반 횟수와 벌점 누산점수에 따라 50% 이내, 40% 이내, 20% 이내) 등이 있는 경우에는 가중하게 된다.

③ 조정과징금

만약 심의일 전에 자진시정한 경우로서 조정과징금이 위반금액의 3배를 초과하면 위반금액의 3배, 심의일 전에 자진시정하지 않은 경우로서 위반금액의 5배를 초과하면 위반금액의 5배를 조정과징금으로 보게 된다. 조정과징금 적용과 관련하여, 하나의 사건에 위반금액이 있는 행위유형(예를 들어 대금미지급)과 위반금액이 없는 행위유형(예를 들어 서면미교부)이 함께 있더라도 그 전체 위반행위들을 합하여 하나의 조정과징금을 산정하는 것이 공정거래위원회 선례이다(2015. 4. 17. 공정거래위원회 의결 제2015 −175호, 사건번호 2013건하3661).

④ 부과과징금

위반사업자의 현실적 부담능력, 당해 위반행위의 정도와 파급효과, 기타 시장 또는 경제여건 등을 충분히 반영하지 못하여 현저히 과중하다고 판단되는 경우 50%까지 감액할 수 있으며, 지불불능이나 자본의 완전잠식 등의 사유로 과징금 납부능력이 없거나 시장의 객관적인 상황 등에 비추어 최소규모의 과징금만을 부과함이 타당한 경우, 위반사업자가 귀책 없이 발주자로부터 지급받지 못해 수급사업자에게 지급할 수 없는 경우 등에는 과징금을 면제하거나 적정한 규모의 과징금만을 부과할 수 있다.

141 벌점제도와 인센티브 제도

A 공정거래위원회는 하도급법 위반행위를 효과적으로 억제하고 하도급질서확립을
위한 노력을 촉진시키기 위하여 법 위반시 벌점을 부과하고 3년간 누산 관리하여
벌점에 따라 불이익을 주는 벌점제도와 공정거래협약을 준수할 경우 벌점을 감경해주고
직권조사를 면제해 주는 인센티브 제도를 두고 있다. 3년간 누산벌점이 5점을 초과하면
입찰참가자격제한, 10점을 초과하면 영업정지를 당할 수 있기 때문에, 원사업자들은 벌점
관리에 많은 노력을 하고 있고 벌점 부과를 막기 위하여 하도급법 위반에 따른 신고 및
제재에 대하여 많은 신경을 쓰고 있다. 2018년 시행령 개정으로 부당대금결정, 부당감액,
기술유용, 보복행위의 경우 과징금 부과시 2.6점, 고발시 5.1으로 상향하여 두 번의 과징금
부과이나 한 번의 고발조치시 입찰참가자격제한을 당하는 소위 one strike, two strike out
제도가 도입되면서 벌점관리의 중요성은 더욱 높아졌다. 이에 따른 반사적 효과로 수급
사업자의 권리 구제에 많은 도움이 되고 있다.

해 설

가. 벌점제도와 산정기준

공정거래위원회는 하도급법에 위반한 원사업자 또는 수급사업자에 대하여 그 위반 및
피해의 정도를 고려하여 벌점을 부과하고, 그 벌점이 일정한 기준을 초과하는 경우에는
관계 행정기관의 장에게 입찰참가자격의 제한 요청이나 영업정지 등 국가계약에 참여할
수 있는 기회를 제한하는 조치를 취할 것을 요청할 의무가 있다. 예를 들어 과거 3년간
벌점을 합한 누산점수가 5점을 초과하면 입찰참가자격 제한 요청을 해야 하고, 10점을
초과하게 되면 영업정지 요청을 해야 한다.

하도급법 시행령 별표 3.에 벌점 부과기준이 상세히 규정되어 있다. 그 대강의 내용은
다음과 같다.

벌점은 법 위반행위가 속하는 위반유형에 대하여 각각 시정조치 유형별 점수를 산출하
고(같은 유형에 속하는 법 위반행위에 대하여 서로 다른 유형의 시정조치를 한 경우에는

가장 중한 시정조치 유형의 점수만 반영한다), 각 시정조치 유형별 점수를 더하여 정한다. 법 위반행위가 속하는 위반유형은 서면 관련 위반, 부당납품단가 인하 관련 위반, 대금지급 관련 위반, 보복 조치 및 탈법행위 관련 위반, 그 밖의 위반으로 나누고 있다.

법위반 유형	적용 법조
서면 관련 위반	법 제3조(서면발급 및 서류보존) 제1항부터 제4항까지 및 제9항
부당납품단가 인하 관련 위반	법 제4조(부당한 하도급대금 결정금지), 법 제11조(감액금지), 제16조의2(원재료 가격변동에 따른 하도급대금의 조정) 제7항
대금지급 관련 위반	법 제6조(선급금의 지급), 법 제13조(하도급대금의 지급), 법 제13조의2(건설하도급계약이행 및 대금지급보증), 법 제14조(하도급대금의 직접지급), 법 제15조(관세 등 환급액의 지급), 법 제16조(설계변경등에 따른 하도급대금의 조정), 법 제17조(부당한 대물변제의 금지)
보복조치 및 탈법행위 관련 위반	법 제19조(보복조치의 금지), 법 제20조(탈법행위의 금지)
그 밖의 위반	법 제3조의4(부당한 특약의 금지), 법 제5조(물품 등의 구매강제금지), 법 제7조(내국신용장의 개설), 법 제8조(부당한 위탁취소의 금지 등), 법 제9조(검사의 기준·방법 및 시기), 법 제10조(부당반품의 금지), 법 제12조(물품구매대금 등의 부당결제청구의 금지), 법 제12조의2(경제적 이익의 부당요구금지), 법 제12조의3(기술자료제공 요구 금지 등), 법 제18조(부당한 경영간섭의 금지)

여기에서 하나의 사건번호나 심결에서 여러 가지 위반유형이 있는 경우에 벌점을 어떻게 산정해야 하는지 문제될 수 있지만, 공정거래위원회 실무 태도는 각 위반유형별로 가장 중한 시정조치의 벌점점수를 합산해야 한다고 보고 있다. 예를 들어, 하나의 사건에서 서면발급의무위반(지연교부, 감액서면미발급), 선급금미지급, 보증의무불이행의 위반유형이 있고, 모두 과징금부과처분이 내려졌다면 벌점은 2.5×3=7.5가 된다.

시정조치 유형별 점수는 다음 표와 같다.

조치유형	경고		시정권고	시정명령	과징금	고발
	서면 실태조사에서 자진시정	신고·직권인지				
벌점	0.25	0.5	1.0	2.0	2.5 (기술유용 등 일부행위의 경우 2.6점)	3.0 (일부기술유용 등 행위의 경우 5.1점)

법 제4조(부당한 하도급대금의 결정 금지), 법 제11조(감액금지), 법 제12조의3 제3항 제1호(기술자료유용), 법 제19조(보복조치의 금지)를 위반한 행위로 과징금을 부과받은 경우는 벌점 2.6점, 고발된 경우는 벌점 5.1점으로 산정한다(시행령 제17조 제1항 별표 3. 제2호 가목 6), 7)).

다만, 2018. 10. 16. 대통령령 제29238호로 개정된 하도급법 시행령은 하도급법 제4조 하도급대금 부당결정, 제11조 부당감액, 제12조의3 제3항 제1호 기술유용(자기 또는 제3자를 위하여 사용하는 행위), 제19조 보복행위에 대하여는 고발조치의 경우 한차례 위반행위만으로도 입찰참가자격 제한처분을 가능하도록 벌점을 기존 3.0점에서 5.1점으로 상향조정하고(고발조치의 경우 One strike out 제도; 동 시행령 별표 3. 제2호 가목 7)), 과징금 부과처분의 경우 3년간 두 차례 과징금을 부과받을 경우 입찰참가자격제한처분을 할 수 있도록 벌점을 2.6점으로 상향 조정하였다(과징금 부과처분의 경우 Two Strike out; 시행령 별표 3. 제2호 가목 6)). 참고로 동 시행령은 2018. 10. 18.부터 시행되는데, 동 시행령 개정 이전에는 행위 구분 없이 과징금 부과처분의 경우 2.5점이었고, 고발의 경우에는 제19조의 보복행위의 경우에만 5.1점이었고 그 외에는 3.0점이었다. 또 개정 시행령에 의하더라도 하도급법 제12조의3 위반의 경우 제1항의 기술자료 부당요구나 또는 제3항 제2호의 기술의 제3자 단순제공의 경우에는 다른 행위와 동일하게 과징금 부과처분시 벌점 2.5점, 고발시 벌점 3.0점이다.

한편, 원사업자 또는 발주자가 미지급금을 조사개시일 또는 공정거래위원회의 미지급금 지급요청일로부터 30일 이내 지급하여 경고를 받은 경우 또는 분쟁당사자 사이에 합의가 이루어지고 합의가 이행됨이 확인되어 시정조치 또는 시정권고를 하지 않은 경우(법 제24조의6 제4항)에는 벌점을 부과하지 않는다.

한편, '누산점수'란 직전[401] 3년 동안 해당 사업자가 받은 모든 벌점을 더한 점수에서, 해당 사업자가 받은 모든 경감점수를 더한 점수를 빼고 모든 가중점수를 더한 점수를 더한 점수를 말한다.

또한, 벌점을 누산함에 있어서 다음 항목들은 누산점수에 포함시키지 않는다.[402]

① 이의신청 등 불복절차가 진행 중인 사건에 대한 벌점

② 법 제26조 제2항에 따라 입찰 참가 자격의 제한을 요청하려는 경우, 해당 사업자에 대하여 과거에 법 제26조 제2항에 따라 이루어진 입찰 참가 자격 제한 요청에서 누

---

401) 상습법위반사업자 명단공표의 경우에는 명단공표일이 속하는 연도 1월 1일부터, 입찰참가자격제한 요청 및 영업정지 요청의 경우에는 공정거래위원회의 시정조치일부터 역산(초일을 산입한다)한다. 이하 이 표에서 같다.

402) 하도급법 시행령 제17조 제1항 별표 3. 3. 다.

산점수 산정의 대상이 된 사건에 대한 벌점

③ 법 제26조 제2항에 따라 영업 정지를 요청하려는 경우, 해당 사업자에 대하여 과거에 법 제26조 제2항에 따라 이루어진 영업 정지 요청에서 누산점수 산정의 대상이 된 사건에 대한 벌점

아래와 같은 경우 벌점을 경감한다. 다만, 누산점수를 계산할 때에는 아래 각 항목마다 1회만 벌점을 경감할 수 있다. 눈여겨 볼 부분은 원사업자가 수급사업자의 피해의 전부를 자발적으로 구제한 경우 해당 사건의 벌점을 25% 초과 50% 이내에서 경감해 주고 피해의 50% 이상을 구제해 주는 경우에는 해당 사건의 벌점을 25% 이내에서 경감해 준다는 것이다.

[벌점의 경감 또는 가중 사유 및 해당 점수]

구분	내용		점수
경감 사유 (각 항목마다 1회만 경감 가능)	원사업자가 직전 1년 동안 체결한 계약 중 표준하도급계약서 사용한 비중이 70% 이상(단, 수급사업자에게 뚜렷하게 불리하도록 내용을 수정하거나 특약을 추가하는 경우, 최신 개정본 배포 3개월 이후 최신 개정본을 사용하지 않는 경우는 제외)	90% 이상	2점
		70%~90% 미만	1점
	현금 결제 우수업체	현금결제비율 100%	1점
		현금결제비율 80% 이상 100% 미만	0.5점
	건설업자인 원사업자의 입찰 정보 공개 비율이 50% 이상	80% 이상	1점
		50%~80% 미만	0.5점
	원사업자 또는 대기업이 수급사업자 또는 협력사와 하도급관련 법령의 준수, 상호 지원·협력을 위한 협약을 체결하고 공정위가 직전 1년 이내에 실시한 협약 이행 실적 평가에서 '양호' 등급 이상을 받은 경우	최우수	3점
		우수	2점
		양호	1점
	공정위 실시 하도급거래 평가에서 모범업체로 선정된 원사업자		3점
	공정위 실시 자율준수 프로그램(CP) 평가에서 '우수' 등급 이상을 받은 원사업자	최우수(AAA)	2점
		우수(AA)	1점

구분	내용	점수	
경감 사유 (각 항목마다 1회만 경감 가능)	하도급대금 지급 관리 시스템을 활용하거나 발주자 및 수급사업자와 합의하여 발주자가 직접 수급사업자에게 하도급대금을 지급한 경우	직접 지급 비중 50% 이상	1점
		직접 지급 비중 50% 미만	0.5점
	원사업자의 위반 행위로 인한 수급사업자의 피해를 자발적으로 구제한 경우(단, 피해 구제의 규모, 신속성 감안 차등 적용, 경고·재발 방지 명령에 따른 벌점은 경감에서 제외)	피해 전부 구제	해당 사건 벌점의 25% 초과 50% 이내
		피해 50% 이상 구제	해당 사건 벌점의 25% 이내
가중 사유	원사업자 또는 발주자가 직전 3년 동안 제6조(선급금의 지급), 제13조(하도급대금의 지급) 제1항·제3항·제6항·제7항·제8항, 제14조(하도급대금의 직접 지급) 제1항, 제15조(관세 등 환급액의 지급) 또는 제17조(부당한 대물변제) 제1항을 3회 이상 위반하고, 미지급 하도급대금의 지급에 따른 벌점 면제 규정에 따라 벌점을 2회 이상 면제받은 경우 '(벌점의 면제 횟수 − 1) × 0.5'의 점수를 벌점에 가중		

공정위의 실무 관행을 보면, 공정거래위원회의 심의 과정에서 법 위반 행위에 대한 제재를 의결하게 되면 제재 종류별로 벌점은 시행령 벌점 부과 기준에 따라 자동 결정되며, 다음과 같은 절차에 따라 처리한다.

① 각 사건의 담당자가 법 위반 행위에 대한 제재 수준의 결정 내용과 시행령 별표 3. 의 기준에 따라 산출된 벌점을 사건 처리 시스템에 입력 및 관리

② 위반 사업자의 누적벌점이 시행령 제17조에서 정한 기준에 도달하게 되면 벌점 관리 실무 담당자가 당해 사업자에게 벌점 감경 요청 및 그 사유와 내역을 제출하도록 통지

③ 담당 실무자가 벌점 부과 기준에 따라 가중·감경 사유를 반영한 후 입찰 참가 자격 제한 요청이나 영업 정지 요청에 관한 심사보고서를 작성하여 위원회에 상정

④ 공정거래위원회 소회의에서 입찰 참가 자격 제한 요청이나 영업 정지 요청 여부에 대하여 심의·의결

한편, 공정위가 시정조치를 직권으로 취소하거나 취소청구소송의 확정으로 취소되는

경우는 담당자가 사건 처리 시스템에 등재된 해당 벌점을 삭제한다. 반면, 공정위가 고발한 행위를 검찰에서 불기소하거나 형사소송에서 무죄 판결이 확정된 경우, 고발에 따른 벌점의 삭제 절차는 마련되어 있지 않는 것으로 파악되고 있다.

이와 같이 하도급법 위반을 이유로 공정위가 부과·관리하는 벌점은 외부에 공개되지 않으며, 당해 위반 행위에 대한 시정조치시 벌점을 의결서에 기재하거나 해당 사업자에게 별도로 통지하지 않고 있다.

이에 따라 당해 사업자는 법 위반 행위에 대한 제재 결과를 통보받게 되면, 시행령 별표 3. 벌점 부과 기준에 따라 자신이 부과받은 벌점을 직접 산출할 수는 있으나, 공정거래위원회 소회의에서 입찰 참가 자격 제한 요청이나 영업 정지 요청 여부에 대한 심의를 하기 전까지는 자신에 대하여 벌점이 얼마나 부과되었는지 정확하게는 알지 못한다. 다만, 당해 사업자는 필요한 경우에 공식적으로 공정위에 벌점 현황 조회를 요청하여 확인할 수 있다.

가중과 관련하여는 아래와 같은 경우 벌점을 가중한다.

원사업자와 발주자가 직전 3년간 선급금지급(법 제6조), 하도급대금 미지급(제13조 제1항·제3항) 및 지연이자·할인가능어음 지급 및 어음수수료·어음대체결제수단 수수료 지급(제13조 제6항부터 제8항), 하도급대금 직접지급(제14조 제1항), 관세 등 환급금 지급(제15조) 또는 부당대물변제(제17조 제1항) 규정을 3회 이상 위반하고, 공정거래위원회의 조사개시일 또는 미지급금 지급요청일로부터 30일 이내 지급하여 경고를 받는 방식으로 벌점을 2회 이상 면제받은 경우에는 "(벌점의 면제횟수 - 1) × 0.5"의 점수를 벌점에 가중한다.

나. 위반행위 사전예방을 위한 인센티브제도

공정거래위원회는 대·중소기업 간 공정거래협약평가와 관련하여 아래와 같은 현장직권조사 면제 등 인센티브제도를 운영하고 있다(공정거래협약이행평가 등에 대한 기준 제15조). 인센티브제도는 하도급법 운용방식을 사후규제 위주에서 사전예방 위주로 전환하는 추세에 따른 것이다. 다만, 공정거래위원회는 직권조사 면제 인센티브에 불구하고 ① 서면실태조사에 따른 후속조치로서의 현장확인 조사(조사표 미제출 업체, 법 위반 혐의에 대한 자진시정 촉구에 따르지 않은 업체 등을 대상으로 하는 현장확인조사를 의미), ② 신빙성 있는 첩보, 제보, 익명신고 등을 근거로 직권 인지하여 실시하는 조사(단, 서면실태조사 결과를 근거로 직권 인지한 경우는 제외), ③ 하도급법 제12조의3 기술자료 요구금지·유용행위 위반 여부에 대한 조사의 경우에는 직권조사를 할 수 있다(공정거래협약이행

평가 등에 대한 기준 제15조 제5항).

요건	인센티브
협약이행 등급평가	
① 최우수(95점 이상)	- 직권조사 2년간 면제 - 하도급거래 모범업체 지정 및 정부부처 간 하도급 정책 협력네트워크를 통해 제공하는 인센티브 - 법인·개인 표창(위원장)
② 우수(90점 이상)	- 직권조사 1년간 면제 - 하도급거래 모범업체 지정 및 정부부처 간 하도급 정책 협력네트워크를 통해 제공하는 인센티브 - 법인·개인 표창(위원장 이상)
③ 양호(85점 이상)	- 법인·개인 표창(위원장)
동반성장지수 평가대상 기업 평가등급 ※ 협력이행평가 인센티브를 받는 경우 유리한 것을 적용	
① 최우수	직권조사 2년간 면제
② 우수	직권조사 1년간 면제

협약 평가의 기준은 계약의 공정성 50점(계약 체결 과정의 공정성, 서면 계약 내용의 충실성·공정성, 계약 이행 과정의 공정성·정당성), 법 위반 예방 및 법 준수 노력 25점 (법 위반 사전 예방 시스템 구축, 법 위반 사후 감시 시스템 구축), 상생협력 지원 25점(금융 지원, 기술 지원 및 보호, 인력 채용 지원, 2차 협력사 지원 방안 도입 운용, 효율성 증대 정도, 기타 가점 항목)으로 구성되어 있다.

142

공정거래위원회의 벌점부과에 대하여 다툴 수 있는지 여부 및 직전 3개년 누산점수 계산시 하도급법상 처분시효가 지난 위반행위에 대하여 부과된 벌점을 제외해야 하는지

A 공정거래위원회의 벌점부과 자체는 처분이라 볼 수 없고 이로 인하여 수범자의 권리에 직접적인 침해가 있다고 볼 수 없으므로 행정소송으로 불복할 수 없다. 벌점으로 인하여 입찰참가자격제한처분(또는 입찰참가자격제한 요청)이나 영업정지처분과 같은 구체적인 처분을 받는 경우 그 처분을 다투면서 벌점부과의 하자를 주장할 수 있을 뿐이다. 한편, 하도급법상 처분시효가 직전 3개년 누산점수 계산에 적용될 수 없으므로 처분시효가 지난 위반행위에 대하여 부과된 벌점을 누산점수 계산시 제외할 수 없다.

해설

공정거래위원회는 하도급법을 위반한 원사업자에 대하여 그 위반 및 피해의 정도를 고려하여 벌점을 부과한다. 시정명령을 받으면 2점, 과징금부과처분은 2.5점, 기술유출 등에 대하여는 2.6점, 고발이 되면 3점, 기술유용 등으로 고발되면 5.1점이다. 과거 3년간 누적 벌점이 5점을 초과하면 입찰참가자격제한 요청을 해야 하고 10점을 초과하면 영업정지 요청을 해야 한다. 이처럼 벌점은 실질적인 불이익을 주는 것이므로 이에 대한 불복이 가능한지가 문제된다.

항고소송의 대상이 되는 행정처분이란 행정청의 공법상 행위로서 특정사항에 대하여 법규에 의한 권리의 설정 또는 의무의 부담을 명하며 기타 법률상 효과를 발생하게 하는 등 국민의 구체적 권리의무에 직접적 변동을 초래하는 행위를 말하고, 행정청 내부에서의 행위나 알선, 권유, 사실상의 통지 등과 같이 상대방 또는 기타 관계자들의 법률상 지위에 직접적인 법률적 변동을 일으키지 아니하는 행위는 항고소송의 대상이 될 수 없다(대법원 2019. 2. 14. 선고 2016두41729 판결 등 참조). 행정청의 행위가 항고소송의 대상이 될 수 있는지는 추상적·일반적으로 결정할 수 없고, 구체적인 경우에 관련 법령의 내용과 취지, 그 행위의 주체·내용·형식·절차, 그 행위와 상대방 등 이해관계인이 입는 불이익 사이의 실질적 견련성, 법치행정의 원리와 그 행위에 관련된 행정청이나 이해관계인

의 태도 등을 고려하여 개별적으로 결정하여야 한다(대법원 2010. 11. 18. 선고 2008두167 전원합의체 판결; 대법원 2019. 6. 27. 선고 2018두49130 판결 등 참조).

관련하여 법원은 공정거래위원회가 하도급법에 따라 벌점을 부과하는 것은 행정청 내부의 행위에 불과하여 항고소송의 대상이 되는 처분이 될 수 없다고 보고 있다(서울고등법원 2019. 12. 11. 선고 2018누113 판결; 대법원 2020. 5. 14. 선고 2020두31217 판결). 관련하여 아래와 같은 근거를 제시하고 있다.

① 하도급법 등에서 입찰참가자격 제한 요청 등의 기초자료로 사용하기 위하여 '위반행위 사실' 및 '그에 따른 시정조치 사실'을 벌점으로 계량화·수치화하여 기재하는 것에 불과하여 이를 공권력의 행사로서 해당 사업자의 구체적인 권리·의무에 직접적 변동을 초래하는 행위라고 보기는 어렵다. 벌점 '부과(附過)'는 조세나 과징금의 '부과(賦課)'라고 볼 수는 없다.

② 이런 벌점은 시스템으로 등재, 관리되지만 공정거래위원회의 고발에 대하여 불기소처분이 내려지거나 고발된 혐의로 기소되어 형사사건에서 무죄판결이 확정되더라도 고발에 따른 벌점을 삭제하는 절차는 마련되어 있지 않다. 이에 대하여는 제도개선이 필요할 수는 있지만 그렇다고 해서 벌점이 별도의 불이익 처분이 되지는 않고 시정조치에 부종하여 그 집행의 일환으로 기계적·자동적으로 이루어지는 내부 행위에 불과하다고 봄이 타당하다.

③ 벌점의 누적으로 입찰참가자격 제한처분이나 영업정지 처분으로 이어질 수 있지만 그로 인한 불이익은 벌점 부과시점이 아니라 해당 처분이 이루어지는 시점에 발생하는 것이다.

④ 잘못된 벌점으로 인하여 입찰참가자격 제한처분이나 영업정지 처분이 내려진다 하더라도 해당 처분의 위법성을 다투어 항고소송을 제기할 수 있다. 벌점 자체에 대해서 불복하지 않도록 하더라도 소송청구권을 제한하거나 불복 통로를 막는 것으로 볼 수는 없다.

다만, 시기적으로 벌점부과의 하자를 다투어야만 하는 경우, 예를 들어 벌점 부과로 인하여 영업정지처분 등이 내려졌고, 그 처분에 대한 제소기간(60일) 경과로 불가쟁력이 발생한 상황에서, 벌점의 이유가 된 고발이 검사의 불기소처분이나 법원의 무죄판결로 잘못된 것임이 밝혀진 경우에는, 벌점 부과에 대한 별도의 항고쟁송이 허용될 수 있을 것이다. 해당 판결에서 법원도 이 경우 피고발인인 사업자는 공정거래위원회에 대하여 고발에 따라 부과된 벌점의 삭제 또는 수정을 구할 법규상·조리상 신청권이 인정될 여지도 큰 만큼, 고발에 따른 벌점의 삭제 또는 수정을 신청하여 공정거래위원회가 거부할 경우 그 거부처분의 취소를 구하여 장래의 불확실한 법적 상태에서 벗어날 길도 열려 있다고 볼 것이고 가급적 벌점 고시 등을 정비하여 제도를 마련하는 것이 필요하다고 의견을 밝힌 바 있다.

한편, 벌점 부과의 하자에 대하여는 그 벌점으로 인하여 내려진 불이익 처분에 대하여 행정소송 또는 공정거래위원회의 이의신청을 통하여 다투면서 주장할 수 있다. 실제로 벌점으로 인하여 입찰참가자격제한 요청에 대한 건에 대하여 벌점 부과의 하자를 이유로 이의신청[403]을 제기한 바 있다. 다만, 해당 사건에서 공정거래위원회는 벌점 부과에 잘못이 없다는 이유로 기각하였다.

공정거래위원회 2019. 4. 23. 결정 제2019-023호(사건번호 2018기정2381)

··· 피심인은 표준하도급계약서 사용에 따른 벌점 경감과 관련하여, ① 직전 1년 기간(피심인이 최종적으로 시정조치를 받은 날인 2017. 9. 5.로부터 1년을 역산한 2016. 9. 6.부터 2017. 9. 5.까지의 기간을 말한다) 중 표준하도급계약서가 개정(2016. 12. 30.)됨에 따라 그 도입을 위한 검토과정으로 인해 일정기간 동안만 개정된 표준하도급계약서를 사용하지 못하게 된 것이고, ② 피심인이 개정된 표준하도급계약서를 도입(피심인은 2017. 9. 18. 표준하도급계약서 개정사항을 반영한 후 같은 해 10. 1.부터 개정된 표준하도급계약서로 하도급계약을 체결하였다)하기 전까지 사용한 계약서도 개정 전 표준하도급계약서를 수정 없이 반영한 것으로서 법 시행령 [별표 3] 벌점의 부과기준 3. 가. 1)에서 규정하고 있는 표준하도급계약서라고 볼 수 있으며, ③ 위원회 스스로 2017년 말 경까지 표준하도급계약서를 하도급계약에 반영할 경우에는 관련 불이익이 없을 것이라고 의견을 밝힌 바 있으므로, 피심인이 직전 1년 동안 계속하여 표준하도급계약서를 사용한 것으로 인정하여 벌점을 경감하여야 한다고 주장한다.

그러나, ① 표준하도급계약서가 개정되었음에도 개정된 것을 사용하지 아니한 기간이 직전 1년 기간 중 약 8개월에 이르러 합리적인 수준이라고 보기 어렵고 직전 1년이 경과한 이후인 2017. 10. 1.에 비로소 개정된 표준하도급계약서를 사용한 점, ② 법 제3조의2에서 규정하고 있는 표준하도급계약서는 위원회가 사용·권장하는 것으로서 최근 거래환경을 반영하여 개정될 경우 새로 개정되어 시행된 것이 표준하도급계약서로서의 지위를 가지게 되는 점, ③ 피심인은 위원회가 2017년 내로 표준하도급계약서를 도입할 경우 불이익이 없을 것이라는 취지로 언급하였다고 하나 이는 벌점 경감이 아닌 공정거래협약 이행평가에 관한 것으로서 피심인의 신뢰보호와 관계가 없는 점(참고로, 위원회는 2018년 공정거래협약 이행평가에서 피심인의 표준하도급계약서 사용 등을 인정하여 최우수 등급을 부여하였다) 등을 고려할 때, 위의 주장은 이유 없다.

각종 불이익처분에서 고려되는 직전 3개년 누산벌점의 계산방식과 관련하여 처분시효

---

403) 법원은 종래 입찰참가자격제한 요청의 처분성이 없다는 입장이었지만, 2013. 9. 국가계약법 개정과 2019. 6. 지방계약법 개정으로 공정거래위원회의 입찰참가자격제한 요청에 관계기관 장이 기속되도록 되자, 법원은 그 처분성을 인정하고 있다. 서울고등법원은 공정거래위원회의 제재처분에 대한 집행정지 신청과 아울러 벌점 부과 및 입찰참가자격제한처분 요청에 대한 집행정지 신청을 모두 인용하였다(서울고등법원 2019. 5. 1.자 2019아1183 결정).

가 도과한 위반행위에 대하여 부과된 벌점을 제외해야 한다는 주장이 제기된 바 있다. 이에 대하여 하도급법 시행령 별표 3.상의 '누산점수'는 직전[상습법위반사업자 명단공표의 경우에는 명단공표일이 속하는 연도 1월 1일부터, 입찰참가자격제한 요청 및 영업정지 요청의 경우에는 제2호 가목에 따른 공정거래위원회의 시정조치일부터 역산(초일을 산입한다)한다. 이하 이 표에서 같다] 3년 동안 해당 사업자가 받은 모든 벌점을 더한 점수에서, 해당 사업자가 받은 모든 경감점수를 더한 점수를 빼고 모든 가중점수를 더한 점수를 더한 점수를 의미하며, 벌점은 법 위반행위가 속하는 위반유형에 대하여 각각 시정조치 유형별 점수를 산출하고(같은 유형에 속하는 법 위반행위에 대하여 서로 다른 유형의 시정조치를 한 경우에는 가장 중한 시정조치 유형의 점수만 반영한다), 각 시정조치 유형별 점수를 더하여 정하게 된다. 따라서 하도급법상 처분시효 도과 여부가 고려될 수 없다. 오히려 어떤 행위에 대한 하도급법상 처분시효가 되었다면 그 행위에 대하여는 위반에 따른 시정조치가 내려지지 않아 벌점이 부과되지 않았을 것이다. 벌점이 부과되었다면 처분시효가 도과되기 전에 시정조치 등이 내려졌다는 의미이므로, 처분시효가 도과한 행위에 부과된 벌점을 제외해야 한다는 주장은 근거가 없다. 공정거래위원회도 같은 취지에서 아래와 같이 판단한 바 있다.

> 공정거래위원회 2019. 3. 22. 결정 제2019-018호(사건번호 2018기정3456)
> … 피심인은 법 제22조 제4항에 따른 처분시효 규정을 근거로 피심인에게 부과된 벌점 7.75점 중 5.75점은 이미 3년의 시효가 경과되어 소멸되었다고 주장한다. 그러나, 피심인이 주장하는 규정은 법 위반행위에 대한 법 제25조 제1항의 시정조치와 법 제25조의3의 과징금 부과와 관련한 처분시효 규정으로서 이 사건의 법 제26조에 따른 입찰참가자격제한 요청에 적용되는 규정은 아니고, 입찰참가자격제한 요청의 누산점수 산정은 법 시행령 제17조 [별표 3]의 규정에 따라 '해당 사업자가 위원회로부터 시정조치를 받은 날로부터 직전 3년간 받은 벌점총계에서 경감점수총계를 빼고 가중점수총계를 더한 점수'로 산정하도록 되어 있으므로 피심인의 주장은 이유 없다.…

143 상습위반자 관리 및 제도

A 공정거래위원회는 전연도부터 3년간 하도급법위반으로 경고 이상의 조치를 3회 이상 받은 사업자 중 벌점 누산 점수가 4점을 초과하는 사업자를 상습 법위반자로 선정하는데, 그 명단은 공정거래위원회 홈페이지에 1년간 게시되며, 정부 부처 간 하도급 정책 시스템인 '두레넷' 관련 기관(조달청, 금융위, 국세청 등 16개 기관)에 통지하고, 이들에 대하여는 벌점이나 과징금 부과 등에서 불이익을 주는 제도를 운영하고 있다. 이러한 상습위반자 선정은 행정소송의 대상이 된다.

해 설

공정거래위원회는 일정한 시점을 기준으로 상습 법위반 사업자 요건을 충족하는 사업자에 대해 당해 사업자가 상습 법위반업체에 해당된다는 사실과 향후 추가로 법을 위반할 경우 과징금 부과·가중 및 형사 고발될 수 있다는 사실을 통보할 수 있다. 공정거래위원회는 하도급법 집행의 실효성을 제고하기 위하여 필요하다고 판단되는 경우 상습 법위반사업자 명단을 관련부처(기관)에 통보하여 공정한 하도급거래 질서 확립을 위한 협조를 요청할 수 있다(하도급공정화지침).

실제 2010. 7. 26.부터 하도급거래 상습 법위반 사업자(이하 '상습 법위반 사업자')의 명단을 공표하는 제도가 시행되었는바, 이에 따라 공정거래위원회는 2011년부터 매년 상습 법위반 사업자를 선정하여 공표하고 있다. 직전연도부터 3년간 하도급법위반으로 경고 이상의 조치를 3회 이상 받은 사업자 중 벌점 누산 점수가 4점을 초과하는 사업자를 상습 법위반자로 선정하는데, 그 명단은 공정거래위원회 홈페이지에 1년간 게시되며, 정부 부처 간 하도급 정책 시스템인 '두레넷' 관련 기관(조달청, 금융위원회, 국세청 등 16개 기관)에도 통지된다.

상습법위반자로 공표되기 전까지 해당 업체의 소명 및 현장확인, 외부전문가 3인을 포함한 총 7인으로 구성된 심의위원회의 엄격한 심의 등의 절차를 거치게 된다.

상습법위반자 선정은 향후 추가로 하도급법위반행위를 할 경우 벌점이나 과징금 부과 여부나 그 정도에 영향을 주는 고려사항이 되어 사업자의 자유와 권리를 제한하므로 그 선정 통지는 항고소송의 대상이 되는 행정처분에 해당한다는 견해도 있다.[404] 서울고등법원은 동일한 취지에서 상습법위반사업자 명단 공표행위가 조달청 입찰참가자격사전심사기준에 의하여 조달청에서 집행하는 시설공사 입찰참가자격에 직접적인 불이익을 주는 등 국민의 구체적인 권리·의무에 영향을 주는 것이므로 항고소송의 대상이 된다고 판단하였다(서울고등법원 2017. 5. 17. 선고 2016누56594 판결; 동 판결은 대법원 2017. 10. 12. 선고 2017두50065 판결로 심리불속행 기각됨).[405]

'상습법위반사업자 명단 공표 심의위원회'(이하 '심의위원회'라 한다)[406]에서 요건 충족 여부를 심의하여 공표 대상 사업자를 선정하고, 해당 사업자에게 명단 공표 대상자임을 통지하여 소명 기회를 부여한다. 그 후 심의위원회는 그 통지일부터 1개월이 지난 후, 명단 공표 여부를 재심의하여 공표 대상자를 선정한다(법 제25조의4 제3항, 제4항).

명단 공표 대상 사업자 선정 및 공표의 자세한 절차는 '상습법위반사업자 명단 공표 절차 등에 관한 가이드라인'[407]에 규정되어 있는데, 그 내용을 정리하면 다음과 같다.

---

404) 오승돈, 앞의 책, 363면

405) 본서 제2판까지는 상습위반자공표로 인한 불이익이 법규성 없는 행정규칙에서 과징금이나 벌점 산정시 영향을 주도록만 규정되어 있음을 이유로 처분이 아니라는 견해를 취했다. 하지만 법규성 있는 행정규칙인 조달청 입찰자격사전심사기준에서 불이익을 주도록 하고 있으므로 국민의 법률상 지위에 영향을 주는 것이므로 처분이라고 생각되어 견해를 변경한다. 서울고등법원 2017. 5. 17. 선고 2016누56594 판결의 해당 부분은 다음과 같다.

② 이 사건 명단공표는 누구나 접속 가능한 인터넷 홈페이지에서 이루어지므로 행정부 내의 행위나 사실상 통지라 보기 어렵고, 공표로 인하여 회사의 명예, 신용 등의 타격을 받을 것이 분명하며, 공개처분이 일회적이 아니라 1년간 그 공표의 상태가 지속되고 공표대상이 된 사업자를 심의위원회를 거쳐 공표대상자로 선정한다는 점에서 행정청의 행위가 개입되며, 사업자는 명단공표에 이의가 있을 때 그 명단공표를 선정한 심의위원회에 소명하여 재심의를 받도록 되어 있으므로 사업자의 권리구제를 위하여 다른 구제절차가 필요하다.

③ 원고는 이 사건 명단공표로 인하여 조달청에서 집행하는 시설공사 입찰참가자격에 직접적인 불이익을 받는다. 조달청 입찰자격사전심사기준에서 '최근 2년 이내에 공정거래위원장으로부터 하도급 상습위반자로 통보받은 자'는 신인도평가에서 '-7'을 받게 되는 바, 사실상 조달청이 집행하는 시설공사의 입찰에 참가하는 것이 불가능하게 된다. 이 사건 사전심사기준은 기획재정부 계약예규인 입찰참가자격사전심사요령 제16조에 근거하고 있고, 이 사건 사전심사요령은 국가계약법 시행령 제13조, 시행규칙 제23조 및 제23조의2에 근거하여 제정되었으며, 국가계약법 시행령 제13조는 국가계약법 제7조 제2항에 근거하고 있다. 즉, 입찰참가자격은 국가계약법령에 근거한 이 사건 각 사전심사기준에 따라 결정되는 법률상 지위로서, 이 사건 명단공표로 인하여 원고가 입게 되는 불이익은 단순한 사실상의 불이익에 그친다고 보기 어렵다.

④ 피고는 위 국가계약법령이 예규시행에 필요한 사항에 대하여 세부기준을 작성한 것으로 행정청의 내부규정에 불과하다고 주장하나, 위 법령은 입찰자격에 관한 사전심사기준을 결정하고 있으므로, 심사기준에 의하여 입찰이 결정되는 일반 국민들의 권리를 설정하는 등 법률상 지위를 변동시키거나 영향을 주는 것으로 볼 수 있으므로 피고의 위 주장은 타당하지 않다.

406) 심의위원회는 공정거래위원회에 공무원인 위원과 공무원이 아닌 위원으로 구성하여 설치한다.

407) 공정거래위원회 예규 제349호, 2020. 7. 1. 제정

① 상습 법 위반 예비사업자 선정 : 공정위 사무처에서 상습 법 위반 예비사업자 명단을 결정하고, 명단이 정해지면 15일 이내에 심의위원회의 심의를 거쳐 매년 4월 말까지 상습 법 위반 예비사업자 선정

② 사전통지 : 상습 법 위반 예비사업자로 선정된 사업자에게 서면으로 통지하여 소명 기회를 부여(30일 이내의 기한)하고, 소명자료를 제출받은 경우 누산벌점 확정을 위하여 필요한 경우 현장 확인을 실시

③ 명단 공표 대상 사업자 확정 및 통지 : 상습 법 위반 예비사업자에 대하여 현장 확인을 실시한 후 30일 이내에 심의위원회에 안건을 상정하여 상습법위반사업자 명단 공표 대상 사업자를 확정, 명단 공표 대상 사업자로 확정된 사업자에게 명단 공표 게재 사실 등을 지체 없이 서면 통지

④ 명단 공표 게시 : 상습법위반사업자 명단 공표 대상 사업자로 확정된 사업자에 대해서는 6월 30일 이전에 공표하도록 하고, 공정위 홈페이지에 명단을 게시

⑤ 관계행정기관 장에게 통보 등 : 명단 공표 대상 사업자에 대해서는 조달청 등 관계 행정기관의 장에게 지체 없이 통보하고, 명단 공표일로부터 30일 이내에 명단을 조달청 나라장터 시스템에 등록, 동 시스템에 등록되면 조달청 입찰 참가 자격 사전 심사 및 물품 구매 적격 심사시 신인도 평가 항목에서 각각 7점과 2점을 감점

⑥ 불복절차가 진행 중인 사업자에 대한 상습법위반사업자 해당 여부 검토 : 이의신청 등에 따라 명단 공표 대상자에서 제외된 사업자에 대해서는 매년 2회(4월, 10월)에 걸쳐 이의신청 등에 대한 결과를 확인한 후 정기 공개 이외에 연말에 추가로 명단을 공개

공정위는 일정 시점을 기준으로 상습법위반사업자의 요건을 충족하느 사업자에 대하여, 그 해당 사실과 향후 추가로 법을 위반할 경우 과징금 부과·가중 및 형사고발될 수 있다는 사실을 통보할 수 있다.

144 하도급법상 공탁관련 사례

질의 회신 사례

[질의] 하도급 채무의 이행을 명하는 시정명령의 이행과 관련하여 변제공탁 사유에 해당하는 경우에 변제공탁 이외의 대안은 없는가?(수급사업자가 휴업·폐업·부도 등으로 소재가 불명하여 원사업자가 그 하도급채무를 이행할 수 없는 경우 관할법원에 변제공탁해야 하도급채무를 이행한 것이 되어 시정명령을 이행한 것으로 인정되는데 수급사업자가 소재 불명일 경우 첨부서류를 구비하기 어려우므로 변제공탁을 할 수 없고 따라서 시정명령을 이행할 수 없다고 원사업자가 항변하는 사례가 많음)

[회신] 공탁절차 이외에 다른 대안은 없다. 수급사업자가 하도급채권을 수령할 수 없는 경우 원사업자가 일방적으로 변제목적물인 금전을 채권자인 수급사업자를 위하여 공탁소에 임치하여 채무를 면제하는 제도가 바로 공탁으로 이는 채무 이행 일반에 적용되는 제도이다.

[질의] 공탁 회수 행위의 하도급법 위반 여부
하도급법에 의한 시정명령을 받은 후 수급사업자의 주소 불명으로 하도급법 제25조의2(공탁)에 따라 어음할인료를 공탁하였으나 6년이 지난 이후에도 수급사업자가 공탁금을 미수령해간 경우에 공탁자인 원사업자가 동 공탁금을 회수하여 수급사업자의 소재지를 파악하여 동 공탁금을 지급할 경우의 하도급법 위반 여부는 어떠한가?

[회신] 공탁물을 회수하게 되면 공탁으로 소멸된 어음할인료 지급 채무가 부활하여 시정명령은 처음부터 이행하지 않은 상태로 시정명령 불이행 문제가 발생한다.
이론적으로도 변제공탁함으로써 법률상 채무가 소멸한 것으로 이용한 경우에 동 이용 행위는 공탁자의 회수권의 포기로 볼 수 있으므로 공탁금을 회수하여서는 안된다고 본다(남기정, '주석공탁법').

* 「민법」 제489조(공탁물의 회수) 채권자가 공탁을 승인하거나 공탁소에 대하여 공탁물을 받기를 통고하거나 공탁 유효의 판결이 확정되기까지는 변제자는 공탁물을 회수할 수 있다. 이 경우에는 공탁하지 아니한 것으로 본다.

145 재발 방지 목적의 금지명령에 대한 시정명령 불이행

A 재발 방지 목적의 금지명령은 제재대상이 된 위반행위를 계속하지 말거나 형식적으로 중단하였다가 다시 시작하는 행위를 하지 말라는 취지이므로, 그 제재대상 행위를 그만 두었다가 이후 동일한 유형의 행위를 다시 하더라도 시정명령 불이행죄가 성립하지는 않는다.

해설

시정명령 불이행죄와 관련하여 그 내용이 향후 재발 방지 명령인 경우에 동일한 유형의 위반행위가 발생하였을 경우 시정명령 불이행죄가 성립하는지에 대하여 문제가 된다. 금지명령의 대상이 된 행위와 그 이후 행위 간의 기간이 길거나 구체적인 내용에 차이가 있다든지, 행위 상대방이 다른 경우에는 당연히 금지명령에 위반된 것으로 볼 수 없다.[408] 공정거래위원회는 서울시태권도협회의 시지남용행위 시정조치에 대한 이의신청건에서 서울시태권도협회가 제재받은 위반행위와 사실상 동일한 행위를 4개월 뒤에 다시 한 것에 대하여 "부작위명령에 대한 시정조치불이행이 성립하기 위해서는 (…) 시정조치의 원인이 된 위반행위와 시정조치 이후의 위반행위 간 동일성이 인정되지 않는다면 이를 시정조치불이행으로 보기는 어렵다"고 하여 시정명령을 위반한 것이 아니라고 결정하였다(2010. 7. 15. 공정위 의결 제2010-082호, 2010경심2355). 이는 '다시는 … 위반행위를 하여서는 안된다'는 시정조치는 앞으로 새로운 동일 위반행위를 하여서는 안된다는 의미가 아니라 제재대상인 행위를 '계속'하여서는 안된다는 의미로 시지남용행위를 계속해서는 안된다는 취지로 해석되는바, 하도급법상의 시정명령 불이행죄에 동일하게 해석하면 될 것이다.

> **2010. 7. 15. 공정위 의결 제2010-082호, 2010경심2355**
>
> 1) 시정조치불이행 해당 여부
>   위원회의 시정조치는 법 목적 달성을 위하여 필요한 범위 내에서 내려지는바, 크게 보면 적극적인 작위명령(설비매각명령, 대금지급명령, 계약서 수정명령 등)과 소극적인 부작위

---

408) 법무법인 화우 공정거래그룹, 하도급법 기업실무 가이드, 470면

명령(행위중지명령, 향후금지명령 등)으로 나눌 수 있다. 시정조치를 이행하지 아니하는 사업자에 대하여 위원회가 직접적으로 강제할 수 있는 법적 권한은 없으나 그 불이행자에게 형사책임을 지움으로써 간접적으로 그 이행을 담보하고 있다. 한편 사업자가 시정조치의 이행을 우회적·편법적으로 회피함으로써 사실상 법위반행위를 지속하는 행태를 막기 위하여 외형상으로만 시정명령을 이행한 것은 아닌지를 가려야 하며, 이를 위하여 위반행위의 시정에 필요할 정도로 충분히 이루어졌는지도 고려하여 시정조치 이행 여부를 판단하여야 한다. 따라서 일정한 행위를 '중지'할 것을 명한 시정명령의 경우 법 위반행위를 일시적으로 중단한 것만으로 시정명령이 이행되었다고 보기는 어려우므로 이의신청인이 2003년 시정명령 송달 이후 약 4개월 간 위반행위를 중단한 후 재개한 이 사건 행위를 시정조치불이행으로 본 원심결 판단은 타당하다.

146 하도급법 제33조의 과실상계의 의미

A 하도급법 제33조는 하도급법위반에 따라 시정조치, 고발 또는 벌칙 적용시 수급사업자의 책임을 고려할 수 있다는 과실상계 조항을 두고 있는데 이는 손해배상금액 산정에서 과실상계를 규정한 민법조항과는 성격이 다르다. 하도급법 위반행위에 대하여 수급사업자 귀책을 고려하지 않은 공정거래위원회의 과징금부과처분 등에 대하여는 과실상계 조항의 적용이 없다.

해설

일반적으로 과실상계는 민법상 채무불이행으로 인한 손해배상이나 불법행위로 인한 손해배상에 적용되는 법리이다. 민법 제396조는 "채무불이행에 관하여 채권자에게 과실이 있는 때에는 법원은 손해배상의 책임 및 그 금액을 정함에 이를 참작하여야 한다"고 규정하고 있고 이는 민법 제763조에 의하여 불법행위 책임에도 준용되고 있다.

하도급법 제33조는 과실상계라는 표제 아래 "원사업자의 이 법 위반에 관하여 수급사업자의 책임이 있는 경우에는 이 법에 따른 시정조치, 고발 또는 벌칙 적용을 할 때 이를 고려할 수 있다"고 하여, 손해배상책임이 아니라 행정제재나 형사처벌에 반영하는 법리로 규정하였다.

원사업자의 법위반에 대하여 수급사업자의 책임이 있는 경우 시정조치, 고발 또는 벌칙 적용에 있어 고려할 수 있다. 공정거래위원회는 경제적 약자인 수급사업자를 보호하고 하도급거래의 공정한 질서 확보라는 법 취지상 귀책사유로 인한 것이 명백하거나 객관적인 증거에 의해 입증되는 과실에 대하여만 고려한다는 입장이다. 공정거래위원회 실무에서는 과실상계 사유가 인정되면 시정조치 및 고발하지 않는다.

하도급공정화지침은 다음과 같이 수급사업자에게 책임있는 경우에는 시정조치에 있어 참작할 수 있다고 설명하고 있다(지침 II. 6). 즉, ① 하도급대금에 관한 분쟁이 있어 의견이 일치된 부분의 대금에 대하여 원사업자가 수급사업자에게 지급하거나 공탁한 경우, ② 원사업자가 수급사업자에게 선급금에 대한 정당한 보증을 요구하였으나, 이에 응하지 않거나 지연되어 선급금을 지급하지 않거나 지연 지급하는 경우, ③ 목적물을 납품·인도한 후 원사업자가 정당하게 수급사업자에게 요구한 하자보증의무 등을 수급사업자가 이행하지 않아 그 범위 내에서 대금지급이 지연된 경우, ④ 목적물의 시공·제조과정에서 부실시공 등 수급사업자에게 책임을 돌릴 수 있는 사유가 있음이 명백하고 객관적인 증거에 의하여 입증되어 수급사업자의 귀책부분에 대하여 하도급대금을 공제 또는 지연 지급하는 경우(예 : 재판의 결과 또는 수급사업자 스스로의 인정 등으로 확인된 경우) 등이다. 그런데 만약 공정거래위원회가 시정조치나 고발요청을 함에 있어 수급사업자의 책임 또는 과실을 고려하지 않을 경우 그 행정처분이나 고발요청이 위법하다고 할 수 있는가?

먼저, 시정조치와 관련하여는 하도급공정화지침에 수급사업자의 귀책을 고려하도록 되어 있으므로 이를 위반하는 경우 행정의 자기구속의 법리 위반 등으로 재량의 일탈·남용이 될 수 있다고 이론적으로 주장할 수는 있지만, 현실적으로 지급명령이 무력화되고 있고 다른 유형의 시정조치는 단지 금지의무를 확인하는 수준이어서 실제 이러한 문제가 쟁점이 될 가능성은 없다. 공정거래위원회의 고발조치의 경우에도 취소소송의 대상이 되는 행정소송이 아닐 뿐 아니라 이후 검사의 수사 및 기소 여부에 대한 판단이 뒤따르는 것이어서 별도의 불복대상이 아니다. 그래서 고발조치를 결정함에 있어 수급사업자의 과실 여부를 고려하지 않은 것은 적절하지는 않을 수 있지만 이를 가지고 위법인지 여부를 판단할 실익은 없다.

오히려 쟁점은 공정거래위원회가 과징금부과처분을 함에 있어 수급사업자의 귀책을 고려하지 않을 경우 재량의 일탈·남용을 구성하는지 여부이다. 물론 과징금산정시에 수급사업자의 책임 또는 과실이 원사업자의 위법이나 책임성 평가에 필요한 요소이므로 비례원칙상 당연히 고려되어야 할 요소이다. 서울고등법원은 과징금부과처분의 위법성 판단에서 수급사업자의 과실 여부를 고려하여 재량의 일탈·남용 여부를 판단하고 있다(서울고등법원 2013. 12. 26. 선고 2012누19368 판결).[409] 하지만 하도급법 제33조 과실상계 조항에

---

409) 동 판결 중 해당 부분은 다음과 같다.
　(다) 재량권 일탈·남용 여부
　　하도급법 제33조는 원사업자의 하도급법 위반행위에 관하여 수급사업자에게 책임이 있는 경우에는 하도급법에 따른 시정조치·고발 또는 벌칙 적용을 할 때 이를 고려할 수 있도록 규정하고 있다. 그런데 하람건설이 추가협상을 통하여 최저가 입찰가의 감액에 동의했다고 하여 부당한 하도급대금 결정행위에 대하여 수급사업자인 하람건설에 책임이 있다고 평가할 수는 없다. 이러한 사정에다가 피고는 원고가 주장하는 사정 등을 감안하여 하도급법 제25조의3에 의한 과징금 납부를 명하지 않고 하도급법 제25조 제1항에 따라 최저가 입찰금액과 하도급계약금액과의 차액의 지급을 명하는 내용의 시정명령을 한 것으로 보이는 점, 재입찰을 거치면서까지 얻은 최저 입찰금액을 다시 단수조정 명목으로 감액하는 등 전체적으로 볼 때 그 위반행위의 정도가 시정명령을 발하지 않을 정도로 가벼운 것이라 할 수 없는 점 등을 종합하여 보면, 이 부분 시정명령이 비례의 원칙을 위반하여 재량권을 일탈·남용하였다고 볼 수 없다. 이 부분 원고의 주장도 받아들이지 않는다.

서 '시정조치와 고발 또는 벌칙'에 대해서만 규정하고 있고 '과징금부과처분'에 대하여는 아무런 언급이 없다. 과징금 부과 뿐 아니라 면제가 감경에 대해서도 엄격해석원칙이 적용되어야 하기 때문에, 과실상계 규정을 과징금부과처분에도 유추적용하는 것은 허용되지 않는다고 본다.[410)]

질의 회신 사례

[질의] 수급사업자의 귀책사유로 세금계산서가 미(지연)발행되는 경우 수급사업자는 원사업자에게 손해배상책임을 지는 바 수급사업자의 법 준수를 촉구하고 위반시 발생하는 원사업자의 손해배상채권을 담보하기 위하여 "정산금액이 다툼이 있어 수급사업자가 세금계산서를 미(지연)발행하여 원사업자가 손해를 입을 경우 이를 기성금에서 공제한다"라는 내용의 계약 조건을 설정할 경우 하도급법 위반 여부는 어떠한가? 과실상계 사유가 되는가?

[회신] 하도급법 제13조의 대금 지급 규정은 강행 규정이며 이를 위반할 경우에 시정조치나 고발 등을 하도록 규정하고 있다. 다만, 하도급법 제33조(과실상계)에서는 원사업자의 하도급법 위반 행위에 관하여 수급사업자에게 책임이 있는 경우는 시정조치·고발 또는 벌칙 적용을 할 때 이를 고려할 수 있도록 규정하고 있다. 이에 따라 하도급거래 공정화 지침 II. 6.은 수급사업자에게 책임이 있는 이유로 참작할 수 있는 경우를 예시하고 있으나 위 사례는 이에 해당하지 않는다.

결론적으로, 원사업자가 수급사업자의 세금계산서 미(지연)발행에 따른 손해를 이유로 수급사업자에게 지급해야 할 하도급대금에서 이를 공제하는 행위는 하도급법을 위반하는 행위이며 이러한 행위가 재판의 결과 또는 수급사업자 스스로의 인정 등에 의하여 수급사업자에게 책임이 있음이 명백하게 입증되지 않는 경우는 공정위의 시정조치시 참작 사유에도 해당되지 않는다.

---

410) 저자는 본서 2020년판까지 과징금부과처분에도 하도급법 제33조의 과실상계 조항이 적용될 여지가 있는 것처럼 모호하게 기술하였지만 본판부터 과징금부과처분에는 과실상계가 적용될 여지가 없음을 분명히 한다.

147 사전심사제도

A 공정거래위원회는 사업자가 하도급법과 관련한 행위 전에 법위반 여부에 대한 판단을 청구하면 30일 이내에 서면으로 회답해 주는 사전심사제도를 운영하고 있다. 사업자로서는 하도급법과 관련한 규제 위험을 사전에 회피할 수도 있는 제도이지만 현실적으로 활성화되지는 않고 있다.

해 설

사전심사제도란, 사업자가 어떤 행위를 하기 전에 법위반 여부에 대한 판단을 공정거래위원회에 청구하면 30일 이내에 서면으로 회답해주는 제도이다. 공정거래위원회가 적법하다고 인정한 행위에 대하여는 사후에 법적 조치를 취하지 않는 구속력이 있기 때문에, 아무런 구속력이 없는 일반 상담이나 법적용에 대한 공무원의 사적 의견 제시와는 다르다.

하도급법 등 공정거래 관련 법률 위반행위는 사후에 처벌되거나 시정되더라도 이미 발생한 소비자나 다른 사업자에 대한 피해구제가 어렵고, 법위반 사업자 역시 여러 가지 손실을 감수해야 한다.

이러한 사회, 경제적 손실을 줄이고 사업자들로 하여금 공정거래질서 확립에 직접 참여하도록 하여 자발적인 시장질서 확립을 유도하고, 종래의 사후처벌 대신 사전심사를 통해 위법행위를 사전에 예방하고 아울러 사후 사건처리 부담을 줄임으로써 중요사건 처리에 역량을 집중하기 위하여 도입된 새로운 개념의 행정서비스다.

사전심사 대상이 되는 법률은, 하도급법뿐 아니라 공정거래법, 가맹사업법, 표시광고법, 전자상거래법에서의 소비자보호에 관한 법률, 방문판매 등에 관한 법률, 대규모유통업법, 대리점법 등이며 자체적으로 사전심사청구제도가 있는 약관법과 공정거래법 제7조 기업결합 등은 적용대상에서 제외된다.

사전심사청구는 청구행위를 직접 실시할 사업자(또는 사업자단체)만이 할 수 있고, 거래상대방, 이해관계인 등 행위 주체 이외의 자는 할 수 없다. 사전심사대상행위가 계약행위인 경우에는 계약의 양 당사자가 함께 청구하거나 한쪽 당사자가 단독으로 청구할 수 있다. 사전심사대상행위는 실시계획이 확정된 구체적, 개별적 행위에 한하며, 학술적인 질의, 구상 중이거나 추상적인 행위, 이미 시행 중인 행위 및 공정거래위원회의 조사 혹은 심결이 진행 중인 행위는 해당되지 않는다.

공정거래위원회는 그 심사결과를 청구일로부터 30일 이내에 서면으로 회답해야 하며, 추가자료 등을 요청한 경우에는 자료를 받은 날로부터 30일 이내에 회답하면 된다. 공정거래위원회가 적법하다고 회답한 행위에 대하여는 사후에 법적 조치를 취하지 않는다. 다만, 청구인의 허위자료의 제출, 중요자료 미제출 등이 사후에 밝혀지거나 청구내용과 다른 행위를 하는 경우, 청구 행위의 범위를 벗어난 경우에는 사후조치가 가능하다. 한편, 장기간에 걸친 광범위한 조사나 시장분석 등이 필요하거나 공정거래위원회의 조사, 심의에 지장을 초래하는 등 회답이 불가능하거나 바람직하지 않은 타당한 사유가 있는 경우에는 회답을 하지 아니하고 구체적인 사유를 청구인에게 서면으로 통지한다.

청구인이 시장에서 차지하는 지위나 시장상황에 변화가 생기는 등 심사의 근거가 된 사실관계에 현저한 변화가 생기거나, 그 실행과정에서 공정경쟁이 저해되는 등 회답내용을 유지하는 것이 적절하지 않다고 인정되는 경우, 문서로서 회답의 전부 또는 일부의 철회가 가능하다. 회답의 전부 또는 일부를 철회한 경우가 아니면 당해 대상행위에 대해 법적 조치가 불가능하다.

사전심사 내용(개요)은 공정거래위원회 홈페이지 등에 공개하며 유사한 행위를 하고자 하는 다른 사업자들이 언제든지 참조할 수 있는 기업활동 가이드 자료로 제공한다. 다만, 청구인의 기밀에 관한 사항은 공개하지 아니하며, 청구인이 공개의 연기를 희망하고 그 이유가 타당하다고 인정되는 경우에는 인기사유 소멸시점까지 심사내용 공개를 연기할 수 있다.[411]

---

411) 제조하도급실무편람, 388, 390면 참조

148 하도급법위반행위의 사법상 효력

(#하도급법위반 약정의 효력#강행규정#민사상 유효지만 하도급법상 처벌#선급금포기약정
#효력규정&단속규정)

> **A** 하도급법은 대부분 단속규정이기 때문에 이를 위반한 계약이나 약정, 합의라 하더라도 민사적으로 무효가 되는 것은 아니다. 예컨대 부당감액에 해당하는 정산합의를 한 이후 수급사업자가 정산합의의 하도급법 위반을 주장하며 감액된 금액에 대한 하도급대금청구소송을 제기하면 법원은 기각판결을 한다. 하도급법 위반이기 때문에 불법행위를 구성할 수 있으므로 불법행위에 대한 손해배상청구를 할 수 있다. 손해액 입증, 과실상계 비율 등의 측면에서 계약상 청구가 불법행위 청구에 비하여 수급사업자에게 유리하다. 뿐만 아니라 하도급법 위반행위에 대한 공법상 취급과 사법상 취급이 유리되어 수범자에게 혼동을 주고 비효율을 초래하는 측면이 있기 때문에, 하도급법에서 위반행위에 대하여 무효로 본다고 명시적으로 규정할 필요가 있다.

해설

가. 쟁점의 소재와 판례의 태도

하도급법은 각 하도급법에 위반 행위별로 원사업자에 대하여 행정적·형사적 제재를 규정할 뿐, 하도급법에 위반한 사인들 간 약정의 효력에 관해서는 아무런 규정을 두고 있지 않다. 또한, 하도급법상 원사업자의 의무나 금지사항에 반하는 내용으로 원사업자와 수급사업자가 합의·실행한 경우 하도급법위반으로 보아 제재해야 하는지, 하도급법위반을 구성하지 않는지에 대하여도 검토가 필요하다.

판례의 주류는 하도급법에 위반되거나 그 적용을 배제하는 사인들 간의 약정을 무효로 보기 어렵다는 입장이다. 예를 들어, 대법원은 부당감액규정 등에 대하여 하도급법 규정에 위반한 원사업자와 수급사업자 사이 계약은 사법상 효력이 부인되지 않는 하도급법 규정이 단속규정이고(대법원 2003. 5. 16. 선고 2001다27470 판결 ; 대법원 2000. 7. 28. 선고 2000다20434 판결 ; 대법원 2011. 1. 27. 선고 2010다53457 판결 등), 위탁 후 발주자로부터의 설계변경 또는 경제상황의 변동 등을 이유로 추가금액을 지급받는 경우 추가금액의 내용과 비율에

따라 하도급대금을 증액시켜 주도록 한 법 제16조 역시 단속 규정이라고 보았다(대법원 2000. 7. 28. 선고 2000다20434 판결). 또, 대법원은 수급사업자의 의사에 반하는 대물변제를 금지한 법 제17조 역시 단속조항이므로 이에 반하는 합의 역시 유효하다고 판시하였다(대법원 2003. 5. 16. 선고 2001다27470 판결). 수급사업자가 워크아웃에 있는 원사업자의 채무의 일부를 면제하기로 하는 행위가 하도급법 제13조 제1항의 하도급대금 지급조항에 위반되는 것은 아니라고 보았다(서울고등법원 2007. 1. 10. 선고 2005누10752 판결).

나. 효력규정, 단속규정, 임의규정

법률은 그 효력에 따라 효력규정, 단속규정, 임의규정으로 구분된다. 강행법규(규정)은 효력규정을 의미하는 경우도 있고 임의규정과는 다른 효력규정과 단속규정을 통칭하여 되기도 하는 바, 이하에서는 혼동을 막기 위하여 효력규정, 단속규정, 임의규정으로 구분하여 설명한다. 효력규정이란 이에 위반되는 행위에 대해 행정상·형사상 제재는 물론 사법상의 효력도 부정되는 법규를 의미한다. 주로 선량한 풍속이나 사회질서에 관한 규정이나 사회·경제적 약자를 위한 필요최소한의 보호 조항, 거래의 안전에 관한 조항(유가증권제도), 사회일반의 이해관계에 대한 중대한 영향을 미치는 규정(민법상 물권법편 등)들은 효력규정이라 본다. 반면 단속규정이란 일정한 행정목적을 달성하기 위하여 국가가 일정한 행위를 금지하는 법규를 말한다. 경찰법규·행정법규·금지법규·명령법규 등이 그 예이다. 단속법규에 위반하더라도 사법상 효과는 유효하며 다만, 행정상·형사상 제재를 받을 뿐이다. 다음으로 당사자 간 의사로 법규의 적용을 배제할 수 있는 것을 임의규정이라고 한다. 당사자의 의사표시가 없거나 분명하지 않은 경우를 대비하여 그 공백부분을 없애고 불분명한 부분을 명확하게 하기 위한 규정들이다(민법 제105조). '다른 의사표시가 없을 때'(민법 제467조, 제468조)라든가 '정관에 다른 규정이 있을 때에는'(민법 제42조) 등으로 명기되어 있으면 명백한 임의규정이지만, 이런 문구가 없어도 임의규정인 경우가 많다. 임의규정인 경우에는 이에 반하는 합의를 하더라도 그것이 민사상 유효함은 당연하고 법률위반 자체를 구성하지 않는다.

효력규정, 단속규정, 임의규정을 판단하는 명확한 기준은 없다. 법률의 문언, 입법취지와 목적 등을 종합적으로 고려하여 판단할 수밖에 없다. 임의규정은 금지하는 취지는 아니므로, 법률에서 의무사항이나 금지사항을 규정하고 이를 위반할 경우 행정적 제재나 형사상 처벌규정을 두고 있다면 법률이 그것을 당사자들 간의 의사로 배제할 수 있는 임의규정이라고 볼 수는 없다. 그래서 임의규정 구별은 상대적으로 쉽다. 하지만 효력규정과 단속규정은 모두 법률이 금지하고 있고, 양자의 구별은 민사적 효력까지 부인해야 하는지에 대한 사회적 필요성에 따라 정해지는 '정도의 문제'일 수 있어 그 구별이 쉽지 않다. 다만, 개별적인 법규의 취지가 규정내용 자체의 실현을 금지하는 것(효력의 금지)이라면 효력규정으로, 일정한 행위 자체를 금지하는 것이라면 단속규정인 경우로 해석하는 것이 일반적이다. 예를 들어, 광업권자, 어업권자가 명의를 대여한 계약은 강행규정 위반으로 무효이지만, 무허가음식점 영업행위는 단속규정 위반으로 음식판매행위는 유효하다고 본다. 효력법규와 단속법규를 통칭하여 강행법규라고 하기도 한다.

다. 하도급법 조항의 성격 및 강행법규(효력법규)로 보아야 하는 조항

하도급법 조항 중 입법목적과 취지상 경제적 약자인 수급사업자를 보호할 필요가 강한 것이 있다면 강행법규 또는 효력규정으로 보아 이에 반하는 민사적 합의의 효력을 부인할 필요가 있다. 개인적인 소견으로는 하도급법은 본질적으로 행정법규이기 때문에, 사회질서나 공서양속에 관한 조항이나 경제적 약자인 수급사업자를 보호하기 위한 필요 최소한의 규정들이 대부분이다. 위반시 제재조항이 있는 이상 임의규정으로도 볼 수 없다. 그렇다면 대부분의 조항들은 특별한 사정이 없는 한 단속규정이다.

따라서 이에 반하는 합의나 약정(예를 들어, 선급금지급의무를 면제하는 합의 등)의 민사적 효력은 인정하되, 행정법규 위반이므로 시정명령, 과징금납부명령과 아울러 형사처벌의 대상으로 보아야 한다. 합의의 민사적 효력이 부인되지 않으므로 시정명령 중 지급명령은 어려울 것이다. 수급사업자에 대하여는 불법행위를 구성하여 손해배상책임을 져야 할 수도 있다. 이러한 결론은 결과적으로 공정거래법을 위반한 사인 간의 합의가 반사회적인 것이어서 용인할 수 없어, 민법 제103조 위반으로 무효라는 등의 특별한 사정이 없는 한 무효로 보기 어렵다는 상대적 효력설의 입장과 큰 차이가 없다.

하도급법 규정 중 효력규정과 단속규정을 어떻게 판단·구별할 수 있을까?

생각건대, '부당성'이나 '정당한 이유 없음'을 요건으로 하는 경우, 즉 법문에 '부당하게', '정당한 이유 없이' 등의 문언이 있는 행위유형은 수급사업자의 자발적 동의에 의한 원·수급사업자 등의 진정한 합의가 있으면 위법하다고 보기 어렵다. 그래서 효력규정이 될 가능성이 거의 없다. 또한 '부당성'이나 '정당한 이유 없음'을 요건으로 하지 않더라도 효력규정으로 인정하는 것은 신중하여야 한다. 다만, 사견으로 하도급대금 지급의무에 대하여는 사법적 결론과 공법적 결론이 다르면 법 체계에 혼동이 될 수 있으므로, 지급의무 성립·발생에 대한 조항은 효력규정으로 봄이 타당하다. 그 중에서도 특히 '부당성' 요건이 없는 것들은 수급사업자의 의사와 무관하게 법으로 강제하려는 입법자의 의도가 있다고 볼 수 있기도 하다. 이러한 경우를 생각해 보면, 제6조의 선급금 지급조항, 제13조의 하도급대금 지급시기, 지연이자·어음수수료·어음대체 결제수단 수수료 지급 등에 대한 조항, 제14조의 하도급대금 직접지급 조항 정도가 될 것이다. 실제 하도급대금 지급에 대한 제13조 제1항에 대하여 강행규정이라 판시한 하급심 판결이 있다(서울고등법원 2007. 1. 10. 선고 2005누10752 판결). 그 외 조항들은 모두 단속규정으로 봄이 합당하다.

한편, 하도급법에 반하는 사인 간의 합의가 건산법 제22조 제5항[412)]에서 규정한 불공정 계약이면 무효가 될 수 있다.

라. 수급사업자의 자발적 동의에 의한 진정한 합의로 하도급법과 다른 약정 또는 이에 반하는 합의를 한 경우, 불법행위에 따른 손해배상청구와 지급명령의 가능성

민사적으로 유효하다는 의미는 계약조항대로 이행하지 않을 경우 민사상 청구를 통해 이행 및 채무불이행 책임을 물을 수 있다는 의미이다. 원사업자와 수급사업자가 하도급 계약에서 원사업자가 발주자로부터 물가상승에 따른 계약대금 증액을 받더라도 이를 하도급대금을 반영하지 않는다는 특약사항에 합의한 경우 예를 들어보자(이는 하도급법 제16조에 반하는 계약조항이다). 그 합의가 유효하다면 원사업자는 수급사업자에게 물가상승에 따른 하도급대금 변동분을 지급할 의무가 없고 수급사업자도 이를 청구할 권리가 없게 된다. 그렇다면 합의한 이상 수급사업자로서는 물가상승에 따른 하도급대금 변동분을 원사업자로부터 받아낼 방법은 전혀 없는 것인가? 이와 관련해 대법원은 민사상 유효인 약정이므로 민사상 이행청구(예를 들어, 공사비 지급청구 등)은 불가능하지만, 하도급

---

412) 건산법 제22조(건설계약에 관한 도급계약의 원칙)
⑤ 건설공사 도급계약의 내용이 당사자 일방에게 현저하게 불공정한 경우로서 다음 각 호의 어느 하나에 해당하는 경우에는 그 부분에 한정하여 무효로 한다.
1. 계약체결 이후 설계변경, 경제상황의 변동에 따라 발생하는 계약금액의 변경을 상당한 이유 없이 인정하지 아니하거나 그 부담을 상대방에게 전가하는 경우
2. 계약체결 이후 공사내용의 변경에 따른 계약기간의 변경을 상당한 이유 없이 인정하지 아니하거나 그 부담을 상대방에게 전가하는 경우
3. 도급계약의 형태, 건설공사의 내용 등 관련된 모든 사정에 비추어 계약 체결 당시 예상하기 어려운 내용에 대하여 상대방에게 책임을 전가하는 경우
4. 계약내용에 대하여 구체적인 정함이 없거나 당사자 간 이견이 있을 경우 계약내용을 일방의 의사에 따라 정함으로써 상대방의 정당한 이익을 침해한 경우
5. 계약불이행에 따른 당사자의 손해배상책임을 과도하게 경감하거나 가중하여 정함으로써 상대방의 정당한 이익을 침해한 경우
6. 민법 등 관계 법령에서 인정하고 있는 상대방의 권리를 상당한 이유 없이 배제하거나 제한하는 경우

법 위반이라는 불법행위를 구성하므로 불법행위로 인한 손해배상청구를 할 수 있다고 판시하였다. 민법 제104조의 불공정한 법률행위에 해당한다고 본 것이다.

다만, 대법원은 원사업자와 수급사업자 간의 감액합의가 수급사업자의 자발적 동의에 의한 것이라면 부당감액이라 볼 수도 없고 불법행위에 해당하지 않는다고 판시하였다(대법원 2011. 1. 27. 선고 2010다53457 판결).[413] 동 대법원 판결은 수급사업자의 자발적 동의에 의한 진정한 합의가 있다면 아예 불법행위 책임이 성립하지 않는다는 의미가 아니라, '부당성' 요건이 충족되지 않아 하도급법 위반을 구성하지 않는다는 의미로 해석된다. 만약 부당성을 요건으로 하지 않는 행위, 예를 들어 하도급법 제6조의 선급금 지급과 관련한 조항 위반의 경우에는, 수급사업자의 자발적 동의에 의한 진정한 합의가 있더라도 하도급법 위반을 구성하고 아울러 불법행위로 인한 손해배상책임도 인정될 수 있다고 생각한다.

더 나아가, 민사상 무효라 볼 수 없는 합의가 있더라도 그것은 하도급법 위반을 구성하므로, 과징금 부과 등 행정제재를 받게 되고 심지어 형사처벌을 받을 수도 있다. 민사상으로 손해배상이 가능하므로 당연히 그 범위에서 공정위가 시정명령의 일환으로 지급명령도 가능하다고 본다. 하도급법 제25조 제1항이 "공정거래위원회는 .... 하도급대금의 지급, 그 밖에 시정에 필요한 조치를 명할 수 있다"고 규정하고 있고, 하도급대금에 상응하는 손해배상금은 "그 밖에 시정에 필요한 조치"로 볼 수 있기 때문이다.

마. 선급금 지급 포기 약정의 효력

하도급법 제6조는 원사업자가 발주자로부터 선급금을 지급받으면 그 내용과 비율에 따라 수급사업자에게 선급금을 지급하도록 규정하고 있을 뿐, 별도로 부당성 등을 요구하고 있지 않다. 부당성이나 정당한 사유 없음을 요구하지 않기 때문에 선급금 지급규정이 효력규정이고, 따라서 수급사업자로부터 동의를 받았거나 심지어 수급사업자의 요청에

---

413) 대법원 2011. 1. 27. 선고 2010다53457 판결
   하도급거래 공정화에 관한 법률의 입법 목적과 입법 취지 등에 비추어 보면, 같은 법 제11조 제2항 각 호에 해당하는 행위를 한 원사업자가 우월적 지위를 이용하여 수급사업자의 자발적 동의에 의하지 않고 하도급대금을 부당하게 감액한 경우에는 그 하도급대금의 감액 약정이 민법상 유효한지 여부와 관계없이 그 자체가 하도급거래 공정화에 관한 법률 제11조를 위반한 불공정 거래행위에 해당하는 것으로서 위 규정에 의하여 보호되는 수급사업자의 권리나 이익을 침해하는 불법행위를 구성하고, 원사업자는 이로 인하여 수급사업자가 입은 손해를 배상할 책임이 있다. 여기서 하도급대금의 감액 약정이 수급사업자의 자발적인 동의에 의한 것인지 여부는 수급사업자에 대한 원사업자의 거래상 우월적 지위의 정도, 수급사업자의 원사업자에 대한 거래의존도, 거래관계의 지속성, 거래의 특성과 시장상황, 거래 상대방의 변경가능성, 당초의 대금과 감액된 대금의 차이, 수급사업자가 완성된 목적물을 인도한 시기와 원사업자가 대금 감액을 요구한 시기와의 시간적 간격, 대금감액의 경위, 대금감액에 의하여 수급사업자가 입은 불이익의 내용과 정도 등을 정상적인 거래관행이나 상관습 및 경험칙에 비추어 합리적으로 판단하여야 한다.

의해 선급금을 지급하지 않은 경우에도 위법하다고 보는 입장이 있다.

하급심 판례는 원사업자와 수급사업자가 선급금을 지급하지 아니하기로 하는 내용의 계약을 체결하였다 하더라도 선급금 지급의무가 면제되지 않는다고 보았으며(서울고등법원 2009. 11. 4. 선고 2009누7099 판결), 선급금을 지급받지 못한 수급사업자가 이를 기성금으로 지급하기로 하는 합의를 원사업자와 하였다 하더라도, 수급사업자가 원사업자에게 선급금 미지급에 대한 책임을 면제해 준 것으로 볼 수 없다고 판시하였다(서울고등법원 2007. 8. 16. 선고 2006누12045 판결). 선급금 지급에 대한 하도급법 제6조 제1항이 강행법규라는 취지로 읽히지만, 공정위 처분에 대한 취소소송에 대한 행정소송 판결이고 민사소송 판결이 아닌 아쉬움이 있다.

오히려 선급금 지급의무를 규정한 지방재정법 시행령 규정에 위반한 사인간 약정의 효력과 관련하여 반대되는 취지의 하급심 민사판결이 있다. 광주지방법원은 계약금액이 예정가액의 100분의 85 미만으로 체결된 공사계약의 경우 선금 지급 대상에서 제외되도록 규정된 지방재정법 시행령 제65조 제1항 제13호와 관련하여 "지방재정법 시행령이나 그 모법인 지방재정법에서는 위 시행령 규정에 위반된 선금 지급의 효력에 관하여는 아무런 정함이 없을 뿐 아니라, 그 규정은 저가의 공사수주 및 그로 인한 공사의 부실화를 방지하고 아울러 노임지급 및 자재확보를 통한 공사의 원활한 이행을 도모하려는 선금의 지급목적을 확보하려는데 그 뜻이 있는 것으로서 이는 단속규정에 불과할 뿐 그 위반행위의 사법상의 효력까지를 부인하는 효력규정은 아니고, 따라서 원고의 주장과 같이 위 선금의 지급이 위 시행령 규정에 위반되어 무효라면 이는 원고와 소외 회사가 선금을 반환하여야 할 의무를 지는 것을 정당화하는 사유는 될지언정, 소외 공동수급체의 대표자로서 지급받은 선금에 대하여 그 구성원인 원고가 공동수급체 구성에 관한 약정에서 정한 연대채무를 면할 사유가 된다고는 할 수 없다"고 판시한 바 있다(광주지방법원 1998. 9. 4 선고 98가합1888 판결).

만약 선급금지급의무를 규정한 하도급법 제4조 제1항을 단속규정이라 볼 경우, 선급금 지급의무뿐 아니라 선급금지급기한에 대하여도 하도급법과 다른 합의를 하더라도 사법상으로 유효한 합의가 된다. 이 경우 하도급법 제6조 제2항 및 제3항에 규정된 하도급법상 지연이자, 어음할인료, 어음대체결제수단 수수료에 대한 민사상 지급의무도 인정될 수가 없다. 이렇게 볼 경우 사법상 권리관계와 공법상 권리관계가 심하게 유리된다. 더하여 수급사업자에게 최소한 법률이 정한 지연이자 등에 대한 권리를 부여하는 규정으로 최저임금에 대한 규정과 마찬가지로 사회적 약자를 위한 최소한의 법적 장치로 볼 수 있다. 따라서 선급금 지급의무와 관련한 하도급법 제6조의 조항들은 효력규정으로 이에 반하는 사인간 약정은 민사상 무효라고 본다.

관련하여 수급사업자가 선급금을 지급받기보다 오히려 자신에게 더 유리한 사항을 요구하였고 이것이 받아들여져 결과적으로 선급금 지급의무 조항에 위반된 경우에도 원사업자가 하도급법을 위반한 것인지 문제된다. 예를 들면, 원사업자는 발주자로부터 선급금을 지급받고 아울러 중도금, 잔금 방식으로 대금을 지급받는데, 수급사업자가 선급금지급보증보험을 발급받기가 쉽지 않고 발급비용도 부담이 되어 선급금, 중도금, 잔금방식보다는 오히려 월별 기성방식으로 대금을 지급받기를 원하여 그렇게 정해진 경우가 있을 수 있다.[414] 이처럼 수급사업자에게 유리한 경우임에도 불구하고 아무런 고려없이 선급금지급의무 위반이라 하여 행정상 제재뿐 아니라 형사처벌의 대상으로 삼는 것은 타당하지 않다는 비판이 있지만 하도급법 제6조에서 부당성을 요건으로 하지 않은 이상 어쩔 수 없다고 생각된다. 가벌성에는 고려되어야 하므로, 수급사업자의 자발적 동의에 따른 진정한 합의가 있었던 경우라면 행정제재 및 형사처벌 여부와 정도에 감안되어야 한다. 차제에 입법론으로 '정당한 이유 없이'나 '부당하게' 등의 요건을 추가하는 것을 생각해 볼 수 있지만, 현행 조항에서도 수급사업자에게 유리하고 수급사업자의 자유로운 의사결정으로 선급금을 지급하지 않기로 한 경우라면, 가벌성이 크다고 보기 어려우므로, 특별한 사정이 없는 한 과징금부과처분 등 중한 제재는 부적절하다고 본다.

다만, 수급사업자에게 유리하고 수급사업자가 요구하여 선급금 미지급 약정을 했다는 사정은 특수한 사정이므로 원사업자가 입증해야 한다. 물론 그 입증은 실무상 쉽지 않을 것이다. 관련하여, 선급금 지급에 대한 사항은 수급사업자에게 유리한 것이므로 특별한 사정이 없는 이상 수급사업자가 하도급법보다 불리한 선급금 관련 약정을 하지 않을 것이고, 따라서 공정거래위원회 실무에서는 수급사업자가 선급금을 포기하거나 선급금과 관련하여 불리한 약정을 하는 경우 그 진정성을 쉽사리 인정해 주지도 않는다. 특히 하도급공정화지침은 선급금 포기각서 제출을 강요한 후 선급금을 지급하지 않는 행위를 탈법행위로 예시하여 중대한 하도급법위반행위로 규정하고 있는 바(동 지침 III. 18. 다), 탈법행위가 아닌지 의심할 수도 있다.

---

414) 선급금지급보증은 선급금이 지급되는 하도급거래의 경우, 수급사업자가 선급금을 지급받고 계약을 이행하지 아니할 경우, 지급된 선급금에 대하여 원사업자가 입게 되는 손해를 보상하기 위한 취지의 것이다. 수급사업자 중에는 선급금지급보증서의 발급에 필요한 요건 미충족 또는 발급비용 등의 문제로 인해 선급금지급보증서를 발급받기 어려운 경우도 존재한다. 이 같은 경우, 선급금 포기 및 이에 따른 기성금의 지급이 오히려 수급사업자에게 유리하다면, 이 같은 지급은 실무상 유효한 것으로 인정된다.

징벌적 손해배상과 과징금·벌금형 등
다른 제재와 이중처벌의 문제

A 하도급법은 부당대금결정, 부당감액, 부당위탁취소 및 반품, 기술자료유용의 경
    우 실손해의 3배 이하를 배상할 수 있도록 하는 징벌적 손해배상제도를 도입하였
다. 하지만 법원은 해당 행위라 하더라도 악성이 매우 중대한 경우에만 징벌적 손해배상
대상이 된다고 보고 더하여 이 경우라도 배율에는 상당히 인색한 태도를 취하고 있어 징
벌적 손해배상제도의 활성화에 지장이 되고 있다. 한편, 징벌적 손해배상은 과징금이나 형
사처벌과는 별개의 목적과 취지를 가진 제재이므로 헌법상 이중처벌에 해당하지 않는다.

해 설

가. 징벌적 손해배상 제도

우리 민법은 실손해배상이 원칙이다. 그런데 하도급법은 부당한 하도급대금 결정 금지
(법 제4조), 부당한 위탁취소(법 제8조 제1항), 부당반품(법 제10조), 하도급대금 부당감액(법 제
11조 제1항, 제2항), 수급사업자로부터 제공받은 기술자료의 부당유용(법 제12조의3 제3항; 기
술자료의 부당 제출요구는 징벌적 손해배상 대상이 아니다), 보복행위(법 제19조)의 경우 발생한 손
해의 3배를 넘지 않는 범위 내에서 배상책임을 지도록 규정하고 있다. 소위 '징벌적 손해
배상'이다.

징벌적 손해배상(punitive damage)이란 불법행위가 악의적이거나 의도적으로 행해진
경우 피해자에게 발생한 현실적 손해의 배상 외에 추가적으로 인정하는 손해배상을 말한
다. 징벌적 손해배상은 가해자의 악성에 초점을 맞추고 있기 때문에 제재 및 억지를 위해
영미법상에서 유용하게 사용되고 있는 제도이다. 우리나라를 포함한 독일과 일본과 같은
대륙법계 민사법제에서는 실손해를 배상해 주는 전보적 손해배상을 원칙으로 하고 있다.
일본은 징벌적 손해배상제도가 공서에 반한다고 하였고, 우리나라에서는 2006년 사법제
도개혁추진위원회에서 징벌적 손해배상제도의 도입을 추진하였으나 입법 추진과정에서
시기상조 등의 이유로 무산되었다가 2011. 3. 대기업의 중소기업 기술탈취행위에 대한 높
은 비난가능성을 고려하여 하도급법 제35조 제2항에 전격 도입되었다. 이후 우리나라에
서는 소위 경제민주화를 위한 대기업과 중소기업의 상생 및 동반성장을 위한 현실적 제

재수단으로 징벌적 손해배상제도를 도입하여 손해배상 입증책임을 원사업자가 지도록 하여 현재와 같이 규정하였다. 현재 우리 법제에서는 하도급법뿐 아니라 「대리점거래의 공정화에 관한 법률」 제34조(구입강제(밀어내기), 경제적 이익 제공 강요행위의 경우),[415] 「가맹사업거래의 공정화에 관한 법률」 제37조의2(가맹점·가맹희망자에 대한 허위·과장 정보제공의 경우, 가맹점에 대한 부당한 거래거절(계약갱신 거절, 계약해지 등), 보복조치의 경우),[416] 상생협력법 제40조의2(보복행위 금지위반의 경우),[417] 제조물책임법 제

---

415) 대리점거래의 공정화에 관한 법률 제34조(손해배상 책임)
　① 공급업자가 이 법의 규정을 위반함으로써 대리점에게 손해를 입힌 경우에는 대리점에게 발생한 손해에 대하여 배상책임을 진다. 다만, 공급업자가 고의 또는 과실이 없음을 입증한 경우에는 그러하지 아니하다.
　② 제1항에도 불구하고, 공급업자가 제6조 또는 제7조의 불공정거래행위를 하여 대리점에게 손해를 입힌 경우에는 대리점에게 발생한 손해의 3배를 넘지 아니하는 범위에서 배상책임을 진다.
　③ 법원은 제2항의 배상액을 정할 때에는 다음 각 호의 사항을 고려하여야 한다.
　1. 고의 또는 손해 발생의 우려를 인식한 정도
　2. 위반행위로 인하여 대리점이 입은 피해 규모
　3. 위법행위로 인하여 공급업자가 취득한 경제적 이익
　4. 위반행위에 따른 벌금 및 과징금
　5. 위반행위의 기간·횟수 등
　6. 공급업자의 재산상태
　7. 공급업자의 피해구제 노력의 정도
416) 가맹사업거래의 공정화에 관한 법률 제37조의2(손해배상책임)
　② 제1항에도 불구하고 가맹본부가 제9조 제1항, 제12조 제1항 제1호를 위반함으로써 가맹점사업자에게 손해를 입힌 경우에는 가맹점사업자에게 발생한 손해의 3배를 넘지 아니하는 범위에서 배상책임을 진다. 다만, 가맹본부가 고의 또는 과실이 없음을 입증한 경우에는 그러하지 아니하다.
　③ 법원은 제2항의 배상액을 정할 때에는 다음 각 호의 사항을 고려하여야 한다.
　1. 고의 또는 손해 발생의 우려를 인식한 정도
　2. 위반행위로 인하여 가맹점사업자가 입은 피해 규모
　3. 위법행위로 인하여 가맹본부가 취득한 경제적 이익
　4. 위반행위에 따른 벌금 및 과징금
　5. 위반행위의 기간·횟수
　6. 가맹본부의 재산상태
　7. 가맹본부의 피해구제 노력의 정도
417) 상생협력법 제40조의2(손해배상책임)
　① 위탁기업이 이 법의 규정을 위반함으로써 손해를 입은 자가 있는 경우 위탁기업은 그 자에게 손해배상책임을 진다. 다만, 위탁기업이 고의 또는 과실이 없음을 입증한 경우에는 그러하지 아니하다.
　② 위탁기업이 제25조 제1항 제14호를 위반함으로써 손해를 입은 자가 있는 경우에는 그 자에게 발생한 손해의 3배를 넘지 아니하는 범위에서 배상책임을 진다. 다만, 위탁기업이 고의 또는 과실이 없음을 입증한 경우에는 그러하지 아니하다.
　③ 법원은 제2항의 배상액을 정할 때에는 다음 각 호의 사항을 고려하여야 한다.
　1. 고의 또는 손해 발생의 우려를 인식한 정도
　2. 위반행위로 인하여 수탁기업과 다른 사람이 입은 피해규모
　3. 위법행위로 인하여 위탁기업이 취득한 경제적 이익
　4. 위반행위에 따른 개선요구의 내용 및 공표 여부

3조(제품의 결함을 알면서도 필요한 조치를 취하지 않아 소비자에게 생명·신체에 중대한 손해를 끼친 경우)[418] 등 공정거래 관련 법률 및 「기간제 및 단시간 근로자 보호 등에 관한 법률」 등 다른 법률에서도 인정되고 있다.[419] 개정 공정거래법(2018. 9. 18. 법률 제

---

5. 위반행위의 기간·횟수
6. 위탁기업의 재산상태
7. 위탁기업의 피해구제 노력의 정도
④ 제1항 또는 제2항에 따라 손해배상청구의 소가 제기된 경우 「독점규제 및 공정거래에 관한 법률」 제56조의2 및 제57조를 준용한다.

418) 제조물 책임법 제3조(제조물 책임)
② 제1항에도 불구하고 제조업자가 제조물의 결함을 알면서도 그 결함에 대하여 필요한 조치를 취하지 아니한 결과로 생명 또는 신체에 중대한 손해를 입은 자가 있는 경우에는 그 자에게 발생한 손해의 3배를 넘지 아니하는 범위에서 배상책임을 진다. 이 경우 법원은 배상액을 정할 때 다음 각 호의 사항을 고려하여야 한다.
1. 고의성의 정도
2. 해당 제조물의 결함으로 인하여 발생한 손해의 정도
3. 해당 제조물의 공급으로 인하여 제조업자가 취득한 경제적 이익
4. 해당 제조물의 결함으로 인하여 제조업자가 형사처벌 또는 행정처분을 받은 경우 그 형사처벌 또는 행정처분의 정도
5. 해당 제조물의 공급이 지속된 기간 및 공급 규모
6. 제조업자의 재산상태
7. 제조업자가 피해구제를 위하여 노력한 정도

419) 기간제 및 단시간근로자 보호 등에 관한 법률 제13조(조정·중재 또는 시정명령의 내용)
② 제1항에 따른 배상액은 차별적 처우로 인하여 기간제근로자 또는 단시간근로자에게 발생한 손해액을 기준으로 정한다. 다만, 노동위원회는 사용자의 차별적 처우에 명백한 고의가 인정되거나 차별적 처우가 반복되는 경우에는 손해액을 기준으로 3배를 넘지 아니하는 범위에서 배상을 명령할 수 있다.

신용정보의 이용 및 보호에 관한 법률 제43조(손해배상의 책임)
② 신용정보회사등이나 그 밖의 신용정보 이용자(수탁자를 포함한다. 이하 이 조에서 같다)가 고의 또는 중대한 과실로 이 법을 위반하여 개인신용정보가 누설되거나 분실·도난·누출·변조 또는 훼손되어 신용정보주체에게 피해를 입힌 경우에는 해당 신용정보주체에 대하여 그 손해의 3배를 넘지 아니하는 범위에서 배상할 책임이 있다. 다만, 신용정보회사등이나 그 밖의 신용정보 이용자가 고의 또는 중대한 과실이 없음을 증명한 경우에는 그러하지 아니하다.

개인정보 보호법 제39조(손해배상책임)
③ 개인정보처리자의 고의 또는 중대한 과실로 인하여 개인정보가 분실·도난·유출·위조·변조 또는 훼손된 경우로서 정보주체에게 손해가 발생한 때에는 법원은 그 손해액의 3배를 넘지 아니하는 범위에서 손해배상액을 정할 수 있다. 다만, 개인정보처리자가 고의 또는 중대한 과실이 없음을 증명한 경우에는 그러하지 아니하다.
④ 법원은 제3항의 배상액을 정할 때에는 다음 각 호의 사항을 고려하여야 한다.
1. 고의 또는 손해 발생의 우려를 인식한 정도
2. 위반행위로 인하여 입은 피해 규모
3. 위법행위로 인하여 개인정보처리자가 취득한 경제적 이익
4. 위반행위에 따른 벌금 및 과징금
5. 위반행위의 기간·횟수 등
6. 개인정보처리자의 재산상태
7. 개인정보처리자가 정보주체의 개인정보 분실·도난·유출 후 해당 개인정보를 회수하기 위하여 노력

15784호) 제56조 제2항도 부당공동행위(제19조), 불공정거래행위 신고 등에 대한 보복조치(제23조의3), 사업자단체 금지행위 중 부당공동행위(제26조 제1항 제1호)를 위반한 경우 손해액의 3배를 넘지 않는 징벌적 손해배상을 지도록 하고 있다(동 개정법은 2019. 9. 18.부터 시행된다).[420]

한 정도

8. 개인정보처리자가 정보주체의 피해구제를 위하여 노력한 정도

정보통신망 이용촉진 및 정보보호 등에 관한 법률 제32조(손해배상)

② 정보통신서비스 제공자등의 고의 또는 중대한 과실로 인하여 개인정보가 분실·도난·유출·위조·변조 또는 훼손된 경우로서 이용자에게 손해가 발생한 때에는 법원은 그 손해액의 3배를 넘지 아니하는 범위에서 손해배상액을 정할 수 있다. 다만, 정보통신서비스 제공자등이 고의 또는 중대한 과실이 없음을 증명한 경우에는 그러하지 아니하다.

③ 법원은 제2항의 손해배상액을 정할 때에는 다음 각 호의 사항을 고려하여야 한다.

1. 고의 또는 손해 발생의 우려를 인식한 정도
2. 위반행위로 인하여 입은 피해 규모
3. 위반행위로 인하여 정보통신서비스 제공자등이 취득한 경제적 이익
4. 위반행위에 따른 벌금 및 과징금
5. 위반행위의 기간·횟수 등
6. 정보통신서비스 제공자등의 재산상태
7. 정보통신서비스 제공자등이 이용자의 개인정보 분실·도난·유출 후 해당 개인정보를 회수하기 위하여 노력한 정도
8. 정보통신서비스 제공자등이 이용자의 피해구제를 위하여 노력한 정도

공익신고자 보호법 제29조의2(손해배상책임)

① 공익신고등을 이유로 불이익조치를 하여 공익신고자등에게 손해를 입힌 자는 공익신고자등에게 발생한 손해에 대하여 3배 이하의 범위에서 배상책임을 진다. 다만, 불이익조치를 한 자가 고의 또는 과실이 없음을 입증한 경우에는 그러하지 아니하다.

② 법원은 제1항의 배상액을 정할 때에는 다음 각 호의 사항을 고려하여야 한다.

1. 고의 또는 손해 발생의 우려를 인식한 정도
2. 불이익조치로 인하여 공익신고자등이 입은 피해 규모
3. 불이익조치로 인하여 불이익조치를 한 자가 취득한 경제적 이익
4. 불이익조치를 한 자가 해당 불이익조치로 인하여 받은 형사처벌의 정도
5. 불이익조치의 유형·기간·횟수 등
6. 불이익조치를 한 자의 재산상태
7. 불이익조치를 한 자가 공익신고자등의 피해구제를 위하여 노력한 정도

국제사법 제32조(불법행위)

④ 제1항 내지 제3항의 규정에 의하여 외국법이 적용되는 경우에 불법행위로 인한 손해배상청구권은 그 성질이 명백히 피해자의 적절한 배상을 위한 것이 아니거나 또는 그 범위가 본질적으로 피해자의 적절한 배상을 위하여 필요한 정도를 넘는 때에는 이를 인정하지 아니한다.

개정 환경보건법(2019년 6월 13일 시행) 제19조(환경성질환에 대한 배상책임)

① 사업활동 등에서 생긴 환경유해인자로 인하여 다른 사람에게 환경성질환을 발생하게 한 자는 그 피해를 배상하여야 한다.

② 제1항의 피해가 사업자의 고의 또는 중대한 과실에 의하여 발생한 경우에는 고의 또는 손해발생의 우려를 인식한 정도, 손해발생을 줄이기 위하여 노력한 정도, 환경유해인자의 유해성 등을 고려하여 그 피해액의 3배를 넘지 아니하는 범위에서 배상하여야 한다

징벌적 손해배상제도는 손해배상제도가 가지고 있는 고유한 기능인 손해의 전보와 장래의 불법행위에 대한 억제를 함께 추구할 수 있다는 데에 장점이 있다. 그런데 그와 같은 징벌적 손해배상에 대해서는 일반적인 민사책임법제의 혼란이 초래될 수 있는 점, 실손해액보다 많은 배상을 받을 수 있는 까닭에 남소가 우려되는 점, 이른바 사법(私法)의 공법화(公法化)를 초래하는 동시에 국가가 시장에 개입할 여지가 많아지게 되는 점 등의 비판이 가해진다.[421]

이러한 징벌적 손해배상의 경우에도 위법행위, 고의·과실, 손해의 발생 및 위법행위와 손해발생 사이의 인관관계 등의 존재가 입증되어야 한다. 다만, 고의·과실의 입증과 관련하여 하도급법은 "원사업자가 고의 또는 과실이 없음을 입증하는 경우에는 그러하지 아니한다"라고 규정하여(법 제35조 제2항 단서), 공정거래법과 마찬가지로 그 법률을 위반하는 행위의 특수성을 고려해서 고의·과실의 입증책임을 사업자 또는 사업자단체에게 전환시킴으로써 피해자의 입증부담을 완화시키고 있다. 나아가, 하도급법에 따른 손해배상책임에 관해서는 공정거래법이 준용된다(법 제35조 제4항). 즉, 손해배상청구의 소가 제기된 때에 법원은 필요한 경우 공정거래위원회에 대해 당해사건의 기록(사건관계인, 참고인 또는 감정인에 대한 심문조서 및 속기록 기타 재판상 증거가 되는 일체의 것)의 송부를 요구할 수 있고(공정거래법 제56조의2), 하도급법 위반행위로 인해 손해가 발생된 것은 인정되지만 그 손해액을 입증하기 위해 필요한 사실을 입증하는 것이 해당 사실의 성질상 극히 곤란한 경우에 법원은 변론 전체의 취지와 증거조사의 결과에 기초해서 상당한

---

420) 공정거래법 제56조(손해배상책임)

③ 제1항에도 불구하고 사업자 또는 사업자단체는 제19조, 제23조의3 또는 제26조 제1항 제1호를 위반함으로써 손해를 입은 자가 있는 경우에는 그 자에게 발생한 손해의 3배를 넘지 아니하는 범위에서 배상책임을 진다. 다만, 사업자 또는 사업자단체가 고의 또는 과실이 없음을 입증한 경우에는 그러하지 아니하다.

④ 법원은 제3항의 배상액을 정할 때에는 다음 각 호의 사항을 고려하여야 한다. 다만, 사업자가 제22조의2 제1항 각 호의 어느 하나에 해당하는 경우 그 배상액은 해당 사업자가 제19조를 위반함으로써 손해를 입은 자에게 발생한 손해를 초과해서는 아니 된다.

1. 고의 또는 손해 발생의 우려를 인식한 정도
2. 위반행위로 인한 피해 규모
3. 위법행위로 인하여 사업자 또는 사업자단체가 취득한 경제적 이익
4. 위반행위에 따른 벌금 및 과징금
5. 위반행위의 기간·횟수 등
6. 사업자의 재산상태
7. 사업자 또는 사업자단체의 피해구제 노력의 정도

⑤ 제22조의2 제1항 각 호의 어느 하나에 해당하는 사업자가 제3항에 따른 배상책임을 지는 경우에는 다른 사업자와 공동으로 제19조를 위반하여 손해를 입은 자에게 발생한 손해를 초과하지 아니하는 범위에서 「민법」 제760조에 따른 공동불법행위자의 책임을 진다.

421) 윤해성·최응렬·김성규, 전게논문 250, 251면

손해액을 인정할 수 있다(공정거래법 제57조).

징벌적 손해배상에 있어서도 실손해액이 확정되어야 징벌적 손해배상을 위한 배액을 정할 수 있다. 실손해액에 대한 입증책임은 원칙적으로 원고(통상 수급사업자)에게 있다. 손해액 입증은 매우 어려운 일인데 특히 기술자료 유용의 경우 더욱 어렵다. 만약 징벌적 손해배상을 청구하는 원고가 실손해액의 입증을 제대로 하지 못하는 경우에도 손해액 확정에 대한 하도급법 제35조 제4항 및 공정거래법 제57조는 적용된다고 본다.

한편, 징벌적 손해배상이 악의적이고 의도적인 불법행위를 억제하기 위한 것으로 실손해배상주의를 채택하고 있는 우리 법제에서는 이례적인 제도이므로, 매우 엄격한 요건에서만 신중하게 인정할 필요가 있다. 이에 대해 하도급법은 부당하도급대금결정, 부당감액, 부당위탁취소, 부당반품, 기술유용, 보복행위와 같은 수급사업자에게 피해가 큰 일부 행위유형에 대해서 일반적으로 징벌적 손해배상을 인정하는 행위유형별 접근법을 채택하고 있다. 이러한 유형에 해당한다 하더라도 단순한 고의가 아닌 의도적 악성에 의한 불법행위를 억제하기 위한 제도인 징벌적 손해배상소송에서 고의·과실에 대한 입증책임을 원사업자에게 전환한 것에 대해서는 가혹하다는 비판이 있을 수 있다. 일부에서는 경과실에 대해서만 징벌적 손해배상을 인정해야 한다거나,[422] 과실에 의한 징벌적 배상책임을 인정해서는 안 된다는 입장[423]도 있다. 하지만 고의·과실 입증에 필요한 사실관계와 증거들이 피고(원사업자)에 있고 원고(수급사업자)가 이를 확보하기 어려운 우리 민사소송법제에서 일부 악성이 강한 행위에 대하여만 징벌적 손해배상을 인정하면서 입증책임을 전환한 것은 입법적 결단이라고 볼 수 있다. 한편, 손해액의 입증에 있어서도 원고(일반적으로 수급사업자)가 입증하지 못하는 경우 법원이 변론의 전취지 등을 통해 손해액을 인정하도록 한 공정거래법 제57조가 그대로 적용되는 것 역시 논란의 소지가 있다. 징벌적 손해배상제도가 가장 활발하게 이용되고 있는 미국의 경우 대부분의 주에서 일반 민사소송의 증거법칙보다 훨씬 높은 정도의 증명력을 요구하는 것[424]이 참조되어 입법론적으로 개선될 필요가 있다고 본다.

징벌적 손해배상액은 실손해의 3배가 넘지 않는 범위 내에서 법원은 ① 고의 또는 손해 발생의 우려를 인식한 정도 ② 위반행위로 인하여 수급사업자와 다른 사람이 입은 피해규모 ③ 위법행위로 인하여 원사업자가 취득한 경제적 이익 ④ 위반행위에 따른 벌금 및 과징금 ⑤ 위반행위의 기간·횟수 등 ⑥ 원사업자의 재산상태 ⑦ 원사업자의 피해구

---

422) 정환, 하도급법상 징벌적 손해배상제도, 경쟁법연구 제27권, 한국경쟁법학회, 2013, 57면
423) 김두진, 하도급법상 집, 제4호, 한국경영법률학회, 2015, 417면
424) 윤해성·최응렬·김성규, 전게 논문 318면

제 노력의 정도를 고려하여 정하도록 되어 있다(법 제35조 제3항). 아직까지는 징벌적 손해배상액의 결정과 관련하여 참고할만한 법원의 판결은 찾기 어려운 상황이지만, 동 징벌적 손해배상 조항이 경쟁법 위반행위에 대한 3배 배상제도에서 나온 것임을 감안할 때, 가급적이면 실손해의 3배를 기준으로 징벌적 손해배상액을 정한 다음 여러 가지 고려사항을 감안해 최종 결정하는 것이 바람직하다고 본다.

나. 징벌적 손해배상·과징금·벌금 등 제재들 간의 이중처벌 문제와 상호조정

하도급법 위반에 따른 행정제재인 과징금부과처분과 형벌인 벌금은 하도급대금의 2배 이하에서 정하도록 되어 있고, 징벌적 손해배상은 손해액의 3배를 넘지 않는 범위 내에서 정하도록 되어 있다. 만약 하나의 위반행위에 대하여 과징금과 벌금을 부담하고 아울러 손해배상까지 하게 될 경우, 위반행위로 얻은 이익을 훨씬 넘는 금액을 금전적 제재로 부과되게 될 수도 있다.

과징금은 부당이득환수의 성격도 있지만 제재적 성격도 있는 행정제재이고 벌금은 제재적인 성격이 강한 형벌이다. 이에 더해 징벌적 손해배상은 형벌에 준하는 제재적 성격이 강한 손해배상제도이다. 제재와 억지라는 목표를 함께 하는 과징금과 벌금, 그리고 징벌적 손해배상을 함께 부과하는 것이 하나의 행위에 대한 실질적인 이중평가가 이루어져 이중처벌금지에 해당되는 것은 아닌지 논란이 될 수 있다.

과징금과 징벌적 손해배상을 모두 인정하는 소수의 입법례 중 하나에 속하는 영국의 Devenish v. Sanofi-Aventis 판결에서는 유럽연합 집행위원회가 과징금을 부과한 경우 징벌적 손해배상을 인정하면 유럽법상 이중처벌금지원칙(ne bis in idem)에 반하는지 여부가 문제되었다. 영국 지방법원 형평법 재판부(High Court of Justice Chancery Division)는 유럽법원의 판례에 따르면 이중처벌금지 원칙은 단일한 보호법익을 위해 동일한 불법행위에 대해 한번 이상의 제재를 가하는 것을 금지하는 것인 바, 과징금과 징벌적 손해배상은 처벌과 억지라는 동일한 목적을 수행하므로 이중처벌금지원칙에 반한다고 판시했다.[425] 이에 반해 우리 헌법재판소는 부당지원행위 사안에서, 헌법이 금지하는 이중처벌은 거듭된 국가의 형벌권 행사를 금지하는 것일 뿐 형벌권 행사에 덧붙여 일체의 제재나 불이익처분을 부과할 수 없는 것이 아니므로 형사처벌과 과징금의 병과가 이중처벌금지원칙에 반하지 않는다고 판시하였던 점에 비추어 볼 때, 과징금과 징벌적 손해배상을 병

---

425) 유진희·최지필, "하도급법의 집행상의 쟁점", 비교사법 제20권 제1호, 한국비교사법학회, 2013, 228면

과하는 것이 헌법상 이중처벌금지원칙에 반한다고 볼 수는 없다고 한다(헌법재판소 2003. 7. 24. 선고 2001헌가25 결정).

그런데 같은 사건에서 헌법재판소가 형사처벌과 아울러 과징금의 병과를 예정하는 것이 이중처벌금지원칙에 위반되지 않는다 하더라도 그러한 제재들의 총합이 법 위반의 억지에 필요한 정도를 넘어 지나치게 가혹한 것이 되어서는 아니된다는 비례성의 원칙은 준수되어야 한다고 전제하면서도 부당지원행위의 실효성 있는 규제를 위하여 형사처벌의 가능성과 병존하여 과징금 규정을 둔 것을 두고 비례성원칙에 반하여 과잉제재를 하는 것이라 할 수 없다고 보았다. 이에 비추어 볼 때에 과징금과 징벌적 손해배상이 병과될 가능성이 있다는 것만으로 과잉금지원칙에 반한다고 보기는 어렵지만 과징금과 벌금, 그리고 징벌적 손해배상액 간의 합리적인 조정을 통해 비례원칙이 지켜지도록 할 필요가 있다고 본다. 하도급법 제35조 제3항에서 벌금과 과징금에 대해서는 징벌적 손해배상액 산정에 반영하도록 하고 있다. 그래서 전체적인 비례성을 유지하기 위하여 징벌적 손해배상판결이 먼저 선고된 사안에서는 징벌적 손해배상액 중 제재의 성격을 갖는 부분(즉 실손해액을 초과하는 부분)만큼을 과징금 산정시 감액하거나 반영할 수 있도록 하도급과징금고시를 개정하고, 아울러 하도급법 위반에 대한 벌금형 양정기준을 만들거나 법원에서 결정함에 있어 손해배상액과 과징금을 감안하여 결정할 필요가 있다고 본다.

다. 징벌적 손해배상에 대한 법원 판결

부당대금결정, 부당위탁취소, 부당감액, 부당반품, 기술유용에 대하여 3배 이하의 범위 내에서 징벌적 손해배상을 하도록 한 규정이 신설된 이후 법원은 그 적용에 대하여 소극적인 것으로 알려져 있다. 법원은 징벌적 손해배상이 가능한 유형의 행위가 있더라도 징벌적 배상을 명할 정도로 '중대한 악성'이 없으면 징벌적 배상을 명하지 않을 수 있다는 전제에서 그 '중대한 악성' 인정에 대해 상당히 엄격한 태도를 취하는 것으로 보인다.

그런데 최근 하급심에서 하도급법 위반으로 징벌적 손해배상을 인정한 판결이 있다. 원사업자가 수급사업자에게 돌관비용을 지급하지 않기로 하도급계약을 체결한 것에 대하여 하도급법 제4조 제1항의 부당대금결정으로 악성이 강하다고 보면서도 실손해액의 150%를 손해로 배상하라고 판결하였다. 실손해액에 추가하여 그 50%를 징벌적인 손해로 지급하라고 한 것이다(서울중앙지방법원 2019. 6. 14. 선고 2016가합533325(본소), 2017가합568106(반소) 판결). 이 사건에서 법원은 원사업자에게 다음과 같은 점을 들어 악성이 인정된다고 보았다. 원사업자가 돌관공사비를 주기는 커녕 오히려 수급사업자에게 추가 자금

투입을 요구하는 등 거래상 지위남용행위를 했고, 수급사업자는 돌관공사에 따른 계약조정을 요구하지 못해 자금악화를 겪고 공사를 중단하는 등 추가적인 피해를 입었으며, 원사업자는 추가공사대금 없이 공기단축이라는 경제적 이익을 얻었다고 본 것이다. 한편, 해당 사건에서 일률적 단가인하에 대해서도 징벌적 손해배상 청구가 있었는데, 법원은 원사업자의 부당요구가 있었더라도 수급사업자가 이에 수긍해 계약된 이상 징벌적 손해배상을 인정하지 않았다.

고무적인 판결이지만 사견으로는 많이 아쉽다. 하도급법이 5대 위반행위에 대해 위중하다고 본 것이므로, 그 취지상 특별한 사정이 없는 한 징벌적 손해배상 대상인 악성행위로 보아야 한다. 수급사업자 보호 및 제도의 취지라는 측면에서 가급적 높은 징벌적 손해배상률이 인정돼야 한다. 그래서 가급적 3배의 징벌률에서 경감요인을 적용해 최종 손해배상률을 결정하는 것이 바람직하다. 그래야 징벌적 손해배상제도가 활성화되고 공정한 하도급질서가 정착될 수 있기 때문이다. 전향적인 대법원 판결을 기대한다.

서울중앙지방법원 2019. 6. 14. 선고 2016가합533325(본소) : 공사대금,
2017가합568106(반소) : 구상금

【주문】

1. 피고(반소원고)들은 연대하여 원고(반소피고)에게 1,813,164,250원 및 이에 대하여 2015. 6. 30.부터 다 갚는 날까지 연15.5%의 각 비율로 계산한 돈을 지급하라.
2. 원고(반소피고)는 피고(반소원고)들에게 1,103,689,920원 및 그 중 1,014,339,120원에 대하여 2017. 10. 14.부터 다 갚는 날까지 연15%, 89,350,800원에 대하여 2015. 5. 7.부터 2018. 6. 12.까지 연6%, 그 다음날부터 다 갚는 날까지 연15%의 각 비율로 계산한 돈을 지급하라.
3. 원고(반소피고)의 피고(반소원고)들에 대한 나머지 본소 청구를 기각한다.
4. 본소에 관한 소송비용 중 2/5는 원고(반소피고)가, 3/5은 피고(반소원고)들이 각 부담하고, 반소에 관한 소송비용은 원고(반소피고)가 부담한다.
5. 제1, 2항은 가집행할 수 있다.

【청구취지】

[본소]

1. 피고B 주식회사(반소원고, 이하 '피고B'라 한다)는 원고(반소피고, 이하 '원고'라 한다)에게 453,997,719원 및 이에 대하여 2014. 3. 1.부터 2014. 4. 30.까지 연6%, 그 다음날부터 2015. 6. 30.까지 연20%, 그 다음날부터 다 갚는 날까지 연15.5%의 각 비율로 계산한 돈을 지급하라.
2. 피고(반소원고)들(이하 '피고들'이라 한다)은 연대하여 원고에게 3,162,290,910원 및 이에 대하여 2015. 5. 1.부터 2015. 6. 30.까지 연6%, 그 다음날부터 다 갚는 날까지 연15.5%의 각 비율로 계산한 돈을 지급하라.

[반소]

원고는 피고들에게 1,103,689,920원 및 그 중 1,014,339,120원에 대하여 2017. 10. 14.부터 다 갚는 날까지 연15%, 89,350,800원에 대하여 2015. 5. 7.부터 2018. 5. 31.자 청구취지 및 청구원인 변경신청서 부본 송달일까지 연6%, 그 다음날부터 다 갚는 날까지 연15%의 각 비율로 계산한 돈을 지급하라.

【이유】

Ⅰ. 기초사실

1. 당사자의 지위

   가. 피고들은 F주식회사와 함께 공동수급체(다만 F주식회사는 2015. 6. 23. 공동수급체에서 탈퇴하였다)를 구성하여 국군재정관리단으로부터 G시설사업 중 H(이하 'H'라 한다) 및 I(이하 'I'라 한다), 신축공사(이하 'J신축공사'라 한다)를 도급받은 회사들이다.

   나. 원고는 피고들로부터 J신축공사 중 토공사와 H, I가설 및 철근콘크리트 공사(이하 '이 사건 각 공사'라 한다)를 하도급받은 회사이다.

2. 원고와 피고들 사이의 각 하도급계약 및 변경계약 체결

   가. 토공사 관련

   1) 원고는 2014. 1. 6. 피고들과 J신축공사 중 토공사(이하 '토공사'라 한다)에 관하여 공사대금을 819,500,000원(부가가치세 포함, 이하 같다), 공사기간을 2014. 1. 6.부터 2015. 9. 26.까지로 정하여 하도급계약(이하 '토공사 하도급계약'이라 한다)을 체결하였다.

   2) 원고는 2014. 3. 3. 피고들과 토공사 하도급계약의 공사기간을 2014. 3. 3.부터 2015. 9. 26.까지로 변경하고, 2014. 10. 24. 준공기한을 2015. 12. 1.로 연장하면서 I공사 현장에서 발생한 암 제거 공사비를 반영하여 공사대금을 819,500,000원에서 913,000,000원으로 93,500,000원 증액하는 변경계약을 체결하였다.

   나. I, H가설 및 철근콘크리트 공사 관련

   1) 원고는 2014. 3. 12. 피고들과 I가설 및 철근콘크리트 공사(이하 'I공사'라 한다), H가설 및 철근콘크리트 공사(이하 'H공사'라 한다)에 관하여 공사대금을 각 1,870,000,000원, 2,706,000,000원, 공사기간을 2014. 3. 12.부터 2014. 11. 30.까지로 정하여 하도급계약을 체결하였다(이하 각 'I, H하도급계약'이라 하고, 토공사, I, H하도급계약을 합하여 '이 사건 각 하도급계약'이라 한다).

   2) 원고는 2014. 11. 18. 피고들과 사이에 I, H공사의 준공기한을 2015. 5. 31.로 연장하는 내용의 변경계약을 체결하였다.

   3) 원고는 2015. 2. 10 피고들과 H공사의 강관동바리를 시스템 동바리로 설계변경한 내용을 반영하여 H하도급계약의 공사대금을 2,706,000,000원에서 2,965,593,400원으로 259,593,400원 증액하는 변경계약을 체결하였다.

   다. 이 사건 각 하도급계약의 계약조건과 특수조건

   원고와 피고들 사이에 체결된 이 사건 각 하도급계약의 계약조건과 특수조건의 주요 내용은 별지1 기재와 같다.

3. 피고들의 공사대금 지급

가. 피고들은 토공사와 관련하여 2014. 4.부터 2014. 10.까지 원고에게 아래 표 기재와 같이 기성금을 지급하였다.

(단위: 원, 이하 같음)

제1회	2014. 4.	77,000,000	76,519,000
제2회	2014. 6.	16,500,000	16,397,000
제3회	2014. 8.	82,500,000	80,664,000
제4회	2014. 10.	82,500,000	81,984,000
합계		258,500,000	255,564,000

나. 피고들은 I공사와 관련하여 2014. 7.부터 2015. 3.까지 원고에게 아래 표 기재와 같이 기성금을 지급하였다.

제1회	2014. 7.	4,527,600	49,375,400	53,900,000	49,035,400
제2회	2014. 8.	10,626,000	115,874,000	126,500,000	113,763,000
제3회	2014. 9.	4,342,800	47,357,200	51,700,000	44,806,197
제4회	2014. 10.	7,114,800	77,585,200	84,700,000	76,725,200
제5회	2014. 11.	21,806,400	237,793,600	259,600,000	236,169,600
제6회	2014. 12.	21,252,000	231,748,000	253,000,000	229,506,000
제7회	2015. 1.	47,401,200	516,898,800	564,300,000	513,039,800
제8회	2015. 3.	24,763,200	270,036,800	294,800,000	269,862,800
합계		141,834,000	1,546,666,000	1,688,500,000	1,532,907,997

다. 피고들은 H공사와 관련하여 2014. 6.부터 2015. 3.까지 원고에게 아래 표 기재와 같이 기성금을 지급하였다.

제1회	2014. 6.	4,620,000	50,380,000	55,000,000	50,036,000
제2회	2014. 7.	11,275,800	122,927,200	134,200,000	122,088,200
제3회	2014. 8.	11,550,000	125,950,000	137,500,000	123,440,000
제4회	2014. 9.	8,500,800	92,699,200	101,200,000	91,736,200
제5회	2014. 10.	21,252,000	231,748,000	253,000,000	229,836,000
제6회	2014. 11.	22,083,600	240,816,400	262,900,000	239,171,400
제7회	2014. 12.	7,576,800	82,623,200	90,200,000	81,399,200
제8회	2015. 1.	49,249,200	537,050,800	586,300,000	533,053,800
제9회	2015. 2.		167,200,000	167,200,000	167,200,000
제10회	2015. 3.	17,094,000	186,406,000	203,500,000	183,758,000
합계		153,199,200	1,837,800,800	1,991,000,000	1,821,718,800

4. 원고의 공사중단 및 피고들의 이 사건 각 하도급계약 해지 통지

    가. 원고는 이 사건 각 공사를 시행해오던 중 2015. 4. 30.경 자금부족으로 공사를 중단하게 되었다.

    나. 피고들은 2015. 4. 13. 원고에게 이 사건 각 하도급계약에 따른 이행을 최고한 후, 2015. 4. 15. 원고의 현장대리인 공사현장 상주의무위반(계약조건 제9조 및 특수조건 제6조), 공정 착수 지연 및 공사 작업 지시 불응 등으로 이 사건 공사의 완성이 불가능함을 이유로 토공사 하도급계약을 해지한다는 통지를 하였다.

    다. 피고들은 2015. 5. 6. 원고가 공사를 시행하지 않아 현장 운영에 차질이 발생하였고, 2015. 5. 4.자 회의에서 원고가 해지를 요청하였음을 이유로 이 사건 각 하도급 계약을 해지한다는 통지를 하였다.

[인정근거] 다툼 없는 사실, 갑 제2내지 11, 갑 제42내지 44, 갑 제78내지 81호증, 을 제6내지 14, 62, 64내지 76호증, 93, 98호증(각 가지번호 있는 것은 가지번호 포함, 이하 같다)의 각 기재, 변론 전체의 취지

Ⅱ. 본소청구에 관한 판단

1. 이 사건 계약이 불공정계약임을 전제로 한 손해배상 청구

    가. 당사자의 주장

        1) 원고의 주장

            가) 이 사건 각 하도급계약은 수급사업자인 원고로 하여금 간접비를 직접비의 5% 이내만 청구하도록 강제하고, 간접비 항목 중 노무비와 이윤은 청구할 수 없다고 규정하고 있다. 이 사건 각 하도급계약에 의하면 원고에게 책임 없는 사유로 공사기간이 지연되는 경우 이에 따라 증가되는 간접비를 원고가 모두 부담하게 되는바, 이는 하도급거래 공정화에 관한 법률(이하 '하도급법'이라 한다) 제3조의4 제2항 제4호, 동법 시행령 제6조의2 제3호 및 건설산업기본법 제22조 제1항 및 제5항의 제1호 내지 제6호에서 규정한 불공정 계약에 해당한다.

            나) 따라서 피고들은 원고에게 하도급법 제35조 제1항, 제2항에 따라 ① 원고가 이 사건 각 공사에 투입한 직접공사비와 ② 2013년 조달청에서 발간한 건축공사 원가 계산 제비율 적용기준에 따라 계산한 간접비 합계 5,402,442,000원에서 피고가 실제 지급한 공사비 3,892,249,310원을 공제한 1,150,192,690원을 배상할 책임이 있다.

        2) 피고들의 주장

        이 사건 각 하도급계약은 경쟁 입찰을 거쳐 원고가 낙찰자로 선정된 후 원고와 피고들 사이의 합의에 의해 체결된 것이고 그 내용도 원고에게 불리한 것이 아니므로 불공정 계약에 해당하지 않고, 설령 이 사건 각 하도급계약 중 간접비에 관한 약정 부분이 불공정 계약에 해당한다고 하더라도 조달청에서 발간한 건축공사 원가계산 제비율 적용기준에 따라 손해배상금을 산정하여야 할 근거가 없다.

    나. 인정사실

앞서 본 증거들 및 을 제38, 39, 99호증의 각 기재에 의하면 다음과 같은 사실을 인정할 수 있다.

1) 피고들은 이 사건 각 공사에 관하여 최저 낙찰제 방법으로 경쟁 입찰을 실시하였다. H공사의 경우 원고를 포함한 8개 업체가 입찰에 참여하였으며, 원고는 3순위 업체의 입찰 금액인 3,264,067,970원보다 804,067,970원 적은 2,460,000,000원으로 입찰하였고, 원고보다 낮은 입찰단가를 제시하였던 1순위 업체가 계약을 포기함으로써 최종적으로 H공사의 낙찰자가 되었다.

2) 피고들은 이 사건 각 하도급계약 체결 전 현장설명회를 개최하여 원고에게 이 사건 각 하도급계약의 세부적인 내용에 관하여 설명하였다. 피고들이 원고에게 배부한 현장설명서에는, ① 원고가 피고들에게 직접비의 5% 이내의 간접비만 청구할 수 있고, ② 간접노무비 항목 중에서 안전관리비, 고용보험료, 국민건강보험료, 국민연금보험료, 퇴직공제부금비, 노인장기요양보험료를 제외한 나머지 비용은 청구할 수 없으며, ③ 이 사건 각 공사에 필요한 장비를 조달하는 비용 및 폐기물을 처리하는 비용 등을 원고가 부담해야 한다는 사실이 기재되어 있었다.

3) 피고들은 위 현장설명회 개최 후 원고와 이 사건 각 하도급계약을 체결하였는데, 이 사건 각 하도급계약의 내용 중 피고들이 현장설명회에서 설명하지 아니하였던 내용은 없었던 것으로 보인다.

4) 이 사건 각 하도급계약의 계약조건 제14조의2 제1항은 발주자의 요청 혹은 피고들의 설계변경 등에 의하여 공사량의 증감이 발생하는 경우에는 당해 계약금액을 조정하여야 한다고 규정하고, 제5항은 피고들의 지시에 따라 공사량이 증감되는 경우 피고들과 원고는 공사시공 전에 증감되는 공사량에 대한 대금을 확정하여야 하며, 긴급한 상황이나 사전에 대금을 정하기가 불가능한 경우에는 서로 합의하여 시공완료 후 즉시 대금을 확정하여야 한다고 규정하여, 설계변경으로 인하여 공사량이 증가하는 경우 원고가 피고들에게 계약금액 증액을 요청할 수 있는 권리를 인정하고 있다.

5) 원고는 피고들과 이 사건 각 공사 중 2014. 3. 3. 토공사에 관하여, 2015. 2. 10. H공사에 관하여 각 계약금액을 증액하기로 하는 내용의 변경계약을 체결하였다.

다. 관련법령

원고가 이 사건 각 하도급계약이 불공정 계약에 해당한다는 주장의 근거로 제시한 건설산업기본법 제22조, 하도급법 제3조의4, 제4조, 제11조, 제35조, 하도급법 시행령 제6조의2의 내용은 별지2 기재와 같다.

라. 판단

1) 위 나.항에서 본 이 사건 각 하도급계약의 체결 경위와 내용에 비추어 보면, 피고들은 이 사건 각 하도급계약 체결 전 원고에게 계약금액 산정 방식에 관하여 설명하였고, 원고는 사전에 설명된 산정 방식에 따라 계약금액을 정하여 피고들과 이 사건 각 하도급계약을 체결한 사실을 인정할 수 있다.

2) 원고는 간접비를 직접공사비의 일정 비율 내로만 청구할 수 있다는 사정을 감안하여 직접공사비 금액을 조정하는 방식으로 계약금액 총액을 정할 수 있었으므로, 이

사건 하도급계약 자체가 불공정한 계약에 해당하거나 무효라고 볼 수 없다. 따라서 이 사건 각 하도급계약 자체가 무효임을 전제로 원고가 이 사건 각 공사에 실제 투입한 비용 및 조달청에서 발간한 건축원가 원가계산 제비율 적용기준에 따라 계산된 간접비가 이 사건 각 공사의 공사대금으로 인정되어야 한다는 원고 주장은 이유 없다.

3) 다만 이 사건 각 하도급계약은 설계변경 혹은 물가변동으로 인한 경우 계약금액을 조정할 수 있다는 취지의 규정만 두고 있을 뿐, 원고에게 책임 없는 사유로 공사기간 연장 사유가 발생한 경우 원고가 피고들에게 계약금액의 조정을 요구할 수 있다는 취지의 규정을 두고 있지 않다. 또한 이 사건 각 하도급계약의 체결 경위에 비추어 수급사업자인 원고가 원사업자인 피고들에게 원고에게 책임 없는 사유로 공사기간 연장 사유가 발생한 경우 계약금액의 조정을 요구할 수 있는 규정을 추가할 것을 요구할 수 없었던 것으로 판단된다.

4) 따라서 다음의 2. 나.항에서 살펴보는 것과 같이 원고가 자신의 귀책사유 없이 공사기간이 지연되어 그 기간 동안 공사비를 추가로 지출하게 된 경우에도 피고들에게 이 사건 각 하도급계약에 의하여 공사기간 연장으로 인하여 추가로 발생한 공사비를 청구할 수 없게 되었는바, 이 사건 각 하도급계약 중 원고에게 귀책사유 없는 공사기간 연장으로 인한 경우에 원고가 계약금액 조정을 요구할 수 있는 조항을 규정하지 않은 것은 하도급법 제3조의4 제2항 제4호, 동법 시행령 제6조의2 제3호가 규제하는 부당한 특약에 해당하고, 피고들은 같은 법 제35조 제1항에 따라 이로 인하여 원고가 입은 손해를 배상할 책임이 있다.

2. 착공지연으로 인한 손해배상 청구

가. 당사자의 주장

1) 원고의 주장

토공사는 2014. 1. 6.에, H 및 I공사는 2014. 3. 12.에 각 착공하는 것으로 정해져 있었으나, 착공계 발급지연, 터파기 시 지질변환, 지하층 방수공사 지연, 관련 설비업체의 부도 등 피고들의 귀책사유로 착공이 지연되어 실제 공사는 2014. 6.말경에야 시작되었으므로, 피고들은 2014. 2.부터 2014. 5.까지 원고가 이 사건 각 공사의 착공을 준비하기 위하여 투입한 비용인 115,500,000원을 배상할 의무가 있다.

2) 피고들의 주장

가) 피고들은 2014. 2. 10. 대한민국과 원도급계약을 체결하였는데, 피고들이 2014. 1. 6. 원고와 체결한 토공사 하도급계약은 본 계약 체결을 위한 가계약에 불과하므로, 원고가 주장하는 2014. 1. 6.은 토공사의 착공예정일에 해당하지 않는다. 또한 피고들이 방수공사에 착수한 2014. 6.말경 장마가 시작되어 H공사가 일부 지연되었을 뿐 피고들의 귀책사유로 이 사건 각 공사가 지연되지 않았고, 암 제거 공사로 인하여 지연된 기간은 45일에 불과하다.

나) 이 사건 각 공사의 착공이 지연되었다고 하더라도, 원고는 준공예정일 전인 2015. 4.경 이 사건 각 공사를 중단하였으므로 원고가 추가로 간접노무비를 지출한 사실이 없고, 따라서 원고에게 추가 간접노무비 상당의 손해가 발생하지

않았다.

나. 판단

1) 착공지연 사실 인정 여부

앞서 본 증거들 및 갑 제37호증의2, 65, 70호증의2, 을 제2, 34내지 39, 99호증의 각 기재에 의하여 알 수 있는 다음과 같은 사정을 종합하면, 이 사건 각 공사 현장에서 지하수, 실트 층, 경암 등이 발견되고, 피고들이 담당한 방수공사 일정이 지연됨에 따라 토공사는 당초 착공예정일인 2014. 1. 6.보다 지연된 2014. 4.경에, H, I 공사는 당초 착공예정일인 2014. 3. 12.보다 지연된 2014. 6. 28.과 2014. 7. 14.에 각 착공됨으로써 이 사건 각 공사가 지연된 사실을 인정할 수 있다.

가) 피고들은 2013. 12. 4. 이 사건 토공사의 현장설명회를 개최하였는데, 당시 배부된 현장설명서에 계약체결일부터 공사가 개시된다는 내용이 기재되어 있었다. 원고와 피고들은 2013. 1. 6. 이 사건 토공사 하도급계약을, 2014. 3. 12. I 및 H하도급 계약을 각 체결하였다.

나) 피고들은 대한민국과 원도급계약을 체결할 것이 예정된 상태에서 이 사건 각 하도급계약에 관한 입찰을 진행하여 원고를 이 사건 각 공사의 낙찰자로 선정하였고, 이 사건 토공사 하도급계약 체결 당시 계약서에 해당 계약이 가계약에 불과하며 추후 본계약을 체결할 예정이라는 내용을 기재하지 않았으므로, 원도급 계약 체결에 앞서 하도급계약이 체결된 사정만을 근거로 이 사건 각 하도급계약이 가계약에 해당한다고 인정할 수 없다.

다) 원고가 토공사에 착공하기 전 피고들이 파일공사를 시행하였어야 하는데, H공사 현장에 실트 층 및 지하수가 발생하여 원고가 흙막이 벽 공사(이하 '시트파일 공사'라 한다)를 추가로 시행하였고, I공사 현장에 경암이 발견되어 원고가 암 제거 공사를 추가로 시행하느라 피고들의 파일공사가 지연되어 토공사의 착공이 순차 지연되었다. 이에 피고들은 2014. 3. 3. 원고와 이 사건 토공사의 착공예정일을 2014. 3. 3.로 변경하는 변경계약을 체결하였다.

라) 현장소장K를 포함한 원고의 직원들은 2014. 2.경부터 공사현장에 출근하여 대기하고 있었음에도 원고는 피고들이 파일공사를 마친 2014. 4.경에야 토공사 공정에 착수할 수 있었고, 위와 같은 사정변경에 의하여 H공사는 2014. 6. 28.에, I공사는 2014. 7. 14.에 각 착공되었다.

마) H, I공사의 경우 원고가 건물의 골조를 설치하는 작업과 피고들의 방수공사가 서로 교차하여 이루어지는 방식으로 공정이 진행될 예정이었다. 그런데, 피고들이 방수공사를 시행할 무렵 장마철에 진입하여 방수공사가 원활하게 이루어질 수 없었고, 이와 교차로 진행되어야 하는 원고의 골조 공사도 지연되었다.

바) 피고B은 2014. 7. 17. 원고에게 보낸 공문에 H공사는 45일, I는 60일 지연되었다고 기재하였고, 피고B의 현장소장L(이하 'L'이라 한다)는 본사에 동절기 공사가 필요하다는 취지로 품의서를 작성하면서 'H실트층/지하수 발생 및 I경암발생에 따른 공기지연(+1.5개월)'이라고 기재하였다.

2) 착공지연에 따른 손해배상 책임의 발생

위 1. 다.항에서 본 바와 같이 이 사건 각 하도급계약 중 원고에게 귀책사유 없는 공사기간 연장으로 인한 경우에 원고가 계약금액 조정을 요구할 수 있는 조항을 규정하지 않은 것은 하도급법 제3조의4 제2항 제4호, 동법 시행령 제6조의2 제3호가 규정하는 부당한 특약에 해당하고, 피고들은 같은 법 제35조의 제1항에 따라 원고에게 발생한 손해를 배상할 책임이 있다.

3) 손해배상의 범위

가) 손해배상액의 인정

(1) 감정인M(이하 '감정인'이라 한다)의 감정결과 및 변론 전체의 취지에 의하면 이 사건 각 공사의 착공이 지연된 기간 동안 원고에게 발생한 손해액이 89,100,000원(감정의견 B안, 감정서 28쪽)인 사실을 인정할 수 있다.

(2) 따라서 피고들은 하도급법 제35조 제1항에 따라 원고에게 손해배상액으로 89,100,000원 및 그에 대한 지연손해금을 지급할 의무가 있다.

나) 원고 주장에 대한 판단

원고는 2013년 조달청에서 발간한 건축공사 원가계산 제비율 적용기준에 따라 계산한 간접비 상당액도 손해배상액으로 인정되어야 한다고 주장한다(감정의견 A안, 감정서 28쪽). 그러나 위 기준은 이 사건 각 하도급계약의 내용에 편입되지 않았고, 원고에게 발생한 손해액을 산정할 때 위 기준을 적용하여야 할 법령상 근거도 없으므로, 원고의 위 주장을 받아들이지 않는다(위와 같은 이유로 이하 원고가 주장하는 추가공사대금 및 하도급법 위반으로 인한 손해배상 청구와 관련하여 위 기준에 따른 간접비 상당액의 공사대금 또는 손해배상액이 인정되어야 한다는 원고의 주장을 모두 받아들이지 않는다).

다) 피고들의 주장에 대한 판단

(1) 피고들은 ① 감정인이 객관성이 인정되지 아니하는 원고 직원들의 진술에만 근거하여 공사 지연기간을 4개월로 인정하였으므로, 공사 지연기간에 관한 감정인의 판단을 신뢰할 수 없고, ② 원고가 공사 지연기간 동안 지출한 비용에 관하여 객관적인 자료를 제출하지 아니하였음에도 감정인이 임의로 그 비용을 산출하였으므로, 위 감정결과에 따라 손해액을 산정하는 것은 부당하다고 주장한다.

(2) 감정인은 피고B 직원N에 대한 증인신문녹취서, 원고 현장소장K의 진술서 기재 등에 근거하여 이 사건 각 공사의 착공이 지연된 기간을 4개월로 인정하고, 위 기간 동안 현장 상주직원 3명(특급기술자, 고급기술자, 중급기술자)에 대한 노무비와 이에 대하여 이 사건 각 하도급계약의 계약내역서가 규정한 제비율을 적용한 공사비 합계 89,100,000원을 착공지연으로 인한 손해액으로 산정하였다.

(3) 살펴건대, 위 1)항에서 살펴본 착공 지연 경위 및 토공사의 준공기한이 3개월, I, H공사의 준공기한이 6개월 연장된 점, 피고B이 원고에게 보낸 공문에 기재된 공사기간 지연 일수가 합계 105일(H공사 45일+I공사 60일)인 점 등을 고려할 때 감정인이 공사 지연기간을 4개월로 인정한 것이 부당하다

고 보기 어렵다.

(4) 이 사건 각 공사의 공사대금은 기성고에 따라 지급되었으므로, 공사가 지연되어 기성금을 지급받는 시기가 지연된 기간 동안 원고가 지출하였으나 피고로부터 지급받지 못한 공사비 상당액의 손해가 발생한 사실을 인정할 수 있고, 피고B의 직원N에 대한 증인신문녹취서(갑 제70호증의2)와 K의 진술서(갑 제65호증)의 기재에 의하면, 원고의 직원들이 이 사건 각 공사 현장에서 착공을 기다리며 상주하였던 사실을 인정할 수 있으며, 이 사건 각 공사는 그 공사대금 합계가 5,489,000,000원[426]에 이르는 점, 이 사건 각 공사 기간 동안 작성된 작업일보(갑 제46호증)에 원고의 소장, 부장, 대리가 관리직원으로 상주한 것으로 기재되어 있는 점을 고려하면, 감정인이 3인의 직원이 현장에 상주하였음을 전제로 산정한 노무비 상당의 손해액이 과다한 것으로 보이지 않는다. 따라서 감정결과에 관한 피고들의 위 주장은 받아들이지 않는다.

3. 추가 공사대금 청구
  가. 시트 파일 공사
    1) 당사자의 주장
      가) 원고의 주장
        원고는 H공사 현장에서 실트 층 및 지하수가 발견되어 시트 파일 공사를 추가로 시행하였으므로, 피고들은 원고에게 이에 관한 추가 공사대금 40,700,000원을 지급할 의무가 있다.
      나) 피고들의 주장
        원고들은 시트 파일 공사에 소요된 비용을 특정하지 못하고 있고, 원고가 작성한 내역서(갑 제12호증)는 객관적인 자료가 아니므로, 피고들은 원고가 작성한 내역서에 근거하여 산출된 시트 파일 공사비를 지급할 의무가 없다.
    2) 판단
      가) 앞서 본 증거들의 각 기재에 의하면 H공사 현장에서 시트 층 및 지하수가 발견되어 원고가 H공사에 착수하기 전 시트 파일 공사를 시행한 사실, 이러한 공사는 토공사 및 H공사 관련 하도급계약 체결 당시 예정한 공사가 아닌 사실을 인정할 수 있으므로, 피고들은 이 사건 각 하도급계약 계약조건 제14조의2에 따라 원고에게 시트 파일 공사에 관한 추가 공사대금을 지급할 의무가 있다.
      나) 원고가 작성한 투입 및 미불청구 내역서(갑 제12호증)의 신빙성을 인정할 수 있고, 감정인의 감정결과에 의하면 추가된 시트 파일 공사의 공사금액이 34,000,000원(감정의견 B안, 감정서 26쪽)인 사실을 인정할 수 있으므로, 피고들은 원고에게 시트 파일 공사에 관한 추가공사비 34,000,000원 및 이에 대한 지연손해금을 지급할 의무가 있다.

---

[426] 토공사 913,000,000원 + I공사 1,870,000,000원 + H공사 2,706,000,000원

나. 암 제거 공사

1) 당사자의 주장

가) 원고의 주장

원고는 I공사 현장에서 예상하지 못한 경암이 발견되어 암 제거 공사를 추가로 시행하였으므로, 피고들은 원고에게 이에 관한 추가 공사대금 108,900,000원을 지급할 의무가 있다.

나) 피고들의 주장

피고들은 2014. 10. 24. 원고와 암 제거 추가공사비를 반영하여 계약금액을 93,500,000원 증액하는 내용의 변경 계약을 체결하였다. 피고들은 위 변경계약을 통하여 증된 금액 중 81,125,000원을 지급하였으므로, 나머지 12,375,000원만 지급할 의무가 있다.

2) 판단

가) 앞서 본 증거들의 각 기재에 의하면 I공사 현장에서 경암이 발견되어 원고가 암 제거 공사를 추가로 시행한 사실, 이러한 공사는 토공사 및 1공사 관련 하도급 계약 체결 당시 예정한 공사가 아닌 추가공사인 사실을 인정할 수 있으므로, 피고들은 이 사건 각 하도급계약 계약조건 제14조의2에 따라 원고에게 추가 공사대금을 지급할 의무가 있다.

나) 원고는 2014. 10. 24. 피고들과 토공사 관련하여 계약금액을 93,500,000원 증액하는 내용의 변경계약을 체결한 사실은 앞서 본 것과 같고, 원고도 암 제거 공사비용을 반영하여 위와 같이 계약금액을 증액한 사실은 다투지 아니하고 있다.

다) 을 제64호증의4의 기재에 의하면 피고들은 2014. 10. 제4회 토공사 기성금을 지급하면서 '금월 기성 중 030103포장공사의 콘크리트 포장(73,750,000원)은 경암 발생에 따른 토공치환비(85,000,000원) 증액 예정분의 선집행임을 확인합니다'라고 기재하였고, 원고의 공사담당자가 위 기재를 확인하고 서명한 사실을 인정할 수 있다.

라) 위 인정사실에 의하면, 피고들이 원고에게 암 제거 공사비용 중 73,750,000원을 지급한 사실을 인정할 수 있으므로, 피고들이 지급하여야 할 추가 공사대금은 12,375,000원이다. 따라서 이 부분과 관련된 원고의 추가 공사대금 청구는 위 인정범위 내에서만 이유 있고, 피고들이 약정한 공사대금을 초과하여 추가 공사대금을 지급할 의무가 있다는 원고의 주장은 받아들이지 않는다.

다. 시스템동바리 공사

1) 당사자의 주장

가) 원고의 주장

(1) H공사는 강관동바리에서 시스템동바리로 설계가 변경되었고, 이로 인하여 증가된 공사비가 823,900,000원임에도 피고들은 원고에게 242,416,500원만 지급하였으므로, 나머지 차액인 581,483,500원을 추가로 지급하여야 한다.

(2) 피고들은 원고와 변경계약을 체결하면서 시스템동바리의 단가를 17,000원에서 8,800원으로 감액하여 하도급법 제4조 제1항, 제11조 제1항을 위반하

였으므로, 이에 따른 손해로서 피고들이 원고에게 지급하여야 할 공사비의 3배인 1,744,450,500원(=581,483,500원×3배)을 배상할 책임이 있다.

나) 피고들의 주장

    (1) 피고들은 2015. 2. 10. 원고와 H공사 중 강관동바리를 시스템동바리로 변경시공하는 설계변경을 반영하여 H하도급계약의 계약금액을 2,706,000,000원에서 2,965,593,400원으로 259,593,400원 증액하는 변경계약을 체결하고, 2015. 2. 기성금을 지급하면서 시스템동바리 계약내역 중 원고가 시공한 물량 25,080㎡에 대한 공사대금 220,704,000원을 지급함으로써 약정에 따른 계약금액을 모두 지급하였다.

    (2) 피고들이 시스템동바리의 단가를 17,000원에서 8,800원으로 변경한 것은 변경 하도급계약을 통해서 시스템동바리 물량이 크게 증가하여 구입단가가 낮아진 사정을 반영한 것일 뿐 부당하게 감액한 것이 아니다. 또한 원고가 추가공사비를 청구하면서 시스템 동바리의 단가를 8,800원으로 기재한 점에 비추어 보면(갑 제39호증의7), 피고들이 일방적으로 단가를 인하한 것으로 볼 수 없다.

2) 손해배상 책임의 발생

가) 하도급법 제4조 제1항, 제2항 제1호는 정당한 사유 없이 일률적인 비율로 단가를 인하하여 하도급대금을 결정하는 행위를 원도급자의 부당한 하도금대금 결정 행위 중 하나로 규정하고 있다.

나) 갑 제6호증의1 내지 3, 을 제66호증의9, 98호증의 각 기재에 의하면 ① 원고가 2014. 3. 12. H하도급계약을 체결할 당시 시스템동바리의 단가는 17,000원, 물량은 1,182(설치 면적, 이하 같다)로 약정한 사실, ② 원고는 2015. 2. 10. 피고들과 시스템동바리 관련 설계 변경 내역을 반영하여 공사대금을 259,593,400원 증액하는 변경계약을 체결하였는데, 변경계약 체결 당시 시스템 동바리의 단가는 8,800원, 물량은 36,590으로 약정한 사실, ③ 피고들은 2015. 2. H기성금을 정산하면서 원고가 설치한 시스템 동바리의 물량을 25,080으로 인정하고, 단가 8,800원을 적용하여 220,704,000원을 시스템 동바리 비용으로 지급한 사실이 인정된다.

다) 위와 같이 피고들이 시스템 동바리의 단가를 조정한 것이 하도급법 제4조 제1항, 제2항 제1호에 해당하는지에 관하여 보건대, ① 피고들의 주장과 같이 시스템 동바리 설치 면적이 증가함에 따라 대량으로 구입·시공할 경우 시스템동바리의 단가가 낮아진다고 볼만한 근거가 없는 점, ② 이 사건 각 하도급계약의 내용상 원고는 증가한 공사물량에 비례하여 증가하는 간접비 중 매우 제한적인 비율만 청구할 수밖에 없으므로 직접공사비에서 이를 일부 보전받아야 함에도, 피고들이 이러한 부분에 대한 고려 없이 단가를 인하할 경우 원고의 부담이 증가하게 되는 점, ③ 피고들의 주장과 같이 단가를 인하하여 적용하기 위해서는 변경계약 체결 당시 예정한 물량을 적용하여 공사대금을 지급하였어야 하는데, 피고들은 실제로 설치된 물량과 인하된 단가를 적용하여 자신에게 가장 유리한

기준에 의하여 공사대금을 정산한 점에 비추어 보면, 피고들이 변경 계약을 체결하면서 이 사건 하도급계약에서 정한 시스템동바리의 단가 17,000원을 8,800원으로 인하한 행위는 하도급법 제4조 제1항, 제2항 제1호가 규정하는 부당한 하도급대금 결정 행위에 해당한다. 따라서 피고들은 하도급법 제35조 제1항에 의하여 원고에게 발생한 손해를 배상할 책임이 있다.

3) 손해배상 책임의 범위

가) 앞서 본 증거들의 각 기재에 의하면 피고들이 원고에게 지급하여야 할 시스템동바리의 대금은 426,360,000원(=원고가 실제로 설치한 물량 25,080×17,000원)이고, 피고들이 이에 관하여 2015. 2. H공사 기성금을 정산하면서 220,704,000원을 지급한 사실을 인정할 수 있으므로, 피고들은 원고에게 나머지 차액 205,656,000원(=426,360,000원−220,704,000원)을 손해배상액으로 지급할 의무가 있다.

나) 원고는 하도급법 제35조 제2항에 근거하여 정당한 공사대금과 실제 지급받은 공사대금의 차액의 3배에 해당하는 금원 상당의 손해배상을 구하나, ① 원고도 변경계약을 체결하면서 피고들의 시스템동바리 단가 인하 요구를 수용하였던 점, ② 원고가 변경계약 체결 당시 또는 기성금을 정산받을 당시 피고들에게 시스템동바리의 단가에 관하여 이의를 제기하지 않았던 점, ③ 원고가 공사비 차액 205,656,000원을 지급받게 되면 시스템동바리 공사와 관련된 손해가 전보될 것으로 보이는 점, ④ 그 외 시스템동바리 단가 인하와 관련하여 피고들에게 하도급법 제35조 제2항이 규정하는 손해배상 책임을 인정할 사정을 발견할 수 없는 점을 고려하여 원고의 주장을 받아들이지 않는다.

라. 돌관공사 관련

1) 당사자의 주장

가) 원고의 주장

(1) 피고B의 현장소장L는 2014. 10. 원고에게 야간 돌관작업을 지시하여 원고가 2014. 11. 1.부터 2015. 4. 30.까지 돌관공사(이하 '이 사건 돌관공사'라 한다)를 하였으므로, 피고들은 이에 대한 추가 공사대금 1,149,500,000원을 지급할 의무가 있다.

(2) 피고들이 이 사건 돌관공사 비용을 부당하게 감액하며 이를 지급하지 않은 것은 하도급법 제4조, 제11조가 규정하는 위반행위에 해당하므로, 피고들은 하도급법 제35조 제2항에 따라 위 돌관공사 비용의 2배에 해당하는 2,299,000,000원(=1,149,500,000원×2배)을 배상할 책임이 있다.

나) 피고들의 주장

(1) 피고들을 대리한 L와 원고는 이 사건 돌관공사에 투입되는 노무비의 50%만 피고들이 부담하기로 합의하였으므로, 이를 초과하는 돌관공사 비용을 지급할 의무를 부담하지 않는다.

(2) 원고가 이 사건 돌관공사에 투입된 비용을 증명하기 위하여 제출한 원고 작성 내역서는 믿을 수 있는 자료가 아니고, 위 자료 이외에 이 사건 돌관공사

에 투입된 비용을 산정할 수 있는 자료가 없다.

2) 피고들의 돌관공사비 지급의무

앞서 본 증거들과 갑 제35내지 36호증의 1, 37호증의1, 2의 각 기재 및 변론 전체의 취지에 의하면, H, I공사의 준공기한이 당초 2014. 11. 30.에서 2015. 5. 31.로 연장되어 동절기 공사가 불가피하게 되었고, 이에 피고들을 대리한 L가 동절기 공사로 인하여 증액되는 금액을 보전해 주기로 약정하여 원고가 2014. 11. 1.부터 2015. 4. 30.까지 동절기 공사, 야간공사를 포함한 돌관공사를 한 사실을 인정할 수 있다. 따라서 피고들은 원고에게 이 사건 각 하도급계약 계약조건 제14조의2에 따라 이 사건 돌관공사 시행에 따른 공사대금을 지급할 의무가 있다.

3) 돌관공사비 및 하도급법 제35조 제2항의 손해액

가) 돌관공사비 부담에 관한 약정의 효력

(1) 갑 제37호증의1의 기재에 의하면 원고는 피고들을 대리한 L와 사이에 돌관공사에 소요된 비용 중 노무비의 50%는 원고가, 나머지 50%는 피고들이 각 부담하기로 약정한 사실을 인정할 수 있다.

(2) 그러나 앞서 본 증거들에 의하여 인정되는 아래와 같은 사정에 비추어 보면, 이 사건 돌관공사 비용 중 노무비의 50%를 원고가 부담하도록 약정한 것은 건설기본법 제22조 제1항, 제5항 제1호에 해당하여 무효이고, 하도급법 제4조 제1항을 위반한 행위에도 해당함을 인정할 수 있다.

(가) 원고의 상무O(이하 'O'라 한다)는 L에 대한 수사기관 조사 과정에서 '노무비는 증액된 부분의 50%씩 부담하기로 한 것은 맞으나, 노무비의 경우 마감 후 15일 이내 받기로 하였고, 기타 비용에 관하여는 정해진 것이 없었다'고 진술하였는바, 이러한 진술과 변론 전체의 취지를 종합하면 재정적 압박을 받고 있던 원고가 노무비의 일부라도 먼저 정산받기 위하여 L의 제안에 응하였던 것으로 인정할 수 있다.

(나) 원고는 2015. 3. 10. 피고들에게 실정보고서(을 제37호증)를 제출하면서 돌관작업 및 공기연장에 따른 자재대금 및 장비대금으로 774,591,390원이 추가 지출되었으므로 이를 보전해달라고 요구하였으나, 피고들은 위 시점까지 노무비를 포함하여 이 사건 돌관공사와 관련된 비용을 정산해주지 않았다.

(다) 앞서 본 이 사건 각 공사의 착공지연 경위에 비추어 보면 원고의 귀책사유로 공사가 지연되어 돌관공사가 시행되었다고 인정할 수 없으므로, 원고가 돌관공사비의 일부를 부담해야 할 합리적인 이유를 발견할 수 없다.

(라) L가 2014. 11. 6. 피고B에 동절기 공사 시행 승인을 요청하며 작성한 품의서의 원가분석표에 피고들이 부담해야 할 공사비로 175,981,639원, 원고가 부담해야 할 공사비로 0원이 각 기재되어 있는바, 피고들도 이 사건 돌관공사 비용을 자신이 전액 부담하는 것으로 예정하고 있었다.

(3) 따라서 피고들은 돌관공사와 관련된 추가 공사비 전액을 지급할 의무가 있

고, 감정인의 감정결과(감정의견 B안, 감정서 25쪽) 및 변론 전체의 취지에 의하면 이 사건 돌관공사비가 896,500,000원인 사실을 인정할 수 있다. 따라서 피고들은 이 사건 각 하도급계약 계약조건 제14조의2에 따라 원고에게 돌관공사비 896,500,000원을 지급할 의무를 부담한다.

(4) 원고는 돌관공사비와 별도로 하도급법 제35조 제2항에 근거하여 돌관공사비의 2배에 해당하는 금원 상당의 손해배상을 구하고 있다. 살피건대, 앞서 본 증거들의 각 기재 및 변론 전체의 취지에 의하여 인정되는 다음과 같은 사정을 종합하면 피고들은 원고에게 돌관공사비의 50%에 해당하는 448,250,000원을 손해배상금으로 지급할 책임이 있다.

(가) 원고는 2015. 3. 10. 피고들에게 돌관공사비로 774,591,390원을 정산해 줄 것을 요청하였으나 피고들은 위 비용을 지급하지 아니하였다. 피고들이 원고에게 지급하지 않은 돌관공사비 896,500,000원은 이 사건 각 하도급계약의 공사대금 합계 5,489,000,000원의 16.3%에 이르는바, 원고는 피고들로부터 위와 같은 거액의 돌관공사비를 지급받지 못하여 심한 자금 압박을 받게 되었다.

(나) 돌관공사비를 지급받지 못한 원고가 자신의 하수급업체들에게 하도급대금을 지급하지 못함으로써 원고의 하수급업체들이 공사를 중단하게 되었고, 그로 인하여 이 사건 공사가 2015. 4. 30. 중단되었다.

(다) 피고들은 2015. 5. 4.자 회의에서 원고로부터 돌관공사비로 950,000,000원을 지급해 줄 것을 요구받자, 원고가 잔여기간 내 공사를 완료하고 잔여 미불금 해소를 위해 추가로 자금을 투입하며, 위 950,000,000원은 피고들이 원고의 하수급인들에게 직불처리하는 조건으로만 위 비용을 지급하겠다고 제안하였고, 원고가 위와 같은 피고들의 제안을 수락하지 않아 돌관공사비 950,000,000원이 지급되지 않았다. 위 회의가 있었던 시점은 돌관공사가 완료된 이후이므로 피고들은 원고에게 당연히 돌관공사비를 지급할 의무가 있음에도 불구하고 원고에게 추가 자금 투입을 요구하는 등 자금난을 겪고 있던 원고가 쉽게 받아들이기 어려운 조건을 제시하였는바, 이러한 피고들의 행위는 우월적 지위에 있는 원사업자가 그 지위를 남용한 행위에 해당한다.

(라) 앞서 살펴본 바와 같이 이 사건 각 공사의 착공이 지연되어 전체적인 공사기간이 지연되었고 그로 인하여 돌관공사가 시행되었으므로, 돌관공사비는 공사기간 연장에 따른 추가공사비의 성격을 가진 것으로 볼 수 있다. 피고들은 변경계약을 체결할 때에 암 제거 공사대금, 시스템 동바리 공사대금을 일부 증액하여 주었을 뿐, 공사기간 연장에 따라 시행된 돌관공사비를 반영하여 계약금액을 증액하는 내용의 변경계약을 체결하여 주지 않았다. 앞서 본 것과 같이 이 사건 각 하도급계약의 내용에 따라 계약기간 변경에 따른 계약금액 조정을 요구할 수 없는 지위에 있었던 원고는 돌관공사의 시행으로 인하여 추가 피해를 입게 된 반

면, 피고들은 돌관공사비를 지급하지 아니한 채 공기를 단축하는 경제적 이익을 얻게 되었다.

나) 피고들의 주장에 대한 판단

(1) 피고들은 감정인이 산정한 돌관공사비는 객관적 근거가 부족하므로 이에 근거하여 돌관공사비를 인정할 수 없다고 주장한다.

(2) 살피건대, 원고는 2015. 3. 10. 피고에게 '돌관작업 및 공기연장에 따른 자재대 및 장비대 금액조정'이라는 제목의 실정보고서를 제출하면서, 돌관작업으로 인한 노무비 3억3,000만 원과 당초 준공기한이었던 2014. 11. 3. 이후 공사기간이 연장된 3개월 동안 발생한 추가 자재대금 등 비용 합계 774,591,390원을 청구하였고, 감정인은 위 산출내역에 근거하여 돌관공사 비용을 산정하였다.

(3) 피고들은 위 금액 중 노무비를 제외한 나머지 비용은 돌관공사와 무관하다고 주장하나, 원고가 추가 자재대 등의 비용을 산정한 기간과 돌관공사 기간이 일치하는 점에 비추어 위 추가 비용이 돌관공사 비용과 무관하다고 보기 어렵고, 원고가 제출한 실정보고서의 작성시기와 내용 등에 비추어 보면 위 실정보고서에 기초하여 돌관공사비를 산정한 감정인의 감정결과가 부당하다고 인정할 수 없다. 따라서 피고들의 위 주장을 받아들이지 않는다.

4. 고용보험료 및 폐기물처리비 반환 청구

가. 원고의 주장

1) 피고들이 원고에게 지급하여야 할 기성금에서 고용보험료를 공제한 것은 피고들이 고용보험 및 산업재해 보상보험의 보험료 징수 등에 관한 법률에 따라 부담하여야 할 비용을 원고에게 부당하게 전가한 행위에 해당하고, 폐기물처리비를 공제한 것 역시 하도급법 제11조에서 정한 부당한 대금 감액 행위에 해당하므로, 피고들은 하도급법 제35조 제1항에 의하여 부당하게 공제한 고용보험료 및 폐기물처리비 합계 34,728,003원의 손해를 원고에게 배상할 의무가 있다.

2) 피고들은 기성금에서 고용보험료와 폐기물처리비를 공제함으로써 하도급법 제11조를 위반하였으므로, 하도급법 제35조 제2항에 따라 부당하게 공제한 금액의 2배에 해당하는 69,456,000원(= 34,728,003원×2배)을 배상할 책임이 있다.

나. 판단

앞서 본 증거들에 의하여 인정되는 다음과 같은 사정에 비추어 보면 피고들이 이 사건 각 하도급계약을 체결하기 전에 원고에게 기성금에서 고용보험료 및 폐기물처리비를 공제할 것임을 고지하고 이를 계약 내용에 포함시킨 사실을 알 수 있다. 따라서 피고들이 위 각 비용을 기성금에서 공제한 것은 하도급법 제11조에서 정한 부당한 대금 감액 행위에 해당하지 않는다. 따라서 위 각 비용 상당액의 반환과 위 각 비용의 2배에 해당하는 손해배상액의 지급을 구하는 원고의 청구는 이유 없다.

1) 피고들은 H하도급계약 체결 전 원고에게 교부한 현장설명서(을 제38호증)에 고용보험료에 관하여 '총공사비×32%(노무비율)×2.15% 하도급기성시 공제(노무비율 및 공제비율은 법률개정에 따라 변경)'라고 기재하여 원고를 비롯한 응찰자들에게 하

도급대금에서 피고들이 실제 고용보험료로 지급한 금원이 공제된다는 사실을 고지하였다.

2) 피고들은 위 현장설명서에 기재된 내용에 따라 특수조건 제14조 제4항에 '피고들이 원고에게 지급하는 일반관리비 중에는 고용보험료가 포함되어 있으므로, 근로자 및 사업주가 부담해야할 보험료를 피고들이 원고에게 지급해야 할 공사비에서 공제한다'고 규정하였다.

3) 피고들은 위 현장설명서에 '폐기물처리비는 일괄 원사업자가 처리 후 그 비용을 매월 기성지급시마다 기성률에 의거 공제한다(일반사항 38)'고 기재하여 원고에게 폐기물처리비를 부담할 의무가 있음을 설명하였다.

4) 원고는 이 사건 각 하도급계약을 체결할 당시 또는 이 사건 소를 제기하기 전까지 피고들에게 위 각 비용의 공제에 관하여 이의를 제기하지 않았다. 또한 피고들이 기성금에서 공제한 고용보험료 및 폐기물처리비가 과하다고 볼 수 있는 증거가 제출되지 않았다.

5. 직영투입비 공제 금액의 반환 청구

가. 당사자의 주장

1) 원고의 주장

가) 피고들은 2015. 4. 기성금을 정산하면서 직영투입비 명목으로 H공사 기성금에서 84,855,500원을 공제하였다. 이러한 피고들의 행위는 하도급법 제11조 제1항이 규정한 부당한 감액행위에 해당하므로, 피고들은 하도급법 제35조 제1항에 의하여 부당하게 공제한 위 금액 상당의 손해를 배상할 책임이 있다.

나) 피고들은 기성금에서 직영투입비를 공제함으로써 하도급법 제11조를 위반하였으므로, 하도급법 제35조 제2항에 따라 부당하게 공제한 금액의 3배에 해당하는 254,566,500원(=84,855,500원×3배)을 배상할 책임이 있다.

2) 피고들의 주장

직영투입비는 원고가 공사를 포기한 이후 원고가 시공한 부분에서 다수의 하자가 발견되었고, 이를 신속하게 보수하지 않을 경우 후속업체가 잔여 공사를 시공하지 못할 정도에 이르렀기 때문에 하자를 보수하고 비용상당액을 공제한 것이다.[427]

나. 판단

1) 피고들이 2015. 4. 원고에게 지급하여야 할 H공사 기성금에서 직영투입비 명목으로 84,855,500원을 공제한 사실은 당사자 사이에 다툼이 없다. 그런데 을 제94호증의 기재에 의하면, 피고들은 원고가 이 사건 각 공사를 중단하기 전인 2014. 11.경부터 2015. 3.경까지 발생한 비용 및 자재대금을 직영투입비에 포함시켰음을 알 수 있고, 피고들이 이 사건 각 공사가 중단된 뒤에 공사현장 정리를 위하여 위 비용을 지출하였다고 볼만한 자료가 없다. 또한 을 제94호증의 기재에 의하면, 직영투입비가 피

---

427) 피고들은 2018. 5. 31.자 준비서면에서는 직영투입비에 관하여 '원고가 하도급공사를 중단하고 공사인원을 철수시킨 이후 방치한 공사현장을 피고들이 직접 청소하거나 원고가 오시공한 부분을 철거하고 재설치하는데 투입한 비용이다'라고 주장하면서 을 제94호증을 제출하였다가(준비서면 10면), 2019. 5. 14자 준비서면에서 위와 같이 주장을 변경하였다(준비서면 54면).

고들이 주장하는 내용의 하자보수비와 무관한 사실을 인정할 수 있다(갑 제74호증의1, 갑 제75호증의 1의 각 기재에 의하면 피고들은 각 H, I공사에 대하여 별도로 하자보수예치금을 산정하여 이를 공제하였다).

2) 따라서 피고들이 원고와 합의하지 않은 상태에서 직영투입비 명목으로 기성금에서 84,855,500원을 공제한 행위는 하도급법 제11조 제1항이 규정한 부당한 감액행위에 해당하는 것이므로, 피고들은 하도급법 제35조 제1항에 따라 원고에게 부당하게 공제한 직영투입비 84,855,500원을 손해배상금으로 지급할 책임이 있다.

3) 원고는 하도급법 제35조 제2항에 의하여 위 직영투입비의 3배에 해당하는 손해배상을 구하고 있다. 살피건대, 앞서 본 증거들의 각 기재 및 변론 전체의 취지에 의하여 인정되는 다음과 같은 사정을 종합하면 피고들은 원고에게 위 직영투입비에 50%에 해당하는 42,427,750원을 손해배상금으로 지급할 책임이 있다.

가) 피고들은 2015. 4. 기성금을 정산하면서 4개 층 중 3개 층까지 시공하였음을 이유로 H공사의 기성고를 74.49%로 산정한 후, 별다른 근거도 제시하지 아니한 채 직영투입비라는 명목으로 84,855,500원을 공제하였다.

나) 피고들은 위와 같은 직영투입비가 발생 기간과 내역에 비추어 공제할 수 없다는 사실을 알고 있음에도 불구하고 임의로 이를 기성금에서 공제하여 원고에게 2015. 4.분 H공사 기성금을 지급하지 않았는바, 이러한 피고들의 행위는 우월적 지위에 있는 원사업자가 그 지위를 남용한 행위에 해당한다.

다) 원고는 피고들로부터 2015. 4.분 H공사 기성금을 지급받지 못하였고 자금난이 악화되어 결국 2015. 5. 6. 이 사건 각 하도급계약이 해지되면서 손실을 입게 되었다. 반면 피고들은 직영투입비 상당의 H공사 기성금을 지급하지 않음으로써 경제적 이익을 얻게 되었다.

6. P공사비 청구

가. 원고의 주장

1) 피고B은 소외 Q주식회사(이하 'Q'이라 한다)에 P나들목 공사(이하 'P공사'라 한다)를 하도급주어 공사를 진행하던 중 2013. 10.경 Q의 부도로 P공사가 중단되었다. 이에 피고B의 현장소장R은 남은 공사를 원고에게 하도급주면서 원고가 먼저 공사를 하면 나중에 공사대금을 정산하여 주겠다고 약속하였다.

2) 원고는 2013. 10.부터 2014. 7. 20.까지 P공사를 수행하면서 공사비로 793,997,719원을 지출하였고, 피고B은 그중 3억4,000만 원을 직불처리하였으므로, 피고B는 원고에게 미지급 공사대금 453,997,719원을 지급할 의무가 있다.

3) 또한 피고B이 원고에게 P공사를 하도급주면서 하도급계약서를 작성하여 주지 않은 것은 하도급법 제3조 제1항이 규정하는 위반행위이므로, 피고B은 원고에게 하도급법 제35조 제1항에 따라 위 453,997,719원을 배상할 책임이 있다.

나. 판단

1) 갑 제18, 19호증의1, 26, 갑 제31호증의1 내지 9, 32, 33호증의1의 각 기재, 증인S, T, R의 각 일부 증언에 의하면 ① 피고B의 직원U은 2013. 10.경 Q이 부도나자 원고에게 하도급 공사 수주를 제안한 사실, ② 피고B은 원고에게 하도급대금으로 약4

억2,000만 원을 지급하겠다고 제안하였으나 원고가 이를 거절한 사실, ③ 원고 직원 T이 P공사 현장에서 공사를 일부 수행한 사실은 인정된다.

2) 그러나 앞서 본 증거들의 각 기재와 증인들의 일부 증언 및 변론 전체의 취지에 의하여 알 수 있는 다음과 같은 사정을 종합하여 보면, 위 인정사실 및 원고 제출 증거만으로는 원고가 피고B과 하도급계약을 체결하고 P공사를 수행한 사실을 인정하기 부족하고 달리 이를 인정할 증거가 없다. 따라서 원고가 피고B과 하도급계약을 체결하였음을 전제로 한 원고의 미지급 공사대금 청구 및 손해배상 청구는 모두 이유 없다.

가) 피고B의 현장소장이었던 R은 'U과장, V차장과 협의하여 원고를 투입할 수 있도록 본사와 계약을 추진하도록 지시하여 U과장이 본사토목부에 원고와 합의한 계약서류를 작성 결재를 올렸다'고 진술하였다(갑 제33호증의1). 그러나 위 진술서 기재만으로는 원고가 피고B과 P공사에 판하여 하도급계약을 체결하기로 합의하였는지 여부가 분명하지 아니하며, P공사와 관련하여 원고와 피고B 사이에 작성된 하도급계약 체결과 관련된 서류가 존재하지 않는다.

나) O는 2015. 5. 28. 피고B을 고소하면서 고소장에 P공사를 4억2,500만 원에 수주하였다고 기재하였으나(갑 제19호증의1), T은 이 법정에서 직접 공사비 기준으로 6억 원에 공사를 수주하기로 합의하였다고 증언하는바, P공사의 공사대금에 관한 원고 직원들의 주장이 다르다.

다) T은 이 법정에서 당시 자신이 데리고 있던 W반장이 현장에 상주하며 공사를 수행하였고 그 외 목수, 철근 관련 인력을 투입하였다고 증언하였으나, 원고는 P공사 현장에 어떤 인력을 파견하였고, 이들에게 얼마의 노무비를 지급하였는지 알 수 있는 자료를 제시하지 못하였다. 원고 주장에 의하더라도 피고B이 직불처리한 금액이 3억4,000만 원이라는 것인바, 원고가 건설 인력을 피고B에 소개하여 주고, 피고B이 이들에게 직접 노무비를 지급하는 방식으로 공사가 이루어졌을 가능성을 배제하기 어렵다.

라) 원고는 P공사에 투입한 자재비에 관한 자료로 갑 제27내지 29호증을 제출하였으나, 위 증거들에 기재된 금액이 합계 1,289,950원에 불과하여, 위 각 증거의 기재만으로 원고가 7억 원 상당의 하도급 공사를 수행한 사실을 인정하기에 부족하다.

Ⅲ. 반소청구에 관한 판단

1. 피고들의 공사대금 대위변제로 인한 구상금 청구

가. 청구원인에 대한 판단을 제24, 25, 47내지 61호증, 제77호증의1내지 104의 각 기재에 의하면, ① 2015. 5. 14.경부터 원고로부터 임금 및 자재·장비비 등을 받지 못한 근로자 및 자재·장비 업체들이 X사업단에 민원을 제기한 사실, ② 피고들은 위 근로자 및 자재·장비 업체들과 사이에 피고들이 원고의 채무 중 일부를 대위변제하고 근로자 및 자재·장비 업체들은 피고들이 자신들의 권리를 대위행사하는 것을 승낙하기로 합의한 사실, ③ 피고들은 위 합의에 따라 원고의 채무 중 별지3 기재와 같이 1,014,339,120원

을 대위 변제한 사실을 인정할 수 있다. 따라서 원고는 피고들에게 1,014,339,120원 및 이에 대한 지연손해금을 지급할 의무가 있다.

나. 원고의 주장에 대한 판단

1) 피고들이 변제한 채무 중 일부는 자신의 채무를 변제한 것이라는 주장

가) 원고는, 피고들이 Y주식회사에 변제한 6,500,000원, 주식회사Z에 변제한 2,500,000원, 주식회사AA에 변제한 59,850,000원은 피고들이 이 사건 각 하도급계약을 해제하고 직접 공사를 수행하는 과정에서 발생한 공사비로서, 피고들 자신의 채무를 변제한 것일 뿐 원고의 채무를 대위변제한 것이 아니라고 주장한다.

나) 살피건대, 을 제47호증의2, 52호증의1, 54호증의1의 각 기재에 의하면, 위 각 회사들은 피고들과 사이에, 2015. 3.까지 발생한 원고의 미지급 채무를 피고들이 대신 지급하기로 합의하는 한편, 이 사건 각 하도급계약이 해지된 2015. 5. 6.경부터 위 각 회사들이 자재 및 장비를 철수할 때까지 발생한 임대료를 피고들이 원고 대신 지급하기로 합의한 사실을 인정할 수 있다.

다) 이 사건 각 하도급계약이 2015. 5. 6. 해지된 이후에 위 각 회사들이 이 사건 각 공사현장에서 철수할 때까지 발생한 임대료는 원고와 위 각 회사들 사이에 정산되어야 할 비용이라 봄이 타당하므로, 원고의 위 주장은 이유 없다.

2) 피고들이 이해관계 없는 제3자로서 원고의 의사에 반하여 변제하였다는 주장

가) 원고는 피고들이 원고의 채무를 대위변제하는 것에 대하여 반대의사를 표시하였다고 주장한다. 그러나 원고가 피고들의 대위변제에 대하여 반대의사를 표시하였다고 볼만한 증거가 없고, 오히려 을 제12호증의 기재에 의하면 원고는 2015. 5. 4. 피고들과 이 사건 각 하도급계약을 해지하기로 하는 내용의 회의를 하면서 '미불자료는 B측에 전달하겠다'라고 말한 사실을 인정할 수 있다.

나) 채무자의 의사에 반하지 않는 한 변제할 정당한 이익이 없는 자라 할지라도 채무자를 위하여 변제한 자는 변제와 동시에 채권자의 승낙을 얻어 채권자를 대위할 수 있고, 피고들이 원고의 근로자 및 하수급업체들로부터 대위에 관한 승낙을 얻은 사실은 앞서 본 것과 같으므로, 피고들은 원고에게 대위변제금에 대한 구상을 청구할 수 있다. 따라서 원고의 위 주장은 이유 없다.

2. 피고들의 선급금 반환 청구

위 Ⅰ. 4.항에서 살펴본 것과 같이 이 사건 각 하도급계약이 2015. 5. 6. 해지되었고, 피고들이 원고에게 지급한 선급금 중 기성금으로 정산된 금액은 Ⅰ. 3.항에서 살펴본 것과 같으므로, 원고는 피고들에게 아래 표 기재와 같이 기성금으로 정산된 선급금을 제외한 나머지 선급금 합계 89,350,800원 및 이에 대한 지연손해금을 지급할 의무를 부담한다.

H 공사	227,304,000	153,199,200	74,104,800
I 공사	157,080,000	141,834,000	15,246,000
합계			89,350,800

Ⅳ. 결론

1. 피고들이 원고에게 지급하여야 할 금액

    피고들은 연대하여 원고에게 ① 착공지연으로 인한 손해배상금 89,100,000원, ② 시트 파일 공사대금 34,000,000원, ③ 암 제거 공사대금 12,375,000원, ④ 시스템동바리 공사대금 205,656,000원, ⑤ 이 사건 돌관공사 비용 896,500,000원 및 하도급법 제35조 제2항에 따른 손해배상금 448,250,000원, ⑥ 직영투입비 84,855,500원 및 하도급법 제35조 제2항에 따른 손해배상금 42,427,750원 합계 1,813,164,250원 및 이에 대하여 이 사건 각 하도급계약 계약조건 제20조 제1항에 따라 원고가 이 사건 각 공사의 목적물을 피고들에게 인도한 2015. 4. 30.부터 60일이 경과한 다음날인 2015. 6. 30.부터 다 갚는 날까지 하도급법 제13조 제8항에 따라 공정거래위원회가 정하여 고시하는 이율인 15.5%의 비율에 의한 지연손해금을 지급할 의무가 있다.

2. 원고가 피고들에게 지급하여야 할 금액

    원고는 피고들에게 1,103,689,920원(=대위변제금 1,014,339,120원+선급금 89,350,800원) 및 그 중 1,014,339,120원에 대하여 피고들이 구하는 바에 따라 이 사건 반소장 부본 송달일 다음날인 2017. 10. 14.부터 다 갚는 날까지 소송촉진 등에 관한 특례법이 정한 연15%의, 89,350,800원에 대하여 피고들이 구하는 바에 따라 이 사건 각 하도급 계약이 해지된 다음날인 2015. 5. 7.부터 2018. 5. 31.자 반소 청구취지 및 청구원인 변경신청서 부본 송달일인 2018. 6. 12.까지 상법이 정한 연6%의, 그 다음날부터 다 갚는 날까지 소송촉진 등에 관한 특례법이 정한 연15%의 각 비율로 계산한 지연손해금을 지급할 의무가 있다.

3. 결론

    원고의 피고들에 대한 본소청구는 위 인정범위 내에서 이유 있어 인용하고, 나머지 본소청구는 이유 없어 기각하며, 피고들의 원고에 대한 반소청구는 이유 있어 인용하기로 하여 주문과 같이 판결한다.

판사 임정엽(재판장), 김새미, 신철순

150 대·중소기업 간 공정거래협약[대·중소기업 간 공정거래협약 체결 및 이행평가 등에 대한 기준(하도급분야)(공정거래위원회 예규 제344호, 2020. 4. 2. 일부개정)]

가. 대·중소기업 간 공정거래협약(상생협약) 개관

공정거래위원회는 대·중소기업 간의 공정한 거래질서 유지와 상생협력을 위하여 대기업, 중소기업, 정부 간의 삼각공조 프로그램(TCP: Triangle Cooperation Program)인 '대·중소기업 간 공정거래협약'(이하 '협약') 제도를 운용하고 있다. 협약은 대기업의 자율적인 참여를 전제로 하는 것으로 대기업이 자신과 거래하고 있는 협력업체들과의 상생을 위하여 공정거래 및 각종 지원에 관한 세부사항을 협약이라는 형식으로 사전에 제시하여 그 내용을 이행하고 그 결과를 공정거래위원회가 평가하는 제도이다.

협약의 구체적인 내용을 살펴보면 대기업은 서면계약서 발급, 현금결제비율 확대, 대금지급기간 단축 등 공정한 하도급거래와 중소기업에 대한 기술 및 자금지원 등을 약속하고, 이에 대해 중소기업은 생산성 향상 및 원가절감을 위한 기술개발, 공정개선, 품질개선, 물류개선 등 혁신활동을 전개함으로써 상생협력할 것을 서로 약속하는 것이다.

2007년 9월 공정거래협약 제도가 도입된 이래 2019년 12월 31일까지 1,885개 대기업이 약 39만 개 중소협력사(가맹사업자 및 대리점 포함)와 협약을 체결하였다.

2011년에는 공정거래위원회와 동반성장위원회가 공동으로 기업의 동반성장 관련 노력을 평가하는 '동반성장지수' 제도를 도입하였다. 사회적 관심이 높고 동반성장의 파급효과가 큰 기업을 중심으로 동반성장위원회가 선정한 동반성장 지수 평가 대상기업에 대해서는 공정거래위원회의 협약평가결과와 동반성장위원회의 체감도 조사결과를 합산하여 최우수, 우수, 양호, 보통의 4등급으로 구분하여 평가하고 있다. 2019년 6월 총 189개 기업에 대한 평가결과 30개 기업이 최우수등급, 64개 기업이 우수등급으로 평가되었다.

[최근 3년간 '동반성장지수' 평가 결과]

구분	기업수	평가결과
2017년도 평가	155	• 최우수(25) : 기아자동차, 네이버, 삼성전기, 삼성전자, 유한킴벌리, 코웨이, 현대다이모스, 현대모비스, 현대오토에버, 현대자동차, 현대제철, 효성, CJ제일제당, KCC, KT, LG디스플레이, LG생활건강, LG유플러스, LG이노텍, LG전자, LG화학, SK건설, SK종합화학, SK주식회사, SK텔레콤
		• 우수(48) : 계룡건설, 대상, 대우건설, 동원F&B, 두산인프라코어, 롯데리아, 롯데마트, 롯데제과, 롯데푸드, 르노삼성자동차, 삼성디스플레이, 삼성물산(건설), 삼성엔지니어링, 삼성중공업, 삼성SDI, 삼성SDS, 세메스, 아모레퍼시픽, 오뚜기, 유라코퍼레이션, 이마트, 코닝정밀소재, 포스코, 포스코건설, 포스코아이시티, 포스코켐텍, 한국인삼공사, 한국항공우주산업, 한온시스템, 한화건설, 한화테크윈, 현대건설, 현대로템, 현대미포조선, 현대삼호중공업, 현대엔지니어링, 현대엘리베이터, 현대중공업, 현대파워텍, 현대홈쇼핑, 호반건설, GS리테일(GS25), GS홈쇼핑, LG하우시스, LG CNS, LS산전, SK하이닉스, SPC삼립
2018년도 평가	181	• 최우수(28) : 기아자동차, 네이버, 대상, 두산중공업, 만도, 삼성디스플레이, 삼성전기, 삼성전자, 삼성SDS, 유한킴벌리, 코웨이, 포스코, 현대다이모스, 현대엔지니어링, 현대자동차, CJ제일제당, KCC, KT, LG디스플레이, LG생활건강, LG유플러스, LG이노텍, LG화학, LG CNS, SK건설, SK종합화학, SK주식회사, SK텔레콤
		• 우수(59) : 농심, 대덕전자, 대우건설, 롯데건설, 롯데마트, 롯데지알에스, 롯데푸드, 롯데홈쇼핑, 르노삼성자동차, 삼성물산 건설부문, 삼성물산 패션부문, 삼성엔지니어링, 삼성중공업, 삼성SDI, 세메스, 신세계, 신세계건설, 신세계인터내셔날, 아모레퍼시픽, 오뚜기, 오리온, 유라코퍼레이션, 이마트, 제일기획, 카카오, 코닝정밀소재, 파리크라상, 포스코아이씨티, 포스코켐텍, 한화테크윈, 현대로템, 현대모비스, 현대미포조선, 현대백화점, 현대삼호중공업, 현대엘리베이터, 현대오토에버, 현대제철, 현대중공업, 현대파워텍, 현대홈쇼핑, 호반건설, 효성, CJ오쇼핑, CJ올리브네트웍스, CJ푸드빌, GS건설, GS리테일(GS25), GS홈쇼핑, LG하우시스, LS산전, LS전선, SK실트론, SK하이닉스, SPC삼립
2019년도 평가	189	• 최우수(30) : 기아자동차, 네이버, 농심, 대상, 만도, 삼성디스플레이, 삼성전기, 삼성전자, 삼성SDS, 유한킴벌리, 현대건설, 현대모비스, 현대엔지니어링, 현대트랜시스, 호반건설, CJ제일제당, GS건설, KCC, KT, LG디스플레이, LG생활건강, LG유플러스, LG이노텍, LG전자, LG화학, LG CNS, SK건설, SK종합화학, SK주식회사, SK텔레콤

구분	기업수	평가결과
2019년도 평가	189	• 우수(63) : 계룡건설산업, 남양유업, 대덕전자, 두산중공업, 롯데마트, 롯데정보통신, 롯데지알에스, 롯데하이마트, 르노삼성자동차, 빙그레, 삼성물산 건설부문, 삼성엔지니어링, 삼성중공업, 삼성SDI, 삼양사, 세메스, 신세계건설, 신세계백화점, 아모레퍼시픽, 오뚜기, 오리온, 웅진코웨이, 유라코퍼레이션, 이랜드월드, 이마트, 제일기획, 카카오, 코닝정밀소재, 파리크라상, 포스코, 포스코건설, 포스코아이씨티, 포스코케미칼, 풀무원식품, 한국야쿠르트, 한국인삼공사, 한국항공우주산업, 현대엘리베이터, 현대오토에버, 현대자동차, 현대제철, 현대홈쇼핑, 호텔신라, 화신, 효성중공업, CJ오쇼핑, CJ올리브네트웍스, GS리테일(GS25), GS홈쇼핑, HSD엔진, KCC건설, LF, LG하우시스, LS산전, SK실트론, SK하이닉스, SPC삼립
계	469	• 최우수 : 총 83개사, 우수 : 총 170개사

　공정거래위원회가 184개 기업을 대상으로 실시한 2019년 공정거래협약 이행평가결과에 따르면, 대·중소기업 간 생생협력 문화가 꾸준히 확산되는 추세에 있는 것으로 볼 수 있다. 업체당 평균 현금 및 현금성 결제비율은 71.64%, 93.41%으로 지난해에 이어 높은 수준으로 나타났다. 대기업의 지원을 받아 협력사가 채용하거나 파견받은 인원, 장기재직 소요 비용을 지원받은 인원은 전년 대비 약 30% 증가했다. 대기업이 금융회사, 신용보증기금, 대·중소기업협력재단 등과 협조하여 중소 협력사에 저리, 보증 등의 형태로 지원하거나 중소 협력사의 기술개발자금 등을 지원한 금액은 총 6조 9,923억 원에 달한다. 또한 대기업과 협약을 체결한 1차 협력사 중 2,700여 개사가 8,700여 개 2차 협력사와 협약을 체결하였고, 그 중 1,200여 개 2차 협력사는 3차 협력사와도 협약을 체결한 것으로 나타나 협약을 통한 상생 효과가 하위 거래 단계로까지 확산될 것으로 기대된다. 이처럼 공정거래협약을 통해 기업들의 공정거래 및 상생협력 노력의 수준이 전반적으로 나아지고 있는 것을 알 수 있다.

　한편, 공정거래협약 제도가 우리 산업의 경쟁력 강화와 대·중소기업 간 거래질서 개선에 보다 큰 기여를 할 수 있도록 2019년 12월 하도급분야 공정거래협약 이행평가 기준을 개정했다. 이번 개정은 협약을 통한 기업 간 상생 문화가 하위 거래단계에 더욱 확산될 수 있도록 유도하고 대기업의 일감 개방을 촉진하는 것에 중점을 두었다. 구체적으로는, 기존에는 '하도급대금 지급관리시스템을 통해 대기업이 1차사에 지급한 금액' 대비 '동 시스템을 통해 1차사가 2차사에 지급한 금액'의 비율이 1.7% 이상인 경우 만점을 받을 수 있었는데, 이번 개정을 통해 그 만점 기준이 3개년에 걸쳐 4%, 7%, 10%로 상향된다. 또한 건설, 정보서비스, 통신업종도 앞으로는 제조업종과 동일하게 하도급대금 지급

관리시스템 도입 여부 뿐만 아니라 그 구체적인 사용 실적에 대해서도 평가가 이루어진다. 아울러, 사업시설관리, 물류, SI, 광고, 부동산과리, MRO 등 산업특성과 무관하게 계열사 간 거래가 빈번한 업종의 일감을 비계열 중소기업에게 개방한 경우 최대 5점의 가점이 부여된다. 계열사 간 거래를 비계열사 거래로 전환한 실적은 협력업체와의 협업을 통해 우리나라 산업 전반의 경쟁력을 강화한 정도를 평가하는 '효율성 증대' 항목에서도 인정된다.

이처럼 공정거래협약을 통해 기업들의 공정거래 및 상생협력 노력의 수준이 전반적으로 나아지고 있을 뿐만 아니라 대·중소기업 간 상생협력이 거래관행 개선에 머물지 않고, 국가경쟁력 강화에도 기여하고 있다.

나. 공정거래협약(상생협약) 개정

그럼에도 불구하고 여전히 대·중소기업 간 힘의 불균형이 해결되지 않고 있으며, 하위 거래 단계로 갈수록 원활한 대금 지급 등의 상생협력 효과도 충분히 전달되지 못한 측면이 있었다. 이에 따라 하위 거래 단계의 상생을 더욱 촉진하고, 대기업의 일감 개방을 유도하는 한편, 협약 제도의 신뢰성 제고를 위해 「대·중소기업간 공정거래협약 이행평가 등에 관한 기준(하도급분야)」를 개정하였다.

주요 내용으로는, 먼저 하위 거래 단계로의 원활한 대금 지급을 유도하기 위해 기존에는 '하도급대금지급관리시스템을 통해 대기업이 1차사에 지급한 금액' 대비 '동 시스템을 통해 1차사가 2차사에 지급한 금액'의 비율 만점 기준을 1.7% → 4%로 상향하고, 건설, 정보서비스, 통신업종에서도 하도급대금지급관리시스템 도입 여부뿐만 아니라 구체적인 사용 실적을 평가하기로 하였다. 아울러, 2차 이하 거래 단계에서도 상생결제 시스템을 이용한 하도급대금지급이 보다 활성화되도록 '현금결제비율' → '현금 및 상생결제비율'로 평가기준을 개편하였다.

또한, 하도급대금 적극 조정을 유도하기 위해 하도급업체의 책임없는 사유로 공사기간이 연장되거나 납품기일이 늦어졌을 때 이를 이유로 한 협력업체의 하도급대금 증액 요청을 수용한 경우를 평가 기준에 추가하였고, 일감 개방을 유도하기 위해 사업시설관리, 물류, SI, 광고, 부동산 관리, MRO 등 산업특성과 무관하게 계열사 간 거래가 빈번한 업종의 일감을 비계열 중소기업에게 개방한 경우 최대 5점의 가점이 부여되도록 하였다.

이에 더해, 평가 제도의 합리성과 신뢰성을 높이기 위해, 법 위반 혐의가 있어 공정위에 안건이 상정되어 있는 기업의 경우 그 심의 결과가 나올 때까지 평가 결과 확정을 보류하며, 하도급법에 의해 부과된 벌점이 누적되어 공공입찰참가제한·영업정지 요청 대상이 된 기업의 경우 앞으로 요청일로부터 1년 간 협약 평가 대상에서 제외하기로 하였다.

이번 협약 평가 기준 개정으로 협약 제도를 통한 상생협력의 문화가 하위 거래 단계에서도 정착될 수 있을 것으로 기재되며, 협약 평가가 보다 합리적이고 내실있게 이루어져 더 많은 기업들이 협약 제도에 적극 동참할 것으로 기대된다.

다. 대·중소기업 간 공정거래협약(상생협약)의 의의, 당사자 및 담겨야 할 내용

협약은 대기업과 중소기업 협력사가 하도급법, 공정거래법 등 공정거래위원회 소관 관련법규 및 대·중소기업 상생협력 촉진에 관한 법률(이하 '상생협력법')의 자율적인 준수와 상생협력을 스스로 다짐하는 약속이다(공정거래협약기준 제1조). 상생협약의 당사자는 하도급법 제2조의 규정에 의한 원사업자와 거래 중에 있는 수급사업자가 되지만, 일정한 협약의 경우 비하도급관계에 있는 대기업과 중소기업(직전연도 매출액이 5천억 원 미만인 중견기업 포함)인 협력사도 당사자가 될 수 있다.[428] 원사업자 또는 대기업은 협약체결 당시 거래 중에 있는 모든 수급사업자 또는 중소기업협력사와 동일한 내용의 협약을 각각 체결하는 것을 원칙으로 하되, 협력사를 대표하는 단체의 대표가 구성원의 위임을 받아 일괄하여 협약을 체결할 수 있다(공정거래협약기준 제3조 제1항, 제2항).

라. 협약의 구성내용(공정거래협약기준 제4조 내지 제8조의1)

협약에는 ① 협약 당사자 간의 공정한 계약 체결·이행을 위한 사항, ② 법위반 예방 및 법준수 노력을 위한 사항, ③ 상생협력 지원 사항, ④ 협약 평가기준의 준수, 협약내용 및 평가 자료의 공정거래위원회 제출 등 기타 협약 관련 사항 등이 담겨야 한다(기준 제4조).

(1) 공정한 계약 체결·이행을 위한 사항

① 계약 체결과정의 공정성을 위한 사항
  1. 협력업체의 공정한 선정(등록)을 위한 실천사항 준수(별표 5)
    가. 협력업체 선정(등록) 및 취소기준의 객관·공정성 제고
    나. 협력업체 선정(등록) 및 취소기준, 절차 및 결과의 사전공개

---

428) 2018. 1. 1. 공정거래위원회예규 제301호로 개정된 기준에서는 상대적으로 매출액 규모가 작은 중견기업에 대해서는 보다 완화된 평가기준이 적용될 수 있도록, 평가기준을 매출액 규모에 따라 ① 5천억 원 미만, ② 5천억 원 이상~1조 원 미만, ③ 1조 원 이상~2조 원 미만으로 세분화하였다.

    다. 등록업체에 대한 공정한 입찰참가기회 부여 등

  2. 계약이전 주요정보(물량, 납기 등) 사전알림시스템 구축 : 대기업이 협력사와 위탁계약을 체결하기 전에 충분한 기간을 두고 위탁예정 사실·물량·납기 등 위탁과 관련된 중요한 정보를 일정한 수단을 통해 협력사에 미리 알리는 것을 의미

② 서면계약내용의 충실성·공정성을 위한 사항

  1. 표준하도급계약서 사용(해외건설현장에서 국내업체와 하도급계약을 체결한 건설업자의 경우 해외건설표준하도급계약서의 사용도 포함)

  2. 수급사업자의 권익증진을 위한 조항 명시 여부

    다음의 조항을 계약서에 반영하고, 해당 조항의 내용을 수급사업자의 권익을 증진하는 방향으로 설정하는 것을 의미

    가. 기술자료 제공을 요구할 수 있는 요건 및 범위

    나. 단가조정신청 및 협의절차

    다. 특정업체의 물품·장비·인력 등을 사용하도록 요구할 수 있는 요건

    라. 납품과정에서 소요되는 각종 비용(운송비, 검사비용 등)의 부담주체

    마. 목적물 검사에 관한 기준 및 방법

    바. 수령 이후 발견된 하자에 대한 책임귀속주체·부담비율

    사. 추가공사 위탁시 서면발급 및 원사업자 비용부담(건설업종에 한한다)

    아. 결과물에 대한 지식재산권의 귀속주체(정보서비스업종, 광고업종에 한한다)

  3. 하도급대금 지급조건 명시여부 : 대금지급일수, 결제수단 등 대금지급조건을 계약서에 명시하는 것을 의미

  4. 대기업 및 협력사의 계약불이행에 따른 페널티의 명시 여부

    대기업의 계약불이행(수령지연, 계약해제 등)에 대해 부과되는 페널티와, 협력사의 계약불이행(납기지연, 납품수량부족, 계약해제 등)에 따른 페널티를 계약서에 명시하고, 그 수준이 형평성 있게 설정되었는지를 의미

  5. 비밀유지계약 체결(정보서비스업종, 통신업종에 한한다)

    영업상 중요정보가 포함된 자료요구가 수반되는 계약 체결시 그 비밀정보에 대해서는 외부로 누설하지 않을 것임을 약속하는 계약을 별도로 체결하는 것을 의미

  6. 선수금 비율 및 제고 정도(광고업종, 인터넷플랫폼업종에 한한다)

    선수금 비율이라 함은 광고제작 과정에서 광고대행사가 광고제작사에게 지급하는 선수금의 비율을 의미. 선수금이란 발주자로부터 광고대행사가 지급받은 선급금 외에 계약금, 착수금 명목으로 용역수행 이전에 광고대행사가 광고제작사에게 지

급하는 모든 금액을 총칭하며, 선수금 비율은 일정한 기간(1년) 동안 광고대행사가 광고제작사에게 지급한 대금의 누적 총액 중 선수금 누적 총액의 비율을 의미

7. 입찰탈락 회사의 시안 등에 대한 대가 지급(광고업종, 인터넷플랫폼업종에 한정)
광고제작사가 광고대행사에게 입찰과정에서 제출한 기획·시안 등에 대해 광고대행사가 정당한 대가를 지급하는 것을 의미. 시안 등이란, 광고전략 및 광고컨셉을 구체화하여 스토리보드 또는 인쇄그래픽 등으로 표현한 제작물 후보안, 전자문서, 영상, 그 밖에 이에 준하는 것을 의미

③ 계약 이행과정의 공정성을 위한 사항

1. 대금지급조건에 대한 이행결과가 수급사업자의 권익을 증진시킨 정도
대기업이 협력사에게 하도급대금 등의 대금을 지급하는 조건으로서 대금지급절차 마감횟수, 하도급대금 지급일수, 현금결제비율, 현금성결제비율을 말하며, 개선정도라 함은 하도급대금 지급일수의 단축정도, 현금결제비율의 제고정도, 현금성결제비율의 제고정도를 말한다. 대금지급절차 마감이란 대기업이 협력사로부터 목적물을 수령한 후 이에 대한 내부적 지급결정절차를 마무리하는 것을 지칭하는데, 그 횟수가 잦을수록 협력사는 보다 신속하게 대금을 회수할 수 있다는 것을 의미한다. 대금지급일수란 대기업이 마감일로부터 협력사에게 대금을 지급하는 날까지의 경과일수다. 현금결제비율, 현금성결제비율이란 일정한 기간(1년) 동안 대기업이 협력사에게 지급한 대금의 누적 총액 중 각각 현금, 현금성결제수단별 지급액의 비율이다.

2. 페널티 부과에 대한 이행결과가 적절한지 여부

3. 분쟁조정절차 마련 및 운영
대기업이 협력사와의 거래과정에서 발생하는 각종 분쟁을 신속하게 조정하기 위해 직보체계 등 분쟁조정절차 및 기구를 마련하였는지 여부, 분쟁의 사전예방 및 신속한 조정을 위한 수급사업자 의견 청취절차를 마련하였는지 여부를 말한다.

4. 협력사 매출확대 도모 실적
대기업이 협력사에 대해 해외동반진출 기회 제공, 제품전시회 개최 등을 통해 매출확대를 지원하는 것을 말한다.

(2) 법위반 예방 및 법준수 노력을 위한 사항

① 법위반 사전예방시스템 구축을 위한 사항

1. 하도급거래 심의위원회 설치 및 운용을 위한 실천사항 준수(별표 5)

가. 내부 심의위원회 구성

나. 일정한 거래금액 이상의 계약체결 및 가격결정 등에 대해 사전심의

다. 협력업체 등록·취소기준 및 절차의 적정성 여부 심의

라. 특약조건의 부당성 여부, 기술자료 제공요구 가능여부, 특정업체의 물품 등 사용지정 가능여부 등 하도급거래 적법성 여부 사전심의 등

2. 바람직한 서면발급 및 보존을 위한 실천사항 준수(별표 6)

가. 하도급계약서(추가·변경계약서 포함), 하도급계약 확인서면, 목적물 등 수령증명서, 검사결과 통지서, 감액 서면, 기술자료 제공 요구서, 계약변경 내역 통지서 등 7개 서면 발급

나. 위 7개 서면 외에 원자재 등의 가격변동 등에 따라 수급사업자가 하도급대금 조정을 신청한 경우, 신청내용 및 협의내용, 조정금액 및 조정사유를 기재한 서류, 원사업자가 수급사업자에게 목적물 등의 제조 등의 행위에 필요한 원재료 등을 제공하고 그 대가를 하도급대금에서 공제한 경우에는 그 원재료 등의 내용과 공제일·공제금액 및 사유를 기재한 서류 등 각종 서면을 하도급법 시행령 제6조 제2항에 따라 3년간 보존 등

3. 바람직한 계약체결을 위한 실천사항 준수(별표 4)

가. 충분한 협의를 거쳐 정상적인 관행에 적합한 납기를 결정하고, 긴급발주 등의 명목으로 평소보다 짧은 납기를 정한 경우에는 협력사와 협의를 거쳐 합의

나. 원자재가격 인상, 환율 변동 및 물가 인상 요인의 반영 등 합리적 단가산정 방식에 의한 하도급대금 결정 및 조정(납품단가 조정방법 및 절차 도입 등)

다. 부당한 감액행위의 금지 등

4. 불공정 하도급거래행위 차단 시스템 구축 및 운영

불공정 하도급거래행위 차단 시스템 구축 및 운영이라 함은 대기업이 서면미교부, 대금미지급 등 불공정 하도급거래행위의 발생소지를 차단 또는 최소화하기 위한 시스템(예시 : 부품이 입고되는 대로 생산부서에서 입고일자를 자동등록하는 시스템 구축 → 구매부서에서 임의로 입고일자를 늦게 등록하거나 사후에 입고일자를 수정할 수 있는 문제를 제거)을 자체적으로 구축하여 운영하는 것을 말한다.

5. 사내 공정거래 추진부서 설치

대기업은 공정한 하도급거래를 위한 업무를 적극적이고 체계적으로 추진하기 위하여 담당부서를 설치 또는 지정하여 운용한다.

② 법위반 사후감시 시스템 구축을 위한 사항

1. 하도급거래 적법성 사후검증절차 마련 및 운영

일정한 거래금액 이상의 계약건에 대해 계약이 종료된 후 그 적법성을 사후검증하는 절차를 마련 및 운영하였는지 여부를 의미한다. 하도급거래 심의위원회를 통해 해당 안건을 심의하는 방식으로 운영될 수 있는데, 지급기한 내 대금지급 여부, 하자보수 책임의 부당전가 여부, 기술유용행위 발생여부 등 계약 종료 후 발생할 수 있는 하도급법위반행위의 발생 여부를 점검하고 시정하여야 한다.

2. 법위반 임직원에 대한 인사상 불이익 제공

대기업은 법위반 임직원의 소속부서와 관계없이 해당 임직원에 대해 인사상 불이익을 제공해야 한다. 구매담당 임원평가시에는 협력사와의 상생협력 추진실적에 중점을 두어 평가해야 한다.

(3) 상생협력 지원 사항

① 대기업의 협력사에 대한 상생협력 지원(협약체결 이전보다 개선 또는 증가된 것이어야 한다)

1. 금융(자금)지원

대기업이 협력사에게 원자재·장비구입비, 생산자금, 설비투자비, 기술(개발·연구)자금 및 운영비 등 명칭 여하를 불문하고 다음과 같이 지원하는 것(거래대금의 선급금 지급을 제외한다)을 말한다.

가. 직접지원 : 대기업이 직접 협력사에게 자금을 무상으로 제공하거나 기준금리보다 저리 또는 무상으로 대여하거나(연구개발비, 구매조건부 신제품개발비, 민관 공동투자 기술개발비 등), 금형의 소유권을 협력사가 가지면서(금형을 협력사에게 무상으로 영구임대하는 경우를 포함) 협력사의 납품 전에 금형비를 지급하거나, 협력사의 채무를 지급보증하여 지급보증수수료를 부담하거나, 명절을 앞두고 기성금을 선결제하여 금융비용을 부담하는 것 등을 말함(창조경제혁신센터를 통해 비협력사에 자금을 지원하는 것도 직접지원에 해당).

나. 간접지원 : 대기업이 금융기관 등에 협력사의 거래내역·보증·담보 등의 제공 또는 추천을 통하여 협력사에게 기준금리보다 저리의 여신을 제공(대출)하도록 알선 또는 중재하는 등의 방법으로 대출을 지원하는 것을 말함(대기업·금융기관·중소기업 간의 약정을 통한 네트워크론 등).

다. 혼합지원 : 대기업이 직접 금융기관 등에 예금 또는 펀드를 조성하거나, 계열사의 예금 또는 펀드를 이용하여 금융기관으로 하여금 당해 대기업 또는 계열 대기업의 협력사에게 기준금리보다 저리로 여신을 제공하도록 알선 또는 중재하는 등의 방법으로 대출을 지원하거나(상생협력펀드 조성, 펀드공동이용 등), 대기업이 지분투자펀드를 조성하여 1인 벤처기업 등 중소기업을 대상으로 투자하는 것을 말함.

라. 특별지원 : 대기업이 신용보증기금법 또는 기술신용보증기금법에 의거 신용보증기금 및 기술신용보증기금에 직접 보증기금을 출연하거나, 계열사가 출연한 보증기금을 이용하여 보증기관으로 하여금 당해 대기업 또는 계열사의 협력사에게 보증 또는 대출을 지원하거나(상생보증기금 출연 등), 상생협력을 위해 대·중소기업협력재단, 기계산업동반성장진흥재단, 창조경제혁신센터 등에 출연하는 것을 말함.

2. 기술(개발)지원 및 기술보호

대기업이 협력사에게 제공하는 기술 이전, 특허권 제공, 공동연구개발, 신제품·국산화 개발지원, 협력사의 특허 또는 신기술을 채택하여 이와 관련된 신규 하도급계약을 체결하는 등의 지원을 말하며, 기술보호는 협력사의 기술보호를 위한 기술자료 임치제 이용지원, 공동특허출원, 특허출원지원, 영업비밀 원본증명제도 이용지원 등을 말한다.

3. 인력 채용지원

대기업이 일정 기간(누적 기준으로 5근무일 이상) 자기의 비용을 일정 부분 부담하여 중견 관리자, 전문엔지니어 등의 인력을 협력사에 파견(파견결과보고서가 있어야 함)하거나 협력사가 이들을 채용하는 것, 대기업이 협력사의 인력채용 지원을 위해 직무훈련시킨 인력을 협력사가 채용하는 것, 대기업이 개최한 협력사 인력 채용박람회를 통해 협력사가 인력을 채용하는 것 등을 말하며, 이에 소요되는 자금을 지원하는 것도 인력·채용 지원으로 본다.

4. 효율성 증대

대기업이 협력사에 대한 금융지원, 기술지원 등을 통해 궁극적으로 협력사와 함께 수입대체 등 우리나라 산업 전반의 효율성을 증대한 정도를 말한다.

가. 부품 등 국산화를 통한 수입대체

나. 경쟁력 강화를 통한 수출확대 등

　1) 수출경쟁력 강화, 수출확대

　2) 관련 제품의 국내 매출신장 등

다. 비용절감

    1) 제조 등 비용 절감

    2) 온실가스 배출저감 등 에너지 절감 등

라. 생산성 향상 및 품질개선

    1) 생산성 향상, 장비 가동률 제고

    2) 불량률 감소, 판매수량 대비 반품수량 비율 감소 등

    3) 각종 품질인증 획득 실적

마. 일자리 창출

바. 일감 개방

사. 협력사 생산기지의 국내 회귀·확대 유도

아. 기타 우리 산업 전반의 효율성 증대에 기여한 사항

5. SW개발자의 유지보수과업 수행(정보서비스업종, 인터넷플랫폼업종에 한한다)

상용SW의 유지관리계약에서 SW개발자에게 직접 유지보수과업을 수행하도록 하는 것을 말한다.

6. 위생지원(식품업종에 한한다)

식품대기업이 협력사의 제작환경의 청결도 개선을 위한 방서·방충 작업, 생산설비 청소 작업 등의 지원을 말한다.

7. 교육지원(광고업종, 인터넷플랫폼업종에 한한다)

협력사를 대상으로 회계, 세법, 외국어 등 경영에 필요한 기본적인 교육을 지원하는 것을 말한다.

8. 재하도급사에 대한 대금 직불(광고업종에 한한다)

제작업체(1차협력사)가 편집업체 등 재하도급사(post production 수행업체)에게 ATL(광고물 제작) 일부를 재하도급시, 총 ATL 재하도급 건수 대비 광고대행사가 재하도급사에게 대금을 직접 지급하는 것으로 광고대행사-광고제작사(1차 협력사)-편집업체(재하도급사) 3자 간 서면으로 합의한 것을 말한다.

9. 기타 지원 사항

가. 협력사의 경영과 관련된 직·간접적 지원

경영컨설팅, 사무자동화, 홍보기법 및 활동지원, 6시그마 컨설팅, 선급금의 지급, 생산성 향상 및 물류혁신 기법 전수, 에너지 절감, 친환경 제품 인증 및 협력사 제품 마케팅 지원, 협력사 요청에 의한 사급제도 운영, 교육훈련지원, 인력채용지원, 협력사의 CCM인증 취득지원, 일·가정 양립을 위한 지원(직장어

린이집 공동 이용 등) 등을 말한다.

나. 정부계약 하도급관리 시스템 도입(건설업종에 한한다)

공공사업을 수행하는 원도급자들이 표준하도급계약서에 따라 하도급계약서를 체결하고 하도급대금, 자재·장비대금, 노무비 등을 지급하는 하도급거래 전 과정을 전자적으로 처리하고 발주기관이 이를 온라인으로 모니터링하는 시스템을 말한다. 민간건설분야 공사대금 직불시스템이라 함은 정부계약 하도급관리 시스템과 유사한 수준의 체불방지 기능을 보유하고 있는 것으로 국토교통부에서 인증·고시한 시스템을 말한다.

다. 청년 일자리 창출 지원

청년 일자리 창출 지원이라 함은 청년 구직자 대상 직업교육 실시, 협력사 채용과 연계 및 협력사 청년 직원 채용을 위한 박람회 개최 등을 말한다. 단, '청년'이라 함은 「청년고용촉진특별법」 제2조 제1호에 따른 사람을 말한다.

10. (삭제)

11. 협력사 대상 매입액의 적극적 조정

협력사 대상 매입액(납품단가, 공급원가 등) 변동사유(원자재 가격, 산출 내역서에 포함되어 있는 품목의 가격 또는 요금 등의 변동)가 있는 경우, 또는 하도급업체의 책임으로 돌릴 수 없는 사유로 공사기간이 연장되거나 납품시기가 지연되어 관리비 등 공급원가 외의 비용이 변동(단, 공기연장 등에 따라 원도급금액이 증액된 경우는 제외)된 경우 그 매입액을 적극적으로 조정해주었는지 여부를 말한다.

12. 주요 분야 일감 개방(별표 2)

주요 분야 일감 개방이라 함은 수직계열화 등 산업의 특성과 무관하게 대기업집단의 계열사 간 거래가 빈번한 업종의 일감을 비계열 중소기업에게 개방한 정도로 사업시설관리, SI, 광고대행, 부동산관리, MRO 등 주요 업종에서의 대기업의 총 매입액 대비 비계열 중소기업 매입액의 비율을 말한다.

13. 재난으로 어려움을 겪는 협력사에 대한 지원

재난으로 어려움을 겪는 협력사에 대한 지원이라 함은 「재난 및 안전관리 기본법」 제3조 제1호 및 그 밖에 이에 준하는 사태로서 공정위가 인정하는 위기 상황이 발생했을 때 그와 관련한 협력사의 어려움을 해결하기 위해 지원하는 것을 말한다.

② 협력사의 상생협력을 위한 협력사항

1. 신의성실의 원칙에 입각한 계약내용의 이행

2. 생산성 향상을 위한 원가절감, 기술개발, 공정·품질·물류개선 등

3. 납품단가(또는 계약금액) 조정을 요청하는 경우 조정요건에 해당하는 사유를 명시하여 객관적인 증빙자료와 함께 서면(전자서면 포함)으로 요청

4. 대기업의 2차 협력사 지원프로그램에 대한 성실한 이행

5. 대기업의 윤리규정 준수

6. 기타 협력사의 상생협력을 위한 협력사항으로 협약 당사자가 정한 내용

③ 2차 협력사 지원을 위한 사항

1. 협력사(1차)는 대기업과 체결한 '하도급 공정거래협약'을 2차 협력사 및 2차 협력사의 협력사(3차)가 있는 경우 협력사(1차)는 대기업과 체결한 협약을 2차 협력사와도 체결함으로써 상생협력 문화 확산에 노력해야 한다.

2. 협력사(1차)는 대기업으로부터 납품단가 인상, 현금(성) 결제, 결제기일 개선 및 금융(자금) 지원을 받은 경우 정당한 이유가 없는 한 그 내용에 따라 2차 협력사에게 제공한다.

3. 협력사(1차)는 2차 협력사와 거래할 때 표준하도급계약서를 사용한다.

4. 협력사(1차)는 2차 협력사로 하여금 '하도급 공정거래협약'을 3차 협력사와도 체결할 수 있도록 함으로써 상생협력문화 확산에 노력한다.

5. 대기업과 협력사(1차)는 2차 협력사가 동반성장보험 또는 상생결제상품 등을 이용할 수 있도록 함께 노력해야 한다. 동반성장보험이란 대기업과 은행 간 협약에 따라 1차 협력사의 대금 미지급에 대비하여 2차 협력사가 신용보증기금에 보험을 가입하고 이를 담보로 시중은행으로부터 대출을 받을 수 있는 프로그램으로서, 보험금 재원은 대기업이 출연하며, 2차 협력사의 대출금 상환의무는 1차 협력사가 부담하는 프로그램을 의미한다. 상생결제상품이란, 대기업이 1차 협력사에게 결제한 매출채권을 기반으로 1차 협력사가 2차 협력사에게 구매대금을 결제할 수 있도록 시중은행이 제공하는 기업 간 결제상품(2~3차 협력사들이 납품대금으로 받은 매출채권을 은행에서 할인할 수 있고, 할인시 대기업의 신용 수준에 준하는 금리조건으로 비용을 부담하며, 이들 협력사에게 상환청구권을 행사할 수 없는 상품일 것)을 의미한다.

6. 대기업은 위의 사항을 성실히 이행하는 협력사(1차) 및 2차 협력사에 대하여 지원 또는 거래상의 인센티브를 제공하는 프로그램을 운용한다.

7. 대기업은 협력사(1차) 및 2차 협력사가 위의 내용을 성실히 이행할 수 있도록 협력사(1차) 및 2차 협력사에 대하여 체계적인 지원활동을 한다.

④ 원물 생산자 지원을 위한 사항

식품업종 대기업의 2차 협력사에 해당하는 원물 생산자(농·수산물 등 식품제품의 1
차원료 생산자)에 대해 다음과 같은 지원사항 즉, 생산기술지원(영농·양식기술 등),
공동연구개발(종자개량 등), 자금지원 등을 내용으로 하는 MOU를 체결하고 그 내용
대로 원물생산자를 지원한다. 원물생산자 지원을 목적으로 하는 별도의 법인 또는 재
단을 설립하고 이를 통해 원물생산자를 지원한다.

마. 협약 절차 및 공정거래위원회 지원사항

협약기간은 원칙적으로 1년으로 하되, 협약기간 만료시 상호 합의에 의해 1년 단위로
연장할 수 있다. 협약기간 만료시 당사자 간의 합의지연, 대기업의 상생협력 지원내용 미
확정, 기타 불가피한 사유로 인하여 협약기간을 연장하지 아니하고 일정 기간이 경과한
후에는 새로운 협약을 다시 체결(이하 '재협약')한다(기준 제9조).

공정거래위원회는 대기업 및 사업자 단체와 협의하여 협약체결 절차·방법, 협약내용,
평가 및 인센티브 등에 대한 기준의 마련, 협약체결 전 협약내용의 검토 등 협약체결 지
원, 중간점검, 협약이행 평가, 협약이행 우수 기업에 대한 인센티브 제공, 공정거래 표준
협약서 제정·보급, 원활한 협약이행을 위한 상담, 협약이행 평가결과에 따른 컨설팅, 기
타 협약 전반에 대하여 지원이 필요하다고 판단되는 사항을 지원한다. 공정거래위원회는
대기업의 매출액·하도급거래규모 등을 고려하여 기존 협약의 연장, 재협약, 신규협약의
체결을 권장할 수 있지만, 이 기준이나 협약내용의 불이행 또는 평가등급의 저조 등을
이유로 어떠한 불이익을 제공하여서도 아니 된다(제10조).

바. 이행평가 및 인센티브

(1) 이행평가

대기업은 협약체결일로부터 1년이 경과한 후에는 1년 경과일로부터 30일 이내(동반성
장지수 평가 대상기업의 경우 1. 31까지)에 공정거래위원회에 협약내용의 이행평가를 요
청하면, 공정거래위원회는 공정거래협약기준에 정해진 절차와 기준에 따라 평가를 실시
한다. 협약이행 평가를 위한 주요 항목은 ① 계약의 공정성(계약 체결과정의 공정성, 서
면계약내용의 충실성·공정성, 계약 이행과정의 공정성), ② 법위반 예방 및 법준수 노력
(법위반 사전예방 시스템 구축, 법위반 사후감시 시스템 구축), ③ 상생협력 지원, ④ 법위
반 등에 따른 감점이다.

(2) 감점과 인센티브

공정거래위원회는 하도급법 위반으로 시정조치 및 과징금 부과조치를 받거나 고발조치(이하 '시정조치 등')를 당한 기업 및 공정거래법위반행위 중 협력업체에 대한 거래상 지위 남용행위로 시정조치 등을 당한 기업에 대해 조치시점(공정거래위원회의 심의·의결 후 합의일 기준) 이후 최근의 이행평가점수에서 공정거래협약기준 별표 1.에 정해진 감점을 할 수 있다. 단, 시정조치 등을 받은 전력이 있는 기업이 신규로 협약을 체결하였을 경우 해당 협약에 대한 이행평가시 협약 체결 전의 시정조치 등을 이유로 감점하지 아니하지만, 그럼에도 불구하고 평가시점 기준 3개월 내 시정조치 등이 예상되는 경우 확정되는 시점까지 당해 평가를 유예할 수 있으며, 평가가 이미 완료된 후 3개월 내 시정조치 등이 있는 경우 기 이루어졌던 직전 이행평가의 점수를 소급하여 감점할 수 있다. 공정거래위원회는 그 임직원이 협력사와 관련하여 금품수수, 배임 등 기업윤리와 상생협력에 반하는 행위를 한 전력이 있는 기업의 경우 해당 행위와 관련된 언론보도, 기소, 판결 등이 있었던 시점 이후 최근의 이행평가점수에서 별표 1.에 따라 감점을 할 수 있다. 다만, 기업 스스로 임직원의 법규위반행위를 적발하여 해당 임직원을 직접 검찰에 고발하여 처벌이 이루어지는 경우에는 감점하지 아니한다(기준 제12조 제2항 내지 제7항).

협약이행 평가등급과 인센티브 제공기준은 다음과 같다. 다만, 공정거래위원회는 동반성장지수 평가 대상 기업의 경우 그 평가 등급에 따라 최우수의 경우 직권조사 2년간 면제, 우수의 경우 직권조사 1년간 면제의 인센티브를 제공하되 해당 기업이 협약이행 평가등급 인센티브도 제공받는 기업인 경우 양자를 비교하여 더 유리한 인센티브를 제공할 수 있다(기준 제15조 제1항, 제2항). 이 기준에 의한 인센티브는 다른 하도급관련 법규 등에서 정한 것과 별개로 제공된다(기준 제15조 제5항).

평가등급	평가점수	인센티브 제공내용
최우수	95점 이상	- 직권조사 2년간 면제 - 하도급거래 모범업체 지정 및 정부부처 간 하도급정책협력네트워크를 통해 관계부처가 제공하는 인센티브 - 법인·개인 표창 수여(위원장 이상)
우 수	90점 이상	- 직권조사 1년간 면제 - 하도급거래 모범업체 지정 및 정부부처 간 하도급정책협력네트워크를 통해 관계부처가 제공하는 인센티브 - 법인 표창 수여(위원장)

평가등급	평가점수	인센티브 제공내용
양 호	85점 이상	- 법인 표창 수여(위원장)

공정거래위원회는 협약평가위원회 심의 후 잠정적인 평가등급을 통지할 수 있으며, 해당 대기업은 1주일 이내에 이의신청을 할 수 있다(기준 제15조 제3항). 다만, 직권조사 면제의 인센티브에도 불구하고, ① 서면실태조사에 따른 후속조치로서의 현장확인 조사(조사표 미제출 업체, 법위반 혐의에 대한 자진시정 촉구에 따르지 않은 업체 등을 대상으로 하는 현장확인조사를 의미), ② 신빙성 있는 첩보, 제보, 익명신고 등을 근거로 직권인지하여 실시하는 조사(단, 서면실태조사 결과를 근거로 직권인지하여 실시하는 경우는 제외)의 경우에는 직권으로 조사할 수 있다(기준 제15조 제6항).

「대·중소기업 거래관행 개선 및 상생협력 확산 대책」은 무엇인가?

A 2019. 12. 공정거래위원회와 중소벤처기업부가 공동으로 대·중소기업이 동등하게 협상할 수 있는 환경을 조성하고 피해구제 절차를 개선하는 등 구조적인 변화를 꾀하고 대·중소기업이 성과를 자발적으로 공유하는 상생협력 문화를 지속적으로 확산하기 위한 4대 정책 목표 및 16대 추진과제를 선정하였다.

해설

공정거래위원회는 그동안 불공정거래행위 감시·제재를 위해 각종 제도를 보완·확충하고 법집행을 강화하는 한편 대·중소기업 간의 동반성장·상생협력 노력이 보다 촉진되도록 역량을 집중해 왔는데, 그 결과 하도급분야의 거래관행이 점차 개선되어 '시장에서 공정거래·동반성장 문화가 어느 정도 정착단계에 들어섰다'라는 평가가 많다.

이러한 공정거래위원회의 노력은 시장에서 상당한 성과로 나타났는데, 2019년 제조·건설·용역업의 5,400개 원사업자와 94,600개 수급사업자 등 총 10만 개 사업자를 대상으로 실시한 서면실태조사 결과, 95.2%의 업체들이 전년도에 비해 전반적인 거래관행이 개선되었다고 응답하였다. 정당한 사유없는 기술자료의 제공 요구나 부당한 납품단가 감액, 부당한 대금 결정 등 법위반 혐의도 전년보다 감소한 것으로 나타났고, 하도급대금의 현금결제 비율로 지속적으로 개선되고 있다.

그러나 현장에서 중소기업이 거래관행 개선을 실질적으로 체감하도록 하기 위해서는 아직 많은 과제가 남아있는 것이 현실이다. 특히 중소기업들의 협상력 격차에 따른 납품단가의 조정 문제가 여전히 남아있어 납품대금 조정협의제를 보완할 필요가 있고, 손해배상제도 강화를 통해 피해자 구제 노력을 강화할 필요가 있다.

이에 공정거래위원회는 중소벤처기업부와 함께 중소기업에게 실질적 혜택이 돌아갈 수 있는 종합적 관점의 대책을 검토하여 2019년 12월에 「대·중소기업 거래관행 개선 및 상생협력 확산 대책」을 발표하였다. 대·중소기업이 동등하게 협상할 수 있는 환경을 조성하고 피해구제 절차를 개선하는 등 구조적 관점의 제도 개선을 추진하고 대기업이 중소기업과 자발적으로 성과를 공유하는 상생협력 문화를 지속적으로 확산하기 위한 4대정책 목표 및 16대 추진 과제가 선정되었다.

[「대 · 중소기업 거래관행 개선 및 상생협력 확산 대책」 추진전략]

1. 거래 공정화 기반 구축	2. 대 · 중소기업 간 협력관계 증진
• 납품대금 조정신청권 확대 • 중소기업단체의 교섭력 강화 • 피해사업자를 위한 민사 · 행정 절차 개선 • 수 · 위탁 거래 자율준수 기반 구축 • 법 위반 사업자에 대한 제재 실효성 제고	• 상생결제 활성화 • 공공기관 동반성장 평가 체계 개편 • 상생협력기금 등 협력자금 확대 운용 • 더불어 성장하는 거래문화 촉진

3. 상생형 프로그램 발굴 · 확산	4. 시장감시 강화
• 자상한 기업 발굴 · 확산 • 중소기업 판로확보 지원 • 복지 · 임금 격차 완화	• 건설분야 하도급 입찰정보 공개 • 수 · 위탁거래 불공정행위 감시활동 강화 • 상생협약에 대한 시장감시 기능 강화 • 시장감시 사각지대 해소

공정거래위원회는 이러한 정책목표에 따라 납품대금 조정 신청권을 확대하고 피해사업자 권리구제를 위한 손해배상소송 활성화, 법위반 사업자에 대한 벌점제도의 체계적 정비 등 거래공정화 기반을 구축하기 위한 제도개선을 추진할 계획이다.

공공분야 발주 정보화 사업을 수주한 소프트웨어사를 하도급서면실태조사 대상으로 포함하는 한편, 서면실태조사 결과 법 위반혐의 업체비율이 높게 나타나는 업종을 집중 점검하고, 공정거래 협약기준 개선, 모범사례 전파 등을 통해 대기업이 중소기업을 자신의 경쟁력을 좌우하는 동반자로 인식하는 상생협력 문화가 확산될 수 있도록 최선의 노력을 다해 나갈 것이다.

152 「대·중소기업 상생협력 촉진에 관한 법률」(상생협력법)의 개요와 하도급법과의 관계

A 　상생협력법이 규율하는 위수탁거래는 사실상 하도급거래와 동일하면서도 오히려 적용범위가 더 넓고, 공정한 위수탁거래를 위한 위탁기업의 의무가 하도급법상 원사업자의 의무와 거의 동일하다. 그래서 양 법은 규제의 범위와 목적이 중복되므로 수범자 입장에서는 중복규제로 인식될 수 있으므로 이에 대한 조정이 필요하다. 한편, 하도급거래의 요건을 충족하지 못하여 수급사업자로 보호받지 못하는 하청업체들도 상생협력법의 보호를 받게 되는 것은 바람직하지만 그 법의 구속력과 집행력이 약한 것이 아쉽다. 이 부분에 대한 개선 역시 필요하다.

해설

　「대·중소기업 상생협력 촉진에 관한 법률」(이하 '상생협력법')상 수탁·위탁거래란 제조, 공사, 가공, 수리, 판매, 용역을 업(業)으로 하는 자가 물품, 부품, 반제품(半製品) 및 원료 등의 제조, 공사, 가공, 수리, 용역 또는 기술개발(이하 '제조')을 다른 중소기업에 위탁하고, 이를 위탁받은 중소기업이 전문적으로 물품 등을 제조하는 거래를 말한다(상생협력법 제2조 제4호; 이하 본 장에서 '법'이라 통칭함). 상생협력법 역시 대기업 또는 중소기업(위탁기업)이 품질, 규격, 성능 등을 지정하여 중소기업(수탁기업)에게 물품 등을 납품하게 하는 거래행위를 규제하고 있다. 다만, 상생법의 적용대상은 대·중소기업 간 또는 중소기업과 영세기업 간의 거래행위이나 중소기업 간 거래행위로 매출액과 종업원 수 등의 제한이 없고, 위탁기업의 '업'과 위탁·수탁거래의 '업' 간의 견련성을 요구하지 않기 때문에 일반적으로 상생협력법상 위탁·수탁거래가 하도급법상 하도급거래의 범위보다 넓다. 상생협력법상 수탁·위탁거래와 하도급법상 하도급거래를 비교하면 다음과 같다.[429]

---

429) 중소기업청, 대·중소기업협력재단, 불공정거래행위 이렇게 구제받고 예방하세요, 2015, 6면

[하도급거래와 위탁·수탁거래의 비교]

수위탁거래(상생협력법)	하도급거래(하도급법)
• 6×5=30가지 거래형태 (위탁) 제조, 공사, 가공, 수리, 판매, 용역(6)→ (수탁) 제조, 공사, 가공, 수리, 용역(5)	• 4+3=7가지 거래형태 - (제조①, 판매②, 수리③, 건설④) → 제조 - 수리 → 수리⑤ - 건설 → 건설⑥ - 용역 → 용역⑦
• 업(業)에 따른 위탁 제한 없음	• 업(業)에 따른 위탁만 가능
• 중견기업도 보호대상 *상호출자의 위탁, 연매출 3천억 원 미만 (중견기업 성장촉진 및 경쟁력강화에 관한 특별법)	• 중견기업은 대금지급조항에 한해 보호 *연매출 3천억 원 미만 (하도급법 제13조)

수탁위탁거래란(제2조 제4호)	
• 제조, 공사, 가공, 수리, 판매, 용역을 업(業)으로 하는 자가	- 제조업 등 사업을 행하는 자 - 자연인, 법인, 공법인, 사법인 불문 - 비영리법인도 가능
• 물품, 부품, 반제품(半製品) 및 원료 등의	
• 제조, 공사, 가공, 수리, 용역 또는 기술개발을	- 성능, 규격 등 사양을 정하여 위탁
• 다른 중소기업에 위탁하고, 제조를 위탁받은 중소기업이 전문적으로 물품을 제조하는 거래	- 수탁기업은 중소기업 - 단, 상호출자 소속기업 위탁을 받은 연매출 3천억 원 미만 중견기업은 해당

이러한 위탁·수탁거래의 공정화와 대·중소기업 간 상생협력을 위하여 동법은 이를 위한 시책으로 상생협력 성과의 공평한 배분(제8조), 대·중소기업 간 기술협력 촉진(제9조), 대·중소기업 간 인력교류 확대(제10조), 중소기업에 의한 대기업 자본 참여 등(제10조), 대·중소기업 간 환경경영협력 촉진(제12조), 상생협력 실태조사(제14조) 및 상생협력지수의 산정·공표(제15조), 상생협력 우수기업 선정·지원(제16조) 등을 추진하여야 하고, 동반성장위원회를 설치하도록 하고 있다(제20조의2).

아울러 수탁·위탁거래의 공정화를 위하여, 하도급법과 유사한 위탁기업에 대한 의무·준수규정들을 두고 있다. 예를 들어, 약정서 및 물품 수령증 발급의무(제21조), 납품대금 지급기한, 지연이자, 어음할인료, 어음대체결제수단 지급, 현금결제비율·상생결제비율 등에 대한 조항(제22조), 공급원가 변동에 따른 납품대금의 조정(제22조의2), 검사합리화(제23조), 기술임치제도(제24조의2) 등이다. 또 하도급법상 행위금지의무와 유사하게 수령거부나 납품대금감액금지, 기한내 미지급행위, 현저히 낮은 납품대금결정행위 등을 금지하는 준수사항도 두고 있다(제25조 제1항[430]). 관련하여 입증책임을 위탁기관에서 부담하도록

---

430) 상생협력법 제25조(준수사항)
　　① 위탁기업은 수탁기업에 물품 등의 제조를 위탁할 때 다음 각 호의 행위를 하여서는 아니 된다.
　　1. 수탁기업이 책임질 사유가 없는데도 물품 등의 수령을 거부하거나 납품대금을 깎는 행위
　　2. 납품대금을 지급기일까지 지급하지 아니하는 행위
　　3. 수탁기업이 납품하는 물품 등과 같은 종류이거나 유사한 물품 등에 대하여 통상적으로 지급되는 대가보다 현저히 낮은 가격으로 납품대금을 정하는 행위
　　4. 물품 등의 제조를 위탁한 후 경제상황 변동 등의 이유로 발주자로부터 추가금액을 받은 위탁기업이 같은 이유로 수탁기업에 추가비용이 드는데도 받은 추가금액의 내용과 비율에 따라 납품대금을 증액하

하는 조항도 있다(제25조의2).

[상생협력법상 위탁기업의 의무ㆍ준수사항]

구분	내용
서면교부의무	• 약정서 및 물품수령증 서면교부(법 제21조)
납품대금 지급의무	• 지급기일(물품수령일로부터 60일) 이내 납품대금 지급 • 지급기일 초과시 지연이자(연 15.5%), 어음할인료, 어음대체 수수료(연 7%) 지급할인불가능한 어음교부 금지(법 제22조 및 제25조 제1항)
합리적 검사의무	• 객관적, 타당성 있는 검사기준으로 공정신속 검사 • 검사결과 불합격 사유는 즉시 서면통고(제23조, 제25조 제1항)
부당대금 감액 등 금지	부당한 물품 등의 수령거부 및 납품대금 감액하는 행위(제25조 제1항)
부당대금 결정 금지	동종, 유사물품의 통상 가격보다 현저히 낮은 가격으로 납품대금을 정하는 행위(법 제25조 제1항)

여 지급하지 아니하는 행위

5. 품질의 유지 또는 개선을 위하여 필요한 경우나 그 밖에 정당한 사유가 있는 경우를 제외하고 위탁기업이 지정하는 물품 등을 강제로 구매하게 하는 행위
6. 납품대금을 지급할 때 그 납품대금의 지급기일까지 금융기관으로부터 할인을 받기 어려운 어음을 지급하는 행위
7. 물품 등에 흠이 없는데도 정당한 사유 없이 발주물량을 통상적으로 발주하는 수량보다 현저히 감소시키거나 발주를 중단하는 행위
8. 납품대금을 지급하는 대신 위탁기업이 제조하는 제품을 받을 것을 요구하는 행위
9. 위탁기업이 수출용으로 수탁기업에 발주한 물품 등에 대하여 정당한 사유 없이 내국신용장 개설을 기피하는 행위
10. 물품 등의 제조를 의뢰한 후 그 제조된 물품 등에 대한 발주를 정당한 사유 없이 기피하는 행위
11. 수탁기업이 납품한 물품에 대한 검사를 할 때 객관적 타당성이 결여된 검사기준을 정하는 행위
12. 정당한 사유 없이 기술자료 제공을 요구하는 행위
13의2. 정당한 사유 없이 원가자료 등 중소벤처기업부령으로 정하는 경영상의 정보를 요구하는 행위
14. 수탁기업이 다음 각 목의 어느 하나에 해당하는 행위를 한 것을 이유로 수탁ㆍ위탁거래의 물량을 줄이거나 수탁ㆍ위탁거래의 정지 또는 그 밖의 불이익을 주는 행위
　　가. 위탁기업이 제1호부터 제13호까지 및 제13호의2의 규정에 해당하는 행위를 한 경우 그 사실을 관계 기관에 고지한 행위
　　나. 제22조의2 제1항 또는 제2항의 위탁기업에 대한 납품대금의 조정신청 또는 같은 조 제8항의 중소벤처기업부장관에 대한 분쟁 조정신청
② 위탁기업은 정당한 사유가 있어서 수탁기업에게 기술자료를 요구할 경우에는 요구목적, 비밀유지에 관한 사항, 권리귀속 관계 및 대가 등에 관한 사항을 해당 수탁기업과 미리 협의하여 정한 후 그 내용을 적은 서면을 수탁기업에게 주어야 한다. 이 경우 위탁기업은 취득한 기술자료를 정당한 권원(權原) 없이 자기 또는 제3자를 위하여 유용하여서는 아니 된다.
③ 수탁기업은 위탁기업으로부터 물품 등의 제조를 위탁받았을 때에는 다음 각 호의 행위를 하여서는 아니 된다.
1. 위탁기업으로부터 위탁받은 물품 등의 품질ㆍ성능 또는 납품기일에 관한 약정을 위반하는 행위
2. 물품 등의 가격을 부당하게 인상하여 줄 것을 요구하는 행위
3. 그 밖에 수탁ㆍ위탁거래의 질서를 문란하게 하는 행위

구분	내용
추가대금 미증액 금지	발주자로부터 추가금액 지급받았음에도 납품대금을 증액하여 지급하지 않는 행위(법 제25조 제1항)
부당 강제구매 금지	정당한 사유 없이 위탁기업이 지정하는 물품 등을 강제로 구매하게 하는 행위(법 제25조 제1항)
부당 발주중단 등 금지	정당한 사유 없이 발주물량 감소 및 발주를 중단하는 행위(법 제25조 제1항)
부당 대물변제 금지	납품대금 지급하는 대신 위탁기업의 물품을 수령하도록 요구하는 행위(법 제25조 제1항)
내국신용장 개설 기피 금지	정당한 사유 없이 내국신용장 개설을 기피하는 행위
부당발주 기피 금지	물품 등의 제조를 의뢰한 후 그 제조된 물품 등에 대한 발주를 정당한 사유 없이 기피하는 행위(법 제25조 제1항)
부당한 기술자료 요구 금지	정당한 사유 없이 기술자료 제공을 요구하는 행위(법 제25조 제1항)
불이익·보복조치 금지	기술자료 임치를 요구한 수탁기업에 불이익을 주는 행위 수탁기업이 위탁기업의 불공정거래 행위를 관계기관에 고지 이유로 발주물량 감소 및 거래정지 또는 그 밖의 불이익을 주는 행위(법 제25조 제1항)

[하도급법상 원사업자의 행위의무·금지의무와 상생협력법상 위탁기업의 의무·준수사항 비교]

구분	하도급법	상생협력법
원사업자 의무사항/ 위탁업체 의무사항	서면교부, 서류보존의무(제3조)	약정서 발급의무(제21조 제1항)
	선급금지급의무(제6조)	
	내국신용장개설의무(제7조)	내국신용장개설기피금지(제25조 제1항 제9호)
	검사 및 검사결과통지 의무, 물품수령증 발부의무(제9조)	물품수령증 발부의무(제21조 제2항) 검사의 합리화(제23조) 부당검사기준금지(제25조 제1항 제11호)
	하도급대금지급의무(제13조)	납품대금 등의 지급(제22조) 납품대금미지급금지(제25조 제1항 제1호) 할인불가어음교부금지(제25조 제1항 제6호)
	건설하도급대금지급보증의무(제13조의2)	
	관세 등 환급액지급의무(제15조)	

구분	하도급법	상생협력법
원사업자 의무사항/ 위탁업체 의무사항	설계변경에 따른 하도급대금 조정의무(제16조)	경제상황 변동 등 납품대금증액의무(제25조 제1항 제4호)
	납품단가조정협의 의무(제16조의2)	공급원가 변동에 따른 납품대금 조정 신청 및 협의(제22조의2)
원사업자 금지사항/ 위탁업체 준수사항	부당특약의 금지(제3조의4)	
	부당한 하도급대금결정금지(제4조)	부당한 납품대금결정금지(제25조 제1항 제3호)
	물품 등 구매강제 금지(제5조)	물품 구매강제 금지(제25조 제1항 제5호)
	부당한 위탁취소 및 수령거부금지(제8조) 부당반품금지(제10조)	부당한 물품 등 수령거부(제25조 제1항 제1호) 의뢰후 부당발주기피금지(제25조 제1항 제10호)
	하도급대금 부당감액금지(제11조)	
	물품구매대금 등의 부당결제청구금지(제12조)	
	경제적 이익의 부당요구금지(제12조의2)	
	기술자료제공요구 및 유용금지(제12조의3)	기술자료부당요구금지(제25조 제1항 제12호) 기술자료임치요구 불이익금지(제25조 제1항 제13호) 원가자료 등 경영정보 부당요구금지(제25조 제1항 제13호의2) 기술자료요구시 서면교부 및 유용금지(제25조 제2항) 기술자료 관리자 비밀유지의무(제24조의4) ※ 기술자료 임치제도(제24조의2) 　기술자료 임치의 등록(제24조의3)
	부당한 대물변제행위금지(제17조)	위탁업체 물품으로 납품대금수령요구금지(제25조 제1항 제7호)
	부당한 경영간섭금지(제18조) -기술자료 수출제한, 거래강제, 경영정보 제공요구	
	보복조치금지(제19조)	관계기관 고지 또는 납품대금조정신청, 중소벤처기업부장관에 대한 분쟁조정신청에 따른 보복금지(제25조 제1항 제14호)
	탈법행위금지(제20조)	

중소벤처기업부장관은 위탁기업이 상생협력법상의 의무를 위반하거나 준수조항을 위반하는 경우 또는 하도급법 위반행위나 공정거래법상 불공정거래행위를 한다고 인정할 때에는 공정거래위원회에 필요한 조치를 할 것을 요구하여야 하며, 공정거래위원장은 우선적으로 그 내용을 검토하여 6개월 이내 필요한 조치를 하고 중소벤처기업부 장관에게 통보하여야 한다. 부득이한 사정이 있는 경우 1년의 범위 내에서 연장할 수 있다(제26조). 또 중소벤처기업부장관은 대·중소기업 간 위탁·수탁거래 과정에서 상생협력법을 잘 준수하고 있는지를 주기적으로 조사하여 개선이 필요한 사항에 대하여 개선을 요구하고 요구에 응하지 않을 경우 공표하여야 한다. 필요한 경우 대통령령이 정하는 규모 이상의 중소기업이 다른 중소기업에게 위탁한 경우에도 이를 적용할 수 있다(제27조 제1항, 제2항). 중소벤처기업부장관은 상생협력법을 위반한 위탁기업에 대하여 그 위반 및 피해의 정도에 따라 벌점을 부과할 수 있고, 그 벌점이 중소벤처기업부령으로 정한 기준을 초과하는 경우에는 입찰참가자격 제한요청을 할 수 있다(제26조 제5항).

한편, 위탁기업과 수탁기업 간 또는 중소기업협동조합 간 분쟁이 생겼을 때 위탁기업·수탁기업 또는 중소기업협동조합은 중소벤처기업부 장관에게 조정을 요청할 수 있고(제28조 제1항), 중소벤처기업부장관은 요청을 받으면 지체없이 그 내용을 검토하여 시정권고하거나 시정명령을 할 수 있으며, 만약 시정명령을 따르지 않는 경우 그 명칭 및 요지를 공표할 수 있으며, 아울러 공정거래위원장에게 필요한 조치를 하여 줄 것을 요구해야 한다(제28조 제4항).

한편, 상생협력법에서도 손해배상에 대한 조항을 두면서 하도급법에서와 유사하게 입증책임 전환 및 3배 이하의 징벌적 손해배상 조항도 있다(징벌적 손해배상은 2019. 1. 15. 법률 제16290호로 개정된 상생협력법에서 추가된 것으로 2019. 7. 16. 시행된다). 다만 보복행위의 경우에만 징벌적 손해배상을 규정하고 있다(제40조의2).

상생협력법에서도 기술탈취와 관련하여 타인의 기술자료를 절취 등의 부정한 방법으로 입수하여 기술자료 임치제도에 따른 등록을 한 자에 대하여 5년 이하의 징역 또는 그 재산상 이득의 2배 이상 10배 이하에 상당하는 벌금을 처하도록 하고 또 중소벤처기업부장관의 시정명령을 1개월 이내까지 불이행한 자에 대해 1년 이하의 징역 또는 5천만 원 이하의 벌금에 처하도록 하는 등의 벌칙 조항을 두고 있다(제41조).

다만, 하도급법과 달리 상생협력법상의 행위의무나 준수의무 위반에 대해 과징금을 부과하거나 형벌에 처하도록 하는 조항은 없다. 또 상생협력법이 하도급법과는 위탁사업자의 매출액과 규모에 따라서 보호의 정도를 달리한 것은 어느 정도 타당한 조치이나, 완전히 동일하지는 않은 유사한 개념과 의무·금지사항을 두 개의 법에서 같이 규정함으로써 수범자들에게 혼란을 주고 규제비용을 높이는 측면이 있음은 아쉽다. 좀 더 하도급법상과의 정합체계를 고려하여야 할 필요가 있고, 아울러 중복규제·과잉규제가 되지 않도록 입법론적으로나 행정적으로 조심해야 할 것이다.

153 상생협력법상 조사절차, 대상 및 가능한 제재조치

A 상생협력법상 위탁기업은 규모와 무관하지만 중소벤처기업부의 실무는 중기업 이상의 경우에만 조사 및 개선요구의 대상으로 삼고 있고, 소기업이 위탁기업인 경우에는 불공정 위수탁거래 조정신청만 가능하다는 입장이다. 하지만 중소벤처기업부 장관의 조정결정 등에 위탁기업이 따르지 않을 경우 시정권고나 명령 등을 할 수 있으므로 나름대로의 실효성을 갖추고 있다.

해설

중소벤처부 실무는 상생협력법 제27조 제7항에 따른 불공정 위수탁거래행위에 대한 조사 및 조치에 대하여 위탁기업이 중기업 이상인 경우로 한정된다고 보는 입장으로 알려져 있다. 이러한 실무입장은 상생협력법 제27조의 표제가 '수탁·위탁기업 간 불공정거래행위'이고 제1항 내지 제4항이 '대기업과 중소기업 간의 수탁·위탁거래 및 중소기업기본법상 중기업과 다른 중소기업 간의 수탁·위탁거래 과정에서 위탁기업이 상생협력법상 의무를 이행하고 있는지 여부를 주기적으로 조사하여 개선이 필요한 사항에 대하여 해당 기업에 개선을 요구하고 요구에 응하지 아니하는 경우에는 공표하며, 위반 위탁기업에 대하여 위반 및 피해의 정도에 따라 벌점을 부과할 수 있으며, 그 벌점이 중소벤처기업부령이 정하는 기준을 초과하는 경우에 입찰참가자격 제한을 해당 기관의 장에게 요청할 수 있다'고 규정하고 있는 것에 근거한 것이다(제27조 제1항 내지 제5항). 하지만 제27조 제7항은 제1항 내지 제4항과는 무관하게 위탁기업의 규모에 대하여 아무런 언급 없이 불공정 위수탁거래행위를 한 위탁기업에 대하여 벌점 부과 및 관계기관에 입찰참가자격 제한요청을 하도록 규정하고 있을 뿐이므로 위탁기업이 중기업 규모 이상인 경우에만 제27조 제7항이 적용된다고 볼 수 없다. 즉, 소기업이 위탁기업이라 하더라도 상생협력법 위반으로 수탁기업이 신고를 하면 위반 여부를 조사하고 이 경우 중소벤처기업부가 제27조 제1항에 따라 위탁기업에게 개선을 요구하고 제2항에 따라 시정조치 및 불이행시 공표를 할 수는 없지만 제27조 제7항에 따라 벌점을 부과하고 입찰참가자격제한 요청을 하는 등 조치를 취할 수 있기 때문이다.

한편, 위탁기업과 수탁기업 또는 중소기업협동조합 간에 불공정 위수탁거래행위와 관련한 분쟁이 생겼을 때에 위탁기업·수탁기업 또는 중소기업협동조합은 중소벤처기업부 장관에게 위·수탁분쟁 조정을 요청할 수 있다(법 제28조 제1항). 이는 위탁기업이 소기업일 경우에도 가능하다. 중소기업협동조합이 신청인인 경우에는 위·수탁분쟁조정을 신청하기로 의사 결정한 사실이 기재된 의사회 회의록을 첨부하여 위·수탁분쟁조정을 신청해야 한다(시행령 제17조, 시행규칙 제6조 제2항 제2호). 중소벤처기업부 장관은 조정요청을 받으면 지체 없이 그 내용을 검토하여 시정을 할 필요가 있다고 인정될 때 해당 위탁기업·수탁기업 또는 중소기업협동조합에 시정을 권고하거나 시정명령을 할 수 있다(법 제28조 제2항). 중소벤처기업부 장관은 시정명령을 받은 위탁기업·수탁기업 또는 중소협동조합이 명령을 따르지 않을 경우 그 명칭과 요지를 공표하여야 하며(법 제28조 제3항), 이 경우 관계당사자의 의견을 들어야 하며 필요한 경우 협의회의 의견을 들을 수 있고(법 제28조 제5항, 시행령 제18조 제1항), 시정권고 또는 시정에 필요한 명령은 반드시 문서로 하여야 하고 그 문서에 시정할 사항 및 사유와 시정기한을 명시하여야 한다(제2항). 중소벤처기업부 장관은 위탁기업의 행위가 하도급법상 불공정 하도급행위 또는 공정거래법상 불공정거래행위에 해당하는 경우 공정거래위원회에 필요한 조치를 하여 줄 것을 요구하여야 한다(법 제28조 제4항). 중소벤처기업부 실무는 위탁기업의 규모가 중기업에 미치지 못하는 경우에도 법 제28조에 따른 위수탁분쟁조정신청 및 조치는 가능하다고 본다.

한편, 중소벤처기업부 장관은 벌점을 받은 위탁기업이 중소벤처기업부령이 정하는 벌점기준(개별 벌점이 2점 이상 또는 3년간 누산벌점이 4점 이상)인 경우 법 제27조 제1항, 제2항 및 제4항의 개선요구 또는 시정명령, 제28조 제3항에 따른 시정권고 또는 시정명령과 함께 소속 임직원에 대한 교육명령 등의 조치를 할 수 있고, 이 경우 교육비용에 대하여 위탁기업에게 부담하게 할 수 있다(법 제28조의2 제1항).

위탁·수탁거래 공정화지침
(2018. 11. 30. 중소벤처기업부 예규 2-1호)

Ⅰ. 목적

이 지침은 「대·중소기업 상생협력 촉진에 관한 법률」(이하 "법"이라 한다), 같은 법 시행령 및 시행규칙에서 정한 수탁·위탁거래의 공정화 규정에 대해 구체적이고 명확한 기준을 제시함으로써 위법성 심사의 기준으로 삼는 한편 법위반행위를 예방하여 공정한 수탁·위탁거래 질서의 확립에 이바지하는데 그 목적이 있다. 이 지침은 법에서 규율하는 행위들 중 대표적인 사항 또는 혼동하기 쉬운 사항을 중심으로 규정하였으므로, 이 지침에 열거되지 아니한 사항이라고 하여 법에 위반되지 않는 것은 아니다.

Ⅱ. 용어의 정의

1. 법 적용의 대상이 되는 수탁·위탁거래의 의미(법 제2조 제4호)

가. "제조, 공사, 가공, 수리, 판매, 용역을 업(業)으로 하는 자"의 의미

제조, 공사, 가공, 수리, 판매, 용역을 업(業)으로 하는 자라고 함은 제조업, 공사업, 가공업, 수리업, 판매업, 용역업 등의 사업을 행하는 자를 말하며 자연인, 법인, 공법인, 사법인 여부를 불문한다.

업(業)으로 한다는 것의 의미는 영리 또는 비영리 여부를 불문하고 경제 행위를 계속하여 반복적으로 행하는 것을 의미하며 이는 어떤 경제적 이익의 공급에 대하여 그것에 대응하는 경제적 이익의 반대급부를 받는 행위를 말한다. 이에 대해서는 사업자등록 여부, 해당 업에 대한 매출 발생 여부, 사업상 독립적으로 재화 또는 용역을 공급하고 있는지 등을 종합적으로 고려하여 판단한다. 제조업, 공사업, 가공업, 수리업, 판매업, 용역업의 범위는 통계청에서 고시한 한국표준산업분류 10차 개정 연계표상 다음의 산업을 포함한다.

(1) 제조업 : 제조업 중 가공업을 제외한 모든 산업
(2) 공사업 : 종합건설업 및 전문직별 공사업
(3) 가공업 : 육류 포장육 및 냉동육 가공업, 커피 가공업, 차류가공업, 섬유제품 염색, 정리 및 마무리 가공업, 솜 및 실 염색 가공업, 직물, 편조 원단 및 의복류 염색 가공업, 날염 가공업, 석유제품 기타 정리 및 마무리 가공업, 제재 및 목재 가공업, 금속 열처리, 도금 및 기타 금속 가공업
(4) 수리업 : 컴퓨터 및 통신장비 수리업, 자동차 및 모터사이클 수리업, 가전제품 수리업, 기타 개인 및 가정용품 수리업
(5) 판매업 : 도매업 및 소매업
(6) 용역업 : 농업, 임업 및 어업, 광업, 전기, 가스, 증기 및 공기 조절 공급업, 수도, 하수

및 폐기물 처리, 원료 재생업, 운수 및 창고업, 숙박 및 음식점업, 정보통신업, 금융 및 보험업, 부동산업, 부동산관련 서비스업, 전문, 과학 및 기술 서비스업, 사업시설 관리 및 조경서비스업, 사업 지원 서비스업, 예술, 스포츠 및 여가관련 서비스업, 교육 서비스업, 보건업 및 사회복지 서비스업

위 분류는 예시적 분류로서, 위에 열거되지 않은 산업도 포함될 수 있다.

나. "물품, 부품, 반제품(半製品) 및 원료 등(이하 "물품 등"이라 한다)의 제조, 공사, 가공, 수리, 용역 또는 기술개발(이하 "제조 등"이라 한다)을 다른 중소기업에 위탁"하는 것의 의미

물품 등의 제조 등을 다른 중소기업에게 위탁한다고 함은 물품 등의 규격, 성능 등 상세 사양을 정하여 제조 등을 위탁하는 것으로, 직접적인 계약행위가 없다 하더라도 위탁의 내용을 실질적으로 지배 혹은 관리하여 위탁거래관계가 있을 경우 위탁으로 본다. 단순 구매 및 판매위탁은 위탁에서 제외한다.

(1) 제조, 공사, 가공, 수리, 용역 또는 기술개발의 의미

① 제조란 원재료에 물리적, 화학적 작용을 가하여 투입된 원재료를 성질이 다른 새로운 제품으로 전환시키는 것을 말한다.

② 공사란 토목공사, 건축공사, 산업설비공사, 조경공사, 환경시설공사, 전기공사, 정보통신공사, 소방시설공사, 문화재수리공사, 그 밖에 명칭에 관계없이 시설물을 설치·유지·보수하는 공사(시설물을 설치하기 위한 부지조성공사를 포함한다) 및 기계설비나 그 밖의 구조물의 설치 및 해체하는 공사 등을 말한다.

③ 가공이란 재료를 쓰거나 또는 물건에 변경을 가하여 새로운 물건을 만드는 것을 말한다.

④ 수리란 컴퓨터 및 주변장치, 통신장비, 가전제품, 가정용품, 가구 및 가정용 비품, 의류 및 의류 액세서리, 경기용품, 악기 및 취미용품, 기타 개인용품을 전문적으로 유지·보수하는 것을 말한다.

⑤ 용역이란 재화 외에 재산 가치가 있는 모든 역무(役務)와 그 밖의 행위를 말한다.

⑥ 기술개발이란 용역 중 기술자료의 산출과 관련된 개발행위를 말한다.

(2) 수탁·위탁거래에 해당하는 것의 예시

① 유통업체가 자사상표를 부착한 상품의 제조를 다른 중소기업에 위탁하는 경우(PB상품의 제조위탁)

② 의류업체가 자사상표를 부착한 의류의 제조를 다른 중소기업에 위탁하는 경우

③ 자동차 정비사업자가 고객의 차량을 수리 후 고객과 약정한 보험사로부터 직접 수리비를 지급받는 경우, 보험사가 차량 수리의 범위를 정하거나 이에 영향을 주는 등 사실상 정비사업자에게 수리를 위탁하였다고 볼 수 있다면 수·위탁거래에 해당

④ 제조업자가 사무실에서 사용할 냉방장비를 중소기업으로부터 구매하면서 이에 따른 설치도 같이 위탁하는 경우

⑤ 제조업자가 소프트웨어 개발 위탁을 위해 중소기업을 우선협상대상자로 선정하여 교섭단계에서 계약이 확실하게 체결되리라는 정당한 기대 내지 신뢰를 부여하고, 정식 계약 체결 전에 상당한 금액이 투입되는 기초작업의 이행을 요구하여 중소기업이 이행에 착수하였을 경우

⑥ 레저사업자가 부동산 임대업자로부터 부동산을 임차하면서 해당 부동산을 골프장 등 특수목적으로 개발 및 조성하여 줄 것을 위탁하는 경우

⑦ 대형마트가 삼겹살을 판매하기 위해 중소기업에게 고기를 특정 부위별로 절단, 분할 혹은 포장해줄 것을 위탁하는 경우

(3) 수탁·위탁거래에 해당하지 않는 것의 예시

① 건설회사가 중소기업에게 인력의 파견을 요청하여 직접 급여를 지급하고 건설회사 의 지휘·명령 하에 파견인력을 근로하도록 하는 경우

② 식품회사가 대리점 계약을 통해 상품의 재판매 또는 위탁판매를 하는 경우

2. "납품"과 "납품대금"의 의미

"납품"이란 수탁기업이 위탁받은 내용에 따라 제조, 공사, 가공, 수리하거나 용역 혹은 기술개발을 수행하여 납품, 인도, 제공하는 행위를 모두 포함한다.

"납품대금"이란 위탁기업이 수탁기업의 납품에 대해 지급하는 대가를 말하며, 선급금이나 기성금도 포함한다.

3. "납품대금을 깎는 행위(법 제25조 제1항 제1호 후단)"와 "납품대금을 정하는 행위(법 제25조 제1항 3호)"의 의미

가. "납품대금을 깎는 행위"란 위탁기업이 수탁기업에게 제조 등을 위탁할 때 약정한 납품대금에서 금액을 깎아 지급하는 행위를 말한다.

나. "납품대금을 정하는 행위"란 위탁기업이 수탁기업에게 제조 등을 위탁할 때 수탁기업의 납품에 대해 지급할 대가를 정하는 행위를 말한다.

다. "납품대금을 깎는 행위"와 "납품대금을 정하는 행위"의 구별

납품단가에 대한 합의를 기준으로, 합의 당시 대금을 정하는 것은 "납품대금을 정하는 행위"이고, 합의된 단가보다 낮은 단가로 대금을 정하는 것은 "납품대금을 깎는 행위"로 본다. 즉, 계약 체결 시점에 가격을 정하는 행위는 "납품대금을 정하는 행위"이고, 그 이후 매 발주 건마다 대금을 깎는 것은 "납품대금을 깎는 행위"로 본다.

4. 기간계산

이 법에서의 기간계산은 「민법」의 일반원칙에 따라 초일을 산입하지 아니하고 당해기간의 말일이 토요일 또는 공휴일에 해당하는 때에는 기간은 그 익일에 만료한다.

5. 회사 임직원의 행위

회사의 임직원이 그의 업무와 관련하여 행한 행위는 회사의 행위로 본다.

Ⅲ. 위법성에 대한 심사기준

1. 약정서 및 수령증 발급(법 제21조)

가. 위탁기업의 지체 없는 약정서 발급 의무(법 제21조 제1항)

(1) "지체 없이"의 의미

"지체 없이" 약정서를 발급한다는 것의 의미는 수탁기업이 위탁 및 추가·변경위탁에

따른 물품의 제조 등을 시작하기 전에 약정서를 발급하여야 함을 말한다.

단, 재해·사고로 인한 긴급복구공사를 하는 경우 등 정당한 사유로 위탁시점에 확정하기 곤란한 사항에 대하여는 해당사항을 적지 아니한 약정서를 발급할 수 있다. 이 경우 해당사항이 정하여지지 아니한 이유와 그 사항을 정하게 되는 예정기일을 약정서에 적어야 하며, 해당 사항이 확정되는 때에 지체 없이 그 사항을 적은 새로운 약정서를 발급하여야 한다.

 (2) 약정서 필수기재사항
  ① 위탁의 내용
  ② 납품대금의 금액
  ③ 납품대금의 지급방법
  ④ 납품대금의 지급기일
  ⑤ 검사 방법
  ⑥ 납품하는 방법·시기·장소
  ⑦ 위탁기업이 수탁기업에게 물품의 제조 등에 필요한 원재료 등을 제공하려는 경우에는 그 원재료 등의 품명·수량·제공일·대가 및 대가의 지급방법과 지급기일

 (3) 서명 또는 기명날인
  약정서에는 위탁기업과 수탁기업의 서명(「전자서명법」 제2조 제3호에 따른 공인전자서명을 포함한다) 또는 기명날인이 있어야 한다.

나. 적법한 약정서발급 여부에 관한 판단기준
 (1) 위에서 규정한 약정서 필수기재사항을 담은 경우에는 적법한 약정서발급으로 본다.
 (2) 거래가 빈번한 계속적거래 계약에 있어 계약서에 수량 일부가 누락되어 있으나, 수량에 대한 내용을 발주서 등으로 위임하고 건별 발주 시 제공한 물량표 등으로 누락사항의 파악이 가능한 경우는 적법한 약정서발급으로 본다.
 (3) 기본계약서를 발급하고 FAX, 전자메일 기타 전기·전자적인 형태 등에 의해 발주한 것으로 발주내용이 객관적으로 명백하다고 판단되며, 발주내용에 관한 합의가 있었다는 점이 기명날인, 서명으로 확인되는 경우 적법한 약정서 발급으로 본다.
 (4) 「전자문서 및 전자거래 기본법」 제2조 제1호에 따른 전자문서에 의한 약정서도 「전자서명법」 제2조 제3호에 따른 공인전자서명이 있을 경우 적법한 약정서로 본다.

다. 위탁기업의 물품 수령증 발급 의무(법 제21조 제2항)
 (1) 물품 수령증의 범위
  거래명세서·입고증 기타 그 명칭을 불문하고, 해당 업종의 거래관습상 위탁기업이 수탁기업으로부터 물품 등을 납품받은 후 발급하는 서면은 물품수령증으로 본다.
 (2) 용역위탁 및 공사위탁의 특칙
  ① 물품 등의 수령이나 인수가 없는 용역의 경우 수령증 발급의무에서 제외한다.
  ② 공사위탁의 경우 검사가 끝나는 즉시 그 목적물을 인수하여야 한다.

2. 납품대금의 지급(법 제22조, 법 제25조 제1항 제2호)

가. 납품대금을 어음으로 지급하였으나 지급받은 어음이 부도처리된 경우에는 납품대금을 지

급하지 아니한 것으로 본다.

나. 납품대금 지급 시 기산점이 되는 물품 등을 받은 날은 위탁기업이 수탁기업으로부터 물품 등을 수령한 날을 말하며, 용역위탁의 경우 수탁기업이 용역의 수행을 마친 날을, 공사위탁의 경우에는 위탁기업이 수탁기업으로부터 준공 또는 기성부분의 통지를 받고 검사를 완료한 날(인수일)을 말한다. 다만, 납품이 빈번하여 상호 합의하에 월 1회 이상 세금계산서를 발행하도록 정하고 있는 경우에는 세금계산서 발행일을 말한다.

3. 검사의 합리화(법 제23조, 법 제25조 제1항 제11호)

가. 위탁기업은 검사결과 불합격한 물품 등에 대해 즉시 문서로 통보하여야 하되, 납품받은 날로부터 10일 이내에 통보하여야 한다.

나. 대규모 건설공사나 시스템 통합 용역 등 복잡하고 다양한 기술적 검사가 필요한 경우 검사의무를 해태하지 않은 이상 납품받은 날로부터 10일이 지난 후 불합격 통보를 하여도 신속한 검사의무 위반으로 보지 않는다. 단, 검사기간이 길어져 납품 후 60일이 지났을 경우에는 검사 여부와 관계없이 60일 이내에 대금을 지급하여야 한다.

4. 부당한 수령거부 금지(법 제25조 제1항 1호 전단)

"물품 등의 수령을 거부"(이하 "수령거부"라 함)한다고 함은 위탁기업이 정해진 납기에 수탁기업의 납품에 대해 수령 또는 인수를 거부하거나 지연하는 행위를 말한다.

이때 "수령"이란 위탁기업이 수탁기업으로부터 납품받은 물품 등을 이전받아 자신의 사실상 지배하에 두는 것을 말한다. 다만, 이전하기 곤란한 물품 등의 경우에는 수탁기업의 납품 등에 따라 위탁기업이 검사를 시작한 때를 수령한 때로 본다. "인수"란 공사위탁에 있어 납품 등에 따라 위탁기업이 검사를 끝내는 즉시 목적물을 위탁기업의 사실상 지배하에 두는 것을 말한다.

5. 납품대금을 깎는 행위금지(법 제25조 제1항 제1호 후단)

납품대금을 깎는 행위의 위법성은 수탁기업이 책임질 사유가 있는지 여부를 기준으로 판단한다. 다만, 수탁기업측에 원자재 가격인하, 생산성 향상으로 인한 비용하락 등 정당한 사유가 존재하고, 수탁기업이 단가 인하를 통한 매출증대를 희망하며 위탁기업과 수탁기업이 대등한 지위에서 상호 합의가 있었을 경우, 납품대금을 깎는 것이 예외적으로 허용된다. "상호 합의"는 객관적이고 합리적인 절차에 따라 충분하고 실질적인 협의를 통해 이루어져야 한다.

가. 수탁기업이 책임질 사유가 없는 경우의 예시
  (1) 법정·약정 검사기간 경과 후 불량 등을 이유로 반품하고 그만큼 감액하여 납품대금을 지급하는 행위
  (2) 단가 및 물량에는 변동이 없으나 운송조건, 납품기한 등의 거래조건을 당초 계약내용과 달리 추가비용이 발생하는 내용으로 변경하고 그에 따른 추가비용을 보전해 주지 아니하는 행위
  (3) 이전 발주 건에서 뒤늦게 발견된 불량에 대해 수탁기업의 귀책여부나 불량으로 인한 손실액이 확정되지 않은 상태에서 다음 발주 건의 대금에서 임의로 공제하여 지급하는 행위

    (4) 위탁기업에 실질적으로 손해를 발생시키지 않는 수탁기업의 경미한 과오를 이유로 대금을 깎는 행위

    (5) 위탁기업이 발주자로부터의 발주 취소나 경제상황의 변동 등을 이유로 물품 등을 반품하면서 이에 대한 대금을 깎는 행위

나. 수탁기업이 책임질 사유가 있는 경우의 예시

    (1) 수탁기업이 계약한 물품과 상이한 물품을 납품하거나 수탁기업의 책임있는 사유로 물품에 하자가 존재하는 경우

    (2) 수탁기업의 경영상의 어려움 혹은 감독관청으로부터 영업취소·영업정지 등의 처분을 받아 약정내용을 정상적으로 이행하지 못하였을 경우

    (3) 단가결정의 중요한 기준이 되는 공급원가와 관련하여 수탁기업이 제공한 자료에 중대하고 명백한 착오가 있어 단가가 부당하게 높게 책정되었고, 이를 수정하기 위해 대금을 깎는 경우

    (4) 수탁기업이 약정된 납기일을 위반하여 위탁기업이 지체상금약정에 의하여 대금을 깎거나, 예정된 일정대로 물품을 생산하지 못하여 발생한 손해만큼 대금을 깎는 경우

6. 현저히 낮은 납품대금의 결정(법 제25조 제1항 제3호)

가. "같은 종류이거나 유사한 물품"

  "같은 종류이거나 유사한 물품"은 물품 등의 종류, 용도, 특성, 품질, 원재료, 제조방법, 물품 등 간의 대체가능성 등을 종합적으로 고려하여 판단한다.

나. "통상적으로 지급되는 대가"

  "통상적으로 지급되는 대가"는 같은 종류이거나 유사한 물품에 대해 동일 또는 유사한 시기에 다른 수탁기업에게 지급한 대가 혹은 해당 수탁기업에게 이전에 지급한 대가를 기준으로 하되 시장상황, 물가상승률, 원자재 가격, 인건비 변화 등을 고려하여 판단한다. 해당 물품 등에 대해 같은 종류이거나 유사한 물품이 없는 경우, 물품 등에 대한 제조 원가에 해당 수탁기업의 전년도 영업이익률에 따른 액수를 더한 금액을 기준으로 한다.

다. "현저히 낮은 가격"

  "현저히 낮은 가격"의 해당 여부는 같은 종류이거나 유사한 물품 등에 대해 통상 지급되는 대가와의 차이의 정도, 발주수량, 차액으로 인해 수탁기업이 입게 되는 손실의 규모, 원자재 비용이나 인건비 등 시장상황 등을 고려하여 판단한다.

  ⟨현저하게 낮은 가격의 예시⟩

    (1) 최저가 경쟁입찰에서 최저가로 입찰한 금액보다 낮은 금액으로 대금을 결정한 경우

    (2) 발주수량을 고려하여 납품단가를 결정하는 거래에서 예상 발주량을 근거로 납품단가를 산정하였으나 실제로는 예상 발주량보다 현저하게 낮은 수량을 발주하였음에도 이에 맞추어 단가를 인상하여 주지 않은 경우

    (3) 물품 등을 제조하는데 들어가는 원자재 비용, 직접인건비, 경비 등 투입된 비용과 같거나 그보다 낮은 수준으로 대금을 결정하는 경우

    (4) 수탁기업에 위탁 당시에 약정하지 않았던 업무에 대해 상당한 비용이 들어가는 추가 위

탁을 하면서 납품대금을 증액하여 주지 않은 경우

  (5) 계속적 계약에서 위탁기업의 경영상황 악화 등 수탁기업의 책임없는 사유를 이유로 현저하게 대금을 낮게 정하는 행위

7. 납품대금을 증액하여 지급하지 아니하는 행위(법 제25조 제1항 제4호)

가. '경제상황 변동 등의 이유'에는 물가변동, 노무비, 원재료비, 경비 등의 공급원가 변동 외에 위탁 내용 변경, 추가위탁도 포함된다.

나. 위탁기업이 발주자로부터 경제상황의 변동 등의 이유로 납품대금의 증액을 받은 경우, 발주자로부터 증액받은 이후 수탁·위탁계약이 체결되었다면, 발주자로부터 증액받은 시점 이후의 발주분에 대해 수탁기업에게 대금을 증액하여 주었다면 적법한 것으로 본다.

다. 위탁기업이 발주자로부터 경제상황의 변동 등의 이유로 추가금액을 지급받고도 위탁 약정을 이유로 증액해 주지 않은 경우에는 법 위반행위로 본다.

라. 경제상황의 변동 등의 이유로 발주자로부터 증액받은 추가금액을 수탁기업에게 증액해 주는데 있어서 대금증액 기준시점 이전에 지급한 선급금은 대금증액 대상금액에서 제외할 수 있다.

8. 물품 등의 구매강제 금지(법 제25조 제1항 제5호)

  "정당한 사유"란 계약 내용을 실현하기 위해 지정된 물품의 구매가 반드시 필요하거나, 발주자나 고객이 제조 등을 의뢰 시 특정 물품 및 장비 등을 사용하도록 요구한 경우를 말한다.

9. 납품대금의 지급기일까지 금융기관으로부터 할인을 받기 어려운 어음을 지급하는 행위 금지(법 제25조 제1항 제6호)

  위탁기업은 납품대금을 어음으로 지급할 경우 할인가능어음으로 지급하여야 한다. "할인가능어음"이라 함은 다음의 금융기관에 의하여 어음할인 대상업체로 선정된 사업자가 발행·배서한 어음 또는 신용보증기금 및 기술신용보증기금이 보증한 어음을 말한다.

가. 「은행법」 및 관련 특별법에 의하여 설립된 은행

나. 「자본시장과 금융투자업에 관한 법률」에 의하여 설립된 종합금융회사

다. 「보험업법」에 의해 설립된 생명보험회사

라. 「상호저축은행법」에 의해 설립된 상호저축은행

마. 「여신전문금융업법」에 의해 설립된 여신전문금융회사

바. 「새마을금고법」에 의해 설립된 새마을금고

사. 「상법」에 의해 설립된 팩토링업무 취급기관

10. 부당한 발주 감소·중단 금지(법 제25조 제1항 제7호)

가. "물품 등에 흠"이란 계약의 목적을 달성할 수 없을 정도의 명백한 불량이나, 객관적인 검사결과를 통해 확인된 하자를 말한다.

나. "통상적으로 발주하는 수량"의 판단은 계속적 거래관계가 있는 위탁기업과 수탁기업 사이에 과거의 발주수량을 근거로 하여 합리적으로 예상할 수 있는 수량을 기준으로 한다.

다. "정당한 사유"에 대한 예시는 다음과 같다.

  (1) 위탁기업의 경영악화 등 경영상의 이유로 발주량을 유지하거나 발주를 계속할 수 없는 경우

  (2) 수탁기업의 부도 등 신용상의 결함, 명백한 귀책사유 등으로 인해 발주를 계속하는 것이 곤란한 경우

  (3) 계약 체결시 발주량에 대한 약정을 한 바 없고 거래의 특성이나 시장상황에 의해 발주량 변동이 심해 일정한 발주량을 유지하거나 발주 계속을 담보하기 어려운 경우

11. 부당발주기피 금지(법 제25조 제1항 제10호)

가. "물품 등의 제조를 의뢰"한다는 것은 수탁기업에게 제조 등을 위탁하는 것 외에, 사전작업의 이행 등 납품을 위한 준비행위를 요청하는 것도 포함한다.

나. "제조된 물품 등"이란 제조 등이 완료된 물품뿐만 아니라 제조 등이 일부 진행되어 부분 완료된 물품 등도 포함한다.

다. "기피하는 행위"란 제조된 물품 등에 대해 발주의 의사표시를 하지 않는 것, 발주를 지연하는 행위, 발주를 거부하는 행위를 모두 포함한다.

라. "정당한 사유"에 해당하는 예시는 다음과 같다.

  (1) 제조 등을 위탁한 후 수탁기업의 경영악화나 경영관리상의 문제 등이 발견되어 발주를 하더라도 정상적인 납품이 어렵다고 판단될만한 객관적인 사정이 존재할 경우

  (2) 제조된 물품 등이 시운전이나 견본 검사에서 불합격 판정을 받았고, 보완요청을 하여도 지속적으로 불합격하거나 수탁기업의 역량부족으로 보완가능성이 없어 납기 내 납품이 불가능하다고 판단될 경우

12. 보복조치의 금지(법 제25조 제1항 제13호, 제14호)

가. 관계 기관에 고지하는 행위는 관계 기관 등에 신고하거나 법원에 소송을 제기하는 행동 외에 법 제28조에 의한 분쟁조정신청, 관계 기관의 조사에 협조하는 행위 등을 포함한다.

나. "불이익을 주는 행위"란 발주량 감소, 발주중단, 수주기회 제한, 협력업체 등록 거절, 타 수탁기업과의 거래조건 차별, 그 밖에 거래 조건을 수탁기업에 불리하게 변경하는 모든 행위를 말한다.

다. 수탁기업이 위탁기업의 법 위반사실을 고지한 것과 위탁기업이 수탁기업에 불이익을 주는 행위 간에 인과관계가 있는지 여부는 구체적인 사정을 고려하여 개별적으로 판단하되, 다음의 사항들을 고려하여 판단한다.

  (1) 수탁기업의 관계 기관에 대한 고지 시점과 위탁기업이 수탁기업에 불이익을 주는 행위의 시점 간의 시간 간격

  (2) 해당 수탁기업과 위탁기업 간의 과거 거래 이력 및 거래조건

  (3) 해당 수탁기업 외에 다른 동종의 수탁기업들과 해당 위탁기업 간의 거래조건

Ⅳ. 유효기간

 이 지침은 「훈령·예규 등의 발령 및 관리에 관한 규정」에 따라 이 지침을 발령한 후의 법령이나 현실 여건의 변화 등을 검토하여 이 지침의 폐지, 개정 등의 조치를 하여야 하는 2021

년 11월 29일까지 효력을 가진다.

부칙 〈제1호, 2018. 11. 30.〉

1. 이 지침은 고시한 날부터 시행한다.

155 중소벤처기업부 장관의 고발요청

A 하도급법 위반죄는 공정거래위원회의 고발이 있어야 공소를 제기할 수 있는 전속고발제를 취하고 있다. 다만, 공정거래위원회가 고발하지 않을 경우 감사원장과 중소벤처기업부장관이 공정거래위원회에게 고발요청을 할 수 있고 이 경우 공정거래위원회는 고발해야 한다.

해설

하도급법 제30조 위반죄는 공정위의 고발이 있어야만 공소를 제기하여 처벌할 수 있는 소위 전속고발제를 취하고 있다. 공정위가 전적으로 고발에 대한 재량을 가지고 있는 것은 아니고 법위반 정도가 객관적으로 명백하고 중대하여 하도급거래 질서를 현저히 저해하는 경우에는 고발할 의무가 있다. 이를 필수적 고발요건이라고 한다. 하지만 실무적으로 공정위의 고발재량 위반임을 주장, 입증하기는 사실상 쉽지 않다. 또 한편으로 공정위가 하도급법 위반사건을 당사자 간 민사문제의 연장으로 보고 가급적 형사고발을 하지 않으려는 경향도 있었다. 이때문에 공정위의 고발권이 적극적으로 행사되지 않는다는 반성적 고려로 감사원장 및 중소벤처기업부장관에게 고발요청을 할 수 있는 권한을 부여하는 하도급법 개정이 있었다. 고발권자가 기존의 공정위원장 이외에 감사원장과 중소벤처기업부 장관이 추가됨으로써 사실상 '전속고발제'는 폐지된 것으로 평가된다.

그 중 중소벤처기업부장관의 의무고발은 매우 적극적이고 활발하게 행사되고 있다.

중소벤처기업부장관은 공정위로부터 하도급법 사건 처리 결과를 통보받으면 산하 하도급법위반행위 의무고발 심의위원회의 심의를 거쳐 사건통지일로부터 60일 이내에 고발요청을 하게 된다. 부서 특성상 수급사업자 보호 측면에서 적극적으로 고발요청을 하는 경향이 있다. 심의위원회가 열리게 되면 그 대상자인 원사업자 등에게 소명기회를 부여하며, 심의결과에 대하여는 15일 이내에 당사자에게 통지하는 것을 원칙으로 한다. 중소벤처기업부는 장관 고시인 '공정거래법 위반행위 고발요청에 대한 운영규정'(http://www.mss.go.kr/site/smba/ex/bbs/View.do?cbIdx=127&bcIdx=1003622 참조, 거래환경개선과 담당)에 따라 기준점수 이상이면 고발요청함을 원칙으로 한다. 위반행위유형, 그 정도와 중대성, 피해자의 손해뿐만 아니라 원사업자와 수급사업자 간의 경제력 차이 및 거래의존의 정도, 원사업자의 위반행위 전력, 자진시정 노력, 상생협력 노력, 보복여부 등을 종합적으로 고려하여 판단하게 되지만, 소위 4대 위반행위인 부당대금결정, 부당감액, 부당위탁취소, 기술탈취 등 중한 위반행위는 거의 예외없이 고발요청되고, 그 외 서면발급의무 위반 등의 행위에 대하여는 상당수 고발요청되는 경향이 있다. 2018. 9. 현재 중소벤처기업부에 접수된 건은 총 286건이고, 그 중 17건을 고발, 249건을 미고발, 나머지 20건을 검토중인데, 고발된 건 중 대부분이 하도급법 위반행위이다. 이처럼 중소벤처기업부장관의 고발요청이 활발해지자 공정위 역시도 가급적 고발조치를 하는 경향을 보이고 있다.

다음은 중소벤처기업부 의무고발 제도를 설명하는 그림이다.[431]

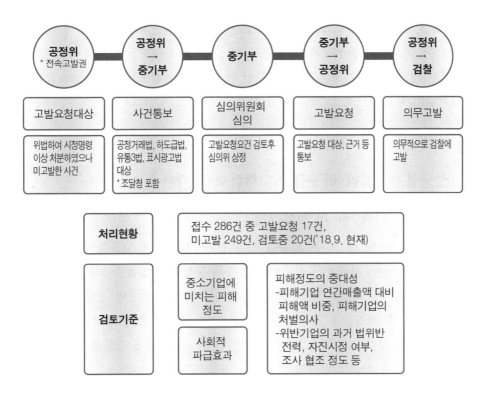

---

431) 아래 표는 중소벤처기업부 거래환경개선과 노형석 과장의 강의록의 해당부분을 발췌했다

156 건설공사 관련 법률에서의 하도급 제한 규정[432)]

A 건설하도급과 관련하여는 하도급법 이외에도 건설산업기본법, 전기공사법, 정보통신공사법 등이, 소프트웨어분야 용역하도급과 관련하여는 소프트웨어산업진흥법 등이 적용된다. 물론 하도급법과 이들 법이 상충되는 경우에는 하도급법이 우선되지만 상충되지 않는 범위에서는 함께 규율되므로 해당 법률에 유의하여야 한다. 특히 건설산업기본법 등에서 일괄하도급 금지, 재하도급 금지(특히 면허 없는 업체에 대한 불법재하도급 금지), 하도급시 발주자에 대한 통보 및 승인 등의 하도급 규제를 두고 있다. 이를 위반할 경우 영업정지처분 또는 이에 갈음한 과징금부과처분 등 행정제재와 함께 벌금형 등 형사처벌이 내려지므로 주의해야 한다.

해 설

가. 건설산업기본법의 하도급 및 재하도급 제한

(1) 하수급인의 자격 제한과 직접 시공

발주자는 공사내용에 상응하는 업종을 등록한 건설업자에게 도급하여야 한다(건산법 제25조 제1항). 수급인은 공사내용에 상응하는 업종을 등록한 건설업자에게 하도급하여야 한다(건산법 제25조 제2항). 이를 위반한 건설업자에게 1년 이하의 영업 정지나 하도급금액의 100분의 30 이하의 과징금을 부과할 수 있다(건산법 제82조 제2항 제3호).

건설업자는 1건 공사의 금액이 50억 원 미만인 건설공사를 도급받은 경우에는 도급금액에 따라 일정 비율 이상에 해당하는 공사를 직접 시공하여야 한다(건산법 제28조의2 제1항 본문). 다만, 건설공사를 직접 시공하기 곤란한 경우로서, 발주자가 공사의 품질이나 시공상 능률을 높이기 위하여, 필요하여 서면으로 승낙한 경우 또는 수급인이 도급받은 건설공사 중 특허 또는 신기술이 사용되는 부분을 그 특허 또는 신기술을 사용할 수 있는 건설업자에게 하도급하는 경우에는 직접 시공하지 아니할 수 있다(건산법 제28조의2 제1항 단서, 동 법 시행령 제30조의2 제3항).

---

432) 길기관, 앞의 책, 255~283면

건설공사를 직접 시공하는 자는 도급계약을 체결한 날부터 30일 이내에 직접시공계획을 발주자에게 통보하여야 한다(건산법 제28조의2 제2항, 동 법 시행령 제30조의2 제4항 본문). 감리자가 있는 건설공사로서 도급계약을 체결한 자가 도급계약을 체결한 날부터 30일 이내에 감리자에게 직접시공계획을 통보한 경우에는 이를 발주자에게 통보한 것으로 본다(건산법 시행령 제30조의2 제5항). 발주자에게 직접시공계획을 통보하지 않은 자에 대하여는 500만 원 이하의 과태료를 부과한다(건산법 제99조 제4호). 발주자는 건설업자가 직접시공계획을 통보하지 아니한 경우나 직접시공계획에 따라 공사를 시공하지 아니한 경우에는 그 건설공사의 도급계약을 해지할 수 있다(건산법 제28조의2 제3항).

(2) 건설공사의 하도급 제한

(가) 일괄하도급 금지 및 하도급법·공정거래법상 문제점

건설업자는 도급받은 건설공사의 전부 또는 대통령령으로 정하는 주요부분의 대부분을 다른 건설업자에게 하도급할 수 없다(건산법 제29조 제1항 본문). 건설공사의 주요부분의 대부분을 다른 건설업자에게 하도급한다는 것은 도급받은 공사(여러 동의 건축공사인 경우에는 각 동의 건축공사를 말한다)를 부대공사에 해당하는 부분을 제외한 주된 공사의 전부를 다른 건설업자에게 하도급하는 경우를 말한다(건산법 시행령 제31조 제1항). 부대공사만 하도급하거나 부대공사를 제외한 주된 공사의 일부를 하도급하는 행위는 금지되지 않는다(대법원 2008. 4. 24. 선고 2006두8198 판결).

건설업자가 도급받은 공사를 국토교통부장관이 정하는 바에 따라, 공사 현장에서 인력·자재·장비·자금 등의 관리, 시공관리·품질관리·안전관리 등을 수행하고 이를 위한 조직체계 등을 갖추고 있는 경우로서, ① 도급받은 공사를 전문공사를 시공하는 업종별로 분할하여 각각 해당 전문공사를 시공하는 업종을 등록한 건설업자에게 하도급하는 경우 또는 ② 도서지역 또는 산간벽지에서 행하여지는 공사를 당해 도서지역 또는 산간벽지가 속하는 특별시·광역시·특별자치시·도 또는 특별자치도에 있는 중소건설업자 또는 건산법 제48조(건설업자 간의 상생협력 등)의 규정에 의하여 등록한 협력업자에게 하도급하는 경우로 2인 이상에게 분할하여 하도급하는 경우에는 예외로 한다(건산법 제29조 단서, 동 법 시행령 제31조 제2항, 제3항).

반면, 하도급법에서는 이를 금지하고 있지 않다. 그래서 일괄하도급과 재하도급 모두 하도급법의 적용을 받는다(법 제2조 제10항). 제조위탁이나 용역위탁(특히, SI업무 등)의 경우에도 하도급법상 특별히 일괄하도급이 금지되지는 않는다. 다만, 입찰조건에 일괄하도급 금지조항 등이 있는 경우에는 계약상 계약조건 위반이 문제될 수는 있다. 참고로, SI

용역 등의 경우 통상적으로 계열 SI업체가 해당 계열회사의 SI용역을 수행하는 경우가 빈번한데, 이 경우 계열 SI업체가 특별한 역할을 수행하지 아니하고 재위탁하는 경우 하도급법 문제와는 별도로 공정거래법상 부당지원행위(통행세)가 문제될 가능성도 전혀 배제할 수는 없다는 점을 유의해야 한다.

(나) 동일업종 하도급의 제한

수급인은 도급받은 건설공사의 일부를 동일한 업종에 해당하는 건설업자에게 하도급할 수 없다. 다만, 발주자가 공사품질이나 시공상 능률을 높이기 위하여 필요하다고 인정하여 서면으로 승낙한 경우에는 예외로 한다(건산법 제29조 제2항).

(다) 재하도급의 금지

하수급인은 그가 하도급받은 건설공사를 다른 사람에게 다시 하도급할 수 없다(건산법 제29조 제3항 본문). 다만, ① 발주자가 공사의 품질이나 시공상의 능률을 높이기 위하여 필요하다고 인정하여 서면으로 승낙한 경우로서, 그가 하도급받은 건설공사 중 전문공사에 해당하는 건설공사를 그 전문공사를 시공하는 업종을 등록한 건설업자에게 다시 하도급하는 경우, 또는 ② 전문공사를 시공하는 업종을 등록한 건설업자가 하도급받은 경우로서, 공사의 품질이나 시공상 능률을 높이기 위하여 필요한 경우 국토교통부령이 정하는 요건에 해당하는 동시에 수급인의 서면승낙을 받아, 하도급받은 전문공사의 일부를 그 전문공사를 시공하는 업종을 등록한 건설업자에게 다시 하도급하는 경우에는 재하도급이 가능하다(건산법 제29조 제3항 단서).

(라) 하도급계약의 통보

도급받은 공사의 일부를 하도급 또는 재하도급한 건설업자와 법 제29조 제3항 제2호에 따라 다시 하도급하는 것을 승낙한 자는, 하도급계약을 체결하거나 다시 하도급하는 것을 승낙한 날부터 30일 이내에 발주자에게 통보하여야 한다. 하도급계약을 변경 또는 해제한 때에도 같다(건산법 제29조 제4항 본문, 동 법 시행령 제32조 제1항). 감리자가 있는 건설공사로서, 하도급 등을 한 자가 하도급계약을 체결하거나 다시 하도급하는 것을 승낙한 날부터 30일 이내에 감리자에게 통보한 경우는 이를 발주자에게 통보한 것으로 본다(건산법 시행령 제32조 제2항). 다만, 발주자가 하도급을 서면으로 승낙한 경우 또는 하도급을 하려는 부분이 그 공사의 주요 부분에 해당하는 경우로서, 발주자가 품질관리상 필요하여 도급계약의 조건으로 사전승인을 받도록 요구한 경우에는 통지를 하지 않아도 된다(건산법 제29조 제4항 단서). 건설업자가 통보를 허위로 한 때에는 6개월 이내의 영업정지 또는 영업정지에 갈음하여 1억 원 이하의 과징금을 부과할 수 있다(건산법 제82조 제1항 제4호). 통보하지 않은 자에 대하여는 500만 원 이하의 과태료를 부과한다(건산법 제99조 제5호).

(마) 위반에 대한 제재

건설업자가 법 제29조 제1항부터 제3항까지의 규정에 따른 하도급제한을 위반한 때에는 1년 이내의 기간을 정하여 영업정지를 명하거나 영업정지를 갈음하여 그 위반한 공사의 하도급금액의 100분의 30에 상당하는 금액 이하의 과징금을 부과할 수 있다(건산법 제82조 제2항 제3호). 한편, 법 제29조 제1항부터 제3항까지의 규정을 위반하여 하도급한 자는 3년 이하의 징역 또는 3,000만 원 이하의 벌금에 처한다(건산법 제96조 제5호). 하도급을 받은 자에 대한 형사처벌 규정은 없다.

한편, 건설산업기본법 제29조 제1항은 건설업자가 다른 건설업자에게 일괄 하도급하는 것을 금지하고 있다. 따라서 일괄하도급의 어느 한 당사자라도 건설업자가 아니면 법 제29조 제1항은 적용할 수 없다. 만약 하도급받은 자가 면허 또는 등록되지 않은 채 사실상 건설업을 영위하는 것에 불과한 경우에는 동 조로 처벌할 수 없다(대법원 2008. 4. 24. 선고 2007도9972 판결). 다만, 상황에 따라서는 하도급인과 하수급인이 면허 또는 등록을 받지 않고 건설업을 영위하였음을 이유로 건산법 제96조 제11호(제9조 제1항) 위반의 공동정범으로 함께 처벌될 여지가 있다(대법원 2000. 6. 23. 선고 2000도1081 판결 참조).

(3) 하도급 관리

수급인이 도급받은 건설공사를 하도급하는 경우에는 하수급인이 재하도급의 제한에 관한 규정(건산법 제29조 제3항)을 준수하도록 관리하여야 한다(건산법 제29조의2 제1항). 하수급인에 대한 관리의무를 이행하지 아니한 자에 대하여는 500만 원 이하의 과태료를 부과한다(건산법 제99조 제6호).

수급인은 하수급인이 건산법 제29조 제3항을 위반하여 재하도급계약을 체결하는 경우에는 그 사유를 분명하게 밝혀 그 재하도급계약 내용의 변경이나 해지를 요구할 수 있다(건산법 제29조의2 제2항). 수급인은 하수급인이 정당한 사유 없이 재하도급계약 내용의 변경이나 해지 요구에 따르지 아니하는 경우에는 해당 건설공사에 관한 하수급인과의 하도급계약을 해지할 수 있다(건산법 제29조의2 제3항).

(4) 하도급계약의 적정성 심사

발주자는 하수급인이 건설공사를 시공하기에 현저히 부적당하다고 인정되거나 하도급계약금액이 대통령령으로 정하는 비율에 따른 금액에 미달하는 경우에는 하수급인의 시공능력과 도급계약내용의 적정성 등을 심사할 수 있고(건산법 제31조 제1항), 국가, 지방자치단체 또는 대통령령으로 정하는 공공기관이 발주자인 경우에는 하수급인의 시공능력과 하도급계약내용의 적정성 등을 심사하여야 한다(건산법 제31조 제2항).

심사한 결과 하수급인의 시공능력 또는 하도급계약내용이 적정하지 아니한 경우에는 발주자는 그 사유를 분명하게 밝혀 수급인에게 하수급인 또는 하도급계약내용의 변경을 요구할 수 있고(건산법 제31조 제3항 전문), 국가, 지방자치단체, 국가 또는 지방자치단체가 출자 또는 출연한 법인이 발주자인 경우에는 수급인에게 하수급인 또는 하도급계약내용의 변경을 요구하여야 한다(건산법 제31조 제3항 후문). 발주자가 하수급인 또는 하도급계약내용의 변경을 요구하고자 하는 때에는 하도급의 통보를 받은 날 또는 그 사유가 있음을 안 날부터 30일 이내에 서면으로 하여야 한다(건산법 시행령 제34조 제3항).

발주자는 수급인이 정당한 사유 없이 하수급인 또는 하도급계약내용의 변경 요구에 응하지 아니하여 공사결과에 중대한 영향을 초래할 우려가 있는 경우에는 당해 건설공사의 도급계약을 해지할 수 있다(건산법 제31조 제4항).

국가, 지방자치단체, 국가 또는 지방자치단체가 출자 또는 출연한 법인이 발주자인 경우에는 하수급인의 시공능력, 하도급계약내용의 적정성 등을 심사하기 위하여 하도급계약심사위원회를 두어야 한다(건산법 제31조 제5항).

(5) 하도급계획의 제출과 공개

건설업자는 국가, 지방자치단체 또는 공공기관운영법 제5조에 따른 공기업 및 준정부기관이나 지방공기업법에 따른 지방공사 및 지방공단이 발주하는 공사로서 대통령령으로 정하는 건설공사를 도급받으려는 경우와 도급받은 경우, 하도급 관계의 공정성 확보와 건설공사의 효율적인 수행을 위하여 대통령령으로 정하는 바에 따라 하도급할 공사의 주요 공종 및 물량, 하수급인 선정방식 등 하도급계획을 발주자에게 제출하여야 한다. 이 경우 발주자는 제출받은 하도급계획의 적정성을 검토하여야 하고, 그 이행 여부를 감독하여야 한다(건산법 제31조의2 제1항). 그 밖의 건설공사의 경우에도 발주자가 하도급관계의 공정성과 건설공사의 효율성을 확보하기 위하여 필요하다고 인정하여 하도급계획서를 제출할 것을 요구하면 건설업자는 이에 따라야 한다(건산법 제31조의2 제2항).

국가, 지방자치단체 또는 공공기관운영법 제5조에 따른 공기업 및 준정부기관이나 지방공기업법에 따른 지방공사 및 지방공단이 발주하는 건설공사를 하도급한 경우 해당 발주기관은 공사명, 수급인의 도급금액 및 낙찰률, 수급인, 하수급인, 하도급공종, 하도급부분 도급액, 하도급금액, 하도급률을 하도급 등의 통보를 받은 날부터 30일 이내에 해당

공사를 발주한 기관의 인터넷 홈페이지에 게재하는 방법으로 공개하여야 한다(건산법 제31조의3, 동 법 시행령 제34조의3).

(6) 하수급인의 지위

하수급인은 그가 하도급받은 건설공사의 시공에 있어서는 발주자에 대하여 수급인과 동일한 의무를 진다(건산법 제32조 제1항). 이 규정에 의하여 하수급인은 직접적인 법률관계를 맺지 않은 발주자에 대하여 직접 하자담보책임을 부담하게 된다. 발주자에 대하여 부담하는 수급인의 하자보수에 갈음하는 손해배상채무와 하수급인의 손해배상채무는 부진정연대채무이다(대법원 2010. 5. 27. 선고 2009다85861 판결).

하수급인은 수급인이 건산법 제29조 제14항에 따른 통보를 태만히 하거나 일부를 누락하여 통보한 때에는 발주자 또는 수급인에게 자신이 시공한 공사의 종류 및 공사기간 등을 직접 통보할 수 있다(건산법 제32조 제3항). 수급인은 도급받은 건설공사를 시공할 때 하수급인이 있는 경우에는, 그 건설공사의 시공에 관한 공법과 공정, 그 밖에 필요하다고 인정되는 사항에 관하여 미리 하수급인의 의견을 들어야 한다(건산법 제33조).

(7) 하수급인의 손해배상책임

건설업자가 고의 또는 과실로 건설공사를 부실하게 시공하여 타인에게 손해를 입힌 경우에는 그 손해를 배상할 책임이 있다(건산법 제44조 제1항). 수급인은 하수급인이 고의 또는 과실로 하도급받은 건설공사를 부실하게 시공하여 타인에게 손해를 입힌 경우에는 하수급인과 연대하여 그 손해를 배상할 책임이 있다(법 제44조 제3항). 민법에 의하면, 도급인이 도급 또는 지시에 관하여 중대한 과실이 없거나 또는 수급인에 대하여 일의 진행 및 방법에 관하여 구체적인 지휘감독을 유보한 경우가 아닌 한, 민법상 불법행위책임을 지지 않는데(대법원 1993. 5. 27. 선고 92다48109 판결), 동 규정으로 수급인도 하도급인의 잘못으로 인한 손해에 대하여 연대하여 손해배상책임을 지게 되었다.

나. 전기공사의 하도급 및 재하도급의 제한

전기공사란 전기사업법 제2조 제16호에 따른 전기설비, 전력사용장소에서 전력을 이용하기 위한 전기계장설비(電氣計裝設備)·전기에 의한 신호표지, 신에너지 및 재생에너지 개발·이용·보급 촉진법 제2조 제3호에 따른 신·재생에너지 설비 중 전기를 생산하는 설비, 지능형 전력망의 구축 및 이용촉진에 관한 법률 제2조 제2호에 따른 지능형 전력망 중 전기설비 등을 설치·유지·보수하는 공사 및 이에 따른 부대공사로서 대통령령으로 정하는 것을 말한다(전기공사업법 제2조 제1호).

전기공사업법에 따라 등록한 공사업자는 도급받은 전기공사를 다른 공사업자에게 하도급 주어서는 안 된다(전기공사업법 제14조 제1항 본문). 다만, 공사업자는 도급받은 전기공사 중 공정별로 분리하여 시공하여도 전체 전기공사의 완성에 지장을 주지 아니하는 부분을 하도급하는 경우이면서, 동시에 수급인이 전기공사업법 제17조에 따른 시공관리책임자를 지정하여 하수급인을 지도·조정하는 경우에는, 도급받은 전기공사의 일부를 다른 공사업자에게 하도급 줄 수 있다(전기공사업법 제14조 제1항 단서, 동 법 시행령 제10조).

하수급인은 하도급받은 전기공사를 다른 공사업자에게 다시 하도급 주어서는 안 된다. 다만, 하도급받은 전기공사 중에 전기기자재의 설치부분이 포함되는 경우로서, 그 전기기자재를 납품하는 공사업자가 그 전기기자재를 설치하기 위하여 전기공사를 하는 경우에는 하도급 줄 수 있다(전기공사업법 제14조 제2항).

공사업자는 전기공사를 하도급 주려면 미리 해당 전기공사의 발주자에게 이를 서면으로 알려야 하고, 하수급인은 전기공사를 다시 하도급 주려면 미리 해당 전기공사의 발주자 및 수급인에게 서면으로 알려야 한다(전기공사업법 제14조 제3항, 제4항).

하도급 또는 재하도급의 통지를 받은 발주자 또는 수급인은 하수급인 또는 다시 하도급받은 공사업자가 해당 전기공사를 하는 것이 부적당하다고 인정하는 경우에는, 수급인 또는 하수급인에게 그 사유를 명시하여 하수급인 또는 다시 하도급받은 공사업자를 변경할 것을 요구할 수 있다(전기공사업법 제15조 제1항). 변경 요구는 그 사유가 있음을 안 날부터 15일 이내 또는 그 사유가 발생한 날부터 30일 이내에 서면으로 하여야 한다(전기공사업법 시행령 제11조). 발주자 또는 수급인은 수급인 또는 하수급인이 정당한 사유 없이 하수급인 또는 재하수급인의 변경요구에 따르지 아니하여 전기공사 결과에 중대한 영향을 초래할 우려가 있다고 인정되는 경우에는 도급계약 또는 하도급계약을 해지할 수 있다(전기공사업법 제15조 제2항).

다. 정보통신공사의 하도급 및 재하도급의 제한

정보통신공사란 정보통신설비의 설치 및 유지·보수에 관한 공사와 이에 따르는 부대공사로서 대통령령으로 정하는 공사를 말한다(전기통신공사법 제2조 제2호). 정보통신설비란 유선, 무선, 광선, 그 밖의 전자적 방식으로 부호·문자·음향 또는 영상 등의 정보를 저장·제어·처리하거나 송수신하기 위한 기계·기구, 선로 및 그 밖에 필요한 설비를 말한다(전기통신공사법 제2조 제1호).

정보통신공사업법에 따라 등록한 공사업자는 도급받은 정보통신공사의 100분의 50을 초과하여 다른 공사업자에게 하도급을 하여서는 안 된다(전기통신공사법 제31조 본문). 다만, 발주자가 공사의 품질이나 시공상의 능력을 높이기 위하여 필요하다고 인정하는 경우이거나 공사에 사용되는 자재를 납품하는 공사업자가 그 납품한 자재를 설치하기 위하여 공사하는 경우에는 공사의 전부를 하도급하지 아니하는 범위에서 100분의 50을 초과하여 하도급할 수 있다(전기통신공사법 제31조 제1항 단서). 하도급할 수 있는 공사는 도급받은 공사 중 기술상 분리하여 시공할 수 있는 독립된 공사에 하되, 그 범위는 공정 또는 구간 등을 기준으로 산정한다(전기통신공사법 시행령 제30조 제1항).[433]

하수급인은 하도급받은 공사를 다른 공사업자에게 다시 하도급을 하여서는 안 되지만, 하도급금액의 100분의 50 미만에 해당하는 부분을 대통령령으로 정하는 범위에서 다시 하도급하는 것은 가능하다(전기통신공사법 제31조 제2항). 그 범위는 하도급을 받은 공사 중 기술상 분리하여 시공할 수 있는 독립된 공사에 한한다(전기통신공사법 시행령 제30조 제2항).

공사업자가 도급받은 공사 중 그 일부를 다른 공사업자에게 하도급하거나 하수급인이 하도급받은 공사 중 그 일부를 다른 공사업자에게 다시 하도급하려면 그 공사의 발주자로부터 서면으로 승낙을 받아야 한다(전기통신공사법 제31조 제3항).

하수급인은 하도급받은 공사를 시공할 경우 발주자에 대하여 수급인과 같은 의무를 진다(전기통신공사법 제31조의2 제1항). 건설산업기본법 제32조 제1항과 같은 취지의 규정으로 이해된다.

발주자는 공사의 규모와 전문성 등을 고려할 때 하수급인의 시공능력이 현저히 부족하다고 인정되는 경우이거나, 하도급계약금액이 대통령령으로 정하는 비율에 해당하는 금액 미만인 경우[434]에는 하수급인의 시공능력 또는 하도급계약 내용의 적정성을 심사할 수 있다(전기통신공사법 제31조의6 제11항). 발주자는 심사 결과 하수급인의 시공능력 또는 하도급계약 내용이 적정하지 않다고 인정되는 경우에는 그 사유를 분명하게 밝혀 수급인에게 하수급인 또는 하도급계약 내용의 변경을 요구할 수 있다(전기통신공사법 제31조의6 제2항). 변경 요구는 그 사유가 있음을 안 날부터 30일 이내에 서면으로 하여야 한다(전기통

---

433) 기술상 분리하여 시공할 수 있는 독립된 공사란, 공정별 또는 구간별 등으로 분리하여 시공하여도 책임구분이 명확한 경우로서, 발주된 전체 공사의 완성에 지장을 주지 아니하는 공사를 말한다(전기통신공사법 시행령 제30조 제3항).

434) 하도급계약 금액이 도급금액 중 하도급 부분에 상당하는 금액[하도급하려는 공사 부분에 대하여 수급인의 도급금액 산출내역서의 계약단가(직접·간접 노무비, 재료비 및 경비를 포함한다)를 기준으로 산출한 금액에 일반관리비, 이윤 및 부가가치세를 포함한 금액을 말하며, 수급인이 하수급인에게 직접 지급하는 자재의 비용 등 관계 법령에 따라 수급인이 부담하는 금액은 제외한다]의 100분의 82에 미달하는 경우를 말한다(전기통신공사법 시행령 제32조의2 제1항).

신공사법 시행령 제32조의2 제3항).

발주자는 수급인이 정당한 이유 없이 하수급인 또는 하도급계약 내용의 변경 요구에 따르지 아니하여 공사결과에 중대한 영향을 미칠 우려가 있는 경우에는 해당 공사의 도급계약을 해지할 수 있다(전기통신공사법 제31조의6 제3항). 발주자는 하수급인이 그 공사를 시공하면서 관계 법령을 위반하여 시공하거나 설계도서대로 시공하지 않은 것으로 인정될 때에는 그 사유를 명시하여 수급인에게 하수급인의 변경을 요구할 수 있다(전기통신공사법 제32조 제1항). 하수급인의 변경을 요구하려는 경우에는 그 사유가 있음을 안 날부터 15일 이내 또는 그 사유가 있는 날부터 30일 이내에 서면으로 요구하여야 한다(전기통신공사법 시행령 제33조). 발주자는 수급인이 정당한 이유 없이 하수급인 변경 요구에 따르지 아니하여 공사 결과에 중대한 영향을 미칠 우려가 있다고 인정하는 경우에는 도급을 해지할 수 있다(전기통신공사법 제32조 제2항).

라. 소프트웨어산업진흥법의 하도급 및 재하도급 제한

소프트웨어사업자가 국가기관 등의 장과 소프트웨어사업 계약을 체결하는 경우 사업 금액의 100분의 50을 초과하여 하도급할 수 없다. 다만, 단순 물품의 구매·설치 용역 등이거나 신기술 또는 전문기술이 필요한 경우 등 미래창조과학부령으로 정하는 요건에 해당하는 경우에는 사업 금액의 100분의 50을 초과하여 하도급할 수 있다(소프트웨어산업진흥법 제20조의3 제1항).

하도급받은 소프트웨어사업자는 도급받은 사업을 다시 하도급할 수 없다. 다만, ① 하도급받은 사업의 품질 또는 수행 능률에 중대한 장애가 발생하여 이를 개선하기 위하여 불가피한 경우, ② 과업의 변경 등 하도급받은 사업의 여건 변화에 대응하기 위하여 불가피한 경우, ③ 그 밖에 하도급받은 사업의 수행을 위하여 필요하다고 대통령령으로 정하는 경우에는 재하도급할 수 있다(소프트웨어산업진흥법 제20조의3 제2항). 하도급하거나 재하도급하는 경우에는 미리 국가기관 등의 장으로부터 승인을 받아야 한다(소프트웨어산업진흥법 제20조의3 제3항).

국가기관 등의 장은 소프트웨어사업자가 하도급하려는 사업이 대통령령으로 정하는 사업금액 비율을 초과하는 경우에는, 수급인에게 하수급인과 공동수급체로 참여할 것을 요청할 수 있다. 요청을 받은 수급인은 특별한 사유가 없으면 이에 따라야 한다(소프트웨어산업진흥법 제20조의3 제4항).

국가기관 등의 장은 소프트웨어사업자가 위 규정을 위반하여 하도급하거나 재하도급을 한 경우에는 시정을 요구하여야 하며(소프트웨어산업진흥법 제20조의4 제1항), 위반 소프트웨어사업자에 대해 국가계약법, 지방계약법 등 관계 법률에 따라 입찰참가자격을 제한하여야 한다(소프트웨어산업진흥법 제20조의4 제2항).

157 건설하도급에서 소위 십장계약(오야지계약)이 건설산업기본법상 불법재하도급인가?

A 건설산업기본법상 시공자격이 없는 자에 대한 건설하도급을 금지하고 있다. 이를 위반한 불법 재하도급의 경우 3년 이하의 징역 또는 3천만 원 이하의 벌금과 함께 영업정지 또는 이에 갈음하는 도급대금의 30% 상당의 과징금에 처해질 수 있다. 통상 건설업 등록을 하지 않은 자에게 하는 십장계약(오야지계약)은 일반적으로 불법재하도급이지만, 실질적으로 그 십장 및 십장 아래의 노무자들에 대하여 사실상 지시, 감독을 하여 고용관계로 볼 수 있는 경우에는 도급이 아니므로, 불법재하도급으로 볼 수 없다.

해설

우리 법은 도급관계인지 여부를 단순히 계약서의 기재가 아니라 실제 그 거래의 본질을 기준으로 판단하고 있다. 법률 용어로 경제적 실질설이라 한다. 경제적 실질설에서는 사업의 위험을 누가 부담하는지, 십장이 관리하는 노동자들의 임금을 사실상 누가 부담하는지, 십장과 노동자들이 건설회사의 실질적 관리감독을 받는지 여부로 판단하게 된다. 결국 쟁점은 오야지(십장) 계약이 위와 같은 기준에 따라 실질적으로 도급에 가까운지 아니면 사실상 고용인지 여부이다. 말은 간단하지만 현실에서 그 기준에 따라 판단하는 것은 결코 명확하지 않기에 문제이다.

오야지(おやじ, 親父)는 아버지라는 뜻의 일본말이다. 건설현장에서는 크게 두 부류가 있다. 인력을 부리면서 현장을 지휘하면서 공사를 진행하는 사람, 즉 시공참여자, 하도급자, 무자격건설업자, 개인건설업자 등으로 불리는 '사업자'가 첫번째 부류이고, 동종의 일용직들과 팀을 구성하여 현장에서 일거리를 받아 일당을 받고 일하는 일명 '반장', '팀장'으로 불리면서 노임을 목적으로 팀을 데리고 다니는 사람이 두번째이다. 첫번째는 자신의 책임하에 무리를 이끌고 사업을 하는 사람으로서 하나의 사업자로서 근로자들에 대해서는 자신이 "고용주"와 비슷한 지위에 있다. 두번째는 자신과 자신이 관리하는 일용직 노무자 모두 전문건설회사에 사실상 고용된 것에 가깝다.

지금까지 십장 문제는 주로 노동사건에서 다루어 졌다. 노동청 실무는 원칙적으로 십장을 고용주로 보는 입장에 가까웠다. 그것도 십장계약의 내용을 기준으로 십장이 건설회사로부터 물량도급을 받거나 인도급을 받더라도 이윤을 남기는 경우에는 원칙적으로 고용주로 보았던 것이다. 이 기준에 의하면 현장에서의 십장은 대부분 고용주가 되고 건설회사는 십장에게 불법 재하도급을 준 것이 될 수 있다.

그런데 최근 우리 대법원은 건설회사와 물량도급 방식으로 하도급계약을 체결한 십장이라 하더라도 그 현장에서의 실질을 살펴 근로자에 해당할 수 있다고 보았다(대법원 2018. 8. 30. 선고 2018두43330 판결). 건설산업기본법 위반죄에 대한 형사판결은 아니지만 십장을 통해 공사를 수행하더라도 불법 재하도급법이 되지 않을 수 있다는 매우 중요한 획기적 사례이므로 좀 더 구체적으로 설명 하겠다.

해당 사건에서 원고는 소위 십장으로 건설면허는 없었지만 과세관청에 사업자 등록을 하고 부가가치세 등 관련 세금을 신고·납부하여 왔고, 이 사건 현장에서도 건설회사와 시공면적에 단가를 곱해 대금을 받기로 하는 총액 하도급계약을 체결하였다. 즉 형식만 보면 이전 노동청 실무에서는 독립된 사업자이자 고용주로 보는 경우에 해당하였던 것이다. 그런데 경제적 실질은 좀 달랐다. 십장인 원고와 건설회사 간의 대금은 해당 공사를 수행하는데 필요한 인력에 대한 인건비를 기준으로 산정된 것이었고, 원고는 자신의 임금과 노무자들의 임금을 합산한 금액을 건설회사로부터 지급받아 노무자들에게 일당을 지급하였다. 현장에서 자재 역시 원고가 부담한 것이 아니라 건설회사가 제공해 주었고 원고와 그 노무자들의 작업시 상당부분 건설회사로부터 지시와 감독을 받았다. 대법원은 해당 사건에서 그 실질에 주목해 십장을 근로자로 보았던 것이다. 고용관계와 관련한 경제적 실질을 대폭 확대한 획기적 판결이다.

뿐만 아니라 지방검찰청에서는 십장계약이라 하더라도 실질적으로 고용계약으로 볼 수 있는 경우에는 불법재하급이 아니므로 건설산업기본법 위반으로 볼 수 없다며 무혐의 결정을 하고 있는 경우가 상당수 있다. 대표적인 사례가 울산지방검찰청의 2019년 형제 18783 무혐의결정 및 이에 대한 2019초 제582 제정신청기각 결정이다.

사견으로 우리 건설현장에서 이루어지는 상당수, 아니 대부분의 오야지(십장) 계약이 이 대법원 판결의 사안과 유사하다고 본다. 특별한 사정이 없으면 불법 재하도급에 해당 되지는 않을 것이다.

158 건설위탁에서 직상수급인의 수급사업자의 근로자에 대한 임금지급의무

A 원사업자가 면허가 있는 건설업자에게 하도급을 준 경우에는 하도급대금을 지급하는 등 귀책사유가 없다면 수급사업자의 근로자에 대한 임금지급의무가 없지만, 무면허 건설업자에게 재하도급을 준 경우에는 그 재하도급업체의 근로자에 대한 임금을 자신의 귀책사유와 무관하게 연대하여 지급할 의무가 있다. 그래서 하도급업체에게 이미 재하도급대금을 지급했다 하더라도 그 재하도급업체가 해당 공사에 대한 임금을 지급하지 않았다면 책임져야 한다.

해설

하수급인이 임금을 지급하지 않은 경우 직상수급인의 귀책사유가 있을 때에만 직상수급인에게 임금을 지급할 의무가 있지만(근로기준법 제44조), 건설산업기본법상 면허가 없는 사업자에게 하도급을 준 경우에는 직상수급자의 귀책사유가 없더라도 하수급인의 임금을 지급할 의무가 있다(근로기준법 제44조의2). 이를 위반할 경우 3년 이하의 징역 또는 3천만 원 이상의 벌금에 처해진다(근로기준법 제109조 제1항). 다만, 피해자의 명시적 의사와 다르게 공소를 제기할 수 없는 소위 '반의사불벌죄'이다(근로기준법 제109조 제2항). 직상수급인은 하수급인의 근로자에 대한 임금채무를 연대하여 책임지는 것이기 때문에, 직상수급인이 근로자에게 직접 지급한 경우 사용자인 하수급인에게 구상할 수 있다. 당연히 구상권 채권으로 하수급인에게 지급할 하도급대금 채권에서 상계할 수 있다.

한편, 직상수급인의 하수급인 근로자에 대한 임금 직접지급 의무가 인정되는 경우가 있다. ① 직상수급인이 하수급인을 대신하여 하수급인이 사용한 근로자에게 지급하여야 하는 임금을 직접 지급할 수 있다는 뜻과 그 지급방법 및 절차에 관하여 직상수급인과 하수급인이 합의한 경우, ② 확정된 지급명령, 하수급인의 근로자에게 하수급인에 대하여 임금채권이 있음을 증명하는 집행증서, 확정된 이행권고결정, 그 밖에 이에 준하는 집행권원이 있는 경우, ③ 하수급인이 그가 사용한 근로자에 대하여 지급하여야 할 임금채무가 있음을 직상수급인에게 알려주고, 직상수급인이 파산 등의 사유로 하수급인이 임금을 지급할 수 없는 명백한 사유가 있다고 인정하는 경우이다(근로기준법 제44조의3). 하도급법

제14조의 발주자가 수급사업자에게 하도급대금을 직접 지급하도록 하는 규정에 대응하는 근로기준법 조항이다. 한편, 하수급인이 사용한 근로자에게 그 하수급인에 대한 집행권원이 있는 경우에는 근로자는 하수급인이 지급하여야 하는 임금에 해당하는 금액을 원수급인(발주자의 직접수급인)에게 직접 지급할 것을 요구할 수 있다. 원수급인은 근로자가 자신에 대하여 민법상 채권자대위권을 행사할 수 있는 금액의 범위에서 이에 따라야 한다(근로기준법 제44조의3 제2항). 직상수급인 또는 원수급인이 하수급인이 사용한 근로자에게 임금에 해당하는 금액을 지급한 경우에는 하수급인에 대한 하도급 대금 채무는 그 범위에서 소멸한 것으로 본다(근로기준법 제44조의3 제3항).

이에 대하여 대법원은 "근로기준법 제44조의2, 제109조(이하 '처벌조항'이라고 한다)는 건설업에서 2차례 이상 도급이 이루어진 경우 건설산업기본법 규정에 따른 건설업자가 아닌 하수급인이 그가 사용한 근로자에게 임금을 지급하지 못할 경우 하수급인의 직상수급인은 하수급인과 연대하여 하수급인이 사용한 근로자의 임금을 지급할 책임을 지도록 하면서 이를 위반한 직상수급인을 처벌하도록 규정하고 있다. 이는 직상수급인이 건설업 등록이 되어 있지 않아 건설공사를 위한 자금력 등이 확인되지 않는 자에게 건설공사를 하도급하는 위법행위를 함으로써 하수급인의 임금지급의무 불이행에 관한 추상적 위험을 야기한 잘못에 대하여, 실제로 하수급인이 임금지급의무를 이행하지 않아 이러한 위험이 현실화되었을 때 그 책임을 묻는 취지이다. 그리고 이에 따라 근로기준법 제44조의2의 적용을 받는 직상수급인은 근로기준법 제44조의 경우와 달리 자신에게 직접적인 귀책사유가 없더라도 하수급인의 임금 미지급으로 말미암아 위와 같은 책임을 부담하고, 하수급인이 임금지급의무를 이행하는 경우에는 함께 책임을 면하게 된다. 이와 같은 처벌조항의 입법 취지와 문언 등에 비추어 보면, 건설업에서 2차례 이상 도급이 이루어지고 건설업자가 아닌 하수급인이 그가 사용한 근로자에게 임금을 지급하지 못하였다면, 하수급인의 직상수급인은 자신에게 귀책사유가 있는지 여부 또는 하수급인에게 대금을 지급하였는지 여부와 관계없이 하수급인과 연대하여 하수급인이 사용한 근로자의 임금을 지급할 책임을 부담한다고 봄이 타당하다"고 판시하였다(대법원 2019. 10. 31. 선고 2018도9012 판결).

동 사건은 건설면허가 없는 재하수급인이 위 골조공사 현장에서 근무하다가 퇴직한 근로자 15명에 대한 임금을 당사자 간 지급기일 연장에 관한 합의 없이 퇴직일로부터 14일 이내에 지급하지 않았고 이에 대하여 직상수급인이 근로기준법 위반으로 기소된 건인데, 원심에서 무죄로 선고한 것을 대법원에서 유죄 취지로 판단하였다. 대법원은 "근로기준법 제44조의2는 직상수급인이 하수급인에게 도급금액을 전부 지급하여 이행이 끝난 상황에서까지 연대의무를 부과하려는 취지라고 해석할 수 없다는 전제에서…. 하수급인에게 지급해야 할 도급금액이 남아 있지 않다는 이유로 공소사실을 무죄로 판단한 원심판결에 근로기준법 제44조의2의 해석에 관한 법리를 오해한 잘못이 있다"고 판단하였다. 이처럼 우리 법원은 건설면허가 없는 자에게 재하도급을 준 직상수급인에게 거의 예외없이 그리고 매우 엄격하게 하수급인의 임금지급의무에 대한 연대책임을 묻고 있다.

다만, 하수급인의 근로자들에 대하여 하수급인과 연대하여 임금을 지급할 책임을 지게 된다 하더라도 직상수급인이 하수급인의 근로자들에 대한 사용자는 아니다. 그래서 근로 자들이 직상수급인을 상대로 임금에 대한 우선변제권을 주장할 수 없고 나아가 직상수급 인의 책임 범위 역시 재하도급대금 상당액에 한정되는 것으로 보는 것이 맞다. 그래서 대법원은 "직상수급인과 하수급인의 근로자 사이에 묵시적인 근로계약관계의 성립을 인 정할 수 있는 특별한 사정이 존재하지 않는 이상 그 직상수급인은 하수급인의 근로자에 대한 관계에서 근로계약의 당사자로서 임금채무를 1차적으로 부담하는 사업주인 사용자 에 해당하지 않는다고 할 것인바, 직상수급인 소유의 재산에 대한 강제집행절차에서 하 수급인의 근로자들이 직상수급인 소유의 재산을 사용자의 총재산에 해당한다고 보아 이 에 대하여 임금 우선변제권을 주장할 수 없다"고 판시하였다(대법원 1999. 2. 5. 선고 97다 48388 판결).

그렇기 때문에 직상수급인에 대한 기업회생절차가 개시되더라도 하수급인 근로자의 직상수급인에 대한 임금채권은, 설사 그것이 하수급인에 대하여는 우선변제권이 인정되 는 범위라 해도, 공익채권이 아니라 회생채권에 불과하다.

159 산업재해보상의 책임주체 및 책임범위

A 산업재해보상법에 의하면 수급사업자의 근로자라 하더라도 산업재해보상의 주체는 원사업자가 되지만 수급사업자가 근로복지공단으로부터 사업주 인정승인을 받게 되면 수급사업자가 산업재해보상의 책임을 지게 된다. 한편, 근로자의 고의로 발생한 산업재해에 대해서만 사업주가 책임을 면하므로 근로자의 중과실이 있더라도 근로자는 보호받게 된다.

해설

가. 산업재해보상의 주체 : 원수급인 및 사업주 인정 승인을 받은 경우 하수급인

건설업이 여러 단계의 도급이 이루어지는 경우에는 그 원수급인을 「고용보험 및 산업재해보상보험의 보험료징수 등에 관한 법률」(이하 '산업재해보상법')의 적용을 받는 사업주로 본다(산업재해보상법 제9조 제1항 본문 및 동법 시행령 제7조 제1항).

하지만, 하수급인이 하도급공사의 착공일로부터 30일 내에 근로복지공단에 "하수급인 사업주 인정 승인신청"을 하여 승인을 받는 경우에는 하수급인이 사업주가 되어 산업재해에 대한 책임을 지게 된다(산업재해보상법 제9조 제1항 단서). 하수급인이 사업주 승인을 받게 되면 건설업 하도급 공사임에도 불구하고 승인받은 부분에 한하여 원도급 공사인 것과 같은 효과가 발생한다. 승인신청할 수 있는 조건은 다음과 같다(산업재해보상법 시행령 제7조).

│ 하수급인 산재 관련 사업주 인정 승인요건 │

① 하수급인이 건설업자일 것
② 원수급인은 하수급인과 보험료 납부의 인계·인수에 관한 서면계약을 체결할 것
③ 하도급공사의 착공일부터 30일 이내에 신청할 것(제3항 단서)
④ 하도급공사의 착공 후 15일부터 승인신청 전까지 업무상 재해가 발생하지 않았을 것(제4항)

나. 근로자의 고의·과실이 있는 경우에도 사업주가 책임을 지는지 여부

산업재해보상보험은 사용자가 근로자의 업무상 재해에 대해 고의 또는 과실이 있는지 여부에 대해 묻지 않고 산업재해보상 보험급여(이하 '보험급여')를 지급한다(「산재·고용보험 실무편람」 참조). 하지만 원칙적으로 산재보상 보험 급여는 산재보험에 가입된 사업장의 근로자가 업무상 재해(업무상 사고 또는 업무상의 사유에 따른 근로자의 부상·질병·장애 또는 사망)를 당한 경우에 지급된다.

┤ 업무상 재해의 인정기준 ├

① 근로자가 업무상 사고 또는 업무상 질병으로 부상·질병 또는 장해가 발생하거나 사망하면 업무상 재해로 봄(산업재해보상보험법 제37조 제1항 본문).

② 다만, 업무상 사고 또는 업무상 질병으로 부상·질병 또는 장해가 발생하거나 사망하더라도 업무와 재해 사이에 상당인과관계(相當因果關係)가 없는 경우에는 업무상 재해로 보지 않음(산업재해보상보험법 제37조 제1항 단서).

③ 위의 업무상 재해 인정기준을 모두 갖춘 경우에도 근로자의 고의·자해행위나 범죄행위 또는 그것이 원인이 되어 발생한 부상·질병·장해 또는 사망은 업무상 재해로 보지 않음(산업재해보상보험법 제37조 제2항 본문).

이처럼 원칙적으로 근로자의 고의로 산업재해가 발생한 경우만 사업자가 책임을 지지 않게 되는 바, 중과실의 경우에도 책임을 지느냐에 대한 의문이 있을 수 있다. 산재보험 연보에 따르면 "종래에는 근로자의 중대한 과실로 인하여 재해가 발생한 경우 휴업급여의 30%를 제한하던 것을 생활급인 휴업급여를 중대한 과실을 이유로 지급을 제한한다면 산재근로자의 생활 유지에 커다란 어려움이 있다는 점을 고려하여 '78년에 산업재해보상법을 개정하여 제한규정을 폐지하였다"라고 하여(동 연보 22면), 산업재해보상법은 근로자의 중과실의 경우까지도 산재보상 급여를 받을 수 있도록 개정된 것으로 확인된다. 결론적으로 근로자의 고의로 산업재해가 발생하지 않는 한, 원칙적으로 사업자가 책임을 져야 한다.

다. 하수급인의 근로자가 산재가 발생되면 하수급인의 책임 및 제재조치 방안

원칙적으로 모든 산재책임은 하수급인 사업주 승인 요건을 갖추어 하수급인이 사업주 승인을 받지 않는 한, 원칙적으로 원수급인(원사업자)이 지게 된다. 이는 하수급인이 수급인의 발주자에 대한 이행보조자 또는 이행대행자라는 특수성에 기인한 것이다. 판례는

"공사도급계약에 있어서 당사자 사이에 특약이 있거나 일의 성질상 수급인 자신이 하지 않으면 채무의 본지에 따른 이행이 될 수 없다는 등의 특별한 사정이 없는 한 반드시 수급인 자신이 직접 일을 완성하여야 하는 것은 아니고, 이행보조자 또는 이행대행자를 사용하더라도 공사도급계약에서 정한 대로 공사를 이행하는 한 계약을 불이행하였다고 볼 수 없으므로, 수급인이 제3자를 이용하여 공사를 하더라도 공사약정에서 정한 내용대로 그 공사를 이행하는 한 공사약정을 불이행한 것이라고 볼 수 없으므로, 수급인이 그의 노력으로 제3자와의 사이에 공사에 관한 약속을 한 후 도급인에게 그 약속 사실을 알려주지 않았다고 하더라도 이를 도급인에 대한 기망행위라고 할 수 없다"고 판시하였다(대법원 2002. 4. 12. 선고 2001다82545 판결). 따라서, 하수급인의 근로자가 산재사고가 발생하였더라도 하수급인은 원수급인의 이행보조자에 불과하므로 산재사고에 대하여 책임을 직접적으로 지지 않는다.

하지만 예외적으로 빈번한 산재사고로 인하여 계약의 목적을 달성할 수 없다고 인정되는 경우에는 수급인은 하수급인과의 계약관계에 따라 하도급계약을 해제·해지할 여지도 있다. 다만, 이 경우 빈번한 산재사고로 계약목적의 달성이 어렵다는 점에 대하여는 수급인에게 입증책임이 있다.

라. 산재사고에 대한 발주자의 책임

발주자는 원칙적으로 산재사고에 대한 책임이 없지만 발주자는 원수급인을 지휘·감독하는 사용자의 지위에 있다. 만약 하수급인이 실질적으로 원수급인의 지시하에 있는 경우라면 발주자는 원수급인에 대한 지휘·감독에 기하여 하수급인에 대해서도 지휘·감독하는 것으로 볼 수 있으므로 하수급인의 잘못에 대하여도 민법 제756조에 의한 사용자책임을 지게 된다. 도급계약에서 정한 도급인(발주자)의 수급인(원수급인)에 대한 지휘·감독 권한은 특별한 사정이 없는 한 그 하수급인이나 노무수급인에게도 미치기로 한 것이라고 봄이 타당하므로, 이들의 불법행위로 사고가 발생한 것이라면 발주자에게 사용자책임을 물을 수 있기 때문이다(대법원 1992. 6. 23. 선고 92다2615 판결).

그 외에도 발주자가 산업안전보건법에 따른 예방 조치를 위반한 경우에는 예외적으로 책임을 물을 수 있다. 대법원은 산업안전보건법이 개정되기 전에도 수급인의 근로자에 대한 산업재해 예방조치 의무를 부담하는 사업주에 관하여, ① 사업의 일부를 도급한 발주자 또는 ② 사업의 전부를 도급받아 그 중 일부를 하도급에 의하여 행하는 수급인 등 사업의 전체적인 진행과정을 총괄하고 조율할 능력이나 의무가 있는 사업주에게 산업재해 예방조치 의무가 있는 취지로 판시하였다(대법원 2010. 6. 24. 선고 2010도2615 판결; 대법원 2016. 3. 24. 선고 2015도8621 판결). 건설공사(사업)의 전체적인 진행과정을 총괄, 조율할 능력 또는 의무가 있는 사업주라면, 해당 공사를 최초로 발주한 발주자이든 발주자로부터 공사를 수급하여 하도급한 원수급인이든 무관하게 그 하수급인의 근로자에 대하여 안전보건조치의무를 부담하는 것이다.

개정법에 따르면 건설공사 발주자는 관계 수급인의 근로자에 대한 안전 및 보건조치 의무를 직접적으로 부담하지 않는 대신 발주자는 건설공사의 계획 단계에서 기본안전보건대장을 작성하여야 하고, 설계 및 시공단계에서 그 기본안전보건대장에 따라 각각 설계안전보건대장 및 공사안전보건대장을 작성하게 한 뒤 이를 확인하는 등의 산업재해 예방조치 의무를 부담한다(산업재해보상법 제67조). 또한 발주자는 2개 이상의 건설공사가 같은 장소에서 진행되는 경우 안전보건조정자 배치(산업재해보상법 제68조), 공사기간 단축 및 정당한 사유 없는 공법 변경의 금지(산업재해보상법 제69조), 산업재해 예방을 위한 도급인의 요청 시 공기 연장(산업재해보상법 제70조), 산업재해 발생 우려가 있는 경우 설계변경(산업재해보상법 제71조), 도급계약 체결 시 도급금액에 산업안전보건관리비 계상(산업재해보상법 제72조) 등의 의무를 부담한다.

160 중대재해처벌법상 경영책임자등의 안전 및 보건 확보의무

A 산업안전보건법 등 기존 법률들만으로는 중대재해가 줄어들지 않아 실질적인 기업경영의 책임자가 안전·보건에 관한 확고한 리더쉽을 가지고 중대재해 예방을 위한 실질적인 노력을 강구하도록 하기 위해 중대재해처벌법이 제정되었다. 중대재해처벌법을 위반하여 중대재해가 발생할 경우 사업주 또는 경영책임자 등은 형사처벌을 받게 되고 고의, 중과실이 있는 경우 5배 이하의 징벌적 손해배상책임을 지도록 하는 등 엄격한 제재를 가하고 있다.

해 설

[「중대재해처벌법」 핵심 요약]

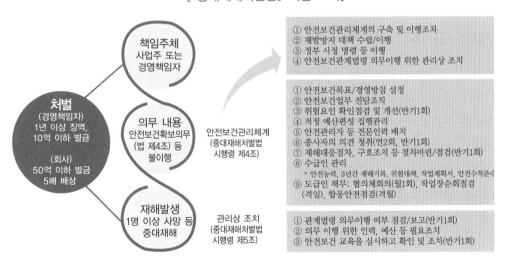

가. 안전 및 보건 확보의무에 대한 법률

중대재해처벌법상 "경영책임자등"이란 사업을 대표하고 사업을 총괄하는 권한과 책임이 있는 사람 또는 이에 준하여 안전보건에 관한 업무를 담당하는 사람으로 정의한다(중대재해처벌법 제2조 제9호). 법적의무와 책임의 귀속 주체는 원칙적으로 사업을 대표하고 사업을 총괄하는 권한과 책임을 가지는 등 최종적 의사결정권을 행사할 수 있어야 한다.

하지만, 형식적으로 안전보건에 관한 업무를 담당하는 안전보건담당이사 등을 둔 경우에도 중대재해처벌법상 대표이사의 사업을 대표하고 사업을 총괄하는 권한과 책임이 없어진다고 보기는 어렵다. 따라서 대표이사가 산업재해 예방을 위한 시스템 작동 여부를 직접 관리하는 것이 바람직하며 의무사항은 다음과 같다(중대재해처벌법 제4조 제1항).

┤ 사업주와 경영책임자등의 안전 및 보건 확보의무 ├

1. 재해예방에 필요한 인력 및 예산 등 안전보건관리체계의 구축 및 그 이행에 관한 조치
2. 재해발생시 재발방지 대책의 수립 및 그 이행에 관한 조치
3. 중앙행정기관·지방자치단체가 관계 법령에 따라 개선, 시정 등을 명한 사항의 이행 조치
4. 안전·보건 관계 법령에 따른 의무이행에 필요한 관리상의 조치

나. 안전 및 보건 확보의무 이행

경영책임자등이 사업장에서 유해·위험요인을 제거·통제·대체하기 위해 산업안전보건법 등에 따른 안전보건 조치를 하고, 종사자가 작업계획서에 따라 안전수칙을 준수하며 작업을 하도록 하는 등 안전보건관리시스템의 구축 및 이행까지 일련의 과정을 온전히 수행한 경우에 확보의무를 이행한 것으로 평가한다. 다만 형식적으로 인력과 조직을 갖추는 것만으로 해당 의무를 이행하였다고 인정되지 않을 수 있으므로 안전보건관리체계의 구축 및 이행 조치(중대재해처벌법 시행령 제4조)를 확인하고 실질적으로 이행하였다는 근거자료를 남기는 것이 이행여부를 객관적으로 판단하는 핵심기준이 된다.

┌─┤ 안전보건관리체계의 구축 및 이행 조치 ├─────────────────────

1. 안전·보건에 관한 목표와 경영방침의 설정
2. 안전·보건 업무를 총괄·관리하는 전담조직 설치(상시근로자 500명, 시공능력 상위 200위 이내)
3. 유해·위험요인 확인 개선절차 마련, 점검 및 필요한 조치
4. 재해예방에 필요한 안전·보건에 관한 인력·시설·장비 구비와 유해·위험요인 개선에 필요한 예산 편성 및 용도에 맞게 집행
5. 안전보건관리책임자등의 충실한 업무수행 지원(권한과 예산부여, 평가기준마련, 평가관리)
6. 산업안전보건법에 따른 안전관리자, 보건관리자 등 전문인력 배치
7. 종사자 의견청취 절차 마련, 청취 및 개선방안 마련, 이행여부 점검
8. 중대산업재해 발생시 등 조치 매뉴얼 마련 및 조치여부 점검
9. 도급, 용역, 위탁시 산재예방 조치능력 및 기술에 관한 평가기준·절차 및 관리비용 기준, 건설업 및 조선업이 도급인 경우 공사기간 또는 건조기준에 관한 기준 마련·이행여부 점검
└──

 앞에서 살펴본 '재해 발생시 재발방지 대책의 수립 및 그 이행에 관한 조치'(중대재해처벌법 제4조 제1항 제2호), '중앙행정기관·지방자치단체가 관계 법령에 따라 개선, 시정 등을 명한 사항의 이행에 대한 조치'(동조 제1항 제3호)의 경우 강제적인 외부의 조치로써 경영책임자등은 개선, 시정할 내용에 대하여 사실내용과 지침에 따라 그대로 이행하면 될 것으로 본다. 그리고 '안전·보건 관계 법령에 따른 의무이행에 필요한 관리상의 조치'(동조 제1항 제4호)의 세부내용은 시행령(제5조)에 다음과 같이 명시하고 있다.

┌─┤ 안전·보건 관계 법령에 따른 의무이행에 필요한 관리상의 조치 ├──────

1. 안전·보건 관계 법령에 따른 의무이행 여부에 대해 반기1회 이상 점검
2. 인력배치 및 예산추가 편성·집행 등 의무이행에 필요한 조치
3. 유해·위험작업에 대한 안전·보건 교육의 실시 여부를 반기1회 이상 점검
4. 미실시 교육에 대한 이행의 지시 및 예산의 확보 등 교육실시에 필요한 조치
└──

 종합해 보면, 경영책임자등의 안전 및 보건 확보의무 사항을 이행하기 위해서는 인력, 예산을 투자해서 안전보건관리체계라는 조직을 구축하라는 것이며 이러한 조직을 구축하여 운영하는 과정에서 법령이 규정한 내용이 제대로 온전히 이행되는지 관리상의 감독과 점검등의 조치를 하라는 의미로 함축할 수 있다. 부가적으로 재해발생시 재발방지대책의 수립과 고용노동부 등 관계기관의 지적에 대해 개선하고 시정하라는 사항을 이행하는 것은 당연히 이행하면 될 조항으로 사전적 조치라기 보다는 사후적 조치내용으로 이해하면 될 것이다.

다. 중대재해처벌법 위반에 대한 제재 및 손해배상책임

사업주 및 경영책임자 등 법정형
• 사망자 발생시 : 징역 1년 이상 또는 벌금 10억 원 이하
• 사망자 미발생 : 징역 7년 이하 또는 벌금 1억 원 이하 (부상ㆍ질병)　(5년 이내 재범시 1/2까지 가중처벌)

양벌규정
• 사망자 발생시 : 50억 원 이하 벌금
• 사망자 미발생 : 10억 원 이하 벌금 (부상ㆍ질병)　*법인 또는 기관이 해당업무에 관하여 상당한 주의와 감독을 게을리 하지 않은 경우는 제외

징벌적 손해배상
고의 또는 중대한 과실 위반 시 중대재해로 손해를 입은 사람에 대하여 그 손해액의 5배 이하 범위에서 배상책임 *법인 또는 기관이 해당 업무에 관하여 상당한 주의와 감독을 게을리 하지 않은 경우는 예외

중대재해처벌법을 위반하여 중대재해처벌법 제2조 제2호 가목, 즉 사망자 1명 이상이 발생하는 중대산업재해에 이르게 한 사업주 또는 경영책임자 등은 1년 이상의 징역 또는 10억 원 이하의 벌금에 처해질 수 있고, 징역과 벌금은 병과할 수 있다(중대재해처벌법 제6조 제1항). 한편, 중대재해처벌법을 위반하여 중대재해처벌법 제2조 제2호 나목, 다목, 즉, 동일한 사고로 6개월 이상 치료가 필요한 부상자가 2명 이상 발생하는 중대재해나, 동일한 유해요인으로 급성중독 등 대통령령으로 정하는 직업성 질병자가 1년 이내에 3명 이상 발생하는 중대재해에 이르게 한 사업주 또는 경영책임자 등은 7년 이하의 징역 또는 1억 원 이하의 벌금형에 처해진다(동조 제2항). 제1항 또는 제2항의 죄로 형을 선고받고 그 형이 확정된 후 5년 이내에 다시 제1항 또는 제2항의 죄를 저지른 자는 각 항에서 정한 형의 2분의 1까지 가중한다(동조 제3항).

한편, 위 처벌조항에 대한 양벌규정이 있다. 즉, 법인 또는 기관의 경영책임자등이 그 법인 또는 기관의 업무에 관하여 제6조에 해당하는 위반행위를 하면 그 행위자를 벌하는 외에 그 법인 또는 기관에 다음 각 호의 구분에 따른 벌금형을 과(科)한다. 다만, 법인 또는 기관이 그 위반행위를 방지하기 위하여 해당 업무에 관하여 상당한 주의와 감독을 게을리하지 아니한 경우에는 그러하지 아니하다.

> 1. 제6조 제1항의 경우(사망자 1명 이상이 발생하는 중대산업재해) : 50억 원 이하의 벌금
> 2. 제6조 제2항의 경우(동일한 사고로 6개월 이상 치료가 필요한 부상자가 2명 이상 발생하는 중대재해나, 동일한 유해요인으로 급성중독 등 대통령령으로 정하는 직업성 질병자가 1년 이내에 3명 이상 발생하는 중대재해) : 10억 원 이하의 벌금

　사업주 또는 경영책임자 등이 고의 또는 중과실로 중대재해처벌법을 위반하여 손해를 발생시킨 경우 징벌적 손해배상 책임을 진다. 즉, 사업주 또는 경영책임자등이 고의 또는 중대한 과실로 이 법에서 정한 의무를 위반하여 중대재해를 발생하게 한 경우 해당 사업주, 법인 또는 기관이 중대재해로 손해를 입은 사람에 대하여 그 손해액의 5배를 넘지 아니하는 범위에서 배상책임을 진다. 다만, 법인 또는 기관이 해당 업무에 관하여 상당한 주의와 감독을 게을리하지 아니한 경우에는 그러하지 아니하다(중대재해처벌법 제15조 제1항). 손해액의 5배 이하의 징벌적 손해배상대상인데, 법원은 배상액을 정함에 있어 ① 고의 또는 중대한 과실의 정도, ② 이 법에서 정한 의무위반행위의 종류 및 내용, ③ 이 법에서 정한 의무위반행위로 인하여 발생한 피해의 규모, ④ 이 법에서 정한 의무위반행위로 인하여 사업주나 법인 또는 기관이 취득한 경제적 이익, ⑤ 이 법에서 정한 의무위반행위의 기간·횟수 등, ⑥ 사업주나 법인 또는 기관의 재산상태, ⑦ 사업주나 법인 또는 기관의 피해구제 및 재발방지 노력의 정도를 고려하여야 한다(동조 제2항).

　중대재해처벌법상 손해배상과 관련하여 특이점은 5배 이하의 징벌적 손해배상이라는 점과 사업주 또는 경영책임자 등이 고의 또는 중과실이 있는 경우에만 성립한다는 점이다. 반대로 경과실의 경우에는 중대재해처벌법상 손해배상책임은 없지만, 민법 제750조 등의 일반 불법행위 책임은 진다고 보아야 한다.

라. 중대재해처벌법의 효과적 대응방안

　중대재해처벌법의 적용에 대해 사회적 논란이 많은 것은 사실이다. 그럼에도 불구하고 법률의 입법취지와 사회현상 등을 고려해 볼 때 더 이상 산업재해는 우연의 결과라고 받아들이기 힘들다. 그렇다면 경영책임자가 가져야 할 효과적 대응방안에 대해 검토해 볼 필요가 있는데 우선적으로 형사처벌 문제에 대해서는 판례가 부족하고 대법원 양형기준이 정립되어 있지 않아 논외로 하고 사업장에서 대응하는 방안을 제시해 보고자 한다.

　첫째, 안전보건관리체계의 구축 및 그 이행에 관한 조치를 위해 예산과 인력을 투자하

여 전문조직을 구축한 가운데 동법 시행령 제4조에서 규정한 이행조치(9개)를 온전히 수행하면서 아래의 7가지 핵심요소를 잘 이해하고 수행하여야 한다.

│ 안전보건관리체계 구축을 위한 7가지 핵심요소 │

① 경영자 리더쉽 : 안전보건 의지와 목표설정, 자원(인력·시설·장비)배정, 권한과 책임부여 등
② 근로자의 참여 : 안전보건 정보공개, 구성원 참여절차 마련, 자유로운 의견제시 문화 등
③ 위험요인 파악 : 위험요인 정보수집처리, 위험기계·기구·설비 파악, 작업형태별 위험파악 등
④ 위험요인 제거·대체 및 통제 : 위험성평가, 위험요인별 제거·대체 및 통제방안 검토 등
⑤ 비상조치계획 수립 : 위험요인별 시나리오 작성, 시나리오별 조치계획, 주기적 훈련 등
⑥ 도급·용역위탁시 안전보건 확보 : 산재예방 능력 갖춘 사업주 선정, 사업장내 안전조치 등
⑦ 평가 및 개선 : 목표설정 관리, 안전보건관리체계 운용상태 점검, 문제점 주기적 개선 등

위와 같이 안전보건관리체계를 구축하려면 안전보건분야 전문자격 외에도 실무경력이 충분한 자로서 문서작성 능력을 갖춘 행정 전문가를 찾아야 하는데 사실상 쉽지가 않은 상황이다. 현장의 안전관리자 대다수가 현장순찰과 점검 위주이고 전문조직이 없다보니 대표이사에게 직접 보고해 보거나 문서를 작성해서 보존하는 능력이 탁월하지 않다는 점은 관리체계 구축에 현실적으로 많은 어려움이 있을 것으로 예상된다. 따라서 사업장간 정보교류를 통해 좋은 점을 배우고 나누면서 극복해야 할 중요한 과제이다.

둘째, 노동조합과 안전보건업무에 대하여 협업체계를 더욱 더 공고히 유지하는 것이다. 산안법에서 노동조합의 구성원이 사업장내 '명예산업안전감독관'으로 임명되어 참여하는 제도가 있고, 주기적으로 '산업안전보건협의회' 등을 통해 노사간 주요 안전보건분야 현안문제에 대해 논의를 하고 있으나 지금까지의 협업체계보다 더욱 긴밀하게 소통하고 보완하는 관계 구축이 필요하다.

이를 통해, 노동조합과 근로자가 실질적인 위험성평가에 함께 참여하여 개선할 수도 있으며 위험이 노출될 긴급한 경우에 작업중지권을 제대로 행사할 수도 있고 사업장내 각종 안전보건 정책과 제도를 실현함에 있어서 실체적 도움뿐만 아니라 향후 만약 중대재해가 발생할 경우 법적인 문제에서도 상당한 대응효과를 기대해 볼 수 있다.

셋째, 사업장내 오랜 관행과 전통을 깨야 한다. 대다수 사업장은 생산, 영업중심으로 인재를 양성하고 주도권을 행사한다. 이러한 문화는 안전이 확보되지 않았음에도 작업을 지시하기도 하고 납기일 준수라는 명분으로 빨리빨리 문화가 성숙되어 있는 관계로 안전관리자의 의견은 무시되거나 귀찮은 존재로 평가받고 있는 것이 사실이다. 예산과 인력을 투입하여 안전보건관리체계를 잘 구축하였다고 하더라도 관리상의 의무조치사항이

현장에서 묵살되고 제대로 보고되지 않는다면 중대재해 예방에는 아무런 도움이 되지 않는다. 따라서 안전보건 관리감독의 업무가 최우선이 되는 안전문화의 정착이 제일 중요한데 그 출발점은 안전관리자의 직위가 너무 낮거나 독립된 전문조직이 없어서 대표이사에게 접근할 수 있는 통로가 차단되어 있는 것이 제일 큰 문제이다. 안전이 확보되지 않은 작업은 어떠한 이유와 변명으로도 타협하지 않는 조직의 안전문화가 급선무라고 할 것이다.

앞에서 제시한 개인적 소견이 경영책임자등의 안전 및 보건 확보의무라는 법률적 책임문제를 떠나 현실적으로 산업현장에서 중대재해를 현저하게 줄이는 한편 노사가 한마음 한뜻으로 마음놓고 일 할 수 있는 안전문화가 정착된 사업장이 되기를 소망해 본다.

■ 정 종 채

- 한국 변호사, 미국 캘리포니아 변호사
- 법무법인 정박 대표변호사
- 이메일: jcjung@anchorlaw.co.kr, muchaan@gmail.com, 02-3016-4560
- 하도급법학회장

[학력]

1992	울산학성고 졸업
2000	서울대학교 사회과학대학 경제학과 (경제학사)
2003	Sejong-Syracuse M.B.A. (경영학 석사)
2007 – 2008	미국 New York University(NYU) School of Law (LL.M.)
2008 – 2009	북경 어언대학교 연수

[경력]

1997	제41회 행정고시 재경직 합격
1999	중앙공무원교육원 제44회 신임관리자 과정 수료
1999	서울지방국세청 조사국 사무관(시보)
2000	국세청 징세과 사무관
2000 – 2001	제주세무서 납세지원과장
2001 – 2003	국세청 총무과 사무관
2000	제41회 사법시험 합격
2001 – 2003	사법연수원 제32기 수료
2003 – 2009	법무법인 태평양 변호사
2006 – 2011	세이브더칠드런코리아 고문변호사
2009 – 현재	법무법인 세종(SHIN&KIM)
2010	기획재정부 상속세 및 증여세법 개편 위원
2010 – 현재	공정거래위원회 자진신고제도 법령개 선특위 위원
2010 – 현재	국세청 국제조세 법령개선 전문가 위원
2013 – 2015.8.	㈜네오아레나 사외이사
2013 – 현재	서울지방변호사회 공정거래법연수원 교수
2013 – 현재	대한변호사회 세제위원
2014 – 현재	중부지방국세청 징계위원
2015.1. – 현재	한국디자인진흥원 디자인분쟁조정위원
2015.1. – 현재	산업자원부 K-Design 혁신위원
2017.1. – 2020	㈜자이언트스텝 사외이사
2018.8. – 2019.8.	서울지방국세청 조세법률고문
2018.9. – 현재	중부지방국세청 소청심사위원
2018.12. – 2021.4.	코웰이홀딩스(홍콩) 사외이사
2018	세무행정기여자로 부총리겸 기획재정부 장관 표창
2019.9. – 현재	중부지방국세청 조세법률고문
2019.5. – 현재	한국변호사지식포럼 부회장
2019.8. – 현재	티그리스 인베스트 감사
2019.6. – 현재	해양수산부 공적심사위원
2019.6. – 현재	하도급법학회장
2019.9. – 현재	전문건설협회(서울회) 고문
2019.10. – 현재	LH 공사 하도급위원
2019.10. – 현재	방위사업청 하도급거래위원
2019.12. – 2022.1.	경기도시공사 고문
2019.12. – 현재	방위사업위원회 실무위원
2020.1. – 현재	경기도 공동주택관리 분쟁위원
2020.2. – 현재	경기도 집합건물관리 자문위원
2021.3. – 현재	공정위 상생협약평가위원
2021.10. – 현재	한국인터넷기업협회 고문
2021.12.	경기도지사표창(집합건물분야)

[저서]

- 내부거래 해설과 쟁점(2021, 삼일인포마인)
- 내부거래 50문 50답(2015, 법무법인 세종, 공저)
- 변호사세무편람(2014, 대한변호사협회, 공저)

[논문]

- 중간재산업에서 발생한 담합으로 인한 직접구매자의 손해액 추정
  (2015. 8. 한국법경제학회 법경제학연구, 공저)
- 부당지원행위의 쟁점들: 개정 법령 및 고시를 중심으로
  (2014. 6. 경쟁저널)
- 공정거래법상 자진신고자 등 감면요건
  (2013. 1. 경쟁저널)
- 공정거래법상 자진신고제도의 쟁점들
  (2013. 3. 경쟁저널)
- 가산세 종류와 산출근거 등 기재하지 않은 납세고지는 위법:
  대법원 2012. 10. 18. 선고 2010두12347 판례 평석
  (2012. 10. 18. 법률신문)
- 자진신고 지위확인과 관련된 행위들의 처분성과 행정소송상의 쟁점들
  (2013년 5권, 인권과정의)
- An Implicit antitrust Exemption for Acts of Insurance Carriers
  (2007, Asialaw)
- 구매자 카르텔, 공동구매 그리고 수요독점시장에 있어서의 공급과 카르텔
  에 대한 경쟁법적 취급
  (2006. 5. 경쟁저널)
- 합병·분할의 세무문제
  (2001, 사법연수원)
- 지방자치단체 간의 지방세목 스왑의 경제적 효과
  (1999, 행정자치부)

2022년판 **하도급법 해설과 쟁점**

2017년 1월 20일 초판 발행
2022년 3월 4일 5판 발행

저   자 정 종 채
발 행 인 이 희 태
발 행 처 **삼일인포마인**

서울특별시 용산구 한강대로 273 용산빌딩 4층
등록번호 : 1995. 6. 26 제3-633호
전   화 : (02) 3489-3100
F A X : (02) 3489-3141
I S B N : 979-11-6784-038-7 93360

저자협의
인지생략

♣ 파본은 교환하여 드립니다.

정가 85,000원